A
Short Title Catalogue
of
Spanish and Portuguese
Books
1601 - 1700

IN THE LIBRARY OF
THE BRITISH MUSEUM
(THE BRITISH LIBRARY - REFERENCE DIVISION)

by

V. F. Goldsmith

1974
DAWSONS OF PALL MALL
FOLKESTONE AND LONDON

First published 1974

ISBN: 0 7129 0601 0

Dawsons of Pall Mall
Cannon House
Folkestone, Kent
England

Printed by The Cavendish Press Ltd. Leicester

A
SHORT TITLE CATALOGUE
OF
SPANISH AND PORTUGUESE BOOKS

1601-1700

In The Library of
The British Museum
(The British Library – Reference Division)

CONTENTS

DEFINITIONS

In this catalogue Spanish and Portuguese books are defined as falling into one or other of the following classes: 1. Books written wholly or partly in Spanish or Portuguese, no matter where published; 2. Books, in no matter what language, published or printed at any place which today forms part of Spain or Portugal. The catalogue does not include works written by Spaniards or Portuguese in other languages, or Spanish or Portuguese works translated into other languages, if they were published outside Spain or Portugal: a Latin work by Juan Luis Vives published in England, for example, does not qualify for admission. The geographical boundaries are those of Spain and Portugal today; Latin works printed in Mexico, for example, are not included.

The period covered is 1601 to 1700 inclusive. To qualify for admission, a book must have been printed, in whole or in part, within these limits of time. A book which bears no date is included if there is evidence, or even a *prima facie* probability, that it was printed during the period. The conjectural dates supplied within square brackets in the entries for undated books in the British Museum General Catalogue have been followed except where they were obviously in need of correction.

This catalogue aims to list all books coming within the definition that are to be found in the British Museum library today. In addition to material entered in the General Catalogue of Printed Books . . . . to 1955 (published 1959-66, in 263 volumes), it includes books which have been added to the library since 1955, and also earlier acquisitions which, for one reason or another, were never entered in the General Catalogue. This last category includes a considerable number of printed legal pleadings.

A small number of the Museum's 17th century Spanish and Portuguese books were destroyed by enemy action during the war of 1939-45. It has seemed worth-while to include entries for these (taken, where necessary, from the old General Catalogue of 1881-1900) whether or not they have yet been replaced.

The headings adopted are, with minor modifications, those of the General Catalogue of Printed Books, i.e. they are based on the Museum's own cataloguing rules, published in 1900. There are some collective headings. Official acts of sovereigns are entered under the state: those of popes and institutions of the Catholic Church under Rome, *Church of*. Local and national institutions, as well as homogeneous groups of persons, are entered under the appropriate city, district or country, e.g. Madrid. — *Colegio de Abogados;* Spain. — *Religious Orders.* — *Jesuits.* Liturgical books are entered under Liturgies, except

those of the Jews which are entered under Jews. — *Service Books.* Churches and confraternities are usually entered under the saint to whom they are dedicated, but a few will be found under the name of the place. Villancicos are, for the most part, entered under Villancicos, but one or two are under the church for which they were composed. Headings for saints and for princes of sovereign houses are taken from the English form of the Christian name.

Books written under a pseudonym are entered under the pseudonym (with a general cross-reference from the author, if known). Books written under initials are entered under the last initial given, unless the typographical arrangement makes it clear that this does not indicate the surname. Anonymous books — defined as those which disclose neither the author's name, nor pseudonym, nor initials — are entered according to the British Museum cataloguing rules for anonymous books. In general, if the title contains the name of a person or place, the book is entered under that name; compound expressions containing an adjective derived from a person or place are taken as headings but are translated into English. Otherwise, as a general rule, the first noun is chosen as heading. Where the author of an anonymous book, or a book written under initials, is known or can be established by external evidence, a cross-reference leading to the main entry is made at the appropriate place under the author-heading. To help the user of the catalogue to find his way to headings which may seem unusual or obscure, an Index of Alternative Forms of Name and a Selective Index of Titles will be found at the end of the catalogue.

The internal arrangement within each heading follows, in a modified form, British Museum cataloguing rules. Collections (sub-divided, where necessary, into Works and Smaller Collections) are placed first, in chronological order of publication; then single works, in alphabetical order of title (except in official headings, where the order is chronological); then Appendix entries (i.e. for anonymous works for which this is the appropriate heading) in alphabetical order of title. Wherever it has seemed desirable for the sake of clarity, divisions have been indicated by italicised subheadings (sometimes enclosed in square brackets at the beginning of the line, sometimes on a separate line). Under single works there is one important departure from British Museum practice: translations, except when there is an entry for the original under the same heading, take their place in the alphabetical order under the translated title and not under that of the original.

The main entry for every book gives the following information: the title, imprint, date and format of the book, followed by the pressmarks of the Museum copies and the serial number of the entry. The cataloguing conventions employed are set out below:

TITLE

Long titles are curtailed without notice but any omission from the body of the title is shown by the conventional ellipsis sign. Original spelling and punctuation are followed: capitals are used as sparingly as possible. In entries for editions or issues of a book in which the title remains substantially unchanged, the title is replaced by a dash indicating that it is the same, or nearly the same, as that shown in the previous entry.

IMPRINT

The name of the publisher, and also that of the printer, if they appear in the book, are given, followed by the name of the place. This is a departure from the older British Museum cataloguing practice (not altered until the 1930's) of omitting the printer and publisher and giving only the place of publication. In this catalogue, where the name of the place alone is given in an entry, it means that no publisher's or printer's name appears in the book. The sign: [n.p.] indicates that neither publisher, nor printer, nor place is shown in the book. If the information can be supplied from reference books it is enclosed in square brackets.

DATE

This is always shown in arabic numerals even when the book gives it in roman. Where no date appears in the book it is supplied in the entry within square brackets. Approximate dates are indicated thus: [1650?] or [c.1650?]. Where the book has a date in the colophon different from that in the imprint, the colophon date is added in round brackets, e.g. 1651 (1652).

FORMAT

The conventional signs are used, viz. fol., 4°, 8°, 12°, etc. *S.sh.* preceding the sign stands for *Single sheet*.

PRESSMARK

Pressmarks for all the Museum copies are given, following the format; they are separated from each other by a semicolon. The pressmark of an imperfect copy is followed by the abbreviation: *imp.* (Pressmarks are also given at the end of short cross-reference entries under authors). The initials N.Y.A. (Not Yet Assigned) indicates a recent acquisition which has not yet been given a pressmark.

SERIAL NUMBER

This is enclosed in square brackets at the end of the entry and is printed in darker type. For ease of reference each letter of the alphabet has independent serial numeration. (N.B. Cross-references have no serial number).

Following the catalogue there are several indexes. The first two of these (*Alternative Forms of Name* and *Selective Index of Titles*) call for a word of explanation. To facilitate cross-consultation, headings in this catalogue conform to those in the British Museum General Catalogue. For this reason, some authors appear under an unusual form of their name: for example, Garcilaso de la Vega is entered under Lasso de la Vega, Garci. For the same reason the heading chosen for an anonymous work may not be that under which it would be found in a modern bibliography: for example, *Rodomontadas españolas* is entered under Spanish Rodomontades. To help the user of the catalogue to find his way quickly to headings which may seem unusual or obscure the two indexes mentioned above should be consulted.

In the alphabetical order of headings English forms have been adopted; for example, double 'l' is treated as two letters so that, e.g. 'Llano' is put before 'Loarte'.

A

A., A. Carta, escrita a uno de los colegiales ingleses . . . en Madrid, por su padre [Signed: N. N.] (La respuesta del hijo. [Signed: A. A.]). [1611] 4.° *See* N., N. 1484.c.4.

—Copia de una carta [signed: A. A.] de una inglesa catolica, escrita a su marido exortandole que aunque pierda su hazienda y hijos, no dexe de confessar el ser catolico. *Diego Flamenco: Madrid*, 1623. fol. 593.h.22.(27); T.90.*(31). **[1]**

A., D. C. D. B. B. D. La gloriosa defensa de la villa de Montmedy . . . por don Juan de Alamont . . . Dedica a la memoria de . . . D. C. D. B. B. D. A. [i.e. don Carlos de Bonieres, baron de Auchy]. [*Saragossa?*] 1657. 4.° 8828.bbb.35.(2). **[2]**

Abad, Juan Bautista. Carta, que el R. P. M. fray Bautista Abad . . . del orden de S. Agustin, escrivió al . . . duque de Veraguas. [*n.p.*, 1680]. fol. 4783.e.1.(12). **[3]**

Abarca, Pedro. Los reyes de Aragon en anales historicos, distribuidos en dos partes, (desde el año 612, hasta el de 1285). 2 vol. *La imprenta imperial; Lucas Perez: Madrid, Salamanca*, 1682, 84. fol. 179.f.18,19. **[4]**

Aberghini, Joannes. Manuale qualificatorum sanctæ inquisitionis, in quo omnia, quæ ad illud tribunal, ac hæresum censuram, pertinent, brevi methodo adducuntur. *Typis Augustini Verges: Cæsaraugustæ*, 1671. 4.° 5051.aa.2. **[5]**

Aboab, Isaac. Almenara de la luz. Tratado de mucho provecho para beneficio del alma . . . traduzido en lengua vulgar . . . por . . . Iahacob Hages. *Impreso a costa del David de Iahacob Valensi; por Iuan Vincenso Bonfigli; por los herederos de Domin. Minas: Liorne*, 1656. fol. 4033.i.4. **[6]**

Abreu, Alexo de. Tratado de las siete enfermedades, de la inflammacion universal del higado, zirbo, pyloron . . . febre maligna y passion hipocondriaca. *Pedro Craesbeeck: Lisboa*, 1623. 4.° 1508/1601. **[7]**

Abreu, Pedro de. En las palabras de la virgen nuestra Señora. *Fernando Rey: Cadiz*, 1617. fol. 4807.f.5. **[8]**

Abreu, Sebastiam de. Institutio parochi, seu speculum parochorum . . . opus . . . necessarium omnibus animarum curam gerentibus. *Ex typographia academiæ: Eboræ*, 1700. fol. 4498.l.3. **[9]**

Abreu de Mello, Luis de. Avizos pera o Paço offerecidos a Rodrigo de Salaçar, & Moscoso. *Ex officina Craesbeckiana: Lisboa*, 1659. 8.° 8404.aa.21. **[10]**

Abreu Mousinho, Manuel d'. Breve discurso, en que se cuenta la conquista del reyno de Pegu en la India de Oriente. *Pedro Craesbeeck: Lisboa*, 1617. 8.° 583.a.40 **[11]**

Abreu y Figueroa, Fernando de. Adiciones al memorial que pretende los aumentos de la real hazienda en el tesoro que su Magestad tiene en el Pirú, y en todas las Indias. [*Madrid?* 1640?]. fol. 725.k.18.(5). **[12]**

—[*Begin:*] El maestro fr. Fernando de Abreu y Figueroa. [A petition to the King]. [*Madrid?* 1640?]. fol. 1324.i.2.(8). **[13]**

—[*Begin:*] Exc^{mo} Señor. El maestro Fray Fernando de Abreu y Figueroa. [A memorial relating to the mines of Peru]. [*n.p.*, 1640?]. fol. 725.k.18.(6). **[14]**

—[*Begin:*] Illmo Señor. El maestro Fr. Fernando de Abreu y Figueroa. [A petition relating to the Augustinian monastery of St. Philip]. [*Madrid?* 1680?] *S.sh* fol. 1324.i.2.(15). **[15]**

—[*Begin:*] Señor. El M. Fr. Fernando de Abreu, y Figueroa. [A memorial, addressed to the King of Spain]. [*Madrid?* 1655?]. fol. 1324.i.2.(125). **[16]**

—[*Begin:*] Señor. El maestro Fr. Fernando de Abreu y Figueroa. [A petition to the King of Spain]. [*n.p.*, 1640?]. fol. 1324.i.2.(8). **[17]**

—[*Begin:*] Señor. Index, y sumario de lo q̃ contiene el memorial [relating to customs duties on various materials] que en la real mano de V. M. humilde el maestro . . . de Abreu y Figueroa . . . pone. [*n.p.*, 1644]. fol. 4782.dd.8.(15). **[18]**

Acosta, Joseph de. Historia natural y moral de las Indias. *Alonso Martin: Madrid*, 1608. 4.° 978.k.6. **[19]**

Acosta y Mezquita, Martin de. Por Iuan Antonio Garcia, marido de Marina de Morales, Gonzalo Ortiz . . . contra don Iuan Guerrero de Luna . . . Sobre que se de por ninguna la venta . . . de ciertas casas y tiendas. [*Mexico*, 1647?]. fol. 6785.h.1.(3). (*Destroyed*). **[20]**

Acuña, Christoval de. Nuevo descubrimiento del gran rio de las Amazonas . . . el año de 1639. *Imprenta del reyno: Madrid*, 1641. 4.° 10480.b.19.(1); C.7.a.19; G.6936. **[21]**

Adam de la Parra, Juan. Apologetico contra el tirano y rebelde Verganza [i.e. John IV, King of Portugal]. 1642. 4.° *See* P., L. D. J. A. D. L. 1060.c.9.

—Pro cautione christiana in supremis senatibus sanctæ inquisitionis, & ordinum, ecclesia Toletana, & cœtibus scholarium obseruata. [*Madrid*, 1630]. fol. T.16*.(24). **[22]**

Adrichomius, Christianus. Chronicon de Christiano Adricomio Delfo, traducido de latin en español, por don Lorenzo Martinez de Marcilla. *Juan Martin Merinero: Madrid*, 1679. 4.° 9006.cc.14. **[23]**

Aduarte, Diego, *bishop of Nueva Segovia.* Historia de la provincia del Sancto Rosario de la orden de predicadores en Philippinas, Japon, y China . . . Añadida por . . . Domingo Gonçalez. 2 pt. *Luis Beltran: Manila*, 1640. fol. 493.i.8. **[24]**

——Saca a luz . . . Pedro Martyr de Buenacasa. 2 tom. *Domingo Gascon: Zaragoça*, 1693. fol. 493.i.17,18. **[25]**

—Relacion de los martyres que ha avido en Iapon, desde el año de . . . [1626], hasta el año de [28]. *Luys Estupinan: Sevilla*, 1632. fol. 593.h.17.(107). **[26]**

—Segunda relacion de los mil ciento y treinta y seis martyres que ha avido en Iapon. *Luys Estupinan: Sevilla*, 1632. fol. 593.h.17.(114). **[27]**

Aedo y Gallart, Diego de. Viaje del infante cardenal Don Fernando de Austria, desde . . . abril 1632 que salió de Madrid . . . hasta noviembre de 1634, que entró en . . . Bruselas. *Ivan Cnobbart: Amberes*, 1635. 4.° 1200.c.18.(1). **[28]**

——Viage, sucessos y guerras del infante cardenal don Fernando de Austria. *Vendese en casa de Benito Duran: Barcelona*, 1637. 8.° 4864.aa.38. **[29]**

—Le voyage du prince don Fernande . . . Traduict de l'espagnol . . . par Iule Chifflet. *Iean Cnobbaert: Anvers*, 1635. 4.° 1200.c.18.(2); 177.a.25; G.7340. **[30]**

Aegidius, *Aureae-Vallis Monachus.* Vida de S. Alberto cardenal . . . escrita en Latin por Egidio de Lieja . . . con adiciones y notas del licenciado Auberto Mireo . . . con adiciones y notas del licenciado Auberto Mireo . . . Traducida . . . por Andres de Soto. *Roger Velpio y Huberto Antonio: Brusselas,* 1613. 8.° 862.f.20(2). **[31]**

Aegidius, *de Praesentatione.* De immaculata beatæ Virginis conceptione ab omni originali peccato immuni libri quatuor. *Apud Didacum Gomez de Loureyro: Conimbricæ,* 1617. fol. 694.m.12.(1). **[32]**

Aesop. [*Spanish*]. La vida y fabulas del Esopo: a las quales se añadieron algunas muy graciosas de Avieno, y de otros. [With woodcuts]. *En la oficina Plantiniana:* [*Leiden*], 1607. 12.° 12304.aa.45. **[33]**

Afrenta. Tambien la afrenta es veneno. Comedia famosa. La primera jornada de Luis Velez de Gueuara. La segunda de don Antonio Coello. La tercera de don Francisco de Roxas. [*Madrid?* 1680?]. 4.° T.1741.(2). **[34]**

Agia, Miguel. Tratado que contiene tres pareceres graves en derecho . . . sobre la verdadera inteligencia . . . de una cedula real de su Magestad. *Antonio Ricardo: Lima,* 1604. fol. 5385.dd.1; 12231.t.1.(1). **[35]**

Agostinho [Manoel Gomes Freire], *de Santa Maria.* Historia da fundaçaõ do real convento de Santa Monica da cidade de Goa. *Antonio Pedrozo Galram: Lisboa,* 1699. 4° 4625.aa.17. **[36]**

Agramunt de Sisternes, Luis. [*Begin:*] Capitulandose doña A. M. Mercader Melo de Ferreira con D. P. de Cardona, despues almirante de Aragon. [A lawsuit concerning property]. [*Madrid?* 1674?] fol. 1322. l. 8 (6). **[37]**

Agreda y Vargas, Diego de. Novelas morales, utiles por sus documentos. *Sebastian de Cormellas: Barcelona,* 1620. 8.° 1074. d. 19. **[38]**

—— *Tomas Iunti: Madrid,* 1620, 8.° G. 10166. **[39]**

—— *Sebastian de Cormellas: Barcelona,* 1621. 8.° G.17425 **[40]**

Aguado, Francisco. Tomo primero del perfeto religioso. 3 pt. *Viuda de Alonso Martin: Madrid,* 1629. fol. *No more published.* 1227. d. 4. **[41]**

Aguas, Juan de. Discurso historico—ecclesiastico en defensa de la tradicion legitima, con que la santa iglesia catedral de Huesca . . . privativamente venera . . . al glorioso archilevita martir romano san Lorenzo. *Iuan de Ybar: Zaragoca,* 1676. 4.° 1484. h.25. **[42]**

Aguero, Christoval de. Miscelaneo espiritual en el idioma Zapoteco. 3 pt. *Por la viuda de Bernardo Calderon: Mexico,* 1666. 4.° 3506. aaa.51.*imp.* **[43]**

Aguiar y Acuña, Rodrigo de. Sumarios de la recopilacion general de las leyes, ordenanças . . . q̄ . . . se han promulgado . . . para las Indias Occidentales, Islas, y Tierra-Firme del mar Occeano. *Francisco Rodriguez Lupercio: Mexico,* 1677. fol. 501.g.10. **[44]**

Águila, Alonso de. Por Andres de Azeytuna, como padre, y administrador . . . de sus hijos, y de Ana Cauallera su mujer, difunta. Con el Fiscal desta Corte, y Pedro Cauallero, y Francisco Barquero su yerno. [*n.p.,* 1630?] fol. 1322. l.10. (25). **[45]**

Aguila et Roxas, Ferdinandus Alphonsus del. D. Ferdinandi Alphonsi del Aguila et Roxas additae quaestiones de incompatibilitate regnorum, & maioratuum ad tractatum D. Hermenegildi de Roxas. *Apud Michaelem Deslandes: Ulyssipone,* 1688, fol. 5384.g.l. **[46]**

Aguilar, —, *Count, Marquis de la Hinojosa.* Verdadera relacion de la defensa y sitio de la ciudad de Tortosa, rota de las armas francesas, y restauracion de la villa de Vildecona, por el . . . conde de Aguilar. *Madrid y por su original, en Sevilla, por Iuan Gomez de Blas,* 1642. 4.° 1445.f.22 (52). **[47]**

Aguilar, Alonso de. Por el obispo, dean, y cabildo de la . . . iglesia catedral de la ciudad de Avila . . . Con el señor fiscal [in a lawsuit concerning the collection of tithes]. [*Avila?* 1630?] fol. 1322.l.i. (19). **[48]**

—Por el real conuento de la cartuxa de Granada. Con el señor fiscal. [1660]. fol. *See* Granada. *Cartuja.* 4783.e.2. (22).

Aguilar, Antonio de. [*Begin:*] Antonio de Aguilar q̄ sirue la escriuania maior de la casa real de moneda. [A petition to the king for a fixed standard for gold and silver. [*n.p.,* 1650?] fol. 1322.l.12. (39). **[49]**

—[*Begin:*] Señor. Antonio de Aguilar, natural de la ciudad de Valladolid. [A memorial to the king on the effects of fluctuations in Spanish currency. [*n.p.,* 1652?] fol. 1322.l.12. (27). **[50]**

Aguilar, Gaspar de. Expulsion de los Moros de España por la S.C.R. magestad del rey don Phelipe Tercero. [An epic poem. Followed by poems on the same subject by other authors.] *En casa de Pedro Patricio Mey: Valencia,* 1610. 8.° 1064.b.10.(1); G.10964. **[51]**

—Fiestas que la insigne ciudad de Valencia ha hecho por la beatificacion del santo fray Luys Bertran. Iunto con la comedia que se representó de su vida y muerte. *En casa de Pedro Patricio Mey: Valencia,* 1608. 8.° C.63.a.10. **[52]**

—La fuerza del interes. [*Valencia,* 1616] 4.° *Part of a collection entitled* "*Norte de la Poesia Espanola.*" 11728.a.l. **[53]**

—La famosa comedia de la gitana melancolica. [*Madrid,* 1614.] 4.° *Part of a collection entitled* "*Doze Comedias Famosas.*" T.1727 (32). **[54]**

—El gran patriarcha don Iuan de Ribera. [*Madrid,* 1614] 4.° *Part of* "*Doze Comedias Famosas.*" 11728.a.2. *imp.* **[55]**

—La famosa comedia de la nuera humilde. [*Madrid,* 1614]. 4.° *Part of* "*Doze Comedias Famosas.*" 11728.a.3. **[56]**

—La famosa comedia de la suerte sin esperança. [*Valencia,* 1616]. 4.° *Part of* "*Norte de la Poesia Española.*" 11728.a.4. **[57]**

Aguilar, Juan Bautista. Varias hermosas flores, del Parnaso. Que en quatro floridos, vistosos quadros, plantaron iunto a su cristalina fuente: D. Antonio Hurtado de Mendosa; D. Antonio de Solis; D. Francisco de la Torre y Sebil [and others. Edited by J. B. Aguilar.] *En casa Francisco Mestre: Valencia,* 1680. 4.° 11451.e.1. **[58]**

—Varios eloquentes libros, recogidos en uno. [Edited by J. B. Aguilar]. *Valencia,* 1700. 4.° 8005.f.1. **[59]**

Aguilar y Losada, Luis José de. Carta, en que se pide censura a la distincion entre el Beroso de Babilonia, y Viterbo: y a la poblacion y lengua primitiva de España que ha publicado don Ioseph Pellicer de Touar y Ossau. [*Madrid?* 1673] fol. 1322.k.11. **[60]**

Aguilar y Prado, Iacinto de. Cõpendio historico de diuersos escritos en diferentes asumptos. *Carlos de Labáyen: Pamplona,* 1629. 4.° 9180.c.7. **[61]**

Aguilar y Zuniga, Estevan de. Combates de Iob con el demonio. Escritos . . . en los tres primeros capitulos de su historia. *Por Carlos Sanches, a costa de Pedro Coello: Madrid, 1642. 4°.* 3155.dd.9. [62]

Aguilera, Bernadino de. Informe que . . . don Matheo Sagade Bugueiro, arçobispo de Mexico . . . embió al señor inquisidor visitador . . . Pedro de Medina Rico, en respuesta del que se dió a su illustrissima [*n.p.*, 1658?]. fol. 4625.g.i. (30). [63]

Aguilera, Christoval de. [*Begin:*] El presentado fray Christoual de Aguilera de la orden de Santo Domingo, procurador general de la provincia de Mexico. [A memorial to the King of Spain on the ecclesiastical affairs of the province.] [*n.p.*, 1625?]. fol. C.62.i.18. (98). [64]

Aguirre, Juan de, *Bishop of Durango.* Informe . . . cerca de la pretencion de las religiosas Carmelitas descalças del conuento de santa Theresa de Iesus de esta ciudad de Mexico. [*Mexico,* 1661.] fol. 6784.k.1. (9). [65]

—Memorial y informe del doctor Iuan de Aguirre, canonigo desta santa yglesia de Mexico, y electo obispo de Durango. [Arguing that his canonry should not be considered vacant till he had obtained possession of the bishopric]. [*Mexico,* 1660?] fol. 9770.k.2.(2). [66]

Aguirre, Pedro Antonio de. Transito gloriosissimo de N. Sra. la santissima Virgen Maria . . . Sacalo a luz . . . Nicholas de Navarrete. [A sermon]. *Iuan Joseph Guillena Carrascoso: Mexico,* [1694]. 4°. 851.k.18 (10). [67]

Ahmad I, *Sultan of the Turks.* Relacion distinta de las vanas supersticiones, y ayunos ordenados del Gran Señor en todo el estado otomano . . . Traducida de idioma italiana en español. *Impressa en Napoles, Milan, Genova, Barcelona,* [1610?] 8°. 12354.h.28. [68]

Ahumada, Pedro de. Question en la qual se intenta aueriguar como . . . se deba sangrar en las enfermedades que curamos. *Iuan Gomez de Blas: Sevilla,* [1653.] 4°. 783.g.21. (6). [69]

Ahumada y Tapia, Sancho de. Carta apologetica, en la qual se descubre, arguye y refuta gran numero de falsedades, indignamente supuestas a los padres Carmelitas descalzos. *Antonio Torcido: Zaragoça,* 1629, 4°. 487.i.39. (5). [70]

Aingo de Ezpeleta, Pedro. Resoluciones practicas morales y doctrinales, de dudas ocasionadas de la baxa de moneda de vellon en . . . Castilla y Leon, antes y despues de la ley . . . de setiembre 1642. *Maria de Quiñones: Madrid,* 1654. 4°. 1189.l.1. [71]

No. 72 cancelled.

Aires Varela,—Sucessos que ouue nas fronteirias d'Elvas, Olivença, Campo Mayor, & Ouguella o primeiro anno da recuperação de Portugal. *Na officina de Domingos Lopes Rosa: Lisboa,* 1642. 4°. 1060.c.29.(9). [73]

— Sucessos que ouue nas fronteiras de Elvas, Olivença, Campo Mayor, & Ouguela o segundo anno da recuperação de Portugal. *Na officina de Domingos Lopes Rosa: Lisboa,* 1643. 4°. 9195.e.27.(1); 1060.c.29.(9*). [74]

Airolo Calar, Gabriel de. Laurentina poema heroico de la victoria naual que tuuo contra los olandeses don Fadrique de Toledo Osorio . . . en el estrecho de Gibraltar . . . 1621. *Iuan de Borja: Cadiz,* 1624. 8°. C.63.a.19. [75]

—Pensil de principes, y varones ilustres. *Fernando Rey: Sevilla,* 1617. 4°. c.63.b.31. [76]

Alabanza. En Alabança del orden clerical. [In verse]. *Iayme Matevad: Barcelona,* 1623. 4°. 11450.e.24.(21). [77]

Alamont, Juan de. La gloriosa defensa de la villa de Montmedy . . . por don Iuan de Alamont. 1657. 4°. *See* A., D. C. D. B. B. D. 8828.bbb.35.(2). [78]

Alamos Morejon, Antonio de. Por don Antonio de Alamos Morejon. Contra doña Iuliana Arias de la Cueua. Sobre si los años que la corte estuuo fuera de esta villa corrio el termino del privilegio de la exempcion de las casas. [*n.p.d.*,] fol. 765.h.3.(43). [78]

Alarcón, Francisco de. Relacion de algunas cosas que el licenciado Francisco de Alarcón, fiscal de la real hazienda, ha hecho. [*Seville?* 1650?] fol. T.16*.(41). [79]

Alarcón, Juan de. [*Begin:*] Señor. Don Francisco de Valençuela. [A memorial of the services of F. de Valençuela and his ancestors in the Spanish Indies]. [*n.p.* 1650?] fol. 1324.i.2.(28). [80]

Alaves Pinelo, Alonso de. Addiciones a la alegacion de derecho por la provincia de san Nicolas de Mechoacan de la orden de san Agustin. En el pleyto con el padre . . . Iuan de Espinosa. [*Mexico,* 1650?] fol. 4782.dd.8.(8). [81]

Albert, *Cardinal, Archduke of Austria.* Relacion breue del deposito del cuerpo de su alteza el señor archiduque Alberto . . . en Bruselas. *Viuda de Cosme Delgado: Madrid,* 1622. fol. T.90*.(10); 593.h.22.(23). [82]

Albis, Martinus de. De altissima scientia, inscrutabili volontate, ininvestigabili prædestinatione, ac ineflabili Trinitate Dei . . . Tractatus quatuor in primam partem S. Thomae. 4 pt. *Apud Antonium Duplastre: Compluti,* 1632. fol. 3805.f.i. [83]

Albuquerque, Andrés de. Relaçam da vitoria que Alcançou do Castelhano Andres de Albuquerque general . . . entre Arronches & Assumar, em 8 de nouembro . . . 1653. *Na officina Crasbeeckiana: Lisboa,* 1653. 4°. 9195.c.22.(16). [84]

Albuquerque Coello, Duarte de, *Marquis de Bato, count de Pernambuco.* Memorias diarias de la guerra del Brasil, por discurso de nueve años, *Diego Diaz de la Carrera: Madrid,* 1654. 4°. 1061.c.21. [85]

Alcalá de Henares. [*Colegio de la compañia de Jesus*]. Relacion de un milagro del santissimo Sacramento, que ha sucedido en el colegio de la compañia de Iesus. *Iuan Gracian: Alcala,* 1619. fol. T.90*.(5). [86]

—[*Collegium Complutense Sancti Cyrilli*]. Collegii Complutensis . . . Disputationes in duos libros Aristotelis, de generatione & corruptione. *Sebastiani à Cormellas: Barcinone,* 1635. 4°. 1090.l.8.(1). [87]

—Collegii Complutensis . . . Disputationes in tres libros Aristotelis de animæ [sic]. *Ex typographia regia: Matriti,* 1628. 4°. 521.e.15. [88]

——*Ex prælo Petri Lacaualleria: Barcinonæ,* 1636. 4°. 1090.l.8.(2). [89]

—[*Universidad*]. Archetypo de virtudes, espexo de prelados el venerable . . . sieruo de Dios. F. Francisco Ximenez de Cisneros . . . Por el principal colegio mayor de S. Ildefonso . . . de Alcalà. [By P. Quintanilla y Mendoza.] ([Pt. 2]

Archivo complutense.) 2 pt. *Nicolas Bua: Palermo*, 1635. fol. c.125.e.8. **[90]**

— Por el colegio mayor de san Ildefonso de la universidad de Alcala. Con la iglesia colegial de san Iusto y Pastor . . . Sobre el patronazgo de la dicha iglesia. [*Alcalá?* 1620?]. fol. 1322.l.3.(12). **[91]**

— [*Begin:*] Señor. La universidad de Alcala por sí, y en nombre de la de Salamanca, y ambas juntas. [A petition against the foundation of a University by the Jesuits]. [*Alcalá?* 1626?]. fol. 1322.l.3.(19); 1322.k.12.(23). **[92]**

— [*Begin:*] Señor. La universidad de Salamanca y la de Alcala acuden à los pies de V. magestad suplicandole . . . se sirua favorecerlas, en la pretension de los padres de la compañia [of Jesus]. [1626?]. fol. *See* Salamanca. *Universidad*. 1322.l.3.(20).

— [*Begin:*] Señor. El colegio mayor de San Ildefonso, universidad de Alcala. [A petition by the rector Ioseph de Alvarado y Velasco]. [*Madrid?* 1655?]. fol. 765.h.3.(20). **[93]**

— [*Appendix*]. [*Begin:*] Señor. La villa de Alcala de Henares dize. [A memorial to the King of Spain on the jurisdiction of the rector of the college of San Ildefonso of Alcalá]. [*Alcalá?* 1630?]. *S.sh.* fol. 1322.l.3.(7). **[94]**

Alcalá la Real. [*Begin:*] Señor. La ciudad de Alcala la Real dize, que desde que la ganó de los moros . . . don Alonso onzeno. [A memorial about the fights against the Moors to keep the town for the Crown, addressed to the King, and a petition asking the King to grant the habit of one of the three military orders to Pedro de Sotomayor Salazar y Mendoça]. [*Granada?* 1648?] fol. 765.h.1.(44). **[95]**

Alcalá Yañez y Ribera, Gerónimo de. Alonso moço de muchos amos. Dirigido a don Luys Faxarado, marques de Velez. *Esteua Liberos; a costa de Miguel Menescal: Barcelona*, 1625. 8.° 1075.e.12. **[96]**

— Segunda parte de Alonso moço de muchos amos. *Geronymo Morillo: Valladolid*, 1626. 8.° 1075.e.13. **[97]**

Alcalá y Herrera, Alonso de. Iardim anagrãmatico de divinas flores lusitanas, hespanholas, e latinas. Contem seis-centos e oitenta & tres anagrammas em prosa & verso & seis hymnos chronologicos. *Na officina Craesbeeckiana: Lisboa*, 1654. 4.° 1481.aaa.32. **[98]**

— Varios effectos de amor en cinco novelas exemplares. Y nuevo artificio de escrivir prosas, y versos. *A costa de Frãcisco da Costa; Por Manuel da Sylva: Lisboa*, 1641. 8.° c.125.a.11. **[99]**

— — *Francisco Villela: Lisboa*, 1671. 8.° c.57.a.26. **[100]**

Alcántara, *Orden y Cavalleria, de.* Difiniciones y establecimientos de la orden y cavalleria d'Alcantara. *Luis Sanchez: Madrid*, 1609. fol. 4785.h.2. **[101]**

— — *Diego Diaz de la Carrera: Madrid*, 1663. fol. 4625.f.6.(1). **[102]**

— Privilegia selectiora militiae sancti Iuliani de Pereiro (hodie de Alcantara) Cisterciẽsis ordinis, à summis Pontificibus hactenus concessa. Opera doctoris Fr. Ioannis Calderon de Robles. *Ex officina Didaci Diaz a Carrera: Matriti*, 1662. fol. 4625.f.6.(2). **[103]**

Alcaraz. Romance que refiere la vida, y muerte de un famoso logrero, natural . . . de Alcaraz [In verse]. [*Seville*, 1678]. 4.° 811.e.51.(28) **[104]**

Alcaraz, Andres de. Por los herederos del licenciado Andres de Alcaraz. Contre el señor fiscal. Sobre los cargos de que trataua y contrataua. [*n.p.*, 1630?] fol. 1322.l.2.(40). **[105]**

Alcázar, Bartholomé. Vida, virtudes, y milagros, de san Julian, segundo obispo de Cuenca. *Juan García Infanzon: Madrid*, 1692. fol. 4824.d.2. **[106]**

Alcázar Arriaza, Jacinto de. [Medios politicos para el remedio unico y universal de España, librados en la execucion de su practica]. [*I. Gómez de Blas: Sevilla*, 1646]. fol. 1323.k.13.(27) *imp.* **[107]**

— — *D. Diaz: Madrid*, 1646. fol. 1323.k.13.(26). **[108]**

— — *Francisco Garcia de Arroyo: Madrid*, 1646. fol. 1322.l.7.(40). **[109]**

Alcázar y Zuñiga, Andrés del. *Count de la Marquina.* [*Begin:*] Senor. [A report concerning the imposts and assessments on the fleet freighted by don Ignacio de Barrios Leal from America, signed by the count de la Marquina and others]. [*Seville*, 1697]. fol. 501.g.4.(4). **[110]**

Alcázar y Zuñiga, Andrés del, *Count de la Marquina*, and **Colarte, Joseph Domingo.** [*Begin:*] Don Andres del Alcazar y Zuñiga . . . y don Joseph Domingo Colarte. [A memorial on South American commerce]. [*Seville*, 1697]. fol. 1323.k.14.(9). **[111]**

Alcega, Pedro de. [*Begin:*] Señor. El gouernador y capitan don Pedro de Alcega. [A memorial, adressed to the King of Spain]. [*n.p.*, 1642?] fol. 1324.i.2.(116). **[112]**

Alciatus, Andreas. Declaracion magistral sobre las emblemas de Andres Alciato con todas las historias, antiquedades . . . y doctrina tocante a las buenas costumbres, por Diego Lopez. [With the text]. *Iuan de Mongaston; a costa del autor: Najera*, 1615. 4.° 11405.f.4. **[113]**

Alconchel, — *de, Marquis.* Relacion extraordinaria de la valerosa expugnacion del fuerte que los moros de Africa avian levantado en frente del Castillo de las Aluzemas, executada por el . . . marqués de Alconchel. *Christoval Lopez: Sevilla*, 1687. 4.° 1445.f.17.(62). **[114]**

Aldrete, Bernardo José. Del origen, y principio de la lengua castellana. *Acerca de Carlo Vullieto: Roma*, 1606. 4.° 627.e.11; G.7601. **[115]**

— [Another edition with the "Tesoro de la lengua castellana o española. Compuesto por Sebastian de Covarruvias Orozco . . . Añadido por . . . Benito Remigio Noydens". Edited by G. de Leon]. 3 vol. *Melchor Sanchez; a costa de Gabriel de Leon: Madrid*, 1674, 73. fol. 12943.h.14; 69.e.12. **[116]**

— Φαινομενα, siue coruscantia lumina triumphalisque crucis signa sanctorum martyrum Albensium Urgauonensium Bonosi et Maximiani et aliorum sanguine purpurata. [*Córdova*, 1630]. fol. c.46.i.6. **[117]**

— Varias antiguedades de España Africa y otras provincias. *Iuan Hasrey: Amberes*, 1614. 4.° 671.g.17; 178.b.14; G.4494. **[118]**

Aldrete, Josephus. Doctoris Iosephi Aldrete . . . De religiosa disciplina tuenda libri tres. *Apud Gabrielem Ramos Vejarano: Hispali*, 1615. 4.° 3837.cc.5. **[119]**

— Doctoris Iosephi Aldrete Societatis Iesu praesbyteri dicaeologia. Iuris allegatio. Pro euisdem societatis, ac regularium a locorum ordinarijs exemptione asserenda. *Apud*

Gabrielem Ramos Vejarano: Hispali, 1619. 4.° 1609/984
imp. [120]

Aldrete y Soto, Luis de. [*Begin:*] Al excelentissimo señor . . .
(Respuesta al auto del promedicato, en que prohibe la
medicina universal. Y al papel de don Juan Guerrero,
que intitula: Sol de la medicina). [The text preceded by
a long dedication to the duke of Medina-Celi]. [*Madrid*,
1682]. fol. 543.h.15.(4) [121]

— [*Begin:*] Don Luis Aldrete y Soto . . . dize. [A petition for
licence to print his "Respuesta al auto del protomedicato".] [*Madrid*, 1682]. fol. 543.h.15.(2). [122]

Alecio, Adriano de. El angelico Escrivelo con estilo de poeta
lirico el padre fray Adriano de Alecio. *Estevan Liberós:
Murcia*, 1645. 4.° 011451.ee.5. [123]

Alemán, Mateo. De la vida del picaro Guzman de Alfarache
primera parte. (Segunda parte. Compuesta por Matheo
Aleman [or rather, by Mateo Lujan de Sayavedra]).
2 tom. *Ieronimo Bordon & Pedromartir Locarno: Milan*,
1603. 8.° G.10137. [124]

— Primera y segunda parte de Guzman de Alfarache. 2 pt.
*Iuan Bautista Varesio; a costa de Pedro Gomez de Valdivielso:
Burgos*, 1619. 4.° 12490.e.1. [125]

— — *Pablo de Val; a costa de Santiago Martin Redondo: Madrid*,
1641. 4.° 12491.e.11. [126]

— — *Pablo de Val; a costa de Pedro Garcia Sodruz: Madrid*,
1641. 4.° 1074.i.20. [127]

— — 2 pt. *Geronymo Verdussen: Amberes*, 1681. 8.° 12491.f.29.
[128]

— Primera parte de Guzman de Alfarache, por Matheo
Aleman, criado del Rey . . . natural de Sevilla. *Iuan
Martinez: Madrid*, 1601. 8.° 12489.a.13. [129]

— Primera parte de la vida del picaro Guzman de Alfarache.
Felipe Roberto; a costa de Hieronymo Martin: Tarragona,
1603. 8.° 1074.d.5.(1). [130]

— — *Iuan Mommarte: Brucellas*, 1604. 8.° 12490.c.14. [131]

— Segunda parte de la vida de Guzman de Alfarache, atalaya
de la vida humana. *Sebastian de Cormellas: Barcelona*,
1605. 8.° 1074.d.5.(2). [132]

— — *Antonio Alvarez: Lisboa*, 1605. 4.° 1476.aa.23. [133]

— Ortographia castellana. A don Iuan de Billela, del consejo
del rei. *Ieronimo Balli: Mexico*, 1609. 4.° 627.d.27. [134]

— S. Antonio de Padua de Mateo Aleman. *Pedro Patricio Mey:
Valencia*, 1607. 8.° 4823.aaaa.10. [135]

Alexius, *e Christi Militia.* Annotationes in Euangelia, quæ
legi solent in Ecclesia romana in Dominicis Aduentus, a
dominica Septuagesimæ usque ad dominicam resu
rrectionis Domini. *D. Gomez: Conimbricæ*, 1610. 8.°
3224.bbb.7. *destroyed.* [136]

Alfantega y Cortes, Francisco. Verdadera relacion de la
coronacion del serenissmo Iuan Casimiro, principe de
Polonia. [In verse]. *Iulian de Paredes: Madrid*, 1649. fol.
1322.k.8.(5). [137]

Alfaro, Francisco de. [*Begin:*] Señor. El doctor don
Francisco de Alfaro. [A memorial to the King, on his
services in the Indies]. [*Madrid?* 1650?] fol. 1324.i.2.(14);
1324.i.2.(36). [138]

Alfay, Joseph. Delicias de Apolo, recreaciones del Parnaso,
por las tres musas Urania, Euterpe, y Galiope. Hechas de
varias poesias, de los mejores ingenios. [Edited by J. Alfay].
Iuan de Ybar: Zaragoça, 1670. 4.° 11450.c.43. [139]

— Poesias varias, de grandes ingenios españoles. Recogidas
por Ioseph Alfay. *Iuan de Ybar a costa de Iosephf Alfay:
Zaragoça*, 1654. 4.° 011451.ee.33. *imp.* [140]

Alfay, Tomás de. El mejor de los mejores libro [sic] que ha
salido de comedias nuevas. [Edited by Tomás de Alfay].
Maria Fernandez á costa de Tomas Alfay: Alcala, 1651. 4.°
11725.d.11. [141]

— — *Maria de Quiñones; a costa de Manuel Lopez: Madrid*, 1653.
4.° 1072.h.1; 11725.cc.2; 87.c.17. [142]

Alfian, Juan Baptista de. Discurso nueuo, y heroico del
uso de los baños de agua dulce que se usan en el rio, y
casas particulares. *Iuan Ruiz de Pereda: Toledo*, 1641. 4.°
1171.g.25.(4). [143]

Alfonsus, Franciscus. Disputationes in tres libros Aristotelis de anima. *Apud Antonium Vazquez: Compluti*, 1640.
4.° 519.e.20. [144]

Algarve, *Bishopric of.* Constituiçoens synodaes do bispado
do Algarve novamente feytas . . . pelo . . . senhor dom
Frãcisco Barreto. (Livro unico do regimento). 3 pt.
Impressão da universidade: Evora, 1674. fol. 5107.g.6.
[145]

Ali Bencule, afterwards Don Juan de Santa Cruz. Nueva y
verdadera relacion de como un moro (ali Bẽcule) gran
cosario . . . se ha buelto christiano. *Iuan de Borja: Cadiz*,
1624. fol. 593.h.17.(8). [146]

— — *Iuan Muñoz: Granada; Baeça*, 1624. fol. 1311.k.6. [147]

Aller, Julián de. Relacion que el padre Iulian de Aller . . .
de la provincia del Perù . . . le haze al padre Luys Iacinto
de Contreras . . . setiembre de 668. [*n.p.*, 1670]. fol.
1324.i.3.(25). [148]

Allo, Pedro de. [*Begin:*] Señor. El desseo del servicio de
V. magestad. [A memorial addressed to the King of
Spain about the fleets guarding the Spanish possessions in
the Indies]. [*Madrid?* 1640?] fol. 1324.i.5.(13). [149]

Almaden, *Quicksilver mines of.* [*Begin:*] Aviendo visto y
conocido el zelo christiano que V. M. tiene del servicio de
Dios y del Rey . . . he querido enterar a V. M. del tesoro
. . . que su magestad tiene . . . en las minas . . . del
Almaden. [*n.p.*, 1620?] fol. C.62.i.18.(57). [150]

Almansa y Mendoza, Andrés de. A doña Vitoria Colona,
duquesa de Medina de Rioseco, mi señora. [An account
of a masquerade in Madrid in honour of the Prince of
Wales]. [*n.p.*, 1623]. fol. 593.h.22.(46). [151]

— A la villa de Madrid Cabeza del mundo. [An account of a
bull-fight in honour of the Prince of Wales]. [*n.p.*, 1623].
fol. 593.h.22.(44). [152]

— — [*n.p.*, 1623]. fol. T.90*.(4). [153]

— Al conde mi señor. [An account of a bull-fight at Madrid].
[*n.p.*, 1623]. fol. 593.h.22.(13); T.90*.(20); T.90*.(25).
[154]

— Al duque de Medina Sidonia, mi señor. [A news-letter].
Iuan Gonçalez: Madrid, [1624]. fol. 593.h.22.(62). [155]

— Al marques de Astorga, conde de Trastamara, mi señor,
guarde Dios. [An account of a banquet given by the
count of Monterey to the duke of Buckingham]. [*n.p.*,
1623]. fol. 593.h.22.(45). [156]

— Copia de una carta de Andres de Mendoza. Al duque de
Vexar. [A news-letter]. *Por Andres de Parra; Vendese en
casa de Alonso de Paredes: Madrid*, 1624. fol. 593.h.22.(60);
T.90*.(15). [157]

— Memorial de la prodigiosa vida, y muerte del P. M. fray Simon de Roxas, confessor de la reyna. *Bernardino de Guzman: Madrid*, [1624?] fol. 593.h.22.(7); T.90*.(49). **[158]**

— Mercedes que el Rey n. s. hizo antes de salir de la Corte . . . para . . . Sevilla. [A news-letter]. *Iuan Serrano de Vargas y Vreña: Sevilla*, 1624. fol. 593.h.22.(53). **[159]**

— Relacion de Andres de Mendoza, capitulaciones des los . . . marqueses de Toral, y boda del . . . condestable de Castilla, mascara, y acompañamiento de su magestad. [A news-letter]. *Bernardino de Guzman: Madrid*, [1624?] fol. 593.h.22.(6). **[160]**

— Relacion de la partida del . . . principe de Walia . . . setiembre . . . 1623. *Diego Flamenco: Madrid*, 1623. fol. 593.h.22.(31). **[161]**

— Relacion de la victoria que los monges Bernardos de nuestra Señora de Oya tuuieron de cinco nauios de turcos, en 20 de Abril. *Alcala de Henares*, [1624]. fol. 1311.k.8; T.90*.(52). **[162]**

— Relacion del auto publico de la fé, que se celebró en esta Corte . . . 21 de Enero de 1624. *Diego Flamenco: Madrid*, [1624]. fol. 593.h.22.(71). **[163]**

— Relacion verdadera del felice parto y baptismo de la infanta [Margaret Mary Catharine, daughter of Philip IV]. *Diego Flamenco: Madrid*, 1623. fol. T.90*.(14). **[164]**

Almanza, Bernardino de. Por parte del dean y cabildo de la sāta iglesia de la ciudad de la Plata . . . en el . . . Pirù, en razō de las prebendas . . . se suplica a V. M. se sirva de considerar lo siguiente. [*n.p.*, 1630?] fol. C.62.i.19.(3). **[165]**

— [*Begin:*] Señor. El doctor don Bernardino de Almansa. [A memorial of his services in the Spanish Indies, addressed to the King of Spain]. [*n.p.*, 1625?] fol. 4745.f.11.(2). **[166]**

Almeida, Christovam de. Oraçam funebre, nas exequias da . . . D. Ignacia da Sylva. *Ioam da Costa: Lisboa*, 1668. 4.° 851.k.17.(6). **[167]**

Almeida, Gregorio de, *pseud.* [i.e. João de Vasconcellos]. Restauraçao de Portugal prodigiosa. *Antonio Alvarez: Lisboa*, 1643. 4.° 1444.g.6. **[168]**

Almeida, Manoel de. Historia geral [sic] de Ethiopia a Alta, ou Preste Ioam . . . Abreviada . . . pelo padre Balthezar Tellez. *Manoel Dias: Coimbra*, 1660. fol. 984.f.15; 147.g.6; G.6409. **[169]**

Almenar. Relacion verdadera de lo que ha passat en el siti de Almenar, y en la presa del Castell. *Pere Lacaualleria: Barcelona*, 1643. 4.° 9180.e.2.(9). **[170]**

Almonazid, Joseph de. El abulense ilustrado. Minas del oro de España: descubiertas en los escritos del . . . señor D. Alonso Tostado, obispo . . . de Abila. Con discursos. *Iulian de Paredes: Madrid*, 1672. fol. 726.l.2. **[171]**

Almosnino, Moses. Extremos y grandezas de Constantinopla . . . Traducido por Iacob Cansino. *Francisco Martinez: Madrid*, 1638. 4.° 280.d.32. **[172]**

Alonso, *de San Antonio, procurator general of the Order of the Holy Trinity.* Primacia de redentora de cautibos de la . . . orden de la SSma Trinidad en las coronas de Castilla, Aragon y Navarra contra la . . . orden de . . . la Merced. 2 pt. *Iuan Martin de Barrio: Madrid*, 1652, 61. fol. C.26.m.5; C.26.m.6. (*imp.*) **[173]**

— Sospechas urgentissimas de falsedad, que padece el libro que escrivió el padre fray Alonso de San Antonio. [*Madrid?* 1672?] fol. 4783.e.3.(56); 4783.e.3.(47). **[174]**

Alonso, *de San Geronimo, Carmelita.* Vida, virtudes, y milagros de la . . . madre Ana de San Agustin . . . fundadora del convento de Valera, y compañera de . . . santa Teresa. *Francisco Nieto: Madrid*, 1668. 4.° 4866.aaaa.5. **[175]**

Alonso, *de Santo Thomas.* Proclamacion catolica a los principes christianos, sobre la union a la sagrada liga, contra el otomano imperio. *Rafael Figueró: Barcelona*, 1684. 1609/73. **[176]**

Alonso y de los Ruyzes de Fontecha, Juan. Diez preuilegios para mugeres preñadas . . . Con un diccionario medico. 2 pt. *L. Martynez Grande: Alcala de Henares*, 1606. 4.° 1177.d.2. **[177]**

— Disputationes medicæ super ea, quæ Hippocrates, Galenus, Auicenus, necnon & alij Græci, Arabes & Latini, de Anginarum naturis, speciebus, causis, et curationibus scripsere diuersis in locis. *Ex typographia Ludouci Martinez Grande: Compluti*, 1611. 4.° 775.i.6. **[178]**

Alos, Joannes. De corde hominis disquisitio physiologicoanatomica. *Ex typog. Antonij Ferrer & Balthasaris Ferrer; per Iacobum Gascon: Barcinone*, 1694. 4.° 783.f.38. **[179]**

— Pharmaco-medica dissertatio de vipereis trochiscis ad magnam senioris Andromachi theriacam rite cum pane parandis per quartam, iuxta mentem Galeni lib. 1. de antidotis cap. 8. *Ex praelo Martini Ialabert: Barcinone*, 1664. 4.° 546.d.22.(2). **[180]**

Alphonso X, *King of Castile and Leon*, surnamed the Wise. Las quatro partes enteras de la coronica de España. 4 pt. *Sebastian de Cañas: Valladolid*, 1604. fol. 1444.k.1. **[181]**

Alsace. Relacion verdadera del estado de la guerra en . . . Alsacia, Borgoña, Inglaterra, Escocia y otras partes, hasta . . . 1639. *Iuan Gomez de Blas: Sevilla*, 1639. 4.° 1445.f.22.(47). **[182]**

Altamirano, Diego. El licenciado don Diego Altamirano, fiscal . . . Con el señor Bartolome Spinola de los Consejos . . . y don Agustin Spinola. Sobre el premio de la plata. [*n.p.d.*] fol. 765.i.9.(8). **[183]**

— [*Begin:*] Por el capitan Alonso de Angulo y Toledo, corregidor que fue de . . . Gibraltar, con Melchor Nunez Martel, y Alonso Paez. [*n.p.d.*] fol. 765.h.2.(42). **[184]**

Altamirano y Loaisa, Pedro. [*Begin:*] Don Pedro Altamirano y Loaysa suplica a V. M. passe los oios por este papel. [A memorial to the King on the claims of Rodrigo de Cazeres]. [*Madrid?* 1630?] fol. 1324.i.2.(74). **[185]**

Altarriba, Pablo de. Relacion de la entrada que se hizo en Madrid al señor Pablo de Altarriba . . . iunio 1622. *Esteban Liberos: Barcelona*, 1622. 4.° 12331.dd.16.(5). **[186]**

Althann, Michael Adolph von *Count.* Famosa insigne, y celebre vitoria, que los cavalleros militares de la Concepcion . . . de nuestra Señora han conseguido . . . contra un . . . exercito . . . turcos, y ungaros. *Simon Faxardo: Sevilla*, 1624. fol. 593.h.17.(9). **[187]**

Alva, Bartholomé de. Confessionario mayor, y menor en lengua mexicana. Y platicas contra las suprestciones [sic]. *Mex. & Span. Francisco Salbago: Mexico*, 1634. 4.° 4402.n.30. **[188]**

Alvarado, *licenciado*. Por el acuerdo de la audiencia, y chãcilleria de . . . Granada sobre la pretension de coches. Suplica el licenciado Alvarado . . . se aduierta . . . lo siguiente. [*n.p.*, 1630?] fol. 1322.k.13.(7). [**189**]

— Por el acuerdo de la audiencia, y chancilleria de . . . Granada, sobre la pretension de coches. Suplica el licenciado Alvarado . . . que de mas de las razones que por otro memorial tiene advertidas se ponderen las siguientes. [*n.p.*, 1630?] fol. 1322.k.13.(9). [**190**]

Alvarado Bracamonte y Saravia, Juan de. Breve relacion de la famosa vitoria que ha tenido d. Iuan de Alvarado Bracamonte . . . governador . . . del presidio de Alarache . . . contra mas de quarenta mil moros. *Iuan Gomez de Blas: Sevilla*, 1666. 4.° 1445.f.17.(69). [**191**]

Alvarado Calderón, Gaspar de. [*Begin:*] El licenciado Gaspar de Aluarado Calderon. [A memorial of his services, and petition for the place of an alcalde]. [*n.p.*, 1630?] fol. 1324.i.2.(71). [**192**]

— Memorial del pleyto de don Luys Perez de Vargas Palomino presbytero . . . y vezinos de . . . Anduxar. Contra Antonio Terrones y robles . . . regidor. [A pleading]. [*Granada?* 1618?] fol. 765.h.2.(12). [**193**]

Alvarado y Velasco, Joseph de. [*Begin:*] Señor. [A petition, by Joseph de Alvarado]. [1655?] fol. *See* Alcala de Henares. *Universidad.* 765.h.3.(20).

Alvares, Affonso. Auto de sancto Antonio. Auto do bemaventurado senhor sancto Antonio. Feito por Affonso Aluarez. *Antonio Aluarez: Lisboa*, 1642. 4.° C.63.b.7. [**194**]

Alvares, Thomas. Notationes in rubricas breviarii Romani ex decreto . . . concilij Tridentini restituti. *Apud Petrum Craesbeeck: Ulissipone*, 1629. 8.° 3478.aaa.5. [**195**]

Alvares da Cunha, Antonio. Campanha de Portugal: pella provincia do Alentejo na primauera . . . de 1663. *Henrique Valente de Oliueira: Lisboa*, 1663. 4.° 9195.c.26.(7). (*missing*) [**195a**]

Alvares Pegas, Manoel. Emmanuelis Alvarez Pegas . . . commentaria ad ordinationes regni portugalliae. tom. 5, 6, 8, 10, 11. *Sumptibus Antonii Leite Pereyra*, [*etc.*]: *Ulyssipone*, 1680-91. fol. 1239.h.8, 9, 11, 13, 14. [**196**]

— Emmanuelis Alvarez Pegas . . . Resolutiones forenses practicabiles. tom. 1. *Ex typographia Michaelis Deslandes; Sumptibus & expensis Antonij Leyte Pereyra: Ulyssipone*, 1682. fol. 1239.g.7. [**197**]

— Emmanuelis Alvarez Pegas . . . Tractatus de exclusione, inclusione, successione & erectione maioratus. pt. 1, 2. *Ex typographia Michaelis Deslandes; Sumptibus Antonij Leyte Pereyra: Ullyssipone*, 1685-87. fol. 1239.g.2, 3. [**198**]

Alvares Pereira, Nuno. Chronica do cõdestabre de Portugal dom Nun Alurez Pereyra principiador de la Casa de Bragança. *Antonio Aluarez: Lisboa*, 1623. fol. 1331.c.1. [**199**]

Alvarez, Antonio, *of Benavente.* Addiciones a la Sylva spiritual, y su tercera parte. *Iuan y Andres Renaut: Salamanca*, 1615. 4.° 475.b.20. [**200**]

Álvarez, Antonio, *of Cerezo.* Triumpho de la virtud dibuxado en la admirable vida . . . de san Victores . . . Traducida de latin a romance. *Antonio Figueroa: Valladolid*, [1695]. 4.° 4829.bb.29. [**201**]

Álvarez Botello, Nuño. Relacion de la batalla, que Nuño Alvarez Botello . . . tuuo con las Armadas de Olanda y Inglaterra en el estrecho de Ormuz. *Simon Faxardo: Sevilla*, 1626. fol. 593.h.17.(50). [**202**]

Álvarez de las Asturias Nava y Noroña, Rodrigo Ordoño, *Count de las Asturias.* Memorial al Rey N. Señor de la gran calidad . . . del linage de Asturias y sus condes. *Francisco Sanchez: Granada*, 1653. fol. C.40.l.8. [**203**]

Alvarez do Oriente, Fernão d'. Lusitania transformada. *Luys Estupiñan: Lisboa*, 1607. 8.° 012330.e.34. [**204**]

No. 205 *cancelled.*

Alvarez Frouvo, João. Discursos sobre a perfeiçam do Diathesaron, & louvores do numero quaternario em que ella se contem, com hum . . . papel que mandou imprimir . . . el Rey D. Joaõ IV. em defensa da moderna musica. *Antonio Craesbeeck de Mello: Lisboa*, 1662. 4.° M.K.8.c.17.(1). [**206**]

Álvarez Ossorio y Redin, Miguel. [*Begin:*] Senor Con estos dos memoriales, se descubren medios para quitar los tributos, y sustentar . . . quatro millones de personas pobres. 2 pt. [*n.p.*, 1686]. 4.° 8276.c.69. [**207**]

Álvarez Ponce de Leon, Eugenio. Por don Eugenio Ponce de Leon. Con el duque de Arcos [Rodrigo Ponce de Leon y Toledo]. Sobre la sucession del condado de Casares. [*n.p.*, 1620?] fol. 1322.l.8.(14). [**208**]

Alva y Astorga, Pedro de. Al magnifico reyno de Castilla, y à sus procuradores . . . patron singular del . . . misterio de la Inmaculada Concepcion de . . . Maria, propuesta, que haze . . . Pedro de Alva. [*n.p.*, 1655?] fol. 1322.l.11.(19). [**209**]

— Memorial que se dió al Rey N. S. Philipo IV. quando se le presentó este libro. [Relating to the mystery of the Immaculate Conception of the Virgin]. [*n.p.*, 1655?] fol. 1322.l.11.(18). [**210**]

— Naturæ prodigium gratiæ portentum. Hoc est. Seraphici P. N. Francisci vitæ acta ad Christi D. N. vitã & mortem regulata, & coaptata. *Im typographia Iullani de Paredes: Matriti*, 1651. fol. 4828.f.10. [**211**]

— Sol veritatis, cum ventilabro seraphico, pro candida Aurora Maria in suo conceptionis ortu sancta, pura immaculata. *Ex typographia Pauli de Val: Matriti*, 1660. fol. 1214.k.12. [**212**]

Alvia de Castro, Fernando. Panegirico genealogico y moral. Del excelentmo duque de Barcelos. *Pedro Crasbeeck: Lisboa*, 1628. 4.° 276.h.39. [**213**]

— Verdadera razon de estado. Discurso politico. *Pedro Craesbeeck: Lisboa*, 1616. 4.° 8008.aaa.10. [**214**]

Amada, Joseph Felix de. Compendio de los milagros de nuestra Señora del Pilar. *Por los herederos de Agustin Verges: Zaragoça*, 1680. 4.° 4808.g.6. [**215**]

Amada y Torregrosa, Joseph Felix de. Palestra numerosa austriaca en la victoriosa ciudad de Huesca. Al . . . consorcio de los . . . reyes . . . don Felipe . . . y doña Maria-Ana. [Panegyrical pieces]. 3 pt. *Iuan Francisco de Larumbe: Huesca*, 1650. 4.° 811.d.20. [**216**]

Amador, da Conceiçam. Sermam do glorioso martyr sam Sebastiam. *Domingos Carneiro: Lisboa*, 1670. 4.° 851.k.17.(16). [**217**]

Amargos, Alexandre. Relacion de la solemne professo que feu en Barcelona a 24, de maig . . . 1601 per la canonizacio de sant Ramon. [In verse]. *Gabriel Graells, y Giraldo Dotil Barcelona*, 1601. 8.° 11451.ee.38.(24). [218]

Amaya, Francisco de. Desengaños de los bienes humanos. Obra pósthuma . . . Sacala a luz doña Luisa de la Vega . . . viuda de . . . Amaya. *Melchor Alvarez: Madrid*, 1681. 4.° 8409.f.5. [219]

Ambrosi, Jacobo de. Copia de una carta que escrivio . . . Iacobo de Ambrosi . . . en la qual le haze relacion de un . . . caso que mediante la Virgen . . . del Rosario, le sucedio con . . . turcos y moros. *Iuan de Cabrera: Sevilla*, 1631. fol. 593.h.17.(95). [220]

Ambrosio Bautista, *Canonigo Premostense.* Breue discurso de las miserias de la vida humana: y calamidades de la religion catolica. *Imprenta real: Madrid*, 1635. 4.° 1445.f.20.(10). [221]

—— *Pedro Lacaualleria: Barcelona*, 1635. 8.° 8050.c.22.(2). [222]

—— *Imprenta real: Madrid*, 1635. 4.° 1196.f.4.(5). [223]

Ameyugo, Francisco de. Rethorica sagrada y euangelica, ilustrada con la practica de diversos artificios rethoricos. *I. de Ybar: Zaragoza*, 1670. 4.° 4423.c.31. (*destroyed*) [224]

Amezqueta y Gamboa, Juan de. Relacion de los servicios de don Iuan de Amezqueta y Gamboa. [*n.p.*, 1642?] fol. 1324.i.2.(58). [225]

Amiax, Juan de. Ramillete de nuestra señora de Codes. *Carlos de Labayen: Pamplona*, 1608. 4.° 4807.cc.10. [226]

Amigo. Comedia famosa. El mejor amigo el muerto. De Luis de Velmonte, la primera jornada. De don Francisco de Roxas, la segunda. Y de don Pedro Calderon la tercera. [*Madrid?* 1700?] 4.° 11728.a.44. [227]

—— [*n.p.*, 1700?] 4.° 1072.h.14.(12). [228]

Amor. Comedia famosa hazer del amor agravio. De un ingenio desta Corte. *Domingo Garcia Morras. A costa de Domingo Palacio y Villegas: Madrid*, 1668. 4.° 11725.c.9. [229]

— Comedia famosa. No es amor como se pinta. De tres ingenios. [*Madrid?* 1700?] 4.° 11726.f.74. [230]

—— [*Madrid?* 1700?] 4.° 11728.i.11.(21). [231]

Ampurias. Copia de una carta, que ha escrito . . . Empuries a monsuir de la Mota. [*Madrid?*] 1644. 4.° 1445.f.17.(44). [232]

Amsterdam. Gazeta nueva, y verdadera relacion, que ha venido de absterdan, en que se . . . dá cuenta de los casos sucedidos en . . . Europa. *Iuan Francisco de Blas: Sevilla*, [1668]. 4.° 1445.f.17.(16). [233]

Anchieta, Joseph de. Compendio de la vida de el apostol de el Brasil, nuevo thaumaturgo . . . Joseph de Anchieta . . . Dalo a la estampa dom Baltasar de Anchieta. [Translated mostly from the work by S. Beretarius]. *Iuan Antonio Taraçona: Xerez de la Frontera*, 1677. 4.° 1371.d.15. [234]

Anchieta, Luis de. *See* Pérez del Christo, C., *pseud.*

Andrade, Alonso de. Itinerario historial; que deve guardar el hombre para caminar al cielo. *Imprenta real a costa de Gabriel de Leon: Madrid*, 1674. 8.° 4225.l.16. [235]

— Vida del venerable padre Francisco Aguado . . . Inserta en la segunda parte una . . . relacion de la vida del padre . . . Nieremberg. *Ioseph Fernandez de Buendia: Madrid*, 1658. 8.° 4864.aaa.32. [236]

— Vida, y milagros de S. Nicolas el Magno, arzobispo de Mira . . . Con la vida de S. Liborio. *Maria Rey, viuda de Diego Diaz de la Carrera, a costa de Gabriel de Leon: Madrid*, 1671. 8.° 862.d.18. [237]

— *See* also: Suárez de Somoza, G., *pseud.*

Andrade, Antonio de. Novo descobrimento do gram Cathayo, ou reinos de Tibet, pello padre . . . Andrade. *Mattheus Pinheiro: Lisboa*, 1626. 4.° C.32.f.33. [238]

— Relacion nueua y cierta que escriue el P. Antonio de Andrade . . . en cartas que llegaron este año de 1629 . . . dando auiso de todo lo que passa en . . . Catayo . . . Tibet, y Cochinchina . . . y Sian. (Siguese la del padre . . . Diaz). [*n.p.*, 1629] fol. 4783.f.7.(6). [239]

Andrade Benavides, Lucas de. Obras. [A collection of reissues of previously published works with the original title pages unaltered]. *Ioam da Costa; Henrique Valente; Domingos Carneiro: Lisboa*, 1660–71. 4.° 3477.dg.2. [240]

— Breve relaçam do sumptuoso enterro que se fes em 17. de mayo de 1653 ao . . . principe o S. D. Theodosio. *Antonio Aluarez: Lisboa*, 1653. 4.° 9195.c.22.(21). [241]

— [*Begin:*] Señor. El comissario general don Lucas de Andrade . . . dize: Que deseando no vacar nunca en el real servicio . . . pone a los pies de V. M. estos auisos . . . tocantes a la moneda. [*n.p.*, 1640?] fol. 1322.l.12.(23). [242]

Andrade Leitao, Francisco de. Discurso politico sobre o se auer de largar a coroa de Portugal, Angola, S. Thome, e Maranhão, exclamado aos . . . Estados de Olanda. *Antonio Aluarez; vendese Andre Godinho: Lisboa*, 1642. 4.° 9195.c.22.(4). 1444.g.8.(5). [243]

Andreas Hyacinthus. Practicæ gotholanorum, pro curandis humani corporis morbis, descriptæ . . . tomus primus. *Ex typis Francisci Cormellas per Vincentium Suria: Barchinone*, 1678. fol. 545.h.21. [244]

Andrés [Sánchez de Quirós], *de Guadalupe.* Historia de la santa provincia de los Angeles de la regular obseruancia, y orden de . . . San Francisco. (Registro de las bulas . . . y betras testimoniales). 2 pt. *Mateo Fernandez: Madrid*, 1662. fol. 204.f.6. [245]

Andrés, *de San Nicolas, Agustino descalzo.* Imagen de N. S. de Copacauana, portento del nueuo mundo. *Andres Garcia de la Iglesia: Madrid*, 1663. 4.° 4825.aaa.5. [246]

Andrés de Uztarroz, Juan Francisco. Defensa de la patria del invencible martyr S. Laurencio. *En el hospital real, i general de N. Señora de Gracia: Zaragoça*, 1638. 8.° 4827.c.7. [247]

— Progressos de la historia en el reyno de Aragon, y elogios de Geronimo Zurita . . . Ideo esta obra . . . Iuan Francisco Andres de Uztarroz . . . y la ha formado de nuevo . . . Diego Ioseph Dormer. *Herederos de Diego Dormer: Zaragoça*, 1680. fol. 593.g.12; 180.e.5. [248]

Andries, Jodocus. La perpetua cruz o passion de Iesu Christo . . . Representada en quarenta estampas. 1650. 12.° *See* Jesus Christ. 555.a.18.(3).

Andueça, Ignacio de. Vida, y martirio de los santos patronos de . . . Pamplona, san saturnino y san Fermin, con tres discursos de la cruz . . . y otras particularidades. *Carlos de Lauayē: Pamplona*, 1607. 8.° 862.e.3. [249]

Angulo, Nicolas de. [*Begin:*] Señor. Fray Nicolas de Angulo. [A petition for the recognition of Franciscan convents in Mexico]. [*n.p.*, 1650?] fol. 12331.t.1.(10). [250]

Angulo, Thomás de. Advertimientos del secretario Thomas de Angulo. Sobre la restitucion de sus oficios. (Servicios). 2 pt. [*n.p.*, 1620?] fol. 1322.k.15.(4). [251]

Angulo y Luego, Pedro de. Iesus Maria Ioseph. Por el conceio, iusticia, y regimiento, y vezinos . . . de Escobar de Campos. Con Pedro Alvarez de Vega, conde de Grajal, y d. Iuan de Vega y Borja. [*n.p.*, 1672?] fol. 765.i.1.(14). [252]

Angulo y Pulgar, Martin de. Epitafios oda centon anagramma: Para los exequias a la . . . Reyna . . . Ysabel de Borbon. En . . . Loxa. *Imprenta del reyno: Madrid*, 1645. 4.° 11451.c.10. [253]

Anjos, Luis dos. De vita et laudibus S. P. N. Aur. Augustini Hipponensis episcopi . . . libri sex. *Ex typographia Didaci Gomez de Loureyro: Conimbricao*, 1612. 4.° 4825.bbb.12. [254]

Anjos, Manoel dos. Historia universal, em que se descrevem os imperios . . . copiada de diversos authores. *Manoel Dias: Coimbra*, 1652. 4.° 581.d.4. [255]

Anne [of Austria], *Queen Consort of Louis XIII of France.* Copia de unas cartas de la Reyna . . . y del compte de Brianne . . . al . . . mariscal de la Motta [asking for information as to the campaign]. *Iaume Matevat: Barcelona*, 1643. 4.° 9180.e.2.(35). [256]

— [Appendix] El iuramento que la señora infanta doña Ana, por si, y en nombre del señor . . . don Carlos, y . . . doña Maria . . . hizieron al principe don Felipe . . . 16 de Abriel . . . 1607. *Luis Sanchez: Madrid*, 1608. fol. 593.h.22.(23*). [257]

— Relacion de la ordē que se tuuo en el baustismo de la . . . primogenita del . . . Rey don Felipe III . . . en Valladolid. [7 Oct. 1601]. *Herederos de Bernardino de Santo Domingo: Valladolid*, 1602. 4.° 9930.ccc.40. [258]

Anne, *Saint, Mother of the Virgin Mary.* [*Convento de Santa Ana de Carmelitas Descalços de Mexico*]. Respuesta juridica sobre diezmos, a una consulta, en razon de la demanda fiscal y sentencia del real consejo de Indias. Contra el convento de Santa Ana. [*Mexico*, 1690?] fol. 5125.g.8.(9). [259]

Antist, Vincente Justiniano. Tratado de la Immaculada Concepcion de nuestra Señora, es parte del ultimo capitulo de las adiciones . . . a la historia del santo fray Vincente Iustiniano. *Gabriel Ramos Vejarano: Sevilla*, 1615. 4.° 847.m.4.(1). [260]

Antolinez de Piedrabuena, *Maestro, pseud.* [i.e. Salvador Jacinto Polo de Medina?] Universidad de amor, y escuelas de interes. Verdades soñadas . . . Por el maestro Antolinez. (Fabula de Apolo y Daphne. Burlesca). 2 pt. *Pedro Lanaja y Lamarca: Zaragoça*, 1692. 8.° 12316.aa.19. [261]

— — *Thomas Vassiana: Barcelona*, 1650. 8.° 11725.a.36.(2). *Without part 2.* [262]

— — 2 pt. *Bernardo Noguès: Zaragoza*, 1664.8.° 1072.f.24. [263]
No. 264 cancelled.

Antonio, *da Encarnação.* Relações summarias de alguns serviços que fizeram a Deos, e a estes reynos, os religiosos Dominicos. *Lourenço Craesbeeck: Lisboa*, 1635. 4.° 493.h.4. [265]

Antonio [da Fonseca Soares], *das Chagas.* Viva Iesus. Cartas espirituæs do veneravel padre fr. Antonio das Chagas, com suas notas observadas por hum seu amigo. 2 pt. *Miguel Deslandes; & á sua custa: Lisboa*, 1684, 87. 4.° 10923.ee.2. [266]

Antonio, *de la Cruz, Franciscan.* Peregrinacion del alma a la celestial Ierusalem. Contiene cincuenta dialogos. *Iulian de Paredes: Madrid* [1671] 4.° 4407.g.12. [267]

Antonio, *de Lebrixa, The Elder.* Aelii Antonii Nebrissensis, de institutione grammaticæ, libri quinque . . . denuo recogniti. [A compilation by J. L. de la Cerda]. *Ex typographia Didaci Diaz de la Carrera; impresso en el hospital general de Madrid: Matriti*, 1652. 8.° 12935.b.30. [268]

— Dictionarium Aelii Antonii Nebrissensis grammatici, chronographi regii, imo regens accessio facta ad quadruplex eiusdem antiqui dictionarij supplementum. *Ex typographia regia; a costa de Iuan, de San Vicente: Matriti*, 1656. fol. 625.i.16. [269]

— — *Juxta exemplar Ex typographia regia: Matriti*, 1683. fol. 625.k.5. [270]

— [*Appendix*]. In aelii Antonii Nebrissensis super syllabis canones accessiones aliquot. *Impensis Antonii Josephi Villargordo &Alcaráz: Salmanticæ*, [1650?] 4.° T.22*.(1). [271]

Antonio, *de Santa Maria, Carmelite.* España triunfante, y la Iglesia laureada, en todo el globo de el mundo por el patrocinio de Maria . . . Discursos historiales. *Iulian de Paredes: Madrid*, 1682. fol. 4625.f.3. [272]

— Vida de san Iulian, obispo, y patron de Cuenca, y del ilust^mo y R^mo Sr. don Enrique Pimentel, obispo. *Francisco Garcia Fernandez: Alcalá*, 1686. 4.° 1232.b.26. [273]

Antonio, *de Truxillo.* Varones heroycos, en virtud, y santidad, que desde . . . [1652] hasta el . . . [91] ha producido la . . . provincia de San Gabriel de los Descalços. *Antonio Roman: Madrid*, 1693. fol. 4828.f.11. [274]

Antonio, Luys. Nuevo plato de varios manjares. Para divertir el ocio. [miscellaneous poems]. *Iuan de Ybar; a costa de Tomas Cabeças: Zaragoça*, 1658. 8.° 1064.b.15. [275]

Antón Martin, *de Dios.* La vida y muerte de Anton Martin de Dios, fundador del hospital de Anton Martin . . . de Madrid, y compañero de Iuan de Dios. [In verse]. *Iuan Gracian: Alcala de Henares*, 1606. 4.° C.63.g.23.(7). [275a]

Antony, *Saint, of Padua.* Milagros prodigiosos, que Dios por intercession del milagroso Paduano, obro el año . . . 1672 en . . . Padua . . . Traducido de italiano. *Geronimo Vilagrasa: Valencia*, 1673. fol. 704.h.16.(17). [276]

Antony, *Saint, the Monk.* [*monastery of, at Castro-Jeriz, in Spain*]. El patronato del monasterio de San Antonio de Castroxeriz, diocesis de Burgos, pertenece a su Magestad la provision de su abadia. [*n.p.*, 1640?] fol. 4783.e.2.(34). [277]

— [*Order of, in Spain*]. Por el comendador mayor, y general de la orden de San Antonio Abad, sus casas, y hospitales

. . . de Castilla. [A vindication of the exclusive right of the King]. [*Madrid?* 1665?] fol. 4183.k.3.(4). [278]

Anton y Sayas, Francisca. Epitalamio sagrado a la profession de . . . Francisca Anton y Sayas. [*Saragossa*], 1691. 4.° 1073.k.22.(22). [279]

Aparicio, Pedro de. La vida y graciosos hechos de Antonio de Teuar. [In verse]. *Cuenca*, 1603. 4.° C.63.g.19.(5). [280]

Aponte, Andrés de. Relacion verdadera de las insignes vitorias, que la escuadra de las seis galeras . . . de San Iuan de Malta han alcancado desde . . . mayo . . . 1634, hasta . . . Iulio . . . contra turcos y cosarios. *Iuan Gomez Blas: Sevilla*, 1634. fol. 593.h.17.(123). [281]

Aragón. [*Laws*]. Del estatut, o ordinatio per lo molt alt é excellēt lo senyor Rey en Marti, à rafrenar los contraris qui ab color del offici de la inquisitio vexauen los auengelitzantz e preyncants la puritat del . . . nuestra Dona. [26 Apr. 1408]. [*Barcelona?* 1616]. fol. 1322.l.11.(3). [282]

— Aduertencias a el preuilegio onzeno de los de . . . Iuan primero . . . en favor de la fiesta . . . de la concepcion de . . . Maria [25 Dec. 1394 with the text *Span. & Lat.*] Con una constitucion de Cataluña. 2 pt. *Gabriel Ramos Vejarano: Sevilla*, 1617. 4.° 477.a.15.(3). [283]

— Fueros, y actos de corte del reyno de Aragon, hechos por . . . don Felipe . . . en las cortes conuocadas, y fenecidas en . . . Çaragoça en . . . 1645 y 1646. *Pedro Lanaja, y Larmarca: Çaragoça*, 1647. fol. 503.g.26. [284]

— Fueros y observancias del reyno de Aragon. 3 tom. *Herederos de Pedro Lanaja; Pascual Bueno: Zaragoça* [1667?] 1664,78. fol. 711.g.14—16. [285]

— [*Real consejo*]. Nueva forma que de acuerdo de este . . . Real consejo de los reynos . . . de Aragon se ha tomado para el mejor govierno de las causas. [*Madrid*, 1697]. fol. 1322.l.4.(22). [286]

— [*Appendix*]. Genealogia de los reies de Aragon. (Diego de Astor fecit). [*n.p.*, 1620?] *S.sh.* fol. 131.h.5.(21). [287]

Aragón de Gurrea Borja y Aragón, Carlos de, *duke de Villahermosa.* Verdadera relacion de la feliz victoria, que las . . . armas de su Magestad han tenido en . . . Flandes governadas por el . . . duke de Villa-hermosa . . . 14. de agosto. *Iuan Cabeças: Madrid, Sevilla*, 1678. 4.° 1445.f.17.(49). [288]

Aramburu, Gerónimo de. Memorial que presenta a su Magestad G. de Arumburu gentilhombre de la compañia de las lanças de la guarda . . . del Piru . . . y de la de los arcabuzes, sobre la suplica que haze de que no se extingan las dichas compañias. *F. Correa de Montenegro: Madrid*, 1620. fol. Add. MS. 13977.(174). [289]

Aranda, Felipe. R. P. Philippa Aranda . . . de divini verbi incarnatione, et redemptione generis humani. Cum indicibus necessariis *typ. Dominici Gascon: Cæsaraugustæ*, 1691. fol. 3845.aaa.5. [290]

— R. P. doctoris Philippi Aranda . . . In primam partem, [of the "Summa theologica" of St. Thomas Aquinas]. *Typ. Dominici Gascon: Cæsar-Augustæ*, 1693. fol. 3845.aaa.6. [291]

— R. P. doctoris Philippi Aranda . . . In primam secundæ, [of the "Summa theologica"] S. Thomæ libri duodecim de homine moraliter. *Typ. Dominici Gascon: Cæsar-Augustæ*, 1694. fol. 3845.aaa.7. [292]

Aranda, Gabriel de. Vida del siervo de Dios exemplar de sacerdotes el venerable padre Fernando de Contreras. *Thomas Lopez de Haro: Sevilla*, 1692. fol. 4868.k.2. [293]

— Vida, y gloriosa muerte del V. padre Sebastian de Monroy . . . que murió dilatando la fé alanceado de los barbaros en las islas Marianas. *Thomas Lopez de Haro: Sevilla*, 1690. 4.° 4867.de.17. [294]

Aranda Sidrón, Bartholomé de. Appendix al informe que esta hecho por . . . Manuel Sousa de Castro . . . con . . . Carlos Antonio de Luna, y Arellano . . . sobre la propriedad del mayorazgo que fundaron Alonso de Villanueva Cervantes,y . . . Juana Altamirano. [*Mexico,* 1685?] fol. 6785.h.1.(5). (*Destroyed*). [295]

— Por doña Ysabel Picaso de Ynojosa, viuda del capitan Juan Vasquez de Medina . . . en el pleyto, que contra la susodicha movió . . . Theovaldo de Gorraez Vaumont, y Navarra. [*Mexico,* 1690]. fol. 8223.de.1.(3). [296]

Aranha, Francisco. Serman, que o padre mestre Francisco Aranha . . . prégou em Sam Giam de Lisboa . . . pello feliz sucesso do exercito . . . em 20 de Outubro de 1657. *Antonio Craesbeeck: Lisboa*, 1658. 4.° 851.k.17.(7). [297]

Araoz, Francisco de. De bene disponenda bibliotheca . . . opusculum. *Ex officina Frācisci Martinez: Matriti*, 1631. 8.° 619.c.5. [298]

Araoz, Francisco de, *Alguacil mayor.* Memorial que se dio al señor Tomas de Morales, en ocasion que le auia cometido el acuerdo, que informasse sobre . . . Iuan Muñoz de Espinosa, de quien hazia nombramiento don Francisco de Araoz. [*n.p.d.,*] fol. 765.h.3.(18). [299]

Araujo, Antonio de. Catecismo brasilico da doutrina christãa, com o ceremonial dos sacramentos, & mais actos parochiæs . . . dado a luz pelo padre . . . Araujo . . . segunda impressaõ. (Poemas). *Miguel Deslandes: Lisboa*, 1686. 8.° C.53.h.4. *imp.* [300]

— Relacion verdadera, de un maravilloso prodigio que obró nuestra Señora de Gracia, y . . . san Agustin con . . . Estevan Angel de Araujo. [In verse]. [*Madrid*, 1681]. 4.° T.22.(*22). [301]

Arbiol, Antonio. Los terceros hijos del humano serafin. La venerable . . . orden tercera de . . . S. Francisco. Refiere sus gloriosos principios, regla, leyes . . . y las vidas . . . de sus . . . Santos. *Iayme Magallon: Zaragoça*, 1697. 4.° 4071.de.20. [302]

Arce, Pedro de. Por Pedro de Arce, cavallero de la orden de Santiago . . . Con doña Madalena de Soto. Sobre el uso de una ventana. [*n.p.d.,*] fol. 765.h.3.(54). [303]

Arce Ab-otalora, Joannes. Summa nobilitatis Hispanicæ, et immunitatis regiorum tributorum, causas ius ordinem, iudicium, & execusationem breuiter complectens. *Excudebat Ludouicus Sanchez: Matriti*, 1613. fol. 9903.i.25. [304]

Arce Solorzeno, Juan de. Historia euangelica, de la vida, milagros, y muerte de Christo. [In verse]. *Imprenta real: Madrid*, 1605. 8.° 11451.aaa.7. [305]

— Tragedias de amor, de gustoso y apacible entretenimiento de historias, fabulas . . . bayles . . . moralidades del enamorado Acrisio, y su . . . Lucidora. *Iuan de la Cuesta; vendese en casa de Antonio Rodriguez: Madrid*, 1607. 8.° C.128.a.8. [306]

Arcos, Francisco de. [*Begin:*] Señor. Fray Francisco de Arcos. [A memorial to the King on the affairs of the order of the most holy Trinity]. [*Madrid?* 1653]. fol. 4783.e.1.(30). **[307]**

Ardevines Isla, Salvador. Fabrica universal y admirable de la composicion del mundo mayor, a donde se trata desde Dios, hasta nada, y del menor, que es el hombre. *Diego Flamenco: Madrid,* 1621. 4.° 715.c.19. **[308]**

Ardizone, Antonio. Nascimentos da magestade del Rey . . . Ioam IV de Portugal. [A sermon]. *Paulo Craesbeeck: Lisboa,* 1649. 4.° 851.k.17.(11). **[309]**

— Saudades da Indias, manifestadas as magestades de Portugal. [A sermon]. *Na officina Craesbeeckiana: Lisboa,* 1652. 4.° 851.k.17.(10). **[310]**

Arellano, Juan Salvador Baptista. Antiguedades, y excelencias de la villa de Carmona. *Simõ Faxardo: Sevilla,* 1628. 8.° 574.e.21. **[311]**

Arenas, Pedro de. Vocabulario manual de las lenguas castellana, y mexicana. *Henrico Martinez: Mexico,* [1611]. 8.° 826.a.15; G.7451. **[312]**

— —Enmendado en esta ultima impression. *Viuda de Bernardo Calderon: Mexico,* 1683. 8.° 12943.aa.14. **[313]**

Arespacochaga, Martin de. Alabado sea el Santissimo Sacramento. Por Martin de Arespacochaga . . . con don Diego de Gamarra, y . . . don Pedro de Gamarra su hermano . . . sobre la mitad de la herrería, y molino de Ascarraga. [By "—— Bonilla"]. [*n.p.,* 1660?] fol. 1322.l.2.(51). **[314]**

Argaiz, Gregorio de. Corona real de España por España fundada en el credito de los muertos, y vida de san Hyeroteo (Corona real de España por los Godos). *Melchor Alegre: Madrid,* 1668. fol. 9180.h.20. **[315]**

Argüello, Manuel de. Sermon de la dominica septuagessima, en la s. iglesia cathedral de . . . Mexico. *Maria de Benavides; viuda de Juan de Ribera: Mexico,* 1691.4.° 851.k.18.(6). **[316]**

— Sermon moral al real acuerdo de Mexico al tiempo que tomó posession con publica entrada . . . Joseph Sarmiento Valladares . . . virrey. *Juan Joseph Guillena Carrascoso: Mexico,* 1697. 4.° 851.k18.(7). **[317]**

— Sermon panegyrico, que en la celebridad de la dedicacion del templo . . . de san Bernardo . . . dexo el padre fr. Manuel de Arguello. *Viuda de Francisco Rodriguez Lupercio: Mexico,* [1690?] 4.° 857.k.18.(5). **[318]**

Arias, Juan Luis. [*Begin:*] Señor. El doctor Iuan Luis Arias dize. [A memorial, addressed to the King of Spain, concerning the conversion of the aborigines of the Spanish Indies]. [*Valladolid,* 1609]. fol. C.62.i.18.(72); 4745.f.11.(18). **[319]**

Arias Castellano, Iuan. Suplica el licenciado Iuan Arias Castellano . . . En el pleyto con el concejo y ciudad de Arcos de la Frontera. *Imprenta real; en casa de Baltasar de Bolibar: Granada,* 1652. fol. 765.i.4.(15). **[320]**

Arias de la Cueva, Juliana. Por doña Iuliana de la Cueua. Con don Antonio de Alamos. [*n.p.d.,*] fol. 765.h.3.(42). **[321]**

Arias de Luna, Paulo. Tratado de la defensa de la vena basilica, para la cura de las enfermedades agudas. *Diego Perez Estupiñan: Xerex,* 1650. 4.° 783.g.21.(7). **[322]**

Arias Guerrero, Rodrigo. Relacion sumaria de la iornada,

que el marques de Estepa . . . hizo a la villa de Hardales, estando levantados los vezinos contra el servicio del Rey. [*n.p.,* 1647]. fol. 1322.l.9.(27). **[323]**

Arias Maldonatus, Joannes. Iuris responsum d.d. Ioannis Arias Maldonati a consiliis regis cathol. [*Spain?* 1645?] 4.° 5384.bbb.16. **[324]**

Arias Montano, Benito. Relacion cierta y verdadera, del famoso sucesso y vitoria que tuvo el capitan Benito Arias . . . contra los . . . olãdeses, q̃ estavan fortificados en una salina . . . del rio Unare *Francisco de Lyra: Sevilla,* 1634. fol. 593.h.17.(118). **[325]**

Arias Pérez, Pedro. Primauera, y flor de los meiores romances . . . recogido de varios poetas. *Viuda de Alonso Martin; a costa de Miguel de Silis: Madrid,* 1621. 8.° 1072.e.15. **[326]**

— —*A costa de Miguel Martinez; por Ioan de la Cuesta: Madrid,* 1623. 8.° 11450.aa.20. **[327]**

— —*Lorenço Deu; a costa de Iacinto Argemir: Barcelona,* 1626. 8.° 1072.d.17. **[328]**

— —*Viuda de Alonso Martin; a costa de Domingo Gonçalez: Madrid,* 1626. 8.° G.10908. **[329]**

Aristarco. Aristarco o censura de la proclamacion catolica de los catalanes. [Generally ascribed to Francisco de Rioja]. [*Madrid,* 1640]. 4.° 9180.cc.10. **[330]**

Aristotle. [*Historia animalium*]. Historia general de aves, y animales, de Aristoteles . . . traduzida de latin . . . y añanida de otros . . . autores griegos y latinos . . . por Diego de Funes y Mendoça. *Pedro Patricio Mey; a costa de Iuan Bautista Marçal: Valencia,* 1621. 4.° 975.c.1; 40.c.9. **[331]**

— —*Pedro Patricio Mey: Valencia,* 1621. 4.° 954.c.4. **[332]**

— [*Paraphrases*]. Compendio de los metheoros del principe de los filosofos griegos y latinos . . . En los cuales se tratan . . . varias questiones . . . sacadas a luz por . . . Murcia de la Llana. *Iuan de la Costa: Madrid,* 1615. 4.° 519.e.15. **[333]**

Ariz, Luis. Historia de las grandezas de la ciudad de Avila. 4 pt. *Luys Martinez: Alcala de Henares,* 1607. fol. C.74.d.13. **[334]**

Armendariz, Julián de. Patron salmantino de Iulian de Armendariz. [A poem]. *Artus Taberniel: Salamanca,* 1603. 8.° 011451.e.24. **[335]**

— Patron salmantino o vida de san Iuan Fecundo del orden de san Agustin. *Esteuan Liberos a costa de Iacinto Argemir: Barcelona,* 1622. 8.° 011451.e.36. **[336]**

Armenta y Valençuela, Damian de. Relacion del auto general de la fee, que se celebro en . . . Cordova [2 Dec. 1625] por . . . Damian de Armenta y Valençuela [and other inquisitors]. *Francisco de Lyra: [Seville],* 1625. fol. 593.h.17.(20). **[337]**

Arphe y Villaphañe, Juan de. Quilatador de oro, plata, y piedras. [With woodcuts]. *Antonio Francisco de Zafra; A costa de doña Maria del Ribero: Madrid,* 1678. 4.° 1029.h.28; 990.e.21. **[338]**

Arraiz, Amador, *Bishop of Portalegre.* Dialogos de dom frey Amador Arraiz. *Diogo Gomez Lovreyro: Coimbra,* 1604. fol. 4373.k.8. **[339]**

Arratia y Guevara, Luis de. Aduertencias de Luis Arratia y Gueuara, en satisfacion del arbitrio del crecimiento de la moneda. [*Valladolid,* 1605?] fol. 1322.l.12.(54). **[340]**

—Razon del crecimiento que ha tenido el oro, y en que tiễpos, y lo que oy vale. *See* Razon. [1605?] 4.° 1322.l.12.(21).

—[*Begin:*] Señor. Porque auiendo dado arbitrio: para el remedio de la confusion . . . que causa el uso de la moneda de bellon. [A memorial to the King, suggesting means for improving the state of currency]. [*Burgos,* 1605?] fol. 1322.l.12.(52). [341]

Arredondo, Martin. Obras de albeyteria, primera, segunda, y tercera parte . . . corregidas . . . por Martin Arredondo. *Antonio Gonçalez de Reyes; A costa de la viuda de Iuan de Valdes: Madrid,* 1677. fol. 779.i.7. [342]

Arriaga, Pablo Joseph de. Extirpacion de la idolatria del Piru. *Geronymo de Contreras: Lima,* 1621. 4.° C.25.e.5. [343]

Arroyo y Daza, Diego de. Relacion de las victorias que don Diego de Arroyo y Daça, governador . . . de Cumana, tuuo en la gran Salina de Arraya . . . Contra ciento y cuatro nauios de Olandeses. *Viuda de Alonso Martin: Madrid,* [1623]. fol. C.62.i.18.(81). [344]

Arrubal, Petrus de. Commentariorum, ac disputationum in primam partem [of the "Summa theologica"] diui Thomæ. Tomus primus (—secundus) 2 tom. *Apud. Thomam Iuntam: Matriti,* 1619,22. fol. 3558.k.4. [345]

Arruego, Juan de. Catedra episcopal de Zaragoza. En el templo de San Salvador. *Diego Dormer: Çaragoça,* 1653. fol. 487.i.34. [346]

Artemidoro, *pseud. See* Rey de Artieda, Andrés.

Artiga, Francisco Josef. Epitome de la eloquencia española. Arte de discurrir y bablar [sic], cõ agudeza, y elegãcia. [In verse]. *Ioseph Lorenzo de Larumbe: Huesca,* 1692. 12.° 236.b.22. [347]

Assa Olivares, Pablo de la. [*Begin:*] Señor. El licenciado don Pablo de la Assa Oliuares. [A memorial, addressed to the King in answer to certain charges]. [*Madrid?* 1677?] fol. 1324.i.4.(8). [348]

Aste, Benito de. Aduertencias breues, y necessarias sobre el discurso ultimo, que . . . se ha publicado con titulo de discurso theologico . . . en el caso sucedido en Valencia [i.e. the execution of the robber-monk Pedro Antonio de Ribero]. [*Madrid,* 1680]. fol. 713.k.22.(7); 4783.e.L.(16). [349]

Ataíde, Antonio de. Sentenças dadas sobre a devassa que se tirou de dom Antonio de Atayde capitão general da armada de Portugal. *Pedro Crasbeeck: Lisboa,* 1624. 4.° 9195.c.21.(14). [350]

Athanasius, *Saint, Patriarch of Alexandria.* El sol del Oriente. Vida, y vitorias del grande Antonio Abad . . . Escrivelas por el texto de san Athanasio . . . don Gaspar de la Figuera Cubero de Monforte. *Geronimo Vilagrasa: Valencia,* 1665. 4.° 485.a.21.(2). [351]

—Vida de san Antonio abbad. En octavas. *Imprenta de Santo Domingo; por Iuan Batista Cannauera: Caller,* 1700. 4.° 11451.c.11. [352]

Attayde, Maria de. Memorias funebres. Sentidas pellos ingenhos portugeses, na morte da senhora dona Maria de Attayde. [A funeral oration by Antonio Vieira, followed by poems]. *Ex officina Craesbekiana: Lisboa,* 1650. 4.° 11452.e.34. *imp.* [353]

Augustine, *Saint, Bishop of Hippo.* La ciudad de Dios del glorioso . . . S. Agustin . . . en veynte y dos libros . . . Traduzidos de latin en romance por Antonio de Roys y Roças. *Geronymo Verdussen: Amberes,* 1676. fol. 3805.g.12. [354]

Augustinians. Interiormente sentida lloraba la religion de nuestro padre san Agustin, el lamentable suceso de un hijo suyo, sin que ázia fuera se le oyessen los gemidos. [With other documents concerning the execution of P. A. de Ribera]. [*n.p.,* 1680?] fol. 4783.e.1.(11). [355]

Autos. Autos sacramentales, con quatro comedias . . . y entremeses. Primera parte. Dedicado a don Francisco de Camargo. *Maria de Quiñones; a costa de Iuan de Valdes: Madrid,* 1655. 4.° 1072.l.2. [356]

—Autos sacramentales, y al nacimiento de Christo con sus loas . . . recogidos de los maiores ingenios de España. Dedicados a don Diego Perez Orejon. *Antonio Francisco de Zafra; a costa de Iuan Fernandez: Madrid,* 1675. 4.° 11726.d.8; 11725.fc.4. *imp.* [357]

Ávalos y Figueroa, Diego d'. Primera parte de la miscelanea austral de don Diego d' Aualos y Figueroa, en varios coloquios . . . Con la defensa de damas [in verse]. 2 pt. *Antonio Ricardo: Lima,* 1602, 03. 4.° C.58.e.15. [358]

Avellán, Miguel. Decimas, y glossas en alabança de la inmaculada Concepcion de la Virgen . . . *Iuan René: Malaga; y por su original por Alonso Rodriguez Gamarra: Sevilla,* 1615. 4.° C.63.b.27.(9). [359]

Avello de Valdés, Juan Antonio. Memorial que en virtud de orden del Consejo, se ha hecho de la quenta y partidas. [*n.p.,* 1665?] fol. 1324.i.1.(35). [360]

—Por el licenciado don Iuan Avello de Valdés . . . Con el señor fiscal del consejo, y . . . Pedro Zapata. [*n.p.,* 1662?] fol. 1324.i.1.(33). [361]

—Por la iurisdiccion de la real audiencia de la casa de la contratacion de las Indias . . . Con la ordinaria desta ciudad y . . . D. Bartolome Velazquez . . . Sobre no deuer conocer . . . la causa criminal contra Thomas de Arenas. [*n.p.,* 1660?] fol. 1322.l.5.(7). [362]

Avendaño, Francisco de. [*Begin:*] Señor. El general don Francisco de Auendaño. [A memorial, on the affairs and administration of Chile]. [*n.p.,* 1632?] fol. 1324.i.9.(11). [363]

Avendaño Suárez de Sousa, Pedro de. Sermon de la esclarecida virgen, y martyr de Christo Sᵗᵃ Barbara. *Juan Joseph Guillena Carrascoso: Mexico,* 1697. 4.° 851.k.18.(3). [364]

—Sermon del glorioso abbad S. Bernardo. Predicado . . . por el p. Pedro de Avendaño. *Maria de Benavides; viuda de Juan de Ribera: Mexico,* 1687. 4.° 851.k.18.(1). [365]

—Sermon del primer dia de Pasqua, del Espiritu Santo, en su hospital de Mexico . . . 26 de mayo 1697. *Juan Joseph Guillena Carrascoso: Mexico,* 1697. 4.° 851.k.18.(4). [366]

—Sermon que en la fiesta titular que celebra la compañia de Bethlem . . . predicó el p. Pedro de Avendaño . . . 1687. *María de Benavides; viuda de Juan de Ribera: Mexico,* 1688. 4.° 851.k.18.(2). [367]

Avendaño Villela, Pedro de. [*Begin:*] Señor. Quien considerare la opulencia y grandeza. [A memorial on the commerce and administration of the Spanish possessions in the Indies]. [*Madrid?* 1608?] fol. 1324.i.10.(1). [368]

Avendaño y Vilela, Francisco de. Relacion del viage, y sucesso de la armada que . . . partió al Brasil. *Francisco de Lyra: Sevilla*, 1625. 4.° 1323.g.1.(14). **[369]**

Aventrote, Juan. Carta de Ioan Aventrote al poderosisimo Rey de España. En la qual . . . se declara el mysterio de la guerra sobre las XVII provincias del Pays-Baxo. *Pablo de Rauesteyne: Amstredame*, 1614. 8.° 1055.a.4. **[370]**

Avila. [*Cathedral*]. Por el dean y cabildo de la santa yglesia de Auila, y el clero . . . Con los capellanes de Mosen Rubi de Bracamonte, y . . . su patron. [*n.p.*, 1630?] fol. 1322.k.14.(26). **[371]**

— Por el obispo, dean, y cabildo de la . . . catedral de . . . Auila . . . Con el señor fiscal [in a law suit relating to the collection of tithes]. [*n.p.*, 1630?] fol. 1322.l.1.(19). **[371a]**

— Por el obispo, dean, y cabildo de la . . . catedral de . . . Auila . . . Con el señor fiscal, sobre las tercias de los diezmos. [A pleading]. [*n.p.*, 1650?] fol. 765.i.6.18. **[372]**

Avila, Francisco de, *of Cuzco*. Tratado de los euangelios que . . . la Iglesia propone todo el año . . . Explicase el euangelio . . . y . . . se refutan los errores de [los] . . . indios. 2 tom. [*Lima*, 1646, 48] fol. 3224.g.33. (*Destroyed*). **[373]**

Avila, Francisco de, *of Madrid*. Flor de las comedias de España, de diferentes autores. Quinta parte. 12 pt. *Viuda de Luys Martinez Grande: Alcala*, 1615. 4.° 1126.g.27. **[374]**

— El parto virginal de la Virgen . . . donde se contienen algunas letras, villancicos, y romances . . . para cantar la noche de Navidad. [With woodcuts]. *Bartolome de Selma: Cuenca*, [1605?] 4.° 011451.ee.20.(2). **[375]**

— Vinllancicos [sic], y coplas curiosas al nacimiēto del hijo de Dios. *Iuan Gracian: Alcala*, 1606. 4.° 011451.ee.20.(1). **[376]**

Avila, Juan de. Vida y obras del maestro Iuan de Auila . . . divididas en dos tomos. Tomo primero . . . emendado, por . . . Martin Ruyz de Mesa. [The "vida" by Luis de Granada]. *Viuda de Alonso Martin de Balboa: Madrid*, 1618. 4.° 475.b.14. **[377]**

Avila, Pedro de. Relacion de servicios del sargento mayor don Pedro de Avila. [*n.p.*, 1695] fol. 815.l.22.(1). **[378]**

Avila, Pedro Estevan de. [*Begin:*] Señor. Don Pedro Estevan de Auila. [A memorial of his services in the Indies, addressed to the King of Spain]. [*n.p.*, 1650?] 1324.i.2.(128). **[379]**

Avila y Guzman, Diego Felipe de, *Marquis de Leganez*. Relacion verdadera, de la gran vitoria que ha tenido el marques de Leganés en el Piamonte contra los franceses. *Nicolas Rodriguez: Sevilla*, 1639. 4.° 1445.f.22.(38). **[380]**

✦ **Avila y Toledo, Sancho d'.** De la veneracion que se deue a los cuerpos de los sanctos y a sus reliquias. *Luis Sanchez: Madrid*, 1611. fol. C.108.k10. **[381]**

Ayala, *Conde de.* [*Begin:*] Iesus, Maria, Iosef. Por el conde de Ayala. Con don Diego de Guzman. [1621?] fol. *See* Guzman, Diego de. 765.i.13.(14).

Ayala, Francisco de. Relacion de los servicios de don Francisco de Ayala, del consejo, y contaduria mayor de cuentas de su Magestad . . . y veinte cuatro . . . de Baeza. [*Madrid?* 1647?] fol. 765.h.1.(48). **[382]**

Ayala, Gerónimo de. Principios de cirurgia, utiles, y provechosos . . . En esta ultima impression va añadido el libro intitulado del parto humano, compuesto por el doctor Francisco Nuñez. *Vicente Cabrera: Valencia*, 1693. 4.° 549.h.8. **[383]**

Ayala y Guzman, Alonso de. Sermon de la Immaculada Concepcion de la Virgen Maria . . . predicado en . . . Xerez de la Frontera . . . 1615. *Alonso Rodriguez Gamarra: Sevilla*, 1617. 4.° 847.m.4.(8). **[384]**

Aynsa y de Yriarte, Francisco Diego de. Fundacion excelencias, grandezas, y cosas memorables de la . . . ciudad de Huesca. *Pedro Cabarte: Huesca*, 1619. fol. 573.l.19; 180.f.14. **[385]**

— Translacion de las reliquias del glorioso pontifice S. Orencio; hecha . . . de Aux a . . . Huesca. *Iuan Perez de Valdiuielso: Huesca*, 1612. 4.° 4826.bb.7. **[386]**

Ayora Valmisoto, Hernando de. El arbitro entre el Martes Frances [written by Cornelius Jansenius under the pseud. of Alexander Patricius Armacanus] y las vindicias gallicas [by D. de Priezac], responde por la verdad . . . por sus reyes. *Carlos Iuan: Pamplona*, 1646. 4.° 8042.d.5. **[387]**

Azevedo, Alonso de. Creacion del mundo [a poem]. *Iuan Pablo Profilio: Roma*, 1615. 8.° 1072.d.14. **[388]**

Azevedo, Angela de. Comedia famosa. Dicha, y desdicha del juego, y devocion de la Virgen [in verse]. [*Madrid?* 1700?] 4.° 11728.a.27. **[389]**

— Comedia famosa, el muerto dissimulado [In verse]. [*Madrid?* 1700?] 11728.a.28. **[390]**

Azevedo, Francisco de. Sylva explicativa del arco, con que se celebró la entrada de . . . Gaspar de Sandoval, Cerda, Sylva y Mendoza, conde de Galve . . . recibiendolo por su principe . . . Mexico. *Viuda de Francisco Rodriguez Lupercio: Mexico*, 1689. 4.° 9772.df.5. **[391]**

Azevedo, Joseph de. [*Begin:*] Señor. A la voz de una carta del secretario Antonio de Alosa [A memorial, addressed to the King, on the rules and privileges of the Præmonstratensian order]. [*n.p.*, 1670?] fol. 4783.e.2.(29). **[392]**

Azevedo y Zuñiga, Manuel, *Count de Monterey.* [*Begin:*] A diez de março deste año de 1622 desembarcó el cõde de Monterrey en Ciuita Vieja [An account of his visit to Rome as ambassador]. *Luis Berôs: Murcia*, 1622. fol. T.90*.(35). **[393]**

— Carta de como el conde de Monterrey desembarcó en Ciuita Vieja, y el recebimiento q̃ se le hizo en Roma. *Bernardo Heylan: Granada*, 1622. fol. 593.h.22.(47). **[394]**

B

B., D. [i.e. John IV, King of Portugal]. Defensa de la musica moderna, contra la errada opinion del obispo Cyrilo Franco. (Contiene una carta del obispo . . . escrita al cauallero Ugolino). [*Lisbon*, 1649]. 4.° M.K.8.c.17.(2); M.K.8.c.18. **[1]**

Baca de Montalbo, García. El ingenioso entremes de la visita graciosa, q̃ representò Amarilis en . . . Madrid. [In verse]. *Maria de Quiñones: Madrid*, 1640. 4.° 1072.g.25.(6). **[2]**

Baeza, *City of.* Por la ciudad de Baeza. Contra la villa de Linares. [A pleading. Signed in MS: Francisco de la Cueva y Silva]. [*n.p.*, 1625?] fol. 1322.l.6.(18*). **[3]**

—Por la ciudad de Baeza. Contra . . . Linares, y el señor fiscal del consejo de hazienda . . . sobre la remission pretendida al dicho cõsejo [By F. de la Cueva y Silva?] [*n.p.*, 1625?] fol. 1322.l.6.(17*). [4]

Baeza, Diego de. Commentaria moralia in evangelicam historiam. 4 tom. *Ex tipographia viduæ F. Fernandez: Vallisoleti*, 1626, 25-30. fol. 3205.g.9. (*Destroyed*). [5]

—Compendio del hecho, y apuntamiento de los derechos del fisco, en la causa contra Gaspar de Salcedo: sobre los . . . tumultos del Assiento de minas de Laycacota. [*n.p.*, 1670?] fol. 1324.i.3.(26). [6]

Baeza, Pedro de. [*Begin:*] IHS Esta relacion y discuso me mando V. excelencia que hiziesse, despues del que hize primero, *etc.* [*n.p.*, 1608?] fol. 1324.i.9.(4). [7]

—[*Begin:*] Iesus Maria. Este memorial, estraslado de otro que di a su magestad . . . quando le hable y le di cuenta deste negocio y asiento [2 Oct. 1607]. [*n.p.*, 1607?] fol. 1324.i.9.(1). [8]

—[*Begin:*] Iesus Maria. Pedro de Baeza vezino desta villa de Madrid. Digo, q̃ por V. excel. me mãdar hazer este memorial . . . de las Indias Orientales . . . y demas partes de la mar del Sur, *etc.* [*n.p.*, 1608?] fol. 1324.i.9.(3). [9]

—Iesus Maria. Traslado del memorial que se hizo con el licenciado don Francisco de Tejada . . . para tratar el assiento del açoque con Pedro de Baeça. [*n.p.*, 1606?] fol. 1324.i.9.(2). [10]

Baignon, Jean. La historia del emperador Carlo Magno. 1649. 4.° See Charles I, *Emperor.* 12410.dd.2.

— — [1650?] 8.° See Charles I, *Emperor.* G.10081.

— — [1667?] 8.° See Charles I, *Emperor.* 1075.f.12.

Bajet, Miguel. Relacio vertadera de las festas ha fetas . . . Barcelona a la beata Teresa [In verse]. *Llorens Déu: Barcelona*, 1614. 4.° 11450.e.24.(2). [11]

Balaguer, Anastasio Marcelino Uberte. Parte primera del origen, y grados del honor. *Gio: Vernuccio; e Nicola Layno: Napoli*, 1694. 4.° 608.i.30. [12]

Balançat, Bernardo. Por Bernardo Balançat, Iacinto Pablo Palermo, Pedro Pablo Palermo, y Iuan Iouer de Iuan . . . de Ybiza. Con Ioseph Barcelo Catalan, heredero . . . de Miguel Pallares. [*n.p.*, 1645?] fol. 765.i.2.(3). [13]

Balboa Mogrovejo, Juan de. Lectiones salmanticenses, siue aniuersaria relectio ad titulum de foro competenti in libro 2 decretalium. *Ex typographia Antoniæ Ramirez; a costa de Antonio de Figueroa: Salmanticæ*, 1629. 4.° 1608/972. [14]

—Lectiones salmanticences, sive anniversariæ relectiones ad titulos libri segundi decretalium. *Ex typographo Didaci à Cossio: Salmanticæ*, 1648. fol. 1602/155. [15]

—Por la universidad de Salamanca, y sus estudiantes. [A defence of the ancient privileges of the university]. [*Salamanca*, 1622]. fol. 1322.l.3.(8). [16]

Balboa Mogrovejo, Juan de, *Presidente de Santo Domingo.* [*Begin:*] Señor. El maestro de campo do Iuan de Balboa . . . dize. [A memorial addressed to the King in defence of the writer's conduct in the Spanish Indies]. [*n.p.*, 1667?] fol. 1324.i.4.(2). [17]

Balbuena, Bernardo de. El Bernardo, o victoria de Roncesvalles. Poema, heroyco. *Diego Flamenco: Madrid* 1624. 4.° 1072.h.21; G.11317. [18]

—Siglo de oro, en la seluas de Erifile . . . En que se descriue una agradable . . . imitacion del estilo pastoril de Teocrito, Virgilio ,y Sanazaro. *Alonso Martin; a costa de Alonso Perez: Madrid*, 1608. 8.° 1064.a.15. [19]

Baldovinos. La muerte de Baldovinos. Comedia burlesca. [In verse. By Geronimo Cancer y Velasco]. [*n.p.*, 1700?] 4.° 11726.f.65. [20]

Balmaseda y Sobremonte, Diego de. Iesus Maria Ioseph. Por el concejo, iusticia, y regimiento, y vezinos . . . de Villa cidaler. Con el almirante de Castilla. La paga . . . de trigo. [A lawsuit]. [*n.p.d.*] fol. 765.i.1.(22). [21]

—Iesus Maria Ioseph. Por el conceio, y vezinos de la villa de Siruena. Con el abad, monges, y conuento de Santa Maria la real . . . de Najara . . . Sobre el vasallaie. [*n.p.*, 1600?] fol. 765.i.1.(16). [22]

—Iesus Maria Ioseph. Por Sebastian Pardo . . . administrador [de] . . . su hijo . . . Con . . . Sebastian Fernandez, vezinos . . . de Ceynos, y Cuenca de Campos. Sobre la capellania que fundo Lorenço Martin Seruicial. [*n.p.d.*] fol. 765.i.1.(20). [23]

Baltasara. I.H.S. La gran comedia de la Baltasara. [In verse]. [*Madrid*, 1652]. 4.° 11728.f.85. [24]

— — [*Madrid?* 1700?] 4.° 11728.f.84. [25]

Baltazar, Juan de. Fundacion, vida, y regla de la grande orden militar, y monastica de los caualleros, y monges del . . . padre san Anton Abad. *Iuan Vicente Franco: Valencia*, 1609. 4.° 487.f.8.(2). [26]

Balthasar Charles Dominic Philip Victor Luke, *Prince de Asturias.* Ratificacion, o juramento que hizo . . . don Baltasar Carlos . . . por su persona en presencia del Rey . . . en la . . . catedral . . . de Pamplona. *Martin de Labáyen, y Diego de Zabala: Pamplona*, 1647. fol. 1605/458(3). [27]

—Relacion del juramento de los fueros de Aragon, que hizo . . . d. Baltasar Carlos, en la iglesia . . . de Zaragoça. [20 Aug. 1645]. *J. B. de Blas: Sevilla*, 1645. 4.° 1323.k.13.(23). (*missing*). [28]

Bandeira, Antonio da. Sermão que o padre Antonio Bandeira . . . pregou na see desta cidade de Coimbra . . . 1643. *Lourenço Craesbeeck: Coimbra*, 1643. 4.° 9195.c.22.(19). [29]

Bandinelli, Antonio. Experiencias y remedios de pobres Sacólas a luz en italiano don A. Bandineli . . . Traduxólas . . . Christoval Laserna. *P. Campius: Barcelona* [1700?] 8.° 7461.a.18. (*missing*). [30]

Baños de Velasco, Juan. Sexta parte de la historia pontifical . . . y catholica. *Francisco Sanz: Madrid*, 1678. fol. (*Other parts under Bavia, Illescas, Quadalaxara y Xavier*). 4855.f.7 (vol. 6). [31]

Bañuelos, Vicente. El licenciado don Vicente Bañuelos, fiscal de la carcel de Corte, haze recuerdo a los . . . alcaldes para que . . . executen en la causa de don Iuan Guillin, y consortes, ingleses . . . Por las muertes . . . de . . . Antonio Asikan . . . y Iuan Bautista Ribas. [*Madrid?* 1650]. fol. 1480.c.18. *imp.* [32]

Barba, Alvaro Alonso. Arte de los metales en que se ensaña el verdadero beneficio de los de oro, y plata por açogue. El modo de fundirlos todos. *Imprenta del reyno: Madrid*, 1640. 4.° 444.c.3.(2); 987.h.27;234.i.43. [33]

Barba de Coronado Juan. Memorial que el capitan don Iuan Barba . . . dio al rey . . . Felipe quarto y lo que . . . hizo en viritud del. [*Madrid*, 1630]. fol. 1324.i.2.(1,2). **[34]**

—[Anot. issue]. [*Begin:*] Señor El capitan don Iuan Barba etc. [*Madrid*, 1630]. fol. 1324.i.2.(45). **[35]**

Barbara, *Saint.* Auto de S. Barbara. Obra da vida da . . . S. Barbara. [By Alfonso Alvares?] *Antonio Alvarez: Lisboa*, 1634. 4.° C.63.b.10. **[36]**

Barbary. Relacion verdadera de la famosa empresa que han hecho en Berberia las galeras de Malta. *Iuan Sanchez: Madrid*, 1640. fol. 1316.h.9. **[37]**

Barberini, Francesco, *The Elder.* Breve sumario de las facultades que trae su señoria . . . cardenal don Francisco Barberino, sobrino de . . . Urbano VIII . *Francisco de Lyra: Sevilla*, 1626. fol. 593.h.17.(48). **[38]**

—I.H.S. Relacion verdadera de la entrada, y recibimiento que . . . Barcelona hizo a la buena venida del . . . cardenal legado [F. Barberini], en 18 de Março . . . 1626. *Bernardino de Guzman: Madrid*, [1626]. fol. 593.h.22.(57). **[39]**

—Verdadera relacion en que se da cuenta como el legado de su Santidad se vido con su magestad . . . y la . . . entrada . . . de su magestad . . . en Barcelona. *Iuan de Cabrera: Sevilla*, 1626. fol. 593.h.17.(64). **[40]**

Barbon y Castañeda, Guillen. Prouechosos adbitrios al consumo del vellon, conservacion de plata, poblacion de España, y relacion de auisos importantes. *Andres de Parra: Madrid*, 1628. 4.° 1322.l.22.(46). **[41]**

—[*Begin:*] Señor. Haze discurso el capitan don Guillen Barbon . . . para sacar de España . . . crecido numero de soldados sin quintarlos. [*n.p.*, 1640?] fol. 1324.i.6.(3). **[42]**

—[*Begin:*] Señor. Lo contenido en este papel, es un facil y prouechoso arbitrio al consumen del vellon y conseruacion de plata. [*Madrid? n.d.*] 765.i.9.(23). **[43]**

Barbosa, Agostinho. Duo vota consultiva unum de campanis. Alterum de cœmeteriis. [*Spain? 1645?*] 4.° 3478.f.6. **[44]**

—Por el doctor Agustin Barbosa con Balthasar Diaz de Alfonseca. Sobre el valor de los mandatos . . . censuras, y sequestros del auditor de la Camara apostolica y sagrada Rota. [A pleading]. [*n.p.*, 1635?] fol. 1322.k.15.(2). **[45]**

—Remissiones doctorum, qui varia loca Concilii Tridentini incidenter tractarunt. *Ex officina Petri Craesbeeck: Ulyssipone*, 1618. 8.° 1608/953. **[46]**

Barbosa Homem, Pedro. Discursos de la iuridica, y verdadera razon de estado, formados sobre la vida . . . del Rey don Iuan el II . . . contra Machavelo, y Bodino . . . Primera parte. *Nicolas Caruallo: Coimbra*, 1629. 4.° 1449.b.21. **[47]**

Barcelona, [*official documents*]. [*Begin:*] Por la ciudad de Barcelona. Aunque la mudança de las monetas. [Complaining of the frequent changes in the value of money]. [*n.p.*, 1620?] fol. 1322.l.7.(6). **[48]**

—[*Concell de Cent*]. Ordinacions fetas, y ordenadas per los . . . consellers y saui Concell de Cent . . . de Barcelona, celebrat a 9. de Agost. 1635. Sobre la administracio dels forments. *Sebastia y Iaume Mathevat: Barcelona*, 1637. 4.° 5383.f.7. **[49]**

——*Sebastia y Iaume Matevat: Barcelona*, 1640. 4.° 5383.f.9. **[50]**

—Ordinacions fetas, y ordenades per los . . . consellers y saui Consell de Cent de . . . Barcelona . . . 9 de iuliol 1626. *Sebastia y Iaume Mathevat: Barcelona*, 1637. 4.° 5383.f.6. **[51]**

——*Sebastia & Iaume Mathevat: Barcelona*, 1640. 4.° 5383.f.8. **[52]**

—Proclamacion catolica a la magestad de Felipe el Grande . . . Los conselleres . . . de Barcelona. [Drawn up by G. Sala]. [*Barcelona*], 1640. 4.° 1485.b.20. **[53]**

—Proclamacion catolica a la magestad . . . de Felipe . . . Rey de las Españas . . . Los consellers, y Consejo de Ciento . . . de Barcelona. [Drawn up by Gaspar Sala]. *Iayme Matevat: Barcelona*, 1641. 8.° 9180.e.1.(5). **[54]**

——[Drawn up by Gaspar Sala. Edited by L. de Queiros]. *Antonio Aluarez: Barcelona, Lisboa*, 1641. 4.° 1445.f.14.(1). **[55]**

—Politica christiana nouament instituda en . . . Barcelona. En actio de gracias, de las moltas . . . victorias que goza . . . Catalunya. [A proclamation]. *Sebastiã de Cormellas: Barcelona*, 1643. 4.° 9180.e.2.(37). **[56]**

—Transumpts y copies de les cartes escrites per los consellers . . . de Barcelona y procuradores de . . . Tortosa a . . . Valencia. 2 pt. *Vicente Cabrera: Valencia*, 1682. fol. 704.h.16.(11, 12); 704.h.16.(13) pt. 2. **[57]**

—[*Appendix*]. Carta de Barcelona a esta Corte, en que se da auiso . . . q̃ una muger esclaua . . . descerrajo una iglesia y robô el Sãtissimo . . . en . . . Colibre. *Bernardino de Guzman: Madrid*, 1625. fol. 593.h.22.(9). **[58]**

—Copia de una carta, que ha escrit un cavaller, a un amich seu de Barcelona, donant li auis de la victoria que han tingut en lo Lloch de Orta. *Iaume Mathevat: Barcelona*, 1643. 4.° 9180.e.2.(15). **[59]**

—Manifestacion, en que se publican muchos, y relevantes servicios . . . con que ha servido à sus . . . Reyes . . . Barcelona; singularmente en el sitio . . . que acaba de padecer . . . año de 1697. *En casa de Cormellas; por Thomas Loriente: Barcelona*, [1697]. 4.° 1445.f.12. **[60]**

—Relacion verdadera del origen de la santa imagen de la Magestad [at Lucca], cuya imitation . . . assiste en la . . . iglessia . . . de Barcelona. [In verse]. *Sebastian & Iayme Mathevat: Barcelona*, 1635. 4.° 11450.e.24.(29). **[61]**

—Resposta a un amich de Vich contantli los effectes que ha causada la sancta unio de Barselona. [In verse]. *Sebastia de Cormellas: Barcelona*, 1606. 4.° 11450.e.25.(24). **[62]**

—Resposta y copia de una carta tramesa per un ciutata . . . de Barcelona a un amich, residint en Valencia ab la qual li dona auis de la unio, feta en . . . Barcelona. [In verse]. *Ioan Amello: Barcelona*, 1606. 4.° 11450.e.25.(25). **[63]**

Barcena, Juan de. [*Begin:*] Beati, qui custodiunt iustitiam in omni tempore. Psalm 115. Jesus, Maria, Joseph. Discurso juridico por el prior, diputados y demàs individuos del gremio de tratantes . . . de Burgos. [*n.p.d.*] fol. 765.h.11.(1). **[64]**

Barcena Jiménez de Ludeña, Andrés, de la. Iesus Maria Ioseph. Por don Manuel Pereyra de Castro. Casa 18. Con don Alonso Pereyra Castro casa 13. Y con . . . su hija . . . casa 24. Y con don Iacinto . . . casa 21. Y con . . . casa 22. [*n.p.*, 1655?] fol. 765.i.1.(18). **[65]**

Barcena y Lidueña, Andrés de la. Iesus Maria Ioseph. Por d. Iacinto de Urutia Salaçar, como marido . . . de doña Martina de Alçedo . . . Con don Estevan de Salaçar . . . marido de doña Catalina de Alçedo [and others]. [*n.p.*, 1670?] fol. 765.i.1.(17). [66]

—Iesus Maria Ioseph. Por don Antonio Mesia de Touar, conde de Molina, embaxador de Francia. Con don Bartolome Marquez de Prado . . . de Segouia. [*n.p.d.*] fol. 765.i.1.(13). [67]

Barclay, John. La prodigiosa historia de los dos amantes Argenis y Poliarco, en prosa y verso . . . del licenciado don Gabriel del Corral. *Iuan Gonçalez, a costa de Alonso Perez: Madrid*, 1626. 4.° 12403.e.18. [68]

Barlaam, *Saint, of India.* Historia de los soldados de Christo, Barlaam, y Iosafat. Escrita por san Iuan Damasceno. [Translated by Juan de Arce Solorzeno.] *Imprenta real; Iuan Flamenco: Madrid*, 1608. 8.° 4823.a.13. [69]

—Verdad nada amarga; hermosa bondad, honesta . . . grata y moral historia. De la rara vida de los . . . Sanctos Barlaan y Iosaphat. *Gaspar de los Reyes: Manila*, 1692. 4.° 12410.f.21. [70]

Barlement, Noël van. Colloquia et dictionariolum octo linguarum. [Various editions]. *See* Colloquia.

—Dictionario coloquios, o dialogos en quatro lenguas. [c.1635] obl. 16.° *See* Diccionario. 12901.a.16.

—Dictionariolum et colloquia octo linguarum, Latinæ, Gallicæ, Belgicæ, Teutonicæ, Hispanicæ, Italicæ, Anglicæ & Portugallicæ. 1662. obl. 8.° *See* Dictionariolum. 12901.aa.6; 12901.aa.14.

—Dictionnaire, et colloques en quatre langues. 1647. obl. 16.° *See* Dictionnaire. 12901.a.19.

—New dialogues or colloquies. 1639. obl. 8.° *See* Dialogues. 629.a.3.

Barnuevo, Rodrigo. [*Begin:*] Señor. Rodrigo Barnueuo de la compañia de Iesus. [A memorial of his services in the Spanish Indies addressed to the King]. [*Madrid?* 1630?] fol. 1324.i.2.(38). [71]

Barona y Loaysa, Gaspar Sancho. [*Begin:*] Señor. Don Gaspar Sancho Barona y Loaysa. [A memorial, addressed to the King]. [*n.p.*, 1640?] fol. 1324.i.2.(37), (119). [72]

Barra, Francesch. Brev tractat de artilleria, recopilat de diversos autors, y traballat per Francesch Barra. *En casa de Iaume Mathevat: Barcelona*, 1642. 4.° 1600/164. [73]

Barradas, Baltasar de. Feliz victoria que don Baltasar de Barradas . . . ha tenido en los presidios y fuerça de la Baltolina. *Simon Faxardo: Seuilla*, 1625. fol. 595.h.17.(33). [74]

Barradas, Sebastianus. I.H.S. Sebastiani Barradas . . . Tomus II. Commentariorum in concordiam, et historiam quator euangelistarum. *Apud Petrum Crasbeeck: Olisipone*, 1605. fol. 3125.g.13. [75]

Barrasa, Joseph. [*Begin:*] El padre maestro fray Ioseph Barrasa, de la orden de nuestra Señora de la Merced, y su procurador . . . de Lima . . . para la pretension que tiene, *etc.* [*n.p.*, 1665?] fol. 1324.i.1.(32). [76]

Barrasa Enriquez, Melchor de. [*Begin:*] Señor. El capitan Melchor de Barrasa Enriquez, procurador general . . . de Mexico. [A memorial to the King on the services, privileges and commerce of Mexico]. [*n.p.*, 1650?] fol. 1324.i.9.(30); 1324.i.9.(26). [77]

Barreda, Gabriel de. Por el estado eclesiastico destos reynos. Con el señor fiscal. [In a suit relating to the payment of tithes]. [*Mexico*, 1650?] fol. 5125.g.7.(8). [78]

Barreira, Isidoro de. Tractado das significaçoens das plantas, flores, e fructos que se referem na sagrada escriptura. *Pedro Craesbeeck: Lisboa*, 1622. 4.° 1010.c.7. [79]

Barrera, José de la. Orat[io] ad Augusti[nian]æ patres Er [emi] comitia Bæticæ provincialia Granatæ celebrantes. Die 28 Aprilis. Anni 1635. *Apud Salvatorem de cea Tesa: Cordubæ*, 1635. 4.° 4071.i.2.(12); *imp.* [80]

Barreto, Francisco. Relaçam diaria do sitio, e tomada da forte praça do Recife. *Na officina Craesbeeckiana: Lisboa*, 1654. 4.° 9195.c.22.(3). [81]

Barreto, João Franco. Relaçam da viagem que a França fizeram Francisco de Mello . . . & o doutor Antonio Coelho de Carualho, indo por embaixadores . . . do Rey . . . Dom Ioam o IV. *Lourenço de Anueres; & a sua custa: Lisboa*, 1642. 4.° 1487.fff.37. [82]

Barretto Fuzeiro, Nuno. Vida da gloriosa virgem a madre santa Thereza de Jesus, fundadora . . . de Carmelitas descalças. *Francisco Villella: Lisboa*, 1691. fol. 487.i.37. [83]

Barrio, María del. Iesus, Maria, Ioseph. Por dona Maria del Barrio, como madre, y tutora de . . . su hijo, y de . . . su marido. Con Iuan Morales de Urrea, vezinos de . . . Toro. Sobre la sucession de los bienes . . . y mayorazgo que fundò . . . Garcia de la Carrera. [A lawsuit]. [*n.p.*, 1610?] fol. 765.i.13.(3). [84]

Barrionuevo, Rodrigo de. [*Begin:*] Muy poderoso señor. El padre Rodrigo de Barrionuevo, de la compañia de Iesus. [A memorial to the King on the affairs of the Jesuits in Peru]. [*n.p.*, 1630?] fol. 4783.f.7.(8). [85]

Barrionuevo de Peralta, Jerónimo, Por don Geronimo Barnueuo de Peralta . . . Contra don Diego de Silua marques de Orani . . . En respuesta de su informacion. [*Madrid?* 1630?] fol. 765.i.6.(28). [86]

—Por don Geronimo Varrionueuo de Peralta . . . Contra el marques de Orani . . . como padre y legitimo administrador de . . . su hijo. [A pleading]. [*Madrid*, 1630?] fol. 765.i.6.(27). [87]

Barrios, Miguel de. Atlas angelico de la Gran Bretaña, declaracion a su . . . Rey Jacobo Segundo, de que Atlante fue Henoch hijo de Jared antes de diluvio. [*n.p.*, 1688] 8.° 808.f.20. [88]

—Breve discurso, politico, sobre las expulsiones, de los hebreos, en diversos reynos . . . de Europa. [By Miguel de Barrios?] [*n.p.*, 1675?] 8.° 4033.a.37.(10) [89]

—El canto junto al encanto, comedia famosa. [In verse]. [*n.p.*, 1665?] 4.° 11728.a.36. [90]

—Contra la verdad no ay fuerça. [A drama in verse]. Panegiricio a los . . . martires Abraham Athias, Yahcob Rodriguez Càsares, y Raquel Nuñez Fernandez. *David de Castro Tartaz: Amsterdam*, [1665?] 8.° 4033.a.37.(3); *imp.* [91]

—Coro de las musas dirigido al . . . señor don Francisco de Melo. *Baltazar Vivien: Brusselas*, 1672. 12.° 243.a.34. [92]

—Desembozos de la verdad contra las mascaras del mundo. [*Amsterdam*, 1675?] 8.° 4033.a.37.(6). [93]

—Estrella de Jacob. Sobre flores de lis [With other pieces in prose and verse]. *Amsterdam*, 1686. 8.° C.57.c.21.(1).

[94]

—Flor de apolo, dirigida al . . . señor d. Antonio Fernandez de Cordoua *etc*. [A collection of poems and plays]. 3 pt. *Baltazar Vivien: Bruselas*, 1665. 4.° 1073.k.12. [95]

—[A reissue]. Las poësias famosas, y comedias, de don Miguel de Berrios. Segunda impression. *Geronymo & Iuan Verdussen: Amberes*, 1674. 4.° 11450.e.33; 1072.g.28.

[96]

—Imperio de Dios en la harmonìa del mundo. [A poem]. [*Brussels*, 1670?] 4.° 640.l.18.(2). [97]

——(Imperio de Dios. Piedra derribadora de la . . . estatua desde . . . 1689 [a] . . . 1700). [*Brussels?* 1700?] 4.° 1072.g.30. [98]

—Libre alvedrio, y harmonia del cuerpo por disposicion del alma. [In verse, followed by other works]. *Baltazar Vivien: Brusselas*, 1680. 8.° 4033.a.37.(1). [99]

—Mediar estremos. Decada primera en Roshasana. *Iacob van Velsen: Amsterdam*, 5437 [1677]. 8.° 4033.a.37.(4). [100]

—Metros nobles. Dirigidos à los muy ilustres señores Parnafim, y Gabay del Santa Kahal. *Amsterdam*, [1675?] 8.° 4033.a.37.(2). [101]

—[Origen] del reyno dinamarques. [1675?] 8.° *See* Denmark. 4033.a.37.(9).

—Triumpho del govierno popular, y de la antiguedad holandesa. [With other works]. [*Amsterdam*, 1683] 8.° 4033.aa.43. [102]

—Trompeta del juizio. Contra el Papa y la inquisicion, satyra. [1675?] 8.° *See* Pope. 4033.a.37.(8).

Barros, Alonso de. Desengaño de cortesanos. Por Alonso de Barros . . . Traduit en françois par Sebastien Hardy. *Span. & Fr. Francois Huby: Paris*, 1617. 8.° 11451.b.14.

[103]

—Perla de los proverbios morales de Alonso de Barros. *Iorge Rodriguez: Lisboa*, 1617. 8.° 1075.b.15. [104]

—Proverbios morales. [In verse]. *Alonso Martin; a costa de Miguel Martinez: Madrid*, 1608. 8.° 12304.aaa.35; *imp.*

[105]

——*Sebastian de Cormellas: Barcelona*, 1619. 8.° 9930.aa.5.(2).

[106]

—Prouebios [sic] morales, heraclito de Alonso de Varros, concordados por el maestro Bartolome Ximenes Platon. *Span. & Lat. Pedro de la Cuesta: Baeça*, 1615. 4.° 1074.l.25. [107]

——*Pedro Craesbeeck: Lisboa*, 1617. 4.° 1070.h.10. [108]

Barros, João de. [*Asia. Portugese*]. Decada primeira (segunda—terceira) da Asia. 3 vol. *Iorge Rodriguez; a custa de Antonio Gonçaluez: Lisboa*, 1628. fol. 582.i.9–11; 148e.11–13; G.6799-6801; C.79.C.10. [109]

—Quarta decada da Asia de Ioão de Barros. *Impressão real: Madrid*, 1615. fol. G.6596. [110]

—Quarta decada da Asia de Ioão de Barros . . . Reformada . . . com notas e taboas . . . por João Baptista Lavanha, *Anibal Falorsi: Madrid*, 1615. fol. 582.i.12; C.79.c.11; 148.e.14; G.6600. [111]

—[*Spanish*]. Libro nono de la tercera decada de la Assia de Iuan de Barros. (Govierno y hechos de don Enrique de Meneses). *Iuan Delgado: Madrid*, 1628. 4.° G.2728.

[112]

—[*Selections and extracts*]. Aphorismos y exemplos politicos, y militares. Sacados de la primera decada de Iuan de Barros. Por don Fernando Ulvia de Castro. *Pedro Craesbeeck: Lisboa*, 1621. 4.° 521.f.7. [113]

—[*Other works*]. A primeira parte da cronica do Emperador Clarimundo. 1601. fol. *See* Clarimundo, *Emperador*. G.10239.

Barros, Tomás de. Copia de una carta que escriuio el padre Tomas de Barros de la compañia de Iesus . . . al padre general, en que declara lo que . . . hizieron en . . . Etiopia, en . . . 622. [*n.p.*, 1624?] fol. 4783.f.7.(4). [114]

Barros e Costa, Manoel de. Summa breve dos casos reservados do arcebispado de Braga . . . com o aviso & examen de confessores. *Joseph Ferreyra: Coimbra*, 1681. 8.° 506.a.21.(2). *imp.* [115]

Bartholomew, *Saint and Apostle, Monastery of, at Lupiana*. [*Begin:*] Señor, El real convento de san Bartolomé de Lupiana. [A memorial to the King on the part of the monastery, concerning the election of a general]. [*n.p.*, 1641?] fol. 4783.e.1.(41). [116]

Barto Ceperlli, — de. Exortacion de monsieur Bartoceperlli al cardenal . . . de Richelieu. [*Madrid?* 1639?] 4.° 1444.f.18.(15). [117]

Basil, *Saint*. [*Appendix*]. [*Begin:*] Il.ᵐᵒ señor. Sumario de las cosas en que concurren los testigos de las informaciones que han hecho los monges Basilios y Benitos. [*Madrid?* 1670?] fol. 4783.e.2.(18). [118]

Basso, Gerardo. Gran tesoro para su Magestad, que Dios quarde, y . . . para estos reynos, y vasallos el consumo del vellon . . . con la labor de moneda. *Francisco Martinez: Madrid*, 1634. fol. 1323.k.17.(2); 765.i.9.(1). [119]

Basso Millanes, Gerardo. Discurso sobre la proposicion de labrar buenas monedas de valor intrinseco . . . Por Gerardo Basso. [*Madrid?*] 1632. fol. 765.i.9.(11). [120]

Basta Giorgio, *Count d'Hust*. Gouierno de la caualleria ligera . . . Traducido . . . en español por Pedro Pardo Rivadeneyra. *Iuan de Meerbeeck: Bruselas*, 1624. 4.° 8829.ee.6. [121]

Bastida, Hernando de la. Antidotto a las venenosas consideraciones de Fr. Paulo de Venecia sobre las censuras de N. Sᵐᵒ Pᵉ Paulo V. *Nicolas Tulliests: Leon*, 1607. 8.° 1007.b.15.(2). [122]

Bathe, William. Janua linguarum, sive modus maxime accomodatus, quo patefit aditus ad omnes linguas intelligendas. 1611. 4.° *See* Janua. C.33.f.7.

Baturi, Chico. Comedia famosa, de Chico Baturi. De tres ingenios [A. de Huerta, G. Cancer, P. Rosete Niño]. [*n.p.*, 1700?] 4.° No. 114 *of an unidentified collection.* 11726.f.16.

[122a]

Bavia, Luis de. Tercera parte de la historia pontifical y catolica. *Sebastian de Cormellas: Barcelona*, 1621. fol. 4855.f.7. (vol. 3). [123]

—Quarta parte de la historia pontifical y catolica. *Sebastian de Cormellas: Barcelona*, 1621. fol. (*Other parts under Baños de Velasco, Illescas, Quadalaxara y Xavier*). 4855.f.7. (vol. 4).

[124]

Bazan, Juan Carlos. El contador don Nicolas de Robledo, en el iuyzio de visita, manifiesta el inculpado procedimiento de el conde de Molina de Herrera . . . que fue de los consejos de Guerra . . . Y responde a los cargos que se le han hecho. [n.p.d.] fol. 765.i.1.(9). **[125]**

Bazán de Albornoz, Francisco. [Begin:] El doctor don Francisco Bazan Albornoz. [A memorial setting forth his services]. [Madrid? 1640?] fol. 1324.i.2.(21). **[126]**

Beaumont y Navarra, Luis de, Viscount de Mendinueta. [Begin:] Señor. Don Luis de Beaumont y Navarra [A memorial to the King of Spain]. [n.p., 1650?] fol. T.16*.(27). **[127]**

Bedmar y Narvaez, Lucas Antonio de. Real aclamacion, que de orden de la reyna . . . la junta del govierno, se executò en esta Corte el miercoles 24. de noviembre . . . 1700. Lucas Antonio de Bedmar: Madrid, [1700]. 4.° 1445.f.21.(11). **[128]**

Beintin, Francisco Baptista. El fiscal de su Magestad. Con Francisco Baptista Beintin ensayador de la Casa de la moneda de Sevilla, y consortes. Sobre la falta de ley que se ha hallado en la moneda de oro y plata. [n.p., 1617?] fol. 1322.l.7.(11). **[129]**

Beja Palestrellus, Ludovicus de. Variæ responsiones casuum conscientiæ. Qui coram . . . Cardinali Pallæoto archiepis. Bonon. in congregatione clericorum propositi & decisi fuerunt . . . Partes quatuor. Typis Petri Crasbeeck: Ulyssipone, 1610. 4.° 4061.dd.5. **[130]**

Bejar, Duque de. [Begin:] Iesus, Maria, Ioseph. Por el duque de Bejar. Con don Diego de Aguilar. [n.p., 1630?] fol. 765.i.13.(18). **[130a]**

Bejar, town of. Iesus Maria Ioseph. Por el duque de Bejar. Con la villa, y tierra de Bejar. Sobre la sobrecarta que la villa y tierra pretenden . . . que se libro en su favor, en [20 Jan 1582]. [n.p., 1628?] fol. 765.i.13.(5). **[131]**

Belchior [Correa], de Santa Anna. Chronica de Carmelitas descalços, particular do reyno de Portugal e provincia de Sam Felippe . . . Pello P. fr. Belchior de S. Anna. (tom. 2 escrito por F. João do Sacramento). 3 tom. Henrique Valente Oliveira: Lisboa, 1657-1753. fol. 4625.e.12. **[132]**

Belisarius. Comedia famosa. El capitan Belisario [in verse]. De un ingenio de esta corte [A. Mira de Mescua]. [Seville? 1700?] 4.° No. 144 of an unidentified collection. 11728.h.14.(2). **[133]**

Bellot de Villamantels, Magin. Verdadera relacion de la muerte . . . del rey don Felipe . . . Tercero . . . Repartida en tres romances. [In verse]. Esteuan Liberos: Barcelona, 1621. 4.° 11450.e.24.(17). **[134]**

Belmonte, Christophorus. Pictura Minervæ viventis, omnibus scientiæ, sapientiæ, ac liberalium artium concoloribus onarmentis conspicuæ . . . Mariæ de Guadalupe Lancastre et Cardenas . . . Ducis de Arcos y Avero. [Verses]. [Madrid? 1680?] S.sh fol. T.101*.(9). **[135]**

Beltran, Isidro. Relacion fiel, y verdadera de la singular merced que Dios . . . ha sido servido dar a . . . Teruel, con el descubrimiento de una fuente. Miguel Sorolla: Valencia, 1633. fol. 593.h.22.(42). **[136]**

Beltran de la Cueva, Juan. Segunda relacion verdadera en que se da cuenta de todo el daño q̃ causó las crecientes del río Guadalquiuir en . . . Sevilla . . . 1626. Francisco de Cordoua: Sevilla, [1626]. fol. 593.h.22.(74). **[137]**

Benavarre. Razones que asisten a la muy ilustre villa de Benavarre . . . sobre la pretension de fundar un colegio

de los clerigos regulares pobres . . . de la escuela Pia. [n.p., 1650?] fol. 4745.f.11.(19). **[138]**

Benavente y Benavides, Christoval de. Advertencias para reyes, principes y embaxadores. Juan de Noort fecit; por Franco Martinez: Madrid, 1643. 4.° 1137.e.25. **[139]**

Benavides, Alonso de. Memorial que fray Iuan de Santander de la orden de san Francisco . . . presenta a . . . don Felipe Quarto . . . Hecho por el padre fray Alonso de Benauides. Imprenta real: Madrid, 1630. 4.° G.7156. **[140]**

Benavides, María de. Por doña Maria de Benauides. Con don Francisco de Peralta, vel potius, con el real fisco. Sobre la casa . . . que . . . doña Maria possê. [Madrid? 1625?] fol. 765.h.3.(37). **[141]**

Benavides, Miguel de. Relacion de don fray Miguel de Benauides . . . del estado de la fe de su obispado, y de la . . . conuersion a la . . . fe de aquellas prouincias . . . con otras tres cartas. Iuan Chrysostomo Garriz: Valēcia, 1601. 4.° 4765.b.8. **[142]**

Benavides Bazán, Juan de. [Begin:] Demas de lo alegado y aduertido por . . . dõ Iuan de Benauides Baçan en su causa sobre la perdida de la flota de nueua España. [n.p., 1650?] fol. 1324.i.5.(15). **[143]**

—[Begin:] Señor. Don Iuan de Benauides Baçan, general q̃ fue de la flota de Nueua—España que se perdio el año de 628 . . . se postra a los pies de V. Magestad. [A petition for justice]. [n.p., 1650?] fol. 765.h.1.(11). **[144]**

Benavides de Carrillo y Toledo, Luis de, marquis de Caracena. Carta de un sargento portuguez al marques de Caracena sobre la perdida de su exercito. [n.p., 1665?] 4.° 9195.c.25.(7). **[145]**

—Iesus. El pleyto de don Luys Carrillo de Toledo . . . Con el fiscal desta corte y . . . de Madrid. [Relating to the manorial rights of the marquis]. 4 pt. [n.p., 1625?] fol. 1322.l.6.(2). **[146]**

Benavides et Bazan, Ildephonsus de. Votum decissiuum D. D. Ildephonsi de Benavides, & Bazan . . . In causa inter . . . Ferdinandũ de Alarcon, & Zuñiga . . . Dominiamque Hieronymam Menendez de Valdés eius coniugem, ex una parte. Et ex altera . . . Franciscum de Alarcon . . . 11. Augusti . . . 1655. [n.p., 1655?] fol. 1322.k.15.(26). **[147]**

Benavides y la Cueva, Diego de, Count de Santistevan. [Begin:] Hallandose el conde de Santisteuan gouernando . . . Nauarra desde desde Setiembre de 1653. por Enero del de 60. se siruio su Magestad de nombrale por virrey del Peru. [A memorial]. [n.p., 1664]. fol. 1324.i.3.(31). **[148]**

Benedictines. Medio para extirpar de la congregacion todo genero de facciones peccaminosas. [Madrid? 1640?] fol. 4783.e.2.(35). **[149]**

—Razones, en que se funda el derecho que assiste a la religion de S. Benito. (Sentencia, y auto de manutencion). 2 pt. [Madrid? 1674?] fol. 4783.e.2.(19). **[150]**

Benedio, Lorenzo de. Historia de la yglesia imagen, S. Hilo milagros de nuestra Señora de Laguen. Godofredo Schoeuarts: Brusselas, 1635. 8.° 4807.a.7. **[151]**

Benitez Negrete, Sebastian. [Begin:] Senor. El auer entrado en estos reynos de España tan gran suma de moneda de bellon . . . que oy se hallan . . . despojados de la plata y oro. [A memorial to the King]. [*Madrid?* 1625?] fol. 1322.l.12.(42); 1322.l.12.(44*); 1322.l.12.(65). **[152]**

—[*Begin:*] Señor. En dos papeles que he dado a V. Magestad . . . he representado tres medios . . . para impedir la entrada de moneda de bellon en estos reynos: y la salida de plata. [*Madrid,* 1625]. fol. 1322.l.12.(44).; 322.l.12.(62). **[153]**

—[*Begin:*] Senor. Porque en un papel que he dado a V. Magestad represento los medios . . . con que se podra impedir la saca de la plata destos reynos. [*Madrid?* 1625?] fol. 1322.l.12.(93); 1322.l.12.(44**). **[154]**

Bentivoglio, Guido, *Cardinal.* Las guerras de Flandes desde la muerte del emperador Carlos V. hasta la conclusion de la tregua de doze años . . . Traduxolas . . . en la española el padre Basilio Varen. *Geronymo Verdussen: Amberes,* 1687. fol. 9405.h.1. **[155]**

—Relaciones del cardenal Bentivollo. Publicadas por Enrico Puteano . . . y traduzidas por don Francisco de Mendoça y Cespedes. *Maria de Quiñones; a costa de Pedro Coello: Madrid,* 1638. 4.° 9405.bb.5. **[156]**

Berart, Raymundo. Manifiesto por la justificacion de fr. Phelipe Pardo arzobispo de . . . Manila. [*n.p.,* 1691?] fol. 4183.k.4.(2). *imp.* **[157]**

Beretarius, Sebastianus. Compendio de la vida de el apostol de el Brasil . . . Joseph de Anchieta. 1677. 4.° *See* Anchieta, J. de. 1371.d.15.

Bermudes, Miguel. Yo he hecho lo que he podido, fortuna lo que ha querido. Comedia nueva. [In verse]. *Francisco de Leefdael: Sevilla,* [1700?] 8.° 11728.a.43. **[158]**

—Los tres señores del mundo. [In verse]. [*Madrid?* 1700?] 4.° 11728.a.50. **[159]**

Bermudez de Belmonte, Luis. En riesgos luce el amor. Comedia famosa. [In verse]. [*Madrid?* 1700?] 4.° 11728.a.48. **[160]**

Bermudez de Castro, Iuan. Por don Iuan Bermudez de Castro, beneficiado de la yglesia parroquial de San Christoual . . . de Granada. Con Domingo Garcia de Ladosa. *Blas Martinez: Granada,* 1635. fol. 765.i.2.(25). **[161]**

Bermudez de Castro, Miguel. Description de las fiestas que el Sr. Marques de Castel Rodrigo embaxador . . . celebrò . . . a la . . . election de Ferdinando III de Austria. [In verse. With etchings by Claude Gelée de Lorraine]. *Francisco Cabalo: Roma,* 1637. 4.° C.33.L.2. **[162]**

Bermudez de Pedraza, ——, *Licenciado.* Por el señor fiscal, y el marques de Cañete, tesorero de la Casa de la moneda . . . de Cuenca . . . Con los monederos de la dicha casa. [1660?] fol. *See* Fernández de Velasco Hurtado de Mendoza, A., *Marquis of Cañete.* 1322.l.7.(33).

Bermudez de Pedraza, Francisco. Antiguedad y excelencias de Granada. *Luis Sanchez: Madrid,* 1608, 07. 4.° 574.f.19.(1); 281.d.23. **[163]**

—Historia ecclesiastica. Principios, y progressos de la cuidad . . . de Granada. *Andres de Santiago: Granada,* 1638. fol. 207.e.9. **[164]**

—Por el doctor Rodrigo Vazquez de Rueda y Nauarete . . . administrador del hospital real [i.e. of Granada] . . . sobre los cargos hechos . . . Por el . . . doctor don Pedro de Auila. *Francisco Heylā: Granada,* 1631. fol. 1322.l.9.(21). **[165]**

—Arte legal para estudiar la jurisprudencia. Con la paratitla, y exposicion à los titulos de los quatro libros de las instituciones de Iustiniano. 2 pt. *Antonia Ramires; a costa de Nicolas Martin del Castello: Salamanca,* 1612. 8.° 1608/1173. **[166]**

Bernal, Marcos. Por el padre fray Marcos Bernal, prouincial de los Minimos de S. Francisco de Paula . . . Con el padre . . . Pablo Torreño. [A pleading]. [*Madrid?* 1650?] fol. 4783.e.1.(43). **[167]**

Bernal y León, Tiburcio. B[reve y exposio]n juridica, por el defensor de los bienes à un concurso formado de el estado, y marquesado de san Vicente [J. de Sandoval]. [*n.p.,* 1700?] fol. 5107.ff.1.(18). **[168]**

Bernard, called The Great, *Duke of Saxe-Weimar.* Rota de los exercitos del duque de Vaymar, mortandad de franceses, socorro de Dole, y Grey plaças de la Borgoña. *Iuan Gomez de Blas: Sevilla,* 1639. 4.° 1445.f.22.(29). **[169]**

Bernardez de Ribera y Cerrillo, Juan. Por los curas de la parrochia de santa Catherina martyr . . . de Mexico en el pleito con el capellan del Sanctuario . . . de nuestra Señor de Guadalupe. [*Mexico,* 1681?] fol. 4183.k.2.(6). **[170]**

Bernardinus, *de Sancto Antonio.* Epitome generalium redemptionū captiuorum, quæ a fratribus ordinis S^mae Trinitatis sunt factæ. (Additionis ad epitome liber tertius). 2 pt. *Ex officina Petri Crasbeec: Ulissip,* [1624] 4.° 1364.g.20. **[171]**

Berrio de Montalvo, Luis. Mo. Al Exmo senor don Garcia Sarmiento de Sotomayor y Luna . . . en informe del nuevo beneficio que se ha dado a los metales ordinarios de plata por azogue. *Francisco Robledo: Mexico,* 1643. fol. 9771.h.2.(2*); 725.k.18.(2). **[172]**

—Por Gonçalo Fernandez menor, y pobre, en el pleyto que de officio de justicia, contra el se sique. [*n.p.,* 1640?] fol. 1322.l.10.(24). **[173]**

Bertonio, Ludovico. Arte breue de la lengua aymara, para introduction del arte grande de la misma lengua. *Luis Zannetti: Roma,* 1603. 8.° C.33.d.19.(1). **[174]**

—Arte y grammatica muy copiosa de la lengua aymara. *Luis Zannetti: Roma,* 1603. 8.° C.33.d.19.(2). **[175]**

——*Francisco del Canto: Iuli,* 1612. 8.° C.38.c.53. **[176]**

—Confessionario muy copioso en dos lenguas, aymara, y española, con una instruccion acerca de los siete sacramentos. *Francisco del Canto: Iuli,* 1612. 8.° C.58.a.15. **[177]**

—Vocabolario de la lengua aymara. 2 pt. *Francisco del Canto: Iuli,* 1612. 4.° C.58.e.6. **[178]**

Besson, Jacques. Teatro de los instrumentos y figuras matematicas y mecanicas . . . Con las interpretaçiones . . . echas por Francisco Beroaldo. *Horacio Cardon: Leon de Francia,* 1602. fol. 47.g.6. **[179]**

Betancur y Abreo, Sebastián de. Oracion funebre en las honras de la señora Soror Sebastiana de Neve. *Juan Cabezas: Sevilla,* [1678]. 4.° 4865.dd.20.(8). **[180]**

Betancurt y Figueroa, Luis de. Memorial i informacion por las Iglesias metropolitanas, i catedrales de las Indias. *Francisco Martinez: Madrid,* 1634. fol. 4745.f.11.(13); 12231.t.1.(8). **[181]**

——*Francisco Martinez: Madrid,* 1637. 4.° 204.c.27. **[182]**

Bethlehem, *Order of.* Relacion de los hospitales que se han encargados, y fundados por los hermanos de la compañia Bethleemitica. [*n.p.*, 1700?] fol. 1865.c.10.(32). **[183]**

Beuter, Pedro Antonio. Primera parte (libro segundo) de la coronica [sic] general de toda España. 2 pt. *Pedro Patricio Mey: Valencia*, 1604. fol. 593.g.3; 179.e.13. **[184]**

Bible.

Complete Bibles

—[*Spanish*] La Biblia . . . [translated by Cassiodoro de Reyna] Segunda edicion. Revista y conferida con los textos hebreos y griegos y con diuersas translaciones por Cypriano de Valera. *En casa de Lorenco Iacobi: Amsterdam*, 1602. fol. 1.b.4. *imp.* **[185]**

——[*Basle*], 1622. 4.° 1409.l.9. **[186]**

——*En la libreria, de Daniel y David Aubrij, y de Clement Schleich:* [*Hanau?*] 1622. 4.° 4.a.6. **[187]**

Old Testament

—[*Spanish*]. Biblia en lengua espanola. [*Amsterdam*, 1611]. fol. 464.d.11. **[188]**

——[Revised and corrected by Manasseh ben Joseph ben Israel]. [*Amsterdam*], 5390 [1630]. fol. 675.k.6; 2.c.1. **[189]**

——*Impressadorie de Gillis Ioost: Amsterdam*, 5606 [5406? i.e. 1646?] fol. L.11.a.7. **[190]**

——Coregida [by Samuel de Casseres]. *En casa de Ioseph Athias: Amsterdam*, 5421. [1661]. 8.° 466.a.15. **[191]**

Exodus

—[*Spanish*]. Vida de Moysen. Parte primera. Glosada con sentencias, y aforismos politicos . . . Por don Antonio de Fuertes y Biota. [With the text of Exodus i–iv]. *Guilielmo Scheybels: Brusselas*, 1657. 8.° 4824.b.12. **[192]**

Pentateuch

—[*Spanish*]. Humas de Parasioth y Aftharoth, traduzido palabra por palabra de la verda hebraica. *I. Benveniste: Amsterdam*, 5403. [1643]. 8.° 1972.g.17.(2). **[193]**

—Humas, o cinco libros de la ley divina. Juntas las aphtarot del año. Con una perfecta glosa . . . llena de tradiciones . . . con dos tablas . . . Compuesta por el Hacham Menasseh ben Israel. 2 pt. *Amsterdam*, 5415, 14 [1655, 54] 12.° 481.a.17. **[194]**

—Parafrasis comentado sobre el pentateuco por . . . Ishac Aboab. *En caza de Iaacob de Cordova:* [*Amsterdam*], 5441 [1681]. fol. 690.g.1. **[195]**

—[Hebrew title]. Cinco libros de la ley divina con las aphtarot de todo el año. *En casa y acosta de David Tartaz: Amsterdam*, 5451–57. [1690–96]. 8.° C.049.a.2.(2); 01902.a.15. *imp.* **[196]**

—Los cincos libros de la sacra ley. Interpretados en lengua española . . . Por Yosseph Franco Serrano. *En casa de Mosseh Dias: Amsterdam*, 5455 [1695]. 4.° 464.b.9. **[197]**

Hagiographia

—[*Spanish*]. La constancia victoriosa. Egloga sacra. (Los trenos. Elegias sacras). [A verse translation of Job and Lamentations, by Count Bernardino de Rebolledo]. *En casa de Antonio Kinchio: Colonia Agripina*, 1655. 4.° 1072.e.30; 1073.k.30.(2). **[198]**

Psalms

—[*Polyglot*]. Declaracion de los siete psalmos penitenciales. Por el P. M. F. Pedro de Vega . . . Emendada en esta segun-da impression. [With the text in Latin and Spanish]. 3 pt. *Luis Sanchez;* (*Miguel Serrano de Vargas*): *Madrid*, 1602. 8.° 3061.de.21. **[199]**

——3 pt. *Carlos de Lauayen: Çaragoça*, 1606. fol. 3089.g.8. **[200]**

—Exposicion paraphrastica del psalterio de Dauid, en diferente genero de verso español . . . por . . . Juan de Soto. [With the Latin Vulgate text]. *Luys Martinez Grande: Alcala*, 1612. 4.° 3089.e.21. **[201]**

—Paraphrasis de los psalmos de Dauid: reduzidos al phrasis, y modo de hablar de la lengua española . . . Campuesto por f. don Antonio de Caceres y Soto Mayor. [In Spanish prose, with the Latin verse]. *Pedro Crasbeeck: Lisboa*, 1616. fol. 700.k.19. **[202]**

—Psalmodia Eucharistica cõpuesta por el . . . fr. Melchior Prieto, [With the Latin text]. *Luis Sanchez: Madrid*, 1622. fol. 467.d.7. **[203]**

—Exposicion parafrastica del psalterio y de los canticos del breuiario . . . por . . . Joseph de Valdiuielso. [In Spanish verse, with the Latin verse]. *Viuda de Alonso Martin: Madrid*, 1623. 4.° 011451.ee.1. **[204]**

—Exposicion de los siete psalmos penitenciales. Escriviola . . . Antonio de Peralta . . . marquès de Falces. [With the text in Latin and Spanish]. *Pablo de Val: Madrid*, 1662. 4.° 3089.e.22. **[205]**

—[*Latin*]. Conciones vespertinæ quadragisimales, super septem pœnitentials psalmos. Per fratrem Didacum de la Vega. [With the text]. *Ioannē Godinez de Millis: Metinæ a Campi*, 1603. 4.° 3089.e.20. **[206]**

—Exposicion sobre el psalmo XLIIII que comiença eructavit cor meum. Del maestro F. Martin de la Carcel. [With the text]. *Barcelona*, 1605. 8.° 3089.aa.9. **[207]**

—[*Spanish*]. Las psalmos de David. Metrificados . . . por Iuan Le Quesne. Conforme a la traducion verdadera d'el texto hebreo. [*n.p.*], 1606. 12.° 692.a.7. **[208]**

—Los cl. psalmos de Dauid: in lengua española, en uarias rimas, conpuestos por Dauid Abenatar Melo. *Franqua Forte*, 5386 [1626]. 4.° 3433.cc.26; 1220.g.1. **[209]**

—Psalterio de Dauid en Hebrayco dicho Thehylim, trasladado con toda fielidad verbo de verbo del hebrayco. *Abraham Sury: Amsterdam*, 5388 [1628]. 16.° 1410.a.34. **[210]**

——*Jo: Trigg; Por el doctor Efraim Bueno, y Jona Abrauanel: Amsterdam*, 5410 [1650]. 12.° 1409.a.7. **[211]**

——[Edited by David ben Jacob Valeusino]. *Nella stamperia di Gio: Vincenzo Bonsigli; p. gli Eredi del Minaschi: Livorno*, 5415 [1655]. 16.° 1159.a.6. **[212]**

—Sagrada eratos y meditaciones davidicas de D. Alonso Carrillo Laso de la Vega. [A paraphrase of the psalms in verse. Edited by F. Carrillo y Manuel]. 3 pt. *Lucas Antonio Fusco: Napoles*, 1657. 4.° 3089.ff.2. **[213]**

Song of Solomon

—[*Spanish*]. Paraphrasis caldaica. En los cantares de Selomoh con el texto; traduzida . . . Industria y despeza de Rehuel Cohen Lobato y Mosseh Belmonte. *En casa de Y. Manuel Benveniste: Amsterdam*, 5404 [1644]. 8.° 1945.c.29.(1). **[214]**

Habakkuk

—[*Latin*]. Exegesis in habacuc prophetā literam illustrans & mores instruens Austore . . . Ildephonso de Padilla sacri ordinis Minorum. [With the text]. 2 vol. *Ex typographia ordinis. Imprimebat Iosephus de Copado: Granada?*] 1657. fol. 3166.g.4. [215]

Apocrypha
—[*Latin*]. Crisis Danielica; sive Susanna litera et conceptibus illustrata, a calumnia liberata . . . Ad caput XIII. Danielis. Cum appendice de Maria Virgine deipara, in ella figurata. Per . . . Martinum del Castillo [With the text]. *Ex typographia Pauli de Val: Matriti*, 1658. fol. 1214.k.10. [216]
—[*Spanish*]. La casta Susana, parafrasi poetica de su Sagrada historia. Por . . . Manuel de Salinas i Lizana. *Iuan Francisco de Larumbe: Huesca*, 1651. 8.° 011451.e.9. [217]

New Testament
—[*Spanish*]. El nuevo Testamento que es, los escriptos evangelicos, y apostolicos revisto . . . con el texto griego. Por Cypriano de Valera. *En casa de Henrico Lorençi: Amsterdam*, 1625. 8.° 1408.g.8; 1159.h.5. [218]
—[*Portuguese*]. O novo Testamento. Isto he o novo concerto de nosso fiel Senhor . . . Iesu Christo, traduzido na lingua portuguesa. [Translated by J. Ferreira d'Almeida]. *Viuva de J. V. Someren: Amsterdam*, [1681?]. 4.° 465.a.9. [219]
——(Segunda impressaõ). *Joaõ de Vries: Batavia*, 1693. 4.° 3022.dd.12. [220]

Gospels
—[*Latin*]. Matthæus explanatus, sive commentarii litterales, et morales in . . . evangelium secundum Matthæum, authore Fr. Emmanuele de Incarnatione. *M. Deslandes: Ulyssipone*, 1695-1714. fol. 3225.ff.12. (*Destroyed*). [221]

Epistles
—[*Latin*]. Lectiones sacræ in primam cannonicam [*sic*] B. Ioanis apostoli. Auctore Fr. Petro Maldonado. [On chapters i & ii only. With the text]. *Antonius Aluarez: Ulisipone*, 1609. 8.° 3089.aa.45.(2). [222]
—Commentaria, et disputationes in epistolam D. Pauli ad Hebræos. Auctore doctore Ludouico Tena. [With the text]. *Petro* [*sic*] *Rodriguez; (per viduam Petri Roderici): Toleti*, 1611. fol. 3205.f.19. [223]
—Exegetica iuxta, ac parænetica commentatio in epistolam B. Iacobi apostoli, opus posthumum a P. Didaco Daza. [A commentary on chap. i & ii, 1-4, only. With the text. Edited with a life of Daza by D. Alarcon]. *Ex officina I. Villodas & Orduña: Compluti*, 1626. fol. 3266.h.7. [224]

Revelation
—[*Latin*]. Commentarii exegetici in Apocalypsim Ioannis Apostoli. Autore Blasio Viegas. [With the text]. *E. de Lyra: Eboræ*, 1601. fol. 3185.h.21. (*Destroyed*). [225]

Bīdpāī. [*Spanish*]. Espejo politico, y moral, para principes, y ministros, y todo genero de personas. [A translation of the first of fourteen chapters of Ali Chelebi's Turkish version of Bidai's fables]. Traducido . . . Por Vicente Bratuti . . . Parte primera. *Domingo Garcia y Morras: Madrid*, 1654. 4.° or.70.b.7. [226]

Biedma, Fernando de. Vida de Alexandro Magno. Por don Fernando de Biedma, *Imprenta del reyno: Madrid*, 1634. 8.° 1198.a.2. [227]

Bilain, Antoine. Respuesta de España al tratado de Francia sobre las pretensions de la Reyna. 1667. fol. *See* Mary Theresa, *Queen Consort of Louis XIV of France*. 8023.l.21.

—Tratado de los derechos de la Reyna . . . sobre varios estados de la monarquia de España. 1667. 12.°. *See* Mary Theresa, *Queen Consort of Louis XIV of France*. 8042.aa.9.

Bilbao. Ordenanzas de la noble villa de Bilbao. Las ordenanzas que tiene, usa, y guarda . . . Bilbao, confirmadas por sus Magestades. *Roque Rico de Miranda: Bilbao*, 1669. fol. 501.g.15.(2). [228]
—[*Universidad y casa de Contratación*] Ordenanzas de la Casa de la Contratacion de la . . . villa de Bilbao. *Roque Rico de Miranda: Bilbao*, 1669. fol. 503.g.29.(1). [229]

Bilches, Francisco de. Santos y santuarios del obispado de Iaen, y Baeza. Prueba de lo resuelto por los santos. *Domingo Garcia y Morràs: Madrid*, 1653. fol. 4824.e.2. [230]

Billaine, Ludovicus. Catalogo de varios libros de historia y otras materias en lengua española. *Vendense en casa de Luis Billaine: Paris*, 1681. 8.° S.C.207.(2). [231]

Binaroz. Manifiesto que el justicia y jurados de la villa de Binaroz . . . Valencia, publica para la conservacion de la salud . . . de las criaturas redimidas con la sangre de Christo. [*Binaroz? 1690?*] fol. 713.k.22.(8). [232]

Bisaccioni, Majolino, *Count.* Guerras ciuiles de Inglaterra, tragica muerte de su Rey Carlos . . . Traducida . . . por . . . Diego Felipe de Albornoz. *Diego Diaz de la Carrera; a costa de Manuel López: Madrid*, 1658. 4.° 1990.b.54. [233]
——Añadida en esta segunda impression con el quarto libro . . . Traduxola . . . Diego Felipe de Albornoz. *Diego Diaz de la Carrera; a costa de Manuel Lopez: Madrid*, 1659. 4.° 9512.d.8. [234]
——En esta primera impression de Barcelona, và añadido el quinto libro, recopilado de la cronohistoria del mundo . . . [del] R. P. Timoteo de Termine, Carmeta. *Antonio Lacavalleria, a costa de Florian Anisson: Barcelona*, 1673. 4.° 808.e.8. [235]

Bisbe y Vidal, Fructuoso. Tratado de las comedias en el qual se declara si son licitas . . . Va añadido un sermon de las mascaras . . . por . . . Diego Perez. 2 pt. *Geronymo Margarit; y a su costa: Barcelona*, 1618. 8.° 1072.f.6. [236]

Biscay. [*Official Documents*]. [*Begin:*] Señor. Las encartaciones del señorio de Vizcaya. [A memorial to the King of Spain on the exemption of the lordship of Biscay from the salt tax]. [*n.p.*, 1620?] fol. 765.i.6.(12). [237]
—El fuero privilegios franquezas, y libertades de los . . . hijos dalgo . . . de Vizcaya. *Pedro de Huydobro; a costa del señorio de Vizcaya: Bilbao*, 1643. fol. 9904.l.12. [238]
—[*Appendix*] Relacion verdadera de la famosa vitoria que los navios de Vizcaya han tenido contra doze pinaças . . . de Burdeos. *Iuan Gomez de Blas: Sevilla*, 1639. 4.° 1445.f.22.(33). [239]
—Segunda relacion del estado de las cosas de Vizcaya, con los buenos sucessos, y victorias que han alcançado contra el exercito frances. *Iuan Gomez de Blas: Sevilla*, 1638. 4.° 1445.f.22.(22). [240]

Bivarius, Franciscus. Beatissimo Urbano, urbis domino . . . summo ecclesiæ pontifici: pro Fl. L. Dextro libellus supplex & apologeticus. [A defence of the authenticity of the fragments attributed to F. L. Dexter and others, but in fact by J. Román de la Higuera]. [*n.p.*, c.1630]. fol. 487.i.39.(4). [241]

Bivero, Pedro de. Hymno triumphal de los divinos loores. Commentado por el P. P. de Bivero. *Huberto Antonio: Bruselas*, 1625. 4.° 1018.d.8.(2). (*missing*). **[242]**

Bizozeri, Simpliciano. Ungria restaurada compendiosa noticia, de dos tiempos: del passado. Baxo el jugo de la tirania othomana, del presente: baxo el dominio . . . de Leopoldo II de Austria. *Martin Gelabert; a costa de Antonio Ferrer; Baltasar Ferrer; y Ioan Cassañas: Barcela*, 1688. 4.° 1312.b.20. **[243]**

Blanca, Pedro Antonio de. Ephemerides al meridiano de Cordova. *Juan de la Puerta: Sevilla*, 1700. fol. 8563.g.5. **[244]**

Blancalana, Bernardino. Historia de la sagrada imagen de Christo crucificado que esta en la . . . ciudad de Luca. *Imprenta del reyno: Madrid*, 1638. 8.° 4806.aaaa.11. **[245]**

Blancas, Gerónimo de. Coronaciones de los serenissimos reyes de Aragon . . . Escritas por Geronimo de Blancas. 3 pt. *Diego Dormer; a costa de Pedro, y Tomas Alfay: Caragoça*, 1641. 4.° 1060.h.13.(1-3). **[246]**

—Inscripciones latinas a los retratos de los reyes de Sobrarbe, condes antiguos, y reyes de Aragon. *Por los herederos de Diego Dormer: Zaragoça*, 1680. 4.° 1060.h.14; 1196.g.5. **[247]**

Blasco de Lanuza, Vincencio. Historias ecclesiasticas, y seculares de Aragon (desde . . . 1556 hasta . . . 1618). 2 tom. *Iuan de Lanaia y Quartanet; Çaragoça*, 1622. fol. 593.g.20; 179.e.1. **[248]**

Blázquez Mayoralgo, Juan. Por el contador don Iuan Blazquez . . . y tesorero Diego del Valle Aluarado, iuezes oficiales de la real caxa . . . de . . . Veracruz con el obispo de Ouiedo don Martin Carrillo de Alderete. [*n.p.*, 1635?] fol. 1324.i.4.(1). **[249]**

Bleda, Jaime. Coronica [*sic*] de los moros de España. *Felipe Mey: Valencia*, 1618. fol. 593.f.20; G.6443. **[250]**

——*Felipe Mey; a costa de Pablo Clapes: Valencia*, 1618. fol. 181.e.7. **[251]**

—Defensio fidei in causa neophitorum, siue morischorum regni Valentiæ totiusq. Hispaniæ Auctore P. F. Iacobo Bleda Valentino. *Apud Ioannem Chrysostomum Garriz: Valentiæ*, 1610. 4.° 484.b.1. **[252]**

Bluteau, Rafael. Oraçoens gratulatorias na feliz vinda da . . . Rainhna da Gram Bretanha. *Miguel Deslandes: Lisboa*, 1693. 4.° C.125.C.2.(2). **[253]**

—Primicias evangelicas, ou sermoens e panegiricos. 3 pt. *I. da Costa; M. Deslandes: Lisboa*, 1676-98. 4.° 4424.b.12. **[254]**

—Serman que prégon o R. P. D. Rafael Bluteau . . . na capella real . . . Ianeiro . . . 1670. Dedicado a . . . Maria Francisca Isabel de Saboya, por Antonio Luis d'Azeuedo. *Ioam da Costa: Lisboa*, 1670. 4.° 851.k.17.(14). **[255]**

Boaistuau, Pierre, called Launay. Historias prodigiosas y maravillosas de diuersos sucessos acæcidos en el mundo. *Luis Sanchez: Madrid*, 1603. 8.° 1197.b.5. **[256]**

Bocanegra, Mathías de. Auto general de la fee celebrado en . . . Mexico. *Antonio Calderon: Mexico*, [1649]. 4.° 493.g.30. **[257]**

Brocángel y Unzueta, Gabriel. Al invicto y serenis^mo señor don Fernando de Austria . . . cardenal de Roma. [Verses]. *Carlos Sanchez; a costa de Antonio Ribero: Madrid*, [1635]. 4.° 11451.e.10. **[258]**

—Rimas y prosas, iunto con la fabula de Leandro y Ero. *Iuan Goncalez; a costa de Alonso Perez: Madrid*, 1627. 8.° 011451.e.44. **[259]**

Boccalini, Traiano. Discursos politicos y avisos del Parnasso . . . Tradujolos . . . Fernando Peres de Sousa. [Selections from centuries 1 and 2]. *Maria de Quiñones; a costa de Pedro Coello: Madrid*, 1634. 4.° 8009.c.32. **[260]**

Boethuis, Anicius Manlius Torquatus Severinus. [*De consolatione philosophiæ—Spanish*]. Boecio de Consolacion Traduzido y comentado por el padre fray Augustin Lopez. (Vida de Boecio . . . como la escriuio Iuan Tritenhemio). *Iuan de Bostillo: Valladolid*, 1604. fol. 8407.h.8. **[261]**

—Los cincos libros de la consolacion . . . Traducidos . . . por don Esteuan Manuel de Villegas . . . Con las vidas del mismo Boecio y del rey Theodorico. *Andres Garcia de la Iglesia: Madrid*, 1665. 8.° 8403.b.17. **[262]**

Bohorques Villalon, Francisco de. Razon de estado christiana. Maravillosa aparicion del alma de monsiur de la Força, y avisos que da. [*n.p.*, 1638]. 4.° 8026.c.30. *imp.* **[263]**

Bolante de Almança, Pedro. Por don Manuel de Córdoua y Montemayor, preso en la carcel real desta Corte. En la causa criminal que contra el se sigue. [*n.p.*, 1665?] fol. 6785.k.2.(2). (*destroyed*). **[264]**

Bolea y Alvarado, Juan de. Ciencias impiden traiciones. Comedia [In verse]. [*n.p.*, 1700?] 4.° 11728.a.53. **[265]**

——[*n.p.*, 1700?] 4.° 11728.i.11.(1). **[266]**

Bolero y Caxal, Diego. [*Begin:*] El lic. D. Diego Bolera y Caxal, oydor del Consejo de hazienda. [Asserting his rights to the office of "oydor" against J. A. de la Serna]. [*n.p.*, 1650?] fol. 1322.l.1.(34). **[267]**

—Por el marques de la Liseda, como marido . . . de la marquesa . . . de Gueuara. Con don Beltran . . . hermano de la dicha marquesa. Sobre la legitima que . . . le toca à la . . . marquesa de . . . su padre. [*n.p.*, 1630?] fol. 765.i.3.(18). **[268]**

Bona, Giovanni, *Cardinal*. Lo cami del paradis [Extracted from the "Manuductio ad cælum"]. Traduit de frances en catala. *Ioan Figuerola: Perpinya*, 1668. 12.° 886.f.2. **[269]**

Bonaventura, *Saint*. Mistica teologia compuesta por S. Buenauentura del verdadero camino del cielo. Cõ algunas declaraciones hechas por el P. M. F. Geronimo Gracian . . . de la orden del Carmen. *Imprenta real; por Iuan Flamenco: Madrid*, 1607. 16.° 4404.aa.26. **[270]**

Bonelli, Carlos. [*Begin:*] Nos don Carlos Bonelli. [Documents relating to the affairs of the friars minors of . . . Castile. Translated from the Latin and Italian . . . by Francisco Gracian Verrugete]. [*Madrid*, 1673]. fol. 4783.e.3.(42). **[271]**

Bonet, Juan Pablo. Reduction de las letras, y arte para enseñar a ablar los mudos. (Tratado de las cifras. Tratado de la lengua griega). [With a table of Greek abbreviations]. *Francisco Abarca de Angulo: Madrid*, 1620. 4.° 71.a.18; 1043.l.5; 556.b.20.(1). **[272]**

Boneta y la Plana, José. Vidas de santos y venerables varones de la religion de nuestra señora del Carmen. *Domingo Gascon: Zaragoça*, 1680. 8.° 486.c.28,1. **[273]**

Bonfant, Dionisio. Triompho de los santos del reino de Cerdeña . . . a . . . don Phelippe IIII. *Antonio Galcerin: Caller*, 1635. fol. 4825.h.6. [274]

Bonieres, Carlos de, *Baron de Auchy.* Arte militar deducida de sus principios fundamentales. Al Rey. *En el hospital real: Zaragoça*, 1644. 4.° 8828.bbb.35.(1). [275]

Bonilla, ———, *doctor.* Alabado sea el santissimo Sacramento. Por doña Maria de Teza y Anuncibay. Con don Domingo de Urtusaustegui, y dõ Luys de Urtusaustegui su hijo y . . . su mujer. [*n.p.*, 1660?] fol. 1322.l.2.(50). [276]

—[*Begin:*] Iesus, Maria, Iosef. Por Blas Ximenez y Domingo de Fontouasu curador adlitem. Con Catalina del Rio, y su marido. [A pleading]. [*n.p.d.*,] fol. 765.i.13.(19). [277]

—Por doña Maria de Teza Anuncibay. Con don Luys de Urtusastegui. [1660?] fol. *See* Teza y Anuncibey, M. de. 1322.l.2.(48).

——[1660?] fol. *See* Teza y Anuncibay, M. de. 1322.l.2.(49).

—Por los regidores que han sido, y oficiales del valle de Valdelucio, desde . . . 1630, hasta . . . 1640. Con el fiscal desta real audiencia. [*n.p.*, 1642?] fol. 1322.l.10.(22). [278]

—Por Martin de Arespacochaga . . . Con don Diego de Gamarra . . . y . . . don Pedro . . . su hermano . . . sobre la mitad de la herrería. [1660?] fol. *See* Arespacochaga, M. de. 1322.l.2.(51).

Bonilla, Alonso de. Glossas a la Immaculada Concepcion de . . . María. *Alonso Rodriguez Gamarra; Bartolome Gomez: Seuilla*, 1615. 4.° C.63.b.27.(11). [279]

—Nueuo iardin de flores diuinas. [Poems]. *Pedro de la Cuesta: Baeça*, 1617. 8.° 011451.e.25. [280]

—Nueuos conceptos espirituales para los esclauos del Santissimo Sacramento . . . con otros a la . . . Concepcion de . . . María. *Pedro de la Cuesta: Baeça*, 1615. 4.° C.63b.27.(12). [281]

Bordo, Gaspar Antonio. [*Begin:*] Iesus, Maria, Iosef. Por Gaspar Antonio Bordo, administrador de la memoria, y obras pias . . . de . . . Antonio de Zuñiga. Con el conde de Ayala y sus acreedores . . . Sobre la sucession del censo de 400 ducados. [*n.p.d.*,] fol. 765.i.13.(30). [282]

Borgo, Esaul de. Por los administradores de la casa y negocios de Esaul de Borgo difunto. Con el . . . fiscal. [*n.p.*, 1640]. fol. 1322.l.4.(42). [283]

Borgoña. *See* Burgundy.

Borja, Francisco de, *Prince of Squillace.* Las obras en verso de don Francisco de Borja . . . Edition segunda. *En la emprenta Plantiniana de Balthasar Moreto: Amberes*, 1654. 4.° 85.g.19. [284]

——Edition postrema. *En la emprenta Plantiniana de Balthasar Moreto: Amberes*, 1663. 4.° 11451.g.10. [285]

—Poema heroico, Napoles recuperada por el rei don Alonso. *En el real, y general hospital de nuestra senora de Gracia: Çaragoça*, 1651. 4.° 1072.g.11. [286]

——*En la emprenta Plantiniana de Baltasar Moreto: Amberes*, 1658. 4.° 1073.i.24. [287]

Borja, Juan de, *Count de Mayalde, y de Ficallo.* Empresas morales . . . sacalas a luz el doctor Francisco de Borja. (Segunda impression). *Francisco Foppens: Brusselas*, 1680. 4.° 89.k.23. [288]

Borri, Cristoforo. Collecta astronomica, ex doctrina P. Christophori Borri . . . De tribus cælis aereo, sydereo, empyreo. *Apud Matthiam Rodrigues: Ulysipone*, 1631. 8.° 531.g.16. [289]

Boscan Almogaver, Juan. Los amores de Iuan Boscan, y de Garcilasso de la Vega. *Iuan-Ant. Huguetan y Marco-Ant. Rauaud: Leon*, 1658. 12.° 11450.aa.1. [290]

Bosch, Andreu. Summari, index, o epitome dels admirables . . . titols . . . de Catalunya, Rosello, y Cerdanya. Y de les gracies . . . llibertats e immunitats gosan segons les . . . naturals lleys. *Pere Lacaualleria: Perpinya*, 1628. fol. 179.e.11. [291]

Botero, Giovanni. Historia ecclesiastica y estado, presente de la religion en . . . Europa, Asia, y Africa, sacada de las relaciones toscanas de Iuan Botero . . . por fray Iayme Rebullosa. *Hieronymo Margarit: Barcelona*, 1610. 8.° 856.e.5. [292]

—Relaciones universales del mundo . . . Primera, y segunda parte, traduzidas . . . por . . . Diego de Aguiar. *Por los heredores de Diego Fernandez de Cordoua; vendense en casa de Martin de Cordoua: Valladolid*, 1603. fol. 1480.c.2. [293]

—Theatro de los mayores principes del mundo, y causas de la grandeza de sus estados, sacado de las relaciones toscanas de Iuan Botero. *Sebast. Mateuat, &, Onofre Anglada; a costa de Raphael Viues: Barcelo*, 1605. 8.° 571.a.37. [294]

Botija, Alonso. Famosa xacara nueva, y copia de carta escrita por un maragato . . . llamado Alonso Botija. [*Madrid?* 1684?] 4.° T.22*.(34). [295]

Boverio, Zaccaría. Ortodoxa consultatio de ratione veræ fidei, & religionis amplectende. *Apud Thomã Iunte: Matriti*, 1623. 4.° C.83.d.1. [296]

—Primera (Tercera) parte de las chronicas de los frailes menores capuchinos . . . Traducidas . . . por el P. F. Francisco Antonio de Madrid mõcada. pt. 1, 3. *Carlos Sánchez: Madrid*, [1644]-47. fol. 4783.d.14. *imp.* [297]

Brabant. El tesoro de los privilegios de . . . Brusselas. [A collection of laws and public documents of Brabant. With plates]. *Span., Fr., & Dutch. [Brussels*, 1699]. fol. 9915.e.1.(1). [298]

——[*Brussels*, 1700?] fol. 9415.l.2. [299]

Braga, *Archdiocese of.* Constituiçoens synodaes do arcebispado de Braga, ordenadas no anno de 1639. Pelo . . . arcebispo d. Sebastião de Matos. *Miguel Deslandes: Lisboa*, 1697. fol. 5107.ff.8. [300]

Brancaccio, Lelio. Cargos y preceptos militares para salir con breuedad famoso, y valiente soldado . . . Compuestos en lengua italiana . . . Traduzidos en castellana por . . . Ildefonso Scauino. *A costa de Sebastian y Iayme Matevad: Barcelona*, 1639. 4.° 1608/817. [301]

Brancalasso, Julio Antonio. Laberinto de Corte con los diez predicamentos de cortesanos 3 pt. *Iuan Bautista Gargano; y Lucrecio Nucci: Napoles*, 1609. 4.° 8008.bb.1. [302]

Brandaõ, Antonio. Terceira parte da monarchia Lusytana. *Na impressão Craesbeeckiana: Lisboa*, 1690. fol. 180.f.5. [303]

—Quinta parte da monarchia Lusytana. *Na officina de Paulo Craesbeeck: Lisboa*, 1650. fol. 180.f.7. [304]

— Sexta parte da monarchia Lusitana. *Na officina de Ioam da Costa: Lisboa*, 1692. fol. 180.f.8. [305]

Brandon, Lorenzo. Excel^mo señor. Siendo la materia del valor de la plata tan importãte, etc. [*Madrid?* 1621?] fol. 765.i.g.(5). [306]

Braones, Alonso Martin. Copia de un papel . . . en que se dà segunda noticia del . . . aumento à que ha llegado en . . . Sevilla, la devocion del . . . Rosario. *Iayme de Bordazar: Valencia*, 1691. 4.° 4806.d.10. [307]

Bravo, Nicholas. Benedictina de F. Nicolas Bravo . . . En que trata la . . . vida del glorioso S. Benito . . . con una breue recapitulacion de las religiones, que le reconocen por padre. [In verse]. *Artus Taberniel: Salamanca*, 1604. 4.° 11451.e.11. [308]

Bravo de Acuña, Sancho. Copia y traslado de las sentencias que se dieron por los . . . juezes de comission . . . para tomar la residencia a don Sancho Brauo de Acuña. [*Xerez de la Frontera*, 1606?] fol. 1322.l.9.(20). [309]

Bravo de la Serna, Marcos, *Bishop.* Espejo de la juventud, moral, politico y christiano. *Marco de Espinosa y Arreaga: Madrid*, 1674. fol. 8407.h.6. [310]

Bravo de Mendoza, Ludovicus Marcellus. Historia evangelica metrice compacta ex ipsis evangelistarum verbis. *Ex typographia Didaci Diaz de la Carrera: Matriti*, 1615 [1651]. 4.° 11403.bb.40. [311]

Bravo de Sobremonte, Manuel. [*Begin:*] Señor, en conformidad de la real cedula. [A memorial of the services of M. Bravo in the Spanish Indies, addressed to the King]. [*n.p.*, 1655?] fol. 1324.i.2.(126). [312]

Bravo de Sotomayor, Gregorio. Historia de la imbencion, fundacion, y milagros, de nuestra Señora de Valuanera: de la orden de san Benito. *Iuan de Mongaston: Logroño*, 1610. 4.° 1125.g.5. *imp.* [313]

Bravo y Bobadilla, Francisco. Por el colegio de Sta Ana, de religiosos Carmelitas descalços . . . en la nueva España. En el pleyto con el dean, y cabildo de la . . . iglesia . . . de la ciudad de Mexico . . . Sobre diezmos. [*Mexico*, 1695?] fol. 5125.g.9.(12); 5125.g.9.(1). [314]

Bravo y del Vado, Juan Bautista. [*Begin:*] Ilust^mo Señor. [An argument in the case of the alleged illegal execution of fray Juan Facundo Ribera by command of the duke of Veraguas]. [*Valencia*, 1680?] fol. 713.k.22.(5). [315]

Brazil. [*Appendix*]. Breve relaçam dos ultimos successos da guerra do Brasil. *Na officina Craesbeeckiana: Lisboa*, 1654. 4.° 9195.c.22.(7). [316]

Brito, Bernardo de. Elogios dos reis de Portugal com os mais verdadeiros retratos que se puderao achar. *Pedro Crasbeeck: Lisboa*, 1603. 4.° 10631.c.4. [317]

— Monarchia lusytana. Composta por Frey Bernardo de Brito . . . Parte primeira (segunda). [With Bernardo de Brito's "geographia antiga"]. 5 pt. *A. de Sigueiro & A. Aluarez; Alcobaça; Pedro Crasbeeck: Lisboa*, 1597-1650. fol. 1444.k.3,4. [318]

— — 2 vol. *Na impressão Craesbeeckiana: Lisboa*, 1690. fol. 180.f.3,4. [319]

— Primeira parte da chronica de Cister onde se contão as cousas . . . desta ordem & muitas antiguidades . . . de Portugal. *Pedro Crasbeeck: Lisboa*, 1602. fol. 490.i.13. [320]

Brito Freire, Francisco de. Nova lusitania, historia da guerra brasilica . . . Decada primeira (Viage da armada). 2 pt. *Joam Galram: Lisboa*, 1675. fol. 601.m.12. [321]

— Relação da viagem, que fez ao Estado do Brazil a armada da cõpanhia, anno 1655. A cargo do general Francisco de Britto. *Henrique Valente de Oliueira: Lisboa*, 1657. 12.° 861.a.8. [322]

Briviesca de Muñatones, Parecer a cerca de la perpetuydad de las encomiendas de Indios . . . del Piru; que hizieron . . . Briviesca de Muñatones, Diego de Vargas Carauajal y Ortega de Melgosa. [*n.p.*, 1610?] fol. C.62.i.18.(48). [323]

Brizeño, Alfonsus. Prima pars celebriorum controuersiarum in primum sententiarum Ioannis Scoti . . . excitatis saepe è re theologica metaphysicis dissertationibus. 2 tom. *Ex typographica Regia: Matriti*, 1638, 39. fol. 3832.i.4. [324]

Briz Martínez, Juan. Historia de la fundacion, y antiguedades de San Iuan de la Peña, y de los reyes de Sobrarve, Aragon, y Nauarra. *Iuan de Lanaja y Quartanet: Çaragoça*, 1620. fol. 179.f.5. [325]

Brizuela, Juan de. [*Begin:*] Señor. El doctor don Juan de Brizuela cathedratico . . . de Visperas de medicina en la real universidad de Mexico, se quejó . . . de los agravios padecido. [*Mexico*, 1700?] fol. 6785.k.7.(8). (*destroyed*). [326]

Brizuela, Mateo de. La vida de la galera, muy graciosa, y por galan estilo sacada, y compuesta . . . por Matheo de Briçuela. [In verse]. *Sebastian de Cormellas: Barcelona*, 1603. 4.° C.63.g.21.(1). [327]

Budapest. Curioso romance, que trata de lo sucedido en la plaça de Buda . . . Añadese algun otro romance. *Iayme de Bordazar: Valencia*, [1686?] 4.° 1072.g.26.(5). [328]

— Diario del assedio, y expugnacion de . . . Buda. *Sebastian de Armendariz; Antonio Roman: Madrid*, 1686. 4.° 1445.f.17.(7). [329]

— Diario puntual de quanto ha pasado en el famoso sitio de Buda; y relacion cumplida de su presa . . . setiembre . . . 1686. *Melchor Alvarez; a costa de Iuan de Calatayud Montenegro: Madrid*, 1686. 4.° 1490.dd.75. [330]

— Nuevo romance del sitio y toma de Buda . . . en 1686, siendo general . . . el . . . duque de Lorena. *Pablo Fernandez: Valencia*, [1686?] 4.° 1072.g.26.(7). [331]

— Romance en redondillas, a la feliz nueva de la toma de Buda. [*n.p.*, 1686?] 4.° 11451.bbb.22. [332]

— Testamento, y ultima despedida que hizo . . . Buda, y su valiente governador Abadi Baxà, en su preuista agonia. [In verse]. [*n.p.*, 1686?] 4.° 11451.bbb.23. [333]

Buendía, Joseph de. Vida admirable, y prodigiosas virtudes del . . . padre Francisco del Castillo de la compañia de Jesus. *Antonio Roman: Madrid*, 1693. 4.° 4985.df.15. [334]

Bueno de Zarate y Salayar, Diego. Al ilustrissimo señor don Sabo Mellini . . . En ocasion de dedicarle el original de un libro intitulado, esperança de desesperados . . . Felisardo, y Celidaura, historia oriental . . . Soneto. [*Madrid?* 1679?] *S.sh.* fol. T.22*.(12). [335]

Bueno Enzina, Juan. Vitoria que tuvo el marques de Torrecuso . . . contra el rebelde portugues. [In verse]. *Pedro Gomez de la Pastrana: [Sevilla]*, 1644. 4.° 11451.d.7. [336]

Bullón, Gaspar de. Por Gaspar de Bullon aposentador mayor de su Magestad, y teniente de mayordomo . . . Con el duque del Infantado. [Opposing the duke's decision to appoint another "teniente"]. [*n.p.d.*], fol. 765.h.3.(45). **[337]**

Buraña, Juan Baptista. Batalla peregrina entre amor y fidelidad, concluida mediante la gracia . . . de la Eucharistia, con triumpho de las armas de España . . . obediencia . . . de Napoles y gloria . . . del . . . señor d. Iuan de Austria. 2 pt. *Mantoa Carpentana,* 1651. 4.° 1318.e.9. **[338]**

Burgo, Luis Thadeo. Por d. Maria del Aguila y Guzman, viuda de don Luis Guerrero. En el pleyto con d. Francisco Velazquez Minaya, y . . . su muger. [*n.p.*, c.1640]. fol. 765.i.11.(17). **[339]**

Burgoa, Francisco de. Geografica descripcion de la parte septentrional del polo artico . . . y nueva iglesia de las Indias Occidentales. (De la vida . . . de el padre fr. Nicolas de Rojas). 2 tom. *Iuan Ruyz: Mexico,* 1674. fol. 10460.g.15. **[340]**

Burgos [*Ayuntamiento*]. [*Begin:*] Como es natural el amor de la patria y mas de los que . . . reconocen cõ doloroso sentimiẽto su ruina. [A complaint about the diminishing population of Burgos]. [*n.p.d.*] S.sh. fol. 765.i.9.(25). **[341]**

— [*Begin:*] Señor. Considerando las grandes obligaciones que estos reynos tienẽ de servir a V. M. [An appeal to the King for relief for the inhabitants of Burgos]. [*n.p.d.*] fol. 765.i.9.(26). **[342]**

— [*Cathedral church*]. [*Begin:*] Muy poderoso señor. Aviendo mandado V. alt por sus reales prouisiones de 3 de diziembre. [A memorial to the King relating to charitable works carried out according to the wishes of the late Pedro Fernandez Cerezo]. [*Burgos?* 1620?] fol. 765.h.1.(39). **[343]**

— Por las santas yglesias de Burgos, Siguença, Segouia, Osma, y Zamora. Con las . . . de Toledo, Seuilla y . . . las . . . de Castilla y Leon. Sobre que se hagan . . . vabores de todos los frutos y rẽtas eclesiasticas. [*n.p.*, 1616?] fol. 1322.k.14.(11). *imp.* **[344]**

Burguillos, Tomé de, *pseud.* [i.e. Lope Felix de Vega Carpio]. Rimas humanas y diuinas, del licenciado Tome de Burguillos, no sacadas de blibioteca [sic] ninguna. *Imprenta del reyno; a costa de Alonso Perez: Madrid,* 1634. 4.° 1064.i.7. **[345]**

— — *Imprenta real; a costa de Mateo de la Bastida: Madrid,* 1674. 4.° 11450.e.34. **[346]**

Burgundy. [*Appendix*]. Nueua relacion de lo que ha sucedido en Borgoña, en la campaña, del año de 1640. Con . . . su respuesta a los engaños . . . que tentaron los franceses de alborotar. *Iuan Sanchez: Madrid,* 1641. fol. 593.h.22.(81). **[347]**

Bustamante y Loyola, Sebastián de. [*Begin:*] Señor. El licenciado don Sebastian de Bustamente [sic] y Loyola. [A memorial of the services of his ancestors in Peru and New Granada]. [*n.p.*, 1639]. S.sh. fol. 1324.i.2.(27). **[348]**

Butrón, Juan de. Discursos apologeticos, en que se defiende la ingenuidad del arte de la pintura. *Luis Sanchez: Madrid,* 1626. 4.° 564.a.7; 57.c.22. *imp.* **[349]**

Butrón, Juan Alonso de. [*Begin:*] Por Diego de Thena, por sus hijos, y hermanos, y demas familia. Con Iuan Nuñez, de Thena clerico. [Demanding a retraction of insults uttered by Iuan Nuñez]. 2 pt. [*Granada?* 1650?] fol. 765.h.2.(3). **[350]**

— Por el señor don Luis de Tapia y Paredes Corajo Grado . . . Con doña Maria de Tapia . . . muger de dõ Miguel de Tapia y Eraso. [*Granada?* 1651?] fol. 765.i.4.(36). **[351]**

Buxalance. Por la villa de Buxalance. Con la ciudad de Cordova. [A pleading. By ———Marquez de Cisneros]. [*n.p.*, 1620?] fol. 1322.l.6.(23). **[352]**

C

Cabezas, Juan, *Calificador del Santo Oficio.* Argumento legal, en que por diferentes medios, se muestra es fiscal la defensa del pleyto, que las familias Calçada y Descalça . . . de la santa Trinidad, dizen contestado . . . contra la orden . . . de la Merced. [*Madrid?* 1672?] fol. 4783.e.3.(48). **[1]**

— — [*Madrid?* 1673?] fol. 4783.e.3.(59). **[2]**

— Defectos, que padecen las llamadas, carta y bullas, que por parte de las familias Calçada, y Descalça . . . se han presentado en el pleyto, con nombre de obtenidas . . . de Innocencio Tercero y otros pontifices. [*Madrid?* 1673?] fol. 4783.e.3.(57). **[3]**

— Disceptacion de dos excepciones oppuestas por las familias trinitarias Calçada, y Descalça, a la mercenaria, de el orden . . . de la Merced. [*Madrid?* 1672?] fol. 4783.e.3.(49); 4783.e.3.(35). **[4]**

— Iesus Maria Ioseph. Defensa de el papel, que en forma de peticion presentò la . . . orden . . . de la Merced, y Redemptores. [*Madrid,* 1672]. fol. 4783.e.3.(52). **[5]**

— Respuesta que dà el padre maestro fray Iuan Cabeças . . . a una carta que recibiò con nombre . . . de fr. Luis de la SS. Trinidad. [With the letter of fr. Luis]. [*Madrid?* 1673?] fol. 4783.e.3.(60). **[6]**

Cabezas, Juan, *Dramatist.* Primera parte de comedias, del maestro Iuan Cabeças. *Iuan de Ybar: Çaragoça,* 1662. 4.° 11726.d.11. **[7]**

Cabrera, Joseph de. Manifestacion de la indemnidad del informe por el padre procurador . . . de San Francisco. [*n.p.*, 1670]. fol. 6784.k.2.(3). **[8]**

— Por el obispo de la Puebla de los Angeles, su jurisdicion, y dignidad. En el pleyto . . . sobre que no pudo rotular al guardian de San Francisco . . . de Topoyango. [*n.p.*, 1670]. fol. 6784.k.2.(2). **[9]**

Cabrera, Manuel de. Verdad aclarada, y desvanecidas imposturas, con que . . . una pluma poderosa (Martin de Solis) . . . quiso persuadir, averse acabado . . . la fabrica del real desague de . . . Mexico. [*Mexico,* 1688]. fol. 8776.g.23. **[10]**

Cabrera, Melchor de. [*Begin:*] Señor. Doña Aldonça de Añaya y Chaues muger de don Antonio Rodriguez de las Varillas cauallero de la orden de Alcantara . . . dize. [A petition to the King asking for justice against the corregidor de Salamanca]. [*n.p.d.*], fol. 765.h.1.(52). **[11]**

Cabrera, Petrus de. Fratris Petri de Cabrera . . . De sacramentis in genere, de auxilio præuio, & de baptimo, in tertiam partem [of the Summa theologica] sancti Thomæ. *Apud Ludouicum Sanchez: Matriti*, 1611. fol. 3837.h.4. **[12]**

—Fratris Petri de Cabrera . . . In tertiam partem [of the Summa theologica quæst. 1-26] sancti Thomæ commentariorum et disputationum tomus primus (II). 2 tom. *Apud Andream Barrera: Cordubæ*, 1602. fol. 4061.h.2. **[13]**

*Check, * **Cabrera de Córdova, Luis de.** De historia, para entenderla y escrivirla. *Luis Sanchez: Madrid*, 1611. 4.° 9007.e.20. **[14]**

* —Filipe segundo, Rey de España. Al . . . principe su nieto . . . don Filipe de Austria. *Luis Sanchez: Madrid*, 1619. fol. C.79.c.7; 178.d.4. **[15]**

Cabrera Nuñez de Guzman, Melchor de. Adicion a la defensa del marques de Ayamonte. [*Madrid?* 1650?] fol. 1322.l.1.(31). **[16]**

—Honra nobleza, y excelencias de los libros, que en apoyo, y defensa de su exempcion, e immunidad, propone al Rey . . . Melchor de Cabrera. *Diego Diaz de la Carrera: Madrid*, 1639. fol. 1322.l.9.(1). **[17]**

—[*Begin:*] Iesus Maria Ioseph. Con ocasion de la alcauala impuesta à los libros. [A paper recommending the exemption of books from taxation]. [*Madrid?* 1636?] fol. 1322.l.9.(3). **[18]**

—[*Begin:*] El marques de Ayamonte està preso. [An account of expenses and wages]. [*n.p.*, 1650?] fol. 1322.l.11.(27). **[19]**

—Memorial, que pone en las manos de su Magestad el convento real de santa Maria de los Angeles de Madrid, suplicando sea servido . . . darle protector [*Madrid?*] 1672. fol. 4745.f.11.(28). **[20]**

—[*Begin:*] Por el marques de Ayamonte. Con el señor fiscal. Sobre poner cobro en los bienes del marques . . . Reo, sententijs paribus, absoluitur. [*n.p.*, 1650?] fol. 1322.l.11.(26). **[21]**

—Por la immunidad de los libros. Al Rey. *Maria de Quiñones: Madrid*, 1636. fol. 1322.l.9.(2*); 1322.l.3.(39). **[22]**

—Respuesta a la informacion del señor fiscal. Por el alferez de Iuan Garceran Valmaseda, y el capitan Domingo Fernandez Montesinos, presos. [*n.p.d.*], fol. 1322.l.11.(28). **[23]**

—[*Begin:*] Señor. El marques de Ayamõte ha mas de cinco años que està preso, la causa es auerle imputado fue participe en el lebantamiẽto . . . del Andalucia. [A pleading]. [*n.p.*, 1646?] fol. 1322.l.11.(25). **[24]**

—[*Begin:*] Señor. Los libros yà no proponen exempciones. [An address to the King of Spain recommending the exemption of books from taxation]. [*Madrid*, 1636]. fol. 1322.l.9.(4). **[25]**

Cabrera y Peñarrieta, Joseph de. Defensa, que se haze por los officiales Brazeageros de la real Casa de la moneda: en el pleyto con el thesorero. [*Mexico*, 1684] fol. 8223.de.1.(4). **[26]**

Cabrero, Gonzalo. Clausula del testamento de don Gonçalo Cabrero. [With "Ludovici de Casanate. Pro don Martino Cabrero. Responsum primum —secundum, —tercium —quartum —quintum. —Consilium sextum"] *Span., & Latin.* [*n.p.d.*], fol. 765.i.2.(16). **[27]**

Cabreros Avendaño, Antonio. Bonus Philipii Magni sucessus delineatus. *Excudebat Petrus Tazo: Madridii*, 1637. 4.° 1445.f.120.(4). **[28]**

—Memorial en defensa de la inmunidad de los libros. [*Madrid?* 1636?] fol. 1322.l.3.(35). **[29]**

Cabreyra, Joseph de. Naufragio de nao n. Senhora de Belem feyto na terra do natal no cabo de Boa Esperança, & varios sucessos que teve o capitaõ Joseph de Cabreyra. *Lourenço Craesbeeck: Lisboa*, 1636. 4.° T.2232.(7). **[30]**

Cabriada, Juan de. Carta filosofica, medico—chymica. En que se demuestra, que de los tiempos . . . se han aprendido los mejores remedios contra las enfermedades. *Lucas Antonio de Bedmar y Baldivia: Madrid*, 1687. 4.° 1033.i.19. **[31]**

Cacegas, Luis de. Vida de dom frei Bertolameu dos martyres . . . Arcebispo e senhor de Braza . . . ampliada . . . por frey Luis de Sousa. *Nicolas Carualho; a custa da mesma villa: Viana*, 1619. fol. 487.i.31. **[32]**

Cáceres, Antonio de. Verdadera, y nueua relacion, y copia de carta, escrita de . . . mastrique . . . en que se dà quenta de los tres mayores sucessos y . . . victorias que han tenido las armas de su Magestad . . . contra las de Francia. *Manuel Ramos: Sevilla*, 1676. 4.° 1445.f.17.(61). **[33]**

Cáceres y Heredia, Manuel de [*Begin:*] Señor El capitan dõ Manuel de Caceres y Heredia .[A petition addressed to the King, recalling the writer's former services, and asking for rehabilitation]. [*n.p.*, 1630?] 4.° 1324.i.2.(79). **[34]**

Cáceres y Sotomayor, Antonio de. Paraphrasis de los psalmos de Dauid: reduzidos al phrasis, modos de hablar de la lengua española. *Pedro Crasbeeck: Lisboa*, 1616. fol. 700.k.19. **[34a]**

Cadaques. Copia de una carta escrita a sa excelencia per los consols de Cadaques. [Giving an account of an unsuccessful attack on the town by the Spaniards]. *Pere Lacaualleria: Barcelona*, 1643. 4.° 9180.e.2.(50). **[35]**

Cádiz. [*Official documents*]. Por parte de la ciudad de Cádiz, informando como se le ha mandado, de las conueniencias y utilidades que se seguiran, de despachar a su puerto . . . las armas y flotas. [*Cadiz?* 1630?] fol. C.62.i.18.(95). **[36]**

—[*Begin:*] Señor. La ciudad de Cadiz. [A petition to the King protesting against the request of Seville for a monopoly of the sea trade of Spain]. [*Cadiz*, 1695]. fol. 1323.k.16.(21). **[37]**

—[*Appendix*]. Copia de carta remitida de la ciudad de Cadiz a esta de Sevilla, en que dà cuenta de lo sucedido en . . . Cadiz, con el huracàn [15 Mar. 1671]. *Sevilla*, 1671. 4.° 1323.g.1.(5). **[38]**

—Sucessos de Cadiz desde sabado primero de noviembre, que el ingles entrò en la baya, hasta sabado del mismo, que salio. *Francisco de Lyra: Sevilla*, 1625. fol. 593.h.17.(59). **[39]**

—Sucessos de Cadiz y entrada del enemigo olandes en su baìa. *Geronimo Contreras: Lima*, 1626. fol. 593.h.22.(66). **[40]**

Caesar, Caius Julius. Los comentarios de Gayo Iulio Cesar. *Viuda de Alonso Martin: Madrid*, 1621. 4.° 803.g.41. **[41]**

Calabria. Verdadera relacion del espantable terremoto, sucedido [27 Mar. 1638] . . . en la prouincia de Calabria . . . Traduzida . . . en castellano, por Francisco de Firmamente. *Gabriel Nogues: Barcelona*, 1638. 4.° 12331.dd.16.(19). **[42]**

Calado, Manoel. O valeroso Lucideno, e triumpho da liberdade. Primeira parte. *Paolo Craesbeeck: Lisboa,* 1648. fol. 601.l.13. [43]

Calancha, Antonio de la. Coronica [sic] moralizada del orden de San Augustin en el Peru. [tom. 2 edited by Bernardo de Torres]. 2 tom. *Pedro Lacaualleria: Barcelona;* [*J. Lopez de Herrera: Lima*], 1638, [53] fol. 203.f.6 & 493.k.11*. [44]

Calatayud. [*Iglesia Bilbilitana*]. Villancicos que se cantaron la noche de Navidad en . . . 1669. *Agustin Verges: Zaragoça,* 1669. 4.° 1073.k.22.(36). [45]

Calatrava, *Order of.* Diffiniciones de la orden y caualleria de Calatraua conforme al capitulo general celebrado en Madrid, año de 1600. *Luis Sāchez: Valladolid,* 1603. fol. 608.k.21. [46]

— — *Diego Diaz de la Carrera: Madrid,* 1661. fol. 608.k.19; 4783.d.8. *imp.* [47]

Caldera de Heredia, Gaspar. Vista, visita, y reconocimiento del cuerpo del venerable siervo de Dios el rey don Fernando el Santo. [*Sevilla?* 1668?] fol. T.16*.(36). [48]

Calderón, Antonio. Parte primera. De las excelencias del . . . apostol Santiago. [Edited by G. Pardo]. (Parte segunda). 2 pt. *Gregorio Rodriguez; a costa de Gabriel de Leon: Madrid,* 1658. fol. 487.i.35. [49]

Calderón, Baltezar. Alabanças de la insigne ciudad de Barcelona, y de las cosas mas insigne della. [In verse]. *Gabriel Graells, & Giraldo Dotil: Barcelona,* 1604. 4.° 11450.e.25.(22). [50]

Calderón, Gabriel. Sermon predicado en la santa iglesia de Sevilla, dia . . . de San Pablo. *F. Perez: Sevilla,* 1608. 4.° 4423.g.1.(15). (*destroyed*). [51]

Calderón, Juan Alonso. Memorial historico, iuridico, politico, de la s. iglesia catedral de la Puebla de los Angeles, en la Nueva-España. [*Madrid?* 1652?] fol. 6784.k.2.(11); 573.l.3.(3). [52]

— Memorial, y discurso historico—iuridico—politico que dio a . . . Don Philipe Quarto el doctor Iuan Alonso Calderon. *Diego Diaz de la Carrera: Madrid,* 1651. fol. 573.l.3.(4); 9181.e.10.(1). [53]

Calderón, Pedro. Memorial del reverendissimo padre . . . Calderon . . . presentado en el real, y supremo consejo de las Indias en 30 de Março 1693. En respuesta de otro impresso del . . . padre . . . Ignacio de Quesada. *Hermano Dehmen: Colonia,* 1695. fol. 1228.d.14. [54]

Calderón, Rodrigo, *marquis de Siete Iglesias.* Memorial que don Rodrigo Calderon dio a su magestad . . . Felipe IIII . . . en su abono. [*Madrid,* 1621]. fol. 707.h.28.(2). [55]

— Para que se haya de executar la sentencia de muerte, a que esta condenado don Rodrigo Calderon. [*Madrid,* 1621]. fol. 707.h.28.(1). [56]

Calderón de la Barca, Pedro. [*Autos*]. Autos sacramentales, alegoricos, y historiales . . . Primera parte. *Ioseph Fernandez de Buendia: Madrid,* 1677. 4.° C.63.b.39. [57]

— [*Comedias—Collections*]. Primera (— octava) parte de comedias del . . . poeta . . . don Pedro Calderon de la Barca . . . que . . . publica don Iuan de Vera Tassis y Villarroel. *Francisco Sanz: Madrid,* 1685, 83-94. 4.° 11725.f.5. [58]

— Segunda parte de comedias de don Pedro Calderon . . . Recogidas por don Ioseph Calderon de la Barca. (Tercera parte). [Edited by Sebastian Ventura de Vergara Salcedo]. 2 vol. *Maria de Quiñones: Madrid,* 1637,[64] 4.° C.57. C.40. [59]

— Verdadera quinta parte de comedias . . . que publica don Iuan de Vera Tassis y Villaroel. *Francisco Sanz: Madrid,* 1682. 4.° C.57. c.40*. [60]

— [*Single comedias*]. El alcayde de si mismo. Comedia famosa. [*Madrid?* 1650?] 4.° C.108.bbb.20.(7). [61]

— Los cabellos d'Absalon. Comedia famosa. [*Madrid?* 1650?] 4.° c.108.bbb.20.(9). [62]

— Las cadenas del demonio. Comedia famosa. [*Madrid?* 1700?] 4.° C.108.bbb.20.(11). [63]

— La cisma de Inglaterra. Comedia famosa. *Lucas Martin de Hermosilla: Sevilla,* [1700?] 4.° No. 189 of an unidentified collection. 11728.h.15.(11). [64]

— La Cruz en la sepultura. Comedia famosa. [*Madrid?* 1700?] 4.° C.108.bbb.20.(5). [65]

— La gran comedia del conde Lucanor. [*Madrid?* 1661?] 4.° 11728.a.87. [66]

— La dama duende. Comedia famosa. [*Pablo Crasbeeck: Lisbon,* 1647]. 4.° No. 167 of an unidentified collection. 11728.h.15.(14). [67]

— De una causa dos efetos. Comedia famosa. [*Madrid?* 1700?] 4.° C.108.bbb.20.(1). [68]

— La desdicha de la voz. Comedia famosa. [*Madrid?* 1700?] 4.° C.108.bbb.20.(4). [69]

— Los empeños de un acaso. Comedia famosa. [*n.p.,* 1700?] 4.° C.108.bbb.20.(8). [70]

— Comedia famosa. Mejor esta que estava. [*Madrid?* 1700?] 4.° T.1741.(15). [71]

— Comedia famosa. El pintor de su deshonra. [*Madrid?* 1650?] 4.° C.108.bbb.20.(10). [72]

— Comedia famosa, el principe constante, y martyr de Portugal. *Francisco Sanz:* [*Madrid,* 1680?] 4.° 11728.b.53. [73]

— La puente de mantible . . . "De Lope de Vega Carpio". [or rather by Calderon]. [*n.p.,* 1700?] 4.° 11728.h.21.(2). [73a]

— La vanda y la flor. Comedia famosa. [*Madrid?* 1650?] 4.° C.108.bbb.20.(2). [74]

— La vida es sueño. Comedia famosa. [*P. Crasbeeck: Lisbon,* 1647]. 4.° No. 192 of an unidentified collection. 11728.h.16.(17). [75]

— — [*Madrid?* 1650?] 4.° C.108.bbb.20.(12). [76]

— [*Works written in collaboration*]. Comedia famosa. El mejor amigo el muerto . . . la primera jornada de L. de Velmonte . . . la tercera de . . . Calderon. [1700?] 4.° See Amigo. 1072.h.14.(12).

— — [*n.p.,* 1700?] 4.° 11728.a.44. [77]

— El polyfemo. Comedia famosa. De . . . Calderon [or rather the first jornada by A. Mira de Mescua; the second by Juan Pérez de Montalbán, and the third by Calderón]. [*P. Crasbeeck: Lisbon,* 1647]. 4.° No. 23 of an unidentified collection. 11728.h.16.(10). [78]

— [*Doubtful or supposititious works*]. El alva con siete soles. Comedia famosa. [Not by Calderón]. [*Madrid?* 1700?] 4.° 11728.a.58. [79]

—El angel de la guarda. Comedia famosa. [Sometimes attributed to J. de Valdivieso]. [*Madrid*: 1700?] 4.° 11728.a.63. [80]

——[*Madrid*? 1700?] 4.° 11728.h.14.(19). [81]

—Comedia famosa, las canas en el papel, y dudoso en la venganza. De . . . Calderon [or rather, by Guillen de Castro]. *Herederos de Gabriel de Leon*: [*Madrid*, 1700?] 4.° 87.b.1.(5). [82]

—Casarse por vengarse. Comedia . . . (de don Pedro Calderon). Su verdadero autor Francisco Rojas. [In verse]. [*Madrid*? 1700?] 4.° 11728.h.15.(10). [83]

—El dia de san Blas en Madrid. Comedia famosa. [Not by Calderón]. [*Madrid*? 1700?] 4.° 11728.a.95. [84]

—La dicha del retraydo. Comedia famosa. [Not by Calderón]. [*Barcelona*? 1700?] 4.° T.1737.(7). [85]

—Enseñarse a ser buen rey. [*Madrid*? 1650?] 4.° C.108.bbb.20.(6). [86]

—Haz bien, y guardate. Comedia famosa. [Not by Calderón]. [*Madrid*? 1700?] 4.° 11728.b.24. [87]

—Comedia famosa, el mejor padre de pobres. De . . . Calderon [or rather, by Juan Pérez de Montalbán]. [*Seville*? 1700?] 4.° 11728.h.14.(14) [88]

—No son todos ruyseñores comedia famosa, de . . . Calderon [or rather, by Lope de Vega]. *Francisco de Leefdael: Seville*, [1700?] 4°. 11728.b.47. [89]

—La respuesta esta en la mano. Comedia famosa. [Not by Calderón]. [*Madrid*? 1700?] 4.° 11728.b.57. [90]

—Seneca, y Neron. Comedia famosa. [*Madrid*? 1700?] 4.° 11726.e.1.(2). [91]

—El texedor de Segovia, Comedia . . . de . . . Calderon [or rather by J. Ruiz de Alarcón y Mendoza]. [*Madrid*? 1670?] 4.° T.1741.(19). [92]

—El texedor de Segovia, Comedia . . . Segunda parte. [In verse]. [*Madrid*? 1670?] 4.° T.1741.(19). [93]

—[*Appendix*]. Funebres elogios a la memoria de d. Pedro Calderon de la Barca. Escritos por algunos apassionados suyos del Alcaçar. *Francisco Mestre: Valencia*, 1681. 4.° T.40*.(1). [94]

Calisto. [*Spanish*]. Tragicomedia de Calisto y Melibea, vulgarmente llamada Celestina. Alora . . . impressa conforme al expurgatoria nuevo de 1632. *Por la viuda de Alōso Martin; a costa de Domingo Fernandez: Madrid*, 1632. 32.° 1072.c.19. [95]

—[*Spanish and French*]. Tragicomedia de Calisto y Melibea . . . llamada Celestina . . . Por . . . Fernando de Rojas . . . traduzida . . . en Frances. *Carlos Labayen: Pamplona*, 1633. 8.° 11726.aa.21. [96]

——*Charles Osmont: Rouen*, 1633. 8.° 1072.e.28. [97]

——*Charles Osmont: Rouen*, 1644. 8.° 242.h.30. [98]

Calvete, Lorenço. Historia de la vida del glorioso S. Fructos patron . . . de Segouia. *Christoual Lasso Vaca: Valladolid*, 1610. 8.° 4827.aa.11. [99]

Calvo, Fernando. Libro de albeytería, en el qual se trata del cauallo y mulo, y iumento: y de sus . . . calidades, y . . . enfermedades. *Iusto Sanchez Crespo: Alcala*, 1602. fol. 779.i.6. [100]

Calvo, Juan. Primera y segunda parte de la cirurgia universal . . . Añadidos tres tratados uno de anatomia [sic], y otro de morbo galico . . . con otro de fracturas . . . por . . .

Andrés de Tamayo. *Iayme de Bordazar; a costa de Pedro Andres Lazaro: Valencia*, 1690. fol. 549.l.25. [101]

Calvo Ossorio, Pedro. Jesus, Maria, Joseph. Por don Diego Messia de Ocampo . . . Con don Pedro de Messia de Chaues. [*n.p.*, 1650?] fol. 765.i.4.(32). [102]

—Iesus, Maria, Iosef. Por don Pedro de Mendoza y Sandoual, como . . . administrador de . . . su hijo, y de . . . su muger . . . Con don Pedro Messia de Chaues. [A pleading]. [*n.p.*, 1650?] fol. 765.i.4.(29). [103]

—Iesus, Maria, Ioseph. Por don Pedro de Mendoça y Sandoual, y . . . su hijo. En el pleyto. Con d. Diego Antonio Messia, y d. Ysabel . . . hermanos. [A pleading]. [*n.p.*, 1650?] fol. 765.i.4.(33). [104]

—Por d. Geronimo de Loaysa Messia . . . y . . . su hijo . . . En el pleyto. Con d. Antonio Gomez de Montalvo, y . . . su hijo. *Imprenta real; Baltasar de Bolibar; Granada*, 1652. fol. 765.i.4.(20). [105]

—Por don Baltasar de Varona. En el pleyto con doña Maria Varona, y . . . su hijo. *Baltasar de Bolibar: Granada*, 1652. fol. 765.i.2.(22). [106]

—Por el concejo, justicia, y regimiēto de la ciudad de Guadix. En el pleyto con Pablo Bautista de Padua. *Baltasar de Bolibar; y Frācisco Sāchez: Granada*, 1649. fol. 765.i.4.(8). [107]

—Por don Diego Messia de Ocampo . . . En el pleyto. Con don Pedro Messia de Chaues. [A pleading]. [*n.p.*, 1650?] fol. 765.i.4.(31). [108]

—Por don Pedro de Mendoza Sandoual, como . . . administrador de . . . su hijo. Con don Pedro de Messia de Chaues. [*n.p.*, 1650?] fol. 765.i.4.(30). [109]

—Por don Tomas Chambres, vezino . . . de Xerez. En el pleyto con Fernando Cortes, defensor del nauio nōbrado el Reporte de Londres, y de los bienes del capitan. *Baltasar de Bolibar; y Frācisco Sāchez: Granada*, 1649. fol. 765.i.4.(5). [110]

Camacho y Avila, Diego, *Archbishop*. Expression de el hecho, y manifestacion de el derecho con que el doctor d. Diego Camacho, y Avilla . . . defendió su jurisdicion. [*Manila*, 1698]. fol. 4183.k.4.(5); 4183.k.4.(1). [111]

—El illmo Sor doctor don Diego Camacho y Avila . . . manifiesta à los . . . provinciales de las . . . religiones de santo Domingo, san Francisco, san Augustin . . . y compañia de Iesus de . . . Philipinas los motivos, que le assisten etc. [*Manila*, 1697]. fol. 4183.k.4.(3). [112]

—Razon que dá á v. magestad el arçobispo de Manila . . . d. Diego Camacho, y Avila, de lo sussedido el año de 1697 . . . Con las cinco . . . religiones. [*Manila*, 1698]. fol. 4183.k.4.(4). [113]

Camargo, Gerónimo de. Por Diego de Vergara Gauiria, receptor que fue del Consejo real de las Indias. Con el señor fiscal . . . Sobre la baxa de la moneda de vellon. [*Madrid*? 1639?] fol. 765.i.6.(23). [114]

—Respuesta a la resolucion de la iunta de los eclesiasticos de Francia. 1636. 4.° *See France—Appendix.* 1608/1053.(1).

Camargo, Ignacio de. Discurso theologico, sobre los theatros, y comedias de este siglo. *Miguel Manescal; a costa de Antonio Leyte Pereyra: Lisboa*, 1690. 4.° 3832.df.5. [115]

Camargo y Salcedo, Fernando de. Muerte de Dios por vida del hombre deduzida de las postrimerias de Christo

... Primera parte ... Poema en decimas. *Iuan de la Cuesta:*
Madrid, 1619. 4.° 011451.ee.6. **[116]**

Cambil. Por las villas de Cambil y Alhabar, con ... Iaen.
Sobre la jurisdicion priuatiua de la dehessa y sitio de la
Mata Bexix. [By—Vaquedano]. [n.p., 1630?] fol.
1322.l.6.(9). **[117]**

Camerino, Joseph. La dama beata. [In verse and prose].
Pablo de Val: Madrid, 1655. 4.° 1074.i.23. **[118]**

— Nouelas amorosas. Dirigidas al ilustrissimo ... señor Ruy
Gomez de Silva ... duque de Pastrana. *Tomas Iunti:*
Madrid, 1624. 4.° 12490.cc.20. **[119]**

Camões, Luis de. [Works]. Obras de Luis de Camoes ...
Com os argumentos do ... João Franco Barreto. [Con-
taining the "Lusíadas", "Rimas", "Rimas ... segunda
parte", "Terceira parte ... tiriadas de ... manuscriptos
... por Antonio Alvarez da Cunha"]. 4 pt. *Antonio*
Craesbeeck d' Mello: Lisboa, 1669, 66—69. 4.° 1072.g.14;
243.k.2. **[120]**

— [Comedia de Filodemo]. Comedia de Filodemo. *Vicente*
Aluarez: Lisboa, 1615. 4.° C.57.c.19.(2). **[121]**

— [Comedia dos enfatriões]. Comedia dos enfatriões. [In verse].
Vicente Aluarez: Lisboa, 1615. 4.° C.57.c.19.(1). **[122]**

— [Lusíadas]. Os Lusiadas de Luis de Camões ... Dedicados
ao d. dom Rodrigo da Cunha. *Pedro Crasbeeck; a custa de*
Domingos Fernandez Liureyre: Lisboa, 1609. 4.° 11452.c.12.
[123]

— — *Vicente Aluarez; a custa de Domingo Fernandez: Lisboa,*
1612. 4.° 11452.bbb.19. **[124]**

— Os Lusiadas ... Commentados pelo licenciado Manoel
Correa. *Pedro Crasbeeck: Lisboa,* 1613. 4.° G.11288. **[125]**

— — *Pedro Crasbeeck:* 1626. 24.° 11452.aa.40. **[126]**

— — *Pedro Craesbeeck: Lisboa,* 1631. 24.° 11452.aa.49.(1).
[127]

— Lusiadas de Luis de Camoés ... Comentadas por Manuel de
Faria i Sousa. [The Portuguese text, with a Spanish prose
translation]. 4. tom *Iuan Sanchez; a custa de Pedro Coello;*
Antonio Duplastre: Madrid, 1639, 40. fol. 11452.k.6;
85.l.17, 18. **[128]**

— Lusiada italiana di Carlo Antonio Paggi ... Poema eroico.
Henrico Valente de Oliueira: Lisbona, 1658. 12.° 1072.a.24.
[129]

— Lusiada italiana di Carlo Antonio Paggi ... Poema ... de
Camões ... Seconda impressione emendata. *Henrico*
Valente de Oliueira: Lisbona, 1659. 12.° 11452.a.5. **[130]**

— [Rimas]. Rimas de Luis de Camões accrescentadas nesta
terceyra impressaõ. *Pedro Crasbeeck; a custa de Domingo*
Fernandez: Lisboa, 1607. 4.° G.11284. **[131]**

— Rimas de Luis de Camões Primeira parte ... (Segunda
parte). 2 pt. *Lourenço Craesbeck: Lisboa,* 1623 [1632]. 24.°
11452.aa.39. **[132]**

— Rimas ... Emendadas. *Pedro Craesbeeck: Lisboa,* 1629.24.°
11452.aa.49.(2). **[133]**

— Rimas de Luis de Camões Primeira parte ... emendadas
nesta ultima impressaõ, & acrecentada hũa comedia.
(Comedia del rey Seleuco). *Paulo Craesbeeck; & a su*
custa: Lisboa, 1645. 24.° 11452.aa.41. **[134]**

— Rimas ... Primeira parte. *Paulo Craesbeck: Lisboa,* 1651.
24.° 11452.aa.42. **[135]**

— Rimas varias de Luis de Camoens ... Commentadas [in
Spanish] por Manuel de Faria, y Sousa. 2 pt. *Theotonio*

Damaso de Mello; Imprenta Craesbeeckiana: Lisboa, 1685,
89. fol. 1484.m.8. **[136]**

— — *Imprenta de Theotonio Damaso de Mello; Imprenta Craes-*
beeckiana: Lisboa, 1685, 88. fol. 85.l.13.14. **[137]**

— [Anot. ed., containing the "Lusíadas" and pt. 1 only of the
"Rimas"]. 2 pt. *Antonio Craesbeeck de Mello: Lisboa,*
1670. 12.° 11452.a.6. **[138]**

Campeggi, Laurencio. Copia de la carta y decisiones sobre
las causas de los padres de la santissima Trinidad ...
decretadas por ... dõ Laurencio Campeggi ... y de la
santa sede. [*Madrid,* 1636]. fol. 765.i.6.(14). **[139]**

Campello de Macedo, Joam. Thesouro de ceremonias, que
contem as das missas rezadas, e solemnes ... acrescentado
... pelo Padre Joaõ Duarte. *Antonio Pedrozo Galrao:*
Lisboa, 1697. 4.° 1222.h.16. **[140]**

Campillo de Bayle, Gines. Gustos y disgustos del lentiscar
de Cartagena. Sucessos varios ... ilustrados con sentencias. *Francisco Mestre; a costa de Luis Lamarca: Valencia,*
1691. 4.° 12489.dd.2. **[141]**

Campo, Antonio Manuel del. La gran comedia. El renegado
de Francia. [In verse]. [*Casa del Correo viejo: Seville,*
1700?] 4.° 11728.i.9.(5). **[142]**

Campo, Pedro del. Istoria general de los ermitaños de la
orden de ... San Augustin. *Iayme Romeu: Barcelona,*
1640. fol. 491.k.14. **[143]**

Campo Moya, Juan del. Doctrina Christiana sobre el
cathecismo del padre Ripalda ... dispuesta en forma de
coloquio. *Francisco Garcia Fernandez: Alcala,* 1676. 8.°
1493.g.5. **[144]**

Campo Redondo y Río, Antonio de. Por el licenciado
don Antonio de Camporredondo y Rio ... Con Maria
de Ortegà ... Sobre que se deve executar la sentencia
de muerte en ella. [*Valladolid,* 1642]. fol. 1322.l.10.(20).
[145]

— Por el licenciado don Antonio de Campo Redondo y Rio
... Con Toribio Borbon ... Sobre que se deue confirmar
la sentencia de ... dar garrote, y encubar. [*Valladolid,*
1641?] fol. 1322.l.10.(21). **[146]**

Campos, Gabriel de. Por don Andres Squarzafigo y Centurion; en el pleyto con ... su hermano. Sobre la tenuta
del mayorazgo, que fundò ... su madre. [n.p., 1680?]
fol. 1322.l.8.(10). **[147]**

Campos, Juan de. [Begin:] El almirante Iuan de Campos
acuyo cargo vino la flota de nueua España el año ...
1640 ... suplica a V. magestad passe los ojos por este
apuntamiento. [n.p., 1643?] fol. 1324.i.5.(16). **[148]**

Campo y de la Rynaga, Nicolás Mathias del. Memorial
historico y iuridico, que refiere el origen del oficio de
protector general de los indios del Perú en su gentilidad.
2 pt. *Mateo de Espinosa y Arteaga: Madrid,* 1671. fol.
1324.i.3.(19). **[149]**

Campuzano, Baltasar. [Begin:] El maestro fray Baltasar
Campuçano. [A memorial on behalf of Dionisio Pérez
Manrique de Lara, recalling his past]. [n.p., 1645?] fol.
1324.i.2.(23). **[150]**

Cáncer, Fadrique. Relacion sumaria de los seruicios que ...
Fadrique Cancer hizo a su magestad en estos reynos [and
others] ... por los quales pretende ... su muger, que se
le ha de hazer merced. [n.p., 1616?] fol. 1324.i.2.(100).
[151]

Cáncer y Velasco, Gerónimo. Obras varias [With a preface by Juan de Zavaleta]. *Diego Diaz de la Carrera: Madrid,* 1651. 4.° 1064.i.13. **[152]**

——Segunda impression. 1064.i.13. *Henrique Valētē de Oliueira: Lisboa,* 1657. 12.° 11450.a.3. **[153]**

—Chico Baturi.[1700?] 4.° 11726.f.16. *See* Baturi, C.

—Dexar un reino por otro, y martires de Madrid. Comedia . . . [In verse]. De don Geronimo Cancer, de don Sebastian de Villabiciosa, y de Moreto. [*n.p.,* 1650?] 4.° 1072.h.14.(2). **[154]**

—La muerte de Baldovinos. Comedia burlesca. [In verse]. [1700?] 4.° *See* Baldovinos. 11726.f.65.

—La traycion en la propria sangre, y siete infantes de Lara. Comedia burlesca. [1700?] 4.° [*No.* 234 *of an unidentified collection*]. *See* Lara. 11726.f.89.

Candel, Gregorio. Antiguedad de la fiesta de la Immaculada Concepcion de la Virgen . . . en la religion Carmelitana. [With woodcuts]. *Geronimo Vilagrasa: Valencia,* 1654. 4.° 4806.d.11. **[155]**

Cañizares, Francisco. A un tiempo rey y vassallo. Comedia . . . de tres ingenios. [1700?] 4.° *See* Tiempo. 1072.h.2.(7).

Cano, Alonso. [*Begin:*] Señor. Alonso Cano, a quien v. magestad hizo merced de presentarle a una racion de . . . iglesia metropolitana de . . . Granada. [A pleading]. [*Granada?* 1652?] fol. 765.i.2.(31). **[156]**

Cano, Juan. Informe. (Doña Beatriz Bernardina de Andrada Ceruantes, muger de don Iuan Ceruantes Casaus. Con don Iuan de Caruajal, sobre la propriedad . . . del mayorazgo que fundò . . . Beatriz de Andrada). [1638]. fol. *See* Cervantes Casaus, B.B. de. 6785.h.1.(1). *Destroyed.*

Cano, Juan Taranconensis. Cursus philosophicus. [Founded on the works of Aristotle]. 7 tom. *Gregorii Ortiz Gallardo: Salmanticæ,* 1689-93. fol. 8464.ff.8. **[157]**

Cano, Thomé. Arte para fabricar, fortificar, y apareiar naos de guerra y merchante. *Luis Estupiñan: Sevilla,* 1611. 4.° 533.e.2.(2). **[158]**

Cano Gutierrez, Diego. [*Begin:*] Al excentisimo [sic] señor don Pedro de Toledo, y Leiva, marques de Mancera . . . virrey. [A memorial concerning the working of the Peruvian mines]. [*Lima,* 1641]. fol. 1324.i.12.(5). **[159]**

Canon. Canon trigonometricus. Continens logarithmos, sinuum, et tangentium, ad singula scrupula totius semicirculi. 2 pt. *Apud Bernardum a Villa-Diego: Matriti,* 1672. 4.° C.54.bb.21.(2). **[160]**

Caramuel Lobkowitz, Juan, *Bishop.* [Architectura civil recta, y obliqua]. (Discurso mathematico de D. Ioseph Chafrion). [With plates]. 3 tom. *Camillo Corrado: Vigeven,* 1678. fol. 559*.f.9. *imp.* **[161]**

—'Ησπανο-σθημα. Declaracion mystica de las armas de España invictamente belicosas. *Lucas de Meerbeque: Brusselas,* 1636. fol. 9902.k.15. **[162]**

—Respuesta al manifiesto del reyno de Portugal. *En la oficina Plantiniana de Balthasar Moreto: Anberes,* 1642. 4.° 1482.c.23. **[163]**

——Enprenta obispal: Santagel de la Fratta, 1665. 4.° 1482.c.27. **[164]**

Caravajal, Pedro de. Obra curiossima en la qual se contienen dos romances, que tratan del regozijo . . . que . . . Madrid hizo quando . . . se apellido España por . . . don Felipe . . . cuarto. [In verse]. *Esteuan Liberos: Barcelona,* 1621. 4.° 1072.g.26.(34). **[165]**

Caravajal y Saavedra, Mariana de. Navidades de Madrid, y noches entretenidas, en ocho novelas. *Domingo Garcia Morras; a costa de Gregorio Rodriguez: Madrid,* 1663. 4.° C.39.f.35. **[166]**

Carballido y Losada, Diego. Noticia de las invasiones que las armas de Inglaterra han hecho en las Indias. *Viuda del lic. Iuan Martin del Barrio: Madrid,* 1655. 4.° C.38.d.16. **[167]**

Carbonel, Tomás. Breve relacion de la consagracion del ilustrissimo señor don fray Tomàs Carbonel, confessor que fue de su magestad. [In verse]. [*Madrid?* 1677]. 4.° T.22.*(25). **[168]**

Carcamo, Alonso de. Traslado de la carta y relacion que embio a su magestad . . . don Alonso de Carcamo . . . a cerca del templo . . . del señor san Tyrso. [*n.p.,* 1600?] fol. Dept. of MSS. Eg.1874. **[169]**

Carcamo Valdés, Pedro de. [*Begin:*] Señor. El maestro don Pedro de Carcamo Valdés . . . dize. [A memorial of his services, etc., addressed to the King]. [*Madrid,* 1639]. S.sh. fol. 1324.i.2.(64). **[170]**

Cardenas, Bernardino de. Discurso teologico, en que informa a la santidad de Alexandro VII . . . Bernardino de Cardenas . . . sobre que se permita . . . el dezir tres missas el dia . . . de los difuntos. [*n.p.,* 1660?] fol. 5107.b.2. **[171]**

—Memorial y relacion verdadera para el rei N.S. y su real Consejo de las Indias, de cosas . . . del Perù. *Francisco Martinez: Madrid,* 1634. 4.° 8180.e.14. **[172]**

Cardenas, Francisco María Monssarat Manuel de, *Duke de Maqueda y de Najara.* Memorial aiustado del pleyto de don Frācisco . . . de Cardenas, duque . . . de Nascara. Con don Bernardino Lopes de Ayala, conde de Fuensalida (Prosigue el memorial). 2 pt. [*n.p.,* 1630?] fol. 765.il.(28). **[173]**

Cardenas, Jorge de, *Duke de Maqueda.* Recopilacion de las heroycas hazañas . . . del . . . duque de Maqueda, virrey de Oran. Y del capitan Iuā del Castillo . . . Y del gouernador . . . de . . . Alarache. *Iuan Serrano de Vargas y Vreña: Sevilla,* 1620. 4.° 9181.g.1.(8). **[174]**

—Tres famosas y ricas presas que en este presente año ha tenido en Oran . . . don Iorge de Cardenas. *Iuan Serrano de Vargas y Ureña: Sevilla,* 1620. 4.° 9181.g.1.(10). **[175]**

Cardenas, Juan de. Breve relacion de la muerte, vida, y virtudes del venerable . . . Miguel Mañara Vicentelo de Leca, cavallero de la orden de Calatrava. *Thomas Lopez de Haro: Sevilla,* 1679. 4.° 486.c.18.(3). **[176]**

Cardenas y Mendoza, Pedro de. [*Begin:*] Señor. Don fr. Bernardino de Cardenas obispo . . . del Paraguay. [A memorial, addressed to the King, on the conduct and services of Bernardino de Cardenas in the administration of his diocese]. [*n.p.,* 1650?] fol. 4745.f.11.(20). **[177]**

Cardenas y Quiñones, Antonio de. [*Begin:*] Señor. Don Antonio de Cardenas y Quiñones, vezino . . . de Guadalaxara. Dize. [A memorial addressed to the King asking for justice concerning a will]. [*n.p.,* 1640?] fol. 765.h.1.(54). **[178]**

Cardeyra, Luis. Sermam da soledade da Senhora em que tambem se fas mençam do enterro de Christo. *Thome*

Carvalho; a custa de Ioseph Ferreira: Coimbra, 1669. 4.°
851.k.17.(15). **[179]**

Cardillo de Villalpando, Gaspar. Traducion a las Sumulas del doctor Villalpando. En la qual . . . se ponen algunos argumentos, y dificultades: sacadas de los . . . escritos . . . de la compañia de Iesus . . . Reduzida a un claro estilo por . . . Murcia de la Llana. *Luis Sanchez: Madrid*, 1615. 8.° 1607,1392.(2). **[180]**

Cardim, Antonio Francisco. Relaçam da viagem do Galeam Saõ Lourenço e sua perdiçaõ nos bayxos de Moxincale em 3 de setembro de 1649. *Domingo Lopes Roza: Lisboa*, 1651. 4.° T.2232.(8). **[181]**

Cardona, Antonio de. Comedia famosa. Del mal lo menos. [n.p. 1700?] 11728.i.11.(14). **[181a]**

— El mas heroyco silencio. Comedia famosa. [In verse]. [*Madrid?* 1700?] 4.° 11728.b.90. **[182]**

Cardona, Nicolas de. [*Begin:*] Señor. El capitan Nicolas de Cardona dize. [A memorial to the King concerning the writer's services in the discovery of pearl fisheries in California and elsewhere]. [*Madrid?* 1620?] fol. 725.k.18.(44). **[183]**

Cardona, Pedro Aznar. Expulsion iustificada de los moriscos españoles, y suma de las excellencias christianas de . . . Felipe . . . tercero. 2 pt. *Pedro Cabarte: Huesca*, 1612. 8.° 1196.a.9. **[184]**

Cardona, Tomas de. [*Begin:*] Señor. El capitan Tomas de Cardona, por si, y en nõblre de los demas participes en el assiento que con V. magestad se hizo el año de 1612, de nueuos descubrimientos de perlas. [*Madrid?* 1620?] fol. 725.k.18.(43); C.62.i.19.(57). **[185]**

— [*Begin:*] Señor. Tomas de Cardona desseoso del seruicio de V. M. y del bien publico . . . presento ante V. M. el año . . . 1615 la proposicion siguiente. (Segunda parte). [*Seville?* 1620?] fol. 1322.l.7.(2). **[186]**

Cardona y Borja, Alonso de, *marquis de Castelnov.* [*Begin:*] Señor. Don Alonso de Cardona y Borja . . . dize. [A memorial to the King setting forth the services of the writer and of his ancestors]. [*Madrid?* 1650?] fol. 1324.i.2.(109). **[187]**

Cardoso, Fernando. Discurso sobre el monte Vesuvio . . . del prodigioso incendio . . . de 1631 i de sus causas naturales. *Francisco Martinez: Madrid*, 1632. 4.° 444.b.48. *imp.* **[188]**

— Por el comercio de la ciudad de Sevilla . . . y su partido, en el pleyto con Fernando Cardoso, y Diego Rodriguez Luis. [n.p., 1650?] fol. 765.i.3.(14). **[189]**

Cardoso, Hieronymo. Dictionarium latinolusitanicum et vice versa. 2 pt. *Pedro Craesbeeck: Ulyssipone*, 1630, 29. 627.e.23. & C.33.f.18.(4). **[190]**

— — *L. de Anueres: Ulyssipone*, 1643. 4.° 627.e.24. **[191]**

Cardoso, Isac. Las excelencias de los hebreos. (Las excelencias y calunias de los hebreos). 2 pt. *David de Castro Tartas: Amsterdam*, 1679. 4.° 4034.f.23. **[192]**

— Utilidades del agua i de la nieve, del bever frio i caliente. *Viuda de Alõso Martin: Madrid*, 1637. 8.° 1171.d.42. **[193]**

Cardoso, Jorge. Agiologio lusitano dos sanctos, e varoens illustres em virtude do reino de Portugal, e suas conquistas . . . Composto pelo licenciado George Cardoso. (tom 4. por D. Antonio Caetano de Sousa). 4 tom. *Na officina Craesbeekiana: Lisboa*, 1652-1744. fol. 1228.d.1-4. **[194]**

Cardoso da Cunha, Francisco. Vitoria cierta, y verdadera que da quenta de la presa que las galeras del gran duque de Florencia . . . an hecho. *Iuan de Cabrera: Sevilla* [1626]. fol. 593.h.17.(58). **[195]**

Cardoso de Miranda, Gerónimo. Por Geronimo Cardoso de Miranda. Con el señor fiscal. [*Madrid?* 1660?] fol. 1322.l.1.(28). **[196]**

Cardozo de Sequeira, Gaspar. Thesouro de prudentes, por Gaspar Cardozo . . . acrescentado . . . nesta quinta impressaõ . . . acrescentado de hũ tratado pera se saber de cor as horas da marè . . . pello Sargento . . . Gonçalo Gomez Caldeira. *Joam da Costa: Lisboa*, 1675. 4.° 8533.e.34. **[197]**

Carduchi, Vicencio. Dialogos de la pintura su defensa . . . essẽcia . . . y diferencias . . . Siguẽse a los dialogos . . . pareceres en fabor del arte. [With engravings]. *Frco Martinez: Madrid*, 1633. 4.° 57.d.7. 564.c.16. 564.a.8. **[198]**

Carleton, Thomas Comptonus. Disputationes physicæ ubi etiam de generatione, et curruptione. [On the "Phisica" and "De generatione et corruptione" of Aristotle]. *Apud Melchorem Estevez: Salmanticæ*, 1676. 4.° 8460.d.14. **[199]**

Carmelite Nuns, *barefooted.* Villancicos que se han de cantar la noche de navidad en la capilla de las . . . descalzas . . . 1691. *Melchor Alvarez:* [*Madrid*], 1688. 4.° 1073.k.22.(34). **[200]**

— Villancicos que se han de cantar la noche de navidad en . . . 1691. *Melchor Alvarez: Madrid* [1691]. 4.° 1073.k.22.(23). *imp.* **[201]**

Carmelites, *barefooted.* [*Province of St. Albert in New Spain*]. Memorial ajustado del pleyto, que trata el padre provincial, y religiosos . . . como cessonario de D. Madalena de Orduña . . . con don Ioseph de Vria y Baldes. [By Alonso de Medrano]. [n.p., 1656]. fol. 1324.i.1.(2). **[202]**

Carmelites, *Convento de San Joseph de Carmelitas.* Por el convento de San Ioseph de Carmelitas descalças de . . . Ocaña. Con Iuan Santos de San Pedro, canonigo . . . de Toledo . . . heredero . . . [de] . . . Iuan de Vinatea y Castro. [n.p., 1634?] fol. 765.i.2.(6). **[203]**

Carnero, Antonio. Historia de las guerras civiles que ha avido en . . . Flandes. Des del año 1559 hasta . . . 1609. Y las causas de la rebellion. *Iuan de Meerbeque: Bruselas*, 1625. fol. 155.b.1. **[204]**

Carnestoltes. Nou testament, y ultima voluntat, del honorable senyor Carnestoltes. [In verse]. *Sebastian y Iaume Mathevat: Barcelona*, 1625. 4.° 11450.e.24.(24). **[205]**

Caro, Rodrigo. Antiguedades, y principado de . . . Seuilla, Y chorographia de su conuento iuridico. *Andres Grande: Seuilla*, 1634. fol. 573.l.18; 180.f.17. **[206]**

Carochi, Horacio. Arte de la lengua mexicana con la declaracion de los adverbios della. Al illustrisso . . . don Iuan de Mendoça arcobispo de Mexico. *Iuan Ruyz: Mexico*, 1645. 4.° 621.e.32. **[207]**

Caro de Torres, Francisco. Historia de las ordenes militares de Santiago, Calatraua, y Alcantara. (Discurso apologetico, en gracia y favor de las ordenes . . . por . . . Fernando Pizarro y Orellana). *Iuan Gonçalez: Madrid*, 1629. fol. 248.d.10; 204.d.1. **[208]**

—Relacion de los seruicios que hizo a . . . Felipe segundo y tercero don Alonso de Sotomayor. *Viuda de Cosme Delgado: Madrid,* 1620. 4.° 1199.h.19; G.6748. [209]

Caro y Cejudo, Gerónimo Martín. Refranes y modos de hablar castellanos con latinos que les corresponden . . . con la glosa, y explicacion. *Iulian Izquierdo: Madrid,* 1675. 4.° 12941.d.1. [210]

Carrafa, Andrés. Instrucciones de lo que se debe executar para conservarse une yeguada . . . y criar los potros. [*n.p.,* 1650?] fol. 9181.e.10.(16). [211]

Carranza, Alonso. A Felipe IV. El mayor señor del orbe . . . Rogacion en detestacion de los grandes abusos en los traxes y adornos . . . introducidos en Espana. *Maria de Quiñones; a costa de Pedro Coello: Madrid,* 1636. 4.° 475.b.31. [212]

—El aiustamiēto i proporcion de las monedas de oro, plata, i cobre, i la reduccion destos metales a su debida estimacion. *Francisco Martinez: Madrid,* 1629. fol. 504.g.6; 180.e.7. [213]

—Discurso iuridicio en comprouacion de la proposicion que el reyno jūto en Cortes, hizo a su magestad . . . 1615. *Madrid,* 1620. fol. 1322.k.14.(41). [213a]

—Por el convento de San Felipe desta villa, en el pleyto con Diego de Contreras. [A lawsuit about damages]. [*n.p.,* 1622?] fol. 765.h.3.(31). [214]

—Por el duque de Feria, abad, y prebendados de la colegial . . . de Zafra. En el pleyto con el obispo de Babajoz [sic]. Sobre el examen de los curas. [*n.p.,* 1640?] fol. 765.i.2.(30). [215]

—Por la ciudad de Sevilla, en el pleyto. Con su villa de Costantina. [1620?] fol. *See* Seville. 1322.l.6.(20).

—Por la religion de los monges Basilios, en el pleyto con . . . los monges de san Benito. [*Madrid?* 1625?] fol. 4783.e.2.(17). [216]

—Por las religiones. Con la dignidad arçobispal de Toledo. [*Madrid?* 1625?] fol. 4783.e.2.(1). [217]

Carranza, Florian de. Carta . . . en respuesta de otra que aragoneses han escrito en nombre de un difunto. [Remarks on G. de Gongora y Torreblanca's "Historia apologetica . . . de Navarra"]. [*Pampluna,* 1629]. fol. 593.h.19.(3). [218]

Carrasco del Saz, Francisco. [*Begin:*] Initium a Domino. Factum. El Rey nuestro señor. [A case, with opinions, on the powers, privileges and functions of the viceroys of Peru, with reference to the proceedings of the Marquis of Montesclaros]. [*n.p.,* 1616?] fol. 1324.i.13.(1). [219]

Carrascon, Thomas, *pseud.,* [i.e. Fernando de Texeda]. Carrascon. [A treatise on the errors of the Vulgate and against certain tenets of the Church of Rome]. *A costa del autor por Maria Sanchez: Nodriza,* 1633. 8.° 1016.e.15; G.966. [220]

Carreño Miranda, Juan *The Elder.* [*Begin;*] Señor. Iuan Carreño Miranda, natural del concejo de Carreño. [A memorial "para atajar algunas falsedades de escrituras, testimonios"]. [*Madrid,* 1623]. fol. T.90.*(42). [221]

—[*Begin:*] Señor. Iuan Carreño Miranda, natural y vezino del cōsejo de Carreño. [A memorial "para situar los ultimos millones, o aumētar . . . la real hazienda"]. [*Madrid,* 1623]. fol. T.90.*(41). [222]

Carrera, Fernando de la. Arte de la lengua yunga de los valles . . . de Truxillo del Peru, con un confessonario, y . . . oraciones . . . traducidas en la lengua. *Ioseph de Contreras: Lima,* 1644. 8.° C.58.b.4. [223]

Carrillo, Alonso *Abogado de los Consejos.* Discorsi apologetici, in che si da relatione delle persecutioni, e trauagli dal . . . fr. Bernardino de Cardenas. 3 pt. [*Madrid?* 1660?] fol. 4828.e.14. [224]

—Informe legal, en apoyo de la iurisdicion, que . . . Alonso de Prado . . . comissario general . . . de las Indias, delegò en fray Ioseph Cuyner . . . para que averiguasse los excessos de fray Manuel Gonçalez. [*Madrid,* 1658]. fol. 4783.e.3.(38). [225]

—Origen de la dignidad de Grande de Castilla. *Imprenta real: Madrid,* 1657. fol. 180.e.8.(2). [226]

—[*Begin:*] Señor. El capitan Matheo Rodriguez de Almogabar. [A memorial to the King of Spain, on behalf of M. R. de Almogabar, in relation to the process against Gaspar de Salcedo]. [*Madrid?* 1670?] fol. 1324.i.g.(33). [227]

Carrillo, Alonso, *de Sevilla.* Relacion verdadera, de todo que agora . . . ha passado sobre el cerco que los moros . . . pusieron . . . sobre la fuerte plaça de mamora. [In verse]. *Esteuan Liberos: Barcelona,* 1621. 4.° 11450.e.24.(15). [228]

Carrillo, Antonio. [*Begin:*] Señor. Fray Antonio Carrillo, procurador general . . . de Santiago de Xalisco. [A memorial to the King of Spain, on the ecclesiastical affairs of that province]. [*n.p.,* 1681?] fol. 1324.i.3.(16). [229]

Carrillo, Francisco. Noticias del govierno de la real hazienda de Castilla . . . Por Francisco Carrillo. [*Madrid,* 1670] fol. 1322.l.4.(25); 765.i.6.(7). [230]

Carrillo, Juan. Primera (segunda) parte de la historia de la tercera orden de nuestro seraphico P. S. Francisco. 2 tom. *Lucas Sanchez; Iuan de Lanaja y Qu [artanet]: Çaragoça,* 1610, 13. 4.° 1370.d.4. *tom 2 imp.* [231]

Carrillo, Lucas. *See* Díaz Rengifo, J., *pseud.*

Carrillo, Martín. Annales y memorias cronologicas. Contienen las cossas mas notables . . . succedidas en el mūdo . . . en España, desde su principio . . . hasta . . . 1620. *Pedro Blusson: Huesca,* 1622. fol. 181.f.11. [232]

——En el hospital real y general de nuestra señora de Gracia; a costa de Pedro Escuer: Zaragoça, 1634. fol. 9005.g.18. [233]

—Elogios de mugeres insignes del viejo Testamento. *Pedro Bluson: Huesca,* 1627. 4.° 4804.e.4. [234]

—Historia del glorioso san Valero, obispo de . . . Çaragoça. Con los martyrios de San Vicente, Santa Engracia, San Lamberto . . . con un catalogo de todos los prelados . . . de Aragon. (Advertencias). *Iuan de Lanaja y Quartanet: Zaragoça,* 1615. 4.° 4824.ccc.7. [235]

—Relacion al Rey don Philipe . . . del nombre, sitio, planta, conquistas, christiandad . . . y gouierno . . . de Sardeña. *Sebastian Matheuad: Barcelona,* 1612. 8.° 9165.ccc.10. [236]

Carrillo Altamirano, Fernando Alfonso. Origen, y causa de los repartimientos de Indios, daños que resultaran de quitarlos a las labores de panes, y el medio de que se podrà usar, para que no aya iuezes. [*Mexico,* 1632]. fol. 1324.i.7.(3). [237]

—[*Begin:*] Señor. El doctor Hernan Carrillo Altamirano. [A memorial, addressed to the King of Spain in answer to one by Christoval de Molina, concerning the personal service of the aborigines of Mexico]. [*Madrid?* 1624?] fol. C.62.i.19.(25); 12231.t.1.(5). **[238]**

Carrillo de Córdoba, Francisco. Certamen historico por la patria del . . . protomartir . . . San Laurencio. A donde responde Cordoba a differentes escritos. *Cordoba,* 1673. fol. 489.i.13.(1). **[239]**

Carrillo de Guzman, Alonso. Memorial y manifiesto de los fundamentos que tengo en apoyo, de escreuir la descendencia de mi casa y otras . . . para satisfazer al mundo, de la calumnia. [*n.p.d.*], fol. 765.h.1.(46). **[240]**

Carrillo Lasso de la Vega, Alonso. Caualleriza de Cordoua. Autor don Alonso Carrillo Lasso . . . Al . . . conde, duque, gran chanciller de las Indias. *Saluador de Cea: Cordoua,* 1625. 4.° 785.h.43. **[241]**

—De las antiguas minas de España. *Saluador de Cea: Cordoua,* 1624. 4.° 574.f.1.(3). **[242]**

Carrillo y Manuel, Fernando. [*Begin:*] Señor. Don Fernando Carrillo y Manuel. [An address to the King containing a statement of his services]. [*Madrid?* 1658?] fol. 1322.L.9.(13). **[243]**

Carrion, Alonso de. Por Alonso de Carrion escriuano publico, y del cabildo, iusticia y regimiento de la ciudad de los Reyes. [A memorial]. *Por la viuda de Iuan Goncalez: Madrid,* 1634. fol. 1324.i.4.(27). **[244]**

Çarroca, Joseph. Politica del comte de Olivares. Contrapolitica, de Cathaluña . . . Contraueri al veri que perdia lo principat Català. *Iaume Romeu: Barcelona,* 1641. 8.° 9180.e.1.(7). **[245]**

Carta. Carta, escrita a uno de los colegiales ingleses que residen en Madrid, por su padre. [1611]. 4.° *See* N., N. 1484.c.4.

—Carta que escriuiu un señor desta Corte a un su amigo. [Giving the news of Madrid]. [*Madrid,* 1623?] fol. 593.h.22.(61). **[246]**

—Los verdaderos intereses de los principes de Europa . . . o reflecciones sobre un papel que hà venido de Francia. con el titulo de carta. [*n.p.,* 1690?] 4.° 8010.b.24. **[247]**

Carthagena, *Colombia.* [*Begin:*] A dos cosas se reduze la pretēsion . . . de Cartagena y su provincia. [*n.p.,* 1625?] fol. 1322.l.12.(34). **[248]**

—Viage, y sucesso de los carauelones, galeoncetes de la guarda de Cartagena . . . y su costa y la . . . victoria . . . cōtra los corsarios piratas en . . . 1621. *Viuda de Cosme Delgado: Madrid,* 1621. fol. 8223.d.14. **[249]**

Carvajal, Rodrigo de. [*Begin:*] Adiuua nos Deus salutaris noster. Por don Rodrigo de Carvaial . . . En el pleito con el conuento . . . de los Santos Martires. *Martin Fernandez Zambrano: Granada,* 1633. fol. 765.i.11.(14). **[250]**

Carvajal y Robles, Rodrigo. de Fiestas que celebro la ciudad de los Reyes del Piru, al nacimiento del . . . principe don Baltasar Carlos de Austria. [In verse]. *Geronymo de Contreras: Lima,* 1632. 4.° 11451.d.11. **[251]**

Carvajal y Sande, Juan de. Apuntamientos sobre la antiguedad, y asiento, que . . . Iuan de Carvajal y Sande deve tener. [*n.p.,* 1665?] fol. 765.i.7.(15). **[252]**

Carvajal y Sedeño, Julian Antonio de. Relacion verdadera, y copia de carta, escrita por un cauallero . . . de la familia de su magestad. [Containing news of a Spanish military success]. *Juan Cabeças: Seuilla,* [1675]. 4.° 1445.f.17.(59). **[253]**

Carvalho, Joannes de. Nouus, et methodicus tractatus, de una, et altera quarta, legitima, falcidia, et trebellianica, earumq; imputatione. Ad cap. Raynaldus de testamentis. *Ex officina Nicolai Carualho: Conimbricæ,* 1631. fol. 1605/394. **[254]**

Carvalho de Parada, Antonio. Iustificaçam dos portugueses. Sobre a acçam de libertarem seu reyno da obediencia de Castella. [Followed by "Carta primeira (— quarta) pera o Conde Duque", i.e. G. de Guzman, Count of Olivares]. 2 pt. [*Paul Craesbeeck: Lisbon,* 1643]. 4.° 8042.e.20. **[255]**

Carvalho Mascarenhas, Joam. Memoravel relaçam da perda da nao Conceiçam que os turcos queimarão a vista da barra de Lisboa . . . descripção . . . de Argel. *A. Alvarez: Lisboa,* 1627. 4.° 10095.b.37.(2). **[256]**

Carvallo, Luis Alfonso de. Antiguedades y cosas memorables . . . de Asturias . . . Obra postuma. *Julian de Paredes: Madrid,* 1695. fol. 180.e.4. **[257]**

—Cisne de Apolo, de las excelencias, y dignidad y todo lo que al arte poetica y versificatoria pertenece. *Iuan Godinez; a costa de Pedro Ossete y Antonio Cuello: Medina del Campo,* 1602. 8.° 11826.b.22. **[258]**

Casanate, Luis de. Ave Maria. Por la orden de la santissima Trinidad, redencion de cautivos. [*n.p.,* 1620?] fol. 1322.k.14.(33). **[259]**

—[*Begin:*] Por el capitan Alonso de Angulo y Toledo corregidor que fue . . . de Gibraltar. Con Melchor Nuñez Martel, Alonso Paez de Aparicio. [Asking the court to make sure about the crime before applying torture]. [*n.p.d.*], fol. 765.h.2.(43). **[260]**

—Por el señor fiscal de la santa cruzada, y el licenciado Iuan Garcia Tarancon, y consortes, con la ciudad de Ecija. [1620?] fol. *See* Spain—*Consejo de la santa Cruzada.* 1322.k.14.(42).

—Responsum quintum. Ludouici de Casanate, I. D. pro don Ioanne Torrellas, in causa de Santacroche. Contra don Ioannem Torrellas, quatuor subtilisima pro more dubia mouentur. [*n.p.,* 1620?] fol. 765.i.3.(171). **[261]**

Casanova, Joseph de. Primera parte del arte de escrivir todas formas de letras. *Diego Diaz de la Carrera: Madrid,* 1650. fol. 819.l.25. **[262]**

Casas, Bartolomé de las, *Bishop of Chiapa.* [*Collections*]. Conquista dell' Indie occidentali di monsignor fra Bartolomeo dalle Case . . . Tradotta . . . per . . . Marco Ginammi. [The Spanish text, with an Italian translation of "Aqui de contiene una disputa"]. *Marco Ginammi: Venetia,* 1644. 4.° 1477.b.23. **[263]**

——*Marco Ginammi: Venetia,* 1645. 4.° 1061.c.14.(4); 279.h.19.(4). **[264]**

—Las obras del obispo d. fray Bartolome de las Casas. *Antonio Lacaualleria: Barcelona,* 1646. 4.° 493.g.4; 672.d.15. *imp;* 279.e.31. *imp.* **[265]**

—[*Single Works*]. Istoria ò breuissima relatione della distruttione dell' Indie Occidentali . . . Con la traduttione in italiano di Francesco Bersabita. *Span. & Ital. Marco Ginammi: Venetia,* 1626. 4.° 1061.c.13. **[266]**

— — *Marco Ginammi: Venetia*, 1643. 4.° 1061.c.14.(1); 279.h.19.(1). [267]

— La liberta pretesa dal supplice schiauo indiano . . . Tradotto . . . per opera di Marco Ginammi. *Span. & Ital. Marco Ginammi: Venetia*, 1640. 4.° 1061.c.14.(3); 279.h.19.(3). [268]

— Il supplice schiauo indiano . . . Tradotto . . . per opera di Marco Ginammi. *Span. & Ital. Marco Ginammi: Venetia*, 1636. 4.° 1061.c.14.(2); 1061.c.8. [269]

— — *Per li Ginammi : Venetia*, 1657. 4.° 279.h.19.(2). [270]

Casas Ales, Blas de las. A la Inmaculada Concepcion de la Virgen. [In verse]. Lleva al fin un soneto al santissimo Sacramento. *Antonio Rene: Granada*, 1615. 4.° C.63.b.27.(10). [271]

Cascales, Francisco. Al buen genio encomienda sus discursos historicos . . . Murcia . . . Fr^co Cascales. *Luys Beros: Murcia*, 1621. fol. 593.h.13; 179.f.3. [272]

— Cartas philologicas. Es a saber, de letras humanas, varia erudicion, explicationes de lugares . . . costumbres, i muchas sentencias exquisitas. *Luis Veros: Murcia*, 1634. 4.° 836.f.7. [273]

— Tablas poeticas, del licenciado Francisco Cascales. *Luis Beros: Murcia*, 1617. 8.° 1088.d.33. [274]

Casellas, Estevan. Doze frutos de la muy antigua y ilustre casa de Bournonville. *Rafael Figuero: Barcelona*, 1680. fol. 606.h.4.(1). [275]

Castañeda, Juan de. Reformacion de las tablas, y quentas de plata, y de la que tiene oro. *Francisco Rodriguez Luperci: Mexico*, 1668. 8.° 1139.c.1.(2). [276]

Castañiza, Juan de. Descripcion de la iunta, en que el . . . señorio de Vizcaia eligio por patron . . . al glorioso . . . san Ignacio de Loyola; y de las . . . fiestas, con que celebro la eleccion. *Nicolas de Sedano: Bilbao*, 1682. 4.° 11450.e.16. [277]

Castaño de Salcedo, Juan. Por Iuan Castaño de Salcedo, cessionario del conde de Montaluan . . . con la marquesa de Almazan. [*n.p.*, 1665?] fol. 1324.i.i.(28). *imp.* [278]

Castejon, Aegidius de. D. Aegidij de Castejon . . . alphabetum iuridicum canonicum, civile, theoricum . . . atque politicum. 2 tom. *Ex typographia regia; Apud Ioannem Garcia Infançon: Matriti*, 1678. fol. 5305.c.2. [279]

Castejon y Belvis, Bernardino. Auto de buen govierno, para el de la casa de la moneda . . . de Sevilla. (Auto de buen govierno fecho . . . por D. Miguel Escudero). 2 pt. [*Seville?* 1664]. fol. 1323.k.17.(14, 14*). [280]

Castejon y Fonseca, Diego de. Primacia de la santa iglesia de Toledo, su origen, sus medras . . . Defendida contra las impugnaciones de Braga [i.e. S. de Matos de Noroñha, archbishop of Braga]. 2 tom. *Diego Diaz de la Carrera: Madrid*, 1645. fol. 1232.h.1. [281]

Castellá Ferrer y Luzon, Mauro. Historia del apostol de Iesus Christo Sanctiago Zebedeo patron . . . de las Españas. *Alonso Martin de Balboa; a costa del autor: Madrid*, 1610. fol. 4808.k.9. [282]

Castellanos de Espinosa, Juan. [*Begin:*] Iuan Castellanos de Espinosa . . . trato de comprar el oficio de depositario de bienes de difuntos de la casa de la contratacion. [*n.p.*, 1605?] fol. C.62.i.18.(60). [283]

Castellon, María Manuela. Letras que se han de cantar en la profession de sor Maria Manuela Castejon, en el real convento de santa Ynès. [*Saragossa?*] 1698. 4.° 1073.k.22.(28). [284]

Castigo. El mas inaudito y exemplar castigo que . . . Dios executò en dos . . . mancebos. [In verse]. *Iuan Cabeças: Sevilla*, 1675. 4.° 811.e.51.(19). [285]

Castile. [*Laws.*] [*Begin:*] Don Enrique, por la gracia de Dios Rey de Castilla. [Granting the city and marquisate of Astorga to Alvaro Pérez Osorio count de Trastamara]. [*Madrid*, 1645]. fol. 1324.k.15.(1). [286]

— Las prematicas, ordenanças, ley, y facultad dada por sus magestades. [Ferdinand and Isabella, to the merchants of Burgos]. *I. de Lorza: Bilbao*, [1670?] fol. 503.g.29.(2). [287]

— [*Appendix*]. [*Begin:*] Lo mas importante que oy ay que remediar en . . . Castilla. (Esta relation aunque parte della se a lado antes) [on the state of the Spanish currency]. 2 pt. [*n.p.*, 1630?] fol. 1322.l.12.(63). [288]

— [*Begin:*] Señor. Los libreros de los reinos de Castilla dizen. [A petition to the King asking for relief from the tax on books]. [*n.p.*, 1636?] fol. 1322.l.3.(32). [289]

— [*Begin:*] Señor. Siendo tan notoria la enfermedad que con la moneda de vellō padecen los reynos . . . de Castilla. (El assumpto deste discurso). [Two letters to the King on the currency question]. 2 pt. [*n.p.*, 1630?] fol. 1322.l.22.(47). [290]

Castile, *Province of.* [*Augustinian monks*]. [*Begin:*] Estos discursos, que se escriven é imprimen, es precisso, que tengan algun fin honesto. [A memorial relating to the prolongation of the provincial chapter]. [*n.p.*, 1683?] fol. 4783.e.1.(20). [291]

— [*Begin:*] Hase procurado, y deseado ceñir este resumen. [A memorial relating to the prolongation of the provincial chapter]. [*n.p.*, 1683?] fol. 4783.e.1.(17). [292]

— [*Begin:*] Ilustrmo Señor. Los maestros Fr. Pedro de Ortega . . . Fr. Luis Criado. [A memorial relating to the prolongation of the provincial chapter]. [*n.p.*, 1683?] fol. 4783.e.1.(18). [293]

— Verdadera noticia de lo que ha passado en orden à un breue, que por orden de su Santidad . . . expidiò el . . . Nuncio de España. [*n.p.*, 1683?] fol. 4783.e.1.(19). [294]

— [*Carmelite monks*]. [*Begin:*] Ni la modestia religiosa permite que en puntos de descredito publico secalle. [Relating to the authority of the provincial chapter]. [*n.p.*, 1680?] fol. 4783.e.1.(29). [295]

— [*Franciscans*]. Causa de S. Francisco. Razones por la pura, y, simple obseruancia de su regla, sin dispensacion . . . En orden a que no subsistan unas letras, de que intenta valerse el obispo . . . Alonso de Salizanes. [*n.p.*, 1688?] fol. 4783.e.3.(9). [296]

— Por la causa de S. Francisco. Verdad contra la espumosa cauilacion de una relation sin firma . . . que intenta macularla. [*n.p.*, 1669?] fol. 4383.e.3.(11). [297]

Castile and Leon. [*Begin:*] Los libreros de los reynos de Castilla y Leon. [A petition for relief from the tax on books]. [*Granada?* 1635?] fol. 1322.l.9.(9) 1322.l.3.(30). [298]

— [*Begin:*] Los libreros de los reynos de Castilla y Leon . . .

dizen. [A petition for relief from the tax on books].
[1636?] fol. *See Gonzalez de Ribero, Blas.* 1322.l.3.(31).

— Por el estado ecclesiastico, y santa congregazion de la corona de Castilla, y de Leon, sobre la forma de las pagas. [*n.p.*, 1630?] fol. 1322.k.14.(21). **[299]**

— [*Begin:*] Señor. La congregacion de las santas iglesias de Castilla, y Leon, dize. [A petition to the King of Spain against the exemption of a certain religious house from tithes]. [*n.p.*, 1640?] fol. 1322.k.14.(1). **[300]**

— [*Begin:*] Señor. La congregation del estado eclesiastico de las santas iglesias de Castilla y Leon: dize. [A protest against the sale of certain offices]. [*n.p.*, 1640?] fol. 1322.k.14.(3). **[301]**

— [*Begin:*] Señor. Pusieron en las reales manos de V. Magestad los libreros de Castilla, y Leon una suplica. [A petition for relief from the tax on books]. [*Granada*, 1635?] fol. 1322.l.9.(6). **[302]**

Castilho, Pedro de, *Bishop of Leiria.* Constituçoens synodæs do bispado de Leiria. 1601. 4.° *See Leiria, Diocese of.* 1600/217

Castilian Dictionary. Dictionario castellano . . . Dictionaire françois. Dictionari catala. [By Pedro Lacavalleria]. *Pere Lacavalleria: Barcelona,* 1642. obl. 8.° 629.a.5. **[303]**

Castilian Orthography. Orthographia castellana. [1660?] 12.° *See F., A.* 627.c.36.

Castilla, —. [*Begin:*] Por los licenciados Diego Ortiz, y Iuan Ordoñez . . . capellanes . . . del conde de Oliuares, en el pleyto criminal que tratan con Iuan Escudero y consortes . . . sobre el articulo del tormento en que Iuan Escudero vino condenado. [*n.p.d.*] fol. 765.h.2.(36). **[304]**

Castilla, Diego de. Copia de cartas escritas por don Diego de Castilla . . . por el . . . señor presidente de Castilla. [*n.p.*, 1655?] fol. 1322.k.13.(6). **[305]**

— [*Begin:*] Lo que está verificado y prouado. [A memorial praying for the title of marquis]. [*n.p.*, 1623?] fol. 1324.i.2.(108). **[306]**

— [*Begin:*] Señor. Don Diego de Castilla. [Another memorial praying for the title of marquis]. [*n.p.*, 1622]. fol. T.16.*(28). **[307]**

Castilla de la Cueva y Benabidez, Juan de. [*Begin:*] Señor. Don Iuan de Castilla de la Cueua y Benabidez. [A memorial setting forth the services of his ancestors]. [*n.p.*, 1650?] fol. 1324.i.2.(110). **[308]**

Castilla y Aguayo, Iuan de. Copia de un memorial que diò don Iuan de Castilla y Aragon . . . al rey . . . Felipe quarto, el año de 1623. [Asking the King for a post]. [*Madrid?* 1623?] fol. 765.h.1.(31). **[309]**

Castillo, Antonio del. Autos sacramentales, al nacimiento de Christo. 1675. 4.° *See Autos.* 11726.d.8.

— El devoto peregrino viage de Tierra Santa. [With maps]. *Imprenta real: Madrid,* 1656. 4.° 566.g.19. **[310]**

— — *Toledo,* [1660?] 8.° 1048.a.5. **[311]**

— — *Antonio Mureto: Paris,* 1664. 4.° 148.c.20. **[312]**

Castillo, Balthasar del. Luz, y guia de los ministros evangelicos. *Span. & Mex.* 2 pt. *Juan Joseph Guillena: México,* 1694. 4.° 4402.m.29. **[313]**

Castillo, Francisco del. Migaias caydas de la mesa de los . . . doctores de la Iglesia . . . aplicadas a todos los evangelios de la quaresma. *Por Nicolas de Assiayn: a costa de Iuã de Bonilla: Pamplona,* 1619. 8.° 4408.cc.13. **[314]**

Castillo, Gonçalo de. Para que se compela por todo rigor de derecho Sebastian Gomez Rendon . . . a la obseruancia de la sentencia, en la que se le manda se case con Iuana de Valdes. [*Mexico,* 1650?] fol. 5125.ee.1.(2). **[315]**

— Para que si executadas todas las penas de derecho en Sebastian Gomez Rendon, por su rebeldia. [*Mexico?* c.1650—1700?] fol. 5125.ee.1.(3). **[316]**

Castillo, Hernando del. Primera (segunda) parte de la historia general de santo Domingo, y de su orden. (Tercera parte . . . por Ioan Lopez). 3 pt. *Francisco Fernandez de Cordoua; vendese en casa de Antonio Coello: Valladolid,* 1612, 13. fol. 490.i.3, 4. **[317]**

Castillo, Joannes de. Licenciati Ioannis de Castello chirurgi . . . Tractatus quo continentur summe necessaria tam de anatome, quàm de vulneribis, & ulceribus. *Apud Dominicum Garcia Morras: Matriti,* 1683. fol. 548.k.12. **[318]**

Castillo, Juan, *del Pharmacopola.* Pharmacopoea, universa medicamenta in officinis pharmaceuticis usitata complectens, & explicans. *Apud Ioannem de Borja: Gadibus,* 1622. 4.° 546.f.5. **[319]**

Castillo, Juan del, *Consejero de Hazienda.* [*Begin:*] Señor. [A statement addressed to the King by Juan del Castillo, in a question of precedence between himself and A. Chumazero]. [*Madrid?* 1650?] fol. 1322.l.1.(35). **[320]**

Castillo, Julian del. Historia de los reyes godos que vinieron de la Scythia de Europa contra el imperio romano, y a España con succession dellos, hasta . . . don Fernando y doña Isabel. *Luis Sanchez: Madrid,* 1624. fol. 180.f.16. **[321]**

Castillo, Leonardo del. Viage del rey nuestro señor don Felipe quarto . . . a la frontera de Francia. Funciones reales, del desposorio . . . de . . . Maria Teresa de Austria. *Imprenta real: Madrid,* 1667. 4.° 9930.d.30. **[322]**

Castillo, Martin del. Arte hebraispano . . . Grammatica de la lengua santa en idioma castellano. *A costa de Florian Anisson: Leon de Francia,* 1676. 8.° 63.l.28. **[323]** Grammatica de la lengua griega en . . . español. *A costa de Florian Anisson: Leon de Francia,* 1678. 8.° 236.g.4. **[324]**

Castillo de Bobadilla, Gerónimo. Iesus. El licenciado Castillo de Bobadilla . . . y el concejo y vezinos . . . de Navia, y Iuan de Castillon [and others]. *Medina del Campo,* 1604. fol. 1322.l.6.(3). **[325]**

— Iesus. El licenciado Castillo de Bobadilla . . . y el concejo . . . de Villalon. Con Bernaue y Gaspar de Grajal . . . y . . . su primo. *Medina del Campo,* 1604. fol. 1322.l.4.(27). **[326]**

— Politica para corregidores y señores de vassallos en tiempo de paz, y de guerra, y para iuezes eclesiasticos, y seglares. 2 tom. *Sebastian de Cormellas; y a su costa: Barcelona,* 1624. fol. 5383.gg.2. **[327]**

Castillo Mantilla y Cossio, Gabriel de. Laverintho poetico, texido de noticias naturales, historicas, y gentilicas, ajustadas a consonantes para el exercicio de la poesia. *Melchor Alvarez: Madrid,* 1691. 4.° 11451.f.15. **[328]**

Castillo Solórzano, Alonso del. Los alivios de Casandra. Al excelentissimo señor don Iayme de Yxar. *Iayme Romeu; vendense en la misma emprenta y en casa de Iuan C[erb]era: Barcelona,* 1640. 8.° 12490.aaaa.8. **[329]**

—Los amantes andaluzes. Historia entretenida, prosas y versos. *Sebastian de Cormellas, al Call: Barcelona*, 1633. 8.° 12490.b.8. [330]

—Aventuras del bachiller Trapaza, quinta essencia de embusteros. *Pedro Verges; a costa de Pedro Alfay: Çaragoça*, 1637. 8.° 12490.df.14. [331]

—Epitome de la vida, y hechos del inclito Rey don Pedro de Aragon, tercero. *Diego Dormer: Zaragoça*, 1639. 8.° 10632.aa.11. [332]

—Fiestas del iardin. Que contienen, tres comedias, y quatro novelas. *Siluestre Esparsa, a costa de Felipe Pincinali: Valencia*, 1634. 8.° 12304.d.41. [333]

—La garduña de Seuilla, y ançuelo de las bolsas. *Sebastian de Cormellas; y a su costa: Barcelona*, 1644. 8.° 243.e.32. [334]

—Iornadas alegres: a don Francisco de Erasso, conde de Humanes. *Iuan Gonçalez: Madrid*, 1626. 8.° G.10168. [335]

—El marques del Zigarral. Comedia famosa. [*Lisbon*, 1647]. 4.° *No. 245 of an unidentified collection.* 11728.h.8.(23). [336]

—Sagrario de Valencia, en quien se incluyen las vidas de los illustres santos . . . del reyno. *Siluestre Esparsa: Valencia*, 1635. 8.° 4824.aa.29. [337]

—Sala de recreacion. [With a preface by Joseph Alfay]. *Por los herederos de P. Lanaja y Lamarca. a costa de Iusepe Alfay: Zaragoça*, 1649. 8.° C.57.k.6. [338]

—Varios y honestos, entretenimientos. En varios entremeses, y pasos apasibles. *Por orden del autor Juan Garses: Mexico*, 1625. 8.° C.63.a.27. [339]

Castillo y Gallegos, Lorenzo del. Por don Antonio Messia, cavallero . . . de Calatrava: y por doña Mariana Rodriguez . . . en el pleyto con los acreedores del general Iuã de Uribe. [*n.p.*, 1650?] fol. 765.i.4.(24). (26). [340]

—Por don Iuan de Cea, en pleyto con los herederos de d. Andres de Madariaga. [*n.p.*, 1625?] fol. 765.i.4.(12). [341]

—Por Hieronimo de Ablitas contra el fiscal. [A pleading]. [*n.p.*, 1625?] fol. 1322.l.10.(28). [342]

Castilnovo y Lodosa, *Conde.* [*Begin?*] Por el conde de Castilnouo y Lodosa. Sobre lo que viene este articulo es. Que a la condesa de Salazar se le despache la sobrecarta que pide, etc. [*n.p.d.*,] fol. 765.h.3.(58). [343]

Castrillo, Hernando. Magia natural, o ciencia de filosofia oculta . . . Primera parte. *Diego Perez Estupiñan: Trigueros*, 1649. 4.° 719.f.14. [344]

——*Juan Garcia Infanzon; a costa de Francisco Sazedon: Madrid*, 1692. 4.° 8630.g.14. [345]

Castrillo y Ribero, Diego. Iesus Maria Ioseph. Por don Agustin de Irarraçaual y Otalora . . . de Deua. Con . . . doña Iuana Muñoz de Otalora. [A lawsuit]. [*n.p.*, 1660?] fol. 765.i.1.(12). [346]

Castro, Antonio de, *Jesuit.* Fisonomia de la virtud, y del vicio al natural, sin colores, ni artificios. pt. 1. *Ioseph de Rueda: Valladolid*, 1676. 4.° 12132.c.36; *imp. Wanting part 2.* [347]

Castro, Antonio de, *Licenciado.* Allegationes canonicæ, cum suis decissionibus [sic] . . . in lucem æditis, et nouiter auctis, per don Ioannem de Castro Gallego. *Ex officina Bernardi de Villa-Diego: Matriti*, 1689. fol. 5035.h.5. [348]

—Informacion en derecho, sobre ciertas nulidades que tuuo el capitulo prouincial de Lima . . . que se celebrò [en] . . . 1643. [*Madrid*, 1644?] fol. 4783.e.1.(6). [349]

—Por don Ioseph de Saauedra, marques de Ribas. Con doña Teresa Maria Arias de Saauedra . . . Sobre el condado de Castellar. [A pleading]. [*n.p.*, 1650?] fol. *See* Ramirez de Saavedra y Ulloa, J., *Marquis de Rivas.* 1322.k.15.(23).

Castro, Antonio de, and **Fernández de Minaño, Pedro.** [*Begin:*] In nomine Santissimæ Trinitatis. Por don Garcia de Cotes . . . como marido . . . de doña Felipa de la Carcel . . . y por . . . su hijo. Con don Alonso de Tapia, y don Gedeon de Hinojosa. [*n.p.d.*,] fol. 765.i.1.(1). [350]

Castro, Bartolomé de. [*Begin:*] El capitan Bartolome de Castro dize. [A memorial of Castro's services in the navy]. [*n.p.*, 1645?] S.sh fol. 1324.i.2.(114). [351]

Castro, Benito de. [*Begin:*] En la pretension que el estado eclesiastico destos reynos de Castilla y Leon tiene. [*n.p.*, 1640?] fol. 1322.k.14.(5). [352]

—[*Begin:*] Iesus Maria. En el pleyto de subsidio, entre . . . la compañia de Iesus . . . de Palencia, con el dean y cabildo y clero. [*n.p.*, 1630?] fol. 1322.k.14.(27). [353]

Castro, Diego de. [*Begin:*] Iesus, Maria, Ioseph. Por el señor obispo de Valladolid, como prior de Iunquera. Sobre la apelacion interpuesta para esta chancilleria del auto de retencion dado por los alcaldes . . . de Galizia. [*n.p.d.*,] fol. 765.h.1.(15). [354]

Castro, Francisco de, *Bishop of Guarda.* Oraçoens funebres nas exequias que o tribunal do santo officio fez ao . . . bispo D. Francisco de Castro, inquisidor gèral. [By Manoel Ferreira, Nuno da Cunha and Antonio Vel]. *Officina Craesbeeckiana: Lisboa*, 1654. 4.° 851.k.17.(4). [355]

Castro, Francisco de, *Lector de theologia en el colegio de S. Buenaventura de Sevilla.* Idea virtuosa, oracion funebre panegirica, a las honrras que celebro el . . . orden tercero de penitencia de N. P. S. Francisco . . . a . . . Isabel de la Cruz. *Juan Francisco de Blas: Sevilla*, [1695]. 4.° 4865.dd.20.(12). [356]

Castro, Gregorius de. Defensoria, explicatio, et applicatio ad donationes regias . . . Pars secunda. [*n.p.*, 1682?] fol. 765.h.3.(6). [357]

Castro, João de. Discurso da vida do sempre bem vindo . . . Rey dom Sebastiam. (Aiunta do discurso precedente). 2 pt. *Martin Verac: Paris*, 1602. 8.° 1195.a.3.(2). [357a]

Castro, Juan de. [*Begin:*] Manifiesto en que el maestro fray Iuan de Castro . . . dà quenta. [On the importation of negro slaves]. [*Madrid*, 1667]. fol. 1324.i.3.(5). [358]

—medio para sanar la monarquia de España. [1668]. fol. *See* Spain 1324.i.3.(10).

—[*Begin:*] Para el entero conocimiento de la causa, que destruye, y acaba . . . la monarquia de España . . . y para la possibilidad . . . del remedio. [*Madrid*, 1669]. fol. 1324.i.3.(9). [359]

—Quinto papel. Medio general para sanar, conseruar, y aumentar la monarquia. [*Madrid*, 1669]. fol. 1324.i.3.(6). [360]

—Respuesta del P. M. Fr. Iuan de Castro a las ficciones con que Domingo Grillo pretende obscurecer la verdad. 2 pt. [*Madrid*, 1670]. fol. 1324.i.3.(14). [361]

— [*Begin:*] Sabido el comercio que la Europa tiene en las Indias . . . es razon que tengamos noticia del retorno que se saca de las Indias, en frutos . . . perlas y esmeraldas. [*Madrid*, 1669?] fol. 1324.i.3.(11). [**362**]

— [*Begin:*] Señora. El maestro fr. Iuan de Castro. [A memorial relating to the financial administration of the Spanish colonies]. [*Madrid*? 1668]. *S.sh.* fol. 1324.i.3.(8). [**363**]

— [*Begin:*] Señora. El maestro fray Iuan de Castro. [A second memorial relating to the financial administration of the Spanish colonies]. [*Madrid*? 1669]. fol. 1324.i.3.(12). [**364**] No. 365 *cancelled.*

Castro, Pedro de. Causas eficientes, y accidentales del fluxo, y refluxo del mar . . . Explicanse con ilustracion . . . discursos que hizo don Francisco de Seyxas y Lobera. *Manuel Ruiz de Murga: Madrid*, 1694. 4.° 537.g.42. [**366**]

Castro, Pedro Antonio de. Los martires de Cordova. Comedia famosa. [In verse]. [*n.p.*, 1650?] 4.° 1072.h.6.(2). [**367**]

Castro Egas, Ana de. Eternidad del rey don Filipe tercero . . . Discurso de su vida y santas costumbres. *Alonso Martin: Madrid*, 1629. 8.° 1485.aaa.37. [**368**]

Castro Tartaz, David de. Sermoes que preparaõ os doctos ingenios da K. K. de Talmud Torah, desta cidade de Amsterdam. [Edited with a prologue and dedication by David de Castro Tartaz. With plates]. *David de Castro Tartaz: Amsterdam*, [1675]. 4.° 5435. 4034.m.40. [**369**]

Castro y Añaya, Pedro de. Auroras de Diana. Por Pedro de Castro . . . natural de Murcia. *Manoel Dias: Coimbra*, 1654. 8.° 1072.f.17. [**370**]

Castro y Aquila, Tomas de. Antidoto y remedio unico de daños publicos. Conservacion y restauracion de monarchias. Discurso . . . politico. *Vicente Alvarez de Mariz: Antequera*, 1649. 4.° 522.d.36. [**371**]

Castro y Bellvis, Guillén de. Comedia del conde de Irlos. [In verse]. [*n.p.*, 1620?] 4.° C.63.g.7. [**372**]

— Comedia famosa. Alla van leyes, donde quieren reyes. [*Madrid*? 1700?] 4.° 11728.h.8.(1). [**373**]

— Don Quixote de la Mancha. Por D. Guillen de Castro. [*n.p.*, 1700?] 4.° T.1736.(4). [**374**]

— Los enemigos hermanos. Comedia famosa. [In verse]. [*n.p.*, 1700?] 4.° 1072.h.6.(1). [**375**]

Castro y Padilla, Manuel de. Relacion del nuevo descubrimiento de las minas ricas del assiento de san Miguel de Oruro. [*n.p.*, 1630?] fol. 725.k.18.(8); 725.k.18.(11). [**376**]

Catalan Truth. Apoyos de la verdad Catalana contra las obieciones de una justificacion que se hizo en nombre del Rey. *Iorge Rodriguez: Lisboa*, 1642. 4.° 1060.c.29.(3). [**377**]

Catalonia. [*Laws*]. Constitutions fetes per la S. C. R. magestat del Rey don Phelip segon . . . en la primera cort, celebra . . . en lo any 1599. (Capitols y actes de cort). *Gabriel Graels & Giraldo Dotil: Barcelona*, 1603. fol. 5383.g.3. [**378**]

— Capitols dels drets, y altres coses del general del principat de Cathalunya, y comtats de Rossello, y Cerdanya fets en Corts. *Estampats en casa de Llorens Deu & Hieronym Margarit: Barcelona*, 1620. 4.° 12139.a.4; 177.a.23. [**379**]

— Libre dels quatre senyals, del general de Cathalunya. Contenint diuersos capitols de Cort . . . y cartas reals. *Hieronym Margarit: Barcelona*, 1634. 4.° C.68.h.9. [**380**]

— Constitutions fetes per la S. C. R. Magestat del rey don Fhelip segon. *Gabriel Nogues: Barcelona*, 1635. fol. 503.g.25. [**381**]

— Capitols dels drets y altres coses del general del Principat de Cathalunya. *Gabriel Nogues: Barcelona*, 1635. 4.° 1239.a.1.(1). [**382**]

— — 2 pt. *Estampats en casa Matheuat: Barcelona*, 1671. 4.° 1239.a.2. [**383**]

— Libre dels quatre senyals del General de Catalunya. *Rafel Figueró: Barc*, 1698. 4.° 1239.a.9. [**384**]

— Ordinacions, y cridas fetes per lo . . . consistori dels . . . deputats, y oydors de comptes del . . . principat de Cathalunya . . . en lo trienni de 1698. *Rafel Figueró: Barcelona*, 1698. 4.° 5383.f.15. [**385**]

— [*Corts*] Capitols del general del principat de Cathalunya, comtats de Rossello, y Cerdanya, fets en les Corts celebrades . . . per la S. C. R. M. del Rey . . . en [1599]. *Hieronym Margarit: Barcelona*, 1630. 4.° 1239.a.1.(2). [**386**]

— [*Diputació*]. Capitols resultants de la sentencia fetes per los . . . visitadores del general de Cathalunya, acerca dels Carrechs dels officials . . . de la deputatio. *Hieronym Margarit: Barcelona*, 1621. 4.° 5383.f.13. [**387**]

— Capitols y desliberations, resultants de las sentencias fetas per los . . . visitadores del general . . . acerca dels carrechs dels officials de la squadra de las galleras. *Hieronym Margarit: Barcelona*, 1621. 4.° 5383.f.14. [**388**]

— Summari compendios y substancial dels procehiments . . . y prouisions de la visita del general de Cathalunya . . . 1623 . . . 1626. *Gerony Margarit: Barcelona*, 1628. 4.° 5383.aaa.1. [**389**]

— Directori de la visita del general de Cathalunya, y brev sumari de sentencias de las visitas fetes desde lo any 1599. fins la ultima feta en . . . 1635. *Gabriel Nogues: Barcelona*, 1636. 4.° 5384.aaa.38. [**390**]

— — *Antoni Lacavalleria: Barcelona*, 1672. 4.° 1239.a.3. [**391**]

— Recopilado de diferents vots, y altres documents . . . Traduhits alguns dells . . . llati, en llengua cathalana. *Rafel Figueró: Barcelona*, [1698.] 4.° 1239.a.7. [**392**]

— Directori de la visita del general del principat de Catalunya . . . Van anyadits en esta ultima impressiò las ciutats, vilas y llochs del principat. *Rafel Figueró: Barcelona*, 1698. 4.° 1239.a.6. [**393**]

— [*Miscellaneous official publications*]. Tarifa dels poreus de les teles, y altres sorts de robes, y mercaderies que entren en . . . Cathalunya. (Tarifa del corrent trienni [1698].) *Rafel Figueró: Barcelona*, 1698. 4.° 5383.f.16. imp. [**394**]

— [*Appendix*]. Als mals efectes de tota Cathalunya. [Verses]. *Iaume Matevat: Barcelona*, 1643. 4.° 9180.e.2.(48). [**395**]

— Luz de la verdad. Preguntas, y respuestas en favor de Cataluña, y sus hijos. [*n.p.*, 1670?] 8.° 8042.a.35. [**396**]

— Relacion diaria de todo lo sucedido en . . . Cataluña desde 15. de iulio hasta 8. de septiembre . . . de 1650. *Iuan Gomez de Blas: Sevilla*, 1650. 4.° 1445.f.17.(31). [**397**]

— Secretos publicos, piedra de toque, de las intenciones del enemigo, y luz de la verdad . . . Traduzidos . . . en castellano. [*Barcelona*? 1641]. 8.° 9180.e.1.(6). [**398**]

— Segredos publicos pedrade toque dos intentos do inimiguo, & luz da verdade . . . Traduzido de catalão. *Na officina de Lourenco de Anueres; a custa de Lourenco de Queiros: Lisboa,* 1641. 4.° 1060.c.29.(8). **[399]**

— Sucessos de la guerra en el principado de Cataluña, sobre el sitio que el frances tiene puesto a las plaças de Perpiñan y Salzes. *Iuan Gomez de Blas: Seuilla,* 1639. 4.° 1445.f.22.(42). **[400]**

Catharine [of Braganza]. *Queen consort of Charles II King of Great Britain.* Relaçam diaria, da jornada que . . . D. Catherina fez de Lisboa à Londres. *Henrique Valente de Oliueira: Lisboa,* 1662. 4.° 9195.c.26.(6); C.125.c.2.(1). **[401]**

— Relacion de las fiestas que se hizieron en Lisboa, con la nueua del casamiento de . . . Doña Catalina . . . con el . . . Rey de la Gran Bretaña. *Henrique Valente de Oliueira: Lisboa,* 1662.4.° C.125.c.2.(9). **[402]**

Catharine, *Saint, of Sienna.* Dialogos de S. Catalina de Sena. Traduzidos de lengua latina . . . por . . . Fr. Lucas Loarte. *Andres García de la Iglesia: Madrid,* 1668. 4.° 1471.aa.47. **[403]**

— Ramillete de epistolas y oraciones celestiales . . . de santa Cathalina de Sena . . . Que mando traducir a la lengua castellana . . . fr. Francisco Ximenez de Cisneros. *A costa de Iuan Cassañes y Iayme Surià: Barcelona,* 1698. fol. 489.i.16.(1). **[404]**

Caussin, Nicolas. Corte divina, o palacio celestial. Primero, y segundo tomo . . . Escriviola en lengua latina . . . Nicolas Causino . . . y en la española el doct. . . . d. Esteuan de Aguilar y Zuñiga. *Ioseph Fernandez de Buendia; a costa de Lorenço de Ibarra: Madrid,* 1675. 8.° 1395.h.54. **[405]**

Cavallero, Santiago. Por Santiago Cavallero. Con los herederos del capitan Garcia de Muriel y Valdiuieso. [A lawsuit concerning the selling of some houses]. [*n.p.,* 1612?] fol. 765.h.3.(34). **[406]**

Cavanço, Francisco de. Informe en que se ponen de manifiesto las proposiciones, y materias que se tratan en el libro . . . Regla de la tercera orden elucidada. *Madrid,* 1673. fol. 4783.e.3.(43). **[407]**

Cavero, Margarita. Sagradas aclamaciones poeticas. A la profession de . . . Doña Margarita Cavero . . . en el Real convento de S.ta Lucia. [*Saragossa*], 1693. 4.° 1073.k.22.(26). **[408]**

Caxa de Leruela, Manuel. Restauracion de la antigua abundãcia de España, o . . . facil reparo de su carestia presente. *Lazaro Scorigio: Napoles,* 1631. 4.° 1029.k.6; 281.f.32. **[409]**

Cebreros, Diego. Seuilla festiua aplauso celebre e panegirico que se celebro en el colegio del Angel de la Guarda . . . a la beatificacion de San Juan de la Cruz . . . Sacala a luz . . . Diego Cebreros. *Juan Cabezas: Seuilla,* 1676. 4.° 486.c.4.(2). **[410]**

Cedeño, Matías. Copia de carta escrita de . . . Ceuta, à . . . Sevilla, de 16 de iunio . . . de 1674. Donde dá quenta del feliz sucesso que el . . . marques de Trucifal tuvo contra las agarenas armas. *Francisco de Ochoa: Granada,* 1674. 4.° 1323.g.1.(9). **[411]**

Ceita, Joao de. Quadragena segunda em que se contem os dous tempos do anno. *L. Craesbeeck: Euora,* 1625. fol. destroyed. **[412]**

Cendros, Llorens. Gramatica cathalana, brev y clara. *En casa de Mathevat, administrada per Marti Gelabert; a costa de Ioseph Moyá: Barcelona,* 1676. 12.° 1493.g.38. **[413]**

Centellas,—de, *Marquis.* [*Begin:*] El marques de Centellas, Cavallero del orden de Calatrava. [A memorial to the King on a question of precedence]. [*Madrid?* 1678]. fol. 765.i.7.(16). **[414]**

— Relacion del hecho despues de la sentencia de manutencion [in the suit between the marquis de Centellas and the regent]. [*Madrid?* 1680?] fol. 765.i.7.(20). **[415]**

— Relacion del hecho en el pleito possessorio . . . de la precedencia entre el marques de Cendellas, y el regente. [*Madrid?* 1680?] fol. 765.i.7.(19). **[416]**

— [*Begin:*] Obtuuo el marques de Centellas de . . . los señores de la iunta . . . el auto de manutencion de su possession de preceder . . . al regente. [*n.p.,* 1679]. fol. 765.i.7.(17). **[417]**

Centurion, Octavio, *Marquis de Monesterio.* [*Begin:*] [fol. 2 recto]. y consultaron con su superior. [A paper addressed by the marquis de Monesterio to the nuns of the Capuchins, 13 April 1641]. [*Madrid,* 1641]. fol. 1322.l.9.(29). *imp.* **[418]**

Centurion y Córdoba, Adan, *marquis de Estepa.* Informacion para la historia de Sacro Monte, llamado de Valparaiso y antiguamente Illipulitano . . . Primera parte. *Bartolome de Lorençana: Granada,* 1632. 4.° 487.f.19. **[419]**

— [*Begin:*] Señor. El marques de Estepa, señor de la casa de Albornoz, dize [Petitioning the King of Spain to confer upon him the title of duke]. [*n.p.,* 1650?] fol. 1322.l.9.(28). 1322.l.4.(39). **[420]**

— — [*n.p.,* 1650?] fol. 1322.l.9.(28). **[421]**

Cepeda, Baltasar de. Relaciõ de algunas processiones, y fiestas en conuentos, y parroquias, que á hecho . . . Seuilla, a la Inmaculada Concepciõ de Maria. [In verse]. *Iuan de la Cuesta: Baeca; y por su original por Alõso Rodriguez: Seuilla,* 1615. 4.° C.63.b.27.(8). **[422]**

— Testimonio en relacion, que da el tiempo del estado q̃ oy tiene el pleyto de la inmaculada cõcepciõ de la Virgẽ. [In verse]. *Alõso Gamarra: Seuilla,* [1617?] 4.° C.63.b.27.(20). **[423]**

Cepeda, Fernando de. [*Begin*]: Señor. Con orden, que he tenido del marques de Cadereyta, virrey desta Nueva España. [A report of the safety of the Spanish galleons]. *Francisco Salbago:* [*Mexico,* 1638]. fol. 9771.h.2.(10). **[424]**

— — *Francisco Salbago: Mexico,* 1638. fol. 9770.k.1. **[425]**

— [*Begin:*] Señor. Con orden que he tenido del marquès de Cadereyta, virrey desta Nueva España. [A memorial to the King on the naval affairs of the Spanish possessions in the Indies]. *Diego Diaz: Madrid,* 1639. fol. 1324.i.5.(11). **[426]**

Cepeda, Fernando de, and **Carrillo Altamirano, Fernando Alfonso.** Relacion universal legitima, y verdadera del sitio en que esta fundada la . . . ciudad de Mexico. (Relacion . . . contra ella por parte de . . . Antonio Vrrutia de Vergara). 2 pt. *Francisco Salbago: Mexico,* 1637. fol. 145.e.15. **[427]**

Cepeda, Francisco de. Resumpta historial de España desde el diluuio hasta . . . 1642. *Pedro Taço: Madrid,* 1643. 4.° 9180.e.17. [428]

Cepeda, Gabriel de. Historia de la milagrosa, y venerable imagen de N. S. de Atocha. *Imprenta real: Madrid,* 1670. 4.° 487.g.24.(1). [429]

Cepeda y Aponte, Iuan de. [*Begin:*] En el pleyto q̃ V. M. tiene visto de Iuan de Cepeda y Apõte alcalde . . . de Zebolla. Con Iuan Sanchez familiar del santo officio [and others]. [*n.p.,* 1601?] fol. 765.h.2.(39). [430]

Cerbellón de Santacruz, Rodrigo. [*Begin:*] El doctor d. Rodrigo Cerbellon de Santacruz presbytero. [A memorial of his services and of those of his ancestors]. [*Madrid?* 1630?] fol. 1324.i.2.(121); 1324.i.2.(122). [431]

Cerda, Juan de la, 5th *duke of Medinaceli.* [*Begin:*] Iesus. Los conceios y vezinos de los lugares del ducado de Medina Celi. Con don Iuan de la Cerda. [*n.p.*], 1605. fol. 1322.l.4.(1). [432]

Cerda Enriquez de Ribera, Juan Francisco Thomas Lorenzo de la, *duke of Medinaceli.* Atributos de el sol, parangonados . . . con los desvelos del . . . duque de Medina—Zeli . . . Soneto. [By Fermin de Sarasa y Arce?] [*Madrid?* 1680?] *S.sh.* fol. T.22.*(41). [433]

Cerdán de Tallada, Tomás. Veriloquium en reglas de estados, segun derecho diuino, natural, canonico, y civil, y leyes de Castilla. *Iuan Chrysostomo Garriz: Valencia,* 1604. 4.° 878.i.20. [434]

Cerdeño y Monçon, Luis de. Iesus, Maria, Ioseph. Por don Diego de Hiprando [sic] Gilimon de la Mota [in a question of succession]. [*n.p.,* 1680?] fol. 1322.l.8.(12). [435]

—Por Don Nicolas Romero de Mella, contador de tributos . . . de la nueva España. En el pleyto que trata con el señor fiscal. [*Mexico?* 1653?] fol. *Destroyed.* [436]

Cerna Maza y Tuervas, Joseph. Abiiciamus opera tenebrarum, & induamur arma lucis. Destierro de las tinieblas de que viste . . . *Bernardo de Santa Cruz.* [*n.p.,* 1674?] fol. 4783.e.3.(50). [437]

Cerrato de Pareja, Juan. Por el doctor Luys de Herrera maestrescuela de la metropolitana de Mexico. Con el . . . fiscal y el cabildo de la dicha iglesia. *Andres de Parra: Madrid,* 1633. fol. 4183.k.2.(9). [438]

Cervantes Casaus, Beatriz Bernardina de. Informe. (Doña Beatriz Bernardina de Andrada Ceruantes . . . Con Don Iuan de Caruajal sobre la propiedad . . . del mayorazgo) [Signed by J. Cano and others. Followed by the decision of the Real Audiencia]. [*Mexico,* 1638]. fol. 6785.h.1. *Destroyed.* [439]

Cervantes Saavedra, Miguel de.

Don Quixote. (Part 1)

—El ingenioso hidalgo Don Quixote de la Mancha. *Iuan de la Cuesta; vendese en casa de Francisco de Robles: Madrid,* 1605. 4.° [ff.312] G.10170. [440]

——*Iuan de la Cuesta; vendese en casa de Francisco de Robles: Madrid,* 1605. 4.° [ff.316] G.10171. [441]

——*Iorge Rodriguez: Lisboa,* 1605. 4.° G.10172. [442]

——*Pedro Crasbeeck: Lisboa,* 1605. 8.° C.58.c.26. [443]

——*Pedro Patricio Mey: a costa de Iusepe Ferrer: Valencia,* 1605. 8.° cerv. 22. G.10143. [444]

——*Roger Velpius: Brusselas,* 1607. 8.° G.10144. [445]

——*Iuan de la Cuesta; vendese en casa de Francisco de Robles: Madrid,* 1608. 4.° C.59.b.19; G.10173. [446]

——*Heredero de Pedromartir Locarni y Iuan Bautista Bidello: Milan,* 1610. 8.° Cerv. 23; G.10145. [447]

——*Roger Velpius y Huberto Antonio: Brucelas,* 1611. 8.° C.59.b.18; G.10146. [448]

——*Bautista Sorita; a costa de Miguel Gracian: Barcelona,* 1617. 8.° G.10149. [449]

——*Huberto Antonio: Brucelas,* 1617. 8.° C.58.bb.13. [450]

(Part 2)

—Segunda parte del ingenioso cauallero don Quixote de la Mancha. *Iuan de la Cuesta; vendese en casa de Francisco de Robles: Madrid,* 1615. 4.° C.59.C.34; G.10174. [451]

——*Huberto Antonio: Bruselas,* 1616. 8.° C.63.f.6; Cerv.24. [452]

——*Pedro Patricio Mey; a costa de Roque Sonzonio: Valencia,* 1616. 8.° G.10148. [453]

——*Iorge Rodriguez: Lisboa,* 1617. 4.° C.59.ff.3. [454]

(Parts 1 and 2)

—Primera y segunda parte del ingenioso hidalgo Don Quixote de la Mancha. *Imprenta real; a costa de Iuan Antonio Bonet; y Francisco Serrano: Madrid,* 1647. 4.° C.39.f.26. [455]

—Vida y hechos del ingenioso cavallero don Quixote de la Mancha . . . Nueva edition . . . ilustrada con . . . estampas. 2 vol. *Juan Mommarte: Bruselas,* 1662. 8.° 1074.i.5, 6. cerv. 25; 678.b.18, 19. [456]

—Parte primera y segunda del ingenioso hidalgo D. Quixote de la Mancha. *Imprenta real, por Mateo Fernandez; a costa de Iuan Antonio Bonet: Madrid,* 1662. 4.° 12491.e.15. [457]

——*Imprenta real, por Mateo Fernandez; a costa de Francisco Serrano de Figueroa: Madrid,* 1662. 4.° cerv.203. [458]

——*Imprenta real; a costa de Mateo de la Bastida; (M. Fernandez; a costa de G. Leon): Madrid,* 1668. 4.° 1074.g.11. [459]

—Vida y hechos del ingenioso cavallero don Quixote de la Mancha . . . Nueva edition . . . ilustrada con . . . estampas. 2 vol. *Pedro de la Calle: Bruselas,* 1671. 8.° cerv.26. [460]

——Nueva edicion . . . con 32 differentes estampas. 2 vol. *Geronymo y Juanbautista Verdussen: Amberes,* 1673, 72. 8.° cerv.27; 94.a.3,4; 1074.i.7,8. [461]

——Nueva edicion . . . con treinta y cuatro laminas. 2 vol. *Andres Garcia de la Iglesia; Roque Rico de Miranda; a costa de d. Maria Armentero; viuda de Iuan Antonio Bonet: Madrid,* 1674. 4.° cerv.204; 1074.i.9. [462]

——Nueva edicion . . . con 32 . . . estampas. *Henrico y Cornelio Verdussen: Amberes,* 1697. 8.° 1074.d.9, 10. [463]

——*Henrico y Cornelio Verdussen: Amberes,* 1697. 8.° 12490.bb.35; cerv.28. [464]

Galatea

—Galatea diuidida en seys libros. (Reueu . . . par Cesar Oudin). *Gilles Robinot: Paris,* 1611. 8.° C.57.b.35. [465]

—Primera parte de la Galatea, diuidida en seys libros. *Francisco Fernandez de Cordoua; a costa de Geronimo Martinez: Valladolid,* 1617. 8.° C.58.bb.19. *imp.* [466]

—Los seys libros de la Galatea. *Sebastian de Cormellas: Barcelona,* 1618. 8.° C.58.bb.16; C.58.bb.18; G.10153. [467]

—La discreta Galatea . . . diuidida en seys libros. *A. Aluarez: Lisboa*, 1618. 8.° C.96.a.8. [468]

Novelas Ejemplares.

—Nouelas exemplares de Miguel de Ceruantes. *Iuan de la Cuesta; vendese en casa de Francisco de Robles: Madrid*, 1613. 4.° C.59.b.20; G.10181. [469]

——*Iuan de la Cuesta; vendese en casa de Francisco de Robles: Madrid*, 1614. 4.° 88.b.29; G.10182. [470]

——*Nicolas de Assiayn: Pamplona*, 1614. 8.° G.10150. [471]

——*Roger Velpio, y Huberto Antonio: Brusselas*, 1614. 8.° 1074.d.11. [472]

——*Nicolas de Assiayn: Pamplona*, 1615. 8.° 12490.aaaa.15. [473]

——*A costa de Iuan Baptista Bidelo: Milan*, 1615. 12.° 12490.a.3. [474]

——*Nicolas de Assiayn: Pamplona*, 1617. 8.° 1074.d.12. [475]

——*Antonio Aluarez: Lisboa*, 1617. 4.° 1074.i.12. [476]

——*La viuda de Alonso Martin; a costa de Domingo Gonçalez: Madrid*, 1622. 8.° 12490.aa.1. [477]

——*Iuan de Oteyza: Pamplona*, 1622. 8.° cerv.666. [478]

——*Francisco de Lyra: Sevilla*, 1624. 8.° 1074.d.13. [479]

——*Huberto Antonio: Brusselas*, 1625. 8.° 12490.bbb.23; cerv.354; G.10155. [480]

——*Esteuan Liberos: Barcelona*, 1631. 8.° 1074.d.14; cerv.355. [481]

——*Francisco de Lyra: Seuilla*, 1641. 8.° C.39.c.68; cerv.356. [482]

——*Gregorio Rodriguez; a costa de Francisco Lamberto: Madrid*, 1655(56). 8.° cerv.357; 244.f.32. [483]

——*Iulian de Paredes; a costa de Iuan de San Vicente: Madrid*, 1664. 4.° 1479.c.6. [484]

——*Iuan Gomez de Blas: Seuilla*, 1664. 4.° 1074.i.13. [485]

Ocho Comedias y Ocho Entremeses

—Ocho comedias, y ocho entremeses nuevos, nunca representados. *Viuda de Alonso Martin; a costa de Iuan de Villarroel: Madrid*, 1615. 4.° C.59.e.3; G.10183. [486]

Trabajos de Persiles y Sigismunda.

—Los trabaios de Persiles y Sigismunda, historia setentrional. *Iuan de la Cuesta; a costa de Iuan de Villarroel: Madrid*, 1617. 4.° C.59.ff.1; G.10186. [487]

——*Pedro Patricio Mey; a costa de Roque Sonzonio: Valencia*, 1617. 8.° 12490.b.7. [488]

——*Nicolas de Assiayn; a su costa: Pamplona*, 1617. 8.° G.10151. [489]

——*Bautista Sorita: a costa de Raphael Viues: Barcelona*, 1617. 8.° 1074.d.15. [490]

——*Bautista Sorita; a costa de Iuan Simon: Barcelona*, 1617. 8.° G.10152. [491]

——*Iuan de la Cuesta; a costa de Estevan Richer: Paris*, 1617. 8.° 12490.b.40; cerv.399; 1072.f.22. [492]

——*Huberto Antonio: Brucelas*, 1618. 8.° 12490.d.18. [493]

——*Iuan de la Cuesta; a costa de Iuan de Villaroel: Madrid*, 1617 [1700?] 4.° *The imprint is fictitious.* 12490.d.11. [494]

Doubtful or Supposititious Works.

—Auto de la soberana Virgen de Guadalupe, y sus milagros, y grandezas de España. 1605. 4.° *See* Mary, *The Blessed, Virgin.* C.63.b.6. [495]

——Viaje del Parnaso, compuesto por Miguel de Ceruantes. *Viuda de Alonso Martin: Madrid*, 1614. 8.° C.58.bb.17; G.10154. [496]

——*Iuã Bautista Bidelo: Milan*, 1624. 12.° 011451.e.20. [497]

Cervera y de Armengol, Miguel. A la graue ostentation, al admirable recreo, que à lo festiuo del tiempo dedicò a la grandeza de Barcelona. *Pedro Lacaualleria: Barcelona*, 1637. 4.° 11450.e.24.(30). [498]

Cesar, Diego. Causa, processo, sentencia dada en favor del R. P. fray Diego Cesar . . . contra el R. P. fray Martin de Lancastro. *Leon de Francia*, 1653. 4.° 877.b.16. [499]

Cesar de Menezes, Sebastião. Relectio de ecclesiastica hierarchia ad caput cleros, & ad cap. perlectis 21 & 25 distinctione in tres partes divisa. *Didaci Gomez de Loureyro: Conimbricæ*, 1628. fol. 4051.ff.6. [500]

Céspedes, Valentin de, *See* Peso, P.del, *pseud.*

Céspedes y Meneses, Gonzalo de. Historia apologetica en los sucessos del reyno de Aragon y su ciudad de Çaragoça, año de 91 y 92. *Iuan de Lanaja; y Quartanet: Zaragoça*, 1622. 4.° 1060.i.23. [501]

—Poema tragico del español Gerardo, y desengaño del amor lasciuo . . . Primera parte. *Sebastian de Cormellas: Barcelona*, 1618. 8.° 1075.e.10. [502]

——Nueuamente corregido . . . en esta segunda impression. (Primera y segunda parte). 2 pt. *Iuan Gonçalez; a costa de Iuan Berrillo: Madrid*, 1623. 4.° 1074.i.16. [503]

——*Antonio Aluarez; y a su costa: Lisboa*, 1625. 4.° 12490.d.12. [504]

——*Imprenta real; a costa de Gabriel de Leon: Madrid*, 1654. 4.° 12490.d.13. [505]

——*Por Antonio Romàn; a costa de Gabriel de Leon: Madrid*, 1686. 4.° 12410.f.30. [506]

——*Pasqual Bueno: Zaragoza*, 1697. 4.° 12490.dd.18. [507]

—Primera parte de la historia de d. Felippe el IIII. rey de las Españas. *Pedro Craesbeeck: Lisboa*, 1631. fol. 178.b.8; 594.g.10. *imp.* [508]

——*Sebastian de Cormellas: Barcelona*, 1634. fol. C.22.f.18. [509]

—Varia fortuna del soldado Pindaro. *Geraldo de la Viña: Lisboa*, 626[1626]. 4.° 12491.d.3. [510]

——*Pasqual Bueno: Zaragoza*, 1696. 8.° 12491.aaa.1. [511]

—*See also:* Hispano, G., *pseud.*

Ceuta. [El bastardo de Ceuta. By J. Grayales]. [In verse]. [*Alcala*, 1615]. 4.° *Part of a collection entitled "Flor de las comedias de España".* 11728.h.10.(22). [512]

Cevallos, Gerónimo de. Arte real para el buen gouierno de los reyes . . . y de sus vassallos. *A costa de su autor: Toledo*, 1623. 4.° 522.d.35. [513]

—Discurso . . . para la determinacion de la concession de millones deste año . . . adonde se disputa . . . la demanda de su majestad. [*n.p.*, 1619]. fol. 1323.k.13.(24); *imp.* [514]

—Parecer en derecho; del licenciado Geronimo de Cevallos sobre si es licito a los reyes . . . el crecer la moneda, y darla valor à su voluntad. [*Toledo*, 1622?] fol. 1322.l.7.(5). [515]

—Tractat[us] de cognitione [per] viam violentiæ in causi[s] ecclesiasticis, & inter perso[n]as ecclesiasticas duplex. *Apud Didacum Rodriguez: Toleti*, 1618. fol. C.82.g.4. [516]

Chabot, Charles de, *Count.* Relacio molt verdadera, de la victoria que ha tingut . . . lo comte de Xabot prop de Tarragona. *Iaume Mathevat: Barcelona,* 1643. 4.° 9180.e.2.(17). **[517]**

Chacon, Gonçalo. Informacion. En derecho del lugar de Navalcarnero, en el pleyto que trata don Gonçalo Chacon y su villa de Casarrubios. [*Madrid?* 1600?] fol. 1322.l.1.(3). **[518]**

Chagas, Manoel das. Threnos funeraes a morte do . . . principe de Portugal dom Theodosio. *Na officina Craesbeeck: Lisboa,* 1653. 4.° 9195.c.22.(22). **[519]**

Charles I [Charlemagne], *Emperor.* La historia del emperador Carlo Magno. [By J. Baignon.] *Pedro Lanaja: Zaragoça,* 1649. 4.° 12410.dd.2. **[520]**

——*Joseph Padrino: Sevilla,* [1650?] 8.° G.10081. **[521]**

——*Antonio Arroque: Barcelona,* [1667?] 8.° 1075.f.12. **[522]**

Charles I, *King of Great Britain.* Respuesta del principe de Inglaterra a la carta de su santidad . . . 20 de Abril, de 1623, y a dos de su magestad [i.e. Philip III, of Spain]. [*Madrid,* 1623?] fol. 1479.d.25. **[523]**

—[*Appendix*]. Partida del principe de Gales para Inglaterra. *Francisco de Lyra: Sevilla,* 1623. fol. 593.h.17.(3). **[524]**

—Relacion de la salida que hizo desta villa de Madrid el . . . principe de Gales . . . año de 1623. [*Madrid,* 1623]. fol. 593.h.22.(29). **[525]**

Charles II, *King of Spain.* Testament (et codicille) de Charles II, Roy d'Espagne, fait le 2 d'octobre 1700. (Avec plusieurs pieces curieuses). *Span. & Fr. Frederic Leonard: Paris,* 1700. 4.° 1199.h.26. **[526]**

—[*Appendix*]. A la salud de el Rey [Charles II] . . . un labrador de Caravanchel escrive este romance. [Satirical verses]. [*Madrid?* 1680?] 4.° 11451.bbb.8. **[527]**

—Curioso romance que manifiesta los celebres regocijos que en . . . Sevilla se consagraron al cumplimiento de años . . . de . . . d. Carlos II. *Tome de Dios Miranda: Sevilla,* 1675. 4.° 811.e.51.(15). **[528]**

—Deprecacion que haze toda España à su divina magestad por la salud de . . . Carlos II . . . Octavas. [*Seville?* 1699?] 4.° 11451.e.38.(9). **[529]**

—[*Begin:*] Molt illustre señor. Anyadint à la suplica, que impressa se presentà . . . a efecte de impedir la formacio de confraria de estampers. [*n.p.,* 1684?] fol. 1490.ee.51. **[530]**

—Descripcion de las circunstancias mas essenciales de lo sucedido en la . . . function del desposorio del Rey N. S. don Carlos . . . con . . . doña Maria Luysa de Borbon. *Bernardo de Villa-Diego:* [*Madrid,* 1679] 4.° 9930.e.43. **[531]**

—Festivos aplausos, alegres jubilos . . . que se han cantado en . . . Zaragoza en obsequio de la coronacion del Rey [Charles II] . . . Soneto. [*Saragossa?* 1677]. 4.° 811.e.51.(25). **[532]**

—Metrica panegyrica descripcion de las plausibles fiestas, que . . . se celebraron . . . en . . . Mexico, al feliz casamiento de . . . D. Carlos . . . con . . . doña Maria-Ara. *Maria de Benavides; viuda de Juan de Ribera; Mexico,* 1691. 4.° T.22.*(2). **[533]**

—Relacion verdadera, en que se dà cuenta de las reales fiestas de cañas, y toros que se han hecho en el . . . Buen Retiro

. . . mayo de 1679. [In verse]. [*Madrid?* 1679?] 4.° T.22.*(13). **[534]**

—Relacion verdadera, y copia de carta, escrita por un cavallero desde Aragon, en que se dà cuenta de la jornada de su magestad [Charles II]. *Iuan Cabeças: Sevilla,* 1677. 4.° 811.e.51.(24). **[535]**

—Relacion veridica de las exequias reales que han celebrado por . . . Don Carlos. [*Madrid,* 1700). 4.° 9930.e.40. **[536]**

—Relacion, y breve compendio de las . . . fiestas . . . que los . . . cabildos . . . y universidad de . . . Sevilla, ha hecho al cumplimiento de años de . . . Carlos Segundo. [In verse]. *Juan Cabeças: Sevilla,* 1675. 4.° 811.e.51.(17). **[537]**

—Villancicos que se han de cantar a su magestad [Charles II] en la capilla real. [*Madrid,* 1681]. 4.° 1073.k.22.(33). **[538]**

Charles [Borromeo], *Saint, Cardinal.* Testamento, o ultima voluntad del alma. Hecho en salud. *La viuda de Bernardo Calderon: Mexico,* 1661. 4.° 4404.h.3. **[539]**

Charles Emanuel I, *Duke of Savoy.* Retirada del duque de Saboya a su corte de Turin y como la caualleria polaca de el duque de Feria, le corren las tierras. *Iuan de Cabrera: Sevilla,* 1625. fol. 593.h.17.(37). **[540]**

Chavarri et Eguia, Petrus Antonius de. Didascalia multiplex veteris, mediæ, et nouæ iurisprudentiæ. *Ex officina Melchioris Alvarez: Matriti,* 1677. 4.° 498.d.10. **[541]**

Chaverri, Lorenzo. Sermon de la concepcion inmaculada de Maria . . . en las fiestas que . . . Orihuela hizo al nuevo decreto de Alexandro VII. *Iuan Vicente Franco: Orihuela,* 1662. 4.° 4806.d.4. **[542]**

Chaves y Mendoza, Gregorio de. [*Begin:*] El licenciado don Gregorio de Chaves y Mendoça, alcalde de Casa y Corte, dize, etc. [*n.p.,* 1650?] fol. 765.i.7.(5). **[543]**

Chaves y Mendoza, Gregorio Antonio de. [*Begin:*] La ciudad de Cordoua, y las demas destos reynos, y villa de voto en Cortes deuen embiar sus procuradores con poderes . . . para votar. [*Cordova?* 1646?] fol. 1322.k.8.(12). **[544]**

Chen, Juan de. [Lab]erinto amoroso de los mejores y mas nueuos romances. *Iuan de Larumbe: Çaragoça,* 1638. 12.° C.38.b.41. *imp.* **[545]**

Chifflet, Jean Jacques. Portus iccius Iulii Caesaris demonstratus per Ioan. Iac. Chiffletium. *Ex officina viduæ Ildephonsis Martini: Matriti:* 1626. 4.° 569.d.31.(1). **[546]**

Chile. [*Appendix*]. Compendio de algunas de las muchas . . . razones en que se funde la . . . resolucion que se ha tomado de cortar la guerra de Chile. [By Luys de Valdivia]. *Francisco del Canto: Lima,* 1611. 4.° C.62.i.18.(28). **[547]**

—Relacion verdadera de las grandes hazañas . . . que una muger hizo en veynte y quatro años q̄ sirvio en . . . Chile y otras partes . . . de soldado. *De un original; Bernardino de Guzman: Madrid; Simon Faxardo: Sevilla,* 1625. fol. 593.h.17.(14). **[548]**

China. [*Appendix*]. Memorial que os mandarins ou gouernadores . . . da China mandarao ao seu rey, em ihe dauaõ cõta das . . . guerras que tinhaõ com os tartaros. *P. Crasbeeck: Lisboa,* 1620. 4.° 9055.aaa.29. (*missing*) **[549]**

Chirino, Pedro. Relacion de las islas Filipinas i de lo que en ellas an trabaiado los padres dæ la compañia de Iesus. *Por Estevan Paulino: Roma*, 1604. 4.° C.125.c.28; G.6938.

[550]

Chirino de Salazar, Fernando. Pratica de la frequencia de la sagrada Comunion. *Luis Sanchez: Madrid*, 1622. 4.° 1489.cc.71.

[551]

— Ferdinandi Quirini de Salazar . . . Pro immaculata deiparæ virginis conceptione defensio. *Ex officina Ioannis Gratiani: Compluti*, 1618. fol. 4807.h.3.

[552]

— *See also:* Florencia, Geronimo de, *pseud.*

Chitón. El chiton de las Taravillas. Obra del licenciado todo se Sabe. [By F. Gómez de Quevedo Villegas]. *Pedro Verges: Çaragoça*, 1630. 8.° C.53.i.12.(5).

[553]

Christian Princes. Continuacion de los verdaderos intereses de los principes christianos . . . traducida del francès. [*n.p.*, 1689?] 4.° 1445.f.17.(76).

[554]

Christoval, del Niño Jesus. [*Begin:*] La verdad desnuda. Exc^mo señor. [Complaints made to one of the ministers of state]. [*Cadiz?* 1684]. fol. 9181.e.10.(15).

[555]

Chumacero y Carrillo, Juan. [*Begin:*] Beatissimo padre. Don Iuan Chumacero y Carrillo, embaxador de la magestad catholica. Sobre la suspension de la nunciatura de España. [*Madrid?* c.1645]. fol. 765.h.1.(20).

[556]

Chumillas, Julian. Iesus, Maria, Ioseph. Memorial juridico, y legal, que pone en las reales manos de V. Magestad el comissario general de Indias Fray Julian Chumillas. [*n.p.*, 1690?] fol. 5385.e.7.

[557]

Cianca, Alonso de. Discurso breve hecho por . . . Alonso de Cianca, juez que ha sido de su magestad, en que se muestra . . . la causa que [a] enflaquecido el comercio de las flotas de nuevaespaña. [*Madrid?* 1640?] fol. 1324.i.10.(11); C.62.i.18.(2).

[558]

Cicero, Marcus Tullius. Las dieziseys libros de las epistolas, ò cartas de Marco Tulio Ciceron . . . llamadas familiares: traduzidas . . . por . . . Pedro Simon Abril . . . Con una cronologia de . . . consulados. *Vicente Cabrera; a costa de Francisco Duart: Valencia*, 1678. 4.° 1454.g.10.

[559]

— — *Antonio Goncalez de Reyes; a costa de Santiago Martin Redondo: Madrid*, 1679. 4.° 10905.ccc.24.

[560]

Ciria Raxis y Inojosa, Pedro de. Vidas de Santas, y mugeres ilustres de el orden de S. Benito . . . Con varias noticias de . . . reynos y provincias. tom. 1. *En casa del autor; impresso a su costa: Granada*, 1686. fol. 4824.e.4.

[561]

Ciruelo, Pedro. Tratado en el qual se reprueuan todas las supersticiones. *Sebastian de Cormellas: Barcelona*, 1628.4.° 719.g.46.

[562]

Cisnero, Diego. Sitio, naturaleza y propriedades de la ciudad de Mexico. *Ioan Blanco de Alcaçar: Mexico*, 1618. 4.° 444.b.18.

[563]

Cisneros, Luys de. Historia de el principio, y origen progressos venidas à Mexico, y milagro de la . . . ymagen de nuestra señora de los Remedios. *Iuan Blanco de Alcaçar: México*, 1621. 4.° 1369.f.21.

[564]

Cistercians. Lectionarium sanctorum ex gravissimis præstantissimorum patrum historiis & tractatibus concinnatum, & ad sacri Cisterciencis ordinis usum accommodatum. *Per Andream de Merchan: in monasterio Sancte Mariæ: Vallisparadise*, 1603. fol. C.41.l.13.

[565]

Citadin, Antonio. [*Begin:*] Señor. El marquès fiscal don Antonio Citadin, dize. [A pleading addressed to the King on behalf of an Italian humiliated by the marquis of Centellas]. [*n.p.d.*,] fol. 765.h.3.(29).

[566]

Ciudad Rodrigo. Iesus. Pro ciuitate ciuitatensi. Contra monasterium Peñæ de Francia. [*n.p.*, 1620?] fol. 1322.l.6.(11).

[567]

— Relacion puntual de la feliz, y gloriosa restauracion de la plaza de Ciudad—Rodrigo, sitio de Lerida, y estado de la plaza de Gaeta. *Antonio Bizarrón: Madrid*, [1700]. 4.° T.1303.(43).

[568]

Ciurana, Miguel. Relacion verdadera de las solemnes fiestas, que se han hecho en . . . Barcelona . . . en el dia, y octaua del Corpus . . . año. 1608. [In verse]. *Ioan Amello: Barcelona*, 1608. 4.° 11450.e.25.(30).

[569]

Clamades. La historia del muy valiente y esforçado cauallero Clamades, hijo del . . . rey de Castilla. *Iuan Gracian: Alcala de Henares*, 1603. 4.° G.10215.

[570]

Claramonte, Andrés de. De Alcalá a Madrid. Comedia famosa. [In verse]. [*n.p.*, 1700?] 4.° 11728.c.3.

[571]

— De lo vivo a lo pintado. Comedia famosa. [In verse]. *Francisco de Leefdael: Sevilla*, [1700?] 4.° 11728.c.5; 11728.c.6.

[572]

— Deste agua no bebere. Comedia famosa. [In verse]. [*n.p.*, 1700?] 4.° 1072.h.14.(4).

[573]

— El gran rey comedia famosa. De Andres de Claramonte. [In verse]. [*Madrid?* 1700?] 4.° 11728.c.4.

[574]

Clarimundo, Emperador. A primeira parte da cronica do Emperador Clarimundo, donde os reys de Portugal descendem. *Antonio Alvarez; a custa de Iieronymo Lopez: Lisboa*, 1601. fol. G.10239.

[575]

Clauer, Martin. El admirable y excelente martirio en el reyno de Japan de los . . . padres . . . Bartolome Gutierrez . . . Francisco de Gracia y . . . Thomas de S. Augustin . . . y de otros hasta el año de 1637. *Luis Beltran: Manila*, 1638. 4.° 1369.G.22.

[576]

Clemens, Claudius. Tablas chronologicas en que se contienen los sucessos eclesiasticos, y seculares de España, Africa, Indias Orientales, y Occidentales, desde . . . 1642, hasta . . . 1689 . . . por . . . Vicente Ioseph Miguel, *Iayme de Bordazar; a costa de la compañia de libreros: Valencia*, 1689. 4.° 1323.d.9.

[577]

Clerimond, B. D. de, pseud. [i.e. Joseph Creswell]. Vando y leyes del rey Iacobo de Inglaterra contra la fe catolica. [2 June 1610]. Con su respuesta. [1610?] 4.° *See* England. [*Proclamations*]. 475.b.21; 3935.cc.22.

[578]

Clerks Regulars Minors, Order of. Memorial de la fundacion, y fundador [G. A. Adorno] de la sagrada religion de los . . . clerigos . . . y sumario de su instituto y modo de vivir. [*Seville?* 1636?] fol. 593.h.17.(141).

[578]

Cobles. Cobles à lo diuino, al to del hereu bon Amich. [In verse]. *Hierony Margarit: Barcelona*, 1625. 4.° 11450.e.24.(25).

[579]

Cochin China. Noticias summarias das perseguições da missam de Cochinchina, principiada . . . pelos padres de companhia de Jesu. [By Manoel Ferreira]. *Miguel Manescal: Lisboa*, 1700. fol. 1232.h.3.

[580]

Coelho de Carvalho, Manoel. Prizão iniusta, morte fulminada e testamento do . . . infante dom Duarte. [In

verse]. *Manoel da Sylva; a costa de Vicente de Lemos:*
Lisboa, 1649. 4.° 9195.c.24.(9). [581]
Coello, Antonio. El conde Sex. Comedia famosa. [*n.p.*,
1700?] 4.° 11728.i.6.(19). [582]
— Lo que puede la porfia. Comedia famosa. [In verse]. [*n.p.*,
1650?] 4.° 1072.h.6.(8). [583]
— Zelos, honor, y cordura. Comedia famosa. [In verse].
Madrid? 1700?] 4.° 11728.c.10. [584]
Coello, Manuel. Carta del capitan don Manuel Coello,
sargento mayor de la gente de guerra, que lleuò el . . .
Conde de Lemos virrey del Perù. *Iuan Lorenço Machado:*
Cadiz, 1670. fol. 1324.i.3.(23). [585]
Coello de Barbuda, Luys. Empresas militares de lusitanos.
Pedro Craesbeeck: Lisboa, 1624. 8.° 1060.h.25. [586]
Coello de Portugal, Antonio. Por la iustica del licenciado
don Antonio Coello de Portugal, fiscal de la real
audiencia de Guatemala. [*n.p.*, 1626?] fol. 1324.i.1.(14).
[587]
— — [*n.p.*, 1626?] fol. 1324.i.1.(5). [588]
Cohen Pimentel, Abraham. Questoens & discursos
academicos . . . & iustamente alguns sermoens . . . que
deu a estampa . . . Ishak Cohen Pimentel. [*Amsterdam*],
5548 [1688]. 4.° 702.d.22.(2). [589]
Coimbra. [*Universidade*]. Sanctissimæ reginæ Elisabethæ
poeticum certamen dedicat, & consecrat academia
Conimbricensis. [Latin, Portuguese, Spanish and Italian
poems and orations.] *Typis & expensis Didaci Gomez de*
Loureyro: Conimbricæ, 1626. 4.° 11403.b.35. [590]
— Estatutos da Universidade de Coimbra. Confirmados por
el Rey . . . dom Ioão o 4.° em . . . 1653. (Reformaçam
das estatutos). 3 pt. *Thome Carualho: Coimbra*, 1654. fol.
731.l.16.(3). [591]
Coligny, Gaspard III de, *Duke de Chatillon-sur-Loing.*
Relacion verdadera de la famosa vitoria que han tenido
los principes . . . de Francia contra el mariscal de Chastillo.
Iuan Gomez de Blas: Sevilla, 1641. 4.° 1445.f.22.(50). [592]
Colin, Francisco. Labor euangelica, ministerios apostolicos
de los obreros de la compania de Iesus . . . progressos . . .
en las islas Filipinas . . . Parte primera. *Ioseph Fernandez*
de Buendia: Madrid, 1663. fol. 1232.h.10. [593]
Colin, Teresa. Por el real fisco de la represalia de ingleses.
Con doña Teresa de la Palma . . . viuda de Thomas Colin
. . . ingles. [*Madrid?* 1663?] fol. T.20*(1). [594]
Collado, Diego. Relacion del socorro de armada que es
necessario para la conseruacíon de los estados . . . en la
India Oriental, y islas Fhilipinas. [*Madrid?* 1620?] fol.
C.62.i.18.(75). [595]
— [*Begin:*] Señor Fray Diego Collado de la orden de predi-
cadores digo. [A memorial to Philip IV of Spain, con-
cerning the ecclesiastical affairs in the Indies, and the
disputes between the Jesuits and the other orders].
[*Madrid?* 1634?] fol. 4745.f.11.(11). [596]
— [*Begin:*] Señor. Fray Diego Collado de la orden de S.
Domingo procurador de Iapon. [A memorial to Philip
IV of Spain, about the Dominican missions in Japan].
[*Madrid?* 1630?] fol. 4745.f.11.(7). [597]
— [*Begin:*] Señor. Las religiones de santo Domingo, san
Francisco y san Agustin. [A memorial by Collado and
others to Philip IV of Spain about the missions in the
Indies]. [*Madrid?* 1630?] fol. 4745.f.11.(6). [598]

Colloquia. Colloquia et dictionariolum octo linguarum.
[By Noël van Barlement]. *Lat., Fr., etc. Hagæ Comitis*,
1613. 8.° Voyn.57. [599]
— — *Ex officina H. Laurentii: Amstelodami*, 1622. 8.° 12901.a.33.
[600]
— — *Apud H. Aertsens: Antuerpiæ*, 1630. 8.° 629.a.2. [601]
— — *Apud viduam & hæredes S. Moulerti: Middelburgi*, 1631. 8.°
12901.aa.7. [602]
— — *Apud E. Cloppenburgium: Amstelodami*, 1631. 8.°
828.a.71. [603]
— — *Ex typographia Baretiana: Venetiis*, 1646. 12.° 12901.aa.14;
12901.a.6. [604]
— — *Ex typographia Iuliana: Venetiis*, 1656. 12.° 629.a.4.
[605]
— — *Ex typographia de Longhis: Bononiæ*, 1692. 8.°
12901.aaa.12. [606]
Colmenares, Diego de. Historia de la insigne ciudad de
Segovia, y compendio de las historias de Castilla. *Diego*
Diez: Segouia, 1637. fol. 180.e.3. [607]
— — En esta segunda inpresion sale anadido un indice . . .
dela historia y las vidas y escritos de los escritores
segouianos. *Diego Diez: Madrid*, 1640. fol. 9181.g.4.
[608]
Colmenero de Ledesma, Antonio. Curioso tratado de la
naturaleza y calidad del chocolate. *Francisco Martinez:*
Madrid, 1631. 4.° 1038.i.14. [609]
Colodrero de Villalobos, Miguel. El alpheo, y otros
asuntos, en versos, exemplares algunos. *Sebastian, y*
Iayme Mateuad: Barcelona, 1639. 8.° 011451.e.23. [610]
— Varias rimas de don Miguel Colodrero de Villalobos.
Salvador de Cea Tesa: Cordova, 1629. 4.° 11451.bb.14.
[611]
Coloma, Carlos, *Marquis de la Espina.* Las guerras de los
estados Baxos desde . . . [1588] hasta . . . [1594]. Reco-
pilladas por d. Carlos Coloma. *Pedro & Iuan Bellero:*
Amberes, 1624. 4.° 9406.dd.23. [612]
— — *Pedro y Iuan Bellero: Amberes*, 1625. 4.° 591.e.18. [613]
— — *A costa de Miguel Manescal: Barcelona*, 1627. 4.° 154.g.8.
[614]
— — *Iuan Bellero: Amberes*, 1635. 4.° 154.m.5. [615]
Colombo, Christoforo. [*Appendix*]. Memorial del hecho,
cerca de la hoia de la que llaman minuta del testamento
de don Christoual Colon . . . de 97. Que . . . pretenden
que tomô don Francisco de Mendoça. [*n.p.*, 1600?] fol.
5385.e.8. [616]
Colombo, Felipe. El Iob de la ley de gracia, retratado en la
. . . vida del . . . venerable padre fray Pedro Urraca . . .
Sacado de lo que escriuieron . . . Ioseph Sanchis . . . y
. . . Francisco Mesia. *Imprenta real: [Madrid]*, 1674. 4.°
486.b.22. [617]
Colón de Portugal y Castro, Pedro Nuño, *duke de Veragua.*
[*Begin:*] Señora. Don Pedro Colon de Portugal . . . dize.
[A memorial setting forth the services rendered by himself
and his ancestors to Spain, and asking for compensation
for loss of revenue in Jamaica]. [*n.p.*, 1671?] fol.
1324.i.3.(17). [618]
Colón de Portugal y Sandoval, Pedro Manuel, *duke de*
Veragua. [*Begin:*] Aviendose dado garrote a Pedro
Antonio de Rivera, de orden del . . . duque de Veragua
. . . ha parecido dar a la prensa, los papeles que se siguen.

[Letters of the duke concerning the execution with replies by the archbishop of Valencia]. [*n.p.*, 1680?] fol. 4783.e.1.(8). **[619]**

— Copia de capitulo de carta de un cauallero de Valencia à un personage de esta corte, deseoso de saber lo votado en la consulta de theologos, que tuvo el . . . duque de Veraguas. [*n.p.*, 1680?] fol. 4783.e.1.(9). **[620]**

— Discurso teologico, y canonista, sobre la execucion . . . mandada hazer por el . . . duque Veragua . . . en la persona de Pedro Antonio Ribera. [*n.p.*, 1680?] fol. 713.k.22.(2).; 4783.e.1.(14). **[621]**

— Noticia, y manifiesto verdadero de lo que se ha tratado, y resuelto en una iunta que tuvo el . . . duque de Veraguas . . . con quatro theologos. [Concerning the execution of P. A. de Ribera]. [*Madrid?* 1680?] fol. 4783.e.1.(10). **[622]**

Combés, Francisco. Historia de las islas de Mindanao Iolo, y sus adyacentes. Progressos de la religion, y armas catolicas. *Herederos de Pablo de Val; a costa de Lorenço Ibarra: Madrid,* 1667. fol. 493.i.13; G.7013. **[623]**

Comedias. Comedias parte treinta. Compuestas por differentes autores. *Andres Grande: Seuilla,* 1638. 4.° 11726.g.30. **[624]**

— [Doze comedias las mas grandiosas que hasta aora han salido de los . . . mas insignes poetas. Segunda parte]. [*Pablo Crasbeeck, a costa de Juan Leite Pereira: Lisboa,* 1647]. 4.° 11728.h.9.(13). *imp. Wanting all before.* f.265. **[625]**

— Parte quarenta y dos de comedias de diferentes autores. 12 pt. *Iuan de Ybar; a costa de Pedro Escuer: Zaragoça,* 1650. 4.° 11725.d.10. **[626]**

— Parte Treinta. Comedias nuevas . . . de los mejores ingenios de Espana. Dedicadas a don Iuan de moles. *Domingo Garcia Morràs; a costa de Domingo Palacio y Villegas: Madrid,* 1668. 4.° 11725.c.9. **[627]**

— Parte treynta una, de las mejores comedias . . . Recogidas por . . . Francisco Toriuio Ximenez. 1638. 4.° *See* Ximenez, F. T. 11725.d.12.

— Parte treinta y tres. De doze comedias famosas, de varios autores. *Claudio Macé: Valencia,* 1642. 4.° 11725.d.9. **[628]**

— Parte veynte y ocho de comedias de varios autores. *Pedro Bluson; a costa de Pedro Escuer: Huesca,* 1634. 4.° 11726.g.29. **[629]**

Comercio. Comercio impedido. Primera proposicion. Si es util a la monarquia de España el comercio abierto con Francia y Olanda. [*Madrid,* 1642]. 4.° 1445.f.17.(13). **[630]**

Comines, Philippe de, *Seigneur d'Argenton.* Fragmentos, de lugares concernientes a los estados de Flandes. [*n.p.*], 1636. fol. Dept. of MSS. Add. MS.10262. (ff.618–637). **[631]**

— Las memorias de Felipe de Comines . . . de los hechos y empresas de Luis vndecimo y Carlos octavo . . . Traducidas . . . por don Iuan Vitrian. 2 tom. *Iuan Meursio: Amberes,* 1643. fol. 596.i.5. **[632]**

Conceição, *Ship.* Relaçam do lastimozo naufragio da náo Conceiçam chamoda Algaravia a nova de que era capitaõ Francisco Nobre, a qual se perdeo . . . em . . . Agosto de 1555. *Antonio Alvares: Lisboa,* [1620?] 4.° T.2232.(2). **[633]**

Conchillos, Joseph. Propugnaculo historico, y juridico . . . Tudela ilustradra y defendida. *Iuan de Ybar: Zaragoça,* 1666. 4.° 574.f.22. **[634]**

Constantina, Por la villa de Constantina. Con la ciudad de Sevilla y sus acreedores, y diputados del desempeño. [*n.p.*, 1618?] fol. 1322.l.6.(21). **[635]**

Constantinople. [*Appendix*]. Continuacion de las noticias de Constantinopla, traducidas de dos cartas . . . escritas de la . . . ciudad a 26 Noviembre, y 14 de Diziembre de 1687. *Sebastian de Armendariz:* [*Madrid,* 1688]. 4.° 1445.f.17.(70). **[636]**

— Copia de una carta embiada de Constantinopla, à . . . Roma: en la qual se cuentan . . . espantables señales, que aparecieron en . . . Constantinopla . . . 1639. *Antonio Duplastre: Madrid,* 1640. 4.° 1312.c.30. **[637]**

— Verdadera relacion que un cautivo embio de Constantinopla a un religioso . . . pariente suyo, en que le dà cuenta del martyrio que se dio a un . . . christiano, y a una turca. *Viuda de Iuan de Cabrera: Sevilla,* 1631. fol. 593.h.17.(101). **[638]**

Continuación. Continuacion de los verdaderos intereses de los principes christianos. *See* Christian Princes.

Contreras, Diego de. Por don Diego de Contreras, doña Iuana de Zurita . . . y . . . Francisco de Herrera Bardales, y . . . su muger, dueños de las casas que se tomaron por fuerça par el ensanche de la carcel . . . Con el . . . fiscal. [*n.p.*, 1625?] fol. 765.i.2.(12). **[639]**

— Relacion del pleyto que don Diego de Contreras, como marido . . . de doña Francisca de Olmos . . . y como . . . administrador de sus hijas trata con el convento de San Felipe . . . de Madrid. [*Madrid?* 1626?] fol. 765.h.1.(36). **[640]**

Contreras, Francisco de. Nave tragica de la India de Portugal. [A poem]. *Luis Sanchez: Madrid,* 1624. 4.° 1073.i.31. **[641]**

Contreras, Gerónimo de, *Captain.* Selua de auenturas, compuesta por Geronymo de Contreras . . . repartida en siete libros. *Saluador Viader: Cuenca,* 1615. 8.° 12489.a.7. **[642]**

Contreras, Gerónimo de, *dotor.* Discurso y apuntamientos en razon de lo que denotan los temporales . . . otras causas de enfermedades que a auido en Sevilla. [*Seville?* 1635?] fol. 593.h.17.(145). **[643]**

Contreras Gallardo, Pedro de. [Manual de administrar los santos sacramentos a los españoles y naturales desta nueua España conforme a . . . Paulo V]. [*Ioan Ruys: Mexico,* 1638]. 8.° 3477.aa.46. *imp.* **[644]**

Copiaria Carmerineo, Ludovico. Atroces hechos de impios tyranos, por intervencion de franceses. *Valeria,* 1635. 4.° 1445.f.20.(15). **[645]**

Coplas. En las presentes coplas se trata como una hermosa donzella . . . encontro un pastor. *Alcalá,* 1604. 4.° C.63.b.1. **[646]**

Corbacho de Zarate, Alonso. [*Begin:*] Señor. El doctor d. Alõso Corbacho de Zarate. [A petition to the King for a canonry in the church of los Reyes]. [*n.p.*, 1645?] 4.° 1324.i.2.(66). **[647]**

— [*Begin:*] Señor. El doctor don Alonso Corbacho de Zarate. [A memorial addressed to the King, giving his qualifications for ecclesiastical preferment]. [*n.p.*, 1645?] fol. 1324.i.2.(35). [648]

Corbera, Estevan de. Cataluña illustrada. Contiene su descripcion en comun, y particular con las poblaciones . . . y successos desde el principio del mundo. *Antonino Gramiñani: Napoles*, 1678. fol. 593.g.14. [649]

—Vida i echos maravillosos de doña Maria de Cervellon llamada Maria Socos . . . de la orden . . . de la Merced . . . Con algunas antiquedades de Cataluña. *Pedro Laca-valleria: Barcelona*, 1629. fol. 490.i.11. [650]

Corçira, Raphael. Romance del gallardo alarde y muestra que se hizo en Barcelona en honra de la canonizacion . . . del glorioso san Raymundo de Peñafort. [In verse]. *Iayme Cendrat: Barcelona*, 1601. 4.° 11451.ee.38.(18). [651]

—Romance en alabança de de [sic] san Ramon de Peñafort *Iayme Cendrat: Barcelona*, 1601. 4.° 11451.ee.38.(8). [652]

Cordeiro, Jacinto. Silva a el Rey nosso senhor dom Ioam quarto. *Lourenço de Anueres: Lisboa*, 1641. 4.° 11452.e.40.(10). [653]

—Triumpho frances Recibimiento, que mando fazer . . . el rey dom Ioão de Portugal ao marques de Bressè embaixa-dor . . . de França. [In verse]. *Lourenço de Anuere; a custa de Lourenço de Queros: Lisboa*, 1641. 4.° 11452.e.40.(11). [654]

Cordon de Ayala, Luysa. Por d. Luysa del Pozo, vezina desta ciudad. Con Sebastian Cordon de Ayala . . . sobre la nulidad de matrimonio. *Imprenta real: Granada*, 1639 fol. 765.i.11.(6). [655]

Cordones, Manuel. [*Begin:*] Quanto a tantas luzes. [A petition concerning the landing of vinegar at Acajutla]. [*n.p.*, 1669]. fol. 8226.g.47. [656]

Cordova. [*Cabildo secular*]. Copia de un testimonio autentico de la diputacion, junta y cabildos . . . que se hizieron en el real convento de san Pablo de . . . Cordova. [*n.p.*, 1646]. fol. 1322.k.8.(8). [657]

—[*Cathedral church*]. [*Begin:*] Señor. La santa Iglesia de Cordoua dize. [A memorial to the King of Spain on the subject of the exemptions and privileges]. [*n.p.*, 1640?] fol. 1322.k.15.(7). [658]

—[*Appendix*]. Por la ciudad de Cordoua. Con la ciudad de Buxalance. Respondiendo à su informacion en derecho. [A pleading, signed in MS.: J. de Valdés y Menéndez]. [*n.p.*, 1620?] fol. 1322.l.6.(24). [659]

—Relacion cierta, y verdadera, del . . . espantoso caso . . . sucedido en . . . Cordova por Iunio . . . 1672. [In verse]. *Herederos de Saluador de Cea: Cordova*, [1672]. 4.° 1072.g.26.(27). [660]

—Relacion del auto general de la fee, que se celebrò en . . . Cordova à 21 . . . de Diziembre, de 1627. *Iuan de Cabrera: Sevilla*, [1627]. fol. 593.h.17.(76). [661]

Córdova, Diego de, *marquis de Guadalcázar.* Insigne victoria que el señor marques de Guadalcazar, virrey . . . del Pirú ha alcançado en . . . Lima y Callao. *Simon Faxardo: [Seville*, 1625]. S.sh. fol. 593.h.17.(30). [662]

Córdova, Diego de, *of Lima.* Relacion marauillosa de un caso que sucedio en la iglesia de la Magdalena del pueblo de Etem . . . del Perù. *Iuan Gomez de Blas: Sevilla*, 1651. 4.° 4745.bbb.21. [663]

—Vida, virtudes. Y milagros del apostol del Peru el . . . P.e Fray Francisco Solano . . . segunda edicion. *En la emprenta real: Madrid*, 1643. 4.° 4867.cc.11. [664]

——Tercera impression. *Imprenta real: Madrid*, 1676. 4.° 485.a.16. [665]

Córdova, Francisco de. Los cargos que se le hacen a don Francisco de Cordoua . . . del tiēpo que administrò los reales servicios de millones en Utrera. [*n.p.*, 1660?] fol. 1322.k.15.(18). [666]

Córdova y Castro, Francisco de. Festivos cultos celebres aclamaciones que . . . Roma dio a . . . Rosa de S. Maria virgen de Lima. *Nicolas Angel Tinas: Roma*, 1668. 4.° 4828.aaa.27. [667]

Corella, Jayme de. Practica de el confessonario, explicacion de las sesenta y cinco proposiciones condenadas por . . . Inocencio XI . . . Dezimooctava impression. (Practica del confessonario). *Herederos de Gabriel de Leon: Madrid*, 1698. fol. 4061.i.2. [668]

Corlex, Antonio. Relacion de los valerosos hechos que el general del armada del admirantazgo à tenido . . . con diversas naciones . . . Y la . . . batalla q̄ tuvo con el famoso Olandes general. *Iuan de Cabrera: Sevilla*, [1626]. fol. 593.h.17.(69). [669]

Cornejo, Damián, *bishop of Orense.* Chronica seraphica . . . Parte terceza (—quarta). *Iuan Garcia Infançon: Madrid*, 1686—98. fol. 4784.g.7. (tom. 3, 4). [670]

Cornejo, Martin. Traslado de la carta que embiò a la reyna . . . el padre . . . Martin Cornejo . . . dando relacion de la nouena que . . . se ha hecho por . . . su Magestad. *Bernardino de Guzman: Madrid*, 1625. fol. 593.h.23.(4). [671]

Cornejo, Pedro. Reuerendi P. M. F. Petri Cornejo Carme-litæ theologi præstantissimi . . . diversum materiarum quas in eodem gymnacio dictauit . . . Tomus prior. (Operum . . . Petri Cornejo . . . tomus alter). 2 tom. *Ioannes Baptista Varesius: Vallisoleti.* 1628, 29. fol. 3832.f.14. [672]

Coronel Enriquez, Duarte. Por Duarte Coronel Enriquez, a cuyo cargo està la renta de puertos secos . . . Con el señor fiscal . . . sobre la baxa que pretende se le haga del precio de la dicha renta. [*n.p.*, 1643?] fol. 765.e.3.(23). [673]

—Por Duarte Coronel Enriquez, a cuyo cargo estan las rentas de diezmos de la mar, y puertos secos de Castilla. Con el . . . fiscal. [*n.p.*, 1641?] fol. 765.e.3.(24). [674]

—Por Duarte Coronel Enriquez. Con el señor fiscal. [A pleading]. [*n.p.*, 1640?] fol. 765.e.3.(22). [675]

Corral, Christoval de. Cargos que saco el señor don Christo-val de Corral . . . de don Iean Manuel Pantoja y Figueroa . . . corregidor . . . de Cordoba. [*n.p.*, 1667?] fol. 1322.k.15.(12) [676]

Corral, Gabriel Xavier de. La cinta d' Araniez, prosas y versos. *Imprenta del Reyno, a costa de Alonso Perez: Madrid*, 1629. 8.° 012330.e.29. [677]

Corral, Juan de Dios. Informe en derecho a fabor del que asiste a Don P. Andrade Moctesuma en el pleyto que sigue . . . su tio. *Mexico*, 1696. fol. 6785.h.1.(6). (*Destroyed*). [678]

Corral y Rojas, Antonio de. Relacion del rebellion y expulsion de los moriscos . . . de Valencia. *Diego Fernandez*

de Cordoua y Ouiedo: Valladolid, [1613]. 4.° 9180.cc.8.
[679]

Correa, Pedro. Conspiração uniuersal. Combatem os sete vicios matadores com as sete virtudes contrarias sobre a posse da alma. *Pedro Crasbeeck; a custa de Thome do Valle: Lisboa,* 1615. fol. 4375.g.7. [680]

Correa Castelblanco, Rodrigo. Trabajos del vicio, afanes del amor vicioso, monstruos de la ingratitud, exemplos para la enmienda. *Lorenzo Garcia de la Iglesia: Madrid,* 1680. 8.° 12491.f.34. [681]

Correa da Silva, Antonio. Informação de direito offerecida por parte de Antonio Correa da Silva . . . na causa que traz com os condes de S. Lourenço. *Lourenço dè Anueres: Lisboa,* 1642. 4.° 9195.c.21.(10). [682]

Correa de Lacerda, Fernando, *bishop of Oporto.* Panegyrico ao excellentissimo senhor D. Antonio Luis de Menezes marquez de Marialua. *Na officina de Ioam da Costa; a custa de Miguel Manescal: Lisboa,* 1674. 4.° 10632.bb.8.
[683]

— Virtuosa vida, e sancta morte da princesa dona Ioanna: reflexoẽs . . . sobre sua vida, e morte. *Na impressaõ de Antonio Craesbeeck de Mello; a custa de Miguel Manescal: Lisboa,* 1676. 4.° 10632.bb.7. [684]

— *See also:* Dorea Caceres, *pseud.*

Correas Iñigo, Gonzalo, Ortografia kastellana, nueva i perfecta . . . i el manual de epikteto, i la tabla de kebes . . . traduzidos . . . por el maestro Gonzalo Korreas. 2 pt. *Xazinto Tabernier: Salamanka,* 1630. 8.° 8460.aaa.22. [685]

— Trilinque de tres artes de las lenguas castellana, latina, i griega, todas en romanze. 2 pt. *Antonia Ramirez: Salamanca,* 1627. 8.° C.63.d.6. [686]

Cortes, Francisco. Relacion verdadera, de los felices sucessos que las . . . armas de España han tenido en Italia, Olanda, y Flandes en . . . 1640. [In verse]. *Antonio Duplastre: Madrid,* 1640. 4.° 1072.g.25.(1). [687]

Cortes, Gerónimo. Arithmetica practica de Geronymo Cortes . . . con mucha variedad de preguntas . . . assi arithmetica como geometricas. *Iuan Chrysostomo Garriz; vendese en casa del mismo autor: Valencia,* 1604. 4.° 529.c.13. [688]

— Libro y tratado de los animales terrestres y volatiles, con la historia, y propriedades dellos. *Iuan Chrysostomo Garriz: Valencia,* 1615. 8.° 1507/1621. [689]

— — *Benito Macè; a costa de Francisco Duart: Valencia,* 1672. 8.° 976.c.12. [690]

— — *Benito Macè: Valencia,* 1672. 8.° 955.b.4. [691]

— Lunario, y pronostico perpetuo general, y particular para cada reynos y prouincias. *Iuan Gracian: Alcala,* 1614. 8.° 533.a.13.(1). [692]

— — *Hieronymo Margarit: Barcelona,* 1628. 8.° 8610.aa.13.
[693]

— — *Antonio Lacavalleria: Barcelona,* 1670. 8.° 8610.aa.7.
[694]

— Phisonomia y varios secretos de naturaleza: contiene cinco tratados de materias diferentes. *Phelippe Roberto: Tarragona,* 1609. 8.° 1507/1847. [695]

— — *Iuan Gracian: Alcala de Henares,* 1612. 8.° 533.a.13.(2).
[696]

— — *Imprenta real; a costa de Antonio Ribero: Madrid,* 1644. 8.° 1141.b.23. [697]

— — mejorados en esta ultima impression. [*Madrid*], 1675. 8.° 7956.a.10. (*destroyed*) [698]

— — *Barcelona,* 1681. 8.° 7942.a.23. (*destroyed*) [699]

Cortesano. Carta de un cortesano, a uno de los señores obispos destos reynos. [*Madrid,* 1623]. fol. 593.h.22.(59).
[700]

Cortés de Messa, Luis. [*Begin:*] Señor. Don Luis Cortès de Messa, vezino, y alferez mayor . . . de Cartagena: dize. [A petition for recognition of his services]. [*n.p.,* 1630?] fol. 1324.i.9.(8). [701]

Cortes de Monroy, Juan. [*Begin:*] Señor. Auiendo visto, y considerado las tres dudas que se han ofrecido en el discurso q̄ hize . . . a V. M. sobre . . . la conquista de Chile . . . dire . . . lo que . . . se me ofrece. [*n.p.,* 1625]. fol. C.62.i.18.(77). [702]

— [*Begin:*] Señor. El seruicio de V. Mag. a que està obligado qualquier vassallo. [A petition for recognition of his services]. [*n.p.,* 1620?] fol. C.62.i.18.(51); C.62.i.19.(2).
[703]

Cortés de Tolosa, Juan. Discursos morales. [Followed by "Libro de las nouelas"]. *La Naja y Quartaret: Çaragoça,* 1617. 8.° 8403.bb.4. [704]

Coruña.— *Iglesia Colegial de Santa Maria del Campo.* Iesus Maria Ioseph. Por el prior, y canonigos de la iglesia colegial de santa Maria . . . de la Coruña. Con Maria Gonzalez de Bahamonde . . . y su poder abiente, y otros consortes. [A lawsuit]. [*n.p.,* 1670?] fol. 765.i.1.(24).
[705]

Cosío y Celis, Pedro. Historia, en dedicatoria, grandezas, y elogios de la . . . provincia, xamas vençida Cantabria. *Lucas Antonio de Bedmar y Baldivia: Madrid,* 1688. 4.° 10160.bb.21. [706]

Costas de Matos, Vicente da. Breue discurso contra a heretica perfidia do Iudaismo. *Pedro Craesbeeck: Lisboa,* 1622. 4.° 482.a.3.(3). [707]

Cotes, García de. [*Begin:*] M. P. S. don Garcia de Cotes, cauallero del auito de Sātiago, y gouernador de Villanueua de los Infantes . . . dize. [A petition]. [*n.p.d.*], fol. 765.h.1.(37). [708]

Coutinho, Francisco, *Count de Redondo.* Olfactorum [sic] pænitentiæ ex sacræ paginæ sententijs & S. S. P. P. doctrina collectum, ac ordinatum a d. Francisco Couthineo *Typis Dominici Lopez Rosa:* [*Lisbon*], 1651. 8.° 4401.aaaa.4. [709]

Coutinho, Gonçalo. Discurso da iornada de d. Gonçalo Coutinho à villa de Mazagam, e seu gouerno nella. *Pedro Craesbeeck: Lisboa,* 1629. 4.° 790.d.13. [710]

Coutinho, Ignacio. Promptuario espiritual sobre os evangelhos das festas dos santos . . . Primera parte. *Lourenço Craesbeeck: Lisboa,* 1636. fol. 4807.g.4. [711]

Couto, Diogo do. Decada quarta da Asia, dos feitos que os portugueses fizeram na conquista . . . das terras, & mares do Oriente. *Pedro Crasbeeck: Lisboa,* 1602. fol. G.6594.
[712]

— — *Pedro Crasbeeck: Lisboa,* 1602. fol. 582.i.13; 148.e.15.
[713]

— Decada quinta da Asia. Dos feitos que os portugueses fizerão no descobrimento . . . das terras do Oriente: em quanto gouernaraõ a India Nuno da Cunha . . . Garcia de Esteuaõ da Gama, & Martin Alfonso de Sousa. *Pedro Crasbeeck: Lisboa*, 1612. fol.   148.e.16; G.6595; 582.i.14.   [714]

— Liuro primeiro (—decimo) da sexta decada da historia da India. [*Pedro Crasbeeck: Lisbon*, 1614]. fol. 582.i.15; 148.e.17; G.6596.   [715]

— Decada setima da Asia. Dos feitos que os portugueses fizeraõ . . . em quanto gouernaraõ a India dom Pedro Mascarenhas, Francisco Barreto [and others]. *Francisco Crasbeeck; vendese en casa de Mateus de Matos: Lisboa*, 1616. fol.   182.i.16; 148.e.18; G.6597.   [716]

— Decada outava da Asia. Dos feitos que os portuguezes fizeraõ . . . em quanto gouernarão a India dom Antão de Noronha, & dom Luis de Ataide. *Ioam da Costa, & Diogo Soarez: Lisboa*, 1673. fol.   148.e.19; G.6598.   [717]

— Cinco livros da decada doze da historia da India por Diogo do Couto . . . Tirados a luz pello capitão mᵉˡ Frz de Villa Real. *Paris*, 1645. fol.   148.e.20; G.6599; 582.i.19.(1). *imp.*   [718]

Covarrubias Horozco, Sebastián de. Emblemas morales de don S. de Covarrubias Orozco. *Luis Sanchez: Madrid*, 1610. 4.°   637.g.22.   [719]

— Tesoro de la lengua castellana, o española. 2 pt. *Luis Sanchez: Madrid*, 1611. fol.   828.i.12; 69.e.15.   [720]

Craesbeeck, Paul. Commentarios do grande capitam Ruy Freyre de Andrada, em que se relatam suas proezas do anno 1619 . . . Tirados de . . . papeis verdadeyros por . . . Paulo Craesbeeck. *Paulo Craesbeeck: Lisboa*, 1647. 4.° 9195.cc.6.   [721]

Crespo, Sebastian. Memorial del capitan Sebastian Crespo . . . natural de . . . Cartagena de las Indias, en que representa à su magestad el agravio que le hizo la nacion inglesa. [*n.p.*, 1670?] fol.   1324.i.3.(21).   [722]

Creswell, Joseph. *See* Clerimond, B. D. de, *pseud.*

Criado de Castilla, Andrés. [*Begin?*] Don Andres Criado de Castilla, capitan general que fue en . . . Guatemala. [A plea for recognition of services]. [*n.p.*, 1620?] fol. 1324.i.2.(25).   [723]

Crus, Luis Fellis. Manifesto das ostillidades, que a gente, que serve a companhia Occidental de Olanda obrou contra os vassalos del Rei de Portugal neste reyno de Angola. *Na officina Craesbeeckiana: Lisboa*, 1615. 4.° 5015.aa.48.(5).   [724]

Crus, Manoel da. Fala, que fes o P. Manoel da Crus . . . no acto solemne, em que o conde Ioam da Silua Tello, & Meneses, visorey . . . da India. *Lourenço de Anueres; vendese em casa de Andre Godinho: Lisboa*, 1642. 4.° 9195.c.24.(18).   [725]

Cruz, Francisco de la. Siguese un gracioso cuento que seccedio [sic] en . . . Madrid, a un cauallero que se fue a . . . Valladolid con la Corte. [In verse]. *Murcia*, 1601. 4.° C.63.g.19.(3).   [726]

Cruz, Francisco Antonio de la. Declamacion fúnebre que en las exequias, que consagro a su . . . pastor . . . D. Manuel Fernandez de santa Cruz el colegio . . . de S. Juan, y S. Pedro. *Los Herederos del Capitan Juan de Villa -Real: Puebla*, [1699?] 4.°   4985.de.4.(8).   [727]

Cubero Sebastián, Pedro. Breue relacion de la peregrinacion que ha hecho de la mayor parte del mundo don

Pedro Cubero Sebastian. *Iuan Garcia Infançon: Madrid*, 1680. 4.°   10025.bb.29.   [728]

— — *Carlos Porsile: Napoles*, 1682. 4.°   493.g.8.   [729]

— — *Pascual Bueno: Zaragoza*, 1688. 4.°   304.f.19.   [730]

— Descripcion general del mundo, y notables successos dèl. *Saluador Castaldo: Napoles*, 1684. 4.°   493.g.10.   [731]

— — *Vicente Cabrera: Valencia*, 1697. 4.°   1432.d.17.   [732]

— Epitome de los arduos viages que ha hecho el doctor don Pedro Cubero Sebastian . . . Con las cosas . . . que ha podido inquirir . . . lo dedica . . . al . . . conde de Sauze-dilla. *Christoual de Requena: Cadiz*, 1700. 4.°   10025.bb.3.   [733]

— Segunda peregrinacion del doctor D. Pedro Cubero Sebastian . . . donde refiere los sucessos mas memorables . . . en las guerras de Ungria . . . como en . . . Inglaterra. *Rafael Camañes: Valencia*, 1697. 4.°   10106.e.9.   [734]

Cubillo de Aragón, Álvaro. Comedia famosa. Los desagravios de Christo. [*n.p.*, 1700?] 4.° *No. 83 of an unidentified collection.*   11728.c.18.   [735]

— El conde Dirlos. Comedia famosa. [*n.p.*, 1650?] 4.° 11728.i.2.(1).   [736]

— El enano de las musas. Comedias y obras diversas, con un poema de las Cortes del leon y del aguila, acerca del buo gallego. *Iuan de Valdes: Madrid*, 1654. 4.°   11726.g.18.   [737]

— El rayo de Andaluzia, comedia famosa . . . Primera parte. [In verse]. [*n.p.*, 1660?] 4.°   T.1741.(14).   [738]

— El rayo de Andalucia, y genizaro de España. Comedia famosa . . . Segunda parte. [*n.p.*, 1640?] 4.°   T.1736.(8).   [739]

— La tragedia del duque de Verganza, comedia famosa. [*n.p.*, 1640?] 4.°   T.1736.(7).   [740]

Cuellar, Gerónimo de. Cada qual a su negocio. Comedia . . . de don Geronimo de Cuellar. [*n.p.*, 1650?] 4.° 1072.h.14.(3).   [741]

Cuenca, [*Cathedral Church*]. [*Begin:*] Auxilium à Domino. En este negocio que V. S. tiene visto, entre el deã, y cabildo de la santa iglesia de Cuenca, y el procurador. [*n.p.*, 1640?] fol.   1322.k.14.(7).   [742]

Cuenca y Arguello, Ambrosio de. Nadie se atreva al honor. Comedia famosa. *Francisco de Leefdael: Sevilla*, [1700?] 4.° *No. 206 of an unidentified collection.* 11728.c.31.   [743]

Cuenca y Contreras, Diego Gregorio de. Iesus, Maria, Ioseph. Por las ordenes de la Trinidad y de la Merced, con el señor fiscal. [A pleading]. [*n.p.*, 1620?] fol. 1322.k.14.(37).   [744]

— Por el colegio vieio de S. Bartolome de Salamanca. Con el dean, y cabildo de la . . . Yglesia de la . . . ciudad. [1630?] fol. *See* Salamanca—*Colegio de San Bartolome.* 1322.k.14.(24).

Cueva, Juan de la. Conquista de la Betica, poema heroico . . . en que se canta la . . . libertad de Seuilla por el santo Rey Don Fernando. *Francisco Perez: Seuilla*, 1603. 8.° 11450.aaa.32.   [745]

Cuevas, Francisco de las, *pseud.* [i.e. Francisco de Quintana]. Experiencias de amor y fortuna. *Viuda de Alonso Martin: Madrid*, 1626. 4.°   C.26.b.6.   [746]

Cueva y Silva, Antonio de la. Por don Rodrigo Niño Laso de la Vega . . . thesorero de la Casa de la moneda

. . . de Toledo . . . Contra el fiscal. [1640?] fol. *See* Niño Laso de la Vega, R., *Count de Añover.* 1322.l.7.(37).

Cueva y Silva, Francisco de la. Informacion en derecho divino y humano, por la . . . concepcion de la . . . Virgen. *Iuan Goncalez: Madrid,* 1625. fol. 4183.k.3.(6). **[747]**

—[*Begin:*] Iesus. En el pleyto que en grado de segunda suplicacion. [A pleading in a suit between the town of Escalona and that of Nombela]. [1620?] fol. *See* Escalona. 1322.l.6.(22).

—Informacion en derecho divino y humano, por la . . . concepcion de la . . . Virgen. *Iuan Gonçalez: Madrid,* 1625. fol. 487.i.39.(3); 1322.l.11.(1). **[748]**

—Por el hospital de Iuan de Dios. Con el monasterio de la Victoria. [On the dispute concerning the custody of the remains of Saint John of God]. [1623]. fol. *See* Granada, *City of.* 9181.e.10.(11).

—Por la ciudad de Baeza. Contra la villa de Linares. [1625?] fol. *See* Baeza, *City of.* 1322.l.6.(18*).

—Por la ciudad de Baeza. Contra la villa de Linares. Sobre su termino y exempcion. [*n.p.,* 1625?] fol. 1322.l.6.(18). **[749]**

—Por la ciudad de Baeza. Contra la villa de Linares. Sobre su termino y exempcion. [*n.p.,* 1625?] fol. *A different pleading from the preceding.* 1322.l.6.(18**). **[750]**

—Por la ciudad de Baeza. Contra la villa de Linares, y el señor fiscal. [*n.p.,* 1625?] fol. 1322.l.6.(17). **[751]**

—Por la ciudad de Baeza. Contra la villa de Linares, y el señor fiscal. [A different pleading from the preceding]. [1625]. fol. *See* Baeza, *City of.* 1322.l.6.(17*).

Cumana, *City of.* [*Begin:*] Señor. La ciudad de Cumana, y nueva Andaluzia, y las ciudades de Cumanagoto, y S. Felipe de Austria, dizen. [A memorial addressed to the King]. [*n.p.,* 1620?] fol. C.62.i.18.(62). **[752]**

Cunha, José da. Traslado de una carta enbiada a esta corte de la villa de Setubar, de don Iosef de Acuña . . . a un amigo . . . dādole quenta de una . . . feliz vitoria . . . en Melilla, Ceuta, Maçagan y Tanger. *Diego Diaz: Madrid,* 1638. 4.° 1434.i.19. **[753]**

Cunha, Manoel, *Archbishop of Lisbon.* Pratica que D. Manoel de Cunha, bispo de Eluas . . . fez no juramento do . . . principe dom Affonso . . . nas Cortes . . . 22 de outubro de 1653. *Na officina Craesbeeckiana: Lisboa,* 1653. 4.° 9195.c.22.(20). **[754]**

Cunha, Rodrigo da, *Archbishop of Lisbon.* Catalogo, e historia dos bispos do Porto. *Ioaõ Rodriguez: Porto,* 1623. 4.° 4625.g.5. **[755]**

—Commentarii in primam partem decreti gratiani. *Ex officina Ioannis Roderici: Bracharæ Augustæ,* 1629. fol. 5035.d.3. **[756]**

—Historia ecclesiastica da igrega de Lisboa. Vida e accoens de seus prelados, e varoẽs eminentes em santidade. [Edited by Manoel d' Escobar]. *Manoel de Sylva: Lisboa,* 1642. fol. 204.d.11. **[757]**

—Pro sanctissimi D. N. Papæ Pauli V. statuto, nuper emisso in confessarios fæminas solicitantes in confessione motæ, solutæ quæstiones aliquot. *Apud Matthæum Donatum: Benavente,* 1611. 4.° 501.e.7.(4). **[758]**

— —Tractatus de confessariis solicitantibus . . . cum additionibus doctoris Fr. Seraphin de Freitas. *Apud Ioannem de Rueda: Vallisoleti,* 1620. 4.° 5107.d.1. **[759]**

—Tractatus de primatu Bracharensis ecclesiæ in uniuersa Hispania. *Ex officina Ioannis Roderici: Bracharæ,* 1632. fol. 708.g.34. **[760]**

Cunha, Siman da. Sermam . . . em acçaõ de graças de felice acclamaçao del Rey . . . dom João o Quarto. Na cidade da Madre de Deos de Macao. *P. Craesbeek: Lisboa,* 1644. 4.° 4424.e.2.(14). (*destroyed*). **[761]**

Curiel, Joannes Alphonsus. Controversiarum sapientiss. M. DD. Ioannis Alphonsi Curiel libri duo. [With "Autoris vita per R^{mum} P. M. F. Antonium Perez"]. 2 vol. *Franciscus de Cea Tesa: Salmanticæ,* 1611. 4.° 3107.bbb.3. **[762]**

Curione, Domenico Maria. El glorioso triumfo, de la sacrosanta religion militar de los nobles . . . caualleros de S. Iuan Gerosolimitano . . . Primera parte. *Estevan Liberos: Barcelona,* 1619. 8.° 861.h.21. **[763]**

Curioso. Romances varios. De differentes authores nueuamente impressos por un curioso. [Preceded by "Del espejo", a play, in verse]. *Ishaq Coen Faro: Amsterdam,* 1688. 12.° 11451.aaa.16. **[764]**

Curtius Rufus, Quintus. Q. Curcio Rufo, de la vida y acciones de Alexandro el Grande [with the supplement of J. Freinsheim] traducido de la lingua latina . . . por D. M. Ybañez de Segovia . . . marquès de Corpo. *A costa de Antonio Bizarron: Madrid,* 1699. fol. 585.i.17. **[765]**

Custurer, Jaime. Disertaciones historicas del culto inmemorial de B. Raymundo Lullio dr. iluminado, y martir. *Miguel Capo: Mallorca,* 1700. 4.° 4827.bb.13. *imp.* **[766]**

Cuteli, Mario. Por el fiscal real, y los vezinos de Francavilla, con el vizconde de ella. [*n.p.,* 1640?] fol. 765.i.3.(28). **[767]**

Cuzco. Relacion del temblor, y terromoto que Dios . . . fue servido de embiar a . . . Cuzco à 31 de março . . . 1650. *Iulian de Paredes: Madrid,* 1651. fol. 1324.i.7.(6). **[768]**

Cypriano, *de Santa María, Franciscan.* Diligente examen de una proposicion que se predico . . . dia de la Assumpcion . . . afirmando que . . . resucitó . . . en el cielo. *Francisco Sanchez; Baltasar de Bolibar: Granada,* 1645. 4.° 1007.c.17.(1). **[769]**

—Resolucion y apologia della acerca de un graue y raro caso que . . . se consultô con el P. M. Fr. Cipriano. *Baltazar de Bolibar; Francisco Sanchez: Granada,* 1649. 4.° 1007.c.17.(2). **[770]**

D.

D., M.D.L.A. [*Begin:*] Un ingenio retirado, en su aldea, aviendo llegado à sus manos los papeles de la Corte, escrive . . . al Rey . . . Romance. *Antonio Bizarrón: Madrid* [1700?] 4.° 11451.bb.3.(11). **[1]**

D., P.F.G.C. [i.e. Hieronymo de la Madre de Dios]. Ramillete de diuinas flores para el desengaño de la vida . . . Recopiladas . . . de los . . . mas famosos poetas. [With "A la Santissima Virgen"]. 2 pt. *Cesar Ioachim Trognesius: Amberes,* 1629. 12.° 11450.aa.32. **[2]**

Daça, Antonio. Excelencias de la ciudad de Valladolid. Con la vida, y milagros del Santo Fr. Pedro Regalado. *Iuan Lasso de las Peñas: Valladolid,* 1627. 8.° 10161.a.51. **[3]**

—Historia, vida y milagros, extasis y reuelaciones de . . . Santa Iuana de la Cruz. *Lucas Sanchez: Çaragoça*, 1611. 4.° 4828.c.16. [4]

—Quarta parte de la chronica general de nu^{tro} padre San Francisco y su . . . orden. [In continuation of M. de Silva's "Chronicas da ordem dos frades menores"]. 4 bk. *Juan Godines de Millis; Diego de Cordova: San Francisco de Valladolid*, 1611. fol. 4783.d.5. imp. [5]

Daça Chacon, Dionysio. Practica y theorica de cirurgia. *En casa de Ana Velez: Valladolid*, 1609, 19. fol. 549.l.18. [6]

Dalmao de Rocaberti, Ramón, *Marquis de Anglasola.* Presagios fatales del mando frances en Cataluña. *Pedro Lanaja y Lamarca: Zaragoça*, 1646. 4.° 9180.d.12; 1608/1053.(3). [7]

Dalmau, Joseph. Relacion de la solemnidad, con que se han celebrado en . . . Barcelona, las fiestas a la beatificacion de la madre S. Teresa de Iesus. *Sebastian Matevad: Barcelona*, 1615. 4.° 4828.b.16. [8]

Date Masamune, *King of Oshiū.* Relacion breve y sumaria del edito que mando publicar en todo su reyno del Bogú . . . el rey Idate Masamune, publicando la fe de Cristo. *Alonso Rodriguez Gamarra: Seuilla*, 1616. fol. 1311.k.14. [9]
No. 10 cancelled.

Davila, Enrico Caterino. Historia de las guerras civiles de Francia . . . Traduxola . . . el M. R. P. Basilio Varen de Soto . . . Y añadiòla de nueuo en esta tercera impression. 2 pt. *Gabriel de Leon: Madrid*, 1675. fol. 596.h.5. [11]

——*Juan Bautista Verdussen: Amberes*, 1686. fol. 186.d.9. [12]

Dávila, Hernando. Caso. Pedro teniendo madre entrò en la compañia de Iesus. [A lawsuit be Pedro's mother against the Jesuits]. [*Granada?* 1639?]. fol. 765.i.11.(12). [13]

Davila, Juan Bautista. Passion del Hombre-Dios. Referida y ponderada en decimas españolas. [With engraved plates]. 6 bk. *Horacio Boissat & Gorge Remeus; Claudio Bourgeat & Miguel Lietand: Leon de Francia*, 1611. 4.° 640.l.18.(1); 11451.g.4. [14]

Dávila, Juan Francisco. Relacion de los festiuos aplausos con que celebrò esta corte . . . las . . . nueuas del feliz desposorio del Rey . . . Felipe Quarto. *Domingo Garcia y Morrás: Madrid*, [1649]. fol. 1322.k.8.(1). [15]

Dávila Padilla, Augustín. Historia de la fundacion y discurso de la prouincia de Santiago de Mexico de la orden de predicadores . . . Edicion segunda. *Iuan de Meerbeque: Brusselas*, 1625. fol. 490.i.18. [16]

——*Iuan Bautista Varesio: Valladolid*, 1634. fol. 601.l.11. [17]

Dávila y Heredia y Amezcua, Andrés. Comedia sin musica. *Benito Macè: Valencia*, 1676. 8.° 11726.a.14. [18]

—Palestra particular de los exercicios del cauallo; sus propiedades y estilo de torear. *Benito Macè: Valencia*, 1674. 8.° 7912.a.40. [19]

—Responde don Andres Davila Heredia . . . al libro del ente dilucidado . . . del . . . Fr. Antonio de Fuentelapeña. *Oficina de Villagrassa: Valencia*, 1678. 4.° 8631.eee.39. [20]

—Tienda de antojos politicos. *Geronimo de Villagrassa: Valencia*, 1673. 8.° 8008.a.4. [21]

—Variedad con fruto. Dedicado a . . . Carlos segundo . . . rey de España. *Valencia*, 1672. 8.° 1170.d.11. [22]

Dávila y Lugo, Francisco. Desengaños y replicas a las proposiciones de Gerardo Basso, en razon de las monedas ligadas de nueue y tres dineros de ley. *Imprenta del reyno: Madrid*, 1632. 4.° 765.i.9.(19).: c.63.g.3.(2). [23]

Dávila y Vera, Pedro. Iesus, Maria, Ioseph. Manifiesto, que se haze por la provincia de las Philipinas de la compañia de Iesus. Sobre los procedimientos de el . . . arçobispo . . . Phelipe Pardo. [Signed by P. Dávila y Vera; in fact by L. de Morales?). [*n.p.*, 1685?]. fol. 1232.h.18; 4183.k.4.(6). [24]

Daza de Valdés, Benito. Uso de los antojos para todo genero de vistas: en que se enseña a conocer los grados que a cada uso le faltan de su vista. [Containing also "Romance de la aparicion de nuestra Senora de la Fuensanta"]. *Diego Perez: Seuilla*, 1623. 4.° c.54.c.8. [24a]

Daza Villalobos, Diego. [*Begin:*] Señora: Don Diego Daza Villalobos. [A petition to the queen for the withdrawal of the royal order suspending him from her service]. [*Madrid?* 1675?]. fol. 1322.l.1.(7). [25]

Deça, Lope de. Gouierno polytico de agricultura. *Viuda de Alonso Martin de Balboa: Madrid*, 1618. 4.° 441.b.20.(2). [26]

Declaración. Declaracion de los generos de ropas que entran en una tonelada, pesesados . . . para regular los menos valumosos. [*n.p.*, c.1670]. fol. 1324.i.3.(7). [27]

Delanio. Carta de Delanio a las pastoras de su aldea donde las haze saber . . . las fiestas que se hizieron con la . . . canonizacion de San Raymundo de Peñafort. [In verse]. *Ioan Amello: Barcelona*, 1601. 4.° 11451.ee.38.(22). [28]

Delanio, *Pastor.* Relacio de la entrada ques feu a mon senyor illustrissim . . . en Tarragona. Composta per lo pastor Delanio. [In verse]. *Llorens Déu; vendese en casa de Iusep Andreu: Barcelona*, 1612. 4.° 11450.e.25.(33). [29]

Delfino, Domenico. Libro intitulado, uision deleytable y sumario de todas las sciencias. Traducido . . . en español, por Francisco de Caceres. *David de Crasto Tartaz: Amsterdam*, 1663. 4.° 525.f.24. [30]

Delgadillo, Christoval. Bipartitus de poenitentia tractatus. In cuius priori parte de ea, quatenus est virtus. *Ex officina Mariae Fernandez: Compluti*, 1658. 4.° 3835.de.33. [31]

—Duo tractatus; alter de incarnatione; de adoratione alter. In quibus legitima subtilis doctoris P. F. Ioannis Duns Scoti mens et aperitur. *Ex officina Mariae Fernandez: Compluti*, 1653. 4.° 3835.de.32. [32]

—El P. F. Christoval Delgadillo . . . responde, y desvanece las imposturas sophisticas de un memorial anonymo . . . formadas contra el memorial que diò a la reyna. [*n.p.*, 1669?]. fol. 4783.e.3.(12). [33]

—Secundum principium complutense, seu tractatus de angelis, in quo legitima subtilis doctoris P. Fr. Ioannis Duns Scoti mens & aperitur. *Ex officina Mariae Fernandez: Compluti*, 1652.4.° 3835.de.31. [34]

—[*Begin:*] Señora. Fray Christoual Delgadillo . . . de la prouincia de Castilla. [A memorial addressed to the queen of Spain]. [*n.p.*, 1655?]. fol. 4783.e.3.(7). [35]

Delicado, Antonio. Adagios portuguezes reduzidos a lugares communs. *Domingos Lopes Rosa: Lisboa*, 1651. 4.° 1075.m.12. [36]

Delitala y Castelví, Ioseph. Cima del monte Parnaso

español, con las tres musas castellanas Caliope, Urania y Euterpe. *Onofrio Martin: Caller*, 1672. 4.° 11451.c.17.

[37]

Del Río, Martinus Antonius. *See* Mirteus, B., *pseud.*

Demosti, Miguel de. Por el arzobispo, dean, y cabildo de la . . . iglesia metropolitana de Granada. En el pleyto, con el convento de la cartuja . . . Sobre . . . los diezmos. [*n.p.,* c.1675]. fol. 4783.e.2.(27). [38]

Denmark. [Origen] del reyno dinamarques. Union de Judá y de Ysrael . . . A los pastores ecclesiasticos. [By M. de Barrios]. [*n.p.,* 1675?]. 8.° 4033.a.37.(9).imp. [39]

Desclot, Bernat. Historia de Cataluña, compuesta por Bernarndo Desclot . . . de las empresas hechas . . . por los reyes de Aragon . . . Traduzida . . . en castellano por Raphael Ceruera. *En casa Sebastian de Cormellas al Call: Barcelona,* 1616. fol. c.81.c.1.; 281.e.11.; g.6348. [40]

Dessi, Joan. La divina semana, o siete días de la creacion del mundo en otava rima. *Sebastian Matheuad y Lorenço Déu: Barcelo* [*Barcelona*]. 1610. 8.° 1072.e.16. [41]

Dexart, Joannes. Capitula siue acta curiarum regni Sardiniæ, sub inuictissimo corone Aragonum imperio concordi trium brachiorum, aut solius militaris voto exorata . . . opera don Joannis Dexart. *Lat. & Catalan,* [*n.p.,*] 1645. fol. 05325.e.1. [41a]

Dexter, Flavius, Lucius. Fragmentum chronici siue omnimo-dæ historiæ Flaui Luci Dextri . . . Cum chronico Marci Maximi, & etiam Helecæ episcoporum Cæsaraugus-tanorum. [In fact, spurious fragments by J. Roman de la Higuera]. *Apud Ioannem à Lanaja, & Quartanet; Cæsar-auguste,* 1619. 4.° c.39.e.17. [42]

— — *Apud Mathiam Clavigium; Hispali,* 1627. 4.° 581.d.3. [43]

Dia. Auto do dia do juizo. [In verse]. *Antonio Aluávez: Lisboa,* 1625. 4.° c.63.b.19. [44]

Diacono, Juan. Vida, y milagros del glorioso S. Isidro el Labrador . . . Con adiciones, por el padre . . . Iayme Bleda . . . En dos libros. Va a la fin un tratado de la vida . . . de la . . . muger del santo. 2 pt. *Tomas Iunti: Madrid,* 1622. 4.° 4825.c.12. [45]

Diago, Francisco. Anales del reyno de Valencia. Tomo primero, que corre desde su poblacion . . . hasta la muerte del rey don Iayme el Conquistador. *Pedro Patricio Mey: Valencia,* 1613. fol. 181.e.5. [46]

— Historia de los victoriosissimos antiguos conde de Barcelona . . . en la qual . . . se trata tambien de la fundacion . . . de Barcelona . . . de sus obispos y santos, y de los condes de Urgel . . . y otras cosas. *Sebastian de Cormellas: Barcelona,* 1603. fol. 179.e.7.; G.2508. [47]

Diálogo. Dialogo en verso, por preguntas, y respuestas, en que se declaran los . . . misterios de nuestra santa fé. Y . . . coplas deuotas para los niños. *Andres Garcia de la Iglesia; vendese in casa de Iuan de San Vicente: Madrid,* 1659. 4.° 1072.g.26.(20). [48]

Dialogues. New dialogues or colloquies. *Lat., Fr., Engl., Sp.* [By Noël Van Barlement]. *E. C. for Michael Sparke: London,* 1639. obl. 8.° 629.a.3. [49]

Diamante, Juan Bautista. [*Collections*]. Comedias de Fr. don Iuan Bautista Diamante . . . Segunda parte. *Por Roque Rica de Miranda; A costa de Iuan Martin Merinero: Madrid,* 1674. 4.° 840.d.30. [50]

— [*Single Works*]. Comedia famosa. Del Hercules de Ocaña. [In verse]. [*Madrid,* c.1670]. 4.° T.1736.(11). [51]

— Comedia famosa, del honrador de su padre. [In verse]. [*n.p.,* c.1700). 4.° 11728.h.20.(5). [52]

— Comedia famosa. No aspirar a merecer. [In verse]. [*n.p.,* c.1650). 4.° 11728.h.20.(8). [53]

— Santa Teresa de Iesus de Diamante. [*Madrid,* 1674]. 4.° *No. 375 of an unidentified collection* 11728.h.21.(13). [54]

— Servir para merecer. Comedia famosa. [*n.p.,* c.1700). 4.° *No. 45 of an unidentified collection* 11728.c.41. [55]

Diamper, *Synod of.* Synodo diocesano da igreia e bispado de Angamale dos antigos christaõs de Sam Thome das serras do Malauar . . . da India Oriental. 2 pt. *Diogo Gomez Loureyro: Coimbra,* 1606. fol. 1124.k.4.(2).; G.6388.(2). [56]

Diana, Antoninus. Summa siue compendium omnium operum R. P. D. Antonini Diana . . . Studio ac labore— Diana ipso committente et approbante . . . Ausonii Noctinot. *Diego Diez de la Carrera: Madrid,* 1646. fol. 3553.c.8. [57]

Diario. Diario tercero. Nuevas ordinarias de los succesos del norte. Publicadas el martes 16 de noviembre de 1683. *Tomas Lopez de Haro: Sevilla,* 1683. 4.° 1445.f.17.(47). [58]

Díaz, Alonso. Concetos nueuos a la Inmaculada conception . . . con un romance a la compañia de Iesus. *Por su original por Matias Clauijo: Seuilla,* 1615. 4.° C.63.b.27.(7). [59]

— Otauas a la Inmaculada Conception de la . . . madre de Dios. *Martin* [*Fernández y Zambrano?*]: *Granada,* [1617]. 4.° C.63.b.27.(18).imp. [60]

Díaz, Balthazar. Auto do nacimento. [In verse]. *Antonio Aluarez: Lisboa,* 1625. 4.° C.63.b.41. [61]

— Conselho pera bem casar. *Antonio Aluarez: Lisboa,* 1647. 4.° 9195.c.22.(11). [62]

— Marquez de Mantua. Tragedia. 1664. 4.° *See* Mantua, *Marquez de* C.63.g.4.

Díaz Callecerrada, Marcelo. Endimion. [A poem]. *Viuda de Luis Sanchez: Madrid,* 1627. 4.° 011451.ee.31. [63]

Díaz Castellanos, Michael. Admodum erudito viro . . . Bartholomæo Ximeno Patonio. Licentiatus Michael Diaz Castellanos . . . hunc hymnum in laudem divæ Mariæ Magdalenæ . . . dedicat. [*n.p.,* c.1635]. 4.° 11408.b.48. [64]

Díaz de Arce, Juan. Libro primero (— segundo) del proximo evangelico exemplificado en la vida del venerable Bernardino Aluares. [With a portrait]. [*Juan Ruiz*]: *Mexico,* 1651. 4.° 4986.bbb.37. *cropped.* [65]

Díaz de Bivar, Rodrigo, Called El Cid. Historia del Cid Ruy Diaz de Biuar, y de las famosas hazañas que hizo. *Iuan Lasso de las Peñas: Valladolid,* 1630. 4.° 1073.l.35. [66]

— Seis romances famosas del Cid Rui Diaz de Vivar . . . recopilados por Iuan Ruiz natural de Iaen. *Imprento real; Iuan de Valdès: Madrid,* 1653. 4.° 1072.g.25.(11). *cropped.* [67]

Díaz de la Calle, Juan. Memorial informatorio al Rey . . . En manos del señor Iuan Baptita Saenz Nauarrete . . . Contiene lo que su Magestad prouee en su cõsejo . . . y otras cosas. [*Madrid,*] 1645. 4.° 279.h.25.(1). [68]

— Memorial, y noticias sacras, y reales del imperio de las Indias

Occidentales . . . comprehende lo eclesiastico, secular . . .
y militar. [*Madrid*,] 1646. 4.° 798.f.3.; 279.h.25.(2). **[69]**

Díaz del Castillo, Bernal. Historia verdadera de la conquista
de la Nueva-España . . . Sacada a luz por el P. M. Fr.
Alonso Remon. *Imprenta del reyno: Madrid*, 1632. fol.
601.l.24. *imp.*; 145.e.18.; 674.k.16.; G.6417. **[70]**
— —*En la emprenta del reyno: Madrid*, [1632?]. fol. 601.l.10.
[71]

Díaz de Luco, Juan Bernardo, *Bishop.* Singularis et
excellentissima practica criminalis, canonica . . . Nouissime
recognita, duodecim . . . capitibus aucta. *Ex officina Iusti
Sanchez Crespo; a costa de Bautista Lopez: Compluti*, 1604.
fol. 1602,156. **[72]**

Díaz de Ribas, Pedro. De las antiguedades, y excelencias de
Cordoua. Libro primero. *Saluador de Cea Tesa: Cordoua*,
1627. 4.° 574.f.19.(4). **[73]**
—Relacion de algunos edificios y obras antiguas, q̃ descubrio
el río Guadalquivir . . . con la gran creciente. [*Cordoua*,
1626]. 4.° 574.f.19.(5). **[74]**

Díaz de Vivar Hurtado de Mendoza, Rodrigo, *duke del
Infantado.* [*Begin:*] Por el duque del Infantado. Con el
señor fiscal. [C. de Moscoso y Cordova]. Sobre la
encomienda de indios, que tuuo . . . la duquesa. [*Madrid*,
1634?]. fol. 1324.i.4.(26). **[75]**

Díaz Morante, Pedro. Segunda parte del arte de escriuir . . .
la que se intitula, Ensenança de principes. [With plates].
Luis Sanchez: Madrid, 1624. obl. 4.° 556.b.16. *imp.* **[76]**

Díaz Rengifo, Juan, *pseud.* [i.e. Lucas Carrillo]. Arte poetica
española, con una fertilissima sylua de consonantes
comunes . . . esdruxulos . . . y un . . . estimulo del amor
de Dios. *Iuan de la Cuesta: Madrid*, 1606. 4.° 1087.c.4.;
87.c.12. *imp.* **[77]**
— —*Viuda de Alfonso Martin: Madrid*, 1628.4.° 11824.e.21.
[78]

Díaz Vara Calderón, Gabriel. Grandezas y marauillas de la
inclyta . . . ciudad de Roma, cabeza . . . del orbe, madre
de todos los fieles y roca . . . de la . . . fee catolica. [With
plates]. *Ioseph Fernandez de Buendia: Madrid*, 1677. fol.
574.l.8. **[79]**

Dicastillo, Miguel de. Aula de Dios, cartuxa real de
Zaragoza . . . Descrive la vida de sus monges, acusa la
vanidad del siglo. [In verse]. *Pascual Bueno: Zaragoça*,
1679. 4.° 11451.e.13. **[80]**

Diccionario. Dictionario castellano. 1642. obl. 8.° *See*
Castilian Dictionary 629.a.5.
—Dictionario coloquios, o dialogos en quatro lenguas. [By
Noël Van Barlement]. *Flem., Fr., Sp., It. Corneille
Nicolas: Amsterdam*, [c.1635]. obl. 16.° 12901.a.16. **[81]**

Dictionariolum. Dictionariolum et colloquia octo linguarum,
latinæ, gallicæ, Belgicæ, teutonicæ, hispanicæ, italicæ,
anglicæ & portugallicæ. [By N. van Barlement]. *Apud
Henricum Aertsens: Antuerpi*ae, 1662. obl. 8.°
12901.aa.6.; 12901.aa.14. **[82]**

Dictionnaire. Le dictionnaire en six langues. *Lat., Flem., Fr.,
Sp., It., Eng. Claude le Villain: Rouen*, 1625. 12.°
12901.aa.8. **[83]**
— —*David Ferrand: Rouen*, 1636. 8.° 12901.bb.35. **[84]**
—Dictionnaire, et colloques en quatre langues. [By Noël Van
Barlement]. *Flem., Fr., Sp., It. Jean Mommart: Bruxelles*,
1647.obl.16.⁰ 12901.a.19. **[85]**

Diego, *de Jesus, Discalced Carmelite.* Conceptos espirituales: y
en particular de la contemplacion y negacion propià. [In
verse]. Recogidos por D. Martin de Ugalde. *María Rey:
Madrid*, 1668. 8.° 011451.e.33. **[86]**

Diego, *de San Francisco, Discalced Carmelite.* Relaçion ver-
dadera, y breve de la persecucion y martyrios que pade-
cieron por . . . la fè . . . en Iapon quinze religiosos . . .
Y otros muchos martytes [sic] . . . de otras religiones.
Thomas Pimpin: Manila, 1625. 8.° C.58.a.16. **[87]**
— —*Thomas Pimpin: Manila*, 1625. [1626]. 4.° C.62.c.18.;
G.6904. **[88]**

Díez, Pedro. [*Begin:*] Por el fiscal de su Magestad, contra las
ordenes de la Merced, y Trinidad. [*n.p.*, 1620?]. fol.
1322.k.14.(30). **[89]**

Diez de Aux, Luys. Compendio de las fiestas que ha celebrado
. . . Caragoça. Por auer promouido la magestad . . . del
Frey nuestro Señor Filipo Tercero de Castilla . . . al . . .
señor don Fray Luys Aliaga . . . en el oficio . . . de
inquisidor. *Iaun de Lanaja y Quartanet: Zaragoça*, 1619.4.°
011451.ee.3. **[90]**

Díez de Auxarmendáriz, Lope, *Marquis de Cadereyta.* Por
don Lope Diez de Aux Armẽdariz . . . capita general de la
real armada de la guarda . . . con el . . . fiscal del real
consejo de Las Indias. [i.e. C. de Moscoso y Cordova].
[*n.p.*, 1635?] fol. 1324.i.4.(14). **[91]**
—Por don Lope Diez de Auxarmendariz . . . sobre los cargos
de la residencia. [*n.p.*, 1635?] fol. 1324.i.4.(15). **[92]**
—Relacion de [la fa] mosa vitoria que la arm[ada de] las
Indias este año de 1633. de q̃ fue general el [marques de
Caderei] ta, alcançò. *Pedro Gomez de Pastrana: Sevilla*,
1633. fol. 593.h.17.(121). *imp.* **[93]**
—Relacion verdadera de la famosa vitoria que ha tenido el
marques de Cadereita . . . en la isla de San Martin, contra
. . . el . . . olandes. *Iuan Gomez de Blas: Sevilla*, 1633. fol.
593.h.17.(116). **[94]**

Díez de la Barrera, Ignacio. Consistencia de los fundamentos
del parecer que dio el V. dean y cabildo al . . . arçobispo
electo . . . y obediencia legal al . . . patronazgo de su
Magestad. *Maria de Benavides, viuda de Juan de Ribera:
Mexico*, 1700. fol. 4183.k.3.(18). **[95]**

Díez de San Miguel y Solier, Nicolas Antonio. La gran
fee del' centurion español: sermon moral. *J. de Contreras y
Aluarado: Lima*, 1695. 4.° 4425.aa.2. (*destroyed*) **[96]**

Dimas de Potau, Pedro. Oracion funebre en las exequias
del . . . señor don Fernando Joachin Fajardo de Requesens,
y Zuñiga. *Martin Gelabert: Barcelona*, 1694. 4.°
4865.dd.20.(11). **[97]**

Diniz, Francisco José. Reportorio alphabetico e synoptico
de todas as leis, decretos, portarias e officios do ministerio
da marinha e ultramar. 1687. 8.° *See* Portugal, *Ministério
de marinha.* 6005.f.2.(3).

Dioscorides, Padacius. Pedacio Dioscorides Anazarbeo,
acerca de la materia medicinal . . . Traduzido de lengua
castellana . . . por el doctor. Andres de Laguna . . . ultima
impression. *Miguel Sorolla; a costa de Miguel Sorolla:
Valencia*, 1636. fol. 546.l.13. **[98]**
— —*Heredero de Benito Mace; a expensas de Claudio Mace:
Valencia*, 1695. fol. 449.i.7. **[99]**

Discurso. Discurso en que se satisfaze à la censura [upon G. de
Gongora y Torreblanca's work, entitled: "Historia

apologetica . . . del reyno de Navarra"]. [*Pampeluna,*
1630?] *S.sh* fol. 593.h.19.(2). [**100**]

Dolería. La doleria del sueño del mundo. Comedia [by P.
Hurtado de la Vera]; iuntamente van . . . los proverbios
. . . por Alonso Guajardo Fajardo. 2 pt. *Iuan Foüet: Paris,*
1614. 12°. 243.a.27.; 11726.a.29. [**101**]

Domenec, Antonio Vicente. Historia general de los santos,
y varones ilustres en santidad . . . de Cataluña. *Gaspar
Garrich: Gerona,* 1630. fol. 4826.g.7. [**102**]

Domenech, Michael. Relacion verdadera de la felice
venida . . . con las demas fiestas que se han hecho en
Barcelona, a los tres infantes del . . . duque de Saboya. [In
verse]. *Ioan Amello: Barcelona,* 1603. 4.° 11450.e.25.(21).
[**103**]

Dominguez Camargo, Hernando. S. Ignacio de Loyola . . .
Poema heroyco . . . Obra postuma. Dala a la estampa . . .
Antonio Navarro Navarrete. *Ioseph Fernandez de Buendia:
Madrid,* 1666. 4.° 011451.eee.3. [**103a**]

Dominic [de Guzman], *Saint.* Breve relacion de la milagrosa,
y celestial imagen de santo Domingo . . . trayda del cielo
por mano de la Virgen. *Bernardo Calderon: Mexico,* 1633.
fol. 9771.h.2.(6). [**104**]

Dominic [de Val], *Saint.* Letras que se han de cantar en la
santa iglesia metropolitana de Zaragoça . . . en la fiesta . . .
a . . . Santo Dominguito de Val . . . 1691, (1694–95,
1697–1700). 7 pt. (*Herederos de Diego Dormer; Francisco
Revilla: Zaragoça*), [1691–1700]. 4.° 1073.k.22.(8). [**105**]

Dominicans. Regla del bienauenturado s. Augustin, que
nuestro padre s. Domingo escogio para sus frayles.
[*Medina del Campo?* 1600?]. fol. C.125.g.1. [**106**]

— Acta capituli generalis . . . in festo sanctissime, Pentecostes
IX. Iunij anno M.D.C.XII. *Ex officina Ihoannis Ruyz:
Mexici,* 1613. 4.° 4785.bbb.1.(1). *imp.* [**107**]

— Acta capituli generalis. Ulyssiponæ in conventu, S. Dominici
ordinis prædicatorum celebrati. In festo s. Pentecosts 3.
Iunij anno . . . 1618. *Apud Bachalauru Ioannem de Alcacar:
Mexici,* 1619. 4.° 4784.bbb.1.(3). [**108**]

— — *Excudebat Franciscus de Lira: Hispali,* 1619. 4.°
4784.bbb.1.(5). [**109**]

— In nomine Patris, et filii, & Spiritus sancti, Amen. Hae sunt
provisiones pro bono regimine provinciarum Indiarum
Occidentalium ordinis fratrum Prædicatorum. (12 Martii,
1619). *Apud Bachaleuru Ioannē de Alcacar: Mexici,* 1619. 4.°
4784.bbb.1.(4). [**110**]

— [*Appendix*]. En el pleyto que se trata entre el ordinario, y
sagrada religion de santo Domingo sobre el conocimiento
del exesso, que dizen cometieron ciertos religiosos.
[*Mexico,* 1620?] fol. 4782.dd.8.(5). [**111**]

— Por la orden de santo Domingo, en el pleyto con el estado
eclesiastico [of Spain]. Sobre la paga del subsidio. [*n.p.,*
1630?] fol. 1322.k.14.(17). [**112**]

— [*Begin:*] Por la universidad de Salamanca . . . y las religiones
de santo Domingo, y san Agustin. Sobre la confirmacion
del estatuto . . . de enseñar. [1627]. fol. *See* Salamanca—
Universidad. 1322.l.3.(21).

— [*Begin:*] Señor. Las religiosas de s. Domingo, s. Francisco y
s. Agustin, dezimos. [A memorial concerning the
missions in the Spanish Indies, addressed to the King].
[*Madrid?* 1630?] *S.sh.* fol. 4745.f.11.(3). [**113**]

No. 114 *cancelled.*

Dorea Caceres e Faria, Leandro, *pseud.* [i.e. Fernando
Correa de Lacerda, bishop of Oporto]. Catastrophe de
Portugal na deposiçao d'el rei Affonso o sexto, & subrog-
açao do princepe D. Pedro o Unico, justificada nas
calamidades, publicas. *A custa de Miguel Manescal: Lisboa,*
1669.4.° 281.e.31. [**115**]

Dormer, Diego Joseph. Carta del doctor Diego Ioseph
Dormer en defensa de lo que le repara el M. fr. Domingo
La Ripa. [*Saragossa?* 1674?] 4.° 4827.c.37.(2). [**116**]

— San Laurencio defendido en la siempre vencedora . . . ciudad
de Huesca. Contra el incierto dictamen . . . de . . . Iuan
Bautista Ballester. *Diego Dormer: Zaragoça,* 1673. 4.°
4827.c.37.(1). [**117**]

Duarte, Alonso. Obra nueva y verdadera, en la qual se
declara el embeleco y traycion que hizieron ocho moriscos
. . . de . . . Pastrana. [In verse]. *Iuan de Larumbe: Caragoça,*
16011. [1611?] 4.° G.10217.(3). [**118**]

Dueña, Antonio de. Por el castellano Diego de la Torre . . .
tenedor de los bienes que quedaron por fin y muerte de
doña Francisca Polo del Aguila . . . Con el . . . fiscal del
consejo de Indias y don Iuan Polo. [*Madrid?* 1665?] fol.
1324.i.1.(34). [**119**]

Dulac, Joseph. Marial de España. Patronazgo de religiones,
en oraciones panegiricas para las festividades que celebra
España à la . . . Virgen. *Barcelona,* 1680. 4.°
4423.c.7. (*destroyed*). [**120**]

Dunkirk. Relacion en que se da quenta da las . . . presas que
los navios de Dumquerque . . . traen . . . a sus puertos. Y
la . . . vitoria que el rey de Polonia a tenido con los
tartaros. *Iuan de Cabrera: Sevilla,* 1626. fol.
593.h.17.(67). [**121**]

— Remarques sur la reddition de Dunkerque entre les mains
des anglois. *Fr., Span., & Lat. Sebastian Cramoisy: Paris,*
1658. 4.° 8026.ee.30. [**122**]

— Verdadera relacion de la victoria, que han tenido unas naos
de Unquerque con una armada de Olanda [1625]. *Simon
Faxardo.* [*Seville,*] 1625. fol. 593.h.17.(40). [**123**]

Duns, Joannes, *Scotus.* R. P. F. Ioannis Duns Scoti . . .
oxoniense scriptum in librum primum sententiarum
magistri Petri Lombardi. *Typis Didaci Gomez Loureyro:
Conimbricæ,* 1609. fol. 8464.ff.10. [**124**]

— Liber primus (—secundus), correspondens primo (—
secundo) lib. sentent. Scoti doctoris subtilis [i.e. the
commentaries of Duns Scotus on the "Libri sententiarum"
of Petrus Lombardus]. (Vita Ioannis Scoti). 2 pt. *Ex
typographia Regia: Matriti,* 1619.4.° 3837.cc.8. [**125**]

— Subtilissimius . . . Ioannes Duns Scotus, elucidatus . . . circa
tertium librum sententiarum. Eius littera articulata,
elucubratione exornata . . . in clarissimam redacta
methodum a . . . Ioannes de Ovando. *Excudebat Vincentius Francus; Sumptibus Rochi Sonzonij: Valentiæ,* 1624.
fol. 3845.df.1.(1). [**126**]

Duran, Antonio. Cercos de Moçambique, defendidos por
don Estevan de Atayde, capitan general. *Viuda de Alonso
Martin: Madrid,* 1633. 4.° 583.c.7. [**127**]

Durán, Paulus. Responsum iuris, pro illustrissimo domino
Maioricensi episcopo [i.e. Simon Bauzá], in causa con-
tentionis ortæ, inter fiscos, regium, & ecclesiasticum,
editum. [*Palma, Majorca,* 1620?]. 765.i.6.(2). [**128**]

—Responsum iuris, pro illustri Guillermo dez Callar Domicello, & Raphaele Santandreu ciue Maioricensi, in causa supplicationis, quam ducunt, in . . . Aragonum consilio. *Typis Gabrielis Guasp: Palmae Balearium,*[1620?] fol. 795.i.6.(3). **[129]**

—Tractatus de conditionibus, et modis impossibilibus, et iure prohibitis contractibus, & testamentis adscriptis. *Typis Gabrielis Guasp: Palmae Balearium,* 1612. fol. 5383.g.15.(2).; 765.i.6.(1). **[130]**

Durán de Torres, —. Iesus, Maria, Ioseph. Discurso apologetico, en satisfacion de la respuesta en derecho, que . . . fray Antonio Brauo de Lagunas . . . Cartujo, escriuio, para . . . fray Francisco de s. Iuan. [*n.p.d.*], fol. 765.i.2.(38). **[131]**

—Iesus, Maria, Ioseph. Por Alonso Garcia, en el pleito con los señores dean y cabildo desta iglesia [Granada?]. [*Granada? n.d.*]. fol. 765.i.2.(52). **[132]**

—Iesus, Maria, Ioseph. Por Christoval de Alfonsi, como padre . . . de don Francisco de Alfonsi, Capellan . . . Con Bartolome de la Fuente, como marido de doña Catalina de Torres. [*n.p.d.*], fol. 765.i.2.(42). **[133]**

—Por don alonso de Figueroa, como marido . . . de . . . Ana Gallego de Herrera, y por . . . hijos, y herederos de . . . Bartolome Gallego . . . En el pleyto con don Andres de Vega y Ogeda, y don Francisco Ponce de Leon. [*n.p.d.*,] fol. 765.i.2.(2). **[134]**

—Por doña Catalina de Espinel viuda. En el pleyto con Manuel de Irriberri, fiador de Pedro de Suluaga. [*n.p.d.*,] fol. 765.i.2.(1). **[135]**

Dutch. Copia de un papel impresso en Olanda con titulo de Apocalipsi de los olandeses, que . . . contiene los miserables successos que han padecido. [pt. 1]. *Simon Faxardo: Sevilla,* 1626. fol. 593.h.17.(44). **[136]**

—Discurso sobre la importancia de la guerra maritima; o, medio de abaxar el altiuez de los holandeses. [*n.p.*, 1643]. 4.° 1055.g.38.(3). **[137]**

—Relacion en que se da aviso de como los olandeses . . . fueron a . . . Foquin . . . Tambien se declara en el estado en que van las cosas de los religiosos de la compañia de Iesus, en la China. *Iuan de Cabrera: Sevilla* [1629]. fol. 593.h.17.(93). **[138]**

E.

Echave, Balthasar de. Discursos de la antiguedad de la lengua cantabra Bascongada. *Henrrico Martinez: Mexico,* 1607. 4.° C.33.i.6. **[1]**

Echave y Assu, Francisco de. La estrella de Lima convertida en sol sobre sus tres coronas . . . Descripcion sacro politica . . . de . . . Lima, y compendio historico eclesiastico. *Juan Baptista Verdussen: Amberes,* 1688. fol. 493.i.22.; 147.d.11. *imp.* **[2]**

Ecija.— *Colegio de la compañia de Jesus.* Addicion al memorial del pleyto que el colegio de la compañia de . . . Ezija trata. Con don Luis de Villavicencio. Sobre unos juros. [*Madrid?* 1633?] fol. 4783.f.7.(9). **[3]**

Eger, *Hungary.* Relacion extraordinaria del bloqueo . . . de Agria, y de sus . . . consequencias. *Sebastian de Armendariz:* [*Madrid,* 1687]. 4.° 1445.f.17.(6). **[4]**

Eguia y Lumbe, Jorge de. [*Begin:*] Señor. El castellano don Iorge de Egiva y Lumbe . . . vengo a ponerme a los pies de V. Magestad . . . la . . . descripcion . . . y resumen de un . . . desvelo, intitulado, ultimo desengaño de la guerra de Chile. [*Madrid?* 1664]. fol. 1324.i.3.(32). **[5]**

Elías, Juan. [*Begin:*] Señor. Un libelo infamatorio se ha impresso y publicado. [A memorial to the King, concerning the working of the Peruvians mines]. [*Madrid?* 1641?] fol. 1324.i.12.(4). **[6]**

Eliseo, *Carmelita Descalço.* [*Begin:*] Aviendo representado el conde de Monterey a su Magestad los agravios . . . que los indios . . . recibian . . . el padre Eliseo . . . escrivió un papel. [Denouncing the behavior of the Judges]. [*Mexico,* 1693?] fol. 8179.g.71. **[7]**

Elvas, *Bishopric of.* Primeras constituções sinodaes do bispado d' Elvas feitas & ordenadas pello . . . senhor dom Sebastiaó de Matos de Noronha. [*Lisbon,* 1635]. fol. 5107.ff.11.(1). **[8]**

Elvira, *Council of.* De confirmando concilio illiberritano . . . Ferdinandi de Mendoza libri. III. [With the acts of the Council]. 3 pt. *Apud Thoman Iuntam: Madrid,* 1594. fol. 1605/245. **[9]**

Elviran Alphabet. [*Begin:*] Alfabeto illiberitano— Alfabeto griego illiberitano antiquissimo. [Specimens of ancient alphabets & engraved plates]. (Alphabeto salomonico). [*n.p.,* 1650?] fol. 621.l.21.(2). **[10]**

Emmanuel, *a Conceptione.* Enchiridion iudiciale ordinis fratrum minorum. *Excudebat Emmanuel Lopes Ferreyra: Ulissipone,* 1693. 4.° 5051.aa.18. *imp.* **[11]**

Encarnación, *Convento de la* [at Madrid]. Villancicos que se han de cantar en los maytines del . . . nacimiento de el Hijo de Dios en el convento de la Encarnacion . . . 1684. *Antonio de Zafra: Madrid,* [1684]. 4.° 1073.k.22.(37). **[12]**

—Villancicos que se han de cantar en el . . . convento . . . en los maytines de los santos Reyes . . . 1688. *Antonio de Zafra: Madrid,* [1688]. 4.° 1073.k.22.(39). **[13]**

—Villancicos que se han de cantar en el . . . convento . . . en los maytines de los santos Reyes . . . 1689. *Antonio de Zafra: Madrid,* [1689]. 4.° 1073.k.22.(33*).; 1073.k.22.(38). **[14]**

England. [For treaties between England and Spain:] *See* Spain.

[For the treaty between Louis XIV of France and Oliver Cromwell in 1657:] *See* France.

Laws, Proclamations, Manifestations and Other Public Documents.

—Vando y leyes del rey Iacobo de Inglaterra contra la fe catolica [2 June 1610]. Con su respuesta . . . Con tabla de las materias traduzidas . . . en varias leuguas [sic] por el D. B. de Cleremond. [The preface signed D. B. de Clerimond, pseud. of J. Creswell]. [*Madrid?* 1610] 4.° 475.b.21.; 3935.cc.22. **[15]**

—Manifesto e protestaçam del Rey de Inglaterra [5 July, 1641] . . . contra o que lhe hão negado o Emperador, & Rey de Castilla em a dieta de Ratisbona. *Antonio Alverez: vendese em casa de Ioão Gonçaluez: Lisboa,* 1641. 4.° 9195.c.24.(4). **[16]**

—Manifest del rey de Inglaterra, per lo qual te guerra ab lo Parlament. [20 June, 1643]. *Iaume Matevat: Barcelona,* 1643. 4.° 9180.e.2.(32). **[17]**

— Manifiesto de la injusta persecucion que padecen los catolicos . . . en Inglaterra . . . Traducido de la lengua latina . . . por frai Antonio de Iesus Maria. *Bernardo de Villa-Diego: Madrid*, 1680. 4.° 698.h.8. [18]

— Memorial, en el qual suplican los catolicos de Inglaterra, al . . . principe de Gales . . . que . . . se sirva de darles una universidad. *Geronimo Morillo: Valladolid*, [1623]. fol. T.90.*(29,30). [19]

— Relacio verdadera, de la pau, y treva se es publicada entre los catolichs, y lo rey de la Gran Bretanya [19 Sept. 1643]. Y . . . la presa de sis vexells venint de Vineros. *Gabriel Nogues: Barcelona*, 1643. 4.° 9180.e.2.(54). [20]

— Relacion verdadera como el Rey de Inglaterra mandò pregonar liuertad de conciencia . . . Y las causas que ha tenido, aber declarado la guerra, contra los olandeses, en 25. y en 28 de março. *Madrid; Pedro Casteró: Malaga*, 1672.4.°1323.g.1.(10). [21]

Appendix.

— Noticias catolicas, y politicas de Inglaterra . . . Publicadas . . . agosto 1687. *A costa de Christoval Lopez: [n.p.*, 1687]. fol. 1445.f.17.(46). [22]

— Primera (— quinta) relacion de lo sucedido en Inglaterra, y variedad de Goviernos que ha tenido desde . . . 1648 . . . hasta . . . 1660. *Iuan Gomez Blas: Sevilla*, 1660. 4.° 9512.b.15. [23]

— Relaçam dos ultimos successos de Inglaterra, & . . . da vitoria . . . alcancada pelas reaes armas do . . . rey da gran Bretanha contra os rebeldes como a prizão de . . . monmouth. *Miguel Deslandes: Lisboa*, 1683. 4.° 9004.gg.33.(40). [24]

— Relacion de todos los sucesos y vitorias que han tenido los españoles contra los ingleses. *See* Spain. 1625. 4.° 12331.dd.16.(11).

— Verdadera relacion de la Armada que se apresta en Inglaterra. [A newsletter]. *Iuan de Cabrera: Sevilla*, 1625. fol. 593.h.17.(38). [25]

— — *Sebastian Iayme Matevad: Sevilla, Barcelona*, 1625. 4.° 9180.e.25.(2). [26]

— Verissima relacion en que se da quenta en el estado en que estan los catolicos de Inglaterra . . . Y la . . . presa que . . . hizieron, prendiẽdo al duque de Buguinga. *Iuan de Cabrera: Sevilla*, 1626. fol. 593.h.17.(57). [27]

English. Copia segunda. Maravilloso insigne y costoso arco, o puerta, que los ingleses han hecho en el pilouriño viejo. *Iuan Serrano de Vargas y Urena: Sevilla*, [1619]. 4.° 9181.g.1.(3). [28]

Enriquez, Alberto. Resolucion varonil. O viage que hiço doña Maria Estuarda, Condesa de Tirconel. *Casa de Gouaert Schoeuaerts: Brussellas*, 1627. 8.° G.5491. [29]

Enriquez, Alonso. Honras y obsequias que hizo al catholico . . . Rey don Filipe Tercero . . . su . . . ciudad de Murcia. *Luys Beros: Murcia*, 1622. 4.° C.63.b.35. [30]

Enriquez, Crisostomo. Corona sacra de la religion cistercience en que se refieren las . . . virtudes de . . . reynas, infantas, y princesas sanctas. *Iuan Meerbeeck: Bruselas*, 1624. 4.° 4783.bbb.23. [31]

— Historía de la vida, virtudes y milagros de la . . . madre Ana de san Bartholome, compañera de . . . Teresa de Iesus . . .

priora del monasterio de Anberes. *Viuda de Huberto Antonio llamado Velpius: Brusselas*, 1632. 4.° 4866.aaaa.12. [32]

— Vidas de los padres del desierto de Dunas. *Iuan Cnobbart: Amberes*, 1629. 4.° 486.c.18.(2). [33]

Enriquez, Francisco. Descripcion del Pardo y conuento de los Capuchinos que se fundò por su Magestad . . . 1613. [In verse]. *Esteuan Liberos; vendense en casa de Miguel Gracian: Barcelona*, 1613. 4.° 11450.e.24.(1). [34]

Enriquez de Fonseca, Luis. Tratado y discurso sobre la moneda de el reyno de Napoles. *Saluador Castaldo: Napoles*, 1681. 4.° 8227.cc.11. [35]

Enriquez de Guzman, Feliciana. Tragicomedia. Los iardines y campos Sabeos. Primera y segunda parte. [In verse.] *Iacome Caruallo: Coimbra*, 1624. 4.° 11725.cc.5. [36]

Enriquez de Ribera y Giron, Fernando, *duke de Alcalá*. Relacion de la entrada en Napoles del . . . duque de Alcala virrey de aquel reyno. *Matias Clauijo: Sevilla*, 1629. fol. 593.h.17.(89). [37]

Enriquez de Rivera, Fadrique, *Marquis de Tarifa*. Este libro es de el viaje q̃ hize a Ierusalem. (Narracion del viaje [in verse] by Joan de Encina). *Francisco Perez: Sevilla*, 1606. 8.° 10076.b.13. [38]

Enriquez de Zuñiga, Juan. A la reyna nuestra señora, don Iuan Enriquez de Zuñiga . . . respondiendo a un memorial dado a su Magestad. [*Madrid*, 1670?] fol. 1322.l.9.(18). [39]

— Amor con vista lleva una summaria descripcion del mundo. *Iuan Delgado; a costa de su autor: Madrid*, 1625. 4.° 12490.d.5. [40]

— Conseios politicos, y morales a don Rodrigo Diaz de Viuar . . . duque del Infantado. *Iulian de la Iglesia: Cuenca*, 1634. 4.° 8008.c.13. [41]

— Historia de la vida del primer Cesar. *Viuda de Iuan Gonçalez: Madrid*, 1633. 4.° 10606.c.22. [42]

— Historia de las fortunas de Semprilis y Genorodano. *Juan Delgado: Madrid*, 1629. 4.° 12403.d.2. *imp*. [43]

Enriquez Gómez, Antonio. Academias morales de las musas. Dirigidas a . . . D. Ana de Austrian reyna de Francia. *Antonio Enriquez Gomes: [Bordeaux]*, 1642. 4.° 85.g.15. [44]

— — *Ioseph Fernandez de Buendia; a costa de Alonso Lazano: Madrid*, 1660. 4.° 11451.c.20. [45]

— — (Apologia en las academias morales . . . por . . . Manuel Fernandez de Villa Real). *Ioseph Fernandez de Buendia: Madrid*, 1668. 8.° 11451.e.6. [46]

— — [Edited by F. Sazedou]. *Juan Garcia Infançon; a costa de Franciso Fernandez: Madrid*, 1690. 4.° 1064.i.17. [47]

— Comedia famosa. La prudente Abigail. [*Madrid?* 1700?] 4.° No. 65 of an unidentified collection. 11728.c.46. [48]

— — [*Madrid?* 1700?] 4.° 11728.i.8.(6). [49]

— La culpa del primer peregrino [A poem]. *Laurens Maurry: Roan*, 1644. 4.° 11452.ee.12. [50]

— Luis dado de Dios a Luis y Ana Samuel dado de Dios a Elcana y Ana . . . Dedicado a . . . Luis XIV. *René Baudry: Paris*, 1645. 4.° 3165.cc.45. [51]

— Sanson Nazareno. Poema heroico. *Laurenço Maurry: Ruan*, 1656. 4.° 11451.g.16. [52]

— El siglo Pitagorico y vida de D. Gregorio Guadaña. Dedicado a monseñor François Bassompierre, marques de Harouel. *Emprenta de Laurens Maurry: Roan*, 1644. 4.° 11451.f.16. **[53]**

——Segunda edition. *Segun el exemplar en Rohan, de la emprenta de Laurentio Maurry;* [*n.p.*, 1682]. 4.° 1072.g.16. **[54]**

Entre Douro e Minho. Primera relacion diaria de los felizes sucessos que las . . . armas de su Magestad tuvieron contra . . . Portugal en la provincia Entre Duero y Miño. *Sevilla*, 1662. 4.° 1323.c.24. (*missing*). **[55]**

Ephemerides. Chronographia ou reportorio dos tempos . . . Feito por Andre do Auelar . . . nesta quarta impressam. *Iorge Rodriguez; a costa de Esteuao Lopez: Lisboa*, 1602. 4.° 1295.e.9. **[56]**

—Discursos astronomichs, sobre lo present any 1643 . . . Compost per Ermenegildo Oller. *Iaume Romeu: Barcelona*, 1642. 8.° 9180.e.2.(3). **[57]**

—Pronostich del any de nostra reparacio de M.DC.XXXXIII fet al meridiano de Catalunya . . . Compost per Rafel Alp. *Gabriel Nogues: Barcelona*, 1643. 8.° 9180.e.2.(6). **[58]**

—Pronostich, o almanach per lo any 1643. Calculat per lo meridiano de Cathalunya, Rossellò, y Cerdanya . . . Per Nasabitas. *Iaume Romeu: Barcelona*, 1642. 8.° 9180.e.2.(2). **[59]**

—Pronostich y discurs general de las mudanças del temps . . . per Ioseph Mila Prevere. *Iaume Matheuat: Barcelona*, 1642. 4.° 9180.e.2.(1). **[60]**

Epictetus. Doctrina del estoyco filosofo Epicteto, que se llama comunmēte enchiridiõ, traduzido de Griego. Por . . . Francisco Sanchez. [With a commentary]. *Carlos de Labayen: Pamplona*, 1612. 12.° 8408.a.1. **[61]**

—Epicteto y phocilides en español con consonantes (Traduccion del manuel). Con el origen de los estóicos, y su defensa contra Plutarco [by F. Gómez de Quevedo Villegas]. *Sebastian y Iayme Matevad; a costa de Iuan Sapera: Barcelona*, 1635. 8.° 8460.aaa.3. **[62]**

No. 63 cancelled.

Eras Pantoja, Nicolas. [*Begin:*] Señor, don Nicolas Eras Pantoja. [A memorial on the Government and affairs of Carthagena in the Indies]. [*Madrid?* 1650?] fol. 1324.i.2.(129). **[64]**

Erce Ximenez, Miguel de. Prueva evidente de la predicacion del apostol Santiago . . . en . . . España. (Prosopia real). 2 pt. *Alonso de Paredes: Madrid*, 1648. fol. 4625.f.5. **[65]**

Ercilla y Zúñiga, Alonso de. Primera, segunda, y tercera parte de la Araucana de D. Alonso de Ercilla y Zuñiga . . . dirigidas al Rey. *Iuan de la Cuesta; a costa de Miguel Martinez: Madrid*, 1610. 8.° 1064.a.14. **[66]**

——*Imprenta del reino: Madrid*, 1632. 8.° 1064.b.13. **[67]**

No. 68 cancelled.

Eruena. Admirable sucesso, el qual trata como en Eruena un rico hombre . . . tenia en su casa . . . disformes mastines. [In verse]. *Antonio Duplastre: Madrid*, 1638. 4.° 1072.g.26.(38). **[69]**

Escala, Pacifico de la. Relacion en que se da aviso de una carta que embio . . . Pacifico de la Escala del orden de los Capuchinos . . . en que da quenta del . . . agassojo que el grã turco les haze. *Iuan de Cabrera: Sevilla*, 1629. fol. 593.h.17.(87). **[70]**

Escalante, Ferdinandus de. Clypeus concionatorum verbi Dei in quo sunt sculptæ omes visiones symbolicæ, et signa realia veteris Testamenti. *Excudebat Gabriel Ramos Bejarano; In monaterio S.S.^{mae} Trinitatis, Hispali*, 1611. fol. 3166.g.3. **[71]**

Escalante Colombres y Mendoza, Manuel de. Voto motivado del doctor don Manuel de Escalante Colombres y Mendoza chantre de esta . . . yglesia metropolitana [of Mexico] &c sobre la mayordomia. *Mexico*, 1700. fol. 6785.k.7.(3). (*destroyed*). **[72]**

Escallon, Juan Vincencio. Origen y descendenzia de los . . . reyes Benimerines, señores de Africa, hasta . . . D. Gaspar Benimerin, infante de Fez. [With a portrait]. *Iuan Iacobo Carlino: Napoles*, 1606. 4.° 9061.c.6. **[73]**

Escalona. [*Begin:*] Iesus. En el pleyto que en grado de segunda suplicacion. [A pleading in a suit between the town of Escalona and that of Nombela. By F. de la Cueva y Silva, and F. de Heirera]. [*n.p.*, 1620?] fol. 1322.l.6.(22). **[74]**

Escalona Aguero, Gaspar de. Arcæ limensis gazophilacium regium Peribicum. I. Administrandum. II. Calculandum. III. Conservandum. *Lat. & Span.* tom I. *Typis Mariæ Quignonii: Madriti*, 1647. fol. 501.g.8. *imp.* **[75]**

Escaño, Ferdinandus de. Propugnaculum Hierosolymitanum sive sacrae religionis militaris S. Ioannis Hierosolymit-militiae regularis compendium. *Apud Ioannem Gomez a Blas: Hispali*, 1663. fol. 4783.ee.4. **[76]**

—Tractatus de perfectione voluntatis testamento requisita . . . Ad Iavoleni responsum in lege si quis cum testamentum, 25 ff. de testamentis . . . Editio secunda. *Apud Ioan. Franciscum de Blas; sumptibus Francisci de los Rios: Hispali*, 1676. fol. 5322.ee.7. **[77]**

Escaronchela de Rubo, Diego de. [*Begin:*] Señora. Fray Diego de Escaronchela de Rubo. [A memorial, concerning the rule and discipline of the Franciscans, addressed to the queen]. [*Madrid?* 1670?] fol. 4783.e.3.(23). **[78]**

—[*Begin:*] Señora. Fray Diego Escaronchela Rubo. [Another memorial to the queen on the same subject]. [*Madrid?* 1670?] fol. 4783.e.3.(24). **[79]**

Escobar, Antonio de. See Escobar, Gerardo de, *pseud.*
—*See also:* Salanio, L., *pseud.*

Escobar, Gerardo de, *pseud.* [i.e. Antonio de Escobar]. Doze novelas, escreve as Gerardo de Escobar: pt. 1. *Ioam da Costa: Lisboa*, 1674. 4.° 12490.cc.21.; G.9943. **[80]**

Escobar, Marina de. [*Begin:*] Interrogatorio por donde se han de examinar los testigos, que huvieren de deponer acerca de la santidad . . . y milagros de . . . Marina de Escobar. [*Madrid*, 1634?] fol. 593.h.22.(11). **[81]**

Escobar Salmerón y Castro, Joseph de. Discurso cometologico, y relacion del nuevo cometa; visto en aqueste hemispherio Mexicano . . . 1680. *Viuda de Bernardo Calderon: Mexico*, 1681. 4.° 8560.bb.1.(3). **[82]**

Escobar y Mendoza, Antonio de. Nueva Gerusalen Maria. Poema heroyco . . . fundase en los doze preciosos cimientos de la mystica cuidad . . . y excelencias de la Virgen. *Iuan Bautista Varesio: Valladolid*, 1625. 16.° 1072.a.20. **[83]**

—San Ignacio. Poema heroico: de Antonio de Escobar . . . de Valladolid. *Francisco Fernandez de Cordova: Valladolid*, 1613. 8.° 011451.e.35. **[84]**

Escolano, Diego de. Ad sanctissimum . . . Clementum . . . Papam nonum consultativa epistola erga christianos veteres in sublevatione Sarracenica in regno Granatensi, anno 1568. *Granatæ*, 1669. 4.° 698.g.6.(3). *(missing)*. **[85]**

— Consulta que haze el arzobispo de Granada en el caso siguiente. [Concerning the rule and government of a convent of the third order of St. Augustine]. [*Madrid?* 1670?] fol. 4754.g.11.(27). **[86]**

Escolano, Gaspar. Decada primera de la historia de . . . Valencia. 2 pt. *Pedro Patricio Mey: Valencia*, 1610–11. fol. 182.e.1, 2.; G.6427. **[87]**

Escriva, Francisco. Discursos de los estados de las obligacioner particulares del estado, y officio segun las quales ha de ses cada uno . . . juzgado. *Iuan Chrysostomo Garriz; a costa de Filippe Pinzinali: Valencia*, 1613. 4.° 1360.i.9. **[88]**

— Discursos sobre los quatro novissimos, muerte, iuyzio, infierno y gloria. *Pedro Patricio Mey: Valencia*, 1604. 4.° 1360.i.5. **[89]**

— Vida del venerable siervo de Dios don Joan de Ribera, patriarca de Antiochia. [With a dedication, by J. B. Quiles]. *Span. & Ital. Antonio de Rossi: Roma*, 1696. 4.° 486.h.9. **[90]**

Escrivães. Autos dos Escrivaens do Pelourinho. [In verse]. *Antonio Aluarez: Lisboa*, 1625. 4.° C.63.b.24. **[91]**

Escudero, Christoval. Segunda relacion de la gran pressa que les tomaron a los franceses en Fuente Rabia . . . sacada de una carta que embiò el padre Christoval Escudero. *Nicolas Rodriguez: Sevilla*, 1638. 4.° 1445.f.22.(23). **[92]**

Eslava, Antonio de. Parte primera del libro intitulado Noche de invierno . . . Dirigidos a don Ioan Iorge Fernandez de Heredia. *Hieronymo Margarit: Barcelona*, 1609. 8.° 1075.d.5.; 244.b.10. **[93]**

Espin, Laurencio Angelo. Explicacion verdadera de un lugar de Suentonio, y examen . . . de la deidad, que Vespasiano consultó en el Carmelo. (Carte de . . . J. Serrano). *Herederos de Agustin Verges: Zaragoça*, 1678. 4.° 589.e.26.(2). **[94]**

Espinar, Pedro de. Manifiesto juridico defensorio, en respuesta de los reparos, hechos por el padre . . . Antonio de las Huertas . . . a un memorial. [*Madrid*, 1684]. fol. 583.i.34.(5). **[95]**

Espinel, Vicente. Relaciones de la vida del escudero Marcos de Obregon. *Iuan de la Cuesta; a costa de Miguel Martinez: Madrid*, 1618. 4.° 1074.i.15. **[96]**

— — *Sebastian de Cormellas, al Call, y a su costa: Barcelona*, 1618. 8.° 12490.a.12. **[97]**

— — *Gregorio Rodriguez y a su costa: Madrid*, 1657. 8.° 1074.d.28. **[98]**

— — *Gregorio Martinez: Madrid*, [1660?] 8.° G.10138. **[99]**

Espinel Adorno, Jacinto de. El premio de la constancia, y pastores de Sierra Bermeja. [partly in verse]. *Viuda de Alonso Martin; a costa de Domingo Gonçalez: Madrid*, 1620. 8.° 12490.a.7. *imp.* **[100]**

Espino, Geronimo de. [*Begin:*] Entrada del catolicissimo monarca de España, Felipe IIII, en . . . Sevilla . . . 1624. *Iuan Gonçalez: Madrid*, [1624]. fol. 593.h.22.(52). **[101]**

Espinola, Bartolome. [*Begin:*] De Bartolome Espinola. El empeñò con que el Rey. [A pamphlet on the means of reducing the amount of moneda de vellon]. [*n.p.*, 1635?] fol. 1322.l.12.(57). **[102]**

Espinosa, Alonso de. Carta de Alonso de Espinosa entretenido en Alarache, escrita a una persona . . . de Sevilla, en que

le avisa de una . . . vitoria que el capitan Pedro de Vera . . . alcançò. *Francisco de Lyra: Sevilla*, 1619. fol. 9181.g.1.(2). **[103]**

Espinosa, Gabriel de. Historia de Gabriel de Espinosa pastelero en Madrigal, que fingio ser el rey d. Sebastian de Portugal. Y . . . la de . . . Miguel de los Santos. *Iuan Antonio de Tarazona: Xerez*, 168[3?] 4.° 1199.c.22.(1). *imp.* **[104]**

— — *Juan Antonio de Tarazona: Xerez*, 1683. 4.° 1199.c.22.(2). *imp.* **[105]**

— — *Iuan Antonio de Tarazona: Xerez*, 1683. 4.° G.6351. **[106]**

Espinosa, Juan de. [*Begin:*] Por el alguazil Iuan de Espinosa, y . . . herederos de Iuan Bautista del Monte. Con Matias del Marmol, y . . . su muger, como hija y heredera de Lorenço Maldonado. [*n.p.*, 1615?] fol. 765.h.3.(56). **[106a]**

Espinosa, Pedro. Primera parte de las flores de poetas ilustres de España . . . ordenadas por Pedro Espinosa . . . van escritas diez y seis odas de Horacio. *Luys Sanchez: Valladolid*, 1605. 4.° G.11308. **[107]**

Espinosa Centeno, Alonso de. [*Begin:*] Señor. El doctor don Alonso de Espinosa Centeno. [A memorial to the King, concerning the Government of Jamaica]. [*Madrid?* 1645?] fol. 1324.i.9.(27). **[108]**

Espinosa Malagón y Valenzuela, Juan de. Comediar famosa. El dichoso desdichado. [In verse]. [*n.p.*, 1700?] 4.° 1072.h.15.(9). **[109]**

Espinosa Marañon, Geronimo de. Por Iorge Vaez Enriquez, a cuyo cargo estan las sisas de millones de los açucares, chocolate, y conseruas . . . Con . . . Iuan de Ouiedo fiscal. [*n.p.*, 1646?] fol. 765.e.3.(26). **[110]**

Espinosa Montero, Agustin, de. [*Begin:*] Señor. El doctor Agustin de Espinosa Montero. [A memorial to the King, concerning the working of the Peruvian mines]. [*Madrid?* 1640?] fol. 1324.i.12.(3). **[111]**

Espinosa Ribadeneyra, Gabriel de, and **Londaiz, Pedro.** Por el real monasterio de San Bartholomé de Lupiana, de la orden de . . . S. Geronimo. En el pleyto con el difinitorio. [*Madrid?* 1684]. fol 4783.e.1.(42). **[112]**

Estacio do Amaral, Melchior. Tratado das batalhas, e sucessos do Galeam Sanctiago com os olandeses na ilha de Sancta Elena, e da nao Chagas com os ingleses entre as ilhas dos Açores. *Antonio Alvares: Lisboa*, 1604. 8.° 1434.i.24. **[113]**

Este, João Baptista d'. Dialogo entre discipulo, e mestre catechizante. Onde se resoluem todas as duuidas, que os iudeos obstinados costumão fazer. *Geraldo da Vinha: Lisboa*, 1621. 4.° 1488.c.27. **[114]**

Estevan, Damian. Demonstracion legal, y politica, que manifiestan el real fisco . . . y sagrada orden militar . . . de . . . la Merced. *Antonio Gõcalez: Madrid*, 1678. fol. 4783.e.3.(51). **[115]**

Estevanez de Azevedo, Juan. [*Begin:*] Excelentissimo señor. Ivan Estevanez de Açabedo, dize. [A memorial to the viceroy of Peru, suggesting improvements in the working of quicksilver mines]. [*Lima*, 1650]. fol. 725.k.18.(38). **[116]**

— Practica de reparticion, y buen uso de indios, y azogues.

Dedicada al . . . señor don Garcia Sarmiento de Sotomayor y Lima. *Iorge Lopez de Herrera: Lima,* 1650. fol. 725.k.18.(37). **[117]**

Estiche, Joseph. Tratado de la peste de Çaragoça en . . . 1652. *Diego de Zabala: Pamplona,* 1655. 8.° 7561.a.36. **[118]**

Estrada Medinilla, María, de. Relacion escrita por doña Maria de Estrada Medinilla, à una . . . monja prima suya. De la . . . entrada en Mexico . . . del . . . señor D. Lopez Pacheco . . . marques de Villena. [In verse]. [*Mexico,* 1640]. 4.° 1045.h.35.(3). **[119]**

Estrada y Escovedo, Pedro de. Relacion sumaria del auto particular de fee, que el tribunal . . . de la inquisicion . . . celebrò en . . . Mexico. *Francisco Robledo: Mexico,* 1646. 4.° 4071.bb.13. **[120]**

Estrella, Paulino de la. Flores del desierto, cogidas em[sic]el jardin de la clausura minoritica de Londres: offrecidas . . . a la reyna de la Gran Bretaña. [*London?*] 1667. 12.° C.57.aa.37. **[121]**

Estrugos, Joseph Elias. Fenix catala, o llibre del singular privilegi . . . de nostra senyora del Mont del Carme. *Esteue Bartau: Perpinya,* 1645. 8.° 4606.a.16. **[122]**

Ettenhard y Abarca, Francisco Antonio de. Compendio de los fundamentos de la verdadera destreza, y filosofia de las armas. (Siguese el papel de J. Caro). *Antonio de Zafra: Madrid,* 1675. 4.° C.135.d.3. **[123]**

—Diestro italiano, y español, explican sus doctrinas con evidencias mathematicas. *Manuel Ruiz de Murga: Madrid,* 1697. 8.° 8823.c.9. **[124]**

Euclid. Euclides novo-antiquus singulari methodo illustratus. Authore A. R. P. Iosepho Zaragoza . . . Secunda editio. *Apud Hieronymum Villagrassa: Valentiæ,* 1673. 4.° 8533.e.33. **[125]**

Eugenio, *de Santo Francisco.* Relicario, y viaje, de Roma, Loreto, y Jerusalem, que hizo, el p. fr. Eugenio de S. Francisco . . . año de 1682. *Bartolomè Nuñez de Castre: Cadiz,* [1693]. 8.° 1046.h.1.(3). **[126]**

Europe. Escrivense los sucesos de la Europe desde iunio del año de 1647, hasta . . . 1649. [*Seville?* 1649?]. fol. 1322.k.8.(14). **[127]**

—Gazeta nueva, y verdadera, en que se declara el estado en que se hallan los negocios de la Europa. *Iuan Francisco de Blas: Sevilla,* 1668. 4.° 1445.f.17.(15). **[128]**

—Manifiesto historico de los verdaderos intereses de los principes de toda la Europa. *Thomas Lopez de Haro: Sevilla,* 1689. 4.° 1445.f.17.(26). **[129]**

—Noticias generales de las cosas de Europa, segun vinieron con los ultimos correos del Norte . . . 5 de Julio de 1689. *Thomas Lopez de Haro: Sevilla,* 1689. 4.° 1445.f.7.(45). **[130]**

—Relacion nueva, en que se da cuenta de los sucessos de la Europa. *Alonso Victor de Paredes: Sevilla,* 1677. 4.° 1444.f.18.(12). **[131]**

—La salud de la Europa, considerada en un estado de crisis, con un advertimiento a los aliados. *Çaragoza,* 1694. 4.° 8026.bb.53. **[132]**

Eva, Xacinto de. Ramillete de varias flores poeticas. *Nicolás de Xamares: Madrid,* 1676. 4.° 011451.eee.10. **[133]**

Evelino, Gaspar Juan. Especulacion astrologica, y physica de la naturaleza de los cometas. *Viuda de Bernardo Calderon: Mexico,* 1682. 4.° 8560.bb.1.(4). **[134]**

Everlin, Juan Cristoval. Por Iuan Christoval Heberlin . . . tesorero de los maestrazgos. Con el señor licenciado don Iuan Perez de Lara . . . sobre la paga . . . de la venta de los frutos. [*Madrid?* 1646?] fol. 1322.l.1.(6). **[135]**

Evora, *Archbishop of.* Constituyçoes de arcebispado de Evora, originalmente feitas por . . . dom Joaõ de Mello arcebispo . . . 1565 e ora impressas outra vez. *Tomas Iunti: Madrid,* 1622. fol. 5107.f.5.(1). **[136]**

Exquemelin, Alexander Olivier. Piratas de la America, y luz à la defensa de las costas de Indias Occidentales . . . Traducido de la lengua flamenca . . . por el Dor de Buena-Maison. *Lorenzo Struickman: Colonia Agrippina,* 1681. 4.° G.7179. **[137]**

——*Lorenzo Struickman: Colonia Agrippina,* 1681. 4.° 1197.b.21. **[138]**

——*Lorenço Struikman: Colonia Agrippina,* 1682. 12.° 1198.a.12. **[139]**

——*Lorenzo Struikman: Colonia Agrippina,* 1684. 4.° 1197.h.2. **[140]**

Exquex, Pedro Francisco. Sermon funebre historial en las exequias . . . de . . . Baltasar de Loyola Mandèz. *Bernardo de Villa-Diego; a costa de la viuda de Francisco de Robles: Madrid,* [1667]. 4.° 851.k.16.(6). *imp.* **[141]**

F.

F., A. [i.e. A. de Fonseca]. Orthographia castellana, dividida en primera y segunda parte a modo de dialogo. [*Antwerp?* 1660?] 12.° 627.c.36. **[1]**

Fabio. El bodoque contra el propugnaculo historico, y juridico del licenciado Conchillos. [A dialogue between Fabio, Sylvio, and Marcelo. By José de Moret]. *Severino Clariey: Colonia, Agripina,* [*Madrid?*] 1667. 8.° 11805.a.7. **[2]**

Fabro Bremundan, Francisco. Bosquejo de la triunfante magnifica . . . entrada, que . . . executò [22 May 1690] nuestra . . . reyna . . . Doña Maria-Ana, princesa Palatina. [*n.p.,* 1690]. 4.° 9930.bbb.45. **[3]**

—Floro historico de la guerra movida por el sultan . . . Mehemet IV. Contra . . . Leopoldo primero . . . 1683(–87). Traducido de italiano . . . por Francisco Fabro Bremundan (Floro historico . . . segunda (—quarta) parte. 4 pt. *Bernardo de Villa-Diego; a costa de Sebastian de Armendariz: Madrid,* 1684–88. 4.° 1053.h.19. (1–2).; 1053.h.20.(1–2). **[4]**

—Historia de los hechos del . . . señor don Iuan de Austria en . . . Cataluña. Parte 1. *Diego Dormer: Çaragoça,* 1673. fol. 180.e.18. **[5]**

—Primera y segunda relacion de la entrada que . . . executò a [22 May] nuestra . . . reyna doña Maria Ana. *Sevilla,* 1690. 4.° 9930.e.44. (*missing*). **[6]**

—Viaje del Rey nuestro señor Carlos II. al reyno de Aragon. Entrada . . . en Zaragoça, iuramento . . . de los fueros, y principio de las Cortes . . . En relacion diaria. *Bernardo de Villa-Diego: Madrid,* 1680. 4.° 9930.d.1. **[7]**

Fabro de Novi, Miguel. Govierno de los turcos, maximas, y artes violentas con que se mantienen y se destruye. *Antonio Roman: Madrid,* 1693. 4.° 1299.d.19. **[8]**

Fajardo, ——, *Marquis de los Velez.* Relacion verdadera de la feliz concordia, que han celebrado por medio del . . .

marqués de los Velez, virrey de Napoles, las Cabeças de vandos de Palermo . . . y otras partes. *Iuan Cabecas: Sevilla*, 1677. 4.° 1445.f.17.(51). **[9]**

— Verdadera y nueva relacion que refiere todas las novedades que han corrido en toda la Europa. *Sevilla*, 1676. 4.° 1444.f.18.(13). **[10]**

Fajardo, Diego Antonio. Por Francisco Frutos del Rio, por sí, y los demàs aparceros, y acogidos en las deessas del valle de Alcudia y . . . Calatrava . . . con el . . . fisco. 2 pt. [*Madrid*? 1660?] fol. 1322.l.1.(23, 24). **[11]**

Fajardo, Luis. [*Begin*:] Relacion del biaie, y sucesso que tuvo el señor don Luys Fajardo con la armada real desde que salio . . . de la Coruña. [12 May 1609]. *Clemete Hidalgo: Cadiz*, 1609. fol. 1311.k.3. **[12]**

Fajardo de la Cueva, ——, *marquis de los Velez*. La famosa comedia de la entrada del marque de los Velez en Cathaluña, rota de las tropas castellanas, y assalto de Monivich. *Iayme Romeu: Barcelona*, 1641. 4.° C.63.b.34. **[13]**

— La famosa tragicomedia de la entrada del marques de los Velez en Cataluña, y assalto de Monjuyque. [In verse]. [*Madrid*? 1700?] 4.° 11726.f.36. **[14]**

Falco, Jacobus. Iacobis Falconis Valentini Montesianæ Militiæ equitis . . . epigrammata. Quibus nunc denuo accesserunt alia multa. *Per Iosephū Gasch: Valentiæ*, 1647. 8.° 11405.aa.17. **[15]**

Falconi, Gabriel. [*Begin*:] Por auerse escrito largamēte de la justitia que el estado eclesiastico tiene. [In favour of compelling the monasteries claiming exemption, to pay tithes]. [*n.p.*, 1640?] fol. 1322.k.14.(18). **[16]**

Faret, ——. L'honeste homme, ou l'art de plaire à la court . . . Traduit en espagnol, par Dom Ambrosio de Salazar. *Span. & Fr. Iean d'Houry: Paris*, 1660. 8.° 527.e.22. **[17]**

Farfan, Juan. Dichos naturales y graciosos del . . . padre fray Iuan Farfan, religioso de la orden del . . . padre san Augustin, recopilados por un frayle (M. de Herera). *Iuan Bautista Malatesta: Milan*, 1621. 4.° 12331. F.8. **[18]**

Faria y Guzman, Marcelino de. [*Begin*:] El licenciado don Marcelino de Faria, y Guzman, oydor . . . de la real chancilleria de Granada, en la causa con . . . Geronimo Mascareñas . . . obispo. [A petition]. [*Madrid*? 1655?] fol. 765.h.1.(12). **[19]**

— [*Begin*:] Señor. A consejar al principe, vano fue las mas vezes, y siempre tenido por mal seguro [*n.p.*, 1650?] fol. 1322.l.7.(19). **[20]**

— [*Begin*:] Señor. El licenciado don Marcelino de Faria y Guzman . . . dize: que siendo asi, que la equidad cōsiste en la igualdad de la justicia; sus extremos hazen major nouedad. [*Madrid*? 1655?] 765.h.1.(13). **[21]**

— [*Begin*:] Señor. El licenciado don Marcelino de Faria y Guzman . . . oydor mas antiguo de la chancilleria de V. Mag . . . de Granada. [A statement of his services, and a request for a remission of some money]. [*Granada*? *n.d.*]. fol. 765.h.3.(10). **[22]**

Faria y Sousa, Manuel de. Africa portuguesa. Por su autor Manuel de Faria, y Sousa. *A costa d'Antonio Craesbeeck de Mello: Lisboa*, 1681. fol. 594.g.20.(2). **[23]**

— Asia portuguesa. Tomo I. de Manuel de Faria y Sousa . . . Dedicala su hijo . . . Pedro . . . al rey N. S. don Alonso IV.

3 tom. *Henrique Valente de Oliueira; Antonio Craesbeeck: Lisboa*, 1666–74–75. fol. 582.i.20.; 147.e.8–10. **[24]**

— [Epitome de las historias portuguesas]. *Francisco Martinez; a costa de Pedro Coello: Madrid*, 1628. 4.° 1060.c.6. *imp.* **[25]**

— — 2 tom. *Francisco Viliela: Lisboa*, 1673. 4.° 1060.c.7. **[26]**

— — *Francisco Viliela: Lisboa*, 1674. 1060.c.8. **[27]**

— — *Francisco Foppens: Brusselas*, 1677. fol. 594.g.17. **[28]**

— Europa portuguesa. Por su autor Manuel de Faria, y Sousa. *Antonio Craesbeeck: Lisboa*, 1675. [1678, 79]. fol. G.4323. **[29]**

— — Segunda edition. 3. tom. *A costa d'Antonio Craesbeeck de Mello: Lisboa*, 1678–79–80. 8.° fol 594.g.18–20. (1). **[30]**

— El gran justicia de Aragõ don M. B. de Lanuza. *Madrid*, 1650. 4.° 877.i.21.(1). (*missing*). **[31]**

— Informacion en favor de Manuel de Faria i Sousa . . . sobre la acusacion que se hizo en el tribunal del santo oficio de Lisboa. [*Madrid*, 1640]. fol. 11452.k.6.(2). (*missing*). **[32]**

— Nobiliario del conde de Barcelos don Pedro hijo del rey don Dionis de Portugal. *Alonso de Paredes: Madrid*, 1646. fol. 606.h.3. **[33]**

— Noches claras, divinas, y humanas flores. *Antonio Craesbeeck de Mello: Lisboa*, 1674. 8.° 012330.ee.10. **[34]**

Faxardo de Guevara, Juan. Relacion del rencuentro que ha tenido don Iuan Faxardo de Gueuara . . . con ochenta navios de Olanda [6 oct. 1622] en el parage de Malaga. *Luis Sanchez: Madrid*, 1622. fol. 593.h.22.(17). **[35]**

Faxardo y Azevedo, Antonio. Resumen historial de las edades del mundo. Genealogia real, y origen de todas las religiones eclesiasticas y militares. *Gregorio de Mata; a costa de Antonio Riero y Texada: Madrid*, 1671. 4.° 487.f.13. **[36]**

— Segunda relacion y famoso romance, sobre el asalto y toma de la gran ciudad de Buda. [In verse]. *Francisco Mestre: Valencia*, 1686. 4.° 1072.g.26.(24). **[37]**

— Varios romances escritos a los sucessos de la liga sagrada desde el sitio de Viena, hasta la restauracion de Buda. *Iayme de Bordazar; a expensas de Ioseph Rodrigo: Valencia*, 1687. 4.° 1072.g.26.(3). **[38]**

— — [*n.p.*, 1680?] 4.° 1072.g.26.(6). **[39]**

Feijoo, Francisco. Por Iuan de Leon Maldonado, ausente . . . y consortes. En el pleyto executiuo, que contra ellos sigue Mateo Rodriguez Nuñez. *Iuā Serrano de Vargas y Urueña: Malaga*, 1637. fol. 765.i.11.(20). **[40]**

Felices de Cáceres, Joan Batista. Sentencia en la armada poetica, propuesta y premiada por . . . Barcelona, en honra de . . . San Ramon de Peñafort [in verse] . . . Con el vexamen catalan gracioso de micer Pedro Antonio Iofreu. *Sebastian y Iayme Matevad: Barcelona*, 1626. 4.° 11450.e.24.(26). **[41]**

Felini, Pietro Martire. Tratado nuevo de las cosas maravillosas de . . . Roma, adornado con muchas figuras . . . Traduzido . . . por Alonso Munoz . . . Tratase tambien de . . . las antiguedades . . . por Prospero Parisio. *Barthome Zannette; a instancia de Ioan Anton Franzini; y herederos de Hieronyme Franzini: Roma*, 1610. 8.° 10132.a.17. **[42]**

Felix [de' Porri], *Saint, of Cantalicio*. Breve relacion de la santa y exemplar vida . . . del bienaventurado S. Felix de Cantalicio. *Sebastian y Iayme Mathevad: Barcelona*, 1626. 4.° 12331.dd.16.(12). **[43]**

Ferdinand II, *Emperor of Germany.* Feliz vitoria que a tenido el emperador de Alemania, con el rey de Dinamarca. *Iuan de Cabrera: Sevilla,* 1626. fol. 593.h.17.(55). **[44]**

— Relacion de la gran victoria que ha tenido el emperador de Alemania contra el rey de Dinamarca. *Simon Faxardo: Sevilla,* 1625. fol. 593.h.17.(22). **[45]**

— Relacion de la liga que el emperador de Alemania, y los principes . . . y republicas catolicas han instituydo contra los rebeldes. *Simon Faxardo: Sevilla,* 1626. fol. 593.h.17.(70). **[46]**

— Relacion verdadera de la gran vitoria que ha tenido la magestad . . . del emperador de Alemania, contra el rey de Suecia. Dase cuenta de su muerte. [15 Nov. 1632]. *Francisco de Ocampo: Madrid; y por su original, por Francisco de Lyra: Sevilla,* 1633. fol. 593.h.17.(108). **[47]**

— — *Francisco de Ocampo: Madrid; y por su original por Francisco de Lyra: Sevilla,* 1633. fol. 593.h.17.(109). **[48]**

— Relacion verdadera que la cesarea magestad del emperor . . . à embiado al Rey . . . dando cuenta de la . . . vitoria que el 12 de octubre . . . tuvo el duque de Frislant. *Francisco de Lyra: Sevilla,* 1633. fol. 593.h.17.(119). **[49]**

— Rota que el emperador de Alemania tuvo con el general . . . llamado Albestad, en Dinamarca. *Iuan de Cabrera: Sevilla,* 1626. fol. 593.h.17.(71). **[50]**

— Segunda parte, donde se da cuenta como el emperador de Alemania mandò matar al duque de Fritladt. *Iuan Gomez Blas: Sevilla,* [1634?] fol. 593.h.17.(124). **[51]**

— Victoria insigne que la cesarea magestad de el emperador de Alemania ha tenido contra el rey de Dinamarca [25 Aug. 1626]. *Simon Faxardo: Sevilla,* 1626. fol. 593.h.17.(56). **[52]**

Ferdinand III, *Emperor of Germany.* Copia de carta de un correspondiente de Alemania, escrita a otro suyo de Madrid, en que la haze relacion de la . . . vitoria . . . del emperador . . . 1641. *Catalina de Barrio Angulo: Madrid,* 1638. fol. 593.h.22.(83). **[53]**

— Relacio de diversas cartas de Roma . . . referint tot lo succeit . . . dels exercits del emperador [Ferdinand III]. *Barcelona,* 1643. 4.° 9180.e.2.(27). **[54]**

— Relacion verdadera de la famosa vitoria, que ha tenido la . . . magestad del . . . Emperador de Alemania contra los hereges. *Pedro Tazo: Madrid,* 1639. 4.° 1145.f.22.(35). **[55]**

— Relacion verdadera en que se da cuenta de la coronaciõ del nuevo rey de Ungria, Ferdinando Arnesto Tercero . . . y las fiestas . . . que se hizieron. *Bernardino de Guzman: Madrid,* 1626. fol. 593.h.22.(80). **[56]**

— — *Por original impresso en Madrid; Iuan de Cabrera: Sevilla,* 1626. fol. 593.h.17.(62).; 593.h.22.,63). **[57]**

Ferdinand, *Infant of Spain, Cardinal.* Declaracion de su alteza el serenissimo infante cardenal . . . Tocante a la guerra contra . . . Francia. Traduzida de frances . . . por don Martin Goblet. *Herederos de la viuda de Pedro de Madrigal:* [*Madrid*], 1635. fol. 1445.f.22.(2). **[58]**

— — [*n.p.,* 1635]. 4.° 1196.f.4.(4). **[59]**

— [*Appendix*]. Famosa vitoria que ha tenido el señor infante cardenal contra el exercito de Olanda, en el sitio . . . de Gueldres. *Iuan Gomez de Blas: Sevilla,* 1638. 4.° 1445.f.22.(18). **[60]**

— Relacion de la gran batalla y vitoria que ha tenido el señor infante cardenal contra el exercito de Olanda en el sitio de Gueldres . . . 25 de agosto, 1638. *Viuda de Iuan Goncalez: Madrid,* 1638. fol. 593.h.22.(83). **[61]**

— Relacion de lo sucedido en Flandes, y felice vitoria que . . . don Fernando de Austria, ha tenido . . . contra los exercitos de Francia y Olanda, este año de 1635. *Andres Grande: Sevilla,* 1635. fol. 593.h.17.(131). **[62]**

— Relacion de los progressos, y entrada de su alteza [Ferdinand] . . . en Francia por Picardia . . . y la retirada de exercito de Francia. *Andres Grande: Sevilla,* 1636. 4.° 1445.f.22.(12). **[63]**

— Relacion verdadera de la famosa vitoria, que ha tenido el . . . infante cardenal contra el exercito de Francia, que venia a cercar a Saint Omer, y el de Olanda. *Iuan Gomez de Blas: Sevilla,* 1639. 4.° 1445.f.1.(36). **[64]**

— Relacion verdadera, de la gran vitoria que el . . . infante cardenal ha tenido en . . . Flandes, contra los olandeses, en . . . [1638]. *Nicolas Rodriguez: Sevilla,* 1638. 4.° 1445.f.22.(15*). **[65]**

— Relacion verdadera de la grandiosa vitoria que el . . . infante . . . tuvo del exercito Olandes en . . . Flandes. [*Seville,* 1638]. 4.° 1445.f.22.(20). **[66]**

— Relacion verdadera de las fiestas y alegrias, que se hizieron en . . . Amberes a la entrada del . . . infante cardinal. *Andres Grande: Sevilla,* 1635. fol. 593.h.17.(134). **[67]**

— Relacion verdadera de las grandes vitorias que han tenido el señor infante . . . y el conde de Picolomini, en . . . Flandes . . . sucessos de la armada francesa en la coruña. *Nicolas Rodriguez: Sevilla,* 1639. 4.° 1445.f.22.(34). **[68]**

— Segunda noticia de las vitorias que en . . . Flãdes à tenido el señor infante . . . contra las armas de el rey de Francia. *Francisco de Lyra: Sevilla,* 1639. 4.° 1445.f.22.(35*). **[69]**

— Segunda relacion de los felices y vitoriosos sucessos, que ha tenido el . . . infante . . . don Fernando de Austria en . . . Flandes . . . 1635. *Andres Grande: Sevilla,* 1635. fol. 595.h.17.(133). **[70]**

— Verdadera relacion de lo sucedido en Flandes, y felice vitoria, que el . . . infante . . . ha tenido con francesces y olandeses; y de como tomò el fuerte . . . junto a Alimega. *Andres Grande: Sevilla,* 1635. fol. 593.h.17.(132). **[71]**

Ferdinand III, *Saint, King of Castile and León.* Relacion sumaria, de la vida, y muerte de el . . . Rey . . . don Fernando 3 . . . llamado el santo. *Iuan de Cabrera: Sevilla,* 1630. fol. 593.h.17.(97). **[72]**

Fermin de Yzu, Juan. Apuntamientos sobre que se funda la justicia de los interesados del Pirù en el pleito con los mercaderes de plata de Sevilla. [1660?] fol. *See* Peru, *vice-royalty of.* 1322.l.7.(17).

— Declaracion del valor iusto de la plata que viene de las Indias. [1660?] fol. *See* Indies. 1322.l.7.(14).

— Don Iuan Fermin de Yzu contador mayor del tribunal de cuentas de V. M. de los reynos del Perù. Informa a V. M. del exesso intrusso . . . por los mercaderes de plata. [*n.p.,* 1660?] fol. 1322.l.7.(13). **[73]**

Fernandes, Manoel. Alma instruida na doutrina, e vida christã. 3 tom. *Miguel Deslandes: Lisboa,* 1688–89. fol. 4405.k.9. **[74]**

Fernandes de Queiros, Pedro. [*Begin:*] Señor. El capitan Pedro Fernandez de Quiro. [The original petition of P.

Fernandez de Queiros to Philip III of Spain, concerning the discovery of Australia]. [*Seville?* 1610]. fol. G.7240 [75]

Fernández, Alonso. Concertatio prædicatoria, pro ecclesia catholica, contra hæreticos, gentiles, iudeos et agarenos . . . Accessit notitia scriptorum præsulum, regum, confessariorum. *Excudebat Didacus Cussius: Salmanticæ,* 1618. fol. 694.m.12.(2). [76]

—Historia de los insignes milagros que la magestad divina ha obrado por el rosario de la Virgen . . . desde el tiempo del . . . padre Santo Domingo hasta . . . 1612. *Por Alonso Martin de Balboa: Madrid,* 1613. 4.° 486.g.22.(3). [77]

—Historia eclesiastica de nuestros tiempos. *Viuda de Pedro Rodriguez: Toledo,* 1611. fol. 493.i.6. [78]

—Historia y anales de la ciudad y obispado de Plasencia. *Iuan Gonçalez; a costa de la ciudad, y de la Iglesia de Plasencia: Madrid,* 1627. fol. 4625.g.4. [79]

Fernández, Antonio, *missionary.* Conversion del emperador de Etiopia, (Seltam Segued) y de todo el imperia a nuestra fè, y obediencia que dieron al sumo pontifice. *Francisco de Lyra: Sevilla,* 1628. fol. 593.h.81. [80]

—Vida da santissima Virgem Maria, may de Deos. *Collegio de Sam Paulo da companhia de Iesus: Goa,* 1652. 4.° 486.b.29. [81]

Fernández, Antonio, *Writer on music.* Arte de musica de canto dorgam, e canto cham, & proporções de musica. *Pedro Craesbeeck: Lisboa,* 1626. 4.° M.K.1.f.9. [82]

Fernández, Bautista. Relacion verdadera de las processiones y plegarias, que la santa Iglesia de Burgos ha hecho a la imagen del santo crucifixo de S. Agustin . . . Lleva quatro romances. *Pedro de Huydobro: Burgos,* 1629. 4.° 11451.bbb.27. [83]

Fernández, Diogo. Terceira (quarta) parte da Chronica de Palmeirim de Inglaterra. [A continuation of the work variously ascribed to L. Hurtado and F. de Moraes]. 2 pt. *Iorge Rodriguez: Lisboa,* 1604. fol. G.10256. [84]

Fernández, Juan. Floresta de entremeses, y rasgos del ocio, a diferentes assumptos, de bayles y mogigangas. Dirigidas al sargento mayor, don Pedro de Leon . . . Escritos por las mejores plumas [and edited by Juan Fernández]. *Antonio de Zafra; Iuan Fernandez: Madrid,* 1691. 8.° C.63.a.28. [85]

Fernández, Juan, *regidor.* Por Iuan Fernandez regidor . . . de Madrid. Con don Diego de Ulloa, cauallerizo de la reyna . . . Sobre la exemcion y libertad de huesped de aposento de las casas. [*n.p.d.*], fol. 765.h.3.(47). [86]

Fernández, Manuel. I. H. S. Breve apuntamiento, por el conde de Lodosa, &c. con don Diego Fernandez, como cessionario . . . del . . . marques de Monasterio. [A pleading]. [*n.p.,* 1650?] fol. 765.i.4.(27). [87]

Fernández, Marcos. Instruction espagnole accentúee . . . avec un nom-clator. Fr. & Span. *Andrea Bingio: Colonia,* 1617. 4.° 236.f.9. [88]

—Olla podrida a la española, compuesta i saçonada en la descripcion de Munster en Vesfalia con salsa sarracena i africana. *Felipe van Eyck: Amberes,* 1655. 12.° 1080.a.31. [89]

Fernández de Angulo, Francisco. [*Begin:*] Senor. Francisco Fernandez de Angulo, oficial de los papeles de la real

camera de V. M. dize. [A statement of his services, and petition for preferment]. [*Madrid?* 1640?] fol. 1322.K.15.(21). [90]

Fernández de Arce y Guzman, Alonso. [*Begin:*] Por D. Alonso Fernandez de Arce y Guzman, en virtud de poder del licenciado don Manuel . . . su padre . . . Con los . . . herederos de D. Blasco Diaz . . . su tutor . . . y con . . . su madre (Pleito). [*Madrid,* 1670?] T.20.*(10). [91]

Fernández de Avellaneda, Alonso, *pseud.* Segundo tomo del ingenioso hidalgo don Quixote de la Mancha que contiene su tercera salida: y es la quinta parte de sus auenturas. *En casa de Felipe Roberto: Tarragona,* 1614. 8.° Cerv. 446.; 244.c.30.; 10147. [92]

Fernández de Castro, Nicolás. [*Begin:*] Excelentissimo señor. Veneran siempre â V. E. [A petition to the duke de Olivares for his intercession with the King of Spain]. [*Salamanca,* 1637]. S.sh. fol. 765.i.10.(5). [93]

—Portugal convenzida con la razon para ser venzida con las . . . armas de don Philippe IV . . . sobre la . . . recuperacion de aquel reyno, y la justa prision de don Duarte. 2 tom. *Hermanos Malatestas: Milan,* 1648. 4.° 9195.g.9. [94]

Fernández de Contreras, Lope. Memorial que don Lope Fernandez de Contreras cura de la santa iglesia de Granada . . . remitió a los señores de la real camera de su magestad. [*n.p.,* 1620?] fol. 1322.k.12.(20). [95]

Fernández de Córdova, Cecilio. [*Begin:*] D. Leonor de la Rocha. [A lawsuit by Leonor de la Rocha against the "hospital de la orden de Santiago" of Cuenca]. [*n.p.d.,*] fol. 765.i.2.(50). [96]

Fernández de Córdova, Gerónymo. Relacion de las funerales exequias que la nacion española hizo en Roma a . . . Philippo III. *Giacomo Mascardo: Roma,* 1622. 4.° 10631.e.53. [97]

Fernández de Córdova, Gonçalo. Instruccion, y forma, que se ha de . . . guardar en la publicacion . . . de la bula de la santa cruzada . . . Concedida por . . . Paolo Quinto. [*Madrid,* 1696]. fol. G.183.h.5.(22). [98]

Fernández de Córdoba, Gonzalo de, *Prince de Maratea.* Relacion certissima de la felicissima vitoria que ha tenido d. Gonçalo de Cordova, en . . . Flãdes en . . . 1622. *Andres de Parra: Madrid,* [1622?] fol. T.90.*(9).; 593.h.22.(18). [99]

—Tratase en esta relacion de la violenta muerte de el gran Turco. [*Madrid?* 1622?] fol. 593.h.22.(19). [100]

Fernández de Córdova, Luis. [*Begin:*] Señor. Don Luis Fernandez de Cordova. [A memorial to the King, setting forth the writer's services and those of his ancestors in the Spanish Indies]. [*Madrid?* 1640?] fol. 1324.i.2.(104). [101]

Fernández de Heredia, Juan Francisco. Seneca y Neron. Por el señor don Iuan Francisco Fernandez de Heredia . . . Al . . . duque de Medina-Celi . . . Segunda impression. *Viuda de Ioseph Fernandez de Buendia; por Manuel del Campo: Madrid,* 1680. 8.° 8460.aaa.21. [102]

—Trabajos, y afanes de Hercules, floresta de sentencias y exemplos. Dirigida al Rey . . . Carlos II. *Francisco Sanz: Madrid,* 1682. 4.° 8407.f.1. [103]

Fernández del Castillo, Juan. Tratado de ensayadores. Compuesto por Iuan Fernandez del Castillo. *Diego Flamenco: Madrid,* 1623. 4.° 1509/1355. [104]

Fernández de Medrano, Sebastian. Breve description del mundo, o guia geographica de Medrano. Lo mas principal de ella en verso. [The verse written by M. Pellicer, under the supervision of S. F. de Medrano]. *Lamberto Marchant: Brusselas; vendese en casa de Ioseph Texido: Barcelona,* 1688. 8.° 11450.bb.6. **[105]**

— Breve tratado de geographia divido en tres partes . . . una contiene la descripcion del rio y imperio de las Amazonas . . . la otra lo que poseen franceses y ingleses . . . la tercera del estado . . . del . . . Mogor y . . . de Siam. *Lamberto Marchant: Brusselas,* 1700. 12.° 571.b.4. **[106]**

— Nueba inuencion y metodo de la quadratura del circulo. *Juan Dandijn: Brusselas,* 1676. 4.° 8534.cc.39.(2). **[107]**

— El perfecto bombardero, y practico artificial. [With plates]. *Francisco Foppens: Brusselas,* 1691. 8.° 8823.aa.36. **[108]**

— Rudimentos geometricos y militares. *Viuda Vleugart: Bruselas,* 1677. 4.° 8534.cc.39.(1). **[109]**

Fernández de Medrano, Tomás. (Republica mista, sobre los tres precetos que el embajador de los romanos dió al rey Tolomeo). [Edited by J. F. de Medrano y Sandoval]. *Iuan Flamenco: Madrid,* 1602. 4.° 1608/1053.(2). *imp.* **[110]**

Fernández de Mendoza, Francisco. Copia de dos cartas escritas de un missionero (Francisco Fernandez de Mendoza), y del superior (J. L. Luzero) de las missiones de los Maynas . . . al . . . vice provincial de la compañia de Jesus. [*Madrid*? 1682]. fol. 4745.f.11.(30). **[111]**

Fernández de Miñano, Pedro. Por el illustrissimo y reverendissimo, señor d. Francisco de Alarcón, obispo . . . En el pleyto con don Fernando de Alarcon y Zuñiga . . . corregidor . . . y . . . su muger. [*n.p.,* 1655?] fol. 1322.k.15.(25). **[112]**

Fernández de Peralta, Domingo. [*Begin:*] Para que se entienda mejor la justicia de Domingo Fernandez de Peralta . . . Se supplica a V. M. los ojos por los apuntamientos siguientes. [*Madrid*? 1630?] fol. 1890.e.3.(21). **[113]**

Fernández de Piedrahita, Lucas. [*Begin:*] Excel^mo señor. El doctor don Lucas Fernandez de Piedrahita, chantre en la santa iglesia . . . de Santa Fè de Bogota. [A memorial, in answer to certain charges brought against him]. [*Madrid*? 1660?] fol. 1324.i.4.(3). **[114]**

— Historia general de las conquistas del nuevo reyno de Granada. pt. I. *Juan Baptista Verdussen: Amberes,* [1688]. fol. 9781.f.29.; 601.l.14. *imp.* **[114a]**

Fernández de Pulgar, Pedro. Teatro clerical, apostolico, y secular. De las . . . catedrales de España, desde la fundacion primitiva. 3 tom. *Viuda de Francisco Nieto: Madrid,* 1679, 80. fol. 794.i.9–11. **[115]**

— Vida, y motivos de la comun aclamacion de santo del . . . siervo de Dios . . . Francisco Ximenez de Cisneros. *Viuda de Melchor Alegre: Madrid,* 1673. 4.° 4856.c.12.(1). **[116]**

Fernández de Retes, Joseph. Al señor licenciado don Ioseph Iñiguez de Abarca . . . vicario general desta ciudad [of Salamanca], y su obispado. [*Salamanca,* 1665]. fol. 5125.g.7.(12). **[117]**

— Conveniencia, y concordia de ambas iurisdicciones, en materia de inmunidad "quo ad loca", que no ha lugar en los condenados . . . a servicio personal de galeras. [*Madrid*? 1650?] fol. 5125.g.7.(6). *imp.* **[118]**

Fernández de Ribera, Rodrigo. Esquadron humilde levantado a devocion de la Inmaculada Conception de la Virgen. *Alonso Rodriguez Gamarra: Sevilla,* 1616. 4.° 847.m.4.(6). **[119]**

— Meson del mundo. Por Rodrigo Fernandez . . . secretario del marques del Algaua. [Supposititious]. *Imprenta del reyno; a costa de Alonso Perez: Madrid,* 1631. 8.° 8408.a.48. **[120]**

Fernández de Rozas, Gabriel. Cartilla de la contaduria mayor de cuentas de su Magestad. *Francisco Nieto y Salcedo: Madrid,* [1659]. 4.° 8533.d.29. **[121]**

Fernández de Velasco, Juan, *duke de Frías, Constable of Castile.* Dos discursos en que se defiende la venida y predicacion del apostol Santiago en España. *Luys Sanchez: Valladolid,* 1605. 4.° 4808.g.15. **[122]**

— Relacion de la buelta del . . . condestable de Castilla de las pazes entre Hespaña y Inglaterra, y concordia de los placartes entre Hespaña y Francia. *Pandolfo, y Marco Tulio Malatesti: Milan,* 1604. fol. 9512.f.16. **[123]**

— Relacion de la iornada del . . . condestable de Castilla a las pazes entre España y Inglaterra . . . 1604. *Herederos de Iuan Yniguez: Valladolid,* 1604. 4.° C.62.ee.8. **[124]**

— — *Emprenta Plantiniana; Por Iuan Moreto: Anvers.* 1604. 4.° C.66.c.4. **[125]**

— — *Pandolfo, y Marco Tulio Malatesti: Milan,* 1605. 4.° 9512.f.17.; E.2090.(1). **[126]**

Fernández de Velasco, Pedro, *Count de.* Seguro de Tordesillas escrivióle don Pedro Fernandez . . . sacòle à luz, de entre . . . papeles, que se conservan en la libreria del condestable . . . su secretario Pedro Mantuano. Con la vida del conde. (por F. del Pulgar). *Marco Tulio Malatesta: Milan,* 1611. fol. G.6434. **[127]**

Fernández de Velasco Hurtado de Mendoza, Antonio, *Marquis de Cañete.* Por el marques de Cañete tesorero de la casa de la moneda de . . . Cuenca. Contra el hospital de Santiago . . . y Alonso de Chillaron. [*n.p.,* 1660?] fol. 1322.l.7.(31). **[128]**

— Por el señor fiscal, y el marques de Cañete . . . de la casa de la moneda . . . por su Magestad. Contra los monederos . . . En esta segunda instancia. [*n.p.,* 1660?] fol. 1322.l.7.(32). **[129]**

— Por el señor fiscal, y el marques de Cañete, tesorero de la casa de la moneda . . . por su Magestad. Con los monederos . . . Este pleyto. [Signed: Bermudez de Pedraza]. [*n.p.,* 1660?] fol. 1322.l.7.(33). **[130]**

Fernández de Velasco y Tovar, Bernardino, *duke de Frías.* Memorial de el pleyto que es entre don Bernardino de Velasco . . . y . . . su hijo . . . Con don Lucas de Xaurigui, y . . . su hijo. *Imprenta real; Por Baltasar de Bolibar: Granada,* 1653. fol. 1322.l.8.(1). **[131]**

Fernández de Villa Real, Manuel. Anticaramuel; o defensa del manifiesto del reyno de Portugal a la respuesta que escrivio don J. Caramuel Lobkowitz. *Paris.* 1643. 4.° 1193.f.17. *(missing).* **[132]**

— El politico cristianissimo o discursos politicos sobre algunas acciones de la vida . . . de Richelieu. *Iuan Antonio Berdun: Pamplona,* 1642. 12.° 8007.aa.2. **[133]**

Fernández Manjon, Lucas. [*Begin:*] Señor, Lucas Fernandez Manjon vezino del pueblo y minas de San Luis Potosi. [A memorial to the King of Spain, concerning the working of the mines of Potosi, dated April 29, 1627]. [*Madrid*, 1627?] fol. 725.k.18.(7). **[134]**

Fernández Matiençọ, Isidro. Discurso medico, y phisico . . . contra el medicamento caphè. *Melchor Alvarez: Madrid*, 1693. 4.° 1038.i.15.(18). **[135]**

Fernández Navarrete, Domingo. Memorial apologetico al exc.ᵐᵒ señor conde de Villa-Humbrosa . . . de parte de los missioneros . . . de la China. [*Madrid?* 1677?] 4.° 4765.bbb.35. **[136]**

— Reparos historiales apologeticos . . . propuestos de parte de los missioneros . . . de la China. *Tomás Baztan: Pamplona* [1677?]. 4.° 1369.g.5. **[137]**

— Tratados historicos, politicos, ethicos, y religiosos de la monarquia de China. Descripcion . . . de aquel imperio . . . decretos pontificios . . . Dedica su obra al . . . señor don Iuan de Austria. *Imprenta real. Por Iuan Garcia Infançon; a costa de Florian Anisson: Madrid*, 1676. fol. 569.g.30.; 146.f.2. **[138]**

— [Another issue]. 2 vol. *Imprenta real; Por Iuan Garcia Infançon; a costa de Florian Anisson: Madrid*, 1676. fol. *Contains the rare second volume of the "Controversias".* G.6412–13. **[139]**

Fernández Navarrete, Pedro. Discursos politicos, Autor el licenciado Pedro Fernandez. *Sebastian de Cormellas: Barcelona*, 1621. 4.° C.69.ff.7. **[140]**

— Conservacion de monarquias y discursos politicos sobre la . . . consulta que el Consejo hizo al . . . rey . . . Felipe Tercero. (Carta de Lelio Peregrino a Stanisla Borbia). *Imprenta real: Madrid*, 1626. fol. 8042.l.3. **[141]**

— — *Imprenta real: Madrid*, 1626. fol. 521.l.13. **[142]**

Fernández Pacheco, Juan, *Duke de Escalona.* Por el marques duque de Escalona [Juan Fernández Pacheco?], y la villa de Iorquera. Contra Pedro de Atienza, Anton Gomez, Andres Garcia, y consortes. Sobre la elecion de oficiales. [*n.p.*, 1625?] fol. 1322.l.6.(19). **[143]**

Fernández Pereira, Ruy. Contra el crecimiento de la plata. [*Seville*, 1621]. fol. 1322.l.7.(9). **[144]**

— Daños certissimos y evidentes de la subida de la plata, q̃ se a propuesto a su Magestad. [*Seville?* 1625?] fol. 1322.l.7.(8). **[145]**

No. 146 cancelled.

Fernández Rebolledo, Rodrigo. Contiene este papel la forma que parece se podra tomar, para que . . . se pueda reformar . . . la moneda labrada en Potosí. [*Seville*, 1650]. fol. 1322.l.12.(6).; 4322.l.g.31. **[147]**

Fernández Trancoso, Gonçalo. Primeira, segunda e terceira parte dos contos e historias de proveito. *Antonio Aluarez: Lisboa*, 1608. 4.° 1075.g.12. **[148]**

— — *Antonio Aluarez: Lisboa*, 1613. 4.° 12491.dd.29. **[149]**

Fernández Zorrilla, Matías. [*Begin:*] Señor. El doctor Roano Corrionero. [A memorial on his behalf]. [*Madrid?* 1640] fol. 1324.i.2.(76).; 1324.i.2.(95). **[150]**

Ferre, Vincentius. M. Fr. Vincentii Ferre . . . Tractatus theologici in primam partem [of the "Summa Theologica"] D. Thomae. 3 tom. *Ex officina Lucae Perez: Salmanticae*, 1675–78. fol. 4051.h.7. **[151]**

— M. Fr. Vincentii Ferre . . . Tractatus theologici in primam secundæ [of the "Summa Theologica"] D. Thomae. 3 tom. *Ex officina Lucae Perez: Salmanticae*, 1679–90. fol. 4051.h.8. **[152]**

Ferreira, Manoel. Noticias summarias das perseguições da missam de Cochinchina. 1700. fol. *See Cochin China.* 1232.h.3.

Ferreira D' Almeida, Joao. Duas epistolas e vinte propostas do padre Joaõ Ferreira A. D' Almeida. Huã, a o Snõr Joaõ Correa de Mizquita . . . Eas propostas a todos os eclesiasticos . . . de Portugal. *Abrahaõ Gerardo Kaisero: Batavia*, 1672. 12.° 701.a.16. **[153]**

Ferreira da Rosa, Joam. Trattado unico da constituiçam pestilencial de Pernambuco. *Miguel Manescal: Lisboa*, 1694. 4.° 1167.g.14.(2). **[154]**

Ferreira de la Cerda, Bernarda. Hespaña libertada. [A poem]. Parte primera, (— segunda . . . Sacada a luz . . . por su hija). 2 vol. *Iuan de la Costa: Lisboa*, 1618, 73. 8.° 11451.e.14. **[155]**

— Soledades de Buçaco. [Poems]. *Mathias Rodrigues: Lisboa*, 1634. 8.° 11452.aa.17. **[156]**

Ferreira de Vasconcellos, Jorge. Comedia aulegrafia . . . Agora . . . impressa à custa de [and edited by] . . . Antonio de Noronha. *Pedro Craesbeeck: Lisboa*, 1619. 4.° 1072.g.7. **[157]**

— Comedia Ulysippo. Nesta segunda impressão. *Pedro Craesbeeck: Lisboa*, 1618. 8.° 1072.c.13. **[158]**

— Orthographia, ou modo para escrever certo na lingua portuguesa. Con hum trattado de memoria: outro da . . . semelhança, que tem . . . com a latina. *Mathias Rodriguez: Lisboa*, 1631. 4.° 9917.bbb.10.(2). *Wanting all parts after the prologue.* **[159]**

Ferreira de Véra, Alvaro. Origem da nobreza politica, blasoẽs de armos appellidos, cargos e titulos nobres. *Mathias Rodriguez: Lisboa*, 1631. 4.° 9917.bbb.10.(1). **[160]**

Ferreira Figueiroa, Diogo. Theatro da mayor façanha, e gloria portugueza. A o muito alto . . . principe dom Theodosio. [In verse]. *Domingos Lopez Rosa: Lisboa*, 1642. 4.° 11452.cc.21.; 11452.e.40.(1). **[161]**

Ferrer, Benito. Relacion del auto publico de la fe, que se celebro en la Corte . . . enero . . . 1624. Dase cuenta de un hereje que quemaron vivo. *Francisco de Lyra: Sevilla*, 1624. fol. 593.h.22.(70). **[162]**

Ferrer, Gerónimo. Por Geronymo Ferrer curador ad litem de d. Laçaro Usodemar, cuya es la villa de Alcantarilla, y . . . su madre. Con la dicha villa, y algunos vezinos . . . sobre . . . su jurisdicion. [*n.p.*, 1638?] fol. 765.i.2.(32). **[163]**

Ferrer, Jaime. Compendio historico de los mas principales sucessos del mundo. *Ioseph Parra: Valencia*, 1699. 8.° 9007.a.14. **[164]**

Ferrer, Luys. Iesus, con la Virgen Madre . . . Discurso en defensa de la jurisdicion real, en las cotroversias . . . suscitadas entre el real consejo criminal, y los . . . inquisidores . . . de Cataluña, y . . . Cerdaña. *Antonio Lacavalleria: Barcelona*, 1664. 4.° 4625.g.2.(3). **[165]**

Ferreras, Juan de. Synopsis historica chronologica de Espana . . . desde la creacion de el mundo [to the year 1598]. (Appendice [Containing]: chronica Adefonsi III . . . Pelagii Ovetense episcopi chronica suorum temporum). 16 pt. *Francisco de Villa-Diego; a costa de Diego Lucas Ximenez* [and others]: *Madrid*, 1700–27. 4.° 673.d.1–16.; 2181.d.5–12. **[166]**

Ferrer de Esparça, Tomás. Tratado de la facultad medicamentosa que se halla en el agua de los baños . . . de Teruel en . . . Aragon. *Zaragoça*, 1634. 8.° 7470.a.43. **[167]**

Ferrer de Valdecebro, Andrés. Govierno general, moral, y politico. Hallado en las aves mas generosas, y nobles. Sacado de sus naturales virtudes . . . Añadido en esta segunda impression. *Bernardo de Villa-Diego; a costa de Florian Anisson: Madrid*, 1683. 4.° 975.e.1. **[168]**

— — *En casa de Cormellas; por Thomas Loriente: Barcelona*, 1696. 4.° 953.k.4. **[169]**

— Govierno general, moral, y politico, hallado en las fieras, y animal sylvestres, sacado de sus . . . virtudes, con . . . tabla para sermones. *Antonio Zafra; a costa de Maria del Ribero: Madrid*, 1680. 4.° 953.k.3. **[170]**

— — *En casa de Cormellas; por Thomàs Loriente: Barcelona*, 1696. 4.° 954.g.27. **[171]**

— Historia de la vida del V.ᵉ P.ᵉ M.° F. Iuan de Vasconcelos de la orden de predicadores. 2 pt. *Maria Rey; viuda de Diego Díaz de la Carrera: Madrid*, [1668?] 4.° 486.c.18.(1). **[172]**

— El superior polytica para todo linage de prelados. Ilustrada con predicables discursos. *Diego Garcia; a costa de Iuan de Valdés: Alcalà de Henares*, 1664. 4.° 1490.b.56. **[173]**

— El templo de la fama. Con instrucciones politicas, y morales . . . Le da a la estampa don Ausias Antonio Ferrer de Valdecebro. *Viuda de Ioseph Fernandez de Buendia: Madrid*, 1680. 8408.cc.34. **[174]**

Ferriol, Joseph. [*Begin:*] Señor. Ioseph Ferriol, en nombre del prior, y consules, consulado y comercio . . . de Mexico, y de toda la Nueva España. [A memorial to the King of Spain on the commerce of Mexico]. [*Madrid?* 1645?] fol. 1324.i.10.(13). **[175]**

Ferrufiño, Juan Bautista. [*Begin:*] Señor. Iuan Bautista Ferrufiño procurador general . . . del Paraguay de la compañia de Iesus. [A petition to the King of Spain]. [*n.p.*, 1650?] fol. 1324.i.2.(4). **[176]**

Ferrus, —. Nouvelle grammaire espagnole . . . avec un ample vocabulaire. *Spa. & Fr. Daniel Elzevier; Amsterdam; et se vendent chez Jean Thioly: Lyon*, 1680. 12.° 627.a.30. **[177]**

Feu, Juan. Relacion de la muerte de la . . . reyna de España doña Margarita de Austria [4 Oct. 1611]. [In verse]. *Sebastian de Cormellas: Barcelona*, 1611. 4.° 1072.g.25.(9). **[178]**

Figueira, Luiz. Arte de grammatica da lingua brasilica. *Miguel Deslandes: Lisboa*, 1687. 8.° 621.a.38. **[179]**

Figueiredo, Manoel de. Hidrographia, exame de pilotos, no qual se contem as regras que todo piloto deve guardar. 3 pt. *Vicente Aluarez: Lisboa*, 1625. 4.° 533.d.1. **[180]**

Figueirius a Nigreriis, Emanuel. Introductio ad ultimas voluntates, continens omnia necessaria ad confectionem testamenti. *Ex officina Petri Crasbeeck: Ulysopoli*, 1613. 4.° 5384.aaa.45. **[181]**

Figuera Cubero de Monforte, Gaspar de la. Miscelanea sacra de varios poemas. *Iuan Lorenzo Cabrera: Valencia*, 1658. 4.° 11450.g.6. **[182]**

Figueroa, Antonio de. Don Antonio de Figueroa, procurador general de los mineros de la Nueva España. [A memorial to the royal council of the Indies]. [*Madrid?* 1640?] fol. 1324.i.12.(2). **[183]**

Figueroa, Francisco de. Al excell.ᵐᵒ señor conde duque de Sanlucar la mayor . . . el doctor Francisco de Figueroa. [A

letter about the meaning of the word "acia"]. [*Seville*, 1633]. fol. 593.h.17.(122). **[184]**

Figueroa, Juan de. [*Begin:*] Iuan de Figueroa, regidor de la ciudad de los Reyes, en el Perù. [In answer to certain charges brought against him]. [*Madrid?* 1650?] fol. 1324.i.4.(4). **[185]**

— Opuscolo de astrologia en medicina, y de los terminos, y partes de la astronomia . . . para el uso della. *Lima*, 1660. 4.° 1395.f.36. **[186]**

Figueroa, Luis de. Relaciõ verissima, de lo que ha sucedido en . . . Seuilla, a una honrrada [sic] señora, por no entenderse su marido. [In verse]. *Bartholome de Selma: Cuenca*, 1603. 4.° C.63.G.19.(2). **[187]**

Figueroa, Manuel de. Por el licenciado don Joseph Ibañez de la Madriz y Bustamante . . . presentado por su Magestad a la thesorería de esta . . . yglesia metropolitana [of Mexico] Sobre la defensa del patronasgo real. [*Mexico?* 1700?] fol. 4183.k.2.(19). **[188]**

— Por el mariscal de Castila d. Carlos Antonio de Luna y Arellano . . . con doña Ysabel Picazo de Hinojosa . . . sobre que dicha doña Ysabel . . . restituya el excesso de los frutos y emolumentos de uno de los oficios. [*Mexico?* 1690?] fol. 8223.de.1.(2). **[189]**

— Por el promotor fiscal del obispado de la Puebla de los angeles en los autos con . . . D. J. de Mier y Salinas . . . que . . . oy sigue . . . d. J. Gomez de Mier . . . sobre la acusation puesta. *Mexico*, 1696. fol. 6785.k.7.(2). (*destroyed*) **[190]**

Figueroa y Córdoba, Diego de, and **José de.** Famosa comedia. Mentir, y mudarse a un tiempo. [In verse]. [*Madrid*, 1661]. 4.° T.1736.(14). **[191]**

Filiatro, *pseud.* Verdad triunfante, respuesta, apologetica, escrita por Filiatro, en defensa de la carta filosofica medico-chymica del doctor Iuan de Cabriada. [*Madrid*,] 1687. 4.° 1033.i.20. **[192]**

Final, Desiderio del. Viage de la famosa villa de Madrid . . . a la . . . de Roma. *Domingo Garcia Morras: Madrid*, [1664]. 8.° 791.a.5.(2). **[193]**

Firrusino, Julio Cesar. Platica manual y breve compendio de artilleria. *Viuda de Alonso Martin: Madrid*, 1626. 4.° 8824.bb.2. **[194]**

Flanders. [*Appendix*]. Avisos muy verdaderos, que ha traido el ultimo correo . . . de Flandes. Contienen, el daño que los olandeses han recibidos . . . la entrada que el exercito . . . ha hecho en tierra de aquellos rebeldes: y la vitoria. *Diego Flamenco: Madrid*, 1624. fol. 593.h.22.(49). **[195]**

— [*Begin:*] Padre maestro, la jornada de su alteza a Flandes. [A letter to the confessor of Philip IV of Spain]. [*Madrid*, 1625?] fol. 765.i.6.(11). **[196]**

— Relacion de lo sucedido en Flandes desde que entraron en los estados obedientes a su Magestad Catolica, los exercitos de Francia y Olanda . . . 1635. *Imprenta del Reyno: Madrid*, [1635]. fol. 593.h.22.(38). **[197]**

— Traslado de una carta en que declara todo lo que ha sucedido en . . . Flandes . . . año de 1624. *Iuan Delgado: Madrid; Iuan de Cabrera: Sevilla*, 1624. fol. 593.h.17.(13). **[198]**

— Verdadera relacion en la qual se refiere, y da cuenta de todo lo que ha sucedido en . . . Flandes, desde . . . mayo . . . 1631. Hasta veynte de iunio . . . y las . . . vitorias contra

los Olandeses . . . y principe de Oranje. *Francisco de Lyra:*
Sevilla, 1631. fol.   593.h.17.(103).   **[199]**

Flemish Galliots. Relation verdadera de la gran vitoria que
han tenido nueve urcas flamencas que venian cargadas de
mercaderias a . . . Lisboa, contra . . . navios de franceses y
turcos. *Antonio Duplastre: Madrid; y por su original, por*
Iuan Gomez de Blas: Sevilla, 1639. 4.° 1445.f.22.(28). **[200]**

Flor. La meior flor de entremeses, que hasta oy ha salido.
Recopilados de varios autores. *Herederos de Diego Dormer:*
Zaragoça, 1679. 8.°   C.63.a.30.   **[201]**

Florence. [*Appendix*]. Relacion de la gran victoria que
tuvieron las galeras de Florencia en . . . Constantinopla,
con las galeras que embiava el rey de Argel. *Bernardino de*
Guzman: Madrid, 1625. fol.   1311.k.4.   **[202]**

Florencia, Francisco de Descripcion historica y moral de
S. Miguel de las Cuevas . . . y invencion de la . . . imagen
de Christo . . . Con un . . . compendio de la . . . vida del . . .
fray Bartholomè de Jesus Maria; y . . . noticias del . . .
fray Juan de S. Joseph. *Christoval de Requeman: Cadiz,*
[Mexico reprinted, 1683?] 8.°   4745.aa.18.   **[203]**

—Exemplar vida, y gloriosa muerte por Christo del . . .
P. Luis de Medina . . . Sacada de las noticias que el padre
Diego Luis de San Vitores diò al . . . provincial de las
Filipinas. Dala a la . . . luz . . . el padre F. de F. *Iuan*
Francisco de Blas: Sevilla, 1673. 4.° 1232.c.6.   **[204]**

—I. H. S. Historia de la provincia de la compañia de Jesus. De
Nueva-España. tom. 1. *Ioseph Iuan Guillena Carrascoso:*
Mexico, 1694. fol.   C.36.g.5.   **[205]**

—La milagrosa invencion de un tesoro escondido en un
campo que hallo un . . . casique. *Maria de Benavides;*
Viuda de Juan de Ribera: [Mexico], 1685. 4.°   859.h.12.   **[206]**

—Vida admirable, y muerte dichosa del religioso. P. Geronimo
de Figueroa . . . missionero . . . entre los indios. *Maria de*
Benavides; Viuda de Juan de Ribera: Mexico, 1689. 4.°
8180.aaa.28.   **[207]**

Florencia, Gerónimo de, pseud. [i.e. F. Chirino de Salazar].
Carta del padre Geronimo de Florencia . . . para los
superiores y religiosos de la compañia de Iesus . . . sobre
la muerte . . . del Padre Gaspar Sanchez. [*Madrid*, 1628].
fol.   593.g.22.37.   **[208]**

—Sermon. *Ioão Rodriguez: Lisboa*, 1621. 4.°   4423.c.36. **[209]**

—Sermon en las honras del conde de Lemos. Dirigido a . . .
doña Catalina de Zuñiga, y . . . [a] su sobrina. *Luis*
Sanchez: Madrid, 1622. 4.°   851.k.16.(3).   **[210]**

—Sermon . . . en las honras que hizo a la Magestad de la . . .
reyna doña Margarita . . . la . . . villa de Madrid. *Madrid,*
1612. 4.°   4423.g.1.(9). (*destroyed*).   **[211]**

—Sermon que predico el padre Geronimo de Florencia . . . en
las honras que se hizieron al . . . señor don Hector
Pignatelo, duque de Monteleon . . . 1622. [*Madrid*, 1622?]
4.°   851.k.16.(4).   **[212]**

Flores, Bartolome de, and **Parejo, Alonso.** Relacion agora
nueuamente compuesta. Del leuantamiento . . . de
Granada. Cõpuesta en verso castellano. [*Granada?*] 1604.
4.°   011451.ee.23.   **[213]**

Flores, Juan de. Histoire de Aurelio, et Isabelle [i.e. the
"Historia de Grisel y Mirabella", by J. de Flores]. *Ital.,*
Span., Fr., & Eng. Iean Mommart: Bruxelle, 1608. 8.°
1075.e.21.   **[214]**

Flores, Lazaro de. Arte de navegar, navegacion astronomica,
theorica, y practica. *Iulian de Paredes: Madrid*, 1673. 4.°
C.125.c.4.(2).   **[215]**

Flores, Rodrigo de. Obra nueua del nacimiento, vida,
muerte, y milagros del hermano fray Francisco del niño
Jesus, religioso descalço. [In verse]. *Pedro Patricio Mey:*
Valencia, 1605. 4.°   C.63.g.23.(4).   **[216]**

Flores, Sebastian. Aqui se contiene dos romances en los
quales se trata de la prision y cayda de don Rodrigo
Calderon. [In verse]. *Esteuan Liberos: Cordova, Barcelona,*
1621. 4.°   11450.e.24.(16).   **[217]**

Flores Oddouz, Juan de, Monumentos descubiertos en la
antigua Illiberia, Illipula ô Garnata. [*Madrid?* 1700?] fol.
786.k.5.(2).   **[218]**

Floresta. Floresta de entremeses, y rasgos del ocio, a diferentes
assumptos, de bayles. 1691. 8.° *See* Fernández, Juan.
C.63.a.28.

Florez de Leon, Diego. [*Begin:*] El maestro de campo don
Diego Florez. [A memorial on his services in the Spanish
Indies]. [*Madrid?* 1630?] Fol.   1324.i.2.(13).   **[219]**

—Preguntas que se propusieron al maese de campo don Diego
Florez de Leon . . . acerca de la defensa y fortificacion del
Perù. [*Madrid?* 1616?] fol.   1324.i.6.(1).   **[220]**

—[*Begin:*] Señor. El maestre de campo don Diego Florez de
Leon. [Another memorial of his services, in the Spanish
Indies]. [*Madrid?* 1616?] fol.   1324.i.9.(5).   **[221]**

Florez de Ocariz, Juan. Libro primero (libro segundo) de
las genealogias del nuevo reyno de Granada. 2 vol.
Ioseph Fernandez de Buendia: Madrid, 1674–76. fol.
606.h.2.; 137.e.181.   **[222]**

Florillus, Antonius. Facti, et iuris nota pro regente d. Antonio
Fiorilo cum . . . de Centellas. [*Madrid*, 1678]. fol.
765.i.7.(18).   **[223]**

Florindo, Andrés. Addicion al libro de Eciia i sus grandezas
[of Martin de Roa]. *Luis Estupiñan: Sevilla*, 1631. 4.°
10161.de.7.   **[224]**

Folch de Aragón y Cordura, Pedro Antonio Ramon,
duke de Segorbe y de Cordona. Geometria militar, en la cual
se comprenden las matematicas de la fortificacion. *En la*
real emprenta de Egidio Longo: Napoles, 1671. fol.
8825.g.3.   **[225]**

Fonseca, Abraam de. Orthographia castellana. [1660?] 12.°
See F., A.   627.c.36.

Fonseca, João da. Sylva moral, e historica, que contem a
explicaçam & discursos moraes de diversas materias.
Miguel Manescal: Lisboa, 1696. 8.°   4408.ee.25.   **[226]**

Fonseca, Juan de. Notable y prodigiosa relacion que truxo el
padre Geronymo Xavier . . . en que se da cuenta de un . . .
monstruo que esta en . . . Vengala que penetra todo. [In
verse]. *Bartolome de Lorençana: Granada*, 1612. 4.°
1072.g.26.(10).   **[227]**

Fonseca, Pedro de. [*Begin:*] Señor. El licenciado don Pedro
de Fonseca. [A memorial of his services, addressed to the
King]. [*Madrid?* 1620?] fol.   1324.i.2.(41).   **[228]**

Fonseca, Sebastião de. Relaçam das festas de palacio,
egrandesas de Londres, dedicada amagestade da . . .
rainha da Gran Bretanha. [In verse]. *J. Martin; Ja Allestry;*
& Tho. Dicas: Londres, 1663. 4.°   C.125.c.2.(3).   **[229]**

—Relaçam dedicada as magestades de Carlos Catherin[a] reys
da Grande Bretanha da jornada que fiserão de Portsmouth

... e entrada de Londres. *J. Martin; Ja. Allestrey; & Tho. Dicas: Londres,* 1662. 4.° 011451.g.38. [230]

Fontellas, José. A la insigne y venturosa ciudad de Barcelona. Romance. *Sebastian de Cormellas al Call: Barcelona,* 1601. 4.° 11451.ee.38.(17). [231]

——*Cornelio Bodan: Cuenca,* 1602. 4.° C.63.g.23.(5). [232]

—Obra nueua a lo diuino ay los siguientes romances. 1. Recordad hermosa Selia ... 3. Chaconas a lo diuino ... Con un soneto a Christo crucificado. [In verse]. *Gabriell Graells; y Giraldo Dotil: Barcelona,* 1601. 4.° 11450.e.25.(13). [233]

—Romance a la iornada del bendito san Ramon de Peñafort desde Mallorca a Barcelona donde vino por el mar encima su capa. [In verse]. *Iayme Cendrat: Barcelona,* 1601. S.sh. fol. 11451.ee.38.(6). [234]

Fragoso, Juan. Cirugia universal, aora nuevamente añadida, con todas las dificultades, y questiones pertenecientes a las materias. *Viuda de Alonso Martin; a costa de Domingo Gonçalez: Madrid,* 1627. fol. 549.l.21. [235]

France. [*Sovereigns*]. Assiento del Rey Lluys XIIII. tenint son tribunal de iusticia en son Parlament a divuyt maig 1643. Impres en Paris, y ara ... en ... llegua catalana. *Barcelona,* 1643. 4.° 9180.e.2.(24). [236]

—Copia de las cartas escritas per sa Magestat ... al ... mariscal de la Mota. [Juy, 1643]. *Iaume Matevat: Barcelona,* 1643. 4.° 9180.e.2.(30). [237]

—Copia di una lletra del rey ... Lluis XIIII. Escrita (en Paris à 24 Maig 1643) al ... mariscal de la Motte [on the victory of the duc d'Enghien at Rocroy]. [*Barcelona?* 1643]. 4.° 9180.e.2.(14). [238]

—Declaratio del Rey nostre señor Lluis tretze ... ahont dexa lo orde, y modo que ha de ... guarda la reyna [Anne of Austria] verificat en la Parlament ... 21 de abril 1643. *Iaume Matevat: Barcelona,* 1643. 4.° 9180.e.2.(13). [239]

—Verdaderos articulos de la liga hecha entre el Rey ... Luis XIIII. Y Oliverio Cromuel ... para destruycion ... de España ... Concluida en Paris el año de 1657. (10 de Mayo). *Pablo de Val; a costa de Antonio de Ribero: Madrid,* 1658. 4.° 8026.bbb.29. [240]

—Tratado de paz entre esta corona, y la de Francia [7 Nov. 1659]. 1660. fol. *See* Spain T.16.*(26).

—Declaracion de la guerra de Francia a España, de parte del Rey. [15 April, 1689]. [*Madrid,* 1689]. 4.° 8050.e.25. [241]

—Copia de un capitulo de carta, que el christianissmo Rey ... escrivió á su embiado en esta corta; en que le manda dé las gracias a el ... arçobispo de Toledo. *Lucas Antonio de Bedmar: Madrid,* 1700. 4.° 1445.f.21.(10). [242]

—Copia de carta del rey christianissimo ... à la reyna nuestra Señora, y señores del Govierno [12 Nov., 1700]. [*Seville?* 1700]. 4.° 1445.f.21.(9). [243]

—[*Appendix*]. Carta arribada ab una faluga, en ques dona noticia cerca de la victoria que la nostra [i.e. the French] armada ha tingut ... devant de Cadiz. [4 Sept. 1643]. *Iaume Matevat: Barcelona,* 1643. 9180.e.2.(41). [244]

—Copia de una carta escrita en Tolosa por un cavallero frances a otro de las fronteras, en que le da cuenta de la ... muerte del rey de Francia. *Pedro Tazo: Madrid; y por su original don Iuan de la Calle: Sevilla,* 1643. 4.° 10659.b.36.; 1445.f.22.(25. imp. [245]

—Correos de Francia, Flandes, y Alemania, del año de 1638. (Correo de Italia). [*Madrid?* 1639]. 4.° 1444.f.18.(16). [246]

—Destruiçam de quatro companhias de castelhanos iunto à cidade de Era pello exercito del Rey Christianissimo de França. *Iorge Rodrigues; acusta de Lourenço de Queiros: Lisboa,* 1641. [1641]. 4.° 9195.c.24.(13). [247]

—Feliz vitoria que a tenido el ... rey de Francia, sobre el cerco ... de la Rochela ... relacion del numero de navios de Inglaterra que de socorro les avia venido por mar. *Iuan de Cabrera: Sevilla,* 1628. fol. 593.h.17.(83). [248]

—Exortacion hecha al christianissimo Rey de Francia ... con toda fidelidad, humildad, y verdad. *Simon Faxardo: Sevilla,* 1626. fol. 593.h.17.(43). [249]

——*Diego Perez: Sevilla,* 1626. fol. 593.h.17.(55). [250]

—La presa de la ciutat de Tionvilla per la armada del rey, gouvernada per lo ... duch de Enguien. *Iaume Matevat: Barcelona,* 1643. 4.° 9180.e.2.(34). [251]

—Reflexiones historicas de la ambicion, usurpacion, y politica de Francia, desde sus principios hasta ... 1690. [*n.p.,* 1690]. 4.° 8052.cc.42. [252]

—Relaçam da vitoriosa entrade del rey de França na cidade d'Arrochela. *Pedro Crasbeeck: Lisboa,* 1628. 4.° 9195.c.22.(9). [253]

—Relacio de la gran victoria a tingut nov galeras, y uuit vaxells de la armada del ... Rey Lluis XIIII. Sobre ... Barcelona, als q. de agost, 1643. *Iaume Matevat: Barcelona,* 1643. 4.° 9180.e.2.(28). [254]

—Relacio del viatge de la armada naval del Rey christianissim, gouvernada per lo ... duch de Brezé y la ... victoria ... devant Cartagena. [Sept. 1643]. *Pere Lacavalleria: Barcelona,* 1643. 4.° 9180.e.2.(44). [255]

—Relacio molt verdadera, y fidedigna de una gran victoria que Deu N. S. ha donada a las armas del ... rey Lluis XIV. *Iaume Matevat: Barcelona,* 1643. 4.° 9180.e.2.(19). [256]

—Relacio verdadera de la gran victoria que ha guanyat lo senyor duch de Anguien, en lo socorro de ... Rocroy. [May, 1643]. *Pere Lacavalleria: Barcelona,* 1643. 4.° 9180.e.2.(16). [257]

—Relacio verdadera del rendiment de ... Thionvila y la capitulacio acordada entre ... sa altesa ... duch de Enguien. Y lo governador de ditta plaça. *Pere Lacavalleria: Barcelona,* 1643. 4.° 9180.e.2.(36). [258]

—Relacio verdadera de tot lo que ha succehit en lo siti de ... Thionvila. *Pere Lacaualleria: Barcelona,* 1643. 4.° 9180.e.2.(33). [259]

—Relacio verdadera de tot lo succeit entre los exercits del emperador, rey christianissim y rey de Castella en Alemanja. 1643. 4.° *See* Germany. [*Appendix*]. 9180.e.2.(10).

—Relacio vinguda de Paris acerca de la presa ... de Trin per las armas de sa Magestat christianissima. [Sept. 1643]. *Gabriel Nogues: Barcelona,* 1643. 4.° 9180.e.2.(45). [260]

—Relacion de lo que avisan de la Corte de Francia, con el correo que vino el dia 21. *Juan de la Puerta: Sevilla,* [1700]. 4.° 1445.f.21.(8). [261]

—Relacion de los felicissimos sucessos, que ... Louis de Francia, ha tenido contra los hereges de su reyno. *Iuan Serrano de Vargas y Ureña: Sevilla,* 1621. fol. 9181.g.1.(11). [262]

—Relacion de los grandes alborotos y dissensiones que ay en . . . Francia, y la causa de la prision de . . . de Condé y de Conty, y . . . de otros . . . cavalleros. *Iuan Gomez Blas: Sevilla*, 1650. 4.° 1445.f.17.(36). **[263]**

—Relacion verdadera de la entrada que hizo la armada del frances . . . en . . . Coruña, iueves a q. de iunio de 1639. *Iuan Sanchez: Madrid*, [1639]. fol. 593.h.22.(41). **[264]**

—Relacion verdadera del convoy . . . ques feu, al cos real, de Lluis Tretze. *Iaume Mathevat: Barcelona*, 1643. 4.° 9180.e.2.(18). **[265]**

—Representacion de un consejero del parlamento de Paris al rey christianismo sobre el manifiesto . . . al cardenal de Etre. *Thomas Lopez de Haro: Sevilla*, [1689]. 4.° 1445.f.17.(74). **[266]**

—Respuesta a la carta, o manifiesto del rey christianissimo [dated, 6 Sept. 1689]. *Barcelona*, 1689. 4.° 8052.cc.43. **[267]**

—Respuesta a la resolucion de la iunta de los eclesiasticos de Francia, en razon de los matrimonios de los principes . . . Autor . . . Geronimo de Camargo. [With the text]. *Francisco Martinez: Madrid*, 1636. 4.° 1608/1053.(1). **[268]**

—Respuesta de un vasallo de su Magestad, de los estados de Flandes, a los manifiestos del rey de Francia. Traducida . . . por Martin Goblet. [*Madrid*], 1635. 4.° 1445.f.22.(3).; 1445.f.20.(13). **[269]**

—[Another edition]. Respuesta al manifiesto de Francia. *Francisco Martinez: Madrid*, 1635. 4.° 1196.f.4.(3). **[270]**

——*Francisco Martinez: Madrid*, 1636. 4.° 1445.f.20.(14). **[271]**

—Sucessos de nuestras armas en Francia, y Olanda. 1636. 4.° *See* Spain. 1445.f.22.(13).

—Suspiros de la Francia esclava, que aspira à ponerse en libertad. [Translated from the French. By M. Le Vassor]. [*Madrid*, 1689]. 4.° 8050.d.30. **[272]**

—Verdades incontrastables, que declaran los disignios, y los motivos del proceder de la Francia. *Hernando Ferrer y Compania: Barcelona*, 1689. 4.° 1445.f.17.(14). **[273]**

Frances Zorrilla, Francisco. Por Alonso del Campo . . . arrendador de el derecho de la octava parte del vino y vinagre de esta ciudad [of Toledo]. En el pleito con Alonso de San Pedro Ordoñez. [A pleading]. [*Toledo?* 1629?] fol. 1322.l.12.(8). **[274]**

Francia y Acosta, Francisco de. Iardin de Apolo. . . A la . . . marquesa de Eliche. [Poems]. *Iuan Gonçalez; a costa de Alonso Perez: Madrid*, 1624. 8.° 011451.e.8. **[275]**

Francis [de Sales], *Saint.* Introduccion a la vida devota . . . Traducida del Frances . . . por . . . Francisco de Cuvillas Douyague . . . Con una declaracion mistica de los cantares de Salomon. *Diego Dormer: Zaragoça*, 1673. 4.° 1361.i.1. **[276]**

Francis [Xavier], *Saint.* Satyra al beato Francisco Xavier de la compañia de Iesus. [In verse]. *Esteuan Lliberos: Barcelona*, 1620. 4.° 1072.g.26.(33). **[277]**

Franciscans. [*Rules and Constitutions*]. Constituciones generales para todas las monjas, y religiosas sujetas a la obediencia de la orden de N. P. S. Francisco. [With an introductory letter by Juan Merinero]. *Imprenta real: Madrid*, 1642. 4.° 4785.bbb.46. **[278]**

—Hæc est tabula cereberrimi capituli generalis ordinis fratrum minorum regularis observantiæ . . . Sancti Francisci, celebrati in . . . conventu Vallis-Oleti . . . die 24 Maij 1670. *Ex typographia Mathæi a Spinosa & Arteaga: Matriti*, 1670. 4.° 1229.a.9. **[279]**

—[*Appendix*]. Derecho y jurisdicion que tienen los religiosos menores . . . sobre los hermanos terceros de penitencia. [*Madrid?* 1650?] fol. 4783.e.3.(18). **[280]**

—[*Begin:*] En la regla de nuestro padre San Francisco. [A memorial concerning the office of the general of the order]. [*Madrid?* 1669?] fol. 4783.e.3.(13). **[281]**

—Executoria ganada contra la pretension de algunos padres recoletos descalços de la orden de nuestro padre San Francisco, sobre tener vicario general. [*Madrid?* 1622?] fol. 4783.e.3.(16). **[282]**

—[*Begin:*] Ha parecido un memorial estampado. [A statement concerning the elections of prelates-general and vicars-general]. [*Madrid?* 1655?] fol. 4783.e.3.(4). **[283]**

—Loquatur ancilla tua, seraphica religio, ad dominum meum regem Carolum II . . . vindicias veritatis. [*Mexico?* 1695?] fol. 4783.ee.2.(1). **[284]**

—Memorial de la fundacion, y fundador [G. A. Adorno] de la sagrada religion de los padres clerigos regulares menores. [*Seville?* 1636?] fol. 593.h.17.(141). **[285]**

—Memorial por la religion de San Francisco, en defensa de las doctrinas del . . . doctor San Buenaventura, del . . . doctor Escoto, y otros . . . sobre el juramento que hizo la universidad de Salamanca. *Viuda de Luis Sanchez: Madrid*, 1628. fol. 1322.l.3.(22); 4783.e.3.(26). **[286]**

—Satisfacion por la religion de S. Francisco a los reparos, que se han hecho contra los tres libros . . . de la vida de la . . . Madre de Dios . . . que escrivio . . . María de Jesus, abadesa. [By Martinus ab Albiturri]. *Bernardo de Villa-Diego: Madrid*, 1680. fol. 4824.e.6. **[287]**

—Satisfacion por la religion de S. Francisco al manifiesto que se ha publicado, ocultando su nombre el autor [on the rule, discipline, rights and privileges of the order]. [*Madrid?* 1670?] fol. 4783.e.3.(21). **[288]**

—[*Begin:*] Señor, las religiosas de S. Domingo, S. Francisco y S. Augustin, dezimos. [A memorial concerning their missions in the Spanish Indies]. [1630?] fol. *See* Dominicans. 4745.f.11.(3).

—[*Begin:*] Siempre la religion de San Francisco ha tenido por preciso, y forçoso, que los señores nuncios. [Another statement concerning the elections of prelates-general and vicars-general]. [*Madrid?* 1655?] fol. 4783.e.3.(3). **[289]**

Francisco, de Jesus. Cinco discursos con que se confirma la antigua tradicion que . . . Santiago vino i predicó en España. Defendiendola de lo que algunos autores an escrito. *Imprenta real: Madrid*, 1612. 4.° 487.h.34. **[290]**

Francisco, de la Cruz, Carmelite. Lo admirable intent de un religioso carmelita [F. de la Cruz] . . . que . . . porto . . . una gran creu al coll, pera impetrar de Deu . . . la pau. *Pere Lacaualleria: Barcelona*, 1643. 4.° 9180.e.2.(23). **[291]**

Francisco, de la Piedas. Teatro Iesuitico, apologetico discurso, con saludables . . . doctrinas, necessarias a los principes . . . de la tierra [in anser to "Ladreme el perro y no me muerda, un trattado compuesto por Juan de Aguila" pseud? i.e. M. de Moya?] 2 pt. *Guillermo Cendrat: Coimbra*, 1654. 4.° 200.a.24. **[292]**

Francisco, *de los Santos.* Descripcion breve del monasterio de S. Lorenzo . . . del Escorial. *Imprenta real : Madrid,* 1657. fol.   787.l.2.   [293]

——*Bernardo de Villa Diego : Madrid,* 1681. fol.   207.e.12.   [294]

——*Juan Garcia Infançon : Madrid,* 1698. fol.   794.i.19.   [295]

—Description de las excelentes pinturas al fresco, con que . . . Carlos segundo . . . ha mandado aumentar el adorno del real monasterio de S. Lorenço del Escorial. [*Madrid?* 1695?] 4.°   57.c.19.   [296]

Francisco [Blanco], *de San Joseph.* Memorial de la vida christiana. Que compuso en lengua tagala . . . Fray, Francisco de San Ioseph . . . y lo traduxo en lengua pampanga un religoso . . . del orden de los hermitaños. (Fr. Francisco Coronel o fray Juan Cabello). *En la Imprenta de la compañia de Jesus; por D. Lucas Manumbas : Manila,* 1696. 4.° O.R.72.b.5.   [297]

Francisco, *de Santa Buenaventura.* Breve tratado del adorno del alma, y descuido de cuerpo. *Simon Fajardo : Sevilla,* 1644. 4.°   4403.g.34.   [298]

Franciscus, *a Sancto Joseph.* Sanctissimo domino nostro Paulo papae quinto. [A letter on the subject of the Immaculate Conception]. [*n.p.,* 1605]. fol.   1322.l.11.(4).   [299]

Franco, Alonso. Discurso del maestro Alonso Franco . . . en la beatificacion de S. Isidro labrador el año de 1619. [*Madrid, c.*1620]. 4.°   4825.c.12.(2).   [300]

Franco, Juan, *de San Basilio.* Carta apologetica en defensa de la religion de San Basilio Magno . . . contra lo que . . . escrive . . . Gregorio de Argaiz. [*Madrid?* 1675?] fol. 4783.e.2.(20).   [301]

Franco de Cora y Baamonte, Manuel. Exortacion al reyno de Portugal, persuadiendole buelva a la obediencia de . . . don Felipe quarto nuestro señor. *Iuan Gomez Blas : Sevilla,* 1660. 4.°   8042.f.15.   [302]

—Memorial a la santidad de nuestro . . . padre Alexandro septimo, en la que se representan las razones, . . . que deven obligar a su Santidad, a favorecer . . . la causa de su Magestad catolica contra el rebelde portugues. *Francisco Nieto y Salcedo : Madrid,* 1661. 4.°   8042.d.21.   [303]

Franco-Furt, Arnaldo, *pseud.* El tribunal de la iusta vengança erigido contra los excritos de D. F. de Quevedo, maestro de errores . . . y proto diablo entre los hombres. *Herederos de Felipe Mey : Valencia,* 1635. 8.°   857.a.20.   [304]

Franqueza, Joseph. [*Begin:*] Don Ioseph Franqueza, colegial del colegio mayor de Ouiedo de la universidad de Salamāca, hijo . . . de dom Pedro . . . conde de Villalonga. [A memorial of his father's services to the King; and a petition]. [*n.p.,* 1615?] fol.   765.h.1.(10).   [305]

Frederick Henry, *Prince of Orange.* Copia da carta que o principe de Orange escreveo a sua Magestade o . . . Rey Dom Joam o IV . . . de Portugal. Com outra carta, que os Estados de Olanda escreverão a sua Magestade. *Iorge Rodriguez; a custa de Domingos Alures : Lisboa,* 1641. 4.° 9195.c.24.(8).   [306]

Freire de Andrade, Antonio. Defensorium sanctæ bullæ cruciatæ, et regalis subsidii in ipsa concessi, circa privilegium de esu ovorum, et lacticiniorum tempore quadragesimali. *Ex officina Didaci Diaz de la Carrera : Matriti,* 1661. 4.°   475.a.12.   [307]

—Relacion de los titulos, puestos, y estudios de el doctor don Antonio Freyre de Andrade. [*Madrid,* 1660?] 4.° 1324.i.2.(6).   [308]

Freire de Andrade, Jacinto. Vida de dom João de Castro quarto viso-rey da India. *Na officina Craesbeeckiana : Lisboa,* 1651. fol.   582.i.19.(2).   [309]

——*Ioam da Costa; a costa de Antonio Leite : Lisboa,* 1671. fol. 135.b.19.; G.4287.   [310]

Freitas, Serafin de. Iesus, Maria, Ioseph. Por parte de don Iuan de Saauedra . . . Con el duque de Arcos, y los demas opositores al condado de Baylen. [*Valladolid,* 1625]. fol. 1322.l.8.(13).   [311]

—Por don Francisco Calderon Vargas y Camargo, conde de la Oliua. Con . . . Iuan de Valençuela, fiscal de la comission de don Rodrigo Calderon, marques . . . de Siete Iglesias. [*n.p.,* 1628?] fol.   765.i.2.(34).   [312]

—Por la orden de nuestra Senora de la Merced. Con el señor fiscal. [Concerning certain privileges]. [*n.p.,* 1625?] fol. 1322.k.14.(34).   [313]

French. Atroces hechos de impios tyranos, por intervencion de franceses . . . Colegidas de autores diversos . . . y escritas . . . en lengua latina Traduzidas . . . por Ludovico de Copiaria Carmerineo. *Valeria,* 1635. 4.° 1445.f.22.(8).; 1445.f.20.(15).   [314]

——*Ludovico de Copiaria Carmerineo : Valeria,* 1635. 8.° 8050.c.22.(1).   [315]

French, Spanish and Flemish languages. Le grand dictionaire et tresor de trois langues françois, flameng & espaignol. 1639, 40; 4.° *See* Oudin, César.   628.g.18.

Frias, Manuel de. [*Begin:*] El capitan Manuel de Frias, procurador general . . . del Rio de la Plata y Paraguay. [A memorial concerning the commerce of those provinces]. [*Madrid?* 1625?] fol.   C.62.i.19.(45).   [316]

——[*Madrid?* 1626?] fol.   1324.i.10.(6).   [317]

—[*Begin:*] Señor. El capitan Manuel de Frias vezino del Rio de la Plata. Dize: que el viene por procurador de ocho ciudades. [*Madrid?* 1625?] fol.   C.62.i.19.(59).   [318]

Frías, Pedro de. Executoria ganada por el padre fr. Pedro de Frias . . . del convento de San Francisco de Madrid: de los autos dados por d. Pedro Testay iuez apostolico. [*Madrid?* 1638?] fol.   4763.e.3.(17).   [319]

Frías de Miranda, Gaspar. Relacion cierta y verdadera del hecho del pleyto criminal, q̄ trata Gaspar Frias de Mirãda, como . . . administrador de . . . su hijo. Contra Gabriel Rincon y Cortes. 3 pt. [*n.d.,* 1613?] fol. 765.h.2.(26, 27, 28).   [320]

Fuente, Francisco Antonio. [*Begin:*] Iesus, Maria, Ioseph. Por el licenciado Francisco Antonio Fuente abogado . . . Con Iuan de la Torre, escriuano . . . de Areualo, y . . . su muger. [A lawsuit]. [*n.p.,* 1635?] fol. 765.i.13.(27).   [321]

Fuenterrabía. Aqui se contienen dos famosas jacaras, y un romance muy gracioso, de lo que la sucedido en el sitio de Fuente-Rabica. *Antonio Duplastre : Madrid,* 1638. 8.° 1072.g.25.(2).   [322]

—Relacion de todo lo sucedido en Fuenterrabia, desde que el principe de Condè la puso cerco. *Martin de Aspilqueta : Bilbao,* 1638. 4.°   1444.f.18.(28).   [323]

—Relacion diaria del memorable cerco, y feliz vitoria de . . . Fuenterrabia. *Iuan Martias : Burgos,* 1639. 4.° 1444.f.18.(27).   [324]

— Sitio y socoro de Fuenterabia: y sucesos del año [1638]. *Imprenta de Cat:ª del Barrio: Madrid*, 1639. 4.° 1445.f.11.; 1060.h.11. [325]

Fuentes, —— de, *Marquis.* Relacion verdadera de las felizes vitorias, que han tenido los galeones de Dunquerque, y otras fragatas. *Iuan Gomez de Blas: Sevilla*, 1638. 4.° 1445.f.22.(17). [326]

Fuentes, Miguel de. Iesus, Maria, Ioseph. Discurso theologico-moral, historial, y iuridico, en defensa . . . de la . . . iurisdiccion espiritual episcopal. [*Salamanca?* 1662?] fol. 4745.f.11.(23). [327]

Fuster de Ribera, Francisco. Memorial a la reyna nuestra señora, y su . . . real consejo de Aragon. Por los coadjutores en el oficio de maestre . . . en . . . Valencia. Escriviola Francisco Fuster. [*Valencia*, 1675]. fol. 704.h.16.(3). [328]

G.

Gabriel, *de la Assunción.* Memorial del general de la orden de Descalços de la Santissima Trinidad . . . contra el arbitrio dado por el capitã Guillermo Garret. [*Madrid?* 1640]. fol. 4783.e.1.(1). [1]

Gaciot, Nicolau. Carta escrita. Per en Nicolau Gaciot . . . Donant li raho de la . . . entrada de la Reyna del Catay, à . . . Barcelona. *Gabriel Graells: Barcelona*, 1619. 4.° 11450.e.24.(13). [2]

Gadea y Oviedo, Sebastian Antonio. Triunfales fiestas que a la canonizacion de san Juan de Dios . . . consagró . . . Granada. *Francisco de Ochoa: Granada*, 1692. 4.° 811.d.19. [3]

Gago de Vadillo, Pedro. Luz de la verdadera cirurgia, y discursos de censura de ambas vias . . . Compuestos por . . . Gago de Vadillo . . . Corregido . . . en esta tercera impression. *Juan Micol: Pamplona*, 1692. 4.° 1477.dd.38. [4]

Galceran Sors, Paulo Vicente. [*Begin:*] Señor, el licenciado Paulo Vicente Galceran Sors. [A petition to Philip IV for recognition of services]. [*Madrid?* 1630?] fol. 765.i.6.(9). [5]

Galdo Guzman, Diego de. Arte mexicano. Por el padre fr. Diego de Galdo Guzman. *Viuda de Bernardo Calderõ: Mexico*, 1642. 8.° 12907.a.45. *imp.* [6]

Galen. Commentaria in librum Galeni: de ratione curandi per sanguinis missionem. [With the text]. Auctore Hieronymo Nunio Ramirez. *Typis Petri Crasbeeck: Olisipone*, 1608. 4.° 540.e.14. [7]

— Ioh. Francisci Rosselli Castalani Barcinonensis ad sex libros Galeni de differentiis, et causis morborum (N. Linacro interprete), commentarii. [With the text]. 2 pt. *Apud Sebastianum & Iacobum Mathevat: Barcinonæ*, 1627. fol. 540.h.18. [8]

Galicia. Por la prerrogativa del asiento con el cuerpo de la real audiencia . . . de Galizia . . . don Manuel de Angulo fiscal. [*n.p.*, 1618?] fol. 765.i.1.(25). [9]

— [*Begin:*] Señor. El real acuerdo de la audiencia de . . . Galicia. [A petition addressed to the King]. [*n.p.d.*], fol. 765.h.3.(28). [10]

— Tercera relacion diaria de los felizes successos, que el exercito de Galicia ha tenido cõtra . . . Portugal . . . desde 17 de agosto hasta . . . septiembre. *Iuan Gomez Blas: Sevilla*, 1662. 4.° 1323.c.23. *imp.* [11]

Galindo, Pedro. Verdades morales, en que se reprehenden, y condenan los trages vanos . . . con otros vicios. *Francisco Sanz: Madrid*, 1678. 4.° 1490.d.85. [12]

Gallardo de Cespedes y Velasco, Juan. [*Begin:*] Señor, Iuan Gallardo de Cespedes y Velasco protector por V. M. de las naciones. [A memorial to the King, on the commerce of Andalusia]. [*Seville?* 1640?] fol. 1324.i.10.(8). [13]

Gallegos, Manuel de. Gigantomachia de Manuel Gallegos. (Anaxarete). [Poems]. *Pedro Crasbeeckan: Lisboa*, 1626. 4.° 1072.g.1.(2). [14]

Gallio, Marco. [*Begin:*] Nueva y verdadera relacion de un temblor . . . que sucedio en . . . Remini . . . à 14 de abril . . . 1672. [*Seville*, 1672]. 4.° 1323.g.1.(6). [15]

Galluci, Giovanni Paolo. Theatro del mundo y de el tiempo . . . traducido . . . por Miguel Perez. *En las casas del autor, y a su costa por Sebastian Muñoz: Granada*, 1606. fol. 531.m.9. [16]

Galtero, Pedro Gerónimo. Discurso en que se satisfaze a la duda de las convenencias del uso del nadar. [*Madrid*], 1644. 4.° 785.h.7. [17]

Galvao, Ignatius. Discursus varii . . . collecti ex commenda-tiones sapientiæ D. Thomæs Aquinatis. 2 vol. *Opere Emmanuelis Carualho; Opera Laurentij Craesbeeck: Eboræ, Ulyssip*, 1625-35. fol. 3675.bb.4. [18]

Gálvez, Pedro de. Por el doctor don Pedro Galuez . . . Con el prior, y consules de . . . Sevilla, y interessados en el derecho del uno y medio por ciento, que se concedio para satisfacion de la denunciacion de don Christoual de Balvas. [*Madrid?* 1660?] fol. 1322.l.5.(16). [19]

— Por su magestad, el doctor D. Pedro de Galvez . . . Con las religiones de las Indias. Sobre los diezmos. *Domingo Garcia Morràs: Madrid*, 1657. fol. 1322.l.5.(15). [20]

— Por su magestad. El doctor don Pedro Galuez . . . en el pleyto. Con las religiosas de las Indias. Sobre la paga de diezmos. [*Madrid?* 1657?] fol. 1322.l.5.(14). [21]

Gálvez, Sebastian. Relacion muy verdadera, en la qual se contienen dos obras . . . La primera trata como en . . . Castro . . . aparecieron . . . legiones de demonios . . . La segunda . . . de la . . . crueldad . . . que une muger . . . tuvo . . . contra una hermana suya. [In verse]. *Augustin Martinez: Murcia*, 1613. 4.° 1072.g.26.(29). [22]

Gálvez de Montalvo, Luis. El pastor de Filida. Dirigido a d. Enrique de Mendoça de Aragon. *Esteuan Liberos; a costa de Miguel Menescal: Barcelona*, 1613. 8.° 243.e.33. [23]

Gamboa y Eraso, Luis de. Verdad de lo sucedido con ocasion de la venida de la armada inglesa del enemigo sobre Cadiz . . . y prevenciones del duque de Medina Sidonia. *Iuan de Borja: Cadiz*, 1626. fol. 593.h.17.(60). [24]

Gámez, Andres de. Discurso filosofico, medico, e historial, que . . . a la luz de las apologias . . . pretende hallar la verdad en la defensa de la medicina dogmatica. *Por Antonio Roman: Madrid*, 1683. 4.° 1172.i.8.(4). [25]

Gandara, Felipe de la. Armas, i triumfos. Hechos heroicos, de los hijos de Galicia. Elogios de su nobleza . . . Resumen de los servicios que este reino à hecho a Felipe IV. *Pablo de Val; a costa de Antonio de Riero: Madrid,* 1662. 4.° 1327.c.9. [26]

—Nobiliario, armas, y triunfos de Galicia, hechos heroicos de sus hijos, y elogios de su nobleza, y de la mayor de España. *Iulian de Paredes: Madrid,* 1677. fol. 1327.k.3. [27]

Garau, Francisco. Declamaciones sacras, politicas y morales, sobre los evangelios todos de la quaresma . . . Segunda impression. *Iayme de Bordazar: Valencia,* 1698. 4.° 4428.i.1. (*destroyed*). [28]

—La fee triunfante en quatro autos celebrados en Mallorca por . . . la inquisicion. *Viuda Guasp: Mallorca,* 1691. 4.° 4061.e.38. [29]

Garavito, Gerónimo. [19 memorials addressed by Geronimo Garavito to the King of Spain on the administration of Peru]. [*Madrid?* 1640-45?] fol. 725.k.18.(3, 4, 12-28). [30]

—[*Begin:*] Señor. Geronimo Garauito . . . en nombre de los curas, beneficiados, y sacristanes . . . de la . . . iglesia parroquil [of Potosi]. [A memorial on their behalf addressed to the King]. [*Madrid?* 1640?] fol. 4745.f.11.(16). [31]

Garay, Nuño de. La chronica de los muy notables cavalleros Tablante de Ricamonte y de Iofre hijo del conde Donason. *Iuan Gracian: Alcala de Henares,* 1604. 4.° G.10214. [32]

Garces, Ana. Elogios a la profession de . . . doña Ana Garces, en el real convento de religiosas Bernardas de santa Lucia. [In verse]. [*n.p.,* 1694]. 4.° 1073.k.22.(15). [33]

Garces, Joan. Refranes, y avisos por via de consejos . . . endereçados a unos amigos suyos casados. [In verse]. *Esteuan Liberos: Barcelona,* 1623. 4.° 11450.e.24.(22). [34]

Garcés de Acosta y Figueroa, Diego. Por el licenciado don Diego Garces de Acosta y Figueroa . . . en el pleyto, contra Pedro de Toledo. [*Madrid?* 1630?] fol. 1322.l.2.(44). [35]

Garces de Portillo, Pedro. Breve resolucion de la duda, que en algunas de las cathedrales de esta nueva Espana . . . ha avido. [*Mexico,* 1620?] fol. 4183.k.2.(1). *imp.* [36]

—[*Begin:*] El doctor Pedro Garces de Portillo. [A memorial to the viceroy of Mexico setting forth the memorialist's services, and praying for promotion]. [*Mexico?* 1640?] *S.sh.* fol. 1324.i.9.(17). [37]

Garcez y de la Sierra Boil de Arenós, José Carlos. Libro nuevo. Iuego de damas. Dividido en tres tratados. *Antonio Gonçalez de Reyes: Madrid,* 1684. 4.° 7913.d.46. (*destroyed*). [38]

García, Carlos. La desordenada codicia de los bienes agenos. Obra apazible. *Adrian Tiffeno: Paris,* 1619. 12.° 012330.e.33. [39]

—[Another edition]. Antipatia de los franceses y españoles. Obra apacible, *Span. & Fr. Iacques Caillouë: Rouen,* 1630. 12.° 8042.a.49. [40]

——*Alexander Sersanders: Gandt,* 1645. 8.° 12355.b.19. [41]

—La oposicion y coniuncion de los dos grandes luminares de la tierra. Obra . . . en la qual se trata de la . . . alianca de Francia y España. *Span. & Fr. Iuan de la Ribera: Cambray,* 1622. 12.° 878.b.3. [42]

García, Francisco. Persecucion que movieron los tartaros en . . . la China contra la ley de Iesu Christo, y sus predicadores; y lo sucedido desde . . . 1664, hasta . . . 1668. *María Fernandez: Alcalá,* 1671. 4.° 9180.dd.12.(9). [43]

—Vida, y martirio de el venerable padre Diego Luis de Sanvitores . . . apostol de las islas marianas, y successos . . . desde . . . [1668] asta . . . [1681]. *Iuan Garcia Infançon: Madrid,* 1683. 4.° 485.a.17. [44]

—Vida, y milagros de san Francisco Xavier . . . Tercera impression. *Antonio Ferrer, y Balthazar Ferrer: Barcelona,* 1683. 4.° 486.b.28. [45]

García, Gaspar. Primera parte de la Murgetana de Oriolano, guerras, y conquistas . . . de Murcia por . . . Iayme primero. [In verse]. *Iuan Vicente Franco: Valencia,* 1608. 8.° C.63.a.6. [46]

García, Gregorio. Historia eclesiastica y seglar, de la Yndia Oriental, y Occidental, y predicacion de los sanctos Evangelios. *Pedro de la cuesta: Baeça,* 1626. 8.° 296.g.32. [47]

—Origen de los indios de el nuevo mundo, e Indias Occidentales. *Casa de Pedro Patricio Mey: Valencia,* 1607. 8.° 1061.b.11. [48]

García, Juan, *Dominican.* Aviso que se ha embiado de . . . manila, del estado que tiene la religion . . . en las Philipinas, Iapon y . . . China. *Iuan Gomez de Blas: Sevilla,* 1633. fol. 593.h.17.(120). [49]

García, Juan, *Forçado.* Relacion verdadera de la famosa presa que han hecho las dos galeras de Cataluña. [In verse]. *Sebastian de Cormellas: Barcelona,* 1612. 4.° 11450.e.25.(34). [50]

García, Marcos. La flema de Pedro Hernandez. Discurso moral y politico. *Gregorio Rodriguez; a costa de Gabriel de Leon: Madrid,* 1657. 8.° 8405.aa.47. [51]

García, Vicente. La armonia del Parnás, mes numerosa en las poesias varias del atlant del cel poetic, lo dr Vicent Garcia. *Rafael Figuero; se ven en casa Ioan Veguer: Barcelona,* 1700. 4.° 1480.b.9. [52]

García Canalejas, Juan. Libro del iuego de las damas, dividido en tres tratados. *Iuã Nogues; a costa de su autor: Zaragoça,* 1650. 4.° C.31.g.15. [53]

García Carrero, Petrus. Disputationes medicæ, et commentaria in fen. primam libri quarti Avicennæ: in quibus non solùm quæ pertinent ad theoricam; sed etiam ad praxim, locupletissime reperiuntur . . . Opera . . . Petri Ferriol. *Apud Guilelmum Millangium: Burdigalæ,* 1628. fol. 542.h.12. [54]

—Disputationes medicæ super fen primam libri primi Avicenæ, etiam philosophis valde utiles. *Ex officina Ioannis Gratiani, apud viduam: Compluti,* 1611. fol. 542.g.9. [55]

—[Di]sputationes [m]edicæ super libros Galeni de locis affectis, & de alijs morbis ab eo ibi relictis. *Ex officina Iusti Sanchez Crespo: Compluti,* 1605. fol. 777.k.27. *imp.* [56]

García Coco, Alonso. [*Begin:*] Iesus, Maria. Por Alonso Garcia Coco, y consortes, vezinos de . . . Castromocho. Con . . . Rodrigo Lopez de Cisneros, y . . . vezinos de la dicha villa. [A pleading]. [*n.p.d.*], fol. 765.h.2.(44). [57]

García de Aguila, Pedro. Por Pedro Garcia del Aguila arrendador de la renta de los naypes de Castilla y Toledo. Con el señor fiscal de la real hazienda [i.e. L. Gudiel y Peralta. A pleading]. [*Madrid?* 1630?] fol. 765.i.6.(30). **[58]**

García de Alexandre, Juan Bautista. Cancion real al altissimo misterio de el Ave. Maria en la . . . encarnacion de el Verbo Dios eterno . . . Romance: chaos en el mundo en la muerte de el Christo. *Antonio Aluarez: Lisboa,* 1635. 4.° 011451.ee.16. **[59]**

García de Avila, Francisco. Para que se deuan preferir todos los que huuieran seruido en las Indias. [1630?] 4.° *See* Indies. C.62.i.18.(100).

García de Caralps, Antonio Juan. Historia de S. Oleguer, arçobispo de Tarragona. *Sebastian Matevad: Barcelona,* 1617. 4.° 4828.aaa.31. **[60]**

García de Cespedes, Andrés. Libro de instrumentos nuevos de Geometria . . . para medir distancias, y alturas . . . Demas desto se ponen otros tratados. *Iuan de la Cuesta: Madrid,* 1606. 4.° C.125.b.3.(2). **[61]**

— Regimiento de navegacion q̄ mando haser el Rei . . . por orden de su conseio real de las Indias. (Segunda parte, en que se pone una hydrographia). 2 pt. *Iuan de la Cuesta: Madrid,* 1606. fol. C.125.e.2.(1). **[62]**

García de Escañuela, Bartolomé. Exemplar religioso. Propuesto en la vida y muerte del . . . padre fray Andres de Guadalupe . . . En un sermon funebre. *Imprenta real: Madrid,* 1668. 4.° 4866.b.19. **[63]**

— Penas en la muerte, y alivios en las virtudes de . . . Felipe IV. *Imprenta real: Madrid,* 1666. 4.° 861.k.16.(5). **[64]**

García del Águila, Pedro. Por Pedro Garcia del Aguila arrendador de la renta de los naypes de Castilla, y Toledo. Con el señor fiscal. [A pleading]. [*Madrid?* 1630?] fol. 765.i.6.(30). **[65]**

García de Londoño, Domingo. Iesus, Maria, Ioseph, por don Domingo Garcia de Londoño. Contra el procurador fiscal. [*n.p.,* 1675?] fol. 1322.k.15.(15). **[66]**

— Tres son los cargos a que se reduze la causa criminal, que se ha fulminado . . . contra don Domingo Garcia Londoño. [*n.p.,* 1675?] fol. 1322.k.15.(16). **[67]**

García del Valle, Francisco. Historia natural, y moral del nacimiento del mundo. pt. I. *Gregorio Rodriguez: Madrid,* 1648. fol. 479.e.18. **[68]**

García de Marlones,—*pseud.* [i.e. Baltasar Gracián]. El criticon primera parte en la primavera de la niñez, y en el estio de la iuventud. (—tercera parte . . . la vejez). 3 pt. *Iuan Nogues; y a su costa; Por Pablo de Val; a costa de Francisco Lamberto: Zaragoza, Madrid,* 1651-57. 8.° 08407.e.8. **[69]**

García de Molina, Julian. Relacion de las prevenciones y forma como se celebrò el auto publico de la fe en . . . Sevilla. *Diego Flamenco: Madrid,* 1625. fol. 593.h.22.(72). **[70]**

García de Palacios, Juan, and **López de Mendizabal, Gregorio.** Por las santas iglesias de la Puebla de los Angeles . . . de Mexico: y demas cathedrales . . . En el impedimento que ha puesto, el . . . procurador, etc. [*Mexico,* 1672]. fol. 5125.g.9.(10). **[71]**

García de Trasmiera, Diego. Epitome de la santa vida y relacion de la . . . muerte del venerable Pedro de Arbues. *Diego Diaz de la Carrera: Madrid,* 1664. 4.° 4828.d.3. **[72]**

García Peres, María. Verdadera relacion, que refiere un . . . milagro que Dios . . . obró . . . con una muger llamada Maria García. [In verse]. *Sevilla* [1675]. 4.° 811.e.51.(16). **[73]**

García Ybañez, Felipe. Por don Geronimo de Quiñones, clerigo presbitero . . . de Auila, con la abadesa, monjas, y conuento de la Encarnacion. [A pleading]. [*n.p.,* 1625?] fol. 1322.l.10.(32). **[74]**

García y Marin, María Teresa. Epitalamio sacro en el mistico desposorio de doña Maria Teresa Garcia, y Marin, con el principe mas supremo. [*Zaragoca,* 1691]. 4.° 1073.k.22.(20). **[75]**

Garci Ordoñez, Bartolomé. Arte politica de desempeño breve y perpetuo, de principes, y potestades, sin extorsion. *Luis Sanchez: Valladolid,* 1602. 8.° 8006.a.11. **[76]**

Garibay y Zamalloa, Estéban de. Los quarenta libros del compendio historial de las chronicas y universal historia de todos los reynos de España. *Sebastian de Cormellas; y a su costa: Barcelona,* 1628. fol. 181.f.7, 8. **[77]**

Garzo Joseph. Iesus, Maria, Ioseph. Por don Bartolome Fernandez Moreno, veedor general de las armadas de la flota . . . de nueva España. En la causa, con el fiscal del consejo real de las Indias. [*Madrid?* 1665?] fol. 1324.i.4.(7). **[78]**

— Por Alonso Sanchez Salvador, tesorero que fue de la casa de la moneda . . . del Potosi . . . en el pleyto con el . . . fiscal del consejo real de las Indias. [*Madrid?* 1657]. fol. 1324.i.1.(31). **[79]**

— Por don Diego Ossorio de Escobar y Llamas, obispo de la . . . Puebla de los Angeles . . . de nueva España. En la residencia que en virtud de comission del consejo actuò don Iuan Cessati del Castillo. [*Mexico?* 1670?] fol. 9771.h.1.(2). **[80]**

— Por don Nicolas Fernandez de Cordova Ponce de Leon . . . general de la armada . . . de nueva España, que el año passado . . . dio fondo en . . . Cadiz. Con el fiscal. [*Madrid?* 1665?] fol. 1324.i.4.(6). **[81]**

Gasca, — de la. Por don Iuan Perez de Arrasti, como hijo . . . de . . . Iuana Maldonado. Contra don Pablo Veneroso y consorte, como heredero de Bartolome Veneroso. *Imprenta de la real chancilleria; por Frācisco Heylan: Granada,* 1625. fol. 765.i.2.(41). **[82]**

— Por doña Agustina Nieto, vezina de la ciudad de Antequera. Contra el convento, prior, y frayles de san Agustin. *Imprenta de la real chancilleria; por Francisco Heylan: Granada,* 1626. fol. 765.i.2.(37). **[83]**

Gasca, Juan Bautista de la. [*Begin:*] Este papel breve escusàra. [A memorial, addressed to the Council of the Indies, setting forth his claims to the appointment of "Escrivano de Camara"]. [*Madrid?* 1630?] fol. C.62.i.18.(96). **[84]**

— Servicios del doctor Christoual de Medrano, y titulos que su hijo mayor . . . representa a su magestad [Philip IV] para la merced que pide. [*Madrid?* 1638?] fol. 1322.l.4.(6). **[85]**

Gasca de la Vega, Diego. Por don Diego Gasca de la Vega, alferez . . . Con el marques de Sieteyglesias. [*n.p.,* 1625?] fol. 765.i.7.(7). **[86]**

Gaspar, *de San Augustin.* Conquistas de las islas Philipinas: la temporal, por las armas del señor Phelipe Segundo; y la espiritual, por los relegiosos . . . de san Augustin. *Manuel Ruiz de Murga: Madrid*, 1698. fol.   4765.f.9.   [87]

Gaspar, *de San Bernardino*. Itinerario da India por terra ate este reino de Portugal com a descripcam de Hierusalem dirigido a raynha de Espanha. *Vicente Alvares: Lisboa*, 1611. 4.°   C.63.g.8.(3); G.6967.   [88]

Gassol de Conques, Miguel, and **Joan**. Relacion fidelissima, y verdadera de las fiestas, y procession . . . yende en ella las cofradias . . . Siguiola la magestad del Rey. *Sebastian y Iayme Matevad: Barcelona*, 1626. 4.°   12331.dd.16.(13). [89]

Gastañeta Yturribalzaga, Antonio de. Norte de la navigacion hallado por el quadrante de reduccion. *Juan Francisco de Blas: Sevilla*, 1692. fol.   8805.ff.26.   [90]

Gasus, Damien. Verdadera, y nueva relacion de el rigoroso castigo que en . . . Perpiñan se executó en Damien Gasus de nacion catalan . . . año de 1675. *Iuan Cabeças:Sevilla*, [1675]. 4.°   1445.f.17.(57).   [91]

Gauna Atienza, Francisco de. Informe por . . . Francisco de Gauna Atienza . . . que pretende que el consejo confirme su sentencia . . . en la causa que contra sus procedimientos fulmino don L. de Sierra Ossorio. [*Mexico*? 1675?] fol.   6785.k.2.(4). (*destroyed*).   [92]

Gauvain, Christoval. Anagrammata duo . . . don sabus Melinius, salus mundi e nobis (Alterum anagramma . . . Sabus Melinius, en salus ibi sum). [*Madrid*? 1690?] *S.sh.* fol.   T.101.*(4).   [93]

—Præexcelso Heroi . . . Guillermo Godolphin, pro . . . magnæ Britaniæ monarcha in Hispania legato. [Congratulatory verses]. [*Madrid*? 1680?]. *S.sh.* fol.   T.101.*(8).   [94]

—Præexcelso militantis ecclesiæ principi patri . . . fray Thomæ Carbonel . . . Seguntiensi episcopo ad suam ipsius in episcopum sacrationem congratulatio. [In verse]. [*Madrid*? 1677]. *S.sh.* fol.   T.101.*(6).   [95]

—Præexcelso principi . . . Antonio Alvarez de Toledo, magno duci de Alva, ad novam suam in senatu Italico præsidentiam, poetica congratulatio. [*Madrid*? 1690?] fol.   T.101.*(7).   [96]

Gavalda, Francisco. Memoria de los sucessos particulares de Valencia, y su reino en los años . . . [1646 and 1648] tiempo de peste. *Silvestre Esparsa: Valencia*, 1651. 4.°   7561.b.37.   [97]

Gavy de Mendoça, Agostinho de. Historia do famoso cerco, que a Xarife pos a fortaleza de Mazagam deffendido pello . . . capitan Mordella Alvaro de Cavalho. *Vicente Aluarez: Lisboa*, 1607. 4.°   583.c.5.   [98]

Gaytan de Torres, Manuel. Relacion y vista de oios que don Manuel Gaytan de Torre, ventiquatro de . . . Xerez hace a su magestad. [*Lima*?] 1621. fol.   C.62.i.19.(49). 725.k.18.(41). *t.p. only*.   [99]

Gazeta. Gazeta do mes de dezembro de 1641. (— Ianeiro . . . 1642—Fevereiro de 1642—Março de 1642 . . . Outubro). *Lourenço de Anueres: Lisboa*, 1641, 42. 1060.c.29.(6, 7). [100]

—Gazeta em que se relatum as novas todas, que ouue nesta corte . . . nouembro de 1641. *Lourenco de Anueres: Lisboa*, [1641]. 4.°   1060.c.29.(5).   [101]

—Gazeta primeira e segunda do mes de Dezembro de novas de fora do reyno. *Lourenço de Anueres: Lisboa*, 1643. 4.° 1060.c.29.(12).   [102]

Germany. [*Appendix*]. Gazeta general de el imperio, y de otras partes de Europa, año 1700. *Francisco Garay: Sevilla*, 1700. 4.°   1445.f.21.(1).   [103]

—Relacio verdadera de tot lo succeit entre los exercits del emperador, rey christianissim y rey de Castella en Alemanja. *Iaume Matevat: Barcelona*, 1643. 4.° 9180.e.2.(10).   [103a]

—Relacion de avisos que han traido a esta corte correos de Alemania, Flandes, Italia, y otras partes. *Pedro Taze: Madrid, y por su original por Simon Faxardo: Seuilla*, 1638. 4.°   1445.f.22.(19).   [104]

—Relacion verdadera, de la gran vitoria que han tenido las armas imperiales, contra las de Suecia . . . 1639. *Nicolas Rodriguez: Seuilla*, 1639. 4.°   1445.f.22.(40).   [105]

—Relacion verdadera, embiada de Alemania a . . . Madrid, en que se declara la grande vitoria que han tenido las armas del emperador contra las de los suecos. *Catalina de Barrio: Madrid, y por su original por Iuan Gomez de Blas: Sevilla*, 1641. 4.°   1445.f.22.(52).   [106]

—Verdadera relacion de las felices vitorias que han tenido las armas cesareas contra franceses . . . y otros rebeldes . . . 1643. *Iuan Gomez de Blas: Seuilla*, 1643. 4.° 1445.f.17.(43).   [107]

Gerona, *Spain*. Constitutiones synodales dioecesis Gerunden. In unum collectæ, renovatæ, & auctæ . . . Variis glossis . . . opinionibus, ac declarationibus . . . exornatæ. A. Francisco Romaguera. *Sumptibus Hieronymi Palol: Gerundæ*, 1691. fol.   5125.h.1.   [108]

Gerónimo, *de la Concepción*. Emporio de el orbe, Cadiz ilustrada, investigacion de sus antiguas grandezas. *Joan Bus: Amsterdam*, 1690. fol.   182.g.13.   [109]

Gerónimo, *de la Cruz, Hieronymite*. Iob evangelico, stoyco ilustrado, doctrina ethica, civil, y politica. *En el hospital real, y general de nuestra señora de Gracia: Çaragoça*, 1638. fol.   3166.g.8.   [110]

Gerónimo [Ezquerra y Blancas], *de San José*. Historia del venerable padre Fr. Iuan de la Cruz. *Diego Diaz de la Carrera: Madrid*, 1641. 4.°   491.d.7.   [111]

Gerónimo, *de Santa Cruz, pseud.* [i.e. F. Manuel de Mello]. Declaracion que por el reyno de Portugal, *etc. Antonio Craesbeeck y Mello: Lisboa*, 1663. 4.°   1486.cc.8.   [112]

Gerónimo Gracián, *de la Madre de Dios*. Leviathan engañoso. Suma de algunos engaños en que se trata de los pecados ocultos: y agenos: de las malas costumbres . . . escusas engañosas y palabras mal sonantes. *Roger Velpio; y Huberto Antonio: Brusselas*, 1614. 8.°   4401.c.20.   [113]

Gertrude, *Saint*. Libro intitulado insinuacion, y demonstracion de la . . . piedad. *Gabriel Ramos Vejarano: Sevilla*, 1616. fol.   490.i.9.   [114]

Getafé, *Calle de, at Madrid*. Entremes de Getafe. [By A. Hurtado de Mendoza]. [In verse]. *Viuda de Frãcisco de Cordoua: Valladolid*, 1621. 16.°   11726.aa.1.(13).   [115]

Gil, Jayme. Perfecta y curiosa declaracion, de los provechos . . . que dan las colmenas. *Pedro Gel: Zaragoça*, 1621. 8.° 972.h.5.   [116]

Gil, Magdalena. [*Begin*:] Curiosa Xacara, y entretenida, en que se refiere la vida . . . y muerte de una famosa hechícera (Magdalena Gil) . . . de Pamplona. [In verse]. *Tomé de Dios de Miranda: Sevilla*, 1671. 4.°   1323.g.1.(13). [117]

Gilabert, Francisco de. Discurso sobre la calidad del principado de Cataluña, inclinacion de su habitatores y su govierno. 4 pt. *Luys Manescal: Lerida,* 1616. 4.° 10161.b.18. **[118]**

Gileno, *Pastor.* Summari y relatio verdadera de la sancta unio y germandat firmada en . . . Barcelona . . . Composta . . . en vers de Iaume Roig, per lo pastor Gileno. *Honofre Anglada: Barcelona,* 1606. 4.° 11450.c.25.(27). **[119]**

Gil Enriquez, Andrés. Comedia famosa; el lazo, vanda, y retrato. [In verse]. [*Madrid,* 1670]. 4.° 11728.c.59. **[120]**

Giles Pretel, Juan de. Iesus, Maria, Ioseph. Por el comercio de la ciudad de Sevilla . . . En el pleyto con el señor fiscal . . . sobre los derechos de las presas de armadas. [*n.p.,* 1650?] fol. 765.i.3.(13). **[121]**

— Por d. Garcia de Anguiano, y consortes; en el pleyto con don Antonio de Aguilera y Rojas. [A pleading]. [*n.p.,* 1650?] fol. 765.i.4.(22). **[122]**

— Por el comercio de la ciudad de Seuilla . . . con Simon Rodriguez Bueno. [*n.p.,* 1650?] fol. 765.i.3.(11). **[123]**

— Por el comercio de la ciudad de Sevilla . . . En el pleyto con el señor fiscal del consejo de hazienda. [*n.p.,* 1650?] fol. 765.i.3.(12). **[124]**

— Por el comercio de la ciudad de Seuilla . . . En el pleyto con el señor fiscal . . . Sobre los derechos de entrada de las mercanderias. [*n.p.,* 1650?] fol. 765.i.3.(15). **[125]**

— Por el marques de Ribas don Ioseph de Saavedra y Ulloa. En el pleyto de tenuta. Sobre el mayorazgo que fundo . . . Pedro. Yañez de Ulloa. [*n.p.,* 1650?] fol. 1322.k.15.(22). **[126]**

Ginart, Bartholomeu. Reportori general y brev sumari per orde alphabetich de totes les materies del furs de Valencia, fins les Corts . . . y dels privilegis de dita ciutat. *Pere Patricio Mey: Valencia,* 1608. 4.° 5385.c.4. **[127]**

Giron, Fernando. Copia de la carta que el señor don Fernando Giron . . . embio al . . . duque de Medina. *Iuan de Cabrera: Sevilla,* 1625. fol. 593.h.17.(17). **[128]**

Giron, Juan Felix. Origen, y primeras poblaciones de España, antiguedad de . . . Cordoba . . . region obesketania . . . pais que dio naturaleza al glorioso . . . San Laurencio martyr. *Diego de Valuerde y Leyua; y Acisclo Cortés de Ribera: Cordoba,* 1686. 4.° 574.f.19.(2). **[129]**

Goblet, Martin. Respuesta de un vassallo de su magestad . . . de Flandes, a los manifiestos de rey de Francia. Traducida del frances. *Herederos de la viuda de Pedro de Madrigal; a costa de Pedro Coello: [Madrid],* 1635. 4.° 1445.f.22.(3). **[130]**

Godinez, Felipe. Cautela son amistades. Comedia. [*Salamanca?* 1650?] 4.° T.1736.(16). **[131]**

— De buen moro buen Christiano. Comedia. [In verse]. [*Madrid?* 1700?] 4.° 1072.h.14.(1); 11728.h.8.(18); 11728.c.62. **[132]**

— — [*Madrid?* 1700?] 4.° 11728.c.61. **[133]**

— Comedia famosa. Las lagrimas de David. *Madrid,* [1700?] 4.° No. 10? *of an unidentified collection.* 11728.c.63. **[134]**

— Los trabaios de Iob. Comedia. [In verse]. [*n.p.,* 1630?] 4.° 1072.h.14.(13). **[135]**

Godinez, Miguel. Practica de la theologia mistica. Por . . . Miguel Godinez . . . Sacala a luz . . . Juan de Salazar y Bolea. *Juan Vejerano; a costa de Lucas Martin de Hermosilla: Sevilla,* 1682. 8.° 3559.aa.16. **[136]**

— — *Martin Gregorio de Zabàla: Pamplona,* 1690. 8.° 3560.a.1. **[137]**

Godinho, Manoel. Relação de novo caminho que fez por terra e mar o padre Manoel Godinho. uindo da India, para Portugal . . . 1663. *Henrique Valente de Oliveira, Lisboa,* 1665. 4.° 1045.h.34; G.6922. **[138]**

— Vida, virtudes, e morte com opinião de santidade do . . . fr. Antonio das Chagas. *Miguel Deslandes; & a sua custa: Lisboa,* 1687. 4.° 1232.c.17. **[139]**

Godinho Cardozo, Manoel. Relaçam do naufragio da não Santiago, & itinerario da Gente que delle se salvou. *Pedro Crasbeeck: Lisboa,* 1602. 4.° T.2232.(3). **[140]**

Godoy, Francisco de. Lo que saliere. Discurso primero, político, moral, y entretenido. (Prólogo . . . y respuesta). *Iuan Cabeças: Sevilla,* 1676. 4.° 12316.g.20. **[141]**

— Lucido aparato, festivas demonstraciones; con que . . . Sevilla manifesto . . . la . . . alegria motivada de aver cumplido los catorze años de edad . . . don Carlos II. [In verse]. *Iuan Cabeças: Sevilla,* 1675. 4.° 811.e.51.(12). **[142]**

Godoy, Juan de, *of Cordova.* [*Begin:*] Don Iuan de Godoy. [A memorial of his services]. [*Madrid?* 1630?] fol. 1324.i.2.(44). **[143]**

Godoy, Juan de, *Writer of verse.* Relacion muy graciosa, que trata de la vida y muerte q̃ hizo la Zarauanda, muger . . . de Anton Pintado. [In verse]. *Bartholome de Selma: Cuenca,* 1603. 4.° 011451.ee.22. **[144]**

Godoy, Petrus de. Illustrissimi, ac reverendissimi D. D. F. Petri de Godoy . . . Disputationes theologicæ in primam partem [of the "Summa theologica"] divi Thomæ. 3 tom. *Excudebat Fr. Didacus Garcia: Burgi Oxomensis* [*Osma*], 1669. fol. 3845.ee.9. **[145]**

— Illustrissimi, ac reverendissimi D. D. F. Petri de Godoy . . . Disputationes theologicæ in primam secundæ [of the "Summa theologica"] divi Thomæ. tom 1. *Excudebat Fr. Didacus Garcia: Burgi Oxomensis* [*Osma*], 1672. fol. 3845.ee.10. **[146]**

— Illust.ᵐⁱ ac rev.ᵐⁱ D. D. fr. Petri de Godoy . . . disputationes theologicæ in tertiam partem [of the "Summa theologica"] divi Thomæ. 3 tom. *Excudebat Fr. Didacus Garcia: Burgi Oxomensis* [*Osma*], 1666-68. fol. 3845.ee.11. **[147]**

Godoy Ponce de León, Andrés de. Don Andres de Godoi Ponce de Leon . . . por si, i como padre . . . de don Luis de Godoi, pretende, V. m. le mande despachar requisitoria para las iusticias . . . de Murcia. [*n.p.,* 1635?] fol. 1322.l.8.(7). **[148]**

Goes, Damião de. Chronica do felicissimo rey dom Emanuel. *Antonio Aluarez; feita a sua custa: Lisboa,* 1619. fol. C.75.d.5. **[149]**

Golden Fleece, *Order of the.* Privileges de l'ordre de la Toison d'Or. [With confirmation by Philip IV of Spain, and other documents, including a bull of Leo X]. 3 pt. [*Madrid?* 1650?] 4.° 9917.ccc.37. **[150]**

Gomes, Manoel. Del doctor Manuel Gomes . . . de que el aforismo . . . de Hipocrates, vita brevis, ars longa . . . sirve a la milicia como a la medicina: y de tres gusamos. [In verse]. (Emmanuelis Gommesii . . . de pestilentiæ curatione methodica tractatio . . . Editio tertia). *Apud viduam Ioannis Cnobbari: Antverpiæ,* 1643. 4.° 539.f.17; 11452.e.38. **[151]**

Gomes Barbosa, Francisco. Panegyrico em a Coroação de . . . dom Ioam IV. Rey de Portugal. [A poem]. *Lourenço de Anueres; a custa de Lourenço de Queiros: Lisboa*, [1641]. 4.° 11452.e.40.(13). **[152]**

Gómes de Santo Estevão, —. Historia del infante don Pedro de Portugal, el qual anduvo las siete partidas del mundo. *Antonia Ramirez viuda: Salamanca*, 1622. 4.° 281.e.32. **[153]**

—Infante d. Pedro. Libro do infante dom Pedro de Portugal, o qual andou as sete partidas do mundo. *Domingo Carneiro: Lisboa*, 1664. 4.° 1060.c.38. **[154]**

Gomes Galhano, Manoel. Polymathia exemplar. Doctrina de discursos varios . . . Cometographia meteorologica. Do prodigioso . . . cometa, que appareceo em . . . 1664. *Na officina de Antonio Craesbeeck de Mello: Lisboa*, 1666. 4.° 532.e.24. **[155]**

Gómes Solis, Duarte. Discursos sobre los comercios de las dos Indias. (Carta que Duarte Gomes escrivio al duque de Lerma). *Pedro Taso: [Madrid?]* 1622. 4.° 1029.d.16; C.60.i.7. *imp.* **[156]**

Gómez, Ambrosio. El moisen segundo. Nuevo redentor de España. N. P. Sᵗᵒ Domingo Manso . . . su vida sus virtudes y milagros. *Iuan Martin de Barrio: Madrid*, 1653. fol. 4828.g.17. **[157]**

Gómez, Gaspar. [*Begin:*] I H S Aunque este papel sale tarde. [A defense of Gomez against certain charges brought against him]. [*Madrid?* 1630?] fol. 1322.l.2.(43). **[158]**

Gómez, Juan. Discurso astrologico sobre los sucessos del año de 1652. Y parte del de 1653. *Juan Gomez de Blas: Sevilla*, 1652. 4.° 8610.c.25. **[159]**

Gómez, Justo. [*Begin:*] Iesus Maria Ioseph. En el pleyto que V. M. tiene visto en grado de apelacion, entre Ysabel Higueras, y consortes actores. Con . . . Gabriel Diaz de Figueras [and others] los quales pretende se revoquẽ las sentencias contra ellos dadas por la inquisition. 3 pt. [*n.p.d.*], fol. 765.h.2.(15, 16, 17). **[160]**

Gómez, Vicente. Govierno de principes, y de sus consejos para el bien de la republica. Con un tratado de los pontifices, y prelados de España . . . ultima impresion. *Iuan Bautista Marçal; a costa de Roque Sonzonio; y Claudio Mace: Valencia*, 1626. 4.° 574.f.1.(2). **[161]**

—Los sermones y fiestas que . . . Valencia hizo por la beatificacion del . . . padre Luys Bertran. *Iuan Chrysostomo Garriz: Valencia*, 1609. 8.° 4829.a.53. **[162]**

Gómez da Mata, Antonio. Testamente que fez Antonio Gomez da Mata correyo mòr que foi . . . de Portugal. *Officina Craesbeeckiana; a custa de Francisco Soares: Lisboa*, 1652. 4.° 10632.c.40. **[163]**

Gómez de Acosta, Francisco. Pongale nombre el discreto. Comedia. [In verse]. *Sevilla*, [1700?] 4.° *No. 22 of an unidentified collection.* 11728.c.67. **[164]**

Gómez de Aguilera y Saavedra, Rodrigo. Jerusalem libertada, y restauracion de toda la Palestina. Caida . . . de la secta de Mahoma. *Lucas Antonio de Bedmar y Baldivia: Madrid*, 1684. 4.° 1395.h.7. **[165]**

Gómez de Cervantes, Diego. [*Begin:*] Señor. El doctor don Diego Gomez. [A petition for a prebend in one of the churches of Mexico]. [*Madrid?* 1640?] *S.sh.* fol. 1324.i.2.(67). **[166]**

Gómez de Figueroa, Alvar. Aqui se comiença una obra llamada reprehensíon de la republica: y espejo del alma. [Poems. With a woodcut]. *Antonia Ramirez viuda: Salamanca*, 1607. 4.° Huth.160. **[167]**

Gómez de la Losada, Gabriel. A la catolica y cesarea magestad de . . . Maria Ana de Austria, reina . . . de España . . . Respondese a un memorial . . . sobre el rescate de los cortados, niños, y mugeres, que padecen . . . esclavitud. [*Madrid?* 1680?] fol. 4783.e.1.(2). **[168]**

—Escuela de trabaios, en quatro libros dividida: Primero, del cautiverio mas cruel . . . segundo, noticias . . . de Argel . . . Con la vita del . . . martirᵈ· Fr. Petro Pascual de Valencia. *Iulian de Paredes: Madrid*, 1670. 4.° 583.c.9. **[169]**

Gómez de la Parra, José. Panegyrico funeral de la vida . . . de el . . . señor . . . Manuel Fernandez de Santa Cruz. *Por los herederos del capitan Juan de Villa-Real: Puebla [de los Angeles]*, [1699]. 4.° 4986.bb.13. **[170]**

Gómez de Montalvo, Antonio. Por don Antonio Gomez de Montalvo . . . En el pleyto con el convento de Santa Catalina de Sena . . . por cabeça de doña Mariana Messia. *Imprenta real; por Francisco Sanchez; y Baltasar de Bolibar: Granada*, 1650. fol. 765.i.2.(36). **[171]**

Gómez de Mora, Andrés. El doctor Andres Gomez de Mora, fiscal . . . contra don Francisco de la Torre . . . don Fernando Carrillo [and others]. [*Mexico*, 1641?] fol. 9771.h.1.(6).; 1060.i.25. **[172]**

—Relacion del iuramento que hizieron . . . Castilla, i Leon al Serᵐᵒ don Baltasar Carlos. *Francisco Martinez: Madrid*, 1632. 4.° 1445.f.20.(1). **[173]**

Gomez de Quevedo Villegas, Francisco. [*Collections*]. Politica de Dios, gouierno de Christo; tirania de Satanas . . . Añadidas a este tratado. 1. La historia del buscon. 2. Los sueños. Discurso de todos los dañados y malos. 4. Cuento de cuentos. 4 pt. *Carlos de Labayen: Pamplona*, 1631. 8.° 12350.aa.12. **[174]**

—Parte primera (Parte segunda) de las obras en prosa de . . . Quevedo. 2 vol. *Por Melchor Sanchez; a costa de Mateo de la Bastida: Madrid*, 1658. 4.° 12230.e.3. **[175]**

—Obras de don Francisco de Quevedo . . . Dedicadas a su excellencia el marques de Caracena. 3 vol. *Francisco Foppens: Brusselas*, 1660, 61. 4.° 99.l.4–6. **[176]**

—Parte primera (Parte segunda) de las obras en prosa de . . . Quevedo . . . ultima impression. [With a preface by Isidoro Cavallero]. 2 vol. *Antonio Gonçalez de Reyes; vendese en casa de Santiago Martin Redondo: Madrid*, 1687. 4.° 635.g.1. **[177]**

—Obras . . . Nueva impression . . . ilustrada. [Edited by Pedro Aldrete Quevedo y Villegas]. 3 tom. *Henrico y Cornelio Verdussen: Amberes*, 1699. 4.° 635.g.3–5.; 99.l.7–9. **[178]**

—[*Separate works*]. Carta al serenissimo, muy alto, y muy poderoso Luis XIII . . . de Francia. *Maria de Quiñonez: Madrid*, 1635. 4.° 1445.f.22.(6).; 1445.f.20.(11) **[179]**

——[*Por Pedro Lacaualleria: Barcelona*, 1635]. 8.° 8050.c.22.(3). *imp.* **[180]**

——*Viuda de Alonso Martin: Madrid*, 1935 [1635]. 4.° 1196.f.4.(2). **[181]**

—El Chiton de las Tarauillas, Obra del licenciado Todo Se Sabe. 1630. 8.° See Chiton. C.53.i.12.(5).

—La cuna, y la sepultura, para el conocimiento propio, y desengaño de las cosas agenas. (Doctrina para morir). *Andres Grande: Sevilla*, 1634. 16.° 1019.a.17.(2). **[182]**

—Desuelos soñolientos, y verdades soñadas . . . Corregido . . . y añadido un tratado de la casa de locos de amor [by Lorenzo Vander Hammen y Leon]. *Pedro Verges; Vendese en casa de Roberto Duport: Zaragoça*, 1627. 8.° 1074.d.22. **[183]**

—Desuelos soñolientos y discursos de verdades soñadas . . . En doze discursos. Primera y segunda parte. *Pedro Lacavalleria: Barcelona*, 1629. 8.° C.53.i.12.(2). **[184]**

—Historia de la vida del Buscon, llamado don Pablos; exemplo de vagamundos, y espejo de tacaños. *Pedro Verges: Çoragoça [sic]*, 1626. 8.° C.53.i.12.(3). **[185]**

——*Lorenço Deu: Barcelona*, 1627. 8.° 12490.b.37. **[186]**

—[Another edition]. [With "Sueños, y discursos de verdades descubridoras de abusos", and "El perro, y la calentura" by P. Espinosa]. 3 pt. *A costa de Carlos Osmont: Ruan*, 1629. 8.° 1074.d.23. **[187]**

—La hora. Escriviola nuestro gran . . . Quevedo . . . La fortuna con seco . . . phantasia moral. Autor Rifroscrancot Viveque Vasgel Duacence. Traduzido . . . Por . . . Estevan Pluvianes del Padron. *Iuan de Ybar; a costa de Pedro Escuer: Zaragoça*, 1651. 8.° 012314.ee.23. **[188]**

—Iuguetes de la niñez, y trauesuras de el ingenio . . . Corregidas de los descuydos de los trasladores, y añadidas muchas cosas. *Andres Grande: Sevilla*, 1634. 8.° C.34.b.59. **[189]**

—Memorial por el patronato de Santiago, y por todos los santos . . . de España. *Pedro Verges: Çaragoça*, 1629. 8.° C.53.i.12.(4). **[190]**

—El Parnaso español y musas Castellanas de . . . Quevedo . . . Corregidas por el doctor Amuso Cultifragio [i.e. J. A. González de Salas]. *Diego Diaz de la Carrera; a costa de Pedro Coello: Madrid*, 1650. 4.° 1077.k.7. **[191]**

—El Parnaso español, monte en dos cumbres dividido con las nueue musus Castellanas. Donde se contienen poesias de . . . Quevedo . . . illustrada por don Ioseph Antonio Gonzalez de Salas. *Pablo Craesbeeck: Lisboa*, 1652. 4.° 11451.cc.33. **[192]**

—El Parnaso español, y musas Castellanas. *Pablo de Val; a costa de Mateo de la Bastida: Madrid*, 1659. 4.° 11450.dd.31. **[193]**

——*Pablo de Val; a costa de Santiago Martin Redondo: Madrid*, 1660. 4.° 11450.c.1. **[194]**

—Politica de Dios. Gouierno de Christo; tirania de Satanas. Escriuelo con las plumas de los evangelistas . . . Quevedo. *Carlos de Labáyen: Pamplona*, 1626. 8.° C.53.i.12.(1). **[195]**

——*Esteuan Liberos; a costa de Lluch Duran y Yacinto Argemir: Barcelona*, 1626. 8.° 4372.aa.38. **[196]**

——[With "Parte segunda postuma"]. *A expensar [sic] de Pedro Coello: Madrid*, 1655. 4.° 852.i.15. **[197]**

——[With a dedication by Gabriel Osorio]. *Diego Diaz de la Carrera; a costa de Mateo de la Bastida: Madrid*, 1662. 4.° 1141.d.30. **[198]**

——*Pablo de Val; A costa de Santiago Martin Redondo: Madrid*, 1660. 4.° 11450.dd.2. **[199]**

—Providencia de Dios, padecida de los que la niegan y gozada de los que la confiessan. Doctrina estudiada en los Gusanos . . . Obras postuma. *Pasqual Bueno: Zaragoça*, 1700. 4.° 486.c.28.(2). **[200]**

—Relacion en que se declaran las traças con q̃ Francia ha pretendido inquietar los animos de los . . . flamencos. *Iuan Serrano de Vargas: Malaga*, 1637. 4.° 1445.f.22.(9).; 1444.f.18.(17). **[201]**

—Sueños, y discursos de verdades . . . Corregidos . . . en esta ultima impression. *Pedro Cabarte: Çaragoça*, 1627. 8.° 1476.a.33. **[202]**

—Sueños, y discursos de verdades descubridoras de abusos . . . en todos los oficios . . . Corregidos . . . y añadida la casa de los locos de Amor [by Lorenzo Vander Hammen y Leon]. *Iuan Bautista Marçal; a costa de Claudio Mace: Valencia*, 1628. 8.° 012330.e.32. **[203]**

—Las tres musas ultimas castellanas. Segunda cumbre del Parnaso español. [Edited by Pedro Aldrete Quevedo y Villegas]. *Imprenta real; a costa de Mateo de la Bastida: Madrid*, 1670. 4.° 11450.dd.3. **[204]**

—[*Appendix*]. Por don Francisco de Quevedo, cauallero de la orden de Santiago. Con Pedro de Lillo el Viexo, y Pedro Diaz . . . Sobre si ha lugar rescindirse lo que por sentencia de vista . . . esta juzgado. [*Madrid?* 1630?] fol. 765.i.6.(6). **[205]**

Gómez de Roxas, Alonso. Sermon que predicó el licenciado A. Gomez de Roxas en la . . . octava, que se celebró en la iglesia de Sã Gil . . . de Sevilla, a la . . . Concepcion de . . . Maria. *Alonso Rodriguez Gamarra: Sevilla*, 1616. 4.° 847.m.4.(12). **[206]**

—Sermon, que predicó el licenciado Alonso Gomez de Roxas dia de la . . . Concepcion de . . . Maria. *Alonso Rodriguez Gamarra: Sevilla*, 1617. 4.° 847.m.44.(13). **[207]**

—Sermon, que predicó el licenciado Alonso Gomez de Roxas dia de la Inmaculada. *Alonso Rodriguez Gamarra: Sevilla*, 1617. 4.° 847.m.4.(12). **[208]**

Gómez de Sandoval y Rojas, Francisco, *Cardinal, duke de Lerma*. Copia de un memorial, que el duque cardenal embio a . . . Felipe III . . . en su abono. [*Madrid?* 1624?] fol. 1322.l.4.(33). **[209]**

—[*Begin:*] I. H. S. Por el señor duque de de Lerma, y el marques de Sieteyglesias. Contra don Diego Gasca de la Vega. [*n.p.* 1625?] fol. 765.i.7.(6). **[210]**

—[*Begin:*] Señor. El cardenal duque de Lerma. [A petition for the restitution of certain revenues granted by the late Philip III]. [*Madrid?* 1625?] fol. T.90.*(2). **[211]**

—[*Begin:*] Señor. El cardenal duque de Lerma auiendo entendido las diligencias que Domingo de la Torre. [A petition]. [*n.p.d.,*] fol. 765.h.1.(58). **[212]**

Gómez de Silva Mendoza y la Cerda, Rui, *duke de Pastrana*. Relaciones embiadas por el duque de Pastrana, desde . . . Cadaques, en 26. y en 28. de abril . . . de 1623. *Viuda de Alonso Martin: Madrid*, 1623. fol. T.90.*(8). **[213]**

Gómez d'Oliveyra, Antonio. Idylios maritimos y rimas varias. pt. I. *Pedro Crasbeeck: Lisboa*, 1617. 8.° 011451.e.56. **[214]**

Gómez Durán, Pedro. Historia universal de la vida . . . del hijo de Dios en el mundo. [Edited by A. Loçano]. *Ioseph Fernandez de Buendia; a costa de Alonso Loçano: Madrid*, 1663. 4.° 4825.bb.8. **[215]**

Gómez Galhano, Manoel. Polymathia exemplar. Doctrina de discursos varios. Offerecido ao conde de Castel-Melhor. *Antonio Craesbeeck de Mello: Lisboa*, 1666. 4.° 532.e.24. **[216]**

Gómez Texada de los Reyes, Cosme. El filosofo. Ocupacion de nobles, y discretos contra la cortesana ociosidad. *Domingo Garcia y Morrás; a costa de Santiago Martin Vellaz: Madrid*, 1650. 4.° 537.e.8. [217]

— Noche buena. Autos al nacimiento del hijo de Dios. Con sus loas . . . y saynetes para cantar . . . dado à la estampa por . . . Francisco Gomez Texada de los Reyes. *Pablo de Val; a costa de Santiago Martin Redondo: Madrid*, 1661. 8.° 11725.a.21. [218]

— Segunda parte de Leon prodigioso . . . Dado a la estampa por D. Francisco Gomez de Texada. *Francisco Garcia Fernandez; a costa de Antonio Rodriguez: Alcalá*, 1673. 4.° 12470.dd.3. [219]

Gómez Tonel, Juan. Relacion de las exequias que hico la real audiencia . . . de Galicia, à la . . . reyna D. Margarita de Austria . . . Descriptas . . . por Joan Gomez Tonel. *Joa Pacheco: Sanctiago*, 1612. 4.° C.63.b.32. [220]

Gonçalez, Joseph. [*Begin:*] Iesus Maria Ioseph. Por el licenciado Ioseph Gõçalez, fiscal . . . de Valladolid, sobre el articulo de la prision del teniete de corregidor. [*Valladolid?* 1625?] fol. 765.h.2.(31). [221]

Gonçalez de Guemes, Pedro. Defensa de un ministro afligido. Al Rey . . . por . . . Pedro Gonçalez de Guemes . . . oydor . . . de Granada. [*Madrid*], 1653. 4.° 8042.bbb.24. [222]

Gonçalez de Mendoça, Pedro. El licenciado don Pedro Gonçalez de Mendoça, del consejo de su Magestad, fiscal . . . Con Diego de Vergara Gauiria, receptor. [*Madrid?* 1639?] fol. 765.i.6.(22). [223]

Gonçález de Noboa, Alonso. Discurso sobre el assenso (que su Magestad . . .) pide a las ciudades de voto en Cortes, para que se continùe . . . el valor, y precio impuesto . . . en cada fanega de sal. [*n.p.*, 1650?] fol. 1322.k.12.(25). [224]

Gonçález Vaquero, Miguel. La muger fuerte. Por otro titulo, la vida de . . . Maria Vela, monja . . . en el convento de Santa Ana de Avila. *Geronymo Margarit: Barcelona*, 1627. 8.° 8464.aaa.40. [225]

Gonçalves de Novais, Antonio. Relacão do bispado de Elvas. Com hum memorial dos senhores bispos que o Governarão. *Lourenço Craesbeeck: Lisboa*, 1635. fol. 5107.ff.11.(2). [226]

Góngora, Pedro de. Manifiesto en defensa del padre M. F. Pedro de Gongora . . . escusandole de la calunia de tyrano, que le imputa oy los . . . padres . . . de Sevilla. [*Madrid?* 1640?] fol. 1322.k.8.(10). [227]

Góngora Alcasar y Pempicileon, Luis de. Real grandeza de la serenissima republica de Genova, escrita en lengua española . . . y . . . traducida en lengua italiana por Carlo Esperon. *Span. & Ital. Ioseph Fernandez de Buendia: Madrid*, 1665; *Gio. Battista Tiboldi: Genova*, 1669. fol. 662.l.10. [228]

Góngora y Argote, Luis de. [*Collections*]. Quatro comedias famosas de don Luis de Gongora, y Lope de Vega Carpio, recopiladas por Antonio Sanchez. *Luis Sanchez; a costa de Iuan Berrillo: Madrid*, 1617. 8.° C.57.aa.14. [229]

— Obras en verso del Homero español. [i.e. Luis de Gongora], que recogio Juan Lopez de Vicuña. *Viuda de Luis Sanchez; a costa de Alonso Perez: Madrid*, 1627. 4.° 011451.ee.8. *imp.* [230]

— [Las obras de . . . Luis de Gongora en varios poemas, recogidos por Gonzalo de Hozes y Cordova]. *En la imprenta del Reyno; a costa de Alonso Perez: Madrid*, 1633. 4.° 11451.d.14. *imp.* [231]

— Todas las obras de don Luis de Gongora en varios poemas. Recogidos por don Gonzalo de Hozes y Cordona. *Alonso Perez: Madrid*, 1634. 4.° 1482.aaa.24. [232]

— Obras de don Luis de Gongora commentadas (por don G. de Salzedo Coronel). 3 pt. *A costa de Pedro Laso; Por Diego Diaz de la Carrera: Madrid*, 1645–48. 4.° 11450.d.23. [233]

— — *Nicolas Rodriguez: Sevilla*, 1648. 4.° 1073.i.19. [234]

— — *Imprenta real; a costa de la hermandad de libreros: Madrid*, 1654. 4.° 1072.g.12. [235]

— — [Edited by Geronymo de Villegas]. *Francisco Foppens: Brusselas*, 1659. 4.° 87.c.2. [236]

— [*Single works*]. Ilustracion y defensa de la fabula de Piramo y Tisbe. Compuesta por . . . Gongora . . . Escrivialas Christoval de Salazar Mardones. [With the text in verse]. *Imprenta Real; a costa de Domingo Gonçalez: Madrid*, 1636. 4.° 11451.e.17. [237]

— El polifemo de don Luis de Gongora comentado por don Garcia de Salzedo Coronel . . . Dedicado al . . . duque de Alcala. *Iuan Gonçalez; a costa de su autor: Madrid*, 1629. 4.° 11450.dd.40. [238]

— Soledades [poems] . . . Commentadas por D. Garcia de Salzedo Coronel. (El Polifemo). *Imprenta real: Madrid*, 1636. 4.° 11451.e.16. [239]

— [*Appendix*]. Egloga funebre a don Luys de Gongora. De versos entresacados de sus obras. [By don Martin de Angulo y Pulgar]. *Simon Fajardo: Sevilla*, 1638. 4.° 011451.ee.15. [240]

Góngora y Torreblanca, García de. Historia apologetica, y descripciõ del reyno de Navarra . . . dividida en III libros con un tratado . . . de las quatro ciencias. *Carlos de Labayen: Pamplona*, 1628. fol. 593.h.19.(1).; 182.f.12. [241]

Gonsalius Martinius, Joannes. Aristotelis physica . . . illustrata. *Apud viduam Andraeae Sanctii de Ezpeleta: Compluti*, 1622. 4.° 520.f.20. [242]

Gonsalvez Lobato, Balthasar. Quinta, e sexta parte de Palmeirim de Inglaterra. Chronica do . . . principe dom Clarisol de Bretanha. [A continuation of the work by L. Hurtado]. 2 pt. *Iorge Rodriguez; Antonio Aluarez: Lisboa*, 1602. fol. G.10257. [242a]

Gonzáles, Pedro. Verdadera relacion, la qual trata de un caso que sucedio . . . en . . . Untoria; como matò una donçella a sus padres. [In verse]. *Saluador Viader: Cuenca*, 1614. 4.° 1072.g.26.(13). [243]

Gonzáles de Legaria, Juan. [*Begin:*] Aqui se contiene una obra graciosa . . . y es un cuento que le passò a un soldado, con un gato, que le lleuaua la comida. *Carlos Sanchez; vendese en casa de Lorenço Sanchez: Madrid*, 1642. 4.° C.63.g.19.(6). [244]

González, Alonso. Carta al doctor Petro de Parraga Palomino . . . en que se trata del arte y orden para conservar la salud. *Martin Fernã: Granada*, [1612]. 4.° 546.g.1. [245]

González, Bernardo. Por Bernardo Gonzalez, secretario de su Magestad, y don Alonso . . . su hijo. Con Rafael

Cornejo, de la contaduria. [A lawsuit concerning the selling of "el titulo de aposentador de la casa de Castilla"]. [*n.p.*, 1636?] fol. 765.h.3.(39). [246]

González, Estebanillo. La vida i hechos de Estevanillo Gonzalez . . . Compuesto por el mesmo. [By L. Velez de Guevara] *Viuda de Iuan Cnobbart: Amberes*, 1646. 4.° 12490.e.11. [247]

— — *Melchor Sanchez; vendese en casa de Gabriel de Leon: Madrid*, 1655. 8.° 1075.f.17. [248]

González, Francisco Ramon. Sacro Monte Parnaso, de las musas catolicas de . . . Espana, que unidas pretenden coronar su frente . . . con . . . poemas . . . en elogio del prodigioso de dos mundos . . . S. Francisco Xavier. *Francisco Mestre: Valencia*, 1687. 4.° 11451.bb.19. [249]

González, Juan. El licenciado don Iuan Gonçalez . . . fiscal del consejo real de las Indias. Con el marques de Cerraluo, virrey. [*Madrid?* 1642?] fol. 1322.i.1.(21). [250]

González Chaparro, Juan. Carta del p. Iuan Gonzalez Chaparro de la compañia de Iesus . . . para el p. Alonso de Oualle y del Manzano . . . en que le dà cuenta del . . . terremoto que huuo en . . . Santiago de Chile. *Diego Diaz de la Carrera: Madrid*, 1648. fol. 1324.i.7.(5). [251]

González de Acuña, Antonio. Informe a N. Rmo. P. M. general de el orden de predicadores fr. Ihoan Baptista de Marinis. [Concerning the mission of Peru]. [*Madrid*, 1659]. 4.° 493.g.29. [252]

González de Avila, Gil. Compendio historico de las vidas de . . . san Iuan de Mata i s. Felix de Valois . . . fundadores de la . . . orden de la Santissima Trinidad. *Francisco Martinez: Madrid*, 1630. 4.° 4826.bb.15. [253]

— Entrada que hizo en la Corte del Rey . . . Filipe Quarto . . . don Carlos principe de Gales . . . Sacada de la historia . . . que compuso . . . Gil Gonçalez Davila. *Alonso de Paredes: Madrid*, 1623. fol. T.90.*(26). [254]

— Historia de la vida y hechos del rey don Henrique Tercero de Castilla. *Francisco Martinez: Madrid*, 1638. fol. 594.g.12.; 179.f.13. [255]

— — *Francisco Martinez: Madrid*, 1638. fol. G.6422. [256]

— Historia de las antiguedades de . . . Salamanca: vidas de sus obispo, y cosas sucedidas en su tiempo. *Artus Taberniel: Salamanca*, 1606. 4.° C.76.b.21.; 178.a.3. [257]

— Lo sucedido en el assiento de la primera piedra, del colegio real del Espiritu Santo . . . de Salamanca. *Susana Munoz, viuda: Salamanca*, 1617. 4.° 491.e.18.(3). [258]

— Teatro de las grandezas de la villa de Madrid . . . Al . . . rey don Filipe IIII. *Tomas Iunti: Madrid*, 1623. fol. C.83.e.15.; 181.g.13. [259]

— Teatro eclesiastico de la primitiva iglesia de las Indias Occidentales, vidas de sus arzobispos, obispos, y cosas . . . de sus sedes, 2 tom. *Diego Diaz de la Carrera: Madrid*, 1649–55. fol. 493.i.11. [260]

— — *Diego Diaz de la Carrera: Madrid*, 1649–55. fol. 209.d.15. [261]

— Teatro eclesiastico de las iglesias metropolitanas, y catedrales de . . . las dos Castillas. Vidas de sus arzobispos . . . y cosas . . . de sus sedes. 4 tom. *Francisco Martinez; Pedro de Horna y Villanueva; Diego Diaz de la Carrera: Madrid*, 1645–1700. fol. 207.e.16, 17. [262]

González de Azevedo, Juan. [*Begin:*] Muy poderoso señor. El capitan Iuan Gonçalez de Azeuedo. [A memorial on the grievances of the natives of Lima and Quito]. [*Lima?* 1615?] fol. C.62.i.18.(35). [263]

— [*Begin:*] Señor. El capitan Iuan Goncalez de Azeuedo. [Another memorial on the natives of Peru]. [*Madrid?* 1615?] fol. C.62.i.18.(36). [264]

González de Castro, Sebastián. Declaracion del valor de la plata, ley, y peso de las monedas antiguas . . . de Castilla y Aragon. *Diego Diaz de la Carrera: Madrid*, 1658. 4.° C.63.g.3.(3). [265]

González de Cueto, Damiano. Oratio funebris habita . . . in exequijs . . . Antonij Arias e societate Iesu. *Apud Henricum Martinez: Mexici*, [1603]. 4.° 4866.bb.21. [266]

González de Cunedo, Miguel. Monstruo español. Poema alegorico . . . A la . . . ciudad de Murcia. *Iuan Vicente Franco: Origuela*, 1627. 8.° 011451.e.19. [267]

— Silva panegirica. A la magestad catholica de Felipe IIII . . . en defensa de España, y contra sus emulos. Dedicada al principe . . . Baltasar Carlos. *Iuan Fernandez de Fuentes: Murcia*, 1644. 8.° 011451.e.18. [268]

González de Eslava, Fernán. Coloquios espirituales y sacramentales y canciones diuinas . . . Recopilados por el R. P. Fr. Fernando Vello de Bustamante. *Diego Lopez Davalos; y a su costa: Mexico*, 1610. 4.° 11452.e.22. [269]

González del Torneo, Christóval. Vida y penitencia de santa Teodora de Alexandria. [In verse]. *Diego Flamenco: Madrid*, 1619. 8.° 011451.e.32. [270]

González de Manuel, Thomás. Verdadera relacion y manifiesto apologetico, de la antiguedad de las Batuecas, y su descubrimiento . . . Dedicase al . . . duque de Alua. *Antonio de Zafra: Madrid*, 1693. 4.° 1300.f.20. [271]

González de Mendoza, Pedro. Historia del monte Celia de nuestra señora de la Salceda. *Iuan Munoz: Granada*, 1616. fol. 489.i.8. [272]

— Relacion de las maravillas que Dios a començado a obrar, manifestando por ellas la santidad del . . . padre . . . Pedro Selleras. [*Saragossa*, 1622]. fol. 593.h.22.(1). [273]

González de Nagera, Alonso. [*Begin:*] El quinto, y sexto punto de la relacion del desengaño de la guerra de Chile. [*n.p.*, 1640?] 4.° C.58.e.11. [274]

González de Ribero, Blas. [*Begin:*] Los libreros de los reynos de Castilla y Leon . . . dizen. [A memorial on behalf of the booksellers, concerning the taxation of books]. [*Madrid?* 1636?] fol. 1322.l.3.(31). [275]

— Por Andres de Zavala, contador . . . mayor del tribunal de la Santa Cruzada de . . . Lima . . . y don Tomas de Vibanco, notario . . . Con el . . . fiscal. [*Madrid?* 1640?] fol. 1322.k.14.(9). [276]

— Por el padre fr. Joan religioso. Con el fiscal eclesiastico. [*Madrid?* 1640?] fol. 1322.l.5.(10). [277]

— Por la sagrada religion de nuestra señora del Carmen calzado, y fray Iuan de Morales . . . Con el fiscal del consejo. [*n.p.*, 1640?] fol. 1322.l.5.(9). [278]

— Por la sagrada religion del protho-patriarcha San Basilio Magno. Con la . . . de San Benito. [*Madrid?* 1635?] fol. 4783.e.2.(16). [279]

— [*Begin:*] Por los conseieros de hazienda y tribunal de la contaduria mayor de quentas. Que . . . Felipe IIII . . . mandò abstener de sus oficios . . . 22 de Enero de 1626. [*Madrid?* 1626?] fol. 765.h.3.(7). [280]

— Por los herederos de Ioseph de Truxillo, contador que fue de mercedes. Con el señor fiscal . . . Sobre que con la muerte del contador cessò . . . la lite. [*Madrid?* 1650?] fol. 1322.l.5.(18). [281]

— [*Begin:*] Señor, Francisco Nuñez Melian, tesorero de la Santa Cruzada en las islas de Barlovento. [A memorial on behalf of F. Nuñez, setting forth his services in Cuba]. [*Madrid?* 1630?] 4.° 1324.i.9.(9). [282]

— — [*Madrid?* 1630?] 4.° 1324.i.9.(10). [283]

— [*Begin:*] Señor. Los alguaziles de casa y corte de V. Magestad. [A supplication addressed to the King]. [*n.p.d.*], fol. 765.h.3.(8). [284]

— [*Begin:*] Señor. Los alguaziles de casa y corte de V. Mag. [Another supplication addressed to the King by the "alguaziles" and others]. [*n.p.d.*], fol. 765.h.3.(9). [285]

— [*Begin:*] Señor. Los compradores de plata de . . . Sevilla siguen pleito en el real consejo . . . con don Iuan Fermin de Içu, y Gregorio de Ibarra . . . sobre . . . un auto del presidente. [*Madrid?* 1640?] fol. 1322.l.7.(16). [286]

— [*Begin:*] Señor. Los doctores Ioseph Peregrin, y Luis Carillo y demas medicos. [A memorial on behalf of the physicians of the Queen's household]. [*Madrid?* 1640?] fol. 1322.l.1.(39). [287]

— [*Begin:*] Señor. Los libreros de los reynos de Castilla y Leon. [A memorial on behalf of the booksellers, asking for a remittance of the tax on books]. [*Madrid?* 1636?] fol. 1322.l.3.(30). [288]

— [*Begin:*] Señor. Quando la causa es tan publica. [A petition to the King, concerning a proposed alteration in the statute concerning patents of nobility]. [*Madrid?* 1630?] fol. 1322.l.4.(23). [289]

González de Rosende, Antonio. Instancia de la aclamacion comun por la definicion de la puereza de Maria . . . en el primer instante de su ser. [*Madrid?* 1650?] fol. 1322.l.11.(14). [290]

— Memorial por la concepcion sin mancha de Maria. [*Madrid?* 1650?] fol. 1322.l.11.(12). [291]

González de Salas, Jusepe Antonio. Nueva idea de la tragedia antigua o ilustracion ultima al libro singular de poesia de Aristoteles (La Troianas . . . de Lucio Anneo Seneca . . . i española de Iusepe Antonio Goncalez de Salas). *Franc. Martinez: Madrid,*1633. 4.° 75.c.17. [292]

González de Salcedo, Pedro. Examen de la verdad en respuesta a los tratados de los derechos de la reyna christianissima sobre varios estados . . . de España. [*Madrid?* 1668?] fol. 1322.k.7. [293]

— Nudricion real. Reglas, o preceptos de como se ha de educar a los reyes mozos . . . Sacados de la vida . . . de . . . Fernando Tercero . . . Y formados de las leyes que ordeno . . . su hijo. *Bernardo de Villa-Diego: Madrid,* 1671. 4.° 8008.d.2. [294]

— Por el licenciado don Pedro de Salcedo; sobre que el vicario general de . . . Alcalà de Henares . . . procediò contra él . . . por aver aforado el vino. [*Madrid?* 1640?] fol. 1322.l.1.(2). [295]

González de Villarroel, Diego. Examen, y practica de escrivanos, y indice de las provisiones que se despachan por ordinarias en en [sic] el consejo. *Valladolid,* [1652]. 4.° 5384.c.15. [296]

González Holguín, Diego. Gramatica y arte nueva de la lengua . . . llamada . . . Qquichua, o lengua del Inca. *Francisco del Canto: Los Reyes del Peru* [i.e. Lima], 1607. 4.° C.58.e.14. [297]

— Vocabulario de la lengua general de todo el Peru llamada . . . Qquichua ó del Inca . . . Dividido en dos libros. 2 pt. *Francis[co del] Canto: Ciudad de los Reyes* [i.e. Lima], 1608. 4.° C.58.e.5. [298]

No. 299 cancelled.

Goth, Louis de, *marquis de Rulhac.* Breve noticia de iornada que . . . marques de Rulhac . . . embaixador do . . . Rey de França Luis XIIII fez a Portugal. *Domingo Lopes: Lisboa,* 1645. 4.° 1444.g.8.(10). [300]

— Relaçam verdadera da jornada que fez . . . Luis de Goth . . . na embaixada . . . que trouxe em nome da magestade christianissima y el Rey dom João o IV. *Paulo Craesbeeck: Lisboa,* 1645. 4.° 1444.g.8.(9). [301]

Gouvea, Antonio de. Glorioso triunfo de tres martires españoles, dos portuguese, y frailes de . . . S. Agustin, *Iuan Gonçalez: Madrid,* 1623. 8.° 1371.a.33. [302]

— Historia de la vida y muerte del glorioso San Iuan de Dios . . . fundador de la religion de la hospitalidad de los pobres enfermos. *Melchor Alegre; a costa de la religion de San Iuan: Madrid,* 1669. 4.° 4866.c.5. [303]

— Iornada do arcebispo de Goa dom frey Aleixo de Menezes. *Diogo Gomez Loureyro: Coimbra,* 1606. fol. 1124.k.4.(1).; G.6388. [304]

— Relaçam em que se trata as guerras e . . . victorias que alcançou o . . . Rey da Persia Xábbas. *Pedro Crasbeeck: Lisboa,* 1611. 4.° 583.d.32. [305]

— Vida y muerte del benedito P.ᵉ Juan de Dios. *Thomas Iunti: Madrid,* 1624. 4.° 485.a.28. [306]

Goyeneche, Juan de. Executoria de la nobleza, antiguedad, y blasones del valle de Baztan. *Antonio Roman: Madrid,* 1685. 4.° 9905.b.39. [307]

Gracia, Juan Francisco de. Relacion al Rey don Phelipe III . . . sitio, planta . . . castillos . . . y personas del valle de Aran, de los reyes . . . sus conquistas . . . y govierno. *Pedro Cabarte: Huesca,* 1613. 4.° 1045.h.26. [308]

Gracián, Baltasar. *See* García de Marlones, —, *pseud.; See* also Gracián, Lorenzo, *pseud.*

Gracián, Lorenzo. *pseud.* [i.e. Baltasar Gracián]. Obras. (Meditaciones . . . por el padre Baltasar Gracian). Ultima impression. 2 tom. *Pablo de Val; a costa de Santiago Martin Redondo: Madrid,* 1664. 4.° 630.g.29, 30. [309]

— — En el fin añdimos el comulgatorio de varias meditaciones. *Geronijmo y Iuan Bautista Verdussen: Amberes,* 1669. 4.° 629.k.21, 22. [310]

— — 2 tom. *Imprenta de la Santa Cruzada; a costa de Santiago Martin Redondo, vendese en su casa: Madrid; (Antonio Lacavalleria: Barcelona),* 1674. 83. 4.° 1471.aa.46. [311]

— — Ultima impression. 2 tom. *Antonio Lacavalleria: Barcelona,* 1683. 4.° 12230.bb.2. [312]

— Agudeza y arte de ingenio, en que se explican todos los modos . . . de concetos . . . tercera impression . . . Ilústrala . . . Manuel de Salinas y Lizana. *Iuan Nogues: Huesca,* 1649. 4.° 1137.d.60. [313]

— — El criticon primera parte. en la primavera de la ninez. pt. 2, 3. 1651. 8.° *See* García de Marlones, *pseud.* 08407.e.8.

— — *Iuan Nogues: Huesca,* 1649. 4.° 1386.f.14. [314]

— El discreto, de Lorenzo Gracian. Que publica Vincencio Juan de Lastanosa. *Pedro le Grand: Amsterdam*, 1665. 12.° 722.a.5. [315]

— El heroe de Lorenzo Gracian Infanzon. En esta segunda impression. *Diego Diaz: Madrid*, 1639. 16.° C.96.a.4.(3). [316]

— — *Juan Blaeu: Amsterdam*, 1659. 12.° 1030.a.15.(2). [317]

— Oraculo manual, y arte de prudencia, sacada de los aforismos . . . Publicala don Vicencion [sic] Juan de Lastanosa. *Maria de Quiñones: Madrid*, 1653. 16.° C.96.a.4.(1). [318]

— — *Iuan Blaeu: Amsterdam*, 1659. 12.° 1030.a.15.(3). [319]

— El politico D. Fernando el catolico . . . que publica don Vincencio Iuan de Lastanosa. *Iuan Nogues; vendese en casa de Francisco Lamberto: Huesca*, 1646. 16.° C.96.a.4.(2). [320]

— — *Juan Blaeu: Amsterdam*, 1659. 12.° 1030.a.15.(1). [321]

Grajal, Juan. Comedia famosa. De la adversa fortuna del cavallero del Espiritu Santo. [*Madrid*? 1700?] 4.° *Part of an unidentified collection.* 11728.c.71. [322]

Granada, *Archbishopric of*. Segunda adicion al memorial en hecho, que ante los señores del consejo de hazienda . . . esta pendiente en revista. [*Madrid*, 1674]. fol. 4788.e.2.(25). [323]

Granada, *City of*. [*Capilla Real*]. [*Begin*:] Señor. Los capellanes de V. Magestad, y cabildo, que siruen en vuestra real capilla, dizen. [*n.p.*, 1635?] fol. 1322.l.9.(24). [324]

— [*Cartuja*]. Memoria de las heredades, tierras, y cortijos que tiene . . . el côuento de la Cartuxa . . . en Granada . . . adquiridas despues . . . de 1543. [*Madrid*? 1674?] fol. 4783.e.2.(26). [325]

— Por el real convento de la Cartuxa de Granada. Con el señor fiscal, y los colegios de la compañia de Iesus de . . . Madrid . . . Medina del Campo y . . . Roma. [By A. de Aguilar]. [*Madrid*, 1660?] fol. 4783.e.2.(22). [326]

— [*Chancillería*]. Iustificacion de la suplica de la chancilleria de Granada, sobre la prohibicion de los coches. [*Granada*, 1630?] fol. 1322.k.13.(8).; T.16.*(38). [327]

— Ordenanzas que los . . . señores Granada mandaron guardar, para la buena Governacion de su republica. *Imprenta Real de Francisco de Ochoa: Granada*, 1670. fol. 5383.gg.6. [328]

— [*Colegio imperial*]. [*Begin*:] Señor. El colegio imperial de V. M. de la ciudad de Granada. Dize, que el año . . . 1649. Embiò à esta corte al doctor D. Lazaro Luis de Guzman Hierro. [A petition]. [*n.p.*, 1650?] fol. 765.h.1.(32). [329]

— [*Corregimiento*]. Tassa general de los precios, a que se han de vender las mercaderias . . . y demas cosas. *Francisco Heylan: Granada*, 1627. fol. 1322.k.12.(39). [330]

— [*Hospital de Juan de Dios*]. Por el hospital de Iuan de Dios. Con el monasterio de la victoria. [On the dispute concerning the custody of the remains of Saint John of God. Signed in MS.: F. de la Cueva y Silva]. [*n.p.*, 1623]. fol. 9181.e.10.(11). [331]

— [*Appendix*]. Historia de las guerras civiles de Granada. [By G. Pérez de Hita]. [*Paris*, 1606?] 8.° 685.d.24. [332]

— — *Guillaume de Luyne: Paris*, 1660 8.° 1070.g.5.; G.15278. [333]

— Relacion breve de las reliquias, que se hallaron en . . . Granada en una torre . . . y en las cavernas del monte Illipulitano de Valparaiso. [With a certificate concerning these relics, and plates]. *Viuda de Sebastian de Mena; Bartolome de Lorençana: Granada*, 1608, 14. fol. 604.l.13. [334]

— Veryssyma, y notable relacion, en la qual se declara el . . . temblor y tempestad que sucedió en . . . Granada . . . Lleva alcauo un romance . . . sobre la prematica de las mugeres, y unas siguidillas. *Bartolome de Lorençano: Granada*, 1614. 4.° 1072.g.26.(21). [335]

Granada, *Kingdom of*. Historia de las guerras civiles de Granada. *Pedro Lamy: Paris*, 1660. 8.° 1070.g.5. [336]

Granada, Alonso. Dudas a la aniquilacion, y defensa de las sangrias del touillo. *Iuan Lorenco Machado: Sevilla*, 1653. 4.° 783.g.21.(5). [337]

Granada, Diego. Libro del arte de cozina. *Lerida*, 1614. 8.° 7953.aa.38. (*destroyed*). [338]

Grande de Tena, Pedro. Lagrimas panegiricas a la temprana muerte del gran poeta, i teologo . . . Iuan Perez de Montalban . . . Recogidas i publicadas por . . . Pedro Grande de Tena. *Imprenta del reino: Madrid*, 1639. 4.° 11451.c.27. [339]

Gras y Sans, Juan de. Ramillete christiano urbano, y politico. *Diego Diaz de la Carrera: Madrid*, 1661. 8.° 8407.a.35. [340]

Grau y Monfalcón, Juan. Iustificacion de la conservacion, y comercio de las islas Filipinas. [*Madrid*? 1640?] 4.° G.6937. [341]

— [*Begin*:] Señor, don Iuan Grau y Monfalcon. [Seven memorials to the King of Spain, on the administration of the Philippine islands]. [*Madrid*? 1639?] fol. 1324.i.9.(16, 21–25). [342]

— [*Begin*:] Señor. Don Iuan Grau y Monfalcõ, agente del principado de Cataluña . . . en nombre de los diputados . . . dize: etc. [*Barcelona*? 1639?] 4.° 1445.f.22.(41). [343]

Gravina de Croyllas, Ignacio. [*Begin*:] Don Ignacio Grauina de Croyllas, marques de Franeofonte y principe de Palaconia. [A pleading]. [*n.p.d.*], fol. 765.h.1.(24). [344]

Grayales, J. *See* Ceuta.

Gregory, *Bæticus, Saint*. Poblacion eclesiastica de España, y noticia de sus primeras honras, hallada en los escritos de S. Gregorio. *Gregorio Rodriguez: Madrid*, 1667. fol. 4625.g.3. [345]

Gregory XV, *Pope*. Breve de la santidad de Gregorio Papa XV. Traduzido de latin en castellano. Al . . . principe de Gales. *Gabriel Ramos Vejarano: Sevilla*, 1623. fol. 593.h.17.(1). [346]

— — *Madrid*, 1623. fol. T.90.*(27). [347]

Grijalva, Francisco Xavier. Carta, que el P. Francisco Xavier . . . preposito provincial . . . del Peru remitio a los padres rectores . . . de la compañia de Iesus . . . dandoles una breve noticia de la . . . muerte del . . . p. Diego de Avendaño. *Ioseph de Contreras: Lima*, 1689. 4.° 4866.c.39. [348]

Grijalva, Juan de. Cronica de la orden de N. P. S. Augustin en . . . Nueva España . . . desde . . . 1533 hasta . . . 1592. *Ioan Ruyz: Mexico*, 1624. fol. 4785.g.39. [349]

Grillo, Domingo. [*Begin*:] Señora, Domingo Grillo: dize. [A memorial on the importation of negro slaves into the Indies]. [*Madrid*? 1662?] fol. 1324.i.3.(1). [350]

— Sobre las conveniencias que se siguen del assiento de introduccion de negros que se ha tomado don Domingo Grillo y Ambrosio Lomelin. [*Madrid?* 1662?] fol. 1324.i.3.(2). [**351**]

Grimaldo de Herrera, Christoval. Allegacion en derecho, por el que favorece al licenciado don Iuan del Rosal, y de los Rios . . . como capellan . . . del hospital. [*Mexico* 1659?] fol. 5125.ee.1.(11). [**352**]

Grisley, Gabriel. Desenganos para a medicina, ou, botica para todo pay de familias. *Thome Carvalho; a custa de Sebastiaõ Rodrigues: Coimbra,* 1669. 8.° 546.b.19. [**353**]

— Viridarium lusitanum in quo arborum, fruticum & herbarum differentiae onomasti insertæ. *Ex praelo Antonii Craesbeeck: Ulyssipone,* [1661]. 8.° 450.a.31.(1).; 968.e.18.(1). [**354**]

Grobbendonk, A. S. van. Victoria que el governador de Bolduque (A. S. van Grobbendonk) tuvo contra el principe de Orange. *Francisco de Lyra: Sevilla,* 1629. fol. 593.h.17.(91). [**355**]

Grunenbergh, Carlos. Memorial, que los coroneles, don Carlos, y don Fernando de Grunenbergh ha dado à su Magestad, tocante a la proposicion . . . de rendir nauegable à Mançanares. [*Madrid?* 1600?] fol. 765.i.3.(1). [**356**]

Guadalajara y Xavier, Marcos de. Quarta parte de la historia pontifical general y catolica. *Iuan de Lanaja y Quartanet; a costa de Juan de Bonilla: Çaragoça,* 1612. fol. 4571.g.1. [**357**]

— Quinta parte de la historia pontifical. A . . . Felipe quarto rey de las Españas. *Sebastian de Cormellas; y a su costa: Barcelona,* 1630 fol. 4530.g.10. [**358**]

— Prodicion y destierro de los moriscos de Castilla. [*n.p.,*] 1614. 4.° 1196.g.1.; 1473.c.13.(2). *imp.*; 281.e.24. [**358a**]

Guadalaxara, Thomás de. Compendio del arte de la lengua de los tarahumares, y guazapares . . . Contiene cinco libros de gramatica, un vocabulario . . . en tarahumar y . . . en castellano. *Diego Fernandez de Leon: La Puebla de los Angeles,* 1683 8.° C.38.a.12. *imp.* [**359**]

Guarda. [De la guarda cuydadosa]. [A play by Miguel Sánchez]. [*Alcala,* 1615]. 4.° 11728.h.10.(18). *imp.* [**360**]

Guarda, *bishopric of.* Constituições synodães do bispado da Guarda. *Pedro Crasbeeck: Lisboa,* 1621. fol. 1602/146. [**361**]

Gudiel y Peralta, Luis. El licenciado don Luys Gudiel y Peralta, fiscal del consejo de hacienda. En el pleyto. Con Pedro Garcia del Aguila . . . Sobre el daño de la baxa de la moneda de vellon. [*Madrid?* 1630?] fol. 765.i.6.(29). [**362**]

— El licenciado don Luis Gudiel y Peralta, fiscal del consejo de hazienda. En el pleito . . . contra don Luis Mendez de Carrion. *Iuan Gonçalez: Madrid,* 1629. fol. 765.i.6.(24). [**363**]

Guerra, Juan. Arte de la lengua mexicana. Segun la acostumbran hablar los indios en . . . Guadalaxara. *Viuda de Francisco Rodriguez Lupercio: Mexico,* 1692. 8.° 12907.a.44. [**364**]

Guerra y Ribera, Manuel de. El buen zelo, o examen de un papel, que con nombre de . . . Manuel de Guerra y Ribera . . . corre en vulgar, impresso por aprobacion de la quinta parte . . . de comedias de . . . Calderon. *Sebastian de Cormellas: Valencia,* 1683. fol. 9181.e.10.(3). [**365**]

Guerreiro, Bertolameu. Gloriosa coroa d'esforçados religiosos de la companhia de Iesu. Mortos polla fe catholica. *Antonio Alvarez: Lisboa,* 1624. fol. C.32.m.15. [**366**]

— Iornada dos vassalos da coroa de Portugal, pera se recuperar a cidade do Salvador . . . tomada pollos olondezes . . . 1624 e recuperada . . . 1625. *Mattheus Pinheiro; a custa de Francisco Aluarez: Lisboa,* 1625. 4.° . . 1197.f.18. [**367**]

— Sermão que fez o padre B. Guerreiro . . . an [sic] capella ral, dia de Saõ Thome . . . 1623. *P. Crasbeeck: Lisboa,* 1624. 4.° 4424.e.2.(18). (*destroyed*). [**368**]

Guerreiro, Fernão. Historia y anal relacion de las cosas que hizieron los padres . . . por las partes de Oriente. 1614. 4.° *See* Jesuits. [*Letters from missions*]. 493.h.3.(1).

— Relaçam annal das cousas que fizeram os padres na India, & Iapão. 5 vol. 1603–11, 4.° *See* Jesuits. [*Letters from missions*]. 1369.g.38 & 295.k.8.

Guerrero, Francisco, *Dominican.* Oracion funebre, y panegirica. En las honras que . . . se . . . hizieron . . . a . . . fr. Pedro de S. Maria Ulloa . . . Dixola . . . Francisco Guerrero. *Sevilla,* 1691. 4.° 4865.dd.20.(2). [**369**]

Guerrero, Francisco, *Maestro de Capilla de la Santa Iglesia de Sevilla.* El viaje de Hierusalem, que hizo Francisco Guerrero . . . Dirigido al . . . señor don Rodrigo de Castro, cardenal. *Iuan Gracian: Alcala,* 1605. 8.° 280.b.34. [**370**]

— — *Lucas Martin de Hermosilla: Sevilla,* 1694. 8.° 793.c.10.(3) [**371**]

— — *Francisco de Leefdael: Sevilla,* [1700?] 8.° 010077.de.13. [**372**]

Guerrero, Gonçalo. Por el estado eclesiastico destos reynos de Castilla, y Leon, para que los . . . que tienen . . . exempcion de diezmos, ayan de contribuyr en los . . . [250.000] ducados, etc. [*n.p.,* 1630?] fol. 1322.k.14.(16). [**373**]

Guerrero, Juan. Informe en derecho al . . . arçobispo . . . de Mexico . . . sobre la pretension del P. Fr. Iuan Guerrero . . . de la orden de . . . san Augustin, en orden à que se le ymparta el real auxilio. [*Mexico?* 1642?] fol. 6784.k.2.(7). [**374**]

Guerrero, Marcos. Por los herederos del doctor don Marcos Guerrero, oydor de la real audiencia de Mexico, difunto. Con el señor fiscal. [*Madrid,* 1615?] fol. 1324.i.1.(12). [**375**]

Guerrero de Figueroa, Francisco. Vida, y martirio de los santos martires Vicente, Sabina, y Christeta. [In verse]. *Madrid,* 1667. 4.° 11451.bb.30. [**376**]

Guerrero Zambrano, Pedro. Por el colegio de la compañia de Iesus de . . . Iaen . . . En el pleyto con d. Iuan de Torres y Portugal . . . marques de Cañete. *Imprenta real; por Francisco Sanchez: Granada,* 1656. fol. 765.i.4.(2). [**377**]

— Por el convento de Madre de Dios, de la orden de Santo Domingo . . . de Ronda. En el pleyto. Con d. Brigida, y d. Ana Mendez . . . vezinas de . . . Malager. *Imprenta real; por Francisco Sanchez: Granada,* 1652. fol. 765.i.4.(3). [**378**]

— Por Gonzalo de Frias, vezino de la villa de Villalva. En el pleyto con Iuan Yzquierdo Calvo [on a charge of adultery]. *Francisco Sanchez: Granada,* 1656. fol. 1322.l.5.(1). [**379**]

Guevara, Antonio de. Monte Calvario, primera, y segunda parte . . . Trata de todos los mysterios del Monte Calvario. 2 pt. *Antonio Craesbeeck de Melo: Lisboa,* 1676. 4.° 4411.i.22. [**380**]

Guevara, Luis de. Intercadencias de la calentura d'amor. *Joseph Llopis: Barcelona*, 1685. 4.° 12490.cc.35. [381]

Guicciardini, Francesco. Historia de Italia de micer Francisco Guichardini . . . Traducida en castellano, y reducida à epitome por don Oton Edilo Nato de Betissana. *Antonio Roman: Madrid*, 1683. fol. 9150.h.6. [382]

Guillamas Velázquez, Ana María, *Marquesa de Loriana.* En el pleito y causa matrimonial que por comisiõ . . . del . . . cardenal Zapata ha pedido . . . entre . . . Ana Maria Guillamas . . . y . . . Diego de Cardenas. [*Madrid*, 1627] *S.sh.* fol. 1322.k.15.(24). [383]

Guillarte, Lope de. Relacion de las fiestas que se hizieron en . . . Pamplona a instancia de los virreyes de Navarra. *Carlos de Labayé: Pamplona*, 1608. 8.° 9930.aa.5.(1). [384]

Guillen, Francisca. Por d. Francisca Guillen, contra el iurado Francisco Rodriguez Barrasa su tutor. Sobre las quentas de la tutela. [*n.p.*, 1605?] fol. 765.i.2.(14). [385]

Guillén Dellaguila, Francisco. [*Begin:*] Jueves santo en la noche deste año de 1640, puso un sedicioso en las casas de cabildo . . . de Granada un libelo infame. [His opinion on a case submitted to him by the Inquisition]. [*Granada*, 1640]. fol. 1322.l.11.(7).; T.19.*(51). [386]

Guipuzcoa. Nueva recopilacion de los fuers, privilegios . . . leyes y ordens de . . . Guipuzcoa. (confirmados por . . . Phelipe Quinto). *Bernardo de Ugarte: Tolosa*, 1696 (1697). fol. 710.m.1. [387]

Gumiel, Pablo. Cancion en las reales fiestas del . . . señor Vicentio Gonzaga duque de Mantua, en las . . . bodas del principe Francisco . . . y de la princessa Margarita. 2 pt. *Heredes de Francisco Osana: Mantua*, 1608. 4.° 11450.bbb.40. [388]

Gurmendi, Francisco de. Doctrina phisica y moral de principes . . . Traduzido de arabigo . . . por Francisco de Gurmendi. *Por Andres de Parra, y Gaspar Garcia: Madrid*, 1615. 12.° 521.b.25. [389]

Gutierrez, Balthasar. Verissima nueva la qual trata de la preñez . . . de . . . Margarita de Austria regna de España. [In verse]. *Ioan Amello: Barcelona*, 1605. 4.° 11450.e.25.(23). [390]

Gutierrez, Joannes. Canonicarum utriusque fori tam exterioris, quam interioris animæ quæstionum liber tertius. Qui totus circa sponsalia de futuro, & matrimonia versatur. *Ex officina typographica Antoniae Ramirez Viduae; expensis Nicolai Martini del Castillo: Salmanticae*, 1617. fol. 5125.ee.17. [391]

Gutierrez de Godoy, Juan. Disputationes phylosophicæ ac medicæ super libros Aristotelis de memoria et reminiscentia . . . duobus libris contentæ. [*Jaen*], 1629. 4.° 520.d.10. [392]

— Tres discursos para provar que estan obligadas à criar sus hijos à sus pechos todas las madres. *Por Pedro de la Cuesta: Iaen*, 1629. 4.° 549.d.18. [393]

Gutierrez del Mazo, Joseph. Iesus Maria Ioseph. Por el abad, y monasterio real de . . . Burgos . . . Con d. Christoual Orense Manrique, como padre . . . de . . . su hijo . . . con d. Iuan Iacinto de Angulo y Medina: y . . . su muger . . . de Madrid. [A lawsuit]. [*n.p.d.*] fol. 765.i.1.(23). [394]

— Iesus Maria Iosep. Por don Iuan de Brivega Zelaya; como marido de doña Mariana . . . su muger . . . de Alcalà de Henares. Con don Diego Ygnacio Cuello de Riuera. [A lawsuit]. [*Madrid?* 1666?] fol. 765.i.1.(10). [395]

— Iesus Maria Ioseph. Por Iuan de Valencia, excriuæno . . . Con don Fernando de Valmaseda . . . regidor . . . como . . . administrador de sus hijos, y de . . . su muger difunta. [A lawsuit]. [*n.p.*, 1675?] fol. 765.i.1.(15). [396]

Gutierrez de Medina, Christoval. Viage de tierra, y mar . . . que hizo el . . . marques de Villena . . . yendo por virrey . . . de la Nueva España. (Razon de la fabrica allegorica). 4 pt. *Iuan Ruyz: Mexico*, 1640. 4.° 1045.h.35.(1). [397]

Gutierrez de Pineda, —. [*Begin:*] Señor. El licenciado Gutierrez de Pineda, capellan de V. Magestad . . . dize. [On the proposed union of the chapel of Granada with the cathedral]. [*n.p.*, 1625?] fol. 1322.k.12.(18); 1322.k.12.(19*). [398]

— [*Begin:*] Señor. El licenciado Gutierrez de Pineda, capellan de V. Magestad . . . dize. [Another memorial on the proposed union of the chapel of Granada with the cathedral]. [*n.p.*, 1625?] fol. 1322.k.12.(19). [399]

Guzman, Alexandro de. Historia do predestinado peregrino, e seu irmão Precito. *Evora*, 1685. 12.° 1362.a.22. [399a]

— Historia de predestinado peregrino y su hermano Precito . . . Traducida de portugues. *Rafael Figuero: Barcelona*, 1696. 4.° 4409.ddd.4. [400]

Guzman, Diego de. [*Begin:*] Iesus, Maria, Iosef. Por el conde de Ayala. Con don Diego de Guzman, y su muger. [A lawsuit]. [*n.p.*, 1621?] fol. 765.i.13.(14). [401]

— Reyna catolica. Vida y muerte de D. Margarita de Austria reyna de Espanna. [*Madrid*, 1617?] 4.° C.82.b.15. [402]

Guzman, Dionisio de. Relacion de los servicios del maesse de campo general Dionisio de Guzmã, cauallero de la orden de Santiago. [*n.p.*, 1650?] fol. 765.h.1.(55); 765.h.1.(51). [403]

Guzman, Gaspar de, *duke de San Lucar de Barameda, Count de Olivares.* Relacion diaria, de la memorable . . . vitoria de . . . Fuenterrabia. Al . . . señor don Gaspar de Guzman. [*Madrid*, 1638?] 4.° 1445.f.17.(10). [404]

Guzman, Juan de. Cancion a la inmaculada, y limpia concepcion de la virgen Maria. *Francisco de Lyra: Seuilla*, 1616. 4.° C.63.b.27.(13). [405]

— Octauas a la limpia, y pura concepcion de nuestra señora. *Alonso Rodriguez Gamarra: Seuilla*, 1617. 4.° C.63.b.27.(17). [406]

Guzman, Luis de. Historia de las missiones que han hechos los religiosos de la compañia de Iesus . . . en la India Oriental, y en . . . China y Iapon. 2 pt. *Por la Biuda de Iuan Gracian: Alcala*, 1601. fol. 493.i.4, 5; 205.e.16, 17; G.7011–12. [407]

Guzman, Pedro de. Bienes de el honesto trabaio, y daños de la ociosidad en ocho discursos. (*En la Imprenta Real. Por Iaques Vervliet:*) *Madrid*, 1614. 4.° 714.c.13. [408]

Guzman Suares, Vicente de. Lusitania restaurada. [A poem]. *A custa de Lourenço de Anvers: Lisboa*, 1641. 4.° 11452.e.40.(3). [409]

Guzman y Hierro, Lazaro Luis de. Memorial que dio a la catolica . . . Magestad del Rey . . . Don Lazaro Luis de Guzman y Hierro del colegio real . . . de Granada . . . sobre la pretension, que . . . tiene, de que se declare por mayor. [*Madrid?* 1650?] fol. 1322.l.1.(36). [410]

—[*Begin:*] Señor. El doctor don Lazaro Luis de Guzman y Hierro, rector del colegio . . . de Granada. (Suplica a su Magestad). [*n.p.*, 1625?] fol. 1322.k.12.(21). **[411]**

Guzman y Zuniga, Francisco, *marquis de Ayamonte.* Relacion de las fiestas que el marques de Ayamonte hizo en Sevilla, en . . . 1617. [By L. de Jaurigui]. [*Seville?* 1617] fol. C.62.i.19.(34). **[412]**

No. 413 *cancelled.*

H.

H., D. D. D. V. [i.e. Diego de Valverde Horosco]. Controversia medica, en que se disputa, si . . . se ha de variar la parte, do se ha de sangrar, segun las diferencias de las enfermedades. [*Seville*, 1652?] 4.° 783.g.21.(10). **[1]**

Habana. La ciudad de la Habana e isla de Cuba en la pretension que tiene, sobre que se reuoque una real cedula. [*n.p.*, 1700?] fol. 765.h.3.(3). **[2]**

Haedo, Diego de. Topographia, e historia general de Argel. *Por Diego Fernandez de Cordova y Ouiedo; a costa de Antonio Coello: Valladolid,* 1612. fol. 581.i.21.; F.6387. **[3]**

Halus, Aulus, *pseud?* Auli Hali poëtae Burdigalensis, civisque toletani, de adventu in Hispanias S. Iacobi Zebadaei filii . . . carmen heroicum. *Ex officina Didaci Diaz de la Carrera: Matriti,* 1648. 4.° 1461.e.15. **[4]**

Haro Sotomayor y Guzmán, Gaspar de, *Marquis del Carpio.* Descripcion de la singular pompa, que en la . . . cabalgata con que presenta el . . . Rey . . . una achanea todos los años a su Santidad. *Pablo Moneda: Roma,* 1677. 4.° 9930.bbb.7. **[5]**

Haro y Sotomayor, Diego, *Marquis del Carpio.* Relacion de las fies[tas] que el Marques del Carpio hizo a el Rey. [Philip III] . . . y del servicio que el obispo hizo a su Magestad. *Diego Perez: Sevilla,* 1624. fol. 593.h.22.(22).; 593.h.17.(5). **[6]**

Hazaña, Pedro. [*Begin:*] El licenciado Pedro Hazaña, familiar del santo oficio. [A memorial of his services in the Spanish Indies]. [*Madrid?* 1642?] fol. 1324.i.2.(32). **[7]**

—[*Begin:*] Señor. El licenciado Pedro Hazaña, regidor . . . de la ciudad de los Reyes en . . . Piru . . . dize. [A memorial, addressed to the King]. [*Madrid?* 1642?] fol. 1324.i.2.(89). **[8]**

Heliodorus, *Bishop of Tricca.* Heliodoro historia etiopica de los amores de Teagenes, y Cariclea. Añadida la vida del autor. [Edited by P. P. Bogia]. *Alonso Martin; a costa de Pedro Pablo Bogia: Madrid,* 1615. 8.° 12410.aa.41. **[9]**

Hemelman, Jorge. Consultacion theologica. Por el padre Iorge Hemelman cathedratico . . . de theologia en . . . Sevilla. Hecha por orden del . . . arçobispo de Granada. *Martin Fernandez Zambrano: Granada,* 1621. fol. 765.i.11.(22). **[10]**

Henao, Gabriel de. Averiguaciones de las antiguedades de Cantabria. 2 vol. *Eugenio Antonio Garcia: Salamanca,* 1689–91. fol. 180.e.14, 15. **[11]**

Hennepin, Louis. Relacion de un pais que . . . se ha descubierto en la America Septentrional . . . Y que saca à luz en Castellano . . . Sebastian Fernandez de Medrano. [Abridged and translated from Hennepins "Nouveau voyage"]. *Lamberto Marchant: Brusselas,* 1699. 12.° 1061.a.11.; 10470.a.27. *imp.* **[12]**

Henrietta Maria, *Queen Consort of Charles I, King of Great Britain.* Relacion en que se da cuenta de las lastimosas razones que la Reyna de Inglaterra embio à su confessor. [Signed J. Jara Queviada]. *Iuan de Cabrera: Sevilla,* 1626. fol. 593.h.17.(51). **[13]**

Henriquez Basurto, Diego. El triumpho de la virtud y paciencia de Iob. [A poem]. *L. Maurry: Roan,* 1649. 4.° 011451.h.1. **[14]**

Henriquez de Villegas, Diego. Aula militar I y politicas ideas, deducidas de las acciones de C. Iulio Cesar. *Iulian de Paredes: Madrid,* 1649. 8.° 8823.f.13. **[15]**

—El despertador en el sueño de la vida. Ofrecido a . . . la . . . reina . . . doña Maria-Ana . . . regente de España. *Imprenta real: Madrid,* 1667. 8.° 4407.a.88. **[16]**

—Levas de la gente de guerra, su empleo en todas facciones militares. *Carlos Sanchez Bravo: Madrid,* 1647. 4.° 8824.cc.48. **[17]**

—El principe en la idea. A su Magestad . . . don Felipe quarto. *Imprenta real: Madrid,* 1656. 4.° 8009.e.2. **[18]**

Henry III, *King of Castile and León.* El Rey Enrique el enfermo. Comedia famosa de seis ingenios de la corte. [In verse]. [*Madrid?* 1700]. 4.° 11728.i.13.(9). **[19]**

Heredia, Hieronymo de. Guirnalda de Venus casta, y amor enamorado. Prosas y versos. *Iayme Cendrat: Barcelona,* 1603. 8.° 011451.e.21. **[20]**

Heredia, Juan de. Sentencia proferida por el reverendissimo . . . Iuan de Heredia, comissario general . . . de la orden del Carmen . . . de Cataluña ã favor de . . . Ioseph Metge y . . . Iuan de Cuneer. [*Barcelona?* 1671]. fol. 4783.e.1.(28). **[21]**

Herice, Valentinus de. Quatuor tractatus in 1 p[tem] [of the "Summa Theologica"] S. Thomae. Distincti disputationibus. *Ex officina Caroli a Labaien: Pampilone,* 1623. fol. 4061.k.7. **[22]**

Hermophilus, *Tanugriensis.* Apologia Hermophili Tanugriensis satyrici. *Castalii,* 1631. 16.° 1094.b.34. *imp.* **[23]**

—In satyram et sermones Hermophili Tanugriensis breviores notae et castigationes. *Castalii,* 1631. 12.° 836.a.29. **[24]**

—Juventus academica ad Hermophilum Tanugriensem. *Castalii,* 1631. 16.° 1094.b.35. **[25]**

—Sermo in corrupti hermophili Tanugriensis corruptos mores. *Castalii,* 1631. 16.° 11408.df.14. **[26]**

Hernandez, Alonso. [*Begin:*] Alonso Hernandez en nombre de Iuan Castellanos, y Pedro de la Torre, y Sebastian Castellanos de Espinosa, respondiedo a la acusacion de Frãcisco Batista Veintin. [*n.p.*, 1617?] fol. 1322.l.7.(12). **[27]**

Hernández, Francisco. Quatro libros de la naturaleza, y virtudes de las plantas, y animales que estan recevidos en el uso de medicina en la Nueva España. *Viuda de Diego Lopez Davalos; vendese en la tienda de Diego Garrido: Mexico,* 1615. 4.° 546.g.14. **[28]**

Hernández, Melchor. Memorial de Chiriqui del padre presentado fr. Melchor Hernandez. [To his superior, asking him to keep priests in small Indian villages to protect them from abuses]. [*Madrid?* 1620?] fol. C.62.i.18.(19). **[29]**

Hernández, Miguel. Ad laudem sanctissimæ Trinitatis . . . Por Miguel Hernandez, contra Iuan Ximenez [and others]. [A lawsuit]. [*Granada? n.d.*]. fol. 765.h.2.(5). **[30]**

Hernández Blasco, Francisco. Universal redencion passion, muerte, y resurrecion de nuestro redentor. *Imprenta real; vendense en casa de Francisco Lopez: Madrid,* 1602. 4.° 11451.e.19. **[31]**

Hernández Blasco, Luis. Segunda parte de la universal redencion [of which pt. I is by F. Hernandez Blasco]. [In verse]. *Iuan Gracian: Alcala,* 1613. 4.° 11451.bb.21. **[32]**

Herrera, Alonso de. Relacion verdadera de la unica y soberana impression que Christo . . . hizo de sus . . . llagas en mi serafico padre San Francisco. [In verse]. *Sebastian Matevat: Barcelona,* 1617. 4.° 1072.g.26.(36). **[33]**

Herrera, Fernando de. Tomas Moro de Fernando de Herrera. A don Pedro Fernandez de Castro. *Luis Sâchez: Madrid,* 1617. 8.° 612.b.25.(2). **[34]**

— Versos de Fernando de Herrera. *Gabriel Ramos Vejarano: Sevilla,* 1619. 4.° 87.b.9. **[35]**

Herrera, Francisco, *Maestro Mayor.* [*Begin:*] Señor. Don Francisco Herrero. [A plea for greater recognition and encouragement of the liberal arts, addressed to Charles II]. [*n.p.,* 1680?] fol. 765.i.6.(17). **[36]**

Herrera, Gabriel Alonso de. Agricultura general, que trata de la labranza . . . y . . . crianza. *Viuda de Alonso Martin; a costa de Domingo Gonçalez: Madrid,* 1620. fol. 33.e.10. **[37]**

Herrera, Juan Antonio de. [*Begin:*] Por el capitan Melchor Nuñez Martel, y Alonso Paez de Aparicio, regidores de Gibraltar. Con el capitan Alonso de Angulo. [A pleading]. 2 pt. [*n.p.d.*]. fol. 765.h.2.(40, 41). **[38]**

Herrera, Pedro de, *Augustinian.* [Amor de Jesus in Tagala]. An pagcadapat y biguin si Iesus nang manga calolovang tinobós niyá. *Luis Beltran: Manila,* 1639. 16.° C.53.aa.6. **[39]**

Herrera, Pedro de, *of Toledo.* Descripcion de la capilla de N.ª S.ª del Sagrario, que erigió en la Sᵗᵃ iglesia de Toledo el . . . cardenal D. Bernardo de Sandoval y Rojas. 4 pt. *Luis Sanchez: Madrid,* 1617. 4.° 811.d.23. **[40]**

Herrera, Rodrigo de. Comedia famosa. La fé noha menester armas, y venida del ingles a Cadiz. [*n.p.,* 1650?] 4.° 1072.h.14.(7). **[41]**

Herrera Maldonado, Francisco de. Epitome historial del reyno de la China . . . Con la descripcion de aquel imperio. Y la introduccion en el de . . . [la] fè catolica. *Por Andres de Parra; a costa de Andres de Carrasquilla: Madrid,* 1620. 16.° 583.a.19. **[42]**

— — *Por Andres de Parra; a costa de Andres de Carrasquilla: Madrid,* 1621. 16.° 583.a.20. **[43]**

Herrera Pareja, Juan de. Por don Antonio Gomez de Montalvo y Messia . . . de Granada. En el pleyto con el convento y monjas de Santa Catalina de Sena. *Francisco Sâchez; y Baltasar de Bolibar: Granada,* 1649. fol. 765.i.2.(35). **[44]**

— Por don Francisco de Guardiola, vezino de . . . Gumilla. En el pleyto. Con doña Iosepha de Guardiola [and others]. *Imprenta real; por Francisco Sanchez: Granada,* 1652. fol. 765.i.4.(13). **[45]**

— Por don Luis Fernandez de Cordova y Figueroa . . . duque de Feria . . . En el pleyto. Con el fiscal . . . en la real chancilleria de Granada. [*n.p.,* 1650?] fol. 1322.l.5.(21). **[46]**

— Por el señor d. Luys de Tapia y Paredes, Grado, y Areualo . . . y . . . su hija . . . de Madrid. En el pleyto con doña Maria de Tapia, viuda de don Miguel de Eraso. *Francisco Sânchez; y Baltasar de Bolibar: Granada,* 1651. fol. 765.i.4.(35). **[47]**

— Por Paulo Bautista Padua. En el pleyto. Con . . . Guadix. [*n.p.,* 1650?] fol. 765.i.4.(7). **[48]**

Herrera Tordesillas, Antonio de. Commentarios de los hechos de los españoles, franceses, y venecianos en Italia . . . desde . . . 1281 hasta . . . 1559. *Por Iuan Delgado: Madrid,* 1624. fol. 592.g.8.; 177.f.9. **[49]**

— Historia general de los hechos de los castellanos en las islas i tierra firme del mar oceano. (Descripcion de las Indias). 8 decads. *Emprenta real; (Iuan Flamenco; Iuan de la Cuesta): Madrid,* 1601-15. fol. 601.k.12-15.; 601.k.8-11.; 983.g.1-4.; G.7206-8. **[50]**

— Primera parte de la historia general del mundo . . . desde . . . [1559] hasta . . . [1574]. (Segunda parte desde 1575). 2 pt. *Luis Sanchez; a costa de Juan de Montoya: Madrid,* 1601. 4.° 1322.k.5-6. **[51]**

— Primera (— Tercera) parte de la historia general del mundo . . . del tiempo del . . . Rey don Felipe II . . . desde [1554] hasta . . . [1598]. 3 vol. *Por Iuan Godinez de Millis: Valladolid; (Por Alonso Martin de Balboa: Madrid),* 1606-12. fol. 593.h.9-11.; 178.d.14-18. **[52]**

Herrera y Sotomayor, Jacinto de. Iornada que su Magestad [Philip IV] hizo a la Andaluzia. *Imprenta real: Madrid,* 1624. fol. T.90.*(16). **[53]**

Herreros, Francisco de los. Por el licenciado don Francisco de los Herreros, oydor del consejo de hazienda. Con . . . don Iuan Perez de Lara, fiscal. [A lawsuit]. [*Madrid?* 1655?] fol. 1322.l.1.(26). **[54]**

Hesdin. Refierese la recuperacion de la villa y castillo de Hesdin . . . en los estados de Flandes. *Iuan Gomez de Blas: Sevilla,* 1658. 4.° 1445.f.17.(33). **[55]**

Hevia Bolaños, Juan de. Curia philippica, donde breve . . . se trata de los juyzios . . . ecclesiasticos y seculares. 2 pt. *Andres de Mercham: Valladolid,* 1605-23. 4.° 5384.bb.5. **[56]**

— — *Iuã Godinez de Millis: Valladolid,* 1609. 4.° 5383.aaa.21.(1). **[57]**

— — *Luis Sanchez; a costa de Iuan Berrillo: Madrid,* 1616. 4.° 5384.b.17. **[58]**

— Labyrintho de comercio terrestre y naval. Donde breve . . . se trata de la mercancia y contratacion de tierra y mar. *Francisco del Canto: Lima,* 1617. 4.° C.125.dd.17.(1). **[59]**

— — *Madrid,* 1619. 4.° 6835.aa.29. (*destroyed*). **[60]**

Hidalgo, Gaspar Lucas. Dialogos de apacible entretenimiento, que contiene unas Carnestolendas de Castilla. *Roger Velpius: Brusselas,* 1610. 12.° 245.b.37. **[61]**

Hidalgo, Juan. Romances de Germania, de varios autores, con el vocabulario al cabo. [Edited by Juan Hidalgo]. *Iuan de Larumbe: Çaragoça,* 1644. 12.° 1072.d.19. **[62]**

Hidalgo de Vargas Machuca, Juan. [*Begin:*] Yo Iuan Hidalgo de Vargas Machuca, escriuano del Rey . . . y del numero . . . de Malaga . . . doy fee. [A testimonial in favour of don Antonio de Valdivia y Estrada for helping some nuns and rescuing the blessed Sacrament during severe floods in Malaga]. [*Malaga?* 1661?] fol. 761.h.1.(63). **[63]**

Hieronymites. [*Begin:*] Ilustrissimo señor. [A memorial concerning the case of the Chapter of St. Jerome, and Luis de Cordova, against certain monks of the convent of St. Bartholomew]. [*Madrid?* 1641?] fol. 4783.e.1.(39). [**64**]

— Por la religion de san Geronimo, con algunos religiosos vocales del monasterio de san Bartolome de Lipiana . . . que han salido al pleyto, sobre el derecho de elegir general. *Imprenta real: Madrid*, 1641. fol. 4783.e.1.(40). [**65**]

— [*Begin:*] Señor. La religion de san Geronimo. [A memorial to the King concerning the separation of the dignity of General from that of prior of the convent of St. Bartholomew]. [*Madrid?* 1684]. fol. 4783.e.1.(37). [**66**]

Hieronymo, *de la Madre de Dios.* See D., P. F. G. C.

Hierro, Agustin de. El doctor don Agustin de Hierro . . . Contra don Iuan Guillin, Guillermo Esparque [and others]. Por auer muerte a traiciõ . . . a Antonio, Asikan, Embaxador. [With the pleadings in defence of the accused by G. de Bolaños]. 2 pt. *Domingo Garcia y Morras: Madrid*, 1650. fol. G.6423. [**67**]

— El doctor don Agustin del Hierro . . . contra el duque de Hijar don Rodrigo de Silva. El marques de la Vega de la Sagra [and others]. Sobre diferentes delitos de lesa magestad. [*Madrid*, 1640?] fol. 1322.l.10.(1). [**68**]

— Por la vindicta publica. El doctor don Agustin de Hierro . . . contra Manuel de Segura. *Antonio René de Lazcano: Granada*, 1633. fol. 1322.l.4.(28). [**69**]

Hippocrates. Prælectiones Vallisoletanæ, in librum magni Hipp. Coi de morbo sacro. Auctore D. Antonio Ponze Sancta Cruz. [With the text]. *Apud viduam Ludouici Sanchez: Matriti*, [1631]. fol. 542.g.15.(2). *imp.* [**70**]

Hispano, Gerardo, *pseud.* [i.e. Gonzalo de Céspedes y Meneses]. Francia engañada Francia respondida, por Gerardo Hispano. Al . . . conde de Niebla. *Caller*, 1635. 4.° 8026.bb.34.; 1196.f.4.(1). [**71**]

Hispanus, Petrus. *See* Juliano, *pseud.*

Holguin de Figueroa, Diego. Por la santa iglesia metropolitana de . . . Mexico . . . en el pleyto con el colegio de Santa Ana de Carmelitas descalços. [*Mexico*, 1700?] fol. 5125.g.4.(5). [**72**]

Holland. Relacion verdadera, embiada de . . . Flandes . . . de la ruyna que ha causado el mucho yelo y nieue en . . . Olanda. *Iuan Gonçalez: Madrid*, 1624. fol. T.90.*(38). [**73**]

Hollerius, Jacobus. Tratado de la materia de cirurgia . . . interpretado por Geronymo Murillo. *Miguel Sorolla; a costa de Iuan Antonio Tauano: Valencia*, [1660?] 12.° 783.b.44. [**74**]

Homem, Manoel. Memoria da disposiçam das armas castelhanas, que . . . invadirão . . . Portugal . . . 1580. *Officina Craesbekiana: Lisboa*, 1655. 4.° 9195.cc.7. [**75**]

— *See* also Homem de Figueiredo, F., *pseud.*

Homem de Figueiredo, Fernaõ, *pseud.* [i.e. Homem, Manoel] Resorreicam de Portugal e morte fatal de Castella. 2 pt. *Guillelmo de Monnier: Nantes*, [1650?] 4.° 9195.bb.17. [**76**]

Horatius Flaccus, Quintus. [*Latin and Spanish*]. Horacio español, esto es obras, de Q. Horacio Flacco, traducidas en prosa . . . por . . . Urbano Campos. [With the original text]. *Anisson y Posuel: Leon*, 1682. 12.° 11385.aa.7. (*part* I *only*). [**77**]

— — *Antonio Lacavalleria: Barcelona*, 1699. 11352.aa.8. [**78**]

— [*Latin and Portuguese*]. Entendimento literal, e construição portugueza de todas as obras de Horacio. [In prose]. . . . segunda impressão. *Henrique Valente de Oliveira: Lisboa*, 1657. 4.° 237.f.14. [**79**]

— Obras de Horacio principe dos poetas latinos lyricos . . . ornadas de hum index . . . & fabulas . . . ultima impressão. *Miguel Manescal, & à su custa: Lisboa*, 1681. 8.° 1001.g.10. [**80**]

Horozco, Agustin de. Discurso historial de la presa que del puerto de la Maamora hizo el armada real de España . . . 1614. *Miguel Serrano de [Vargas]: Madrid*, 1615. 4.° 1060.h.10. *cropped*. [**81**]

Horozco, Juan de. Comedia famosa. Maneses Rey de Iudea. [In verse]. [*n.p.*, 1650?] 4.° 1072.h.15.(12). [**82**]

Horta, Melchior. Consejos muy admirables y dignos . . . dado a un hombre que pedia, como hallaria el contento . . . en este mundo. [In verse]. *Carlos de Lavayen: Çaragoça*, 1606. 4.° G.10217.(5). [**83**]

Horwitz, Isaiah ben Abraham. Libro yntitulado enseña a pecadores que contiene diferentes obras, mediante las quales pide el hombre piedad à su criador. *David de Castro Tartaz: Amsterdam*, 5426. [1666]. 12.° 4034.a.22.(1). [**84**]

Hozes y Cordova, Lope de. Relacion verdadera de los buenos sucessos, y vitorias, que ha tenido en la costa de la Rochela dõ Lope de Hozes y Cordova. *Pedro Gomez de Pastrana: Sevilla*, 1637. 4.° 1445.f.22.(15). [**85**]

Huarte, Juan. Examen de ingenios para las sciencias donde se muestra la differencia de habilidades que ay en loshombres. *En la oficina Plantiniana: [Antwerp]*, 1603. 12.° 536.a.39. [**86**]

— — *Antonio Vazqz; a costa de Manuel Lopez: Alcala*, 1640. 8.° 536.a.38. [**87**]

— — Tercera edicion. *Iuan Maire: Leyde*, 1652. 12.° 8463.aa.6. [**88**]

— — Quarta edicion. *Juan de Ravestein: Amsterdam*, 1662. 12.° 231.K.29. [**89**]

— — *Melchor Sanchez; a costa de Gabriel de Leon: Madrid*, 1668. 4.° 31.a.23. [**90**]

Huelamo, Melchior de. Libro primero de la vida y milagros, del . . . confessor Sant Gines de la Xara. Y de . . . cosas . . . que ay en el monasterio . . . sito en el reyno de Murçia. *Augustin Martinez: Murçia*, 1607. 4.° 486.b.15. [**91**]

Huerta, A. de. *See* Baturi, C.

Huerta, Diego Manuel de. Iesus Maria Ioseph. Por Iorge de Paz de Silveira, Alfonso, y Gaspar Rodriguez Passariños . . . y consortes. Con el . . . fiscal del consejo de la . . . inquisicion. [*Madrid?* 1650?] fol. 1324.i.1.(1). [**92**]

Huerta, Sebastian de. [*Begin:*] Yo el licenciado Sebastian de Huerta. [A certificate in the matter of Juan Barba de Coronado and the Inquisition of Carthagena]. [*Madrid*, 1630]. fol. 1324.i.2.(3). [**93**]

Huertas, Bernardo de. Recopilacion de los milagros del Santo Christo de la fe, que esta en el convento de la santissima Trinidad. [In verse]. [*Madrid?* 1640?] 4.° 1072.g.26.(22). [**94**]

Huesca. [*Cathedral*]. Villancicos, que se cantaron la noche de Navidad en la . . . cathedral de Huesca . . . 1678. *Iuan Francisco de Larumbe: Huesca*, 1678. 4.° 1073.k.22.(32). [**95**]

—[*Real y mayor collegio de Santiago*]. Constituciones, y estatutos del real y mayor collegio . . . ordenados por . . . Don J. de Brizuela . . . en . . . 1624. *Huesca*, 1624. fol. 731.l.15.(3). (*missing*). **[96]**

—[*Universidad de Huesca*]. Estatutos que el obispo de Barbastro ha hecho . . . en la visita y reformacion de la Universidad . . . año 1599. (J. Azcoydi oratio . . . habita die 11 mensis Aprilis . . . 1559). *Çaragoça*, 1601. fol. 731.l.15.(2). (*missing*). **[97]**

Hurtado, Francisco. Relacion verdadera del portentoso milagro que nuestra señora del Rosario obró con un devoto suyo. *Iuan Gomez de Blas: Sevilla*, 1634. fol. 593.h.17.(126). **[98]**

Hurtado, Tomás. Chocolate y tabaco, ayuno eclesiastico y natural. *Francisco Garcia; a costa de Manuel Lopez: Madrid*, [1645]. 8.° 435.a.20. **[99]**

Hurtado de Corquera, Sebastian. [*Begin:*] Don Sebastian Hurtado de Corquera. [A memorial to the King on the ecclesiastical affairs of the Philippine islands]. [*Madrid*, 1638?] fol. 4745.f.11.(14). **[100]**

Hurtado de la Puente, Sancho. [*Begin:*] El licenciado Sãcho Hurtado de la Puente . . . en la causa de su visita començada por . . . don Fernãdo Ramirez Fariñas . . . en prosecucion del articulo de la recusacion, etc. [*Madrid?* 1630?] fol. 1322.l.2.(39). **[101]**

Hurtado de Mendoza, Antonio. [*Collections*]. El fenix castellano. D. Antonio de Mendoça, renascido de la Gran biblioteca d' el . . . señor Luis de Sousa. (Obras). *Miguel Manescal: Lisboa*, 1690. 4.° 1073.k.13. **[102]**

—[*Single works*]. Comedia famosa. Cada loco con su tema. [*n.p.*, 1680?] 4.° *No. 421 of an unidentified collection.* 1342.e.11.(36). **[103]**

✳ —Convocacion de las Cortes de Castilla, y iuramento del principe . . . don Baltasar Carlos. *Imprenta del reyno: Madrid*, 1632. 4.° 1445.f.20.(2). **[104]**

—Entremeses de Getafe. 1621. 16.° *See* Getafé, *Calle de, at* Madrid. 11726.aa.1.(13).

—El ingenioso entremes del examinador miser Salomo. *Francisco Fernandez de Cordoua: Valladolid*, 1619. 16.° 11726.aa.1.(16). **[105]**

—Fiesta que se hizo en Araniuez a los años del rey . . . Felipe IIII. *Iuan de la Cuesta: Madrid*, 1623. 4.° 1072.k.11.(3). **[106]**

—Querer por solo querer; comedia. *Iuan de la Cuesta: Madrid*, 1623. 4.° 1072.k.11.(1). **[107]**

——*Iorge Rodriguez; na officina de Lourenço Craesbeeck: Lisboa*, 1639. 4.° 11726.bbb.1. **[108]**

—Vida de nuestra señora Maria . . . Obra postuma. [In verse; edited by Juan Antonio García]. *Iuan Francisco Paz: Napoles*, 1672. 8.° 11451.aaa.27. **[109]**

—Zelos sin saber de quien. Comedia famosa. [*Madrid?* 1700?] 4.° 11728.c.78. **[110]**

Hurtado de Mendoza, Diego, *Count de la Corzana.* Las fiestas y singulares favores que a don Diego Hurtado de Mendoça embaxador . . . se le hizieron en la jornada que de España hizo, acompañando al principe de Gales. *Luis Sanchez: Madrid*, 1642. fol. G.6256.(2). **[111]**

Hurtado de Mendoza, Diego, *Historian.* [*Works*]. Obras del insigne cavallero don Diego . . . recopiladas por frey Iuan

Diaz, Hidalgo. *Iuan de la Cuesta; vendese en casa de Francisco de Robles: Madrid*, 1610. 4.° 87.b.8.; G.11276. **[112]**

—[*Single works*]. Chronica de la provincia de S. Antonio de los Charcas del orden de . . . S. Francisco, en . . . Peru. [*Madrid*, 1665]. fol. 704.k.10. **[113]**

—Guerra de Granada. Hecha por . . . don Philippe II . . . contra los moriscos. *Giraldo de la Viña: Lisboa*, 1627. 4.° 9180.c.23. **[114]**

——*Imprenta real; a costa de Mateo de la Bastida: Madrid*, 1674. 4.° 1060.e.3.; G.15277. **[115]**

Hurtado de Mendoza, Francisco. Fundacion, y chronica de la sagrada congregacion de San Phelipe Neri . . . de Granada (Sumario de la vida . . . de S. Phelipe Neri . . . por . . . Agustin de Barbosa). *Julian de Paredes: Madrid*, 1689. 4.° 4784.d.19. **[116]**

Hurtado de Mendoza, Pedro. Espejo geographico, segunda, y tercera parte, contiene la descripcion del globo terraqueo. *Por Iuan Garcia Infanzon: Madrid*, 1691. 12.° 569.b.13. **[117]**

I.

Ibañez, Ignacio. Coete volatil está aprovido y reconocido (. . . un nuevo instrumento de guerra que ha inventado Y. Ybañez). [*Madrid?* 1700?] *S.sh.* 4.° T.15.*(4). **[1]**

Ibarra, Carlos de, *Viscount de Centenera.* Por el señor d. Carlos de Ibarra . . . almirante general de la armada de la guarda de las Indias. *Viuda de Iuan Goncalez: Madrid*, 1634. fol. 1324.i.(12). **[2]**

—Relacion que el señor don Carlos de Ybarra . . . capitan general embio . . . al . . . marques de Cadereyta, del sucesso de sus batallas. *Francisco Salbago:* [*Mexico*,] 1638. fol. 9770.k.1.(2). **[3]**

Ibarra Gueztaraen, Juan de. Por la villa imperial de Potossi. En razon de que cõviene alcançar de su Santidad que los indios dedicados a la mita . . . de la labor . . . trabajen. (14 Agosto, 1617). [*Madrid*, 1617]. fol. C.62.i.18.(11). **[4]**

——[*Madrid*, 1617?] fol. C.62.i.18.(12). **[5]**

—[*Begin:*] Señor. A nueve cosas que suplique, en nombre de . . . Potosi. [A memorial to the King, on the affairs of Potosi]. [*Madrid*, 1618?] fol. C.62.i.18.(17). **[6]**

—[*Begin:*] Señor. Cinco cosas son las que . . . Potosi à V. M. en este memorial, por . . . Iuan de Yvarra . . . se sirva de conceder. [*Madrid*, 1617?] fol. C.62.i.18.(14). **[7]**

—[*Begin:*] Señor. De parte de la villa imperial de Potosi, se suplica a V. Magestad lo siguiente. [A memorial on the affairs of Potosi]. [*Madrid*, 1618?] fol. C.62.i.18.(18). **[8]**

—[*Begin:*] Señor. De parte de la villa . . . de Potosi, suplique a V. Magestad en otro memorial cinco cosas . . . necessarias para su conservacion. [*Madrid*, 1617?] fol. C.62.i.18.(15). **[9]**

—[*Begin:*] Señor. El licenciado Iuan de Ybarra. [A memorial on the decrease in numbers of the natives]. [*Madrid*, 1617] *S.sh.* fol. C.62.i.18.(13). **[10]**

—[*Begin:*] Señor. El licenciado Iuan de Ybarra. [A memorial to the King, on the working of the mines of Potosi]. [*Madrid?* 1620?] fol. C.62.i.19.(7). **[11]**

—Suma de lo que el licenciado Iuan de Ybarra como procurador . . . de Potosi pide. [14 Aug. 1617]. [*Madrid*, 1617]. *S.sh.* fol. C.62.i.18.(37). **[12]**

Ibrāhīm, *Sultan of the Turks.* Relaciõ verdadera, y digna de notar de sinh galeras de Turquia que estavan en . . . Alexandria. *Gabriel Nogues: Barcelona,* 1643. 4.° 9180.e.2.(53). [13]

Idiaquez Isasi, Francisco de. [*Begin:*] Señor. Don Francisco de Idiaquez Isasi, canonigo . . . dize. [Reminding the King of his promise to make him treasurer]. [*n.p.,* 1650?] 4.° 765.h.1.(35). [14]

—[*Begin:*] Señor. Francisco Idiaquez Isasi, dize: que V. M. fue seruido, en consideracion de los seruicios de . . . su padre. [A petition concerning his application for his canonry]. [*n.p.,* 1640?] fol. 765.h.1.(34). [15]

Ignatius, *Saint, of Loyola.* Oracion a N. P. S. Ignacio de Loyola. [*Mexico,* 1650?] *S.sh.* 4.° 1882.c.2.(234). [16]

Illescas, Gonzalo de. Historia pontifical y catholica . . . Con . . . una breve recapitulacion de las cosas de España. 2 pt. *Sebastian de Cormellas; a costa de Iuan de Bonilla: Barcelona,* 1602. fol. [*Other parts under Baños de Velasco, Bavia, Quadalaxara y Xavier*]. C.81.g.1. [17]

—— *Martin de Victoria: Barcelona,* 1602. fol. C.81.f.3. [18]

—— *En la Imprenta Real; a costa de Iuan Hasrey: Madrid,* 1613. fol. C.82.g.8. (vol. 1, 2). [19]

—— *Sebastian de Cormellas: Barcelona,* 1622. fol. 4855.f.7. (vol. 2). (*wanting vol. 1 of this ed.*). [20]

—— *Melchor Sanchez: a costa de Gabriel de Leon: Madrid,* 1652. fol. 205.e.10; 4855.f.7. (vol. 1) (*wanting vol. 2 of this ed.*). [21]

India. [*Appendix*]. Primor e honra da vida soldadesca no estado da India. Liuro . . . composto sem nome de autor & hora posta em ordē . . . pello P. M. fr. Antonio. *Iorge Rodriguez: Lisboa,* 1630. 4.° 8826.c.40. [22]

Indians. Apuntamientos para mejor inteligencia de la duda que se ofrece, sobre si se podrà continuar el repartimiento de indios. [*Madrid?* 1640?] fol. 725.k.18.(35). [23]

Indies. Declaracion del valor justo de la plata que viene de las Indias. [By Juan Fermin de Yzu]. [*n.p.,* 1660?] fol. 1322.l.7.(14). [24]

—Memoria de lo que an de advertir los pilotos de la carrera de las Indias, a cerca de la reformacion del padron de las cartas de marear. [*Madrid?* 1630?] *S.sh.* fol. 1324.i.5.(1); 1324.i.5.(6). [25]

—Para que se deuan preferir todos los que huuieran seruido en las Indias. [By F. García de Avila. *Madrid?* 1630?] 4.° C.62.i.18.(100). [26]

Infante, Sebastian. El lic. d. Sebastiã Infante, fiscal . . . En el pleito. Con don Antonio Manuel Manrique de Lara y Mendoza, Marques de Cañete. Y con don Reymundo de Alencastre . . . por . . . su muger [and others]. [*n.p.d.*] fol. 765.i.1.(8). [27]

—El licenciado don Sebastian Infante, fiscal . . . En el pleyto con d. Bartolome Perez Nauarro, y doña Antonia Pereyra . . . de Seuilla. [*Seville?* 1660?] fol. 765.i.1.(11). [28]

Infante Obel, Juan. Por Iuan Infante Obel por si, y como padre . . . de . . . su hijo, vezinos de . . . Aracena, en el pleyto con Iuan Fernandez de Rioja. [A pleading against the sentence passed by the Inquisition on Juan Infante Messia].[*n.p.,* 1620?] fol. 765.h.2.(10). [29]

Inigo, Juan Baptista. Memorial de la iustificacion que asiste a la santa iglesia de Zaragoza, en los pleitos que la ha movido el cabildo . . . de nuestra Señora del Pila. *Domingo Garcia Morras: Madrid,* 1656. fol. C.62.h.4.(2). [30]

Iñiquez de Medrano, Juliano. La silva curiosa . . . Corregida . . . por Cesar Oudin. *Marc Orry: Paris,* 1608. 8.° G.10952; C.125.b.8; 1072.e.25. [31]

Innocent X, *Pope.* A santidade do monarca ecclesiastico Innocencio X expoem Portugal as causas de seu sentimento & de suas esperanças. *Paulo Craesbeeck: Lisboa,* 1646. 4.° 9195.c.22.(17). [32]

Innocent XI, *Pope* [Benedetto Odescalchi]. Relacion verdadera, de la ultima enfermedad y muerte de . . . Inocencio Undezimo. *Francisco Leon: Roma,* 1689. 4.° 1490.dd.77. [33]

Inquisition. (*Arrangement by countries, and then in chronological order by date of printing*).

—[*Mexico*]. Relacion del tercero auto particular de fee que le tribunal . . . de la inquisicion de . . . la Nueva España, celebrò . . . Março de 1648. *Mexico,* 1648. 4.° 490.g.4. (*missing*). [34]

—Manifiesto de la justificacion con que el tribunal . . . de la inquisicion de la Nueva España, ha procedido, en defensa de su jurisdiccion . . . con . . . Matheo Sagade Bugueiro, arçobispo de Mexico. [*Seville?* 1658?] fol. 4625.g.1.(28). [35]

—[*Peru*]. Relacion completa . . . del auto público de fé, que se celebro en . . . Lima à 20. de diziembre de 1694. [Edited by J. del Hoyo]. *Joseph de Contreras, y Alvarado: Lima,* 1695. 4.° C.37.e.48. [36]

—[*Portugal*]. Index auctorum dãnatæ memoriæ, tum etiam librorum, qui uel simpliciter, uel ad expurgationē vsque prohibentur, uel deniq; iam expurgati permittentur. *Ex officina Petri Craesbeck: Ulyssip,* 1624. fol. 618.i.2. [37]

—Relacion verdadera del auto general de la fé que celebro . . . la inquisicion de . . . Lisboa el dia 8. de agosto . . . 1683. *Sevilla,* 1683. fol. 4625.g.1.(2); 4625.g.1.(3). [38]

—Traslado autentico de todos os privilegios concedidos pelos reys . . . de Portugal aos officiaes . . . da inquisição. *Miguel Manescal: Lisboa,* 1685. fol. 9181.e.4.(23). [39]

—[*Spain*]. Index librorum prohibitorum et expurgatorum . . . Bernardi de Sandoual et Roxas . . . Cardin . . . Hispaniarum primatis . . . Generalis inquisitoris . . . auctoritate et iussu editus. 2 pt. *Apud Ludouicum Sanchez: Madriti,* 1612. fol. 618.i.1; 1492.e.14. [40]

—[*Begin:*] Por noviembre del año passado de 1615. Se quisieron tener unas conclusiones en el convento de San Iuan de los Reyes de Toledo. [A letter, signed: H. de Villegas, expressing approval of the conclusions reached by the Inquisition]. *Viuda de Cosme Delgado: Madrid,* [1616]. *S.sh.* fol. 1322.l.11.(5). [41]

—Novus index librorum prohibitorum et expurgatorum; editus autoritate & iussu D. Antonii Zapata. *Ex Typographaeo Francisci de Lyra: Hispali,* 1632. fol. 617.l.27. [42]

—[*Begin:*] Don fray Antonio de Sotomayor . . . inquisidor general en todos los reynos . . . de su Magestad . . . Por quanto considerando los . . . inconveniētes que resultan de no hazerse notorias las constituciones, etc. [*Madrid,* 1633]. *S.sh.* fol. C.18.e.2.(134). [43]

—Iusu ac studijs illmi ac R. D. D. Antonij a Soto Maior . . . librorum expurgandorum, loculenter ac vigilantissime

*(D.D.?)

recognitus, nouissimus index. *Ex typographaeo Didaci Diaz: Madriti*, 1640. fol.   618.i.29.   **[44]**

— Novissimus librorum prohibitorum et expurgandorum index. Pro catholicis Hispaniarum regnis . . . anno 1640. *Ex typographaeo Didaci Diaz: Madriti*, 1640. fol.   618.i.29.   **[45]**

— Decisio Granatensis tribunalis sancti officii, in causa famosi libelli, adversùs sacrosanctam Iesu Christi legem, & incorruptam deiparae Virginitatem . . . publice affixi. *Apud Balthasarem de Bolibar; & Franciscum Sanchez: Granatæ*, 1641. fol.   1322.l.5.(23).   **[46]**

— Auto publico de fee, celebrado en . . . Sevilla, domingo 29. de março. *Francisco de Lyra: Sevilla*, 1648. 4.°   4625.g.1.(36).   **[47]**

— [*Begin:*] Señor. [A memorial to the King of Spain concerning the jurisdiction of the Inquisition]. [*Madrid?* 1650?] fol.   1322.l.4.(29).   **[48]**

— [*Begin:*] Relacion metrica del auto de la fé, que celebró el tribunal . . . de la inquisicion . . . de Cordova . . . à tres de mayo, de 1655. [In verse]. *Iuan Gomez de Blas: Sevilla*, 1665. *S.sh.* 4.°   1871.e.1.(14).   **[49]**

— Compilacion de las instrucciones del oficio de la santa inquisicion . . . impressas de nuevo. *Diego Diaz de la Carrera: Madrid*, 1667. fol.   4061.f.13.   **[50]**

— Index librorum prohibitorum et expurgandorum novissimus pro catholicis Hispaniarum regnis . . . Antonii a Sotomaior . . . iussu ac studiis, luculenter . . . recognitus. (Index). *Ex typographaeo D. Diaz: Madriti*, 1667. fol.   126.h.1.   **[51]**

— Index librorum prohibitorum et expurgandorum novissimus (Benedicti Turretini . . . praefatio in indicem). *Ex typographaeo Didaci Diaz: Madriti*, 1667. fol.   11902.i.15.   **[52]**

— Auto general de la fe: exaltacion de su estandarte catolico . . . contra la supersticion sacrilega. *Francisco Sanchez: Granada*, 1672. 4.°   4051.bb.17.   **[53]**

— Instruccion y orden de processar, que han de guardar los comissarios, y notarios . . . de la inquisicion en las causas . . . de fe . . . De nuevo añadida . . . por d. Juan de la Vega y Davila. *Juan Francisco de Blas: Sevilla*, 1693. 4.°   4071.i.3.(1).   **[54]**

— Decreto de la inquisicion de Toledo, contro los libros de los R. R. padres Godefrido Henschenio, y Daniel Papebrochio de la compagnia de Jesus. *Span., Lat., Fr., & Dutch.* [*Louvain*, 1695]. *S.sh.* fol.   Tab.597.c.3.(110).   **[55]**

Instrucción. Nueua instruction y ordenança para los que son . . . cofrades del Grilimon, o mal frances. *Cornelio Bodan: Cuenca*, 1602. 4.°   C.63.g.19.(1).   **[56]**

Innsbruck. [*Appendix*]. [*Begin:*] Copia de carta, escrita en Inspruch . . . de un castigo exemplar que hizo nuestro Señor en un blasfemo. *Madrid; y por su original, por Pedro Castera: Sevilla*, 1673. 4.°   1323.g.1.(15).   **[57]**

Iorba, Dionysio Hieronymo de. A la sacratissima Virgen Maria . . . y en alabança de la . . . encarnacion de . . . Iesu-Christo . . . Octauas. *Lorenço Déu: Barcelona*, 1614. 4.°   11450.e.24.(3).   **[58]**

Iranzo, Joannes Hieronymus. Doctoris Ioannis Hieronymi Iranzo . . . Praxis protestationum. In qua universa protestationum materia breviter elucidatur. *Typis, & sumptibus Benedicti Macè: Valentiæ*, 1667. fol.   5384.h.3.   **[59]**

Ireland. [*Appendix*]. Relaçam sumaria & verdadeira do estado . . . de Irlanda, tirada de muitas cartas . . . & de informaçoens de alguns homens de credito. [On the events of 1641–1643]. *Paulo Craesbeeck: Lisboa*, 1644. 4.°   8145.aaa.114.   **[60]**

Isaac, *ben Abraham Chayim Jeshurun.* Liuro da providencia divina, composto pello Hahamyshao Yesurun. [*Amsterdam*,] 5423 [1663]. 4.°   702.d.22.(1).   **[61]**

Isabella [de Bourbon] *Queen Consort of Philip IV of Spain.* Pompa funeral honras y exequias en la muerte de . . . Isabel de Borbon. *Diego Diaz de la Carrera: Madrid*, 1645. 4.°   605.e.30.(1).   **[62]**

Isabella Clara Eugenia, *Infanta of Spain.* Entrada de la serenissima senora infanta d. Isabel en . . . Breda. *Francisco Lyra: Sevilla*, 1625. fol.   593.h.17.(34).   **[63]**

— La famosa y deseada vitoria que el armada de Unquerque, y de la gente de . . . doña Ysabel an tenido en los estados de Flandres . . . 1625. *Iuan de Cabrera: Sevilla*, 1625. fol.   593.h.17.(28).   **[64]**

— Relacion verdadera y nueva, de la victoria que an tenido las naos de la señora infanta de Flãdes . . . en Unquerque. *Luys Sanchez: Madrid; y por su original por Simon Faxardo: Sevilla*, 1632. fol.   593.h.17.(13).   **[65]**

Isidore, *Saint, Patron of Madrid.* A la santa vida, muerte, milagros y reliquia del cuerpo de S. Isidro labradror. [In verse]. *Sebastian y Iayme Matevad: Barcelona*, 1623. 4.°   11450.e.24.(23).   **[66]**

Ita, Alonso de, and **Mayral Flores, Miguel de.** Defensa juridica por la jurisdicion de los . . . arçobispos de esta diocesis mexicana, en lo tocante a sus vicarios de el santuario . . . de nuestra Señora de Guadalupe. *Viuda de Bernardo Calderon: Mexico*, 1681. fol.   4183.k.2.(4).   **[67]**

Italy. [*Appendix*]. Relaçam de varios successos de Italia, França, Flandes, Polonia, Suecia, & de outras partes de Europa . . . 1656. *Na officina de Henrique Valete de Oliueira: Lisboa*, 1657. 4.°   9195.c.22.(24).   **[68]**

— Relacion nueva y verdadera, en que se avisan muchas cosas de Italia, y de las victorias que han tenido contra el turco los reyes de Polonia y . . . Ungria . . . año . . . 1624. *Por Diego Flamenco: Madrid; y por su original Simon Faxardo: Sevilla*, 1624. fol.   593.h.22.(67).   **[69]**

— La vandolera de Italia, y enemiga de los hombres. Comedia. [*Madrid?* 1700?] 4.°   11728.i.12.(11).   **[70]**

Izandro, Toureiro de. Festas reays na corte de Lisboa ao feliz cazamento dos reyes da Graõ Bretanha Carlos, & Catherina. [In verse]. *Domingo Carneiro: Lisboa*, 1661. 4.°   C.125.c.2.(5).   **[71]**

J.

Jacinto, *de Deos.* Escudo dos cavalleiros das ordens militares. *Antonio Cr[a]esbeeck de Mello: Lisboa*, 1670. 8.°   4782.bbb.22.   **[1]**

— Vergel de plantas, e flores da provincia da madre de Deos dos capuchos reformados. *Miguel Deslandes: Lisboa*, 1690. fol.   4765.f.15.   **[2]**

Jacob Judah Aryeh. Retrato del tabernaculo de Moseh. *En la imprimeria de Gillis Joosten: Amsterdam*, 5414 [1654]. 4.°   482.b.55.   **[3]**

—Tratado de la Arca del Testamento. *En la imprimeria de Nicolas Ravesteyn: Amsterdam*, 5413 [1653]. 4.° 482.b.57. [4]

—Tratado de los cherubim. *En la imprimeria de Nicolas Ravesteyn: Amsterdam*, 5414 [1654]. 4.° 482.b.56. [5]

James II, *King of Great Britain*. Razones que obligaron al Rey de Inglaterra a retirarse de Rochester. Escritas de su propia mano. *Zaragoza*, 1689. 4.° 1490.dd.76. [6]

—[*Appendix*]. Relacion de las fiestas que celebro en . . . Bilbao . . . la . . . nacion inglesa en la gloriosa ocasion de averse coronado . . . Jacobo Estuardo. (Romance). *Nicolas de Sedano: Bilbao*, 1685. 4.° E.1963.(8). [7]

James, *Saint and Apostle, The Greater*. La regla y establecimientos de la cavalleria de Santiago del Espada, con la historia del origen . . . della. *Viuda de Luis Sanchez; a costa de Martin Gil de Cordoua: Madrid*, 1627. fol. 4784.f.16. [8]

— —*Domingo García Morràs: Madrid*, 1655. fol. 491.l.9. [9]

— —[Edited by F. Ruiz de Vergara y Alava]. [*Madrid*, 1655]. fol. 4625.f.4. [10]

—[*Begin:*] Supuesto que en la orden de Santiago ay un estatuto. [On the qualifications required for Knighthood. Signed in MS.: Juan de Mena]. [*Madrid*? 1630?] fol. 1322.l.4.(18). [11]

James, *Saint and Apostle, The Greater, Order of*. Copilacion de las leyes capitulares de la orden de la cavalleria de Santiago del espada. [Edited by G. de Medrano]. *Luis Sanchez: Valladolid*, 1605. fol. 4784.g.14. [12]

Jane [of Austria] *Princess de Butera*. Relacion verdadera, de la felice embarcacion que se hizo a doña Iuana de Austria en . . . Napoles. [In verse]. *Mauricio y Onofre Angladas: Barcelona*, 1604. 4.° 11451.e.8. [13]

Janua. Ianua linguarum quadrilinguis. Or a messe of tongues: Latine, English, French, and Spanish. *Impensis Matthei Lownes: Londini*, 1617. 4.° 12901.de.7. [14]

—Janua linguarum, sive modus maxime accomodatus, quo patefit aditus ad omnes linguas intelligendas. [By William Bathe]. *Lat. & Span. Apud Franciscum de Cea Tesa: Salmanticae*, 1611. 4.° C.33.f.7. [15]

Japan. [*Appendix*]. Vocabulario de Iapan declarado primero en portugues por los padres de la compañia de Iesus . . . agora en castellano. *Tomas Pimpin y Iacinto Magaurina: Manila*, 1630 .4.° Or.59.aa.2. [16]

Jaramillo, Antonio Matias. Memorial del reverendissimo padre maestro Pedro Calderon . . . presentado en el real, y supremo consejo de las Indias. 1695. fol. *See* Calderón, Pedro. 1228.d.14.

Jauregui y Aguilar, Juan de. Apologie por la verdad. Al conde duque de Sanlucar, &c. *Iuan Delgado: Madrid*, 1625. 4.° 11450.d.5.(3). [17]

—Discurso poetico de don Iuan de Iauregui. *Iuan Gonçalez: Madrid*, 1624. 4.° 1072.k.11.(2). [18]

—Dõ Ivan de Jauregui cavallerizo de la reina nuestra señora, cuyas universales letras . . . han manifestado a este reyno . . . sus nobles estudios. [An essay on painting]. [*Madrid*? 1625?] 4.° 11450.d.5.(4). [19]

—La Farsalia, poema español . . . sacale a luz Sebastian de Armendariz (Orfeo de Juan de Jauregui). 2 pt. *Lorenzo Garcia; a costa de Sebastian de Armendariz: Madrid*, [1684]. 4.° 11451.d.16. [20]

—Memorial al Rey nuestro Señor . . . Ilustra la singular onra de España; aprueva la modestia en los escritos contra Francia, i nota una carta . . . a aquel Rey [by F. G. de Quevedo]. [*Madrid*, 1635]. 4.° 1445.f.22.(7); 1445.f.20.(12). [21]

—Orfeo. [A poem] de don Iuan de Iauregui. Al . . . conde de Olivares. *Iuan Gonçalez: Madrid*, 1624. 4.° 11450.d.5.(2). [22]

—Rimas de don Iuan de Iauregui. *Francisco de Lyra Varreto: Sevilla*, 1618. 4.° G.11316. [23]

Jaurigui, L. de. *See* Guzman y Zuniga, F.

Jayme Ricardo Villavicencio, Diego. Luz, y methodo, de confesar idolatras, y destierro de idolatrias, debajo del tratado siguiente. 2 pt. *Diego Fernandez de Leon: Puebla de los Angeles*, 1692. 4.° 4061.e.28. [24]

Jesuits.

Letters from Missions.
(*Arranged in chronological order by date of publication*).

—Cartas que o padre N. Pimenta . . . escreveo as géral della [26 Nov. 1599] & ao [1 Dec. 1600] nas quaes . . . relata o sucesso da . . . victoria que A. Furtado de Mendoça alcãcou do Cunhale. *Lisboa*, 1602. 8.° 867.f.17.(3). (*missing*). [25]

—Relaçam annal das cousas que fizeram os padres . . . na India, & Iapão [and other countries] nos annos de 600 & 601. (607 & 608). 5 vol. *Manoel de Lyra: Evora; (Iorge Rodriguez; Pedro Craesbeeck: Lisboa)*, 1603–11. 1369.g.38. & 295.k.8.40. [26]

—Relacion anual de las cosas que han hecho los padres . . . en la Indià Oriental y Iapon, en los años de 600. y 601 . . . Sacada de las cartas que han venido de alla . . . por el padre Fernan Guerrero. *Luys Sanchez: Valladolid*, 1604. 8.° 1369.b.12; 867.f.18. [27]

—Historia y anal relacion de las cosas que hizieron los padres . . . por las partes de Oriente . . . los años . . . 607. y 608 . . . compuesta [from tom. 5 of the "Relaçam" of F. Guerrero] . . . por . . . Christoval Suarez y Figueroa. *Imprenta Real; vendese en casa de Iuan Hasrey: Madrid*, 1614. 4.° 493.h.3.(1); 201.a.19. [28]

—Relacion de la persecucion que uvo en la yglesia de Iapon: y de los . . . martyres que . . . dieron su vida . . . el año de 1614. y 1615. 2 pt. *Ioan Ruyz: Mexico*, 1616. 4.° 4767.ccc.3. [29]

—Copia de unas cartas de los padres . . . en que se da cuenta de lo sucedido en las canonizaciones de los cinco santos, Isidro, Ignacio, Francisco, Teresa y Filipo. *Luis Sanchez: Madrid*, 1622. fol. T.90.*(36). [30]

—Relacion breve de los grandes y rigurosos, martirios que en . . . 1622, dieron en el Iapan, a [118] . . . martyres. *Andres de Parra: Madrid*, 1624. fol. 4765.f.6. [31]

—Carta nuevamente embiada a los padres . . . en que da quenta de los grandes martirios q̃ en el Japon, an padecido muchos padres. *Iuan de Cabrera: Sevilla*, 1625. fol. 593.h.17.(18). [32]

—Compendio de lo que escrivẽ los religiosos de la compañia en cartas de 627 de lo que passa en . . . Iapon. *Manuel de Sande: Sevilla*, [1627]. fol. 593.h.17.(75). [33]

—Compendio de lo que escriven los religiosos de la compañia en cartas de 1627. De lo que passa en . . . China. *Andres de Parra: Madrid*, 1629. fol. 4783.f.7.(7). [34]

—Letras anuas de la compania de Iesus . . . del nuevo reyno de Granada. *Zaragoza*, 1645. 8.° 4744.e.1. [**35**]

—Relacion de los loables trabajos, y colmados frutus espirituales, que ha tenido la compañia de Iesus en . . . Toledo, el adviento . . . de 1646. Y en . . . Madrid . . . en . . . 1647. *Viuda de Bernardo Calderon: Mexico*, 1647. fol. 4092.i.2. [**36**]

—Defensa de los nuevos christianos, y missioneros de la China, Japon, y Indias [by M. Le Tellier] contra dos libros [by P. Jurieu]. Traducida de frances . . . por G. de Parraga. *Antonio Roman: Madrid*, 1690. 4.° 4092.e.33. [**37**]

[*Appendix*]

—Gloriosa coroa d'esforçados religiosos da companhia de Jesu, mortos polla fe catholica. 1624. fol. *See* Guerreiro, B. C.32.m.15.

—Informacion, o memorial en favor de los opositores a beneficios, que no han sido de la compañia de Iesus. [*Madrid?* 1620?] fol. 4783.f.7.(2). [**38**]

Jesus Christ. Avisos do Pastor diuino a todos os sacerdotes . . . Traduzido do castelhano . . . fello lecenciado Antonio Brandão Ribeyro. *Joseph Ferreyra: Coimbra*, 1685. 8.° 506.a.21.(3). [**39**]

—Los defensores de Christo Barlaan, y Iosaphat. Comedia famosa [in verse] de tres ingenios. [*n.p.*, 1700?] 4.° 1072.h.2.(6). [**40**]

—La perpetua cruz o passion de Jesu Christo . . . Representada en quarenta estampas. [Translated from the Latin]. *Cornelio Woons: Amberes*, 1650. 12.° 555.a.18.(3). [**41**]

Jesus Christ. [*De Imitatione Christi: Latin*]. Thomæ a Kempis . . . De imitatione Christi, libri quatuor, denuó ad fidem autographi anni M.CCCC.XLI. recensiti: Cum vita eiusdem Thomæ, per Heribertum Rosweydum. *Typ. Mathevat administrata per Mattinum Gelabett; sumptibus Francisci Llopis: Barcin*, 1677. 24.° IX.Lat.59. [**42**]

—[*Catalan*]. Contemtus mundi. Traduit de llengua llatina y castellana . . . per lo pare Pere Gil. *Sebastia Mathevat: Barcelona*, 1621. 16.° IX.Catal.1.*. [**43**]

—Tractat de la imitácio de Christo, y menyspreu del mon del venerable Thomas de Kempis . . . Traduhit . . . de . . . llatí per . . . Pere Bonaura. *Francisco Vigé: Perpinya*, 1698. 12.° IX.Catal.1. [**44**]

—[*Portuguese*]. Imitaçam de Christo que vulgarmente se intitula contemptus mundi, dividida em quatro livros [translated into Portuguese by Diogo Vaz Carrilho]. (Aviso da madre S. Theresa de Jesu). *Domingo Carneiro: Lisboa*, 1679. 16.° IX.Port.1. [**45**]

——*Domingos Carneiro: Lisboa*, 1679. 16.° IX.Port.2. [**46**]

—[*Spanish*]. Contemptus mundi, ó de la imitación de Christo, libros quatro . . . Traduzidos en español por . . . fray Luys de Granada. *Gusleno Jansenio: Anveres*, 1612. 12.° IX.Span.9. [**47**]

—De la imitacion de Christo . . . libros quatro. Otra vez recopilados y segun el exemplar del R. P. Heriberto Rosweydo de nuevo corregidos. *Henrique Aertssens: Amberes*, 1633. 12.° IX.Span.10. [**48**]

—Contemptus mundi, o menosprecio del mundo . . . Con un tratado de oraciones, y exercicios . . . de . . . Luis de Granada. *Iuan Bautista Marçal: Valencia*, 1645. 16.° IX.Span.11. [**49**]

——*Francisco de Lyra: Sevilla*, 1647. 16.° IX.Span.12. [**50**]

—De la imitacion de Christo . . . libros quatro. Otra vez recopilados y segun el exemplar del R. P. Heriberto Rosweydo de nuevo corregidos. *Henr. Aertssens: Amberes*, 1649. 12.° IX.Span.13. [**51**]

—Los IV. libros de la imitación de Christo . . . traduzídos . . . por el P. Ivan Eusebio Nieremberg. *En la officina Plantiniana: Amberes*, 1656. 12.° IX.Span. 14. [**52**]

——*Henrique Aertssens: Amberes*, 1661. 24.° 1019.a.23. [**53**]

——Nueva impression don lindas figuras. *Geronymo Verdussen: Amberes*, 1683. 12.° IX.Span.16; IX.Span.15. [**54**]

——*A costa de Pedro Cavallero: Leon de Francia*, 1685. 12.° IX.Span.17. [**55**]

——*Anisson y Posüel: Leon de Francia*, 1698. 12.° IX.Span.18. [**56**]

Jesus Christ. [*Military order of*]. Definiçoes e estatutos dos cavalleiros & freires da ordem de N. S. Jesu Christo. *Pedro Craesbeeck: Lisboa*, 1628. fol. 204.d.19. [**57**]

——*Joam da Costa: Lisboa*, 1671. fol. 4783.e.18. [**58**]

Jews. [**Service Books**]. [*Daily Prayers. Hebrew and Spanish*]. [Hebrew title]. Orden de oraciones segundo el vso Ebreo, en lengua Ebraica, y en Español. *Appresso gli Illus. S. Piet. e Lor. Bra.: Venetia*, 1622. 24.° 1972.b.1. [**59**]

—[*Spanish*]. Orden de oraciones de mes arreo sin boltar de una à otra parte. *A despesza de la santa Hebra de Talmud Torah, del Kahal Kados Bet Yaahkob: Amstradama*, 5378. [1617, 18]. 8.° C.049.a.7. [**60**]

—Orden de oraciones de mes. Con los ayunos del solo y congregacion y Pascuas . . . emendado. *Niclao de Ravesteyn: Amsterdam*, 5408 [1648]. 16.° 1972.a.1. [**61**]

—Orden de oraciones de mes S. sin boltar . . . Y la orden de Hanucah, Purim, y Pascuas de Pesah . . . Conforme a lo que se dize enel K. K. de talmuthora de Amsterdam. [*Amsterdam*], 5409 [1649]. 8.° 1972.cc.26. [**62**]

—Orden de oraciones de mes con los ayunos del solo y congregacion y Pascuas . . . añadido. *Iehudah Machabeu: Amsterdam*, 5416 [1656]. 16.° C.049.a.9. [**63**]

—Orden de oraciones de mes arreo sin boltar . . . Y la orden de Hanucah, Purim, y Pascuas de Pesah . . . Conforme a lo que se dize enel K. K. de talmuthora de Amsterdam. *Joris Trigg: Amsterdam*, 5419 [1659]. 8.° C.049.a.6.(2). [**64**]

—Orden de oraciones de mez arreo, y la orden de Hanuccah Purim y Pascuas de Pesa . . . y ajuno del solo. Añadido . . . la orden de mismara de Ros Hodes. *David de Castro Tartaz: Amsterdam*, 5422 [1662]. 8.° 1972.g.17.(1). [**65**]

—Orden de las oraciones cotidianas por estilo seguido y corriente, con las de Hanucah Purim, y ayuno del solo. Como tambien de las tres Pascuas. *David Tartas: Amsterdam*, 5441 [1681]. 16.° 1972.a.22. [**66**]

—Orden de las oraciones cotidianas. Por estilo seguido y corriente, con las de Hanucah . . . como tambien las tres Pascuas de Pesah, Sebuoth . . . y aftarót . . . corregido. 3 pt. *David Tartas: Amsterdam*, 5455, 51, 57. [1695, 91, 97]. 8.° C.50.*a.10; C.049.a.10. [**67**]

—[*Fastday prayers. Spanish*]. Orden de los cincos Tahaniot, del año, sin boltar de una parte a otra. *Menasseh ben Ysrael: Amsterdam*, 5390. [1630]. 12.° 1972.bb.29. [**68**]

——*Nicolao de Ravesteyn: Amsterdam*, 5408 [1648]. 8.° 1972.g.13. [**69**]

— Parte segunda de los cinco aiunos del año . . . con todo lo obligatorio de las oraciones. Añadida . . . la Parasa de los ayunos . . . Dispuesto . . . por el Hacham Menasseh Ben Israel. *Semuel ben Israel Soeiro: Amsterdam*, 5410 [1650]. 12.° 1972.g.12. [70]

— Orden de los cinco Tahaniot . . . Estampado por orden de los señores doctor Efraim Bueno y Yahocob Castello. *Joris Trigg: Amsterdam*, 5420 [1660]. 8.° C.049.a.8. [71]

— Orden de los cinco ayunos . . . Per estilo seguido, y corriente, conforme se usa en este Kahal Kados. *David Tartas: Amsterdam*, 5444. [1684]. 8.° 1971.ccc.18. [72]

— — *David Tartas: Amsterdam*, 5455 [1695]. 8.° 1971.cc.17. [73]

— [*Feastday prayers. Spanish*]. [*Hebrew title*]. Orden de Selihoth y oraciones de Roshasanah y Kipur. Tradusido . . . y de nuevo bien reglado. *Gioane Caleoni: Venetia*, 1623. 8.° 1972.bb.26. [74]

— [*Hebrew title*]. De las oraciones del año. Parte tercera contiene todas las Thephilot de las Pascuas . . . Dispuesto . . . por el Hacham Menasseh ben Israel. *Samuel ben Israel Soeyro: Amsterdam*, 5410 [1650]. 12.° 1971.ccc.21.(1). [75]

— Orden de Ros Asanah y Kypur, traduzido en español . . . y añadido el Keter Malchut y otras cosas. *Joris Trigg: Amsterdam*, 5412 [1652]. 8.° C.049.a.6.(1). [76]

— Orden de Selihoth y lo que se dize en los dias de ayuno de congrega a las tardes de lunes y yueves. Como ansi las Mismarot de Bispora de Ros-Hodes. *Yehosuah Sarfatti: Amstelodami*, 5426 [1666]. 12.° 1972.bb.30. [77]

— Orden de Ros-Asanah y Kipur. *David Tartas: Amsterdam*, 5444 [1684]. 8.° C.049.b.6.(1). [78]

— — *David Tartas: Amsterdam*, 5455 [1695]. 8.° 1971.aaa.22. [79]

— — *David Tartas: Amsterdam*, 5455 [1695]. 8.° 1971.cc.16. [80]

Jews. [**Service Books**]. [*Benedictions. Hebrew and Spanish*]. [*Hebrew title*]. Orden de Bendicion. Conforme el uso del K. K. de Sepharad. Añadido y acrescentado . . . a las precedentes impresiones. *Menasseh ben Israel: Amsterdam*, 5394 [1634]. 16.° 1972.a.17. [81]

— [*Hebrew title*]. Orden de Bendiciones. Y las ocaziones en que se deven dezir. *Albertus Magnus: Amsterdam*, 5447 [1687]. 12.° 1972.b.11; 1972.b.12; 1972.b.22. [82]

— [*Lamentations. Spanish*]. Orden de los Mahamadot. Compuestas segun los siete dias de la semana. *Joris Trigg: Amsterdam*, 5414 [1654]. 12.° 1976.d.46. [83]

— Orden de leccion de Tora Nebiim y Quetubim, que . . . deuer leer todos los temientes del Señor en las noches de Sebuot y Hosaana Raba. *Imanoel Israel: Hamburgo*, 5422 [1662]. 8.° 1976.d.48. [84]

— Orden de lo que seá dezir cada dia y noche, segun viro de Jerusalem. *Ioseph Athias: Amsterdam*, 5426 [1666]. 12.° 1976.a.47. [85]

Joannes, *de Portugal*. De gratia increata, et creata, tomus primus, qui est de spiritu sancto. *Conimbricæ*, 1627. fol. 4225.i.1. (*destroyed*). [86]

Joannes Felix, *of Lisbon*. Isagoge ad laudes augustissimi Hispaniarum principis in eius expectatissimo ortu & baptismate. *Ex officina Petri Crasbeeck: Olissipone*, 1613. 8.° 11405.aa.21. [87]

João, *da Conceição*. Ao illustrissimo . . . senhor dom Rodrigo da Cunha . . . offerece este sermam que pregou . . . frey João da Conceição. *A. Alvarez: Lisboa*, 1641. 4.° 4424.e.2.(6). (*destroyed*). [88]

— Ao muito alto . . . Rey . . . Joam o quarto . . . de Portugal offerece este sermam que pregou . . . Fr. Joao da Concepção. *A. Alvarez: Lisboa*, 1641. 4.° 4424.e.2.(5). (*destroyed*). [89]

João, *da Natividado*. Sermão . . . Na occasião, em que . . . el Rey dom João o IV . . . se jurou por legitimo Rey . . . de Portugal. *P. Craesbeeck: Lisboa*, 1641. 4.° 4424.e.2.(15). (*destroyed*). [90]

João, *de Sam Bernardino*. Ao illustr^{mo} . . . senhor D. Rodrigo da Cunha . . . frei Joam de sam Bernardino . . . dedica este sermão. *Antonio Alvarez: Lisboa*, 1641. 4.° 4424.e.2.(4). (*destroyed*). [91]

— Ao muito alto . . . Rey . . . Dom Joam o quarto . . . de Portugal. Frei Joam de Sam Bernadino . . . dedica este sermao da Immaculada Conceição da Mãy de Deos. *Antonio Alvarez: Lisboa*, 1641. 4.° 9195.c.24.(6). [92]

João [de Faría], *de Santo Francisco*. Poema heroico. Vitorioso successo, e gloriosa vitoria do exercito de Portugal. *Antonio Craesbeeck de Mello: Lisboa*, 1663. 4.° 9195.c.26.(10). [93]

— Sermam na festa de beatificaçam da gloriosa virgem Santa Roza. *Ioam da Costa: Lisboa*, 1669. 4.° 851.k.17.(3*). [94]

João, *dos Prazeres*. O principe dos patriarcas S. Bento. Primeiro (— segundo) tomo de sua vida discursada en emprezas politicas. tom. 1, 2. *Na officina de Joam Galram; A custa da congregaçao de S. Bento: Lisboa*, [1682–]1690. 4.° 3902.i.12. [95]

John I, *King of Portugal*. Cronicas del Rey dõ Ioam . . . o I . . . e as dos reys d. Duarte, e d. Affonso o V . . . E autos de levantamento, e iuramentos del Rey . . . Joam o IV. 3 pt. *Por Antonio Aluarez: Lisboa*, 1643–41. fol. 594.g.16. [96]

John IV, *King of Portugal*. Cançao dictada de genio humilde á sublime magestade del Rey dom Joam o IV. *Lourenço de Anueres: Lisboa*, 1642. 4.° 11452.e.40.(5). [97]

— [Descent of John IV from Emmanuel, King of Portugal: a genealogical tree]. [*Lisbon? 1640?*] S.sh. fol. 131.h.5.(23). [98]

— Copia de una carta que un Cavaller de Portugal a enviat a un cavaller . . . de Barcelona, donant li noticia de una gran traycio . . . tramada contra lo . . . Rey . . . [John IV]. *Iaume Mathevat: Barcelona*, 1643. 4.° 9180.e.2.(20). [99]

— Defensa de la musica moderna, contra la errada opinion del obispo Cyrilo Franco. [1649]. 4.° *See B., D.* M.K.8.c.17.(2).

— Ioãni IV augustissimo Lusitanorum regi, pro felicitate, qua in solenni Corporis Christi pompa, proditoris insidias diuinitus euasit. *Excudit Emanuel da Sylva: Ulijssipone*, 1647. 4.° 9195.c.22.(12); 9195.c.22.(8). [100]

John, *of God, Saint, Hospital of, at Granada*. Por el hospital de Iuan de Dios. Con el monasterio de la victoria de esta ciudad [Granada]. [*Granada? 1623?*] fol. 9181.e.10(11). [101]

John [de Yepes], *of the Cross, Saint*. Obras espirituales que encamina una alma a la perfecta union con Dios . . . con una resunta de la vida del autor y unos discursos por el p. f. Diego de Iesus. *Sebastian de Cormellas: Barcelona*, 1619. 4.° 4403.eee.5. **[102]**

— Obras del venerable padre fray Iuan de la Cruz. *Gregorio Rodriguez; a costa de Iuan de Valdes; y Esperança Francisca; Madrid*, 1649. 4.° 3835.aaa.63. **[103]**

— [Declaracion de las canciones que tratan del exercicio de amor entre el alma y el Esposo Christo]. (Canciones). [*Godefredo Schoevarts: Bruselas*, 1627]. 8.° 11450.aaa.24. *imp.* **[104]**

John, *Prester.* Primera (segunda) parte del preste Juan de las Indias. [In verse]. 2 pt. *Agustin Laborda: Valencia*, [1650?] 4.° 1072.g.26.(37). **[105]**

John, *The Baptist, Saint.* — *Knights Hospitallers.* Privilegios da religion de S. Joam de Hierusalem . . . confirmados por . . . Phelippe II. *Lisboa*, 1608. 4.° 1608/864(2). **[106]**

— [*Begin:*] De regula hospitalariorum, & militiae ordinis sancti Ioannis Baptistae Hierosolymitani. Fr. Raymundus de podio magister. [*Madrid?* 1630?] fol. 1322.l.4.(12). **[107]**

— Por la religion de san Iuan, y don Micael de Solis . . . Con los testamentarios del . . . principe Filiberto . . . Sobre la declinatoria que . . . se ha propuesto de la jurisdicion de los señores del Consejo. [*Madrid?* 1630?] fol. 1322.l.4.(14). **[108]**

— [*Appendix*]. Copia de una carta embiada de Malta a un cavaller . . . de Barcelona. Contiene la . . . presa que han hecho cinco galeras maltesas . . . de dos galeras de turcos. *Iuan Sanchez: Madrid*, [1636?] 4.° 1312.c.38. **[109]**

— Copia verdadera de una carta que a embiado un cavallero de la religion de san Iuan a un hermano suyo. *Esteuã Liberos: Barcelona*, 1627. 4.° 12331.dd.16.(15). **[110]**

— Feliz y alegre nueva y muy verdadera, de una vitoria que han tenido las galeras de Malta en las costas de Berberia. *Sebastian y Iayme Matevad: Barcelona*, 1625. 4.° 12331.dd.16.(9). **[111]**

— Relacion de la pelea que huvo entre las cinco galeras de la religion, y seys de Viserta. *Francisco de Lyra: Sevilla*, 1625. fol. 593.h.17.(41). **[112]**

John Casimir, *Count Palatine of the Rhine.* Carta de un cortesano de Roma para un correspondiente suyo, en que le dà cuenta del fin de los sucessos del principe Casimiro. [*Seville?* 1643]. fol. 10795.f.22. **[113]**

— Relacion verdadera de las insignes vitorias que Dios . . . ha sido servido conceder a las armas del señor Iuan Casimiro rey de Polonia. *Iuan de Paredes: Madrid*, 1656. fol. 9475.f.12. **[114]**

John Emmanuel, *Infant of Spain.* El conde Lucanor, compuesto por el . . . principe don Iuan Manuel . . . nieto del Santo rey don Fernando. *Diego Diaz de la Carrera; a costa de Pedro Coello: Madrid*, 1642. 4.° C.34.g.22. **[115]**

Jonah, *ben Abraham.* Sendroe [i.e. Sendero] de vidas. Que contiene quatro tratados, de la [sic] cosas que el hombre deve hazer para servir á el Dios . . . traduzido [by Joseph ben Shalon Galiago]. *Empresso a coste [sic] de los señores Ioseph Bueno; & Ioseph da Costa; en casa de Manuel Benveniste: Amsterdam*, [1640?] 12.° 4034.a.22.(2). **[116]**

Jorge, Marcos. Doutrina Christã. Ordenada a maneira de dialogo, pera ensinar os mininos, pelo padre Marcos Iorge . . . Acrecẽtada pelo padre Ignacio Miz. *Pedro Crasbeeck: Lisboa*, 1602. 16.° 1019.a.13. **[117]**

— — *Impreço no collegio de S. Ignacio: Rachol*, 1690. 16.° C.36.a.33. **[118]**

— Doutrina christãa . . . Acrescentada pelo padre Ignacio Martinez . . . Traduzida na lingora de Congo. *Port. & Congo. Geraldo da Vinha: Lisboa*, 1624. 8.° 3504.aa.43. **[119]**

Josaphat [Jan Kuncewicz], *Saint.* Relacion verdadera de la muerte y martirio que dieron los cismaticos de la Rusia en . . . Polonia, a su arçobispo, llamado Josafat . . . castigos que . . . se hizo a los agressores. *Simon Faxardo:* [*Seville*], 1625. fol. 593.h.17.(13). **[120]**

José, *de Jesús María, Carmelite.* Sermo predicat en la . . . ciutat de Barcelona . . . en la . . . festa . . . en accio de gracias per la . . . victoria de Perpinya. *Gabriel Nogues: Barcelona*, 1624. 4.° 9180.e.2.(4). **[121]**

José, *de Santa María, Predicador de los frayles descalços de la provincia de San Gabriel.* Tribunal de religiosos, en el qual . . . se trata el modo de corregir los excessos. *Fernando Rey: Sevilla*, 1617. 4.° 1608/960. **[122]**

José, *de Santa María, Prior de la cartuxa de las Cuevas de Castitia.* Sacros ritos y ceremonias baptismales. *Simon Faxardo: Sevilla*, 1637. 4.° 222.f.8; 478.a.21. *imp.* **[123]**

— Triunfo del agua bendita. *Simon Fassardo: Sevilla*, 1642. 4.° 478.a.22. **[124]**

José, *de Santa Teresa.* Resunta de la vida de . . . san Iuan de la Cruz. *Bernardo de Villa-Diego: Madrid*, 1675. 4.° 4827.d.20. **[125]**

José, *de Siguenza.* La vida de S. Gerónimo. (Segunda-tercera parte, de la historia de la orden de S. Gerónimo. Cuarta parte . . . continua da [in part] por . . . Francisco de los Santos). *Imprenta real; Tomas Iunti; Bernardo de Villa-Diego: Madrid*, 1595–1680. 4.° 4785.i.3; 487.k.12. of pts. 2 & 3. **[126]**

José [Velázquez], *of Carabantes.* Copia de carta escrita a el . . . marques de Aytona . . . en que acabando de llegar de Indias a . . . Sevilla . . . da quenta . . . de los progressos . . . de la mission . . . de Capuchinos. *Iuan Gomez de Blas: Sevilla*, 1666. 4.° 4767.d.22. **[127]**

Joseph, *da Assumpçao.* Sermam que . . . pregou frey Joseph na solemnidade, que os clerigos regulares . . . fizeram à nova fundaçam da sua ordem. [*Lisbon*, 1653]. 4.° 851.k.17.(13). **[128]**

— Sermam que o padre maestre frey Ioseph . . . prégou na solemnídade, que os religiosos Theatinos . . . fizerão a seu sancto fundador. [*Lisbon*, 1652]. 4.° 851.k.17.(12). **[129]**

Joseph, *de San Joam.* Ceremonial dominicano en el qual se trata de las cosas que conducen al modo uniforme, y orden de celebrar los oficios divinos . . . A lo ultimo va el arte de canto llano. *Viuda de D. Francisco Nieto: Madrid*, 1694. 4.° 1471.aa.48. **[130]**

Joseph, *de San Lorenzo.* Ave Maria. Sermon de las honras reales, que todos los años celebra . . . don Carlos segundo, por sus militares difuntos de . . . Zeuta. *Lucas Martin de Hermosilla: Sevilla*, [1688]. 4.° 4865.dd.20.(5). **[131]**

Jove, Francisco. Gayato spiritual per lo exercici mes ordinari del christià. [In the Catalan dialect of Perpignan]. *Barthomeu Breffel: Perpinya*, 1681. 16.° 886.f.3. **[132]**

Jovenardi, Bartolomé. [*Begin:*] Señor. Don Bartolome Iovenardi dize. [A petition to the King about certain lawsuits]. [*n.p.*, 1652?] fol. 765.h.1.(53). **[133]**

Jozé, *de Jesus María* [Jozé de Almeida Sequeira]. Historia de la virgen Maria . . . Con la declaracion de algunas de sus excel^cias. *En la officina de Francisco Canisio: Amberes*, 1652. fol.   487.k.14.   **[134]**

Juan, *de Calahorra, a Franciscan*. Chronica de la provincia de Syria y tierra santa de Gerusalen. Contiene los progressos, que en ella ha hecho la religion serafica, desde 1219 hasta 1632. Parte primeira. *Iuan Garcia Infançon: Madrid*, 1684. fol.   493.i.16.   **[135]**

Juan [Llanes-Campomanes], *de la Anunciacion*. La inocencia vindicada. Respuesta . . . a un papel contra el libro de la vida . . . del . . . señor don Juan de Palafox y Mendoza . . . Segunda impression. *Manuel Ruiz de Murga: Madrid*, 1698. 4.°   4865.b.29.   **[136]**

Juan, *de la Concepcion*. Ave Maria. Satisfacion a las tachas, defectos y nulidades que pone en las bulas pontificias . . . el maestro fr. Iuan de Cabezas. [*Madrid?* 1673?] fol. 4783.e.3.(58).   **[137]**

Juan, *de la Virgen*. Iesus, Maria, Ioseph. Por el convento de san Basilio . . . de Baeça, para la reuista de el pleyto. Con . . . Baeça. [*n.p.*, 1650?] fol.   765.i.4.(18).   **[138]**

— Por el convento de san Basilio, de Carmelitas descalzos, con la ciudad de Baeza, sobre el pleyto que trata de las tierras. [A pleading]. [*n.p.*, 1650?] fol.   765.i.4.(17).   **[139]**

Juan, *de San Damaso*. Vida admirable del siervo de Dios fray Antonio de san Pedro . . . de los Descalzos de Nuestra Señora de la Merced. *Iuan Lorenzo Machado: Cadiz*, 1670. fol.   4865.g.23.   **[140]**

Juan, *de Santa María*. Chronica de la provincia de San Ioseph de los Delcalços de la orden de los Menores de . . . S. Francisco. 2 pt. *Imprenta Real: Madrid*, 1615, 18. fol. 489.i.7; 209.d.9. (pt. 1).   **[141]**

— Martyrio de los santos protomartyres del Iapon. *Viuda de Alonso Martin: Madrid*, 1628. 8.°   1369.a.8.   **[142]**

— Relacion del martirio que seys padres descalços Franciscos, tres hermanos de la compañia de Iesus, y decisiete Japones padecieron. *Herederos de Iuan Iñiguez de Lequerica: Madrid*, 1601. 8.°   861.g.21.   **[143]**

— Republica y policia christiana. Para reyes y principes. *Antonio Alvarez: Lisboa*, 1621. 8.°   4412.aaa.24.   **[144]**

Juan, *de Sevilla*. Copia de carta escrita de un religioso del monasterio de señor S. Felipe de Madrid . . . al p. prior de Osuna. [Relating to the death of the duke de Osuna. Signed, fray Juan de Sevilla]. [*Madrid*, 1624]. fol. 1322.l.4.(32).   **[145]**

Juan, *don, Abad, Señor de Montemayor*. Abad don Juan. Comiença la hystoria del abad don Juan señor de Montemayor. *Iuan de Leon: Sevilla*, 1603. 4.°   12450.cc.1. *imp.*   **[146]**

Juan, *of Austria, Son of Philip IV*. Copia de carta del señor don Juan, para el Rey . . . escrita en Napoles a ocho de abril de 1648. *Diego Perez: Xerez de la Frontera*, 1648. 4.° 1445.f.17.(42).   **[147]**

— Copia de dos cartas del serenissimo señor don Juan. [*Barcelona*, 1669]. fol.   1322.l.2.(2).   **[148]**

— Cartas de su alteza, para su magestad, y señor nuncio de su Santidad, y para el . . . cardenal Aragon. [*Madrid*, 1669]. fol.   4745.f.11.(25).   **[149]**

— [*Appendix*]. Al señor don Juan en el principio de su govierno, Romance. *Juan Cabeças: Sevilla*, 1677. 4.° 811.e.51.(23).   **[150]**

— Cancion funebre a la llorada, y sentida muerte de . . . d. Juan de Austria. (Soneto). [*Seville?* 1679]. 4.°   811.e.51.(27*).   **[151]**

— — [*Seville?* 1679]. 4.°   T.22.*(28).   **[152]**

— Despedimiento, que hizo del Rey nuestro señor . . . don Juan de Austria . . . antes de su muerte. [In verse]. *Iuan Cabeças: Sevilla*, [1679]. 4.°   811.e.5.(26).   **[153]**

— [*Begin:*] Excelmo señor. [An account of don John's transactions with the Spanish court in the years 1668–1669]. [*Seville?* 1670?] fol.   10632.f.26.   **[154]**

— [*Begin:*] Porque la ciudad de Barcelona. [Terms of surrender granted to the city by don Juan]. *Biuda de Bernardo Calderon: Mexico*, 1653. fol.   9010.h.2.(1).   **[155]**

— Primera relacion de los progressos, que han tenido las . . . armas de su Magestad en la provincia de Alentejo. *Iuan Gomez de Blas: Sevilla*, 1663. 4.°   9180.ccc.22.   **[156]**

— Relacion verdadera, en que se refiere el notable regozijo, que tuvo . . . Madrid . . . por la entrada que hizo don Juan en el . . . Retiro. [In verse]. *Juan Cabeças: Sevilla*, 1677. 4.° 811.e.51.(22).   **[157]**

— Segunda cancion, y funebre romance a la vida, muerte, y heroijcas virtudes del . . . señor don Juan de Austria. [*n.p.*, 1680?] 4.°   11450.c.55.   **[158]**

— Segundo papel exhortatorio al . . . señor don Juan de Austria. [On the critical state of Spain]. [*Madrid?* 1665?] fol.   1322.l.9.(14).   **[159]**

— Segundo romance, del tierno y amoroso despedimiento, que . . . hizo el . . . sr. d. Juan de Austria de algunas imagenes de su devocion. [In verse]. *Francisco de Leefdael: Sevilla*, [1679]. 4.°   811.e.5.(27).   **[160]**

Juan Baptista, *Franciscan*. A Jesu Christo S. N. ofrece este sermonario en lengua mexicana . . . Juan Baptista primera parte. *Mexico*, 1606, 07. 4.°   4427.e.8. (*destroyed*); 4423.b.18. (*destroyed*).   **[161]**

— Advertencias para los confessores de los naturales. *Span. & Mexic.* 2 pt. *M. Ocharte; En el convento de Sanctiago Tlatilulco: Mexico*, 1600, 01. 8.°   4061.aa.21; 4061.aa.44.(2).   **[162]**

Juana Inés, *de la Cruz*. [J. de Asbaxe]. [*Collections*]. Poemas de la unica poetisa Americana, musa dezima, sor Juana Ines de la Cruz . . . Tercera edicion. *Joseph Llopis; y a su costa: Barcelona*, 1691. 4.°   1064.i.18.   **[163]**

— — Tercera impression. *Manuel Roman; a costa de Mathias de Lezaun: Zaragoza*, 1692. 4.°   1073.k.38.   **[164]**

— Fama, y obras posthumas del fenix de Mexico . . . Sor Juana Ines de la Cruz [Edited by Juan Ignacio de Castorena y Ursua]. *Manuel Ruiz de Murga: Madrid*, 1700. 4.° 11450.ee.51.   **[165]**

— [*Single works*]. Carta athenagorica de la madre Juana Ynes de la Cruz . . . que imprime y dedica a la misma sor Phylotea de la Cruz. *Puebla de los Angeles*, 1690. 8.° 4226.aaa.42. (*destroyed*).   **[166]**

— Inundacion Castalida de la unica poetisa, musa dezima, Soror Juana Ines de la Cruz. *Iuan Garcia Infanzon: Madrid*, 1689. 4.°   11451.e.3.   **[167]**

Juañez, Francisco. Relacion verdadera, escrita por un cautivo de Tetuan en que dà quenta del . . . martirio que padecio . . . Francisco Juañez. *Bartolome Nuñez: Cadiz*, [1677]. 4.° 811.e.51.(20).   **[168]**

— [Another version. In verse]. *Bartolome Nuñez: Cadiz; y por su original por Ioseph Copado: Iaen*, 1677. 4.°
811.e.51.(21). [**169**]

Juanini, Juan Bautista. Al Rey N. S. d. Carlos segundo, discurso phisico, y polilico [sic] que demuestra los movimientos que produce la fermenta. *Andres Blanco: Madrid*, 1689. 8.° 07305.e.14.(2). [**170**]

— Carta escrita el muy noble Aretino . . . Francisco Redi . . . en la qual se dize, que el sal acido, y alcalì, es la materia que construye los espiritus animales. *Andres Blanco: Madrid*, 1689. 4.° 07305.e.14.(1*). [**171**]

— Nueva idea, physica natural demonstrativa, origen de las materias que mueven las cosas. *Herederos de Domingo la Puyada: Çaragoça*, 1685. 4.° 536.g.24. [**172**]

Julian, *The Apostate, Emperor.* Iuliani cæsaris in regem solem ad Salustium panegyricus. Vincentio Marinerio . . . interprete. *Apud Petrum Tazo: Matriti*, 1625. 8.° 1090.c.17. [**173**]

Juliano, *pseud.* [i.e. Petrus Hispanus afterwards Pope John XXI]. Libro de medicina, llamado tesoro de pobres. *Iuan Gracian: Alcala de Henares*, 1602. 8.° 1039.b.3. [**174**]

— — *Diego Diaz de la Carrera; a costa de Iuan de Valdes: Madrid*, 1644. 8.° 1039.b.4. [**175**]

— — *Barcelona*, [1700?] 8.° 7391.aa.37. (destroyed). [**176**]

Junco, Pedro de. Fundacion, nombres, y armas de . . . Astorga. *Martin de Labàyen: Pamplona*, 1635. 4.° 10160.ee.13. [**177**]

— — *Martin de Labayen: Pamplona*, 1639. 4.° 10161.c.26. [**178**]

Jurumeña. Relacion de los felices successos que las . . . armas de su Magestad han tenido sobre las del rebelde de Portugal. *Iuan Gomez de Blas: Sevilla*, 1663. 4.° 9180.c.34. [**179**]

Justus, *Saint and Martyr.* Los dos mejores hermanos, y martires de Alcala, S. Justo, y Pastor. Comedia. [*n.p.*, 1700?] 4.° 1072.h.2.(3). [**180**]

Juvenalis, Decimus Junius. Declaracion magistral sobre las satiras de Iuvenal . . . por Diego Lopez. [With the Latin text]. 2 pt. *Diego Diaz de la Carrera; a costa de Pedro Lasso: Madrid*, 1642. 4.° 78.b.10. [**181**]

K.

Kino, Eusebio Francisco. Exposicion astronomica de el cometa, que el año de 1680. Por . . . noviembre, y diziembre, y este año de 1681 . . . se ha visto . . . en . . . Cadiz. *Francisco Rodriguez Lupercio: Mexico*, 1681. 4.° 8560.bb.1.(2). [**1**]

L.

Lacavalleria, Pedro. Dictionario castellano . . . Dictionnaire françois . . . Dictionari Catala. 1642. obl. 8.° *See* Castilian Dictionary. 629.a.5.

Lacavalleria y Dulach, Juan. Gazophylacium catalano – latinum, dictiones phrasibus illustratus, ordine literario comprehendens. *Apud Antonium Lacavalleria: Barcinone*, 1696. fol. 828.h.12. [**1**]

Ladrón de Guevara, Pedro. Iesus, Maria, Iosef, informacion en fuero, y derecho. Por el reyno de Aragon. [Signed by P. Ladrón de Guevara and others]. [*Saragossa*, 1672]. fol. C.62.h.4.(5). [**2**]

Ladrón de Guevara y Verdejo, Luis. Milagrosa caida, al gloriosissimo apostol de las gentes san Pablo. *Madrid*, 1699. 4.° T.1303.(54). [**3**]

La Force, — de. Relacion, y traslado bien, y fielmente sacado de una carta embiada a esta Corte. [*Madrid*, 1638]. 4.° 1445.f.22.(27). [**4**]

La Fuente, Gaspar de. Armamentarium seraphicum, & regestum uniuersale tuendo titulo immaculatae conceptionis. [By G. de la Fuente, P. de Alva y Astorga, P. de Valvas and J. Gutierrez]. 2 pt. *Ex typographia regia: Matriti*, 1649. fol. 691.g.4. [**5**]

Lago de Ane, Juan de. Por Iuan de Lago de Ane, regidor . . . de la ciudad de Santiago con Iulio Cesar Scazuola, tesorero general . . . En respuesta de su informacion. [*Madrid?* 1660?] fol. 765.i.1.(5). [**6**]

La Graveta. Carta de parabien a los illustrissimos señores de la congregacion general de la clerezia de Francia. Lettre de coniouyssance. [Signed: La Graveta]. *Fr. & Sp.* (Retrato abreviado de los señores . . . de la cleresia de Francia. *Sp. & Ital.*). [*n.p.*, 1700?] 4.° 3902.g.24. [**7**]

Lagunez, Matthias. Tractatus de fructibus. Titulo generali . . . Opus . . . in tredecim partes divisum. Pars prima (— secunda). *Ex typographia Melchioris Alvarez: Matriti*, 1686. fol. 5305.c.1. [**8**]

Lainez, Joseph. El privado christiano deducido de las vidas de Ioseph y Daniel. (Vida de Ioseph partriarca). pt. 1. *Iuan de Noort: Madrid*, 1641. 4.° 4824.d.9. *imp.* [**9**]

La Marca, Luis. Teatro historico, politico, y militar, noticias selectas, y . . . hechos de los principes y varones mas ilustres. *Francisco Mestre; vendese en casa Joaquin La Marca: Valencia*, 1690. 4.° 9008.c.13. [**10**]

Lamego, *Bishopric of.* Constituiçoens synodaes do bispado de Lamego, feitas pello . . . senhor D. Miguel de Portugal . . . e agora impressas por mandado do . . . Fr. Luiz da Silva, bispo . . . de Lamego. [With a preface by him]. *Na officina de Miguel Deslandes: Lisboa*, 1683. fol. 5107.ff.16. [**11**]

La Mothe Houdancourt, Philippe de, *duke de Cardona.* Carta del excelentissim senyor de la Mota . . . al . . . Governador de Cathalunya; donantli avis de tot lo succehit en la campanya de Lleyda. *Gabriel Nogues: Barcelona*, 1643. 4.° 9180.e.2.(47). [**12**]

— Copia de la carta que lo . . . mariscal de la Motta . . . a escrit al . . . senyor don Ioseph Biure y de Margarit. *Iaume Mathevat: [Barcelona]*, 1643. 4.° 9180.e.2.(5). [**13**]

— Copia de una carta que ha escrit lo . . . senyor de la Mota . . . al Governador de Cathaluña. (Copia de una carta de don Jaume de Erill). *Iaume Matevat: Barcelona*, 1643. 4.° 9180.e.2.(39). [**14**]

— [*Appendix*]. Copia de una carta que un capita ha enviat . . . a un cavaller . . . de Barcelona donant li avis de tot lo contengut y en lo estat que està lo comtat de Ribagorsa y las villas que han cremadas . . . per ordre del . . . mariscal de la Mota. *Iaume Mateuat: Barcelona*, 1643. 4.° 9180.e.2.(25). [**15**]

— Relacio molt verdadera de la victoria que ha tingut lo . . .

mariscal de la Mota, contra lo exercit del Rey. [Philip IV] . . . a la Horta de Lleyda. *Iaume Matevat: Barcelona, 1643.* 4.° 9180.e.2.(46). **[16]**

—Relacio verdadera, de la victoria que ha tingut lo . . . senyor de la Mota en lo pla de Almenar. *Iaume Matevat: Barcelona, 1643.* 4.° 9180.e.2.(49). **[17]**

La Mothe Le Vayer, François de, the Elder. Escuela de principes, y cavallerios, esto es la geographia, retorica, la moral, economica, logica, y fisica . . . traducida . . . por el P. F. Alonso Manrique. *Thomas Romolo: Palermo, 1688.* 8.° 522.a.42. **[18]**

Lanario y Aragón, Francisco, *duke di Carpignano.* Exemplar de la constante paciencia christiana y politica. *Imprenta del reyno: Madrid, 1628.* 4.° C.67.e.5. **[19]**

—Las guerras de Flandes, desde el año . . . [1559] hasta . . . [1609]. *Luis Sanchez: Madrid, 1623.* 4.° 154.e.1; 9414.cc.3. **[20]**

—Los tratados del principe y de la Guerra de don Francisco Lanario, y Aragon. 2 pt. *Iuan Badptista Maringo: Palermo, 1624.* 4.° 522.d.37. **[21]**

Lancáster Sande Padilla, Augustin de, *duke de Abrantes, Marquis de Valdefuentes, etc.* Informe hecho por el duque marqués de Valde Fuentes, sobre el sucesso entre algunos señores, y soldados de la Guarda . . . 7 de Julio de 68. [*Madrid?* 1668]. fol. T.16.*(30). **[22]**

Lancáster y Lancáster Enriquez Giron, Alfonso de, *duke de Abrantes.* Papel que ha hecho un señor zeloso de la dignidad sacerdotal, y de la de los grandes de España. [*n.p.,* 1645?] 4.° 765.i.7.(9). **[23]**

—Resumen de las razones que se ofrecen para ser el duque de Abrantes cõseruado despues de sacerdote en el mismo tratamiẽto. [*n.p.,* 1645?] fol. 765.i.7.(8). **[24]**

Lancina, Francisco de. Vida de S. Francisco Xavier, apostol de las Indias. Asuntos politicos y morales de poesia. *Melchor Alvarez: Madrid, 1682.* 4.° 4829.c.23. **[25]**

Lanfranqui, Andrés. [*Begin:*] Don Andres Lanfranqui, vicario general de la orden de los clerigos regulares. Dize [a petition to the Cortes "para fundar en Madrid una Casa"]. [*Madrid?* 1650?] *S.sh.* fol. 4745.f.11.(21). **[26]**

Langren, Michael Florencio van. La verdadera longitud por mar y tierra demonstrada. [*Madrid?*] 1644. fol. 716.i.6.(2). **[27]**

Lanini Sagredo, Pedro Francisco. El angel de las escuelas Santo Thomas de Aquino. Comedia [in verse]. *Francisco de Leefdael: Sevilla,* [1700?] 4.° *No. 144 of an unidentified collection.* 11728.i.8.(10). **[28]**

—El sol del Oriente, san Basilio magno. Comedia famosa [in verse]. *Francisco de Leefdael: Sevilla,* [1700?] 4.° *No. 230 of an unidentified collection.* 11728.c.81; 11728.i.8.(11). **[29]**

La Porte, Arnoldus de. Den nieuwen dictionaris oft Schadt der Duytse en Spaensche Talen. 3 pt. *By Hioronymus en Ian Bapt. Verdussen: t'Antwerpen, 1659.* 4.° 12972.f.11. **[30]**

Lara. La traycion en la propria sangre, y siete infantes de Lara. Comedia burlesca [in verse]. [By G. Cáncer y Velasco, and J. Vélez de Guevara]. *Francisco Leefdael: Sevilla,* [1700?] 4.° 11726.f.89. **[31]**

Lara, Bartolomé de. Por el conceio, iusticia, y regimiento de la villa de Priego. En el pleyto . . . que el . . . fiscal le ha puesto, sobre la venta de las alcaualas. [*n.p.,* 1625?] fol. 765.i.3.(5). **[32]**

Lara, Gaspar Augustin de. Ecos numerosos de la vida, metricas vozes de la muerte; percibidas en la noche la meior per la espanola . . . Margarita de Austria . . . emperatriz de Alemania. [*Madrid?* 1673]. 4.° 851.k.16.(9). **[33]**

—Obelisco funebre, pyramide funesto que construia, a la immortal memoria de . . . Calderon de la Barca . . . Gaspar Augustin de Lara. [In verse]. *Eugenio Rodriguez: Madrid, 1684.* 4.° 11450.dd.41. **[34]**

Lara, Leonardo de. [*Begin:*] Don Leonardo de Lara, cavallero del orden de Santiago . . . Aviendo convocado à junta . . . los cabos de esta armada . . . para manifestarles la noticia del assedio que padece . . . Cartagena. [*n.p.,* 1697]. fol. 600.l.21. 600.L.21 **[35]**

Lara, Rodrigo de. Traslado de una carta en que se declara todo lo sucedido en los estados de Flandes. *Iuan Delgado: Madrid, 1624.* fol. 593.h.22.(24). **[36]**

Larrando de Mauleon, Francisco. Estoque de la guerra y arte militar. [With plates]. 2 pt. *En casa Cormellas, por Thomas Loriente; vendese en casa de Iuan Pablo Marti: Barcelona, 1699.* 8.° 1398.a.15. **[37]**

Larraspur, Juan de. Por don Iuan de Larraspur . . . Sobre los cargos de la residencia del oficio de capitan, que . . . se le tomò por el regente de . . . Sevilla. [By J. de Retuexta]. [*Madrid?* 1635?] fol. 1324.i.1.(6). **[38]**

Larrea, Juan Bautista de. El doctor don Iuan Bautista de Larrea . . . Con . . . Francisco de la Barreda, fiscal de la real audiencia . . . de Mexico. Sobre la culpa que se le imputa en la causa de Iuan Tolinque. [*Madrid?* 1660?] fol. 1324.i.1.(36). **[39]**

Larriategui, Martin de. El licenciado don Martin de Larriategui, fiscal. Con el colegio de San Ilefonso de la universidad de Alcala de Henares, y el abad, y cabildo. [*n.p.,* 1640?] fol. 765.i.2.(23). **[40]**

—El licenciado don Martin de Larriategui, fiscal del consejo. Con don Fernando Ramirez . . . de Xerez de la Frontera . . . rebelde. [*Xerez de la Frontera?* 1640?] fol. 1322.l.10.(5). **[41]**

—El licenciado don Martin de Larriategui, fiscal . . . Con el colegio de San Ilefonso de la universidad de Alcala de Henares, y del abad. [*n.p.,* 1640?] fol. 765.i.11.(30). **[42]**

Lascaris, Jean Paul, *de Castellar, Grand master of the Knights Hospitallers.* Carta y verdadera relacion, escrita por el . . . gran maestre . . . con la relacion . . . de la . . . victoria . . . contra la armada del gran turco . . . 1666 . . . Embiada . . . por . . . Gregorio Garrafa. *Baltasar de Bolibar: Granada, 1666.* 4.° 1323.2.16.(12). **[43]**

Lasso de la Vega, García, *El Inca.* La Florida del Ynca. Historia del adelantado Hernando de Soto, Gouernador y capitan general . . . de la Florida, y de otros . . . españoles e indios. *Pedro Crasbeeck: Lisboa, 1605.* 4.° C.83.b.17; G.6336. **[44]**

— —*Pedro Crasbeeck: Lisbona,* [1605]. 8.° G.6335. **[45]**

— —*Pedro Crasbeeck; Viuda de Andres Barrera; y a su costa: Lisboa, Cordova, 1609, 1617.* fol. 601.i.7 and 601.l.7. *imp.;* G.6390, 91. **[46]**

—Primera (—segunda) parte de los commentarios reales, que tratan del origen de los yncas . . . de su idolatria, leyes, y gobierno . . . antes que los españoles passaran. 2 pt. *En la officina de Pedro Crasbeeck: Lisboa, 1609.* fol. 601.i.17 and 601.l.7; 601.i.15, 16. **[47]**

Lasso de la Vega, García, *The poet.* Las obras de Garcilasso de la Vega . . . Con anotaciones . . . del maestro Francisco Sanchez. *Iuan Batista Sotil: Napoles,* 1604. 12.°
011451.e.7. **[48]**

—Garcilasso de la Vega . . . [Works edited with notes and a life of the author] de don Tomas Tamaio de Vargas. 2 pt. *Luis Sanchez: Madrid,* 1622. 16.° 1064.a.16.(1). **[49]**

—Garcilasso de la Vega natural de Toledo. Principe de los poetas castellanos . . . [Works, edited with notes and a life of the author]. De don Thomas Tamaio de Vargas. 2 pt. *Luis Sanchez: Madrid,* 1621. 16.° 1064.a.16.(1); 1072.a.11. **[50]**

——[*n.p.*], 1622. 16.° 1072.a.11. *imp.* **[51]**

Lasso de la Vega, Luys. Hvei tlamahvicoltica omonexiti in ilhvicac tlatóca Çihvapilli santa Maria to tlaçonantzin in nican hvei altepenahvac Mexica itocayocan tepeyacac. *Iuan Ruys: Mexico,* 1649. 4.° 884.k.35. **[52]**

Lastanosa, Vicencio Juan de. Museo de las medallas desconocidas españolas . . . ilustrado con tres discursos, del padre Paulo de Rajas [and others]. *Iuan Nogues: Huesca,* 1645. 4.° 681.c.5; 278.h.39. **[53]**

—Tratado de la moneda iaquesa; y de otras de oro, y plata, del regno de Aragon. *Zaragoza,* 1681. 4.° 140.a.3. **[54]**

Lastra, Francisco de la. Recolationes, et quæstiones morales, ex utraque facultate decerptae. 3 tom. *Typis Lucae Perez: Salmanticae,* 1682–87. fol. 4071.f.15. **[55]**

Lavanha, Joam Baptista. Viaje de la Catholica Real Magestad . . . Filipe III . . . al reino de Portugal. *Por Thomas Iunti: Madrid,* 1622. fol. 594.h.11. **[56]**

Lazarillo, de Tormes. [*Spanish and French*]. [Part 1]. La vida del Lazarillo de Tormes, y sus fortunas y aduersidades. La vie de Lazarille . . . Nouvelle traduction . . . par M. P. B. P. *Adrian Tiffaine: Paris* 1616. 12.° 12490.a.30. **[57]**

—[Parts 1 & 2]. La vida del Lazarillo de Tormes . . . La vie de Lazarille. (Segunda parte . . . sacada de las cronicas . . . de Toledo. Seconde partie). Reueue . . . par H. de Lune . . . Traduite . . . par L. S. D. [i.e. Le sieur Vital d'Audiguier]. *Augustin Courbé: Paris,* 1660. 12.° 12490.a.31. **[58]**

—[*Spanish*]. [Parts 1 & 2]. Vida de Lazarillo de Tormes. Corregida . . . por I. de Luna Castellaño. (Segunda parte). 2 pt. *Rolet Boutonné: Paris,* 1520 [or rather, 1620]. 12.° 687.d.10. **[59]**

——2 pt. *Pedro Destar: Zaragoza,* 1520 [1620]. 12.° 12490.a.1; 1074.d.3. **[60]**

—[Parts 1 & 2]. Vida de Lazarillo de Tormes. Corregida . . . por H. de Luna. (Segunda parte). *Pedro Destar: Zaragoza,* 1652. 12.° 12491.b.13; G.10135. **[61]**

—[Part 1]. La vida de Lazarillo de Tormes. *Oficina Plantiniana:* [*Antwerp*], 1602. 12.° 12490.a.11. **[62]**

—[Part 1]. Lazarillo de Tormes Castigado. Agora . . . emendado. *Iusto Sanchez Crespo: Alcala,* 1607. 12.° 1074.d.34. **[63]**

—[Parts 1 & 2]. La vida de Lazarillo de Tormes. (La segunda parte). *A costa de Iuan Baptista Bidelo: Milan,* 1615. 12.° 1074.d.32. **[64]**

—[Part 1]. Lazarillo de Tormes. [With woodcuts]. *Antonio Alvarez: Lisboa,* 1626. 12.° 12490.b.6. **[65]**

Leçana, —. Iesus, Maria, Ioseph. Por Gaspar de Quiroga, y doña Maria de Pallares su muger. Con don Antonio de Armesto, y . . . su muger. [*n.p.,* 1630?] fol. 1322.l.10.(37). **[66]**

Ledesma, Alonso Andrea de. Conceptos espirituales. [In verse]. 3 pt. *Imprenta real; vendese en casa de P. de la Torre; Sebastian de Cormellas al Call; vendese en Tarragona en casa de Hieronymo Martin; Luys Manescal: Madrid, Barcelona, Lerida,* 1602–12. 8.° 011451.e.27. **[67]**

——*Imprenta real; vendese en casa de P. de la Torre: Madrid,* 1604. 8.° 851.a.14. *imp.* **[68]**

——*Hieronymo Margarit: Barcelona,* 1612. 8.° G.11156. **[69]**

—Epigramas y hieroglificos, a la vida de Christo, festividades de nuestra Señora . . . A don Iuan Andres . . . marques de Cañete. *Iuan Gonçalez; a costa de Lucas Ramirez: Madrid,* 1625. 8.° 11450.aaa.27. **[70]**

—Iuegos de noche buena moralizados a la vida de Christo, martyrio de santos. *Sebastian de Cormellas: Barcelona,* 1611. 8.° G.11155. **[71]**

—Romancero y monstro imaginado. *Sebastian de Cormellas: Barcelona,* 1616. 8.° G.11157. **[72]**

Ledesma, Clemente de. Despertador republicano, que por las letras del A. B. C. compendia los dos compendios . . . del despertador de noticias theologicas morales. *Viuda de Juan de Ribera: Mexico,* 1700. 4.° 4402.n.32. **[73]**

Ledesma, Pedro del. Primera parte de la summa, en la qual se summa y cifra, todo lo moral que toca . . . a los sacramentos. 2 pt. [*Andres Renaut & Antonio Ramirez: Salamanca,* 1601]. 4.° 1477.bb.18. *imp.* **[74]**

—Primera (— segunda) parte de la summa, en la qual se cifra y summa todo loque toca . . . a los sacramentos. (Addiciones a la primera parte). 2 vol. *Lucas Sanchez: Çaragoça,* 1611. fol. 1226.f.7–8. **[75]**

——En esta ultima impression va añadida, de todo lo pertinecinete al sacramento del matrimonio. 2 vol. *Pedro Crasbeeck; y a su costa: Lisboa,* 1617. fol. 4061.i.6. **[76]**

Leiria, *Bishopric of.* Constituiçoens synodaes do bispado de Leiria. Feytas, & ordenadas em synodo pello senhor dom Pedro de Castilho. *Manoel D'Araujo: Coimbra,* 1601. 4.° 1600/217. **[77]**

Leitao, Alvaro. Sermão do acto de fe de Lisboa, dedicado a . . . Catherina . . . raynha da Grão Bretanha. *Ioam da Costa: Lisboa,* 1666. 4.° 851.k.17.(3). **[78]**

Lemaire, Jacob. Relacion diaria del viage de Iacobo de Mayre y Guillelmo Cornelio Schouten, en que descubieron nuevo . . . passage del mar del Norte al mar del Sur. *Bernardino de Guzman: Madrid,* 1619. 4.° G.6737. **[79]**

Lemus, Diego de. Vida, virtudes, trabajos, favores, y milagros de . . . sor Maria de Jesus . . . religiosa en el . . . convento de la Limpia Concepcion . . . en la Nueva España. *A costa de Anisson y Posuel: Leon,* 1683. 4.° 485.b.16. **[80]**

Leon, *Kingdom of.* Privilegio del Rey Ramiro primero . . . del voto que hizo al . . . apostol Santiago, con los arçobispos. Obispos . . . de España. [*Madrid?* 1625?] fol. T.90.*(48). **[81]**

Leon, *City of.* Copia de una carta, que ha escrit un capita de nuestre exercit, a un caualler de aquesta ciutat. *Iaume Mathevat: Barcelona,* 1643. 4.° 9180.e.2.(8). **[82]**

—[*Castle*]. Carta enviada per un musur frances, aun cavaller de aquesta ciutat, del modo . . . que son exits los castellans del Castell Lleo. *Iaume Mathevat: Barcelona,* 1643. 4.° 9180.e.2.(7). **[83]**

—[*Cathedral Chapter*]. El dean y cabildo de la santa yglesia catedral de Leon. Con el concejo y vecimos . . . de

Castroverde. [By "el licenciado Heredía"]. [*n.p.*, 1630?] fol. 1322.l.6.(10). **[84]**

León, Francisco de. Aprovechar deleitando, en un dialogistico espiritual. *Bernardo Noguès; a costa de Lorenço Cabrera: Valencia*, 1653. 32.° 4401.a.55. **[85]**

León, Gabriel de. [Cata]lago [sic] [de lo]s libros [de todas] facultades que [se hallaran en] casa de herederos de [Gabr]iel de Leon. [*Madrid*, 1690]. 4.° S.C.542. *imp.* **[86]**

León, Luis de. De los nombres de Christo . . . Quinta impression, en que va añadido el nombere de Cordero cõ tres tablas. (La perfecta casada). 2 pt. *Viuda Antonia Ramirez; a costa de Thomas de Alua: Salamanca*, 1603. 4.° 4226.i.3. **[87]**

León, Martin de. Camino del cielo, en lengua mexicana, con todos los requisitos . . . para consequir este fin. *Diego Lopez Davalos; y a costa de Diego Perez de los Rios: Mexico*, 1611. 4.° C.38.f.4. *imp.* **[88]**

— Primera parte del sermonario del tiempo de todo el año, duplicado en lengua mexicana. *En la imprenta Viuda de Diego Lopez Davalos; por C. Adriano Cesar: Mexico*, 1614. 4.° C.38.f.6. **[89]**

— Relacion de las exequias q̃ el ex^mo Sr. D. Iuan de Mendoça y Luna . . . hizo en la muerte de la reina . . . doña Margarita. (Sermon que el padre . . . P. Ramirez . . . predico). 2 pt. *Pedro de Merchan y Calderon: Lima*, 1612, 13. 4.° 1064.i.9. *imp.* **[90]**

León, Miguel de. [*Begin:*] Fiestas de Madrid, celebradas a XIX, de iunio de 1622 años, en la canonizacion de san Isidro, S. Ignacio, S. Francisco Xavier, S. Felipe Neri . . . y santa Teresa. [*Madrid*, 1622]. fol. 593.h.22.(15); 593.h.22.(47*); T.90.*(6). **[90a]**

Leonardo, *de San Joseph.* Applausos lusitanos da vitoria de Montes Claros. [In verse]. *Domingo Carneiro: Lisboa*, 1665. 4.° 9195.c.25.(9). **[91]**

Leonardo y Argensola, Bartolomé. Conquista de las islas Malucas. Al rey Felipe III. *Alonso Martin: Madrid*, 1609. fol. 983.f.20. **[92]**

— — *Alonso Martin: Madrid*, 1609. fol. G.6411; 583.i.30; 146.f.1. **[93]**

— Primera parte de los anales de Aragon que prosigue los del secretario Geronimo Çurita, desde . . . 1516 (hasta . . . 1620). *Iuan de Lanaia: Çaragoça*, 1630. fol. 593.g.19; 178.d.13. **[94]**

Leonardo y Argensola, Lupercio. Las rimas que se han podido recoger de Lupercio, y del doctor Bartolome Leonardo de Argensola. [Edited by G. Leonardo de Albion y Argensola]. *Hospital real y general de nuestra Señora de Gracia: Zaragoça*, 1634. 4.° 1072.g.10. **[95]**

Leon Coraxo, Pedro de. Iesus Maria Ioseph. Por el licenciado don Pedro de Leon Coraxo . . . y vezinos del lugar de Santibañez en el pleyto de delacion. [*n.p.*, 1650?] fol. 1322.l.5.(11). **[96]**

Leon Garavito, Miguel de. [*Begin:*] Señor. El presentado fray Miguel de Leon Garavito, procurador . . . de la orden de predicadores. [A memorial to the King, on the jurisdiction of archbishops and bishops]. [*Madrid*? 1630?] fol. C.62.i.19.(33). **[97]**

Leon Garavito, Rodrigo de. Desagravios de la Virgen, por el Alferez Rodrigo de Leon. Cancion . . . Dezimas. [*n.p.*, 1630?] fol. 593.h.17.(144). **[98]**

León Pinelo, Antonio de. Epitome de la biblioteca oriental i occidental, nautica i geografica. Al . . . duque de Medina de las Torres. *Iuan Gonzalez: Madrid*, 1629. 4.° 619.d.27; G.647. **[99]**

— Libros reales de govierno y gracia de la secretaria del Perú. [*Madrid*? 1625?] fol. 1324.i.13.(2). **[100]**

— Politica de las grandezas y govierno del supremo y real conseio de las Indias. [*Madrid*? 1658?] 4.° 8155.c.45. **[101]**

— Question moral si el chocolate quebranta el ayuno eclesiastico. Tratase de otras bebidas. (Del chocolate advertencia). *Viuda de Iuan Gonzalez: Madrid*, 1636. 4.° 852.i.13.; 1038.l.4. *imp.* **[102]**

— [*Begin:*] Señor, el licenciado Antonio de Leon. [A memorial addressed to the King, concerning the routes from the Spanish provinces in the Indies to Spain]. [*Madrid*? 1630?] fol. C.62.i.19.(26). **[103]**

— Tratado de confirmaciones reales de encomiendas, oficios i casos, en que se requieren para las Indias Occidentales. [With an introduction by F. de Barreda and a prologue by J. R. de Leon]. *Iuan Gonzalez: Madrid*, 1630. 4.° C.96.b.8; G.4211. **[104]**

— Velos antiguos i modernos en los rostros de las mugeres sus conveniencias i daños. Illustraçion de la real prematica de las tapadas. *Iuan Sanchez: Madrid*, 1641. 4.° 1073.k.9; 1060.h.12.(1). **[105]**

— Vida del ilustrissimo . . . Toribio Alfonso Megrovejo, arcobispo de la ciudad de los reyes Lima. [*Madrid*?] 1653. 4.° 4866.c.20; 486.c.16.(1). **[106]**

León Pinelo, Diego de. Hypomnema apologeticum pro regali academia Limensi in Lipsianam periodum . . . Accedunt dissertatiunculæ gymnasticæ palæestricæ, canonico legales, aut promiscuæ. *Ex officina Iuliani de los Santos et Saldaña: Lima*, 1648. 4.° 731.f.17. **[107]**

— [*Begin:*] Mandò que se imprimiesse este escrito el . . . conde de Alva. [A reply to a document by Juan de Padilla]. [*n.p.*, 1661?] fol. 600.l.14. **[108]**

León Sourez, Miguel de. Relacion verdadera del aparato y solenidad cõ que en Roma se celebrò la cononizacion de santa Isabel . . . de Portugal. *Diego Flamenco: Madrid*, 1625. fol. 593.h.22.(10). **[109]**

León y Arevalo, Juan de. Trina dimension por la sombra gloriosa de Maria en su sacro Pilar entronizada. [*Cordoba*? 1695]. 4.° T.1547.(2). **[110]**

Leopold I, *Emperor of Germany.* Manifiesto que contiene las razones, y motiuos, que han movido su Magestad . . . à tomar . . . las armas. *Iuan Francisco de Blas: Sevilla*, 1673. 4.° 1445.f.17.(55). **[111]**

— [*Appendix*]. Relacion verdadera de la felicissima vitoria, que han alcançado el . . . archiduque Leopoldo y duque Piccolomini. *Iuan Gomez: Sevilla*, [1640]. 4.° 1445.f.22.(48). **[112]**

— Relacion verdadera de la feliz vitoria . . . que el . . . archiduque Leopoldo ha tenido este año . . . sobre el socorro de Cambray. *Iuan Sanchez: Madrid*, 1649. fol. 1322.k.8.(4). **[113]**

Leopold William, *Archduke of Austria.* Relacion verdadera de la restauracion que el señor archiduque Leopoldo ha hecho de la villa de Armentiers . . . almacen del exercito de Francia. *Iuan Gomez de Blas: Sevilla*, 1647. 4.° 1445.f.17.(5). **[114]**

Lerma, Cosmas de. Cursus philosophici per R.P. F. Cosmam de Lerma . . . collecti, ex doctrina . . . Dominici de Soto . . . tomus quartus, posthumus. Duos libros . . . de ortu, & interitu, sive de generation & corruptione comprehendens. *Ex officina typographica, Michaelis de Azpilcueta: Burgi*, 1666. 4.° 714.c.20. *imp.* **[115]**

Le Tellier, Michel. Defensa de los nuevos Christianos, y missioneros de la China, Japon y Indias. 1690. 4.° *See* Jesuits. 4092.e.33.

Letras. Letras que se han de cantar en la capilla real de la Encarnacion en los maytines. [In verse]. [*Madrid*? 1681]. 4.° T.22.*(21). **[116]**

Lettre. Los verdaderos intereses de los principes de Europa en el estado presente de las cosas, o reflecciones sobre un papel . . . venido de Francia, con el titulo de carta de monsieur ** à monsieur **. [*n.p.*, 1690?] 4.° 8010.b.24. **[117]**

Levanto, Horacio. Por Horacio Levanto, tesorero mayor de la casa de la moneda . . . En el pleyto con el licenciado Manuel Ruyz Aguado alcalde . . . y consortes. *Martin Fernandez Zambrano:* [*Granada*, 1650?] fol. 1322.l.7.(20). **[118]**

— Por Oracio Levanto tesorero de la casa de la moneda . . . en el pleyto. Cō . . . Manuel Ruyz Aguado . . . y los capataces. *Martin Fernandez Zambrano: Granada*, [1650?] fol. 1322.l.7.(21). **[119]**

Le Vassor, Michel. Suspiros de la Francia esclava. [1689]. 4.° *See* France. [*Appendix*]. 8050.d.30. *imp.*

Leyba, Diego de. Virtudes, y milagros en vida, y muerte del V. P. fr. Sebastian de Aparicio. *Lucas Martin de Hermosilla: Sevilla*, 1687. 4.° 1371.d.3. **[120]**

Leyva y Aguilar, Francisco de. Desengaño contra el mal uso del tabaco . . . Con indices. *Salvador de Cea Tesa: Cordova*, 1634. 4.° 1038.i.17. **[121]**

Lezamis, Joseph de. Breve rleacion de la vida, y muerte del . . . señor doctor D. Francisco de Aguiar, y Seyxas. *Maria de Benavides: Mexico*, 1699. 4.° 4986.bbb.8. **[122]**

Liaño, Lope. Bernardo del Carpio en Francia. Comedia. [In verse]. [*n.p.*, 1650]. 4.° 1072.h.3.(9). **[123]**

Libertino, Clemente, *pseud.* [i.e. Francisco Manuel de Melo]. Historia de los movimientos, y separacion de Cataluña; y de la guerra entre . . . Felipe el cuarto . . . y la deputaccion . . . de aquel principado. *Paulo Craesbeeck: San Vicente*, 1645. 4.° 281.e.34. **[124]**

— — *Bernardo da Costa de Carvalho: Lisboa*, 1696. 4.° 1444.b.24. **[125]**

Liche, — de, *Marquis.* Relacion verdadera de como el . . . marquès de Liche, embaxador . . . en Roma, descubriò la traycion que en . . . Napoles avia fomentado el embaxador Francès. *Iuan Cabeças: Sevilla*, 1677. 4.° 1445.f.17.(66). **[126]**

Liermo, Fernando de. [*Begin:*] Señor. El licenciado don Fernando de Liermo. [A memorial of his services, and petition for a place]. [*Madrid*? 1640?] *S.sh.* fol. 1324.l.2.(77). **[127]**

Ligne, Claude Lamoral de, *Prince.* Relacion verdadera del viage, sequito, y entrada, que hizo en Londres el . . . principe de Ligni. *Iuan Gomez de Blas: Sevilla*, 1660. 4.° 9930.e.41. **[128]**

Lima. [*Concilio provincial*]. Catecismo en la lengua española y aymara del Piru. Ordenado por autoridad de Concilio Provincial. *Bartolome Gomez: Sevilla*, 1604. 8.° C.58.a.14.(2). **[129]**

— Sumario del concilio provincial, que se celebro en la ciudad de los Reyes el año [1567]. *Matias Clauijo: Sevilla*, 1614. 4.° 1608/963. **[130]**

Lima. [*Tribunal de cuentas*]. Informe de los senores contadores del tribunal de cuentas; hecho al . . . marques de Mancera. *Pedro de Cabrera: Lima*, 1640. fol. 725.k.18.(32). **[131]**

— [*Universidad*]. [*Begin:*] Prologo de las constituciones [of the University], que hizo y recopilò el virrey marques de Montesclaros. (Madrid, 3 Sep. 1624). [*Madrid*? 1624?] fol. 1324.i.3.(18). **[132]**

— — *Iuan de Cabrera: Sevilla*, [1625]. fol. 593.h.17.(4). **[133]**

— Oracion panegyrica que al primer feliz ingresso del . . . señor don Melchor Portocarrero Lasso de la Vega . . . dixo . . . Diego Montero del Aguila. *Ioseph de Contreras, y Alvarado: Lima*, [1689]. fol. 8366.i.4. **[134]**

— [*Appendix*]. Casos notables, sucedidos en las costas . . . de Lima . . . y como el armada olandesa procurava coger el armadilla nuestra. *Iuan Goncalez; vendese en casa de Alonso Paredes: Madrid*, 1625. fol. 1324.i.3.(20). **[135]**

— — Por Iuan de Cabrera: Sevilla, [1625]. fol. 593.h.17.(4). **[136]**

— Iesus Maria. Informacion en derecho. En defensa de la exempcion absoluta que las religiones tienen de las ordinarias . . . hecha por parte de la religion de . . . San Francisco en Lima. *Diego Garrido: Mexico*, 1621. fol. 4183.k.3.(11). **[137]**

— Relacion del espantoso terremoto que padecio . . . Lima y sus contornos, el día 14 de iulio. [*Lima*, 1699]. 4.° 7104.aa.20. **[138]**

Lima, *Archbishopric of.* Constituciones synodales del arçobispado de los Reyes en el Piru . . . hechas por . . . Bartholome Lobo Guerrero. *Francisco del Canto: Los Reyes*, 1614. 4.° 1601/102. **[139]**

Liñan y Cisneros, Melchior de. Ofensa, y defensa de la libertad eclesiastica. [*n.p.*, 1685]. fol. 4183.g.8. **[140]**

Liñan y Verdugo, Antonio. Guia y avisos de forasteros, adonde se les enseña a huir de los peligros que ay en la vida de corte. *Siluestre Esparsa; a costa de Iuan Sonzonio: Valencia*, 1635. 8.° 12490.b.18. **[141]**

Linares, Juan de. Cancionero, llamado flor de enamorados, sacado de diversos autores. *Sebastian de Cormellas: Barcelona*, 1601. 12.° 011451.e.4. **[142]**

— — *Sebastian de Cormellas al Call: Barcelona*, 1608. 12.° G.10903. **[143]**

Liperi, Antonio. [*Begin:*] Utrum validum sit votum, quod professi societatis Jesu emittunt. [*Saragossa*? 1641?] fol. 3845.a.10. **[144]**

Lipsius, Justus. Libro de la constancia de Iusto Lipsio Traducido de latin en castellano, por Iuan Baptista de Mesa. *Matias Clauijo: Sevilla*, 1616. 4.° 8405.f.2. **[145]**

— Los seys libros de las politicas o doctrina civil de Iusto Lipsio . . . Traduzidos . . . en Castellano por don Bernardino de Mendoça. *Imprenta de Esteuan Bogia: Madrid*, 1604. 4.° 522.d.38. **[146]**

Lisboa, Christovão de. Sermao . . . a 18 de septiembre de 1643. *Lourenço de Anveres: Lisboa*, 1644. 4.° 4424.e.2.(12). (destroyed). **[147]**

—Sermão da quarta dominga da Quaresma. *P. Craesbeeck:* *Lisboa*, 1641. 4.° 4424.e.2.(9). (*destroyed*). **[148]**

Lisbon. [*Academia dos Singulares*]. Certamen accademico epitalamico ao felice consorcio da . . . rainha d. Maria Francisca Isabela de Saboya. Com . . . d. Affonso VI. *Antonio Craesbeeck de Mello: Lisboa*, 1667. 4.° 9195.c.21.(14). **[149]**

—[*Appendix*]. Floral da Alfandega da cidade de Lisboa. *Antonio Craesbeeck de Mello:* [*Lisbon*]. 1674. fol. 5385.e.3.(1). **[150]**

—Relacion de la informacion que se hizo en Lisboa con muchos testigos, de las coasas mas notables que ha hecho, y haze un perro. *Simon Faxardo: Sevilla*, 1631. fol. 593.h.17.(98). **[151]**

—Tercera relacion de las grandiosas fiestas, que . . . Lisboa tiene prevenidas para recibir a . . . Felipe III. *Francisco de Lyra: Sevilla*, 1619. fol. 9181.g.1.(5). **[152]**

—Veue du palais de Lisbonne. El palatio de Lisboa. [By L. Meunier?] [*Madrid*, 1650?] *S.sh.* obl. 4.° 559*.b.33.(8). **[153]**

Lisón y Biedma, Mateo de. Discursos y apuntamientos de don Mateo de Lison y Biedma . . . En que se trata . . . del govierno de la monarquia. [*Madrid*, 1622]. 4.° 5384.aaa.47. **[154]**

Lisperguer y Solís, Mathías. Compendio historial de la uida de . . . S. Rita de Casia Monja . . . del orden de N. P. S. Agustin. *Joseph de Contreras: Lima*, 1699. 4.° 4829.bb.13. **[155]**

Liturgies. [**Catholic Church**].

Breviaries

—[*Regulars. Brigittines*]. Officia propria sanctorum, et aliarum festivitatum, ordinis Salvatoris: vulgo S. Brigittae, romano breviario accommodata. *Ex typographia Joannis Galraõ: Ulyssipone*, 1690. 4.° 1477.aaa.23.(1). **[156]**

—[*Order of St. Clare*]. Officium B. Virginis Mariae de pietate, quod . . . a santimonialibus sanctae Clarae celebratur dominica tertia Octobris [*Spain?* 1690?] 4.° 1477.aaa.23.(2). **[157]**

Ceremonials

—[*Regulars. Order of St. Paul the Hermit*]. [Ordinario e ceremonial, segundo o uzo romano. Das missas, & officios diuinos, & de outras cousas]. [*Pedro Crasbeeck: Lisboa*], 1615. 4.° C.110.c.18.(2). *imp.* **[158]**

Hours

—Horas romanas de nostra Señora. [With engravings]. *Span. & Fr. Biuda Diego Du-Clou: Paris*, 1617. 8.° 3366.a.17. (*destroyed*). **[159]**

—Horas romanas de nostra Señora. *Lat. & Sp. Biuda Diego Du-Clou: Paris*, [1620?] 8.° 1221.e.8. *imp.* **[160]**

Litanies

—Letanias de la Virgen nuestra Señora . . . las quales suelen cantarse en la santa casa de Loreto. *Lat.* [*n.p.*, 1700?] 8.° 1073.k.22.(6). **[161]**

Missals

—[*Missae Propriae*]. Missae propriae sanctorum Toletanae dioecesis et ecclesiae. *Ex typographia Regia: Matriti*, 1617. 4.° 3355.c.9. (*destroyed*). **[162]**

—Missæ propriae sanctorum qui in Hispania specialiter celebrantur. (Modus cantandi orationes). [*Toledo?* 1670?] 8.° C.66.a.14.(2). **[163]**

Processionals

—[*Regulars. Augustinian Canons*]. Processionarium ad usum canonicorum regularium cõgregationis S. Crucis Conimbr. ordinis S. P. Aug. *Manuel Rodriguez de Almeyda: Coimbra*, 1695. 8.° 1487.a.31. **[164]**

Rituals

—[*Local. Mexico*]. Manual mexicano, de la administracion de los santos sacramentos, conforme al manual toledano. Compuesto en lengua mexicana, por . . . Francisco de Lora Baguito. *Span. and Mex. Diego Gutierrez: Mexico*, 1634. 8.° 3365.ff.16; C.36.b.7. **[165]**

—Manual breve, y forma de administrar los santos sacramentos a los indios. *Lat. Francisco Robledo: Mexico*, 1640. 8.° C.36.b.10. **[166]**

——[With "Catecismo en lengua mexicana"]. *Francisco Rodriguez Lupercio: Mexico*, 1669. 8.° C.36.d.14. **[167]**

—[*Regulars. Brigittines*]. Manuel em que se dispoem o modo, com que se haõ de fazer as procissoens da igreja, administrar os sacramentos. *Miguel Deslandes: Lisboa*, 1689. 4.° 1473.c.10. **[168]**

—[*Carmelite Nuns*]. Manual, o processionario de las religiosas descalzas de la orden de nuestra Señora . . . del Monte Carmelo. *Domingo de la Iglesia: Ucles*, 1623. 4.° Voyn.121. **[169]**

—[*Jesuits*]. Manuale pro communicandis, unguendis et sepeliendis fratribus ordinis militiae Iesu Christi. Compositum quondam a P. Fr. Stephano. [With musical notes]. *Apud Petrum Craesbeeck: Ulyssipone*, 1623. 4.° 3366.aaa.8. (*destroyed*). **[170]**

—[*Trinitarians*]. Ceremonial de los religiosos del orden de la SS. Trinidad redencion de cautivos . . . nuevos decretos. (Tratado unico – Breve tratado). *Antonio Torrubia: Granada*, 1686. 4.° 3395.bbb.17. **[171]**

Combined Offices

—[*Holy week offices*]. Oficio de la semana santa segun el missal y breuiario romanos. *Emprenta Platiniana de Balthasar Moreto: Amberes*, 1657. 8.° 1412.b.18. **[172]**

—[*Officia Propria*]. Manual de tudo o que se canta foro do choro, conforme ao uzo dos religiosos & religiosas . . . de nosso . . . padre saõ Francisco. *Rodrigo de Carvalho Coutinho: Coimbra*, 1675. 4.° 845.e.16; Hirsch IV.1678. **[173]**

—Officium septem dolorum B. Mariae Virginis. (Missa propria dolorum B. Mariae). [*n.p.*, 1690?] 4.° 1477.aaa.23.(3). **[174]**

Liturgies. [**Church of England**].

—[*Common prayer*]. Liturgia inglesa. O libro del rezado publico, de la administracion de los sacramentos, y otro ritos . . . de la yglesia de Inglaterra. [Translated by T. Tarrascon]. *Augustae Trinobantum*, CD.DI.IXIIV. [1623]. 4.° 222.F.25; C.25.i.2. **[175]**

—O livro da oraçaõ commum e administraçaõ dos sacramentos e outros ritos . . . da igreja, conforme o uso da igreja de Inglaterra . . . com o salterio . . . de David. *Na estampa do teatro: Oxford*, 1695. fol. L.17.d.5; 3406.f.17. **[176]**

See Thomas for earlier ones – pre + post Trent.

Lizana, Bernardo de. Historia de Yucatan, devocionario de nuestra Señora de Izmal, y conquista espiritual. *Geronimo Morillo: Valladolid*, 1633. 8.° 866.h.2. **[177]**

Lizana, Francisco de. Discursos panegiricos para diversidad de misterios, y Santos. *Andres Garcia de la Iglesia; a costa de Iuan de San Vicente: Madrid*, 1658. 4.° 4827.d.22. **[178]**

Lizarazu, Juan de. Al excelentissimo señor marques de Mancera . . . sobre la reducion general de los indios de la mita del Cerro de Potosi. [*Lima?* 1640?] fol. 1324.i.9.(18). **[179]**

— Memorial de todos los papeles . . . que por parte del licenciado . . . Iuan de Lizarazu . . . se han presentado, contra . . . Juan de Palacios. [*Lima?* 1630?] fol. 1324.i.9.(31). **[180]**

Llamazares, Thomás de. Apophthegmas en romanze, notables dichos y sentencias de sanctos padres . . . y otros varones. *Iuan Antonio Huguetan; y Guillermo Barbier: Leon de Francia*, 1670. 8.° 720.c.37. **[181]**

Llano, Thomás de. Noviliario de casas, y linages de España . . . Dado à la estampa; por . . . Miguel Antonio de Avalos Hercilla y Llano. [*Madrid?*] 1653. 4.° 1327.c.18. **[182]**

Llort, Josof. Foment de la pietat, y devociò christiana, que se alcança per lo exercici de la S. oraciò mental. *Pere Morera: Vich*, [1693]. 12.° 886.f.5. **[183]**

Loarte Dávila, —. Informacion en derecho del que tiene su Magestad para proueer el oficio de colector general de Lima. [*n.p.*, 1630?] fol. 1324.i.7.(2). **[184]**

Loaysa, Bartolome de. Tratado segundo de los triunfos de la reyna de los angeles. *Gabriel Ramos Vejarano: Sevilla*, 1616. 4.° 477.a.15.(5*). **[185]**

— Triunfos de la Reina de los angeles donde por discursos . . . se prueba su concepcion, sin . . . pecado. *Gabriel Ramos Vejarano: Sevilla*, 1616. 4.° 477.a.15.(4). **[186]**

— — *Gabriel Ramos Vejarano: Sevilla*, 1616. 4.° 847.m.4.(2). **[187]**

Loaysa, Rodrigo de. [Las victorias de Christo, y triunfos de la yglesia]. [*Seville?* 1618]. fol. 476.e.8. *imp.* **[188]**

Loaysa Bernaldo de Quirós, Diego. El fiscal de su M^d. en la real audiencia . . . En el pleyto criminal contra Fran^co. Perez . . . que primero se empezo por denunciacion de Diego de Quesada. [*n.p.*, 1640?] fol. 1322.l.10.(12). **[189]**

— [*Begin:*] Señor. El licenciado don Diego Loaisa Bernaldo de Quiros, fiscal. [A petition addressed to the King]. [*n.p.*, 1645?] *S.sh.* fol. 765.h.3.(1). **[190]**

— [*Begin:*] El licenciado don Diego Loaysa Bernaldo de Quiros, fiscal (1) de V. M. [A petition addressed to the King, asking for another position]. [*n.p.d.*], fol. 765.h.3.(13). **[191]**

— [*Begin:*] Señor. El licenciado don Diego Loaisa . . . oydor de V. M. . . . que reside en . . . Valladolid. Dize. [A petition addressed to the King asking for a rise of salary]. [*Valladolid?* 1640?] fol. 765.h.3.(14); 765.h.3.(12); 765.h.3.(11). **[192]**

Lobo Lasso de la Vega, Gabriel. Elogios en loor de los tres famosos varones Jayme Rey de Aragon, don Fernando Cortes . . . y don Aluaro de Baçan. *Alonso Rodriguez: Caragoça*, 1601. 8.° 614.b.19; 1450.a.12. **[193]**

— — *Alonso Rodriguez: Çaragoça*, 1601. 8.° 011451.e.34. **[194]**

— La feliz campaña y los dichosos progressos que tuvieron las armas de . . . Phelipe quarto en estos payses Bajos . . . 1642. [In verse]. [*n.p.*], 1643. 4.° 1164.g.46. **[195]**

London. Breve relacion del horroroso incendio que ha padecido . . . Londres. *Iuan Gomez de Blas: Sevilla*, 1666. 4.° 10351.e.23. **[196]**

— Copia de una carta, escrita en Londres, en que se dà noticia de los principales autores de la conjuracion contra los catolicos. [*Sevilla?* 1679?] 4.° 811.e.51.(31). **[197]**

Lop, Joseph. De la institucio govern politich, y juridich, observancies, costums . . . y obligacions dels oficials de les Ills, fabriques Vella dita de Murs e Valls. [*Valencia*, 1675]. fol. 5384.gg.17. **[198]**

Lopes, Diego. Sermão que pregou o P. D. Diogo Lopes . . . no fim de hũa novena . . . pello felice successo das armas del Rey. *D. Lopez Rosa: Lisboa*, 1644. 4.° 4424.e.2.(13). (*destroyed*). **[199]**

Lopes, Fernão. Chronica del Rey Ioam I. . . . dos reys de Portugal o decimo. Primeira (segunda) parte . . . composta por Fernam Lopez (Terceira . . . por G. E. d'Azurara). 3 pt. *Antonio Alvarez: Lisboa*, 1644. fol. 815.k.5. **[200]**

Lopes, Francisco. Favores do ceo. Do braço do Christo que se despregou da Cruz, & de outras maravilhas. [In verse]. *Antonio Aluarez: Lisboa*, 1642. 4.° 11452.e.40.(8); 9195.c.24.(1). **[201]**

— Honra da patria offerecida a dom Gastam Coutinho quando rendeo as fortalezas da barra de Lisboa. [A poem]. *Manuel da Sylua; vêdese ē casa de Antonio Velozo: Lisboa*, 1641. 4.° 9195.c.24.(11); 11452.e.40.(7). **[202]**

— [Naçimento, criaçam, vida, e morte, e milagros do . . . sācto Antonio de Lisboa]. [*Lisbon*], 1620. 4.° 1072.g.8. *imp.* **[203]**

— Silva oriental na aclamaçam del Rey . . . João o IV. [In verse]. 2 pt. *Na officina de Domingos Lopez Rosa; vendese em casa de Francisco Soares: Lisboa*, 1642. 4.° 11452.e.40.(6). **[204]**

López, Diego. Declaracion magistral sobre las satiras de Iuvenal. [With the text]. 1642. 4.° *See* Juvenalis, D. J. 78.b.10.

— Declaracion magistral sobre las emblemas de Andres Alciato. [With the text]. 1615. 4.° *See* Alciatus, Andreas. 11405.f.4.

Lopez, Eugenio. [*Begin:*] Muy poderoso señor. [A memorial concerning the amendment of the laws relating to divorce]. [*n.p.*, 1630?] fol. 1322.l.12.(45). **[205]**

López, Francisco. Arte de la lengua Iloca. *En el colegio i universidad de S. Thomas de Aquino; por Thomas Pinpin: Manila*, 1627. 4.° C.58.d.25. **[206]**

López, Juan Luis. Discurso iuridico historicopolitico en defensa de la jurisdicion real. *Lima*, 1685. fol. 146.e.6. **[207]**

López, Luis. Tropheos y antiguedades de . . . Zaragoza, y general historia suya . . . Primera parte. *Sebastian de Cormellas; a costa del autor: Barcelona*, 1639. 4.° 281.f.1. **[208]**

López Bravo, Matthaeus. De rege, et regendi ratione, libri duo. *Ex typographia Ioannis Sanchez: Matriti*, 1616. 12.° 1390.a.47. **[209]**

López Caro, Diego. Por Diego Lopez Caro mercader. Con Domingo Martel mercader. [A lawsuit concerning the building of "alazenas" on the property of Diego López Caro]. [*n.p.d.*], fol. 765.h.3.(32). **[210]**

López-Cogolludo, Diego. Historia de Yucathan . . . Sacala á luz . . . Francisco de Ayeta. *Juan Garcia Infanzon: Madrid*, 1688. fol. 9773.w.7; 147.d.1. [211]

López Cornejo, Alonso. Galeno ilustrado, Avicena explicado, y doctores sevillanos defendidos. *Juan de la Puerta: Sevilla*, [1699]. 4.° 541.c.14. [212]

López de Altuna, Pedro. Primera parte de la coronica general del orden de la santissima Trinidad redencion de cautivos. *Diego Diez: Segoviae*, 1637. fol. 483.d.18. [213]

López de Arenas, Diego. Breve compendio de la carpinteria de lo blanco, y tratado de alarifes . . . y . . . cosas tocantes a la ieometria. *Luis Estupiñan: Sevilla*, 1633. fol. 61.f.9. [214]

López de Armesto y Castro, Gil. Verdores del parnaso, en diferentes entremeses, vayles y mogiganga. *Juan Micon: Pamplona*, 1697. 8.° 011451.e.50. [215]

López de Bonilla, Gabriel. Discurso, y relacion cometographia del repentino aborto de los astros, que sucediò del cometa que apareció, por diziembre de 1653. *Biuda de Bernardo Calderon: Mexico*, [1654?] 4.° 8560.bb.1.(1). [216]

López de Calatayd, Antonio. Relacion de las cargas y obligaciones que tengo en el oficio de contador desta casa de la contratacion. 1623. fol. *See* Seville. *Casa de la contratacion.* C.62.i.19.(1).

— Relacion de las obligaciones que tiene el contador de la casa de la contratacion de las Indias. [*Seville?* 1612?] fol. C.62.i.18.(76). [217]

López de Cañizares, Juan. [*Begin:*] Señor, Juan Lopez de Cañizares, tesorero. [A memorial of his services in the Spanish Indies]. [*Madrid?* 1640?] fol. 1324.i.2.(30). [218]

López de Cardenas, Pedro. [*Begin:*] Iesus. De Pedro de Cardenas Martin de Heredia Simal, Iuan Lopez de Almonacid [and others] . . . Con los hijos de Martin Gonçalez de Torralua difunto. [Protesting that he had not been indirectly guilty of the death of Martin Gonçalez]. [*n.p.d.*], fol. 765.h.2.(32). [219]

López de Escobar, Diego. Relacion de los particulares servicios que ha hecho a V. Magestad don Diego Lopez de Escobar . . . capitan general de la isla de la Trinidad . . . en . . . 1636. *Viuda de Iuan Goncalez: Madrid*, 1637. fol. 10632.f.12. [220]

— — [*Madrid?* 1640?] fol. 1324.i.2.(60). [221]

López de Guitian Sotomayor, Diego. [*Begin:*] Señor Diego Lopez de Guitian. [A memorial to the King]. [*Madrid?* 1640?] fol. 1324.i.9.(19). [222]

— [*Begin:*] Señor. El capitan Diego Lopez de Guitian Sotomayor. [A memorial to the King on the building and equipment of the fleets]. [*Madrid?* 1640?] fol. 1324.i.5.(14). [223]

López de Gurrea Ximenez Cerdán y Antillón, Baltasar, *Count del Villar.* Classes poeticas. Dividense en historica, y fabulosa . . . lyrica . . . y piadosa. *Iuan de Ybar: Zaragoça*, 1663. 4.° 11451.e.20. [224]

López de Haro, Alonso. Nobiliario genealogico de los reyes y titulos de España. 2 pt. *Luis Sanchez; viuda de Fernando Correa de Montenegro: Madrid*, 1622. fol. C.80.c.8; 136.c.12. [225]

López de Haro, Damiano. Constituciones sinodales, hechas por . . . fray Damian Lopez de Haro. *Catalina de Barrio y Angulo: Madrid*, 1647. fol. 493.i.10.(1). [226]

López del Aguila, Antonio. Parayso racional, en documentos y reflexiones sabias de virtuosa politica. *Diego Martinez Abad: Madrid*, 1699. 4.° 8009.bbb.13. [227]

López del Campo, Diego. Por la jurisdiccion del señor doctor D. Pedro de Medina Rico . . . sobre pretender don Matheo Sagade Bugueiro . . . que pertenece à la jurisdiccion ordinaria de testamentos la causa executiva que se sigue contre el aguazil . . . del santo oficio. [*Seville?* 1658?] fol. 4625.g.1.(29). [228]

— Satisfaccion a lo propuesto por la jurisdiccion del . . . arçobispo de Mexico [by B. de Aguilera]. [*Seville?* 1658?] fol. 4625.g.1.(31). [229]

López de León, Pedro. Pratica y teorica de las apostemas . . . Questiones, y praticas de cirurgia . . . y otras cosas. 2 pt. *En la oficina de Luys Estupiñan: Sevilla*, 1628. fol. 549.l.22. [230]

López de los Ríos, Thomas. Auto glorioso, festejo sagrado con que el . . . colegio de . . . notaria celebro la canonizacion del señor S. Luis Bertran. *Geronimo Vilagrasa: Valencia*, 1674. 4.° 486.c.29. [231]

López de Luzenilla, Gil. Fiestas, que â hecho la ciudad de Sevilla . . . en celebracion del decreto que dio . . . Paulo V . . . en favor de la . . . concepcion de la Virgen. *Alonso Rodriguez Gamarra: Seuilla*, 1617. 4.° C.63.b.27.(19). [232]

López de Mendiçorros, Fermin. Observaciones de la vida del condestable Iuan Fernandez de Velasco, y cifra de sus dictamenes. *Vigeven*, 1625. 4.° 10632.c.37. [233]

Lopez de Mendizabal, Gregorio. Allegacion por el derecho que assiste a la pretension de don J. F. Senteno de Vera que se declare por successor del vinculo, que . . . fundaron . . . D. M. de Vera. [*Mexico*, 1668?] fol. 6785.h.1.(4). (*destroyed*). [234]

— Fundamentos juridicos que asisten a la determinacion, que el . . . virrey de . . . Nueva España hizo, cerca de . . . ser admitido por oppositor. [*Mexico*, 1700?] fol. 9771.h.2.(11). [235]

— Oratoria parentatio . . . in . . . Philippi IV . . . Hispaniarum . . . Regis funere . . . habita . . . die 24 Augusti . . . 1666. *Ex typographia Viduæ Bernardi Calderon: Mexici*, [1667?] 4.° 4985.de.4.(1). [236]

Lopez de Mesa, Pedro. Relacion verdadera del auto de la fe que se celebro en . . . Madrid [14 Jul. 1624]. *Diego Flamenco: Madrid*, 1624. fol. 593.h.22.(69). [237]

López de Robles, Andres. Varios discursos, en que se declara lo sucedido en . . . Cordova. [In verse]. *Biuda de Andres Barrera; vendese en casa de Miguel Rodriguez: Cordova*, 1603. 8.° 1167.b.6.(1). [238]

López de Salzedo, Iñigo. Por el contador Iñigo Lopez de Salzedo . . . difunto . . . y Benito Gonçalez . . . en la visita que por mandado de su Magestad se les hizo. Con el real fisco. [By J. de Vera Zapata]. [*Madrid?* 1625?] fol. 1324.i.1.(17). [239]

— — [*Madrid?* 1625?] fol. 1324.i..i.(18). [240]

— Por el fisco real. Con el contador Iñigo Lopez de Salzedo, y tesorero Benito Gonçalez . . . sobre los cargos de su visita. [*Madrid?* 1625?] fol. 1324.i.1.(16). [241]

López de Solis, Francisco. Defensa del derecho que los RR. PP. provincial absoluto, y diffinidores de esta provincia ... del orden de san Agustin, tienen para elegir rector provincial. [*Mexico*, 1642]. fol.   4782.dd.8.(12).   **[242]**

— — Informe en derecho en favor de las religiones que en esta Nueua España exercen ministerio de curas. [*Mexico?* 1640?] fol.   12231.t.1.(3).   **[243]**

— Por don J. L. de Servantes Carabajal, posseedor ... del maiorasgo, que instituyó doña B. de Andrada diffunta. [*Mexico*, 1638?] fol.   6785.h.1.(2). (*destroyed*).   **[244]**

— Por las religiones de S. Domingo, S. Francisco, S. Agustin de ... Nueva España. [*Mexico?* 1635?] fol.   4783.ee.2.(10).   **[245]**

López de Ubeda, Francisco, *pseud.* [i.e. Andrés Pérez]. Libro de entretenimiento, de la picara Iustina. 4 pt. *Christoual Lasso Vaca: Medina del Campo*, 1605. 4.°   C.82.b.7.   **[246]**

— — *Oliuero Brunello: Brucellas*, 1608. 8.°   1074.d.17.   **[247]**

— — *Pedro Lacavalleria: Barcelona*, 1640. 4.°   12491.aaa.15.   **[248]**

— Redondillas de los gloriosos Martyres san Sebastian ... y ... san Esteuan. *Cornelio Bodan: Cuenca*, 1602. 4.°   011451.ee.14.(1).   **[249]**

— Romances de nuestra Señora, y de Sanctiago patron de España. *Cornelio Bodan: Cuenca*, 1602. 4.°   011451.ee.14.(2).   **[250]**

López de Vega, Antonio. Heraclito i Democrito de nuestro siglo ... Dialogos morales, sobre ... la nobleza, la riqueza, i las letras. *Diego Diaz de la Carrera; a costa de Alonso Perez: Madrid*, 1641. 4.°   8405.f.13.   **[251]**

— Lirica poesia. Por Antonio Lopez de Vega. *Bernardino de Guzman: Madrid*, 1620. 8.°   011451.e.31.   **[252]**

— El perfecto señor. Sueño politico con otros varios discursos, y ultimas poesias. *Imprenta real: a costa de Gabriel de Leon: Madrid*, 1653. 4.°   232.f.26.   **[253]**

López de Zarate, Francisco. Obras varias de Francisco Lopez de Zarate. *Maria Fernandez; Tomas Alfay: Alcala*, 1651. 4.°   1484.h.30; 1064.i.14. *imp.*; 11451.i.24. *imp.*   **[254]**

— Poema heroico de la invencion de la Cruz, por el emperador Constantino Magno. *Francisco Garcia: Madrid*, 1648. 4.°   1073.k.10; 11451.f.24.   **[255]**

— Varias poesias de Francisco Lopez ... a don Manuel Alonso ... duque de Medina-Sidonia. *Viuda de Alonso Martin de Balboa*: [*Madrid*], 1619. 8.°   011451.e.12.   **[256]**

López de Zuñiga, Francisco, *Marquis of Baides*. Relacion, verdadera de las pazes que capituló con el araucano rebelado, el marques de Baides ... gouernador ... de Chile ... Sacada de sus informes, y cartas, y de los padres de la compañia de Iesus. *Francisco Maroto: Madrid*, 1642. fol.   1324.i.7.(5).   **[257]**

López Madera, Gregorio. Discursos de la certidumbre de las reliquias descubiertas en Granada desde ... 1588 hasta ... 1598. *Sebastian de Mena: Granada*, 1601. fol.   812.l.33.   **[258]**

— Excelencias de la monarchia y reyno de España. *Luis Sanchez: Madrid*, 1624. fol.   573.l.3.(1).   **[259]**

— — [*Madrid*], 1625. fol.   180.f.12.   **[260]**

López Navarro, Gabriel. Theologia mystica union, y iunta perfecta de la alma con Dios. *Imprenta real: Madrid*, 1641. 4.°   1230.c.37.   **[261]**

López Palomino, Juan. [*Begin:*] Iesus. Por Iuan Lopez Palomino preso ... se suplica a V. M. sea seruido de passar los ojos por las consideraciones siguientes. [*n.p.d.*], fol.   765.h.2.(35).   **[262]**

López Pinciano, Alonso. El pelayo. *Luis Sanchez: Madrid*, 1605. 8.°   1072.d.9; G.10915.   **[263]**

López Remón, Benito. Relacion de las fiestas que el orden real y militar de nuestra Señora de la Merced ... hizo à ... san Pedro de Nolasco en ... Madrid. *Iuan Goncalez: Madrid*, 1629 fol.   1897.c.20.(43).   **[264]**

Loredano, Giovanni Francesco, *The Younger*. Burlas de la fortuna en afectos retoricos ... Traducion [from the "Scherzigeniali"] ... por D. Eugenio de Miranda y Gamboa. *Madrid*, 1688. 4.°   8406.ee.31.   **[265]**

Lorente, Andrés. El porque de la musica, en que se contiene los quatro artes de ella. *Nicolas de Xamares: Alcala de Henares*, 1672. fol.   Hirsch.1.327; 558*.c.20. *imp.*   **[266]**

Lorenzo, —. Relacion de la traza y modo con que los soldados de Tarifa, guiados por el capitan dõ Lorenço, y accompañados de Iuan de Galvez, cogieron dos barcos de moros. *Iuan Rene: Malaga*, 1623. fol.   1322.k.3.   **[267]**

Loríaga, Domingo de. [*Begin:*] Iesus, Maria, Iosef. Por Domingo de Loriaga, y ... su muger ... Con Francisco Moreno, y . . su muger heredera [de] ... Sebastian Muñoz Peynado su hermano. [A lawsuit]. [*n.p.*, 1635?] fol.   765.i.13.(12). *imp.*   **[268]**

Lorraine. [*Proclamations*]. Manifiesto del duque Carlos de Lorena. [Declaring war against France]. [*Madrid*, 1635?] 4.°   1445.f.22.(5); 1444.f.18.(18).   **[269]**

Losa, Francisco de. Nacimento, vida, e morte admiraveis do grande servo de Deos Gregorio Lopes ... Traduzida ... por Pedro Lobo Correa. *Na officina de Domingos Carneyro; a custa de Antonio Botelho: Lisboa*, 1675. 8.°   862.e.8.   **[270]**

— (La vida que hizo el siervo de Dios Gregorio Lopez en ... Nueva España). [*Seville*, 1618?] 8.°   C.66.a.5.(1). *imp.*   **[271]**

— — [Edited by L. Muñoz]. *Impreta real: Madrid*, 1642. 4.°   4866.b.32.   **[272]**

Losada, Andrés de la. Verdadero entretenimiento del christiano, en el qual se trata de las quatro postrimerias del hombre ... en verso. *Carlos de Labèyen: Pamplona*, 1617. 8.°   011451.e.14.   **[273]**

Louis, *duke de Bourgogne, Dauphin of France*. Carta de ingenio de Paris, a otro desta corte, en que le dà cuenta del sentimiento que ha hecho Parìs al ver bolver al duque de Borgoña. *Antonio Bizarron: Madrid*, [1700?] 4.°   11451.bb.3.(12).   **[274]**

Louis XIII, *King of France. See* France.

Louis XIV, *King of France. See* France.

Louis William, *Margrave of Baden*. Relacion historica de la gran victoria, que ha tenido el ... principe Luis de Baden ... contra ... Soliman. *Thomas Lopez de Haro: Sevilla*, [1691]. 4.°   1145.f.17.(72).   **[275]**

Loyola Coya, Ana María. Las pretensiones que tiene doña Ana Maria de Loyola Coya, hija ... de ... Beatriz Coya. [*Madrid?* 1630?] fol.   1324.i.2.(105).   **[276]**

Lozano, Cristóval. David perseguido y alivio de lastimados. Historia sagrada paraphraseada. *Imprenta real; a costa de Francisco Serrano de Figueroa: Madrid*, 1664. 4.°   09008.ee.2. (vol. 1).   **[277]**

— Parte segunda de David perseguido y alivio de lastimados . . . segundo impression. *Melchor Sanchez: a costa de Francisco Serrano de Figueroa: Madrid*, 1664. 4.° 09008.ee.2. (vol. 2). [278]

— Tercera parte de David perseguido, y alivio de lastimados . . . segunda edicion. *Maria Fernandez; a costa de Iuan de San Vicente: Alcala*, 1665. 4.° 09008.ee.2. (vol. 3). [279]

— El hijo de David mas perseguido. Iesu Christo . . . Historia Sagrada. Parafraseada. *Impresa real: acosta de Francisco Serrano de Figueroa: Madrid*, 1663. 4.° 1490.b.55. [280]

— — Quarta impression. *Andres Garcia de la Iglesia; a costa de Francisco Serrano de Figueroa: Madrid*, 1676. 4.° 4808.b.3. [281]

— — 3 vol. *Juan Garcia Infanzon: Madrid*, 1684, 1678. 4.° 1477.c.36. [282]

— Persecuciones de Lucinda dama Valenciana; y tragicos sucessos de don Carlos. *Silvestre Esparsa; a costa de Iuan Sonzoni: Valencia*, 1641. 8.° 11726.aa.12. [283]

— El rei penitente. David arrepentido. Historia sagrada. *Viude Piferrer: Barcelona*, [c.1700]. 4.° 4809.c.8. [284]

— Los reyes nuevos de Toledo. Descrivense las cosas mas augustas . . . de esta ciudad. *A costa de Francisco Serrano de Figueroa: Madrid*, 1667. 4.° 1060.i.22. [285]

— — *Vendese en casa Juan Bautista Ravanals: Valencia*, 1698. 4.° 281.e.30. [286]

— Soledades de la vida, y desengaños del mundo. Novelas exemplares . . . segunda impression. *Andres Garcia de la Iglesia; a costa de Francisco Serrano de Figueroa: Madrid*, 1672. 4.° 12490.d.4. [287]

— — Sexta impression. *Viuda de Francisco Lorenzo de Hermosilla: Sevilla*, [1700?] 4.° 1074.i.22. [288]

— See also: Lozano Montesino, G.

Lozano, Diego. [*Begin:*] El maestro fray Diego Lozano. [A report on the punishment of two Carmelite friars dated 3 Feb. 1671]. [*Madrid?* 1671]. fol. 4783.e.1.(25). [289]

— [*Begin:*] M. P. S. el maestro fray Diego Loçano. [A report on the punishment of two carmelite friars, dated 24 Jan. 1671]. [*Madrid?* 1671]. fol. 4783.e.1.(23). [290]

Lozano Montesino, Gaspar, [or rather Christóval Lozano]. Los amantes portugueses, y querer hasta morir. Comedia. [In verse]. *Francisco de Leefdael: Sevilla*, [1700?] 4.° *No. 81 of an unidentified collection.* 11728.d.1. [291]

— — El estudiante de dia, y galan de noche. Comedia. [In verse]. *Francisco Leefdael: Sevilla*, [1700?] 4.° *No. 91 of an unidentified collection.* 11728.d.2. [292]

— — *Viuda de Francisco Leefdael: Seville*, [1700?] 4.° *No. 91 of an unidentified collection.* 11728.i.11.(7). [293]

Lucas, *de la madre de Dios.* Oracion funebre, en las honras de d. Garcia Ximenez de Herrera. *Maria Rey; viuda de Diego Diaz: Madrid*, 1668. 4.° 835.e.29.(2). [294]

— Oracion panegyrica historial recuerdo, que en las honras del . . . señor don Fray Francisco Ximenez de Cisneros. *Maria Rey: Madrid*, 1668. 4.° 835.e.29.(1). [295]

Lucas, Francisco. Arte de escrivir de Francisco Lucas . . . Dividida en quatro partes. Dirigida a . . . Felipe II. *Iuan de la Cuesta; vendese en casa de Francisco Robles: Madrid*, 1608. 4.° 12941.c.21. [296]

Luce, Thomas de. Amalthea, sive hortus onomasticus in gemina divisus florilegia. *Excudebat Ioannes a Costa: Ulyssippone*, 1673. 4.° 12942.b.6. [297]

Lucian, *of Samosata.* Luciano español. Dialogos morales, utiles por sus documentos. Traducion . . . del licenciado don Francisco de Herrera Maldonado. *Viuda de Cosme Delgado; a costo de Manuel Rodriguez: Madrid*, 1621. 8.° 8461.aa.18. [298]

Lucio Espinosa, Francisco, de. Discurso sobre las monedas de Castilla. Y necessidades de sus reynos. [*n.p.*, 1625?] fol. 1322.l.7.(7); 1322.l.12.(51). [299]

— Pro lege, rege, y regno. Breve summa de los quatro medios, que don Francisco de Lucio Espinosa . . . ha propuesto, para la reduccion del vellon a su valor intrinseco. [*Madrid*, 1626]. fol. 1322.l.12.(38). [300]

— Pro lege, rege, et regno. Respuesta de las difficultades, que . . . Francisco de Vera y Suessa . . . puso al primer medio, que . . . Francisco de Lucio Espinossa ha dado. [*Madrid*, 1626]. fol. 1322.l.12.(37). [301]

— [*Begin:*] Señor. Don Francisco de Lucio Espinosa, dize. [A representation to the King, on the depreciation of the currency]. [*Madrid?* 1625?] *S.sh.* fol. 1322.l.12.(50). [302]

Lucio Espinosa y Malo, Felix de. Epistolas varias, que consagra a . . . D. Carlos segundo . . . Felix de Lucio Espinosa. *Francisco Sanz: Madrid*, 1675. 4.° 8405.dd.10. [303]

— Ocios morales, divididos en descripciones symbolicas y declamaciones heroycas . . . Tercera impression. [Edited by D. Vincencio de Vidania]. *Francisco Moreno: Zaragoza*, [1700?] 4.° 8405.h.8. [304]

— Ociosidad ocupada, y ocupacion ociosa de d. Felix de Lucio Espinossa. Que saca a luz . . . Luis Ugarte de Ayla. *Francisco Tizon: Roma*, 1674. 4.° 11451.bb.25. [305]

— Santa Rosalia, cuya vida prodigiosa, escrivio d. Felix de Lucio Espinosa y Malo. *Por Epiro: Palermo*, 1688. 8.° 4824.b.32; G.19507. [306]

Ludovicus, *a Matre Dei.* Relectio de duratione gubernii prælatorum . . . religionis S. P. N. Francisci de observantia, iuxta decreta apostolica, & sanctiones generales. *Ex typographia Henrici Valente de Oliueira: Uliysspone*, 1657. 4.° 9195.c.21.(16). [307]

Luengo, Juan. Vida del reverendissimo . . . padre fray Andres de Guadalupe . . . sermon funebre . . . que predicó en el funeral del V. P. . . . Bartolomé Garcia de Escañuela . . . obispo de la Nueva Vizcaya. *Iuan Garcia Infançon: Madrid*, 1680–68. fol. 489.i.14. [308]

Lugo, Bernardo de. Gramatica de la lengua general del nuevo reyno, llamada Mosca. *Barnardino de Guzmã: Madrid*, 1619. 8.° C.40.b.40. [309]

Luis, *de Granada,* [Luis Sarriá]. Doctrina christiana en la qual se enseña todo lo que el christiano deve hazer . . . repartido en quatro libros . . . compuésto por . . . Luis de Granada . . . y . . . añadida . . . su vida . . . por . . . Iuan de Marieta. 5 pt. *Iuan Godinez de Millis: Valladolid*, 1615. fol. 476.e.9. [310]

— Primera (— quinta) parte de la introduccion del simbolo de la fe. 2 pt. *Iuan Bautista Varesio: Lerma*, 1619. fol. 3560.l.1. [311]

— — *Mateo Fernandez; a costa de Iuan Antonio Bonet: Madrid*, 1657. fol. 3560.i.4. [312]

Luis, *de la Presentacion, de Mertola.* Demonstracion evangelica y destierro de ignorancias iudaicas. *Mattheus Pinheiro: Lisboa*, 1631. fol. 4033.h.37. [313]

Lujan de Sayavedra, Mateo, *pseud.* [i.e. Juan Marti]. Segunda parte de la vida del picaro Guzman de Alfarache. [A spurious continuation of the first part by Mateo Aleman]. *En la imprenta real; vendese en casa de Francisco Lopez: Madrid,* 1603. 8.° 12489.a.8. **[314]**

—— *Roger Velpius: Brucellas,* 1604. 8.° 12490.c.10; 12489.a.47; 12490.c.9. **[315]**

Lull, Ramón. Arbol de la ciencia de el iluminado maestro . . . Raymundo Lulio . . . traducido y explicado por . . . Alonso de Zepeda y Adrada. *Francisco Foppens: Brusselas,* 1664. fol. 717.k.2. **[316]**

— Generalis et admirabilis methodus ad omnes scientias . . . citius addiscendas: in qua . . . Raimundi Lullij Ars brevis, explicatur et multis exemplis . . . ad praxim . . . reducitur . . . Petro Hieronymo Sanchez de Liçaraço . . . imterprete. *Per Carolum a Lauayen: Tyrasonae,* 1613. 4.° 1032.c.20.(2). **[317]**

Lumbier, Raymundo. Noticia de las sesenta, y cinco proposiciones . . . condenados por . . . Inocencio XI mediante su decreto de Q. de mayo . . . 1679 . . . Septima impression, añadidas las [45] proposiciones de . . . Alexandro VII. 2 pt. *Juan de Ribera: Mexico,* 1684. 4.° 3900.cc.1. **[318]**

— Quaestiones theologicae, scolasticae in primam partem d. Thomae . . . (Tractatus duplex de virtute fidei, et de . . . Incarnationis mysterio). 2 tom. *Apud haeredem Augustin Verges; apud Paschasium Bueno; Caesaraugustae,* 1680–78. fol. 3845.ee.13. **[319]**

Luna, Alexandro de. Ramilete de flores poeticas y notables hieroglificos, en alabanza de las hermosas damas. *Iuan Maffre: Tolosa,* 1620. 8.° G.17931. **[320]**

Luna, Álvaro de, *Constable of Castille and León.* Primera (— quarta) parte de los romances de don Alvaro de Luna. *Alonso del Riego: Valladolid,* [1700?] 4.° 11451.de.4. **[321]**

Luna, Juan de. Arte breve, y conpendiossa para aprender . . . la lengua española. *Span. & Engl. Juan Guillermo: Londres,* 1623. 8.° C.35.a.45. **[322]**

— Dialogos familiares en los quales se contienen los discursos, modos de hablar . . . y palabras españolas . . . Dialogues familiers, ou sont contenus les discours . . . proverbes et mots espagnols plus communs. *Span. & Fr. Michel Daniel: Paris,* 1619. 12.° 627.a.21. **[323]**

Luna, Mariana de. Ramalhete de flores a felicidade deste reyno de Portugal em sua . . . restauração por . . . dom Ioaõ IV. *Domingos Lopes Rosa; a custa d'autora: Lisboa,* 1642. 4.° 11452.e.40.(4). **[324]**

Luque, Christoval Francisco de. Apolineo Caduceo haze concordia entre las dos opuestas opiniones, una que aprueba las consultas de los medicos . . . otra que las reprueba. *Lucas Martin de Hermosilla: Sevilla,* 1694. 4.° 07305.f.12. **[325]**

Luque, Juan de. Divina poesia y varios conceptos a las fiestas principales del año. *Iuna de Lira: Lisboa,* 1608. 8.° 3437.cc.48. **[326]**

Luque Faxardo, Francisco de. Fiel desengaño contra la ociosidad, y los juegos. *Miguel Serrano de Vargas: Madrid,* 1603. 4.° 8405.dd.27. **[327]**

— Relacion de la fiesta que se hizo en Sevilla a la beatificacion del glorioso s. Ignacio. (Cartel de iusta literaria . . . Sermon que predico . . . Pedro de Valderrama). 3 pt. *Luis Estupiñan: Sevilla,* 1610. 4.° 862.i.9. **[328]**

— Relacion de las fiestas que la cofradia de sacerdotes de san Pedro ad Vincula celebrò en . . . Sevilla a la . . . Concepcion de la virgen Maria. *Alonso Rodriguez Gamarra: Sevilla,* 1616. 4.° 847.m.4.(3). **[329]**

Lusitanian Triumph. Triumpho lusitano recibimiento que mando hazer . . . Luis XIII à los embaxadores . . . que . . . Iuan el IV de Portugal le embio el año de 1641. *Lourenço de Anueres; a custa de Lourenço de Querros: Francia, Lisboa,* 1641. 4.° 11452.e.40.(9). **[330]**

Luz, Antonio da. Sermam offerecido a serenissima raynha . . . Maria Francisca Isabel de Saboya, Pello p. m. fr. Antonio da Luz. *Ioam da Costa: Lisboa,* 1669. 4.° 851.k.17.(2). **[331]**

Luzuriaga, Juan de. Paranympho celeste historia de la mystica zarza, milagrosa imagen . . . de Aranzazu . . . en . . . Guipuzcoa. *Por los herederos de la viuda de Bernardo Calderon: Mexico,* 1686. fol. 4745.ee.13. **[332]**

—— *Pedro de Huarte: San Sebastian,* 1690. fol. 4745.f.3. **[333]**

—— *Juan Garcia Infanzon, Madrid,* 1690. fol. 4745.f.13. **[334]**

Lz, F. I. Panægyris ad dominum excellentissimum d. Gasparem de Guzman, ducem comitem. [*Madrid*], 1630. 4.° 1445.f.20.(6). **[335]**

M.

Macedo, Francisco Montigiensis de castellano hoste victoria. Auspiciis invictissimi regis Ioannis IV. *Ex officina Antonij Aluarez: Ulysip,* 1644. 4.° 1060.c.29.(11); 9195.c.22.(2). **[1]**

— Philippica portuguesa, contra la invectiva castellana. *Antonio Aluarez: Lisboa,* 1645. fol. 179.d.2; 1491.b.1. **[2]**

Machado, Francisco. Sermam que pregon . . . F. Machado . . . estando exposto o sanctissimo sacramento pello felis sucesso das armas . . . de sua magestade. *D. Lopez Rosa: Lisboa,* 1643. 4.° 4424.e.2.(16). (*destroyed*) **[3]**

Madrazo Escalera, Pedro. Genealogia, que se presenta para las pruebas del abito de Santiago de don Pedro Madrazo Escalera. [*n.p., c.*1680]. fol. Dept. of MSS. Add. Ms. 10262. (ff.740-746). **[4]**

Madrid. [*Alcaldes*]. En la villa de Madrid à 12 dias del de Iunio de [1666] . . . los señores alcaldes . . . dixeron. [A proclamation against professional beggars]. [*Madrid,* 1666]. *S.sh.* fol. 1322.k.13.(11). **[5]**

— [*Colegio de Abogados*]. [*Begin:*] Señor. La congregacion de los abogados desta Corte. [A memorial to the King in favour of the exemption of books from taxation]. [*Madrid,* 1635?] fol. 1322.l.9.(8); 1322.l.3.(33). **[6]**

— [*Colegio de la Encarnación*]. Memorial del rector, y colegio de la Encarnacion . . . en favor de su sitio. [With other documents relating to a suit between the college and the duke and duchess de Sessa]. [*Madrid,* 1624?] fol. T.90.*(19). **[7]**

— [*Colegio imperial de la compañia de Jesus*]. [*Begin:*] Por los estudios reales que el Rey . . . ha fundado en el colegio imperial de la compañia de Iesus. [*Madrid?* 1625?] fol. 1322.k.13.(10); 4783.f.7.(1). **[8]**

—— [*Madrid?* 1626]. fol. 1322.l.3.(18). **[9]**

— Relacion, y descripcion de la pompa . . . con que se hizieron las exequias de los soldados que han muerto. [*Madrid*, 1681]. 4.° 1445.f.17.(78). **[10]**

— [*Facultad de medecina*]. Instruccion de infermeros, para aplicar los remedios a todo genero de enfermedades (Tratado de lo que se ha de hazer con los que estan en el articulo de la muerte). 2 pt. *Imprenta real: Madrid*, 1625. 8.° 1039.c.6.(1, 2). **[11]**

— [*Palace of Buen Retiro*]. Diuerses veues du Bon Retir [and of other places in the Peninsula] . . . Diuersas vistas del Buen Retiro de Madrid. [Plates]. [*n.p.*, 1650?] obl. 4.° 559.*b.33. **[12]**

— [*Appendix*] Breve recopilacion de la justicia de los criados de su magestad, en el pleyto que tratan con . . . Madrid. Sobre el aposento material que se les derribò en la plaza mayor. [*n.p.d.*], fol. 765.h.3.(44). **[13]**

— [*Begin:*] En Madrid, por março de 1622 años. [A news bulletin]. [*Madrid*, 1622]. fol. 593.h.22.(58). fol. **[14]**

— [*Begin:*] Los escriuanos del numero desta villa de Madrid, y de . . . Valladolid, y de la prouincia . . . dizen. [A petition to the King asking him to enact a new "Arangel"]. [*n.p.d.*], fol. 765.h.1.(38). **[15]**

— Mascara, y fiesta real, que se hizo en Madrid a 26 de febrero 1623. *Viuda de Cosme Delgado: Madrid*, 1623. fol. 593.h.22.(33). **[16]**

— Por parte de los criados de su magestad en el pleyto, con la villa de Madrid, sobre la casa de aposento que tenian en la plaça mayor. [Asking for compensation]. [*Madrid?* 1625?] fol. 765.h.3.(52). **[17]**

— Pregon que se ha dado por mandado de los señores alcaldes, en razon de los seys quarteles en que està repartida . . . Madrid. *Vendese en casa de Antonio Rodriguez:* [*Madrid*, 1623?] fol. T.90.*(3). **[18]**

— Relacion del lastimoso sucesso, y espantoso incendio que se vido en . . . Madrid, a siete dias deste mes de iunio. *Bernardino de Guzman: Madrid*, 1631. fol. 593.h.17.(102). **[19]**

— Relacion verdadera de los regozijos y fiestas que en . . . Madrid se hã hecho por los felices sucessos de Fuente Rabia. *Iuan Gomez: Sevilla*, [1638]. 4.° 1444.f.18.(30). **[20]**

— Relacion verdadera, en la qual se da cuenta, y declara el auto de fé, que se celebro en . . . Madrid [4 jul.] *Bartholome de Lorençana, y Antonio René de Lezcano: Granada*, 1632. fol. 593.h.17.(110). **[21]**

Madrid y Pedraza, Nicolas de. Apologia en defensa de la juridicion de los hermanos ministros de la orden tercera de . . . S. Frãcisco. *Madrid*, 1649. fol. 4183.k.3.(10). **[22]**

Maestre, Francisco Gabriel. Por d. Luis Gilimon de Peralta y Velasco . . . Con don Diego de Aliprando Mercado . . . Y con don Iuan de Solorçano. Sobre la tenuta, y possession del mayorazgo. [*n.p.*, 1680?] fol. 1322.l.8.(11). **[23]**

Magallaneus, Petrus. Tractatus theologicus de scientia Dei. Ad quaestionem XIV primæ partis d. Thomæ. 2 pt. *Ex typographia Ioannis a Costa Senioris: Ulyssipone*, 1666. 4.° 3835.aa.38. **[24]**

Magano, Juan. Memorial a los eminentissimos . . . cardenales, y prelados de la congregacion indiana . . . por . . . Iuan Magano, agente en la curia . . . por . . . Iuan de Palafox

y Mendoza, obispo . . . en la controversia . . . con los religiosos de la compañia de Iesus. [*Madrid?* 1650?] 4.° 493.h.25. **[25]**

Magarra, Juan. Por don Antonio de Aguilera y rojas, posseedor del mayorazgo de Aguilera. Con don Garcia de Anguiano. [A pleading]. fol. [*n.p.*, 1650?] 765.i.4.(21). **[26]**

Magdalena, Augustin de la. Arte de la lengua tagala, Sacado de diversos artes. *Francisco Rodriguez Lupercio:* [*Mexico*], 1679. 16.° C.58.cc.7. **[27]**

Maggio, Lucio. Del terremoto, dialoguo. *Sp. & Ital. Nicoló Tebaldini: Bologna*, 1624. 8.° 444.a.57. **[28]**

Majorca. Privilegis, y capitols concedits per los . . . reys, en favor del collegi de la mercaderia [*Palma?*] 1656. fol. 503.f.13. (*Without t.p.*) **[29]**

Mal. Comedia famosa. Del mal lo menos, de un ingenio desta Corte. [A. de Cardona?] [*Sevilla?* 1700?] 4.° 11728.i.11.(14). **[30]**

Málaga, *city of*. Copia de una carta que un capellan del cardenal Trejo . . . escriuiò à su señoria . . . dandole cuenta de un dilúuio . . . setiembre, 1628. *Esteuan Liberos: Barcelona*, 1628. 4.° 12331.dd.16.(16). **[31]**

Málaga, *Diocese of.* Constituciones synodades del obispado de Malaga. Hechas y ordenadas por . . . D. Fr. Alonso de Santo Thomas, obispo . . . 21 de noviembre de 1671. *Viuda de Nicolas Rodriguez: Sevilla*, 1674. fol. 1484.g.9. **[32]**

Maldonado, Alonso. Chronica universal de todas las naciones y tiempos . . . con diez y seys tratados de los puntos mas importes de la chonologia. [sic.] *Luys Sanchez: Madrid*, 1624. fol. 580.i.11. **[33]**

— Glossa sobre el credo, en alabãça de la Inmaculada . . . Concepcion de la . . . reyna de los Angeles. *Alonso Rodriguez Gamarra: Seuilla*, 1616. 4.° C.63.b.27.(14). **[34]**

— Glosas nueuas sobre las coplas que comiençan, todo el mundo en general, hizoos vuestro esposo caro. *Francisco de Lyra:* [*Sevilla*], 1616. 4.° C.36.b.27.(16). **[35]**

— Preguntas y respuestas de la doctrina christiana. *Luis Sanchez: Madrid*, 1632. 16.° 1016.b.16.(2). **[36]**

Maldonado, Antonio de. Sueño de Ant.º Maldonado en carta al Rey. *Pedro de Cabrera: Lima*, 1646. 4.° 9055.b.42. **[37]**

Maldonado, Josef. Manifiesto de la convocacion hecha para la eleccion de vice commissario general de la familia cismontana. [With other documents]. [*Madrid?* 1648?] fol. 4783.e.3.(2). **[38]**

— El mas, escondido retiro, del alma, en que se descubre, la preciosa vida, de los muertos, y su glorioso sepulcro. *Diego Dormer: Zaragoza*, 1649. fol. 3845.a.11. **[39]**

— Relacion del primer descubrimiento del rio de las Amazonas. [*Madrid?* 1642?] 4.° 10480.b.19.(2). **[40]**

Maldonado, Juan. Verdadera relacion de la gran batalla, que don frey Luis de Cardena . . . tuvo cõ dos navios de guerra. *Iuan Serrano de Vargas: Sevilla*, 1624. fol. 600.l.19. **[41]**

— — *Geronimo de Cõtreras: Lima*, 1624. fol. 1311.k.7. **[42]**

Maldonado Camacho, Diego. Al ill.ᵐᵒ y R.ᵐᵒ S.ʳ D.ʳ d. Manuel Fernandez de Santa Cruz . . . obispo . . . en expression de nulidad, y agravios por la apelacion interpuesta de sentencia de el Sr. juez ordinario de testamentos. *Iuan Joseph Guillena Carrascoso: Mexico,* 1684. fol. 5125.ee.1.(9); 6784.k.2.(9). **[43]**

Maldonado de León, Diego. Por D. Antonia de Peñalosa y Ocon, y don Bernardo Sanchez García de Ariño . . . en el pleyto con D. Iuan de Villegas Barajona. *Baltasar de Bolibar: Granada,* 1654. fol. 1322.l.5.(4). **[44]**

—Por el convento y monjas de nuestra señora de la Encarnacion . . . de Villanueva de los Infantes . . . En el pleyto con don Agustino Godinez del Busto. *Nicolas Antonio Sanchez: Granada,* 1673. fol. 1322.l.11.(22). **[45]**

—Por los menores, hijos de Christoual Marquez, difunto. Y por . . . su madre. En el pleyto con doña Elvira Donzel, y don Antonio Tello . . . su yerno. *Frācisco Sāchez; y Baltasar de Bolibar: Granada,* 1649. fol. 765.i.4.(4). **[46]**

—Por los procuradores de la real chancilleria . . . de Granada en el pleyto con los rectores. *Francisco Sanchez: Granada,* 1673. fol. 1322.l.1.(33). **[47]**

—Replicato por D. Antonia de Peñalosa y Ocon, y don Bernardo Sanchez Garcia de Ariño . . . administrador de las reales aduanas de . . . Gibraltar. *Baltasar de Bolibar: Granada,* 1654. fol. 1322.l.5.(3). **[48]**

Maldonado de Mendoza, Antonio. [*Begin:*] Don Antonio Maldonado de Mendoça. [A memorial of his services in the Spanish Indies, addressed to the King]. [*Madrid?* 1630?] fol. 1324.i.2.(106). **[49]**

Maldonado de Texeda, Antonio. [*Begin:*] Por don Antonio Maldonado de Texeda, vezino . . . de Salamanca. Con don Luys Pimentel, y . . . su muger. [A pleading]. [*n.p.d.*], fol. 765.i.13.(22). **[50]**

Maldonado y Pardo, Joseph. Museo o biblioteca selecta de . . . don Pedro Nuñez de Guzman, marques de Montealegre . . . escrita por . . . Ioseph Maldonado y Pardo. [A catalogue]. *Iulian de Paredes: Madrid,* 1677. fol. 620.i.4. **[51]**

Maldonado y Silva, Antonio. Sueño (intitulado Felipe el Grande en Ierusalem) . . . en carta al Rey nuestro señor. *Pedro de Cabrera: Lima,* 1646. 4.° 9055.b.42. **[52]**

Malvenda, Jacinto Alonso de. Tropezon de la risa. [In verse]. *Sylvestre Esparza: Valencia,* [1650?] 12.° 11451.aa.23. **[53]**

Mamora. Vitoria famosa que el governador de la Mamora tuvo con el morabito general de los moros de Sale . . . Año de 1625. *Iuan de Cabrera: Sevilla,* 1625. fol. 593.h.17.(35). **[54]**

Manasseh ben Joseph, *ben Israel.* [El conciliador, o de la conviniencia de los lugares de la S. Escriptura, que repugnantes entre si parecen]. 4 pt. *Nicolaus de Ravesteyn: [Francofurti], Amsterdam,* 1632-51. 4.° 1215.b.21. *imp.* **[55]**

—Menasseh ben Israel, de la fragilidad humana, y inclinacion del hombre al pecado. Parte primera. *Por industria, y despeza del author: Amsterdam,* 5402[1642]4.° 702.d.23. **[56]**

—Menasseh ben Israel de la resurreccion de los muertos, libros III. *A costa del autor: Amsterdam,* 5396[1636]12.° 1020.a.20. **[57]**

—[Hebrew title], esto es, esperanza de Israel. (Relacion de Aharon Levi, alias A. de Montezinos [concerning a tribe of Jewish descent said to be discovered by him in South America]). *Semuel Ben Israel Soeiro: Amsterdam,* 5410 [1650]. 8.° 701.a.36. **[58]**

—[Hebrew title]. Piedra gloriosa o de la estatua de Nebuchadnesar. *Amsterdam,* 5415 [1655]. 12.° 701.a.38. *imp.* **[59]**

—Thesouro dos divim que o povo de Israel, he obrigado saber e observar. 5 pt. *Eliahu Aboab: [Amsterdam],* 5407-7 [1645-47]. 8.° 701.a.42; 4034.b.42. **[60]**

Manescal, Honofre. Apologetica disputata, donde se prueva, que la llaga del costado de Christo . . . fue obra de nuestra redencion. *A costa de Miguel Manescal: Barcelo.,* 1611. 8.° 851.a.15. **[61]**

—Miscellanea de tres tratados, de las apariciones de los espiritus. 3 pts. *A costa de Miguel Manescal; en la emprenta de Sebastian Matheuad: Barcelona,* 1611. 4.° 852.i.11. **[62]**

Manjarres de Heredia, —. Por el licenciado Manjarres de Heredia . . . en el pleito de capitulos que le fueron puestos por Bautista Hernandez de Carrion. [*Madrid?* 1650?] fol. 1322.l.2.(41). **[63]**

Manojo, Fernando. Relacion de la muerte de don Rodrigo Calderon, marques que fue de Sieteyglesias. [*Madrid,* 1621]. fol. 707.h.28.(3); T.90.(22). **[64]**

Mañozca, Juan de. Autos fechos por el ilmo. y revᵐᵒ señor don Iuan de Mañozca . . . En cumplimiento de la cedula de su magestad. [*Mexico,* 1649]. fol. 4782.dd.8.(4). **[65]**

—El licenciado Iuan de Mañozca del consejo de su magestad . . . de la . . . inquisicion. Con . . . Andres de Rueda [and others] Sobre la precedencia. [*n.p.,* 1639?] fol. 4183.h.5.(1). **[66]**

Manrique, Angel. [*Begin:*] Señor. [A memorial, on behalf of the university of Salamanca]. [*Salamanca?* 1631?] fol. 1322.l.3.(1). **[67]**

—[*Begin:*] Señor: Tres puntos son los que por parte de la universidad de Salamanca. [Another memorial]. [*Salamanca?* 1631?] fol. 1322.l.3.(3). **[68]**

Manso, Antonio. Relacion de los servicios del capitan don Antonio Manso. [*Madrid?* 1641?] fol. 1324.i.2.(49). **[69]**

Mantua, *Marquez de.* Marquez de Mantua. Tragedia do marquez de Mantua & do emperador Carlo Magno. [In verse. By Balthazar Diaz]. *Domingo Carneiro: Lisboa,* 1664. 4.° C.63.g.4. **[70]**

Mantuano, Pedro. Advertencias a la historia del padre Iuan de Mariana . . . segunda impression. *Imprenta real: Madrid,* 1613. 4.° 281.f.35. **[71]**

——*Hieronimo Bordon: Milan,* 1611. 4.° C.77.d.6. **[72]**

Manuel, de la Madre de Dios. Oracion funebre, que en las honras del . . . p. fr. Antonio de la Concepcion . . . predico el . . . padre . . . Manuel de la Madre de Dios. *Madrid,* 1685. 4.° 4865.dd.20.(9). **[73]**

Manuel de Mello, Francisco. Declaracion que por el reyno de Portugal ofrece el doctor Geronymo de Santa Cruz a todos los reynos. 1663. 4.° *See* Gerónimo de Santa Cruz, *pseud.* 1486.cc.8.

—Manifiesto de Portugal *Pablo Craesbeeck: Lisboa,* 1647. 4.° 9195.c.24.(12). **[74]**

—El mayor pequeño. Vida, y muerte de serafin humano Francisco de Assis. *Manuel de Sylua: Lisboa,* 1647. 8.° 1490.r.5. *imp.* **[75]**

—See also: Libertino, C., *pseud.*

Manzanares. [*Begin:*] Señor. La noble, y leal villa de Mança-nares. [A petition from the inhabitants]. [*n.p.*, 1630?] fol. 9181.e.(14). [76]

Marañon de Mendoza, Feliciano. Carta y catolico discurso que el doctor don Feliciano Marañon de Mendoza escriuio al Rey. [*Madrid*? 1632?] 4.° 1445.f.20.(3). [77]

Marescotti, Galeazo. Nos don Galeazo Mariscotti, por la gracia de Dios, y de la santa sede. [Manifesto as papal nuncio, promulgating a constitution of pope Clement X]. [*Madrid*, 1672]. *S.sh.* fol. 4783.e.2.(7). [78]

Margaret [of Austria], *Queen consort of Philip III of Spain.* Clausula del testamento de la reyna n.s. en favor del colegio de la compañia de Iesus. [*Salamanca*? 1612?] fol. T.90.*(1). [79]

Margaret Mary Catharine, *Infanta of Spain, Daughter of Philip IV.* Relacion verdadera, del acompañamiento y baptismo de la . . . princesa, Margarita . . . *Diego Flamenco, Madrid,* 1623. fol. T.90.*(13). [80]

Margarit de Bièvre, Joseph de, *marquis of Aguilar.* Copia de una carta escrita per un cavaller . . . en la qual dona relacio de las victorias ha tingut sa excelencia [de Margarit de Bievre]. *Iaume Matevat: Barcelona,* 1643. 4.° 9180.e.2.(22). [81]

— Copia de una carta escrita per un confident del . . . gouernador de Catalunya [J. de Margarit de Bièvre] donantli auis . . . de la victoria que ha tingut lo . . . mariscal de la Mota. *Iaume Mateuat: Barcelona,* 1643. 4.° 9180.e.2.(21). [82]

María, Giovani, Relacion verdadera de la famosa . . . presa que han hecho las galeras del duque de Florencia . . . Traduzida de italiano . . . por Aniguel Sanchez. [In verse]. *Esteuan Liberos: Barcelona,* 1616. 4.° 1072.g.26.(15). [83]

Mariana, —, *Licenciado.* Carta que escrivio el licenciado Mariana al doctor don Iuan Sanchez Duque . . . obispo . . . de Guadalaxara en Indias. (Respuesta del obispo). [*n.p.*, 1636]. fol. 1322.k.13.(2). [84]

Mariana, Juan de. Historia general de España. Compuesta en latin, despues buelta en castellano por Iuan de Mariana. 2 tom. *Pedro Rodriguez: Toledo,* 1601. fol. 682.g.8; G.4304. [85]

—— *Viuda de Alonso Martin; a costa de Alonso Perez: Madrid,* 1617-16. fol. G.79.c.12. [86]

——Ultima impression. *Carlos Sanchez; acosta de Gabriel de Leon: Madrid,* 1650. fol. 9181.g.8. [87]

——*Carlos Sanchez; a costa de Gabriel de Leon: Madrid,* [1669?] 1650. fol. 593.f.9, 10. [88]

——Ultima impression. *Andrès Garcia de la Iglesia; a costa de Gabriel de Leon: Madrid,* 1678. fol. 593.f.11, 12; 181.e.13, 24 [89]

Marimont. Relacion distinta de la batalla de Marimon, de la gloriosa vitoria, que las armas de su magestad. *Iuan Francisco de Blas: Sevilla,* 1674. 4.° 1445.f.17.(54). [90]

Marín, Juan. Sermon que consagra el colegio mayor de San Ildephonso, à la . . . memoria del . . . cardenal . . . Cisneros. *Francisco Garcia Fernandez: Alcala,* 1691. 4.° 4856.c.12.(2). [91]

— Vida, virtudes, y missiones del venerable P. Geronimo Lopez . . . de la compañia de Iesus. *Por el Varesio: Roma,* 1682. 4.° 1373.f.18.(1). [92]

Marin de Armendariz, Pedro. Condiciones que el veedor Pedro Marin de Armendariz, por si, y en nombre del capitan D. Pedro de Lugo Albarracin, administrador de las minas . . . de Sãtiago de Cuba . . . propone. [*Madrid*? 1642?] fol. 725.k.18.(42). [93]

Marinho de Azevedo, Luis. Commentarios dos valerosos feitos, que os portuguezes obraram em defensa de seu rey. *Lourenço de Anveres: Lisboa,* 1644. 4.° 1060.c.29.(1). [94]

Marini, Giovani Battista. Carta del reverendissimo padre maestro . . . del orden de predicadores: a los RR. PP. priores . . . y demas religiosos. *Imprenta real de Baltasar de Bolibar: Granada,* 1668. fol. 4745.f.11.(24). [95]

Mariz, Pedro de. Dialogos de varia historia, em que se referem as vidas dos . . . reyes de Portugal . . . acrecentados por Craesbeeck de Mello. *Lisboa,* 1674. 4.° 1060.c.11. [96]

Mariz Carneiro, Antonio de. Hydrografia la mas curiosa, recopilada de varios y escogidos authores de la navegacion. *Martin de Huarte; a su costa: S. Sebastian,* 1675. 4.° 533.e.45. [97]

— Regimento de pilotos e roteiro da navegaçam, e conquistas do Brasil, Angola . . . Cabo Verde . . . e Indias. 2 pt. *Lourenço de Anueres: Lisboa,* 1642. 4.° 795.d.2. [98]

Marmol, Matías del. [*Begin:*] Iesus Maria: Por Matias del Marmol, como marido de doña Lorença Maldonado: en el pleyto con los hijos de don Luys del monte. [*n.p.*, 1615?] fol. 765.h.3.(55). [99]

Marques de Careaga, Gutierre. Desengaño de fortuna, muy provechoso . . . para todo genero de gentes y estados. *Frãcisco Dotil; a costa de Ioan Simon; Barcelona,* 1611. 8.° 8408.a.4. [100]

—[*Begin:*] El doctor d. Gutierre màrques de Careaga. [A memorial of his services]. [*Madrid*? 1635?] fol. 1324.i.2.(97). [101]

— Invectiva en discursos apologeticos. Contra el abuso publico de las guadejas. *Maria de Quiñones; a costa de Pedro Coello: Madrid,* 1637. 16.° 5385.a.19. [102]

— Por el estado eclesiastico y monarchia española. Respuesta al discurso del licenciado Geronimo de Cevallos. *Martin Fernandez Zambrano: Granada,* 1620. 4.° 4051.c.19. [103]

Marqués de Salgueiro, Diego. Relaçam das festas que a religiam da companhia de Iesu fez em . . . Lisboa, na beatificaçam do beato P. Francisco de Xavier. *Ioao Rodriguez: Lisboa,* 1621. 8.° 4828.a.33. [104]

Marquez, Juan. El governador christiano. Deducido de las vidas de Moysen, y Iosue . . . con quatro tablas. *Francisco de Cea Tesa: Salamanca,* 1619. 4.° 4806.i.4. [105]

——Segunda impression. *D. Teresa Iunti: Madrid,* 1625. fol. 476.d.21. [106]

——Quarta impression. *Imprenta del reyno; a costa de Antonio Ribero: Madrid,* 1640. fol. 476.e.11. [107]

— Origen de los frayles ermitaños de la orden de san Augustin, y su verdadera institucion antes del gran concilio lateranense. *Antonio Ramirez viuda: Salamanca,* 1618. fol. 490.i.16. [108]

Marquez, Manuel. Relaçam da vitoria que alcançou o alfarez C. de Carualho, nos campos da villa de Olivença contra o enimigo castelhano . . . 1641. *Antonio Aluarez: Lisboa,* 1641. 4.° 9195.c.27.(3). [109]

— Relaçam da vitoria que o governador de Olivença Rodrigo de Miranda Henriques teue dos castelhanos, & socorro com que lhe acodio o general Martin Affonso de Mello . . . 1641. *Antonio Aluarez: Lisboa*, 1641. 4.° 9195.c.27.(2). [110]

Marquez de Cisneros, —. Por la villa de Buxalance con la ciudad de Cordova. [A pleading]. *See* Buxalance. [1620?] fol. 1322.l.6.(23).

Marquez de Zamora, Francisco. Alegacion en derecho en defensa del señor don P. de Lara Mogrovejo, contador del . . . tribunal de la santa cruzada. [*Mexico*, 1690?] fol. 6785.k.7.(1). *(destroyed)* [111]

Marquez Torres, Francisco. Medio suaue y facil para impossibilitar a los estrangeros la introduccion de meneda de vellon falsa. [*Granada?* c.1640]. fol. 965.i.9.(15). [112]

Martel, Carlos. Anales del mundo, desde la creacion de el y un tratado del origen de las poblaciones de toda la Europa. *Iuan de Ybar: Zaragoça*, 1662. fol. 580.i.16. [113]

Marti, Juan. *See* Lujan de Sayavedra, M., *pseud.*

Martin, *de San José.* Breve exposicion de los preceptos que en la regla de los frailes menores obligan a pecado mortal, segun la mente de los sumos pontifices . . . quinta impression. *Maria de Quiñones: Madrid*, 1655. 8.° 4071.aa.37. [114]

— Historia de las vidas y milagros de . . . frai Pedro de Alcantara de . . . frai Francisco de Cogolludo y de los religiosos insignes en virtudes que ha havido en la reforma de Desçalcos. 2 pt. *Geronimo Murillo: Arevalo*, 1644 [1645]. fol. 487.i.33. [115]

Martin, *de Santa Teresa.* Relacion verdadera de la venturosa desgracia, sucedida en Velez Malaga, en 26 de iunio. *Iuan Cabezas: Sevilla*, 1676. 4.° 1445.f.17.(17). [116]

Martin, *Saint.* Memorial que los monges confessores del monasterio de san Martin de Santiago . . . dan al . . . principe maximiliano de Austria. [*Compostella?* 1610?] fol. 9181.e.10.(4). [117]

Martin, *Madame* **Edmond.** Catalogo de varios libros en lengua española. *Viuda de Edm. Martin: Paris*, 1682. 12.° S.C.110/3. [118]

Martinez Antonio. Comedia famosa. Tambien da amor libertad. [In verse]. [*Madrid?* 1680?] 4.° T.1736.(19). [119]

Martinez, Eugenio. Genealogia de la toledana discreta. Primera parte. *Iuan Gracian: Alcala de Henares*, 1604. 4.° 1073.k.31. [120]

Martinez, Francisco. Las exequias y fiestas funerales que hizo la santa iglesia de Origuela . . . a la . . . muerte del . . . padre mossen Francisco Geronymo Simo . . . Con una breve summa de su vida. *En casa de Agustin Martinez; a costa de Manuel Barajas: Origuela*, 1612. 8° C.63.d.18 [121]

Martinez, Henrico. Repertorio de los tiempos, y historia natural desta nueva España. *En la emprenta del mesmo autor: Mexico*, 1606. 4.° 1609/756. *imp.* [122]

Martínez de Aguilera, Alonso. Relacion verdadera del socorro que a Fuenterabia dieron los . . . almirante de Castilla, y el marques de los Velez virrey de navarra. *Matias Mares: Logroño*, 1638. 4.° 1444.f.18.(29). [123]

Martínez de Araujo, Juan. Manual de los santos sacramentos en el idioma de michuacan. (Confessionario). *Span. & Tarasca. María de Benavides, viuda de Juan de Ribera: México*, 1690. 4.° C.36.e.6. [124]

Martínez de Castro, Gaspar. [*Begin:*] Señor. El licenciado don Gaspar Martinez de Castro. [A memorial of his services, and petition for the place of an alcalde]. [*Madrid?* 1640?] fol. 1324.i.2.(72). [125]

Martínez de Collantes, Juan. Iesus Maria Iosef. Por Maria de Solis, vezina de . . . Salamanca. Con d. Gonçalo Godinez de Paz . . . y el conde de Villanueua de Cañedo, y con d. Luis de Peralta. [A lawsuit]. [*n.p.d.*], fol. 765.i.1.(19). [126]

— Por Maria de Solis, vezina de Salamanca. Con d. Gonzalo Godinez . . . y el conde de Villanueua de Cañedo, y d. Luis de Peralta. [*n.p.d.*], fol. 765.i.1.(7). [127]

Martínez de la Parra, Juan. Sermon panegirico a las virtudes . . . de el prodigioso apostol de la India . . . san Francisco Xavier, predicado . . . en 1689. *Herederos de la viuda de Bernardo Calderon: Mexico*, 1690. 4.° 851.k.18.(8). [128]

— Sermon panegyrico, elogio sacro de san Eligio obispo de Noyons. *Maria de Benavides; viuda de Juan de Ribera: Mexico*, 1686. 4.° 851.k.18.(9). [129]

Martínez de la Puente, Joseph. Compendio de las historias de los descubrimientos, conquistas, y guerras de la India Oriental, y sus islas. *Imprenta real; por la viuda de Ioseph Fernandez de Buendia: Madrid*, 1681. 4.° 582.e.5. [130]

— Epitome de la cronica del Rey don Iuan el segundo de Castilla. *Antonio Gonçalez de Reyes; a costa de Gabriel de Leon: Madrid*, 1678. 4.° 594.g.13. [131]

Martínez de las Casas, Joseph. Oracion panegyrica. Aclamacion . . . de las glorias de san Pedro de Alcantara. *Francisco Nieto: Madrid*, 1669. 4.° 4824.cc.14. [132]

Martínez del Villar, Miguel. Discurso acerca de la conquista de . . . Argel y Bugia. *Luis Sachez: Madrid*, [1619]. 4.° 1196.d.29. [133]

— Interpretatio trium epigrammatum Caesar Augustani templi S. Mariæ maioris ad Columnam . . . unà cum appendice . . . de innata regni Aragonum fidelitate. *Apud Gabrielem Guasp: Palmæ Balearium*, 1609. 4.° 811.g.11.(1). [134]

Martínez de Mata, Francisco. Lamentos apologicos de abusos dañosos, bien recibidos . . . en apoyos del memorial de la despoblacion . . . de España. [*Madrid?* c.1655]. fol. Dept. of MSS. Add. MS.10262. (FF.632–655). [135]

Martínez de Meneses, Antonio. Comedia famosa. El principe. *See* Principe. 1072.h.2.(1).

— La gran comedia, el meior alcalde el rey, y no ay quenta con serranos. [In verse]. [*Madrid?* 1700?] 4.° 11728.d.5. [136]

Martinez de Prado, Juan. A los rever^dos PP. maestros, priores . . . y presidetes de nuestros conventos, y a las madres prioras . . . de España de la orden predicadores. [*Madrid?* 1663]. fol. 4783.e.2.(37). [137]

— Quæstio utrùm sacratissima virgo Senensis Catharina ordinis prædicatorum possit depingi cum stigmatibus? [*Alcala*, 1652]. 4.° 4824.cc.16. [138]

Martínez de Ribamontan Santander, Francisco. [*Begin:*] Señor. El governador Francisco Martinez de Ribamontan Santander. [A memorial of his services in the Spanish armies in Europe, and in the Indies]. [*Madrid?* 1640?] fol. 1324.i.2.(39). **[139]**

Martínez de Ripalda, Juan, *Jesuit procurador general.* [*Begin:*] Señor, Juan Martinez de Ripalda. [A petition to the King of Spain on behalf of the Jesuits of Mexico]. [*Madrid?* 1700]. fol. 4782.dd.8.(14). **[140]**

Martínez de Ripalda, Juan, *Jesuit, professor of philosophy.* Expositio breve litteræ magistri sententiarum [i.e. Petrus Lombardus, bishop of Paris]. *Ex officina Hyacinthi Tabernier: Salmanticæ,* 1635. 4.° 3835.de.30. **[140a]**

Martínez de Trillanso, Gaspar Joseph. Memorial a la magestad catolica de la . . . reyna . . . de España, por la . . . religion de san Francisco. *Madrid,* 1667. fol. 4783.e.3.(19). **[141]**

Martínez de Urraca, Martin. Por Martin Martinez de Urraca, vezino [sic] de . . . Granada . . . Con d. Diego Antonio de Cro y Hurtado de Mendoça, y . . . su muger, marqueses de mondejar y Falces. [*n.p.,* 1658?] fol. 765.i.2.(10). **[142]**

Martínez Guindal, Joseph. Poema sagrado de Christo paciente. *Francisco Nieto y Salcedo: Madrid,* 1663. 8.° 011451.e.42. **[143]**

—Soliloquios a Christo sacramentado . . . y a la hermosura de la Virgen del Buen Conseio. [In verse]. *Francisco Nieto: Madrid,* 1663. 8.° 011451.e.38. **[144]**

Martínez-Montiño, Francisco. Arte de cocina, pasteleria, vizcocheria, y conserveria. *Madrid,* 1617. 8.° 7955.a.37. (*destroyed*) **[145]**

——*Antonio Vazquez; a costa de Manuel Lopez: Alcala,* 1637. 8.° 1037.c.10. **[146]**

——*Ioseph Fernandez de Buendia; a costa de Manuel Lopez: Madrid,* 1662. 8.° 1037.c.11. **[147]**

——*Iulian de Paredes: Madrid,* 1676. 8.° 1037.c.12. **[148]**

Martínez Pedernoso, Benito. Oracion funebre, que en las exequias, que la . . . universidad de Siguença celebrò en la muerte del senor d. Carlos segundo . . . predico . . . don Benito Martinez Pedernoso. [*Siguença?* 1700]. 4.° 4865.dd.20.(15). **[149]**

Martínez Polo y Palacio, Francisco. Iesus Maria Ioseph. Por Iuan de Valencia escriuano . . . desta ciudad. Con el hospital real de San Maria de Esgueua. [A lawsuit]. [*n.p.,* 1673?] fol. 765.i.1.(21). **[150]**

Martínez Rubio, Pedro. [*Begin:*] Alabado sea el santiss sacramento . . . Relacion del milagro sucedido . . . en Roma, en la persona del . . . cardenal Rapaccioli. [*n.p.,* 1657?] 4.° 1323.l.11.(15). **[151]**

Martini, Martinus. Tartaros en China Historia que escriuio en latin . . . Matin Martinio . . . y en español . . . Esteuan de Aguilar y Zuñiga. *Ioseph Fernandez de Buendia; a costa de Lorenço de Ibarra: Madrid,* 1665. 14.° 583.a.18. **[152]**

Martinius, Emanuel. De rebus naturalibus, non naturalibus, et contra naturam, libri tres. *Apud Antonium Duplastre: Compluti,* 1637. fol. 714.i.g. **[153]**

Martins, Christophorus. De ritibus sacris dubia selecta, in rubricas missalis romani sanctissimi . . . Urbani Octavi auctoritate recogniti. Pars prima. In quatuor tractatus divisa. *Ulyssipone,* 1652. 8.° 3878.h.1. (*destroyed*) **[154]**

Martins da Costa, Joam. Domus supplicationis curiæ Lusitanæ Ulisiponensis magistratus, styli supremique senatus consulta [*Lisbon*], 1622. 4.° 1608/1450. **[155]**

Martins de Sigueira, Francisco. Na felice acclamação do . . . Rey dom João o quarto de Portugal. (Romance). *Iorge Rodrigues; a custa de Lourenço de Queiros: Lisboa,* 1641. 4.° 11452.e.40.(2). **[156]**

Martir Rizo, Juan Pablo. Historia de la muy noble y leal ciudad de Cuenca. *Herederos de la viuda de P.º de Madrigal: Madrid,* [1629]. fol. 573.l.3.(2); 180.e.12. **[157]**

—Historia de la vida de Mecenas. *Diego Flamenco: Madrid,* 1626. 8.° 10605.de.13. **[158]**

—Historia tragica de la vida del duque de Biron, con su comedia a la fin. *Gabriel Nogues: Barcelona,* 1635. 8.° G.14685. **[159]**

Marti y Viladamor. Avisos del castellano fingido, al insigne principado de Cataluña . . . 1640. *Gabriel Nogues: Barcelona* [sic], 1641. 4.° 9180.e.11. **[160]**

Martorel, Francisco. Historia de la santa cinta con que la madre de Dios honrò la catredal [sic], y ciudad de Tortosa . . . y una descripcion de Cataluña. *Geronimo Gil: Tortosa,* 1626. 8.° 861.e.11. **[161]**

Mary, *the blessed Virgin.* Auto de la soberana Virgen de Guadalupe, y sus milagros. [Sometimes attributed, in error, to Cervantes]. *Clemente Hidalgo: Seuilla,* 1605. 4.° C.63.b.6. **[162]**

—Conceptos diuinos al santissimo sacramento y a la Virgen . . . prosiguiendo los coloquios de Lope de Vega. *Sevilla,* 1615. 4.° C.63.b.27.(6). **[163]**

—Letras que se gantan [sic] a la natividad de nuestra señora, en el colegio de la compañia de Jesus. [*Saragossa,* 1700?] 4.° 1073.k.2, 2.(25). **[164]**

—Letrillas espirituales para cantar à la divina Pastora. [*Madrid?* 1670?] *S.sh.* 4.° T.1956.(21). **[165]**

—Oracion a nuestra Señora de Loreto. [*Madrid?* 1650?] *S.sh.* fol. 4783.ee.1.(8). **[166]**

—Relacion verdadera del origen, y principio de la imagen de nuestra Señora de la nouena, que esta en . . . Madrid. *Bernardino de Guzman: Madrid,* 1624. fol. 593.h.22.(3). **[167]**

—Relacion verdadera, en que declara la . . . grandeza, y obstentacion con que se hizo la . . . rogativa à nuestra Señora de Atocha. [*Madrid,* 1681] 4.° T.22.*(31). **[168]**

—Romance a nuestra Señora . . . En el qual . . . se da razon de las . . . fiestas que hizo . . . Barcelona. [In verse]. *Geronymo Margarit: Barcelona,* 1618. 4.° 11450.e.24.(12). **[169]**

—Utrum sacrilegus haeriticus, qui publico libello beatissimæ deiparæ, ac sanctissimæ . . . Virginis Mariæ puritatem negavit, debeat relaxari pænitens. [*Granada?* 1640]. fol. 1322.l.11.(8). **[170]**

—[Verses of thanksgivings to the Virgin Mary for victories obtained over the Dutch]. Span. [*Seville?* 1630?] *S.sh.* fol. 593.h.17.(147). **[171]**

Churches

—[*Barrameda – Convento de Nuestra Señora*]. Señor. El prior y frayles del conuento de nuestra Señora de Barrameda de la orden de san Iieronymo. Dizen. etc. [*Madrid?* 1620?] fol. C.62.i.19.(51). **[172]**

—[*Guatemala – Convento del Orden de Nuestra Señora de la Merced*]. Estado del convento de Goatemala . . . y relacion . . . de los aumentos que en lo temporal, y espiritual ha

tenido. *Ioseph de Pineda Ybarra: Guatemala*, 1667. fol.
4071.l.17. [173]

—[*Saragossa – Nuestra Señora del Pilar*]. Descripcion de las festivas demostraciones con que se coloco la primera piedra en la . . . fabrica del . . . templo . . . del Pilar *Herederos de Diego Dormer: Zaragoça*, 1681. 4.°
1073.k.22.(2). [174]

—Relacion y estado de dos pleytos de la S. iglesia de N. Señora del Pilar. [*Saragossa*? 1680?] fol. C.62.h.4.(6). [175]

—Villancicos, que se han de cantar en los maytines de los Reyes, en . . . Cesar–Augustana, en su . . . templo del Pilar . . . de 1679 (—1700). 22 pt. *Herederos de Agustin Verges; (Domingo Gascon): Çaragoça*, [1679-1700]. 4.°
1073.k.22.(1). [176]

Orders and Associations

—[*Order of Our Lady of Mercy*]. Memorial ajustado de las declaraciones que se han hecho en virtud de las censuras impuestas por el señor provisor de . . . Granada, a peticion del convento . . . de la merced. [*Granada*? 1670?] fol.
4783.e.1.(7). [177]

—Noticia de los cautivos que el real y militar orden de nuestra Señora . . . ha rescatado en Argel, este año de 1675.
[*Madrid*? 1675?] 4.° 3900.e.2.(1). [178]

—Por la ordē de nuestra Señora de la Merced, con el fiscal. (La pretension de la orden). [*n.p.*, 1620?] fol.
1322.k.14.(35). [179]

—Privilegios reales de la orden de nuestra Señora de la Merced . . . confirmados por . . . Felipe . . . Tercero. *Luis Sanchez: Madrid*, 1601. fol. 4783.e.1.(3). [180]

—Verdadera relacion de los sucessos que han tenido los padres redentores de nuestra Señora de la Merced, en la redencion q̄ hā hecho en Argel. *Iuan Gomez de Blas: Sevilla*, 1660. 4.° 1445.f.17.(37). [181]

—[*Order of the Immaculate Conception*]. Verdadera relacion de la famosa victoria que los cavalleros de la limpia Concepcion de la Virgen . . . han alcançado enfrente de Mallorca . . . martyrio que los hereges . . . dieron al . . . padre . . . Alonso Gomez de Enzinas. *Martin Fernandez Zambrano: Granada*, 1627. fol. 593.h.17.(78). [182]

Mary Anne, *Queen consort of Philip IV of Spain.* Fiesta que la serenissima infanta doña Maria Teresa de Austria mandò hazer, en celebracion de la salud de la Reyna . . . Mariana de Austria. (Comedia famosa). *Vendese en casa de Iuan de Valdes:* [*Madrid*? 1660?] 4.° 11728.i.11.(9); 11726.f.42.
[183]

—La real y solemne entrada que hizo en Milan . . . D. Mariana de Austria . . . y el Rey de Ungria y Bohemia . . . iunio de 1649. *Diego Diaz de Carrera: Madrid*, 1649. fol.
1322.k.8.(2). [184]

Mary Anne, *Queen Consort of Charles II of Spain.* Relacion y curioso romance a la real entrada que hizo en esta Corte la Reina – Maria Ana Palatina de Neoburg . . . mayo . . . 1690. [With a plate]. [*Madrid*? 1690]. fol. 11451.i.6.
[185]

Mary Eugenia, *Infanta of Spain.* Aparato festivo en el bautismo de . . . doña Maria Eugenia celebrado . . . en la real capilla de su magestad. *Iuan de Cabrera: Sevilla*, 1626. 4.° 593.h.17.(49). [186]

Mary Louisa, *Queen consort of Charles II of Spain.* Breve relacion de las exequias, que . . . Sevilla dedico a su reina . . . Maria Luisa de Borbon. *Iuan Francisco de Blas: Sevilla*, [1689]. 4.° 1490.dd.65. [187]

—Relacion compendiosa del recibimiento, y entrada triunfante de . . . Maria Louisa de Borbon. En . . . Madrid. A 13 de enero 1680. *Bernardo de Villa Diego:* [*Madrid*? 1680]. 4.° 704.h.16.(18). [188]

— — *Iuan Cabeças: Sevilla*, 1680. 4.° 9930.d.20. [189]

—Relacion verdadera, y ajustada del desposorio . . . y llegada a . . . España, de . . . doña Maria Luisa de Borbon . . . consorte de . . . Carlos segundo. *Madrid*, 1680. 4.° O.G.S.290. [190]

—Succinta descripcion de las exequias, que a su reina . . . doña Maria Luisa de Borbon, consagro el regio tribunal de la contratacion de las Indias . . . de Sevilla. (Oracion funebre). 2 pt. *Juan Francisco de Blas: Sevilla*, 1689. 4.°
1060.i.17.(3). [191]

—Vencer a marte sin marte. [In verse]. Fiesta real, que para celebrar la memoria de la entrada de . . . Maria Luisa de Borbon, y sus felices bodas con . . . Carlos segundo representaron . . . los estudiantes. *Iulian de Paredes: Madrid*, [1681]. 4.° T.22.*(9). [192]

Mary Magdalen, *Saint, College of, at Salamanca.* Constitutiones collegii d. Mariæ Magdalenæ, quod Salmanticæ . . . Martinus Gasco construxit . . . atque dotavit. 2 pt. *Ex officina Francisci Roales: Salmanticæ*, 1653. fol.
731.l.16.(2). [193]

Mary Theresa, *Queen consort of Louis XIV, of France.* Copiosa relacion de las costosissimas galas . . . y . . . joyas, que el dia del bautismo de la . . . infanta [Mary Theresa] luzieron en la Corte . . . 1638. *Iuan Gomez de Blas: Sevilla*, 1638. S.sh. 4.° 1852.d.1.(93*). [194]

—Respuesta de España al tratado de Francia sobre las pretensiones de la reyna. [By A. Bilain]. [*Madrid*], 1667. fol. 8023.l.21; 8022.g.35. [195]

—Tratado de los derechos de la reyna christianisima, sobre varios estados de . . . España. [By A. Bilain]. *Emprenta real: Paris*, 1667. 12.° 8042.aa.9. [196]

Marzilla, Petrus Vincentius de. Paraphrasis intertexta editioni vulgatæ in Pentateuchum Moysi, una cum annotationibus ad singula quæque capita, Germanum literæ sensum concernentibus. *In ædibus Antoniæ Ramirez, viduæ: Salmanticæ*, 1610. fol. 3155.i.23. [197]

Mascareñas, Gerónimo. Apologia historica, por la ilustrissima religion, y inclita cavalleria de Calatrava. *Diego Diaz de la Carrera: Madrid*, 1651. 4.° 4785.bbb.51. [198]

—Campaña de Portugal por la parte de Extremadura el año de 1662, executada por . . . don Iuan de Austria. *Diego Diaz de la Carrera: Madrid*, 1663. 4.° 1444.g.9. [199]

—Viage de la serenissima reyna, doña Maria Ana de Austria. Segunda muger de don Phelipe quarto. *Diego Diaz de la Carrera: Madrid*, 1650. 4.° 1045.h.20. [200]

Mascarenhas, Ignacio. Relaçam do sucesso, que o padre . . . Ignacio Mascarenhas teve na jornada, que fez a Catalunha por mandato de . . . dom Joam o IV. *Lourenço de Anueres: Lisboa*, 1641. 4.° 1444.g.8.(3). [201]

Massimo, Innocenzo. Nos don Innocencio Maximo por la gracia de Dios, y de la santa sede. [A manifesto as papal nuncio relating to the execution and interpretation of a bull of pope Gregory XVI]. [*Madrid*, 1624]. *S.sh.* fol. 4783.e.2.(4). [202]

Mastrilli, Marcello Francesco. Carta del padre Marcelo Francisco Mastrili, en que da cuenta de la conquista de Mindanao, al padre Iuan de Zalazar. [*Madrid?* 1637?] fol. 799.n.16. [203]

— Relacion del insigne martyrio que padecio . . . Marcelo Francisco Mastrilli . . . en . . . Nangasaqui . . . Iapõ. [*n.p.*, 1638?] 4.° C.32.d.20. [204]

Mata Linares, —. [*Begin:*] Por el doctor Mata Linares, y . . . su muger. Con . . . Leonardo de Queuedo. [A case concerning an accusation that L. de Quevedo had put insulting objects on the door of the doctor]. [*n.p.d.*], fol. 765.h.2.(37). [205]

Mateu, Francisco. Antipronostico a las vitorias que se pronostica. El reyno de Francia contra el de España, en el manifiesto de las guerras. *Maria de Quinones; vendese en casa de Francisco de Robles: Madrid*, 1639. 4.° 1445.f.22.(11); 1444.f.18.(19). [206]

Matheu y Sanz, Lorenzo. Relacion de las festivas demostraciones [in Valencia] . . . por el feliz alumbramiento de la Reyna . . . sacada de una carta que escrive . . . Lorenço Matheu y Sanz. *Bernardo Noguès: Valencia*, 1658. fol. 704.h.16.(8). [207]

— Relacion en que la esclarecida religion, y inclita cavalleria de nuestra señora de Montesa . . . da cuenta . . . del voto . . . que hizo . . . de defender . . . que la Virgen . . . fue concebida sin mancha. *Bernardo Noguès: Valencia*, 1653. 4.° C.63.g.5. [208]

— Tratado de la celebracion de Cortes generales del reino de Valencia. *Iulian de Paredes: Madrid*, 1677. 4.° 1196.g.3. [209]

Matias, *de San Francisco.* Relacion del viage espiritual . . . que hizo a Marruecos el . . . padre fray Iuan de Prado, predicador. *Francisco Garcia: Madrid*, 1643. 4.° 493.g.2.(3); G.6982. [210]

Matienço, —. El fiscal. Contra el licenciado Matienço, patrõ de las obras pias que fundò doña Ana Velasquez. [A lawsuit.] [*n.p.*, 1650?] fol. 1322.l.7.(24). [211]

Matos, Diego de. Copia de una carta que el padre Diego de Matos de la cõpañia de Iesus escrive al padre general. *Luis Sanchez: Madrid*, 1624. fol. 4783.f.7.(5). [212]

Matos, Gabriel de. Relaçam da perseguiçam que teve a christandade de Iapam desde mayo de 1612 atè novembro de 1614. *Pedro Crasbeeck: Lisboa*, 1616. 8.° 4767.a.19. [213]

Matos Fragoso, Juan de. Primera parte de comedias de don Iuan de Matos. *Iulian de Paredes; a costa de Domingo Palacio y Villegas: Madrid*, 1658. 4.° C.63.b.45. [214]

— Comedia famosa. Amor, lealtad, y ventura. [In verse]. [*Madrid?* 1700?] 4.° No. *101 of an unidentified collection.* 11728.d.9. [215]

— — [*Seville?* 1700?] 4.° No. *150 of an unidentified collection.* 11728.i.6.(1). [216]

— Comedia famosa. Callar siempre es lo mejor. [In verse]. [*Madrid?* 1700?] 4.° No. *104 of an unidentified collection.* 11728.d.12. [217]

— Comedia famosa, del sabio en su retiro. [In verse]. [*Seville?* 1700?] 4.° No. *219 of an unidentified collection.* 11728.i.6.(5). [218]

— Comedia famosa. El marido de su madre, san Gregorio. [In verse]. *Juan Sanz: Madrid*, [1700?] 4.° No. *41 of an unidentified collection.* 11728.d.27. [219]

— Comedia famosa. Lorenzo me llamo, y carbonero de Toledo. [In verse]. [*Madrid*, 1700] 4.° 11728.d.25. [220]

— Comedia famosa. Los indicios sin culpa. [In verse]. [*Seville?* 1700?] 4.° No. *73 of an unidentified collection.* 11728.i.6.(2). [221]

— Oponerse a las estrellas. De don Juan de Matos, de don Antonio Martinez, y de don Agustin Moreto. [In verse]. *Juan Sanz: Madrid*, [1700?] 4.° No. *82 of an unidentified collection.* 11728.d.31. [222]

— La devocion del angel de la guarda. Comedia famosa. [In verse]. *Francisco de Leefdael: Sevilla*, [1700?] 4.° No. *16 of an unidentified collection.* 11728.d.15. [223]

Matos Fragoso, Juan de, and **Villaviciosa, Sebastian de.** Comedia famosa. El redemptor cautivo. [In verse]. *Madrid*, [1700?] 4.° No. *14 of an unidentified collection.* 11728.d.35. [224]

— El redemptor cautivo. Comedia. *Francisco de Leefdael: Sevilla*, [1700?] 4.° No. *68 of an unidentified collection.* 11728.d.34. [225]

Matthieu, Pierre. Historia de la muerte de Enrico el grande, quarto rey de Francia . . . Escrita en frãces por Pedro Mateo . . . en castellano por Iuan Pablo Martyr Rizo. *Diego Flamẽco: Segovia*, 1628. 8.° 10659.aa.10. [226]

Mattos, Eusebio de. Ecce Homo. Practicas pregadas no collegio da Bahia. *Ioam da Costa: Lisboa*, 1677. 4.° 4425.aaa.5. (destroyed) [227]

Matute de Peñafiel Contreras, Diego. Discurso y digresion del cap 2.° de la 2ª edad del mundo, de Sem hijo de Noe, y de la division de las tierras entre Sem, Cham, y Iapheth. *Martin Fernandez Zambrano: Baca*, 1614. 4.° 1327.c.17. [228]

— Prosapia de Christo. *Martin Fernandez: Baça*, 1614. 4.° 4806.cc.19. [229]

Maurin, Durán. Por Duran Maurin mercader, vezino . . . de Madrid. Con Geronimo de Villa, rey de armas. Sobre la casa de aposento. [A lawsuit]. [*Madrid?* 1620?] fol. 765.h.3.(51). [230]

Mayoral Flores, Miguel de. Psal. revela Domino viam tuam, & spera in eo . . . Manifestacion juridica de la notoria justicia, que assiste al Br. don Nicolas de Pastrana, clerico presbytero . . . de la Puebla de los Angeles. [*Mexico?* 1695?] fol. 5125.ee.1.(12). [231]

Mayr, Melchior. [*Begin:*] Por Melchior Mair Aleman. Respuesta a las informaciones de Alfonso Sanchez. (Por Melchor Mair . . . contra Alfonso Sanchez). 2 pt. [*n.p.d.*], fol. 765.h.2.(19, 20). [232]

Mazas Gayan Freilla y Rada, Ana. Letras que se cantaron en la profession de doña Ana de Mazas . . . en el convento de Ierusalem de Zaragoça. [*Saragossa*], 1683. 4.° 1073.k.22.(35). [233]

Meaza de Luna, Gaspar. Excidii Maomethanæ sectæ sub quarto Maomethe per quatuor federatos principes . . . suscipiendi coniecturæ. (Sacri Parnassi musæ). 2 pt. *In officina Ioannis Martini de Barrio: Madriti*, [1685?] 4.° 696.f.25. [234]

Meca Bobadilla, Miguel de. Heraclito christiano, llorando vicios, y exortando virtudes, en doze llantos, segun estilo de la . . . congregacion de la escuela de Christo. *Burgos*, 1693. 8.° 4409.dd.27. **[235]**

Medellin. Historia y santos de Medellin. Culto y veneracion de san Eusebio, san Palatino, y sus nueue compañeros martires. [By Juan Solano de Figueroa y Altamirano]. *Francisco Garcia de Arroyo: Madrid*, 1650. 4.° 4625.b.32. **[236]**

Medina, Alonso de. Manifiesto por la compañia de Iesus, en el pleyto . . . contra doña Leonor de Rivera, sobre la herencia de doña Gabriela de Rivera. [*Mexico*, 1660?] fol. 4782.dd.8.(13). **[237]**

Medina, Balthasar de. Chronica de la santa provincia de san Diego de Mexico de religiosos Descalços . . . Vidas ilustres. *Juan de Ribera: Mexico*, 1682. fol. 4784.f.20. **[238]**

Medina, Bartolome de. La poblaciones, assientos y reales minas, que mediante Bartolome de Medina, y su invencion de sacar la plata de los metales . . . se han poblado en la nueva España. [*Madrid?* 1620?] *S.sh.* fol. C.62.i.18.(82). **[239]**

Medina, Francesco de, *author of "La confusion de un retrato".* La confusion de un retrato. [In verse]. [*Madrid?* 1700?] 4.° 11728.d.41. **[240]**

—Cuento muy gracioso que sucedio a un arriero con su muger. [In verse]. [*n.p.*, 1603]. 4.° C.63.g.19.(4). **[241]**

Medina Avila, Juan de. Memorial de quinze puntos que presentò el contador Iuan de Medina Avila à su magestad . . . contra el marques de Mancera. [*Madrid*, 1646]. fol. 1324.i.9.(28). **[242]**

—Papel presentado a su magestad por parte de Iuan de Medina Avila. En que pone treinta y cinco capitulos contra el marques de Mançera. *Madrid*, 1646. fol. 1324.i.9.(29). **[243]**

Medios. Medios que han propuesto para la conseruacion de la moneda de plata, y para facilitar el uso de la de bellon. [*n.p.d.*], fol. 765.i.9.(18). **[244]**

Mela Pomponius. Compendio geographico i historico de el orbe antiguo . . . Con nueva i varia ilustracion . . . de la libreria de . . . Iusepe Antonio Gonzalez de Salas [i.e. translated by him]. *Diego Diaz de la Carrera; a costa de Pedro Laso: Madrid*, 1644. 4.° 569.d.31.(3). **[245]**

Melchior, *de la Hoid.* Aclamacion panegirica, y presagio feliz, que en . . . las fiestas . . . que celebrò don Felipe Stafford, consul . . . a la coronacion del maximo Iacobo segundo . . . de la Gran Bretaña . . . pronuncio el . . . padre . . . de la Hoid. *Antonio Fraiz: Santiago*, [1686]. 4.° 9930.bbb.13. *imp.* **[246]**

Melendez, Juan. Tesoros verdaderos de las Yndias en la historia de la gran provincia de san Iuan Bautista del Peru. 3 tom. *Nicolas Angel Tinassio: Roma*, 1681-82. fol. 209.d.5. **[247]**

Melgar, Estevan Sancho de. Arte de la lengu[a] general del Ynga llamado Qquechhua. *Diego de Lyra: Lima*, 1691. 8.° 12943.aa.13; 12907.a.43. **[248]**

Melian, Pedro. Por don Gonzalo Chacon de Naruaez, capitan de infanteria . . . de la Hauana. En el pleyto que de oficio se ha seguido contra el. [About a quarrel]. [*n.p.d.*], fol. 765.h.2.(29). **[249]**

Melilla. Relacion verdadera de la milagrosa victoria que obtuvieron las catolicas armas de nuestro gran monarca . . . en . . . Melilla. *Sevilla*, 1677. 4.° 1445.f.17.(67). **[250]**

Mello, Martinho Affonso de. Relaçam da entrada que o general Martim Affonso de Mello fez na villa de Valverde. *Iorge Rodriguez; a custa de Lourenço de Queiros: Lisboa*, 1641. 4.° 9195.c.24.(14). **[251]**

Mello de Noronha, Duarte de. Batalha de Montes Claros. [A poem]. *Domingos Carneiro: Lisboa*, 1665. 4.° 9195.c.24.(16). **[252]**

Mello e Torres, Francisco de, *marquis de Sande.* Relaçam da forma com que a magestade del Rey da Graõ Bretanha, manifestou a seus reynos, tinha ajustado seu casamento com a . . . dona Catherina. *Antonio Craesbeeck: Lisboa*, 1661. 4.° 1444.g.8.(8); 9195.c.25.(2); 9195.c.26.(3); C.125.c.2.(4). **[253]**

Melo, Francisco de, *Count de Assumar.* Copia de carta de don Francisco de Melo . . . en que da cuenta a su magestad de la . . . vitoria que. Dios . . . se ha servido dar a su real exercito . . . junto a Xatelet a 26 de mayo . . . 1642. *Diego Diaz de la Carrera: Madrid*, 1642. 4.° 1445.f.17.(24). **[254]**

——*Diego Diaz de la Carrera: Madrid*, [1642]. fol. 9181.g.1.(14). **[255]**

—Relacion verdadera de lo que sucedio en la conquista de . . . Bassè, y condiciones con que se entrego al . . . señor don Francisco de Melo. *Iuan Gomez de Blas: Sevilla*, 1642. 4.° 1445.f.17.(22). **[256]**

Memorial. Memorial que presentan las afligidas almas de purgatorio á la piedad Catholica. (A devocion de la congregacion). [*n.p.*, 1700?] *S.sh.* fol. 4783.ee.1.(9). **[257]**

Mena, Juan de. Por el Rey nuestro señor. El licenciado Iuan de Mena, fiscal en el consejo de las Indias. Con . . . Antonio de Oquendo. [*Madrid?* 1636?] fol. 1324.i.1.(15). **[258]**

Menandro, *Pastor, pseud.* Despedimiento lastimoso del catholico . . . Felipe III. [In verse]. *Estevan Liberos: Barcelona*, 1621. 4.° 11450.e.24.(18). **[259]**

Mencos, Martin Carlos de. Relacion de servicios del general don Martin Carlos de Mencos. [*Madrid?* 1642?] 1324.i.2.(33). **[260]**

Mencos, Miguel de. Aula de Dios, cartuxa real de Zaragoza, fundacion del . . . principe . . . Fernando de Aragon. *Diego Dormer: Zaragoça*, 1637. 4.° 11451.bb.30. **[261]**

Mendes de Barbuda e Vasconcellos, Manoel. Virginidos, ou vida da Virgen Senhora nossa. Poema heroico. *Diogo Soares de Bulhoens: Lisboa*, 1667. 8.° 1073.k.32. **[262]**

Mendes de Castro, Manoel. Repertorio das ordenaçoens do reyno de Portugal . . . Composto pelo licenciado Manoel Mendez Cas[tro] . . . quarta impressão. *Manoel Dias: Coimbra*, 1661. fol. 1490.ee.69. **[263]**

Mendes de Vasconcellos, Juan. Liga deshecha, por la expulsion de los moriscos de . . . España. *Alonso Martin; a costa de Domingo Gonçalez: Madrid*, 1612. 8.° C.63.a.11. **[264]**

Mendes de Vasconcelos, Luiz. Arte militar divida em tres partes. *Vicente Alvarez: [Lisbon]*, 1612. fol. 8825.ee.30; pt. 1 only. **[265]**

—Do sitio de Lisboa. Dialogo. *Lisboa*, 1608. 8.° 1198.a.11. (*missing*) [266]

Mendes Pinto, Fernando. Historia oriental de las peregrinaciones de Fernan Mendez Pinto . . . adonde se escriven muchas . . . cosas que vio . . . en los reynos de la China, Tartaria, Sornao . . . y otros muchos de aquellas partes . . . Traduzido de portugues . . . por Francisco de Herrera Maldonado. *Tomas Iunti; a costa de Manuel Rodriguez: Madrid*, 1620. fol. 793.m.23. [267]

— — *Tomas Iunti; a costa de Manuel Rodriguez: Madrid*, 1620. fol. 216.b.16. [268]

— — *Herederos de Chrysostomo Garriz; por Bernardo Nogues; a costa de Iuan Sonzoni; y Benito Durand: Valencia*, 1645. fol. G.6591. [269]

—Peregrinaçam de Fernam Mendez Pinto em que da conta de muytas . . . cousas que vio & ouvìo no reyno da China . . . Tartaria . . . Sornau . . . Martavão & em outros . . . reynos. *Pedro Crasbeeck; a custa de Belchior de Faria: Lisboa*, 1614. fol. 793.m.22. [270]

— — *Antonio Craesbeeck de Mello; â su custa: Lisboa*, 1678. fol. 984.f.10. [271]

Mendes Silva, Rodrigo. Ascendencia ilustre, gloriosos hechos, y posteridad noble del famoso nuño Alfonso Alcaide de . . . Toledo. *Domingo Garcia y Morràs; a costa de Tomas de Alfai: Madrid*, 1648. 4.° 10631.c.16. [272]

—Breve, curiosa, y aiustada noticia, de los ayos, y maestros que hasta oy han tenido los . . . infantes y otras personas reales de Castilla. *Viuda del licenc. Iuan Martin del Barro: Madrid*, 1654. 8.° 10632.a.39. [273]

—Chatalogo real de España. *Imprenta del reino; a costa de Alonso Peres: Madrid*, 1637. 8.° 1196.a.11. [274]

—Catalogo real, y genealogico de España, ascendencias, y descendencias de nuestros . . . monarcas . . . ultima impression. *Doña Mariana de Valle; a costa de Antonio del Ribero Rodriguez: Madrid*, 1656. 4.° 1060.c.30; 281.f.36. [275]

—Claro origen, y descendencia ilustre de la . . . casa de Valdès, sus varones famosos, y servicios . . . que han hecho a la monarquia . . . Ofrecido a . . . Felipe quarto. *Iuan Martin de Barrio: Madrid*, 1650. 4.° 9905.cc.16. [276]

—Discurso genealogico de la antigua familia de Machacho. *Iuan Martin de Barrio: Madrid*, 1649. 8.° 9905.a.5. [277]

—Memorial de las casas del Villar Don Pardo y Cañete: sus servicios, casamientos . . . y ascendencia, que presenta a . . . Felipe IV . . . el code del Villar don Pardo. [*Madrid*], 1646. 4.° 9914.a.39. [278]

—Paragon de los dos Cromueles de Inglaterra. *Gabriel de Leon: Madrid*, 1657. 8.° 1452.c.5. [279]

— — *Francisco Nieto y Salcedo; a costa de Gabriel de Leon: Madrid*, 1657. 8.° G.14331. [280]

—Poblacion general de España, sus trofeos, blasones, y conquistas heroycas . . . con . . . noticias reales genealogias. *Diego Diaz de la Carrera; a costa de Pedro Coello: Madrid*, 1645. fol. 573.l.4. [281]

— — Ultima impression. *Roque Rico de Miranda; a costa de Iuan Martin Merinero: Madrid*, 1675. fol. 573.l.5; 10160.f.10; 180.f.2; G.2507. [282]

—[*Begin:*] Rodrigo Mendez Silua, historiador en estos reynos vezinos . . . de Madrid. [A petition begging the King to grant him the title of "Coronista destos reynos"]. [*Madrid?* 1635?] fol. 765.h.1.(40). [283]

— Vida y hechos heroicos del gran condestable de Portugal D. Nuño Alvarez Pereyra . . . Con los arboles y descendias de los emperadores. *Iu Sanchez; a costa de Pº Coello: Madrid*, 1640. 8.° 1201.b.6; G.14359. [284]

Mendez, Ruy. Tratado sobre os dous privilegios da bulla da S. Cruzada, de eleger confessor, e absolverse de reservados. *Lisboa*, 1621. 4.° 1608/864.(3). [285]

Méndez de Carrion, Luis. Por don Luis Mendez de Carrion. Con el señor fiscal del consejo de hazienda [i.e. Luis Gudiel y Peralta. A pleading]. [*Madrid*, 1629]. fol. 765.i.6.(25). [286]

Mendez de Haro y Guzman, Luis, *marquis del Carpio.* Relacion de las fies[tas] que el marques del Carpio hizo a el Rey [Philip IV]. *Diego Perez: Sevilla*, 1624. fol. T.90*.(17). [287]

Méndez de Londigu y Miranda, Diego. [*Begin:*] Señor. Diego Mendez de Londigu y Miranda. [Propositions for the establishment of a national Mont de piété]. [*Madrid?* 1675]. fol. 9181.g.1.(16). [288]

Méndez Quintella, Diego. Conversam, e lagrimas da gloriosa sancta Maria Magdalena. [A poem in seven cantos.] e outras obras espirituales. *Vicente Aluarez: Lisboa*, 1615. 8.° 11450.bbb.49. [289]

Mendiola, Gregorio de. Historia y milagros de nuestra señora la Vulnerata, venerada en el colegio ingles . . . de Valladolid. *Bartolome Portoles: Valladolid*, 1667. 16.° 1077.a.6. [290]

Mendo, Andrés. Principe perfecto y ministros aiustados, documentos politicos, y morales. Em emblemas . . . segunda impression. 4 pt. *A costa de Horacio Boissat; y George Remeus: Leon de Francia*, 1662. 4.° 8007.cc.17. [291]

Mendoça Passaña, Jorge de. Relacion verdadera de la insigne, y milagrosa vitoria, que don Iorge de Mendoça . . . alcançó . . . contra el Cacis Cid Mahamet Laex. *Simon Faxardo: Sevilla*, 1629. fol. 593.h.17.(92). [292]

Mendonça, Francisco de. Commentarii in quator libros Regum. tom. 1, 2. *Apud Didacum Gomez d' Louretro Conimbricæ*, 1621. 24. fol. 689.g.22. imp [293]

—Primeira (segunda) parte dos sermones do P. F. de Mendoca. 2 vol. *Lisboa*, 1632-49. fol. 4425.h.11. (*destroyed*) [294]

Mendonça, Jeronymo de. Iornada de Africa composta por Iieronymo de Mendoca . . . em a qual se responde à Ieronymo Franqui, & outros, & se trata do successo da batalha, cativerio, & dos que nelle padecerão por não serem mouros. *Pedro Crasbeeck; a custa de Iorge Artur: Lisboa*, 1607. 4.° 281.f.31. [295]

Mendoza, Alphonsus. Fratris Alphonsi Mendozæ . . . Quæstiones quodlibeticæ, et relectio theologica, de Christi regno ac domino. *Ex typographia Michælis Serrani de Vargas: Salamanticæ*, 1688. 4.° 225.cc.23. [296]

Mendoza, Bernardo de. Relacion del luzimiento y grandeza, con que . . . el . . . duque de Medina Sidonia festejò a su magestad, y a todos los de su Casa. *Andres de Parra: Madrid*, 1624. fol. 90*.(18); 593.h.22.(51). [297]

Mendoza, Ferdinandus de. De confirmando concilio illiberritano . . . Ferdinandi de Mendoza libri III. 1694. fol. *See* Elvira, council of. 1605/245.

Mendoza, Juan de. *Cronista y Rey de Armas.* Blason ilustre genealogico de la casa . . . de Pineda, y otras que a ella se enlazan. [*Madrid*, 1675]. fol. 1862.b.2. **[298]**

Mendoza, Juan de, *marquis of Hinojosa.* Entrada de don Iuan de Mendoza . . . embaxador estraordinario, en Inglaterra. *Francisco de Lira: Sevilla,* 1623. fol. 593.h.17.(2). **[299]**

Mendoza, Juan de, *poet.* Primera (— segunda) parte de los varios sucesos de don Manuel de Contreras, y doña Teresa de Ribera. [A romance]. 2 pt. *Francisco Xavier Garcia: Madrid,* [1670?] 4.° T.1958.(8). **[300]**

Mendoza, Juan de, *Secretary to the Inquisition at Toledo.* [*Begin:*] Yo don Iuan de Mendoza. [An account of the public condemnation and destruction of certain books]. [*n.p.*, 1634]. *S.sh.* fol. 593.h.22.(35). **[301]**

Mendoza, Juana de, *Countess de Coruña.* Por la condesa de Coruña doña Iuana de Mendoça, y los acreedores de facultades a su estado. Con el conde de Molina, y . . . su hermano. [*n.p.*, 1642?] fol. 765.i.2.(9). **[302]**

Mendoza, Lourenço de. Memorial a su magestad . . . en razon de la seguridad de su plata, y armada del Piru y de los galeones. [*Madrid?* 1635?] fol. 1324.i.5.(8). **[303]**

—[*Begin:*] S. C. R. M. El doctor Lorenço de Mendoça prelado. [A memorial to the King on the ecclesiastical affairs of Brazil]. [*Madrid?* 1630?] fol. 4745.f.11.(12). **[304]**

—[*Begin:*] S. C. R. M. el doctor Lorenço de Mendoça prelado. [A memorial to the King on the affairs of Rio de Janeiro]. [*n.p.*, 1638?] fol. 1324.i.9.(14). **[305]**

— — *Madrid,* 1638. fol. 4745.f.11.(15). **[306]**

—[*Begin:*] Señor. El doctor Lorenço de Mendoça. [A memorial concerning his services, addressed to the King]. [*Madrid?* 1650?] fol. 1324.i.2.(24). **[307]**

—[*Begin:*] Señor. El prelado del Rio de Ianeiro. [A memorial to the King, on the affairs of Rio de Janeiro]. [*Madrid,* 1638?] fol. 1324.i.9.(15). **[308]**

—Suplicacion a su magestad . . . antes sus reales consejos de Portugal y de las Indias, en defensa de los portugueses. *Madrid,* 1630. 4.° 8042.c.31. **[309]**

Mendoza Ibañez de Segovia y Peralta, Gaspar de, *marquis de Mondexar.* Discurso historico, por el patronat de san Frutos. Contra la supuesta cathedra de san Hierotheo en Segovia. *Iuan de Ibar: Zaragoça,* 1666. 4.° 4625.b.33. **[310]**

—Dissertaciones ecclesiasticas, por el honor de los antiguos tutelares, contra las ficciones modernas. pt. 1. *Diego Dormer: Zaragoça,* 1671. fol. 491.k.22. **[311]**

—Examen chronologico del año en que entraron los moros en España. *Madrid,* 1687. 4.° 1060.e.4. **[312]**

—Explicacion de un lugar de Suetonio, y examen de la deidad que consulto Vespasiano en el Carmelo. *Herederos de Iuan Gomez Blas: Sevilla,* [1678]. 4.° 589.e.26.(1). **[313]**

Mendoza y Arellano, —, *marquis de la Hinojosa.* Verdadera relacion de la defensa y sitio de . . . Tortosa, rota de las armas francesas y restauracion de . . . Ulldecona, por el . . . marques de Hinojosa. *Iuan Gomez de Blas: Madrid, Sevilla,* 1642. 4.° 1445.f.17.(25). **[314]**

Meneses, Fernando de. Por d Pedro Messia de Chaves . . . En el pleyto. Con don Diego Messia de Prado, y don Pedro de Mendoza su padre. [A pleading]. *Blas Martinez: Granada,* 1636. fol. 765.i.4.(37). **[315]**

Meneses, Juan de. Iuris allegatio pro regio divæ cruciatæ senatus fisco . . . super bonis inventis. (Alegacion en derecho). *Span. Apud Thomam Iuntam: Matriti,* 1618. fol. 1322.k.14.(28). **[316]**

Meneses, Simon de. En la causa de visita del doctor don Simon de Menesses se supplica à Vs. M. advierta à lo siguiente que haze à su justicia. 2 pt. [*Madrid?* 1610?] fol. 1324.i.1.(26). **[317]**

—Por el doctor don Simon de Meneses, acerca de lo que tiene suplicado a su magestad en los consejos de Camara, de Castilla y de las Indias. [*Madrid,* 1610?] fol. 1324.i.1.(27). **[318]**

Menezes, Estevan de. Copia de las cartas que dexo escritas en Castilla D. Estevan de Menezes . . . pasando a Portugal. *Henrique Valente de Oliueira: Lisboa,* 1663. 4.° 8042.d.32. **[319]**

Menezes, Fernando de, *Count da Ericeira.* Vida, e acçoens d' el rey dom João I. *Joaõ Galraõ; a custa de Miguel Manescal: Lisboa,* 1677. 8.° 10632.aaa.19. **[320]**

Menezes, Luis de, *Count da Ericeira.* Compendio panegirico da vida, e acçoens do . . . senhor Luis Alverez de Tavora . . . governador das armas . . . de Tras os Montes. *Antonio Rodriguez d' Abreu: Lisboa,* 1674. 4.° 10631.c.51. **[321]**

—Historia de Portugal restaurado. 2 tom. *Na officina de Joaõ Galraõ; na officina de Miguel Deslandes; a custa de Antonio Leyte Pereyra: Lisboa,* 1679-98. fol. 593.i.12, 13. **[322]**

Mentira. [Di mentira sacarás verdad]. [Comedy in verse, by Matías de los Reyes?] [*Madrid?* 1700?] 4.° 11728.h.3.(15). *imp.* **[323]**

Mercader, Christoval. Vida admirable del siervo de Dios, fray Pedro Esteve. *Francisco Mestre; vendese en casa de Pedro Sanchez: Valencia,* 1677. 4.° 4866.c.24. **[324]**

Mercader, Gaspar de. El prado de Valencia.[In prose and verse]. *Pedro Patricio Mey; a costa de Fracisco Miguel; y Iuseph Ferrer: Valencia,* 1601. 8.° C.63.a.17. **[325]**

Mercader, Luis de. Libro, en que se trata con claridad la naturaleza, causas, providencia, y verdadero orden, y modo de curar la . . . peste. *Carlos Sanchez: Madrid,* 1648. 8.° 7560.a.55. **[326]**

Mercader, Pedro de. El cristiano virtuoso. Con los actos de todas las virtudes. (Vida de un . . . indio llamado Miguel Ayutano). *Ioseph Fernandez de Buendia; a costa de Lorenço Ibarra: Madrid* [1673]. 8.° 851.a.19.(2). **[327]**

Mercurio Portuguez. *See Periodical Publications—Lisbon.*

Merida. [*Begin:*] La ciudad de Merida, cabeça de la provincia de Ycatan . . . en las Indias, y los hijos, nietos . . . de los cõquistadores. [A memorial on rights and privileges]. [*Madrid?* 1620?] fol. 62.i.19.(30). **[328]**

Merinero, Juan. Commentarii en duos libros Aristotelis de ortu, et interitu rerum naturalium . . . juxta . . . Ioannis Duns scoti mentem, una cum disputationibus, et quæstionibus, hoc tempore, agitari solitis. 2 tom. *Apud Matthæum Fernandez: Matriti,* 1659. 4.° 520.f.23.(1, 2). **[329]**

—Fray Iuan Merinero ministro general de los frailes menores de . . . san Francisco . . . A todos los religiosos . . . de las Indias Orientales. [*Madrid,* 1644]. fol. 4783.e.3.(31). **[330]**

Merino de Siguenza, Simon. Por el doctor d. Simon Merino de Siguenza, capellan de su magestad . . . En el pleyto. Con el fiscal . . . sobre la colacion . . . que . . . tiene pedida. *Baltasar de Bolibar: Granada, 1652.* fol. 765.i.2.(24). [331]

Merlino, Francisco. Breve discurso del derecho que su magestad tiene de cobrar la mitad de los diezmos. [*Madrid,* 1635]. 4.° 5107.bbb.7. [332]

Merlo de la Fuente, Alonso. Copia de un memorial, que en 7 de nouiembre de 1650. diò al Rey . . . Alonso Merlo de la Fuente . . . en razon de la moneda falsa que . . . se ha labrado en . . . Potosi. [*Madrid?* 1650?] fol. 725.k.18.(46); 8223.d.45.(7). [333]

— [*Begin:*] Señor. Por dos informaciones de oficio. [A statement about his services and those of his father, in the Spanish Indies]. [*Madrid,* 1642?] fol. 1324.i.2.(59). [334]

Merodio Montoya, Yñigo de. Por el fiscal eclesiastico de la audiencia episcopal de . . . Malaya, y su obispado. En la recusacion . . . propuesta al señor don Fernando Queypo de Llano y Valdes. [*n.p.,* 1650?] fol. 1322.l.5.(5). [335]

Mesa, Blas de. Cada uno con su igual. Comedia. [In verse]. [*Madrid,* 1662?] 4.° 11728.d.44. [336]

— La restauracion de España. [A poem]. *Iuan de la Cuesta; a costa de Esteuan Bogia: Madrid,* 1607. 8.° 11451.a.24. [337]

— Valle de lagrimas y diuersas rimas. *Iuan de la Cuesta; a costa de Esteuan Bogia: Madrid,* 1607. 8.° 11451.a.23. [338]

Mesa, Christoval de. El patron de España. [A poem] (Rimas). *Alonso Martin; a costa de Miguel de Siles: Madrid,* 1612-11. 8.° 1064.b.10.(2). [339]

Mesa, Sebastian de. Iornada de Africa por el Rey don Sebastian. Y union del reyno Portugal a . . . Castilla. *Pedro Lacaualleria: Barcelona,* 1630. 4.° 804.d.37; 281.e.26. [340]

Mesa Maldonado, Antonio de. Iesus, Maria, Ioseph. Por el señor fiscal del consejo, y los acreedores del colegio de S. Hermenegildo de la compañia de Iesus de Sevilla. [*Seville?* 1646?] fol. 4783.f.7.(10). [341]

Mesa y Villavicencio, Juan de. El obligar ofendiendo. Comedia. [In verse]. [*Saragossa?* 1650?] 4.° 11728.d.43. [342]

Messina. Relacion verdadera de la toma de . . . Mecina. *Sevilla,* [1678]. 4.° 1445.f.17.(65). [343]

— Relacion verdadera, que declara el modo, y circunstancias con que . . . Mezina lo bolvió a la obediencia del Rey. *Iuan Cabeças: Sevilla,* 1678. 4.° 1445.f.17.(64). [344]

— Segunda relacion, que confirma como las . . . armas de su magestad entraron en . . . Mezina. *Iuan Cabeças: Sevilla,* 1678. 4.° 1445.f.17.(63). [345]

Metello de Souza Menezes, Alexandre. Pello caminho da Crus teras e veras a Jezus. [An allegorical plate]. [*n.p.,* 1700?] *S.sh.* 8.° 9195.c.21.(1). [346]

Metge, Joseph. [*Begin:*] Ilustrissimo señor el maestro fray Ioseph Metge. [In answer to a manifesto by J. B. Sorribas concerning the punishment of J. Cancer and J. Metge.] [*Madrid?* 1671] fol. 4783.e.1.(26). [347]

— [*Begin:*] Ilustrissimo señor. El maestro fray Ioseph Metge. [In defense of his previous publication in reply to the manifesto of J. B. Sorribas]. [*Madrid?* 1671]. fol. 4783.e.1.(27). [348]

Mexia, Diego. Primera parte del parnaso antartico, de obras amatorias. Con las. 21 epistolas de Ovidio, i el in Ibin, entercetos . . . Por Diego Mexia. *Alonso Rodriguez Gamarra: Sevilla,* 1608. 4.° 11451.d.23; 11451.bbb.11. [349]

Mexia, Pedro. Historia imperial, y cesarea. En que sumariamente se contienen las vidas, y hechos de todos los emperadores, desde Iulio Cesar. *Melchor Sanchez; a costa de Gabriel de Leon: Madrid,* 1655. fol. 10605.g.12. [350]

— Silva de varia lecion, agora . . . emendada, y . . . añadida . . . Dirigida à la Sacra C. C. M. *En la casa de Martin Nucio: Anvers,* 1603. 8.° 8405.b.50. [351]

Mexico, *City of.* [*Official documents*]. Proposicion, que la ciudad de Mexico hizo en su consistorio, en 28 de setiembre a la junta general. [*Mexico*], 1630. fol. 4745.f.11.(8). [352]

— [*Ayuntamiento*]. Consulta de la ciudad de Mexico al . . . virrey marques de Cadereyta. Sobre quatro punto que miran a la conservacion deste reyno. [24 may, 1636]. [*Mexico,* 1636?] fol. 8228.h.45. [353]

— Consulta de la ciudad de Mexico. Al . . . virrey marques de Cadereyta. Sobre que se abra la contratacion del Piru, y se comersie libremente con este reyno. [14 June, 1636]. [*Mexico,* 1636]. fol. 9771.h.2.(8); 8228.h.46. [354]

— [*Casa de la moneda*]. Los mercaderes de la casa de la moneda de Mexico, en el pleyto con el señor fiscal. [By G. Romero]. [*n.p.,* 1660?] fol. 1323.l.7.(28); C.62.i.19.(53). [355]

— — [*n.p.,* 1660?] fol. 1322.l.7.(29). [356]

— Para que mejor se pueda entender los terminos y nombres del pleyto que el señor fiscal trata contra los mercaderes . . . se representan las advertencias siguientes. [*Madrid?* 1625?] fol. C.62.i.19.(52). [357]

— [*Cathedral*]. Capitulo de la erection de la catredal [sic] de Mexico, tocante a los quatro novenos de los diezmos de la dicha catredal [sic] y su arçobispado. *Lat.* [*Madrid?* 1600?] fol. C.62.i.19.(46). [358]

— [*Cathedral Chapter*]. Por el dean y cabildo de la santa yglesia de Mexico. Con el doctor Luis de Herrera [relating to his appointment to the maestrocolía.] [*Madrid?* 1635?] fol. 4183.k.2.(14). [359]

— Por la santa iglesia metropolitana de . . . Mexico . . . con las religiones de santo Domingo, san Agustin, y la compañia de Iesus . . . En respuesta à su informacion. [*Mexico?* 1650?] fol. 5125.g.9.(4). [360]

— [*Colegio Real de San Ildephonso*]. Fundacion del colegio real de san Ildephonso en [17 Jan. 1618]. [*Mexico,* 1618]. fol. 4182.g.2.(1). [361]

— [*Congregacion de Nuestra Señora de los Dolores del colegio de S. Pedro y S. Pablo*]. Motivos piadosos para adelantar la devocion tierna de los dolores de la SS. Virgen. *Maria de Benavides: Mexico,* [1623]. 8.° 861.g.24. [362]

— [*Congregacion de Nuestra Señora en el coligio de la compañia de Jesus de México*]. Dudas acerca de las ceremonias sanctas de la missa. Resueltas por los clerigos de la congregacion. *Henrico Martinez: Mexico,* 1602. 8.° 3476.b.53; 3478.aa.2. [363]

— [*Real y Pontificia Universidad*]. Estatutos, y constituciones (de la imperial y regia universidad de Mexico) hechas con

comission particular de su magestad. [1 May, 1649].
Viuda de Bernardo Calderon: Mexico, 1668. fol. 8356.i.2.
[364]

—Informe que la real universidad . . . haze a el . . . señor
Virrey . . . sobre los inconvenientes de la bebida de el
pulqe. [*Mexico,* 1692]. fol. 8435.i.5. [365]

—[*Universidad de los mercaderes de la Nueva España*]. [*Begin:*]
Señor. El prior y consules de la universidad de los
mercaderes. [A memorial to the King relating to the
commerce of Mexico]. [*Madrid?* 1640?] fol.
1324.i.10.(10). [366]

Mexico, *Province of.* [*Begin:*] Don Rodrigo Pacheco Ossorio,
marques de Cerralvo. (Nuevas ordenanças en prohibicion
de la bebida de el pulque amarillo . . . y otras). [7 May,
1631]. [*Mexico,* 1631]. fol. 9771.h.2.(4). [367]

—[*Begin:*] Don Luis Enriquez de Guzman. [An ordinance
concerning the working of the mines]. (Mexico, 18 majo,
1651). [*Mexico?* 1651?] fol. 725.k.18.(10). [368]

—[*Begin:*] Don Antonio Sebastian de Toledo. [A viceregal
edict publishing a royal edict forbidding the local
authorities to oppress the natives, dated 11 Oct. 1669].
[*Mexico,* 1669]. fol. 9770.k.3.(13). [369]

—[*Franciscans*]. Breve resumen, que se haze, para la mejor
inteligencia del pleyto que litiga la religion de san
Francisco . . . de la Nueva España, con el clero . . . del
obispado de la Puebla de los Angeles. [*Madrid?* 1645?]
fol. 4783.e.3.(35); 4783.e.3.(39). [370]

—Constituciones de la provincia de san Diego de Mexico de
los menores Descalços de la mas estrecha observancia
regular de . . . S. Francisco en . . . Nueva España . . .
[24 Oct. 1967]. *Herederos de la viuda de Francisco Rodriguez
Lupercio: Mexico,* 1698. 4.° 4785.dd.14. [371]

—[*Jesuits*]. Festivo aparato, con que la provincia mexicana de
la compañia de Jesus celebró . . . los . . . lauros . . . de
S. Francisco de Borja. *Iuan Ruyz: Mexico,* 1672. 4.°
C.63.b.36. [372]

—[*Appendix*]. [*Begin:*] General opinion es en la Nueva
España . . . que los repartimiētos de los Indios, para las
minas y labores, es la causa mas eficaz para cōsurmirlos.
[*Madrid?* 1630?] fol. C.62.i.19.(42). [373]

Mey, Aurelio. Norte de la poesia española. Illustrado del
sol de doze comedias . . . de laureados poetas valencianos.
*En la impresion de Felipe Mey; a costa de Iusepe Ferrer:
Valencia,* 1616. 4.° 11725.cc.10.(vol. 2); 11726.c.29.
[374]

Mez, Nicolas, *of Breitenbach.* Diccionario muy copiosa de la
lengua española, y alemana hasta agora nunca visto.
Juan Diego Kürner: Viena, 1670. 4.° 12942.b.5. [375]

Micheli y Marquez, José, *Baron de San Demetrio.* El conseiero
mas oportuno para restauracion de monarquias. *Iuan
Sanchez; a costa de Tomas de Alfay: Madrid,* 1645. 8.°
8007.aa.29. [376]

—Deleite y amargura de las dos cortes, celestial y terrena.
Iuan Sanchez; a costa de Pedro Coello: Madrid, 1624. 4.°
12352.cc.16. [377]

—El fenix catolico don Pelayo el restaurador. Renacido de
las cenizas del rey Vitiza, y don Rodrigo destruidores
de España. *Iuan Sanchez; a costa de Pedro Coello: Madrid,*
1648. 4.° 1199.h.22. [378]

—Tesoro militar de cavalleria . . . con un . . . discurso del
origen de los sumos sacerdotes religiosos. *Diego Diaz de
la Carrera: a costa de Pedro Coello: Madrid,* 1641. fol.
1327.k.16. [379]

Mico, Onophrius. Lex evangelica, pro concionibus quadra-
gessimæ, mysteriis fidei, aliquibus, et sanctis. Argumentis
sacræ Scripturæ, contra Alcoranum. *Valentiæ,* 1700. fol.
4425.g.3. (*destroyed*) [380]

Miguel, *don.* Xacara nueva de la vida prision, y muerte del
valiente don Miguel . . . declaranse los crueles delitos
que hizo. [In verse]. *Madrid,* [1676]. 4.° T.22.*(8). [381]

Miguel, Agustin. Libro de los secretos de agricultura, casa
de campo y pastoril. Traduzido de lengua catalana . . .
por fr. Miguel Agustin . . . del libro q̄ el mesmo autor
sacò a luz el año 1617. *En casa de Luys Roure: Perpiñan,*
1626. 4.° 441.b.10. [382]

Mijangos, Juan de. Espeio divino en lengua mexicana, en
que pueden verse los padres, y tomar documento para
acertar a doctrinar bien a sus hijos. *Mex. Diego Lopez
Daualos: Mexico,* 1607. 4.° 4407.g.16. [383]

—Primera parte del sermonario dominical y sanctoral . . . en
lengua mexicana. *Mexico,* 1624. 4.° 4424.h.36. (*destroyed*)
[384]

Milagro. Zarzuela nueva. Milagro es hallar verdad. [In verse].
[*Madrid?* 1700?] 4.° 11726.f.70. *imp.* [385]

Military Orders. [*Begin:*] Da mihi liberos, alioquim moriar.
Genes. 30.1. [A document dealing with the duties of
military orders]. [*n.p.d.*], fol. 765.i.13.(11). [386]

Millan de Poblete, Joseph. Relacion festiva, pompa
solemne, y celebre aparato, con que . . . Manila . . .
solemnizo . . . la votiva fiesta del patrocinio de la Virgen.
[*Manila*], 1658. 4.° 4765.aaa.9. [387]

Millini, Savo. Academia, que celebraron los ingenios de
Madrid el dia II. de enero de 1682. [*Madrid?* 1682?] 4.°
T.40.*(2). [388]

—Al eminentissimo señor don Sabo Millini, cardenal . . .
soneto. [*Madrid?* 1681?] S.sh. fol. T.22.*(64). [389]

Minato, Nicolo. La prosperidad de Elio Seyano. Drama
poetio [in three acts] . . . traducido de italiano por . . .
Juan Silvestre Salva. *Mateo Cosmerovio: Viena,* [1671]. 8.°
11726.a.15.(1). [390]

Minguez, Francisco. [*Begin:*] Iesus. Por Francisco Minguez
ensayador de la casa de la moneda [and others] Contra
. . . Sancho Berdugo, fiscal. [*n.p.,* 1660?] fol.
1322.l.7.(25). [391]

Minorca. – *Universidad.* [*Begin:*] Por los iurados y universidad
de la isla de Menorca. Contra los oficiales . . . de la
inquisicion . . . Sobre la franqueza y exempcion que
pretenden de las cargas . . . uniuersales. [*n.p.d.*], fol.
765.h.3.(2). [392]

Minsheu, John. Vocabularium hispanico-latinum et anglicum
. . . A most copious Spanish dictionary with Latine and
English (and . . . other languages). *Apud Joannem Browne:
Londini,* [1617]. fol. C.83.k.1.(2); 629.m.15.(2); 826.l.23;
629.n.17; 66.h.3.(2). [393]

Mira de Mescua, Antonio. Comedia famosa del conde
Alarios. [In verse]. [*Madrid?* 1700?] 4.° No. 15 of an
unidentified collection. 11728.d.46. [394]

—Comedia famosa. El capitan Belisario. De un ingenio de
esta corte. [1700?] 4.°. *See* Belisarius. 11728.h.14.(2).

—Comedia famosa, el negro del mejor amo. Comedia [in verse]. *Herederos de Gabriel de Leon:* [*Madrid*, 1680?] 4.° *No. 93 of an unidentified collection.* 11728.d.48. **[395]**

—Lo que puede el oir missa. Comedia [in verse]. [*Madrid?* 1700?] 4.° *No. 115 of an unidentified collection.* 11728.h.14.(3). **[396]**

Miralles, Christoval. de Libro, y elogio anagrammatico del nombre misteriosso de S. Rosa de S. Maria. *Lucas Manubas: Manila,* 1697. 16.° 1223.a.18. **[397]**

Miranda, Lópe de. Iesus. El fiscal [— Castillo de Bobadilla] y el concejo y vezinos de Navia. Con L. de Miranda, y A. Perez de Navia y consortes. [By M. Gonçalez]. [*n.p.,* 1605?] fol. 1322.l.6.(7). **[398]**

—Iesus. Memorial del pleyto que se trata en esta real audiēcia, entre el señor fiscal de su magestad, y el concejo y vezinos de . . . Navia. Con Lope de Miranda . . . y otros. [By — Rivero de Posada]. [*n.p.,* 1606?] fol. 1322.l.6.(4). **[399]**

—Iesus. Por Lope de Miranda y consortes. Con el fiscal de su magestad, y villa de Navia. [By Fresno Delgado]. [*n.p.,* 1606?] fol. 1322.l.6.(6). **[400]**

—Memorial de las escripturas presentadas en el acuerdo por Lope de Miranda y consortes, en el pleyto q̃ con ellos trata el fiscal . . . de Navia. [By — Rivero de Posada]. [*n.p.,* 1606?] fol. 1322.l.6.(5). **[401]**

Miranda, Luis de. Ordinis iudiciarii, et de modo procedendi in causis criminalibus, tam in foro ecclesiastico, quàm seculari agitandis, liber feliciter incipit. *Excudebat Andreas Renaut: Salmanticæ,* 1601. 8.° 5384.aaa.49. **[402]**

—Por Luys de Miranda reportero de camas de la reyna . . . Con el colegio de la compañia de Iesus. Sobre la casa que se dio de aposento al dicho Luys. [*n.p.,* 1621]. fol. 765.i.3.(46). **[403]**

—Por Luys de Miranda reportero de camas de la reyna . . . Con el colegio de la compañia de Iesus . . . Sobre que se dio de aposento al dicho Luys de Miranda, en las que tiene el dicho colegio. [*n.p.,* 1630?] fol. 765.h.3.(46). **[404]**

Miranda, Martin Affonso de. Discursos historicos de la vida, y muerte de don A. de Zuñiga. *Antonio Aluarez: Lisboa,* 1618. 4.° 10632.aaa.23. **[405]**

—Tempo de agora em dialogos. (Segunda parte do tempo de agora). 2 pt. *Pedro Craesbeek: Lisboa,* 1622-24. 16.° 12331.a.17. **[406]**

Miranda, Valentin de. Relacion verdadera en que se da cuenta, como una muger llamada la Baltasara, despues de auer andado . . . viuiendo libre . . . se boluio a Dios. [In verse]. *Gabriell Graells y Esteuan Liberos: Barcelona,* 1615. 4.° 11450.a.24.(7). **[407]**

Miranda y Paz, Francisco de. El desengaño, philosophia moral. *Francisco Calvo: Toledo,* 1663. 4.° 8409.c.20. **[408]**

—Discurso sobre, si se le puede hazer fiesta al primer padre del genero humano Adam. *Viuda de Iuan Goncalez: Madrid,* 1636. 4.° 4051.bb.25. **[409]**

Miravall y Florcadell, Vicente de. Tortosa ciudad fidelissima y exemplar. Motivos que . . . don Felipe el grande . . . ha tenido para concederla estos . . . titulos. *Imprenta del reyno; a costa de Tomas Alfay: Madrid,* 1641. 4.° 1060.h.27. **[410]**

Mirteus, Bolandus, *Onatinus, pseud.* [i.e. Martinus Antonius Del Río]. Rolandi Mirtei Onatini commentarius rerum in Belgio gestarum à Petro Henriquez de Azvedo, comite de Fuentes, &c. [With a dedication by Ioannes. Hasrey]. *Apud Ioannem Flandrum: Matriti,* 1610. 4.° C.80.a.14.(1); T.2223.(7). **[411]**

Misquita, Mansel Jacome de. Relacam do que socedeo na cidade de Goa, e em todas as mais cidades e fortalezas . . . da India. *Impresso no collegio de S. Paulo nosso da companhia de Jesu:* [*Goa*], 1643. 4.° C.32.f.32. **[412]**

Moez de Iturbide, Miguel. [*Begin:*] Aviendo dado a su magestad . . . la villa de Alcalà de Henares un memorial. [A memorial on behalf of Alcalà, concerning its privileges]. [*Alcala?* 1640?] fol. 1324.i.2.(113). **[413]**

Moles, Fabrique. Audiencia de principes. *Imprenta real: Madrid,* 1637. 4.° 8007.bb.31. **[414]**

—Relacion tragica del Vesuvio. *Lazaro Escorigio: Napoles,* 1632. 4.° 444.b.55. **[415]**

Moles, Vincentius. De morbis in sacris literis pathologia. *Ex officina Joannis Sancij; Sumptibus Roberti Laurentij: Matriti,* 1642. 4.° 1166.g.7. **[416]**

Molina, Antonio de. Exercicios espirituales, de las excelencias, provecho, y necessidad de la oracion mental. 2 pt. *Pedro Gomez de Valdiuielso; y a su costa: Burgos,* 1630. 4.° 852.i.12. **[417]**

— —*Ioseph Fernandez: Madrid,* 1671. 4.° 852.i.18. **[418]**

Molina, Christoval de. [*Begin:*] Ex.mo señor. Christoual de Molina, regidor desta ciudad de Mexico. [A memorial concerning the aborigines of the province of New Spain]. [*Mexico?* 1620?] fol. 1324.i.9.(6). **[419]**

—[*Begin:*] Señor. Cristoval de Molina regidor . . . de Mexico. [A memorial, addressed to the King, respecting the aborigines of the Spanish provinces in the Indies]. [*Madrid,* 1628]. fol. C.62.i.18.(49). **[420]**

Molina, Melchior de, and **Cerdeña y Moncon, Luis de.** Por don Iuan Alfonso Fernandez de Cordova y sosa . . . Con doña Francisca Fernandez de Cordova, condesa de Casapalma . . . sobre el estado de Guadalcazar. [*n.p.,* 1672?] fol. 1322.l.8.(3). **[421]**

Molina, Tirso de. *See* Tellez, G.

Molina de Medrano, Juan Antonio. Ill.mo señor. El doctor don Iuan Antonio Molina de Medrano. [A memorial, stating his services and soliciting a place]. [*Madrid?* 1627?] fol. 1324.i.2.(78). **[422]**

Molina Lama y Guzman, Gerónimo de. Defensa por don Francisco Berrio de Arroyo . . . en el pleyto con el fiscal de su magestad. [*n.p.,* 1660?] fol. 1322.k.15.(17). **[423]**

—Novæ veritates iuris practicæ, vtraque manu elaboratæ, tum theologorum moralium scientia, tum legum, & canonum principiis. *Ex typographia regia: Matriti,* 1665. fol. 5051.f.15. **[424]**

Molinari, Bartolomé de. Por Bartolome de Molinari, pagador de la real chancilleria de Granada, y don Francisco Antonio Veneroso y Loaisa aguazil . . . Contra Rolando Leuanto. [*Granada?* n.d.] fol. 765.i.2.(15). **[425]**

Molina y Saavedra, Hernando de. Epistola apologetica a la magestad catolica de d. Felipe el Grande . . . contre el parecer de cierto ministro. *Cornelio Egmondt: Colonia Agrippina,* 1650. 4.° 593.c.18. **[426]**

Moncada, Francisco de, *marquis de Aytona, Count de Osuna.* [*Begin:*] Don Francisco de Moncada, marquis d' Aytona. Hoe wel dat voor desen generalijck. [A proclamation prohibiting the indiscriminate cutting down of wood]. *Weduwe Huybrecht Anthoon Velpius: Brussel,* 1634. *S.sh.* fol. 112.f.33.(3). **[427]**

—Expedicion de los catalanes y aragones contra turcos y griegos. *Lorenço Deu: Barcelona,* 1623. 4.° 1060.e.2; 281.e.29; G.6347. **[428]**

Moncada, Guillen Ramón de. *marquis de Aytona.* Discurso militar. Proponense algunos inconvenientes de la milicia destos tiempos. *Bernardo Noguès: Valencia,* 1653. 4.° 1609/858. **[429]**

Moncada, Juan de. Apologia historia legal por . . . santa Tecla, su . . . iglesia de Tarragona . . . y . . . Iosef Sanchíz . . . sobre la iurisdicion . . . que tiene en aquella ciudad. [*Barcelona?* 1684?] fol. 4625.g.2.(1). **[430]**

Moncada, Juan Tomás de, *Count de Aderno.* Epistolarum Ioannis Thomæ Monticatini, Adrani comitis . . . libri tres. Latinè ab ipso conscripti, demum Italo idiomate translati per dom Petrum de la Carrera . . . Novissimè Hispano sermone exarati per Laurentii Matheu et Sanz. *Lat., Ital., & Span.* 3 pt. *Per Bernard Nogues: Valentiæ,* 1658. 24° 10905.a.19. **[431]**

Moncada, Sancho de. Restauracion politica de España, primera parte . . . Ocho discursos del doctor Sancho de Moncada. 2 pt. *Luis Sanchez: Madrid,* 1619. 4.° C.46.e.17. **[432]**

Moncayo i Gurrea, Juan, *marquis de San Felices.* Rimas. *Diego Dormer: Çaragoça,* 1652. 4.° 011451.eee.2. **[433]**

Moneda, Andreas de la. Cursus utriusque philosophiæ, tam rationalis, quam naturalis, dialecticam, metephysicam, physicamque complectens [of Aristotle], disputationibus ac quæstionibus illustrati. 4 tom. *Miguel de Azpilcueta: Burgos,* 1660. 4.° 8462.bbb.2. **[434]**

Moniz de Carvalho, Antonio. Memoria da iornada, e successos, que ouue nas duas embaxadas, q̄ S. magestade . . . mādou aos reynos de Suecia, & Dinamarca. 1642. 4.° *See* Portugal. 1444.g.8.(6). **[435]**

—Traduçam de huma breve conclusão e apologia da iustiça del Rey . . . & dos motiuos de sua felice acclamação, que fez em latim . . . Antonio Carvalho. *Iorge Rodriguez: Lisboa,* 1641. 1444.g.8.(7). **[436]**

Monroy, Antonio de, *Señor de Monroy.* Apologia sobre la autoridad de los santos padres, y doctores de la Iglesia. *Francisco Huby: Paris,* 1627. 4.° 4061.cc.29. **[437]**

Monroy y Silva, Christoval de. La alameda de Sevilla, y recato en el amor. Comedia. *Francisco de Leefdael: Sevilla,* [1700?] 4.° *No. 124 of an unidentified collection.* 11728.d.78. **[438]**

—El casamiento fingindo. Comedia. [*Madrid?* 1700?] 4.° 11728.d.79. **[439]**

—Comedia famosa. De san Juan Bautista. *Juan Sanz: Madrid,* [1700?] 4.° *No. 85 of an unidentified collection.* 11728.d.95. **[440]**

—Comedia famosa. Las mocedades del duque de Ossuna. De d. Christoval Monror [*sic*] y Silva. [*Madrid?* 1690?] 4.° T.1736.(26). **[441]**

—La destruicion de Troya. Comedia. [*n.p.,* 1700?] 4.° 1072.h.2.(10); 11728.i.4.(13). **[442]**

—Embidias vencen fortunas. Comedia. [*Madrid?* 1700?] 4.° 11728.d.82. **[443]**

—Escarmientos de el pecado, y fuerza del desengaño. Comedia. [*Madrid?* 1700?] 4.° 11728.d.83. **[444]**

—El gigante Cananeo, san Christoval. Comedia. *Francisco de Leefdael: Sevilla,* [1700?] 4.° 11728.d.85. **[445]**

—El horror de las montañas, y portero de san Pablo. Comedia. [*n.p.,* 1650?] 4.° 1072.h.14.(6). **[446]**

—Lo que puede el desengaño. Comedia. [In verse]. [*n.p.,* 1700?] 4.° 1072.h.6.(13). **[447]**

—Mudanzas de la fortuna, y firmezas del amor. Comedia. [*Madrid?* 1690?] 4.° T.1736.(25). **[448]**

——[*Seville?* 1700?] 4.° 11728.i.4.(8). **[449]**

——[*Madrid?* 1700?] 4.° 1072.h.2.(11). **[450]**

—El robo de Elena. Comedia. *Francisco de Leefdael: Sevilla,* [1700?] 4.° *No. 74 of an unidentified collection.* 11728.d.94; 11728.i.4.(11). **[451]**

—Las violencias del amor. Comedia. [In verse]. [*n.p.,* 1700?] 4.° 1072.h.14.(10). **[452]**

Monrroy, Alonso de. Informacion en derecho, de don Alonso de Monrroy, y don Gonçalo de Monrroy, con don Diego de Monrroy. [*Salamanca?* 1700?] fol. 1322.l.1.(10). **[453]**

Monsalve, Miguel de, *Catholic priest.* Reducion universal de todo el Piru, y demas Indias, con otros muchos avisos. [*Madrid?* 1604]. 4.° 1061.c.35. **[454]**

Monsalve, Miguel de, *licenciado.* [*Begin:*] Pedro Gutierrez de Areualo, Pedro de Chaues, Iuan de Montaluo, [and others], dezimos. [A petition to the King, for the exemption of medicines from tax]. [*Madrid,* 1650?] fol. 765.i.8.(50). **[455]**

—[*Begin:*] Señor. El marques de Leganes, puèsto a los . . . pies de V. M. dize. [A statement of the services of the marquis, and appeal to the King in vindication of his public conduct]. [*n.p.,* 1650?] fol. 1322.k.15.(9). **[456]**

Monsalve, Pedro de. Canciones a la Inmaculada concepciõ de la Virgen. *Alonso Rodriguez Gamarra: Sevilla,* 1615. 4.° C.63.b.27.(1). **[457]**

——*Alonso Rodriguez Gamarra: Seuilla,* 1616. 4.° 847.m.4.(4). **[458]**

Monsalve y Armendariz, Fernando. El doctor don Fernando de Monsalve y Armendarez. [A memorial of his services in the Spanish Indies]. [*Madrid?* 1644?] *S.sh.* fol. 1324.i.2.(34). **[459]**

Monserrate, Andrés de. Arte breve, y compendiosa de las dificultades que se ofrecen en la musica practica del canto llano. *Pedro Patricio Mey: Valencia,* 1614. 4.° M.K.8.f.12. **[460]**

Montalbo, Francisco de. Historias de las Guerras de Ungria desde el año de 82 hasta el de 88. *Pedro Copula: Palermo,* 1693. fol. 1314.l.24. **[461]**

Montalte, Louis de, *pseud.* [i.e. Blaise Pascal]. Les provinciales ou lettres escrittes par Louis de Montalte . . . traduites en latin par Guillaume Wendrock . . . en espagnol par . . . Gratien Corderó . . . et en italien par . . . Cosimo Brunette. *Fr., Lat., Span., & Ital. Balthasar Winfelt: Cologne,* 1684. 8.° 224.g.14. **[462]**

Montalvo, Diego de. Venida de la soberana virgen de Guadalupe a España, su dichosa invencion, y de los . . .

favores que ha hecho. tom. 1. *Pedro Craesbeeck: Lisboa,*
1631. 4.° 862.i.11. [463]

Montalvo, Francisco de. Por doña Maria de Beuavides. Con
don Francisco de Peralta, vel potius, con el real fisco.
Sobre la casa . . . que . . . doña Maria possê. [A lawsuit
concerning the ownership of a house]. [*Madrid?* 1625?]
fol. 765.h.3.(38). [464]

Montalvo, Francisco Antonio de. Descripcion de las fiestas
con que celebrò el real nombre de . . . doña Maria Luisa
de Orleans . . . el marques del Carpio. *Nicolas Angel
Tinassio: Roma,* 1681. fol. T.71.*(5). [465]

—El sol del nuevo mundo ideado y compuesto en las . . .
operaciones del bienaventurado Toribio . . . por D. D.
Francisco Ant° de Montalvo . . . y ofrecido al . . . virrey
. . . del Peru. *Angel Bernavo: Roma,* 1683. fol. 4985.f.6.
[466]

—Vida del . . . padre Miguel de Rivera . . . ilustrada con las
sentencias espirituales de . . . S. Phelipe Neri. *Roma,* 1683.
4.° 485.b.18. [467]

Montalvo y Figueroa, Gomez de. [*Begin:*] Señor. Dixo
un gran ministro, que en los acæcimiētos humanos no
ay que estrañar nada. [*n.p.,* 1642?] fol. 765.i.11.(26).
[468]

Montaña, Nicolas de. Apuntamientos por el derecho de J.
Bolart apresador de los navios nõbrados el Espiritu Santo,
y la Rosa. [*Madrid?* 1665?] fol. 6825.f.20. [469]

Montanos, Francisco de. Arte de canto llano. Con ento-
naciones comunes de coro y altar. *F. de Cea Tesa:
Salamanca,* 1610. 4.° M.K.1.f.6. [470]

— —*Imprenta real: Madrid,* 1648. 4.° Hirsch I.413. [471]

Montayas, Francisco. Aqui se contiene una curiosa Xacara,
en que se dà cuenta de la prision de quinze gitanos y
gitanas, Francisco Montayas . . . y doze mugeres. [*Toledo,*
1677?] 4.° T.22.*(23). [472]

Montecuccoli, Raimondo, *Prince.* Verdadera y nueva
relacion, y segundo aviso: de los progressos de las . . .
armas, governadas por el . . . conde de Montecucoli . . .
contra las del Rey christianisimo . . . y el sueco. *Iuan
Cabeças: Sevilla,* [1675]. 4.° 1445.f.17.(58). [473]

Monteiro, Nicolaus. Vox turturis. Portugalia gemens. Ad
pontificem summum, pro rege suo (ut audiatur) juste
gemit, ac clamat . . . Libellus suplex [in favour of the
claims of John IV to the throne of Portugal]. *Domingos
Lopes Rosa: Lisboa,* 1646. 4.° 8042.c.1. [474]

Monteiro de Campos, Manoel. Academia nos montes, e
conversações de homens nobres. *Antonio Aluarez;
vendese em casa de Vicente de Lemos: Lisboa,* 1642. 4.°
12352.cc.14. [475]

Montemayor, Christoval de. Medicina y cirurgia de
vulneribus capitis. [Second edition: edited by S. de
Gallego]. *Iuan de Ybar: Çaragoça,* 1651. 8.° 7481.a.30.
[476]

Montemayor, Jorge de. [*Spanish*]. Parte primera y segunda
de la Diana de George de Montemayor. *Imprenta real;
a costa de Alonso Perez; y de Andres Lopez: Madrid,* 1602.
8.° 244.c.39. [477]

—Los siete libros de la Diana de George de Montemayor.
Hanse añadido los verdaderos amores del Abencerraje
Abindarraez [and other plays]. *Pedro Patricio Mey:
Valencia,* 1602. 12.° 12490.a.4. [478]

—Diana. Los siete libros de la Diana de Jorge de Montemayor.
Andrea de Ferrari: Milano, [1610?] 8.° 1072.e.31. [479]

—Parte primera y segunda, de la Diana de George de Monte-
Mayor. *Sebastian de Cormellas: Barcelona,* 1614. 8.°
12490.df.9; 1075.e.7; of pt. 1. [480]

— La Diana de Iorge de Monte Maior . . . revista por Alonso
de Ulloa . . . Han se añadido . . . los . . . amores de
Abencerrage, y la hermosa Xarifa . . . Historia de Piramo
y Tisbe. (La Diana . . . por Alonso Perez). 2 vol. *Iuan
Baptista Bidelo: Milan,* 1616. 12.° 12489.a.17. [481]

— —*Viuda de Alonso Martin; a costa de Domingo Goncalez:
Madrid,* 1622. 8.° 12516.de.18. [482]

—[*Spanish and French*]. Los siete libros de la Diana de George
de Monte- Mayor. *Anthoine du Brueil: Paris,* 1603. 12.°
12489.aa.9. [483]

—Los siete libros de la Diana de George de Montemayor . . .
Traduicts d' espagnols . . . & conferez és deux langues
[by J. D. Bertranet]. *Thomas de la Ruelle: Paris,* 1613. 8.°
12490.aaa.16. [484]

Montemayor y Córdova de Cuenca, Juan Francisco de.
Resumen de reales cedulas para las Indias. *Viuda de B.
Calderon: Mexico,* 1678. fol. 6784.h.5. (*destroyed*) [485]

—[*Begin:*] Señor. Don Juan Francisco de Montemayor de
Cuenca. [A petition to the King setting forth his services
in the Spanish Indies]. [*Madrid,* 1662?] fol. 1324.i.1.(30).
[486]

—Summaria investigacion de el origen, y privilegios, de los
ricos hombres . . . caballeros, infanzones . . . y senores
de vassallos de Aragon. Parte 1. [*Mexico,* 1664]. 4.°
9917.ccc.46. [487]

Monterde y Miranda, Blasa María Asensio. Epitalamios
sacros, nupciales himnos, que se han de cantar . . . a los
. . . desposorios de . . . Blasa Maria Asensio Monterde y
Miranda con . . . Christo. [*Saragossa,* 1692]. 4.°
1073.k.22.(24). [488]

Montero, Francisco Martin. Vergel de entremeses y
conceptos del donayre . . . Compuesta por los mejores
ingenios. [Edited by F. M. Montero]. *Diego Dormer;
a costa de Francisco Martin Montero: Zaragoça,* 1675. 8.°
11726.a.16. [489]

Montero de Espinosa, Sebastian. [*Begin:*] Iesus, Maria,
Iosef. El doctor Sebastian Montero de Espinosa. [A letter
justifying his actions]. [*n.p.d.*], fol. 765.h.3.(19). [490]

Montero del Águila, Diego. Oracion panegyrica que al
primer feliz ingresso del . . . señor don Melchor Portocarrero Lasso de la Vega . . . en la real universidad . . .
dixo . . . Diego Montero del Aguila. [1689]. fol. *See
Lima – Universidad de San Marcos.* 8366.i.4.

Montes, Francisco de. [*Begin:*] Francisco de Montes, en el
pleito con el señor fiscal del cosejo de cruzada. [A plead-
ing]. [*n.p.,* 1620?] fol. 1322.k.14.(38). [491]

—[*Begin:*] Señor. Para que mejor se entiēda la pretension de
Francisco de Montes, y la del reyno . . . se ha de considerar.
[*n.p.,* 1620?] fol. 1322.k.14.(39). [492]

Montesa, *Order of.* [*Begin:*] Exmo señor. Sobre la precedencia
entre el assessor general de la orden, y el clavero della en
las iuntas de la orden [in favour of the claims of the
latter]. [*Madrid?* 1660?] fol. 704.h.16.(4). [493]

Montes de Oca, Francisco. Del doctissimo reverendo
P. M. F. Basilio Ponce de Leon . . . fama postuma.

[Containing verses by various authors]. *Diego Cussio: Salamanca*, 1630. 4.° 011451.f.3. [494]

Montesinos, Fernando de. Auto de la fe celebrado en Lima. A 23. de enero de 1639. *Imprenta del reyno: Madrid*, 1640. 4.° 4071.b.25. [495]

— [*Begin:*] Señor. El licenciado D. Fernando de Montesinos. [A memorial to the King, concerning the working of the Peruvian mines]. [*Madrid?* 1645?] fol. 725.k.18.(33); 725.k.18.(36). [496]

— [*Begin:*] Señor. Proponensele a V. M. los servicios del licenciado don Fernando de Montesinos. [A memorial to the King]. [*Madrid?* 1650?] fol. 1324.i.2.(18). [497]

Montesinos, Francisco. Por d. Francisco Montesinos clerigo . . . En el pleyto con Pedro Salgado . . . Sobre la capellania que fundó . . . Diego Muñoz. *Imprenta real: Granada*, 1638. fol. 765.i.11.(18). [498]

Montesinos, Luis de. Commentaria in primam secundae [of the "Summa theologica"] divi Thomae. 2 tom. *Apud viduam Ioannis Gratiani de Antisco: Compluti*, 1621, 22. fol. 3845.e.19. [499]

Monteza, Luiz de. Cartas halladas por un soldado en la ciudad de Evora, en el dia que la recuperaron los portugueses. [Two letters, one signed, "El capitan don L. de Monteza"]. *Henrique de Valente de Oliuera: Lisboa*, 1663. 4.° 9195.c.26.(9). [500]

Montezuma, Francisca, de. [*Begin:*] Doña Francisca de la Cueva viuda . . . de dõ Diego Luis de Monteçuma. [A memorial asking for copies of certain documents relating to her late husband's property]. [*Madrid*, 1611]. fol. C.62.i.19.(22). [501]

Montoya, Alonso de. [*Begin:*] Iesus. Por el licenciado Alonso de Montoya: en el pleyto que contra el trata Diego Ramon Clerigo, en que le imputa auelle [sic] dado un bofeton. [*n.p.d.*], fol. 765.h.2.(33). [502]

Montoya, Lucas de. Compendio de la vida, y milagros del glorioso . . . San Francisco de Paula, fundador . . . de los minimos. *Diego Lopez de Haro: Sevilla*, [1700?] 8.° 1371.b.8. [503]

— Coronica general de la orden de los minimos de S. Francisco de Paula. 3 pt. *Bernardino de Guzman: Madrid*, 1619. fol. 4785.h.9. [504]

Montserrate Montañes, Miguel. Libro intitulado aviso sobre los abusos de la iglesia romana. *Ludolpho Breechevelt: La Haya*, 1633. 8.° 3901.c.29. [505]

— Libro intitulado cœna domini dirigido. A los . . . sennores Estados Generales . . . del pais baxo. *Arnoldo Mures: La Aya*, 1629. 8.° 3902.aa.33. [506]

Moors. Lamentos funebres, ayes lastimosos, lagrimas . . . y . . . suspiros, con que . . . se quexan . . . los . . . insolentes moros, por la perdida de Oran. [In verse]. [*n.p.*, 1648?] 4.° 1072.g.25.(12). [507]

Moradell, Domingo de. Preludis militars, en los quals se tracta lo que han de saber . . . los oficials majors y menors. *Iaume Romeu: Barcelona*, 1640. 4.° 1608/823. [508]

Moraes, Francisco de. Dialogos de Francisco de Moraes con hum desengano de amor . . . que o autor teve em França. *Manoel Carvalho; & à su custa: Evora*, 1624. 8.° 12331.a.21. *imp.* [509]

Morales, *Town of.* Segunda relacion, del ya notorio y referido suceso que acaecio en . . . Morales en 26. de diziembre del año pasado. [In verse]. *Sevilla*, 1675. 4.° 811.e.51.(19). [510]

Morales, Alexio de. Oracion funebre . . . en las honras que la ciudad de Loxa hizo a doña Margarita de Austria. *Granada*, 1611. 4.° 4423.g.1.(12). (*destroyed*). [511]

Morales, Andrés Gerónimo de. Escarmiento de la alma, y guia a la union con Dios. *Diego Dormer: Zaragoza*, 1670. 16.° 4409.a.35. [512]

— Un religioso grave hizo la relacion que se sigue a un señor oidor del consejo real de las Indias. [On the life and conduct of A. G. de Morales]. [*Madrid?* 1650?] fol. 1324.i.2.(12). [513]

Morales, Antonio. Por parte de el convento y frayles de nuestra señora del Carmen de . . . Granada. En el pleyto con los terceros de la orden de . . . San Francisco. *Francisco Sachez; y Baltasar de Bolibar: Granada*, 1649. fol. 765.i.4.(1). [514]

Morales, Christoval de. Las academias de amor. Comedia famosa. [In verse]. [*Saragossa?* 1650?] 4.° 11728.e.5; 11728.i.11.(8). [515]

— Los amores de Dido, y Eneas. Comedia famosa. [*n.p.*, 1700?] 4.° 1072.h.2.(8). [516]

— Comedia famosa. El renegado del cielo. [In verse]. [*n.p.*, 1650?] 4.° 1072.h.6.(5). [517]

— Renegado, rey, y martir, Comedia. [In verse]. [*n.p.*, 1650?] 4.° 1072.h.6.(4). [518]

— — [*Madrid?* 1700?] 4.° *No. 39 of an unidentified collection.* 11728.e.7. [519]

— El peligro en la amistad. Comedia. [*Barcelona?* 1650?] 4.° 11728.e.6. [520]

— La toma de Sevilla por el santo Rey Fernando. Comedia. [In verse]. *Francisco de Leefdael: Sevilla*, [1700?] 4.° *No. 116 of an unidentified collection.* 11728.e.9. [521]

Morales, *otherwise* **Albero, Gaspar de.** Libro de las virtudes y propriedades . . . de las piedras preciosas. *Luis Sanchez; a costa de Blas Goncalez: Madrid*, 1605. 8.° 987.b.32. [522]

Morales, Isabel de. Por Ysabel de Morales, y sus hijas, vezinas de . . . Cordoua. Contra d. Ioan Fernandez de Carcamo, menor. *Iuan Serrano de Vargas; y Roque Cerraluo: Granada*, 1630. fol. 765.i.2.(39). [523]

Morales, Juan. [*Begin:*] El capitan don Iuan de Morales dize. [A memorial addressed to the King, on commerce between Mexico and the Philippine islands]. [*Madrid?* 1610?] fol. C.62.i.18.(63). [524]

Morales, Juan Bautista de. Declaracion de las prodigiosas señales del monstruoso pescado que se halló en un rio de Polonia en Alemania. *Sevilla*, 1624. fol. 7290.i.9. [525]

— Iornada de Africa, del Rey don Sebastian de Portugal. *Gabriel Ramos Vejarano: Sevilla*, 1622. 8.° 1444.c.16. [526]

— — *Geronymo de Contreras: Lima*, 1625. fol. 593.h.22.(26). [527]

Morales, Luis de. Iesus, Maria, Ioseph. Manifiesto, que se haze por la provincia de las Philipinas de la compañia de Iesus. Sobre los procedimientos de el . . . arçobispo . . . Phelipe Pardo. [1685?] fol. *See* Dávila y Vera. P. 1232.h.18; 4183.k.4.(6).

Morales, Ramón de. Iesus. Por Domingo Garcia, y Ana de Alarcon . . . como padres de Maria, Francisca, y Antonia de Alarcon, y los demas sus hijos. *Imprenta real; por*

Francisco Sanchez; y Baltasar de Bolibar: Granada, 1641. fol. 765.i.11.(2). [528]

— Por Christoval Cobo, y consortes. Con Pedro de Mercado, y Melchora de Mercado, vezinos . . . de Yllora. [*n.p.*, *c.*1645]. fol. 765.i.11.(7). [529]

— Por d. Ana Brabo de Morata, y doña Maria Brabo su hermana . . . de Ronda. Con Iuan Brabo. [*n.p.*, *c.*1640]. fol. 765.i.11.(3). [530]

— Por don Alonso Velez de Anaya y Mendoza, y don Luis de Contreras . . . y don Antonio de Viedma . . . y ventiquatros de . . . Iaen. En el pleyto. Con el fiscal eclesiastico. *Baltasar de Bolibar: Granada*, 1658. fol. 1322.l.5.(19). [531]

— Por el governador, prouisor, y vicario . . . de la abadia de Alcala la Real. En el pleyto. Con el convento, ministro, y religiosos de la tercera orden de . . . san Francisco. *Imprenta real; Por Francisco Sanchez: Granada*, 1652. fol. 765.i.4.(14). [532]

— Por Francisco de Torres, mercader. En el pleyto con d. Catalina de Aranda, como madre de Maria Arias. *Imprenta real: Granada*, 1639. fol. 765.i.11.(10). [533]

— Por Geronimo de Plasencia, vezino de esta ciudad. En el pleyto con D. Manuel de Toledo Tabira . . . de Sevilla. *Francisco Sanchez: Granada*, 1661. fol. 1322.l.5.(13). [534]

— Por Iuan Lopez de Castilla, vezino de . . . Arcos de la Frontera. En el pleyto con el fiscal . . . y don Benito Moreno Gatica. *Imprenta real: Granada*, 1639. fol. 765.i.11.(8). [535]

— Por Iuan Martin repiso, vezino de . . . Yznaxar. Con los . . . hijos de Baltasar Ruyz Feo, y . . . su muger. *Imprenta real: Granada*, 1639. fol. 765.i.11.(1). [536]

— Por Lorenzo Fernandez de Ortega, recetor desta santa inquisicion de Granada. En el pleyto con Francisco Hurtado Estevanes . . . y . . . su hijo. *Imprenta real: Granada*, 1639. fol. 761.i.11.(5). [537]

— Por Luys Pelaez de San Martin . . . En el pleyto con el l. don Ermenegildo de Roxas . . . y otros que intentan tener derecho al patronato . . . que fundó Melchor Rodriguez. [*n.p.*, 1640]. fol. 765.i.11.(4). [538]

— Por Manuel y Christoval Rodriguez Rincon . . . En el pleyto excecutiuo. Con d. Luys de Argote. *Imprenta real; por Francisco Garcia de Velasco: Granada*, 1640. fol. 765.i.11.(9). [539]

— [*Begin:*] Señor. Pusieron en las reales manos de V. Mag. los libreros de Castilla y Leon una suplica. [A memorial in favor of the exemption of books from taxation]. *Ex noua typographia Blasii Martinez:* [*Granada*, 1636?] fol. 1322.l.3.(36). [540]

Morales Polo, Luis de. Epitome de los hechos y dichos del emperador Trajano. Obra posthuma . . . Sacala a luz . . . Francisco de Morales. *Antonio Suarez Solis; a costa de Thomas de Iaen y Castañeda: Valladolid*, 1654. 12.° 610.b.8. [541]

Morales y Barnuevo, Juan de. Discurso legal del licenciado don Iuan Morales, y Varnueuo . . . En competencia. Con el conseio de la . . . Inquisicion . . . Sobre auer desafiado don Gomez de Montaluo y figueroa. [*Granada?* 1640?] fol. 765.i.11.(25). [542]

— Discurso legal, del licenciado dõ Iuan de Morales y Barnueuo . . . fiscal . . . En competencia con el consejo de las ordenes. [*Granada?* 1640?] fol. 765.i.11.(23). [543]

Morato Roma, Francisco. Luz de medicina, pratica racional, é methodica, guia de infermeiros. *Henrique Valente de Oliueira: Lisboa*, 1664. 4.° 543.b.9. *imp.* [544]

— — *Domingos Carneyro: Lisboa*, 1685. 4.° 1174.i.37. [545]

Morcilla, —. Relacion verdadera, y satyra graciosa, y entretenida, sacada de la pregmatica, que mandò echar . . . Carlos segundo . . . Compuesto por el doctor Morcilla. [*In verse*]. *Madrid*, 1681. 4.° T.22.*(16). [546]

Morejon, Pedro. Historia y relacion de lo sucedido en . . . Iapon y China. *Iuan Rodriguez: Lisboa*, 1621. 4.° 493.h.32. [547]

— Relacion de la persecucion que huuo estos años contra la Iglesia de Iapon. [Edited by Juan de Bonilla]. *Iuan de Larumbe; a costa de Iuan de Bonilla: Çaragoça*, 1617. 8.° 4766.a.12. [548]

— Relacion de los martyres del Iapon del año 1627. *Iuan Ruyz: Mexico*, 1631. 4.° C.58.e.10. [549]

Morell, José. Poësias selectas de varios autores latinos. Traducidas en verso castellano. *Lat. & Span. Joseph Soler; a costa de Ioseph Moya: Tarragona*, 1684. 4.° 11451.bb.31. [550]

Moreno, Gerónimo. Reglas ciertas y precisamente necessarias para juezes, y ministros de justicia de las Indias, y para sus confessores. *Mexico*, 1673. 4.° 6784.aa.10. (*destroyed*). [551]

Moreno de la Rea, Pedro. La vida del sancto fray Diego, de la ordon del . . . padre . . . S. Francisco. [*In verse*]. *Cornelio Bodan: Cuenca*, 1602. 4.° 08806.g.28. [552]

Moreno de Vargas, Bernabé. Discurso de la nobleza de España. Al Rey. *Biuda de al.° Martin: Madrid*, 1622. 4.° 137.a.11.(1). [553]

— — *Ioseph Fernandez de Buendia; a costa de Antonio de Ribero Rodriguez: Madrid*, 1659. 4.° 608.f.7. [554]

— Historia de la ciudad de Merida. *Pedro Taso: Madrid*, 1633. 4.° 574.f.15. [555]

Moreno Porcel, Francisco. Retrato de M. de Faria y Sousa . . . Contiene une relacion de su vida, un catalogo de sus escritos. [*Madrid?* 1650?] 4.° 877.i.21.(2). (*missing*). [556]

Moreno Vala, Andrés. Por parte de el br. Joseph de Lombeyra capellan de coro desta . . . cathedral . . . en el pleyto que le ha movida el señor abad. [*Mexico?* 1695?] fol. 6784.k.2.(10) [557]

Moret, José de. Annales del reyno de Navarra. [Vol. 2 & 3 edited, with a continuation, by F. de Aleson]. 3 tom. *Martin Gregorio de Zabala: Pamplona*, 1684–1704. fol. 182.f.5–7. [558]

— El bodoque contra el propugnaculo historico, y juridico del licenciado Conchillos. 1667. 8.° See Fabio. 11805.a.7.

— Congressiones apologeticas sobre la verdad de las investiga- ciones historicas de las antiguedades . . . de Navarra [in reply to D. de Laripa]. *Martin Gregorio de Zabala: Pamplona*, 1678. 4.° 9180.e.15. [559]

— Investigaciones historicas de las antiguedades del reyno de Navarra. *Gaspar Martinez: Pamplona*, 1665. fol. 183.d.18. *imp.* [560]

— R. P. Iosephi Moreti Pampelon e Soc. Iesu de obsidione fontarabiae libri tres. *Sumpt. Ioan Couronneau:* [*n.p.*, 1655]. 12.° 1198.a.6. [561]

No. 562 cancelled.

Moreto y Cabaña, Agustin. [*Collections*]. Primera parte de comedias de d. Agustin Moreto y Cabaña. [*Containing twelve plays*]. *Diego Diaz de la Carrera; a costa de Mateo de la Bastida: Madrid,* 1654. 4.° 11726.g.9. [**563**]

— Verdadera tercera parte de las comedias de don Agustin Moreto. *Benito Macè; a costa de Francisco Duarte: Valencia,* 1676. 4.° 11725.f.12. [**564**]

— Primera (—tercera) parte de comedias de don Agustin Moreto. 3 vol. *Andres Garcia de la Iglesia: Madrid; (Benito Mace; a costa de Francisco Duarte: Valencia; Antonio de Zafra; vendese en casa de Iuan Fernandez: Madrid),* 1677, 76, 81. 4.° 1072.h.16–18. [**565**]

— [*Single Works*]. Gran comedia. El cavallero. [*Madrid?* 1700?] 4.° 11728.h.17.(2). [**566**]

— Comedia famosa, de fuera vendra. *Herederos de Gabriel de Leon:* [*Madrid,* 1680?] 4.° No. 209 of an unidentified collection. [**567**]

— La gran comedia, de no puede ser [el guardar una mujer]. [*Seville?* 1700?] 4.° 11728.h.17.(19). [**568**]

— En el mayor impossible nadie pierde la esperanza. Comedia. [*Madrid?* 1700?] 4.° 11728.h.17.(7). [**569**]

— Comedia famosa. Hazer remedio el dolor. [*Seville?* 1700?] 4.° 11728.h.18.(18). [**570**]

— Comedia famosa, el parecido. [*Madrid?* 1700?] 4.° No. 303 of an unidentified collection. 11728.e.33. [**571**]

— Comedia famosa. El premio en la misma pena. *Domingo Garcia Morràs; a costa de Domingo Palacio y Villegas: Madrid,* 1668. 4.° 11725.c.9. [**571a**]

— Comedia famosa. Trampa adelante. [*Madrid?* 1700?] 4.° 11728.h.18.(7). [**572**]

— Comedia famosa. El valiente justiciero [y el rico hombre de Alcala]. [*Madrid?* 1700?] 4.° 11728.h.18.(10). [**573**]

— La vida de san Alejo. [*Madrid?* 1700?] 4.° 11728.e.44. [**574**]

— La gran comedia. Yo por vos y vos por otro. [*Madrid?* 1700?] 4.° 11728.h.18.(11). [**575**]

Moreto y Espinosa, Juan Baptista. [*Begin:*] Señor. El maestro de campo don Pedro Zapata. [*A memorial to the King . . . in defense of Pedro Zapata*]. [*Madrid?* 1650?] fol. 1324.i.4.(5). [**576**]

Morfy, Guillermo. Respuesta, que da un soldado de la almiranta de la real armada de Barlovento, al manifiesto que ha publicado . . . Guillermo Morfy. [*Madrid,* 1697]. fol. T.16.*(43). [**577**]

Morga, Antonio de. Este es un traslado bien y fielmente sacado de una prouision, que parece mandò despachar el doctor Antonio de Morga. [*Madrid?* 1617?] fol. 62.i.18.(64). [**578**]

— Sucesos de las islas Philipinas. Dirigidos a don Christoval Gomez de Sandoval y Rojas. *Mexici ad Indos,* 1609. 4.° C.32.f.31; G.6939. [**579**]

Morote Blazquez Davila, Gines. Defensa, y querella legal-politica, del capitan Christian de Chauarria, contra el memorial . . . que dio a su Magestad. [*Madrid?* 1660?] fol. 1322.l.4.(3). [**580**]

— Por los herederos del capitan Christian de Chauarria, en el pleyto. Con Iuan Snerinch . . . y con los demas . . . interessados. [*Madrid?* 1660?] fol. 1322.l.4.(2). [**581**]

Morquecho, Pedro. Por el duque de Lerma adelantado mayor de Castilla, con Luys Viera, que se dize procurador de la corona de Portugal. [*A pleading*]. [*Madrid,* 1620?] fol. 765.i.6.(15). [**582**]

Moscoso y Cordova, Christoval de. Alegacion en derecho, de lo que informò en revista . . . don Christoual de Moscoso . . . en la causa contra el marques del Aguila. [*Madrid,* 1636]. fol. 1322.l.10.(4). [**583**]

— Alegacion en derecho en competencia de jurisdicion, entre el consejo real y de las ordenes. *Iuan Goçalez: Madrid,* 1635. fol. 1324.i.4.(32); 765.i.11.(24). [**584**]

— Alegacion en derecho, por el licenciado don Christoual de Moscoso . . . fiscal. Con el consejo de ordenes. Sobre competencia, y defender que . . . pertenece al Consejo. [*Granada?* 1640?] fol. 765.i.11.(26). [**585**]

— Alegacion en derecho, por el licenciado don Christoual de Moscoso y Cordoua, fiscal . . . En defensa de la jurisdicion real. [*Granada?* c.1640]. fol. 765.i.11.(27). [**586**]

— Alegacion en derecho por el licenciado don Christoual de Moscoso . . . fiscal . . . En defensa de la iurisdicion real, y de los alcaldes . . . en la causa criminal contra los lacayos del nuncio. [*Granada?* c.1640]. fol. 765.i.11.(28). [**587**]

— Discurso legal del licenciado d. Christoual de Moscoso . . . contra el marques del Aguila, conde de Cautillana, marques de Govea [*and others*]. Por el desacato . . . que cometieron . . . en presencia . . . [de] sus Magestades . . . [1]635. [*n.p.,* 1636]. fol. 1322.l.10.(3). [**588**]

— Discurso legal militar, por el licenciado don Christoual de Moscoso . . . Contra Francisco Diez Pimienta, almirante . . . Sobre aver . . . faltãdo a la obligacion de su oficio. [*Madrid?* 1635?] fol. 1324.i.4.(16). *imp.* [**589**]

— El licenciado don Christoval de Moscoso . . . Con Alonso de Carrion, escrivano publico, y del cabildo de . . . Lima. *Iuan Gonçalez: Madrid,* 1634. fol. 1324.i.4.(28). [**590**]

— El licenciado d. Christoval de Moscoso . . . Con don Iuan de Amassa. Sobre que sea condenado en quarenta mil ducados, por los dos nauios que no ha entregado. *Viuda de Iuã Gõçalez: Madrid,* 1634. fol. 1324.i.4.(30). [**591**]

— El licenciado d. Christoval de Moscoso . . . Con don Iuan Alonso de Butron . . . nieto . . . del general almirante don Alonso de Moxica, y con los que haziendo confiança del truxeron su plata. *Viuda de Iuã Gõçalez: Madrid,* 1634. fol. 1324.i.4.(19). [**592**]

— El licenciado don Christoval de Moscoso . . . Con don Iuan de Meneses, Governador . . . de Veneçuela. *Viuda de Iuan Gõçalez: Madrid,* 1634. fol. 1324.i.4.(17). [**593**]

— El licenciado don Christoval de Moscoso . . . Con doña Francisca Arce de Otalora . . . Sobre que se confirme el auto de vista. *Viuda de Iuã Gõçalez: Madrid,* 1634. fol. 1324.i.4.(24). [**594**]

— El licenciado d. Christoval de Moscoso . . . Con el consulado de Sevilla, e interessados en la plata y oro. *Viuda de Iuan Gõçalez: Madrid,* 1634. fol. 1324.i.4.(21). [**595**]

— El licenciado d. Christoval de Moscoso . . . Con el marques de Cadereyta . . . don Carlos de Ibarra, admirante. [*Madrid?* 1635?] fol. 1324.i.4.(13). [**596**]

— El licenciado don Christoual de Moscoso y Cordoua . . . Con el duque del Infantado. Sobre la encomienda de indios, que tuuo . . . la duquesa del Infantado. [*Madrid,* 1634?] fol. 1324.i.4.(25); 765.i.1.(2). [**597**]

— El l^do don Christoval de Moscoso . . . en defensa de su

iurisdicion. Con don Martin Carrillo de aldrete . . . En el articulo de competencia. [*Madrid?* 1635?] fol. 1324.i.4.(31). [598]

— [*Begin:*] Señor. El castigo, y premio son las basas que sustentan la justicia, conseruan . . . en paz . . . el reyno. [A petition addressed to the King, asking for a post]. [*n.p.,* 1650?] fol. 765.h.1.(29). [599]

— [*Begin:*] Señor, la resolucion de V. Magestad. [A memorial, addressed to the King, on the ecclesiastical affairs of the Spanish possessions in the Indies]. [*Madrid,* 1635?] fol. 1324.i.4.(33). [600]

Moses, *Altaras.* Libro de mantenimiento de la alma [by Joseph ben Ephraim Caro], traduzido dal hebraico al Spangol por Mosè Altaras. *Baldisera Bonibelli: Venetia,* ano 5369. 1609. 4.° 854.i.9. [601]

Moses, *ben Baruch, Almosnino.* Extremos y grandezas de Constantinopla . . . Traducido por Iacob Cansino. *Francisco Martinez: Madrid,* 1638. 4.° 280.d.32. [602]

Moses, *ben Maimun.* Libro intitulado obligacion de los Coracones. Compuesto por . . . Moseh de Aegipto [or rather: Bachye ben Joseph Ben Bakodah]. Traduzido . . . de hebraico . . . por David Pardo. *Por despesa del Señor David Senior:* [*Amsterdam*], 5370. [1610]. 4.° 1963.b.50. [603]

Mosquera de Barnuevo, Francisco. La Numantina. [A poem]. *Luys Estupiñan: Sevilla,* 1612. 4.° 1064.i.8. [604]

Moulere, — de. Vida y muerte de los Cortesanos. *Gil' Robinot: Paris,* 1614. 12.° 721.a.18. [605]

Mouzinho de Quevedo e Castellobranco, Vasco. Affonso Africano. Poema heroyco: da presa d'Arzilla & Tanger. *Antonio Aluarez: Lisboa,* 1611. 8.° 1072.c.5. [606]

Moya, —, *doctor,* and **Torres, —,** *Licenciado.* Por Gaspar Fernandez, preso. Con el señor fiscal. [A defence of Gaspar Fernandez accused of the murder of J. Coton]. [*n.p.,* 1630?] fol. 1322.l.10.(26). [607]

Muhammad. Coloquio, que tuvieron en el reyno de las tinieblas Mahoma, y mon. Señor Colbert. *Daniel Artiman: Colonia,* 1683. 4.° 8052.cc.50. [608]

Muhammad IV, *Sultan.* Relacion del manifiesto que hizo el segundo visir al gran turco [Muhammad IV] de los . . . sucessos de la Ungria. [In verse]. *Viuda de Benito Macé: Valencia,* 1686. 4.° 1072.g.26.(8). [609]

— Romance nuevo, de las rogativas, ayunos . . . y . . . procession, que ordenò el gran sultan, se hiziesse en sus reynos. *Pablo Fernandez: Valencia,* 1686. 4.° 1072.g.26.(2). [610]

Muhammad Ibn Khavand Shah, called **Mīr Khavand.** Relaciones de Pedro Teixeira d'el origen descendencia y succession de los reyes de Persia, y de Harmuz. 2 pt. *Hieronymo Verdussen: Amberes,* 1610. 8.° 803.d.39; 280.f.23; 8055.aa.7; G.2725. [611]

Mulenius, Joannes Michaelis. Linguæ Hispanicae compendiosa institutio. *Ex officina Elzeviriana: Lugd*[*uni*] *Batavorum* 1636. 8.° 12943.a.12.(2). [612]

Mundo. [Verses upon the Eucharist, commencing:] Todo el mundo en general publique (pan de la vida) Que Dios en esta comida Triunfa cõ gloria immortal. [*Madrid?* 1635?] *S.sh.* fol. 593.h.17.(138). [613]

Muniessa, Thomás. R. P. Thomæ Muniessa . . . disputationes scholasticæ de essentia, et attributis Dei in communi . . . et de ente supernaturali in genere. *Ex typogr. Ioseph Llopis: Barcinone,* 1687. fol. 3845.df.9. [614]

— R. P. Thomæ Muniessa . . . disputationes scholasticæ de gratia actuali, habituali, iustificatione, et merito. *Ex officina Paschasii Bueno: Caesaraugustae,* 1694. fol. 3845.df.11. [615]

— R. P. T. Muniessa . . . disputationes scholasticæ de mysteriis incarnationis, et Eucharistiæ. *Ex typogr. Ioseph Llopis: Barcinone,* 1689. fol. 3845.df.10. [616]

— R. P. Thomæ Muniessa . . . disputationes scholasticæ de providentia Dei, de fide divina, et de baptismo. *Ex typographia Dominici Gascon: Caesaraugustae,* 1700. fol. 3845.aa.7. [617]

— Sermon en fiestade accion de gracias por la insigne vitoria de las armas imperiales en la expugnacion de Buda, año 1686. *Barcelona,* [1686]. 4.° 4426.d.17. (*destroyed*). [618]

— R. P. Thomæ Muniessa, . . . stimulus conscientiæ. *Apud Paschasium Bueno: Caesaraugustae,* 1696. 4.° 3560.aaa.16. [619]

Muñoz, Bernardo. Relacion verdadera, y carta nueva de un traslado embiado del Brasil, por . . . Bernardo Muñoz, a un hijo suyo: dandole cuenta de una grande victoria . . . 29 de noviembre . . . 1638. *Antonio Duplastre: Madrid,* 1639. 4.° 1323.a.10. [620]

Muñoz, Juan. Pratica de procuradores para seguir pleytos civiles, y criminales; hecha, y ordenada por Iuan Muñoz . . . Añadida . . . en esta ultima impression. *Mateo Fernandez; a costa de Antonio del Ribero Rodriguez: Madrid,* 1659. 4.° 5384.aaa.28. [621]

Muñoz, Luis. Vida y virtudes de la venerable virgen doña Luisa de Carvaial y Mendoça. Su jornada a Inglaterra. (Poesias espirituales). *Imprenta real: Madrid,* 1632. 4.° 486.b.21; G.1396. [622]

— Vida y virtudes del venerable varon . . . Iuan de Avila . . . con algunos elogios . . . y vidas de algunos de sus . . . discipulos. *A costa de Bernardo Sierra: Madrid,* 1671. 4.° 4866.c.27. [623]

Muñoz, Tomás. Por el licenciado don Tomas Muñoz, iuez . . . que ha sido del comercio de Indias en las islas de Canarias, en la visita que le ha tomado . . . Antonio de Salinas. [*Madrid?* 1665?] fol. 1324.i.4.(10). [624]

— [*Begin:*] Por el licenciado don Tomas Muñoz . . . sobre los cargos de su visita y residencia. [*Madrid?* 1665?] fol. 1324.i.4.(11). [625]

— [*Begin:*] Señor. El licenciado don Thomas Muñoz. [A memorial, addressed to the King, in defense of his conduct as a judge of the tribunals of commerce in the Canary Islands]. [*Madrid?* 1665?] fol. 1324.i.4.(9). [626]

Muñoz de Ahumada, Miguel. Respuesta a la consulta canonica, y moral, hecha por . . . don Diego Escolano, arçobispo de Granada. [On the rule and government of a convent of Augustinian nuns]. [*Madrid,* 1670?] fol. 4745.f.11.(26). [627]

Muñoz de Molina, Juan. [*Begin:*] El doctor don Iuan Muñoz de Molina, clerigo presbitero. [A memorial of his services]. [*Madrid?* 1642?] fol. 1324.i.2.(117). [628]

Muñoz de Peralta, Juan. Escrutino phisico medico de un . . . especifico de las calenturas intermitentes . . . motivado de un libro que escrivia . . . Joseph Colmenero. *Juan de la Puerta: Sevilla,* 1699. 4.° 778.e.4. [629]

Muñoz de Pueno, Andrés. Instruccion y regimiento para que los marineros supan usar de la artilleria . . . sacado à luz por . . . Roque Roman de Enche. *Tomè de Dios Miranda: Sevilla,* 1678. 4.° 811.e.51.(33). **[630]**

Muñoz Hernández Monjaraz, Pedro. [*Begin:*] Iesus. El bachiller Pedro Muñoz Hernandez Monjaraz con el fiscal y doña Maria del Castillo biuda . . . de Iuan de la Sierra: y Iuan de Toro Assencio. [A pleading]. [*Valladolid?* 1606?] fol. 1322.l.3.(9). **[631]**

Murcia de la llana, Francisco. Selecta de ratione terminorum, super summulas doctoris Villalpandei. *A. Martin: Madriti,* 1611. 8.° 1607/1392. **[632]**

—[*Begin:*] Señor. El licēciado Frācisco Murcia de la Llana, corrector general de libros. [*Madrid?* 1620?] fol. 1322.l.3.(25). **[633]**

Murga, Francisca de. [*Begin:*] Señor. El maestro de campo Francisco de Murga . . . governador . . . de Cartagena, y su provincia. [A memorial to the King concerning the state of affairs at Carthagena]. [*Madrid?* 1637]. fol. 1324.i.9.(13). **[634]**

Muriel, Juan. Por d. Alonso Serrano. En el pleyto con don Iorge de Piedrola Benavides. Y con doña Francisca de Piedrola. *Imprenta real. Por Baltasar de Bolibar; Francisco Sanchez: Granada,* 1651. fol. 765.i.4.(19). **[635]**

—Por los abogados de la chancilleria de Granada. En el pleyto con los relatores que han sido abogados. [*n.p.,* 1640?] fol. 765.i.7.(13). **[636]**

Muriel de Berrocal, Pedro. Por fr. Gregorio Bautista, religioso . . . de la cartuja. Con el . . . fiscal del consejo de hazienda, y los colegios de la compañia de Iesus. [*Madrid?* 1660?] fol. 4783.e.2.(23). **[637]**

Muriel de Berrocal, Pedro, and **Burgo, Luis Thadeo del.** Por el licenciado Christoval de Mantilla presbytero . . . En el pleito con Sebastian de Gongora. *Andres de Santiago Palomino: Granada,* 1638. fol. 765.i.11.(19). **[638]**

Muriel y Baldivieso, García. Por los herederos del capitan Garcia de Muriel, y Baldivieso, y don Gabriel de Barrionueuo, y don Garcia Muriel. Contra el . . . fiscal de hazienda, y el defensor de los bienes de Iuan de la Serna de Haro. [*n.p.d.*], fol. 765.h.3.(33). **[639]**

Murillo, Andrés. Informe del derecho que tiene el P. F. Andres Murillo . . . vicario provincial . . . de Aragon, para acabar el trienio del provincial difunto. [*Madrid?* 1636?] fol. 4783.e.3.(25). **[640]**

Murillo, Diego. Divina, dulce y provechosa poesia . . . Sacada a luz por fray Iuan Calderon. *Pedro Cabarte: Caragoça,* 1616. 8.° 11450.aa.13; 011451.e.30. **[641]**

—Fundacion milagrosa de la capilla angelica y apostolica de la madre de Dios del Pilar, y excellencias de . . . Çaragoça. 2 pt. *Sebastian Mateuad: Barcelona,* 1616. fol. 489.i.9. **[642]**

Murillo, Thomás de. Favores de Dios ministrados por Hypocrates y Galeno. *Imprenta real: Madrid,* 1670. 4.° 540.e.17. **[643]**

Murillo y Velarge, Tomás de. Aprobacion de ingenios, y curacion de hipochondricos, con observaciones y remedios. *Diego Dormer: Zaragoça,* 1672. 4.° 781.d.6. **[644]**

—Resolucion philosophica, y medica . . . del verdadero temperamento, frio, y humedo de la nieve. *Iulian de Paredes: Madrid,* 1667. 4.° 1171.g.25.(5). **[645]**

—Tratado de raras, y peregrinas yervas, que se han hallado en esta corte, y sus . . . virtudes. *Francisco Sanz: Madrid,* 1674. 4.° 453.a.16. **[646]**

Muxet de Solis, Diego. Comedias humanas, y divinas y rimas morales. *Fernando de Hoeymaker: Brusselas,* 1624. 4.° 87.b.10; 11725.e.5. **[647]**

N.

N., *Rev.* Carta escrita del rev. N. al illᵐᵒ continuando las novedades que resultan de las hostilidades, entre . . . Geneva, y el . . . duque de Saboya. *Iuan Francisco de Blas: Sevilla,* 1672. 4.° 1323.g.1.(8); 144.f.18.(3); 1444.f.17.(53). **[1]**

N., B. A. V. Y. M. F. D. P. D. Noticia universal de Cataluña. En amor, seruicios, y finezas, admirable. En agrauios, opressiones, y desprecios sufrida. *Antonio Aluarez: Lisboa,* 1641. 4.° 795.e.20. **[2]**

——[*Barcelona?* 1641?] 4.° 9180.e.1.(2). **[3]**

N., D. The Kings majesties receiving of the propositions for peace. *Span. & Engl. Jane Coe:* [*London?*] 1646. 4.° E.346.(1). **[4]**

N., N. Carta, escrita a uno de los colegiales ingleses . . . en Madrid, por su padre, para apartarle de su resolucion de ser sacerdote. [Signed: N., N.] (La respuesta. [Signed: A., A.]). [*Madrid?* 1611]. 4.° 1484.c.4. **[5]**

Najera, Antonio de. Navegacion especulativa, y pratica, reformadas sus reglas, y tablas por las observaciones de Ticho Brahe. *Pedro Craesbeeck: Lisboa,* 1628. 4.° 533.e.21. **[6]**

—Suma astrologica, y arte para enseñar hazer pronosticos de los tiempos, y por ellos conocer la fertilidad . . . del año, y . . . otras muchas curiosidades. *Antonio Aluarez: Lisboa,* 1632. 4.° 718.f.25. **[7]**

Nápoles, Juan de. [*Begin:*] Señor. El general de toda la orden de s. Francisco, dize. [A memorial concerning the Franciscan order in the Spanish Indies, addressed to the King]. [*Madrid?* 1645?] fol. 4783.e.3.(32). **[8]**

Nápoles, Miguel Angel de. Asia menor estado presente que tiene en ella la religion de san Francisco. *Imprenta real: Madrid,* 1654. fol. 689.eee.14; 4783.e.3.(30). **[9]**

Narvaez, Juan de. Sermon que en la celebridad de la translacion del cuerpo del glorioso . . . S. Francisco Xavier . . . predico el dᵒʳ don Iuan de Narvaez. *Viuda de Francisco Rodriguez Lupercio: Mexico,* 1694. 4.° 851.k.18.(11). **[10]**

Nassare, Pablo. Fragmentos musicos. Reglas generales . . . para canto llano, canto de organo . . . y composicion. *Zaragoça,* 1683. 8.° 7895.a.24. (*destroyed*). **[11]**

——Sacalos a luz . . . Joseph de Torres. *En su imprenta de musica: Madrid,* 1700. 4.° 1042.k.6; Hirsch.1.427. **[12]**

Navarre, *Spain.* Recopilacion de todas las leyes del reyno de Navarra . . . por el licenciado Armendariz. *Carlos de Labàyen; a costa* [*de*] *Armendariz autor: Pamplona,* 1614. fol. 504.g.7. **[13]**

—Quaderno de las leyes, ordenanzas . . . y agravios reparados, hechos a suplicacion de los tres estados . . . de Navarra, por la magestad . . . del Rey . . . 1617. *Pamplona,* 1617. fol. 1605/458. **[14]**

— Quaderno de las leyes, ordenanzas, provisiones, y agravios reparados, hechos a suplicacion de los tres estados . . . de Navarra en . . . 1621 (1624, 1628, 1632, 1642, [1644], 1645, 1646, 1652–54, 1662) por la magestad . . . del Rey. 10 pt. *Nicolas de Assiayn [etc.]: Pamplona*, 1621–62. fol. 1605/458 **[15]**

— Memorial y relacion que el . . . reyno de Navarra, y las . . . provincias de Guipuzcoa, Vizcaya, y Alava, presentan à la reyna . . . en su real consejo de Indias. [*Madrid?* 1670?] fol. 1324.i.3.(27). **[16]**

Navarrete, Baltassar. Controversiae in divi Thomae et eius scholae defensionem. 2 tom. *Excudebat Petrus Lasso; Excudebat Christophorus Lasso Vaca: Vallisoleti*, 1605–09. fol. 3835.d.17. **[17]**

Navarro, Antonio. Abecedario virginal de excelencias del . . . nombre de Maria: donde se le dan a la Virgen [228] nombres, segun la Sagrada Escritura. *Pedro Madrigal: Madrid*, 1604. 4.° 852.i.10. **[18]**

Navarro, Gaspar. Tribunal de supersticion ladina, explorador del saber, astucia, y poder del demonio. *Pedro Bluson: Huesca*, 1631. 4.° 1609/796. **[19]**

Navarro de Larrategui, Antonio. Epitome de los señores de Vizcaya. *En la emprenta de Tarin: Turin*, 1620. 4.° 804.e.24. **[20]**

Navarro y Cespedes, Joseph. A la milagrosa efigie del niño de nuestra Señora del Sagrario, aviendo concedido la . . . salud de nuestros . . . monarcas [Mary Anne and Charles II]. Romance heroico. [*Madrid*, 1690?] 8.° 11452.bbb.37. **[21]**

Naveda Alvarado, Joseph de. Copia de diez y siete capitulos que Ioseph de Naueda Aluarado, regidor de . . . Manila propuso al ayuntamiento de aquella ciudad. [*Madrid?* 1632?] *S.sh.* fol. 1324.i.7.(8). **[22]**

Negrete, Cosmas Gil. Delphica certamina totius medicinae . . . in quatuor series partita. [*Madrid*], 1654. 4.° 1179.d.1.(1). **[23]**

Nemoroso, *pseud.* Romance pastoril en alabança del glorioso . . . S. Raymundo de Penafort. *Iayme Cendrat: Barcelona*, 1601. 4.° 11450.e.25.(14). **[24]**

Netherlands. [*Southern Provinces*]. Manifiesto del serenissimo infante cardenal publicado en Mons. *Andres Grande: Sevilla*, 1636. 4.° 1444.f.26.(21). **[25]**

Netherlands. [*United Provinces*]. Relaçam nova, e verdadeira em que se dá conta do feliz sucesso que teve hũa esquadra de cinco navios olandezes . . . que hião a cargo do general Duardo Esprago . . . 1673. [*n.p.*, 1667]. 4.° 9180.dd.12.(2). **[26]**

— Relacion del feliz sucesso que han tenido las armas de los . . . estados generales de las provincias unidas contra . . . Gran Bretaña, en . . . Londres. [1677]. *Diego Dormer: Zaragoça*, 1667. 4.° 9414.cc.12. **[27]**

— Relacion verdadera de las treguas y paces que el principe de Orange y las islas . . . de Olanda . . . tratan con . . . doña Ysabel. *Simon Faxardo: [Seville]* 1625. fol. 593.h.17.(25). **[28]**

Neve y Chaves, Sebastian de. Prodigioso milagro que Dios . . . obro por intercession de la beata Rosa de Santa Maria, con una religiosa . . . de Sevilla. *Juan Francisco de Blas: Sevilla*, [1669?] 4.° 811.e.51.(2). **[29]**

New Granada, *Colony of.* [*Begin:*] Los daños que se seguiriã de que la plata corriente con que se ha comerciado en las provincias del nuevo reyno de Granada etc. [*n.p.*, 1650?] fol. 1322.l.7.(34). **[30]**

Nicholas, *de la Trinidad.* Sermon a S. Antonio de Palma. En la rogativa, que, por el buen viage de la flota hizo la mission en . . . Cadiz, año de 1687. *Viuda de Francisco Rodriguez Lupercio: Mexico*, 1691. 4.° 851.k.18.(13). **[31]**

Nicolao, *de Santa Maria.* Chronica da ordem dos conegos regrantes de patriacha S. Agustin. 2 pt. *Ioam da Costa: Lisboa*, 1668. fol. 4071.f.18. **[32]**

Nieremberg, Juan Eusebio. Obras philosophicas P. Iuan Eusebio Nieremberg . . . ethicas, politicas, y phisicas . . . Tomo tercero de sus obras en romance. *Imprenta Real; a costa de la Viuda de Francisco de Robles: Madrid*, 1664. fol. 479.e.19. **[33]**

— [Obras christianas]. 3 tom. *Lucas Martin de Hermosilla: Sevilla*, 1686. fol. 481.f.10–12. imp. **[34]**

— Causa, y remedio de los males publicos. *Maria de Quiñones; a costa de Francisco de Robles: Madrid*, 1642. 4.° 475.b.32. **[35]**

— Curiosa y oculta filosofia. Primera, y segunda parte de las maravillas de la naturaleza . . . Tercera impression. 2 pt. *Imprenta real; a costa de Iuan Antonio Bonet: Madrid*, 1643. 4.° 536.g.23. **[36]**

— De la hermosura de Dios, y su amabilidad, por las infinitas perfecciones del Ser divino. *Iuan Sanchez; vendese en su casa: Madrid*, 1641. 4.° 852.i.14.(1). **[37]**

— De nova moneta sanctissimi D. N. Alexandri VII pro gloria immaculatæ conceptionis perpensa liber singularis. Auctor (sic fertur) R. P. Joannes Eusebius Nierembergius . . . lucem videt opera . . . Philippi Bresa. *Per Bernardum Noguès: Valentiae*, 1656. 8.° 700.c.11.(1). **[38]**

— Epistolas del revero. padre Iuan Eusebio Nieremberg . . . Publicadas por Manuel de Faria y Sousa. *Alonso de Paredes; a costa de Francisco Robles: Madrid*, 1649. 4.° 1086.h.34. **[39]**

— Honor del gran patriarca san Ignacio de Loyola . . . su vida, y la de . . . s. Francisco Xavier . . . con la . . . historio del padre Marcelo Mastrilli, y las noticias de . . . multitud de hijos del mismo S. Ignacio. (Tom 5–6 por A. de Andrade). 6 tom. *Maria de Quiñones; Alõso de Paredes; Ioseph Fernandez de Buendia: Madrid*, 1645, 43–67. fol. 208.d.7–12. **[40]**

— Obras y dias Manual de señores y principes. En que se propone . . . la especulacion . . . politica, economica, y particular de todas virtudes. *Viuda de Alonso Martin: Madrid*, 1629. 4.° 521.e.24. **[41]**

— Oculta filosofia de la sympatia, y antipatia de las cosas . . . Y segunda parte de la curiosa filosofia. *Pedro Lacavalleria: Barcelona*, 1645. 8.° 538.a.21. **[42]**

— Vida del dichoso y venerable padre Marcelo Francisco Mastrilli. (Sermon del . . . padre . . . Francisco Boyl). *Maria de Quiñones: Madrid*, 1640. 4.° 489.a.2.(3). **[43]**

Nieto de Ariza, Joseph. Por Iuan Martinez Xaravitia, Christoual Lopez Ortiz, Francisco de Espinosa, y los demas iuristas en la renta del soliman, y açogue. [*Madrid?* 1660?] fol. 1322.l.1.(27). **[44]**

Nieto de Valcárcel, Juan. [*Begin:*] Señor. I. Por la ley de estos reynos. [An address to the King on the evils resulting from blood-letting]. [*Madrid*, 1686]. fol.   T.20.*(9).   **[45]**

Nieva Calvo, Sebastian de. La meior muger, madre, y virgen . . . Poema sacro. *Iuan Goncalez: Madrid*, 1625. 4.°   11451.bbb.32.   **[46]**

—El niño inocente, hiio de Toledo, y martyr en la Guardia [Christoval, or rather Juan, de Passamontes]. *Iuan Ruiz de Pereda: Toledo*, 1628. 8.°   4405.bb.66.   **[47]**

Same after S. Lepant

Niño de Guzman, Pedro, *Marquis de Quintana.* Copia de villete, que el señor D. Pedro Niño . . . escrivio . . . para que . . . se cante el Te Deum laudamus . . . en hazimiento de gracias, por aver librado los galeones. *Juan Gomez de Blas: Sevilla*, 1655. fol.   1323.k.14.(5).   **[48]**

Niño Laso de la Vega, Rodrigo, *Count de Añover.* Por don Rodrigo Nino Laso de la Vega . . . thesorero de la casa de la moneda . . . de Toledo, y Lucas de Gamarra . . . Contra el . . . fiscal. [Signed Antonio de la Cueva y Silva]. [*n.p.*, 1640?] fol.   1322.l.7.(37).   **[49]**

Niseno, Diego. Elogio evangelico funeral: en el fallecimiento del doctor Iuan Perez de Montalban. *Inprenta del reino: Madrid*, 1639. 4.°   4867.df.11.   **[50]**

Nodal, Bartolomé García de and **Nodal, Gonçalo de.** Relacion del viage que . . . hizieron . . . Bartolome Garcia de Nodal, y Gonçalo de Nodal . . . al descubrimiento del estrecho nuebo de S. Vicente. *F. Correa de Montenegro: Madrid*, 1621. 4.°   278.f.30; G.6968.   **[51]**

Nogueira, Ludovicus. Quaestiones singulares experimentales, et practicae per quatuor disputationes distributæ. *Ex officina, Joannis Antunes: Conimbricae*, 1698. fol.   4061.i.9.   **[52]**

Noydens, Benito Remigio. Decisiones practicas, y morales, para curas, confessores, y capellanes de los exercitos, y armadas. *Andres Garcia de la Iglesia; a costa de Iuan Martin Merinero: Madrid*, 1665. 8.°   522.c.28.(4).   **[53]**

—Historia moral del dios Momo; enseñanza de principes, y subditos, y destierro de novelas, y libros de cavallerias. *Francisco Nieto; a costa de Gregorio Rodriguez: Madrid*, 1666. 4.°   1080.k.11.   **[54]**

—Manuale confessariorum, & parochorum, complectens universam theologie moralis, synopsim. *Ex officina Melchioris Sanchez; Sumptibus Gabrielis de Leon: Matriti*, 1655. 12.°   4051.aa.29.   **[55]**

—Practica de curas, y confessores, y doctrina para penitentes: en que . . . se tratan todas las materias de la theologia moral . . . Dezima septima edicion. *Miguel Manescal: Lisboa*, 1680. fol.   479.e.16.(2).   **[56]**

—Practica de exorcistas, y ministros de la iglesia. *Mateo Fernandez; a costa de Francisco Serrano de Figueroa: Madrid*, [1660]. 8.°   719.dd.22.   **[57]**

—Visita general, y espiritual colirio de los iudios; y promptuario catolico. *Imprenta real; a costa de Francisco Serrano de Figueroa: Madrid*, 1662. 4.°   482.b.13.   **[58]**

Nunes, Philippe. Arte de pintura, symmetria, e perspectiva. *Lisboa*, 1615. 8.°   57.c.29.   **[59]**

Nunes da Cunha, Joao, *Count de Sao Vicente.* Carta do successo da campanha, para Ioao Nunez da Cunha . . . escrita por hum soldado. [*Lisbon?* 1665?] 4.°   9195.c.25.(6).   **[60]**

Nunes do Liam, Duarte. Chronica dos reys de Portugal reformada pello licenciado Duarte Nunes do Liam. *Francisco Villela: Lisboa*, 1677. fol.   815.l.25.   **[61]**

—Descripçao. Do reino de Portugal. [Edited by Gil Nunes do Liam]. *Iorge Rodriguez: Lisboa*, 1610. 4.°   281.d.21; 574.e.26.   **[62]**

—Origem da lingoa portuguesa. *Pedro Crasbeeck: Lisboa*, 1606. 4.°   236.f.12.   **[63]**

Nunes Torres, David. Sermoens. 3 pt. *Moseh Dias: Amsterdam*, 5450 [1690]. 4.°   4034.f.16.   **[64]**

Nuñez, Alfonsus. De pulsuum essentia, differentiis, cognitione, causis, et pronostico, liber unus in quinque sectiones divisus. *Ex officina Arti Taberniel Antuerpiani: Salmanticae*, 1606. 4.°   1189.l.3.   **[65]**

—Doctor Ilephonsus Nuñez Llerenensis . . . de gutturis, et faucium ulceribus anginosis: vulgo garrotillo. *Francisco de Lyra: Sevilla*, 1616. 4.°   1188.c.3.(1).   **[66]**

—Doctori Thomae Aguiar . . . Ilefonsus Nuñez . . . pro laborante visus offuscatione . . . consilium. *Hispali*, 1616. 4.°   778.e.41.(9).   **[67]**

—Parecer del doctor Alonso Nuñez en el caso del enfermo que vino . . . de Gibraltar, para averiguar que la enfermedad que padece, no es . . . lepra. [*Seville*, 1620]. fol.   1322.k.13.(1).   **[68]**

Nuñez, Ambrosio. Tractado repartido en cinco partes . . . que declaran el mal que significa este nombre peste. *Diogo Gomez Loureyro: Coimbra*, 1601. 4.°   1167.g.14.(1).   **[69]**

Nuñez, Christoval. De coctione et putredine . . . opus . . . in quo commentantur tria priora capita Arist. ex meteo. libro quarto. *Apud Michaelem Serrano de Vargas: Matriti*, 1617. 4.°   549.e.8.   **[70]**

—Memoria de lo que contiene el arbitrio del doctor Cristoual Nuñez medico. (Parecer del doctor) [On the Spanish currency]. [*n.p.*, 1625?] fol.   1322.l.12.(64).   **[71]**

—Ultimo modo de arbitrar. (Que este arbitrio es superior a todos). [On the Spanish currency]. 2 pt. [*n.p.*, 1625?] fol.   1322.l.12.(61).   **[72]**

Nuñez, Pedro. Advertencias de Pedro Nuñez en razon porque causa conviene ser el crecimiento al doble, y no menos. [A tract on the Spanish currency]. [*Valladolid*, 1605]. fol.   1322.l.12.(10).   **[73]**

—Advertencias de Pedro Nuñez, satisfaziendo a las dificultades de su arbitrio puestas por los señores del consejo. [A tract on the Spanish currency]. [*Valladolid*, 1605]. fol.   1322.l.12.(11).   **[74]**

—Advertencias respondiendo a la dificultad que se me à puesto por algunas personas. [*Seville*, 1605]. *S.sh.* fol.   1322.l.12.(13).   **[75]**

—Excellencias y calidades del arbitrio de Pedro Nuñez. [*Valladolid*, 1605]. *S.sh.* fol.   1322.l.12.(12).   **[76]**

—Respuesta a las dificultades que se me han puesto, en razon. [1605?] fol. *See* Respuesta.   1322.l.12.(15).

—[*Begin:*] Señor. Pedro Nuñez. [A memorial, addressed to the King, concerning the working of the mines in the Indies]. [*Valladolid?* 1605?] fol.   1324.i.12.(1).   **[77]**

—Tassa y postura en el valor de las mercadurias de estos reynos. [*Valladolid*, 1606]. fol.   1322.l.12.(14).   **[78]**

Nuñez Castaño, Diego. Breve compendium hostium haereticorum olandensium adventum in Valdiviam, exploratorem missum, & narrationem eius . . . & alia continens . . . regnante Philippo IIII. [In verse]. *Limae,* 1645. 8.° 11405.a.31. [79]

Nuñez Correa, Juan. Resolucion, y resumen del estado en que se hallava el aueria antes del assiento que se tomò con Juan Nuñez Correa. [*Madrid?* 1612?] fol. C.62.i.18.(56). [80]

Nuñez da Sylva, Andre. Hecatombe sacra ou sacrificio de cem victimas, em cem sonetos, em que se conthem as . . . accoẽs da vida do . . . S. Gaetano Thiene. *Miguel Deslandes: Lisboa,* 1686. 8.° 1464.a.10. [81]

Nuñez da Silva, Manoel. Arte minima, que com semi breve prolaçam tratta . . . os modos da maxima, & longa sciencia da musica, offerecida a . . . Virgen Maria. *Joam Galram: Lisboa,* 1685. 4.° 1042.l.35. [82]

Nuñez de Acosta, Duarte. Tratado practico del uso de las sangrias. *Diego Perez de Estupiñan: Xerez,* 1653. 4.° 783.g.21.(2). [83]

Nuñez de Castrillo, Diego. Iesus, Maria, Ioseph. Por Rodrigo de Miranda mayor en dias . . . con don Rodrigo de Miranda Ponce [in a lawsuit concerning a right of succession to estates]. [*Madrid?* 1640?] fol. 1322.l.2.(45). [84]

Nuñez de Castrillo, Diego, and **Gutierrez del Mazo, —.** Por la priora, monjas, y convento de la Encarnaciõ de . . . Avila, herederas de doña Francisca de Quiñones Guillamas. Con don Geronimo de Quiñones. [*n.p.,* 1625?] fol. 1322.l.10.(31). [85]

Nuñez de Castro, Alonso. Coronica de los señores reyes de Castilla . . . Sancho el Deseado, don Alonso el Octavo, y don Enrique el primero. *Pablo de Val; a costa de Antonio Riero y Tejada: Madrid,* 1665. fol. 179.e.14; G.6250. [86]

— Historia ecclesiastica y seglar de . . . Guadalaxara. *Pablo de Val: Madrid,* 1653. fol. 796.ff.10. [87]

— Libro historico politico, solo Madrid es Corte . . . Segunda impression. *Domingo Garcia Morras; a costa de Antonio Riero y Texada: Madrid,* 1669. 4.° 10160.bb.36. [88]

— — Tercera impression. *Roque Rico de Miranda; a costa de Antonio Riero y Texada: Madrid,* 1675. 4.° 574.f.16. [89]

— — Quarta impression. [Edited by J. Cormellas]. *Vicente Suria: Barcelona,* 1698. 4.° 574.f.17; 281.e.16. [90]

— Seneca impugnado de Seneca, en questiones politicas, y morales. Secunda impression. *Pablo de Val; a costa de Antonio de Riero: Madrid,* 1661. 4.° 524.h.16. [91]

— Vida de san Fernando, el tercer, rey de Castilla y Leon. Ley viva de principes perfectos. *Viuda de Francisco Nieto: Madrid,* 1673. 4.° 4825.bb.1. [92]

Nuñez de Cepeda, Francisco. Idea de el buen pastor copiada por los ss. doctores . . . con avisos espirituales . . . y economicos, para el govierno de un principe ecclesiastico. *A costa de Anisson y Posuel: Leon,* 1682. 4.° 473.b.17. [93]

— — Tercera impression. *A costa de Anisson; Posuel; y Rigaud: Leon,* 1688. 4.° 87.k.17. [94]

Nuñez de Guzmán, Fernando. Refranes, o proverbios en romance. 2 pt. *Geronimo Martinez: Valladolid,* 1602. 12.° 11451.a.27. [95]

— — *Iuan de la Cuesta; A costa de Miguel Martinez: Madrid,* 1619. 4.° 1075.m.11; 89.c.26. [96]

— — *A costa de Luys Manescal; Lerida,* 1621. 4.° 89.k.5; G.11319. [97]

Nuñez de Guzmán, Pedro, *Marquis de Montealegre.* Museo, o biblioteca selecta de . . . don Pedro Nuñez de Guzman . . . escrita por . . . Ioseph Maldonado y Pardo. [A catalogue]. *Iulian de Paredes: Madrid,* 1677. fol. 620.i.4. [98]

Nuñez de la Peña, Juan. Conquista, y antiguedades de las islas de la Gran Canaria . . . con . . . advertencias de sus priuilegios . . . y otras particularidades . . . de Thenerife. *Imprenta real; a costa de Florian Anisson: Madrid,* 1676. 4.° 583.c.10; 276.c.4; G.7157. [99]

Nuñez de Prado, Antonio. [*Begin:*] Iesus, Maria, Iosef. Por Antonio de Salzedo escriuano . . . de la ciudad de Toro . . . heredero de . . . su padre . . . Con Bernardino de Benauides. [*n.p.d.*], fol. 765.i.13.(9). [100]

— [*Begin:*] Iesus, Maria, Iosef. Por Domingo de Loriaga, y . . . su muger . . . de Segovia. Con Francisco Moreno, y . . . su muger, heredera [de] . . . Sebastian Muñoz Peynado su hermano. [*n.p.,* 1632?] fol. 765.i.13.(29). [101]

— [*Begin:*] Iesus, Maria, Iosef. Por don Fernando Cabrera y Cordoua . . . Y d. Pedro de Salazar. Hernando Bernardo de Quiros, y . . . su hijo. [And others]. [*n.p.,* 1650?] fol. 765.i.13.(23). [102]

— [*Begin:*] Iesus, Maria, Iosef. Por el obispo de Coria. Con . . . Martin de Larriatigui fiscal . . . Sobre si el dicho ha de pagar quinientos ducados. [*n.p.,* 1650?] fol. 765.i.13.(13). [103]

— [*Begin:*] Iesus, Maria, Iosef. Por Luys de la Rua Mercader . . . Con . . . Antonio Muñiz, abogado desta real audiencia, y . . . su muger herederos de Antonio de Medina. [*n.p.d.*], fol. 765.i.13.(16). [104]

— [*Begin:*] Iesus, Maria, Iosef. Por Pedro Duque de Estrada . . . y don Juan . . . su hermano y d. Gregorio de Touar . . . Con doña Maria Teresa . . . viuda de Fernan Duque de Estrada. [*Madrid,* 1650?] fol. 1324.i.1.(29). [105]

— Por Ana Maria de Naxera, pressa en la carcel de Logroño . . . Con el fiscal. [*n.p.,* 1625?] fol. 1322.l.10.(30). [106]

— Por don Geronimo de Aguilar . . . sobre las pruebas de su limpiega, mandadas hazer por oficial, por el consejo de la . . . inquisicion. [*n.p.,* 1650?] fol. 1322.l.5.(22). [107]

Nuñez de Prado y Quevedo, Antonio. [*Begin:*] Para que con facilidad se perciban los origenes del pretendiente, y su muger . . . se advierten las lineas paternas y maternas. [A memorial to establish the purity of Antonio Nuñez's son's lineage]. [*n.p.d.*], fol. 765.i.13.(4). [108]

Nuñez de Velasco, Francisco. Dialogos de contencion entre la milicia y la ciencia. *Iuan Godinez de Millis; vendese en casa de Miguel Sanchez: Valladolid,* 1614. 4.° 534.f.22. [109]

Nuñez de Villavicencio Villagreses y Alvarado, Nuño. [*Begin:*] Señor. El capitan don Nuño Nuñez de Villavicencio. [A memorial of his services, and those of his ancestors, in the Spanish Indies, addressed to the King]. [*Madrid?* 1640?] fol. 1324.i.2.(98). [110]

Nuñez de Zamora, Antonio. Repetitiones super caput primum, et tertium libri de differentiis symptomatum Galeni, in publicis praelectionibus relatae. *Ex typographia Antoniae Ramirez: Salmanticae,* 1621. 4.° 540.e.13.(2). [111]

Nuñez Mellian, Francisco. Iesus, Maria, Ioseph. Por Francisco Nuñez Melian, governador . . . que fue . . . de

Veneçuela . . . Con Bartolome de Monesterio . . . en la causa de querella y capitulos. [By E. de Prado]. [*Madrid?* 1640?] fol.   1324.i.1.(37). [**112**]

Nuñez Navarro, Francisco. Sermon de la purissima Concepcion de la Virgen. *Gabriel Ramos Vejarano: Sevilla,* 1615. 4.°   477.a.15.(5). [**113**]

—— *Gabriel Ramos Vejarano: Sevilla,* 1615. 4.°   847.m.4.(9). [**114**]

Nuno, *da Conceiçao.* Relaçam da viagem, e sucesso, que teve a nao capitania n. senhora do bom despacho . . . 1630. *Pedro Crasbeeck: Lisboa,* 1631. 4.°   T.2232. [**115**]

O.

Ocampo, Francisco de. [*Begin:*] Por la iurisdicion de los vicarios de . . . Xerez de los Caualleros, y su distrito. [A memorial addressed to the King]. [*n.p.,* 1640?] fol. 765.i.13.(6). [**1**]

Ocampo, Manuel de. Copia de una carta moral, escrita por Manuel de Ocampo a un amigo suyo. *Juan Goncalez: Madrid,* 1630. 4.°   8409.f.10. *imp.* [**2**]

— Oracion lamentable a la muerte de don Rodrigo Calderon, que fue degollado . . . 21 de octubre 1621. *Viuda de Cosme Delgado: Madrid,* 1621. fol.   707.h.28.(4). [**3**]

—— *Estevan Liberos: Barcelona,* 1622. 4.°   12331.dd.16.(6). [**4**]

Ocampo, Martin de. [*Begin:*] Señor. El capitan Martin de Ocampo, corregidor de . . . Cuenca del Piru. [A memorial to the King, concerning the quicksilver mines of Almaden]. [*Madrid?* 1640?] fol.   725.k.18.(30). [**5**]

—— [*Madrid?* 1640?] fol.   C.62.i.18.(58). [**6**]

Ocampo, Miguel de. Oracion lamentable a la muerte de don Rodrigo Calderon . . . degollado en . . . Madrid. *Esteuan Libreros: Madrid, Barcelona,* 1622. fol.   12331.dd.16.(6). [**7**]

Ocampo y Velasco, Juana de. [*Begin:*] A doña Iuana de Ocampo y Velasco se siruio su Magestad hazerla merced por los servicios de don Gonçalo de Guzman y Salazar su marido. [A petition concerning a grant of monopoly to grow tabacco in Oran]. [*n.p.,* 1648?] fol.   765.h.1.(41). [**8**]

Ocaña, Luis de. Llibre de capitols ab los quals se arrenden y collecten los drets reals que te sa Magestat en la gouernacio . . . de Oriola y Alacant. *Augustin Martinez: Oriola,* 1613. 4.°   5383.aaa.4. [**9**]

Ochoa, Christoval de. [*Begin:*] Señor. Fray Cristoual de Ochoa de la orden de . . . san Francisco. [A memorial addressed to the King, on the distinction between the native and Spanish Franciscans]. [*Madrid?* 1621?] fol.   C.62.i.19.(36). [**10**]

Odaly, Daniel. Initium, incrementa, et exitus familiae Geraldinorum Desmoniae comitum, Palatinorum Kyerriae in Hybernia ac persecutionis haereticorum descriptio. *Ex officina Craesbeeckiana: Ulyssippone,* 1655. 12.° C.33.a.13; G.5492. [**11**]

Olivares, Damian de. Memorial de Damien de Olivares . . . para reducir el bellon que ay labrado, sin costa ni daño alguno de su Magestad . . . ni particulares del. A . . . Felipe IIII. [*Toledo?* 1625?] fol.   1322.l.12.(48). [**12**]

Oliver y Fullana, Nicolas de. Recopilacion historica de los reyes, guerras . . . y rebeliones de Ungaria. *Baltazar ab Egmont: Colonia; en casa de Francisco Foppens: Brusselas,* 1687. 8.°   9315.b.6. [**13**]

Oliveyra, Nicolao d'. Livro das grandezas de Lisboa. *Iorge Rodriguez: Lisboa,* 1620. 4.°   10161.bbb.25. [**14**]

—— *Iorge Rodriguez: Lisboa,* 1620. 4.°   10161.c.27. [**15**]

Oliveyra, Solomon ben David, de. Calendario facil y curioso de las tablas lunares calculadas con las tablas solares. *D. de Castro Tartaz: Amsterdam,* 5427, [A.D. 1667]. 8.° C.50*.c.4.(2). [**16**]

Olivier, *de Castille.* Libro del noble y esforçado cavallero Oliveros de Castilla, y de . . . Artus de Algarve. *Juan Graciana: Alcala de Henares,* 1604. 4.°   G.10216. [**17**]

Ollier, Charles François, *Marquis de Nointel.* Traslado fidedigno, y copia de una carta, que escrivio el embaxador de Francia. 1672. 4.° *See* Turkey.   1445.f.17.(52).

Olmo, José de. Relacion historica del auto general de fe, que se celebro en Madrid . . . año de 1680 . . . Con el . . . sumario de las sentencias de los reos. *Vendese en casa de Marcos de Ondategui; impresso por Roque Rico de Miranda: Madrid,* 1680. 4.°   877.i.22. [**18**]

Olmo, Joseph Vicente del. Lithologia o explicacion de las piedras y otras antiguedades. *Bernardo Nogues: Valencia,* [1653]. 4.°   812.i.8. [**19**]

— Nueva descripcion del orbe de la tierra . . . Dedicada al Rey . . . d. Carlos segundo. *Ioan Lorenço Cabrera: Valencia,* 1681. fol.   C.62.f.17.(2). [**20**]

Olmos Dávila, Eugenio de. Defensa de la informacion en derecho, hecha por el p. presentado fr. Iuan de Espinosa . . . En los autos con la dicha princia. [*n.p.,* 1650] fol. 4783.ee.1.(4). [**21**]

— Defensa, que se haze por la resolucion del dean, y . . . del Cabildo metropolitano de Mexico. Que declarò en . . . 1665. Sedevacante. Por muerte del . . . doctor d. Alonso de Cuevas, Davalos. [*Mexico,* 1667?] fol.   4183.k.2.(2). [**22**]

— Informe en derecho por la santa Iglesia metropolitana de Mexico. En el pleyto que sigue con la . . . Iglesia de Mechoacan. [*Mexico?* 1670?] fol.   4183.k.2.(11). [**23**]

— Resolucion canoniga, y impugnacion juridica, que propone contra las letras inhibitorias libradas por . . . don Diego Ossorio de Escobar . . . obispo. [*Mexico,* 1667]. fol. 6784.k.2.(6). [**24**]

Olmo y Valencia, —. Copia de una carta escrita por un abogado . . . a uno de quatro hermanos religiosos que tiene. [*Madrid,* 1629]. fol.   593.h.22.(36). [**25**]

Omerique, Antonius Hugo de. Analysis geometrica sive nova, et vera methodus resolvendi tam problemata geometrica, quam arithmeticas quaestiones. Pars prima de planis. *Typis Christophori de Requena: Gadibus,* 1698. 4.° 530.f.4. [**26**]

Oña, Pedro de. Arauco domado. [A poem]. *Iuan de la Cuesta; vendese en casa de Francisco Lopez: Madrid,* 1605. 8.° 1072.d.8; 243.a.22. [**27**]

— El Ignacio de Cantabria. [A poem]. *Francisco de Lyra: Sevilla,* 1639. 4.°   011451.eee.5. [**28**]

Oña, Tomás de. Fenix de los ingenios, que renace de las plausibles cenizas del certamen, que se dedica a la . . . imagen de . . . la Soledad. (El divino . . . S. Francisco de

Paula, comedia . . . de d. Iuan de Matos . . . y de d. Francisco de Auellaneda). *Diego Diez de la Carrera: Madrid*, 1664. 4.° 1073.i.18. [29]

Onofre de Salazar, Juan. Memorial que se dio a su Magestad . . . por los acreedores de la . . . quiebra que hizo el colegio de la compañia de Iesus de . . . Sevilla. [*Madrid?* 1656?] fol. 4783.f.7.(15). [30]

Oporto, *Diocese of.* Constituiçoes synodaes do bispado do Porto . . . ordenadas pelo . . . senhor dom Ioam de Sousa, bispo. *Joseph Ferreyra: Porto*, 1690. 4.° 5107.f.7. [31]

— Regimento do auditorio ecclesiastico do bispado do Porto, e dos officiais da justiça ecclesiastica . . . pelo . . . S. D. Ioão de Sousa. *Joseph Ferreyra: Porto*, 1690. fol. 5107.f.1. [32]

— Relaçam da procissam e sessoens do synodo diæcesano que se celebrou na sancta see . . . de Porto. [*Oporto*, 1687?] fol. 5051.f.10. [33]

Oquendo, Miguel de. El horoe cantabro, vida del señor don Antonio de Oquendo. *Dionisio Hidalgo: Toledo*, 1666. 4.° 10631.bb.60. [34]

Oraciones. Oraciones contra la peste. [*Mexico*, 1650?] *S.sh.* 4.° 1882.c.2.(234). [35]

Oran. [*Appendix*]. Carta [giving account of events at Oran] escrita de un soldado de Oran a un consejero de su Magestad. *Viuda de Alonso Martin: Madrid*, [1623?] fol. T.90.*(7). [36]

Orbiti, J. A. Plausi per il felìce matrimonio di d. Luigi la Cerda . . . è de d. Maria de las Nieves figlia del duca d'Osuna. Soneto: [*Madrid?* 1679]. *S.sh.* fol. T.22.*(37). [37]

Ordoñez de Ceballos, Pedro. Tratado de las relaciones verdaderas de . . . China, Cochinchina, y Champaa, y otras cosas notables. *Pedro de la Cuesta: Iaen*, 1628. 4.° 1045.i.16.(2); G.6927. [38]

— Viaje del mundo. *Luis Sanchez: Madrid*, 1614. 4.° 1045.e.16.(1); G.6925. [39]

— — *Juan Garcia Infanzon; a costa de Francisco Sazedon: Madrid*, 1691. 4.° 1424.g.13; G.6926. [40]

Ordoñez de Ceballos, Pedro, and **Ximenez Paton, Bartolomé.** Historia de la antigua, y continuada nobleza de . . . Iaē. *Pedro de la Cuesta: Iaen*, 1628. 4.° 10160.c.24; 574.f.(21). [41]

Oreña, Miguel de. Copia de una carta, que el padre Miguel de Oreña . . . escriviò al . . . Conde Duque, de la muerte de la señora D. Marina de Escobar. [*Madrid?* 1633?] fol. 593.h.22.(12). [42]

Orfanel, Jacinto. Historia ecclesiastica de los sucessos de la christiandad en Iapon, desde . . . 1602 . . . hasta 1620. Compuesta por . . . Iacinto Orfanel . . . Añadida hasta . . . 1622 por . . . Diego Collado. *Viuda de Alonso Martin: Madrid*, 1633. 4.° 1369.f.1; 493.h.18. *imp.* [43]

Orient, Gaspar. A la iusta poetica tinguda en Gerona, en alabança del beato padre Ignaci de Loyala . . . Romance. [In verse]. *Llorens Déu: Barcelona*, 1611. 4.° 11450.e.25.(32). [44]

Orientius, *Saint, bishop of Auch.* S. Orientic episcopi illiberitani commonitorium. Iterùm emendatum, ac notis secundis illustratum à Martino Del Rio. *Ex artium Taberna Arti Taberniel Antuerpiani: Salmanticae*, 1604. 4.° 837.h.27. [45]

Orliz de Valdés, Fernando. Gratulacion politico-catholica en la feliz restauracion de Lerida. Con las noticias historicas . . . de la . . . ciudad. 2 pt. *Diego Diaz de la Carrera: Madrid*, 1644. 4.° 573.i.15. [46]

Ormaechea Guerrero, Gerónimo de. Discurso apologetico de la Virgen vencedora . . . en el sitio de Fuenterabia . . . 1638. *Pedro de Mon Gaston Fox: Logroño*, 1639. 4.° 1445.f.20.(17). [47]

Oróbio de Castro, Baltasar. Controvertitur utrum materialibus morbis in choantibus sang. missio revulsiva, iuxta Hippocratis, & Galeni dogmata per distantissimas venas effici debeat? *Apud Ignatium de Lyra: Hispali*, 1653. 4.° 783.g.21.(9). [48]

Orozco, Francisco de, *Marquis de Olias y Mortara.* Conquista de Cataluña por el marques de Olias, y Mortara. [*Madrid?* 1655?] fol. 9180.h.17. [49]

— Copia de una carta escrita por el senor marques de Mortara . . . en que dá quenta el estado que tiene la guerra en [Cataluña]. *Iuan Gomez Blas: Sevilla*, 1650. 4.° 1445.f.17.(30). [50]

— Relacion verdadera de la derrota q̄ à hecho el marques de Mortara en el exercito frances junto a Villanoveta. *Pedro Verges; y por su original por Iuan Gomez: Sevilla, Zaragoça*, 1643. 4.° 1445.i.1. [51]

Orpin, Juan. [*Begin:*] Señor. Don Iuan Orpin, governador . . . de la . . . poblacion, de los cumanagotos. [A memorial to the King, on the writer's services in the Spanish Indies]. [*Madrid?* 1635?] fol. 1324.i.9.(12). [52]

— [*Begin:*] Señor. Don Iuan Orpin Governador . . . de los indios cumanagotos. [Another memorial of his services, addressed to the King]. [*Madrid?* 1624?] 1324.i.2.(99). [53]

Ortega, Gerónimo de. Defensa por la provincia de la compañia de Iesus, de las islas Filipinas, contra una sentencia, que . . . Iuan Lopez obispo . . . fulmino contra el p. rector. [*Manilla*], 1671. fol. 583.i.34.(4). *imp.* [54]

Ortega, Juan Francisco de. Carta, a don Diego Hurtado de Mendoza . . . de Ioan Francisco de Ortega. [A laudatory epistle]. [*Cadiz*, 1627]. fol. 1322.l.4.(7). [55]

Ortega, Pedro de. Primera (segunda, tercera) parte de los romances de don Alvaro de Luna. Recopilados por Pedro de Ortega. 4 pt. [*Toledo?*] 1679. 4.° 1072.g.26.(4). [56]

— Tres poesias devotas compuestas por . . . Pedro de Ortega presbitero. Recogidas por el hermano Alonso Martinez. [In verse]. *Alonso Rodriguez Gamarra: Sevilla*, 1621. 4.° 1897.c.20.(42). [57]

Ortega de Vega, Sebastian. [*Begin:*] Señor. El licenciado don Sebastian Ortega de Vega. [A petition for the post of alcalde in the Chancery]. [*n.p.*, 1665?] fol. 1322.k.15.(13). [58]

Ortega y Espinosa, Mateo. Por el l^{do} D. Gaspar Paez de Barrionuevo . . . alcalde . . . de Malaga, en defensa de la real jurisdicion. En el pleyto con . . . Alonso de Cabrera, fiscal. *Francisco Sanchez: Granada*, 1660. fol. 1322.l.5.(6). [59]

Ortelius, Abraham. Theatro d'el orbe de la tierra. [128 maps, with "Paregon", 38 maps]. 2 vol. *Liberia Plantiniana, Anveres*, 1612. fol. 9.Tab.11. [60]

Ortiz, Antonio. Relacion de la venida de los Reyes catholicos al collegio ingles de Valladolid. (Recebimiento que se hizo

. . . a una imagen de nuestra Señora. Algunas poesias). *Andres Sanchez: Madrid*, 1600, 01. 4.° 4625.aa.8. **[61]**

Ortiz, Didacus. Philosophiæ brevis explicatio, in quatuor partes distributa. Prima pars continens octo libros physicorum [of Aristotle]. *Ex typographia Ioannis Gomez á Blas: Hispali*, 1640. 4.° 714.c.17. **[62]**

Ortiz, Lorenzo. Origen, y instituto de la compañia de Iesus, en la vida de san Ignacio de Loyola. *Colegio de San Hermenegildo; vendese in casa de Iuā Salvador Perez: Sevilla*, 1679. fol. 1232.g.16. **[63]**

Ortiz, Marco Antonio. La Virgen de los Disamparados de Valencia; Comedia [in verse]. *Francisco Leefdael: Sevilla*, [1700?] 4.° *No. 179 of an unidentified collection.* 11728.i.9.(13). **[64]**

Ortiz, Rafael. Relacion verdadera del viage y presa que hizieron las galeras de Malta el . . . año de 629, embiada al señor don Rafael Ortiz . . . Traduzida de italiano . . . por Iuan Ortiz de Vivaneo. *Sevilla*, 1629. fol. 593.h.17.(86). **[65]**

Ortiz de Cervantes, Juan. Informacion en fauor del derecho que tienen los nacidos en las Indias à ser preferidos en las prelacias. *Viuda de Alonso Martin: Madrid*, 1619. fol. 12231.t.1.(7). **[66]**

—Memorial que presenta a su Magestad . . . Iuan Ortiz de Cervantes . . . sobre pedir remedio del daño y diminucion de los indios. [*Madrid?*] 1619. fol. 62.i.18.(47). **[67]**

—Memorial que trata de la perpetuydad de los encomenderos de indios del Peru. *Iuan Sanchez: Madrid*, 1617. fol. C.62.i.18.(38). **[68]**

—Parabien al Rey d. Felip IIII. N. S. que da la cabeça del . . . Piru. [*Madrid?* 1640?] fol. 1324.i.9.(20). **[69]**

——[*Begin:*] Señor. El licenciado Iuan Ortiz de Cervantes. [Seven memorials to the King]. [*Madrid?* 1618?] fol. C.62.i.18.(40–46). **[70]**

Ortiz de Espinosa, Juan Baptista. [*Begin:*] Señor. El doctor don Iuan Baptista Ortiz de Espinosa, natural . . . de Burgos . . . uuez inquisidor. [A statement of services rendered and a petition for a post]. [*n.p.*, 1653?] fol. 765.h.1.(25). **[71]**

Ortiz de Oraa, Alonso. Die 3 Septembris anno 1663. In criminali causa contra D. D. Alfonsum Ortiz de Oraa, coram . . . episcopo Angelopolitano, electo archiepiscopo Mexicano, & gubernatore. [*Mexico?* 1663?]. fol. 4183.k.2.(16). **[72]**

Ortiz de Sotomayor, Rafael. Por don Rafael Ortiz de Sotomayor recibidor de la religion de san Iuan . . . con los testamentarios del . . . principe Filiberto . . . y los acreedores . . . del principe. [*Madrid?* 1630?] fol. 1322.l.4.(15). **[73]**

Ortiz de Zuñiga, Diego. Annales eclesiasticos, y seculares de . . . Sevilla . . . Desde el año de 1246 . . . hasta el de 1671. *Imprenta real; Por Iuan Garcia Infançon; a costa de Florian Anisson: Madrid*, 1677. fol. 181.e.10; 573.l.17. **[74]**

Ortiz Lucio, Francisco. Flos sanctorum y vida de Iesu Christo . . . y de todos los santos . . . conforme al breviario romano . . . con el tratado de la creacion del mundo. *Miguel Serrano de Vargas: Madrid*, 1605. fol. 698.l.17. **[75]**

Ortuñez de Calahorra, Diego. Espeio de principes y cavalleros. Tercera y quarta parte. *Pedro Cabarte: Çaragoça*, 1623. fol. G.10265. **[76]**

——4 pt. *Iuan de Lanaia y Quartanes; a costa de Iuan de Bonilla; Pedro Cabarte; Çaragoça*, 1617–23. fol. G.10288, 89; 1203.i.2; 86.l.20. (pt. 3, 4). **[77]**

Osorio de Erasso, Diego. [*Begin:*] Señor. Celebre fue la vitoria. [A memorial, addressed to the King, concerning the conversion of the natives of the Indies to the christian religion]. [*Madrid?* 1630?] 4.° C.62.i.19.(21). **[78]**

Osorio de Ribadeneira, Gabriel. Servicios del capitan don Gabriel Osorio de Ribadeneira. [*Madrid?* 1641]. fol. 1324.i.2.(51). **[79]**

Osorius, Joannes. J. Osorii . . . Sylva variarum concionum. *Methymnae a Campo*, 1603. 4.° 4425.bb.18. (*destroyed*). **[80]**

Ossorio de Bassurto, Diego. Segunda relacion de la vitoria, y alcanc[e] que las galeras de Espana y Portugal tuuieron de los Moriscos y turcos. [In verse]. *Francisco Abarca de Angulo: Valladolid*, 1618. 4.° 1072.g.26.(9). **[81]**

Ossorio de Escobar y llamas, Diego. Por las santas iglesias de la Puebla, de Mexico, y demas de Nueva España . . . En el pleito . . . que el procurador . . . de la compañia de Iesus a intentado. [*Mexico*, 1672]. fol. 5125.g.9.(9). **[82]**

Ossorio de Espinosa de los Monteros, Joseph. Por la provincia de San Vicente de Chyapa, y Goatemala de el orden de predicadores . . . sobre el . . . despojo que les ha causado el . . . obispo . . . d. Juan Cano Sandoval. *Mexico*, 1688. fol. 5125.g.7.(13). **[83]**

Ossorio de Mayorga, Antonio. Festiva aclamacion que a la venida de la Reyna. [Mary Anne of Pfalz Neuburg] . . . celebro . . . Astorga. *Antonio Rodriguez de Figueroa: Valladolid*, [1690]. 4.° 9930.ccc.44. **[84]**

Ossorio Valverde, Pedro. Relacion de los servicios del licenciado don Pedro Ossorio Valverde, capellan mayor . . . de la armada real del mar occeano. [*Madrid?* 1640?] fol. 1324.i.2.(43). **[85]**

Ossuna, Alonso de. Comedia famosa. Milagros del serafin. [In verse]. [*n.p.*, 1650?] 4.° 1072.h.6.(11). **[86]**

——[*Madrid?* 1700?] 4.° 11728.e.47. **[87]**

O'Sullevan, Philippus. Historia catholicae Iberniae compendium. *Excusum a Pedro Crasbeeckio: Ulyssipone*, 1621. 4.° 601.h.2; 210.b.17; G.5754. **[88]**

Otalora Assurduy, Juan de. [*Begin:*] El licenciado don Iuan de Otalora. [A memorial of his services, and those of his ancestors, in the Spanish Indies]. [*Madrid?* 1632?] fol. 1324.i.2.(29). **[89]**

Oteyza y Olano, Athanasius. Iesus, Maria, Ioseph. Por Martin Arano de Isasti . . . Con Maria de Mirubia, viuda de Gregorio de Apategui. [A defense of Martin Arano, accused of the murder of Gregorio de Apatequi]. [*Madrid?* 1650?] fol. 1322.l.10.(29); 1322.l.2.(52). **[90]**

Oudin, César. Dialogos en español y frances, Dialogues . . . avec un nomenclator. *François Foppens: Bruxelles*, 1663. 12.° 627.a.23. **[91]**

—Grammaire espagnolle, expliquée en francois . . . derniere edition. *Pierre Moet: Paris*, 1659. 8.° 12943.aa.22. **[92]**

——*Antoine de Sommaville: Paris*, 1660. 8.° 12943.b.10. **[93]**

—A grammar Spanish and English . . . Composed in French by Caesar Oudin . . . Englished . . . by I. W. who hath also translated . . . the five dialogues of Juan de Luna. *Iohn Haviland, for Edward Blount: London*, 1622. 8.° 12941.aaa.49. **[94]**

—Grammatica Hispanica, hactenus Gallice explicata, et aliquoties edita, autore, Caesare Oudino . . . nunc . . . Latinitate donata. *Apud Matthaeum Schmidts: Coloniae,* 1607. 8.° 828.a.54. [95]

—Le grand dictionaire et tresor de trois langues françois flameng & espaignol . . . (El grande dictionario). 3 pt. *By Cæs. Ioachim Trognesius: T'Hant Werpen,* 1639, 40. 4.° 628.g.18. [96]

—Refranes o proverbios españoles traduzidos en lengua francesa. Proverbes . . . traduits . . . par Cesar Oudin . . . Con cartas en refranes de Blasco de Garay. 2 pt. *Rutger Velpius: Bruxelles,* 1608. 12.° 12305.ccc.51. [97]

——Seconde edition. *Marc Orry: Paris,* 1609. 8.° 12305.bb.12. [98]

——*Pierre Rigaud: Lyon,* 1614. 12.° 12305.aa.13. [99]

——Troisieme edition. *Vefue d'Hubert Anthoine Velpius: Bruscelles,* 1634. 12.° 12305.aa.8; G.17621. [100]

——*Iuan Dehovry: Paris,* 1659. 12.° 12305.aaa.24. [101]

—Tesoro de las dos lenguas francesa y española. Thresor des deux langues. *Marc Orry: Paris,* 1607. 4.° 12943.d.15. [102]

——2 pt. *Antoine de Sommaville; Augustin Courbé, & chez Nicolas & Iean de la Coste: Paris,* 1645. 4.° 626.i.18. [103]

——2 pt. *Juan Mommarte: Bruselas,* 1660. 4.° 627.i.9. [104]

——*A costa de I. Baut. Bourlier; & Laur. Aubin: Leon de Francia,* 1675. 8.° 627.e.7. [105]

Ovando, Juan de. [*Begin:*] Quæstio 1. divi Thomae. ["Tractatus de Incarnatione ad concionatores divini Verbi pertinens". Founded on the 3rd book of the "Summa theologica"]. [*Salamanca,* 1605?] fol. 3845.df.1.(2). *imp.* [106]

Ovando Santarem Gomez de Loaysa, Juan de. Ocios de Castalia, en diversos poemas. *Mateo Lopez Hidalgo: Malaga,* 1663. 4.° 11450.ee.44. [107]

Ovidius Naso, Publius. [*Epistolae heroidum*]. Heroyda Ovidiana. Dido a Eneas. Con parafrasis espanola, y morales . . . por Sebastian de Alvarado y Alvear. [With the text]. *Guillermo Millanges; a costa de Bartolome Paris: Bourdeos,* 1628. 4.° 1001.h.6. [108]

——[*Metamorphoses*]. Matamorphoseos del exelente poeta Ouidio Nasson. Traduzidos en verso . . . con sus allegorias . . . por . . . A. Perez Sigler. *Iuan Baptista Varesio: Burgos,* 1609. 12.° 11355.a.13. [109]

—El Narciso flor traducida del cefiso al Betis. Por . . . Iuan Fernandez i Alfaro . . . Imitacion del dulce poeta latino. *Iorge Rodriguez: Lisboa,* 1618. 8.° 1064.b.8.(3). [110]

Oviedo. Relacion [in prose and verse] de las exequias que en la muerte del Rey . . . Felipe quarto . . . hizo la universidad de Oviedo. *Pablo de Val: Madrid,* 1666. 4.° 10631.bb.10. [111]

Oviedo, Luis de. Methodo de la coleccion y reposicion de las medicinas simples . . . Va añadido . . . el tercer libro, y . . . el quarto . . . en que se trata de la composicion de los unguentos. [Edited by G. Gonçalez]. *Luis Sanchez: Madrid,* 1622. fol. 546.l.19. [112]

Oviedo Pedrosa, Francisco de. Iesus, Maria, Ioseph. Epitome de las razones que a lega en los memoriales y informes, que diò . . . Francisco de Oviedo . . . Procurador . . . de Lima y Chile, del orden . . . de la Merced . . . al Rey. *Viuda de Iuan Goncalez: Madrid,* 1636. fol. 4783.e.1.(5). [113]

Owen, Joannes. Agudezas de Juan Oven, traducidas en metro castellano, ilustradas, con adiciones, y notas por don Francisco de la Torre. *Francisco Sanz: Madrid,* 1674. 4.° 1213.m.38. [114]

P.

P., D. M. G. Admirables effectos de la providencia sucedidos en la vida, e imperio de Leopoldo primero . . . emperador de romanos. 3 tom. *En la Emprenta Real, por Marcos Antonio Pandulpho Malatesta: Milan,* 1696. fol. 1321.m.8; 613.dd.3. [1]

P., L. D. I. A. D. L. [i.e. Juan Adam de la Parra]. Apologetico contra el tirano y rebelde Verganza [i.e. John IV, King of Portugal], y conjurados. *Diego Dormer: Zaragoza,* 1642. 4.° 1060.c.9. [2]

Pablos, Francisco. Por la villa de Coria. Con Francisco Pablos, capataz de la casa de la moneda . . . de Seuilla. [A pleading]. [*n.p.,* 1650?] fol. 1322.l.7.(30); 1322.l.7.(22). [3]

Pacconio, Francisco. Gentio de Angola sufficientemente instruido nos mysterios de nossa sancta fé. Obra posthuma . . . pello padre Francisco Pacconio . . . Revisada . . . pello padre Antonio de Couto. *Domingos Lopes Rosa: Lisboa,* 1645. 8.° C.60.b.1. [4]

Pachão, Bartholameu. Fabula dos planetas, moralizada, com varia doutrina politica, ethica, & economica. *Domingos Lopes Rosa: Lisboa,* 1643. 8.° 12314.a.36. [5]

Pacheco, Andrés. Carta acordada del ilustrissimo señor don Andres Pacheco . . . inquisidor general . . . de los reynos . . . de su Magestad. [*Madrid?* 1622]. *S.sh.* fol. 4625.g.1.(26). [6]

Pacheco, Jazinto. [*Begin:*] Señor. El capitan d. Iazinto Pacheco. [A memorial of his services, addressed to the King]. [*Madrid,* 1643]. fol. 1324.i.2.(118). [7]

Pacheco, Juan. [*Begin:*] Por el capitan don Pedro Elguero de Aluarado . . . y . . . su muger. Con Pedro Gonçalez de Sancebrian, y su curador ad litem. [A petition concerning a will]. [*Valladolid?* 1662?] fol. 765.h.3.(5). [8]

—[*Begin:*] Señor. Don Pedro Valle de la Zerda, cavallero de la orden de Calatrava . . . dize. [A vindication of don Pedro Valle de la Zerda]. [*n.p.,* 1650?] fol. 1322.k.15.(11). [9]

Pacheco, Juan de. Por doña Iuana de Velasco, viuda de don Melchor Pacheco . . . sucessor . . . de la casa . . . de Montaluan. Con el . . . fiscal y . . . su suegro. [*n.p.,* 1605?] fol. 765.i.3.(3). [10]

Pacheco, Miguel. Epitome de la vida, acciones, y milagros de san Antonio, natural de . . . Lisboa que . . . se llama de la de Padua. *Iulian de Parede: Madrid,* 1647. 4.° 485.a.15; 486.a.14. [11]

——*Henrique Valente de Oliueira: Lisboa,* 1658. 8.° 862.g.33. [12]

—Vida de la serenissima infanta doña Maria hija del Rey d. Manoel. *Iuan de la Costa; a costa de Miguel Manescal: Lisboa,* 1675. fol. 10632.h.8. [13]

Pacheco de Guzman, Juan. IHS. Initium sapientiae timor Domini. Por don Iuan Pacheco de Guzmā . . . y . . . su muger. En el pleyto con el concejo de . . . San Clemete. [*n.p.,* 1620?] fol. 1322.l.6.(15). [14]

Pacheco de Narvaez, Luis. Historia exemplar de las dos constantes mugeres españolas. *Imprenta del reyno: Madrid,* 1635. 4.° 12490.cc.36. **[15]**

— Modo facil y nuevo para examinarse los maestros en la destreza de las armas. *Luis Sanchez: Madrid,* 1625. 8.° C.135.a.4. **[16]**

——(Addicion a la filosofia de las armas). 2 pt. *Herederos de Pedro Lanaja; y a costa de Tomas Cabeças: Zaragoça,* 1658–60. 8.° 8823.aa.10.; 1606/381. **[17]**

Pacheco Ossorio, Rodrigo, *Marquis de Cerralvo.* Por el marques de Zerralvo difunto, virrey . . . de la Nueva España. Con . . . Francisco de la Torre . . . y el . . . fiscal. [*Madrid,* 1642]. fol. 1324.i.1.(22). **[18]**

Pacheco y Zuñiga Valdés y Pecha, Estevan. IHS. Por don Esteuan Pacheco y Zuñiga . . . con don Bartolome de Zuñiga sobre el articulo de fuerça del rector de Alcala. [*Madrid?* 1620?] fol. 1322.l.3.(10). **[19]**

Pacifico, *de Paris, Capuchin.* Relacion verdadera de la iornada que hizo . . . fray Francisco de Paris . . . a los reynos de Oriente. *Bartolome de Lorencana: Granada,* 1629. fol. 4745.f.11.(5). **[20]**

Pacius, Julius. Iul. Pacii Artis Lullianae emendatæ libri IV. Quibus docetur methodus, per quam magna terminorum generalium. *Apud Petrum Pinellum: Valentiae,* 1618. 8.° 1031.b.5. **[21]**

Padilla, Francisco de. Historia ecclesiastica de España. (Ochenta y siete chronologias de todos los papas, emperadores . . . y obispos que se sabe aver avido en España). 2 pt. *Claudio Bolan: Malaga,* 1605. fol. 1232.f.1–2. **[22]**

Padilla, Juan de. Mandò que se imprimiesse este escrito el . . . conde de Alva . . . virrey . . . del Peru. En la iunta que se ha formado, por cedula de su Magestad. [*Lima,* 1660?] fol. 600.l.14. **[23]**

Padilla, Luisa, *Countess de Aranda.* Lagrimas de la nobleza. Al ex^mo. S^r. don Antonio Ximenez d'Urrea conde de Aranda . . . Dado a la estampa por . . . Henrique Pastor. *Pedro Lanaja: Çaragoza,* 1639. 8.° 8408.a.49. **[24]**

Padilla Altamirano, Laurencio de. Compendio del origen, antiguedad y nobleza de la familia, y apellido de Marquez. *Juan Francisco de Blas: Sevilla,* 1689. 4.° 9905.bbb.21. **[25]**

Paez, Adrian. Por Adrian Paez, vezino de Malaga . . . Con el . . . fiscal del consejo de hazienda. [*n.p.,* 1600?] fol. 765.i.3.(2). **[26]**

Paez, Bathasar. Commentarii ad canticum Moysis exod. XV cum annotationibus moralibus. *Ex officina Petri Crasbeeck: Ulissipone,* 1618. fol. 3155.i.25. **[27]**

— Commentarii in canticum Ezechiae, Issaie. 38. *Typis Petri Crasbeeck: Ulssip.,* 1622. fol. 3166.f.10. **[28]**

— Commentarii in canticum magnum Moysis, audite caeli que loquor. *Ex officina Petri Crasbeeck: Ulyssip*[one], 1620. fol. 3155.i.26. **[29]**

Paez de Valencuela y Castillejo, Juan. Para secretarios de señores, y todo genero. Nuevo estilo . . . de escribir cartas. *Imprenta real; a costa de Antonio del Ribero Rodriguez: Toledo,* 1656. 8.° 1084.c.10. **[30]**

— Relacion brebe de las fiestas, que en . . . Cordova se celebraron à la beatificacion de . . . Santa Theresa de Iesus. 3 pt. *Viuda de Andres Barrera: Cordova,* 1615, 05. 4.° 486.c.3.(3, 4). **[31]**

Paez Ferreira y Franca, Francisco. Iuizio catolico y pio. Sobre la estrella, y nacimiento del . . . principe don Felipe . . . hijo de don Felipe Quarto. *A costa de Iulian Fernandez; Por Domingo Garcia y Morras: Madrid,* 1658. 4.° 1445.f.17.(40). **[32]**

— [*Begin:*] Señor. El doctor Francisco Paez Ferreira y Franca . . . capellan de V. M. dize. [A petition to the King for preferment]. 2 pt. [*n.p.,* 1656?] fol. 1322.k.15.(3). **[33]**

Paggi, Carlo Antonio. Enchiridion medico-astrochymicum. *Ex proelo Antonij Craesbeeck a Mello: Ulyssipone,* 1664. 4.° 543.c.11. **[34]**

Pais Viegas, Antonio. Principios del reyno de Portugal. Con la vida . . . de don Alfonso Henriquez su primer rey. Y con los principios de . . . Hespaña. *Paulo Craesbeeck: Lisboa,* 1641. 4.° 593.e.9; 179.c.2; G.6405. **[35]**

Paiva de Andrade, Diogo, *The Elder.* Casamiento perfeito em que se contem advertencias muito importantes. *Iorge Rodriguez: Lisboa,* 1630. 4.° 8416.dd.28. **[36]**

Paiva de Andrade, Diogo, *The Younger.* Chauleidos libri diodecim. Canitur memoranda chaulensis urbis propugnatio, & celebris victoria lusitanorum adversus copias Inizæ Malivi. *Apud Georgium Rodriguez: Ulyssipone,* 1628. 8.° 11403.b.42. **[37]**

— Exame d'antiguidades. *Iorge Rodriguez: Lisboa,* 1616. 4.° 7705.aa.41. **[38]**

Palacios, Andrés Gil de. [*Begin:*] Señor. Andres Gil de Palacios. [A memorial to the King]. [*Madrid?* 1640?] fol. 1324.i.2.(20). **[39]**

Palacios, Francisco de. Por don Iuan Manso de Zuñiga y Salzedo. Con el defensor de los bienes del expolio de don Francisco Manso, arçobispo. [*n.p.,* 1656?] fol. 765.i.4.(16). **[40]**

Palafox Rebolledo y Blanes, Juan Francisco, de, *Marquis de Ariza.* Don Iuan de Palafox Rebolledo y Blanes. [A statement about a dispute with certain of his vassals]. [*n.p.,* 1640?] fol. 1322.k.13.(4). **[41]**

Palafox y Mendoza, Juan de, *Bishop of Osma.* Al Rey nuestro señor. Satisfacion al memorial de los religiosos de la compañia . . . de Iesus de la Nueva España. Por la dignidad episcopal de la Puebla de los Angeles. [*Madrid*], 1652. fol. 4092.i.3. **[42]**

— Carta pastoral de la devida paga de los diezmos, y primicias. [Dated, 8 Jan. 1657]. [*Osma?* 1657]. fol. *Part of a collection?* 5125.g.7.(4). **[43]**

— Carta pastoral del . . . obispo de la Puebla de los Angeles . . . previniendo los animos de los fieles . . . a la consagracion del real templo de su Cathedral. *Viuda de Bernardo Calderon: Mexico,* 1649. 4.° 4183.bb.31. **[44]**

— Carta pastoral y conocimientos de la divina gracia . . . y de nuestra flaqueza . . . segunda impression. *Francisco Vivien: Bruselas,* 1653. 12.° 223.a.35. **[45]**

— Cartas del V. siervo de Dios d. Juan Palafox . . . al R.^mo P. Andres de Rada . . . y otros documentos concernientes, que . . . ofrece al público d. Thomas Vasconcellos. *Fratelli Pagliarini: Roma,* 1700. 8.° 862.e.13.(1). **[46]**

— Defensa canonica . . . por la dignidad episcopal de la Puebla de los Angeles, y por la iurisdicion ordinaria . . . y honor de su prelado. [*Madrid*], 1652. 4.° 1127.h.38. **[47]**

— Excelencias de san Pedro, principe de los apostoles . . . Que ofrece al aprovechamiento de las almas . . . don Iuan de

Palafox . . . Dedicale a . . . Alexandro VII. *Pablo de Val; a costa de Iuan de Valdes: Madrid,* 1659. fol.   476.e.12.   [48]

—Historia de la conquista de la China por el tartaro. *Bernardo de Villa-Diego: Madrid,* 1670. fol. 9181.e.10.(2). *Part of a larger work.*   [49]

— —*A costa de Antonio Bertier: Paris,* 1670. 8.°   583.b.6.   [50]

—Historia real sagrada, luz de principes, y subditos . . . Segunda impression. *Francesco Foppens: Brusselas,* 1655. 4.°   6.d.19.   [51]

— —Tercera impression. *Geronimo Villagrasa: Valencia,* 1660. 4.°   4377.g.26.   [52]

— —*Maria de Quiñones; a costa de Iuan de Valdes: Madrid,* 1661. fol.   704.h.15.   [53]

—[*Begin:*] Nos don Iuan Palafox y Mendoza . . . por quanto . . . auemos fundado . . . en . . . la Puebla de los Angeles, un colegio seminario. [Regulations for the college]. [*n.p.,* 1644]. fol.   9770.k.2.(1). *imp.*   [54]

—Peregrinacion de Philotea al santo templo y monte de la Cruz. *Mateo Fernandez: Madrid,* 1659. 4.°   852.i.16.   [55]

—Semana santa iniusticias que interuinieron en la muerte de Christo. *Francisco Robledo: Mexico,* [1644]. 4.°   4226.h.23.   [56]

—Señor don Iuan de Palafox . . . obispo de Osma . . . propone a vuestra Magestad . . . las razones que se le han ofrecido, para . . . no cumplir dos reales prouisiones. [*n.p.,* 1656]. fol.   763.i.6.(4).   [57]

—Varon de deseos, en que se declaran las tres vias de la vida espiritual. *Imprenta real; a costa de Iuan de Valdes: Madrid,* 1652. 4.°   4403.i.20.   [58]

—Vida interior del ilustrissimo . . . señor d. Juan de Palafox . . . copiada . . . por la que el mismo escriuio . . . sacala a luz don Miguel de Vergara. *Lucas Martin: Sevilla,* 1691. 8.°   4986.bbb.20.   [59]

—[Virtudes del indio]. [*n.p.,* 1650?] 4.°   G.6945. (*Without title page*).   [60]

Palafox y Mendoza, Juan de, *Fiscal del Real Consejo de las Indias.* Por el licenciado don Iuan de Palafox . . . fiscal de su Magestad . . . Con doña Francisca Arze de Otalora . . . Sobre que los [31550] . . . pesos q̃ està en el depositorio . . . de Lima . . . se traygan al Recetor del Consejo. [*Madrid,* 1634]. fol.   1324.i.4.(23).   [61]

Palanco, Franciscus. Cursus philosophicus, pars secunda, continens octo libros phisicorum. *Ex typographia Emmanuelis Ruiz de Murga: Matriti,* 1696. 4.°   714.c.19.   [62]

—[Trac]tatus de providencia Dei [concordat]a cum humana libertate, et sanctitate divina. *Ex officina Gregorij Ortiz Gallardo: Salmanticæ,* 1692. fol. 4061.i.11. *imp.*   [63]

Palencia, *City of.* [*Begin:*] Señor. La ciudad de Palencia pretende, que V. U. se sirua de incorporar en ella . . . el oficio, y audiencia del alcalde mayor del adelantamiento de Castilla. [A petition to the King]. [*n.p.d.*], fol.   765.h.1.(45).   [64]

Palencia, Francisco de. Obra maravillosa nueuamente compuesta . . . Donde se trata de las alabanças del puerco. [In verse]. *Sebastian de Cormellas: Barcelona,* 1615. 4.°   11450.e.24.(8).   [65]

Palet, Jean. Diccionario . . . de la lengua española y francesa

. . . Dictionaire . . . de la langue espagnole et françoise. 2 pt. *Matthieu Guillemot: Paris,* 1604. 8.°   C.108.c.6.   [66]

— —*Rutger Velpius: Bruxelles,* 1606, 07. 8.°   827.b.43.   [67]

Pallares, Miguel. [*Begin:*] Señor. Miguel Pallares, en nombre de los consules de . . . Tarragona, dize. [A memorial to the King, on disputes between the municipal and the ecclesiastical authorities]. [*Tarragona,* 1622?] fol. 1322.k.15.(6).   [68]

Pallas. Escuela de Palas, ò sea curso mathematico tomo 1. Dividido en XI tratados. *En la Emprenta Real, por Marcos Antonio Pandulpho Malatesta: Milan,* 1693. fol. 1605/84.   [69]

Pallavicini, —. Devises & emblemes d'amour, anciens & modernes . . . expliquées, en sept langues. [Latin, Ital., Fr., Span., Dutch, Eng., and Germ. *Daniel de la Feuille: Amsterdam,* 1696. 4.°   12305.f.29.   [70]

Palma, Joan de. Relacion de un rayo, y milagroso caso que sucedio con un religioso lego del convento de san Antonio de Padua . . . Sevilla. *Luys Estupimãn: Sevilla,* 1632. fol. 593.h.17.(111).   [71]

Palma y Freitas, Luis de la. [*Begin:*] Illustrissimo señor. Los continuos pleytos que las baxas, y variedad de monedas han ocasionado contra las santas iglesias, etc. [*n.p.,* 1665?] fol.   1322.l.12.(9).   [72]

—Memorial y discurso que se dio a . . . Phelipe IIII . . . por . . . Iuan de Napoles ministro . . . de . . . la orden del . . . padre san Francisco. [*Madrid?* 1630?] fol. 4783.e.3.(27); 1332.k.12.(17).   [73]

—Por don d. Colon y Larriategui . . . con don P. Colon de Portugal . . . sobre la propriedad del . . . estado de Veragua. [*Madrid,* 1660?] fol.   T.17.*(36); T.17.*(37).   [74]

—Por el p. Fr. Ambrosio Vigil de Quinones, provincial de la provincia de Zacatecas . . . por su provincia y religion, contra elobispo de la nuena Vizcaya. [*n.p.,* 1654?] fol. 12231.t.1.(11).   [75]

—Por la religion del gran padre . . . s. Geronimo y . . . Luis de Cordova, general electo . . . Con algunos religiosos . . . de Lupiana. [*Madrid?* 1641?] fol. 4783.e.1.(38).   [76]

—Por las religiones de santo Domingo, santo Francisco, y . . . san Agustin . . . de Nueva España. En defensa de las doctrina de que fueron removidos de hecho sus religiosos. *Imprenta real: Madrid,* 1644. fol. 4745.f.11.(17).   [77]

Palma y Freitas, Luis de la, and **Paz Guzmán, Alonso, de.** Por don don Colon de Larriategui . . . en respuesta de las informaciones de d. Pedro Colon de Portugal . . . y consortes. [*Madrid,* 1660?] fol.   T.17.*(35).   [78]

Palmireno, Juan Lorenzo. El latino de repente de Lorenço Palmireno. Palinodia Latina eiusdem . . . Elegancias de phrases de Manucio. *Sebastian de Cormellas; y a su costa: Barcelona,* 1615. 8.°   12935.a.55.   [79]

Palomino de Castro y Velasco, Acisclo Antonio. Explicacion de la idea que ha discurrido y executado en la pintura . . . de la iglesia . . . de san Juan del mercado de Valencia, don Acisclo Palomino. [By the painter]. *Valencia,* 1700. 4.°   7857.e.18. (*destroyed*).   [80]

Pantaleón de Ribera, Anastasio. Obras de Anastasio Pantaleon de Ribera, ilustradas . . . por D. Pellicer de Tovar. *Francisco Martinez: Madrid,* 1634. 8.° C.30.c.18.   [81]

— — *Andres Garcia de la Iglesia; a costa de Francisco Serrano de Figueroa: Madrid*, 1670. 8.° 12231.bb.2. [82]

Pantoja, Diego de. Relacion de la entrada de algunos padres de la Copania de Iesus en la China, y particulares sucessos q̃ tuvieron. *Alonso Rodriguez Gamarra: Sevilla*, 1605. 8.° G.6880. [83]

— — [Edited by E. de Villareal]. *Iuan Chrysostomo Garriz: Valencia*, 1606. 8.° 4765.a.19. [84]

Papenbroeck, Daniel van. Voz de la verdad, con que (repressada, y suprimida en un religioso silencio) prorrumpe un afecto suyo. [Relating to certain works of D. van Papenbroeck condemned by the Inquisition]. [*Madrid*, 1696]. 4783.ee.1.(22). [85]

Paracuellos Cabeça de Vaca, Luis de. Elogios a Ma[ria] santissima . . . Dispusolos d. Luis de Paracuellos Cabeça de Vaca. *Fran.co Sanchez; y Baltasar de Bolibar: Granada*, 1651. 4.° 1367.h.3. [86]

Paravicino y Artiaga, Hortensio Félix. Obras posthumas, divinas, y humanas. [In verse. Edited by Antonio Ossorio]. *Carlos Sanchez; a costa de Iuan Bautista Tauano: Madrid*, 1641. 8.° 11450.b.15. [87]

— — *Maria Fernandez; a costa de Tomas Alfay: Alcala*, 1650. 8.° 11451.a.29. [88]

Pardo, David, *ben Joseph, The Younger.* Compendio de Dinim que todo Israel deve saber y observar. *Amsterdam*, 5449 [1689]. 12.° 1960.a.23. [89]

Pardo, Gerónimo. Tratado del vino aguado, y agua envinada. Sobre el aforismo 5 6. de la seccion 7. de Hipocrates. *En la imprẽta de Valdivielso: Valladolid*, 1661. 4.° 1038.i.8. [90]

Pareja, Francisco, *Franciscan.* Catechismo, y examen para los que comulgan, en lengua castellana, y timuquana . . . II impression. *Iuan Ruyz: Mexico*, 1627. 8.° 3505.df.30. [91]

Pareja, Francisco de, *Calificador de la suprema Inquisicion.* Sosiego, y seguridad de penitentes en tomar confessores, para no errar. *Viuda de Iuan de Eraso: Madrid*, [1630?] fol. 1322.k.15.(5). [92]

Paris. [*Appendix*]. Carta vinguda de Paris, de un ben aficionat a esta provincia de Catalunya, a un amich seu. *Iaume Matevat: Barcelona*, 1643. 4.° 9180.e.2.(31). [93]

— Copia de carta, que vino de Paris, escrita a un amigo . . . de Navarra . . . año de 1649, en que le da cuenta del gran tumulto, y rebolucion que . . . ay en . . . Francia. *Alonso de Paredes: Madrid*, 1649. fol. 1322.k.8.(13). [94]

Parra, José Bernardo de la. Heroyco aplauso, celebres jubilos . . . que el invicto cabildo de . . . Sevilla ha hecho . . . explicando . . . el . . . gozo de aver cumplido los . . . [14] años . . . don Carlos segundo. *Iuan Cabeças: Sevilla*, 1675. 4.° 811.e.51.(13). [95]

Pascal, Blaise. Les provinciales ou lettres escrittes par Louis de Montalte, traduites en latin par Guillaume Wendrock. *Fr. Lat., Span., & Ital.* 1648. 8.° See Montalte, L. de, *pseud.* 224.g.14.

Pasqual, Miguel Angel. El operario instruido, y oyente aprovechado, dividido en cinco tomos. *Diego Martinez Abad: Madrid*, 1698. 4.° 852.i.19. [96]

Pasqual y Orbaneja, Gabriel. Vida de san Indalacio, y Almeria ilustrada en su antiguedad . . . y grandeza . . . Primera, segunda y tercera parte. *Antonio Lopez Hidalgo: Almeria*, 1699. fol. 10161.g.4. [97]

Passano de Flaro, Andrés. Exemplar eterno de prelados, impresso en el corazon, y executado en la vida . . . del . . . señor don Baltasar de Moscoso y Sandoval. *Francisco Caluo: Toledo*, 1670 fol. 4863.f.29. [98]

Pastor, Francisco. Por la ilustre marquesa de Guadalest . . . tutora . . . de el almirante de Aragon [I. T. de Cardona], con el . . . marques de Benavites. [*Madrid*, 1674]. fol. 1322.l.8.(5). [99]

Pastor, Juan. Aucto nuevo del santo Nacimiento de Christo. [In verse]. *En casa de Iuan Gracian: Alcala de Henares*, 1603. 4.° C.63.b.2. [100]

Pastor, Raphael. A la humildad que tuvo san Raymundo de Peñafort. [In verse]. *Ioan Amello: Barcelona*, 1601. 4.° 11450.e.25.(15). [101]

— Cobles ara novament fetes del humano al diuino. *Gabriel Graells; y Giraldo Dotil: Barcelona*, 1602. 4.° 11450.e.25.(20). *imp.* [102]

— Colloqui de la solemne professo que feren los de la vila de Caldes Dimecres . . . Tambe tracta . . . de totes les festes. [In verse]. *Ioan Amello: Barcelona*, 1601. 4.° 11450.e.25.(16). [103]

Pastor de Gallego, Genesius. Brevis epitome valde utilis ad praedicendum futura in morbis acutis. *Apud Augustinum Martinez: Oriolae*, 1624. 8.° 776.a.5.(2). [104]

Paul, *the Hermit, Saint.* (Regra do bispo & doutor da igreda sancto Agosti . . . Constituiçoes da Ordem de Sao Paulo). *Pedro Craesbeeck: Lisboa*, 1617. 4.° C.110.c.18.(1). [105]

Paya, Joannes de. Doctrinale sacrae scripturae, omnes illius sensus . . . necnon . . . regulasinter pretandi . . . comprehẽdens. tom. 1. *Apud Didacum Gomez de Loureiro: Conimbricae*, 1631. fol. 3125.f.1. [106]

Paz, Tomás Manuel de. Al noble su sangre avisa. Comedia. [*Madrid?* 1700?] 4.° *No. 108 of an unidentified collection.* 11728.i.9.(14). [107]

— La mitra, y pluma en la cruz. San Casiano. Comedia. *Francisco de Leefdael: Sevilla*, [1700?] 4.° 11728.e.49. [108]

Paz del Río, Juan de. [*Begin:*] Señor. [A petition to the King, saying that he has been imprisonado unjustly]. [*Madrid?* 1650?] fol. 1322.l.9.(32). [109]

Paz Salon, Baltasar. Por el l. don Baltasar de Paz Salon, abogado . . . Con d. Francisca de Salaçar. [*Granada?* 1640?] fol. 765.i.11.(15). [110]

— Por el l. don Baltasar de Paz Salon. En el pleyto con d. Francisca de Salaçar. *Imprenta real; por Francisco Garcia de Velasco: Granada*, 1640. fol. 765.i.11.(16). [111]

Pedraza, Julian de. Respuesta al memorial del padre Iulian de Pedraça . . . de la compañia de Iesus . . . publicado . . . contra Bernardino de Cardenas. [*Madrid?* 1652?] fol. 4783.f.7.(14). [112]

Pedrera, Andres. Andres Pedrera, ensayador, y visitador del oro, y plata de estos reynos, etc. 2 pt. [*n.p.d.*], fol. 765.i.9.(13). [113]

Pedro, *Count de Barcellos, Son of Dionysius, King of Portugal.* Nobiliario de d. Pedro conde de Bracelos . . . Ordenado y ilustrado con notas . . . por Iuan Bautista Lavaña. *Estevan Paolinio: Roma*, 1640. fol. 9903.l.3; 1862.d.14. [114]

— — *Alonso de Paredes: Madrid*, 1646. fol. 606.h.3. *imp.* [115]

Pedro, *de la Concepcion, Hermitaño.* Breve relacion de lo que el hermano Pedro de la Concepcion . . . ha obrado en la fundacion de hospitales en Argel, y Tunez. *Madrid*, 1665. fol.   Dept. of MSS. Add. MS. 10262. (ff.682–693). **[116]**

— [*Begin:*] A honra, y gloria de Dios, trino y uno. [Regulations, drawn up by D. Gutierrez concerning hospitals founded by Pedro de la Concepción]. [*Madrid*, 1663]. fol.
Dept. of MSS. Add. MS. 10262. (ff.695–706).   **[117]**

Pedro, *de San Buena Ventura.* Vocabulario de la lengua tagala. El romance castellano puesto primero. 2 pt. *Thomas Pinpin; y Domingo Loag Tagalos: Pila*, 1613. 4.°   C.58.g.2.   **[118]**

Pedro, *de San Cecilio.* Annales del orden de Descalços de nuestra Señora de la Merced. [Edited by Juan de Santa Maria]. *Dionisio Hidalgo: Barcelona*, 1669. fol.
4785.h.11.   **[119]**

Pedro, *de San Pablo.* Sueño en gracia de la purissima concepcion de . . . Maria Compuesto por un religioso del conuento de Santa Monica (Fr. Pedro). *Geronymo Margarit: Barcelona*, 1622. 4.°   1233.dd.16.(7).   **[120]**

Pedro, *de Santa Teresa.* El intimo amigo del hombre, la prudencia que le instruye en seis consejos politicos, morales, catholicos, perfectos. *Eugenio Rodriguez; a su costa: Madrid*, 1685. 4.°   8007.cc.24.   **[121]**

Pedro, *de Santiago.* Publicacion de edicto celebrada por el santo tribunal de . . . Llerena, en su iglesia mayor de santa Maria de la Granada . . . febrero de 1684. *Thomas Lopez de Haro: Sevilla*, [1684]. 4.°   4071.i.3.(2).   **[122]**

Pedroche, Cristoval de. Breve y compendiosa relacion de la estrañez y destierro de don Phelipe Pardo, arçobispo de Manila. [*Seville?* 1683]. fol.   5107.f.19.(1).   **[123]**

Peguera, Luis de. Practica, forma, y stil, de celebrar corts generals en Catalunya. [Edited by J. de Peguera]. 3 pt. *Gerony Margarit: Barcelona*, 1632. 4.°   5383.aaa.21.(2).
   [124]

Peguero, Juan. Informacion iuridica, que remite la provincia de el SSmo. Rosario de Philipinas, de la orden de predicadores, à su Magestad. [*Madrid?* 1684?] fol.
5107.f.20.   **[125]**

Peixoto da Sylva, Hieronymo. Sermam na festa que se fez na collocação da senhora da Graça em o muro da cidade de Lisboa . . . Prégouo . . . Hieronymo Peixoto. *Paulo Craesbeeck: Lisboa*, 1657. 4.°   851.k.17.(8).   **[126]**

Pellicer Salas Ossau y Tovar, José de. Alma de la gloria de España: eternidad, magestad, felicidad, y esperanza suya, en las reales bodas. *Gregorio Rodriguez: Madrid*, 1650. 4.°
811.e.16.   **[127]**

— Astrea safica, panegirico al grã monarca de las Espanas. [In verse]. *Pedro Verges: Çaragoça*, 1641. 8.°   011451.e.45.
   [128]

— [*Begin:*] Consagrado a la fama immortal del . . . principe don Iuan Alfonso Enriquez de Cabrera . . . duque de Medina de Rio-Seco. [A sonnet, preceded by a panegyric and genealogy of the duke]. *Madrid*, 1638. fol.   1445.f.22.(24); 1445.f.20.(6).   **[129]**

— El embaxador chimerico o examinador de los artes politicos. *Ioseph Esparça: Valencia*, 1638. 4.°   1445.f.20.(16).   **[130]**

— — El fenix y su historia natural, escrita en veinte y dos exercitaciones, diatribes o capitulos. *Imprenta del reyno; acosta de Pedro Coello: Madrid*, 1630. 8.°   1064.b.12.   **[131]**

— Genealogia de la casa de Avellaneda . . . Copiada del teatro genealogico de don Iose Pellicer de Ossau y Tovar. *Madrid*, 1667. 4.°   9905.b.37.   **[132]**

— Informe del origen, antiguedad, calidad, i sucession de la . . . casa de Sarmiento de Villamayor. *Madrid*, 1663. 4.°
9905.b.38.   **[133]**

— Iustificacion de la grandeça, y cobertura de primera clase, en la casa . . . de don Fernando de Zuñiga, noveno conde de Miranda. *Diego Diaz de la Carrera: Madrid*, 1668. fol.
9902.k.20.   **[134]**

— Lecciones solemnes a las obras de don Luis de Gongora y Argote. *Imprenta del reino; a costa de Pedro Coello: Madrid*, 1630. 8.°   87.c.16.   **[135]**

— Memorial de la casa y servicios de don Ioseph de Saavedra, marques de Ribas, al Rey. *Madrid*, 1647. fol.
10631.h.8.   **[136]**

— Mission evangelica al reyno de Congo por . . . los Capuchinos. *Domingo Garcia i Morràs: Madrid*, 1649. 4.°
1046.g.25.   **[137]**

— Piramide baptimal, o inscripcion cronologica, historica, genealogica i panegirica . . . a las . . . memorias del . . . baptimo de la . . . infante . . . Maria Teresa. *Viuda de Alonso Martin: Madrid*, 1638. fol.   593.h.22.(68).   **[138]**

— Poblacion, y lengua primitiva de España, recopilado del aparato a su monarchia antigua en los tres tiempos, el adelon, el mithico, y el historico. *Benito Macè: Valencia.* 1672. 4.°   1060.d.24.   **[139]**

— Succession de los reynos de Portugal y el Algarbe, feudos antiguos de la corona de Castilla. *Pedro de Mongaston Fox: Logroño*, 1641. 4.°   1323.d.11.   **[140]**

— El syncello origen, ministerio, existencia, y exemplares desta dignidad, que obtuvo George, monge, i abad, en . . . Constantinopla. [*Madrid?* 1674?] 4.°   4498.aa.38.   **[141]**

— [*Appendix*]. Bibliotheca formada de los libros, i obras publicadas; de don Ioseph Pellicer de Ossau y Tovar. *Geronimo Vilagrasa: Valencia*, 1671–76. 4.°   820.g.8.
   [142]

Peña, Bernabe de la. Por Bernabe de la Peña, curador de d. Ana de Chaves contra don Fernando de Alarcon, y Diego de Villanueva. [A lawsuit]. [*Madrid?* 1660?] fol.
1322.l.1.(9).   **[143]**

Peña, Juan Antonio de la. [*Begin:*] Iesus, Maria, Iosef. Por Iuan Antonio de la Peña. Con don Fernando de la Peña, y . . . su muger. [A lawsuit]. [*Madrid?* 1625?] fol.
765.i.13.(25).   **[144]**

— Loa, que compuso el doctor d. Iuan Antonio de la Peña para Luis Lopez, el dia que dio comedia franca a todos. En alabança del . . . almirante de Castilla, y demas señores. [In verse]. *Antonio Duplastre: [Madrid]*, 1638. 4.°
1072.g.25.(3).   **[145]**

— Relacion de la entrada que hizo en esta Corte a los 25. de noviembre . . . 1624 . . . don Carlos archiduque de Austria. *Diego Flamenco: Madrid*, 1624. fol.   593.h.22.(64).   **[146]**

— — *Iuan Gonçalez: Madrid*, 1623. fol.   9930.gg.33.   **[147]**

— Relacion de las grandiosas fiestas y octaua que hizo al Santissimo Sacramento . . . don Francisco de Astudillo y Villamedrana. [In verse]. *Madrid*, 1627. 4.°
1072.g.26.(23).   **[148]**

— Relacion y iuego de cañas que la magestad catolica . . . hizo a los veynte y uno de agosto de 1623 deste . . . año. *Iuan Gonçalez: Madrid*, 1623. fol.   593.h.22.(30).   **[149]**

Peña Montenegro, Alonso de la. Itinerario para parochos de indios, en que se tratan las materias . . . tocantes a ellos

. . . Nueva edicion. *A costa de Joan-Ant. Huguetan, & compañia: Leon de Francia,* 1678. 4.° 493.h.6. **[150]**

Pendencia. Cierta pendencia, y riña de un hombre, y una muger, sobre qual de los dos era mas estimado. [In verse]. *Gabriel Graells: Barcelona,* 1616. 4.° 11450.e.24.(9). **[151]**

Penso de la Vega, Joseph. Respuesta panegirica a la carta que escrivio . . . Joseph Penso Vega al . . . doctor Ishac Orobio Glossala Daniel Levi de Barrios. [i.e. Miguel de Barrios]. *Iacob van Velsen: Amsterdam,* 5437. [1677]. 8.° 4033.a.37.(7). **[152]**

Peralta, Francisco de. Oracion eclesiastica funeral . . . de Lope de Vega Carpio. *Viuda de Alonso Martin: Madrid,* 1635. 4.° 1072.l.21.(2). **[153]**

Peralta, Gregorio de. [*Begin:*] Aqui se contiene una obra muy deuota de la . . . conuercion de la gloriosa Magdelena. *Cornelio Bodan: Cuenca,* 16002. [1602]. 4.° C.63.g.23.(2). **[154]**

Peralta, Pedro de. [*Begin:*] Señor. El capitan don Pedro de Peralta contador, oficial real . . . de Veneçuela, y Caracas . . . dize: [A statement addressed to the King, concerning his services, and asking justice against a decision taken in a trial presided over by Diego de Ribera Ibañez]. [*n.p.d.*], fol. 765.h.1.(56). **[155]**

Peralta Calderón, Mathias de. El apostol de las Indias, y nuevas gentes san Francisco Xavier . . . epitome de sus apostolicos hechos . . . Segunda impression. *Gaspar Martinez: Pamplona,* 1665. 4.° 200.a.22. **[156]**

Peraza de Ayala y Rojas, Antonio, *Count de la Gomera.* [*Begin:*] Señor. Don Antonio Peraça de Ayala y Rojas . . . presidente de la real audiencia . . . en . . . Santiago de Guatemala . . . dize. [A memorial against the proceedings of Ibarra and others]. [*Madrid*? 1623?] fol. C.62.e.19.(47). **[157]**

Pereda, Francisco de. Libro intitulado la patrona de Madrid, y venida de nuestra Señora a España. *Sebastian de Canas: Valladolid,* 1604. 8.° 861.d.2. **[158]**

Peregrino, *pseud.* Carta nueua del peregrino, en la qual reprehende a los poetas que han compuesto a la union, es para gente de buen entendimiento. [In verse]. *Hermanos Angladas: Barcelona,* 1606. 4.° 11450.e.25.(28). **[159]**

Pereira, Bartholomaeus. Paciecidos libri duodecim. Decantatur . . . F. Franciscus Paciecus . . . Iapponiae provincialis . . . ibique vivus pro Christi fide lento igne concrematus. Anno, 1626. *Expensis Emmanuelis de Caruelho: Conimbricae,* 1640. 8.° 1213.d.39. **[160]**

— —*Expensis Emmanuelis de Carualho: Conimbricae,* 1640. 8.° 11405.aa.33. **[161]**

Pereira, Bento. Florilegio dos modos de fallar, e adagios da lingoa portuguesa; dividido en duas partes. (Tertia pars). 3 pt. *Paulo Craesbeeck; & à sua custa: Lisboa,* 1655. fol. 67.e.6.(2). **[162]**

—Prosodia in vocabularium digesta . . . Prodit opus in hac quarta editione locupletatum. (Primeira parte das frases portuguesas . . . Tertia pars selectissimarum descriptionum). 5 pt. *Ulyssipone,* 1669. fol. 627.l.18.(*missing*). **[163]**

—Prosodia in vocabularium trilingue, latinum, lusitanicum, et castellanicum, digesta . . . Opus hac tertia editione . . . locupletatum. (Thesouro da lingoa portuguesa). *Ex officina & sumptibus Antoni Craesbeeck: Ulyssipone,* 1683. fol. 67.e.6.(1). **[164]**

— —*Ex poelo* (sic), *& sumptibus Antonij Craesbeeck a Mello: Ulyssipone,* 1683. fol. 12935.h.1. **[165]**

Pereira Bracamonte, Domingo. Banquete que Apolo hizo a los embaixadores del rey de Portugal don Juan quarto. *Lourenço de Amberes; y a su costa: Lisboa,* 1642. 4.° 11805.c.17. **[166]**

Pereira Corte Real, Juan. Discursos y advertencias (sobre la nauegacion de las naos de la India de Portugal). [*Madrid,* 1635]. 4.° 8805.bbb.1. **[167]**

Pereira de Castro, Gabriel. Decisiones supremi eminentissimique senatus Portugalliae ex gravissimorum patrum responsis collectae. A d. Gabriele Pereira de Castro. *Apud Petrum Craesbeeck: Ulyssipone,* 1621. 4.° 1237.f.2. **[168]**

— Ulyssea, ou Lysboa edificada. Poema heroico. [Edited by Luis Pereira de Castro. With a "Discurso poetico" by Manoel de Galhegos]. *Lourenço Crasbeeck; a custa de Paulo Crasbeeck: Lisboa,* 1636. 4.° 11452.bbb.40. **[169]**

Pereira de Macedo, Joseph. Vida del grande d. Luis de Attayde, tercer conde de Attoguia, y virrey de la India. *Imprenta del reino: Madrid,* 1633. 4.° 9180.dd.12.(10). **[170]**

Pereira Rego, Antonio. Instruçam da cavallaria de brida. Tratado unico . . . Com hum copioso tratado de alveitaria. *J. Antunes: Coimbra,* 1693. 4.° 7291.b.11. **[171]**

Pereña, Ignacio de. Nueuas alabãças a la pura, y limpia concepcion de la . . . Madre de Dios. *Alonso Rodriguez Gamarra: Sevilla,* 1615. 4.° C.63.b.27.(2). **[172]**

Pereyra, Abraham. La certeza del camino. *David de Castro Tartaz: Amsterdam,* 5431. [1671]. 4.° 4034.f.24. **[173]**

—Espejo de la vanidad del mundo. *Alexandro Ianse; y a su costa: Amsterdam,* 5431. [1671]. 4.° 04034.g.79. **[174]**

Pereyra, Benedictus. Pallas togata, et armata, documentis politicis in problemata humaniora disgestis. (Poema eiusdem authoris quo describitur Eborense collegium renovatum). *Apud Emmanuelem Caruolho: Eborae,* 1636. 4.° 8403.f.1. **[175]**

Pereyra, Manoel. Sermam de S. Antonio. Que prégou o p. Manoel Pereyra . . . 13. de iunho de 1668. *Ioam da Costa: Lisboa,* 1669. 4.° 851.k.17.(9). **[176]**

Pérez, Alonso. El ingenioso entremes de la niña disgustada. *Viuda de Cordoua: Valladolid,* 1625. 16.° 11726.aa.1.(28). **[177]**

—Felices nuevas de la vida, y milagros del beato padre fray Iuan de Capistrano. [In verse]. *Iayme Matevat: Barcelona,* 1623. 4.° 1072.g.26.(35). **[178]**

—Glossas de diferentes autores, a la Inmaculada concepcion de la madre de Dios . . . Recogido por Alonso Perez. *Iuan Renè: Malaga,* 1615. 4.° C.63.b.27.(3). **[179]**

[*Begin:*] Señor illustrissimo, y señores del supremo y real consejo de justicia. [A memorial]. [*Madrid*? 1640?] fol. 1324.i.2.(75). **[180]**

Pérez, Alvaro. Relacion del tragico sucesso que Salamanca llora, por la grande avenida del Rio Tormes, en [26] . . . de enero 1626. *Antonio Vazquez: Salamanca,* [1626?] fol. 593.h.22.(76). **[181]**

Pérez, Andres. *See* López de Ubeda, F., *pseud.*

Pérez, Antonio, *bishop of Urgel.* Laurea Salmantina magri F. Antonii Perez benedictini . . . Continens pro parte priori scholastica decem, et totide interiecta certamina expositiua (—pro parte secunda, relectionem de crucis

Christi). 2 pt. *Excudebat Taberniel, Antuerpianus: Salmanticae*, 1604. fol. 4061.k.11. [182]

— Pentateuchum fidei, sive volumina quinque. De ecclesia . . . de conciliis . . . de scriptura sacra . . . de romano pontifice. *Apud Viduam Ildephonsi Martin: Matriti*, 1620. fol. 3851.ee.1. [183]

Pérez, Antonio, *Licenciado.* Discurso iuridico. Por d. Bernardo de Ribera . . . contador mayor . . . de los almoxarifazgos . . . de Seuilla: en el pleyto que con él sigue el fiscal. [*n.p.*, 1650?] fol. 765.e.3.(20). [184]

— Por d. Catalina de Gaviria, viuda de d. Andres de Madariaga . . . como . . . tutora de sus hijos. En el pleyto con don Iuan de Cea. [*n.p.*, 1650?] fol. 765.i.4.(10). *imp.* [185]

— Por los herederos de don Andres de Madariaga . . . y . . . su madre y tutora . . . En el pleyto con el capitan Pedro Sanchez, y Iuan de Cea. [*n.p.*, 1650?] fol. 765.i.4.(11). [186]

— Por los señores don Gregorio Lopez de Mendizaual . . . y . . . su muger, y por don Iuan de Uribe y Yarça . . . En el pleyto con los acreedores del . . . general. [*n.p.*, 1650?] fol. 765.i.4.(25). [187]

Pérez, Antonio, *Secretary of State to Philip II.* Las obras de Antonio Perez. *Iuan de la Plancha:* [*Geneva*], 1631. 8.° 12230.a.23. [188]

— Las obras y relaciones de Antonio Perez. *Iuan de Tornes: Geneve*, 1644. 8.° 630.b.6. [189]

— — *Segun la copia imprimida en Paris*, 1624. 4.° 1196.k.20; 1196.k.21. [190]

— Aphorismos de las relaciones y cartas primeras, y segundas . . . de Ant. Perez y allende de esto algunas cartas à sus amigos y hiia. *Span. & Fr. Iean le Bouc: Paris*, 1605. 12.° 526.f.11. [191]

— Cartas de Antonio Perez . . . para diversas personas despues de su salida de España. (Cartas . . . a doña Joanna Coello su muger, y à sus hijos — Ant. Perezii ad comitem Essexium . . . & ad alios, epistolarum centuria una. — Aphorismos de las cartas). *Paris*, [1603?] 8.° 246.i.8. [192]

— — [*Paris*, 1605?] 8.° 1085.k.21. *imp.* [193]

— Fuora villaco. C'est à dire la liberté de Portugal. [By "Le pelerin espaignol" i.e. Antonio Pérez? or J. Teixeira?] 1641. 12.° *See* Philip II *of Spain.* 8042.a.32.

— Segundas cartas de Ant. Perez . . . Mas los aphorismos dellas sacados por el curioso que sacò los de las primeras. 3 pt. *Francisco Huby: Paris*, 1603. 12.° 1085.k.20. [194]

Pérez, Antonius, *Franciscan.* Controversiae super primum librum sententiarum. Juxta subtilissimi . . . doctoris [i.e. J. Duns Scotus] mentem. *Caesar Augustae*, 1700–02. fol. 3558.k.9. [195]

Pérez, Diego. Comienzan seys romances de don Aluaro de Luna . . . curiosamête recopilados por . . . Diego Perez. (Segundo quaderno de varios româces . . . por Luys Cauallero). 2 pt. *Iusto Sanchez Crespo: Alcala de Henares*, 1606, 07. 4.° C.63.g.22. [196]

Pérez, Francisco. Relacion verdadera de la presa que han hecho las galeras del duque de Toscana. [In verse]. *Esteuan Liberos: Barcelona*, 1620. 4.° 11450.e.24.(14). [197]

— Verissima relacion, donde se cuenta la gran crueldad que una muger uso con su marido, y una . . . vezina . . . con un gracioso romance al cabo. *Barcelona*, 1606. 4.° 1072.g.26.(12). [198]

Pérez, Francisco, *a priest.* Breve relacion del origen, y principio de la imagen de nuestra Señora de Consolacion . . . de Utrera. [*Seville?* 1635?] fol. 593.h.17.(140). [199]

Pérez, Gerónimo. Misterios de nuestra fe santa. *Imprenta Real: Madrid*, 1617. 8.° 848.a.11. [200]

Pérez, Hernán. Recopilacion de los milagros y marauillas de san Ysidro de Madrid, sacados de su libro. [In verse]. *Miguel Serrano de Vargas: Madrid*, 1606. 4.° C.63.g.23.(6). [201]

Pérez, Jacinto. Razon que da de si el padre Iacinto Perez . . . En los cargos que le haze don Iuan de Medina Avila. *Madrid*, 1646. fol. 4783.f.7.(13). [202]

— [*Begin:*] Señor. Iacinto Perez de Nueros . . . digo: Que con los despachos que é recibido del Piru . . . é tenido noticia . . . del . . . desconsuelo, conque quedavan . . . los animos de los . . . criollos [on their exclusion from official positions]. [*Madrid?* 1650?] fol. 12231.t.1.(9). [203]

Pérez, Luis de. Relacion muy verdadera, la qual tra[ta] de los grandés milagros que han sucedido en la villa de las Peñas de San Pedro. [In verse]. *Agustin Martinez: Murcia*, 1609. 4.° 1072.g.26.(30). [204]

Pérez, Martin. Relacion verdadera que trata de todos los sucessos y tratos de la carcel . . . de Sevilla. [In verse]. Con un romance. [*n.p.*, 1607]. 4.° C.63.g.21.(2). [205]

Pérez, Miguel. Parecer, y eruditissima censura . . . acerca de las sangrias de tovillos. [*Salamanca*, 1653]. 4.° 783.g.21.(8). [206]

Pérez Bocanegra, Juan. Ritual formulario, e institucion de curas, para administrae á los naturales de este reyno, los santos sacramentos. *Geronymo de Contreras: Lima*, 1631. 4.° 1219.i.5. [207]

Pérez Cascales de Guadalajara, Franciscus. Liber de affectionibus puerorum, una cum tractatu de morbo illo vulgariter garrotillo appellato, cum duabus quaestionibus. *Apud Ludouicum Sanchez: Matriti*, 1611. 4.° 1 178.f.3. [208]

Pérez de Amerzaga, Juan. [*Begin:*] Señora. El conde de Lemos, virrey de el Perù, y en su nombre Iuan Perez de Amezaga. [A memorial relating to the administration of the count de Lemos.] [*Madrid?* 1670?] fol. 1324.i.3.(24). [209]

Pérez de Ayala, Juan. En defensa del papel que hizo el lic^do d. Iuan Perez de Ayala fiscal . . . En la competencia de la causa de don Alonso Tello. [*n.p.*, 1640?] fol. 765.i.11.(31). [210]

Perez de Culla, Vicente. Expulsion de los moriscos rebeldes de la Sierra y Muela ce Cortes, por Simon Zapata Valenciano. [In verse]. *Juan Bautista Marçal: Valencia*, 1635. 4.° 11451.bbb.17. [211]

Pérez de Guzman, Fernando. Valerio de las hystorias escolasticas de la sagrada escritura y delos hechos despaña côlas batallas campales. *Dominicus d'Robertis: Sevilla*, 1543. 1641. 8.° C.62.f.1.(2); 8408.h.28. [212]

Pérez de Guzmán, Gaspar Alonso, *duke de Medina-Sidonia.* [*Begin:*] Don Gaspar Alonso Perez Guzman el Bueno . . . digo. [Challenging J. de Vergança to a duel]. [*Toledo*, 1641]. fol. 1322.k.13.(12). [213]

Pérez de Herrera, Christobal. A los caualleros procuradores de Cortes . . . que . . . se juntaron en nueue de febrero . . . de [1647] . . . en . . . Madrid. [*Madrid*, 1617]. 4.° add. MS.9936.ff.325–344. [214]

—Proverbios morales, y conseios Christianos . . . Y enigmas filosoficas . . . con sus comentos. *Luis Sanchez: Madrid,* 1618. 4.° 12304.dd.19. **[215]**

Pérez de Hita, Ginés. Historia de los vandos de los zegris y abencerrages caualleros moros de Granada, de las . . . guerras . . . entre moros y christianos. (Segunda parte). 2 pt. *En casa de Iuan Gracian: Alcala de Henares; (Domingo de la Iglesia: Cuenca),* 1601, 19. 8.° 1070.g.1, 2. **[216]**

——pt. 1. [1606?] 8.° See Granada, *Kingdom of.* 685.d.24.

——2 pt. *En casa de Iuan Gracian; a costa de Antonio Sanchez: Alcalar; (Sebastian de Cormellas al Call; a costa de Iuan de Bonilla: Barcelona),* 1619. 8.° 1070.g.3–4; 281.a.23, 24. **[217]**

——pt. 1. *Pedro Gomez de Pastrana: Sevilla,* 1638. 8.° 12490.a.32. **[218]**

——Ultima impression. 2 pt. *A costa de Francisco Martinez de Aguilar: Malaga,* [1660?] 8.° 9180.aa.11. **[219]**

——1660. 8.° See Granada, *Kingdom of.* 1070.g.5.

——2 pt. *Juan Garcia Infançon; (a costa de Santiago Martin Redondo): Madrid,* 1690, 96. 8.° 1070.g.6, 7. **[220]**

Pérez de Lara, Alonso. Compendio de las tres gracias de la sancta cruzada, subsidio y escusado, que su Santidad concede a . . . Felipe III. 2 pt. *Imprenta real: Madrid,* 1610. fol. 490.i.14. **[221]**

—El licenciado don Iuan Perez de Lara . . . En el pleyto con Iuan de la Cruz, esclauo de Anton Gutierrez, molinero. *Francisco Sanchez; y Baltasar de Bolibar: Granada,* 1641. fol. 1322.l.10.(8). **[222]**

Pérez de Lara, Juan. En defensa del papel que hizo . . . Iuan Perez de Lara fiscal . . . En la competencia de la causa de don Alonso Tello. [*Granada?* c.1640]. fol. 765.i.11.(33). **[223]**

—El licenciado don Iuan Perez de Lara . . . con Antonio Montañes, iurado . . . desta ciudad. Sobre averse alçado con sus bienes . . . y hecho fuga. *Francisco Sanchez; y Baltasar de Bolibar: Granada,* 1641. fol. 1322.l.10.(9). **[224]**

—El l. d. Iuan Perez de Lara . . . con don Antonio de Cardenas, vezino . . . de Anduxar, preso en esta carcel. *Imprenta real, por Francisco Sanchez, y Baltasar de Bolibar: Granada,* 1641. fol. 1322.l.10.(18). **[225]**

—El licenciado don Iuan Perez de Lara . . . con don Bernardino de Cordova, y Roelas. [*Seville,* 1640?] fol. 1322.l.10.(6). **[226]**

—El licenciado don Iuan Perez de Lara . . . Con . . . don Francisco de los Herreros del dicho consejo. [*Madrid?* 1655?] fol. 1322.l.1.(25). **[227]**

—El licenciado don Iuan Perez de Lara . . . Con Duarte Fernandez, assentista. [*n.p.,* 1641?] fol. 765.i.2.(5). **[228]**

—El licenciado don Iuan Perez de Lara . . . con el obispo, dean, y cabildo de la sāta Iglesia de . . . Auila, y los curas. [*n.p.,* 1645?] fol. 765.e.3.(27). **[229]**

—El licenciado don Iuan Perez de Lara . . . Con el prior, é monges, y conuento de Sā Miguel de los Angeles . . . de Sanlucar la mayor. [*n.p.,* 1640?] fol. 765.i.3.(6). **[230]**

—El licenciado don Iuan Perez de Lara . . . con Iuan Christoval Everlin, factor general de los condes Fucares. [*Madrid?* 1646]. fol. 1322.l.1.(4). **[231]**

—El licenciado don Iuan Perez de Lara . . . con Iuan Christoual Everlin . . . tesorero de los maestrazgos. [*Madrid?* 1646?] fol. 1322.l.1.(5). **[232]**

—El licenciado don Iuan Perez de Lara . . . Con . . . Iuan de Palençuela, y otros consortes, vezinos de . . . Cordoua. Año de 1647. (Sumario). [*n.p.,* 1647?] fol. 765.i.3.(9). **[233]**

—El licenciado don Iuan Perez de Lara . . . Con los hombres de negocios desta Corte. [*Madrid?* 1650?] fol. 765.i.3.(10). **[234]**

—El señor don Iuan Perez de Lara . . . En el pleyto con el dean, y cabildo de la santa Iglesia . . . de Siguença. [*Madrid?* 1645?] fol. 765.i.3.(4). **[235]**

—El licenciado don Iuan Perez de Lara . . . En el pleyto con Francisco Lopez Tenorio. *Francisco Sanchez; y Baltasar de Bolibar: Granada,* 1641. fol. 1322.l.10.(13). **[236]**

—El l. d. Iuan Perez de Lara, fiscal . . . en el pleyto con Iuan Hartacho, vezino de . . . Antequera. *Francisco Sanchez; y Baltasar de Bolibar: Granada,* 1641. fol. 1322.l.10.(11). **[237]**

—El licenciado don Iuan Perez de Lara . . . En el pleyto contra Agustin Delgado, preso en . . . Cordova. Sobre aver cometido el pecado nefando. *Imprenta real, por Francisco Sanchez; y Baltasar de Bolibar: Granada,* 1641. fol. 1322.l.10.(23). **[238]**

—[*Begin:*] Los escriuanos de prouincia desta corte, suplican a V. S. y a estos señores . . . se sirua de aduertir lo siguiente, etc. [*n.p.d.*], fol. 765.h.3.(27). **[239]**

—Por Diego Gonzalez Nieto. En el pleyto que contra el trata el fiscal . . . y Iuan Nuñez vezino de Moron. *Imprenta real; por Francisco Heylan: Granada,* 1625. fol. 1322.l.10.(27). **[240]**

—Por don Diego de Abarca y Vera, como padre y legitimo administrador de . . . su hijo, en el pleyto con Fernando Suarez. *Antonio Renè de Lazcano y Bartholome de Lorençana: Granada,* 1632. fol. 765.i.6.(19). **[241]**

—Por el licenciado Diego Brauo, relator desta real audiencia. Con Alonso, y Lorenço Muñoz, hermanos, receptor y escriuano della. *Francisco Heylan: Granada,* 1626. fol. 1322.l.10.(33). **[242]**

—Por el licenciado don Iuan Perez de Lara fiscal . . . Con el corregidor y insticias de . . . Carmona, don Pedro de Cea, y otros reos. *Sevilla,* 1638. fol. 765.i.11.(31). **[243]**

—Por el l.do don Iuan Perez de Lara fiscal . . . Con la real chancilleria de Granada. [*Granada?* 1640?] fol. 765.i.11.(32). **[244]**

—Por el l. d. Iuan Perez de Lara . . . En el pleyto con d. Iorge de Piedrola vezino . . . de Andujar. *Imprenta real, por Francisco Garcia de Velasco: Granada,* 1640. fol. 1322.l.10.(19). **[245]**

—Por el l. don Iuan Perez de Lara . . . En el pleyto con Iuan Guerra, vezino de Oxixar del Alpuxarra. *Imprenta real: Granada,* 1640. fol. 1322.l.10.(15). **[246]**

—Por el l. don Iuan Perez de Lara . . . En el pleyto con Iuan Guerra . . . En respuesta del papel que se ha dado por Iuan Guerra. *Imprenta real; por Francisco Garcia de Velasco: Granada,* 1640. fol. 1322.l.10.(16). **[247]**

—Por el l. d. Iuan Perez de Lara . . . en el pleyto con Salvadora, esclava de Martin de Merida, y Mariana de Enciso . . . presas. [Accused of an attempt to murder Martin de Merida]. *Francisco Garcia de Velasco: Granada,* 1640. fol. 1322.l.10.(7). **[248]**

—Por la iurisdicion real y el licenciado don Iuan Perez de Lara
. . . En el pleyto contra Iuan de Moya Orbalã, y Iuan
Garcia de Villamicar . . . contra Alonso Piñero de Ochoa.
*Imprenta real. Por Francisco Sanchez; y Baltasar de Bolibar:
Granada, 1641. fol.* 1322.l.10.(17). [249]

—Por la iurisdicion real y superior de la sala de los . . . alcaldes
desta Corte . . . Iuan Perez de Lara, fiscal . . . Con don
Antonio Sarmiento de Mendoça. *Imprenta real, por Francisco
Sanchez; y Baltasar de Bolibar: Granada, 1641. fol.*
765.i.11.(30). [250]

—Por parte de Enrique Nuñez padre de doña Polonia muger
que fue de don Iuan Caxa. Con el mesmo d. Iuan Caxa
sobre averla muerto. [*n.p.*, 1625?] fol. 1322.l.10.(34). [251]

Pérez del Barrio Angulo, Gabriel. Direccion de secretarios
de senores, y las materias, cuydados y obligaciones que les
tocan. *Alonso Martin de Balboa: Madrid, 1613. 4.°*
10909.d.1. [252]

—Secretario y conseiero de señores, y ministros. *Mateo de
Espinosa: Madrid, 1667. 4.°* 92.c.6. [253]

——*Mateo de Espinosa; a costa de la Hermandad de los libreros:
Madrid, 1667. 4.°* 1085.m.24. [254]

Pérez del Christo, Christoval, *pseud.* [i.e.Luis de Anchieta?]
Excelencias, y antiguedades de las siete islas de Canarias.
Iuan Antonio Tarazona: Xerez, 1679. 4.° 583.c.11. [255]

Pérez de Montalbán, Juan. Tomo primero (segundo) de las
comedias del dotor Iuan Perez de Montalvan. 2 tom.
Claudio Macè: Valencia, 1652. 4.° 11726.g.8. [256]

—Los amantes de Teruel. Comedia. [*n.p.*, 1700?] 4.°
1072.h.15.(5). [257]

—La centinela de honor. Comedia. [*Madrid?* 1700?] 4.°
T.1735.(1). [258]

—Comedia famosa. San Antonio de Padua. [*n.p.*, 1650?] 4.°
1072.h.15.(8). [259]

—Como amante, y como honrada. Comedia. [*Madrid?* 1650?]
4.° T.1735.(2). *imp.* [260]

—Como se guarda el honor. Comedia. [*n.p.*, 1700?] 4.°
1072.h.14.(5). [261]

—Despreciar lo que se quiere. Comedia. [*Madrid?* 1650?] 4.°
T.1735.(4). [262]

—Los desprecios en quien ama. Comedia. [1650?] 4.° *See* Vega
Carpio, L. F. de. 11728.h.14.(13).

—El divino nazareno Sanson, comedia. [*n.p.*, 1700?] 4.°
1072.h.15.(6). [263]

——[*Madrid?* 1700?] 4.° *No. 128 of an unidentified collection.*
11728.e.53. [264]

—Los empeños que se ofrecen. Comedia. [*Madrid?* 1650?] 4.°
T.1735.(6). [265]

—Fama posthuma á la vida y muerte del doctor . . . Lope Felix
de Vega Carpio. Y elogios . . . a la inmortalidad de su
nombre. 3 pt. *Imprenta del Reyno; a costa de Alonso Perez
de Montalvan: Madrid, 1636. 4.°* 11450.c.60. [266]

—El gran Seneca de España Felipe segundo. Comedia. [*Madrid?*
1680?] 4.° T.1735.(16). [267]

——[*Madrid?* 1690?] 4.° T.1735.(18). [268]

—Lo que son iuyzios del cielo. Comedia. [*Madrid?* 1650?] 4.°
T.1735.(7). [269]

—Lucha de amor, y amistad. Comedia. [*Madrid?* 1670?] 4.°
T.1735.(8). [270]

—El mariscal de Viron. Comedia. [*n.p.*, 1650?] 4.°
1072.h.15.(1). [271]

—La mas constante muger. Comedia. [*Lisbon, 1647*]. 4.°
11728.h.12.(12). [272]

——[*Madrid?* 1650?] 4.° T.1735.(3). [273]

—Comedia famosa. El mejor padre de pobres. [1700?] 4.° *See*
Calderón de la Barca, P. [*Supposititious Works*].
11728.h.14.(14).

—La monja alferez. Comedia. [*Madrid?* 1680?] 4.°
T.1735.(9). [274]

—No vida como la honra. Comedia. [*Madrid?* 1680?] 4.°
T.1735.(10). [275]

——[*n.p.*, 1700?] 4.° 1072.h.15.(7). [276]

——[*n.p.*, 1700?] 4.° 1072.h.15.(7). [277]

—Olimpa y Vireno, Comedia. [*Madrid, 1639?*] 4.° *No. 166 of
an unidentified collection.* 11728.e.58. [278]

—Orfeo, en lengua castellana. [In verse. With an epistle to the
author by L. F. de Vega Carpio]. *A costa de Alonso Perez:
Madrid, 1638. 8.°* 11450.aa.2. [279]

—Palmerin de Oliva. Comedia. [*Madrid?* 1680?] 4.°
T.1735.(11). [280]

—Para todos, exemplos morales, humanos y divinos. En que
se tratan diversas ciencias. (Indice ó catalogo de todos los
pontifices . . . arçobispos . . . y varones illustres . . . que ha
tenido y tiene . . . Madrid). *Pedro Bluson: Huesca, 1633. 4.°*
82.i.8. [281]

——Octava impression. *Melchor Sanchez; a costa de Lorenço
Sanchez: Madrid, 1651. 4.°* 640.f.1. [282]

——Nona impression. *Maria Fernandez: Alcalà, 1661. 4.°*
12356.g.30. [283]

——*Melchor Sanchez: y a su costa: Madrid, 1681. 4.°*
12356.c.1. [284]

—El privilegio de las mugeres. Comedia. [*Madrid?* 1680?] 4.°
No. 343 of an unidentified collection. T.1735.(13). *imp.*
[285]

—La puerta Macarena, comedia. Primera (—segunda) parte.
[*n.p.*, 1670?] 4.° 1072.h.15.(2,3). [286]

——2 pt. [*Madrid?* 1700?] 4.° 11728.e.63. [287]

—Remedio, industria, y valor. Comedia. [*Madrid?* 1680?] 4.°
T.1735.(14). [288]

—El rigor en la inocencia. Comedia. [*Madrid?* 1680?] 4.°
T.1735.(15). [289]

—Santa Maria Exipciaca. Y gitana de Menfis. Comedia. [*n.p.*,
1650?] 4.° 1072.h.15.(4). [290]

—Santo Domingo en Soriano. Comedia. [*n.p.*, 1650?] 4.°
1072.h.15.(11). [291]

——[*Madrid?* 1655?] 4.° 11728.h.14.(15). [292]

—Segunda parte del Seneca de España, don Felipe segundo.
Comedia. [*Madrid?* 1680?] 4.° *Part of an unidentified
collection.* T.1735.(17). [293]

—El señor don Juan de Austria. Comedia. [*Madrid, 1667*]. 4.°
T.1735.(5). [294]

——*Francisco de Leefdael: Sevilla,* [1700?] 4.° 11728.e.66.
[295]

—Ser prudente, y ser sufrido. Comedia. *Francisco de Leefdael:
Sevilla,* [1700?] 4.° *No. 60 of an unidentified collection.*
11728.h.13.(3); 11728.e.67. [296]

—Sin secreto no ay amor. Comedia. [*Barcelona?* 1640?] 4.°
11728.e.68. [297]

—Sucessos y prodigios de amor en octo novelas exemplares.
Iuan Goncalez; a costa de Alonso Perez: Madrid, 1624. 8.°
1074.i.17. [298]

— — Tercera impression. *Iuan Gonçalez; a costa de Alonso Perez: Madrid*, 1628. 4.° 91.a.22. [299]

— — Nona impression. *Pedro Gomez de Pastrana: Sevilla*, 1648. 8.° 1078.d.5. [300]

— Los templarios. Comedia. [*Madrid?* 1639?] 4.° 11728.e.69. *imp.* [301]

— La Toquera viscaina. Comedia. [*n.p.*, 1670?] 4.° 1072.h.15.(10). [302]

— — [*n.p.*, 1680?] 4.° T.1735.(19). [303]

— La ventura en el engaño. Comedia. [*Madrid?* 1680?] 4.° T.1735.(20). [304]

— Vida y purgatorio de s. Patricio . . . quinta impression. *Viuda de Luis Sanchez: Madrid*, 1628. 8.° C.96.a.10. *imp.* [305]

— — *Antonio Alvarez: Lisboa*, 1646. 12.° 1020.a.21. *imp.* [306]

— — *Maria de Quiñones: Madrid*, 1651. 8.° 1370.a.8. [307]

— — *Lucas Martin de Hermosilla: Sevilla*, 1695. 8.° G.5736. [308]

Pérez de Moya, Juan. Filosofia secreta, don de debaxo de historias fabulosas. *Andres Sanchez de Ezpeleta; a costa de Iuan Ramirez: Alcala de Henares*, 1611. 4.° 704.d.14. [309]

— — *Viuda de Alonso Martin; a costa de Domingo Gõcalez: Madrid*, 1628. 8.° 704.c.12. [310]

— — *Andres Garcia de la Iglesia; a costa de Francisco Serrano de Figueroa: Madrid*, 1673. 8.° 1248.i.26. [311]

Pérez de Navarrete, Francisco. Arte de enfrenar. Del capitan don Francisco Perez . . . corregidor . . . de los puertos . . . en el Pirù. *Iuan Goncalez: Madrid*, 1626. 4.° 556.d.19. [312]

Pérez de Nueros, Michael. Por el real fisco patrimonial. Con la cõdesa de Santa María de Formiguera, curadora del cõde . . . su hijo. Sobre las tierras comunes. [*n.p.*, 1650?] fol. 1322.l.5.(12). [313]

Pérez de Porres, Diego. A. Melchor de Castro Macedo, secretario del Rey . . . y de su consejo. [A letter concerning armaments and the equipment of a frigate for the defence of Peru]. [*n.p.*, 1625]. fol. 1323.k.5. [314]

Pérez de Ribas, Andrés. Historia de los triumphos de nuestra santa fee entre gentes . . . del nuevo orbe . . . Refierense . . . las costumbres . . . que usavan estas gentes. *Alonso de Paredes: Madrid*, 1645. fol. C.96.e.1; 206.e.6. [315]

Pérez de Soto, Joseph. Por la religion de los descalços . . . Con la religion de nuestra Señora de la Merced. [*Madrid?* 1678?] fol. 4783.e.3.(54). [316]

Pérez de Valderas, Juan. Cerco de Fuente Rabia . . . compuesto en seys romances, por Iuan Perez. [*Seville?* 1638]. 4.° 1445.f.22.(21). [317]

Pérez de Varaez, Melchor. Por don Melchor Perez de Veraez . . . con el señor fiscal. En satisfacion de su residencia. (Auto del licenciado don Alonso de Uria y Tovar). [*Mexico?* 1630?] fol. 1322.l.2.(42). [318]

Pérez de Vargas Palomino, Luis de. Por don Luys Perez de Vargas Palomino y . . . vezino de . . . Anduxar. En el pleyto con don Antonio Terrones regidor della sobre las injurias. [*Granada?* 1618?] fol. 765.h.2.(13). [319]

Pérez de Vergara, Rodrigo. Ad nobilissimam . . . congregationem . . . pharmacorum huius hispanae curiae . . . Rodericus Peretius a Vergara pharmacus Matritensis. [Describing the manner of preparing syrup of poppies]. [*Madrid*, 1643]. fol. 1322.l.1.(37). [320]

Pérez de Villa Real, Christoval Fernando. Por d. R. J. de la Barreda Bracho, d. S. Romero, é Y. Perez en la causa criminal, que contra ellos se ha seguida. [*Mexico*, 1700?] fol. 6785.k.2.(6). (*destroyed*). [321]

Pérez de Xea, Miguel. Preceptos militares, orden y formacion de esquadrones. *Viuda de Alonso Martin: Madrid*, 1632. 1608/822. [322]

Pérez Fadrique, Juan Eulogio. Modo practico de embalsamar cuerpos defunctos. *Thomè de Díos: Sevilla*, 1666. 8.° 7462.a.35. [323]

Pérez Manrique, Francisco. [*Begin:*] Senor. Aviendo mando V. Magestad. [A memorial to the King, on the subject of the currency]. [*Seville?* 1650?] fol. 1322.l.12.(40). [324]

— [*Begin:*] Señor. Luego que la moneda de vellon se baxò. [Another memorial to the King, on the subject of the currency]. [*Seville?* 1650?] fol. 1322.l.12.(41). [325]

Pérez Manrique de Lara, Dionisio, *marquis de Santiago.* [*Begin:*] Excell^mo señor. Don Dionisio Perez Manrique. [A memorial concerning his services in the Indies]. [*Madrid?* 1645?] fol. 1324.i.2.(22). [326]

— [*Begin:*] Señor. Don Dionisio Perez Manrique. [Another memorial concerning his services in the Indies]. [*Madrid?* 1640?] fol. 1324.i.2.(19). [327]

Pérez Navarrete, Antonio. Las grandezas de el restaurador de los estados de la yglesia . . . y . . . cardenal don Gil de Albornoz. *Nicola Tebaldini: Bologna*, 1632. fol. 204.e.16. [328]

Pérez Ossorio, Aluaro, *Marqués de Astorga.* Escritura de donacion del señor marques de Astorga. A favor del señor don Rodrigo Alvarez de Asturias. [*Valladolid?* 1656?] fol. 765.h.1.(50). [329]

Pérez Ramirez, Luis. Defensa de las sangrias de el tobillo. Dedicada a la . . . Virgen Maria. *Juan Gomez de Blas: Seuilla*, 1652. 4.° 783.g.21.(1). [330]

Pérez Rocha, Antonio. [*Begin:*] Al Rey nuestro señor. Compendio de medios politicos que afianzan . . . los siete tratados siguientes. 1. Como se estirpara à la usura . . . 7. Como esta monarquia goçará de . . . pazes. [*Madrid?* 1649?] fol. 765.i.9.(24). [331]

— Al Rey nuestro señor discurso politico, en que se declaran los assumptos, y medios siguientes. Que cosa es moneda, etc. [*n.p.d.*], fol. 765.i.9.(11). [332]

Peribañez. La muger de Peribañez. Comedia . . . de tres ingenios. [In verse]. [*Madrid?* 1650?] 4.° 11728.i.11.(20). [333]

Periodical Publications. – *Lisbon.* Mercurio portuguez, com as novas . . . de outubro de 1663 (— outubro de . . . 1665). 19 pt. *Henrique Valente de Oliueira: Lisboa*, 1663–65. [334]

Perlines de Guevara, — . Iesus Maria Ioseph. Por don Diego Mosquera Sarmiento . . . como padre . . . de don Iuan . . . su hijo, y de . . . su muger. Con el conuento de nuestra Señora de Ossera. [*n.p.*, 1600?] fol. 765.i.11.(3). [335]

Perola Espinola, Estevan, de. Por el maestro Iuan de Marquina Cuenca presbytero. Cura . . . de Baylen. En el pleyto con . . . Francisco de Vallartas presbytero, y . . . Christoual de Calancho, y demas. [*n.p.d.*], fol. 765.i.2.(26). [336]

Perpinya, Miguel. Verissima relacion de las . . . obsequias que . . . Barcelona ha hecho a . . . Philippo tercero. [In verse]. *Sebastian Matevad: Barcelona*, [1621]. 4.° 11450.e.24.(19). [337]

Perrino, —, *Licenciado.* Pronostico y iuyzio astronomico de las calidades, y configuraciones que los cielos asseñalan al consejero menestral. *Esteuan Liberos: Barcelona,* 1628. 4.° 12331.dd.16.(17). **[338]**

Pertusa, Jaime. Relacion verdadera de la restauracion del castillo de Salsas, y de las cosas . . . que sobre el sitio sucedieron entre las armas de España y Francia. *Iuan Gomez de Blas: Sevilla,* [1639]. 4.° 1445.f.22.(45). **[339]**

Peru. [*Acts of Viceroys*]. Don Pedro de Toledo y Leyva, marques de Mancera. [An ordinance concerning the working of the peruvian mines. 1644]. [*Lima,* 1644]. fol. 725.k.18.(40). **[340]**

— Encomienda de indios en el partido de Quito . . . hecha por el marques de Montesclaros. [*Madrid?* 1647?] fol. 1324.i.11.(9). **[341]**

— [*Bishops*]. [*Begin:*] Los arçobispos, y obispos de las Indias Occidetales. [A petition to the King, on behalf of the bishops of Peru and Mexico]. [*Mexico?* 1630?] fol. 5125.g.7.(11). **[342]**

— [*Appendix*]. Apuntamientos sobre que se funda la justicia de los interesados del Pirù, en el pleito que tratan con los mercaderes de plata de Sevilla. [By Juan Fermin de Yzu]. [*n.p.,* 1660?] fol. 1322.l.7.(17). **[343]**

Peso, Pedro del, *pseud.* [i.e. Valentin de Cespedes]. Las glorias del mejor siglo. Comedia. [In verse]. *Francisco de Leefdael: Sevilla,* [1700?] 4.° *No. 107 of an unidentified collection.* 11728.e.72. **[344]**

Pest. *See* Budapest.

Peter [Nolasco], *Saint.* Grandiosas y admirables fiestas que se hizieron en . . . Madrid, a la muy solomne procession del glorioso S. Pedro Nolasco. *Iuan de Cabrera: Sevilla,* 1629. fol. 593.h.17.(88). **[345]**

Peter [de Arbues], *Saint and Martyr.* Villancicos, que se han de cantar en los maytines, y siesta, en el dia de S. Pedro de Arbues martir . . . 1694. *Manuel Roman: Zaragoça,* [1694]. 4.° 1073.k.22.(27). **[346]**

Petrus, *a Sancta Catherina,* and **Thomas,** *a Sancta Joseph.* Cursus philosophicus ad usum provinciae sancti Ioseph minoritarum discalceatorum. 2 tom. *Apud Lucam Antonium de Bedmar: Matriti,* 1692, 93. 8.° 8462.bbb.12. **[347]**

Pharar, Abraham. Declaraçaõ das 613 encomendanças de nossa sancta ley . . . com a taboada d'ellas. *Paulus Aertsen de Ravesteyn; por industria . . . de Abraham Pharar: Amsterdam,* 5387. [1627]. 4.° 702.d.27. **[348]**

Philibert, *prince, Grand Prior of the order of Saint John of Jerusalem.* [*Begin:*] Entendido el hecho verdadero del pleyto que tratan los albaceas y agentes del . . . principe Philiberto, con la . . . religion de san Iuan. [*Madrid?* 1630?] fol. 1322.l.4.(13). **[349]**

Philip III, *King of Spain.* [*Appendix*]. Competencia entre las dos villas de Madrid y Valladolid, sobre la yda de su Magestad a Valladolid. Romance. [In verse]. *Sebastian de Cormellas: Barcelona,* 1601. 4.° 11450.e.25.(7). **[350]**

— Coronacion de la Magestad del Rey don Felipe tercero . . . Juramento del . . . principe su hijo. *Sevilla,* 1619. fol. 1323.k.13.(10). (*missing*). **[351]**

— Discurso y recopilacion universal, de la jornada que su Magestad haze desde su real corte al reyno de Portugal. *Iuan Serrano de Vargas y Ureña: Sevilla,* 1619. fol. 9181.g.1.(7). **[352]**

— Entrada en publico, y recibimiento grandioso de . . . don Felipe tercero en . . . Lisboa. *Iuan Serrano de Vargas y Urena: Sevilla,* 1619. fol. 9181.g.1.(4). **[353]**

— Jornada del Rey nuestro señor don Felipe tercero . . . al reyno de Portugal, a coronar . . . su hijo. *Geronymo de Contreras: Sevilla,* 1619. 4.° 9181.g.1.(6). **[354]**

— [*Begin:*] Señor, diferentes ministros han representado a V. Magestad los daños que la hazienda de averias recibe. [A memorial, addressed to the King, by J. de Sologuren]. [*Madrid?* 1612?] fol. C.62.i.18.(52). **[355]**

— [*Begin:*] Señor. El agravio que el principe de Esquilache, y el arçobispo de Lima han intentado contra las religiones de Santo Domingo, san Francisco, san Augustin, etc. [*Madrid?* 1620?] fol. C.62.i.19.(32). **[356]**

— [*Begin:*] Señor. Los sueldos y salarios ordinarios. [A memorial, addressed to the King, on the naval administration of the Spanish provinces in the Indies. By J. de Sologuren]. [*Madrid?* 1612?] fol. C.62.i.18.(54). **[357]**

Philip IV, *King of Spain.* Carta de su Magestad, el Rey . . . Philipo IIII. A don Fray Iuan Merinero, obispo de Valladolid. [Commanding him to write a defence of the article of the Immaculate Conception]. (Respuesta). [*Valladolid?* 1652]. 4.° 1322.l.11.(16). **[358]**

— Copia de un privilegio, y titulo de conde de Naba; dado por . . . el Rey . . . Phelipe quarto . . . a favor del conde don Rodrigo Alvarez de Asturias [4 April, 1659]. [*Madrid?* 1659]. fol. 765.h.1.(49). **[359]**

— [*Appendix*]. Christianissimo lavatorio que en la semana santa hizo su Magestad, en Barcelona, a doze pobres. *Iuan de Cabrera: Sevilla,* 1626. fol. 593.h.17.(46). **[360]**

— Copiosa relacion de las grandiosas fiestas, que la . . . Magestad del Rey . . . mandó hazer en . . . Madrid . . . año de 1633. *Iuan Gomez de Blas: Sevilla,* 1633. fol. 593.h.17.(115). **[361]**

— [*Begin:*] Por no cansar a V. M. de palabra. [A memorial to the King relating to the commerce of Seville and Cadiz]. [*Cadiz?* 1625?] fol. 1324.i.10.(4). **[362]**

— [*Begin:*] Porque el perjuyzio que se seguira à la republica de estos reynos. [A petition to the King, to remit the taxation of books sold in the Spanish dominions]. [*Madrid?* 1635?] fol. 1322.l.9.(10). **[363]**

— — [*Madrid?* 1635?] fol. 1322.l.3.(37). **[364]**

— Recibimiento entrada y fiestas que en . . . Zaragoça hizieron al Rey . . . Filipo quarto, y las mercedes que su Magestad les hizo. *Iuan de Cabrera: Sevilla,* 1626. fol. 596.h.17.(61). **[365]**

— — [*Madrid?* 1635?] fol. 1322.l.3.(37). **[366]**

— Relacion de la enfermedad, muerte, y entierro del rey don Felipe quarto . . . setiembre . . . 1665. *Iuan Gomez de Blas: Sevilla,* [1665]. 4.° 1445.f.17.(23). **[367]**

— Relacion de la gran fiesta, y celebre octavario que a la translacion del Santissimo Sacramento (de la parroquia de San Iuan) . . . a ostentado Felipe quarto . . . Marzo de 1639. *Diego Diez: [Madrid?]* 1639. 4.° 1852.d.1.(97). **[368]**

— Relacion embiada de Pamplona, de la entrada que hizo su Magestad [Philip IV] en aquella ciudad, y lo sucedido . . . hasta que salio para yr a Zaragoza. *Iuan Gomez de Blas: Sevilla,* 1646. 4.° 1852.d.1.(94). **[369]**

—Relacion verdadera, de las grandes mercedes que . . . Felipe quarto . . . ha hecho al governador, y a los demas cavalleros . . . y . . . gente de Fuente Rabia. *Iuan de Malpartita: Ezija*, 1638. 4.° 1445.f.22.(26). **[370]**

—Relacion verdadera, en que se contiene todas las ceremonias y demas actos que passaron en la jura que se hizo al . . . principe . . . Phelipe quarto. *En casa de Iuan Gracian: Alcala*, 1608. 4.° 113.k.53. **[371]**

—Relacion verdadera, hecha y verificada por un testigo de vista . . . del bautismo del . . . principe de España. [*Valladolid*, 1605]. 4.° 9180.e.25.(1). **[372]**

—[*Begin:*] Señor. La obligacion de contribuir los vassallos para la defensa del estado. [A memorial to the King, praying for a remission of the heavy contributions imposed upon the Kingdom. 17 April 1650]. [*Madrid*, 1650]. fol. 1322.k.12.(31). **[373]**

——[*Madrid*, 1650]. fol. 1322.l.9.(25). **[374]**

—[*Begin:*] Señor. Los cargadores interessados en la plata. [A memorial to the King, relating to commerce in the Indies]. [*Madrid?* 1630?] fol. 1324.i.10.(5). **[375]**

—[*Begin:*] Señor. Muy notorio es à V. Magestad. [A memorial to the King, on the commerce of Spain, especially between Seville and the Spanish colonies]. [*Seville?* 1640?] fol. 1324.i.10.(9). **[376]**

—[*Begin:*] Señor. Un vasallo de v. Magestad . . . representa a v. Magestad la conveniencias que ay, para que en las plaças del consejo de Indias sean proveydos de oydores. [*Madrid?* 1625?] fol. C.62.i.18.(97). **[377]**

—[*Begin:*] Señor. Veynte y quatro años ha que sirvo a v. Magestad. [A memorial addressed to the King, by Antonio del Sello, setting forth his services]. [*Granada?* 1665?] fol. 1324.i.2.(111). **[378]**

Philip V, *King of Spain*. [*Appendix*]. [*Begin:*] Aclamacion universal del Rey nuestro señor don Felipe V. [In verse]. [*Madrid*, 1700?] 4.° 11451.bb.3.(9). **[379]**

—Carta de un ingenio de Paris à otro de esta corte, dandole cuenta de todas las circunstancias, desde el dia que le besaron la mano à . . . Felipo quinto. [In verse]. [*Madrid*, 1700?] 4.° 11451.bb.3.(7). **[380]**

—Relacion, y gazeta general, en que dá cuenta del recebimiento que han hecho á la eleccion de nuestro Rey Felipe quinto. *Francisco de Garay: Sevilla*, 1700. 4.° 1445.f.21.(2). **[381]**

Philip, *Saint and Apostle*. [*Convent of, at Madrid*]. Relacion del sacrilegio delito, que cometio un herege estrangero, en el convento de san Felipe . . . de Madrid. *Iuan Serrano de Vargas y Ureña: Sevilla*, 1624. fol. 593.h.17.(15). **[382]**

Philippine Islands. Verissima relacion en que se da quenta en el estado en que estan las guerras en las Filipinas, y reynos de el Japon, cõtra los olandeses. Y los . . . hechos de don Fernando de Silva. *Iuan de Cabrera: Sevilla*, 1626. fol. 593.h.17.(65). **[383]**

Piçaño de Palacios, Alvaro. Discurso primero (—segundo) en confirmacion de la purissima concepcion de la Virgen Maria. 2 pt. *Gabriel Ramos Vejarano; Alonso Rodriguez Gamarra: Sevilla*, 1615, 16. 4.° 477.a.15.(2). **[384]**

Pichardo Vinuesa, Antonio. A la universidad de la ciudad de Salamanca . . . Antonio Pichardo . . . Sobre el remedio de los subornos y buena provision de las cathedras conservando a los estudiantes los votos. [*Salamanca*, 1608]. 4.° T.2223.(11). **[385]**

—Practicae institutiones, siue manuductiones iuris ciuilis Romanorum, et regii Hispani, ad praxim libro singulari, in quatuor distributae partes. *Excudebat Ioannes Lassa à Peñas: Vallis Oleti*, 1630. fol. 1490.ee.70. **[386]**

Pichon Merinero, Franciscus. Fr. Francisci Pichon Merinero . . . opuscula de virtutibus supernaturalibus fidei, spei, et charitatis. *Apud Franciscum Calvo: Toleti*, 1662. 4.° 4403.gg.27. **[387]**

—Fr. Francisci Pichon Merinero . . . opusculum tractatus de matrimonio. *Apud Franciscum Calvo: Toleti*, 1664. fol. 5175.i.2. **[388]**

Pietro, *Aretino*. Coloquio de las damas. [*Seville?*] 1607. 8.° C.108.a.28. **[389]**

Pimenta, Antonio. Sciographia de nova prostimasia celeste, & portentoso cometa do anno de 1664. *Domingo Carneiro:* [*Lisbon*], 1665. 4.° 1395.f.17; 9195.c.26.(11). **[390]**

Pimentel, —, *marquis de Viana*. Relacion diaria de los grandes progressos que han tenido las . . . armas de su Magestad en . . . Galicia, gouernadas por el . . . marques de Viana. *Iuan Gomez Blas: Sevilla*, 1659. 4.° 1445.f.17.(29). **[391]**

Pimentel, Diego. Relacion de la presa, que don Diego Pimentel . . . hizo a la vista de las islas de San Pedro. *Iuan Delgado: Madrid*, [1624?] fol. 593.h.22.(25). **[392]**

Pimentel de Prado, Antonio. [*Begin:*] Don Antonio Pimentel de Prado . . . gouernador de Cadiz. Dize. [A memorial addressed to the King about services rendered and asking for justice]. [*n.p.*, 1665?] fol. 765.h.1.(6). **[393]**

—[*Begin:*] Resumen de lo sustacial, alegado . . . y probado por . . . don Antonio Pimentel, en defensa destos cargos. [*Cadiz?* 1665?] fol. 765.h.1.(8). **[394]**

—[*Begin:*] Señor. Don Antonio Pimentel de Prado . . . gouernador de Cadiz dize. [A memorial addressed to the King, about services rendered]. [*n.p.*, 1665?] fol. 765.h.1.(7). **[395]**

—[*Begin:*] Señora. Don Antonio Pimentel de Prado, cavallero de la orden de Santiago. [A statement of his services, and petition to be restored to his post, addressed to the Queen]. [*n.p.*, 1650?] fol. 1322.k.15.(14). **[396]**

Piña, Juan de. Comedia de las fortunas del principe de Polonia. [1700?] 4.° *See* Richard, *Prince of Poland*. 11726.f.43; 12490.cc.29.(2).

—Por los plateros de plata desta corte. Con el alquazil Iuán de Piña denunciador. [*n.p.*, 1630?] fol. 1322.l.7.(10). **[397]**

—Segunda parte de los casos prodigiosas. 2 pt. *Viuda de Alonso Martin: Madrid*, 1628, 29. 4.° 12491.d.5. **[398]**

—Varias fortunas. Dedicadas a Nuño Diaz Mendez de Brito. *Iuan Gonçalez: Madrid*, 1627. 4.° 12490.cc.29.(1). **[399]**

Pina de Melo, Bernardo, de. Comedia famosa del luzero del oriente S. Francisco de Xavier. [In verse]. *Thome Carualho: Coimbra*, 1657. 4.° 9195.c.22.(1). **[400]**

Piña et Hermosa, Antonius de. Nobilissimo ex Maiorum . . . haeroi . . . D. D. Antonio de Contreras . . . in maiori musarum Salmantino gymnasio ex temporalis ad unguem recitata lucubratio, per D. D. Antoniũ de Piña. [*Salamanca?* 1630?] fol. 1322.k.13.(5). **[401]**

Pineda, Ioan de. Sermon del padre Ioan de Pineda . . . En el primer dia del octavario votivo a la inmaculada cõncepcion de la . . . Madre de Dios. *Alonso Rodriguez Gamarra: Sevilla*, 1615. 4.° 847.m.4.(7). **[402]**

Pineda, Juan de. Memorial de la exelente santidad y heroycas virtudes del señor Rey don Fernando, tercero. *En la officina de Matias Claviio: Sevilla*, 1627. fol. 4824.e.10. [403]

—Los treynta libros de la monarchia ecclesiastica, o historia universal del mundo. 5 tom. *Hieronymo Margarit: Barcelona*, 1620. fol. 216.b.6. [404]

Piñero, Gonzalo. Sermon en las honrras, de el doctor don Andres Gonzalez Calderon. [With a dedication by D. Sanchez]. *Imprenta Nueva Plantiniana de Diego Fernandez de Leo: Puebla*, 1689. 4.° 4985.de.4.(4). [405]

Piñeyro, Luys. Relacion del successo que tuvo nuestra santa fe en los reynos del Iapon, desde el año de . . . [1612] hasta le de [1615]. *Viuda de Alonso Martin de Balboa: Madrid*, 1617. fol. 209.d.16. [406]

Pinto, Hector. Imagem da vida christãa, ordenada em dialogos. *Miguel Menescal: Lisboa*, 1681. 4.° 848.i.25. [407]

Pinto Delgado, Joan. Poema de la reyna Ester. Lamentaciones del propheta Ieremias. Historia de Rut, y varias poesias. *David du Petit Val: Roen*, 1627. 4.° 11451.b.35. [408]

Pinto de Sousa, Miguel. Musa panegyrica in Theodosium. *Typis, & expensis Fructuosi Laurentij de Basto: Bracharae Augustae*, 1624. 8.° 1213.b.21. [409]

Pinto Pereyra, Antonio. Historia da India no tempo em que a governo o visorey dom Luis de Ataide. 2 pt. *Na impressam de Nicolao Carvalho: Coimbra*, 1616. fol. G.6581. [410]

——*Na impressam de Nicolao Carualho: Coimbra*, 1617. fol. 582.h.4. [411]

Pinto Ribeyro, João. Anatomia delli regni di Spagna. Nella quale si dimostra l'origine del dominio: la dilatatione delli stati: la successione . . . de suoi Re. *Sancio Beltrando: Lisbona*, 1646. 4.° 8042.bbb.44; 1060.h.15.(1); 177.a.15. [412]

—Discurso dell'usurpatione retentione e ristoratione del regno de Portogallo. *Per Sancio Beltrandi: Lisbona*, 1646. 4.° 1060.h.15.(2); 177.a.17. [413]

—Lustre ao dezembargo do Paço, e as eleiçoens, e perdoens, pertenças de sua jurdicão. *Paolo Crasbeeck: Lisboa*, 1649. 4.° 1608,1454. [414]

—Uzurpaçaõ, retençaõ, restauraçao de Portugal. *Lourenço de Anueres: Lisboa*, 1642. 4.° 1444.g.4.(2). [414a]

Pires Carvallo, Laurentius. Quaestiones selectae duodecim de bulla sanctae cruciatae . . . Lusitaniae regno . . . concessa, pro decidendis controversiis nuperrime subortis medullitus exploratae, et adamussim disceptatae. *Apud Michaelem Deslandes: Ulyssipone*, 1698. 4.° 08365.ee.1. [415]

Pirez de Tavora, Alvaro. Historia de varoens illustres do appellido Tavora . . . recolhida pellas memorias . . . de seus passados, por Aluaro Pirez de Tavora . . . e publicado por Ruy Lourenço de Tavora. *Sebastian Cramoisy, e Gabriel Cramoisy: Paris*, 1648. fol. 138.f.9. [416]

Pisa, Francisco de. Descripcion de la imperial ciudad de Toledo, y historia de sus antiguedades, y grandeza . . . de los reyes que la han . . . gouernado . . . Primera parte . . . con la historia de santa Leocadia. *Pedro Rodriguez: Toledo*, 1605. fol. 10160.f.18. (*pt. 1 only*). [417]

——Publicada de nuevo . . . por el doctor . . . Thomas Tamaio de Vargas. *Diego Rodriguez: Toledo*, 1617. fol. 573.l.13; 179.c.4. *imp.* [418]

Pizarro y Orellana, Fernando. Discurso militar y legal de los delitos que cometieron don Francisco Sabater, cabo de las galeras de Cataluña, y Francisco Miguel capitan de la capitana. *Iuan Goncalez: Madrid*, 1624. fol. 1322.l.4.(4). [419]

—Por don Juan Fernando Pizarro . . . heredero del marques don Francisco Pizarro. (Discurso en que se muestra la obligacion que su Magestad tiene . . . a cumplir . . . la merced). [*Madrid?* 1640?] fol. 9914.cc.4. [420]

—Prefacion perioca [to an edition of "Varones ilustres del nuevo mundo"]. [*Madrid*, 1639?] fol. 814.l.33. [421]

—Varones ilustres del nuevo mundo . . . sus vidas, virtud . . . y claros blasones, Ilustrados . . . con . . . observaciones politicas y morales. *Diego Diaz de la Carrera: Madrid*, 1639. fol. 146.e.2; G.7224. [422]

Pla, Hieronymus. Commentarii una cum quaestion. in octo lib. physicorum Aristotelis. *Valentiae*, 1604. 4.° 520.f.17. [423]

Planes, Bernardino. Concordancia mistica, en la qual se trata de las tres vias, purgativa, iluminativa i unitiva. *Antonio Lacavalleria: Barcelona*, 1667. 4.° 852.i.17. [424]

Plasencia, *Iglesia de.* [*Begin:*] Por la santa Yglesia de Plasencia, obispo, y cabildo della. Contra el señor fiscal, y el monesterio de Guadalupe. [A lawsuit concerning tithes]. 2 pt. [*n.p.*, 1695?] fol. 765.h.9.(1, 2). *imp.* [425]

Plata, *River, Country of the.* Lo que sacara de frutos del Rio de la Plata un navio de setenta toneladas. [*Madrid?* 1625?] *S.sh.* fol. C.62.i.19.(43). [426]

Pleito. Comedia famosa. El pleyto que tuvo el diablo con el cura de Madrilejos. De tres ingenios [L. Velez de Guevara, F. de Rojas Zorilla, and A. Mira de Mescua]. [*Madrid?* 1700?] 4.° 11728.h.14.(11). [427]

Plinius Secundus, Caius. Historia natural . . . traducida por . . . Geronimo de Huerta . . . y ampliada. 2 tom. *Luis Sanchez; (Iuan Gonçalez): Madrid*, 1624–29. fol. 1255.k.7. [428]

—Libro nono de Caio Plinio Segundo, de la historia natural de los pescados del mar . . . y rios. Hecha por . . . Geronimo de Huerta. *Pedro Madrigal: Madrid*, 1603. 4.° 954.c.16; 975.c.15.(2). [429]

Plunquetus, Franciscus. Heroum speculum de vita D. D. Francisci Tregeon cuius corpus septendecim post annos in æde d. Rochi integrum inventum est. *Ex officina Craesbeeckina: Ulisipone*, 1655. 8.° C.53.h.26. [430]

Poc, Montserrat. Cobles ara nouament compostas sobre la presa y sentencia de Montserrat Poc. [In verse]. *Iaume Galuan: Barcelona*, [1600?] 4.° 11450.e.25.(12). [431]

Polanco, Juan. Indice de los pleytos criminales. [A list of lawsuits between several people relating to the same case]. (Pleito . . . que resultó de auer presentado d. Iuã Gaytan de Ayala . . . un codicilo . . . falso [and other documents]). [*n.p.*, 1620?] fol. 765.i.1.(27). [432]

Polanco de Santillana, Nicolas. [*Begin:*] El doctor don Nicolas Polanco de Santillana. [A memorial addressed to the King]. [*Madrid?* 1650?] fol. 1324.i.2.(127). [433]

Poland. [*Begin:*] Relacion verdadera, de la gran vitoria que . . . Polonia ha conseguido . . . contra el poder Otomano.

Impresso en Madrid; y por su original, por Pedro Castera: Malaga, 1675. 4.° 1323.g.1.(16). [434]

Polo, Juan Bautista. Consultacion en derecho, sobre la veneracion y culto que se haze al bendito padre mossen Francisco Geronymo Simon. *Pedro Patricio Mey: Valencia*, 1613. 4.° 9181.e.10.(6). [435]

Polo, Marco. Historia de las grandezas y cosas . . . de las prouincias Orientales. Sacada de Marco Paulo. *Angelo Tauano: Çaragoça*, 1601. 8.° 790.a.20; G.6669. [436]

Polo, Pedro. Por Pedro Polo tesorero de las alcabalas y rentas reales de . . . Talavera. Con Luis Centurion . . . y con el señor fiscal. [A lawsuit]. [*n.p.*, 1650?] fol. 1322.l.7.(23). *imp.* [437]

Polo Calderón, Gaspar. [*Begin:*] Por parte de Gaspar Polo Calderon, familiar del Santo Oficio, preso . . . En el pleyto con Marcos Diaz de Toledo escriuano de . . . Velez Malaga. [A pleading addressed to the King]. *Bartolome de Lorençana: Granada*, 1629. fol. 765.h.2.(1). [438]

Polo de Medina, Salvador Jacinto. Obras en prosa, y en verso de Salvador Iacinto Polo de Medina . . . Recogidas por un aficionado suyo. *Diego Dormer; a costa de Tomàs Cabecas: Zaragoca*, 1664. 4.° 12230.c.6. [439]

— — *Diego Dormer; a costa de Iuan Martin Merinero: Zaragoça*, 1670. 4.° 1475.b.38; 12230.c.4; 244.l.38. [440]

— Bureo de las musas, y honesto entretenimiento para el ocio. [In verse]. Con una novela de Montalban [entitled Lisarda y Ricardo]. *Iuan de Ybar: Zaragoça*, 1659. 8.° 11451.aaa.45. [441]

—*See also:* Antolinez de Piedrabuena, *pseud.*

Ponce, Manuel. Oracion funebre, en la muerte de Rodrigo Calderon, que fue degollado . . . 21 de Octubre de 1621. [*Madrid*, 1621]. fol. 707.h.28.(5). [442]

Ponce de León, Basilio. F. Basilii Poncii augustiniani, sacrae theologiae doctoris . . . tractatus de impedimentis matrimonii, sive, commentarius ad decem Gratiani causas à 27. *Apud Antoniam Ramirez viduam: Salmantiae*, 1613. 4.° 498.b.5. [443]

Ponce de Leon, Francisco. Descripcion del reyno de Chile, de sus puertos, caletas, y sitio de Valdivia. (Parecer del principe de Esquilache). [*Madrid*, 1644?] 4.° 10480.b.18. [444]

— Relacion de los servicios que ha hecho a su magestad en . . . Peru . . . fray Ponce de Leõ, del orden . . . de la Merced. [*Madrid*? 1632?] fol. 1324.i.2.(26). [445]

Ponce de Molina Malo de Cabrera, —. Por la ciudad de Baeza, don Ponce de Molina Malo de Cabrera . . . por ella. Contra . . . Linares, y el señor fiscal. [*n.p.*, 1625?] fol. 1322.l.6.(16). [446]

Ponce de Santa Cruz, Antonio. Antonii Ponze Sancta Crucis . . . operum T.III. [A commentary on Galen's work, "De morbis et symptomatibus"]. *Ex typographia Regni: Matriti*, 1637. fol. 542.g.15.(1). *imp.* [447]

— De impedimentis magnorum auxiliorum, in morborum curatione. lib. III. *Ex typographia Regia: Matriti*, 1629. 4.° 542.a.28. [448]

— — Ultima impressione. *Antonio de la [ ], a costa de Diego Martin Ve[linez?]: Barcelona*, 1674. 8.° 775.b.24. *imp.* [449]

— In Avicennæ primam primi . . . tomus primus. (Philosophia Hippocratica. [A commentary on Hippocrates' "De diaeta", with the text]). *Apud Thomam Iuntam: Matriti*, 1622. fol. 542.g.14. [450]

Pope. Trompeta del juizio. Contra el Papa y la inquisicion, satyra. [Partly in verse. By Miguel de Barrios?] [*Amsterdam*? 1675?] 4033.a.37.(8). [451]

Porras, Joseph de. Sermon funeral que predico el P. Joseph de Porras . . . en las honras del . . . cavallero D. Andres de Carvajal, y Tapia. *Viuda de Bernardo Calderon: Mexico*, 1677. 4.° 4985.de.4.(2). [452]

Porras Parra de la Asperilla, Roque de. Salmanticenses praelectiones phisiologicae et pathologicae. *Apud Antonium Vazquez: Salmanticae*, 1624. 4.° 776.f.4. [453]

Porras Trenllado, Andrés de. Aqui se contiene un romance curioso, para reir . . . en que se dà quenta de una sangrienta batalla. [*n.p.*, 1680?] 4.° T.22.*(27). [454]

Porreño, Baltasar. Dichos y hechos del señor rey don Philipe segundo. *En casa de Saluador de Viader: Cuenca*, 1628. 8.° 1450.a.26. [455]

— — *Viuda de Iuan Sanchez; a costa de Lorenço Sanchez: Madrid*, 1639. 8.° 611.a.29. [456]

— Discurso de la vida, y martirio de . . . santa Librada, española y patrona de la iglesia . . . de Siguença. *Saluador de Viader: Cuenca*, 1629. 8.° 1125.a.21. [457]

Porter y Casanate, Pedro. Relacion de los servicios del capitan don Pedro Porter y Casanate. [*Madrid*? 1640?] fol. 1324.i.2.(102). [458]

Portichuelo de Ribadeneyra, Diego. Relacion del viage, y sucessos que tuvo desde que saliò de . . . Lima, hasta que llegò a . . . España . . . Diego Portichuelo. *Domingo Garcia y Morras: Madrid*, 1657. 4.° 279.h.16. [459]

Portilla y Esquivel, Miguel de la. Viva Jesus. Vida, virtudes, y milagros del glorioso señor S. Francisco de Sales. *Antonio Roman: Madrid*, 1695. 4.° 4807.d.13. [460]

Portillo, Gregorio de. Exurge domine, & iudica causam tuam. Por el dean y cabildo de la . . . Iglesia . . . de Sevilla. Con . . . Pedro Alonso, presbytero. *Sevilla*, 1642. fol. [461]

Portocarrero y Guzman, Pedro. [*Begin:*] Señor Don Pedro Portocarrero, y Guzman. [A petition to the King, concerning the suspension of an ecclesiatical office]. [*Mexico*? 1660?] fol. 1322.l.4.(17). [462]

— Theatro monarchico de España, que contiene las mas puras, comó Catholicas maximas de estado. (Reconocido por J. de Ferraras). *Juan Garcia Infançon: Madrid*, 1700. fol. 593.f.13. [463]

Portugal.

Treaties

— Tregoas entre o . . . Rey dom Joam o IV de Portugal, & os poderosos estados das provincias Unidas. [12 Jun., 1641]. *Antonio Alvarez: Lisboa*, 1642. 4.° 9195.c.24.(23). [464]

Laws and Proclamations

— Errata da nova recopilaçam das leis e ordenacões . . . de Portugal . . . Feita pello doutor Jorge de Cabedo. 5 livr. *Peter Crasbeeck: Lisboa*, 1603. fol. 503.h.12. [465]

— Regimento do iuizo das confiscaçoes pello crime de heresia & apostasia. [10 Jul. 1620]. *Pedro Craesbeeck: Lisboa*, 1620. 4.° 5051.dd.6. [466]

— Dom Ioam por graça de Deos rey de Portugal . . . Faço saber.

[A decree, dated 3 Apr. 1642, forbidding trade with Spain]. *Antonio Aluarez: Lisboa,* 1642. fol. D.G.1/4.(1). **[467]**

— Ley sobre os iulgadores dos bairros . . . de Lisboa. [25 Dec. 1608]. *Antonio Alvarez: Lisboa,* 1642. fol. D.G.1.(9). **[468]**

— Dom Ioam por graça de Deos rey de Portugal . . . Faço saber. [A decree, dated 2 Dec. 1642, forbidding the use of mules]. [*Lisbon,* 1642]. fol. D.G.1/4.(2). **[469]**

— [*Begin:*] En el Rey faço saber aos que esta Aluará virem. [Law regulating the payment of officials and royal servants. 11 April 1661]. [*n.p.,* 1642]. fol. D.G.1.(15). **[470]**

— Ordenaçoes e leys do reyno de Portugal. Confirmadas, e estabelecidas pelo . . . rey dom Ioam o IV. 5 pt. *No Real Mosteiro de S. Vicente da Ordem dos Conegos Regulares: Lisboa,* 1643. fol. 504.k.12. **[471]**

— Regimento da criaçam dos cavallos. [4 Apr. 1645]. *Antonio Alvarez: Lisboa,* 1645. fol. D.G.1.(21). **[472]**

— [A collection of laws, proclamations, regulations, etc., chiefly relating to excise]. [*Lisbon,* 1645]. 4.° 5384.gg.16.(3). **[473]**

— [*Begin:*] Dom Ioam, por graça de Deos rey de Portugal . . . faço saber. [A decree, dated 6 Sept. 1645, forbidding his subjects to leave the realm without permission]. [*Lisbon,* 1645]. fol. D.G.1/4.(3). **[474]**

— Regimento da forma porque se ha de fazer o lançamento, e cobrança das decimas que os tres estados do reyno offerecerão em cortes. [20 Apr. 1646]. *Antonio Alvarez: Lisboa,* 1646. fol. D.G.1.(11,12). **[475]**

— Dom Ioam por graça de Deos rey de Portugal . . . Faco saber. [A decree dated 8 Feb. 1646, forbidding his subjects to leave the country]. [*Lisbon,* 1646]. fol. D.G.1/4.(4). **[476]**

— Impressão das leys de cortes. Leys que el rey d. Ioão o IIII . . . fez, & mandou publicar. *Paulo Craesbeeck: Lisboa,* 1648. fol. D.G.1.(4). **[477]**

— [*Begin:*] Dom Ioão per graça de Deos rey de Portugal, & dos Algarves. [7 Dec. 1650. An order concerning tax payments]. [*n.p.,* 1650?] fol. D.G.1.(18). **[478]**

— Regimento de como se ha de tomar residencia aos provedores das comarcas. [*n.p.,* 1650?] fol. D.G.1.(7). **[479]**

— Dom Ioam por graça de Deos rey de Portugal . . . faço saber a vos que eu passey ora hũ Aluara. [A law regulating the sale of bread. 20 Oct. 1651]. [*n.p.,* 1651]. fol. D.G.1.(14). **[480]**

— Regimento da forma porque se ha de fazer o lançamento, e cobrança das decimas que os tres estados do reyno offerecerao em estas ultimas Cortes, para a despeza da guerra. *Antonio Alvarez: Lisboa,* 1654. fol. D.G.1.(12). **[481]**

— [*Begin:*] Ruy de Moura Telles, do conselho de estado, de el Rey . . . & vèdor de su fazenda. [21 May, 1654. An order concerning tax payments]. [*n.p.,* 1656?] fol. D.G.1.(20). **[482]**

— Contrato do estanco do tabaco deste reyno, e suas conquistas excepto India, Brazil, & lugares de Africa . . . com Ioam Duarte & Domingos de Siqueyra. [31 Aug. 1658]. *Na officina de Antonio Craesbeeck: Lisboa,* 1658. fol. D.G.1.(17). **[483]**

— Regimento de como se ha de tomar residencia aos Iuizes de fora das cidades, & villas deste reyno, & a seus officiaes. [3 Jun. 1660]. [*n.p.,* 1660?] fol. D.G.1.(5). **[484]**

— Recopilaçam do regimento do papel sellado. [24 Dec. 1660]. [*n.p.,* 1661]. fol. D.G.1.(16). **[485]**

— Dom Affonso por graça de Deos Rey de Portugal . . . Faço saber a vós que eu passei ora hũa ley. [A law increasing the value of Portuguese money. 28 March 1663]. [*n.p.,* 1663]. fol. D.G.1.(13). **[486]**

— Regimento de como se ha de tomar residencia aos corregedores das comarcas, ouuidores dos mestrados, & a seus officiales. [6 Feb. 1664]. [*n.p.,* 1664?] 4.° D.G.1.(8). **[487]**

— Regimento da forma porque se ham de fazer os lançamentos, & cobranças dos quinhentos mil cruzados prometidos em cortes. [22 Aug. 1668]. *Na impressao de Antonio Craesbeeck de Mello: Lisboa,* 1668. fol. D.G.1.(10). **[488]**

— Regimento e ordenaçoens da fazenda. *Na officina de Antonio Craesbeeck de Mello: Lisboa,* 1682. fol. 710.k.3.(1). **[489]**

— Regimento que S. Magestade . . . manda observa na casa da Moeda. [9 Sept. 1686]. *Na impressaõ de Antonio Craesbeeck de Mello: Lisboa,* 1687. fol. 710.k.3.(2). **[490]**

— Regimento da praça de Mazagam, que sua Magestade . . . novamente mandare fazer. [6 Jun., 1692]. *Lisboa,* 1692. fol. 6875.f.5. (*destroyed*). **[491]**

— Ordenacoẽs e leyes do reyno de Portugal confirmadas . . . pelo senhor rey D. João IV, e . . . impressas por mandado do . . . rey D. Pedro II. 2 vol. *Manoel Lopez Ferreyra: Lisboa,* 1695. fol. 29.h.1. **[492]**

Miscellaneous Public Documents

— Auto do iuramento que el Rey dom Phelippe . . . segundo . . . fez aos tres estados deste reyno. [14 July, 1619]. *Pedro Crasbeeck; vendese em casa de Belchior de Faria: Lisboa,* 1619. fol. T.16.*(20). **[493]**

— Manifesto o protestaçam feita por Francisco de Sousa Coutinho . . . do conselho del Rey dom Joam o IV . . . & seu embaixador . . . sobre a injusta detenção . . . do . . . infante dom Duarte [24 July, 1641]. *Antonio Alvarez: Lisboa,* 1641. 4.° 9195.c.24.(3). **[494]**

— — *Iorge Rodriguez; a custa de Lourenco de Queiros: Lisboa,* 1641. 4.° 9195.c.24.(19); 9195.c.24.(17). **[495]**

— Memoria da jornada, e successos, que ouve nas duas embaxadas q̃ S. Magestade . . . mãdou aos reynos de Suecia, & Dinamarca. [March–June, 1641. By A. Moniz de Carvalho]. *Domingos Lopez Rosa: Lisboa,* 1642. 4.° 1444.g.8.(6); 9195.c.24.(5). imp. **[496]**

Cortes

— Assento feito em cortes pelos tres estados dos reynos de Portugal. [5 Mar. 1641]. *Paulo Craesbeeck: Lisboa,* 1641. 4.° 9195.c.22.(14). **[497]**

— Balidos das igreias de Portugal. Ao supremo pastor summo pontifice romano. Pellos tres estados. *Sebastian Cramoisy; e Gabriel Cramoisy: Paris,* 1653. 8.° 3901.bb.31. **[498]**

Casa dos Contos

— Regimento dos contos. *Ioam da Costa: Lisboa,* 1669. fol. 5384.gg.14. **[499]**

Ministério de Marinha

— Reportorio alphabetico e synoptico de todas as leis, decretos portarias e officios do ministerio da marinha. [*n.p.,*] 1687. 8.° 6005.f.2.(3). **[499a]**

Sisas

— Regimento dos encabeçamentos das Cizas deste reyno. *Antonio Craesbeeck de Mello: Lisboa,* 1674. fol. 5385.e.3.(2). **[500]**

—Artigos das Sisas novamente emendados por mandado del rey. *Na officina de Antonio Craesbeeck de Mello: Lisboa*, 1678. fol.   5385.e.3.(3).   **[501]**

Tribunal de la Santa Cruzada
—Por parte del comissario general de la santa cruzada de . . . Portugal. Si puede usar del poder eclesiastico, y censuras contra los que no guardan los priviligios de los oficiales. [Signed: "El doctor Fr. S. de Freitas"]. [*Madrid*, 1629]. fol. 1322.k.14.(13).   **[502]**

Appendix
—Constitutiones monachorum nigrorum ordinis s. P. Benedicti regnorum Portugalliae. *Apud Didacum Gomez de Loureyro: Conimbricae*, 1629. 4.°   4785.bbb.45.   **[503]**

—Copia de carta escrita de un cortesano de Lisboa, a un ciudadano de Cadiz, en que le dà quenta de las dissensiones . . . que en Portugal se padecen. *Iuan Gomez de Blas: Sevilla*, 1663. 4.°   8042.d.38.   **[504]**

—Descripcion geografica historica de el reyno de Portugal. *A expensas de Antonio Bizarron: Madrid*, [1690?] 4.° 10161.c.24.   **[505]**

—Don Joan de III. [Usually attributed to Antonio Pais Viegas]. *Paulus Matthijiz: Amsterdam*, 1641. 4.°   T.1718.(7). **[506]**

—Manifesto do reyno de Portugal, presētado a . . . Urbano VIII pelas tres naçoes, portuguesa, francesa, catalan. *Domingo Lopes Rosa: Lisboa*, 1643. 4.°   1444.g.4.(1). **[507]**

—Memoria da iornada, e successos, que ouue na duas embaxadas, q̄ S. Magestade . . . mādou aos reynos de Suecia, & Dinamarca. *Domingo Lopez Rosa: Lisboa*, 1642. 4.° 9195.c.24.(5). *imp*. 1444.g.8.(6).   **[508]**

—Razam da guerra entre Portugal, e as provincias Unidas dos Paizes Baxos. [*Ioão Aluarez de Leão: Lisboa*, 1657. 4.° 9195.c.26.(1). *imp*.   **[509]**

—Relaçam da vitoria que alcançaram as armas do . . . Rey d. Affonso VI, em 14 de ianeiro de 1659. Contra as de Castella. [*Lisboa*, 1661]. 4.°   9195.c.25.(1); 9195.c.26.(2). **[510]**

—Relaçam do successo que as armas portuguezas tiveram na provincia da Beira. [27 July, 1662]. [*Lisboa*, 1662]. 4.° 9195.c.24.(15).   **[511]**

—Relaçam geral das festas que fez a religiaõ da companhia de Iesus . . . de Portugal, na canonizaçaõ dos gloriosos sancto Ignacio de Loyola . . . & S. Francisco Xavier. *Pedro Craesbeeck: Lisboa*, 1623. 4.°   4828.b.37.   **[512]**

—Relação da vitoria que o conde de Villa Flor d. Sancho Manuel e Ioão de Mello . . . gan harāo aos castelhanos. Sabbado 29 de outubro de 1661. *Antonio Craesbeeck: Lisboa*, 1661. 4.°   9195.c.26.(4).   **[513]**

—Relação da victoria, que tiuerão as armas . . . de Portugal . . . na provincia do Alenteio, em 8 de iunho de 1663. *Henrique Valente de Oliueira: Lisboa*, 1663. 4.° 9195.c.26.(8).   **[514]**

—Relação dos successos de Portugal e Castella nesta campanha de 1661. *Antonio Craesbeeck: Lisboa*, 1661. 4.° 9195.c.26.(5).   **[515]**

—Relacio de la entrada del exercit portugues en la Galicia: y de la presa . . . de . . . Salvaterra. *Jaume Montevat: Barcelona*, 1643. 4.°   9180.e.2.(42).   **[516]**

—Relacio molt verdadera del bon succes que han tingut las armas del Papa, y del rey de Portgual. [29 May, 1643]. 1643. 4.° *See* States of the Church.   9180.e.2.(26).

—Relacio molt verdadera de la victoria que ha tingut lo Rey de Portugal [John IV] contra lo exercit del Rey de Castella [Philip IV] dins . . . Galicia. *Iaume Matevat: Barcelona*, 1643. 4.°   9180.e.2.(55).   **[517]**

—Relacio molt verdadera, de la victoria que han tingut las armas del Rey de Portugal [John IV] contra las armas del Rey [Philip IV], en . . . Salvaterra. *Iaume Matevat: Barcelona*, 1643. 4.°   9180.e.2.(51).   **[518]**

—Relacio verdadera que ha portat un religios de Valencia . . . de una . . . victoria que han tingut las armas portugueses, contra las castellanas a 28 de Agost . . . 1643. *Gabriel Nogues: Barcelona*, 1643. 4.°   9180.e.2.(40).   **[519]**

—Relacion de la famosa, y memorable vitoria que el exercito de el rey de Portugal . . . alcanço del exercito del rey de Castilla . . . en 8 de iunio de 1663. *Enrique Valente de Oliueira: Lisboa*, 1663. 4.°   9195.c.25.(3).   **[520]**

—Relacion verdadera, y pontual, de la . . . victoria que en la . . . batalla de Montes Claros alconçò el exercito . . . de Portugal . . . contra el . . . de Castilla [17 Jun. 1665]. *Henrique Valente de Oliuera: Lisboa*, 1665. 4.° 9195.c.25.(5). *imp*.   **[521]**

—Vitoria que tres caravelas portuguesas tuvieron contra los olandeses. *Francisco de Lyra: Sevilla*, 1629. fol. 593.h.17.(90).   **[522]**

—Vitoriosos sucessos das armas de su Magestade . . . dom Joam o IV nas fronteiras da Beira, & Alentejo no mez de outubro de 1648. *Manoel Gomez de Carvalho: Lisboa*, 1648. 4.°   9195.c.22.(10).   **[523]**

Portugal, Francisco de. *1st Count do Vimioso.* Ao principe d. Theodosio, nosso senhor. Divinos e humanos versos de dom F. de Portugal, por d. Lucas de Portugal. (Prisoens e solturas de huma alma). 2 pt. *Officina Craesbeckiana: Lisboa*, 1652. 4.°   11452.bbb.43.   **[524]**

—Arte de galanteria. Escriviòla d. F. de Portugal. Offrecida a las damas de palacio por d. Lucas de Portugal. *Iuan de la Costa: Lisboa*, 1670. 4.°   1064.k.5.   **[525]**

Portugal, Miguel de, *Archbishop of Lisbon.* Discursos, que se presentaram na curia Romana, por que se mostra que . . . dom Miguel de Portugal . . . auia de ser recebido em aquella corte, como embaixador do . . . rey . . . dom Ioam o IV. *Antonio Aluarez; vendese en casa de Lourenço de Queirós: Lisboa*, 1642. 4.°   9195.c.24.(7); 1444.g.8.(4). **[526]**

—Relação do sucesso que o embaixador de Portugal [M. de Portugal] teve em Roma com o embaixador de Castella [the marquis de los Velez]. *Na officina de Lourenço de Anueres: Lisboa*, 1642. 4.°   1444.g.8.(2).   **[527]**

Portuguese. Relacion cierta, y verdadera de la feliz vitoria y prosperos sucessos, que en la India Oriental han conseguidos los portugueses. *Simon Faxardo: Sevilla*, 1625. fol. 593.h.17.(7).   **[528]**

—Relacion de la victoria que los portugueses de Pernambuco alcançaron de los de la compañia del Brasil en los Garerapes a 19 de febrero de 1649. Traduceda del aleman. *Viena de Austria*, 1649. 4.°   9195.c.22.(13).   **[529]**

Portuguese Muse. Puras verdades da musa portugueza. Composta por hum curioso . . . Offrecidas a santo Antonio. [In verse]. *Lourenço de Anueres: Lisboa*, 1641. 4.° 11452.e.40.(12).   **[530]**

Possadas, Francisco de. Sermon en la rogativa . . . á Maria Santissima . . . por el buen suceso de las guerras de Cataluña. *Cordoba, 1694. 4.°* 4425.e.5. *(destroyed).* [531]

—Triumphos de la castidad, contra la luxuria diabolica de Molinos. *Diego de Ualverde y Leyva: Cordova, 1698. 4.°* 4408.dd.31. [532]

Potosi. El gremio de los azogueros de . . . Potosi . . . suplica a V. M. . . . se sirva de passar los ojos por este papel, y mandar lo vea el real cõsejo de las Indias. [*Madrid? 1636?*] fol. 725.k.18.(32). [533]

——[*Madrid? 1636?*] fol. 725.k.18.(39). [534]

—[*Begin:*] Señor. En el memorial que presento en este real consejo, en razon de los negocios de . . . Potosi. [A memorial on the affairs of Potosi, addressed to the King by J. de Ibarra Gueztaraen]. [*Madrid, 1618?*] fol. C.62.i.18.(16). [535]

—[*Begin:*] Senor. Los azogueros dueños de minas. [A memorial addressed to the King, on the working of the mines of Potosi]. [*Madrid? 1620?*] fol. C.62.i.18.(85). [536]

Poza, Juan Baptista. [*Begin:*] Iuan Baptista Poza de la compañia de Jesus . . . propone a V. alteza las doctrinas de este memorial [relating to the conception of the Virgin Mary]. [*Madrid, 1640*]. fol. 1322.l.11.(10). [537]

—[*Begin:*] Iuan Baptista Poza de la compañia de Iesus propone a V. A. las doctrinas. [Another memorial on the same subject]. [*Madrid, 1640*]. fol. 1322.l.11.(11). [538]

—Practica de ayudar a morir para que qualquiera que supiere leer pueda ayudar, y consolar a los enfermos . . . Segunda edicion. *Emprenta del Reyno: Madrid, 1630. 32.°* 846.l.18. [539]

—Sanctissimo domino D. N. Urbano papae octavo natio, et cognatio Cantabrica, Ioannis Baptista Poza . . . in causa iudiciali tomi primi elucidarii. [*Spain? 1630?*] 4.° 3900.f.4. [540]

Pozo, Antonio del. Monastica theologia; continens dubia et acroamata circa leges et statuta quibus praedicatorum familiae professores moderati astringuntur, nec non circa tria vota religionis essentialia. *Per Joannem de Alcazar: Mexici, 1618. 4.°* C.36.e.5. [541]

Pradilla Barnuevo, Francisco de la. Tratado y summa de todas las leyes penales . . . destos reynos. *Luys Estupiñan; a costa de Melchor Gonçalez: Sevilla, 1613. 8.°* 5383.a.22. [542]

Prado, Adrian del. Cancion del gloriosissimo . . . S. Geronimo, donde se descrive la fragosidad del desierto que habitava . . . y el riguroso modo de su penitencia . . . Con otras canciones (por el doctor Tejada). *Simon Fajardo: Sevilla, 1628. 8.°* 1072.d.10.(2). [543]

Prado, Estevan de, and **Muriel de Barrocal, Pedro.** Defensa y peticion del excelẽtissimo . . . duq de Hijar, en respuesta de la . . . acusacion puesta por el señor fiscal del consejo. [*Madrid, 1640?*] fol. 1322.l.10.(2). [544]

Prado, Joan de. Relacion de el riguroso martyrio, que el padre fr. Ioan de Prado . . . padecio . . . en . . . Marruecos por . . . orden de el rey de la dicha ciudad. *Luys Estupiñan: Sevilla, 1631.* fol. 593.h.17.(100). [545]

Prado, Pablo de. Directorio espiritual en la lengua española, y quichua. *Iorge Lopez de Herrera: Lima, 1641. 12.°* C.58.a.13. [546]

Prats, Antonio. Tratado moral de la obligacion que tienen los eclesiasticos de cantar en el coro. *Iayme de Bordazar: Valencia, 1691. 4.°* 4499.c.22. [547]

Premio. [El premio de las letras por el rey Felipe II. De Damian Salustrio del Poyo]. [In verse]. [*Alcala, 1615*]. 4.° *Part of a collection entitled "Flor de las comedias de España".* 11728.h.10.(19). *imp.* [548]

Prieto, Gaspar. Razones porque se deven cõservar los vicarios generales del orden . . . de la Merced. [*Madrid? 1620?*] fol. C.62.i.18.(89). [549]

Principe. El principe perseguido. Comedia . . . [in verse] de tres ingenios [L. Bermudez de Belmonte, A. Martinez and A. Moreto y Cabaña]. [*n.p.,* 1653]. 4.° 1072.h.1. [550]

——[*n.p.,* 1700?] 1072.h.2.(1). [551]

Proenza, Francisco de. [*Begin:*] Señor. Por el sargento mayor don Francisco de Proença, governador, de . . . Xamayca. . . En razon del pliego de aviso, que despacharon a V. Magestad . . . iunio . . . 1651. [*Madrid? 1651?*] fol. 1324.i.9.(32). [552]

Prospero, *del Espiritu Santo.* Copiosa relacion, que se dio a . . . Urbano VIII y a . . . don Phelipe IIII . . . de los sucessos que ha tenido los padres Carmelitas . . . que fueron al reyno de Persia. *Simon Faxardo:* [*Seville*], 1626. fol. 593.h.17.(143). [553]

Puebla, Antonio de la. Pan floreado y partido en prosa y verso para los parvulos en el conocimiento de la doctrina christiana. *Antonio Rodriguez de Figueroa: Valladolid, 1693. 8.°* 4406.bb.17. [554]

Puebla de los Angeles. [*Begin:*] De vultu tuo iuditium meum prodeat, oculi tui videant aequitates . . . Fundase el voto del . . . dean, y cabildo de la santa iglesia de la Puebla de los Angeles. [Feb. 3]. *Uiuda de Juan de Borja, y Gandia: Puebla de los Angeles, 1660.* fol. 4782.dd.8.(10). [555]

—[*Archicofradía del Santíssimo Rosario*]. Octava maravilla del nuevo mundo en la gran capilla del Rosario. Dedicada . . . en el convento de N. P. S. Domingo de la ciudad de los Angeles . . . Abril de 1690. (Sermon). *Imprenta Plantiniana de Diego Fernandez de Leon: Puebla, 1690. 4.°* 862.l.11. [556]

Puebla de los Angeles, *Diocese of.* Alegaciones en favor del clero, estado eclesiastico i secular, españoles é indios del obispado de la Puebla . . . sobre las doctrinas, que . . . removiò en èl su . . . obispo don J. de Palafox y Mendoça . . . año de 1640. [*Puebla de los Angeles? 1650?*] fol. 5107.ff.20; 4071.f.19. [557]

Puente, Francisco de la. Tratado breve de la antiguedad del linaie de Vera, y memoria de personas señaladas del. (Parrafos que se an de añadir en este libro). *Geronymo de Contreras: Lima, 1635. 4.°* 606.c.43. [558]

Puente, Luis de la. Obras espirituales. (Epitome de la vida del . . . padre L. de la Puente . . . que escriviò el padre F. Cachupin . . . dispuesto por el padre B. Sartolo). [With a dedication by Gregorio Sarmiento]. 5 tom. *Antonio Roman (Juan Garcia Infanzon; Bernardo de Villa Diego:) Madrid, 1690.* fol. 3677.dd.1. [559]

—Tomo primero de la conveniencia de las dos monarquias catolicas, la de la Iglesia Romana y la del Imperio Español. *Iuan Flamenco: Madrid, 1612.* fol. 4625.e.6. [560]

—De la perfeccion del christiano en todos sus estados. tom. 1, 2.

Iuan Godinez de Millis; (*Francisco Fernandez de Cordoua:*) *Valladolid,* 1612, 13. 4.° 3837.cc.3. **[561]**

— Guia espiritual. En que se trata de la oracion, meditacion, y contemplacion de las divinas visitas . . . segunda impression *Viuda de Alonso Martin: Madrid,* 1614. 4.° 3837.cc.1. **[562]**

— Meditaciones de los mysterios de nuestra santa fe, con pratica de la oracion mental. 2 tom. *Iuan Godinez de Millis: Valladolid;* (*Nicolas de Assiayn; Carlos de Labayen: Pamplona*), 1613. 4.° C.68.h.7. **[563]**

— Vida del padre Baltasar Aluarez religioso de la compañia de Jesus. *Luis Sanchez: Madrid,* 1615. 4.° 1484.bb.3. **[564]**

Puerto, Sebastian del. [*Begin:*] Iesus. El doctor Sebastian del Puerto, y Diego de Yrusta, y Hernãdo de Solarte, y Martin de Alday . . . vezinos de . . . Lequeytio Con Martin Garcia Adandeyarca. [A lawsuit]. [*n.p.,* 1700?] fol. 765.h.2.(30). **[565]**

Pueyo y Abadia, Luis. Consulta. [On certain new and altered statutes in the "Nova collectio statutorum ordinis Carthusiensis"]. [*Madrid,* 1683]. fol. 4783.e.2.(28). **[566]**

Puig, Jaume. Sermo que predica lo r. p. Jaume Puig . . . en las reals exequies que la . . . ciutat de Barcelona celebra . . . a la . . . memoria de Lluys XIII. *Iaume Matevat: Barcelona,* [1643]. 4.° 9180.e.2.(29). **[567]**

Pujades, Gerónimo. Coronica universal del principat de Cathalunya. *En casa de Hieronym Margarit: Barcelona,* 1609. fol. 593.g.13; 180.f.15. **[568]**

Pujasol, Estevan. El sol solo, y para todos sol de la filosofia sagaz y anatomia de ingenios. *Barcelona,* 1637. 4.° 7320.aaa.20. **[569]**

Pulgar, Hernando de. Los claros varones de España. Y las treynta y dos cartas de Hernando de Pulgar. *En casa de Iuan Meursio: Amberes,* 1632. 8.° 275.d.38. **[570]**

Q.

Quadalaxara y Xavier, Marcos de. Quinta parte de la historia pontifical. *Viuda de Luis Sanchez: Madrid,* 1630. fol. (*Other parts under Baños de Velasco, Bavia, Illescas*). 4855.f.7. (vol. 5). **[1]**

Quadro, Diego Felipe de. [*Begin:*] Todo el pleyto que siguen los dueños de barras del Pirú, con los compradores de plata de la ciudad de Sevilla. [*n.p.,* 1640?] fol. 1322.l.7.(18). **[2]**

Quaranta, Horacio. Relacion de la muerte, y entierro del marques de Torrecusa. [With a dedicatory epistle by Patricio Antoneli]. *Imprenta real: Madrid,* 1647. fol. 9181.e.10.(13). **[3]**

Quesada, Bernardo Nicolas de. Lyrica descripcion de las fiestas de toros, y cañas, que en . . . regozijado obsequio al . . . cumplimiento de los catorze años del . . . monarca d. Carlos II, hizo . . . Sevilla. *Juan Cabecas: Sevilla,* 1676. 4.° 811.e.51.(14). **[4]**

Quesada, Ignacio de. Memorial summario en la causa del real collegio de san Fernando, y universidad de santo Thomàs . . . de Quito, conforme à los autos. *Iuan Garcia Infançon: Madrid,* 1692. fol. 703.l.28. **[5]**

Quevedo, Leonardo de. [*Begin:*] Por el licenciado don Leonardo de Queuedo. Con el doctor Mata de Linares.

[L. de Quevedo defending himself against the charge of having put something insulting on the doctor's door]. [*n.p.d.*], fol. 765.h.2.(38). **[6]**

Quichua. Vocabulario en la lengua general del Peru . . . Nueuamente emendado . . . por . . . fray Juan Martinez. (Arte de la lengua). 2 pt. *Antonio Ricardo: Los Reyes,* 1604. 8.° C.63.a.13. **[7]**

— Arte y vocabulario en la lengua general del Peru llamada quichua y en la lengua española. [*Lima?*] 1614. 16.° C.58.b.3.(1). **[8]**

Quijada, Gerónimo. [*Begin:*] Excel. señor. El gran canciller de Milan. [A petition of Gerónimo Quijada for precedency as Grand Chancellor]. [*n.p.,* 1640?] fol. 765.i.7.(3). **[9]**

Quiñones de Benavente, Juan. [*Begin:*] Al excelentissimo señor conde de Olivares. [An account of the miraculous bell of Vililla]. [*Madrid?* 1626?] fol. 593.h.22.(79). **[10]**

— Al excelentissimo señor conde duque el doctor don Iuan de Quiñones . . . dedica este tratado del carbunco . . . y de otras piedras. *Viuda de Iuan Gonçales: Madrid,* 1634. 8.° 7106.b.67. **[11]**

— Al rey nuestro señor el doctor don Iuan de Quiñones . . . discurso contra los gitanos. *Iuan Gonçalez: Madrid,* 1631. 4.° 1433.i.1. **[12]**

— Discurso al rey don Felipe IIII. N. S. que se sirva dar orden, como mas convenga, para que a ningun genero de ladrones las valgas la Iglesia. [*Madrid?* 1625?] fol. T.90.*(43). **[13]**

— Discurso de la campana de Vililla. *Iuan Goncalez: Madrid,* 1625. 4.° 10160.bb.20. **[14]**

— Explicacion de unas monedas de oro de emperadores romanos, que se han hallado en . . . Guadarrama, con . . . advertencias politicas, y otras cosas. *Luis Sanchez: Madrid,* 1620. 4.° 602.e.19.(3); 140.b.10. **[15]**

— El monte Vesuvio aora la montaña de Soma. *Iuan Gonçalez: Madrid,* 1632. 4.° 444.b.38; 662.c.16.(1); 233.e.31. **[16]**

— Tratado de las langostas. *Luis Sanchez: Madrid,* 1620. 4.° 954.i.24; 444.d.13.(2). **[17]**

— Tratado de falsedades. Delitos que cometió Miguel de Molina, i suplicio que se hizo del en esta corte. *En la imprenta de Francisco Martinez: Madrid,* 1642. 4.° 8042.bb.44. **[18]**

Quiñones de Benavente, Luis. Ioco seria. Burlas veras, o reprehension moral, y festiva de los desordenes publicos. En doze entremeses . . . Van insertas seis loas y seis jacaras . . . Recopiladas por don Manuel Antonio de Vargas. *Iuan Antolin de Lago; a costa de Blas Lopez Calderon: Valladolid,* 1653. 8.° 1072.e.26; 11725.aaa.17. **[19]**

— — *Francisco Cays: Barcelona,* 1654. 8.° 11725.a.36.(1). **[20]**

Quintana, Francisco de. Historia de Hipolito y Aminta. *Viuda de Alonso Perez: Madrid,* 1627. 4.° 12491.d.6. **[21]**

— — *Andres Grande: Sevilla,* 1635. 4.° 1164.i.40. **[22]**

— — *Andres Grande: Sevilla,* 1637. 4.° 1074.h.29. **[23]**

— Oracion panegirica o sermon funebre [on the song of Solomon ii 12] honores extremos del doctor J. Perez de Montalban. [*Madrid,* 1639]. 4.° 4867.df.10. **[24]**

— *See also* Cuevas, F. de las, *pseud.*

Quintana, Gerónimo de. A la muy antigua, noble y coronada villa de Madrid. Historia de su antiguedad, nobleza y grandeza. *En la Imprenta del Reyno: Madrid,* 1629. fol. 181.e.12. **[25]**

Quintanadueñas, Antonio de. Santos de la ciudad de Sevilla, y su arçobispado: fiestas que su . . . iglesia . . . celebra. *Francisco de Lyra: Sevilla, 1637. 4.°* 1228.c.2. [26]

— Santos de la imperial ciudad de Toledo, y su arçobispado . . . fiestas que celebra su ilustre clero. *Pablo de Val: Madrid, 1651.* fol. 4825.h.13. [27]

Quintanadueñas, Fernando de. Iesus Maria Ioseph. Por el senador, don Fernando de Quintanadueñas . . . Con Iuan Gonçalez de Oteo, y otros consortes. En materia de contratos con intereses. [*n.p.,* 1640?] fol. 1322.l.10.(14). [28]

Quintana y Guido Antonio de. Epitafios originales con que el real convento de Iesus Maria, de . . . Mexico, sacò a luz . . . en honra de . . . d. Isabel de Borbon . . . 1645. *Viuda de Bernardo Calderon: Mexico, 1645. 4.°* 10632.bb.41. [29]

Quintano, Andrés. [*Begin:*] Iesus, Maria, Iosef. Por don Antonio Fernandez de Cordoua y Rojas, marques de Poça. Con el abad, monjes, y conuento de San Saluador . . . Sobre la jurisdicion del termino . . . de la Vieja. [*n.p.,* 1620?] fol. 765.i.13.(26). [30]

— [*Begin:*] Iesus Maria Ioseph. Por el duque de Sessa y Vaena, don Luys Fernandez de Cordoua, con los acreedores à los bienes del duque. [*n.p.,* 1630?] fol. 765.i.13.(28). [31]

Quirini, Sebastiano. El manual de grandes, que escrivio en lengua toscana . . . Sebastian Querini . . . [Comments upon political maxims extracted from the annals and histories of Tacitus]. Traducido al . . . castellano por Matheo Prado. *Antonio Duplastre: Madrid, 1640. 8.°* 8408.aa.3. [32]

Quiros, Augustinus de. Commentarii exegetici litterales in postremum canticum Moysis; Isaiæ Cap. xxxviii, canticumq; Ezechiæ . . . et beatorum Jacobi, et Judæ canonicas. *Exudebat Franciscus de Lyra: Hispali, 1622.* fol. 3165.g.2. [33]

Quiros, Francisco Bernardo de. Obras de don Francisco Bernardo de Quiros. Alguazil . . . y aventuras de don Fruela. *Melchor Sanchez; a costa de Gabriel de Leon: Madrid, 1656. 4.°* 1064.i.15. [34]

Quirós, Pedro de. Parentacion real, que en la muerte de Felipe IV . . . celebro . . . Salamanca. *Ioseph Gomez de los Cubos: Salamanca, 1666. 4.°* 1060.i.20.(2). [35]

Quirós y Benavides, Felipe Bernardo de. Timbre asturiano. Historia de la vida, y martyrio de . . . Sta Eulalia de Merida. *Francisco Sanz: Madrid, 1672. 4.°* 4827.c.31. [36]

Quixada, Antón. Epistola critica de un dialogo satirico, dicho, y estampado por don Francisco de Solis . . . contra este distico. Carole, firma tuis humeris urbs magna quiescit, lance librata pari, iura, vel arma regas. [*Seville?* 1674] 4.° 811.e.51.(8). [37]

R.

Rada, Ioan de. Por la señora duquesa de Ossuna, contra Ioan Ortiz de Çarate, Luyando, y Mendieta. [*n.p.d.*], fol. 765.i.2.(53). [1]

Ramirez, Josephus. Via lactea, seu vita candidissima S. Philippi Neri. *Ex typographia Iosephi Ambrosii Maiettæ: Valentiæ in Hispania, et Mediolani, 1680 .8.°* 1231.a.30. [2]

Ramirez, Juan. Obra muy curiosa, en la cual se contiene un romance, y una leta [sic] que prueuan con euidencia ser la Virgen . . . concebida sin manchas. [In verse]. *Esteuan Liberos: Barcelona, 1621. 4.°* 1072.g.26.(32). [3]

Ramirez de Albelda, Diego. Por Seneca, sin contradezirse, en dificultades politicas, resoluciones morales. [Against A. Nuñez de Castro's work]. *Diego Dormer: Çaragoça, 1653. 4.°* 1385.h.18. [4]

Ramirez de Arellano, Juan. Don Iuan Ramirez de Arellano con la su villa de Murillo. [By P. de Herrera. A lawsuit]. [*n.p.,* 1690?] fol. 1322.l.6.(8). [5]

Ramirez de Arellano, Luis. Avisos para la muerte escritos por algunos ingenios de España . . . recogidos . . . por D. Luis Ramirez . . . septima impression. *Andres Garcia de la Iglesia: Madrid, 1659. 8.°* 11450.a.26. [6]

Ramirez de Carrion, Manuel. Maravillas de naturaleza, en que se contienen dos mil secretos de cosas naturales. *Cordova, 1629. 4.°* 8703.d.10. *(missing)* [7]

— — *Iuan Batista de Morales: Montilla, 1629. 4.°* 444.d.1. [8]

Ramirez de Prado, Lorenzo. Illustriss. ac reverendiss. D. D. Hieronymo Xaviere . . . presbytero cardinali . . . Laurentius Ramirez de Prado filius pro patre benemerenti solicitus pietatis suæ erga eum testificandæ gratia et nominis eius apud omnes defendendi hoc iustitiæ signum . . . dedicat. [*Madrid,* 1610?] fol. 1322.l.9. [9]

Ramirez de Saavedra y Ulloa, José, *Marquis de Rivas.* Por don Ioseph de Saavedra, marques de Ribas. Con doña Teresa Maria Arias de Saavedra . . . Sobre el condado de Castellar. [A pleading]. [*n.p.,* 1650?] fol. 1322.k.15.(23). [10]

Ramirez de Vargas, Baltasar. [*Begin:*] Señor. El comissario don Baltasar Ramirez de Vargas. [A memorial to the King]. [*Madrid?* 1630?] *S.sh.* fol. 1324.i.2.(65). [11]

Ramirez de Vargas, Francisco Alonso. Por parte de Bernabe Ximenez de la Calle, y Gaspar Perez de Cisneros . . . como fiadores de Alberto de Leon . . . En el pleyto, con Iuan Calero de Valdivia, fiscal del iuzgado de millones. *Baltasar de Bolibar: Granada, 1657.* fol. 765.i.2.(8). [12]

Ramón, Tómas. Flores nuevas cogidas del vergel de las divinas y humanas letras, y de los santos padres. 2 tom. *En la emprenta de Gabriel Graells: Barcelona, 1611, 12. 4.°* 4406.dd.5. [13]

— Nueva prematica de reformacion, contra los abusos de los afeytes, calçado . . . y excesso en el uso del tabaco. *Diego Dormer: Zaragoça, 1635. 8.°* 8409.ccc.36. [14]

Ramón Mora, Guillem. Volum, e recopilacio de tots los furs, e actes de cort, que tracten dels negocis, y affers respectants a la casa de la deputacio . . . de Valencia. *Felip Mey: Valencia, 1625.* fol. 5385.ee.5. [15]

Ramos del Manzaño, Francisco. A nuestro santis^mo padre Alexandro VII. Sobre la provision de los obispados vacantes en . . . Portugal. *Ioseph Fernandez de Buendia: Madrid, 1659.* fol. 181.e.3. [16]

— Ad Titum Gaium, de usufructu municipibus legato, dissertatiumcula ex temporanea. *Ex typographia Antoniæ Ramirez: Salmanticæ, 1623.* fol. 765.i.10.(1). [17]

—Reynados de menor edad, y de grandes reyes. Apunta
mientos de historias. *Francisco Sanz: Madrid*, 1672. 4.°
1199.c.11.   [18]

Ramques, Antonio. Cataluña defendida de sus emulos.
Illustrada con sus hechos, fidelidad, y servicios a sus
reyes. *Enrique Castañ: Lerida*, 1641. 8.° 9180.e.1.(1).
                                                              [19]

Raphael, *de Jesus.* Castrioto Lusitano. Parte 1 entrepresa, e
restauraçõ de Pernambuco. *Na impressão de Antonio
Craesbeeck: Lisboa*, 1679. fol. 601.l.15; 9195.i.1.   [20]

— Monarquia Lusitana parte septima. *Na impressao de Antonio
Craesbeeck de Mello: Lisboa*, 1683. fol. 180.f.9.   [21]

Raphael, *de San Juan.* De la redencion de cautivos sagrado
instituto del orden de la SS^{ma} Trinidad. *Antonio Gonçalez
de Reyes: Madrid*, 1686. fol. 489.i.15.   [22]

Rasgos. Rasgos del ocio, en diferentes bayles, entremeses, y
loas. De diversos autores. *Ioseph Fernandez de Buendia; a
costa de Domingo de Palacio y Villegas: Madrid*, 1661. 8.°
11725.aa.18.   [23]

Raspura, Tomás de la. Carta de Tomas de la Raspura,
general de los galeones . . . en q̃ da cuenta de la gran
presa q̃ hizo en la artilleria . . . del enemigo q̃ estava
sobre la Mamora. *Francisco de Lyra: Sevilla*, 1628. fol.
593.h.17.(83).   [24]

Raymond [Nonnat], *Saint.* Vida, muerte y milagros de san
Ramon Nonnat. *Iuan Cabrera: Sevilla*, [1626]. fol.
593.h.17.(63).   [25]

Raymond [de Peñaforte], *Saint.* A la maravillosa navegacion
que hizo . . . san Ramõ de Peñafart desde Mallorca a
Barcelona. [In verse]. *Ioan Amello: Barcelona*, 1601. *S.sh.*
fol. 11451.ee.38.(13).   [26]

— A la milagrosa navegacion . . . que . . . S. Raymundo de
Peñafort . . . hizo . . . sin barco . . . à Barcelona. [In verse].
Sebastian de Cormell: Barcelona, 1601. *S.sh.* fol.
11451.ee.38.(14).   [27]

— A la reliquia del bienaventurado san Ramon de Peñafort.
Romance. *Ioan Amello: Barcelona*, 1601. *S.sh.* fol.
11451.ee.38.(10).   [28]

— Alabanças y grandezas del glorioso sancto Ramon de
Peñafort, por un . . . devoto vezino . . . de Manrreza.
[In verse]. *Iayme Cendrat: Barcelona*, 1601.4.°
11451.ee.38.(7).   [29]

— Breve y sumaria relacion de lo que se ha hecho en Barcelona
. . . en honra . . . de la canonizacion de S. Raymundo.
[In verse]. *Iayme Cendrat: Barcelona*, 1601. 4.°
11451.ee.38.(9).   [30]

— Goigs y alabances del glorios sant Ramon de Peñafort . . .
del orde de predicadors. [In verse]. *Iaume Cendrat:
Barcelona*, 1601. *S.sh.* fol. 11451.ee.38.(3).   [31]

— Llahors del glorios pare sant Ramon de Penyafort. [A
poem]. [*Ioan Amello*]: Barcelona, [1601]. *S.sh.* fol.
11451.ee.38.(2).   [32]

— Octavas en alabança del bienaventurado san Raymundo de
Peñafort. *Sebastian de Cormellas: Barcelona*, 1601. *S.sh.*
fol. 11451.ee.38.(41).   [33]

— Un peregrino devoto en alabança de S. Raymundo de
Peñafort. [In verse]. *Iayme Cendrat: Barcelona*, 1601. 8.°
11451.ee.38.(16).   [34]

— — *Sebãstian de Cormellas al Call: Barcelona*, 1601. 8.°
11451.ee.38.(25).   [35]

—[*Begin:*] Por la cumbre desta peña oy nos amanece el dia.
[Verses on the canonization of saint Raymond]. [*Barcelona*, 1601]. *S.sh.* fol. 11451.ee.38.(21).   [36]

— Relacio de la solemne professo que los naturals de . . .
Caldes de Montbuy, venint a visitar lo sant cors del . . .
pare sant Ramon. [In verse]. *Sebastia de Cormellas: Barcelona*, 1601. 4.° 11451.ee.38.(20).   [37]

— Relacio de las festas se feren diumenge a tres de iuny
1601 . . . a honor de S. Ramon. [In verse]. *Ioan Amello:
Barcelona*, 1601. 4.° 11451.ee.38.(19).   [38]

— Relacio verdadera treta de differents avisos de Paris del
miracle que a obrat lo gloriosos pare sant Ramon . . . ab
lo nostre . . . rey [Louis XIII]. *Iaume Matevat: Barcelona*,
1643. 4.° 9180.e.2.(11).   [39]

— Relacion breve y compẽdiosa la qual narra los presentes
que han traydo . . . y fiestas que han hecho en Barcelona
. . . mayo de 1601 . . . en honra del . . . barcelones san
Raymundo. *Ioan Amello: Barcelona*, 1601. 4.°
11451.ee.38.(12).   [40]

— Relacion de toda la procession que se hizo . . . mayo de
1601, trayendo el cuerpo del bienaventurado san Raymundo. [In verse]. *Ioan Amello: Barcelona*, 1601. 4.°
11451.ee.38.(1).   [41]

— Romance breve y compendioso, el qual trata de la alegria
que hizieron en Barcelona . . . en sabiendo la . . .
canonizacion del cathalan . . . san Raymundo. [In verse].
Ioan Amello: Barcelona, 1601. 4.° 11451.ee.38.(15).   [42]

— — *Ioan Amello: Barcelona*, 1601. 4.° 11450.e.25.(19).   [43]

— — *Gabriel Graells y Giraldo Dotil: Barcelona*, 1601. 4.°
11450.e.25.(18).   [44]

— Romance, en que se cuenta el primer milagro que . . . obro
san Raymundo. *Gabriel Graells; y Giraldo Dotil: Barcelona*,
1601. *S.sh.* fol. 11451.ee.38.(11).   [45]

Razón. Razon del crecimiento que ha tenido el oro . . . y lo
que oy vale, y la mudança y precio del, y demas monedas
hasta . . . junio de 1605 [by L. de Arratia y Guevara?]
[*n.p.*, 1605?] 4.° 765.i.9.(12); 1322.l.12.(21).   [46]

Rea, Juan de la. Relacion de las visitas que hizo don Francisco
Barbarino legado . . . de . . . Urbano octavo . . . a los
. . . reyes. *Sebastian y Iaime Matevad: Barcelona*, 1626. 4.°
12331.dd.16.(14).   [47]

Rebolledo, Bernardino, *Count.* Voto del conde Rebolledo,
natural de Leon, sobre las treguas de Portugal. (Reparo,
que hizo . . . A. Carlo Ginoves]. *En la emprenta de Diego
Soares de Bulhoens: Lisboa*, 1667. 4.° 1323.d.22.(11). [48]

Rebullosa, Jayme. Relacion de las grandes fiestas que en
. . . Barcelona se han echo, à la canonizacion de su hijo
san Ramon de Penafort . . . Con un sumario de su vida.
En la emprenta de Iayme Cendrat: Barcelona, 1601. 4.°
811.d.18.   [49]

— Vida y milagros del divino Olaguer, obispo de Barcelona
y arçobispo de Tarragona. *Lucas Sanchez: Barcelona*, 1609.
8.° 1370.c.28.   [50]

Reburato y Solar, Domingo. [*Begin:*] Señor, el capitan
don Reburato y Solar. [A memorial to the King, on the
working and administration of the Mexican mines].
[*Madrid?* 1660?] fol. 1324.i.12.(6).   [51]

Recio de León, Juan. Breve relacion de la descripcion y
calidad de las tierras y rios de las provincias de Tipuane,

Chūchos, y otras . . . del grāde reyno del Paytite. [*Madrid*?
1626?] fol.   C.62.i.19.(19). [52]

—[*Begin*:] Señor. El maesse de campo Iuan Recio de Leon,
dize. [A memorial, addressed to the King, setting forth
his services, and asking for certain privileges]. [*Madrid*?
1625?] fol.   C.62.i.19.(39). [53]

—[*Begin*:] Señor. Iuan Recio de Leon. [A memorial addressed
to the King, on the affairs of Peru. With other documents].
[*Madrid*, 1626]. fol.   C.62.i.19.(18). [54]

—[*Begin*:] Señor. Relacion que Iuan Recio de Leon . . .
poblador de las provincias de Tipuane, Chunchos, y
Paytitis . . . presento a V. magestad. [*Madrid*? 1626?]
C.62.i.19.(16). fol. [55]

—[*Begin*:] Los servicios que refiero a V. M. en el memorial
de la jornada y pacificacion que tengo hechos a V. M.
antes della. [*Madrid*? 1626?] fol. C.62.i.19.(17). [56]

Regnier des Marais, Francois Seraphin. Al christianissimo
Rey Luis XIIII . . . en agradecimento de aver . . . declarado el duque de Anjou . . . por Rey de España. [*Paris*?
1667?] *S.sh.* fol.   837.k.11.(5). [57]

Reina Maldonado, Pedro de. Declaracion de las reglas que
pertenecen a la sintaxis, para el uso de los nombres, y
construccion de los verbos. *Viuda de Fernando Correa
Montenegro: Madrid*, 1622. 4.°   12933.g.28. [58]

Reinar. Reynar por obedecer. Comedia . . . de tres ingenios.
La primera iornada de Diamante. La segunda de Villa-
viciosa. La tercera de d. Juan de Matos. [In verse].
[*Madrid*? 1650?] 4.°   1072.h.14.(11). [59]

— —[*Madrid*, 1657]. 4.°   T.1736.(12) [60]

Reis, Gaspar dos. Lucerna concionatorum, et scripturæ
professorum. In tria volumina . . . divisa. *Ex officina
Pauli Craesbeeck: Ulyssipone*, 1658. fol.   3126.k.11; *imp.*
[61]

Relación. Breve relacion de las exequias, que . . . Sevilla
dedico a su reyna . . . Maria Luisa de Borbon. [1689]. 4.°
See Mary Louisa, *Queen consort of Charles II, of Spain.*
1490.dd.65.

—Nueva relacion, y curioso romance, en que se . . . da
cuenta de lo que passa en las visitas con las señoras . . .
y lo que hablan. [In verse]. [*Madrid*? 1660?] 4.°
1072.g.25.(8). [62]

—Relacion de novelas curiosas y verdaderas, de vitorias . . .
en mar y tierra, en España, Alemania, Francia, Italia y
Cõstantinopla. *Iuan Serrano de Vargas y Ureña: Sevilla*,
1620. fol.   9181.g.1.(9). [63]

—Relacion verdadera de la milagrosa vitoria que tuvieron
tres religiosos de la . . . orden de . . . la merced. *Iuan
Gomez Blas: Sevilla*, 1634. fol.   593.h.17.(127). [64]

—Relacion y carta, escrita por un cautivo . . . de Constantinopla a su padre, en que le da cuenta de su cautiverio,
muerte del gran turco. *Iuan Gomez Blas: Madrid*, 1649.
4.°   1445.f.17.(41). [65]

Reluz, Francisco. Iesus Maria . . . Al Rey n. señor, memorial
. . . Petition . . . por la religion serafica de los frayles
menores. [*Madrid*? 1630?] fol.   4783.e.3.(1). [66]

Remedio. El remedio contra la peste, y testimonio de don
Fr. Francisco de Salazar, obispo de Salamina. *Salvador de
Cea: Cordova*, [1620?] *S.sh.* fol.   593.h.17.(142). [67]

Remesal, Antonio de. Historia general de las Indias Oci-
dentales, y en particular de la governacion de Chiapa, y

Guatemala. Escrivese . . . los principios de la religion de
. . . Santo Domingo. *Francisco de Abarca: Madrid*, 1620.
fol.   C.55.g.3; 601.k.7; 146.e.18; G.6415. [68]

Remón, Alonso. Primera (— quarta) parte de la famosa
comedia del español entre todas las naciones. [In verse,
edited by Ordoñez de Ceballos]. 4 pt. *Pedro de la Cuesta:
Iaen, Baeça*, 1629, 1628, 1634. 4.°   11728.e.79. [69]

—Relacion de como martirizaron los hereges olandeses . . .
y Pechilingues . . . al . . . padre . . . Alonso Gomez de
Enzinas . . . en . . . Guayaquil. *Iuan Delgado: Madrid*,
1625. fol.   4985.f.3. [70]

—Historia general de la orden de Nra. Sa. de la merced.
Luis Sanchez: Madrid, 1610. fol.   489.i.10. [71]

—Vida i muerte misteriosas del . . . siervo de Dios Gregorio
Lopez . . . Ultima impression. *Francisco Martinez; a
costa de Pedro Coello: Madrid*, 1630. 8.°   862.e.7. [72]

Requelme de Montalvo, Rodrigo. Las reales exequias que
la muy noble . . . ciudad de Murcia . . . celebro en su . . .
cathedral, a la muerte de . . . doña margarita de Austria
. . . dispuestas en trecientas y treynta octauas. *Juan
Barcelo: Origuela*, 1612. 8.°   C.63.a.5. [73]

Resende, Garcia de. Choronica que trata da vida e . . .
virtudes, e bondades . . . & claros feytos do christianissimo
. . . Ioao o segundo. *Iorge Rodrigues: Lisboa*, 1607. fol.
9195.i.3. [74]

— —*Antonio Aluarez: Lisboa*, 1622. fol.   1200.cc.13. [75]

Respuesta. Respuesta a las difficultades que me han puesto,
en razon si los crecimientos de nuestra moneda . . . los
gana la persona que los lleva. [By Pedro Nuñez]. [*n.p.*,
1605?] fol. 1322.l.12.(15). [76]

Respura, Tomás de la. Carta de Tomas de la Respura . . .
en q̃ da cuenta de la gran presa q̃ hizo en la artilleria . . .
del enemigo . . . y de como matò muchos Moros. *Francisco de Lyra: Sevilla*, 1628. fol.   593.h.17.(82). [77]

Resumen. Breve resumen de veinte resoluciones morales
tocantes al estado regular, ilustradas con unas breves
notas. [*Madrid*? 1620?] fol.   4783.e.2.(12). [78]

Retuexta, Juan de. Por don J. de Larraspur . . . sobre los
cargos de la residencia del oficio de capitan.
[1635?] fol. *See* Larraspur, J. de.   1324.i.1.(6).

Rey de Artieda, Andrés. Discursos, epistolas, y epigramas
de Artemidoro. *Angelo Tauanno: Çaragoça*, 1605. 8.°
11451.c.44. [79]

Reyes, Matías de los. De mentira sacarás verdad. [1700?] 4.°
See mentira.   11728.h.3.(15).

—El menandro. *Francisco Perez de Castilla: Iaen*, 1636. 8.°
12489.aa.18. [80]

—Para algunos de Matias de los Reyes. *Viuda de Iuan Sanchez;
a costa de Lorenço Sanchez, y Gabriel de Leon: Madrid*,
1640 4.°   1073.k.8. [81]

Reyes Angel, Gaspar de los. Sermon al glorioso san
Francisco de Borja. *Herederos de la viuda de Bernardo
Calderon: Mexico*, 1688. 4.°   851.k.18.(12). [82]

Reyna, Francisco de la. Libro de Albeyteria de de Francisco
de la Reyna: anadido y emendado por el propio autor.
Ilustrado . . . por Fernando Caluo Albeytar. *En casa de
Iuan Gracian: Alcala*, 1603. 4.°   779.e.6. [83]

— —*En casa de Iuan Gracian: Alcala*, 1623. 4.°   779.e.7. [84]

Riaño, Andrés de. El doctor don Andres de Riaño, fiscal

. . . Con Eugenio Castellanos, por si, y como cessionario de Francisco de Baños. [n.p., 1644?] fol. 765.i.3.(8). [85]

— Memorial al Rey nuestro señor, sobre la contribucion del estado ecclesiastico en las sisas. [Madrid? 1650?] fol. 1322.l.1.(1). [86]

Riaño y Gamboa, Diego de. Instruccion, y forma que se ha de tener y guardar en la publicacion . . . de la bula. [Issued by Diego de Riaño]. [1648]. fol. See Rome, Church of. 5035.aa.9.

Ribadeneyra, Marcelo de. Historia de las islas del archipielago, y reynos de la China, Tartaria . . . y Jappon, y lo sucedido en ellos a los religiosos descalços de . . . san Francisco. En la emprenta de Gabriel Graells y Giraldo Dotil: Barcelona, 1601. 4.° 493.h.19; G.6344. [87]

Ribadeneyra, Pedro de. Flos sanctorum o libro de las vidas de los santos . . . a la fin de la segunda parte van añadidas muchas vidas de santos . . . escritas por el padre Eusebio Nieremberg . . . Primera parte. En la emprenta administrada por Sebastian de Cormellas: Barcelona, 1643. fol. 4827.h.2. [88]

— Tratado, en el qual se da razon del instituto de la religion de la compañia de Jesus. Impresso en el colegio de la Compania de Jesus de Madrid: Madrid, 1605. 4.° 4092.f.29. [89]

— Vida del p. Francisco de Borja . . . III general de la Compañia de Jesus. En casa de P. Madrigal: Madrid, 1605. 4.° 485.a.19. imp [90]

Ribas, Gabriel de. Por Gabriel de Ribas, vezino y iurado . . . de Toledo. Con Gaspar Ramirez . . . curador de Pedro de la Quadra. Sobre la muerte de Aluaro Francisco de la Quadra. [n.p., 1627?] fol. 1322.l.10.(35). [91]

Ribas, Juan de. Sermon de la inmaculada concepcion de la Virgen Maria. Francisco Sanchez: Granada, 1665. 4.° 1322.l.11.(17). [92]

Ribeiro de Macedo, Duarte. Nascimento e genealogia do conde d. Henrique, pay de dom Affonso Henriques I Rey de Portugal. Na officina de Roberto Chevillion: Paris, 1670. 12.° 9195.aa.4. [93]

Ribera, Diego de, Procurador. [Begin:] N. Rᵐᵒ padre m. general. [A petition for the restoration of the "grados de maestros y presentados" to the Dominicans of Guatemala]. [Madrid, 1663]. fol. 1322.l.5.(17). [94]

Ribera, Francisco de. Pratica de perfecion en la vida de . . . santa Monica. Francisco de Lyra: Sevilla, 1621. 4.° 486.a.20. [95]

Ribera, Hernando Matias de. Por Hernando Matias de Ribera heredero de Iuan Luys de Ribera, tesorero que fue de la casa de la moneda de Mexico. Con el señor fiscal. [Madrid? 1650?] fol. 1324.i.1.(4). [96]

Ribera, Juan. Nueue romances. El primero de Lucrecia. El segundo del padre santo. [n.p.], 1605. 4.° 011451.ee.21. [97]

Ribera, Manuel Mariano. Real capilla de Barcelona . . . ilustrado . . . con singulares noticias. Iayme Suriá: Barcelona, 1698. 8.° 10161.bb.42. [98]

Ribera y Colindres, Luis de. Del govierno arbitrario del Pirù. Lat. [Lima? 1622]. fol. C.62.i.18.(34). [99]

— Memorial que se dio por parte de don Luys de Ribera a su magestad . . . sobre quitar las doctrinas y curatos, que administran frayles en el . . . Pirù. [Madrid? 1622?] fol. C.62.i.19.(40). [100]

— [Begin:] Señor. Don Luys de Ribera y Colindres. [A memorial addressed to the King, on the administration of the government of Peru]. [Madrid? 1622?] fol. C.62.i.19.(31). [101]

Ribero, Diego de. Concentos funebres, metricos, lamentos, que explican, demostraciones publicas . . . en los funerales devidos al . . . maestro d. Fr. Payo Enriquez de Ribera. Viuda de Bernardo Calderon: Mexico, 1684. 4.° 4885.bb.53. [102]

Ribes, Miguel. Relacio brev, verdadera, y molt gustosa de les famoses festes . . . que se acostumen fer en . . . Barcelona en lo temps de Carnestoltes. [In verse]. Esteuan Liberos: Barcelona, 1616. 4.° 11450.e.24.(10). [103]

Ribeyro, Matheo. Alivio de tristes, y consuelo de Quexosos. Expressado en varias historias . . . Primera, y segunda parte . . . Traducidas . . . por . . . Juan Antonio Mora. Joseph Llopis: Barcelona, 1699. 4.° 1074.i.24. [104]

— Roda da fortuna, e vida de Alexandre e Jacinta. [A romance]. 3 pt. Miguel Deslandes: Lisboa, 1693–95. 8.° 12489.aa.5. [105]

Ribeyro de Carvalho, Jeronymo. Sermaõ nas honras do . . . princepe de Portugal dom Theodosio. Na officina de Thome Carvalho; a custa de Antonio Gomes de Moura: Coimbra, 1653. 4.° 9195.c.22.(6). [106]

Ricci, Matteo. Istoria de la China i cristiana empresa hecha en ella: por la compañia de Jesus. Que, de de los escritos del padre Mateo Ricci, compuso . . . Nicolas Trigault . . . traduzida . . . por . . . Duarte (Fernandez). Gabriel Ramos Veiarano: Sevilla, 1621. 8.° 493.h.9. [107]

Richard, prince of Poland. Comedia de las fortunas del principe de Polonia. [By Juan de Piña]. [Madrid? 1700?] 4.° 11726.f.43; 12490.cc.29.(2). [108]

Rifer de Brocaldino, Sanedrio. El porque de todas las cosas. (Politicas y morales consideraciones . . . Las escrive A. Ferrer de Valdecebro). Andres Garcia de la Iglesia: Madrid, 1668. 8.° 1039.d.18. [109]

Rinuccini, Giovanni Battista. Historia del Capuchinho escocez . . . composta na lingoa portuguesa, o D. Gomes Carneiro. Na officina de Henrique Valente de Oliueira: Lisboa, 1657. 32.° 854.a.26. [110]

— El Capuchino escoces . . . Traduxole en castellano el P. Antonio Vazquez. Diego Diaz de la Carrera: Madrid, 1661. 8.° 4955.aaa.13. [111]

Río de Janeiro, province of. Por la administracion y prelacia eclesiastica del Rio de Janeiro, en . . . Brasil, y de lo que en ella tiene gran necessidad de remedio. Madrid, 1631. fol. C.62.i.19.(56). imp [112]

Río Frío, Bernardo de. Centonicum Virgilianum monimentum mirabilis apparitionis purissimæ virginis Mariæ de Guadalupe. Apud viduam Bernardi Calderon: Mexici, 1680. fol. 4183.h.5.(2). [113]

— Por el venerable dean, y cavildo de la santa Iglesia de Mechoacan, como patron de los dos hospitales . . . de Santa Fee. [Mexico, 1688]. fol. 9771.h.2.(7); 6784.k.1.(1). [114]

Rioja, Francisco de. Aristarco ó censura de la proclamacion catolica de los catalanes. [1640]. 4.° See Aristarco. 9180.cc.10.

Rioja, Juan de. Sermon funebre. En las honras que en la santa casa de la caridad se hizieron . . . a . . . d. Antonio de Lemos. *Juan Francisco de Blas: Sevilla,* 1683. 4.° 4865.dd.20.(13). **[115]**

Río Mayor y Tabladilla, Juan de. Relacion de las fiestas con que . . . Madrid celebrò el dia natalicio de . . . Carlos Segundo. [In verse]. [*Madrid,* 1678]. 4.° O.G.S.290. **[116]**

Ríos, Blas de los. Por Blas de los Rios, vezino de esta villa, en el pleyto. Con doña Luisa Aluarez de la Rua . . . por si, y por el derecho que tiene de . . . su hijo. [A pleading]. [*n.p.,* 1660?] fol. 765.i.4.(34). **[117]**

Ríos Coronel, Hernando de los. Memorial, y relacion para su magestad, del procurador general de las Filipinas. *Viuda de Fernando Correa: Madrid,* 1621. 4.° 583.d.31; 583.e.12. **[118]**

—[*Begin:*] Señor. Hernando de los Rios Coronel procurador general de las islas Filipinas. [A memorial addressed to the King, concerning the dispatch of a fleet for the defence of the Philippines]. [*Madrid?* 1620?] fol. C.62.i.19.(38). **[119]**

Ríos de Sandoval, Andrés de los. Ordo examinationis orationum quæ dicuntur in infirmitatibus, seu præcantationum quæ Hispané dicuntur empsalmos. (De la perfeccion . . . de los numeros). *Apud Ludouicum Estupiñan: Hispali,* 1620. 4.° 702.d.14.(2). **[120]**

Ríos Hevia Ceron, Manuel de los. Fiestas que hizo la ensigne ciudad de Valladolid, con poesias y sermones en la beatificacion de . . . Teressa de Jesus. *En casa de Francisco Abarca de Angulo: Valladolid,* 1615. 4.° 811.d.17. **[121]**

Ripa, Domingo la. Corona real del Pireneo establecida, y disputada. 2 tom. *Herederos de Diego Dormer; Pasqual Bueno: Çaragoça,* 1685–88. fol. 8042.l.6. **[122]**

—Defensa historica, por la antiguedad del reyno de Sobrarbe. [In reply to J. de Moret]. *Herederos de Pedro Lanaja: Çaragoça,* 1675. fol. 183.c.7. **[123]**

Ripia, Juan de la. Practica de la administracion, y cobranza de las rentas reales . . . van añadidos en esta segunda impression . . . decretos de su magestad. *Antonio Ferrer, y Compañia: Barcelona,* 1694. fol. 8228.l.18. **[124]**

Ripol, Juan. Dialogo de consuelo por la expulsion de los moriscos de España. *Nicolas de Assiayn: Pamplona,* 1613. 4.° 281.e.24.(2); 1060.e.1; 1473.c.13.(1*). **[125]**

Ripoll, Acacius de. De magistratus logiæ maris antiquitate . . . jurisdictione, ceremoniis servandis de causis, modis eas tractandis, & decidendis tractatus communis civitatibus Romæ . . . Maioricæ . . . Pisæ . . . Almeriæ, Genuæ. *Ex prælo Antonii La cavallera: Barcinonæ,* 1660. fol. 5306.dd.5. **[126]**

Riquelme, Juan. Para qué tiene el hombre razon? Assi se pregunta en este opusculo. *En el colegio de san Buenaventura: Sevilla,* 1687. 4.° 479.b.9. **[127]**

Rius, Gabriel Agustin. Cristal de la verdad, espeio de Cataluña. *Pedro Lanaja, y Lamarca: Zaragoça,* 1646. 4.° 10160.d.28. **[128]**

Rivera, Alonso de. Historia sacra del Santissimo Sacramento contra las herejias destos tiempos. (Tratado . . . de la alabanças . . . de . . . santo Tomas de Aquino). *Luis Sanchez: Madrid,* 1626. fol. 700.l.21. **[129]**

Rivero de Posada, ——. Memorial de las escripturas presentadas en el acuerdo por L. de Miranda . . . en el pleyto . . . con . . . el fiscal y la villa de Navia. [1606?] fol. *See* Miranda, L. de. 1322.l.6.(5).

—Memorial del pleyto que se trata en esta real audiēcia, entre el señor fiscal . . . y el concejo . . . de la villa de Navia. [1606?] fol. *See* Miranda, L. de. 1322.l.6.(4).

Rivilla Bonet y Pueyo, Joseph de. Desvios de la naturaleza O tratado de el origen de los monstruos. A que va añadido un compendio de curaciones chyrurgicas. *Joseph de Contreras, y Alvarado: Lima,* 1695. fol. C.46.d.10. **[130]**

Roa, Martin de. Ecija sus santos su antiguedad eclesiastica i seglar. *Manuel de Sande: Sevilla,* 1629. 4.° 486.g.22.(4). **[131]**

—Flos sanctorum. Fiestas, i santos naturales de . . . Cordova. Algunos de Sevilla, Toledo . . . i otras ciudades . . . Con la vida de doña Sancha Carrillo, i la de doña Ana Ponce de Leon. 3 pt. *Alonso Rodriguez Gamarra: Sevilla,* 1615. 4.° 485.d.19. **[132]**

—Malaga, su fundacion, su antiguedad ecleciastica, i seglar. *Iuan Rene: Malaga,* 1622. 4.° 10160.b.25; 574.f.19.(3) *imp* **[133]**

—Memorial de la santa vida virtudes i milagros de . . . doña Ana Ponce de Leon . . . llamada . . . Ana de la Cruz . . . Sacado de lo que escrivieron en su vida . . . Martin de Roa . . . i . . . Antonio Daça. [*Seville?* 1610?] fol. 1322.k.13.(3). **[134]**

—Monasterio antiguo de san Christoval en Cordova. Ilustrado por . . . Martin de Roa. (Iglesia . . . del glorioso san Acisclo). *Francisco de Lyra: Sevilla,* 1629. 4.° 4625.b.18. **[135]**

—Santos Honorio, Eutichio, Estevan, patronos de Xerez de la Frontera. Nombre, sitio . . . de la ciudad. 2 pt. *Alonso Rodriguez Gamarra: Sevilla,* 1617. 4.° 1300.f.4. **[136]**

—Vida de doña Ana Ponce de Leon . . . monja en el monasterio de santa Clara de Montilla. *En casa de la viuda de Andres Barrera: Cordova,* 1604. 4.° 1373.d.26. **[137]**

Roales, Francisco. Exequias del . . . principe Emanuel Filiberto. [With a genealogical table]. *Iuan Gonzales: Madrid,* 1626. 4.° 1057.i.15.(2). **[138]**

Roben, Carlos de. [*Begin:*] Carta que escrivio Carlos de Roben . . . desde el campo . . . del rey de Francia a la villa de Madrid, sobre los sucessos de la guerra . . . contra los herejes. [*Madrid?* 1622]. fol. 593.h.22.(2). **[139]**

Robert, le Diable. La espantosa y maravillosa vida de Roberto el Diablo. *Antonia Ramirez: Salamanca,* 1605. 4.° 1164.h.39. **[140]**

——*Francisco Mestre: Valencia,* 1684. 4.° 12403.aaa.38. **[141]**

—Comedia famosa. El loco en la penitencia, Roberto el Diablo. [In verse]. [*Madrid?* 1700?] 4.° 11728.i.12.(6). **[142]**

Robert [Bellarmino], *Saint.* Declaracion copiosa de las quatro partes mas essenciales . . . de la doctrina christiana . . . con las adiciones del maestro Sebastian de Lirio . . . Traducida . . . en . . . inga por . . . Bartolome Iurado Palomino. *Span. & Quichuan. Iorge Lopez de Herrera: Lima,* 1649. 4.° 3504.ee.29. **[143]**

Robles, Antonio de. Consistencia de el jubileo maximo de el año santo, y de la suspension de indulgencias dentro de el. *Maria de Benavides; viuda de Juan de Ribera: Mexico,* 1700. fol. 4071.f.21; 5125.g.7.(15). [**144**]

Robles, Eugenio de. Breve suma y relacion del modo del rezo y missa del oficio santo gotico mozarabe, que en . . . Toledo se conserva. *Toledo,* 1603. 4.° G.6349. [**145**]

— Compendio de la vida y hazañas del cardenal . . . Francisco Ximenez de Cisneros: y del oficio y missa muzarabe. *Pedro Rodriguez: Toledo,* 1604. 4.° 685.g.17; 296.l.20; 486.b.14; G.1309. [**146**]

Robles, Isidoro de. Navidad, y Corpus Christi, festejados por los mejores ingenios de España, en diez y seis autos . . . y seis entremeses . . . Recogidos por Isidro de Robles. *Ioseph Fernandez de Buendia; a costa de Isidro de Robles: Madrid,* 1664. 4.° 11726.d.27. [**147**]

— Varios efectos de amor, en onze novelas exemplares . . . Compuestas por diferentes autores . . . recogidas por I. de Robles . . . segunda impression. *Lorenzo García; a costa de Francisco Fernandez: Madrid,* 1692. 4.° 1074.l.17. imp. [**148**]

Robles, Lorenzo de. Advertencias y breve metodo, para saber leer, escrivir y pronunciar, la lengua castellana. *Span. & Fr. Fleury Bourriquant: Paris,* 1615. 8.° 12942.b.4. [**149**]

Roboredo, Amaro de. Methodo grammatical para todas as linguas, consta de tres partes. *Pedro Craesbeeck: Lisboa,* 1619. 4.° 12902.bb.13. [**150**]

— Porta de linguas ou modo muito accommodado para as entender publicado primeiro com a tradução espanhola. (Raizes da lingua latina). *Port., Span. & Lat.* 2 pt. *Da officina de Pedro Crasbeeck: Lisboa,* 1623, 21. 4.° 627.g.1.(1,2). [**151**]

Rocaberti, Diego de. Epitome historico en diez romances. Contiene las cosas mas notables acaecidas en el mundo . . . hasta . . . 1625. *Sebastian de Cormellas: Barcelona,* 1628. 8.° G.109.28. [**152**]

Rocaberti, Hipolita de. Tratado de las virtudes, dividido en quatro libros . . . Sale a luz de orden del . . . señor . . . Ivan Tomas de Rocaberti. *En la imprenta de la Viuda de Benito Macè: Valencia,* 1684. fol. 4405.k.12. [**153**]

Rocaberti, Juan Tomás de. Respuesta del exc.^mo señor arzobispo, al papel en derecho del . . . virrey. [Concerning the execution of the robber-monk P. A. de Ribero]. [*Madrid?* 1680?] fol. 4783.e.1.(13). [**154**]

Roca y Prado, Lazaro. Respuesta, al discurso theologico y canonista . . . que por autor anonymo se ha publicado en defensa del duque de Veraguas. [*Valencia?* 1680?] fol. 713.k.22.(1). [**155**]

Rocha Freyre, Manoel de. Regra militar offerecida ao . . . principe dom Theodosio . . . Com hũa relaçam do que fez a . . . Barcelos . . . depois que foy a clamado rey . . . sua magestade [John IV] . . . 1642. *Domingos Lopez Rosa; a custa de Lourenço, de Queirós: Lisboa,* 1642. 4.° 9195.c.24.(21). [**156**]

Roco Campofrío, Pedro. [*Begin:*] Por don Pedro Roco Campofrio. Contra Ysabel de Sanabria, Maria de Robles . . . sus hijas [and others]. Y contra don Francisco Antonio Arias [and others] . . . todos de . . . Alcantara. [A lawsuit]. 2 pt. [*n.p.d.*], fol. 765.h.2.(6,7). [**157**]

Rodericus a Veiga, Thomas. Thomæ Roderici a Veiga . . . practica medica . . . Cui accessit . . . tractatus de fontanellis,

& cauteriis. Opus posthumum. *Ex typographia Ioannis a Costa senioris: Ulyssipone,* 1668. 4.° 774.l.3. [**158**]

Rodrigo. Pratica de tres pastores. A saber Rodrigo, Loirenço e Sylvestre. [In verse]. *Antonio Alvares: Lisboa,* 1626. 4.° C.63.b.46. [**159**]

Rodrigo, *de Deos.* Tratado dos pasos que se andam na quaresma. *Domingo Carneiro: Lisboa,* 1664. 4.° 3457.h.46. [**160**]

Rodrigues da Costa, Antonio. Exbaixada que fes o . . . conde de Villar-Major (hoje marques de Alegrete) . . . ao . . . principe Philippe Guilhelmo conde Palatino. *Na officina de Miguel Manescal: Lisboa,* 1694. fol. 601.m.32. [**161**]

Rodrigues de Sá e Menezes, João, *Count de Paneguião.* [*Begin:*] Die Septem. 21. [A narrative of the reception of the portuguese ambassador by the Parliament; with his speech; in Portuguese and Latin]. [*London,* 1652]. 4.° E.1951.(10**). [**162**]

Rodrigues de Sá y Menezes, João, *Commendador.* Rebelion de Ceylan, y los progressos de su conquista en el gobierno de Constantino de Saa, y Noroña. *Antonio Craesbeeck de Mello: Lisboa,* 1681. 4.° 583.d.17; 9055.b.1. [**163**]

Rodrigues Lobo, Francisco. Primeira e segunda parte dos romances. De Francisco Rõiz Lobo, de Leiria. *Manoel da Sylua; a costa de Felipe Iorge: Lisboa,* 1654. 12.° C.63.d.16. [**164**]

— Corte na aldea, e noites de inverno. *Pedro Crasbeeck: Lisboa,* 1619. 4.° 12354.de.16. [**165**]

— As eglogas de Francisco Rodrigues Lobo. *Pedro Crasbeeck: Lxª [Lisbon],* 1605. 4.° C.63.b.9. [**166**]

— O condestabre de Portugal, d. Nuno Alures Pereira. [A poem]. *Pedro Crasbeeck: Lisboa,* 16010 [1610]. 4.° 1073.k.35. [**167**]

— La jornada que la magestad catholica del rey don Phelippe III . . . hizo a . . . Portugal; y el triumpho . . . con que le recibió . . . Lisboa . . . 1619. Compuesta en varios romances. *Pedro Crasbeeck: Lisboa,* 1623. 8.° 11450.c.64. [**168**]

— A primavera . . . de novo emendada . . . nesta segunda impressaõ. (O pastor peregrino . . . segunda parte). [In prose and verse]. 2 pt. *Pedro Crasbeeck: Lisboa,* 1608. 4.° 12491.c.13; 1075.g.15 of pt. 1. [**169**]

Rodriguez, Alonso. Exercicio de perfecion y virtudes cristianas . . . dividido en tres partes. *Matias Clavijo: Sevilla,* 1615. 4.° 475.b.19. [**170**]

— Exercicio. De perfecion i virtudes religiosas . . . Parte tercera del exercicio de las virtudes. *Matias Clavijo: Sevilla,* 1609. 4.° 475.b.18. [**171**]

Rodriguez, Amator. Tractatus de executione sententiæ, et eorum, quæ paratam habent executionem. *Ex typographia Illephonsi Martini: Matriti,* 1613. fol. 5383.g.15.(1). [**172**]

Rodriguez, Antonio. Arte subtilissima, practica, y teorica para contar guarismo de repente. *En la Imprenta Real por Iuan Sie [ ]: Madrid,* 1680. 12.° 530.a.44. mutil. [**173**]

Rodriguez, Bernardino. Comedia famosa. El renegado Zanaga. [In verse]. [*n.p.,* 1700?] 4.° 1072.h.14.(8). [**174**]

Rodriguez, José. Copia fidelissima de carta, que . . . Ioseph Rodriguez, ministro del convento de los padres Trinitarios de Valencia escrive al . . . P. Fr. Vicente Domingo Henrique. [*Madrid?* 1674]. fol. 4783.e.3.(53). [**175**]

Rodriguez, Juan. Prudente confessor, y resolu de graves dificultades, que en la administracion del Santo Sacramento de la penitencia se ofrecen. *Bernardo Liberos: Valencia*, 1645. 4.° 4257.c.22. [176]

Rodriguez, Ludovicus. Dialecticæ Aristotelis compendium: commentaria, pluresque articuli. Super logicam Joannis Duns Scoti. *Excudebat Antonia Ramirez: Salmaticae*, 1624. fol. 720.l.23. [177]

Rodriguez, Manuel, *Franciscan.* Summa de casos de consciencia, con advertencias muy provechosas para confessores. 2 tom. *En casa de Andres Renaut: Salamanca*, 1602. 4.° 852.i.9. [178]

Rodriguez, Manuel, *Jesuit.* El marañon, y amazonas. Historia de los descubrimientos, entradas, y reduccion de naciones. *En la imprenta de Antonio Goncalez de Reyes: Madrid*, 1684. fol. 601.l.17; 145.e.11. [179]

Rodriguez Bustamante, Sebastian. [*Begin:*] Sebastian Rodriguez Bustamante, contador de la real hazienda de . . . Guayaquil en el Piru. [A memorial to the King on the sovereignty of the sea]. [*Madrid*, 1625]. fol. 1324.i.5.(5). [180]

Rodriguez de Alfaro, Francisco. Por don Francisco Rodriguez de Alfaro . . . con el . . . fiscal del real, y supremo consejo de las Indias; don Pedro Monjardin, y sus acreedores. [*Seville?* 1690?] fol. 5385.e.14. [181]

Rodriguez de Cabreira, Gonçalo. Compendio de muitos, e varios remedios de cirurgia, & outras cousas curiosas. Recopilados do thesouro de pobres, . . . quarta impressaõ. *Antonio Aluarez: Lisboa*, 1635. 8.° 783.b.43. [182]

Rodriguez de Leon, Antonio. Relacion de las fiestas que a la Inmaculada Concepcion . . . se hizieron en . . . Lima. *Francisco del Canto; a costa de Iuan Fernandez Higuera: Lima*, 1618. 8.° 4825.bb.27. [183]

Rodriguez de Pedrosa, Luis. Selectarum philosophiæ, et medicinæ difficultatum, quæ a philosophis vel omittuntur, vel negligentius examinantur. Tomus primus. *Ex officina Melchioris Estevez: Salmanticae*, 1666. fol. 545.h.19. [184]

Rodriguez de Salamanca Velasco, Juan. [*Begin:*] Señor. Don Iuan Rodriguez de Salamanca Velasco . . . cabeça de familia de los Salamancas . . . dize. [A petition addressed to the King, asking him to grant him the title of "gentilhombre de la Boca, ò un abito con encomienda"]. [*n.p.*, 1650?] fol. 765.h.1.(47). [185]

Rodriguez de Valcarcer, Franciscus. Epitome juris canonici enucleati, et postmodum ad ordeinem, et methodum digerendi . . . Francisco Ruderices Valcarcere . . . Auctore. *Apud Mariam Fernandez: Compluti*, 1647. fol. 1605/255. [186]

Rodriguez Escabias, Gabriel. Exortacion al herege que puso en la ciudad de Granada . . . en la noche de abril del año de [1640] un papel contra nuestra . . . fé. *Frācisco Garcia de Velasco: Granada*, 1640. fol. 3902.i.4. [187]

— [*Begin:*] Señor. En la suplica q̃ a V. Mag. se à hecho por algunos memoriales. [A memorial concerning the immunity of books from taxation]. *Granatae*, [1636?] fol. 1322.l.3.(34). [188]

— — *Granatae*, [1636?] fol. 1322.l.9.(7). [189]

Rodríguez Lamego, Manuel. Assiento y capitulacion que se tomo con Manuel Rodriguez Lamego, sobre la renta . . . de esclavos negros. [*Madrid*, 1623]. 4.° 8156.g.8. [190]

Rodriguez Navamuel, Lucas. Servicios del licenc. don Lucas Rodriguez Navamuel arcediano del obispado de Santa Cruz de la la Sierra del . . . Peru . . . año de 1624. [*Madrid?* 1640?] S.sh. fol. 1324.i.2.(17). [191]

Rodriguez Pedrosa, Luis. Copia del parecer, y aprouacion del uso de las sangrias del touillo. [*Salamanca*, 1653?] 4.° 783.g.21.(6*). [192]

Rodriguez Pizarro, Juan. [*Begin:*] Señor. Ivan Rodriguez Pizarro, como procurador general del gremio de los azogueros . . . de Potosi. [A memorial to the King, concerning the mines of Potosi]. [*Madrid?* 1650?] fol. 725.k.18.(34). [193]

Rodriguez y Sanchez, Fernando. Breve compendio de las grandezas del reyno de Aragon. *Ymprenta de la Rev. Cam. Apost.: Roma*, 1685. 4.° 574.f.24.(1). [194]

— Santuario de nuestra señora de Xarava aparecida en el reyno de Aragon. *Ymprenta de la Rev. Cam. Apost.: Roma*, 1685. 4.° 574.f.24.(2). [195]

Roig, Jaume. Relacio verdadera de les solemnes festes fetes en Barcelona a la beatificacion de . . . Teresa de Jesus. [In verse]. *Llorens Déu: Barcelona*, 1641. 4.° 11450.e.24.(4). [196]

— Vers de Iaume Roig en alabança de la unio. [In vers]. *Iaume Cendrat: Barcelona*, 1606. 4.° 11450.e.25.(29). [197]

Roig y Ialpi, Juan Gaspar. Epitome historico de la muy illustre ciudad de Manresa. Compuesta por . . . Juan Gaspar Roig, y Ialpi . . . Sacala a luz . . . Pedro Massera. *Iayme Suriá: Barcelona*, 1692. 8.° 10160.aaa.26. [198]

— Resumen historial de las grandezas, y antiguedades de . . . Gerona, y cosas . . . eclesiasticas, y seculares . . . Vida, martyrio . . . de san Narciso. *Iacinto Andreu: Barcelona*, 1678. fol. 10160.g.6. [199]

Rojas, Antonio de. [*Begin:*] Al excelentissimo señor conde de Olivares . . . Antonio de Rojas. [A project for the improvement of the revenue]. [*Madrid?* 1635?] fol. 1323.k.17.(39). *imp.* [200]

Rojas, Cristóbal de. Cinco discursos militares. En el primero se trata de las prevéciones que se deven hazer en cosas de guerra . . . En el 3 lo que se devria hazer . . . En el 5 el modo de conservar un reyno en paz. [*Madrid?* 1607?] 4.° 8827.cc.24. [201]

Rojas, Fernando de. *See* Calisto.

Rojas, Juan de. Coloquio entre dos niños que van a la escuela, donde hay maravillosas preguntas, y respuestas, acerca de la fé. *Maria de Quiñones; a costa de Esperança Francisca viuda: Madrid*, 1642. 4.° 1072.g.26.(31). [202]

Rojas, Pedro de, *Count de Mora.* Discursos ilustres, historicos, i genealogicos. *Toledo*, 1636. 4.° 1327.c.27. (*missing*). [203]

— Historia de la imperial . . . ciudad de Toledo. 2 pt. *Diego Diaz de la Carrera: Madrid*, 1654–63. fol. 181.e.8, 9; 573.l.14. (pt. 2). [204]

Rojas, Simon de. Ave Maria. Interrogatorio por donde se han de examinar los testigos que huuieren de . . . deponer, a cerca de la santidad . . . de vida . . . del padre . . . Simon de Rojas. [*n.p.*, 1640?] fol. 9181.e.10.(5). [205]

Rojas Villandrando, Augustin de. El buen republico. *Antonia Ramirez: Salamanca*, 1611. 4.° C.63.g.1. [206]

— El viage entretenido [Partly in verse]. *Francisco de Robles: Madrid*, 1603. 8.° C.57.aa.19. [207]

—— *Luys Menescal: Lerida*, 1611. 8.° 243.a.7. [208]

—— *Miguel Martinez: Madrid*, 1614. 8.° 1075.e.6. [209]

Rojas y Tortosa, Hermenegildo de. [*Begin:*] Por Marcos Diez de Toledo, escriuano . . . de Velez Malaga. En el pleyto con Gaspar Polo familiar del Santo Oficio, y preso. [A petition to the King]. *Francisco Heylan: Granada*, 1629. fol. 765.h.2.(2). [210]

Rojas Zorrilla, Francisco, de. Primera parte de las comedias de don Francisco de Rojas Zorilla. (Segunda parte). *María de Quiñones: Madrid*, 1640–45. 4.° C.63.h.2. [211]

—— [of pt. 2]. *En la imprenta de Francisco Martinez: Madrid*, 1645. 4.° 11726.c.25. [212]

—— 2 pt. *En la imprenta de Lorenço Garcia de la Iglesia; a costa de Gabriel de Leon: Madrid*, 1680. 4.° 1072.h.19; 87.a.22, 23; 11726.g.37. [213]

— Abrir el ojo. Comedia. [*Madrid?* 1700?] 4.° 11728.e.85. [214]

— El amo criado. Comedia. [*Madrid?* 1700?] 4.° T.1740.(1). [215]

— La confusion de fortuna. Comedia. [*Madrid?* 1650?] 4.° T.1740.(3). [216]

— El desafio de Carlos Quinto. Comedia. [*Madrid?* 1650?] 4.° T.1740.(4). [217]

— El desden vengado, comedia. [*Madrid?* 1700?] 4.° 11728.e.89. [218]

— El desden vengado, comedia. [*Madrid?* 1700?] 4.° 11728.e.89. [219]

— En Madrid, y en una casa. [*Madrid*, 1670?] 4.° 11728.e.94. [220]

— La esmeralda del amor. Comedia. [*Madrid?* 1700?] fol. T.1740.(5). [221]

— Esto es hecho. Comedia. [*n.p.*, 1700?] 4.° 1072.h.14.(14); T.1740.(6). *imp.* [222]

— Lo que mienten los indicios. Comedia de don C. [or rather Francisco] de Roxas. [*n.p.*, 1650?] 4.° T.1740.(7). [222a]

— La loca del cielo. Comedia. [*Madrid?* 1700?] 4.° 11720.e.92. [223]

— Lucrecia y Tarovino. Comedia. [*Madrid?* 1700?] 4.° 11728.e.95. [224]

— Mas pesa el rey que la sangre. Comedia famoso, de don Francisco de Roxas [or rather by Luis Velez de Guevara]. [*Madrid?* 1700?] 4.° T.1740.(8). [225]

— Montescos y Capeletes. Comedia. [*n.p.*, 1700?] 4.° 1072.h.6.(7). [226]

— Morir, pensando matar, Comedia. [*Valencia*, 1642]. 4.° 11728.f.4. [227]

— Comedia famosa. No hay dicha, ni desdicha, hasta la muerte. [*Madrid?* 1650?] 4.° T.1740.(9). [228]

— No ay duelo entre dos amigos. Comedia. [*Madrid?* 1650?] 4.° T.1740.(10). [229]

— No ay ser padre siendo rey, comedia. [*Madrid*, 1654]. 4.° T.1740.(11). [230]

— Obligados y ofendidos. Comedia. [*Madrid*, 1654]. 4.° T.1740.(12). [231]

—— [*Madrid*, 1700?] 4.° 11728.f.7. [232]

— Peligrar en los remedios. Comedia. [*Madrid?* 1650?] 4.° T.1740.(13). [233]

— Primero es la honra que el gusto. Comedia. [*Madrid?* 1650?] 4.° T.1740.(14). [234]

—— [*Madrid?* 1700?] 4.° 11728.h.21.(6). [235]

— El prodigio del arabia. Comedia. [*Madrid?* 1650?] 4.° T.1740.(15). [236]

— La segunda Magdalena, y sirena de Napoles. Comedia. [*Madrid?* 1700?] 4.° 11728.f.11. [237]

— Comedia famosa, el sordo y el montañes. [*Madrid?* 1700?] 4.° 1728.f.14. [238]

— Los trabajos de Tobias la nueua, comedia famosa. [*Madrid?* 1700?] 4.° C.108.bbb.20.(13). [239]

— Varios prodigios de amor, comedia. [*Madrid*, 1676]. 4.° 11728.f.16. [240]

— Vida y muerte del falso Mahoma, comedia. [*Valencia*, 1642]. 4.° 11728.h.21.(9). [241]

Roldán Barona de Alarcón, Diego. [*Begin:*] Señor. Don Diego Roldan Barona de Alarcon . . . dize. [A memorial, addressed to the King, setting forth his services]. [*n.p.*, 1660?] fol. T.16.*(29). [242]

Romaguera, Joseph. Atheneo de grandesa sobre eminencias cultas. Catalana facundia ab emblemas illustrada. Part. 1. consagrala al fenix . . . S. Olagner glorios lo D. Ioseph Romaguera. *Ioan Iolis: Barcelona*, 1618. 8.° 1486.eee.6. [243]

— Panegirico del angelico dotor Santo Thomàs de Aquino. *Juan Jolis: Barcelona*, [1691]. 4.° 486.g.24.(11). [244]

— Panegirico del glorioso martir San Severo. *Ioseph Llopis: Barcelona*, 1687. 4.° 486.g.24.(8). [245]

— Panegirico, de la inmaculada concepcion de Maria. *Joseph Llopis: Barcelona*, [1695]. 4.° 486.g.24.(4). [246]

— Panegyrico, en accion de gracias a la divina Magestad, por . . . aver restituido à la perfecta salud, à . . . Carlos II. *En casa de Cormellas, por Tomàs Loriente: Barcelona*, [1696]. 4.° 486.g.24.(10). [247]

Román, Gaspar. Resolucion moral en defensa y apoyo de que es culpa mortal resellar con sella falso moneda de vellon. *Imprenta real; en casa de Baltasar de Bolibar: Granada*, 1652. 4.° 765.i.9.(21). [248]

Romance. Curioso romance, y verdadera relacion de un . . . prodigio . . . sucedió à un labrador. [In verse]. *Iuan Cabeças: Sevilla*, 1678. 4.° 811.e.51.(30). [249]

— Romance en alabansa del tabaco, y de sus virtudes, sacadas del libro historia plantarum, y de otros. *Gabriel Nogues: Barcelona*, 1644. 4.° 1072.g.25.(7). [250]

Romancero. Romancero general, en que se contienen todos los romances que andan impressos en las nueve partes de romanceros. *Juan Godinez de Millis: Medina del Campo; a costa de Pedro Ossete y Antonio Cuello: Valladolid*, 1602. 4.° 1072.g.23; G.11299. [251]

—— *Iuan de la Cuesta; vendese en casa de Francisco Lopez: Madrid*, 1604. 4.° 685.g.27; G.11301. [252]

—— *Juan de la Cuesta; a costa de Miguel Martinez: Madrid*, 1614. 4.° C.20.b.29; G.11302. [253]

Romances. [A collection of seventeen romances or chapbook ballads printed at Cordova or Malaga]. [1700?] 4.° G.11304. [254]

— Romances varios De differentes authores . . . impressos por un curioso. [Preceded by "Del espejo", a play in verse]. 1688. 12.° *See* Curioso. 11451.aaa.16.

— Romances varios. De diversos autores. Añadidos . . . en esta tercera impression. *Pedro Lanaja: Caragoça*, 1643. 32.° 1072.e.9. [255]

— — *Madrid*, 1655. 12.° 1072.e.20. **[256]**

Román de Pedrosa, —. [*Begin:*] Iesus. La justicia del licenciado Romã de Pedrosa, en el pleyto que trata, contra Gabriel Ruyz, en razon de las palabras que le dixo . . . diziendo: yo no tengo . . . en mi linage retulo en las iglesias con llamas. [A petition addressed to the King]. [*n.p.d.*], fol. 765.h.2.(18). **[257]**

Romano Altamirano, Diego. [*Begin:*] Iesus, Maria, Ioseph. Por don Diego Romano Altamirano, y . . . su muger, con el colegio de la cõpañia de Iesus . . . de Toledo. [A lawsuit]. [*n.p.*, 1632?] fol. 765.i.13.(21). **[258]**

Romano de Cordova, Alonso. Recopilacion de toda la theorica, y practica de cirurgia . . . lleva añadido un tratado del modo de curar . . . callos de la via de la orina, de Miguel de Leriza. *Herederos de Diego Dormer; a costa de Antonio Cabeças: Zaragoça*, 1674. 8.° 7481.a.36. **[259]**

Romarate, Jacinto. [*Begin:*] Señor. Don Iacinto Romarate, a cuyo cargo ha estado, y està la renta de Lanas, pastrado a los reales pies de V. Mag. dize. [A petition addressed to the King, asking justice]. [*n.p.d.*], fol. 765.h.3.(25); 765.h.3.(21). **[260]**

Rome. [*Emperors. — Justinian I*]. Antonii Pichardi vinuesæ . . . in quatuor institutionum . . . Justiniani libros . . . quarta hac editione . . . commentaria. 3 tom. *Ex officina viduae Francisci Fernandez de Cordova; (apud Ioannem de Rueda:) Vallisoleti*, 1630. fol. 5305.b.2. *wanting tom* 3. **[261]**

Rome. [*Appendix*]. Copia de avisos embiados de Roma, y otras partes, a . . . Sevilla, del estado en que estan las guerras en Alemania, Italia, Flandes, Borgoña, Turquía y Persia. *Iuan Gomez de Blas: Sevilla*, 1639. 4.° 1445.f.22.(30). **[262]**

— Relacion verdadera, embiada de Roma, del estado de la guerra en Italia, Flandes, y Alemania, desde primero de Março . . . de 1640, hasta 16 de abril. *Iuan Gomez de Blas: Sevilla*, 1641. 4.° 1445.f.22.(49). **[263]**

Rome, *Church of.*

Papal Bulls and Other Official Documents. (Arranged chronologically by date of printing).

— Bulla de nuestro sancto padre Clemẽte VII . . . confirmada por . . . Paulo V. Concedida a la orden de señor san Iuan. [*Valladolid?* 1600?] fol. 1322.l.4.(8). **[264]**

— Este es un traslado bien y fielmẽte sacado . . . de un breve . . . del Papa Clemente octavo, concedido al Rey don Felipe . . . tercero. [*Madrid?* 1601]. *S.sh.* fol. 1322.k.12.(11). **[265]**

— Este es un traslado bien fielmete sacado . . . de un breve . . . del papa Clemente octavo, concedido al rey don Felipe . . . en Roma [11 Aug. 1603]. Sobre la contribucion del estado eclesiastico. *Lat.* [*Madrid?* 1603?] fol. 1322.k.12.(12). **[266]**

— Bula de la concession de los diezmos (Romæ apud sanctum Petrum. 16 Kal. Dec. 1501). [To which is added a circular letter of Alfonsus, archbishop of Toledo]. [*Valladolid?* 1605]. 4.° 710.l.21.(10). **[267]**

— Este es un traslado bien y fielmete sacado . . . de un breve . . . del papa Clemente octauo, cõcedido al rey don Felipe . . . tercero . . . à onze de agosto de [1603] . . . sobre la contribuacion del estado eclesiastico. [Text in Latin only]. [*Madrid?* 1605?] fol. 1322.l.1.(11). **[268]**

— Este es un traslado bien y fielmente sacado . . . de un breve . . . del Papa Clemente octavo, concedido al rey don Felipe . . . tercero . . . sobre la contribucion del estado eclesiastico. [17 December 1604]. [Text in Latin only]. [*n.p.*, 1605?] fol. 765.i.8.(42). **[269]**

— — [*n.p.*, 1605?] fol. 1322.k.12.(13). **[270]**

— — [*n.p.*, 1605?] fol. 1322.k.12.(28); 1322.l.1.(12). **[271]**

— — [Text in Spanish only]. [*n.p.*, 1605?] fol. 1322.l.1.(13). **[272]**

— [*Begin:*] Clement PP. VIII. Ad perpetuam rei memoriam. [A brief authorizing the use of the "Officium de communi plurimorum martyrum" in the diocese of Burgos. 11 Jan. 1603]. [*Madrid?* 1605?] fol. 765.i.8.(43). **[273]**

— S. D. N. D. Clementis PP. VIII bulla reductionis santæ ecclesiæ metropolitanæ civitatis Cæsaraugustæ in sæcularem. *Apud Laurentium Robles: Cæsaraugustæ*, 1606. fol. C.62.h.4.(1) **[274]**

— Bulla S.mi D. N. Pauli divina prouidentia papæ V. confirmationis, et innovationis privilegiorum, et bullarũ ordinis beatæ Mariæ de Mercede redẽptionis captivorũ. [23 Aug. 1606]. [*Madrid?* 1606?] fol. 4783.e.1.(4). **[275]**

— Bulla do Santissimo Padre . . . Paulo papa quinto, lida no dia da Cea do senhor do anno de 1606. [Dated, 23 Mar. 1606]. [*Braga*, 1607]. 4.° 5015.aa.48.(1). **[276]**

— Defensio justitiæ et justificationis monitorii emissi, & promulgati per . . . Paulum papam quintum . . . anno Dñi [1606, April 17] . . . aversus ducem, & senatum reipub. Venetorum. *Apud Petrum Patricium Mey: Valentiae*, 1607. 4.° C.62.d.7. **[277]**

— Bulla de nuestro santissimo padre Paulo quinto de la beatificacion del . . . fundador de la compañia de Iesus. [Text in Latin]. [*n.p.*, 1609?] fol. 9181.e.10.(8). **[278]**

— Bulla de nuestro sanctissimo padre Paulo Quinto de la beatificacion del beato Ignacio, fundador de la compañia de Jesus. [3 Dec. 1609]. [*Rome*, 1609]. *S.sh.* fol. 9181.e.10.(8). **[279]**

— [*Begin:*] Charissime in Christi fili noster salute. [A letter conceding a subsidy to the King of Spain. 19 May. 1610]. [*Madrid*, 1610]. fol. 1322.k.12.(7). **[280]**

— [*Begin:*] Muy amado hijo nuestro en Christo, salud. [*Rome?* 1610]. fol. 1322.k.12.(8). **[281]**

— Relectio de censuris bullæ coenæ . . . autore fr. Antonio de Sousa. [With the text of the bull. 26 March, 1614]. *Typis Petri Crasbeeck: Ulyssipone*, 1615. 4.° 1609/933. **[282]**

— [*Begin:*] Eugenius episcopus, etc. [A collection of bulls by Eugenius IV and other popes relating to the university of Valladolid]. [*Valladolid?* 1620?] fol. 1322.l.4.(16). **[283]**

— [*Begin:*] A nuestro carissimo hijo en Christo Luys, rey . . . de los francos. [An apostolic letter, dated 10 July, 1621]. *Viuda de Fernando Correa de Monte Negro: Madrid*, 1622. *S.sh.* fol. T.90.*(28). **[284]**

— In nomine sanctissimæ et individuæ Trinitatis. [An apostolic letter, dated 17 Nov. 1621, for the government of the brethren of Saint Mary de Mercede for the redemption of captives]. [*Madrid*, 1622]. fol. T.90.*(47). **[285]**

— [*Begin:*] Gregorio papa decimoquinto. Al venerable . . . obispo de Cuenca, inquisidor general . . . salud. [Urging him to try to bring about the conversion of Charles prince of Wales. 19 April 1623]. [*Madrid*, 1623]. *S.sh.* fol. 593.h.22.(28). **[286]**

—Al carissimo en Christo . . . Filipe Rey . . . de las Españas. (Traduzido de Latin por mi Francisco Castañer). [*Madrid*, 1625]. fol. 1322.l.1.(14). **[287]**

—Leo Papa X pro ordine minorum, et pro Indiarum incolis anno 1521: bulla III. [25 Apr. 1521. With bulls and other documents, from 1522 to 1625 relating to the same subject]. [*Madrid?* 1625?] 4783.e.3.(36). **[288]**

—[*Begin:*] Al carissimo hiio nuestro en Christo Filipe rey . . . de las Españas. Urbano Papa Octavo. [Reminding the King about his offer of money. Translated by F. Castañer]. [*n.p.*, 1626]. fol. 765.h.1.(17). **[289]**

—Breve de la santidad de nuestro mui santo padre Urbano VIII en que declara la beatificacion [de] . . . Iuan de Dios. *Lat. & Span.* [*Rome*, 1630]. fol. 9181.e.10.(10). **[290]**

—Memorial dado a la congregacion de las iglesias sobre el rezarse el oficio de la concepcion . . . de la Virgen . . . con octava. [*Madrid?* 1630?] fol. 1322.l.11.(2). **[291]**

—[*Begin:*] La sagrada congregacion de ritus . . . ha mandado publicar . . . un quaderno de rezo de octavas . . . y quiere que se use del en toda la Iglesia. [*Madrid?* 1630?] *S.sh.* fol. 1322.l.11.(1). **[292]**

—Las tres bullas apostolicas de . . . Pio V y Clemente VIII que . . . hablan de os padres claustrales cerca de su reformacion, y extincion en España. [*Madrid?* 1630?] fol. 4783.e.3.(20). **[293]**

—Literæ processus . . . Urbani PP. VIII lectæ die cænæ Domini. [4 Apr.]. Anno [1624]. *Typis Matthiae Rodriges: Ullyssipone*, 1632. 4.° 9195.c.22.(23). **[294]**

—Al carissimo hijo nuestro . . . Felipe Rey . . . de las Españas. [5 Mar. 1633]. (Traducido de latin por mi . . . Francisco Gracian Verrugete). [*Madrid*, 1635]. fol. 1322.l.1.(16). **[295]**

—Bulla de su Santidad Gregorio XV en razon de la sugecion, y subordinacion, que los regulares, ó otros . . . que tubieren à su cargo administracion de almas. [5 Feb. 1622]. *Lat.* [*Mexico*, 1638?] fol. 5125.g.7.(18). **[296]**

—Instruccion, y forma que se ha de tener y guardar en la publicacion, predicacion . . . i cobrança de la bula dela santa cruzada . . . concedida por . . . Paulo V. [*Madrid?* 1648]. fol. 5035.aa.9. **[297]**

—Ultimo breve de la santidad Innocencio X del año de M.DC.LIIII. Sobre algunas diferencias espirituales . . . entre la iurisdiccion episcopal de la Puebla de los Angeles y . . . la compañia de Iesus. 2 pt. [*Madrid*, 1654]. fol. 4783.ee.1.(6); 4745.f.10.(1). **[298]**

—Carta de N. M. S. P. Alexandro VII para los . . . patriarchas . . . clero, religiones, y para todos los fieles christianos. [20 Sept. 1655]. *Iulian de Paredes: Madrid*, 1655. fol. T.16.*(25). **[299]**

—[*Begin:*] In nomine sanctissimæ . . . Trinitatis. [A brief relating to the contribution of the Spanish clergy to the subsidy raised by the King for the defense of the Catholic faith. 14 Sept. 1658]. [*Madrid*, 1658]. fol. 1322.l.1.(18). **[300]**

—Exortacion a la puntual observancia del breve de . . . Alexandro VII [30 Jan. 1665]. Sobre la mas religiosa custodia de los monasterios Calçados . . . de religiosas . . . Mandola escribir . . . el Rey. [*Madrid*, 1665]. fol. 4745.f.10.(2). **[301]**

—Dilecto filio Ildephonso Sallzanes [Salizanes], ministro generali ordinis fratrum Minorum sancti Francisci de observantia. [Authorizing him to carry out the functions of general of the order]. [*Madrid?* 1668?] *S.sh.* fol. 4783.l.3.(8). **[302]**

—Clemente papa dezimo, ad perpetuam rei memoriam. [Bull relating to the privileges granted to the Franciscans]. (12 Mayo, 1673). *Span.* [*Madrid*, 1673]. fol. 4783.e.3.(38). **[303]**

—Clemente, Papa dezimo, ad perpetuam rei memoriam. [Bull relating to the privileges and indulgences granted to the Franciscans]. (Roma . . . 13 Julio, 1673. Traduzido . . . por Francisco Gracian Berruguete). *Span.* [*Madrid*, 1673]. fol. 4783.e.3.(37). **[304]**

—Smi. in Christo Patris . . . Innocentii . . . Papæ X constutio. Qua declarantur, & definiuntur quinque propositiones in materia fidei. *Francisco Garcia Fernandez: Alcalà*, 1679. 4.° 5018.a.40. **[305]**

—Copia fielmente traducida de las cartas de . . . Innocencio Papa XI [dated, 10 Nov. 1680] y de los . . . cardinales Cybo . . . y Altieri . . . en justificacion . . . de las operaciones del . . . arçobispo de Valencia que executò . . . en el . . . sucesso del . . . Augustino [i.e. P. A. F. de Ribera]. [*Valencia*, 1680]. fol. 713.k.22.(4). **[306]**

—[*Begin:*] Innocencio obispo. [A decree, dated 15 July, 1691, confirming the apostolic letters of pope Alexander VIII, relative to the canonization of Juan de Dios and others]. [*Madrid?* 1691?] fol. 4783.ee.1.(10). **[307]**

—Bullarium cælestis, ac regalis ordinis b. Mariæ virginis de Mercede redemptionis . . . opus . . . domini D. Fr. Iosephi Linas . . . studio, zelo, labore . . . compilatum, et in lucem editum. *R. Figuero: Barcinone*, 1696. fol. 1605/602. **[308]**

—Disciplina vetus ecclesiastica a sanctissimo . . . Innocentio . . . Papa XII instaurata. In bulla novissime (pridie nonas Nov. 1694) expedita, quæ incipit. Speculatores. *Ex typographia Lucae Martini: Hispali*, 1696. 4.° 4051.d.17. **[309]**

—[*Begin:*] Nueva España. [Apostolic letters of Gregory XIII and other popes, granting indulgences and privileges to those fighting against Turks]. (10 Julii, 1573–20, Julii, 1691). *Lat.* [*Madrid?* 1697?] *S.sh.*fol. 4745.f.10.(3). **[310]**

Appendix

—Que origen tuuo la tolerancia de que usa la Iglesia romana con la griega. [*n.p.*, 1650?] fol. 1322.l.9.(16). **[311]**

Romero, Gonzalo. Los mercaderes de la casa de la moneda de Mexico en el pleyto con el señor fiscal. [1660?] fol. *See* Mexico, *City of.* Casa de la moneda. C.62.i.19.(53).

—[*Begin:*] Señor. Gonzalo Remero, [sic] en conformidad de lo que tiene ofrecido cerca de su adbitrio. [A memorial, addressed to the King, relating to the registration of the precious metals arriving from the Indies]. [*Madrid?* 1625?] fol. C.62.i.19.(41). **[312]**

Romo de Castilla, Juan. Por el convento de San Geronimo . . . Cordoua. En el pleyto con Iuan Fernandez de Castro. *Imprenta real: Granada*, 1639. fol. 765.i.11.(13). **[313]**

Rompebarrigas, *el bachiller*, *pseud.* Satyra graciosa, y entretenida, que trata de la rica almoneda que se hizo en . . . Cartama por muerte de Marina de Brugeda. [In verse]. [*Madrid?* 1680?] 4.° T.22.*(32). **[314]**

Ron, Antonio de. Aprobacion de don Antonio de Ron. [A criticism of a work entitled, "Respuesta al auto del protomedicato", by Luis de Aldrede y Soto]. [*Madrid*, 1682]. fol.   543.h.15.(3).   **[315]**

Rosas y Argomedo, Diego de. Donde ay valor ay honor. Comedia famosa [in verse]. [*Lisbon*, 1647]. 4.°   11728.h.14.(18).   **[316]**

Rose, *of Lima, Saint.* Breve relacion de la prodigiosa vida y maravillosos milagros de la bienaventura Rosa. [*Seville*, 1670?] 4.°   811.e.51.(3).   **[317]**

Rosel y Fuenllana, Diego. Parte primera de varias aplicaçiones y transformaciones las quales tractan terminos cortesanos, pratica militar . . . y puntos morales. *Iuan Domingo Roncallolo: Napoles*, 1613. 4.°   C.62.h.1.   **[318]**

Rosete Niño, Pedro. *See* Baturi, Chico.
— La torre del orbe. Comedia. [*Madrid?* 1700]. 4.°   T.1740.(18).   **[319]**
— Todo sucede al reves. Comedia. [*Madrid?* 1650?] 4.°   T.1740.(17).   **[320]**

Rougemont, Franciscus. Relaçam do estado politico e espiritual do imperio da China, pellos annos de 1659 atè o de 1666. Escrita em latim . . . Traduzida [by S. de Magalhaens]. *Na officina de Ioam da Costa: Lisboa*, 1672. 4.°   583.c.25.   **[321]**

Roussillon. *Conseil Souverain.* Relacion verdadera de todo lo sucedido en los condados de Rosellon y Cerdeña, desde . . . iunio . . . hasta . . . que se dio la batálla al frāces. *Iuan Gomez de Blas: Sevilla*, [1639]. 4.°   1445.f.22.(43); 1444.f.18.(25).   **[322]**

Roven, Carlos de. Carta, que escrivio Carlos de Roven . . . desde el campo . . . del rey de Frācia a esta Corte. *Viuda de Cosme Delgado: Madrid*, 1622. fol.   593.h.22.(49).   **[323]**

Roxas, Alonso de. Al Rey N.ro Sor por la provincia de la compañia de Iesus de la Nueva España. En satisfacion de un libro de . . . Iuan de Palafox y Mendoça. [*Mexico?* 1647]. fol.   5125.g.9.(11).   **[324]**
— — [*n.p.*, 1647]. 4.°   4091.e.42.   **[325]**

Roxas, Hermenegildo de. Por don Alonso Perez Serrano, cauallero del abito de Alcantara . . . Con don Gaspar de Viedma de Suarez [and others]. [*Granada?* 1640?] fol.   765.i.11.(21).   **[326]**

Roxas, Juan de. La verdad vestida. Labyrintos de mundo, carne y demonio, por donde anda el hombre perdido por el pecado. *Bernardo de Villa-Diego: Madrid*, 1670. 4.°   4408.g.3.   **[327]**

Roxas Jordan de Tortosa et Butron, Hermenegildas de. Licenciati D. Hermenegildi de Roxas, Jordan de Tortosa . . . tractatus posthumus de incompatibilitate regnorum, ac majoratuum . . . in lucem editus . . . per Franciscum Ximenez, del Aguila Beaumont. [Latin, with some Spanish]. *Sumptibus Laurentii Anisson: Lugduni*, 1669. fol.   5308.h.8.   **[328]**

Roys, Francisco de. Relacion de las demonstraciones festivas de religion, y lealtad, que celebrò la . . . universidad de Salamanca. En el . . . nacimiento del principe . . . Felipe. *Sebastian Perez: Salamanca*, 1658. 4.°   9930.e.30.   **[329]**

Rozado, Juan Antonio. Por d. Antonio de Molina Fernandez de Cordova Valencia . . . en el pleyto con . . . su sobrino. *Balatasar de Bolibar: Granada*, 1654. fol.   1322.l.5.(2).   **[330]**

— Por don Fernando de Aguayo . . . y la jurisdicion real . . . En el pleyto. Con el colegio de la compañia de Iesus. *Francisco Sanchez; y Baltasar de Bolibar: Granada*, 1651. fol.   765.i.4.(23).   **[331]**
— Por el convento, ministro, y frayles de nuestra Senora de Consolacion . . . de Alcalà la Real. En el pleyto. Con el fiscal eclesiastico. *Imprenta real; por Francisco Sanchez: Granada*, 1652. fol.   765.i.4.(6).   **[332]**

Rua, Fernando de. Por don Iuan Menesses, castellano de Perpiñan, governador . . . de Veneçuela. Con el señor fiscal. [C. de Moscoso y Cordova]. Sobre la declaracion de un capitulo de la sentencia de su residencia. *Andres de Parra: Madrid*, 1934. [1634]. fol.   1324.i.4.(18).   **[333]**

Rubalcava y Velasco, Pedro de. Relacion de servicios del capitan de Cavallos don Pedro de Rubalcava y Velasco. [*Madrid*, 1691]. fol.   1322.l.2.(12).   **[334]**

Rubio de Villanueva y España, Felix M. Origen, y antiguedad de el oficio de tesorero de alcances de quentas. [*Madrid?* 1680?] fol.   765.h.1.(18).   **[335]**

Ruffart, Sabrian. Relacion breve y compendiosa de las fiestas que se hazen en Barcelona en loores . . . de san Ramon de Peñafort: *Iayme Cendrat: Barcelona*, 1601. 4.°   11451.ee.38.(5).   **[336]**

Rufin, Manuel. [*Begin:*] Yo fr. don Manuel Rufin. [A memorial]. [*Madrid*, 1629]. fol.   1324.i.2.(40).   **[337]**

Ruiz, Francisco. Relacion de las fiestas que hizo el colegio de la compañia de Jesus de Girona, en la canonizacion de . . . san Ignacio i . . . de . . . san Francisco Xavier, i beatificacion del angelico Luis Gonzaga . . . por don M. de Agullana. *Sebastian i Iaime Matevad: Barcelona*, 1623. 4.°   4828.aaa.21.   **[338]**

Ruiz, Lorenzo. [*Begin:*] Señor. Loreço Ruyz familiar del sāto oficio, el maestro Pedro Munoz, por si, y los . . . labradores, y pobres de . . . Alcala de Henares. [Complaining about the abuses of certain rich families]. [*n.p.*, 1640?] fol.   765.h.1.(36).   **[339]**

Ruiz Blanco, Matías. Conversion de piritu, de indios cumanagotos, palenques y otros. *Juan Garcia Infancon: Madrid*, 1690. 8.°   296.g.24.   **[340]**

Ruiz de Aguado, Manuel. Por d. Luys de Villanueva, vezino . . . Cuenca. En el pleyto con la fabrica de la iglesia de señor San Andres. *Baltasar de Bolibar, y Francisco Sāchez: Granada*, 1647. fol.   765.i.2.(20).   **[341]**

Ruiz de Alarcon y Mendoza, Juan. Comedia famosa. Antes que te cases mira lo que haces, y examen de maridos. *Sebastian de Cormellas: Barcelona*, 1634. 4.°   11728.f.23.   **[342]**
— Comedia famosa. El dueño de las estrellas. [*Madrid?* 1700?] 4.°   11728.f.25; 11728.h.11.(4).   **[343]**
— Por mejoria. Comedia. [*Saragoza?* 1650?] 4.°   11728.f.28.   **[344]**
— Comedia famosa. Quien engaña mas á quien. *Francisco Leefdael: Sevilla*, [1700?] 4.° *No. 14 of an unidentified collection.*   11728.f.29.   **[345]**
— Quien mal anda en mal acaba. Comedia. *Francisco Leefdael: Sevilla*, [1700?] 4.° *No. 190 of an unidentified collection.*   11728.f.30.   **[346]**
— Comedia famosa, el texedor de Segovia. Primera (segunda) parte. 2 pt. *En casa de Francisco Sanz: Madrid*, [1680?] 4.°   11728.f.31.   **[347]**

Ruíz de Cabrera, Christoval. Algunos singulares, y extraordinarios sucessos del govierno de don D. Pimentel . . . virrey . . . por su excessivo rigor . . . La prission destierro de don J. de la Serna arcobispo de Mexico. *México*, 1624. fol. 9771.h.2.(1). **[348]**

Ruiz de Cuellar, Juan. Por Iuan Ruiz de Cuellar con la dignidad arçobispal. [A pleading, by H. de Vargos de la Carrera]. [*n.p.*, 1640?] fol. 1322.k.14.(10). **[349]**

Ruiz de Laguna, Juan. Compendio historial de los progressos de la ciudad de Placencia en Lombardia, y de los señores que la han dominado. *Imprenta del Reyno: Madrid*, 1637. 4.° 795.e.27. **[350]**

—[*Begin:*] Señor. Aviendo venido a esta corte del estado de Milan . . . los secretario del se han puesto en pretension de quererme preceder. [*Madrid*, 1635]. fol. 765.i.(2). **[351]**

Ruiz de Montoya, Antonio. Arte de la lengua guarani. (Vocabulario de la lengua guarani. Tesoro de la lengua). 2 pt. *Juan Sanchez: Madrid*, 1639. 4.° 825.b.3, 4. **[352]**

—Catecismo de la lengua guarani. *Diego Diaz de la Carrera: Madrid*, 1640. 12.° 3504.aa.15. **[353]**

—Conquista espiritual hecha por los religiosos de la compañia de Jesus, en . . . Paraguay, Parana, Uruguay y Tape. *Imprente del reyno: Madrid*, 1639. 4.° 201.c.11; G.2762. **[354]**

—[*Begin:*] Señor. Antonio Ruiz de Montoya de la companià de Jesus, y su procurador . . . del Paraguay. [A memorial on the ecclesiastical affairs of Paraguay]. [*n.p.*, 1630?] fol. 1324.i.2.(123). **[355]**

Ruiz de Ribayas, Lucas. Luz y norte musical, para caminar por las cifras de la guitarra española y arpa, tañar, y cantar á compás por canto de organo. *Madrid*, 1677. 4.° 7907.e.27. (*destroyed*). **[356]**

Ruiz de Samaniego, Geronimo. Descripcion de la casa de San Meder . . . y de la Sonsierra de Navarra. [*n.p.*, 1670?] 4.° 10160.d.31. **[357]**

Ruiz de Vergara y Alava, Francisco. Discurso iuridico. Por el licenciado don Francisco Ruiz de Vergara y Alava . . . fiscal . . . Sobre que se revoquen por ley general todos los privilegios concedidos. [*n.p.*, 1660?] fol. 1322.k.15.(1). **[358]**

—[Another edition]. Informacion que escribio el senor d. Francisco Ruiz . . . sobre que se reuoquen . . . todos los priuilegios. *Diego Diaz de la Carrera: Madrid*, 1664. fol. 12231.t.1.(4). **[359]**

—[*Begin:*] El licenciado d. Francisco Ruyz de Vergara y Alaba, oydor en la real chancilleria de Granada. Dize. [A petition]. [*Granada?* 1650?] fol. 765.h.1.(28). *imp.* **[360]**

—Vida del illustrissimo señor don Diego de Anaya Maldonado, arzobispo de Sevilla. Fundador del colegio viejo de S. Bartolomé. (Discursos genealogicos). 2 pt. *Diego Diaz de la Carrera: Madrid*, 1661. fol. 4868.k.1. **[361]**

Ruiz de Zepeda Martinez, Rodrigo. Auto general de la fee . . . Celebrado en la plaça mayor de la . . . ciudad de Mexico . . . 1659. *Imprenta del secreto del Santo Officio; la viuda de Bernardo Calderon: Mexico*, [1660?] 4.° 4061.e.10. **[362]**

Ruiz Franco de Pedrosa, Christoval. Vida del penitente, y venerable siervo de Dios Fr. Jorge de la Calzada. *Egidio Longo: Napoles*, 1666. 4.° 4865.aaa.47. **[363]**

Rupallod, Dondedeo. Seneca. Lib. 2. Quaestion. Naturalium. (Carta en que remite otra inclusa . . . Dondedeo Rupallot. Al doctor Rondon Cysfrycatoz. Carta escrita . . . con occasion de el cometa). *Ex typographia regia Balthasaris de Bolibar: Granatae*, 1665. fol. 9181.e.10.(12). **[364]**

Rus Puerta, Francisco de. Historia eclesiastica del reino y obispado de Jaen. Primera parte. *Francisco Perez de Castilla: Jaen*, 1634. b. 4.° 4625.b.40. **[365]**

Ruvio, Antonius. In libros Aristotelis de Anima. *Apud Ludovicum Sanchez: Matriti*, 1616. 4.° 8460.c.2. *imp.* **[366]**

Ruyz, Miguel. Sermon de la immaculada concepcion de la Virgen Maria. *Gabriel Ramos Vejarano: Sevilla*, 1616. 4.° 477.a.15.(6); 847.m.4.(13*). **[367]**

S.

Saa, Antonio de. Sermam do dia de ciuza. Que prégou o p. Antonio de Saa da companhia de Iesus. *Ioam da Costa; A costa de Miguel Manescal: Lisboa*, 1669. 4.° 851.k.17.(2*). **[1]**

Saa, Luis de. Sermam que o padre F. Luis de Saa . . . fez . . . pro gratiarū actione dos bons successos das armas de sua Magestade. *A. Alvarez: Lisboa*, 1641. 4.° 4424.e.2.(11). (*destroyed*). **[2]**

Saavedra, Fernando de. Por el licenciado don Fernãdo de Saavedra oidor de la audiencia de Lima, en el pleito con el señor fiscal. [*n.p.*, 1640?] fol. 1322.l.10.(10). **[3]**

Saavedra, Silvestre de. Razon del pecado original, y preservacion del en la concepcion . . . de la Reina de los Angeles. *Clemente Hidalgo: Sevilla*, 1615. 4.° 477.a.15.(1). **[4]**

Saavedra Fajardo, Diego de. Obras de don Diego de Saavedra . . . que contienen I. Idea de un principe politico christiano . . . II. Corona gothica . . . III. La republica litteraria. 4 pt. *En casa de Juan Bautista Verdussen: Amberes*, 1677, 78. fol. 181.g.14. **[5]**

—Corona gothica, castellana y austriaca . . . illustrada, por Diego Saavedra Faxardo. (Tercero tomo . . . por A. Nuñez de Castro). 3 tom. *Andres Garcia de la Iglesia; a costa de Antonio de Rievo; (a costa de Francisco Serrano de Figueroa; a costa de Gabriel de Leon): Madrid*, 1658–78. 4.° 9180.d.7. **[6]**

—Idea de un principe politico christiano. Representada en cien empresas. *Nicolao Enrico: Monaco [Munich?]* 1640. 4.° 714.g.34. **[7]**

——Milan, 1642. 4.° 521.e.25; 89.e.8. **[8]**

——Tercera impression. *Geronimo Vilagrasa: Valencia*, 1655. 8.° 714.d.13. **[9]**

——*En casa de Ieronymo y Iuan Bapt. Verdussen: Amberes*. 1655. 4.° 8007.e.38. **[10]**

——*Iuan Lorenço Cabrera: Valencia*, 1664. 4.° 1489.a.20. **[11]**

——*Apud Ioh. Ianssonium iuniorem: Amstelodami*, 1664. 12.° 8005.aa.36. **[12]**

——Sexta impression. *Francisco Cipres; a costa de Mateo Regil: Valencia*, 1675. 4.° 521.e.26. **[13]**

—Republica literaria. [With a "prologo" by F. I. de Porres]. *Maria Fernandez: Alcala*, 1670. 8.° 1090.k.2.(2). **[14]**

Sabaster, Vicens. Deductio feta per lo syndich de la ciutat de Barcelona, ab la qual se exclou la pretencio del procurador fiscal de la ballia general del present principat, del . . . bisbe de Barcelona. *En casa de Cormellas: Barcelona,* 1681. fol. 1486.g.16. **[15]**

Sabuco de Nantes Barrera, Oliva. Nueva filosofia de la naturaleza del hombre, no conocida, ni alcançada de los grandes filosofos antiguos . . . cõ las addiciones de la segunda impression, y (en esta tercera) expurgado. *Fructuoso Lourenço de Basto: Braga,* 1622. 8.° 784.a.6. **[16]**

Sacramento, *Saint Vincent.* Noticia e justificaçam do titulo, e boa fee com que se obrou a nova colonia do Sacramento. *Na impressaõ de Antonio Craesbeeck de Mello: Lisboa,* 1681. fol. 601.l.16. **[17]**

Sacramento, *Ship.* Naufragio, que fizeramas duas naos da India: O Sacramento, & nossa Senhora da Atalaya, no cabo de Boa Esperança. [*Lisbon,* 1648?] 4.° 9195.c.22.(5). **[18]**

Sada y Amezqueta, Juan de. Copia de una carta . . . al dotor Bartolome Leonardo de Argensola . . . En respuesta de otra que . . . Iuan Briz Martinez . . . le escrivió contra un libro [by de Gongora]. 2 pt. [*Pamplona,* 1628]. fol. 593.h.19.(4,5). **[19]**

Sá de Miranda, Francisco de. As obras do . . . doutor Francisco de Sá de Miranda, agora de novo impressas com a relaçao de sua calidade & vida. [*Lisbon*], 1614. 8.° 12230.c.7; 243.d.3. **[20]**

Sá de Miranda, Francisco de, and **Ferreira, Antonio.** Comedias famosas portuguesas. *Antonio Aluarez: Lisboa,* 1622. 4.° C.62.b.15. **[21]**

Saenz, Diego. La Thomasiada al sol de la Iglesia, y su doctor santo Thomas de Aquino. [A poem]. *Ioseph de Pineda Ybarra: Guatemala,* 1667. 4.° 1073.k.14. **[22]**

Saenz de Aguirre, Joseph. Auctoritas infallibilis et summa cathedræ s. Petri, extra et supra concilia quaelibet, atque in totam Ecclesiam . . . stabilita . . . adversus declarationem nomine . . . cleri gallicani editam Parisiis die [19 March 1682]. *Apud Lucam Perez: Salmanticae,* 1683. fol. 4051.ff.2. **[23]**

— Ludi Salmanticences: seu, theologia florulenta. In qua plerumque de SS. angelis, praesertim tutelaribus, et geniis illorum antistrophis, copiose luditur ac disseritur . . . pro laurea magisterii theologiæ . . . Tomus prior. *Ex officina Melchioris Estevez: Salmanticae,* 1668. fol. 3553.f.3. **[24]**

— Notitia conciliorum Hispaniae, atque novi orbis epistolarum decretalium, et aliorum monumentorum sacrae antiquitatis, ad ipsam spectantium . . . quorum editio paratur Salmanticae. *Apud Lucam Perez: Salmanticae,* 1686. 8.° 862.c.2. **[25]**

Sagredo, Giovanni. Memorias historicas de los monarcas othomanos . . . Traduzidas en castellano por don Francisco de Olivares Murillo. *Iuan Garcia Infanzon: Madrid,* 1684. fol. C.64.f.12. **[26]**

Saint Thomas, *City of, in Guiana.* [*Begin:*] Señor. La ciudad de Santo Tome, e isla Trinidad de la . . . Guayana. [A memorial, addressed to the King]. [*Madrid?* 1620?] fol. C.62.i.19.(37). **[27]**

Sala, Gaspar. Epitome de los principios, y progressos de las guerras de Cataluña en . . . 1640 y 1641 y señalada vitoria de Monjuyque. *Pedro Lacaualleria: Barcelona,* 1641. 8.° 9180.e.1.(4). **[28]**

— — *Pedro Lacaualleria: Barcelona; Antonio Aluarez; Lisboa,* 1641. 4.° 1445.f.14.(2); 1060.c.29.(4). **[29]**

— Lagrimas catalanas. Al entierro, y obsequias del illustre . . . Pablo Claris. [*Barcelona*], 1641. 4.° 4867.df.45. **[30]**

— — *Gabriel Nogues: Barcelona,* 1641. 8.° 9180.e.1.(8). *imp.* **[31]**

— Proclamacion catolica a la Magestad . . . de Felipe . . . nuestro señor. Los conselleres . . . de Barcelona. 1641. 8.° *See* Barcelona. *Concell de Cent.* 9180.e.1.(5).

— — 1641. 4.° *See* Barcelona. *Concell de Cent.* 1445.f.14.(1).

— Sermo chronologich del illustre martyr, y patro inclyt de Catalunya sant Iordi. *Gabriel Nogues: Barcelona,* 1641. 8.° 9180.e.1.(9). **[32]**

Salamanca. [*Cathedral Chapter*]. [*Begin:*] Iesus. En el pleyto que V. m. tiene visto entre el dean y cabildo de la . . . Yglesia de Salamanca, y el abad y clerecia de san Marcos, etc. [*n.p.,* 1630?] fol. 1322.k.14.(20). **[33]**

— Iesus, Maria, Ioseph. Defensa, y respuesta apologetica, a un discurso iuridico del colegio del arçobispo. [*Salamanca?* 1630?] fol. 765.i.7.(12). **[34]**

— Por el dean y cabildo de la . . . Iglesia de Salamanca . . . Con el colegio de san Bartolome . . . y universidad de . . . Salamanca. [A pleading by doctor Roche de Vergas]. [*n.p.,* 1630?] fol. 1322.k.14.(22). **[35]**

— Por la santa Yglesia de Salamanca. Con las . . . yglesias de Toledo, Sevilla, y las demas. [By doctor Roche de Vergas]. [*n.p.,* 1640?] fol. 1322.k.14.(12). **[36]**

— [*Colegio de san Bartolome*]. [*Begin:*] Iesus. En la causa que trata el colegio de san Bartolome . . . de Salamanca, con el clero. [A pleading by doctor Roche de Vergas]. [*n.p.,* 1630?] fol. 1322.k.14.(23). **[37]**

— Por el colegio vieio de S. Bartolome de . . . Salamanca. Con el dean, y cabildo . . . Sobre el subsidio. [A pleading by D. G. de Cuenca y Contreras]. [*n.p.,*1630?] fol. 1322.k.14.(24). **[38]**

— [*Colegio Real de la Compañia de Jesus*]. [*Begin:*] Acerca del pleyto que passa entre la universidad, y el colegio de la compañia de Iesus . . . sobre ciertas lectiones de theologia . . . Suplico a V. M. por parte del dicho Colegio. [By "Maestro Molina"]. [*Salamanca?* 1603?] fol. 1322.l.3.(16). **[39]**

— [*Begin:*] El colegio de la compañia de Iesus. Con la universidad de Salamanca. [A statement of the case of the Jesuits in support of their rights. By "El licenciado maestro de Molina"]. [*Salamanca?* 1603] fol. 1322.l.3.(14). **[40]**

— [*Begin:*] En el pleyto del colegio de la compañia de Iesus de Salamanca con la universidad, sobre los argumetos y cõclusiones de theologia. [By de Molina]. [*Salamanca?* 1603?] fol. 1322.l.3.(17). **[41]**

— Pretension del colegio de la compañia de Iesus de Salamanca. [*Salamanca?* 1622?] fol. T.90.*(12). **[42]**

— [*Confradía de la Cruz*]. Orden del descendimiento de la Cruz y procession del entierro de nuestro Señor. [*Salamanca,* 1616]. fol. 593.h.22.(84). **[43]**

— [*Universidad*]. Constitutiones apostolicas, y estatutos de la . . . universidad de Salamanca. *Diego Cusio: Salamanca,* 1625. fol. 731.l.16.(1). **[44]**

— [*Begin:*] En el pleyto que V. M. tiene visto. [An address to the King on the part of the university of Salamanca, concerning a suit between the university and the college of Jesuits]. [*Salamanca?* 1603?] fol. 1322.l.3.(13). **[45]**

— Exequias. Tumulo y pompa funeral, que la universidad de Salamanca hizo en las honras del rey . . . Felipe III. [By A. Manrique]. (Sermon). *En casa de Antonio Vazquez: Salamanca,* 1621. 4.° 1060.i.17.(2). **[46]**

— Memorial a los iuezes de la verdad, y doctrina. [In defence of the doctrines taught by the university of Salamanca]. [*Madrid?*] 1625. fol. 1322.l.3.(23). **[47]**

— Memorial de la iustificacion, que la universidad . . . tuvo en los acuerdos que hizo, en razon de que los maestros en theulugia, no acudan a los actos. [*Salamanca?* 1627]. fol. 1322.l.4.(34). **[48]**

— Por la universidad de Salamanca. Con el dean y cabildo de la santa Iglesia de aquella ciudad. [Concerning a dispute between the university and the Chapter]. [*Salamanca?* 1630?] fol. 1322.l.3.(5). **[49]**

— [*Begin:*] Por la universidad de Salamanca, y las . . . religiones de santo Domingo, y san Agustin. Sobre la confirmacion del estatuto y juramēto de enseñar. [*Madrid?* 1627?] fol. 1322.l.3.(21). **[50]**

— [*Begin:*] Señor. La universidad de Salamanca, y la de Alcala acuden a los pies de V. Magestad suplicandole . . . se sirva favorecerlas, en la pretension que los padres de la compañia han movido. [*Salamanca?* 1626?] fol. 1322.l.3.(20). **[51]**

— [*Begin:*] Señor. Por parte de la universidad de Salamanca se ha presentado à V. Magestad segundo memorial. [On the observance of the ceremony of conferring degrees]. [*Salamanca?* 1631?] fol. 1322.l.3.(4). **[52]**

— [*Begin:*] La universidad de Salamanca, ha tenido pleyto cō el rector y conuento de la cōpañia de Iesus. [A memorial on the part of the Jesuits]. [*Salamanca?* 1603?] fol. 1322.l.3.(15). **[53]**

— [*Appendix*]. [*Begin:*] Por la ciudad de Salamanca. [A petition to the King, on the depressed state of the paper trade of Salamanca]. [*Madrid?* 1630?] fol. T.90.*(37). **[54]**

Salamanca, *Diocese of.* Constitutiones synodales del obispado de Salamanca. Copiladas . . . por . . . Pedro Carrillo de Acuña, obispo . . . en la synode, que se celebrò . . . abril, de 1654. *Diego de Cossio: Salamanca,* 1656. fol. 5107.f.13. **[55]**

Salamanca Robles, Diego de. [*Begin:*] Certificacion. Yo Diego de Salamanca Robles, escriuano de Camara de la audiencia . . . del Rey . . . que reside en . . . Granada . . . Doy fee que . . . Diego Ximenez Lobaton fiscal . . . presento una peticion. [On the behaviour of certain religious orders]. [*Granada?* 1670?] fol. 765.h.1.(61). **[56]**

Salanio, Lusitano, *pseud.* [i.e. Antonio de Escobar]. Discursos politicos y militares en la vida del conde don Nuño Alvarez Pereira . . . Escrivelos Salanio Lusitano. *Iuan de Ibar: Zaragoça,* 1670. 4.° 12301.e.31. **[57]**

Salas, Francisco de. [*Begin:*] En el pleito de capitulos que don Manuel Francisco de la Cueua y Aldana puso. [A protest on behalf of M. F. de la Cueva in a lawsuit concerning the Count of Hernan Nuñez]. [*n.p.d.*], fol. 765.i.1.(26). **[58]**

— Por la sagrada religion del Carmelo. Con fray Ivan Cancer, y fray Ioseph Metge . . . sobre la execucion de la correccion regular con que fueron corregidos. [*Madrid?* 1670]. fol. 4783.e.1.(22). **[59]**

Salas, Joannes de. Disputationum R. P. Ioannis de Salas . . . in primam secundae [of the "Summa theologica"] divi Thomae, tomus primus (— secundus). *Ex officina Gabrielis Graells, & Gerardi Dotil; (Ex officina Sebastiani Matevad, & Laurentii Dev): Barcinone,* 1607, 09. fol. 4051.ff.13. **[60]**

Salas, Juan de. Primera (segunda) parte de una relacion, y curioso romance, en que se dà cuenta, y declara el maravilloso successo, que le sucedio a . . . Juan de Salas, y a su esposa. [In verse]. [*n.p.,* 1650?] 4.° 1072.g.25.(10). **[61]**

Salas Barbadillo, Alonso Gerónimo de. Casa del plazer honesto. *Viuda de Cos*ᵐᵒ *Delgado: Madrid,* 1602. 8.° 1075.b.19. **[62]**

— Casa del plazer honesto. [Six novelas]. *Sebastian de Cormellas: Barcelona,* 1624. 8.° 1075.e.11. **[63]**

— El cavallero perfecto. (Primera parte). *Iuan de la Cuesta: Madrid,* 1620. 16.° 523.a.1.(2). *wanting pt. 2.* **[64]**

— El cavallero puntual. *Miguel Serrano de Vargas: Madrid,* 1614. 32.° 8403.aa.4. **[65]**

— Coronas del Parnaso, y platos de las musas. *Imprenta del Reino; a costa de la hermandad: Madrid,* 1635. 8.° 1072.b.1. **[66]**

— Correccion de vicios. En que boca de todas verdades toma las armas contra la malicia de los vicios. [With an address to the reader by F. de Lugo y Davila]. *Iuan de la Cuesta; a costa de Miguel Martinez: Madrid,* 1615. 8.° 1072.f.14. **[67]**

— El cortesano descortes. *Viuda de Cosme Delgado; a costa de Andres de Carrasquilla: Madrid,* 1621. 12.° 11726.a.2. **[68]**

— Don Diego de noche. *Viuda de Cosme Delgado; a costa de Andres de Carrasquilla: Madrid,* 1623. 8.° 12490.a.2; 12490.b.16. *imp.* **[69]**

— — *Esteuā Liberos: Barcelona,* 1624. 8.° 245.f.38; G.10167. **[70]**

— Fiestas de la boda de la incasable mal casada. *Viuda de Cosme Delgado; a costa de Andres de Carrasquilla: Madrid,* 1622. 8.° 1072.f.8. **[71]**

— La hyia de Celestina . . . impressa por la diligencia . . . del alferez Francisco de Segura. *Biuda de Lucas Sanchez; a costa de Iuan de Bonilla: Çaragoça,* 1612. 32.° 12490.a.16. **[72]**

— La ingeniosa Elena . . . agora de nuevo ilustrada y corregida. *Iuan de Herrera: Madrid,* 1614. 12.° 12489.a.16. **[73]**

— El necio bien afortunado. *Viuda de Cosme Delgado; a costa de Andres de Carrasquilla: Madrid,* 1612. 32.° 12490.a.24. **[74]**

— Patrona de Madrid restituyda. Poema heroyco . . . Dirigido a la . . . duquessa de Cea. *Alonso Martin; vendese en casa del autor: Madrid,* 1609. 8.° 1064.b.8.(2). **[75]**

— Rimas castellanas. [*Madrid?*] 1618. 8.° 1072.d.12. **[76]**

— La sabia Flora Malsabidilla. *Luis Sanchez; a costa de Andres de Carrasquilla: Madrid,* 1621. 8.° 1072.f.7. **[77]**

— El sagaz estacio marido examinado. *Iuā de la Cuesta: Madrid,* 1620. 32.° 11725.a.27. *imp.* **[78]**

— — *Luis Sanchez; a costa de Andres de Carrasquilla: Madrid,* 1621. 12.° C.63.a.31. **[79]**

— El subtil cordoves Pedro de Urdemalas. (El gallando escarraman, comedia). *Iuan de la Cuesta: Madrid,* 1620. 8.° 12490.b.17; 1074.d.20. **[80]**

Salas y Berart, Gaspar. Govern politich de la ciutat de Barcelona, para sustentar los pobres, y evitar los vagamundos. *En casa de Sebastia y Iaume Mathevat: Barcelona*, 1636. 4.° 08275.i.11. [81]

Salazar, Alonso de. Fiestas que hizo el insigne collegio de la compañia de Jesus de Salamanca a la beatificacion del glorioso . . . S. Ignacio de Loyola. *Artus Taberniel: Salamanca*, 1610. 4.° 4829.bb.5. [82]

Salazar, Ambrosio de. Almoneda general de las mas curiosas recopilaciones de los reynos de España. *Antonio du Breuil: Paris*, 1612. 8.° 574.e.2. [83]

—Las clavellinas de recreacion . . . en dos lenguas, francesa y castellana. Les oeuillets. *Fr. & Span. Adrien Morront: Rouen*, 1614. 12.° G.16470. [84]

—Espexo general de la gramatica en dialogos, para saber la . . . pronunciacion de la lengua castellana. *Span. & Fr. Adrien Morront: Rouen*, 1615. 8.° 1212.c.50. [85]

— —*Adrian Ovyn: Rouen*, 1636. 8.° 827.b.46. [86]

—Libro curioso, lleno de recreacion y contento, en el qual se contienen muy notables sentencias. (Secretos de la gramatica). *En casa de Iuan Corrozel: Paris*, 1635. 12.° 1080.e.25. [87]

— —*Iacques Cailloüe: Rouen*, 1640. 12.° 829.a.29. [88]

—Thesoro de diversa licion . . . en el qual ay XXII historias . . . y otros cosas. *Span. & Fr. Louys Boullanger: Paris*, 1637. 8.° 627.a.22. [89]

—Tratado de las cosas mas notables que se veen en . . . Paris, y algunas . . . de Frācia. (Genealogia . . . de la . . . casa de Lorena). 2 pt. *Diego Bessin: Paris*, 1616. 12.° C.63.d.8. [90]

Salazar, Hernando de, and **Alamos, Baltasar de.** [*Begin:*] Del P. Hernando de Salaçar, y dõ Baltasar de Alamos. Discurso sobre el consumo de la moneda de bellon. [*n.p.*, 1635?] fol. 1322.l.12.(58). [91]

—Discurso sobre el consumo de la moneda de bellon. [*n.p.*, 1635?] fol. 1322.l.12.(58). [92]

Salazar, Juan de. Politica española. Contiene un discurso cerca de la monarquia, materias de Estado. *Diego Mares: Logroño*, 1619. 4.° 574.f.1.(1). [93]

Salazar, María de. Aqui se contiene una curiosa Xacara, en que se da cuenta de los hechos de Maria de Salazar. [*Madrid*, 1681]. 4.° T.22.*(24). [94]

Salazar de Mendoza, Pedro. Compendio de lo mas sub-stancial que escrive el doctor Salazar de Mendoza . . . de la monarchia de España. [*Madrid?* 1620?] 4.° 620.e.24.(2). [95]

—Chronica de el cardenal don Juan Tavera. *Pedro Rodriguez: Toledo*, 1603. 4.° 1125.h.14. [96]

—Cronica de el gran cardenal de España, don Pedro Gonçalez de Mendoça. *En la imprenta de Maria Ortiz de Saravia: Toledo*, 1625. fol. 181.e.11; G.6401. [97]

—Cronico de la excellentissima casa de los Ponces de Leon. *Diego Rodriguez: Toledo*, 1620. 4.° 1327.f.11. [98]

—Origen de las dignidades seglares de Castilla y Leon. Con relacion summaria de los reyes . . . de sus actiones: casamientos: hijos: muertes. *Diego Rodriguez de Valdiuielso: Toledo*, 1618. fol. 593.h.12; 1328.i.9. [99]

— —Con un resumen al fin de las mercedes que su Magestad ha hecho de marqueses, y condes, desde . . . 1621 hasta . . .

1656. *Imprenta real; a costa de Iusepe del Ribero: Madrid*, 1657. fol. 180.e.8.(1). [100]

Salazar y Castro, Luis de. Advertencias historicas, sobre las obras de . . . escritores modernos. *Matheo de Llanos y Guzman: vendese en casa de Andres Blanco: Madrid*, 1688. 4.° 281.e.17. [101]

—Historia genealogica de la casa de Lara, justificada con . . . escritores de inviolable fe. 4 tom. *Mateo de Llanos y Guzman: Madrid*, 1696, 97, 94. fol. 605.l.10. [102]

—Historia genealogica de la casa de Silva. 2 pt. *Melchor Alvarez, y Mateo de Llanos: Madrid*, 1685. fol. 1327.k.1, 2. [103]

Salazar y Torres, Agustín de. Cythara de Apolo, loas, y comedias diferentes . . . que . . . saca à luz D. Iuan de Vera Tasis y Villarroel. 2 vol. *A costa de Francisco Sanz: Madrid*, 1681. 4.° 11451.e.28. [104]

— —*Antonio Gonçalez de Reyes; a costa de Francisco de Sazedon: Madrid*, 1694. 4.° 87.b.20. (wanting pt. 2). [105]

— —2 pt. *Antonio Gonçalez de Reyes; a costa de Alonso Mont-enegro, y Joseph Bascones Ayo: Madrid*, 1694. 4.° 1464.h.3. [106]

—Loa para la comedia de la segunda Celestina. (La gran comedia). [*Madrid*, 1676?] 4.° 11728.f.33. [107]

— —[*Seville?* 1700?] 4.° No. 224 of an unidentified collection. 11728.i.2.(16). [108]

Salcedo, Augustina de. Estanto del memorial que se diò al señor virrey, conde de Lemos, en que se le ofrecieron [400.000] . . . pesos, seguir el socabon. [A complaint about the viceroy sent to the King]. [*Madrid?* 1670?] fol. 1324.i.3.(29). [109]

Salcedo, Gaspar de. [*Begin:*] Aviendose visto el pleito de Gaspar de Salcedo en el Concejo. [A memorial concerning certain charges against him]. [*Madrid?* 1670?] fol. 1324.i.3.(30). [110]

—Breve apuntamiento, en que se advierten los engaños . . . con que los agentes de Gaspar de Salcedo injurian . . . a los bascongados. [*Madrid?* 1670?] fol. 1324.i.3.(28). [111]

Salcedo, Pedro de. Por el licenciado don Pedro de Salcedo . . . con don Antonio Rodriguez de Cespedes . . . sobre diferentes partidas de que no se hizo cargo. (Cargos . . . contra don Alonso de Temiño). [*n.p.*, 1660?] fol. 1322.l.5.(8). [112]

Salerno, Francisco. Matrimonii valor a francorum oppug-nationibus vendicatus. *Apud viduam Ildephonsi Martin: Matriti*, 1636. 4.° 1375.g.11. [113]

Salgado, Pero. Dialogo gracioso dividido em tres actos, que contem a entrada que o marques de Terracuça . . . fez na campanha da cidade de Elvas. *Paulo Craesbeeck: Lisboa*, 1645. 4.° 9195.c.24.(22). [114]

Salgado de Araujo, Joam. Ley regia de Portugal. (Primera parte). *Iuan Delgado: Madrid*, 1627. 4.° 5383.e.26. [115]

—Marte portugues. Contra emulaciones castellanas; o iustificaciones de las armas del Rey de Portugal contra Castilla. *En la imprenta de Lourenço de Anberes: [Lisbon]*, 1642. 4.° 8042.bb.11. [116]

—Successos militares das armas portuguesas em sus fronteiras depois da real acclamação contra Castella. *Paulo Craesbeeck: Lisboa*, 1644. 4.° 1323.c.5. [117]

—Successos victoriosos del exercito de Alentejo, y relacion . . . de lo que . . . obraron las armas portuguesas contra

Castilla . . . 643 [sic]. *Paulo Craesbeeck: Lisboa*, 1644. 4.°
9195.c.21.(11). *imp*; 1060.c.29.(10). **[118]**

—Sumario de la familia ilustrissima de Vasconcelos. *Iuan
Sanchez: Madrid*, 1638. 4.° 9905.bbb.29. **[119]**

Salgado de Somoza, Francisco. Iesus, Maria, Ioseph. Por la
religion del gran patriarca san Benito. Contra la religion
del glorioso . . . san Basilio Magno. [*Madrid?* 1670?] fol.
4783.e.2.(15). **[120]**

Sālih Jalālzadah, *Al Rūmi.* Anales de Egipto . . . compuestos
por Salih gelil . . . y . . . traducidos de lengua Turca . . .
por Don Vicente Bratuti. (Añadense). *Melchor Albarez:
Madrid*, 1678. 8.° or 70.b.11. **[121]**

Salinas, Antonio de. Relacion verdadera de las causas que su
Magestad ha hecho averiguar, para hechar los moriscos de
España. [In verse]. *Lorenço de Robles: Çaragoça*, 1611. 4.°
G.10217.(2). **[122]**

Salinas, Bernardo de. Relacion muy verdadera la qual trata
de un milagro que nuestro Señor . . . obro con un duque
luterano: en Francia . . . Lleva un romāce. *Saluador de
Viader: Cuenca*, 1613. 4.° 1072.g.26.(11). **[123]**

Salinas, Juan de. Adicion al memorial en hecho, que ante los
señores del consejo de hazienda . . . està pendiente en
reuista; entre el . . . fiscal, la dignidad arçobispal de . . .
Granada . . . con el prior . . . de la real cartuja. [*Madrid*,
1673]. fol. 4783.e.2.(24). **[124]**

Salinas de Mercado, Francisco. [*Begin:*] Señor. El doctor
Francisco Salinas de Mercado, canonigo de la santa iglesia
. . . de Granada . . . dize. [A petition addressed to the King
asking for a higher post]. [*Granada? n.d.*] fol.
765.h.1.(43). **[125]**

Salinas y Angulo, Antonio de. Memorial que se puso à los
reales pies de el Rey . . . en nombre del licenciado d.
Antonio de Salinas y Angulo, oydor iubilado. [A statement about his services and a petition asking for his full
remuneration]. [*n.p.d.*], fol. 765.h.3.(30). **[126]**

Salinas y Córdova Buenaventura de. [*Begin:*] Fray
Buenaventura de Salinas . . . calificador del consejo de la
. . . inquisicion . . . de España. [A memorial of his services,
addressed to the King]. [*Madrid?* 1655?] fol.
1324.i.2.(124). **[127]**

—Memorial de las historias del . . . Piru: meritos y excelencias
de . . . Lima. *Geronymo de Contreras: Lima*, 1630. 4.°
1061.g.46. **[128]**

Salizanes, Alonso de. Por la obediencia de la religion de S.
Francisco a su ministro general . . . Alonso Salizanes . . .
obispo de Oviedo. Contra la inobediencia del provincial
. . . de Castilla. [*Madrid*, 1669]. fol. 4783.e.3.(10). **[129]**

Sallustius Crispus, Caius. [*Works. Latin*]. C. Crispus
Sallustius. *Apud Hieroni: de Courbes: Matritii*, 1625. 12.°
9039.a.2. **[130]**

—[*Spanish*]. Obras de Caio Crispo Sallustio: traducidas por
Emanuel Sueiro. *En casa de Iuan Keerberghio: Anvers*, 1615.
8.° 803.b.3. **[131]**

Salmerón, —, *Capitan.* Verdadera relacion de las famosas
presas que . . . hizo el capitan Salmeron . . . junto a la baxa
Calabria. *Sevilla*, 1624. fol. 1311.k.5. **[132]**

Salmerón, Marcos. Recuerdos historicos y politicos de los
servicios que los generales, y varones ilustres de la
religion de Nuestra Señora de la Merced . . . han hecho a

los reyes . . . desde su . . . fundacion. *En casa de los herederos
de Chrysostomo Garriz, por Bernardo Nogues: Valencia*,
1646. fol. 482.d.18. **[133]**

Salon, Miguel. Libro de la santa vida, y milagros del . . .
señor . . . Thomas de Villanueva, arçobispo de Valencia . . .
beatificado por . . . Paulo papa V . . . 1618. *En casa de Iuan
Chrysostomo Garriz: Valencia*, 1620. 4.° 1371.d.1. **[134]**

Salto. Mas vale salto de matà, que ruego de buenos. Comedia
. . . de frey Lope Felix de Vega. [*Madrid?* 1700?] 4.° *No. 94
of an unidentified collection.* 11728.h.4.(16). **[135]**

Salustrio del Poyo, Damian. Segunda parte de la comedia
famosa de la aduersa fortuna del muy noble . . . Ruy Lopez
de Abalos el bueno. [In verse]. [*Alcala?* 1615?] 4.° *Part of
an unidentified collection.* 11728.h.10.(21). *imp.* **[136]**

—El premio de las letras. [1615]. 4.° *See* Premio.
11728.h.10.(19).

—Comedia famosa de la privança y cayda de don Alvaro de
Luna. [*Seville?* 1700?] 4.° 11728.f.35. **[137]**

—Comedia famosa de la prospera fortuna del famoso Ruy
Lopez de Aualos el bueno. [In verse]. [*Barcelona?* 1612?]
fol. *Part of an unidentified collection.* 11728.h.10.(20). **[138]**

Salvador, *do Espiritu Sancto.* Sermam da Cinza, pregado na
Corte de Londres, na capella da . . . rainha da Gran
Bretanha . . . fevereiro de 1665. [*London*, 1665]. 4.°
C.125.c.2.(6).(8). **[139]**

— —*Rodrigo de Carvalho Coutinho; A custa de Ioaõ Antunes:
Coimbra*, 1673. 4.° C.125.c.2.(7). **[140]**

Salvador et de Llado, Josephus de. In cœlorum reginam
Virginis inaugurationem, Mariano auspicatam conceptu,
parthenica oratione extollet Josephus de Salvador. *Ex. typ.
Martini Gelabert: Barcin.* 1700. 4.° 486.g.24.(7). **[141]**

Salvatierra, *Town of, in the province of Alava.* Por la villa de
Salvatierra de la provincia de Alava, con los lugares de su
jurisdicion. [By Juan de Valdés y Menendez]. [*n.p.*, 1620?]
fol. 1322.l.6.(14). **[142]**

Salvatierra, Catalina. Curiosa Xacara, que hace relacion del
exemplar castigo que se hizo en . . . Lisboa . . . en tres
personnas . . . por la . . . crueldad que hizieron con . . .
Catalina Salvatierra. [*Madrid?* 1681]. 4.° T.22.*(30). **[143]**

Salvatierra, Pedro Antonio. Fabula del baño de Diana y
traxedia de Anteon. [In verse]. [*Madrid?* 1640?] 4.°
1072.g.25.(5). **[144]**

Salzedo, Joseph de. Memorial, que manifiesta la impostura
de aparentes culpas . . . que afecto la inhumana malicia . . .
conque se formó iniquo processo contra Ioseph de Salzedo.
[*Madrid?* 1670?] fol. 1324.i.9.(34). **[145]**

Salzedo, Mateo de. Postrimerias del hombre, y enemigos del
alma, y alabanças del santissimo Sacramento. [In verse].
Iuan de la Cuesta: Madrid, 1610. 8.° 011451.e.13. **[146]**

Salzedo Coronel, García de. Cristales de Helicona. (Segunda
parte de las rimas de don Garcia de Salçedo). *Diego Diaz
de la Carrera; a costa de Ioseph Muñoz Barma: Madrid*, 1650.
4.° 1064.i.12. **[147]**

—España consolada. Panegyrico. Al . . . infante cardenal. [In
verse]. *Simon Fajardo: Sevilla*, 1636. 4.° 1445.f.20.(7).
[148]

—Rimas. *Iuan Delgado: Madrid*, 1627. 8.° 11451.a.34. **[149]**

Salzedo de Aguirre, Gaspar de. Allusiones Novi Testamenti
ad vetus. Ubi selectiores et difficiliores evangeliorum loci

secundum reconditum, & germanum literæ sensum exponuntur. 2 tom. *Ferdinandus Diaz de Montoya: Gienii,* 1608. fol. 3109.g.3. **[150]**

Samaniego Tuesta, Francisco de. De la irregularidad de ilegitimidad. Sobre que siendo occulta pueden dispensarla los señores obispos. [*Mexico*], 1644. 4.° 12230.bb.1.(4); 1238.b.11. **[151]**

—Elogio a la hermosura de Amarilis y amores castos de Adonis . . . segunda impression. *Francisco Robledo: Mexico,* 1643 4.° 12230.bb.1.(1). **[152]**

—Memorial al Rei N. S. d. Felipe quarto . . . que . . . Francisco de Samaniego . . . escrivio. [*Mexico*, 1637]. 4.° 12230.bb.1.(2). **[153]**

—Memorias agustas al mas soberano principe . . . don Fernando . . . quinto de Castilla, segundo de Aragon . . . panegirizabalas don Francisco de Samaniego. [*Mexico*], 1645. 4.° 12230.bb.1.(5). **[154]**

—Novendialia manium . . . Helenae a Vega Samaniego. *Franciscus Robledo: Mexici,* 1642. 4.° 12230.bb.1.(3). **[155]**

Samper, Hippolyto de. Montesa ilustrada. Origen, fundacion . . . derechos . . . beneficios, heroes, y varones ilustres de la . . . religion militar de N. S. Santa Maria de Montesa. 2 tom. *Geronymo Vilagrasa: Valencia,* 1669. fol. 4625.f.13. **[156]**

—Informacion en derecho, sobre la institucion de . . . lugarteniente general de su Magestad en la . . . religion militar de N. Señora de Montesa. *Geronimo Vilagrasa: Valencia,* 1666. fol. 704.h.16.(5). **[157]**

San Biase, Ignazio, *Baron de las Ballivas.* A los sacros años diez y ocho de . . . d. Carlos. [In verse]. [*Madrid,* 1679]. *S.sh.* fol. T.22.*(39). **[158]**

—Escribio Ciceron las Filipicas contra Marco Antonio. Sentencióle, a degollar, si no las quemaba . . . Romance, traducido . . . por don Ignacio de San Blas. *Span. & Lat.* [In verse]. [*Madrid?* 1680?] 4.° T.22.*(17). **[159]**

Sánchez, Alphonsus. Magistri Alfonsi Sanctii hispani, de rebus Hispaniae anacephalaeosis libri septem. A condita Hispania ad annum 1633. *Typis Antonii Duplastre: Compluti,* 1634. 4.° 9180.d.8. **[160]**

Sánchez, Francisco. Informe, y parecer acerca de las razones que ay en derecho para que los terceros de . . . las sagradas religiones lo puedan ser . . . de otras. *Puebla,* 1691. 4.° 4785.bbb.31; 5125.g.7.(14). **[161]**

Sánchez, Gregorio. [*Begin:*] Exc.^{mo} señor. Fray Gregorio Sanchez . . . y fr. Bartolome de Villalua. [A joint memorial relating to the election of prelates general]. [*Madrid?* 1655?] fol. 4783.e.3.(6). **[162]**

—[*Begin:*] Señora fr. Gregorio Sanchez . . . vicario provincial desta provincia de Castilla. [A memorial]. [*Madrid?* 1655?] 4783.e.3.(5). **[163]**

Sánchez, Juan. Relacion sumaria de los sucessos de . . . Manila. *Raymundo de Peñafort: Manila,* 1683. fol. 1311.k.13; 583.i.34.(7). **[164]**

Sánchez, Juan Baptista. [*Begin:*] A nuestro r^{mo} P^e. fr. Bernardino de Sena. [Decisions and sentences passed on the affairs of the Franciscans in Portugal]. *Lat. Ex typographia Reu. Camerae Apostolicae: Romae,* 1625. fol. 4745.f.11.(4). **[165]**

Sánchez, Lucas. [*Begin:*] Lucas Sanchez vezino de la villa de Campanario: con Iuan Morillo Velarde . . . guarda mayor. [A lawsuit about injurious words]. [*n.p.d.*], 4.° 765.h.2.(11). **[166]**

Sánchez, Miguel. Imagen de la Virgen Maria Madre de Dios de Guadalupe . . . aparecida en . . . Mexico. *En la emprenta de la viuda de Bernardo Calderon: Mexico,* 1648. 4.° 1225.e.17. **[167]**

Sánchez, Thomás. Compendium totius tractatus de sancto matrimonii sacramento, R. P. Thomae Sanchez . . . ab E. L. Soarez . . . alphabetice breviter dispositum. *Ex officina Franciscum* [sic] *de Lyra: Hispali,* 1623. 8.° 5176.a.30. **[168]**

—Disputationum de sancto matrimonii sacramento. Tomus primus (—tertius). *Apud Iosepham Pavonem; Genuae;* (*Praelo & expensis Ludouici Sanchez: Madrid*), 1602–5. fol. G.11931–33. **[169]**

——Editio . . . novissima. 3 tom. *Apud Ludovicum Sanctium: Matriti,* 1623. fol. 1605/277. **[170]**

Sánchez Arroyo, Pedro. Dialogo traumático regular, en el qual . . . hablan tres . . . padres del orden de . . . santo Domingo, como censores de un tratado . . . y . . . por el . . . censurado tratado . . . Pedro sanchez Arroyo. (El humano seraphin). *En Genoüa; a costa de Juan Salvador Perez, de Sevilla,* 1690. 4.° 1225.e.13. **[171]**

Sánchez de Almazán, Francisco. Por Francisco Sanchez de Almazan alguazil de Corte, con don Fernando Vallejo . . . regidor de Madrid. [*Madrid?* 1618?] fol. 765.h.3.(50). **[172]**

Sánchez de Campo, Alfonso. [*Begin:*] Por Alfonso Sanchez de Campo . . . regidor perpetuo de . . . Almagro: en el pleyto que contra el trata Melchior [sic] Mayr vezino de . . . Augusta en Alemania. 2 pt. [*Granada?* 1610?] fol. 765.h.2.(21,22,23). **[173]**

Sánchez de la Torre, Juan. La vida y muerte del hermano Francisco de Alcala. [In verse] . . . Con un romance de nuestra Senora. *Iuan Serrano de Vargas: Madrid,* 1606. 4.° C.63.g.23.(3). **[174]**

Sánchez de Leon, José. Tesorillo sacado de las minas de los mas graves autores; donde se declara la essencia, diferencias . . . y curacion de los venenos. *Vicente Llofriu: Murcia,* 1697. 8.° 7481.a.39.(1). **[175]**

Sanchez de Uribe Salazar, Juan. A la S. C. R. Magestad del Rey . . . memorial y discurso politico de la moneda. [*Madrid,* 1683]. fol. 1322.l.12.(33). **[176]**

Sanchez García, Luis. Por Luis Sanchez Garcia, secretario del Consejo . . . de la . . . inquisicion. Con don Rodrigo Iurado y Moya, fiscal . . . y . . . su cuñado. Sobre la recusacion, que . . . le tiene hecha. [*n.p.d.*] fol. 765.i.2.(51). **[177]**

Sanchez Maldonado, Diego. Agricultura alegorica, o espiritual. *Iuan Baptista Varesio: Burgos,* 1603. fol. 473.b.11. **[178]**

Sánchez Marquez, Francisco. [*Begin:*] Señor. Francisco Sanchez Marquez, cauallero del abito de Santiago . . . dize. [A memorial of his services, addressed to the King, and asking for a reward]. [*n.p.d.*], fol. 765.h.1.(42). **[179]**

Sanchez Portocarrero, Diego. Antiguedad del noble . . . senorio de Molina: Historia . . . de sus señores, principes i reyes. *Tomas Alfay: Madrid,* 1641. 8.° 10161.a.39; 573.a.35. **[180]**

—Nuevo catalogo de los obispos de . . . Siguenza. Epilogo de sus mas memorables acciones. *Diego Diaz de la Carrera: Madrid*, 1646. 4.° 4625.bb.6. [181]

Sanchez Ynca, Tomas. Discurso apologico de la Theriaca magna de Andromacho. *Mateo Lopez Hidalgo: Malaga*, 1657. 4.° [182]

Sancho, Vicente. Romance famoso, de el sangriento encuentro que tuuieron siete navios turquescos, con uno genovès . . . 1679. *Agustin Laborda: Valencia*, [1679]. 4.° T.1958. [183]

San Cruz, —. [*Begin:*] Carta christiana que el piadoso discurso del doctor Santa Cruz presume aver escrito . . . Luis XIV à . . . don Phelipe. [*Madrid*, 1700?] 4.° 11451.bb.3.(2). [184]

Sanctiago, Miguel de. Sermon de la Immaculada Concepcion: predicado en una fiesta votiva . . . en el conuento grande de nuestra Señora del Carmen . . . de Sevilla. *Gabriel Ramos Vejarano: Seuilla*, 1616. 4.° 847.m.4.(14). [185]

Sanctius Randoli, Franciscus. Doctor Franciscus Sanctius Randoli . . . D. Gartiæ de Avellaneda et Haro . . . ex temporalem commentationem cap. conquestus, fin. de Ferijs . . . dicat & consecrat. *Ex officina Antonij Vazquez: Salmanticae*, [1625?] fol. 765.i.10.(2). [186]

Sanctotisius, Christophorus. Theatrum sanctorum patrum. 2 tom. *Apud Ioannem Baptistam Varesium: Burgis*, 1607. fol. 1229.g.14, 15. [187]

San Diego y Villalon, Juan de. Discurso de la vida, meritos, y trabajos del . . . obispo del Paraguay, y verdades . . . con las quales se prueva quan . . . ha padecido. [*Madrid?* 1658?] fol. 4745.f.11.(22). [188]

—Memorial y defensorio al Rey . . . por el credito . . . y derechos episcopales de . . . B. de Cardenas obispo del Paraguay . . . con los religiosos. [*Madrid?* 1660?] fol. 209.d.4. [189]

Sandier, Francisco. Por el veintiquatro Francisco Sandier, consortes, dueños, è interessados en la plata, y oro, y demas hazienda que registrò . . . el almirante Moxica. Con el señor fiscal. *Viuda de Iuan Gonçalez: Madrid*, 1634. fol. 1324.i.4.(20); T.20.*(3). [190]

Sandin, Alonso. Copia de una carta, escrita al padre fray A. Sandin . . . procurador general de . . . Santo Rosario de Philipinas . . . en que se da noticia de el estado de aquellas islas. (Puntos). [*Madrid*, 1683?] fol. 5107.f.22. [191]

—Respuesta a una relacion sumaria que . . . se publico en . . . Nueva Espana, por parte de los ministros . . . de la real audiencia de . . . Manila. [*Madrid?* 1684?] fol. 5107.f.22. [192]

—[*Begin:*] Señor. Don A. Sandin. [A memorial in favour of P. Pardo, archbishop of Manila, who had been banished from his see]. [*Madrid?* 1684]. *S.sh.* fol. 5107.f.19.(2). [193]

Sandoval, Alonso de. Naturaleza, policia . . . costumbres i ritos . . . i catechismo evangelico de todos etiopes. *Francisco de Lira: Sevilla*, 1627. 4.° 493.g.3. [194]

—Tomo primero de instauranda Æthiopum salute. Historia de Ætiopia, naturaleza, policia . . . costumbres, ritos . . . Dividida en dos tomos. *Alonso de Paredes: Madrid*, 1647. fol. 583.i.11; G.6795. [195]

Sandoval, Francisco de. Advertencia del licenciado don Francisco de Sandoval, sobre la execucion del arbitrio del crecimiento de la moneda, de Luys de Arratia. [*n.p.*, 1610?] fol. 1322.l.12.(17); 1322.l.12.(53). [196]

—Advertencia en fabor y defensa del arbitrio de Luys de Arratia y Guebara . . . sobre la remision del quinto de la plata. [*n.p.*, 1610?] fol. 1322.l.12.(16). [197]

—En quanto a la tassa general que se pretende hazer de todas las mercadurias . . . se considera lo siguiente. [*n.p.*, 1610?] fol. 1322.l.12.(19). [198]

—San Antonino Español. Discurso apologetico. Pruevese que el patron . . . de Palencia . . . es . . . Antonino Español . . . Con otras muchas novedades de España. *Viuda de Cordoua: Valladolid*, 1633. 4.° 486.b.24. [199]

—[*Begin:*] Señor. Por auer entendido quan del servicio V. Mag. es la execuciõ deste arbitrio de la moneda. [A memorial on the Spanish currency]. [*n.p.*, 1610?] fol. 1322.l.12.(18). [200]

—[*Begin:*] Señor. Si conviniere al servicio de V. M. para algunos effectos juntar . . . cantidad de plata . . . el modo mas facil . . . es el siguiente. [*n.p.*, 1610?] fol. 1322.l.12.(20). [201]

Sandoval, Prudencio de. Antiguedad dela ciudad, y iglesia Cathedral de Tuy, y de los obispos. *Em casa de Fructuoso Lourenço de Basto: Braga*, 1610. 8.° 861.k.33; 298.i.23. [202]

—Catalogo de los obispos, que ha tenido . . . Pamplona, desde el año de ochenta . . . Con un breve sumario de los reyes. *Nicolas de Assiayn: Pamplona*, 1614. fol. 4625.e.3. [203]

—Historia de la vida y hechos del emperador Carlos V . . . Tratanse . . . de los hechos desde . . . 1500 hasta . . . 1528 (desde . . . 1528 hasta . . . 1557). 2 tom. *En casa de Bartholome Paris: Pamplona*, 1618–14. fol. C.76.h.2; 183.e.1, 2. [204]

— — *Sebastian de Cormellas: Barcelona*, 1625. fol. 9196.dd.1. [205]

— — *En casa de Bartholome Paris: Pamplona; a costa de Pedro Escuer: Çaragoça*, 1634. fol. 172.k.10, 11. [206]

—Historia de los reyes de Castilla y de Leon don Fernando el Magno . . . don Sancho . . . don Alonso . . . doña Urraka . . . don Alonso septimo. *Carlos de Labàyen: Pamplona*, 1615. fol. 9180.h.14.(2); 594.g.2.(1). [207]

— — *Carlos de Labàyen; a costa de Pedro Escuer: Pamplona*, 1634. fol. 178.b.9. [208]

—La historia del emperador Carlos quinto . . . que escriviò en trienta y tres libros . . . fr. Prudencio de Sandoval . . . abreviados . . . por don Ioseph Martinez de la Puente. *Ioseph Fernandez de Buendia: Madrid*, 1675. 4.° 9180.h.1. [209]

—Historias de Idacio obispo, que escrivio poco antes que España se perdiese. De Isidoro . . . de Sabastiano . . . de Sampiro . . . de Pelagio. *Nicolas de Assiayn: Pamplona*, 1615. fol. 9180.h.14.(1). [210]

— — *Nicolas de Assiayn; a costa de Pedro Escuer: Pamplona*, 1634. fol. 594.g.3.(2); 178.b.1; G.6400. [211]

Sandoval Cerda Silva y Mendoza, Gaspar de, *Count de Galve, Viceroy of Mexico.* Relacion de lo sucedido a la armada de Barlovento à fines del año pasado, y principios de . . . 1691. *Herederos de la viuda de Bernardo Calderon: Mexico*, 1691. 4.° 9180.c.13. [212]

Sandoval Negrete, Juan de, and **Yañez de Avila, Alonso.** Por d. Luysa de Valençuela viuda del alferez Iuan Ortiz Rojano . . . de Vaena. En el pleyto con don Christoual Rojano y consortes herederos. [A pleading]. [*n.p.d.*] fol. 765.i.2.(11). [**213**]

Sandoval y Rojas, Bernardo de, *Cardinal.* [*Begin:*] Señor. El cardinal Sandoval, arçobispo de Toledo, dize: que don Francisco de Ocãpo, religioso de la orden de Santiago. [*n.p.d.*] fol. 765.h.1.(59). [**214**]

Sandoval y Rojas, Francisco. Respuesta que da la verdad a una carta que con nombre del capitan don Francisco de Sandobal . . . dirigida a el mismo . . . señor en defensa . . . de . . . Juan de Peñalosa y Estrada. [*n.p.*, 1681]. fol. Dept. of MSS. Add. MS.10262. (ff.234–237). [**215**]

San Felipe de Austria, *Venezuela.* [*Begin:*] Señor. El cabildo, iusticia, y regimiẽto, y vezinos mineros de . . . Sã Felipe de Austria, dize. [A memorial to the King on the working of their mines]. [*Madrid?* 1630?] fol. 725.k.18.(9); C.62.i.19.(61). [**216**]

Sangleyes. Relacion del levantamiento de los sangleyes, nació gentil, habitadores en las islas Filipinas. *Alonso Rodriguez: Sevilla,* 1606. fol. 1311.k.12. [**217**]

San Lazaro. Instruccion que se ha de obseruar en la guarda de los puestos de san Lazaro, la Cruz del Campo, Guadaira y Triana. [*Seville,* 1640?] fol. 1322.l.9.(33). [**218**]

San Martin, Gregorio, de. Sucessos felices intitulados, finezas de amor . . . Compostos em dous romances. *Manoel da Sylua; a custa de Pedro Craesbeeck: Lisboa,* 1642. 4.° 11452.e.40.(14). [**219**]

— — *Manoel da Sylva; a custa de Pedro Craesboeck: Lisboa,* 1642. 4.° 9195.c.24.(10). [**220**]

— El triumpho mas famoso que hizo Lisboa a la entreda de don Phelippe Tercero. *Pedro Craesbeeck: Lisboa,* 1624. 4.° C.63.b.21. [**221**]

San Miguel y Vargo, Joseph de. Biblia Mariana ex pluribus authoribus collecta, Cum indicibus locorum S. Scripturae. *Ex typographia Ioannis a Viar: Burgis,* 1674. fol. 3126.k.2. [**222**]

San Pedro, Diego de. La passion. *Francisco Sanz: Madrid,* 1699. 4.° 011451.ee.25. [**223**]

San Ramon, Antonio de. Historia general de la Yndia Oriental. *Luis Sanchez: Valladolid,* 1603. fol. C.74.d.12; 149.e.9; G.6572; 582.h.3. [**224**]

— Iornada y muerte del rey don Sebastian de Portugal. *Herederos de Iuan Yñiquez de Lequerica: Valladolid,* 1603. 4.° 1323.c.6. [**225**]

San Raymundo, Vicente de. Relacion diaria de lo sucedido en la guerra . . . de Rosellon y Cerdania, y sitio del castillo de Salses. *Iayme Romeu: Barcelona; y por su original por Iuan Gomez de Blas: Seuilla,* 1640. 4.° 1444.f.18.(26); 1445.f.22.(46). [**226**]

Santa Cruz, —, *Doctor.* [*Begin:*] Carta, christiana, que el piadoso discurso del doctor Santa Cruz, presume aver escrito el . . . rey de Francia Luis XIV à . . . Phelipe V . . . Soneto. [*Madrid,* 1700?] 4.° 11451.bb.3.(2). [**227**]

Santa Cruz de Duenas, Melchior de. Floresta española de apotehgmas [sic]. *En casa de Roger Velpius: Brucellas,* 1605. 12.° G.17622. [**228**]

— — *Huberto Antonio: Brusselas,* 1629. 12.° 12305.aa.56. [**229**]

— Floresta española, de apoteghmas . . . La floresta spagnola, ou le plaisant bocage. *Span. & Fr. Rutger Velpius, & Hubert Anthoine: Bruxelles,* 1614. 8.° 12315.b.1. [**230**]

Santa María, Lazaro de. [*Begin:*] Jesus, Maria, Joseph . . . Discurso juridico, canonico, historico, politico, y legal. La verdad defendida. Por don Francisco Joseph de Carmargo. [A lawsuit]. [*n.p.d.*], fol. 765.h.10.(2). [**231**]

Santans y Tapia, Juan de. Relacion diaria de los sucessos del armada francesa, desde que aparecio en la Coruña. *Francisco de Lira: Sevilla,* 1639. 4.° 1445.f.22.(32). [**232**]

Santelices y Guevara, Juan de. Memorial del sucesso estraño, por donde vino a descubrir el señor don Iuan de Santelices . . . la ocultacion, y fraude que los . . . Iesuites . . . de Sevilla cometieron. [*Seville,* 1646?] fol. 4783.f.7.(11). [**233**]

— Traslado del informe que hizo a su Magestad . . . Iuan de Santelices . . . en razon de la quiebra, y pleito de acreedores que . . . ocasionò el colegio de San Hermenegildo . . . 1645. [*Seville?* 1646]. fol. 4783.b.7.(12). [**234**]

Santiago, *Chile, diocese of.* Synodo diocessana que celebro . . . Bernardo Carrasco de Saavedra, obispo de Santiago. *En la imprenta de Ioseph de Contreras y Alvarado: Lima,* 1691. 4.° 5018.aa.18. [**235**]

Santiago, Hernando de. Consideraciones sobre los euangelios de los santos, que con mayor solemnidad celebra la Iglesia. *Pedro Craesbeeck; a costa de Thome del Valle: Lisboa,* 1617. 4.° 1490.d.93. [**236**]

Santiago de Compostela, *Cathedral.* Informacion en derecho, en fauor del arçobispo, dean y cabildo de la . . . yglesia . . . de Sanctiago: en el pleyto con los concejos y vezinos . . . de Toledo . . . Burgos . . . Siguença, Osma, Calahorra, y Palencia. *Iuan de Bostillo: Valladolid,* [1627?] fol. 487.i.39.(1). [**237**]

— Memorial a su Magestad. En nombre de la iglesia de Sanctiago, i del clero de las de Españas. [*Valladolid?* 1627?] fol. 487.i.39.(2). [**238**]

Santiago y Vivar, Diego de. Por el colegio de Santiago. En el pleyto con el colegio de san Miguel. Sobre la prece dencia de los bocativos. *Nicolas Antonio Sanchez: Granada,* 1673. fol. 1322.l.1.(38). [**239**]

Santivores, Diego Luis, de. Relacion escrita por uno de los padres de la mission, Mariana, remitida a Mexico, desde la isla . . . de San Juan. *Viuda de Nicolas Rodriguez: Sevilla,* 1674. fol. 4745.f.11.(29). [**240**]

Santoro, Juan Basilio. Prado espiritual recopilado de antiguos clarissimos, y santos doctores. 2 pt. *En casa de Iuan de la Cuesta; vendese en casa de Francisco de Robles: Madrid,* 1607. fol. 3851.ee.24. [**241**]

Santos, Francisco. Cardeno lirio, Alva sin crespusculo, y Madrid llorando. *Madrid,* 1690. 8.° 243.a.19. [**242**]

— Dia, y noche de Madrid, discurso de lo mas notable que en èl passa. *Pablo del Val; a costa de Iuan de Valdes: Madrid,* 1663. 8.° 1429.b.11. [**243**]

— — *Ioseph Fernandez de Buendia; a costa de Iuan Martin Merinero: Madrid,* 1674. 8.° 12352.c.43. [**244**]

— El diablo anda suelto. Verdades de la otra vida soñadas en esta. *Roque Rico de Miranda; a costa de Francisco Martinez: Madrid,* 1677. 8.° 1075.e.17. [**245**]

— Los gigantones en Madrid por defuera, y prodigioso

entretenido. Fesiva salida al Santo Christo del Pardo. *Pablo del Val: Madrid*, 1666. 8.° 12489.e.7. [246]

— El no importa de España. *Domingo Garcia Morrás: Madrid*, 1668. 8.° 12491.a.12. [247]

— El rey gallo, y discursos de la hormiga. Viage discursivo del mundo, e ingratitud del hombre. *Diego Dornier: Valencia*, 1694. 8.° 8405.aa.5. [248]

— El sastre del campillo. *Lorenço Garcia; vendese en casa de Sebastian de Armendariz: Madrid*, [1685]. 8.° 12489.b.36. [249]

— La tarasca de parto en el meson del infierno, y dias de fiesta por la noche. *Domingo Garcia Morras; a costa de Iuan Martin Merinero: Madrid*, [1672]. 8.° 1074.f.23. [250]

— Las tarascas de Madrid, y tribunal espantoso. Passos del hombre perdido. *Francisco Antonio de Burgos: Valencia*, 1694. 8.° 1072.f.18. [251]

— La verdad en el potro, y el Cid resucitado. *En la imprenta de Lucas Antonio de Bedmar: Madrid*, 1686. 8.° 12490.a.22. [252]

— El vivo, y el difunto. *Martin Gregorio de Zabala: Pamplona*, 1692. 8.° 12490.b.11. [253]

Santos, João dos. Ethiopia Oriental, e varia historia de cousas notaveis do Oriente. 2 pt. *Manoel de Lira: Convento de S. Domingos de Evora*, 1609. fol. C.114.g.1; G.6794. [254]

Santos de San Pedro, Iuan. Por don Iuan Santos de San Pedro, canonigo . . . de Toledo . . . heredero . . . [de] . . . Iuan de Binatea y Castro. Con la abadesa, y de la . . . Carmelitas. [*n.p.*, 1635?] fol. 765.i.2.(7). [255]

Santoyo de Palma, Joan. Relacion escrita al doctor Ioan Santoyo . . . Dase cuenta de las reliquias, y cuerpos santos, que se hallaron en . . . Arjona. (Memorial que se remitio a Madrid. [Signed:] Geronymo Pancorvo). *Manuel de Sandè: Sevilla*, 1629. fol. 593.h.17.(85). [256]

Sanvitores, Diego Luis de. Relacion escrita por uno de los padres de la mission, Mariana, remitida à Mexico, desde . . . San Juan. *Viuda de Nicolas Rodriguez: Sevilla*, 1674. fol. [257]

Sanz, Gaspar. A la Reyna madre nuestra señora doña Mariana de Austria . . . Anagramas. [*Madrid?* 1679?] S.sh. fol. T.22.*(11). [258]

— Beatissimo patri nostro Innocentio undecimo . . . propter sui flagrans desiderium erga universalem pacem . . . quatuor elogia, etc. [*Salamanca?* 1680]. fol. 101.*(10). [259]

— Carolo austriaco secundo, Hispaniarum regi . . . Sanzius hos Gaspar sacrat tibi Carole versus. [*Madrid?*] 1677. S.sh. fol. T.22.*(45). [260]

Sanz, María. Iesus, Maria, Ioseph, por Maria Fernādez viuda de Iuan Sanz . . . y . . . su hijo delatores. Con Bartolome Gutierrez de Arce, y Iuan Baptista . . . hermanos [concerning a claim to certain privileges of nobility. By F. de Villaroel]. [*Madrid?* 1650?] fol. 1322.l.2.(47). [261]

Sanz de Proxita, Luis. Oracion funebre en las honras que hizo el real convento del Carmen calcado al . . . señor d. Fr. Pedro Olginat de Medicis. *Bernardo Noguès: Valencia*, 1659. 4.° 851.k.16.(2). [262]

Sanz de Vilaragut, Josef. Representacion a los eminentissimos señores cardenales de la sagrada congregacion sobre obispos y regulares. [*Madrid?* 1680?] fol. 4783.e.3.(28). [263]

Sapera, Vicent. Joyell precios y adorno de la anima devota, que vol perfetament agradar à Deu. *Barthomeu Giralt; venense en casa de Jaume Battle: Barcelona*, [1667]. 16.° 886.f.1. [264]

Saragossa. [*Cathedral Church*]. Al ilustrissimo señor patriarca de las Indias . . . La santa Iglesia . . . de Zaragoça a 8 de março 1644. [A petition]. [*Saragossa*, 1644]. fol. 1322.l.9.(30). [265]

— [*Cathedral Church. Chapter*]. Forma del iuramento, que de la pia . . . confession de la immaculada concepcion de la . . . Virgen . . . hazen, el prior, y cabildo de la . . . iglesia . . . del Pilar . . . 1619. *Pedro Cabarte: Zaragoça*, 1619. S.sh. fol. 1322.l.11.(20). [266]

— [*Cofradía de ganaderos*]. Ordinaciones de la casa, y cofradia de ganaderos de . . . Caragoça. *Iuan de Lanaja y Quartanet: Çaragoça*, 1620. 8.° C.62.h.4.(3). [267]

— [*Iglesia de la Seo*]. [*Begin:*] Excelentissimo señor. Aviendo explicado V excelencia su deseo, al ajustamiento de los pleitos de las iglesias de la Seo, y el Pilar, etc. [*Saragossa?* 1680?] fol. C.62.h.4.(4*). [268]

— [*Universidad de Zaragoza*]. Estatútos de la universidad, y estudio general de . . . Çaragoza, hechos por los . . . jurados . . . Y confirmados por el concello general . . . 1618. *Çaragoça*, 1618. fol. 731.l.15.(4). (*missing*). [269]

— — *Çaragoça*, 1640. fol. 731.l.15.(5). (*missing*). [270]

— — *Çaragoça*, 1647. fol. 731.l.15.(6). (*missing*). [271]

— [*Begin:*] Señora. La universidad de Caragoça dize. [*Opinion of the university, regarding the points in dispute between the iglesia de la Seo and that of the Pilar*] 2 pt. [*Saragossa*, 1672?] fol. C.62.h.4.(4). [272]

— [*Appendix*]. Coplas, que dixeron los cocheros de Çaragoza el dia de nuestra Señora del Pilar, en el dançe que hizieron en su . . . capilla. [*Saragossa*, 1690?] 4.° 1073.k.22.(31). [273]

Sarasar y Arce, Fermin de. A la exc.ma señora Ana Catolina de la Cerda . . . dandole la enorabuena en el desposorio que ha de celebrar con . . . don Pedro de Aragon. [*Madrid*, 1685?] fol. T.22.*(42). [274]

— A los excelentissimos senores duques de Medina Celi y Cardona, en ocasion de aver comutado una . . . ioya, de diamantes que avian dado à nuestra Señora de Monserrate. [In verse]. [*Madrid*, 1680?] S.sh. fol. T.22.*(44). [275]

— Al exc.mo señor duque de Medina Celi . . . en ocasion de aver llegado la flora de Nueva España, . . . quintillas [i.e. on his marriage with María de las Nieves]. [*Madrid?* 1678]. S.sh. fol. T.22.*(10). [276]

— Al exc.mo señor marques de Cogolludo, miseñor, hijo . . . de los . . . duques de Medina Celi . . . Soneto. [*Madrid?* 1680]. S.sh. fol. T.22.*(36). [277]

— Al excelentissimo señor duque de Medina Celi . . . en su exaltacion de primer ministro . . . soneto. [*Madrid*, 1680?] S.sh. fol. T.22.*(43). [278]

— Al Rey nuestro señor, que Dios guarde, en ocasion de salir su Magestad . . . à dar gracias à nuestra Señora de Atocha . . . soneto. [*n.p.*, 1678]. S.sh. fol. T.22.*(47). [279]

— Atributos de el sol parangonados . . . con los desvelos del . . . duque de Medina Zeli . . . Soneto. [1680?] S.sh. fol. *See* Cerda Enriquez de Ribera, J. F. T. L. de la. T.22.*(41).

Saravia, Antonio de. Justa literaria, certamen poetico, o sagrado influxo, en la . . . canonizacion de . . . san Juan de Dios. *En la imprenta de Bernardo de Villa Diego: Madrid,* 1692. 4.° 11451.c.49. [280]

Sardinha Mimoso, João. Relacion de la real tragicomedia con que los padres de la compañia de Jesus . . . de Lisboa recibieron a . . . Felipe II de Portugal. *Iorge Rodriguez: Lisboa,* 1620. 4.° 11714.b.35. [281]

Sardinia. Capitula siue acta curîarum regni Sardiniae. *See* Dexart, J.

Sargel. Relacion verdadera de la toma y assolto de . . . Zargel, y su presidio, por . . . Portugal . . . 1675. *Iuan Vexarano: Cadiz,* 1676. 4.° 1445.f.17.(1). [282]

— Relacion verdadera, y breve compendio de los estragos . . . que ha avido en Sargel. [In verse]. *Iuan de Cabeças: Sevilla,* 1674. 4.° 811.e.51.(7). [283]

Sariñana, Isidro. Noticia breve de la solemne . . . dedicacion del templo metropolitano de Mexico . . . 22 de diziembre de 1667 . . . y sermon que predicò . . . Ysidro Sariñana. 2 pt. *Francisco Rodriguez: Mexico,* 1668. 4.° 4744.dd.4. [284]

Sarmiento de Mendoça, Manuel. Sermon . . . en las onras que se hizieron . . . a . . . Margarita de Austria reyna de España. *Sevilla,* 1611. 4.° 4423.g.1.(11). (*destroyed*). [285]

— Sermon, que predicó el maestro don Manuel Sarmiento . . . el dia octauo de las fiestas de la Inmaculada Concepcion. *Alonso Rodriguez Gamarra: Sevilla,* 1616. 4.° 847.m.4.(11). [286]

Sarmiento de Sotomayor, Augustin. [*Begin:*] Señor. Don Agustin Sarmiento. [A memorial of his services in the Spanish Indies, addressed to the King]. [*Madrid*? 1641?] *S.sh.* fol. 1324.i.2.(54). [287]

Saura, Joannes Antonius de. Votum Platonis. De justo examine doctrinarum; et de earum probabilitate; & de primis instantiis, & aliis recursibus praesertim in causis fidei. (Tabulæ). 2 pt. *Apud Petrum Verges: Caesar Augustae,* 1639. 4.° 8462.bb.2. [288]

Savariego de Santana, Gaspar. Libro de la iberiada de los hechos de Scipion Africano en . . . España. [A poem]. *Luys Sanchez: Valladolid,* 1603. 8.° 011451.e.26. [289]

Sayas Rabaneda y Ortubia, Francisco Diego de. Anales de Aragon desde el año de M.DXX . . . hasta el de M.DXXV. [*Zaragoça*?] 1667. fol. 1322.k.1. [290]

Scals y Salzedo, Diego de. Origen, casa, y familia de Scals, o de la Scala . . . derivada . . . de los Scalas principes, y señores de Verona, y Vincenzia. [A memorial of D. de Scals]. 3 pt. *Francisco Mestre: Valencia,* 1681. fol. 136.e.7. [291]

Sedano y Mendoça, Agustin, and **Rodriguez de Leon, Juan.** [*Begin:*] Exmo señor. [A report on the distribution of tithes in the diocese of Tlaxcada]. [*Mexico*? 1630?] fol. 6784.k.2.(8). [292]

Sedeño, Gregorio. Descripciõ de las funerales exequias, y sermon que en ellas se predicó en la muerte de . . . doña Jacinta de Vidarte, y Pardo. *Imprenta de la viuda de Iuan de Borja, y Gandia: Puebla de los Ángeles,* 1681. 4.° 4985.de.4.(3). [293]

Sedeño de Mesa, Alonso Antonio. Al grandioso combite que el señor nuncio [Sabo Millini] ha celebrado . . . en ocasion de aver consagrado al señor patriarca de las Indias. [*Madrid*? 1680?] *S.sh.* fol. T.22.*(63). [294]

— Dechasticon. In duplici idiomate, Latino, videlicet, et Hispaniensi, in . . . d. Sabum Mellinum, archiepiscopum Caesareae. [*Madrid*? 1680?] *S.sh.* fol. T.22.*(65). (*Latin portion only*). [295]

— Dechasticon in duplici idiomate, Latino, videlicet, et Hispaniensi, in . . . Gregorium de Silva, ducem . . . Paternianiae. [*Madrid*? 1680?] *S.sh.* fol. T.22.*(66). [296]

— Romance, en que se descrive la salida que la reyna . . . Maria Luisa de Borbon hizo en Madrid. [*Madrid*, 1679]. 4.° T.22.*(26). [297]

— Soneto acrostico en idioma latino, y español, al . . . señor don Baltasar de Eraso y Toledo, conde de Humanes. [*Madrid*? 1680?] *S.sh.* fol. T.22.*(38). [298]

— Soneto acrostico en metaphora de una nave elogiando al . . . señor don Sabo Mellini. [*Madrid*? 1680?] *S.sh.* fol. T.22.*(40). [299]

Segneri, Paolo, *The Elder.* [*Appendix*]. Censura del padre Paolo Segneri. [*n.p.,* 1680?] fol. 4183.h.5.(20). [300]

Segnier, Claude. Breve compendio de la vida de el ven. pad. F. Suarez . . . escrito en fances [sic] por el p. C. Segnier . . . Traducido . . . por un discipulo. *Veuve de Henry Brebion: Lyon,* [1630?] 4.° 4865.bb.4. [301]

Segovia. Por la ciudad de Segovia y su comun, y tierra con la villa de Martin Muñoz de las Posadas. [A pleading]. [*n.p.,* 1620?] fol. 765.i.6.(10). [302]

Segredos. Segredos publicos, pedra de toque dos intentos do inimiguo. 1641. 4.° *See* Catalonia. 1060.c.29.(8).

Segura, Bartholomé de. Amaçona christiana. Vida de . . . Theresa d. I. H. S. [In verse]. *Franco. Fernez de Cordoba: Vallid.,* 1619. 8.° 11451.aa.37. [303]

Segura, Francisco. de. Primera parte, del romancero historiado, trata de los . . . hechos de los . . . reyes de Portugal. *En la imprenta de Vicente Alvarez: Lisboa,* 1610. 8.° 1072.e.12. [304]

— Rosario sacratissimo de la . . . Virgen Maria. [A poem]. *Iuan de Lanaja y Quartanet: Zaragoça,* 1613. 8.° 1072.e.18. [305]

Seixas y Lovera, Francisco de. Theatro naval hydro-graphico, de los fluxos, y refluxos, y de las corrientes de los mares. *Antonio de Zafra: Madrid,* 1688. 4.° 10498.b.5. [306]

— Descripcion geographia, y derrotero de la region Austral Magallanica. *Antonio de Zafra: Madrid,* 1690. 4.° 798.f.29. [307]

Seixas y Vascancelos, Gaspar de. Discurso y exclamacion a la muerte de la . . . reyna . . . Isabel de Borbon. *Diego Diaz de la Carrera: Madrid,* 1645. 4.° 702.d.14.(5). [308]

— Trofeos de la paciencia christiana, y reglas que deven observar los ministros . . . en las audiencias. *Diego Diaz de la Carrera; a costa de Pedro Laso: Madrid,* 1645. 4.° 702.d.14.(4). [309]

Semmedo, Alvaro. Imperio de la China. I cultura evangelica en el, por los religiosos de la compañia de Jesus . . . Publicado por Manuel de Faria i Sousa. *Iuan Sanchez; a costa de Pedro Coello: Madrid,* 1642. 4.° 802.h.17; 980.g.31; 204.b.10. [310]

Sendin, Juan. Defensorio juridico en la causa contra el maestro Juan Sendin, provincial . . . de Castilla, orden de san Francisco. [*Madrid,* 1670?] fol. 4783.e.3.(14). [311]

—R. P. M. Fr. Joannis Sendin . . . opus posthumum. 2 pt. *Ex officina Francisci Garcia Fernandez: Compluti*, 1699. fol. 3835.d.14. **[312]**

Seneca, Lucius Annaeus. Siete libros de L. Ae. Seneca. Traducidos por el lic^do P^o Fr'z Navarrete. *Imprenta real: Madrid*, 1627. 4.° 524.h.14.(1). **[313]**

Señor. [*Begin:*] Señor. El adbitrio que se propone a V. Mag. para el consumo del vellon . . . se ha propuesto en varios tiempos, y en diferentes consejos, etc. [*n.p.d.*], fol. 765.i.9.(16). **[314]**

Sentis, Juan. Crides, y edictes, fets per . . . don Iuan Sentis, bisbe de Barcelona . . . sobre la erectio de fires, y cambis en Perpinya . . . Comprouades ab so originals . . . per Blasi Canta. *Esteue Bartau: Perpinya*, 1651. 4.° 5384.bbb.10.(2). **[315]**

Sequeira Pereira, Lopo de. Constituicões synodaes do bispado de Portalegre ordenadas e feitas felo . . . sor D. Fr. Lopo de Sequeira Pereira]. (Regimento). [*Jorge Roiz: Portalegre*, 1692]. 4.° 5051.dd.1. **[316]**

Serna, Alonso de. Sermon á las onras de la magestad de Margarita de Austria, reina de España. *Sevilla*, 1612. 4.° 4423.g.1.(13). (*destroyed*). **[317]**

Serna y Cantoral, Joseph de la. [*Begin:*] Vista esta consulta, y la constitucion desta orden. [A collection of statements concerning the constitution of the order of the Most Holy Trinity]. [*Salamanca?* 1678]. fol. 4783.e.1.(35). **[318]**

Serralonga, Juan de. El catalan Serralonga. Comedia famosa. La primera fornada de don Antonio Coello . . . La tercera de Luis Velez de Gueuara. *Antonio Aluarez: Lisboa*, 1645. 4.° 11728.h.19.(20). **[319]**

Serrano, Manuel. Por el real fisco, y denunciadores. Contra Manuel Serrano, Iuan Lopez de Moreda . . . reos denunciados, y don Agustin del Rio Falcon . . . de San Sebastian. [A pleading]. [*n.p.*, 1660?] fol. 1322.k.15.(19). **[320]**

Serraõ Pimentel, Luis. Arte pratica de navegar e regimento de Pilotos . . . Iuntamente os roteiros das navegaçoens das conquistas de Portugal, & Castila. [Edited by M. Pimentel de Vilasboas]. *Antonio Craesbeeck de Mello: Lisboa*, 1681. fol. C.125.e.2.(2). **[321]**

— Methodo lusitanico de desenhar as fortificaçoens das praças regulares, & irregulares . . . e outras obras. *Na impressao de Antonio Craesbeeck de Mello: Lisboa*, 1680. fol. 8822.dd.5. **[322]**

Servites, *Order of.* Breve relacion del origen . . . de la . . . religion de los siervos de Maria . . . sacados de los anales . . . de lo que escrivio . . . Joseph Gaspar Pescara. *Maria de Benavides: Mexico*, 1699. 8.° 861.g.25. **[323]**

Setina, Juan de. Copia de una carta que el licenciado don Iuan de Setina. Danse quenta del estrago que hizo en aquella ciudad [Sevilla] y su comarcar el rio Guadalkivir. *Antonio Vazquez: Salamanca*, 1626. fol. 593.h.22.(75). **[324]**

Severim de Faria, Manoel. Discursos varios politicos. *Manoel Carvalho: Evorae*, 1624. 8.° 1201.c.15. **[325]**

— Promptuario espiritual e exemplar de virtudes em que . . . se explicão as materias mais importantes para a salvacão das almas. [*Lisbon*], 1651. 4.° 4403.gg.21. **[326]**

Seville. [*Official documents*]. Ordenanças de Seuilla. Recopilacion de las ordeñaças de . . . Seuilla . . . Fecha por mãdado delos . . . reyes . . . do Fernãdo doña Ysabel. [*Seville*], 1632. fol. 501.g.3.(2). **[327]**

— [*Casa de la Contratacion de las Indias*]. [*Begin:*] Casa de la contratacion de las Indias . . . de Sevilla. [Official forms and other papers issued by the Contador]. [*Seville?* 1608?] fol. 707.b.23.(11). **[328]**

— Relacion de los cargos y obligaciones que tengo en el oficio de contador desta casa de la contratacion de las Indias. [By A. López de Calatayud]. *Iuan Serrano de Ureña: Sevilla*, 1623. fol. C.62.i.19.(1). **[329]**

— [*Cathedral Church*]. Estatutos y constituciones de la santa Iglesia de Sevilla. [*Seville*, 16— ?] fol. 501.g.15.(5). **[330]**

— [*Begin:*] Breve compendio de la pompa . . . con que la santa cathedral . . . de Sevilla, celebrò el baptismo de [38] africanos. *Sevilla*, 1672. 4.° 1323.g.1.(1). **[331]**

— Regla del coro y cabildo de la s. Iglesia metropolitana de Sevilla. [*Seville*], 1658. 4.° 486.g.22.(2). **[332]**

— [*Congregación de la Santisima Trinidad*]. Suma breve de los exercicios, e indulgencias que tiene la congregacion de la Santissima Trinidad. [*Seville?*] 1675. 4.° 811.e.51.(10). **[333]**

— [*Consulado*]. Informe del consulado de Sevilla al real consejo de las Indias. [*Seville?* 1670?] fol. 1324.i.3.(13). **[334]**

— Por el consulado de Sevilla, è interessados en la plata y oro, que el año . . . de 31. Se salvo en . . . Tabasco . . . Con el . . . fiscal. [C. de Moscoso y Cordova]. *Viuda de Iuã Gõçalez: Madrid*, 1634. fol. 1324.i.4.(22). **[335]**

— [*Begin:*] Sepan quantos esta carta vierẽ como nos Christoval [sic] de Barnuevo, Bonifaz, y Ivan de Vergara Gaviria, cõsules de la universidad & los mercaderes . . . en las Indias. [Document relating to the duties called "Averia"]. [*n.p.*, 1618?] fol. 8223.d.28. **[336]**

— [*Hermandad de la Hospitalidad de la Santa Caridad*]. Regla de la insigne Hermandad de la Santa Caridad de N. Señor Jesu Christo. (Summario de las indulgencias). *Iuan Gomez de Blas: Sevilla*, 1662–65. 4.° 491.d.16.(2). **[337]**

— [*Hermandad de Nuestra Señora del Socorro*]. Regla y constituciones de la hermandad de N. Señora del Socorro. *Viuda de Nicolàs Rodriguez: Sevilla*, 1673. 4.° 811.e.51.(6). **[338]**

— [*Junta del real almirantazgo*]. Por la iunta del real almirantazgo de la ciudad de Seuilla, en el pleyto que . . . se sigue por . . . Iuan de la Calle . . . Contra Luys Mendez. [*n.p.*, 1650?] fol. 765.e.3.(19). **[339]**

— [*Jurados*]. Collaciones y barrios de los señores iurados de Sevilla. [*Seville*, 1650?] S.sh. fol. 707.b.23.(7). **[340]**

— [*Milicia angelica de Santo Tomás de Aquino contra el vicio carnal*]. Milicia angelica de santo Tomas erigida en el real convento de san Pablo. Orden de predicadores. *Tomè de Dios Miranda: Sevilla*, 1678. 4.° 811.e.51.(32). **[341]**

— [*Real audiencia*]. Ordenanças de la real audiencia de Sevilla. *Bartolome Gomez: Sevilla*, 1603. fol. 501.g.3.(1). **[342]**

— Defensa por la iurisdicion real, y sala de alcaldes de la audiencia de Seuilla. Con el iuez eclesiastico. [*n.p.*, 1650?] fol. 765.e.3.(18). **[343]**

— Memorial por el alguazil mayor de la real audiencia de Sevilla. Sobre el derecho que posee de nombrar alguaziles. [*n.p.d.*], fol. 765.h.3.(17). **[344]**

— [*Real fisco y averia*]. Por el real fisco y averia de la ciudad de Sevilla. Con don Iuan de Amassa. *Iuan Gõcalez: Madrid*, 1633. fol. 1324.i.4.(29). **[345]**

— [*Universidad de corredores de Lonja*]. Traslado de diferentes privilegios de la universidad de Corredores de Lonja . . .

de Sevilla. *Tomàs Lopez de Haro: Sevilla*, 1687. fol. 501.g.4.(1). [346]

—[*Universidad de los mercaderes de la ciudad de Sevilla*]. Ordenanzas para el prior, y consules de la universidad de los Mercaderes . . . de Sevilla. *Thomas Lopez de Haro: Sevilla*, 1683. fol. 501.g.3.(3). [347]

—[*Appendix*]. Enundacion de Sevilla por la creciente de su rio Guadalquivir. *Francisco de Lyra: Sevilla*, 1626. fol. 593.h.22.(73). [348]

—[*Begin:*] El estado en que oy se halla el comercio de Sevilla, y de todo el reyno, cõ la detencion de los galeones de la plata. [*Seville?* 1640?] fol. 1324.i.10.(7). [349]

—Por el comercio de la ciudad de Seuilia [sic] . . . En el pleyto con el señor fiscal . . . Sobre los derechos de una partida de tabaco. [*n.p.*, 1650?] fol. 765.i.3.(12). [350]

—Por la ciudad de Sevilla, en el pleyto. Con su villa de Constantina. Sobre las tierras baldias. [By Alonso Carranza]. [*n.p.*, 1620?] fol. 1322.l.6.(20). [351]

—[*Begin:*] Señor. [Memorial in favour of Seville being made the principal depot for the commerce of the Indies]. [*Seville*, 1695?] fol. 1323.k.16.(20). [352]

—[*Begin:*] Señor. La ciudad de Sevilla, dize. [Memorial, recommending the depreciation of the copper currency]. [*Seville*, 1640?] fol. 1323.k.17.(38). [353]

—[*Begin:*] Señor. La ciudad de Sevilla, dize que el daño que causa sacar la plata y oro de España es . . . conocido . . . Y assi . . . se ha de servir V. Magestad de mandar que . . . no . . . se de licencia. [*Sevilla?* 1630?] fol. 1322.l.12.(35). [354]

—[*Begin:*] Yo Antonio Gonzalez de Avellaneda escrivano del Rey, peticion [for the confirmacion of certain privileges for the English residents in Seville and other towns]. [*Seville?* 1676?] fol. 712.m.1.(7). [355]

Seville, *Diocese of.* R. P. D. Pamphilio. Hispalen primitiarum. Veneris 16 Februarij 1618. [A decision taken in the ecclesiastical court]. [*Seville?* 1618?] 765.h.1.(5). [356]

—R. P. D. Pamphilio Hispalen primitiarum. Mercurij 9. Dezembris 1620. [A decision taken in the ecclesiastical court]. [*Seville?* 1620?] fol. 765.h.1.(3). [357]

—R. P. D. Navarró Hispalen primitiarum. Veneris 13 Maij 1622. [A decision taken in the ecclesiastical court]. [*Seville?* 1622?] fol. 765.h.1.(4). [358]

—[*Begin:*] R. P. D. Pamphilio Hispalen primitiarum. Mercurii 11 Martij 1620. [A decision taken in the ecclesiastical court]. [*Seville?* 1620?] fol. 765.h.1.(2). [359]

Seyner, Antonio. Historia del levantamiento de Portugal. Pedro Lanaja, y Lamarca: *Zaragoça*, 1644. 4.° 1060.c.10. [360]

Sibyls. Oraculos de las doce Sibilas. Profetisas, de Christo . . . entre los gentiles. Por . . . Balthasar Porreño. *Domingo de la Yglesia: Cuenca*, 1621. 4.° 4506.aaa.10. [361]

Sicardo, Felipe. Comedia famosa. La cruz hallada, y triunfante, y glorias de Constantino. [In verse]. *En la imprenta de Juan Sanz: Madrid*, [1700?] 4.° *No. 30 of an unidentified collection.* 11728.f.37. [362]

Sicardo, Joseph. Christiandad del Japon, y dilatada persecucion que padeciò. Memorias . . . de los martyres. *Francisco Sanz: Madrid*, 1698. fol. 4765.f.10. [363]

Sicardo, Juan Bautista. General ruina, que en todos estados

padece el mundo por el vidio de la murmuracion. *Francisco Garcia Fernandez: Alcala*, 1675. 8.° 851.a.21. [364]

Sierra, Thomas de. [De las excelencias de la orden de predicadores. (Milagro de S. Raymundo) by Thomas de Sierra, or A. Fernández]. 2 pt. [*Toledo?* 1604?] 8.° 861.h.14. *imp.* [365]

Sigüenza y Góngora, Carlos de. Parayso occidental, plantado, y cultivado por la . . . mano de los . . . reyes de España . . . en su . . . convento de Jesus Maria de Mexico. *Juan de Ribera: Mexico*, 1684. 4.° 1124.k.10. [366]

—Triumpho Parthenico que en glorias de Maria, santissima . . . celebrò la pontificia academia mexicana. *Juan de Ribera: Mexico*, 1683. 4.° 4808.bb.32. [367]

Silva. Sylva de varios romances . . . en esta ultima impression van añadidos, el de la muerte del rey d. Felipe II. *En la emprenta administrada por Sebastian de Cormellas: Barcelona*, 1645. 24.° 11451.a.35. [368]

Silva, Bernardino da. Defensam da monarchia lusitana [of B. de Brito, in reply to the "Exame de Antiguidades"]. 2 pt. *Na officina de Nicolao Carvalho: Coimbra; Pedro Crasbeeck: Lisboa*, 1620, 27. 4.° 1444.e.3, 4. [369]

Silva, Felipe de, *duke de Lorenzano.* Capitulaciones concedidas por don Felipe de Silva a los vezinos y presidio frances . . . de Lerida. [*Seville?*] 1644. 4.° 1445.i.2. [370]

—Relacion que hizo a su Magestad el duque de Lorençano del successo del exercito y rota del frances. *Pedro Tazo; vendese en casa de Lucas Ramirez: Madrid*, 1644. fol. 9181.g.1.(15). [371]

Silva, Juan de, *Franciscan.* Advertencias importantes, acerca del buen govierno, y administracion de las Indias. *Viuda de Fernando Correa Montenegro: Madrid*, 1621. fol. 521.l.7.(1). [372]

—[*Begin:*] Santissimo padre. Fray Iuan de Silva. [A memorial addressed to the Pope, on the ecclesiastical affairs in the Indies. 20 Sept. 1623]. [*Madrid*, 1623]. *S.sh.* fol. C.62.i.18.(69). [373]

—[*Begin:*] Señor. Fray Iuan de Silva. [A memorial addressed to the King on the ecclesiastical affairs in the Indies]. [*Madrid?* 1623?] fol. C.62.i.18.(68). [374]

—[*Begin:*] Señor. Fray Iuan de Silva. [Another memorial addressed to the King, on the ecclesiastical affairs in the Indies]. [*Madrid?* 1624?] fol. C.62.i.18.(71). [375]

——[*Madrid?* 1624?] fol. C.62.i.18.(70). [376]

Silva, Marcos da. Primeira parte das chronicas da ordem dos frades menores do seraphico padre Sam Francisco . . . empressa . . . por Luis dos Anjos. *Na officina de Pedro Crasbeeck; a custa da Religião & de Thome do Valle: Lisboa*, 1615. fol. 487.i.11. (*Wants pts. 2, 3*). [377]

—Chronicas antiguas de la orden de los frayles menores de . . . S. Francisco . . . dispuestas [according to the three orders] . . . por Iuanetin Niño . . . tomo segundo. 3 pt. *En la imprenta de Antonia Ramirez; a costa de Nicolas de Santa Ana: Salamanca*, 1626, 24. fol. 4783.d.6. *wanting tom.* 1. [378]

Silva y Cañas, Luis de. Titulos, grados, lecturas, argumentos . . . y lecciones de oposicion de . . . d. Luys de Silba y Cañas, colegial . . . desta universidad de Salamanca, y opositor. [*Salamanca?* 1652?] *S.sh.* fol. 765.h.1.(26). [379]

Silva y de Toledo, Juan de. Historia famosa del principe don

Policisne de Boecia. *Heredores de Juan Iñiguez de Lequerica: Valladolid*, 1602. fol.   G.10259.   [380]

Silva y Figueroa, Garcia de. Hispanicae historiae breviarium. *Apud Emanuelem a Silva: Olysippone*, 1628. 16.°
9180.a.1.   [381]

Silva y Mendoza, Diego, de, *Count de Salinas*. [*Begin:*] En este negocio, que entre don Diego de Silva y Mendoça . . . de una parte, y Ruy Gomez de Silva. [A pleading]. [*n.p.*, 1603?] fol. 765.i.2.(46).   [382]

—[*Begin:*] Iesus. Por el conde de Salinas . . . en el pleyto cõ el duque de Pastrana . . . se aduierte y considera . . . lo siguiente, etc. [With a continuation in manuscript]. [*n.p.*, 1603?] fol. 765.i.2.(48).   [383]

—Por el conde de Salinas, duque de Francauilla. Con el duque de Pastrana. [A lawsuit]. 2 pt. [*n.p.*, 1602?] fol. 765.i.2.(44,45).   [384]

—[*Begin:*] Por el conde de Salinas duque de Francauila, contra el duque de Pastrana. [A pleading addressed to the King]. [*n.p.*, 1603?] fol. 765.i.2.(47).   [385]

Silva y Olidvera, Francisco de. Discurso en la provindencia y curacion de secas, y carbuncos, con contagio. *Sebastian de Mena; a costa de Francisco Goncalez de la Pridas: Granada*, 1603. 8.° 1167.b.6.(2).   [386]

Silva y Pacheco, Diego de. Historia de la imagen sagrada de Maria santissima de Valvanera. *En la imprenta de San Martin: Madrid*, 1665. 4.° 4807.d.15.   [387]

Silvestre, Francisco Antonio. Ave Maria. Fundacion historica de los hospitales que la religion de de la santissima Trinidad, redempcion de cautivos . . . tiene en . . . Argel. *Iulian de Paredes: Madrid*, 1690. 4.° 493.h.3.(2).   [388]

Silvestre de Guzmán, Francisco Manuel, *Marquis de Ayamonte*. Por don Francisco Manuel Silvestre de Guzman . . . preso en los alcaçares de . . . Segovia. Con . . . Pedro de Velasco Medinilla. [A pleading]. [*n.p.*, 1646?] fol. 1322.l.11.(24).   [389]

Simáncas, Pedro de. Carta escrita a nuestro santissimo padre Inocencio X sobre difinicion de fe del articulo de la inmaculada Concepcion. *Diego Diaz de la Carrera: Madrid*, 1645. fol. 1322.l.11.(13).   [390]

Simon, Pedro. Primera parte de las noticias historiales de las conquistas de tierra firme en las Indias Occidentales. *En casa de Domingo de la Yglesia: Cuenca*, 1627. fol. 601.l.20; G.6418; 147.d.12. *imp*.   [391]

Siqueira, Bento de. Oraçam funeral, que o P. mestre Bento de Siqueira reytor . . . teue . . . em as honras do . . . iffante Dom Duarte. *Na officina Craesbeeckiana: Coimbra*, 1650. 4.° 9195.c.22.(15).   [392]

—Sermam que o P. Mestre Bento de Siqueira . . . prègou . . . a primeyra pedra do templo, & conuento real, que . . . dom Ioam o IV leuantou à rainha S. Isabel. *Na officina de Paulo Craesbeeck: Coimbra*, 1649. 4.° 9195.c.22.(18).   [393]

Soares, Franciscus. P. M. Francisci Soares . . . Cursos philosophicus in quatuor tomos distributus. *Typis Pauli Craesbeeck: Conimbricae*, 1651. fol. 526.m.13.   [394]

—De virtute, et sacramento poenitenciae tractatus octo. *Ex typographia Academiae: Eborae*, 1678. fol. 1230.g.15. [395]

Soares, José. La libertad de la ley de Dios, en . . . China . . . traducida de la lengua portuguesa . . . por . . . Juan de Espinola. *En la oficina de Miguel Deslandes: Lisboa*, 1696. 8.° 861.g.20.   [396]

Soares, Matheus. Practica, e ordem pera os visitadores dos bispados, na qual se decidem muitas questiões, assi em causas civis, como criminais. *Iorje Rodriguez: Lisboa*, 1602. 4.° 1608/954.   [397]

Soares Toscano, Francisco. Parallelos de principes, e varões illustres antigos, a que muitos da nossa naçam portuguesa se assemelhàrão em suas obras. *Manoel Carvalho: Evora*, 1623. 4.° 10604.cc.4.   [398]

Sobremonte Villalobos, Gaspar de. [*Begin:*] Iesus, Maria, Iosef. Por don Alonso Gonçalez de Azeuedo. Con Martin Gonçalez . . . dona Luysa . . . y Francisco de Salinas Azeuedo su hijo. [A lawsuit]. [*n.p.d.*], fol. 765.i.13.(17).   [399]

—Por el abad, canonigos, y conuento de nuestra Señora de los Huertos de . . . Segouia . . . Con el señor fiscal del consejo de hazienda. [*n.p.*, 1628?] fol. 765.h.3.(35).   [400]

—Por la muy noble, y leal prouincia de Guipuzcua. Con el señor fiscal, Duarte Coronel Enriquez, y consortes, recaudadores de la renta de los diezmos . . . de Castilla. [*n.p.d.*], fol. 765.e.3.(25).   [401]

Sobrino, Gaspar. [*Begin:*] Señor. El padre Gaspar Sobrino de la cõpañia de Iesus . . . propone a V. Magestad algunas razones, etc. [*Madrid?* 1615?] fol. C.62.i.18.(25).   [402]

Solã, Magino. Informe al Rey . . . Felipe quarto, en su . . . consejo de las Indias, del estado eclesiastico, y seglar, de las islas Filipinas. [*Madrid?* 1660?] fol. 4182.g.1.(7). [403]

Solano de Figueroa y Altamirano, Juan. [Historia y santos de Medellin. Culto y veneracion a san Eusebio, san Palatino, y sus nueue compañeros martyres]. *Francisco Garcia de Arroyo: Madrid*, 1650. 4.° 4625.b.32. (*wants t.p.*).   [404]

Solis, —, *Doctor*. Por Sebastian Gomez Rendon, preso en la carcel arçobispal: en el pleito con Iuana de Valdes. En el articulo. Sobre la nueua demanda, cerca de no deuer ser mas compelido . . . al cumplimiento de las sponsalias. [*Mexico?* c.1650–1700?] fol. 5125.ee.1.(1).   [405]

Solís Valderabano y Bracamonte, Alonso. Memorial de la calidad, i servicios de don Cristoval Alfonso de Solis i Enriquez. *Madrid*, 1670. fol. 10631.i.7.   [406]

Solís y Ribadeneyra, Antonio de. Comedias de don Antonio de Solis. *Melchor Alvarez; a costa de Iusto Antonio de Logroño: Madrid*, 1681. 4.° 686.g.24.   [407]

—Comedia famosa. Las amazonas. [1700?] 4.° *See* Spain. 11726.f.8.

—Comedia famosa. El amor al uso. [*n.p.*, 1650?] 4.° 1072.h.6.(3).   [408]

——[*Madrid?* 1680?] 4.° T.1740.(19).   [409]

——[*Madrid?* 1700?] 4.° 11728.f.40.   [410]

—Comedia famosa. El doctor Carlino. [In verse]. [*Seville?* 1700?] 4.° *No. 109 of an unidentified collection.* 11728.i.6.(24); T.1487.(15).   [411]

—La gran comedia de un bobo haze ciento. [*Madrid?* 1700?] 4.° *No. 12 of an unidentified collection.* 11728.i.6.(29). [412]

—Historia de la conquista de Mexico, poblacion, y progressos de la America Septentrional. *Bernardo de Villa-Diego: Madrid*, 1684. fol. 9771.f.13.   [413]

——*En la imprenta de Ioseph Llopis: Barcelona*, 1691. fol. 601.l.12.   [414]

—Famosa comedia. La mas dichosa venganza. [*Madrid*, 1666]. 4.° 11725.d.20.   [415]

—Triunfos de amor y fortuna. Fiesta real. [*Madrid*, 1658?] 4.°
11726.g.39.   [**416**]
——[*Madrid*? 1700?] 4.°   11728.i.6.(28).   [**417**]
— Varias poesias, sagradas, y profanas . . . recogidas, y dadas a
luz por don Juan de Goyeneche. *En la imprenta de Antonio
Roman: Madrid*, 1692. 4.°   686.d.25.   [**418**]
Solís y Valenzuela, Pedro de. Panegyrico sagrado, en
alabanza del Serafin de las soledades san Bruno. Fundador
. . . de la . . . Cartuxa. *Pedro de Cabrera: Lima*, 1646. 4.°
4825.c.47.(1).   [**419**]
Solomon, *ben Judah*, called Ibn Gabirol or Avicebiron. Dias
penitentiales, buscad al Señor . . . pues cercano lo teneys
. . . Acto primero de contricion. (Acto Segundo). [In
verse]. [*Amsterdam*, 1675?] 8.°   4033.a.37.(5).   [**420**]
Solorzano Pereira, Juan de. D. Ioan de Solorzano Pereyra
. . . Obras posthumas. *Herederos de Diego Dormer: Zaragoça*,
[1676]. fol.   C.67.f.22.   [**421**]
— D. Joannis de Solorzano Pereira . . . emblemata centum,
regio politica, aeneis laminis . . . caelata . . . carminibus
explicata. *In typographia Garciae Morras: Matriti*, 1653. fol.
87.h.14.   [**422**]
— Emblemas regio-politicos de don Juan de Solorçano Pereyra
. . . distribuidos en decadas. Decada primera (—decima)
traducidos por . . . Lorenço Matheu y Sanz. 10 vol.
Bernardo Noguès: Valencia, 1658–60. 12.°   12305.a.4. [**423**]
— D. Philip IV Hisp. et Ind. regi . . . Joannes de Solorzano
Pereira . . . Disputationem de Indiarum jure, sive de justa
Indiarum Occidentalium, inquisitione acquisitione, et
retentione (de justa . . . gubernatione) . . . D. E. C. 2 tom.
Ex typographia Francisci Martinez: Matriti, 1629–39. fol.
26.e.2, 3; 521.l.8; 521.l.9.   [**424**]
——*In typographia Garciae Morras: Matriti*, 1653. fol.
521.l.10.   [**425**]
— Memorial, o discurso . . . de los derechos, honores . . . i otras
cosas, que se debendar . . . a los consejeros. *Francisco
Martinez: Madrid*, 1642. 4.°   1196.d.31.   [**426**]
— Politica indiana. Sacada en lengua castellana de los dos tomos
del derecho, i govierno . . . de las Indias Occidentales.
Diego Diaz de la Carrera: Madrid, 1648. fol. 521.l.11;
23.b.16.   [**427**]
Solorzano y Velasco, Alonso de. [*Begin:*] Carta al excel^mo
señor d. Gaspar de Haro y Guzman, marques de Liche.
(Discurso legal). [*Seville*? 1652?] fol.   1324.i.13.(3). [**428**]
— Panegirico sobre los sugetos, prendas, y talentos de los
doctores y maestros de la . . . universidad de san Marcos
. . . del Perú. [*Madrid*? 1653?] fol.   1324.i.7.(7).   [**429**]
Sorell, *afterwards* **Boyl, Jayme.** Iesus. Por don Iayme Boyl
olim Sorell, señor del lugar de Betera . . . Contra don
Gaspar Boyl de Rocasul de Albatera. [*n.p.*, 1660?] fol.
1322.l.8.(9).   [**430**]
Soria, Didacus de. Tomus primus certaminis medici
propugnatae antiquitatis adversus juniorum medicorum
novationes. *Apud Vincentium Alvarez: Granatae*, 1635. fol.
773.m.8.   [**431**]
Soria, Juan Buenaventura de. Breve historia de la vida, y
virtudes de la . . . princesa doña Maria Teresa de Austria.
Iulian de Paredes: Madrid, 1684. 8.°   10662.aa.20.   [**432**]
Soria Giron, Diego. Fabrica de la esperiencia . . . Dada a la
luz por . . . Francisco Maria Prato. *Camilo Cavalo:
Napoles*, 1649. 4.°   1064.i.6.(2).   [**433**]

Soriano, Gerónimo. Libro de experimentos medicos . . .
recopilados de gravissimos autores. *En casa de Iuan Gracian:
Alcala*, 1612. 8.°   1038.d.13.   [**434**]
Soria Velasquez, Gerónimo de. Los capitanes d. Miguel
Diez de la Mora . . . y don Juan de Larrea . . . como
albaceas . . . de doña Maria Theresa de Valverda, y Rosal,
religiosa . . . en la demanda, que Da. Juana Albares ha
puesto . . . contra el Testamento. *Viuda de Francisco
Rodriguez Lupercio: Mexico*, 1696. fol.   5125.ee.1.(10).
                                                        [**435**]
Soria y Vera, Melchor. Tratado de la iustificacion, y
conveniencia de la tassa de el pan. (Adicion . . . al libro de
la tassa). 2 pt. *Iuan Ruiz de Pereda: Toledo*, 1633. 4.°
8229.aa.29.   [**436**]
Soriguela. [*Begin:*] Iesus. Por el conceio, y vezinos del lugar
de Soriguela, jurisdicion de la villa de Bejar. Con el
concejo, y vezinos del lugar de la Naua. [A pleading].
[*n.p.d.*], fol.   765.i.13.(15).   [**437**]
Sorolla, Ildephonsus. Medices (epitome) de differentiis
herbarum, ex historia plantarum Theophrasti. *Typis
Claudii Macè; (Apud Michaele Sorolla): Valentiae*, 1642. 8.°
546.c.30.   [**438**]
Sorribas, Juan Bautista. [*Begin:*] M. P. S. El maestro fray
Iuan Baptista Sorribas. [A statement concerning the
punishment of two Carmelite monks, J. Cancer and
J. Metge]. [*Madrid*? 1671]. fol.   4783.e.1.(24).   [**439**]
Sosa, Gerónimo de. Noticia de la gran casa de los marqueses
de Villafranca, y su parentesco con los mayores de Europa.
Nouelo de Bonis: Napoles, 1676. 4.°   9917.ccc.4.   [**440**]
Sosa, Matias de. Compendio de lo sucedido en el Japon desde
la fundacion de la christiandad. Y relacion de los martires.
Imprenta del Reyno: Madrid, 1633. 4.°   1369.g.20.   [**441**]
Sosa, Pedro de. Memorial del peligroso estado espiritual y
temporal del reyno de Chile. [*Madrid*? 1616?] fol.
C.62.i.18.(26).   [**442**]
—[*Begin:*] Señor. Fray Pedro de Sosa. [A memorial addressed
to the King, on the state of the provinces of Chile].
[*Madrid*? 1617?] fol.   C.62.i.18.(27).   [**443**]
——[*Madrid*? 1630?] fol.   4745.f.11.(9).   [**444**]
Sossa Victoria, Nicolas de. Por parte del general D. F. de
Torija Ortuño . . . en el pleyto de demanda que se sigue
por parte del Sr. D. B. A. J. Ortiz de Casqueta. [*Mexico*?
1700?] fol.   6785.h.1.(7).   [**445**]
Sota, Francisco de. Chronica de los principes de Asturias, y
Cantabria. *Iuan Garcia Infançon: Madrid*, 1681. fol.
181.e.1.   [**446**]
Soto, Domingo de. Commentaria in octo libros physicorum
Aristotelis. Ex doctrina . . . Dominici de Soto . . . desumpta.
Per . . . Cosmam de Lerma. *Ex officina typographica
Michaelis de Azpilcueta: Burgis*, 1665. 4.°   520.f.7.(2).
                                                        [**447**]
Soto, Francisco de, *in the service of Philip IV.* Relacion
verdadera del feliz sucesso que Dios ha dado al señor
almirante de Castilla, y demas señores . . . en el socorro . . .
de Fuente-Rabia. *Antonio Duplastre: Madrid*, 1638. 4.°
1072.g.25.(4).   [**448**]
Soto, Francisco de, *Jesuit.* Destierro de los malos cantares con
que N. Señor se ofende. Y para que entren los niños en
las calles, y escuelas. *Maria de Quiñones; vendense en casa de
Iuan de Valdes: Madrid*, 1661. 4.°   1072.g.26.(28).   [**449**]

Soto, Juan de. Margaritas preciosas de la Iglesia, la virgen martir, la llamada Pelagio Monge. La . . . reyna de Escocia. En tres libros . . . con las virtudes . . . que dellas sacò la reyna doña Margarita. *En casa de Andres Sanchez de Ezpeleta: Alcala,* 1617. 4.° 486.c.20.(2). **[450]**

Soto de Rojas, Pedro. Parayso cerrado para muchos, jardines abiertos para pocos. Con los fragmentos de Adonis. *Imprenta real por Baltasar de Bolibar: Granada,* 1632. 4.° C.62.b.18. **[451]**

— Los reyes del Faeton. *Pedro Lacaualleria: Barcelona,* 1639. 4.° C.63.b.33. **[452]**

Sotomayor, Alonso de. [*Begin:*] Señor. Don Alonso de Sotomayor. [A memorial, to the King on the unexplored country in the neighbourhood of Peru]. [*Madrid?* 1620?] fol. C.62.i.18.(33). **[453]**

— [*Begin:*] Señor. Don Alonso de Sotomayor. [Another memorial to the King, on the same subject]. [*Madrid?* 1620?] fol. C.62.i.18.(31). **[454]**

Sotomayor, Antonio de. Executoria y autos de vista y revista, que pronunciò en su consejo en 11 de abril de 1631 . . . fray Antonio de Sotomayor . . . Contra don Pedro Antonio Serra. *Andres de Parra: Madrid,* 1631. fol. 1322.k.14.(25). **[455]**

Sotomayor, Francisco de. Pareceres de teologus [F. de Sotomayor and others] sobre la justificacion del nuevo servicio de 18 millones. [*Madrid?* 1628?] fol. 1323.k.13.(16). **[456]**

Sotomayor y Valenzuela, Luis Joseph de. Breve relacion . . . de la expulsion de los hebreo de . . . Oran. [*Madrid,* 1670]. fol. 583.i.1.(2). **[457]**

Sousa, Antonio de. Aphorismi inquisitorum . . . cum vera historia de origne s. inquisitionis Lusitanae. *Apud Petram Craesbeeck: [Lisbon?]* 1630. 8.° 856.a.40. **[458]**

— Opusculum circa constitutionem summi Pontificis Pauli V in confessario ad actus inhonestos foeminas in sacramentali confessione allicientes. *Ex officina Gerardi a Vinea: Ulissip.,* 1623. 4.° 5061.aaa.17.(2). **[459]**

Sousa, Francisco de, *Marquis das Minas.* Relaçam da embaixada extraordinaria de obediencia enviada do serenissimo principe dom Pedro . . . a . . . Clemente X. *Antonio Craesbeeck de Mello: [Lisboa].* 1670. 4.° 1444.g.8.(1). **[460]**

Sousa de Macedo, Antonio de. Carta que a un sñor dela corte de Inglaterra escrivió el doctor Antonio de Sousa . . . sobre el manifesto que por parte del rey de Castilla publicó . . . Joseph Pellizer. *Antonio Aluarez: Lisboa,* 1641. 4.° 8042.d.57.(2). **[461]**

— — *Na officina de Lourenço de Anueres: Lisboa,* 1641. 4.° 1608/864.(4). **[462]**

— Decisiones supremi senatus justitiae Lusitaniae, et supremi consilii fisci, ac patrimonii regis. Cum gravissimis collegis decretae, ac in lucem editae. *Ex praelo Henrici Valente de Oliveira: Ulissippone,* 1660. fol. 5384.h.5. **[463]**

— Eva, e ave, ou Maria triumphante theatro da erudiçam, e da philosophia chrystam. *A despesa de Antonio Craesbeeck de Mello: Lisboa,* 1676. fol. 4825.g.15. **[464]**

— Falla, que fez . . . Antonio de Sousa . . . no juramento de rey . . . Affonso VI. *Lisboa,* 1656. 4.° 5015.aa.48.(6). **[465]**

— Flores de España excelencias de Portugal. En que . . . se trata

los mejor de sus historias, y de todas las del mundo . . . Primera parte. *Iorge Rodriguez: Lisboa,* 1631. fol. 593.e.1. **[466]**

— Juan Caramuel Lobkowitz religioso de la orden de Cister . . . Convencido en su libro . . . : Philippus prudens . . . y en su respuesta al manifiesto del reyno de Portugal. *Ric. Herne: Londres,* 1642. 4.° E.123.(10); E.64.(5). **[467]**

— Panegyrico sobre o milagroso sucesso con que Deos librou a el Rey . . . da sacrilega treiçao dos castelhanos. [*Lisbon,* 1642]. 4.° 1444.g.4.(3). **[468]**

— Proposta que o secretario de Estado Antonio de Sousa de Macedo fez . . . por mandado de sua Magestade, a junta dos ecclesiasticos . . . & outras pessoas. *Na officina de Henrique Valente de Oliveira: Lisboa,* 1663. 4.° 698.h.47. **[469]**

— Ulyssippo poema heroico. *Antonio Alvarez: Lisboa,* 1640. 8.° 1064.a.25. **[470]**

Sousa de Sepulveda, Manoel, de. Galeam S. Ioam. Historia da muy notavel perda do aliaõ grande S. Ioam. *Em casa de Francisco Simões: Evora,* 1614. 4.° 1444.f.18.(7). **[471]**

— — *Antonio Alvares: Lisboa,* [1630?] 4.° 10095.b.37.(3); T.2232.(1). **[472]**

Sousa Moreyra, Manuel, de. Theatro historico, genealogico, y panegyrico: erigido a . . . la . . . casa de Sousa. *Juan Annison: Paris,* 1694. fol. 608.m.8; 138.g.2. **[473]**

Sousa Pereira, Pedro de. Mayor triumpho da monarchia lusitana. *Manoel da Sylva: Lisboa,* 1649. 4.° 1323.c.7. **[474]**

Spain.

Treaties

— El Rey. [Proclamation of a treaty of commerce with Holland during the truce: 27 Feb. 1603]. [*Malaga,* 1603]. fol. 1323.k.16.(7). **[475]**

— Capitulaciones de la paz hechas entre el Rey nuestro señor los . . . archiduques, duques de Borgoña . . . y el . . . rey de la Gran Bretaña . . . Londres, a 18 de agosto, de 1604. *L. Sãchez: Valladolid,* 1605. 4.° 6915.aa.10. *imp.* (destroyed). **[476]**

— Pazes entre Espana. Francia, y otros potentados, y mercedes que hizo su Magestad en . . . tierra de Aragon. Y otras cosas. *Iuan de Cabrera: Seuilla,* 1626. fol. 593.h.17.(53). **[477]**

— Capitulaciones de el asiento que con . . . don Felipe . . . hizo dõ Diego de Vera, ordoñez de Villaquiran. [*Madrid?* 1639]. fol. 1324.i.11.(7). **[478]**

— Tratado que en 18 de mayo de 650, se ajustò en la Haya. [*Madrid?* 1650]. fol. 8245.g.1.(5). **[479]**

— Capitulaciones de la paz, hechas entre el Rey . . . y el . . . Rey de la Gran Bretaña . . . 15 de Noviembre de 1630. *Domingo Garcia Morràs: Madrid,* 1660. 4.° D. J. 4. **[480]**

— Tratado de paz entre esta corona, y la de Francia, aiustado por . . . D. Luis Mendez de Haro y Guzman, marques de Carpio . . . y por . . . Iulio Mazarini. [7 Nov. 1659]. *Domingo Garcia Morras: Madrid,* 1660. fol. T.16.*(26). **[481]**

— Tratado de pazes, entre os . . . principes d. Carlos II . . . e d. Afonso VI. Rey de Portugal, feito . . . aos 13 de Fevereiro de 1668. *Na impressaõ de Antonio Craesbeeck de Mello: Lisboa,* 1668. 4.° 1323.b.22.(12). **[482]**

—Tratado para la continuacion y renovacion de paz, y amistad entre las coronas de España, y la Gran Bretaña. [13–23 May, 1667]. *Iuan Francisco de Blas: Sevilla*, 1668. 4.° 595.f.21.(17). **[483]**

—Tratado para componer las controversias . . . y ajustar la paz entre . . . España, y la Gran Bretaña, en America. [8/18 July, 1670]. *Domingo Garcia Morràs: Madrid*, 1670. 4.° 595.f.21.(18). **[484]**

—[*Begin:*] Don Carlos, por la gracia de Dios. [The articles of the treaty concluded at Ratisbon between Charles II, of Spain, and Louis XIV, of France. 15 Aug. 1684]. *Lat. Apud Ioannem Theodorum Antonium Velpium: Bruxellis*, 1684. 4.° 106.g.50. **[485]**

Laws and Proclamations

—Este es un traslado, bien y fielmente sacado . . . de una cedula del Rey . . . para las ciudades y villas . . . que tienen voto en cortes. [9 Feb. 1601]. [*Valladolid*, 1601]. fol. 1324.k.15.(30). **[486]**

——[*Valladolid*, 1601]. fol. 765.i.8.(19). **[487]**

—Los que por mãdado del Rey . . . se assienta, y concierta con Iuan Rodriguez Cutinho . . . sobre el arrendamiento de la renta de los esclavos. [26 March, 1601]. [*Madrid?* 1601?] fol. C.62.i.19.(60). **[488]**

—Premáticas que han salido . . . publicadas en . . . Valladolid. [1602–1605]. *Luys Sanchez: Valladolid*, 1602–05. fol. T.87.*(5–11). **[489]**

—Ordenanzas reales del consejo de las Indias. (Fecha en el Pardo [24 Sep. 1571]). *En la imprenta del licenciado Varez de Castro: Valladolid*, 1603. fol. 710.l.21.(1). **[490]**

—[*Begin:*] El Rey. [Proclamation of a treaty of commerce with Holland during the truce. 27 Feb. 1603]. [*Malaga*, 1603]. fol. 1323.k.16.(7). **[491]**

—Este es un traslado bien y fielmente sacado . . . de una real carta y prouision de su Magestad . . . para la exempciõ de que han de gozar los cogedores del vino y azeyte. [28 Aug. 1603]. [*Valladolid*, 1603]. fol. 1324.k.15.(32). **[492]**

——[*Valladolid*, 1603]. *S.sh.* fol. 765.i.8.(10). **[493]**

—Este es un traslado, bien y fielmente sacado . . . de una cedual del Rey . . . en que nombra a . . . Iuan Ocon, y don Fernando Carrillo, para que con los dos del consejo . . . vean las condiciones que los hombres de negocios piedieren. [18 Sept. 1603]. [*Valladolid*, 1603]. *S.sh.* fol. 765.i.8.(18). **[494]**

—Este es un traslado, bien y fielmete sacado . . . de una cedula del Rey . . . para las ciudades . . . que tienen voto en Cortes embiandoles orden, para que en ellas . . . se imponga el cumplimiento del seruicio de los [18.000.000]. [18 Sept. 1603]. [*Valladolid*, 1603]. fol. 765.i.8.(7). **[495]**

—Este es un traslado, bien y fielmente sacado . . . de una cedula del Rey . . . para la orden, y forma que han de tener y guardar las ciudades . . . en la administracion de las sisas. [*Valladolid*, 1603]. fol. 765.i.8.(8); 1324.k.15.(31). **[496]**

—Este es un traslado, bien y fielmente sacado . . . de una cedula del Rey . . . para que se consignen . . . en el servicio de los [18.462.500] ducados en cada año desde fin de noviembre . . . para la paga . . . de la Gente de Guerra. [6 Aug. 1603]. [*Valladolid*, 1603]. fol. 765.i.8.(13). **[497]**

—Este es un traslado bien y fielmen[te] sacado . . . de una cedula de su Magestad . . . en que su Magestad acepta la escritura que el reyno otorgò para el cumplimiento del servicio de los . . . [18,000,000]. [28 Aug. 1603]. [*Valladolid*, 1603]. fol. 765.i.8.(5). **[498]**

—Este es un traslado bien y fielmente sacado . . . de una cedula de su Magestad . . . en que . . . cede en el reyno el derecho que tiene contra los hombres de negocios y assentistas. [28 Aug. 1603]. [*Valladolid*, 1603]. fol. 765.i.8.(16). **[499]**

—Este es un traslado bien y fielmente sacado . . . de una cedula de su Magestad . . . para q̃ los sesenta y seis quentos nouecientas y veynte y cinco mil trecientas y veynte y cinco marauedis, etc. [6 Aug. 1603]. [*Valladolid*, 1603]. fol. 765.i.8.(11). **[500]**

—Este es un traslado, bien y fielmente sacado . . . de una real carta y prouision de su Magestad . . . para la orden y forma que se ha de tener . . . en la salida y entrada del vino y azeyte, para la paga de las sisas. [28 Aug. 1603]. [*Valladolid*, 1603]. fol. 765.i.8.(9). **[501]**

—Este es un traslado bien y fielmente sacado de una real cedula . . . en que su Magestad manda que los sesenta y seys quentos nouecientas y veynte y cinco mil trecientas y veynte y cinco marauedis, etc. [*Valladolid*, 1603]. fol. 765.i.8.(12). **[502]**

—Este es un traslado bien y fielmente sacado . . . de una real sobrecedula de su Magestad . . . para que el consejo sentencie en todas instancias los pleytos . . . tocantes a materia de hazienda de su Magestad. [28 Aug. 1603]. [*Valladolid*, 1603]. fol. 765.i.8.(17). **[503]**

—Este es un traslado bien y fielmente sacado . . . de una sobrecedula de su Magestad . . . en que manda aplicar [30.000] ducados . . . para hazer pagados a los labradores y otras personas. [28 Aug. 1603]. [*Valladolid*, 1603]. fol. 765.i.8.(14). **[504]**

—Este es un traslado bien y fielmente sacado . . . de una sobrecedula de su Magestad . . . para q̃ los hombres de armas, y artilleros no puedan comer a costa de los consejos, ni se tomen bastimentos . . . sin que lo paguen primero. [28 Aug. 1603]. [*Valladolid*, 1603]. fol. 765.i.8.(15). **[505]**

—Leyes y ordenanzas nuevamente hechas por su Magestad, para la governaciõ de las Indias. [20 Nov. 1542, and 4 June, 1543]. *Varez de Castro: Valladolid*, 1603. 4.° 710.l.21.(2). **[506]**

—Ordenanzas reales, para la casa de la contratacion de Sevilla, y otras cosas de las Indias. *Herederos de Iuan Iñiguez de Lequerica: Valladolid*, 1604. fol. 710.l.21.(3). **[507]**

—Prematica en que se prohibe andar los hombres en silla de mano. [27 Oct. 1604]. *Luys Sanchez: Valladolid; vendese en casa de Francisco de Robles: [Madrid]*, 1604. fol. D.j.1/30. **[508]**

—Prematica para que los estudiantes cursen en las uniuersidades destos reynos ocho meses en cada un ano. [30 July 1604]. *Luis Sanchez: Valladolid; vendese en casa de Francisco de Robles: [Madrid]*, 1604. fol. D.j.1/29. **[509]**

—Prematica en que se sube el precio del trigo a diez y ocho reales la hanega y de la cevada à nueve reales. [2 Sept. 1605]. *Luis Sanchez: Valladolid*, 1605. fol. T.87.*(11*); 1324.k.15. **[510]**

—La orden e instrucciõ que su Magestad mãda dar, para los quatro secretarios de las Indias, y el escrivano de camara. [31 Dec. 1604]. [*Madrid?* 1605?] fol. C.62.i.19.(48). **[511]**

—Ordenanzas reales para el gouierno de los tribunales de la contaduria mayor. [24 Aug. 1605]. *Luys Sanchez: Valladolid*, 1606. 4.° 710.l.21.(11). **[512]**

—Prematica en que se manda que los aposentadores de V. Magestad por hazer aposento de camino. [7 Nov. 1605]. *Luys Sanchez: Valladolid; vendese en casa de Francisco de Robles;* [*Madrid*], 1606. fol. D.J.1/31. **[513]**

—[*Begin:*] El Rey [a decree relating to the civil administration of the Spanish Indies]. [14 Dec. 1606]. [*Madrid*, 1606?] fol. 1324.i.11.(1). **[514]**

—[*Begin:*] Pedro de Uraçãdi, y Ioan Martinez de Arrieta, sindicos. [Confirmation of the privileges of the nobility of Biscay. 4 Feb. 1602]. *Pedro Cole de Ybarra: Bilbao*, 1608. fol. 503.g.21.(2). **[515]**

—Prematica para que no se puedan imponer, ni fundar juros ni censos al quitar à menos precio de veynte mil maravedis el millar. [25 Jan. 1608]. *Iuan de la Cuesta; vendese en casa de Francisco de Robles: Madrid*, 1608. fol. T.92.*(11). **[516]**

——*Por Juan de la Cuesta; vendese en casa de Francisco de Robles: Madrid*, 1608. fol. 1324.k.15.(34). **[517]**

—Scholia ad leges regias styli: authore . . . Christophoro de Paz. [With the text]. *Apud Alphosum Martinum: Madriti*, 1608. fol. 1602/220. **[518]**

—Este es un traslado bien y fielmente sacado . . . de una carta de fieldad de su Magestad.[Granting an extension of time for the collection of the tax on exported wool. 20 March, 1608]. [*Madrid*, 1608]. fol. 1324.k.15.(35). **[519]**

—Carta del Rey nuestro señor embiada a los iurados, y braço militar de Valencia. [11 Sept. 1609]. *Iuan Amello; vendese en casa de Iusepe Andres: Barcelona*, 1609. 4°. 12331.dd.16.(2). **[520]**

—El Rey, y por su Magestad. [A proclamation by the marquis of Carezana, concerning the expulsion of the moors. 22 Sept. 1609]. *Sebastian Matheuat y Lorenço Déu; a costa de Gaspar Umbert: Barcelona*, 1609. 4.° 12331.dd.16.(3). **[521]**

—[*Begin:*] El Rey. [Various decrees addressed to the viceroy of Mexico. 26 May 1609]. [*Madrid?* 1609]. fol. 1324.i.11.(3). **[522]**

—El Rey. [A decree reciting and confirming a decree of Philip III of 25 July, 1609]. [*Madrid*, 1609]. fol. 1322.k.12.(2). **[523]**

—[*Begin:*] El Rey. [A decree addressed to the viceroy of Peru concerning the treatment of the Indians, 26 May 1609]. [*Madrid*, 1609]. fol. 1324.i.11.(4). **[524]**

——[*Madrid*, 1609]. fol. 710.l.21.(4). **[525]**

—[*Begin:*] El Rey. Marques de Montesclaros . . . gouernador del Piru. [Nine ordinances addressed to the governor of Peru]. [*Madrid?* 1609]. fol. 710.l.21.(9*). **[526]**

—[*Begin:*] El Rey. (Al virrey de la Nueva España, sobre lo q̃ se le ordena, y provee acerca de los servicios personales de los Indios). [26 May, 1609]. [*Madrid?* 1609]. fol. 1324.i.11.(2). **[527]**

—Este es un traslado bien y fielmente sacado . . . de una cedula del Rey . . . en que manda se prosigan y hagan las cuentas su Magestad y el reyno. [22 Nov. 1609]. [*Madrid*, 1608]. *S.sh.* fol. 521.l.7.(8); 521.l.7.(21). **[528]**

—Este es un traslado bien y fielmente sacado . . . de una cedula de su Magestad . . . para las guardas de Castilla. [22 Nov. 1608]. [*Madrid*, 1609]. *S.sh.* fol. 765.i.8.(41). **[529]**

—Este es un traslado bien y fielmente sacado . . . de una cedula del Rey . . . para que en el consejo, quando . . . pudieren prouision para el cumplimiento de las condiciones del servicio. [22 Nov. 1608]. [*Madrid*, 1609]. *S.sh.* fol. 765.i.8.(32). **[530]**

—Este es un traslado bien y fielmente sacado . . . de una cedula del Rey . . . para que todas las condiciones insertas . . . en los dieziete millones y medio . . . se cumplan. [22 Nov. 1608]. [*Madrid*, 1609]. *S.sh.* fol. 521.l.7.(7); 765.i.8.(31). **[531]**

—Este es un traslado bien y fielmente sacado . . . de una cedula de su Magestad . . . De la forma en que se ha de hazer la administracion del seruicio de los diez y siete millones y medio. [22 Nov. 1608]. [*Madrid*, 1609]. fol. 765.i.8.(26). **[532]**

—Este es un traslado bien y fielmente sacado . . . de una cedula de su Magestad . . . En que acepta el seruicio que el reyno le haze de los diez y siete millones y medio. [22 Nov. 1608]. [*Madrid*, 1609]. fol. 765.i.8.(27). **[533]**

——[*Madrid*, 1609]. fol. 521.l.7.(4). **[534]**

—Este es un traslado bien y fielmente sacado . . . de una cedula de su Magestad . . . en que manda que en el consejo se de por ordinaria provision, para las ciudades . . . de voto en Cortes cumplan lo que el reyno les ordenare. [22 Nov. 1608]. [*Madrid*, 1609]. *S.sh.* fol. 521.l.7.(9); 765.i.8.(34). **[535]**

—Este es un traslado bien y fielmente sacado . . . de una cedula de su Magestad . . . en que manda se consigne al reyno un millon cada año, para yr pagando los reditos del censo de los doze millones. [22 Nov. 1608]. [*Madrid*, 1609]. fol. 765.i.8.(40). **[536]**

——[*Madrid*, 1609]. fol. 521.l.7.(11). **[537]**

—Este es un traslado bien y fielmente sacado . . . de una cedula de su Magestad . . . para que el consejo de hazienda no embie executores . . . ni otras personas, a cobrar de los recetores del servicio. [22 Nov. 1608]. [*Madrid*, 1609]. fol. 521.l.7.(12). **[538]**

—Este en em traslado bien y fielmente sacado . . . de una cedula de su Magestad . . . para que la plata que viniere de los Indias en las dos flotas primeras . . . se labre como en ella se dize. [22 Nov. 1608]. [*Madrid*, 1609]. *S.sh.* fol. 521.l.7.(17). **[539]**

—Este es un traslado bien y fielmente sacado . . . de una cedula de su Magestad . . . para que las guardas de Castilla . . . no coman a costa de los concejos por donde passaren. [*Madrid*, 1609]. *S.sh.* fol. 521.l.7.(15). **[540]**

—Este es un traslado bien y fielmente sacado . . . de una cedula de su Magestad . . . para que las justicias y juezes . . . cumplan y guardẽ las ordenes . . . tocantes a la administracion del seruicio de millones. [22 Nov. 1608]. [*Madrid*, 1609]. *S.sh.* fol. 521.l.7.(10); 765.i.8.(30). **[541]**

—Este es un traslado bien y fielmente sacado . . . de una cedula de su Magestad . . . Para que los alcaldes de la casa y Corte (la chancilleria de Valladolid y alcaldes, la chancilleria de Granada . . . la audiẽcia de Sevilla) no se entremetan ni conozcan de ningun pleyto [22 Nov. 1608]. 5 pt. [*Madrid*, 1609]. fol. 765.i.8.(21–25). **[542]**

——[*Madrid*, 1609]. fol. 521.l.7.(22,23,25). **[543]**

——[*Madrid?* 1609]. fol. 521.l.7.(24). **[544]**

— Este es un traslado sacado bien y fielmente . . . de una cedula de su Magestad . . . para que todas las condiciones del seruicio se guarden. [22 Nov. 1608]. [*Madrid*, 1609]. *S.sh.* fol. 521.l.7.(6). **[545]**

— Este es un traslado bien y fielmente sacado . . . de una cedula de su Magestad . . . Para que por tiempo de veinte años no se pueda labrar en ninguna casa de las de moneda. [22 Nov. 1608]. [*Madrid*, 1609]. fol. 521.l.7.(13). **[546]**

— Este es un traslado bien y fielmente sacado . . . de una real carta y prouision de su Magestad . . . para la exempcion de que han de gozar los cogedores de vino y azeite. [22 Nov. 1608]. [*Madrid*, 1609]. fol. 521.l.7.(19). **[547]**

— Este es un traslado, bien y fielmente sacado . . . de una real carta y prouision de su Magestad . . . para la orden y forma que se ha de tener en los puertos, en la salida y entrada del vino y azeite. [22 Nov. 1608]. [*Madrid*, 1609]. fol. 521.l.7.(14). **[548]**

— Lo que se ordena de nueuo para lo que toca el exercicio y jurisdicion de los oficios de contadores de quentas de los tribunales . . . en las Indias. [17 May, 1609]. [*Madrid*, 1609]. fol. 710.l.21.(12). **[549]**

— Prematica en que se mandan guardar las leyes, que ponen penas a los que en las catedras que se proveyeren en las universidades de Salamanca, Valladolid, y Alcala, hizieren sobornos. [5 Feb. 1610]. *Iuan de la Cuesta; vendese en casa de Francisco de Robles: Madrid*, 1610. fol. T.92.*(13). **[550]**

— Don Luys Mendez de Haro y Sotomayor. [Publication, at Seville, of the decree concerning the expulsion of the Moors from Spain. 14 Feb. 1610]. [*Seville*, 1610?] *S.sh.* fol. 1324.k.15.(36). **[551]**

— Este es un traslado bien y fielmente sacado . . . de una cedula del Rey . . . para que lo que monta el subsidio y escusado se gaste en las galeras. [22 Nov. 1610]. [*Madrid*, 1610?] *S.sh.* fol. 521.l.7.(16). **[552]**

— Este es un traslado bien y fielmente sacado . . . de una cedula del Rey . . . Para que no se tomen ningun dineros que vinieren de las Indias, de difuntos. [22 Nov. 1610]. [*Madrid*, 1610?] *S.sh.* fol. 521.l.7.(20). **[553]**

— Este es un traslado, sacado bien y fielmente . . . de una cedula de su Magestad . . . para que por tiempo de quatro años no se examinen escriuanos reales. [22 Nov. 1610]. [*Madrid*, 1610?] *S.sh.* fol. 521.l.7.(18). **[554]**

— Quaderno de las leyes añadidas a la nueva recopilacion, que se imprimio el año de 1598 en que van las leyes y prematicas que desde . . . [1598] hasta . . . 1610 se han publicado. *Iuan de la Cuesta: Madrid*, 1610. fol. C.80.d.1.(1); 25.f.16.(7). **[555]**

— Edicto de don Phelippe d'España contra el tractado della monachia de Sicilia. [3 Oct. 1610]. *Span. & Fr.* 2 pt. [*n.p.*], 1611. 8.° 857.g.11.(2). **[556]**

— [*Begin:*] En la ciudad de Sevilla [a decree for the expulsion of the Moriscoes residing in Seville. 22 March, 1611]. *Alonso Rodriguez; Vendese en casa de Antonio de Almenara: Sevilla*, 1611. fol. 4183.h.5.(25). **[557]**

— Pragmatica en que se mandan guardar las ultimamente publicadas, sobre . . . cortesias, y andar en coches. [4 Apr., 1611]. *Iuan de la Cuesta; Vendese en casa de Francisco de Robles: Madrid*, 1611. fol. T.92.*(14). **[558]**

— Pragmaticas que han salido este año de . . . [1611]. *Iuab de la*

Cuesta; Vendese en casa de Francisco de Robles: Madrid, 1611. fol. T.92.*(15). **[559]**

— Prematica de tratamientos, y cortesias, y se acrecientan las penas contra los trangresores. [2 Jan. 1611]. *Iuan de la Cuesta; vendese en casa de Francisco de Robles: Madrid*, 1611. fol. D.j.1/33. **[560]**

— Prematica en que se da la forma, cerca de las peronas que se prohiben andar en coches. [3 Jan. 1611]. *Iuan de la Cuesta; vendese en casa de Francisco de Robles: Madrid*, 1611. fol. D.J.1/36. **[561]**

— Prematica, en que se mandan guardar las leyes de la recopilacion. *Iuan de la Cuesta; vendense en casa de Francisco de Robles: Madrid*, 1611. fol. D.J.1/32. **[562]**

— Prematica en que se prohibe cazar con poluora, perdigones, y al buelo. [2 Jan. 1611]. *Iuan de la Cuesta: vendese en casa de Francisco de Robles: Madrid*, 1611. fol. D.J.1/34. **[563]**

— Prematica, y nueva orden, cerca de las colgaduras de casas, y hechura de joyas. [3 Jan. 1611]. *Iuan de la Cuesta; vendese en casa de Francisco de Robles: Madrid*, 1611. fol. D.J.1/35. **[564]**

— Prematicas que han salido este año de . . . [1611]. 7 pt. *Iuan de de la Cuesta: Madrid*, 1611. fol. C.80.d.1.(3); 25.f.16.(3). **[565]**

— —*Juan de la Cuesta; vendese en casa de Francisco Robles: Madrid*, 1611. fol. T.92.*(15); 5384.gg.8.(5). **[566]**

— Carta de su Magestad para los indios, que estan de guerra y de paz, en . . . Chile, que les llevo el padre Luys de Valdivia. [8 Dec. 1610. With other documents]. [*Lima*? 1612?] fol. C.62.i.18.(29). **[567]**

— Pragmatica, en que se manda, que de aqui adelante el castellano del oro en pasta de veintidos quilates, valga [576] maravedis. *Iuan de la Cuesta: Madrid*, 1613. fol. C.80.d.1.(4); 25.f.16.(4). **[568]**

— Pragmatica para que no se pueda recusar a ningun iuez de los que huvieren votado y remitido el pleyto, en que han sido iuzes. [23 Nov, 1613]. *Iuan de la Cuesta: Madrid*, 1613. fol. C.80.d.1.(5); 25.f.16.(5). **[569]**

— — *Iuan de la Cuesta; Vendese en casa de Francisco de Robles: Madrid*, 1613. fol. T.92.*(16). **[570]**

— Este es un traslado sacado bien y fielmente . . . corregido y concertado con la cedula original de su Magestad . . . para que en conformidad de lo accorado . . . en las Cortes . . . mãda que se quite la condicion dieziocho del contrato. [22 March 1613]. [*Madrid*, 1613]. fol. 521.l.7.(27). **[571]**

— [*Begin:*] El Rey. Por quanto aviendo mandado juntar en esta corte. [Regulations for navigation and shipbuilding. 6 July, 1613]. [*Seville?* 1613]. fol. 1323.k.14.(1). **[572]**

— [*Begin:*] El rey. [A decree relating to the royal body guard, known as "Monteros de Espinosa". 21 Feb. 1577]. [*Madrid*, 1613]. fol. T.90.*(39). **[573]**

— [*Begin:*] El Rey. [A decree concerning the building and equipment of ships]. [19 Oct. 1613]. [*Madrid*, 1613]. fol. 1324.i.5.(4); 1324.i.5.(2). **[574]**

— [*Begin:*] El Rey. [A decree respecting the building and equipment of the ships of the Spanish navy. 19 Oct. 1613]. [*Madrid*, 1613]. fol. 1324.i.5.(2); 1324.i.5.(4). **[575]**

— — [Another ed]. [*Madrid*, 1613]. fol. 1324.i.5.(3). **[576]**

— Pragmatica en que se prohive matar corderos, por tiempo de quatro años [30 June 1614]. *Iuan de la Cuesta; vendese en casa de Francisco de Robles: Madrid*, 1614. fol. D.J.1/37. **[577]**

—Prematica sobre los que dan, o reciben dadivas o promesas, para ser proveydos en oficios . . . y otras cosas. [19 March, 1614]. *Iuan de la Cuesta: Madrid*, 1614. fol. C.80.d.1.(6); T.92.*(17); 25.f.16.(6). **[578]**

—Pragmatica, en que se manda, que en los mayorazgos, que de aqui adelante se fundaren, las hembras de mejor linea . . . se prefieran a los varones mas remotos. [5 April, 1615]. *Iuan de la Cuesta: Vendese en casa de Francisco de Robles: Madrid*, 1615. fol.   T.92.*(18). **[579]**

—Pragmatica, en que se manda, que los mayorazgos, que de aqui adelāte se fundarē, se suceda por representaciō. [5 Apr. 1615]. *Iuan de la Cuesta; Vendese en casa de Francisco de Robles: Madrid*, 1615. fol.   T.92.*(19). **[580]**

—Prematica que declara, que la ley que prohibe alegar nulidad contra las sentencias de los del consejo . . . de que no se puede suplicar . . . que tampoco pueda intentarse restitucion. [20 June 1616]. *Iuan de la Cuesta: vendese en casa de Francisco de Robles: Madrid*, 1615. fol. D.J.1/38. **[581]**

—[*Begin:*] El Rey. [A decree concerning the treatment of foreign traders in Seville, reinforcing that of 15 May, 1610. Dated 26 June, 1616]. [*Madrid*, 1616]. fol.   1324.k.15.(38). **[582]**

—[*Begin:*] El Rey. [A decree concerning the commerce of foreigners with the Spanish Indies, 25 Dec. 1616]. [*Madrid*, 1616]. fol.   1324.i.10.(3); 710.l.21.(6). **[583]**

—[*Begin:*] El Rey. [A decree concerning the treatment of foreign traders in Seville, 15 May. 1610]. [*Madrid*, 1616?] *S.sh.* fol.   1324.k.15.(37). **[584]**

—Prematica, por la qual se manda, y da la orden del numero de hojas, que hā de tener las informaciones en derecho. [4 Nov. 1617]. *Iuan de la Cuesta; vendese en casa de Francisco de Robles: Madrid*, 1617. fol.   D.J.1/39. **[585]**

—Priuilegio a don Francisco de Araoz, de augmento de la vara de Alguazil mayor de la audiencia de . . . Sevilla. [1 Oct. 1616]. [*Madrid*, 1617]. fol.   1324.k.15.(20). **[586]**

—Prematica, en que se manda, que de aqui adelante los tenientes que los corregidores ouieren de lleuar à las partes . . . se prouean por el consejo de Camara. [10 Oct. 1618]. *Iuan de la Cuesta; vendese en casa de Francisco de Robles: Madrid*, 1618. fol.   T.92.*(20). **[587]**

—Prematica, por la qual su Magestad manda, que el assistente, gouernadores . . . no visiten mas de una vez . . . las villas, y lugares de la tierra. *Iuan de la Cuesta: Madrid*, 1618. fol. T.91.*(4). **[588]**

—[*Begin:*] El Rey. [A decree concerning the naturalization of foreigners. 11 Oct. 1618]. [*Madrid*, 1618]. *S.sh.* fol. C.62.i.18.(5); 1324.i.11.(5); 712.l.21.(8*). **[589]**

—[*Begin:*] El Rey. Por quanto la experiencia y la execucion. [Regulations for the construction of ships of war, 16 June, 1618]. [*Madrid?* 1618?] fol.   707.b.23.(4); 707.b.23.(9); 1323.k.14.(3); 8245.g.1.(10). **[590]**

—Capitulos generales de las Cortes que se comēçaron en . . . Madrid el año passado de . . . [1615] publicadas . . . en [22 Aug. 1619]. *Iuan de la Cuesta; vendese en casa de Francisco de Robles: Madrid*, 1619. fol.   T.92.*(22*). **[591]**

—Cedula de su Magestad, a instancia del reyno, por la qual tiene por bien, y manda, se vayan consumiendo . . . las varas de alguaziles de Corte. [28 June 1619]. [*Madrid*, 1619]. fol.   D.J.1/48.(2). **[592]**

—Ordenanças para remedio de los daños, e inconuenientes, que se siguen de los descaminos, y arribadas . . . de los nauios que navegan a las Indias. [29 Oct. 1590]. *Viuda de Alonso Martin: Madrid*, 1619. 4.°   710.l.21.(5). **[593]**

—Prematica a instancia del reyno, en que se manda, que en ningunos de sus Consejos . . . se admitan memoriales sin firma. [28 June 1619]. [Various Cedulas]. *Iuan de la Cuesta; vendese en casa de Francisco de Robles: Madrid*, 1619. fol.   T.92.*(23). **[594]**

—Prematica a instancia, y suplicacion del reyno, en que se manda, que las decimas de las execuciones . . . no se cobren. [21 July 1619]. *Iuan de la Cuesta; vendese en casa de Francisco de Robles: Madrid*, 1619. fol.   D.J.1/40. **[595]**

—Prematica para que en favor de los labradores se guarde lo aqui contenido. [18 May, 1619]. *Iuan de la Cuesta; vendese en casa de Francisco de Robles: Madrid*, 1619. fol. T.92.*(24). **[596]**

—Prematica por la qual su Magestad declara, que la . . . reyna de Francia doña Ana, y sus hijos . . . no puedan suceder en . . . España. *Iuan de la Cuesta: Madrid*, 1619. fol. T.91.*(5). **[597]**

—Cedula de su Magestad, a instācia del reyno, por la qual māda, toquē a los ayuntamientos las apelaciones, que se interpusierē de sentecias difinitiuas. [28 June 1619]. [*Madrid*, 1619]. fol.   D.J.1/48.(4). **[598]**

—Cedula de su Magestad, a instancia del reyno, tiene por bien, y manda no entre en estos reynos sedas. [21 July 1619]. [*Madrid*, 1619]. fol.   D.J.1/48.(7). **[599]**

—Cedula de su Magestad, tiene por bien y manda, que desde el dia de la fecha desta cesse, y se consuman los caualleros quantiosos del Andaluzia. [28 June 1619]. [*Madrid*, 1619]. fol.   D.J.1/48.(9). **[600]**

—Cedula de su Magestad, a instancia del reyno, tiene por bien y manda, que los alcaldes de sacas, no puedā visitar su distrito. [28 June 1619]. [*Madrid*, 1619]. fol.   D.J.1/48.(8). **[601]**

—Cedula de su Magestad, a instancia del reyno, por la qual manda, que . . . no aya mas alguaziles, de los que puede auer por executoria. [28 June 1619]. [*Madrid*, 1619]. fol. D.J.1/48.(10). **[602]**

—Cedula de su Magestad, a instancia del reyno, tiene por bien, y manda, que por tiempo de veynte años no se labre . . . moneda de vellon. [28 June 1619]. [*Madrid*, 1619]. fol. D.J.1/48.(5). **[603]**

—Cedula de su Magestad, tiene por bien, y manda, salgan del reyno . . . los gitanos . . . y que no bueluan so pena de muerte. [28 June 1619]. [*Madrid*, 1619]. fol. D.J.1/48.(6). **[604]**

—Cedula de su Magestad, por la qual da licencia à qualquier persona que labrare . . . veinte y cinco hanegas de tierra . . . pueda andar en coche. [28 June 1619]. [*Madrid*, 1619]. fol. D.J.1/48.(11). **[605]**

—Cedula de su Magestad, por la qual tiene por bien, y manda, que desde el dia de la fecha de esta cedula se consuma el batallon, o milicia. [28 June 1619]. [*Madrid*, 1619]. fol. D.J.1/48.(3). **[606]**

—[*Begin?*] El Rey. [A decree concerning saleable offices in the Indies. 28 March, 1620]. [*Madrid*, 1620]. fol. C.62.i.18.(7); 710.l.21.(9). **[607]**

— [*Begin:*] El Rey. [A decree concerning the administration of justice in the Indies. 13 Feb. 1620]. [*Madrid*, 1620]. *S.sh.* fol. C.62.i.18.(6). **[608]**

— [*Begin:*] El Rey. [An ordinance concerning the government of the Spanish possessions in the Indies. 28 Mar. 1620]. [*Madrid*, 1620?] fol. 710.l.21.(9). **[609]**

— [*Begin:*] El Rey. Por quanto por diferentes cedulas, leyes y ordenanças hechas para la buena gouernacion de mis Indias Occidentales. [12 Dec. 1619]. [*Madrid?* 1620]. fol. 710.l.21.(13). **[610]**

— Prematica en que se reducen a razon de a veinte los censos, y juros, impuestos a mas bajos precios. [7 Oct. 1621]. *Iuan de la Cuesta; vendese en casa de Francisco de Robles: Madrid*, 1621. fol. T.16.*(4); T.92.*(25). **[611]**

— Ordenanzas del consejo de Hazienda . . . y contaduria mayor de Cuentas. Fechas en 20 de nouiembre de 1593 (26 de octubre de 1602). [*Madrid*, 1621]. fol. Add.MS.9937.ff.28–53. **[612]**

— Copia de un decreto, y orden del Rey . . . para el señor presidente de Castilla. [14 Jan. 1622]. *Hernando de Vallejo: Madrid*, 1622. fol. T.91.*(7). **[613]**

— Copia de un decreto, y orden del Rey . . . para el señor presidente de Castilla [1 Feb. 1622]. *Francisco de Robles:* [*Madrid*, 1622]. *S.sh.* fol. T.91.*(8). **[614]**

— Prematica por la qual se manda que no se oculten bienes ni haziendas en confianças simuladas. [8 May, 1622]. *Tomas Iunti; vendese en casa de Antonio Noguera:* [*Madrid*, 1622]. *S.sh.* fol. T.92.*(26). **[615]**

— Copia de la forma, que su Magestad ha sido seruido de mandar, se tenga en hazer los inuētarios . . . de sus haziendas todos los ministros. [23 Jan. 1622]. [*Madrid*, 1622]. fol. T.91.*(6); 710.l.21.(8). **[616]**

— Capitulos de reformacion, que su Magestad se sirve de mandar guardar por esta ley, para el govierno del reyno. [10 Feb. 1623]. *Tomas Iunti: Madrid*, 1623. fol. T.91.*(9); T.16.*(6); 501.g.15.(1); Add.MS.9935.ff.238–261. **[617]**

— Real pragmatica sobre la bona administratio del almodi de . . . Valencia, y altres coses concernēts y conferents al bon auituallament. [8 Oct. 1594]. *Pere Patricio Mey: Valencia*, 1623. fol. 1602/212.(3). **[618]**

— Titulo de gran chanciller y registrador de las Indias, para el conde de Oliuares. [A decree. 16 Oct. 1623]. [*Madrid?* 1623]. 4.° 710.l.21.(7). **[619]**

— Prematica en que se prohibe matar corderos por cuatro anos. [11 May, 1624]. *Bernardino de Guzman; vendese en casa de Antonio Rodriguez: Madrid*, 1624. fol. T.92.*(27). **[620]**

— Prematica en que se prohibe sacar destos reynos, oro y plata, assi en pasta como en moneda, y la entrada en ellos de la de vellon. [14 Oct. 1624]. *Bernardino de Guzman; vendese en casa de Antonio Rodriguez: Madrid*, 1624. fol. T.92.*(30). **[621]**

— [*Begin:*] A la ponderacion, sustancia y fundamētos. [*Madrid*, 1624]. fol. 1323.k.13.(11). **[622]**

— Minuta de carta para las ciudades [on the collection of a subsidy for the crown. 1624]. [*Madrid*, 1624]. fol. 1323.k.13.(12). **[623]**

— El Rey. [A decree confirming certain military exemptions. 10 Nov. 1623]. [*Madrid*, 1624]. fol. T.90.*(44). **[624]**

— Decreto que el Rey don Felipe quarto . . . hizo, para que . . . se hiziesse fiesta todos los años . . . en hazimiento de gracias

por la venida de los galeones. [4 Dec. 1625]. *Iuan de Cabrera: Sevilla*, 1625. fol. 593.h.17.(16). **[625]**

— Fueros, constituciones, privilegios, pragmaticas, y sentencias, que se alegan por parte del . . . fiscal en las alegaciones hechas en favor de su Magestad. (Fueros . . . por parte de don F. Roca y Borja). *Iuan Sanchez: Madrid*, 1625. fol. 1322.k.12.(1). **[626]**

— Nuevas leyes y ordenanzas, hechas por su Magestad . . . cerca de la forma que se ha de tener . . . en el descubrimiento, labor, y beneficio de las minas de oro . . . y otros metales. *Luis Sanchez: Madrid*, 1625. fol. 725.k.18.(1). **[627]**

— Prematica en que su Magestad manda, que . . . el premio de la reduccion de la moneda de vellon à la de oro, ò plata, no pueda pasar de diez por ciento. [8 March, 1625]. *Teresa Iunti: Madrid*, 1625. fol. T.19.*(23). **[628]**

— [*Begin:*] Don Phelipe quarto deste nombre. [A letter extending the royal protection to the college of St. Clement at Bologna. 5 March, 1626]. *Clemente Ferron: Bolonia*, 1626. *S.sh.* fol. 4868.k.12.(5). **[629]**

— Pregon en que su Magestad manda, que las mercaderias de qualquier genero que sean . . . no se puedan vender, ni vendan a mas subidos precios de . . . el año [1624]. [20 May, 1626]. *Francisco Heylan: Granada*, 1626. fol. 1322.k.12.(44). **[630]**

— — *Francisco de Lyra: Sevilla*, 1626. fol. 593.h.17.(72). **[631]**

— Prematica en que se amplia la ley diez libro sexto titulo diez y ocho de la nueva recopilacion. [7 Feb. 1626]. *Teresa Iunti: Madrid*, 1626. fol. T.92.*(28). **[632]**

— Prematica para que no se den naturalezas para renta eclesiastica a estrangeros. [7 Feb. 1626]. *Teresa Iunti: Madrid*, 1626. fol. T.92.*(29). **[633]**

— Provision real que su Magestad mando publicar en todas las ciudades . . . de su reyno, para atajar los grandes daños que en el se conocen. [7 Feb. 1626]. *Luis Sanchez: Madrid; Iuan de Cabrera: Sevilla*, 1626. fol. 593.h.17.(74). **[634]**

— Traslado bien y fielmente sacado de una cedula y comission real, del Rey [22 May, 1625] . . . sobre la aberiguacion y castigo de los dulpados en el tumulto . . . popular, que subçedio en . . . Mexico en [15 Jan. 1624]. [*Mexico*, 1626]. fol. 9771.h.2.(2). **[635]**

— Cedula de su Magestad en que conforme a lo dispuesto por la prematica de veinte y siete de março deste año, dà jurisdicion . . . a la junta de la diputacion general. [17 April, 1627]. *Madrid*, 1627. fol. T.91.*(10). **[636]**

— Cedula de su Magestad en que declara el premio que se ha de lleuar por los truecos de plata y oro. [13 Apr. 1627]. *Madrid*, 1627. fol. T.92.*(29). **[637]**

— Cedula de su Magestad, [1 Aug. 1627] en que prohibe los trocadores . . . y medianeros de trueques de moneda. [With another "Cedula" on the same subject dated 24 July 1627]. *Viuda de Alonso Martin: Madrid*, 1627. fol. T.92.*(34). **[638]**

— Cedula de su Magestad que declara el premio que se ha de llevar por los truecos de plata y oro, segun la prematica de 27 de março deste año. [13 April, 1627]. *Madrid*, 1627. fol. T.19.*(24). **[639]**

— — *Madrid*, 1627. fol. T.19.*(26); T.92.*(32). **[640]**

— Cedula de su Magestad sobre la forma en que se ha de disponer la negociacion que ha de aver en las casas de disputacion. [11 April, 1627]. [*Madrid*], 1627. fol. T.92.*(31). **[641]**

—Prematica que su Magestad mandò publicar con la forma y medios de la reducion de la moneda de vellon. [27 March, 1627]. *Madrid*, 1627. fol.   T.92.*(33).   **[642]**

——*Francisco de Lyra: Sevilla*, 1627. fol.   593.h.17.(80). *imp.*; T.19.*(25).   **[643]**

—Prematica que su Magestad mando publicar sobre la reformacion de las causas de la carestia. [13 Sept. 1627]. 2 pt. *Imprenta real: Madrid*, 1627. fol.   T.91.*(11).   **[644]**

——*Viuda de Luis Sanchez: Madrid*, 1627. fol.   T.19.*(42).   **[645]**

—Cedula de su Magestad, por la qual da nueva forma al cobro de uno y medio por ciento de las ventas, y rentas. [21 March, 1628]. *Madrid*, 1628. fol.   T.91.*(14).   **[646]**

—Prematica en que su Magestad reduze toda la moneda de vellon . . . a la mitad de los precios que aora corre. [7 Aug. 1628]. *Viuda de Alonso Martin: Madrid*, 1628. fol.   T.19.*(28).   **[647]**

——*Iuan Gonçalez: Madrid*, 1628. fol.   T.92.*(35).   **[648]**

—Prematica y ley que su Magestad ha mandado promulgar, y que se guarde en razon de que no se saque moneda de plata y oro del reyno. [13 Sept. 1628]. *Viuda de Alonso Martin: Madrid*, 1628. fol.   T.91.*(13).   **[649]**

—Prematica y ley, que su Magestad ha mandado promulgar, y que se guarde, para que nayde trayga mulas en coche. [11 Sept. 1628]. *Iuan Gonzalez: Madrid*, 1628. fol.   T.91.*(12).   **[650]**

—Tassa de los precios a que se han de vender la mercaderias y otras cosas de que no se hizo mencion en la primera tassa. *Iuan Goncalez; vendese en casa de Martin Gil: Madrid*, 1628. fol.   T.19.*(43).   **[651]**

—[*Begin:*] El Rey. [A decree prohibiting commercial intercourse with the enemies of Spain, and particularly with Great Britain. 16 May. 1628]. (Abecedario de las mercaderías prohibidas). [*Madrid*, 1628]. fol. 8245.g.1.(6).   **[652]**

—[*Begin:*] El Rey. [A proclamation concerning the duties on salt. 3 Jan. 1631]. [*Madrid*, 1631]. fol.   539.h.17.(104).   **[653]**

—[*Begin:*] Nos el regente, y oydores, alcaldes mayores de la real audiencia. [A decree for the appointment of a junta for the administration of the mint, June, 1631]. [*Oviedo*, 1631]. fol.   T.19.*(27).   **[654]**

—El Rey. Rector, claustro, y universidad . . . de Valladolid. [A decree restoring to the students the right of electing to professorships in the university. 3 Nov. 1632]. [*n.p.*, 1632?] fol.   1322.k.12.(22).   **[655]**

—[*Begin:*] El Rey. [A decree relating to imports. 23 March, 1633]. [*Madrid*, 1633]. fol.   8245.g.1.(8).   **[656]**

—[*Begin:*] El Rey. [A decree respecting the pacification and conversion of the Indians of New Granada, and the working of the mines. 27 Sept. 1634]. (Assiento y capitulacion con don Iuan Velez de Guevarra). [*Madrid*, 1634]. fol.   1324.i.11.(6).   **[657]**

—[*Begin:*] El Rey. [Three proclamations by the King, declaring war against France. 23 and 25 June 1635]. [*Madrid?* 1635]. *S.sh.* fol.   593.h.17.(137).   **[658]**

—Ordenanzas del conseio real de las Indias . . . recopiladas, y por el Rey . . . para su govierno, establecidas. Año de M.DC.XXXVI. [A revision of the ordinances promulgated by Philip II in 1571]. *Viuda de Iuan Gonçalez: Madrid*, 1636. fol.   501.g.7.   **[659]**

—[*Begin:*] Don Felipe por la gracia de Dios Rey de Castilla. [A decree remitting the tax upon books. 16 July, 1636]. [*Madrid*, 1636]. fol.   1322.l.9.(5).   **[660]**

—Cedula de su Magestad en que se declara mas en particular la forma en que se ha de observar el uso de los pliegos sellados. [31 Jan. 1637]. *Viuda de Alonso Martin: Madrid*, 1637. fol.   1324.k.15.(40).   **[661]**

—Prematica en que su Magestad manda, que sin embargo de la cedula de cinco de noviembre del año passado . . . se guarde la de treinta de Abril del. [20 March 1637]. *Maria de Quiñones: Madrid*, 1637. fol.   1322.l.12.(22).   **[662]**

—Yo Antonio Alonso de Zamora, notaria publico. [Publication of a royal decree relating to the university of Salamanca. 5 Nov. 1637]. [*Salamanca*, 1637]. fol. 1322.l.4.(37).   **[663]**

—Copia de un decreto de su Magestad que embiò el . . . padre confessor con carta suya para la provincia de Castilla del orden de la santissima Trinidad. [16 Sept. 1638]. [*Madrid*, 1638?] *S.sh.* fol.   4783.e.1.(31).   **[664]**

—[*Begin:*] Don Phelipe, por la gracia de Dios. [A decree, dated 11 Aug. 1637, defining the episcopal authority over religious order of New Spain]. [*Mexico*, 1638]. fol. 1223I.t.1.(2).   **[665]**

—[*Begin:*] El Rey. [An order relating to the conduct of certain magistrates. 30 July, 1638]. [*Madrid*, 1638]. *S.sh.* fol. 1322.l.4.(40).   **[666]**

—Privilegio de las calidades que han de tener los que huvieren de ser regidores de . . . Madrid. [24 Dec. 1638]. [*Madrid*, 1638]. fol.   1322.k.12.(38).   **[667]**

—Traslado de una cedula de su Magestad, dando facultad para que se use de la sisa del vino y carne . . . para la paga del sueldo de seis mil soldados. [11 July, 1638]. [*Madrid*, 1638]. fol.   1323.k.13.(20).   **[668]**

—Vuestra Magestad manda guardar la lei y prematica de reformation promulgada en onze de febrero de . . . [1623], en la parte que dà el modo . . . de probar la . . . nobleza. [22 March, 1638]. [*Madrid*, 1638]. fol.   1322.l.4.(35).   **[669]**

——[*Madrid*, 1638]. fol.   1322.k.8.(6).   **[670]**

—Pregon en que su Magestad manda que ninguna muger . . . pueda traer, ni traiga guarda infante . . . o trage semejante. [13 April, 1639]. *Francisco de Lyra: Sevilla*, 1639. fol. 593.h.17.(149).   **[671]**

—Prematica en que su Magestad manda que ninguna muger ande tapada, sino descubierta el rostro. [12 April, 1639]. *Francisco de Lyra: Sevilla*, 1639. fol.   593.h.17.(152).   **[672]**

—Pregon en que su Magestad manda que por quanto el abuso de las guedejas, y copetes conque andan algunos hombres . . . ningun hombre pueda traer guedejas, ni copete. [Undated]. *Francisco de Lyra: Sevilla*, 1639. *S.sh.* fol.   593.h.17.(151).   **[673]**

—Prematica en que su Magestad manda se executen las penas en ella contenidas, contra los que juraren. [12 April, 1639]. *Francisco de Lyra: Sevilla*, 1639. fol.   593.h.17.(150).   **[674]**

—Capitulaciones de el assiento que con . . . el Rey . . . hizo dō Diego de Vera . . . para la conquista . . . y poblacion de el Prospero, (aliàs el Lacandon y de los demas indios . . .) . . . en la Nueva España. [29 March, 1639]. [*Madrid*, 1639]. fol. 8179.g.53. *imp.*   **[675]**

—Recopilacion de las leyes destos reynos, hecha por mandato de . . . Felipe segundo . . . Con las leyes que despues . . . se han publicado por . . . Felipe quarto. 3 pt. *Catalina de Barrio y Angulo, y Diego Diaz de la Carrera: Madrid,* 1640. fol. 1602/211. **[676]**

—Decreto de su Magestad [14 Nov. 1641]. (Relacion de los servicios de don Joseph de Ruesga Maldonado). [*Madrid,* 1641]. fol. 1324.i.2.(91). **[677]**

—[*Begin:*] El Rey. [Proclamation augmenting the value of the silver currency. 23 Dec. 1642]. [*Seville,* 1643]. fol. 1323.k.17.(3). **[678]**

—Prohibicion que el Rey nuestro señor manda se haga del comercio entre los vassallos destos reynos, contra los . . . de Portugal. [21 Feb. 1644]. *Andres de Parra: Madrid,* 1644. fol. 8245.g.1.(1). **[679]**

—Cedula real y vando publico, del Rey . . . en que se revalida la prohibicion del comercio con . . . Portugal. [22 May, 1645]. *Andres de Parra: Madrid,* 1645. fol. 8245.g.1.(2). **[680]**

—Cedula en que su Magestad manda guardar . . . y executar la forma que se ha de tener en la cobrança de las rentas reales. [25 Feb. 1647]. *Gregorio Rodriguez; a costa de Iuan de Valdes: Madrid,* 1647. fol. 1322.k.12.(41). **[681]**

—Cedula en que su Magestad manda, que en la cobrança de las sisas y rētas reales no aya mas de una bolsa. [17 July, 1647]. *Catalina de Barrio: Madrid,* 1647. fol. 1322.k.12.(43). **[682]**

—Ordenanzas reales, para la casa de la contratacion de Sevilla, y otras cosas de las Indias. *Francisco de Lyra: Sevilla,* 1647. fol. 707.b.23.(8); 710.l.22; 1323.k.14.(2); 707.b.23.(3). **[683]**

—Prematica en que su Magestad manda, que el real de a ocho de plata, passe, y se dé en las compras . . . y otro . . . contrato. [18 Sept. 1647]. *Gregorio Rodriguez: Madrid,* 1647. fol. 1322.k.12.(42). **[684]**

—Pregon en que el Rey nuestro señor manda que toda la moneda del Perù . . . se consuma dentro de dos meses. [Oct. 1650]. *Domingo Garcia y Morras: Madrid,* 1650. fol. 8223.d.45.(1); 8223.d.45.(3). **[685]**

—Pregon en que el Rey nuestro señor manda, que todos los reales de à ocho, y à quatro del Perù . . . valgan los de a ocho à seis reales de plata, y los de à quatro à tres. [Oct. 1650]. *Domingo Garcia y Morras: Madrid,* 1650. fol. 8223.d.45.(2). **[686]**

—Prematica en que su Magestad manda, que toda la moneda de plata labrada en . . . Perù se reduzca, y ponga conforme a la ley. [1 Oct. 1650]. *Domingo Garcia y Morràs: Madrid,* 1650. fol. 1323.k.17.(4); 8323.d.45.(4); 8323.d.45.(5). **[687]**

—[*Begin:*] Aunque los sagrados canones. [A decree relating to ecclesiastical jurisdiction. 28 March, 1620. Published with remarks by P. Guerrero Zambrano]. [*Madrid?* 1650?] *S.sh.* fol. 1322.l.5.(20). **[688]**

—Cedula y vando real, publicada por ley, y sobrecartada por el consejo de guerra, sobre su cumplimiento. [27 Feb. 1650]. [*Madrid,* 1650]. fol. 8245.g.1.(7). **[689]**

—Relacion, y declaracion de las mercaderias prohibidas, y de contravando contenidas en las cedulas reales . . . publicada por ley sobrecartada . . . 27 de febrero de 650. [8 June, 1650]. [*Madrid,* 1650]. fol. 8245.g.1.(9). **[690]**

—[*Begin:*] El Rey. Por quanto el licenciado don Bartolome Morquecho. [Several proclamations, relating to an

infraction of the revenue laws]. [*Seville,* 1651]. fol. 1323.k.14.(4). **[691]**

—Instrucion, que han de guardar los ministros nombrados por su Magestad. [27 Nov. 1651]. [*Madrid,* 1651]. fol. T.19.*(29). **[692]**

—Prematica en que su Magestad manda, que la moneda de vellon gruesso se reduzga a la quarta parte. [25 June 1652]. *Imprenta real; vendese en casa de Iuan de Valdes: Madrid,* 1652. fol. D.J.1/41. **[693]**

—Declaracion y limitacion de la prematica publicada en esta Corte, en catorze deste presente mes y año. [17 Nov. 1652]. [*Madrid,* 1652]. fol. 1323.k.17.(5). **[694]**

—[*Begin:*] Don Felipe, por la gracias de Dios rey de Castilla. [A decree concerning the coinage. 14 Nov. 1652]. [*Madrid,* 1652]. fol. T.19.*(30). **[695]**

—[*Begin:*] Su Magestad à sido servido de encargarme la observācia de la nueva pregmatica sobre el resseldo de la moneda de vellon. [10 Jan. 1652]. [*Seville,* 1652]. *S.sh.* fol. 1322.l.12.(55). *imp.* **[696]**

—Prematica en que su Magestad manda, que la moneda antigua de calderilla buelva a correr con el misma valor. [21 Oct. 1654]. *Diego Diaz de Carrera; vendese en casa de Iuã de Valdes: Madrid,* 1654. fol. 8223.d.45.(8). **[697]**

—[*Begin:*] El Rey. Por quanto hauiendo considerado ser justo. [A decree conferring on the college of St. Clement at Bologna the right of jurisdiction in certain questions of rank and title. 14 May, 1624]. *Iuan Baptista Ferroni: Bolonia,* 1655. fol. 4868.k.12.(4). **[698]**

—El Rey. (Instruccion que se ha de executar en la administracion, y cobrança de la sisa del vino, y vinagre. [24 Oct. 1655]). [*n.p.,* 1655]. fol. 1322.k.12.(30). **[699]**

—Pregmatica en que su Magestad manda prohibir el trato, y comercio de todos sus reynos . . . con los de Inglaterra. [8 April, 1656]. *Diego Diaz: Madrid,* 1656. fol. 8245.g.1.(3). **[700]**

—[*Begin:*] El Rey. Aviendose reconocido los continuos fraudes. [A decree for the prevention of frauds committed in the collection and administration of the exise. 20 July, 1656]. [*Madrid,* 1656]. fol. 1322.k.12.(32). **[701]**

—[*Begin:*] El Rey. Lo que por mi mandado se assienta, y concierta cō vosotros el marques de Valdecarçana . . . sobre la fabrica de una esquadra de seis galeones. [26 Aug. 1656]. [*Madrid?* 1656?] fol. 1238.g.12. **[702]**

—Prematica en que su Magestad manda se consuma la moneda de vellon gruesso, y que en su lugar se labre otra de nuevo con el mismo peso. [24 Sept. 1658]. *Por Pablo de Val; vendese en casa de Iuan Valdès: Madrid,* 1658. fol. 1323.k.17.(13). **[703]**

—[*Begin:*] El Rey. [A decree reducing the value of the money coined in accordance with the prematica of 24 Sept. 1658, to one half. 30 Oct. 1658]. [*Madrid?* 1658]. fol. 1322.l.12.(25). **[704]**

—[*Begin:*] Don Pedro Nino de Guzman. [Communication of a royal decree remitting certain arrears of revenue. 29 April, 1658]. [*Seville,* 1658]. fol. 1323.k.17.(6). **[705]**

—Prematica en que su Magestad manda que la moneda gruessa de vellon . . . se baxe a la mitad, con valor de dos y un maravedi, respectivamente. [6 May, 1659]. *Pablo de Val; vendese en casa de Iuan de Valdes: Madrid,* 1659. fol. 1322.l.12.(24). **[706]**

—Instruccion sobre la forma que se ha de tener, y guardar en la prematica de la baxa de la moneda del vellon gruesso. [6 May, 1659]. [*Madrid?* 1659]. fol. 1322.l.12.(26). **[707]**

—Cedula, que manda despachar la Magestad de don Philipo quarto . . . en razon de la precedencia, que tienen . . . los quatro colegios . . . de la universidad de Salamanca. El Rey. (Señor). 2 pt. [8 Apr. 1659]. [*Madrid?* 1659?] fol. 765.h.1.(14). **[708]**

—Prematica en que su Magestad manda, que la moneda de vellon gruesso . . . con valor de dos maravedis cada pieça, se recoja . . . y se funda. [11 Sept. 1660]. *Ioseph Fernandez de Buendia: Madrid*, 1660. fol. 1322.l.12.(28). **[709]**

——*Baltasar de Bolibar: Granada*, 1660. fol. 1322.l.12.(3). **[710]**

—Prematica en que su Magestad manda, que se labre una moneda de plata fina ligada con cobre. [29 Oct. 1660]. *Mateo Fernandez: Madrid*, [1660]. fol. 1322.l.12.(29). **[711]**

—Mando el Rey nuestro señor, que desde oy en adelante no corra en estos reynos la moneda de la nueva labor de martillo. [30 Oct. 1661]. [*Madrid*, 1661]. S.sh. fol. 1322.l.12.(4). **[712]**

—[*Begin:*] Don Felipe. [A decree relating to the tithes payable by the religious orders of Peru and New Spain. 31 Dec. 1662]. [*Madrid*, 1662]. fol. 5125.g.9.(13). **[713]**

—Para despachos de oficio dos mis selloquarto, año de [1663]. Cedula en que su Magestad declara la forma que se ha de tener en la prohibicion del comercio con . . . Portugal. [27 June, 1663]. [*Madrid*], 1663. 4.° 8042.aa.30. **[714]**

—[*Begin:*] Don Phelipe segundo deste nombre. [A letter reaffirming the constitutions and statutes of the college of St. Clement at Bologna]. *Iacobo Mont: Bolonia*, [1663?] fol. 4868.k.12.(3). **[715]**

—Prematica en que su Magestad manda, que la moneda de vellon ligada se baxe à la mitad del valor. [14 Oct. 1664]. (Instruccion). 2 pt. *Baltasar de Bolibar: Granada*, 1664. fol. 1322.l.12.(5). **[716]**

—Advertencias importantes a la total comprehension de la voluntad de la reyna . . . en la formacion de la compania . . . para el comercio armado. [13 Feb. 1669]. [*Seville*, 1669]. fol. 1323.k.16.(8). **[717]**

—[*Begin:*] Don Carlos segundo por la gracia de Dios, Rey de Castilla. [Proclamations, for the apprehension of the marchioness de Lacony, and others, charged with the murder of the marquis]. 2 pt. [*Valencia*, 1669]. fol. 704.h.16.(14). **[718]**

—Ordinacions tocants a la custodia, y guarda de la costa maritima . . . de Valencia. [28 June, 1673]. *Geroni Vilagrasa: Valencia*, 1673. fol. 503.f.12. **[719]**

—Pragmatica que su Magestad manda publicar sobre la reformacion en el excesso de traxes, lacayos, y coches, y prohibicion del consumo de las mercaderias de Francia. [8 March, 1674]. *Julian de Paredes: Madrid*, 1674. fol. 704.h.16.(15). **[720]**

—Ley, y pragmatica, en que su Magestad proibe el comercio con Francia. [Madrid, 26 Jan. 1674]. *Martin De Huarte: San Sebastian*, 1674. fol. T.16.*(12). **[721]**

—[*Begin:*] La reyna governadora. [Instructions defining the respective jurisdictions of the "generales de la armada y flota de la carrera de las Indias". 26 Sept. 1674]. [*Madrid*, 1674]. fol. 707.b.23.(5); 707.b.23.(10); 1323.k.14.(6); 1323.k.14.(7). **[722]**

—Traslados de quatro cedulas reales de su Magestad tocantes à la contribucion . . . para la dotacion, y caudal fixo de los despachos de las . . . armadas, y flotas . . . de las Indias. *Sevilla*, 1679. fol. 707.b.23.(6). **[723]**

—[*Begin:*] El Rey. Por quanto en la nueva forma. [Decree respecting the contributions to be paid by the Kingdom of New Granada]. [*Seville?* 1679?] fol. 1323.k.14.(8). **[724]**

—Pragmatica en que su Magestad manda que la moneda de molino . . . se baxe a dos maravedis. [10 Feb. 1680]. *Iulian de Paredes: Madrid*, 1680. fol. 1323.k.17.(15); 704.h.16.(2). **[725]**

—Cedula real en que su Magestad manda se observe, y guarde la moderacion de alquileres de casas, y precios de todos generos commerciales. [27 Nov. 1680]. *Julian de Paredes: Madrid*, 1680. fol. 501.g.15.(3). **[726]**

—[*Begin:*] El Rey. Por quanto por prematica de diez de febrero de este año, mandè baxar la moneda de molinos. [A royal order for the guidance of collectors of the revenue. 25 May, 1680]. [*Madrid*, 1680?] fol. 1322.l.12.(32). **[727]**

—Instruccion que se ha de guardar en la execusion de la pragmatica que sobre la baxa de la moneda de molino se ha mandado promulgar. [10 Feb. 1680]. [*Madrid*, 1680]. fol. 1322.l.12.(1). **[728]**

—Pragmatica en que su Magestad manda que la moneda de molino . . . se baxe à dos maravedis. [10 Feb. 1680]. *Iulian de Paredes: Madrid*, [1680]. fol. 1323.k.17.(15); 704.h.16.(2). **[729]**

—Pragmatica en que su Magestad manda prohibir el uso de la moneda de vellon de molinos. [22 May, 1680]. 2 pt. *Iulian de Paredes: Madrid*, [1680]. fol. T.19.*(32). **[730]**

—Ordenanzas del consejo real de las Indias . . . recopiladas, y por el Rey . . . establecidas. Año de M.DC.XXXVI. (Indice de los autos . . . decretos de govierno). *Iulian de Paredes: Madrid*, 1681. fol. 705.h.14; 25.f.12. **[731]**

—Recopilacion de las leyes de los reynos de las Indias. Mandadas . . . publicar por . . . Carlos II. 4 tom. *Iulian de Paredes: Madrid*, 1681. fol. 501.g.11; 25.e.1. **[732]**

—[*Begin:*] Don Carlos por la gracia de Dios. [Regulations for the police of Seville. 11 March, 1681]. [*Seville*, 1681]. fol. 1323.k.17.(9). **[733]**

—Pragmatica, que su Magestad manda publicar, para que se guarde . . . la que se publico el año de 1674, sobre la reformacion en el excesso de trages, lacayos, y coches. [9 Oct. 1684]. *Julian de Paredes: Madrid*, 1684. fol. 704.h.16.(16). **[734]**

—Pragmatica en que su Magestad manda que la moneda de molino legitima buelva à correr . . . con el valor de quatro maravedis la pieça. [9 Oct. 1684]. *Julian de Paredes: Madrid*, 1684. fol. 704.h.16.(7). **[735]**

—Pragmatica en que su Magestad manda, que los reales de à ocho . . . valgan diez reales de plata. [14 Oct. 1686]. *Julian de Paredes: Madrid*, 1686. fol. T.19*(33); 1322.l.7.(1). **[736]**

——*Juan Francisco de Blas: Sevilla*, 1686. fol. 1323.k.17.(10); 1323.k.17.(16); 1323.k.17.(17). **[737]**

—Real pragmatica en que su Magestad manda publicar per lo . . . virrey . . . de Valencia, en que se dona forma al valor de la moneda castellana, y a la plata obrada. [25 May, 1687]. *Iuan Lorenço Cabrera: Valencia*, 1687. fol. 1322.l.12.(2). **[738]**

—Recopilacion de las reales ordenanzas, y cedulas de los bosques reales . . . Glossas, y commentos a ellas . . . Pedro de Cerbantes . . . y Manuel Antonio de Cerbantes. *Melchor Alvarez: Madrid*, 1687. fol. 1479.d.22. **[739]**

—En Madrid a 7 de febrero de 1688. [Heads of various financial regulations]. [*Madrid*, 1688]. 4.° 1445.f.17.(77). **[740]**

—Pragmatica que su Magestad manda publicar, para que se guarde . . . la que se publicò el año de 1684. sobre la reformacion en el excesso de trages . . . y otras cosas. [26 Nov. 1691]. *Juan Francisco de Blas: Sevilla*, 1691. fol. 1323.k.17.(7). **[741]**

—Ordinaciones de la imperial ciudad de Zaragoza; concedidas por . . . Carlos segundo, y su Madre. [23 Dec. 1669]. *Herederos de Diego Dormer: Zaragoza*, 1693. fol. 5383.g.14. **[742]**

—Copia de las cedulas reales, que . . . don Carlos segundo . . . mandó expedir para la fundacion del colegio, y seminario . . . en . . . Sevilla, para la enseñança . . . en la arte maritima. 34 pt. [*Seville*? 1693?] fol. 501.g.4.(3). **[743]**

—El Rey. Por quanto; considerando será muy conveniente . . . moderar . . . el uso de los lutos. [A royal decree, addressed to the American colonies. Dated, 22 March, 1693]. [*Guatemala*, 1695]. fol. 9770.k.3.(1). *imp.* **[744]**

Miscellaneous Public Documents

—[A collection of official documents relating to the revenue during the reign of King Philip IV]. [*Madrid*, 1628–63]. fol. Add.MS.9936. **[745]**

—Memorial dado por don Juan Chumacero y Carrillo, y don fray Domingo Pimentel, obispo de Cordova, à . . . Urbano VIII año de M.DC.XXXIII de orden . . . del Rey don Philipe IV. [*Madrid*? 1635?] 4.° 5107.b.6; 5107.bb.4.(1). **[746]**

— — *En casa de Juan de Moya:* [*Madrid*? 1635?] 4.° 5107.bb.5. **[747]**

—[*Begin:*] El Rey. [A letter to the city of Granada asking consent to raise a loan on certain portions of the royal revenue. 4 Feb. 1644]. [*Madrid*, 1644]. fol. 765.i.8.(49). **[748]**

—[*Begin:*] El Rey. [A letter to the city of Granada asking consent for an increase of the loan raised in February 1644. 4 Dec. 1644]. [*Madrid*, 1644]. fol. 765.i.8.(51). **[749]**

—[*Begin:*] Excelmo. Señor. El auer escusado embaraçar a V. E. [A collection of Spanish state papers, 1668–69]. [*n.p.*, 1670?] fol. D.J.3/2. **[750]**

—Executoria del real consejo de las Indias en que su Magestad . . . se explica bien servido del . . . conde de Galve. [*Madrid*? 1697?] fol. 9771.h.1.(1). **[751]**

Cortes

—Media-annata de mercedes. Reglas generales para su administracion . . . y cobrança; formadas en virtud de ordenes . . . de su magestad, y expressadas en una . . . cedula de 3 de julio de 1664. [Renewed by royal decree 1696]. [*Madrid*, 1696]. fol. T.16.*(8). **[752]**

—Condiciones que se innouan, o alteran de las del contrato del año [1601]. [On the agreement between the Crown and the Cortes relating to the collecting and spending of the revenue]. [*Valladolid*? 1603?] fol. 765.i.8.(6). **[753]**

—Copia de la carta que el reyno escriuio a esta ciudad [Valladolid]. [3 Oct. 1603. Containing instructions for the collection of the "diez y ocho millones".]. [*Valladolid*, 1603]. fol. 765.i.8.(3). **[754]**

—La escritura que el reyno otorgo, para el cumplimiento del seruicio de los diez y ocho millones. [28 Aug. 1603]. [*Valladolid*, 1603]. fol. 765.i.8.(4). **[755]**

—Las condiciones que el reyno puso en seruicio de los diez y ocho millones. [*n.p.*, 1603?] fol. 765.i.8.(20). **[756]**

—Capitulos generales de las Cortes del año [1592] . . . fenecidas en el de [1598] . . . y publicadas en el de [1604]. [Sanctioned. 1 Dec. 1603]. *Luys Sanchez: Valladolid*, 1604. fol. T.87.*(6). **[757]**

— — *Luis Sanchez: Valladolid*, 1604. fol. T.92.*(10). **[758]**

—Capitulos generales de las Cortes del año [1598] . . . fenecidas en el de [1601] . . . publicadas en el de [1604]. *Luys Sanchez: Valladolid*, 1604. fol. 1323.k.13.(2).; T.92.*(9); T.87.*(8). **[759]**

—Quinto genero de las condiciones generales para el aliuio, y bien destos reynos. [*n.p.*, 1605?] fol. 765.i.8.(29). *imp.* **[760]**

—El acuerdo que el reyno hizo sobre el servicio de los diez y siete millones y medio, es el que sigue. [*Madrid*, 1608]. fol. 1323.k.13.(5). **[761]**

—[*Begin:*] Luego que su Magestad se sirvio. [Propositions for a temporary grant of extra revenue to the King. 8 March, 1608]. [*Madrid*, 1608]. fol. 1323.k.13.(4). **[762]**

—Repartimiento de las consignaciones que se hazen en el servicio de los diez y ocho millones. [*Madrid*, 1608]. fol. 1323.k.13.(6). **[763]**

—La escritura que el Rey otorgò del censo que impuso, y fundo sobre si, de doze millones de principal . . . en favor de los hombres de negocios. [*Madrid*, 1608–13]. fol. 521.l.7.(3). **[764]**

—Acuerdo en los medios que el reyno ha elegido para la paga del seruicio de su Magestad. [*Madrid*, 1609?] fol. 765.i.8.(37). **[765]**

—Los acuerdos que el reyno hizo, para que se continuen las sisas del vino, vinagre, azeyte, y carnes para la paga del seruicio de los diez y siete millones y medio. [*Madrid*? 1609?] fol. 765.i.8.(44). **[766]**

— — [*Madrid*? 1609?] fol. 521.l.7.(5). **[767]**

—Condiciones del assiento del reyno con su Magestad, sobre el seruicio de los quinientos cuentos. [*Madrid*, 1609?] fol. 765.i.8.(35). **[768]**

—La escritura que el reyno otorgò del seruicio de los diezisiete millones y medio. [22 Nov. 1608]. [*Madrid*, 1609]. fol. 765.i.8.(33). *imp.* **[769]**

—Capitulos generales de las Cortes del año [1602] . . . fenecidas en el de [1604] . . . y publicadas en el de [1610]. [17 July, 1610]. *Iuan de la Cuesta: Madrid*, 1610. fol. **[770]**

— — *Iuan de la Cuesta; vendese en casa de Francisco de Robles: Madrid*, 1610. fol. T.92.*(12); 1324.k.15.(39). **[771]**

—[*Begin:*] Acudiendo el reyno. [Representations to the King respecting the revenue. 17 May, 1610]. [*Madrid*, 1610]. fol. 1323.k.13.(7). **[772]**

—Las condiciones, forma, y orden, que . . . han de guardar las ciudades . . . en la administraciõ de las sisas. [*Madrid*? 1610?] fol. 765.i.8.(46). **[773]**

—La escritura que el reyno otorgò de los dos millones que se han de pagar a su Magestad cada año, por repartimiento de lo que dellos ha de pagar cada ciudad. [1 Feb. 1611]. (La gregacion). [*Madrid*, 1611]. fol.   765.i.8.(36).   **[774]**

— — [*Madrid*, 1611]. fol.   521.l.7.(26).   **[775]**

— Los acuerdos que el reyno hizo en las Cortes que se propusieron en nueve de febrero de [1617]. [*Madrid*, 1617?] fol.   1323.k.13.(9).   **[776]**

— Acuerdo de veinte y tres de setiembre de 1617. [Concerning a grant of eighteen millions to the Crown]. [*Madrid?* 1618?] fol.   1323.k.13.(8).   **[777]**

— Capitulos generales de las Cortes celebradas en . . . Madrid, en los años de [1607, 1611, 1615] . . . prematicas y cedulas reales, publicadas . . . a [22 Aug. 1619]. *Iuan de la Cuesta; vendese en casa de Francisco de Robles: Madrid*, 1619. fol. T.16.*(5); T.92.*(21); 1323.k.13.(3).   **[778]**

— La escritura que el reyno otorgò del seruicio de los diez y ocho millones [28 Aug. 1619]. (Cedula de su Magestad, de aceptacion). [*Madrid*, 1619]. fol.   765.i.8.(45).   **[779]**

— Acuerdo que el reino hizo de servir a su Magestad con doze millones, pagados en seis años. [*Madrid?* 1624?] fol. 1323.k.13.(13).   **[780]**

— — [*Madrid*, 1624]. fol.   765.i.8.(38).   **[781]**

— Iustificacion de los diez y ocho millones que el reyno en Cortes, ha concedido. [*Madrid*, 1628]. fol. 765.i.8.(48).   **[782]**

— Iustificacion del seruicio que haze el reyno a su Magestad de los dezioocho millones. [*Madrid*, 1628]. fol. 765.i.8.(47).   **[783]**

— Papeles en razon de el encabeçamiento de el uno por ciento que de nuevo acordo el reyno por voto consultativo. [*Madrid?* 1628]. fol.   1323.k.13.(15).   **[784]**

— Papeles en razon del nuevo servicio de los diez y ocho millones, que de nuevo se pide, y acordo el reyno. [*Madrid*, 1628]. fol.   1323.k.13.(14).   **[785]**

— Sobre el encabezamiento del seruicio de los doze millones. [*Madrid*, 1628]. fol.   765.i.8.(52).   **[786]**

— [A collection of grants, representations and memorials relating to the revenue during the reign of King Philip IV]. [*Madrid*, 1628–63]. fol.   Add.MS.9936.   **[787]**

— Acuerdo que el reino hizo en veinte y ocho de setiembre de [1634] . . . suplicando a su Magestad cesse la imposicion del medio dozavo. [*Madrid?* 1635]. *S.sh.* fol.   1323.k.13.(17).   **[788]**

— Acuerdos que el reino hizo en las Cortes que se propusieron en 28 de Junio de 1638, en que se sirvio a su Magestad con la paga del sueldo de seis mil soldados. [*Madrid?* 1638]. fol. 1323.k.13.(18).   **[789]**

— Acuerdo en que el reyno señala la cantidad con que ha de servir a su Magestad. [*Madrid?* 1638?] fol.   1323.k.13.(19).   **[790]**

— Escritura que el reino otorgo, sirviendo a su Magestad en que se estienda el derecho de la alcavala. [14 Feb. 1642]. [*Madrid*, 1642]. fol.   1323.k.13.(21).   **[791]**

— Acuerdo que el reino hizo, prorrogando el servicio de los nueve millones en plata hasta fin del año de [1650]. [*Madrid*, 1644]. fol.   1323.k.13.(22).   **[792]**

— Escrituras, acuerdos, administraciones, y suplicas de los servicios de veinte y quatro millones; ocho mil soldados. *Diego Diaz de la Carrera: Madrid*, 1659. fol. 503.g.27.   **[793]**

— [*Begin:*] Iesus. Es el caso, que en esta corte muchos hombres de negocios dan dineros a cambio a diferentes personas, etc. [*n.p.d.*], fol.   765.i.9.(9).   **[794]**

— [*Begin:*] Señor. El reyno dize: Que deseando el seruicio de V. M. que es el fin a que dirige todos sus pensamientos, *etc.* (Relating to the moneda del vellon). [*n.p.d.*], fol. 765.i.9.(2).   **[795]**

Cortes – Appendix

— Al reyno de Castilla, junto en Cortes. [Two letters by D. Gonzalez de Villaroel? addressed to the Cortes on the currency question]. [*Seville?* 1626?] fol.   1322.l.12.(7).   **[796]**

Departments of State and Public Institutions

Administración de Alcabalas

— Lo que contiene el capitulo de la carta acordada, que toca a la administracion de alcavalas. [24 July, 1643]. [*Madrid*, 1643]. fol.   1322.k.12.(33).   **[797]**

Almirantazgo

— Instruccion del almirantazgo, para los veedores. [1650?] [*Madrid?* 1650?] fol.   8245.g.1.(4).   **[798]**

Casa de la Moneda

— Por las casas de la moneda deste reyno. Con el señor fiscal. [*n.p.*, 1660?] fol.   1322.l.7.(27).   **[799]**

Consejo de Castilla

— Autos y acuerdos del conseio, de que se halla memoria en los libros desde 1532 hasta . . . 1618. *Luis Sanchez: Madrid*, 1618. fol.   503.g.24.   **[800]**

— Las utilidades que se siguen de aver su Magestad . . . quitado los millones al reyno, con solo el crecimiento de la sal. [A report]. [*Seville*, 1630?] fol.   593.h.17.(96).   **[801]**

— [*Begin:*] Aviendo sabido el consejo los grandes daños. [Notice of an alteration in the method of levying the revenue]. [*Madrid?* 1645?] fol.   1323.k.13.(25).   **[802]**

— [*Begin:*] Lib. 10. 1. 2. etc. [The case of the Crown of Spain. Decision of the royal council relating to the payment of excise by ecclesiastics]. [*Madrid?* 1660?] fol. 5125.g.7.(5). *imp.*   **[803]**

— Reducciones de plata à vellon. Traslado del auto del consejo, en que declaro la forma en que se han de estimar, y baluar las reducciones de la plata. [16 Sept? 1676]. [*Madrid?* 1676?] fol.   1322.l.12.(30).   **[804]**

Consejo de Estado

— Relacion en que se da quenta del acuerdo que dio el conseio de Estado, a cerca de la moneda de vellon . . . Y pregõ que se dio en la Corte, declarando las falsedades . . . de Inglaterra. *Iuan de Cabrera: Sevilla*, 1626. fol. 593.h.17.(73).   **[805]**

Consejo de Guerra

— Sentencia que dieron los senores del Consejo supremo de guerra al alcayde del Peñon [M. de la Cerda]. *Malaga, y por su original por Bartolome de Lorençana: Granada*, 1617. fol.   1322.l.9.(23).   **[806]**

Consejo de la Mesta

— Libro de las leyes, privilegios, y provisiones reales del honrado concejo de la mesta general, y cabaña real destos reynos. *Iuan de la Cuesta; vendese en casa de Francisco de Robles: Madrid*, 1609. fol.   765.h.7.   **[807]**

Consejo de la Santa Cruzada

— Instruccion de la forma y orden que se ha de guardar . . . en la administracion . . . y cobrança de la bula . . . que . . . Paulo V . . . concedio al Rey. [n.p., 1607]. fol. 1322.k.12.(3). **[808]**

— Instruccion de la orden forma que han de . . . guardar los comissarios, y iuezes . . . de la santa cruzada, en todos los . . . partidos. [27 May, 1612]. [Madrid, 1612]. fol. 1322.k.12.(4). **[809]**

— El fiscal del conseio de la santa cruzada. Con el conde de Lemus. [n.p., 1620?] fol. 1322.k.14.(36). *imp.* **[810]**

— Por el señor fiscal de la santa cruzada, y . . . Iuan Garcia Tarancon y consortes. Con . . . Ecija. [A pleading by Luis de Casanate]. [n.p., 1620?] fol. 1322.k.14.(42). **[811]**

Consejo de las Indias

— Assiento y capitulacion que los señores presidente y del consejo real de las Indias tomaron con los vezinos de . . . Cadiz, y universidad de los mareantes de Sevilla. [6 Nov. 1620]. *Matias Clavijo: Sevilla*, 1621. fol. C.62.i.19.(54). **[812]**

— Assiento y capitulacion, que los señores presidente, y del consejo real de las Indias tomaron cõ Adriano de Legaso, por si y en nombre del prior y consules de la universidad . . . de Sevilla. *Iuan Gonçalez: Madrid*, 1627. fol. 8245.f.2. **[813]**

— Ordenanzas de la junta de guerra de Indias. *Viuda de Juan Gonçalez: Madrid*, 1636. fol. 501.g.7.(2). **[814]**

— Memorial del pleyto que el señor fiscal del consejo de Indias trata. Contra Diego de Vergara Gauiria . . . Sobre la baxa de la moneda de vellon. [Madrid? 1639]. fol. 765.i.6.(20). **[815]**

— Assiento y capitulacion, que los señores presidente, y del consejo real de las Indias tomaron con el prior, y consules y comercio de Sevilla. *Andres de Parra: Madrid*, 1640. fos. 8223.d.33. **[816]**

— Autos acuerdos i decretos de gobierno del . . . Consejo de las Indias imprimieronse presidiendo . . . Luis Mendez de Haro . . . Con intervencion . . . de . . . Alonso Ramirez [and others]. *Diego Diaz de la Carrera: Madrid*, 1658. fol. 499.b.17. **[817]**

— Memorial del pleito que tratan en este real consejo de las Indias los interessados del Perù, con los mercaderes de plata de Sevilla. [n.p., 1660?] S.sh. fol. 1322.l.7.(15). **[818]**

— Introduccion de negros. Domingo Grillo, y Ambrosio Lomelin. Assiento aiustado con el conseio de las Indias. [Madrid, 1662]. fol. 1322.i.3.(3). **[819]**

Consejo Real

— [Begin:] Aviendo su magestad (Dios la guarde) mãdado por su real prematica, q̃ se publicò en [29 Jan 1638] . . . se consumiesse toda la moneda de vello, etc. [Madrid? 1639?] fol. 765.i.9.(17). **[820]**

— Relacion de los fundamentos, informes, y pareceres, que . . . se han deduzido y visto en el consejo real. [By A. de Leon Pinelo]. [Madrid? 1645?] fol. 1324.i.10.(12). **[821]**

— Breve resumen y apuntamiento del pleyto que el señor fiscal de consejo, y el procurador general del reyno, litigan. Con el . . . fiscal del . . . de hazienda, sobre . . . las ventas de vassallos. [Madrid, 1674]. fol. 765.h.3.(4). **[822]**

Consejo y Contaduría Mayor de Hacienda

— [Begin:] Señor. Por la orden inclusa me manda V. M. lo que della resulta . . . que el padre confessor, y don Agustin Mexia, como consejeros . . . me han de preceder. [Madrid, 1616]. fol. 765.i.7.(1). **[823]**

— [Begin:] Los oidores del consejo, y contraduria mayor de hazienda. [A memorial denouncing the infringements of their rights by other courts]. [Madrid? 1649?] fol. 765.h.3.(24). **[824]**

— [Begin:] Omnibus magistratibus concessum est iurisditionem suã defendere, dize el consulto in L.1. siquis ius dicẽti non obtemperauerit. [A memorial in defence of their independence]. [n.p.d.], fol. 765.h.3.(23). **[825]**

— [Begin:] Los señores oydores, del consejo y contaduria mayor de hazienda dan a V. S. este papel. [On keeping some of their rights]. [n.p.d.], fol. 765.h.3.(22). **[826]**

Contaduria Mayor de Rentas

— Instruccion que vos aveis de guardar en la administracion de las alcavalas. [25 Feb 1643]. [Madrid, 1643]. fol. 1322.k.12.(34). **[827]**

Escribanía Mayor de Rentas

— Este es un traslado, bien y fielmente sacado . . . de ciertas condiciones con que se arrendo la renta del soliman y azogue. [16 Feb 1602]. [Valladolid, 1602]. fol. 765.i.8.(28). **[828]**

Estanco General del Tabaco

— Renta del estanco general del tabaco del reyno. Arrendamiento de esta renta. [Madrid, 1691?] fol. Dept. of Mss. Add. MS.10262. (ff.714–716). **[829]**

Magistrado Extraordinario

— [Begin:] En la controuersia, que han movido al magistrado extraordinario los abogados . . . sobre el lugar, y forma de assistir a las funciones publicas. [n.p., 1635?] fol. 765.i.7.(4). **[830]**

Presidencias de Chancillería

— [Begin:] Señor. Es de gran mortificacion para mi. [A petition to the King for recognition of the precedency of presidents. Signed L^do Lope de los Rios]. [Madrid, 1664]. fol. 765.i.7.(14). **[831]**

Real Fisco

— [Begin:] El fiscal del Rey nuestro señor. Con don Luys Niño de Castro. Sobre ciertos intereses que pretende de unas casas. [n.p., 1612?] fol. 765.h.3.(61). **[832]**

— [Begin:] Yo Antonio de Olmedo escriuano del Rey . . . y oficial de don Fernando de Vallejo su secretario . . . doy fee, que . . . el . . . oydor . . . de Granada, y juez . . . pronunciaron . . . sentẽcia de vista. [Madrid? 1627?] fol. 765.i.9.(20). **[833]**

— Por el fisco de su magestad, y ciudad de Nola. Con el consejero Iulio Mastrilo. [Madrid? 1642?] fol. 765.i.2.(33). **[834]**

— I. H. S. Por el fiscal de su magestad. Contra las religiones de las Indias. [Mexico? 1650?] fol. 5125.g.7.(7). **[835]**

Churches and Religious Bodies

Congregación de las Iglesias

— [Begin:] Señor. La congregacion de las Yglesias. [A memorial relating to the contribution of the Church of Spain]. [Madrid? 1625?] fol. 1322.k.12.(16). **[836]**

—Lo que la congregacion de las Yglesias . . . ha hallado q̄ se deve seguyr en subsidiar a las cofradias. [n.p., 1640?] S.sh. fol. 1322.k.14.(19). **[837]**

Estado Eclesiástico

—Para la satisfacion de la pretension que agora mueuen algunas cofradias . . . de subtraerse de cõtribuyr en la gracia . . . del subsidio de las galeras, etc. [n.p., 1630?] fol. 1322.k.14.(18). **[838]**

—[Begin:] Iesus. En el pleyto que V. m. tiene visto entre el estado ecclesiastico . . . y el dean y cabildo de la . . . yglesia de Cuenca, etc. [n.p., 1640?] fol. 1322.k.14.(6). **[839]**

Religious Orders

—Memorial que las religiones han dado al Rey . . . suplicando a su magestad las ampare. [Madrid? 1625?] fol. 4783.e.2.(8). **[840]**

—Memorial de las religiones. En el qual se proponen . . . algunas . . . razones que parece obligan a q̄ el Rey . . . ampare las religiones. [Madrid? 1625?] fol. 4783.e.2.(3). **[841]**

—Las religiones monachales, y mendicantes. [A memorial, concerning a brief of Clement X, on confessing and preaching]. [Madrid? 1672?] fol. 4783.e.2.(10). **[842]**

—[Begin:] Las religiones pretenden traer anexo el beneficio de la retencion, y suspension. La suplica que interponen a la execucion de el breve de . . . Clemente X. [Madrid, 1672?] fol. 4783.e.2.(9). **[843]**

—[Begin:] Señora. Las religiones mendicantes, y monachales . . . de Leon y Castilla . . . dizen; que . . . Iuan Giles Pretel, vuestro fiscal . . . tiene . . . un numero . . . de demandas cõtra diversos conventos. [Madrid? 1675?] fol. 4783.e.2.(11). **[844]**

Religious Orders – Discalced Augustinians

—Informacion de derecho en fauor del estado ecclesiastico, para que las capellanias . . . deben contribuyr en la gracia del subsidio. [By doctors J. Gutierrez and D. de Melgar]. *Herederos de Iuan Iñiguel de Lequerica: Valladolid*, 1602. fol. 1322.k.14.(4). **[845]**

Religious Orders – Jesuits

—Por los estudios reales que el Rey . . . ha fundado en el colegio imperial de la compania de Jesus de Madrid. [Madrid? 1626?] fol. 1322.k.12.(24). **[846]**

Religious Orders – Praemonstratensians

—Manifiesto de la iustificacion con que la religion Premonstratense de España ha procedido en la reforma del habito monastico. [Madrid? 1607?] fol. 4783.e.2.(30). **[847]**

—Por el general y orden de Premonstre de España, y sus prouincias. Con el general de Premonstre de Francia. [Madrid? 1632?] fol. 4783.e.2.(32). **[848]**

—Memorial por la parte de los religiosos del orden de Premonstre, que pretenden vaquen en el dicho orden todas las prelacias. [Madrid? 1670?] fol. 4783.e.2.(31). **[849]**

Miscellaneous Institutions

Escrivanos del Juzgado de Quiebras

—[Begin:] Los escrivanos del iuzgado de quiebras de rentas reales. [A petition addressed "al consejo" demanding that "los escriuanos de la camara" respect their rights]. [n.p., 1680?] fol. 765.h.3.(26). **[850]**

Appendix

—Advertencias para el papel del crecimiento de la plata, que los reynos han pedido. [n.p., 1625?] fol. 765.i.9.(3). **[851]**

—[Begin:] Assentando como principio infalible de la verdadera political. [A memorial on the naval affairs of Spain, by J. de Saraha]. [Madrid? 1639?] fol. 1324.i.5.(10). **[852]**

—[Begin:] El aumento del valor de la plata (de Espana). [A letter, dated Sept. 18, 1679]. [Madrid? 1680?] fol. 1322.l.12.(31). **[853]**

—[Begin:] Aunque se ha pretendido justificar la venta de los oficios de curiales. [A defense of the Pope's rights to make ecclesiastical appointments in Spain]. [Madrid? 1646?] fol. 765.h.1.(21). **[854]**

—[Begin:] Aviendonos considerado. [A form of contract for fixing insurance rates and premiums on ships, dated, January, 1688]. [Cadiz, 1688]. fol. C.125.dd.17.(2). **[855]**

—Aviso muy verdadero de las victorias que don Iuan Faxardo . . . ha alcançado de seys naves de corsarios de Argel. *Esteuan Liberos: Barcelona*, 1620. 4.° 12331.dd.16.(4). **[856]**

—Avisos ciertos, y verdaderos del encuentro que a tenido el duque de Feria, con el exercito del duque de Saboya a 14 de iulio . . . 1625. Sobre . . . Acqui. *Del original en Zaragoça; y de nuevo por Sebastian y Iayme Matevad: Barcelona*, 1625. fol. 12331.dd.16.(10). **[857]**

—Breve recopilacion de los felizes sucessos que han tenido las armas de su magestad . . . 1650. *Iuan Gomez de Blas: Sevilla*, 1650. 4.° 1445.f117.(35). **[858]**

—Breve relacion de la famosa vitoria que han tenido los catolicas armas de su magestad, gouernadas por don Iuan de Alvarado. *Baltasar de Bolibar: Granada*, [1666]. 4.° 1323.g.1.(11). **[859]**

—Breve, y ajustada relacion de lo sucedido en Espana, Flandes, Alemania . . . y otras partes . . . desde . . . febrero de [1637], hasta . . . diziembre de [1638]. [Seville, 1639]. 4.° 1445.f.22.(14); 1444.f.18.(14); 1445.f.17.(8). **[860]**

—Breve y verdadera relacion de como por parte de su magestad . . . se 'gano' el fuerte llamado de Eschenck, en . . . 1635. *Alardo de Popma: Seuilla*, [1635]. S.sh. fol. 593.h.17.(146). **[861]**

—Capitulos de reformacion, que su magestad se sirve de mandar guardar por esta ley. *Tomas Iunti; vendese en casa de Antonio Rodriguez: Madrid*, 1623. fol. T.16.*(6). **[862]**

—Comedia famosa. Las amazonas de España. [In verse. By A. de Solis y Ribadeneyra]. *Herederos de Juan Sanz: Madrid*, [1700?] 4.° 11726.f.8. **[863]**

—Primera (— quarenta y ocho) parte de comedias escogidas de los mejores de España. (Catalogo de comedias, 1681). 48 pt. *Madrid*, 1652–1704. 4.° 11725.b.1–21.C.1–20.d.1–8 11726.h.9. *m.p. wanting various parts.* **[864]**

—Como se ha de convertir el crecimiento de la plata en el cõsumo del vellon, y fundacion de los erarios. [n.p., 1625?] fol. 765.i.9.(4). **[865]**

—Los comunes labradores y gente pobre destos reynos . . . suplican se lea luego a la letra por el riesgo que ay en la dilacion, y . . . por lo mucho que importa al servicio de V. M. [n.p., 1650?] fol. 1322.k.12.(27). **[866]**

—Continuacion de los felices sucessos que nuestro Señor ha dado a las armas españolas en las islas Filippinas. *Catalina del Barrio: Madrid*, 1639. fol. 1324.i.5.(12). **[867]**

—Crecimiento de la plata. Si pueden los reyes de su autoridad crecer el valor. [*n.p.*, 1625?] fol. 1322.l.7.(4). **[868]**

—[*Begin:*] Despues de auer tomado resoluciō sobre el disponer este papel. [Concerning the value of money]. [*n.p.*, 1633?] 765.i.9.(10). **[869]**

—Discurso de los sucessos de España, preuenciones de guerra, y muestras que han dado todas los reynos . . . y otras particularidades que aqui se declaran. [In verse]. *Iuan Sanchez: Madrid*, 1640. 4.° 1072.g.25.(14). **[870]**

—Discurso iuridico en comprovacion de la proposition que en reyno . . . hizo à su magestad el año de 1615. *Madrid*, 1620. fol. 1322.k.14.(41). **[871]**

—La disposicion y forma que han tenido las armas de su magestad . . . para entrar en . . . Guipuzcoa, en . . . Labort de Francia. *Imprenta del reino; a costa de Alonso Perez: Madrid*, 1636. fol. 593.h.22.(39); T.16.*(7). **[872]**

—Efetos de las armas españolas del Rey . . . en Flandes contra los exercitos de Francia y Olanda, en . . . 1638. *Imprenta del reyno; Vendese en casa de Alonso Perez: Madrid*, 1638. fol. 593.h.22.(56). **[873]**

—En este papel se trata quan dañosos son los censos perpetuos. [*n.p.*, 1600?] fol. 1322.k.12.(37). **[874]**

—[*Begin:*] En este papel van especificados los diez puntos, a los quales se reduzen los males principes, etc. [*Madrid*, 1600?] fol. 9181.e.10.(17). *imp* **[875]**

—[*Begin:*] En 17 de iunio salí del puerto de Truxillo. [An account of a naval combat between Spanish and Dutch vessels]. [*Madrid?* 1620?] *S.sh.* fol. C.62.i.18.(10). **[876]**

—En este traslado se refieren algunos de los muchos daños que se siguen a su magestad, y la los . . . reynos de la falta de moneda. [*n.p.d.*], fol. 765.i.9.(14). **[877]**

—[*Begin:*] En un villete y papel que se ha hecho . . . octubre de 1599, para embiar a su magestad, se han especificado los diez puntos. [*Madrid*, 1600]. fol. 9181.e.10.(18). **[878]**

—Entra, que el exercito de su magestad . . . hizo en Olanda . . . por orden de la Infanta, y prevenciones del marques Espinola. *Francisco de Lyra: Sevilla*, 1624. fol. 593.h.7.(10); 593.h.22.(50). **[879]**

—Entremeses varios, aora nuevamente recogidos de los mejores de España. 7 pt. *Herederos de Diego Dormer; y a su costa: Zaragoza*, [c.1650]. 8.° 11725.a.29. *imp* **[880]**

—Estado de las cosas de Flandes, y del campo de su magestad sobre . . . Breda. Retirada del conde Mauricio. *Francisco de Lyra: Sevilla*, 1624. fol. 593.h.17.(11). **[881]**

—Es[tado] de las [guer]ras de Fl[andes] y relacion de las r[iberas que] se abren. *Simon Faxardo: Sevilla*, 1626. fol. 593.h.17.(42). *imp* **[882]**

—Estando la gente de España a vista de la de Francia, los españoles salian a caçar franceses. [*n.p.*, 1635?] *S.sh* fol. 593.h.17.(139). **[883]**

—Famosa relacion en que se avisa de como en una grande refriega que uvo entre la cavalleria de Milan, y ginoueses, mataron . . . ciento y cinquēta ombres . . . y . . . al principe Tomas . . . 1625. *Iuan de Caberra: Sevilla*, 1625. fol. 593.h.17.(32). **[884]**

—Flor de las maiores doce comedias de los mayores ingenios de España. *Diego Diaz de la Carrera; a costa de Mateo de la Bastida: Madrid*, 1652. 4.° C.34.i.27. **[885]**

—Iustificacion de las acciones de España. Manifestacion de las violencias de Francia. [*Madrid*, 1635]. 4.° 1445.f.22.(4); 1445.f.20.(9); 9195.c.21.(15). **[886]**

——*Herederos de la viuda de Pedro de Madrigal: a costa de Pedro Coello:* [*Madrid*], 1635. 4.° 1196.f.4.(6). **[887]**

—Medio para sanar la monarquia de España, que esta en las ultimas boqueadas. [By Juan de Castro]. [*Madrid?* 1669?] fol. 1324.i.3.(10). **[888]**

—Memorial de advertencias conuenientes para esta monarquia. [*n.p.d.*], fol. 765.i.9.(6). **[889]**

—Nova y verdadera relacio de la famosa presa que lo noble don Felip de Eril, a feta dins lo port de Bizerta . . . Octubre . . . 1623. *Sebastian i Iaime Matevat: Barcelona*, 1623. 4.° 12331.dd.16.(8). **[890]**

—Novelas amorosas de los meiores ingenios de España. *Viuda de Pedro Verges; a costa de Iusepe Alfay; y Martin Navarro: Zaragoça*, 1648. 8.° 1074.d.27. **[891]**

——*Thomas Valsiana: Barcelona*, 1650. 8.° 12491.a.13. **[892]**

—[*Begin:*] Por parte del reyno se ha suplicado a su magestad mande despachar su real cedula [relating to the claim by the crown to the property of intestates]. [*n.p.*, 1620?] fol. 1322.k.14.(4.°). **[893]**

—[*Begin:*] La pretension del comercio de Sevilla. [On the protection of the Spanish possessions in the Indies]. [*Madrid?* 1637?] fol. 1324.i.5.(9). **[894]**

—[*Begin:*] Las razones que pueden considerarse en fauor de la . . . limpieza de la caualleria de España. [Asking to delay the acceptance of a brief from Pope Paul V]. [*n.p.*, 1610?] fol. 765.h.1.(23). **[895]**

—Relaçam da vitoria que alcançaram as armas do . . . rey d. Affonso VI . . . Contra as de Castella. [1661]. 4.° *See* Portugal 9195.c.25.(1).

—Relação dos successos de Portugal e Castella nesta campanha de 1661. 1661. 4.° *See* Portugal 9195.e.26.(5).

—Relacio verdadera de tot lo succeit entre los exercits del emperador . . . y rey de Castella en Alemanya. 1643. 4.° *See* Germany. 9180.e.2.(10).

—Relacion de la famosa vitoria, que han tenido las catolicas armas de su magestad, contra las de Francia, sobre el sitio de . . . Cambray. *Iuan Gomez de Blas: Sevilla*, 1657. 4.° 1445.f.17.(19); 1445.f.17.(32). **[896]**

—Relacion de la insigne vitoria, que las reales armas . . . consiguieron del francès . . . este año de 1691. *Sebastian de Armendariz; Imprenta de Antonio Roman: Madrid*, [1691] 4.° 1323.f.17. **[897]**

—Relacion de la vitoria que alcanzaron las armas catolicas en la baia de Todos Santos, contra olandeses . . . 1638. *Francisco Martinez: Madrid*, 1638. fol. 9781.f.28. **[898]**

—Relacion de los felizes sucessos que han tenido las . . . armas de su magestad, governadas del señor don Ventura de Tarragona. *Sevilla*, 1662. 4.° 1323.c.31. (*missing*). **[899]**

—Relacion de los felices sucessos, y vitoria que han tenido las . . . armas de su magestad . . . gouernadas por el . . . marques de Leganes, sobre el sitio . . . de Lerida. *Carlos Sanchez: Madrid*, [1646]. fol. 1322.k.8.(3). **[900]**

—Relacion de todo lo sucedido en España, Flandes, Alemania, Italia, y Francia, y otras partes . . . desde . . . 1633, hasta abril de 34. [*Madrid*, 1634]. fol. 1322.k.8.(11). **[901]**

—Relacion de todos los sucesos y victorias que han tenido los españoles contra los ingleses. *Impressa en Valencia; agora por Sebastian y Iayme Matevat: Barcelona*, 1625. 4.° 12331.dd.16.(11). **[902]**

—Relacion del felice sucesso que ha tenido el armada que lleuó el socorro al Brasil . . . 1635. *Andres Grande: Sevilla*, 1636. 4.° 1323.a.11. **[903]**

—Relacion molt verdadera de la victoria . . . contra las armas del Rey de Castella. *Iaume Mateuat: Barcelona*, 1643. 4.° 9180.e.2.(52). **[903a]**

—Relacion nueva y verdadera, de los felizes sucessos que han tenido . . . el . . . principe Tomas y, el . . . marques de Leganes, en . . . Milan. [In verse]. *Antonio Duplastre: Madrid*, 1640. 4.° 1072.g.25.(13). **[904]**

—Relacion verdadera de la refriega que tuvieron nuestros galeones de la plata en el cabo de San Anton [in Cuba] con catorze navios de Olanda. *Diego Diaz de la Carrera: Madrid*, 1638. 4.° 1323.a.12. **[905]**

—Relacion verdadera de la vitoria que han tenido las armas de su Magestad contra el exercito de Francia. *Catalina de Barrio y Angulo: Madrid*, 1642. fol. 9181.g.1.(12). **[906]**

—Relacion verdadera de los buenos sucessos que . . . han tenido las armas de España . . . en . . . Piamonte y Saboya. *Iuan Gomez Blas: Sevilla*, 1639. 4.° 1445.f.22.(37). **[907]**

—Relacion verdadera de los grandes encuentros, y refriegas, que dos galeras de España . . . han tenido con cinco nauios de Francia . . . 1639. *Iuan Gomez de Blas: Seuilla*, 1639. 4.° 1445.f.22.(39). **[908]**

—Relacion verdadera de los grandes encuentros y refriegas, que dos galeras de España . . . han tenido con cinco navios de franceses. *Iuan Gomez Blas: Sevilla*, 1639. 4.° 1445.f.22.(39). **[909]**

—Relacion verdadera de todo lo que ha sucedido, desde que salio el exercito de su magestad de . . . Fraga . . . Otubre 1646. *Carlos Sanchez Bravo: Madrid*, 1646. fol. 1322.k.8.(7). **[910]**

—Relacion verdadera, venida de nuestro exercito en diez y ocho de octubre de 1646. *Domingo Garcia Morràs: Madrid*, 1646. *S.sh.* fol. 1322.l.9.(26). **[911]**

—Relacion verdadera, y pontual, de la . . . victoria que en la . . . batalla de Montes Claros alconcò el exercito . . . de Portugal. 1665. 4.° *See* Portugal. 9195.c.25.(5).

—Relacion verdadera, y puntual del sitio, y conquista de la fortaleza de Brem . . . 27 de março de 1638. *Gabriel Nogues: Barcelona*, 1638. 4.° 12331.dd.16.(20). **[912]**

—[*Begin*:] Señor. El zelo santo del servicio de Dios y de V. Magestad. [Suggestions offered to the King, for improving the financial conditions of the Kingdom]. [*n.p.*, 1680?] fol. 1322.l.7.(3). **[913]**

—[*Begin*:] Señor. En un billete y papel q̃ embie a V. M. de data de 15 de octubre etc. [On the economic ills of the country]. [*Madrid*, 1600]. fol. 9181.e.10.(20). **[914]**

—Sucessos de nuestras armas en Francia y Olanda. *Francisco de Lyra: Seuilla*, 1636. 4.° 1445.f.22.(13). **[915]**

—Sucessos desta Corte, desde 15 de agosto, hasta fin de octubre (1623). [A news letter]. [*Madrid*, 1623]. fol. T.90.*(21). **[916]**

—Sucessos y vitorias de las catolicas armas de España, y del imperio en Francia, y otras provincias . . . 1636 . . . *Andres Grande: Sevilla*, [1636]. 4.° 1444.f.18.(20). **[917]**

— —*Imprenta del reyno; a costa de Alonso Perez: Madrid*, 1636. fol. 593.h.22.(55). **[918]**

—Tassa por menor de los interesses que podran llevar las disputaciones por los cambios . . . dentro del reyno. [*Madrid?* 1627?] fol. 1322.l.12.(49). **[919]**

—Vitoria de una presa que alcanzaron las galeras de Napoles, y Genova, que estavan aguardando a la señora reyna de Ungria. *Salvador de Cea: Cordova*, 1629. fol. 593.h.17.(94). **[920]**

—Vitoria famosa que a tenido el exercito de el Rey . . . sobre las islas reveladas de Olanda, y la gente q̃ les a muerto . . . Saqueo de . . . Huçen . . . Yendo por general . . . el conde Enrique de Vergas. *Iuan de Cabrera: Sevilla*, 1629. fol. 593.h.17.(84). **[921]**

Spaniard. Comedia famosa del espagnol entre todas las naciones, y clerigo agradecido. [In verse]. [*Jaen*, 1629]. 4.° 1342.g.17. *imp* **[922]**

Spaniards. Famosa rota dos hespanhoes iunto a Tarragona pello exercito del rey Christianissimo. *Iorge Rodriguez; a custa de Lourenço de Queiros: Lisboa*, 1641. 4.° 9195.c.24.(20). **[923]**

Spanish Rodomontades. Rodomuntadas castellanas, recopiladas de los commentarios de los muy aspantosos . . . Capitanes, Metamoros . . . y Rajabroqueles. *Span. & Fr.* [*n.p.*], 1607. 12.° G.17623. **[924]**

— —*Iean Baptiste Caesar: Lyon*, 1619. 12.° 12315.a.6. **[925]**

—Rodomontades espagnolles. Recueillies de duiers autheurs. *Span. & Fr. Jacques Caillöué: Rouen*, 1627. 12.° 12314.a.50.(2). **[926]**

— —[*n.p.*], 1644. 12.° 1080.h.33. **[927]**

— —*Iacques Caillöué: Rouen*, 1650. 12.° 12331.aaa.46. **[928]**

—Rodomontadas españolas . . . Romontate . . . spagnole. [By J. Gaultier]. *Span., Ital. & Fr. Giacomo Sarzina: Venetia*, 1627. 12.° 12352.a.68. **[929]**

Speyer. Traduccion de una carta alemana, escrita de Spira à 29 de junio . . . 1689 que . . . Martin Guthofnung . . . ofrece a . . . Cataluña. *Sebastian de Armendariz: Madrid*, 1689. 4.° 1490.dd.74. **[930]**

Spinardo, Luis. La nueva medicina triunfante y venida del segundo Messias, en la . . . circulacion de la sangre; para confusion de los . . . apologistas y de don Diego Matheo Zapata. *Valencia*, 1691. 4.° 07306.f.4.(3). **[931]**

Spinola, Ambrogio, *Marquis del Sesto e di Venafro.* Insigne y celebre victoria que por . . . Filipe IIII . . . ha alcançado el . . . marques Ambrosio Espinola . . . al qual se entrego . . . Breda . . . iunio de 1625. *Simon Faxardo: Sevilla*, 1625. fol. 593.h.17.(29). **[932]**

—Relacion de la dichosa nueva que vino en este ordinario passado de Flandes, avisando que . . . Breda . . . queda para entregarse. *Iuan de Cabrera: Sevilla*, 1625. fol. 593.h.17.(39). **[933]**

—[*Begin*:] Relacion de la jornada que hizo el marques Espinola con dom Iñigo de Borja y . . . Luys de Velasco con veynte mil infantes. *Alonso Rodriguez Gamarra: Sevilla*, 1614. fol. 593.h.22.(21). **[934]**

—Relacion de las capitulaciones, y conciertos que en nombre

. . . del Rey . . . tratò el señor marques Ambrosio Espinola con el governador de . . . Breda. *Simon Faxardo: Sevilla*, 1625. fol.   593.h.17.(23).   **[935]**

— Vitoria que el marques de Espinola a tenido en Inglaterra. *Sevilla*, 1627. fol.   593.h.17.(77).   **[936]**

Spinola, Ambrosio. *Merchant.* Memorial del pleyto del señor fiscal, contra Ambrosio Spinola. Sobre la compensacion que pretende. [*n.p.*, 1620?] fol.   1322.l.7.(38).   **[937]**

— [*Begin:*] Por Ambrosio Spinola. Con el señor fiscal. [A lawsuit]. [*n.p.*, 1620?] fol.   1322.l.7.(39).   **[938]**

Spinola, Dominicus. Academicum diarium certamen, in quo ex . . . iuris iustinianei mole . . . centuria . . . hæc assertionum . . . exponitur. *Salmanticæ*, 1640. 4.°   T.2223.(9).   **[939]**

Spinola, Filippo, *Marquis de los Balbases.* Relacion verdadera de la famosa vitoria, que las armas del Rey . . . gouernadas por el marques de los Balbases, han tenido contra las de Francia. *Iuan Gomez de Blas: Seuilla*, [1639]. 4.°   1445.f.22.(44).   **[940]**

Squarzafigo, Gasparo, *marquis de Buscayolo.* [*Begin:*] Señor. El capitan general marques de Buscayolo . . . dize. [Renewing a previous petition to Charles II of Spain]. [*Madrid?* c.1698]. fol.   Dept. of MSS.Add.MS.10262.(ff.709–713).   **[941]**

— [*Begin:*] Señor. El marquès de Buscayolo. [A memorial, addressed to Charles II of Spain, praying to be admitted into the Spanish council of war]. [*Seville?* 1670?] fol.   T.16.*(15).   **[942]**

Stafford, Ignacius. Historia de la celestial vocacion, missiones apostolicas . . . del padre Marcelo Franco Mastrili. *Antonio Aluarez: Lisboa*, 1639. 8.°   4867.c.43.   **[943]**

Stanislaus [Kostka], *Saint.* Relacion de la salud milagrosa, que dio el bienaventurado Stanislas Kostka . . . a otro novicio . . . en Lima. *Madrid*, 1674. 4.°   4826.bb.31.   **[944]**

States of the Church. Relacio [dated, 20 Aug. 1643] de la victoria que han tingut las armas de su Santidad [Urban VIII] contre las armas del Rey de Castella. [Philip IV]. *Iaume Matevat: Paris, Barcelona*, 1643. 4.°   9180.e.2.(43).   **[945]**

— Relacio [dated 13 May, 1643] molt verdadera del bon succes que han tingut las armas del Papa y del rey de Portugal. *Iaume Matevat: Barcelona*, 1643. 4.°   9180.e.2.(26).   **[946]**

Strata, Carlo. [*Begin:*] De Carlo Strata. Medio en que se dà forma para reduzir luego el bello a su valor intrinseco. [*n.p.*, 1630?] fol.   1322.l.12.(56).   **[947]**

Struzzi, Alberto. Dialogo sobre el comercio de . . . Castilla, por Alberto Struzzi. [*Madrid?* 1625]. fol.   1322.l.12.(59).   **[948]**

— [*Begin:*] Señor. Alberto Struzzi dize, que en el tiempo que se ha detenido en esta Corte . . . se ha divertido sobre diuersas materias. [*n.p.*, 1625?] fol.   1322.l.12.(60).   **[949]**

Suárez, Franciscus. Defensio fidei catholicæ, et apostolicæ adversus Anglicanæ sectæ errores, cum responsione ad apologiam pro iuramento fidelitatis . . . Jacobi Angliæ regis. *Apud Didacum Gomez de Loureyro: Conimbricæ*, 1613. fol.   694.m.17.   **[950]**

— Tractatus de legibus ac Deo legislatore in decem libros distributus. *Apud Didacum Gomez de Loureyro: Conimbricæ*, 1612. fol.   505.f.4.   **[951]**

Suárez, João. Elogios funebres de la serenissima magestad de . . . D. Manuel . . . rey de Portugal. *Diogo Suares de Bulhoens:* [*Lisbon*], 1670. 4.°   851.k.17.(5).   **[952]**

Suárez, Pablo Antonio. Don Rodrigo Suarez Sarmiento y Pimentel . . . administrador general . . . de los reales servicios de millones . . . de Jaen. [A pleading]. [*Madrid?* 1650?] fol.   1322.k.15.(20).   **[953]**

Suárez, Pedro. Historia de el obispado de Guadix y Baza. *En la imprenta de Antonio Roman; vendese en casa de Juan Martin Merinero: Madrid*, 1696. fol.   4625.f.1.   **[954]**

Suárez de Alarcon, Antonio, *Count de Torresvedras.* Comentarios de los hechos del señor Alarcon, marques de la Valle Siciliana . . . y de las guerras en que se hallò. *Diego Diaz de la Carrera: Madrid*, 1665. fol.   10632.f.23.   **[955]**

— Relaciones genealogicas de la casa de los marqueses de Trocifal, condes de Torres vedras . . . y por la casa, y primer apellido Suarez. *Diego Diaz de la Carrera: Madrid*, 1656. fol.   606.h.21.   **[956]**

Suárez de Arguello, Francisco. Ephemerides generales de los mouimientos de los cielos por doze años. *Iuan de la Cuesta: Madrid*, 1608. fol.   8563.g.4.   **[957]**

Suárez de Deza y Avila, Vicente. Parte primera de los donayres de Tersicore. *Melchor Sanchez; a costa de Mateo de la Bastida: Madrid*, 1663. 4.°   1072.g.13.   **[958]**

Suárez de Figueroa, Christoval. La constante Amarilis. Prosas y versos . . . Divididos en quatro discursos. *Valencia*, 1609. 8.°   12490.c.23.   **[959]**

— La constante Amarilis . . . Traduite d'espagnol par N. L. Parisien [i.e. N. Lancelot]. *Span & Fr. Claude Morillon: Lyon*, 1614. 8.°   1075.d.6.   **[960]**

— España defendida, poema heroyco. *Iuan de la Cuesta: Madrid*, 1612. 8.°   1072.d.22.   **[961]**

— Hechos de don Garcia Hurtado de Mendoza, quarto marques de Cañete. [With a prefatory notice by G. Caravajal de Ulloa]. *Imprenta Real: Madrid*, 1613. 4.°   C.107.b.26; 278.f.29.   **[962]**

— El passagero. Advertencias utilissimas a la vida humana. *Geronimo Margarit: Barcelona*, 1618. 8.°   4403.b.61.   **[963]**

— Plaza universal de todas ciencias y artes, parte traducida de Toscano, y parte compuesta por . . . Suarez de Figueroa. *Luis Sanchez: Madrid*, 1615. 4.°   537.c.9.   **[964]**

Suárez de Figueroa y Córdova, Gómez, *duke de Feria.* Felice y ultimo encuentro que . . . el duque de Feria a tenido con el duque de Saboya. *Iuan de Cabrera: Sevilla*, 1625. fol.   593.h.17.(31).   **[965]**

— Relacion de la vitoria que el duque de Feria ha alcançado de los enemigos de la catolica liga. *Francisco de Lyra: Madrid, Sevilla*, 1633. fol.   593.h.17.(117).   **[966]**

— Relacion verdadera de la gran vitoria que en el estado del duque de Saboya ha tenido el . . . duque de Feria. *Simon Faxardo: Sevilla*, 1625. fol.   593.h.17.(26).   **[967]**

— Relacion verdadera de las vitorias, y felices sucessos que ha tenido el señor duque de Feria con los exercitos del duque de Saboya, en . . . Italia. *Simon Faxardo: Sevilla*, [1625]. fol.   593.h.17.(24).   **[968]**

Suárez de Gamboa, Juan. [*Begin:*] Ilustrissimo señor. Advertencias de daños que se siguen, assi para el real interesse de su Magestad, como en daño general del comun de la Nueva España. [*Madrid?* 1621]. fol.   C.62.i.18.(66).   **[969]**

—[*Begin:*] Señor. Tres cosas son las que obligan a credito. [A memorial, addressed to the King, on the affairs of the province of Mexico]. [*Madrid?* 1621]. fol. [970]

Suárez de Salazar, Juan Bautista. Grandezas, y antiguedades de la isla y ciudad de Cadiz. *Clemente Hidalgo: Cadiz,* 1610. 4.° 574.f.20; 281.g.26. [971]

Suárez de Somoza, Gerónimo, *pseud.* [i.e. Alonso de Andrade]. Vida del venerable y apostolico padre Pedro Clauer de la compañia de Jesus. *Maria de Quiñones: Madrid,* 1657. 8.° 1484.e.19. [972]

Suerte. Reynar no es la mayor suerte comedia famosa. De un ingenio de esta Corte. [*Madrid,* 1667]. 4.° 11726.f.85. [973]

Suessa, —. *See* Franciscus, *a Santo Joseph.*

Susana, —. Por don Christoval de Louera obispo de Cordova. En el pleito con los religiosos de san Francisco, san Pablo, y san Agustin, y de otros conuentos. [*Madrid?* 1630?] fol. 4783.e.2.(6). [974]

Sweden. Verdadera relacion de los sucessos acaecidcos en la Suecia, Alemania, Bretaña, y Cataluña . . . por cartas de Barcelona, Paris . . . y Amsterdam. *Alonso de Paredes: Sevilla,* 1675. 4.° 1445.f.17.(60). [975]

Sylva, Emmanuel a. Tractatus theologicus de bulla cruciatæ, cum distinctione inter bullam Hispaniæ, & Lusitaniæ. *Ex typographia Michaelis Deslandes: Ulyssipone,* 1694. 4.° 5017.aa.23. [976]

Sylva, Yeosuah da. Discursos predycaveys que a docto Haham, Yeosuah da Sylva pregou no K. K. Sahar a Samaym en Londres. *Yahacob de Cordova: Amsterdam,* 5448. [1688]. 4.° 702.d.29; 4428.h.10. [977]

Sylva Mascarenhas, Andre da. A destruicam de Espanha, restauracam summaria da mesma. *Antonio Craesbeeck de Mello: Lisboa,* 1671. 4.° C.63.b.5. [978]

Sylvano, *Pastor.* Relacion verdadera de la real embarcacion de . . . doña Maria de Austria, reyna de Ungria . . . en . . . Barcelona. [In verse]. *Esteuan Liberòs: Barcelona,* 1630. 4.° 11450.e.24.(28). [979]

Sylveira, Gonzalo de. Vida del bienaventurado Padre Gonzalo de Sylveira . . . martirizado en Monomatapa . . . Traducida . . . en castellano por Bernardo de Cienfuegos. *Luis Sanchez: Madrid,* 1614. 4.° 1232.b.1. [980]

Sylvestre, Francisco. Oracion funebre, en las exequias del . . . señor d. Pedro Andres de Guzman. *Juan Cabeças: Sevilla,* 1681. 4.° 8465.dd.20.(10). [981]

Syria, Pedro de. Arte de la verdadera navegacion. *En casa de Iuan Chrysostomo Garriz; vendese en casa de Francisco Miguel: Valencia,* 1602. 4.° C.125.c.5. [982]

T.

Tabara y Santillana, Antonio de. [*Begin:*] El doctor don Antonio de Tabara y Santillana. [A petition, setting forth his services]. [*Madrid?* 1660?] *S.sh.* 4.° 1324.i.2.(5). [1]

Tacitus, Publius Cornelius, [*Works*]. Tacito español, ilustrado con aforismos [and translated] por Don Baltasar Alamos de Barrientos. *Luis Sānchez; a su costa, y de Iuan Hasrey: Madrid,* 1614. fol. 196.e.3; 586.i.12. [2]

—Las obras de C. Cornelio Tacito. Traduzidas . . . por E. Sueyro. 2 pt. *Viuda de Alonso Martin: Madrid,* 1614. 4.° 587.g.13. [3]

—Obras de Caio Cornelio Tacito. [Translated into Spanish by Carlos Coloma]. *En casa de Marcos Wyon: Duay,* 1629. 4.° 9040.ff.10. [4]

—[*Annales*]. Los cinco primeros libros de los annales de Cornelio Tacito . . . desde el fin del imperio de Agusto, hasta . . . Tiberio. Traducidos . . . por Antonio de Herrera. *Iuan de la Cuesta: Madrid,* 1615. 4.° 9040.e.10. [5]

Tagocius, Livius. Joanni IIII. Portugalliæ regi . . . successionis et electionis jura eius. *Ulysiponae,* 1641. *S.sh.* fol. 131.h.5.(22); T.42.*(9). [6]

Taix, Gerónimo. Llibre dels miracles de Nra Sar del Roser. *En la estampa de Geronym Palol: Gerona,* 1685. 8.° 4807.a.26. [7]

Talavera, Juan de. Iesus, Maria, Ioseph. Por el padre fray Iuan de Talauera, de la orden del glorioso S. Geronimo. Contra don Garcia Suarez de Carvajal, vezino . . . de Talavera. [*n.p.,* 1670?] fol. 1322.l.8.(4). [8]

Talenti Florencia Gerónimo, *marquis de Conturbio.* [*Begin:*] Señor. [A petition to the King, accompanied with testimonials of his past services]. [*Madrid?* 1650?] fol. 1322.l.4.(30). [9]

Talesio, Pedro. Arte de canto chão, com huma breve instrucção, pera os sacerdotes. *Na impressão de Diogo Gomez de Loureyro: Coimbra,* 1618. 4.° M.K.8.d.16; Hirsch IV.1547. [10]

Tamayo, Jacobus de. Singularis curatio affectus epileptici in praegnante femina. *Hispali,* 1610. 4.° 1165.e.13.(4). [11]

Tamayo de Vargas, Tomás. Defensa de la descen[s]ion de la Virgen N. S. . . . à la iglesia de Toledo a dar su casulla a . . . S. Ilephonso. [*Toledo?* 1616?] 4.° 281.e.18.(3). [12]

—Diego Garcia de Paredes i relacion breve de su tiempo. *Luis Sanchez: Madrid,* 1621. 4.° C.83.b.1; 10631.c.17. [13]

—[*Begin:*] Don Thomas Tamaio de Vargas chronista del rei. [Proposals to encourage the printing of books on the history and laws of Spain]. [*Madrid?* 1620?] fol. 1322.l.3.(26). [14]

—Flavio Lucio Dextro caballero español de Barcelona . . . defendido. 2 pt. *Pedro Tazo: Madrid,* 1624. 4.° 1367.h.23. [15]

—Historia general de España del P. D. Iuan de Mariana defendida por . . . Thomas Tamaio de Vargas contra las advertencias de Pedro Mantuano. *Diego Rodriguez: Toledo,* 1616. 4.° 281.e.18.(1). [16]

—Raçon de la historia del P. D. J. de Mariana: de las advertencias de Pedro Mantuano contra ella: i de la defensa del doctor Tomas Tamayo. [*Toledo?* 1616]. 4.° 281.e.18.(2). [17]

—Restauracion de la ciudad del Salvador, i baìa de Todossanctos, en . . . Brasil. Por las armas de don Philippe IV. *Viuda de Alonso Martin: Madrid,* 1628. 4.° 1061.c.20. [18]

Tapia, Leon. Poema castellano que contiene la vida del bienaventurado san Fructos . . . y de sus gloriosos hermanos. *Tomas Iunti: Madrid,* 1623. 4.° 011451.eee.4. [19]

Tapia, Petrus de. Catenæ moralis doctrinæ. Tomus primus

(secundi . . . pars prior). 2 tom. *Salvator de Cea Tesa;* (*Ioannes Gomez à Blas*): *Hispali*, 1654–57. fol. 4071.f.24. [20]

Tapia y Robles, Juan Antonio de. Ilustracion del renombre de grande. Principio, grandeza, y etimologia. Pontifices . . . reyes i varones ilustres. *En la imprenta de Francisco Martinez: Madrid*, 1638. 4.° 611.e.9; 1448.c.1. [21]

Tapia y Salzedo, Gregorio de. Exercicios de la gineta. *Diego Diaz: Madrid*, 1643. *obl.* 4.° 556.a.3. [22]

Tapies Casanovas de Sola, Melchior. Primævam sæculorum ætatem: electionem Marianam ad honorem deiparæ supremum . . . modulabitur Melchior Tapies. *Ex typ. Martini Gelabert: Barcin*, 1699. 4.° 486.g.24.(5). [23]

Tappia Stobza, Joannes. Assertiones ex variis doctoribus examinative solum propositæ. [*Valentiæ?* 1640?] fol. 1322.l.11.(9). [24]

Tardes. Tardes apacibles de gustoso entretenimiento, repartidas en varios entremeses, y bayles . . . dirigidos a don Lope Gaspar de Figueroa. *Andres Garcia de la Iglesia; a costa de Iuan Martin Merinero: Madrid*, 1663. 8.° C.63.a.29. [25]

Tarif Abentarique, Abulcacim, *pseud.* La verdadera historia del rey don Rodrigo, en la qual se trata la causa principal de la perdida de España . . . traduzida de la lēgua arabiga por Miguel de Luna. 2 pt. *Angelo Tavanno: Çaragoça*, 1603. 4.° G.10217.(1). [26]

— — En casa de Pedro Patricio Mey; a costa de Baltasar Simon: *Valencia*, 1606. 8.° 672.b.5; G.10218, 19. [27]

— — Quinta impression. *Melchor Sanchez; a costa de Gabriel de Leon: Madrid*, 1654. 4.° 281.e.2. [28]

— — Septima impression. 2 pt. *Herederos de Gabriel de Leon: Madrid*, [1676]. 1675. 4.° 1060.e.5. [29]

Tarrega, Francisco de. La famosa comedia del cerco de la perseguida Amaltea. [*Madrid*, 1614?] 4.° 11728.f.45. [30]

— La famosa comedia de la sangre leal de los montañeses de Navarra. [*Madrid*, 1614]. 4.° T.1740.(20). [31]

Tarsia, Pablo Antonio de. Tumultos de la ciudad y reyno de Napoles, en el año de 1647. *A costa de Claudio Burgea: Leon de Francia*, 1670. 4.° 662.f.17; 177.d.14. [32]

— Vida de don Francisco de Quevedo y Villegas. *Pablo de Val; a costa de Santiago Martin Redondo: Madrid*, 1663. 8.° 616.d.1.(3). [33]

Tassis y Acuña, Juan de, *Count de Villamediana.* Relacion muy verdadera del recibimiento y fiestas que se hizieron en Inglaterra a don Juan de Tassis . . . embaxador . . . de . . . Felipe tercero. 2 pt. *Bartolome Gomez: Sevilla*, 1603, 04. fol. G.6256.(1). [34]

Tassis y Peralta, Juan de, *Count de Villamediana.* Obras de don Juan de Tassis . . . recogidas por . . . D. H. de los Valles. *Iuan de Lanaja y Quartanet: Çaragoça*, 1629. 4.° 1072.g.9. [35]

— — Diego Diaz de la Carrera: *Madrid*, 1634. 4.° 1064.i.11. *imp.* [36]

— — Maria de Quiñones: *Madrid*, 1635. 4.° 87.b.6. [37]

— — Diego Diaz de la Carrera: *Madrid*, 1643. 8.° 1072.h.22. [38]

— Comedia. De la gloria de Niquea, y descripcion de Aranjuez. [*Madrid?* 1622?] 4.° 11728.f.46. [39]

Tasso, Torquato. Aminto de Torcuato Tasso. Traduzido de italiano . . . por don Iuan de Iauregui. *E. Paulino: Roma*, 1607. 8.° 1071.i.15. [40]

— La Gierusalemme liberata, de Torquato Tasso. Traducida [in verse] por . . . Antonio Sarmiento de Mendoça. *Diego Diaz de la Carrera: Madrid*, 1649. 8.° 11451.aa.39. [41]

— O Godfredo, ou Hierusalem libertada, poema heroyco: composto . . . por Torcato Tasso . . . Traduzido . . . por Andre Rodriguez de Mattos. *Na officina de Miguel Deslandes: Lisboa*, 1682. 4.° 11427.f.15. [42]

Tauste, Francisco de. Arte y bocabulario de la lengua de los indios chaymas, cumanagotos . . . y otros . . . de . . . Nueva Andalucia. Con un . . . catecismo . . . en la dicha lengua indiana. *En la imprenta de Bernardo de Villa-Diego: Madrid*, 1680. 4.° 621.e.14. [43]

Tavares de Mascarenhas, Joam. Memoravel relaçam da perda da nao Conceiçam que os turcos queymáraõ à vista . . . de Lisboa. *Antonio Alvares: Lisboa*, 1627. fol. T.2232. [44]

Tavares Pacheco, Francisco. Relacion de las fiestas, que se hizieron en Villaviciosa, corte de . . . el duque de Bergança. *Fernando Rey: Xerez*, 1632. fol. 593.h.17.(105). [45]

Tavora, Francisco Duarte de. Copia de un parecer que dio el doctor Francisco Duarte de Tavora . . . acerca del uso de las samgrias. *Francisco Ignacio de Lyra: Sevilla*, 1653. 4.° 783.g.21.(3). [46]

Taycosama, *King of Japan.* Dos informaciones hechas en Iapon: una de la hazienda de Taycosama . . . mandõ tomar de la nao S. Felipe . . . y otra de la muerte de seis religiosos. [*Madrid?* 1600?] fol. 1324.i.7.(1). [47]

Teatro. Theatro moral de toda la philosophia de los antiguos y modernos. (Tabla de Cebes). 3 vol. *Francisco Foppens: Brusselas*, 1669–73. fol. 28.g.11–13. [48]

Tebar, Gris, Benito de. [*Begin:*] Señor. El doctor don Benito de Tebar Gris, alcalde mayor . . . de la audiencia real de Galicia. Dize. [Vindicating his conduct]. 2 pt. [*n.p.*, 1650?] fol. 1322.k.15.(10). [49]

— Præclarissimæ Guzmanorum domus epitome, vitæque . . . Gasparis Guzmanij Oliveterii comitis. *Ex officina Francisci Martinez: Matriti*, 1633. 4.° 1445.f.20.(5). [50]

Telles, Balthazar. Chronica da companhia de Iesus na provincia de Portugal; e do que fizeram, nas conquistas d'este reyno. 2 tom. *Paulo Craesbeeck: Lisboa*, 1645–47. fol. 4625.e.10. [51]

Telles da Silva, Manoel, *marques de Alegrete.* De rebus gestis Joannis II. Lusitanorum regis. *Michael Manescal: Ulyssipone*, 1689. 8.° 9195.bb.11. [52]

Tellez, Gabriel, calling himself Tirso de Molina. [*Collections.*] Deleytar aprovechando por el maestro Tirso de Molina. [Containing novels, poems, plays]. *Imprenta Real; a costa de Domingo Goncalez: Madrid*, 1635. 4.° 12490.d.8; 12490.cc.34; 12490.dd.29. [53]

— — Iuan Garcia Infançon; a costa de Mateo de la Bastida: *Madrid*, 1677. 4.° 1074.i.28; 11725.cc.6. [54]

— Segunda parte de las comedias del maestro Tirso de Molina. Recogidas por su sobrino don Francisco Lucas de Avila. *Hermandad de los Mercaderes de libros: Madrid*, 1635. 4.° 11726.e.41. [55]

— Parte tercera de las comedias del maestro Tirso de Molina. Recogidas por don Francisco Lucas de Auila. *Pedro Escuer: Tortosa*, 1634. 4.° 11726.e.61. [56]

— Quarta parte de las comedias del maestro tirso de Molina.

Maria de Quiñones; a costa de Pedro Coello, y Manuel Lopez: Madrid, 1635. 4.° 11726.e.63. [57]

—Quinta parte de comedias del maestro Tirso de Molino. Recogidas por don Francisco Lucas de Avila. *Gabriel de Leon: Madrid,* 1636. 4.° 11726.e.62. [58]

—[*Single Works*]. Cigarrales de Toledo. 1ª. parte. *Luis Sanchez: Madrid,* 1624. 4.° C.34.i.28. [59]

——*A costa de Alonso Perez:* [*Madrid?*] 1630. 4.° 11725.b.22. [60]

——*Geronymo Margarit: Barcelona,* 1631. 4.° 1073.k.17. [61]

—La firmeza en la hermosura. Comedia. [*n.p.*, 1700?] 4.° 1072.h.6.(9). [62]

—Comedia famosa. Los lagos de San Vicente. Del maestro Tirso de Molina. *En la imprenta de Joseph Padrino: Sevilla,* [1700?] 4.° *No. 138 of an unidentified collection.* 11728.i.21.(1). [63]

—El mayor desengaño. [*Saragossa,* 1650]. 4.° 11728.d.65. [64]

Tellez de Guzmán, María. Por doña Maria Tello de Guzman y Felix Hernandez de Guzman su hijo, y Alonso de Carrion. Con el señor fiscal. [A memorial]. [*Madrid,* 1613?] fol. T.20.*(2). [65]

Tellez Girón, Catalina, *Duchess of Osuna.* Copia de un memorial que la duquesa de Osuna dio a su Magestad [in favour of her husband]. [*Madrid?* 1625?] S.sh. fol. T.90.*(40). [66]

Tellez Girón, P., *duke of Osuna.* Discurso de muchas cosas notables . . . que dixo e hizo en la prision . . . el . . . duque de Ossuna. *Francisco de Lyra: Sevilla,* 1624. fol. 1322.l.4.(31). [67]

Tello, Pedro. [*Begin:*] En la ciudad de Lima . . . se hallava el padre fray Pedro Tello. [A memorial concerning his conduct]. [*Seville?* 1656?] fol. 4783.e.3.(34). [68]

Tello de Soto, Gaspar. Por el duque de Veragua don Pedro Colon y Portugal . . . Con d. Francisco de Chiriboga, heredero usufructuario . . . de . . . su hermano. [A pleading]. [*n.p.*, 1650?] fol. 765.i.4.(28). [69]

Tena, Ludovicus de. Isagoge in totam sacram Scrpturam. *Ex typographia Laurentij Deu: Barcinone,* 1620. fol. 3105.a.11. [70]

Teologo. En quatro partes se divide aqueste dialogo. (Dialogo. El theologo y el jurista). [Relating to ecclesiastical laws]. [*Mexico,* 1650?] fol. 5125.g.(9). [71]

Terán, —. Iesus. De Luys de Escobar y cõsortes sobre su hidalguia. Con el fiscal [Castillo de Bobadilla] y consejo de Villalon. *Medina del Campo,* 1604. fol. 1322.l.4.(26). [72]

Terceira, *Island of.* Relacion verdadera de un caso terrible . . . el qual sucedio en la isla de la Tercera . . . 1614. [In verse]. *Cosme Delgado: Madrid,* 1614. 4.° 1072.g.26.(18). [73]

Terrer Moreno, Pedro. Flor de anathomia, fracturas y dislocaciones del cuerpo humano. *Madrid,* 1640. 8.° 783.b.36.(2). *imp.* [74]

Terrones, Lorenzo de. Por el doctor Lorenço de Terrones, en satisfacion de los doze cargos que se le hizieron de hazienda real. [*Madrid,* 1615?] fol. 1324.i.1.(11). [75]

—El doctor Lorenço de Terrones, oydor de la real audiencia de Santa Fè . . . en Indias, para que su Magestad le haga merced de otra plaça de oydor. [*Madrid?* 1615?] fol. 1324.i.1.(9). [76]

—El doctor Lorenzo de Terrones . . . para que su Magestad le haga merced de una plaça de oydor. [*Madrid,* 1615?] fol. *A different work from the preceding.* 1324.i.1.(10). [77]

Terrones y Robles, Antonio. [*Begin:*] Spiritu Sancti gratia illuminet sensus, & corda nostra. Por Parte de don Antonio Terrones y Robles . . . regidor de . . . Anduxar: en el pleyto cõ don Luys Perez de Vargas y . . . vezinos de la dicha ciudad. [*Granada?* 1618?] fol. 765.h.2.(14). [78]

Teruel. Comedia burlesca, di los amantes di Teruel. [In verse]. [*Madrid?* 1700?] 4.° 11726.f.6. [79]

—Inseculacion, y ordinaciones de la comunidad de Teruel, y villa de Mosqueruela. Hechas por . . . Ioseph de Sesse. *Pedro Verges: Çaragoça,* 1625. fol. 1240.f.15.(2). [80]

Tesauro, Emmanuele, *Count.* Arte de cartas misivas, o methodo general para reducir al papel quantas materias pide el politico comercio. Que escrivio en toscano . . . Manuel Thesauro . . . y traduce en español . . . Marcelo Migliavaca. *Iayme de Pordazar; a expensas de Iuan de Baeza: Valencia,* 1696. 4.° 10905.d.3. [81]

—Filosofia moral derivada de la alta fuente del grande Aristoteles Stagirita. Escribiola en toscano . . . Manuel Thesauro . . . Traducela . . . Gomez de la Rocha, y Figueroa. *En la imprenta de Antonio Craesbeeck de Mello: Lisboa,* 1682. 4.° 8405.h.31. [82]

—Thesauro Manual en el conde Manuel Thesauro . . . Primera parte. Genealogia de Christo salvador. *Viuda de Francisco Nieto; a costa de Gabriel de Leon: Madrid,* 1674. 4.° 4226.dd.33. [83]

Tesoro. Tesoro de las tres lenguas española, francesa, y italiana. 3 pt. *Iean & Samuel de Tournes: Cologne,* 1671. 4.° 12942.d.10; 627.i.10. *imp.* [84]

Tevar, Benito de. [*Begin:*] El licenciado Benito de Tevar. [A memorial setting forth his ill-treatment and praying for redress]. [*Madrid?* 1625?] fol. 1324.i.2.(90). [85]

Texeda, Fernando de. *See* Carrascon, T., *pseud.*

Teza y Anuncibay, María de. Alabado sea el santissimo Sacramento. Por doña Maria de Teza Anuncibay. Con don Luys de Urtusaustegui. (Este papel etc). [By doctor Bonilla]. [*Madrid?* 1660?] fol. 1322.l.2.(49). [86]

Theagenes. Historia de los dos leales amantes Theagenes y Chariclea. Traduzida . . . de latin en romance por Fernando de Mena. *Geronymo Margarit: Barcelona,* 1614. 8.° 1162.b.35. [87]

—Alabado sea el santissimo Sacramento. Por doña Maria de Teza Anuncibay. Con don Luys de Urtusaustegui. Sobre. La sucession del mayorazgo de la casa de Anuncibay. [By doctor Bonilla]. [*Madrid?* 1660?] fol. 1322.l.2.(48). [88]

No. 89 cancelled.

Thena, Bartolomaeus de. Votiva humanioris scholæ B. M. virginis de Pilari (minervæ suæ) recitatio. *Apud Augustinum Verges: Caesaraugustae,* 1669. 4.° 1073.k.22.(3). [90]

Thenorio de Leon, Didacus. Opuscula varia, in quattuor libros dissecta. *Ex typograph. Christophor. Requena: Gadib.,* 1699. 8.° 1213.d.25. [91]

Theresa [de Cepeda], *de Jesus, Saint.* [*Collections*]. Libros de la b. madre Teresa . . . Que contienen un tratado de su vida. 3 pt. *Constantin Vidal: Napoles,* 1604. 4.° 493.h.8. [92]

——[With a preface by L. Ponce de Leon]. *Antonio Alvarez: Lisboa,* 1616. 4.° 486.b.16; 486.b.17. [93]

—Las obras de la santa madre Teresa de Iesus. 3 pt. *Emprenta Plantiniana de Balthsar Moreto: Anveres*, 1630. 4.° 1489.tt.43. **[94]**

— — *Antonio Alvarez: Lisboa*, 1654. 4.° 486.b.19. **[95]**

— — *A costa de Manuel Lopez; por Ioseph Fernandez de Buendia: Madrid*, 1661. 4.° 1122.c.24. **[96]**

—[*Selections*]. Suma y compendio de los grados de oracion, por donde sube un alma a la perfecion de la contemplacion . . . Colegido por . . . Thomas de Iesus. *Jacomo Mascardo: Roma*, 1610. 8.° 1482.c.13. **[97]**

—[*Letters*]. Cartas de . . . santa Teresa de Iesus . . . con notas del . . . señor . . . Iuan de Palafox, y Mendoça . . . recogidas por orden del . . . padre . . . Diego de la Presentacion. *Diego Dormer: Çaragoça*, 1671. 4.° 486.b.20. **[98]**

— — 2 tom. *Francisco Foppens: Brusselas*, 1676–80. 4.° 4828.d.28. **[99]**

—[*Single Works*]. Avisos espirituales de santa Theresa de Jesus. Comentados por el padre Alonso de Andrade. 2 pt. *Tomás Loriente: Barcelona*, [1646]. 4.° 4403.eee.3. **[100]**

— — *Gregorio Rodriguez: Madrid*, 1647. 4.° 852.i.14.(2). **[101]**

—Libro de las fundaciones de las hermanas Descalças Carmelitas. *En casa de Roger Velpio, y Huberto Antonio: Bruselas*, 1610. 8.° 4785.aa.33. **[102]**

—[*Appendix*]. Iusta cosa a sido eligir por patrona de Espana . . . a santa Teresa de Iesus. [*Madrid*? 1650?] fol. 1322.l.1.(8). **[103]**

—Romances de la dichosissima y muy alegre nueua de la beatificacion de la madre Teresa de Jesus. *Sebastian Matevat: Barcelona*, 1614. 4.° 11450.e.24.(5). **[104]**

Thionville. Relacio de tot lo succeit en lo siti de Tionvilla. *Iaume Monthevat: Barcelona*, 1643. 4.° 9180.e.2.(38). **[105]**

Thomas, *Aquinas, Saint.* Commentaria et disputationes in universam primam secundæ sancti Thomæ authore fratre Pedro de Lorca. [With the text]. 2 tom. *Ex officina Ioannis Gratiani; Apud Viduam: Compluti*, 1609. fol. 3833.cc.8. **[106]**

—Commentarii una cum disputationibus in primam partem sancti Thomæ [with the text] . . . Auctore fratre Ambrosio Martin. tom. 1. *Apud viduam Ildephonsi Martin: Matriti*, 1621. fol. 1230.g.18. **[107]**

—[*Appendix*]. Eminentissimo . . . Petro de Salazar . . . quem alma Cordubensis ecclesia veneratur antistitem . . . sua Bœtica Mercedaria provincia . . . has ex Angelici Præceptoris . . . selectas theologicas theses. *Ex. typog. Lucae Martini de Hermosella: Hispal.*, [1698]. 8.° 4071.i.2.(8). **[108]**

Thomas, *de los Angeles.* Verdadera relacion en la qual se declara el gran numero de moriscos que renegaron la fè catholica en . . . Alarache. *Lorenço de Robles: [Saragossa]*, 1610. 4.° G.10217.(4). **[109]**

Thomas, *of Villanova, Saint.* Breve relacion de las ceremonias, y aparato de la basilica de S. Pedro, en la canonizacion de santo Tomas . . . 1658. *Bernardo Noguès: Valencia*, 1659. 4.° 1323.g.1.(2). **[110]**

—Nueua y verdadera relacion de la milagrosa vida y muerte del beato . . . Tomas de Villanueua. [In verse]. *Esteua Liberos: Barcelona*, 1621. 4.° 11450.e.24.(20). **[111]**

Thomas, *Prince of Savoy.* Famosa relacion en que se avisa de como una grande refriega que uvo entre la cavalleria de Milan, ginoveses, mataron al contrario [150] ombres. 1625. fol. *See* Spain. 593.h.17.(32).

—Relacion nueva y verdadera, de los felizes sucessos que han tenido . . . el señor principe Tomas, y el señor marques de Leganes. [In verse]. 1640. 4.° *See* Spain. 1072.g.25.(13).

—Relacion verdadera de los buenos sucessos . . . que han tenido las armas de España, governadas de su alteza . . . Tomas y el . . . marques de Leganes. 1639. 4.° *See* Spain. 1445.f.22.(37).

Thomas, *Saint and Apostle.* [*Dominican convent of, at Madrid*]. [*Begin:*] El convento de santo Thomas . . . del orden de predicadores. [A memorial concerning the re-election of the prior]. [*Madrid?* 1660?] fol. 4783.e.2.(36). **[112]**

Thomé, *de Jesus,* [Thomé Alvares de Andrade]. [Los trabajos de Jesus]. [Translated by C. Ferreira de Sampajo]. [*Madrid*, 1647]. 4.° 479.a.10. *imp. wanting t.p.* **[113]**

Tiempo. A un tiempo rey, y vassallo. Comedio famosa de tres ingenios. [By F. Cañizares?] (Pintura a una dama. Por don Geronimo Cancer). [*n.p.*, 1700?] 4.° 1072.h.2.(7). **[114]**

Toledo. [*Cathedral Church*]. Cuenta de lo que la santa yglesia de Toledo, ha pagado por el estado ecclesiastico, de la corona de Castilla y Leon. [*n.p.*, 1688?] fol. 1488.dd.8. **[115]**

—Escritura de concordia, otorgada por los señores diputados de la santa iglesia de Toledo. [*Madrid*, 1698]. fol. 4625.e.5. **[116]**

—[*Begin:*] Señor. La santa iglesia de Toledo. [A supplication to the King]. [*n.p.*, 1688?] fol. 1488.dd.7. **[117]**

—[*Universidad*]. [*Begin:*] Señor. La universidad de Toledo suplica . . . a V. M. . . . no salgan de España materiales laborables. [*Toledo?* 1670?] fol. 1322.l.4.(19). **[118]**

—[*Appendix*]. Informacion de hecho y derecho, por la . . . ciudad de Toledo, en los pleitos, y preeminencias que ha tratado y trata. Con el Cabildo. [*Toledo?* 1630?] fol. C.62.f.1.(4). **[119]**

—[*Begin:*] Señor. Aunque algunos han sentido que las materias de precedencia son vanas. [A pleading addressed to the King]. [*n.p.d.*], fol. 765.k.13.(13). **[120]**

Toledo, *Diocese of.* Constituciones sinodales del Smo señor don Fernando cardenal Infante. *Bernardino de Guzman: Madrid*, 1622. fol. 1602/136. **[121]**

—Synodo diocesana del arzobispado de Toledo. (Constituciones synodales). *Atanasio Abad: Madrid*, [1682]. fol. 483.d.1. **[122]**

Toledo, Alonso de. Sermon de la Immaculada Concepcion de . . . Maria. *Fernando Rey: Sevilla*, 1616. 4.° 477.a.15.(7). **[123]**

Toledo, Francisco de. Por don Miguel de Tapia y Eraso, y . . . su muger. En el pleito con . . . Luis de Paredes . . . Sobre la recusacion del señor don Luis Gudiel de Peralta. [*n.p.d.*], fol. 765.i.2.(49). **[124]**

Toledo, García de, *Duke of Fernandina.* Verdadera relacion de la gran vitoria que el . . . duque de Fernandina a tenido sobre Arenas gordas. *En la imprenta de Iuan de Cabrera: Sevilla*, 1624. fol. 600.l.20. **[125]**

—Vitoria famosa que las galeras de el duque de Fernandina tuvieron iunto a Cartagena. *Iuan de Cabrera: Sevilla*, 1625. fol. 593.h.17.(36). **[126]**

Toledo, Mose' de. Devotas advertencias, y Dinim de la Tephilah, y la obligacion del aprendimiento de la ley. *Francoforte*, [1641]. 8.° C.69.bb.13. **[127]**

— [Hebrew title]. La trompeta de Mose de Toledo. El sordo di Hierusalaim . . . Dividida en siete voces. *Francesco Vieceri: Venetia*, 1643. 8.°   851.a.16.   [**128**]

Toledo Osorio y Colonna, Pedro de, *marquis de Villafranca.* [*Begin:*] Por d. Pedro de Toledo marques de Villafranca. Con el duque del Infantado. Sobre que . . . se derribe una cerca que el dicho duque tiene hecha. [*n.p.d.*], fol. 765.h.3.(60).   [**129**]

Toledo Osorio y Córdova, A. de, *marquis de Távara.* [*Begin:*] Señor. El marquès de Távara, dize: [A petition addressed to the King asking to be granted the title of grandee]. [*n.p.*, 1635?] fol.   765.h.1.(62).   [**130**]

Toledo Osorio y Mendoza, Fadrique de, *marquis de Villanueva de Valdueza.* Relacion de la carta que embio a su Magestad el señor don Fadrique de Toledo, general de las armadas. *Simon Faxardo: Sevilla*, 1625. fol. 593.h.17.(21).   [**131**]

— Segunda parte, y copia de la victoria que tuvo don Fadrique de Toledo . . . contra treinta y un navios de olandeses. *Viuda de Fernando Correa: Madrid*, [1625?] fol. T.90.*(34).   [**132**]

Toledo y Leyva, Pedro de, *marquis de Mancera.* [*Begin:*] Señor. Don Pedro de Toledo y Leyva. [A memorial on his services as viceroy of Peru]. [*Madrid?* 1656?] fol. 1324.i.2.(9).   [**133**]

Toledo y Osorio, Garcia de, *marquis de Villafranca.* Memorial que di a su Magestad, y el hecho sucedente . . . Primera parte. Relacion de algunos sucessos de mi vida. [*Madrid?* 1646?] 4.°   1445.f.17.(21).   [**134**]

Toledo y Osorio, Iñigo de. Relacion verdadera de la mas feliz, y gloriosa vitoria que han tenido las armas . . . governadas por . . . don Iñigo de Toledo. [*Seville?* 1675]. 4.°   1445.f.17.(68).   [**135**]

Tomas, Miguel. Certamen poetico en honor de la venerable madre sor Catharina Thomasa. *Gabriel Nogues: Barcelona*, 1636. 4.°   C.63.b.37.   [**136**]

Torija, Ivan de. Tratado breve sobre las ordenanzas . . . de Madrid. *Juan de Viar: Burgos*, 1664. 4.°   10161.b.14. [**137**]

Tormes, *River.* [*Begin:*] Relacion cierta de la gran crecida que tuvo, y ruyna que causo el rio Tormes en . . . Salamanca . . . 1626. *Viuda de Cordoua: Valladolid*, 1626. fol. 593.h.22.(78).   [**138**]

— Relacion del espantoso diluvio, y crecida del rio Tormes, y del . . . estrago que en . . . Salamanca . . . hizo. [In verse]. *Antonia Ramirez: Salamanca*, 1626. 4.°   11450.C.67. [**139**]

— Tragico suceso de la inundacion del Tormes en . . . Salamanca . . . 26 de enero de 1626 años. *Antonio Vazquez: Salamanca*, [1626?] fol.   593.h.22.(77).   [**140**]

Tornamira de Soto, Juan. Sumario de la vida, y hazañosos hechos del rey don Jayme de Aragon. *Carlos de Labayen: Pamplona*, 1622. 8.°   281.a.18.   [**141**]

Toro, Francisco de. Segunda relacion, donde se recopila la toma de la Mamora . . . dando cuenta . . . de los capitanes . . . Con una cancion real. [In verse]. *Gabriel Graells y Esteuan Liberos: Barcelona*, 1614. 4.°   11450.e.24.(6). [**142**]

Torquemada, Juan de. Iª (—IIIª) parte de los veynte y un libros rituales y monarchia yndiana con el origen y guerras de los yndios . . . de sus poblaçones . . . conquista . . . y otras cosas. *Matthias Claviso: Sevilla*, 1615. fol. C.78.d.10.   [**143**]

Torre, Antonio de la [*Begin:*] Señor, el maestro fray A. de la Torre . . . general reformador de la orden de . . . canonigos regulares de S. Noberto. [A memorial addressed to the King, on the affairs of the Premonstratensian order]. [*Madrid?* 1640?] fol.   4783.e.2.(33).   [**144**]

Torre, Francisco de la, *poet.* Obras . . . dalas a la impression don Francisco de Quevedo Villegas. *Imprenta del reyno; a costa de Domingo Gonçalez: Madrid*, 1631. 16.° 1064.a.16.(2).   [**145**]

Torre, Francisco de la, *Tesorero de la Cruzada de Mexico.* Memorial del pleyto, que don Francisco de la Torre . . . trata con don Rodrigo Pacheco Ossorio . . . virrei. [*Madrid?* 1643?] fol.   1324.i.1.(19).   **146**

— Por el tesorero d. Francisco de la Torre. Con el marques de Cerralbo . . . y consortes, à que ha salido el señor fiscal. En respuesta à su informacion. [*Madrid?* 1642?] fol. 1324.i.1.(24).   [**147**]

— Por el tesorero d. Francisco de la Torre, con el marques de Cerraluo. [Urging confirmation of the sentence pronounced against the latter]. [*Madrid?* 1643?] fol. 1324.i.1.(20).   [**148**]

Torreblanca Villalpando, Francisco. Epitomes delictorum in quibus aperta, vel oculta inuocatio dæmonis interuenit, libri IIII. [Including the "Defensa de los libros de Magia"]. *Apud Ildephonsum Rodriguez Gamarra & Franciscum de Lira: Hispali*, 1618. fol.   G.1520.   [**149**]

— — *Apud Ildephonsum Rodriguez Gamarra & Franciscum de Lira: Hispali*, 1618. fol.   719.l.2; 30.f.4.   [**150**]

— [*Begin:*] Señor. El licenciado don F. Torreblanca Villalpando . . . dize. [An appeal to the King against the sentence of his judges]. [*Madrid?* 1620?] fol.   1322.l.3.(27).   [**151**]

Torrecilla, Martin de. Examen de la potestad, y jurisdicion de los . . . obispos . . . impression segunda. *Antonio Goncalez de Reyes; a costa de los herederos de Gabriel de Leon: Madrid*, 1693. fol.   5125.ee.14.   [**152**]

Torre Farfan, Fernando de la. Fiestas de la s. iglesia metropolitana . . . de Sevilla, al nuevo culto del señor rey s. Fernando el tercero. *En casa de la viuda de Nicolas Rodriguez: Sevilla*, 1671. fol.   487.i.36; 207.e.10.   [**153**]

Torre Herrera, Francisco de la. [*Begin:*] Jesus, Maria, Joseph. Por D. Antonio de la Caxiga, y Torre clerigo de prima tonsura [and others] Con d. Francisco de Aguero [and others]. Sobre el goze . . . de una de las capellanias. [*n.p.d.*], fol.   765.h.11.(3).   [**154**]

Torrejoncillo, Francisco de. Centinela contra judios, puesta en la torre de la Iglesia de Dios. *Ioseph Fernandez de Buendia; vendese en casa de Andres Blanco; en casa de Marcos del Ribero: Madrid*, 1676. 8.°   4034.bb.3.   [**155**]

Torres, Alonso de. [*Begin:*] Señor. Don Alonso de Torres. [A memorial of his services, addressed to the King]. [*Madrid?* 1630?] *S.sh.* fol.   1324.i.2.(50).   [**156**]

Torres, Francisco Antonio de. Al opulentissimo banquete, que en la consagracion del . . . señor d. Antonio de Benavides . . . hizo . . . el señor d. Sabo Millini, nuncio . . . Soneto. [*n.p.*, 1680?] *S.sh.* fol.   T.22.*(62).   [**157**]

Torres, Ignacio de. Funebre cordial declamacion en las exequias del . . . doctor D. Manuel Fernandez de Sancta Cruz obispo de . . . la Puebla. *Herederos del Capitan Juan de Villa Real: Puebla*, [1699?] 4.°   4985.de.4.(7).   [**158**]

Torres, Juan de, *ballad writer.* Relacio de la mala vida, de las pobretas dones . . . féta per una que ara ses retreta. [In verse]. *Sebastia de Cormellas: Barcelona,* 1612. 4.° 11450.e.25.(35). **[159]**

Torres, Juan de, *Jesuit.* Primera (segunda) parte de la philosophia moral de principes, para su buena criança y gouierno. 2 pt. *Pedro Crasbeeck: Lisboa,* 1602. fol. 479.e.17. **[160]**

Torres, Marcial de. [*Begin:*] Señor. [A memorial addressed to the King, on behalf of the chapter of Salamanca]. [*Salamanca?* 1631?] fol. 1322.l.3.(2). **[161]**

—[*Begin:*] Señor. La Iglesia de Salamanca ha entendido. [A memorial addressed to the King, concerning a suit between the chapter of Salamanca and the university]. [*Salamanca?* 1630?] fol. 1322.l.3.(6). **[162]**

Torres, Nicolás de. Festin hecho por las morenas criollas de . . . Mexico. Al recebimiento, y entrada del . . . marques de Villena . . . virrey. *Francisco Robledo: Mexico,* 1640. 4.° 1045.h.35.(2). **[163]**

Torres Castillo, Juan de. Relacion de lo sucedido en las provincias de Nexapa, Yztepex, y la villa Alta. Inquietudes de los indios . . . castigos en ellos hechos. *En la imprenta de Iuan Ruiz: Mexico,* 1662. 4.° 9771.bb.29. **[164]**

Torres de Lima, Luis de. Compendio das mais notaveis cousas que no reyno de Portugal a contecerão desde a perda de el rey d. Sebastião. *Pedro Crasbeeck: Lisboa,* 1630. 12.° 1444.a.4. **[165]**

——*Na officina de Manoel Dias: Coimbra,* 1654. 8.° 1198.a.9. **[166]**

Torres Rubio, Diego de. Arte de la lengua aymara. *Francisco del Canto: Lima,* 1616. 8.° C.58.a.14.(1). **[167]**

—Arte de la lengua quichua. *Francisco Lasso: Lima,* 1619. 8.° C.33.a.50. **[168]**

——*Joseph de Contreras, y Alvarado: Lima,* [1700]. 8.° C.33.a.49. **[169]**

Torre y Balcarcel, Juan de la. Espejo de la philosophia, y compendio de toda la medicina theorica, y practica. *En la Imprenta Plantiniana de Baltasar Moreto: Amberes,* 1668. fol. 773.m.11. **[170]**

Torre y Sevil, Francisco de la. Delicias de Apolo, recreaciones del Parnaso, por las tres musas Urania, Euterpe y Caliope . . . Recogidas . . . por D. F. de la Torre y Sevil. *Melchor Alegre: Madrid,* 1670. 4.° 011451.ee.26. **[171]**

—Entretenimiento de las musas, en esta baraxa nueva de versos, dividido en quatro manjares. *Juan de Ybar: Çaragoça,* 1654. 4.° 11450.e.6. **[172]**

—Reales fiestas que dispuso . . . Valencia, a honor de la . . . imagen de la Virgen de los desamparados. *Geronimo Vilagrasa: Valencia,* 1669. 4.° 486.c.3.(1). **[173]**

Torrezar y Legorburu, Ramon de, and **Garayo, Luis Josef de,** *Count de Lebrija.* [*Begin:*] Señor. [A memorial addressed to the King]. [*Seville,* 1697]. fol. 501.g.4.(2); 501.g.15.(4); 1323.k.14.(10). **[174]**

Torsellino, Orazio. Historia de la entrada de la christiandad en el Iapon, y China, y en otras partes . . . Escrita en latin por . . . Horacio Turselino, y traduzida . . . por . . . Pedro de Guzman. *Iuan Godinez de Milles: Valladolid,* 1603. 4.° 486.b.13. **[175]**

Tortosa. Segunda relacion mas copiosa, de la defensa y sitio de Tortosa. *Catalina de Barrio y Angulo: Madrid,* 1642. fol. 9181.g.1.(13). **[176]**

Totavila, Francisco de, *Duke de San German.* Nueva relacion y copia de carta, escrita de los progressos de las armas catolicas . . . en . . . Cataluña. *Juan Francisco de Blas: Sevilla,* 1674. 4.° 1445.f.17.(56). **[177]**

—Relacion de la famosa vitoria que han tenido las armas de su Magestad . . . en la recuperacion de . . . Olivença. *Iuan Gomez Blas: Sevilla,* 1657. 4.° 1445.f.17.(28). **[178]**

—Segunda relacion diaria de lo sucedido al exercito de Estremadura, gouernado por el señor duque de San German. *Iuan Gomez Blas: Sevilla,* 1657. 4.° 1445.f.17.(27). **[179]**

Totavila, Prospero. Relacion de la feliz vitoria, que han tenido las . . . armas de su Magestad . . . contra las del . . . rey de Francia. *Iuan Gomez Blas: Sevilla,* 1658. 4.° 1445.f.17.(9); 1445.f.17.(34). **[180]**

Tovar, Luis de. Poema mystico del glorioso santo Antonio de Padua. Contiene su vida, milagros y muerte. *Pedro Craesbeeck: Lisboa,* 1616. 8.° 11451.a.37. **[181]**

Tovar, Matheo de. [*Begin:*] Por D. Martin Guiral, ventiquatro . . . de Cordova. En el expediente con la ciudad. Sobre que se deniegue el traer al consejo los papeles de la Camara. [*n.p.d.*], fol. 765.h.3.(16). **[182]**

Tovar Enriquez y Sandoval, Sancho, de. [*Begin:*] Señor. Don Sancho de Tobar, Enriquez, y Sandobal . . . señor de tierra de la Reyna. [A memorial addressed to the King, on the services rendered to Spain by his ancestors, and asking for favours]. [*n.p.d.*], fol. 765.h.1.(30). imp. **[183]**

Trabajos. [*Begin:*] Obra llamada, los trabajos que passa la triste de la bolsa. [In verse]. [*n.p.,* 1600?] 4.° Huth 143. **[184]**

Trebiño Carrillo, Christoval. [*Begin:*] Iesus. Apuntamientos de derecho, por Christoual Trebino Carrillo, y . . . su muger, en el pleyto contra don Diego de Coca. [*n.p.d.*], fol 765.h.2.(34). **[185]**

Trent, *Council of.* Decreta sacrosancti concilii Tridentini ad suos quæque titulos secundum juris methodum redacta. *Apud Joannem de Rueda: Vallisoleti,* 1618. 4.° 5016.aaa.55. **[186]**

Trilla y Muñoz, Antonio de. Tratado general de todas las tres especies de venenos. [*Toledo?*] 1679. 8.° 7481.39.(2). **[187]**

Trillo y Figueroa, Francisco de. Neapolisea, poema heroyco, y panegirico; al gran capitan Gonçalo Fernandez de Cordova. *Baltasar de Bolibar y Francisco Sanchez: Granada,* 1651. 4.° 11451.bb.49. **[188]**

Trillo y Figueroa, Luis de and **Morales Ballesteros, Alonso.** Por el marques de Priego, duque de Feria . . . Con fray Domingo Pimentel obispo de Cordoua . . . Sobre el articulo de fuerça. [*Cordoba?* 1640?] fol. 765.i.2.(27). **[189]**

Trinity. [*Order of the Most Holy Trinity for the Redemption of Captives*]. Manifiesto en que se declara, y defiende la iusticia que assiste à los M.RR.PP. de . . . Andaluzia, del orden de la santissima [sic] Trinidad. *Francisco de Ochoa: Granada,* 1678. fol. 4783.e.1.(34). **[190]**

—Motivos que justifican la inmiscuicion del procurador fiscal, monstrandose parte contra la de la sagrada religion Trinitaria. [*Madrid?* 1674?] fol. 4783.e.3.(61). **[191]**

—Por la orden de la santissima Trinidad y nuestra Señora de la Merced. Con el señor fiscal. [A pleading]. [*n.p.*, 1620?] fol. 1322.k.14.(32). **[192]**

—Por la orden de la santissima Trinidad, con el señor fiscal. (La pretension de la orden). [*Madrid?* 1620?] fol. 1322.k.14.(31). **[193]**

—[*Begin:*] Preguntase: En què casos, y porquè causas, segun derecho comun, canonico, y municipal . . . son irritas, y nulas, ipso facto . . . las elecciones. [*Salamanca?* 1678?] fol. 4783.e.1.(36). **[194]**

—Regula primitiva & constitutiones fratrum Discalceatorum, ordinis santisimæ Trinitatis, redemptionis captivorum. *Apud Antonium a Zafra: Matriti*, 1676. 8.° 4785.b.12. **[195]**

—Traslado fielmente sacado de una peticion que se presento en el difinitorio del capitulo . . . que se celebrò por los religiosos de la orden de la . . . Trinidad. [*Madrid?* 1640?] fol. 4783.e.1.(33). **[196]**

Tristañ, Pedro Iayme. Enchyridion, o breve cronica de varones illustres en santidad . . . de los padres minimos. *Estevan Liberos: Barcelona*, 1618. 4.° 1371.e.4. **[197]**

Troncoso, Francisco. [*Begin:*] Yo Francisco Troncoso, notario publico. [A memorial of the services of Pedro Carrillo de Acuña. [*Valladolid?* 1631?] fol. 1324.i.2.(80). **[198]**

Truxillo, Juan Ignacio de. Discurso legal, politico, y moral, sobre el servicio que la reina . . . pide a . . . Sevilla. [*Seville*, 1671?] fol. 1324.i.5.(17). **[199]**

Tserclaes, Joan, *Count von Tilly*. Relacion embiada del conde de Tilli . . . a la . . . infanta doña Isabel, y a Madrid al embaxador del emperador. *Simō Faxardo: Sevilla*, 1626. fol. 593.h.17.(66). **[200]**

—Relacion verdadera, de la insigne vitoria que nuestro señor ha sido servido de dar, en seis de agosto . . . 1623 al conde de Tylli. *Diego Flamenco: Madrid*, 1623. fol. T.90.*(11); 503.h.22.(32); T.90.*(23). **[201]**

—Relacion verdadera del conde de Tilli . . . de la vitoria que ganò contra el rey de Dinamarca en 27 de Agosto . . . 1626. *Iuan Delgado: Madrid*, 1626. fol. 593.h.17.(52). **[202]**

—Verdadera relacion de la famosa victoria que ha tenido el exercito imperial . . . en la pressa de . . . Magdemburg. *Bernardino de Guzman: Madrid; Por su original por Saluador de Cea: Cordoua*, 1631. fol. 593.h.17.(99). **[203]**

—Vitoria que en tres dias de diziembre passado de 1626 tuvo el conde de Tylli . . . quitandole al de Dinamarca muchos lugares. *Iuan Cabrero: Sevilla*, 1627. fol. 593.h.17.(79). **[204]**

—Vitoria segunda que tuvo el conde Tylli . . . contra el exercito de Dinamarca, y duque de Sex. *Iuan de Cabrera: Sevilla*, 1626. fol. 593.h.17.(68). **[205]**

Turin. Toma de Turin, corte de Saboya, y felices vitorias de las armas catholicas contra las de Francia. *Iuan Gomez de Blas: Sevilla*, 1639. 4.° 1445.f.22.(31). **[206]**

Turkey. [*Appendix*]. Noticias de lo que ha passado en el exercito turco de Ungria, y en Constantinopla desde el combate de Harsan. *Sebastian de Armendariz: [Madrid*, 1688]. 4.° 1445.f.17.(71). **[207]**

—Traslado fidedigno, y copia de una carta, que escriviò el embaxador de Francia. [i.e. C. F. Ollier marquis de Nointel], al que residè en . . . Madrid. *Iuan Bexarano: Cadiz*, 1672. 4.° 1445.f.17.(52). **[208]**

—Verdadera relacion, en la qual se contienen los mas notables . . . prodigios que hasta oy si hã visto . . . en Turquia. *Alonso de Paredes: Madrid*, 1647. fol. 1822.d.1.(36). **[209]**

Turks. Diario quinto historico . . . de 1686 tocante al estado, sucessos, y progressos de la liga sagrada contra turcos. *Thomas Lopez de Haro: [Madrid*, 1686). 4.° 1490.dd.79.(3). **[210]**

Turmeda, Anselmo. La dispute d'un asne contre frere Anselme Turmeda. *Guillaume Buisson: Pampelune*, 1606. 12.° 1080.d.4. **[211]**

Turrillo, Alonso. [*Begin:*] El pleito que se ha començado a ver, que es entre el capitan Alonso Turillo, y su Magestad, y . . . Santa Fè y Cartagena. [*n.p.*, 1600?] fol. 1322.l.7.(35). **[212]**

—[*Begin:*] Por parte de las ciudades Santa Fè, y Cartagena, se suplica a V. vea los apuntamientos del hecho del pleito. [*n.p.*, 1640?] fol. 1322.l.7.(36). **[213]**

Turturetus, Vincentius. Sacellū regium hoc est de capellis et capellanis regum liber singularis cum notis perpetuis pro capella aulae Hispanae. *Apud Franciscum Martines: Matriti*, 1630. 4.° 1125.g.8; 1124.g.14. **[214]**

Tuscany. Relacion fidedigna de la memorable vitoria que han alcançado las galeras de Florencia. *Esteuan Liberòs: Barcelona*, 1628. 4.° 12331.dd.16.(18). **[215]**

Tutor y Malo, Pedro. Compendio historial de las dos Numancias . . . vida, y muerte del inclyto anocoreta S. Saturio. [*Soria?*] 1690. 4.° 9180.e.13. **[216]**

Tyrado, Juan. [*Begin:*] M. P. R. N. No es possible que en materias graves sea seguro el acierto. [A memorial on the affairs of the order of the most Holy Trinity]. [*Seville?* 1654?] fol. 4783.e.1.(32). **[217]**

U.

Ubilla y Medina, Antonio de, *Marquis de Ribas*. Forma, en que para el mayor resguardo de los derechos de rentas, ha mandado su Magestad se trafiquen todos los generos. [*Madrid?* c.1700]. fol. Dept. of MSS.Add.MS.10262. (ff.614–617). **[1]**

Ufano, Diego. Tratado de la artilleria y uso della platicado por el capitan Diego Ufano en . . . Flandes. *Iuan Momarte: Brusselas*, 1612. 4.° 1480.bb.33. **[2]**

Ugarte de Hermosa y Salcedo, Francesco. Origen de los dos goviernos divino, i humano i forma de su exercicio en lo temporal. *Garª Morras: Madrid*, 1655. 4.° 8006.bbb.29. **[3]**

Ulloa y Perreira, Luis de. Obras . . . prosas, y versos, añadidas en esta ultima impression, recogidas, y dadas a la estampa por D. Iuan Antonio de Ulloa. *Francisco Sanz; a costa de Gabriel de Leon: Madrid*, 1674. 4.° 12230.c.10. **[4]**

—Fiestas que se celebraron en la Corte por el nacimiento de don Felipe Prospero, principe de Asturias. (Triunfos de amor [In verse]). [*Madrid*, 1658?] 4.° 9930.cc.13. **[5]**

—Versos que escrivio d. Luis de Ulloa Pereira, sacados de . . . sus borradores. (Parafrasis). *Diego Diaz: Madrid*, 1659. 4.° 1064.i.16. **[6]**

Ulperni, Siro. O forasteiro admirado relaçam panegyrica do triunfo, e festas, que celebrou o real convento do Carmo de Lisboa, pela canonizaçaõ da . . . virgem S. Maria Magdalena de Pazzi. 3 pt. *Na officina de Antonio Rodriguez d'Abreu: Lisboa*, 1672. fol. 4828.e.27. [7]

Urban VIII, *Pope.* Copia de una carta de . . . Urbano VIII para el . . . rey de Francia. [30 May, 1626]. *Lat. & Span. Pedro Gomez de Pastrana: Sevilla*, 1626. fol. 593.h.17.(47). [8]

—[*Appendix*]. Relacion verdadera de la procession y solenes fiestas, que se celebraron en Roma a la elecion del nuevo pontifice . . . Urbano VIII. Traduzida [by Domingo López de Aguiar]. *Diego Flamenco: Madrid*, 1623. fol. T.90.*(24); 593.h.22.(20). [9]

Urreta, Luis de. Historia de la sagrada orden de predicadores, en . . . la Etiopia. *Iuan Chrysostomo Garriz: Valencia*, 1611. 4.° 493.g.2.(1); G.6345.(2). [10]

—Historia ecclesiastica politica . . . de los . . . reynos de la Etiopia, monarchia del emperador . . . Preste Juan de las Indias. *Pedro Patricio Mey: Valencia*, 1610. 4.° 280.d.19; G.6345.(1). [11]

Urrieta, Perucho de. De Perucho de Urrieta, Relacion famoso [sic] con que quentas peste, que quitas en Cadiz señor Iesus. [In verse]. [*Cadiz?* 1680?] 4.° T.22.*(18). [12]

Urrutia, Juan de. [*Begin:*] La magestad del principe hizo contrato por medio de un ministro. [Legal opinions on the case of Juan de Urrutia concerning the restitution of his office]. [*Madrid*, 1648?] fol. 1322.l.9.(22). [13]

Urtubia, Iñigo. Rescate y desengaño de los dineros cautiuos en las listas de diputados de . . . Barcelona. [In verse]. *Esteuan Liberòs: Barcelona*, 1626. 4.° 11450.e.24.(27). [14]

Uterte, Juan Francisco de. [*Begin:*] Testamento pusieron dos clausulas en favor del conuento de San Augustin. [A legal statement in a suit concerning money left by Juan de Uterte]. [*Mexico?* 1650?] fol. 4782.dd.8.(6). [15]

Uziel, Jacopo. David: Poema heroico. *Span. Barezzo Barezzi: Venetia*, 1624. 8.° 11451.b.49. [16]

Uzquiano Ybarra, Martin de. Por el fiscal eclesiastico de la audiencia arçobispal . . . de Burgos: Con la abadessa del conuento de nuestra señora del Espino. [Arguments concerning the rules of the cloister]. [*n.p.*, 1600?] fol. 765.i.13.(8). [17]

V.

Vadullas, Jayme. Relacion verdadera del famoso recebimiento . . . que hizierõ en la Corte al conseller de . . . Barcelona. [In verse]. *Bautista Sorita: Barcelona*, 1617. 4.° 11450.e.24.(11). [1]

Vahia, Jeronymo. Cançaõ heroica a magestade de . . . d. Affonso Vj. *Henrique Valente de Oliveira: Lisboa*, 1663. 4.° 9195.c.25.(8). [2]

Valcarcel, Manuel de. El cabildo de la santa iglesia de Plasencia. Por los capitulares della . . . Con las dignidades no ordenadas. [*n.p.*, 1630]. fol. 765.i.7.(11). [3]

Valderrama, Pedro de. Sermon . . . en las . . . exequias del . . . padre maestro fray Diego de Avila. *Sevilla*, 1612. 4.° 4423.g.1.(14). (*destroyed*). [4]

Valderrama y Haro, Francisco de. Discurso legal sobre la inmunidad de la Iglesia, de que pretende gozar Gaspar de Vargas. *Baltasar de Bolibar; y Francisco Sanchez: Granada*, 1646. fol. 1322.l.5.(24). [5]

Valdés, Diego de. De dignitate regum regnorumque Hispaniæ, & honoratiori loco eis, seu eorum legatis a conciliis, ac Romana sede iure debito. *Apud Ferdinandum Diaz a Montoya: Granatae*, 1602. fol. 593.f.7; 180.f.13; G.4288.(2). [6]

Valdés, Juan de. El licenciado don Iuan de Valdés, fiscal . . . Con el comercio de la ciudad de Seuilla. [*n.p.*, 1650?] fol. 765.e.3.(17). [7]

—Por el licenciado don . . . Iuan de Valdes, fiscal . . . Con el comercio de . . . Sevilla. [*n.p.*, 1650?] fol. 765.e.3.(16). [8]

—Por el licdo d. Iuan de Valdes, fiscal . . . Con la casa, y herederos de Duarte Fernandez. [*Madrid?* 1645?] fol. 765.e.3.(7). [9]

—Por don Francisco Manuel Siluestre de Guzman . . . preso en los alcaçares reales . . . de Segouia, con el . . . fiscal del consejo. [*Madrid?* 1650?] fol. 1322.l.1.(32). [10]

Valdés, Rodrigo de. Poema heroyco hispano-latino panegyrico de la fundacion . . . de . . . Lima. Obra postuma . . . Sacale a luz . . . Francisco Garabito de Leon y Messia. *En la imprenta de Antonio Roman: Madrid*, 1687. 4.° 11450.c.69. [11]

Valdés y Menendez, Juan de. Por don Bernardino Hurtado, tesorero de . . . Alcala de Henares. Con los dueños de iuros situados en las alcavalas. [A pleading]. [*Madrid?* 1630?] fol. 765.i.6.(26). [12]

— *See also:* Cordova.

Valdivia, J. de. Por d. Ivan Bautista Iudice, y doña Ysabel Iudice . . . herederos de Iacome Iudice . . . Con . . . Iuan Perez de Lara. *Imprenta real; por Francisco Garcia de Velasco: Granada*, 1640. fol. 765.i.11.(11). [13]

Valdivia, Luys de. Arte y gramatica general de la lengua que corre en . . . Chile . . . confessonario . . . y cathecismo del concilio de Lima . . . y dos traduciones del. 3 pt. *Francisco del Canto: Lima*, 1606. 8.° C.63.e.3. [14]

— — *Thomás Lopez de Haro: Sevilla*, 1684. 8.° C.58.a.11. [15]

—Compendio. De algunas de las muchas y graues razones en que se funda la . . . resolucion, que se ha tomado de cortar la Guerra de Chile. 1611. 4.° *See* Chile. C.62.i.18.(28).

—Copia de una carta del padre Luys de Valdivia para el señor conde de Lemos presidente de Indias . . . 1607. [*Madrid?* 1607?] fol. C.62.i.18.(24). [16]

—IHS. Relacion de lo que sucedio en el reyno de Chile, despues q̃ el padre Luys de Valdivia . . . entro en el con sus ochos compañeros sacerdotes . . . 1612. [*Lima?* 1613?] fol. C.62.i.18.(30). [17]

—[*Begin:*] Señor. El padre Luis de Valdivia. (Tratado, de la importãcia del medio, que el virrey propone, de corta la guerra de Chile). [*Madrid?* 1616?] fol. 1324.i.6.(2). [18]

—[*Begin:*] Señor. El padre Luys de Valdivia viceprovincial de la compañia de Jesus en . . . Chile. Digo, que la mayor parte de mi vida, he gastado en la conversion . . . del dicho reyno. [*Madrid?* 1615?] fol. C.62.i.18.(23). [19]

Valdivia, Pedro de. Romancero espiritual, en gracia de los esclavos del Santissimo Sacramento . . . ultima impression. *Antonio Goncalez de Reyes; a costa de Manuel Melendez: Madrid*, 1659. 8.° 11450.b.11. [20]

— — *Maria Fernandez; a costa de Iuan de San Vicente: Alcala,*
1668. 8.° 1072.e.10. [21]
— Sagrario de Toledo, poema heroico. *Luis Sanchez: Madrid,*
1616. 8.° 11450.ccc.14. [22]
— — *Estevan Liberos; a costa de Miguel Gracian: Barcelona,* 1618.
8.° 1072.d.16. [23]
— Vida, excelencias, y muerte del . . . esposo de nuestra Señora
san Ioseph. *A costa de Martin Vazquez de la Cruz; por
Pedro Rodriguez: Toledo,* 1610. 8.° 4867.aaa.24. [24]
— — *Diego Rodriguez: Toledo,* 1623. 8.° 1064.b.11. [25]
— — *Melchor Sanchez; a costa de la viuda de Bernardo de Sierra:
Madrid,* 1665. 8.° 11451.aa.41. [26]
Valdivielso, José de. El angel de la guarda. Comedia famosa.
[1700?] 4.° See Calderon de la Bara, P. 11728.a.63.
— — [1700?] 4.° See Calderón de la Barca, Pedro.
11728.h.14.(19).
— Doze actos sacramentales, y dos comedias divinas. *Iuan Ruyz;
a costa de Martin Vazquez de la Cruz: Toledo,* 1622. 4.°
1072.l.1; 11725.cc.9. [27]
— Elogios al santissimo Sacramento, a la Cruz . . . y a la . . .
Virgen Maria. *Domingo Gõçalez: Madrid,* 1630. 8.°
011451.e.11. [28]
— Exposicion parafrastica del psalterio y de los canticos del
breuiario. 1623. 4.° See Bible. [*Psalms*]. 011451.ee.1.
— Comedia famosa del loco cuerdo. [*Madrid?* 1700?] 4.°
11728.f.52. [29]
Valencia, *the City.* [*Official Documents*]. Sentencia arbitral,
donada . . . en les obres de murs e valls. *Pere Patricio Mey:
Valencia,* 1619. fol. 1602/212. [30]
— [A proclamation directing the order of proceedings to be
obserbed at the ceremonial of the canonization of Saint
Thomas of Villanova]. *Catalan.* [*Valencia,* 1659]. fol.
713.k.22.(9). [31]
— [*Cathedral Church*]. Por la santa Iglesia de Valencia con el
señor fiscal y s. Fiesco. [A defence of the Church of
Valencia. By M. de Prado and H. Ximenez Marzilla].
[*n.p.,* 1640?] fol. 1322.k.14.(14). [32]
— [*Clergy*]. Suplica al illustr y excel. . . . fray Iuan Thomas de
Rocaberti arzobispo . . . por los retores y cleros de las
iglesias parochiales. *Ioan Lorenço Cabrera: Valencia,* 1680.
fol. 704.h.16.(1). [33]
— Manifiesto del estado de la cobrança de la dezima, concedida
por . . . Inocencio XI, a su Magestad . . . para el cerco de
Oran. *Iulian de Paredes: Madrid,* 1685. 4.°
3901.bbb.42; 704.h.16.(19). [34]
— [*Consell general*]. Capitols del quitament de la insigne ciutat
de Valencia, ordenats y publicats en lo consell general . . .
MDCXXII. *Pere Patricio Mey: Valencia,* 1622. fol.
1602/212. [35]
— [*Hospital general*]. Soli Deo honor et gloria. (Resolucion de lo
que se decreto en la . . . junta que se hizo . . . 26 de agosto
1640, en la iglesia del hospital general de Valencia).
Bernardo Noguès: Valencia, 1649. fol. 704.h.16.(9). [36]
— [*Jurado, etc.*]. Allegacion en derecho por la . . . ciudad de
Valencia, y los . . . iurados, racional, sindico, abogados . . .
y escrivano de la sala . . . y . . . Ioseph Garcia de Azor,
presbytero . . . con . . . Luis Pastor [and others]. [*Valencia?*
1660?] fol. 704.h.16.(6). [37]
— Quinque sententiæ, latæ, et publicatæ in Valentina audientia
in sequendo deliberationes sumptas in S. S. R. Aragonum

c. in causis super possessione cathedræ secundariæ legum.
Typ. Vincentij Cabrera: Valentiae, 1681. fol.
713.k.22.(3). [38]
— [*Real convento de predicadores*]. [*Begin:*] Señor. El real convento
de predicadores . . . de Valencia. [A petition against the
projected foundation of a new convent]. [*Valencia?* 1680?]
fol. 713.k.22.(6). [39]
— [*Universidad*]. Constitucions del estudi general de . . .
Valencia. *Felip Mey: Valencia,* 1611. fol. 1602/212. [40]
— [*Appendix*]. Doze comedias famosas, de quatro poetas . . . de
Valencia (el canonigo Tarrega, Gaspar Aguilar, Guillen de
Castro, M. Beneyto). *Aurelio Mey: Valencia,* 1609. 4.°
C.63.b.44. [41]
— Doze comedias famosas, de quatro poetas . . . de Valencia
[viz. C. Boyl, G. Aguilar, R. de Turia and F. de Tarrega].
*Miguel Serrano de Vargas; a costa de Miguel Martinez:
Madrid,* 1614. 4.° 11725.cc.10.(vol. 1). [42]
— Norte de la poesia española. Illustrado del sol de doze
comedias . . . de laureados poetas valencianos . . . Sacada a
luz . . . por Aurelio Mey. 1616. 4.° See Mey, Aurelio.
11725.cc.10.(vol. 2); 11726.c.29.
— Romance nuevo, en que se da relacion de las grandes fiestas
que se han hecho en . . . Valencia, en hazimiento de gracias
de la conquista de . . . Buda. *Pablo Fernandez: Valencia,*
1686. 4.° 1072.g.26.(1). [43]
Valencia, *Kingdom of.* ✠ Real bando, en que se prohiben a los
cabos, officiales, y soldados de la milicia . . . de Valencia en
los dias de la reseña . . . los vestidos . . . de telas de oro . . .
año 1681. [*Valencia,* 1681]. fol. 704.h.16.(10). [44]
Valencia, Juan de. [*Begin:*] Señor. Los vassallos de mas
pundonor. (Esta carta haze principio à este memorial para
su Magestad, que ha de seruir . . . de manifiesto). [*Toledo?*
1658?] fol. 1324.i.2.(107). [45]
Valenzuela, Bruno de. Epitome breve de la vida, y muerte
del . . . dotor don Bernardino de Almansa . . . arçobispo de
. . . Santa Fè de Bogota. *Pedro de Cabrera: Lima,* 1646. 4.°
4825.c.47.(2). [46]
Valenzuela, Fernando de, *Marquis de Villa Sierra.* Copia de
carta, que un ministro grande de esta Corte escriviò à otro,
que . . . le pregunta la causa de la nueva violencia que . . .
esta padeciendo don Fernando de Valenzuela. [*Madrid?*
1690?] 4.° 1445.f.17.(75). *imp.* [47]
Valenzuela, Juan de. En el pleyto que V. M. tiene visto,
entre don Iuan de Vabençuela . . . de Cordoua, y Alonso
de Cordoua y consortes . . . por parte de dicho Iuan, etc.
[A pleading]. [*n.p.d.*], fol. 765.i.2.(43). *imp.* [48]
Valenzuela Velazquez, Juan Baptista, *Regente.* Discurso del
regente Juan Baptista Valençuela . . . sobre la precedencia
del Consejo Supremo de Italia. [*Madrid,* 1627]. fol.
765.i.7.(10). [49]
— Discurso del señor don Iuan Baptista Valenzuela . . . en razon
de las convenencias que ay, para que su Magestad . . . no
consienta que a los libros se cargue alcavala. [*Seville?* 1638].
fol. 1322.l.3.(38); 1322.l.9.(2). [50]
Valeria, Gaspar Alonso de. Engaños desengañados a la luz de
la verdad. Poesias sacras . . . Añadense . . . otras . . . que son
de don M. Garcia Bustamante. *Carlos Porsile: Napoles,*
1681. 8.° 011451.e.43. [51]
Valerius Maximus. Los nueve libros de los exemplos, y
virtudes morales de Valerio maximo, traduzidos . . . por

Diego Lopez. 2 pt. *Imprenta Real; a costa de Melchor de Valuās: Madrid*, 1655. 4.° 10605.cc.4. [52]

Valladolid. [*Convento de nuestra Señora de la Merced*]. [*Begin:*] Señor. El comendador, frayles, y convento de nuestra Señora de la Merced . . . de Valladolid . . . dizen. [A petition to the King]. [*n.p.*, 1630?] fol. 1322.k.15.(8). [53]

— [*Universidad*]. Estatutos de la . . . universidad . . . con sus dos visitas . . . privilegios y bullas apostolicas. *Valladolid*, 1651. fol. 731.l.15.(7,8). (*missing*). [54]

— Recopilacion, y memoria de las ceremonias, ornato y gastos que se han de hazer en todos los grados mayores que se dieren en esta . . . universidad. [*Valladolid*, 1647]. fol. 1322.l.9.(34). [55]

— [*Appendix*]. Por el fiscal eclesiastico de la ciudad de Valladolid, en defensa de la jurisdicion eclesiastica. [*n.p.*, 1650?] fol. 1322.l.5.(25). [56]

— Solemnidad festiva . . . con que . . . Valladolid . . . celebrò la desseada traslacion de la . . . Madre de Dios, de San Lorenzo, su patrona. [In verse]. *Bartolome Portoles de la Torre: Valladolid*, 1671. 4.° 811.e.51.(5). [57]

Vallecilla, Martin de. Por el general Martin de Vallecilla . . . Con el señor fiscal. En respuesta a su informacion. *Viuda de Iuan Gonçalez: Madrid*, 1634. fol. 1324.i.1.(25). [58]

Valle de Moura, Emanuel. De incantationibus seu ensalmis. Opusculum primum. *Typis Laurentii Crasbeeck: Eborae*, 1620. fol. 719.i.13. [59]

Valle y Bustamante, Miguel de. Al ilustrissimo señor el señor doctor d. Francisco Moscoso Ossorio y Sandoval. (Relacion . . . de la salida que su Magestad [Charles II] . . . hizo . . . al templo de nuestra Señora de Atocha). [*Madrid?* 1678]. fol. 765.i.6.(16). [60]

Vallmajor y Casals, Joseph. Frenum, detrahentium. Fre ab lo qual se tapa la boca als detractors, que han posada la llengua en las personas eclesiasticas de Catalunya. *Iaume Mateuat; vendese en casa de Llorens Soler; a su costa: [Barcelona]*, 1643. 4.° 9180.e.2.(12). [61]

Valls, Juan. Directori de la vida christiana en lo qual se tracta de las mes principals . . . para la Salvació. *En la estampa de Ioseph Moyà: Barcelona*, 1685. 8.° 886.f.4. [62]

Valparayso, —, *Marquis de.* Copia de avisos, embiados de Flandes al . . . marques de Balparayso . . . de lo que ha sucedido en aquellos Estados, y en Alemania. *Viuda de Iuan Goncalez: Madrid*, 1635. fol. 593.h.17.(135). [63]

— — *Iuan Gomez de Blas: Sevilla*, 1635. fol. 593.h.17.(136). [64]

Valverde, Fernando de. Vida de Jesu Christo nuestro Señor . . . escrita por . . . Fernando de Valverde . . . sacala a luz . . . Fr. Ioan Suazo . . . Tercera impression. *Bernardo de Villa-Diego: Madrid*, 1687. 4.° 4806.cc.31. [65]

Valverde Horosco, Diego de. Proteccion de la doctrina de Hipocrates y Galeno, acerca del methodo de curar por sangrias. *Iuan Lorenço Machado: Sevilla*, 1653. 4.° 783.g.21.(4). [66]

— See also: H., D. D. D. V.

Vandemberghe, Enrique, *Count.* Copia de la carta que vino a la Corte . . . y de alli a . . . Sevilla. *Iuan de Cabrera: Sevilla*, 1626. fol. 593.h.17.(45). [67]

Vander Hammen y Leon, Lorenzo. Don Felipe el prudente, segundo deste nombre. [A biography]. *Viuda de Alonso Martin; a costa de Alonso Perez: Madrid*, 1625. 4.° 1448.f.18. [68]

— — *Viuda de Alonso Martin; a costa de Domingo Goncalez: Madrid*, 1632. 4.° 281.e.33. [69]

— Don Juan de Austria. Historia. *Luis Sanchez; a costa de Alonso Perez: Madrid*, 1627. 4.° 1200.c.17; 281.d.16. [70]

Vaquedano, —. Por las villas de Dambil, y Alhabar, con . . . Jaen. Sobre la juridicion privativa de la dehessa y sitio de la Mata Bexix. [*n.p.*, 1630?] fol. 1322.l.6.(9). [71]

Varaona, Sancho de. Carta de don Sancho de Varaona . . . que se fulminò contra don Melchor Perez de Varaiz . . . a fray Nicolas de Origuē. [*Madrid?* 1625?] fol. 1324.i.1.(13). [72]

Vargas, Francisco de. Relacion de la memorable vitoria que las armas del Rey . . . han alcançado de los franceses. [*n.p.*, 1638?] 9180.h.25. (*missing*). [73]

Várgas, Luis de. Por fray Geronimo Alonso de la Torre y fray Miguel de Gauna, difinidores actuales de la provincia de los doze apostoles de Lima. Con el padre Alonso Velazquez. [*Madrid?* 1650?] fol. 4783.e.3.(40). [74]

Vargas, Manuel Antonio de. Relacion de los milagros que Dios . . . ha obrado por una imagē del glorioso P. S. Frācisco de Borja en . . . Granada. *Andres de Parra: Madrid*, 1629. fol. 4828.g.21. [75]

— [*Begin:*] SS.mo P. omnes ij, qui vulgò dimissi à societate Iesu appellamur. (Pro iis, qui vulgo dimissi a societate appellantur). [*Madrid?* 1620?] fol. 4783.f.7.(3). [76]

Vargas de la Carrera, Alonso de. Por doña Iuliana de la Cueua, con don Antonio de Alamos. [A lawsuit, concerning houses]. [*n.p.d.*], fol. 765.h.3.(41). [77]

Vargas de la Carrera, Alonso de, and **Matienço, Bernardo.** Lo que parece à los letrados del reyno . . . acerca de lo que se deve escrivir à las ciudades . . . de voto en Cortes. [*Madrid*, 1606]. fol. 1322.k.12.(29). [78]

Vargas Machuca, Bernardo de. Compendio y doctrina nueva de la gineta. *Madrid*, 1621. 8.° 7907.a.12. (*destroyed*). [79]

— Informe a la Magestad de Filipo quarto . . . en memoria de los tres Filipos, gloriosa succesion de Carlos. *Madrid*, 1662. 4.° 9180.c.30. [80]

— Prodigio milagroso del Occidente, el niño credito de Pisco, y admiracion de Lima, Francisco [de Soto]. *Lima*, 1667. 4.° 4867.b.49. [81]

— Teoria y exercicios de la gineta, primores, secretos y advertencias della. *Madrid*, 1619. 8.° 7907.a.11. (*destroyed*). [82]

Vargas Manrique de Valencia, Fadrique de. Por don Fadrique de Vargas Manrique de Valencia. Con Gaspar Perez de Matallana, secretario de su Magestad. En respuesta de la informacion contraria. [*n.p.d.*], fol. 765.h.3.(48). [83]

— Por don Fadrique de Vargas Manrique de Valencia. Con Gaspar Perez de Matallana . . . y vezinos . . . de Leganes. [*Madrid?* n.d.]. fol. 765.h.3.(49). [84]

Vasconcellos, Simão de. Chronica da companhia de Jesu do estado do Brasil: e do que obrarão seus filhos. (Versos do padre Joseph de Anchieta). 2 pt. *Na officina de Henrique Valente de Oliveira: Lisboa*, 1663. fol. 493.k.12. [85]

— Noticias curiosas, e necessarias das cousas do Brasil. *Na officina de Ioam da Costa: Lisboa*, 1668. 4.° 493.g.7.; 1304.e.3. [86]

— Vida do P. Joam d'Almeida da companhia de Iesu. *Na officina Craesbeeckiana: Lisboa*, 1658. fol. 493.i.12. [87]

— Vida do veneravel padre Ioseph de Anchieta . . . taumaturgo . . . do Brasil. (Recopilaçam da vida). 2 pt. *Na officina de Ioam da Costa: Lisboa*, 1672. fol. C.62.ee.9. [88]

Vasquez, Gabriel. Patris Gabrielis Vazquez . . . disputationes metaphysicæ, desumptæ ex variis locis suorum operum. [Edited by F. Murcia de la Llana]. *Apud Ludovicum Sactium: Matriti*, 1617. 8.° 8462.bbb.4. [89]

Vassallo. [*Begin:*] Retrato del rey nuestro señor d. Felipe V . . . que . . . ofrece a su Magestad la lealtad de un vassallo. Romance. *Iuan Garcia Infançon; se hallara en casa de Antonio Bizarron: Madrid*, [1700?] 4.° 11451.bb.3.(8). [90]

Vassurro, Diego. Relacion verdadera, sacada de una carta de las que a su Magestad embiaron, en que trata la muerte . . . del quarto rey don Enrique de Francia. [In verse]. *Ana Velez de Salzedo: Valladolid*, 1610. 4.° 1072.g.26.(19). [91]

Vaz, Thomé. Augustissimo Ioanni IV. Lusitanorum regi, Thomæ Vallasci . . . locupletissimæ, et utilissimæ explanationes in novam iustitiæ reformationem. *Portug.* [Edited by D. de Peña]. *A custa de Ioam Antunes; na officina de Manoel Dias: Coimbra*, 1677. 4.° 5385.b.34. [92]

Vaz Coutinho, Gonzalo. Copia de la carta que Gonçalo Vas Coutiño, del cõsejo del Rey . . . escrivio a su Magestad, sobre la fabrica y sustento de la armada . . . en las Indias. [*Madrid*? 1620?] fol. C.62.i.18.(1). [93]

— Historia do successo que na ilha de S. Miguel ouve com armada ingresa que sobre a ditta ilha foy. *Pedro Craesbeeck: Lisboa*, 1630. 4.° G.6354. [94]

Vaz de Almada, Francisco. Tratado do successo que teve a não sam Joam Baptista, e iornada, que fez a gente, que della escapou. *Pedro Craesbeeck: Lisboa*, 1625. 4.° 1424.c.11. [95]

Vaz de Guimaraens, Francisco. Obra nouamente feita da muyto dolorosa morte, & payxaõ de nosso Senhor Iesu Christo. *Domingo Garneiro: Lisboa*, 1659. 4.° C.63.b.18. [96]

Vazquez Coronado, Carlos. Por don Carlos Vazquez Coronado . . . con el . . . fiscal. Sobre los treynta y un mil tostones, en que se le remato el officio de alguazil mayor de la audiẽcia de Guatimala. [*Guatemala*? 1650?] fol. 6784.i.17. [97]

Vazquez de Cisneros, Alonso. [*Begin:*] Señor. El doctor Alonso Vazquez de Cisneros. [A memorial, addressed to the King, concerning his services in Spain and in the Indies]. [*Madrid*? 1632?] fol. 1324.i.2.(120). [98]

Vázquez de Espinosa, Antonio. [*Begin:*] Señor. El maestro Fr. Antonio Basquez Despinosa. [A memorial, addressed to the King, on the defence of the province of Peru]. [*Madrid*? 1625?] fol. C.62.i.19.(10). [99]

— Tratado verdadero del viage y navegacion deste año de [1622] . . . que hizo la flota de Nueva España, y Honduras. *En la imprenta de Iuan Regnè: Malaga*, 1623. 8.° C.83.a.9. [100]

Vázquez de Lecca, Mateo. Relacion de la institucion en Roma de la orden militar de la immaculada concepcion de la Virgen . . . Por . . . Urbano VIII. Copia de dos cartas. *Viuda de Cosme Delgado: Madrid*, [1624]. fol. 1322.l.11.(6); T.90.*(33). [101]

— — *Matias Clauijo: Sevilla*, 1624. fol. 593.h.17.(6). [102]

Vazquez de Lecca, Mateo, and **Toro, Bernardo de.** [*Begin:*] Porque son muchos los que con deseo de entrar en la nueva religiõ militar de la Immaculada Concepcion . . . han embiado . . . por el habito, etc. *Luis Sanchez: Madrid*, [1624]. fol. 593.h.22.(14). [103]

Vázquez de Serna, Juan. Libro intitulado reduciones de oro, y señorage de plata, con las reglas, y tablas . . . de lo uno y de lo otro. *Iuan de Borja; a costa del autor: Cadiz*, 1620. 8.° 277.b.44; 1139.c.1.(1). [104]

Vedmar, Francisco de. Bosquejo apologetico de las grandezas de . . . Velezmalaga. *Iuan Serrano de Vargas y Urena: Malaga*, 1640. 4.° 10161.cc.16. [105]

— Historia sexitana de la antiguedad y grandezas de . . . Belez. *Baltasar Bolibar y Fran^co Sanchez: Granada*, 1652. 4.° 10161.b.9. [106]

Veen, Otto van. Amoris divini emblemata studio e aere. Othonis Vaeni concinnata. *Lat., Span., Dutch, & Fr. Ex officina Martini Nutii & Ioannis Meursii: Antverpiae*, 1615. 4.° 636.g.18. 636.g.18. [107]

— — *Ex officina Plantiniana Balthasaris Moreti: Antverpiae*, 1660. 4.° 89.e.6. [108]

— Historia septem infantium de Lara . . . Historia de los siete infantes de Lara. [Forty copper plates with explanatory letterpress in Spanish and Latin]. *Apud Philippum Lisaert: Antverpiae*, 1612. *obl.* 4.° G.992; 551.e.9. *imp.* [109]

Vega, Alonso, de. Epitome, o compendio de la Suma, llamada nueva recopilacion . . . del fuero interior. 2 pt. *Luis Sanchez: Madrid*, 1610. 4.° 5384.bb.32. [110]

Vega, Christoval de. Casos raros de la confessió . . . Traduhits de castellà . . . per el P. Ignasi Fiol. *En la estampa de Joseph Altès: Barcelona*, [1679]. 8.° 4061.aa.40. [111]

Vega, Diego de. Parayso de la gloria de los santos. Donde se trata de sus prerogativas y eccellencias. 2 tom. *Pedro Crasbeeck; a costa de Iorge Artur: Lisboa*, 1603. fol. 487.i.29. [112]

Vega, Feliciano de la. Alabado sea el santissimó sacramento. Informe que haze el arzobispo de Mexico al . . . virrey destos reynos. [*Lima*, 1640]. fol. 9771.h.2.(14). [113]

Vega, José de la. Confusion de confusiones. Dialogos curiosos entre un philosopho agudo, un mercader discreto, y un accionista erudito. *Amsterdam*, 1688. 8.° 12350.aa.22. [114]

— Rumbos peligrosos, por donde navega . . . la . . . nave de la temeridad temiendo los . . . escollos de la censura. *Amberes*, 1683. 4.° 12490.d.9. [115]

— Los triumphos del aguyla, y eclypses de la luna que . . . consagra al invicto rey de Polonia . . . Jose de la Vega. *Amsterdam*, 1683. 4.° Cup.401.g.19.(4). [116]

Vega, Tomás de la. Discurso en alabança de la inmaculada concepcion de la Madre de Dios. *Alonso Rodriguez Gamarra: Seuilla*, 1616. 4.° C.63.b.27.(15). [117]

Vega Carpio, Lope Felix de.

Plays
Collections
— Seis comedias de Lope de Vega Carpio, y de otros autores. *Pedro Crasbeeck; a costa de Francisco Lopez: Lisboa*, 1603. 8.° C.40.c.50. [118]

— [Four comedies by Lope de Vega: viz. "Las mudanças de fortuna", "La noche toledana", "El santo negro Rosambuco", "El exemplo de casadas". Extracted from different collections]. [*Valencia, Madrid, Alcala,* 1611, 1613, 1615]. 4.° 11726.k.6. **[119]**

— [Comedias. pt. 1]. *Angelo Tauanno: Çaragoça,* 1604. 4.° 1072.l.3. **[120]**

— — *Luys Sanchez; vendense en casa de Alonso Perez: Valladolid,* 1604. 4.° 11726.k.1. **[121]**

— — *En casa de Gaspar Leget; a costa de Francisco Miguel; Valencia,* 1605. 4.° 11726.k.2. **[122]**

— — *En casa de Martin Nucio: Amberes,* 1607. 8.° 11725.aa.19. **[123]**

— — *Iuan de Bostillo; vendense en casa de Antonio Coello: Valladolid,* 1609. 4.° 1072.k.12; 11726.k.3; 688.d.20. **[124]**

— — *Viuda de Alonso Martin: Madrid,* 1667. 4.° 1072.i.1. **[125]**

— [Comedias. Pt. 2]. *Alonso Martin; a costa de Alonso Perez: Madrid,* 1609. 4.° 1072.k.8. **[126]**

— — *En casa Sebastian de Cormellas: Barcelona,* 1611. 4.° 11726.k.4. **[127]**

— — *En casa Sebastian de Cormellas; a costa de Iuan de Bonilla: Barcelona,* 1611. 4.° 1072.i.2. **[128]**

— — *Roger Velpio, y Huberto Antonio: Brusselas; excudebat Andreas Bacx: Antuerpiae,* 1611. 8.° 11725.aaa.18. **[129]**

— — *En casa de la biuda y herederos de Pedro Bellero: Amberes,* 1611. 8.° 1072.f.4. **[130]**

— — *Iuan de la Cuesta; a costa de Miguel Martinez: Madrid,* 1618. 4.° 1072.l.4. **[131]**

— [Comedias. Pt. 3]. *En casa de Miguel Serrano; a costa de Miguel Martinez: Madrid,* 1613. 4.° 1072.i.3; 11726.k.5. **[132]**

— — *Sebastian de Cormellas; a costa de Iuan de Bonilla: Barcelona,* 1614. 4.° 1072.k.13. **[133]**

— [Comedias. Pt. 4]. *Miguel Serrano de Vargas; a costa de Miguel de Siles: Madrid,* 1614. 4.° 1072.k.14. **[134]**

— — *En casa Sebastian de Cormellas: Barcelona,* 1614. 4.° 1072.l.5; 11726.k.7. **[135]**

— — *Viuda de Alonso Martin: Madrid,* 1667. 4.° 1072.i.4. **[136]**

— [Comedias. Pt. 5]. *En casa Sebastian de Cormellas: Barcelona,* 1616. 4.° 1072.i.5. **[137]**

— [Comedias. Pt. 6]. [*Viuda de Alonso Martin de Balboa; a costa de Miguel de Siles: Madrid,* 1615]. 4.° 11726.k.9. *imp.* (*t.p. in facs.*). **[138]**

— — *Iuan de la Cuesta; a costa de Miguel de Siles: Madrid,* 1661. 4.° 1072.i.6. **[139]**

— — [*Iuan de la Cuesta; a costa de Miguel de Siles: Madrid,* 1616]. 4.° 11726.k.8. *imp.* (*t.p. in facs.*). **[140]**

— [Comedias. Pt. 7]. *Viuda de Alonso Martin; a costa de Miguel de Siles: Madrid,* 1617. 4.° 1072.k.15. **[141]**

— — *En casa Sebastian de Cormellas: Barcelona,* 1617. 4.° 11726.k.10; 1072.i.7. **[142]**

— [Comedias. Pt. 8]. *Viuda de Alonso Martin; a costa de Miguel de Siles: Madrid,* 1617. 4.° 1072.k.16; 11726.k.11. *imp.* **[143]**

— — *Sebastian de Cormellas: Barcelona,* 1617. 4.° 11726.k.12; **[144]**

— — *Viuda de Alonso Martin: Madrid,* 1667. 4.° 1072.i.8. **[145]**

— [Comedias. Pt. 9]. *Viuda de Alonso Martin: Madrid,* 1617. 4.° 11726.k.14. **[146]**

— — *Sebastian de Cormellas: Barcelona,* 1618. 4.° 1072.l.7; 11726.k.13. **[147]**

— — *Viuda de Alonso Martin: Madrid,* 1667. 4.° 1072.i.9. **[148]**

— [Comedias. Pt. 10]. [*Viuda de Alonso Martin de Balboa; a costa de Alonso Perez: Madrid,* 1618.] 4.° 11726.k.15. *imp.* (*t.p. in facs.*). **[149]**

— — *Sebastian de Cormellas: Barcelona,* 1618. 4.° 1072.l.8. **[150]**

— — *Viuda de Alonso Martin: Madrid,* 1667. 4.° 1072.i.10. **[151]**

— [Comedias. Pt. 11]. [*Viuda de Alonso Martin de Balboa; a costa de Alonso Perez: Madrid,* 1618]. 4.° 11726.k.16. *imp.* (*t.p. in facs.*). **[152]**

— — *Sebastian de Cormellas: Barcelona,* 1618. 4.° 1072.k.18; 11726.k.17. **[153]**

— — *Viuda de Alonso Martin: Madrid,* 1667. 4.° 1072.i.11. **[154]**

— [Comedias. Pt. 12]. *Viuda de Alonso Martin; a costa de Alonso Perez,* 1619. 4.° 1072.l.9. **[155]**

— — *Viuda de Alonso Martin; a costa de Alonso Perez: Madrid,* 1619. 4.° 11726.k.18. **[156]**

— — *Viuda de Alonso Martin: Madrid,* 1667. 4.° 1072.i.12. **[157]**

— [Comedias. Pt. 13]. *Viuda de Alonso Martin; a costa de Alonso Perez: Madrid,* 1620. 4.° 11726.k.19. **[158]**

— — *En casa Sebastian de Cormellas: Barcelona,* 1620. 4.° 11726.k.20; 1072.l.10. *imp.* **[159]**

— — *Viuda de Alonso Martin: Madrid,* 1667. 4.° 1072.i.13. **[160]**

— [Comedias. Pt. 14]. *Iuan de la Cuesta; a costa de Miguel de Syles: Madrid,* 1620. 4.° 11726.k.21. **[161]**

— — *Viuda de Fernando Correa Montenegro; a costa de Miguel de Siles: Madrid,* 1621. 4.° 1072.l.11; 1072.k.17. **[162]**

— — *Viuda de Alonso Martin: Madrid,* 1667. 4.° 1072.i.14. **[163]**

— [Comedias. Pt. 15]. *Fernando Correa de Montenegro; a costa de Alonso Perez: Madrid,* 1621. 4.° 11726.k.22. **[164]**

— [Comedias. Pt. 16]. *Viuda de Alonso Martin; a costa de Alonso Perez: Madrid,* 1621. 4.° 1072.i.15; 11726.k.23. *imp.* (*t.p. in facs.*). **[165]**

— [Comedias. Pt. 17]. *Fernando Correa de Montenegro: Madrid,* 1621. 4.° 11726.k.25; 1072.l.12.(1). *imp.* **[166]**

— — *Viuda de Fernando Correa; a costa de Miguel de Siles: Madrid,* 1622. 4.° 11726.k.24; 1072.i.17. **[167]**

— [Comedias. Pt. 18]. *Iuan Goncalez; a costa de Alonso Perez: Madrid,* 1623. 4.° 1072.l.13; 11726.k.26. **[168]**

— — *Viuda de Alonso Martin: Madrid,* 1667. 4.° 1072.i.18. **[169]**

— [Comedias. Pt. 19]. *Iuan Goncalez; a costa de Alonso Perez: Madrid,* 1624. 4.° 11726.k.27. **[170]**

— — *Iuan Goncalez; a costa de Alonso Perez: Madrid,* 1625. 4.° 1072.l.14; 11726.k.28. *imp.* (*t.p. in facs.*). **[171]**

— — *Viuda de Alonso Martin: Madrid,* 1667. 4.° 1072.i.19. **[172]**

— [Comedias. Pt. 20]. *Viuda de Alonso Martin; a costa de Alonso Perez: Madrid,* 1625. 4.° 11726.l.3. **[173]**

— — *Iuan Goncalez; a costa de Alonso Perez: Madrid,* 1627. 4.° 11726.l.2. **[174]**

— — *En la emprenta de Estevan Liberos; a costa de Rafael Vives: Barcelona,* 1630. 4.° 1072.l.15; 11726.l.1. **[175]**

— — *Viuda de Alonso Martin: Madrid,* 1667. 4.° 1072.k.1. **[176]**

— [Comedias. Pt. 21]. *Viuda de Alonso Martin; a costa de Diego Logroño: Madrid,* 1635. 4.° 1072.l.16; 11726.l.4. **[177]**

— — *Viuda de Alonso Martin: Madrid,* 1667. 4.° 1072.k.2. **[178]**

— [Comedias. Pt. 22]. *Viuda de Iuan Goncalez; a costa de Domingo de Palacio y Villegas, y Pedro Verges: Madrid,* 1635. 4.° 1072.l.17; 11726.l.5. **[179]**

— — *Viuda de Alonso Martin: Madrid,* 1667. 4.° 1072.k.3. **[180]**

— [Comedias. Pt. 23]. *Maria de Quiñones; a costa de Pedro Coello: Madrid*, 1638. 4.° 1072.l.18; 11726.l.6. **[181]**
—— *Viuda de Alonso Martin: Madrid*, 1667. 4.° 1072.k.4. **[182]**
— [Comedias. Pt. 24]. *Diego Dormer; a costa de Iusepe Ginobart Çaragoça*, 1633. 4.° 1072.k.5. **[183]**
—— *Pedro Verges: Zaragoza*, 1641. 4.° 1072.l.19; 11726.l.7. **[184]**
—— *Viuda de Alonso Martin: Madrid*, 1667. 4.° 1072.k.6. **[185]**
— [Comedias. Pt. 25]. *Viuda de Pedro Verges: Çaragoça*, 1647. 4.° 1072.l.20; 11726.l.8. **[186]**
—— *Viuda de Alonso Martin: Madrid*, 1667. 4.° 1072.k.7. **[187]**

Separate Plays

— A lo que obliga el ser rey, comedia . . . de Lope de Vega [or rather Luis Velez de Guevara]. [*Madrid?* 1650?] 4.° 11728.h.14.(5). *imp.* **[188]**
— Acertar errando. Comedia. [*Madrid?* 1650?] 4.° 11728.h.3.(1). **[189]**
— El alcalde de Zalamea. Comedia. [*Seville?* 1700?] 4.° 11728.h.3.(2). **[190]**
— Amistad, y obligacion. Comedia. [*Madrid?* 1700?] fol. 11728.h.3.(3). **[191]**
— Auto al nacimiento del hijo de Dios, intitulado: las prisiones de Adan. [*n.p.*, 1700?] 4.° *No. 2 of an unidentified collection.* T.1741.(4). **[192]**
— [Barlan y Josofá]. Los dos soldados de Christo. Comedia. [*Madrid?* 1700?] 4.° 11728.h.3.(20). **[193]**
— La bella Andromeda. Tragicomedia. [*Madrid?* 1700?] 4.° 11728.h.3.(4). **[194]**
— Bernardo del Carpio. Comedia. Segunda parte [i.e. of "Las mocedades"]. [*Madrid?* 1700?] 4.° 11728.h.3.(5). **[195]**
— El buen vezino. Comedia. [*Valencia*, 1642]. 4.° 11728.h.6.(1). **[196]**
— Las burlas veras. Comedia. [*Madrid?* 1700?] 4.° 11728.h.3.(8). **[197]**
— La campana de Aragon. Comedia. [*Madrid?* 1650?] 4.° 11728.h.3.(9). **[198]**
— La carbonera. Comedia. [*Madrid?* 1700?] 4.° 11728.h.3.(10). *imp.* **[199]**
— El castigo sin vengança. Tragedia. [*Lisbon*, 1647]. 4.° 11728.h.1.(5). **[200]**
— Comedia famosa, el cerco de Viena, y socorro por Carlos quinto. [*Madrid?* 1700?] 4.° 11728.h.3.(11). **[201]**
— La ciudad de Dios. Comedia. [*Madrid?* 1700?] 11728.h.3.(12). **[202]**
— La competencia en los nobles. [*Madrid?* 1700?] 4.° 11728.h.3.(13). **[203]**
— La creacion del mundo, y primera culpa del hombre. Comedia. [*n.p.*, 1650?] 4.° 1072.h.3.(5). **[204]**
— La defensa en la verdad. Comedia. [*Madrid?* 1700?] 4.° 11728.h.3.(14). **[205]**
— Los desprecios en quien ama. Comedia . . . de Lope de Vega Carpio [or rather Juan Pérez de Montalbán]. [*Madrid?* 1650?] 4.° 11728.h.14.(13). **[206]**
— Dios haze reyes. Comedia. [*Seville?* 1700?] 4.° 11728.h.3.(16). *imp.* **[207]**
— Los donaires de Matico. Comedia. [*Madrid?* 1650?] 4.° 11728.h.3.(17). **[208]**
— Dos agravios sin offensa. Comedia. [*Madrid?* 1700?] 4.° 11728.h.3.(19). **[209]**

— En la mayor lealtad mayor agravio. [*Madrid?* 1700?] 4.° 11728.h.4.(1). **[210]**
— Comedia famosa, de en los indicios la culpa. [*P. Verges: Çaragoça*, 1630]. 4.° *No. 217 of an unidentified collection.* 11728.h.6.(3). **[211]**
— Comedia famosa. El enemigo engañado. [*Saragossa*, 1640]. 4.° *No. 164 of an unidentified collection.* 11728.h.6.(4). **[212]**
— El engaño en la verdad. Comedia. [*Madrid?* 1700?] 4.° 11728.h.4.(2). **[213]**
— Emmendar un daño a otro. Comedia. [*Madrid?* 1700?] 4.° 1072.h.3.(3); 11728.h.4.(3). **[214]**
— La estrella de Sevilla. Comedia. [*Seville?* 1650?] 4.° 11728.h.4.(4). **[215]**
— Comedia famosa. Fernan Mendez Pinto. De Lope de Vega Carpio. [Or rather by A. Enriquez Gomez]. [*Madrid?* 1700?] 4.° . . 11728.i.11.(4). **[216]**
— Fiestas del santissimo Sacramento; repartidas en doze autos . . . con sus loas . . . recogidas por . . . Ioseph Ortiz de Villena. *Pedro Verges: Çaragoça*, 1644. 4.° 11726.d.34. **[217]**
— La fuerza lastimosa. Comedia. [*Lisbon*, 1647]. 4.° 11728.h.1.(10). *imp.* **[218]**
— El gallardo catalan. Comedia. [*Madrid?* 1700?] 4.° 11728.h.4.(5). **[219]**
— Guerras de amor y de honor. Comedia. [*Madrid?* 1700?] 4.° 1072.h.3.(6). **[220]**
— Comedia famosa. El hijo de los leones. [*Madrid?* 1650?] 4.° 1072.h.3.(2). **[221]**
— El hijo sin padre. Comedia. [*Madrid?* 1700?] 4.° 11728.h.4.(6). **[222]**
— El infanzon de Illescas. Comedia. [*Madrid?* 1630?] 4.° 1072.l.12.(2). **[223]**
— [El labrador de Tormes. Comedia.] [*Madrid?* 1700?] 4.° 11728.h.4.(10). *imp.* **[224]**
— El marques de las Nabas. Comedia. [*Seville?* 1680?] 4.° 11728.h.4.(13). **[225]**
—— [*Seville?* 1700?] 4.° 11728.h.4.(12). **[226]**
— Los martires de Madrid. Comedia. [*Madrid?* 1700?] 4.° 11728.h.4.(14). **[227]**
— Mas vale salto de matà, que ruego de buenos. Comedia. [1700?] 4.° *No. 94 of an unidentified collection.* See Salto. 11728.h.4.(16).
— [Los melindres de Belisa]. La dama melindrosa. Comedia. *Madrid*, [1680?] 4.° *No. 18 of an unidentified collection.* 11728.f.60. **[228]**
— Comedia famosa. El nacimiento del alba. [*Madrid?* 1650?] 4.° 1072.h.3.(1). **[229]**
—— [*Madrid?* 1680?] 4.° 11728.h.5.(1). **[230]**
— Comedia famosa, la niñez del padre Roxas. Primera parte de su vida. [*Madrid*, 1662]. 4.° *No. 121 of an unidentified collection.* 11728.h.6.(5). **[231]**
— El niño diablo. Comedia. [*Madrid?* 1650?] 4.° 11728.h.5.(2). **[232]**
— No son todos ruyseñores. Comedia . . . de Pedro Calderon [or rather Lope de Vega]. [1700?] 4.° *See* Calderón de la Barca, P. 11728.b.47.
— Los nobles como han de ser. Comedia. [*Madrid?* 1700?] 4.° 11728.h.5.(3). **[233]**
— Los novios de Hornachuelos. Comedia [by Lope de Vega? or Luis Velez de Guevara?] [*Madrid?* 1700?] 4.° 11728.h.5.(4). **[234]**

—La nueva ira de Dios, y gran Tamorlan de Persia. Comedia. [*Valencia*, 1642]. 4.° *No. 91 of an unidentified collection.* 11728.h.14.(9). **[235]**

—La paloma de Toledo. Comedia. [*Huesca*, 1634]. 4.° *No.121 of an unidentified collection.* 11728.h.6.(6). **[236]**

—El perro del hortelano. Comedia. [*Madrid*? 1700?] 4.° 11728.h.1.(15); T.1739.(15). **[237]**

—El pleyto por la honra. Comedia. [*Madrid*? 1700?] 4.° 11728.h.5.(5). **[238]**

—La porfia hasta el temor. Comedia. [*Madrid*? 1700?] 4.° 11728.h.5.(6). **[239]**

—El prodigio de Etiopia. Comedia. [*Madrid*? 1650?] 4.° 11728.h.5.(7). **[240]**

——[*Madrid*? 1680?] 4.° 11728.h.5.(8). **[241]**

—La prudencia en el castigo. Comedia. [*Madrid*? 1700?] 4.° 11728.h.5.(9). **[242]**

—Comedia famosa, de quando aca nos vino. [*n.p.*, 1633]. 4.° *Part of an unidentified collection.* 11728.h.6.(2).

—Querer mas, y sufrir menos. Comedia. [*Madrid*? 1700?] fol. 11728.h.5.(9*). **[243]**

—Comedia famosa del sembrar en buena tierra. [*Madrid*, 1618]. 4.° 11728.h.1.(16). **[244]**

—Las sierras de Guadalupe. Comedia. [*Madrid*? 1700?] 4.° 11728.h.5.(11). **[245]**

—La gran comedia del silencio agradecido. [*n.p.*, 1638]. 4.° *No. 90 of an unidentified collection.* 11728.h.6.(7). **[246]**

—Comedia famosa, del sufrimiento de honor. [*Saragossa*, 1640]. 4.° *No. 296 of an unidentified collection.* 11728.h.6.(8). **[247]**

—Tanto hagas quato [*sic*] pagues, comedia famosa. [*Madrid*? 1700?] 4.° 1072.h.3.(8). **[248]**

——[*Madrid*? 1700?] 4.° 11728.h.5.(12). **[249]**

—Los tres diamantes. Comedia. [*Madrid*? 1700?] 4.° 1072.h.3.(7). **[250]**

—El valiente Cespedes. Comedia. [*Madrid*? 1650?] 4.° 1072.h.3.(10). **[251]**

—Del valiente Juan de Heredia. Comedia. [*Madrid*? 1700?] 4.° 11728.h.5.(13). **[252]**

—De los Vargas de Castilla. Comedia. [*Barcelona*? 1633?] 4.° *No. 123 of an unidentified collection.* 11728.h.6.(9). **[253]**

—La ventura de la fea. Comedia. [*Madrid*? 1700?] 4.° 11728.h.5.(14). *imp.* **[254]**

—La ventura en la desgracia. Comedia. [*Madrid*, 1667]. 4.° *No. 307 of an unidentified collection.* 11728.h.6.(10). **[255]**

—Ventura, y atrevimiento. Comedia. [*Madrid*? 1700?] 4.° 11728.h.5.(15). **[256]**

—La vitoria por la honra. Comedia. [*Valencia*, 1642]. 4.° *No. 181 of an unidentified collection.* 11728.h.6.(11). **[257]**

—Los yerros por amor. Comedia. [*Madrid*? 1700?] 4.° **[258]**

Poems
Collections

—La hermosura de Angelica, con otras diversas rimas. (La dragontea). 3 pt. *Pedro Madrigal: Madrid*, 1602. 8.° 1072.d.6; G.10926. **[259]**

——*En casa de Iuan Amello; a costa de Miguel Menescal: Barcelona*, 1604. 8.° 11450.aaa.57. **[260]**

——*Iuan de la Cuesta: Madrid*, 1605. 8.° 11450.aa.73. **[261]**

—Segunda parte del desengaño del hombre, sobre la octaua que dize: larga cuenta que dar de tiempo largo. Con otra . . . Con un romance. *En casa Saluador de Viader: Cuenca*, 1616. 8.° 011451.e.6. **[262]**

—Laurel de Apolo, con otras rimas. (La selva sin amor, egloga pastoral). *Iuan Gonçalez: Madrid*, 1630. 4.° 11451.e.36; 11451.d.34. **[263]**

—Rimas . . . nuevamente añadidas. Primera, y segunda parte. *Lisboa*, 1605. 8.° 11451.e.34. **[264]**

——Con el nuevo arte de hacer comedias. 2 pt. *Alonso Martin; a costa de Alonso Perez: Madrid*, 1609. 16.° 11450.a.55. **[265]**

——*Ieronimo Bordon: Milan*, 1611. 16.° 11450.a.1. **[266]**

——*Sebastian de Cormellas: Barcelona*, 1612. 16.° 11451.aaa.60. **[267]**

——*Alonso Martin; a costa de Miguel de Siles: Madrid*, 1613. 16.° 1072.a.18. **[268]**

—Varias rimas sacras. [*Vallencia*? 1612?] 8.° 1072.e.27.(2). **[269]**

—Rimas sacras. Primera parte. *Viuda de Alonso Martinez; a costa de Alonso Perez:* [*Madrid*], 1614. 8.° 243.a.15. **[270]**

——*En la oficina de Henrique Valente de Olivera: Lisboa*, 1658. 8.° 11451.b.46. **[271]**

——*En la oficina de Henrique Valente: Lisboa*, 1658. 16.° 11451.a.39. **[272]**

—Iusta poetica y alabanzas iustas que hizo . . . Madrid al bienaventurado san Isidro. *Viuda de Alonso Martin; vendese en casa de Alõso Perez: Madrid*, 1620. 4.° 1064.i.3. **[273]**

—Triunfos divinos con otras rimas sacras. (La Virgen de la Almudena. Poema historico). *Viuda de Alonso Martin; a costa de Alonso Perez: Madrid*, 1625. 4.° 1064.i.4. **[274]**

Separate Poems

—Coloquio pastoril, en alabança de la limpia y pura concepcion de la Virgen. *Miguel Serrano: Madrid; y por su original Iuan René: Malaga*, 1615. 4.° C.63.b.27.(4). **[275]**

—Corona tragica. Vida y muerte de la . . . reyna . . . Maria Estuarda. *Viuda de L. Sanchez: Madrid*, 1627. 4.° 1064.i.6.(1); 1064.i.5. *imp.* **[276]**

—Fiestas en la traslacion del santissimo sacramento, a la iglesia mayor de Lerma. *En casa de Joseph Gasch: Valencia*, 1612. 8.° 1072.e.27.(1). **[277]**

—Ierusalem conquistada, epopeya tragica. *A costa de Raphael Nogues: Barcelona*, 1609. 8.° 243.a.14. **[278]**

——*Iuan de la Cuesta: Madrid*, 1609. 4.° G.11315. **[279]**

——*En la imprenta de Vicente Alvarez: Lisboa*, 1611. 4.° 1064.i.2. **[280]**

—Isidro; poema castellano . . . en que se escrive la vida del bien aventurado Isidro. *En casa de Pedro Madrigal; vendese en casa de Iuan de Montoya: Madrid*, 1602. 8.° 11451.b.45. **[281]**

——*Honofre Anglada: Barcelona*, 1608. 8.° 242.h.33. **[282]**

——*Alonso Martin de Balboa; a costa de Alonso Perez: Madrid*, 1613. 8.° 11451.a.38. **[283]**

—Segundo coloquio de Lope de Vega, entre un portuguez, y un castellano, un viscayno, un estudiante, y un moço de mulas. *Ioan Rene: Malaga*, 1615. 4.° C.63.b.27.(5). **[284]**

Miscellaneous Works

—Arcadia, prosas, y versos. *En casa Sebastian de Cormellas; a costa de Hieronymo Aleu: Barcelona*, 1602. 8.° 1072.c.17. **[285]**

— — Con una exposicion de los nombres historicos y poeticos. *En casa de Iuan Chrysostomo Garriz; vendese en casa de Francisco Miguel; y en casa de Roque Sozonio: Valencia,* 1602. 8.° 1072.a.5. [**286**]

— — *En casa de Pedro de Madrigal; vēdese en casa de Iuā de Mōtoya: Madrid,* 1603. 8.° 1072.f.27. [**287**]

— — *En casa de Iuan de la Cuesta; vēdese en casa de Iuā de Mōtoya: Madrid,* 1605. 8.° 1072.d.7. [**288**]

— — *Martin Nucio: Anvers,* 1605. 12.° 243.a.35. [**289**]

— — *En casa de Alonso Martin; a costa de Alonso Perez: Madrid,* 1611. 8.° 12491.aaaa.4. [**290**]

— — *Pedro y Iuan Bellero: Anvers,* 1617. 12.° 243.a.33. [**291**]

— La circe con otras rimas y prosas. Al . . . conde de Oliuares. [With "Historia de la vida . . . del . . . fray Francisco del Niño Jesus" by José de Jesus Maria]. *Biuda de Alonso Martin; a costa de Alonso Perez:* [*Madrid*], 1624. 4.° 1072.k.9. [**292**]

— La Dorotea accion en prosa. De . . . Lope Felix de Vega . . . Al . . . primogenito . . . del . . . duque de Medina Sidonia. *Imprenta del reyno; a costa de Alōso Perez: Madrid,* 1632. 8.° C.96.a.11. [**293**]

— — *Melchor Sanchez: Madrid,* 1675. 8.° 1344.b.41. [**294**]

— La Filomena con otras diversas rimas, prosas, y versos. *En casa de la biuda de Alonso Martin: Madrid,* 1621. 4.° 11451.e.35. [**295**]

— — *Sebastian de Cormellas: Barcelona,* 1621. 8.° 11450.aa.75; 243.a.21. [**296**]

— Pastores de Belen, prosas y versos divinos. *Roger Velpio y Huberto Antonio: Brusselas,* 1614. 12.° 243.a.24; 1072.a.17. [**297**]

— — *En casa de Iuan Gracian: Alcala,* 1616. 8.° 12490.bbb.27. [**298**]

— — *Luys Manescal: Lerida,* 1617. 8.° 1075.e.8. [**299**]

— — *Iusepe Gasch; a costa de Mateo Regil: Valencia,* 1645. 8.° 12491.a.18. [**300**]

— El peregrino en su patria. [A prose romance]. *Sebastian de Cormellas: Barcelona,* 1604. 8.° 243.a.16. [**301**]

— — *Clemente Hidalgo: Sevilla,* 1604. 4.° G.11281. [**302**]

— — *Sebastian de Cormellas: Barcelona,* 1605. 8.° 1072.f.29. [**303**]

— — *En casa de Roger Velpius: Brusselas,* 1608. 12.° 1072.f.25; 11450.aa.74. [**304**]

— — *Viuda de Alonso Martin: Madrid,* 1618. 8.° 12491.a.19. [**305**]

— [*Begin:*] M.P.S. Porque llamó Platon bienauenturadas a las republicas gouernadas por hōbres doctos, Ciceron le llamò a el principe de la doctrina. [*Madrid?* 1620?] fol. 1322.l.3.(24). [**306**]

— Relacion de las fiestas que . . . Madrid hizo en la canoniçacion de . . . San Isidro, con las comedias ["la niñez de san Isidro" and "la juventud"]. *Viuda de Alonso Martin: Madrid,* 1622. 4.° 11725.e.8; 11451.c.50. [**307**]

— Romancero espiritual, para regalarse el alma con Dios. [In verse and prose]. [*Madrid,* 1680?] 24.° 1072.a.19. [**308**]

— Triunfo de la fee en los reynos del Japon, por los años de 1614 y 1615. *Viuda de Alonso Martin; a costa de Alonso Perez: Madrid,* 1618. 8.° 1369.a.7. [**309**]

— La vega del Parnaso. [A collection of eight plays and other pieces. With a dedication by L. de Usategui]. *Imprenta del reyno: Madrid,* 1637. 4.° 11450.e.47. [**310**]

Appendix

— [*Begin:*] Consagrado a Dios omnipotente, i grande. A las religiosas cenizas . . . de Lope Felix de Vega. [Epitaph on a monument erected by J. Pellicer de Tovar]. [*Madrid?* 1635?] fol. 593.h.22.(34). [**311**]

See also: Burguillos, T. de, *pseud.*

Vega de la Peña, Petrus de. Philippo IIII. Hispaniarum imperatori . . . don Petrus de Vega de la Peña . . . panegyricam gratiarum actionem . . . à se habitam in certamine legali . . . sacrat. [*Salamanca?* 1624?] fol. 765.i.10.(3). [**312**]

Vegas, Damian de. Tratado de la pura limpia e inmaculada concepcion de la Virgen . . . Sacado del libro, que . . . compuso . . . fray Damian de Vegas. [In verse]. *Gabriel Ramos Vejarano: Sevilla,* 1616. 4.° 847.m.4.(5). [**313**]

Vega y Vic, Joseph de. Alegasion politica juridica. Por la justicia que assiste a . . . fr. Diego Velasquez de Cadena. [*Mexico,* 1685]. fol. 4782.dd.8.(11). [**314**]

— Por el padre procurador general del orden del . . . padre san Francisco desta Nueva España. En la causa, sobre que el . . . obispo de la Puebla se contenga en su jurisdicion. [*n.p.,* 1669]. fol. 6784.k.2.(4). [**315**]

— Por la pretension de los religiosos . . . de la religion de . . . S. Francisco en . . . Nueva España, y en nombre dellos . . . fray Mateo de Heredia. [*Mexico?* 1650?] fol. 4183.k.3.(8). [**316**]

Vegenas, Juana. [*Begin:*] Lo que se suplica a V. M. mande considerar, para hazer merced a la muger y hijos del mariscal Hernan Venegas. [*Madrid?* 1640?] fol. 1324.i.2.(112). [**317**]

Veiga, Manoel da. Relacam geral do estado da christandade de Ethiopia. *Mattheus Pinheiro: Lisboa,* 1628. 4.° 698.h.45; 583.d.28. [**318**]

Velasco, Alfonso Alberto de. Renovacion por si misma de la soberana imagen de Christo . . . que llaman de Ytzimiquilpan. *Viuda de Francisco Rodriguez Lupercio: Mexico,* 1688. 4.° 862.l.10. [**319**]

Velasco, Andrés de. Alegacion apologetica, por el . . . duque de Veragua . . . en el caso . . . de aver decretado S. E. el garrote . . . en la persona de Pedro Antonio de Ribera. [*Seville?* 1680]. fol. 4783.a.11.(15). [**320**]

Velasco, Antonia de. [*Begin:*] Señor. Doña Antonia de Velasco. [A memorial to the King, concerning the services and inheritance of her father]. [*Madrid?* 1630?] fol. 1324.i.2.(84). [**321**]

Velasco, Diego de. [*Begin:*] Señor. Advertencias que el presentado fr. Diego de Velasco . . . de la orden de . . . la Merced . . . tiene hechas sobre los excessos que se cometen por el puerto de Buenos ayres. [*Madrid?* 1620?] fol. C.62.i.18.(88). [**322**]

— [*Begin:*] Señor. Descubrimiento del camino que . . . Quito, y su reyno, ha pretendido abrir para el puerto y baya de Caracas . . . Hecho por . . . fray Diego de Velasco. [*Madrid?* 1620?] fol. C.62.i.18.(65). [**323**]

Velasco, Ignacio de. [*Begin:*] Yo Ignacio de Velasco notario y secretario del . . . nuncio de su Santidad. [Urban VIII]. [Publishing a petition of R. Ortiz de Sotomayor]. [*Madrid?* 1625?] fol. 1322.l.4.(10). [**324**]

Velasco de Gouvea, Francisco. Joannes IV . . . Portugatliæ Rex juste consalutatus ab eodem regno suo. Tractatus analyticus. *Ex officina Laurentii de Anveres: Olyssippone,* 1645. fol. 8042.l.2. **[325]**

—Justa acclamacion do serenissimo Rey de Portugal dom João o IV: tratado analytico . . . em tres partes. *Lourenço de Anveres: Lisboa,* 1644. fol. 9195.l.1. **[326]**

—Perfidia de Alemania, y de Castilla, en la prision, entrega . . . y processo, del . . . infante de Portugal don Duarte. *En la imprenta Craesbeeckiana: Lisboa,* 1652. fol. 9195.l.4. **[327]**

Velasco Medinilla, Pedro de. Memorial del pleyto criminal, que trata Pedro de Velasco . . . con el marques de Ayamonte, preso . . . en el alcaçar real de Segovia. [*n.p.,* 1646?] fol. 1322.l.11.(23). **[328]**

Velasco Pérez, —, and **Bonilla, —.** Por don Antonio de Armesto y Valcazar, como marido de doña Constança de Pallares y Vahamonde . . . con Gaspar de Quiroga. [A pleading]. [*n.p.,* 1630?] fol. 1322.l.10.(36). **[329]**

Velasco y Azevedo, Antonio Lazaro de. Funesto geroglifico, enigma del mayor dolor, que . . . manifesto . . . Valencia, en las honras de su rey Felipe. *Geronimo Vilagrasa: Valencia,* 1666. 4.° 805.b.12. **[330]**

Velasco y de la Cueva, Juan de, *Count de Siruela.* Advertencias en el hecho, con lo que dellas resulta à favor del conde de Siruela, en el pleyto que tiene con Gaspar de Villaran . . . y consortes. [*Madrid?* 1650?] fol. 1322.l.2.(46). **[331]**

Velasco y Tovar, Iñigo, *Marquis de Auñon.* Informacion en derecho, en favor del marques de Auñon. Sobre el estado de Verlanga (contra el condestable de Castilla [and others]). *Alonso Martin: Madrid,* [1610?] fol. 765.i.6.(5). **[332]**

Velasco y Ulloa, Juan de. Por el marques de la Mota, como . . . administrador de Iuan de Velasco, y Ulloa. Contra el señor condestable de Castilla, y . . . el conde . . . de Nieua. [A lawsuit]. [*n.p.d.*], fol. 765.i.13.(20). **[333]**

Velásquez, Diego Franco. Por el capitan, y sargento . . . don Francisco Antonio de Medina Picazo . . . tesorero . . . de la real casa de moneda de Mexico, etc. [*Mexico?* 1690?] fol. 8223.de.1.(1). **[334]**

Velazquez, Alvaro. [*Begin:*] Señor. Don Alvaro Velazquez. [A memorial to the King, setting forth his services as governor of the province of Veragua]. [*Madrid?* 1640?] fol. 1324.i.2.(10). **[335]**

Velazquez, Iuan. Relacion que el licenciado don Iuan Velazquez hizo en el consejo real de las Indias. [*Madrid?* 1632?] fol. 4745.f.11.(10). **[336]**

Velazquez de Azevedo, Juan. El fenix de Minerva, y arte de memoria. *Iuan Gonçalez: Madrid,* 1626. 4.° 1030.h.3.(2); 8305.b.21. **[337]**

Velazquez Delgadillo, Manuel. Por don Manuel Velazquez Delgadillo . . . tesorero de millones de Burgos. Con el fiscal, sobre el registro de la moneda de vellon. *Francisco Martinez:* [*Madrid?*] fol. 765.i.13.(1). **[338]**

Velez de Arciniega, Francisco. Historia de los animales mas recebidos en el uso de medicina. *Imprenta Real: Madrid,* 1613. 4.° 955.g.6. **[339]**

Vélez de Guevara, Luis. El amor en vizcayno. [*Madrid?* 1700?] 4.° 11728.f.81; 87.b.1.(8). **[340]**

—El cavallero del sol. Comedia famosa. *Francisco de Leefdael: Sevilla,* [1700?] 4.° *No. 90 of an unidentified collection.* 11728.f.86. **[341]**

—Cerco de Roma por desiderio. Comedia. [*n.p.,* 1650?] 4.° 1072.h.6.(6). **[342]**

—Dalles con la entretenida. Comedia. [*Madrid?* 1700?] 4.° 11728.f.88. **[343]**

—De Iuliano apostata. Comedia. [*Madrid?* 1650?] 4.° 11728.h.14.(6). **[344]**

—El diablo coiuelo. Novela de la otra vida. Traducida a esta por Luis Velez de Guevara. *Alonzo Perez: Madrid,* 1641. 8.° 1074.d.30. **[345]**

——*En la emprenta administrada por Sebastian de Cormellas: Barcelona,* 1646. 8.° 12490.aaa.1. **[345a]**

—El diablo esta en Cantillana. [*Madrid?* 1700?] 4.° 11728.f.89. **[346]**

—Diego Garcia de Paredes. Comedia famosa. [*n.p.,* 1700?] 4.° 1072.h.2.(9). **[347]**

—El diziembre por agosto, comedia. [*Madrid?* 1700?] 4.° 11728.f.90. **[348]**

—El inclito martir español san Laurencio. Discursos morales a su vida . . . con la exposicion del psal. 16. *Iuan de Borja: Cadiz,* 1618. 8.° 4828.a.48. **[349]**

—Los fijos de la Barbuda. [*Madrid?* 1700?] 4.° 11728.f.93. **[350]**

—El lego de Alcala. Comedia. [*Madrid,* 1653]. 4.° *No. 50 of an unidentified collection.* 11728.h.14.(7). **[351]**

—La luna de la sierra. [*Madrid?* 1700?] 4.° 11728.f.94. **[352]**

—El luzero de Castilla, y luna de Aragon. Comedia famosa. [*n.p.,* 1680?] 4.° T.1738.(29). *imp.* **[353]**

—El marques del Basto. Comedia. [*Madrid?* 1700?] 4.° 11728.h.14.(8). **[354]**

—Mas pesa el Rey que la sangre. Comedia. [1700?] 4.° *See* Rojas Zorrilla, F. de. T.1740.(8).

—La montañesa de Asturas. [*Madrid?* 1700?] 4.° 11728.g.2. **[355]**

—La niña de Gomez Arias. Comedia. [*Madrid?* 1700?] 4.° 11728.g.3. **[356]**

—La nueva ira de Dios. (Entremes del hijo de Vezino, de A. Moreto). [*Madrid,* 1680?] 4.° 11728.g.4. **[357]**

—Las palabras de los reyes, y gloria de los Pizzaros. Comedia. [*Madrid?* 1700?] 4.° 11728.g.6. **[358]**

—Comedia famosa del pleito que tuvo el diablo con el cura de Madrilejos. Jornada primera de Luis Velez . . . segunda de F. de Roxas . . . tercera del doctor Mirademesqua. [*Madrid?* 1700?] 4.° 1072.h.2.(4). **[359]**

—Reynar despues de morir. Comedia famosa. [*Madrid?* 1700?] 4.° 1741.(1). **[360]**

—Comedia famosa. Riesgos, amor, y amistad. De don Iuan Velez de Guevara. [*Madrid?* 1650?] 4.° 11728.i.11.(10). **[361]**

—Los successos en Oran. [*Madrid?* 1667]. 4.° 11728.g.12. **[362]**

—La traycion en la propria sangre, y siete infantes de Lara. [1700?] 4.° *See* Lara. 11726.f.89.

—El verdugo de Malaga. [*Madrid?* 1700?] 4.° 11728.g.14. **[363]**

—La vida i hechos de E. Gonzalez, hombre de buen humor. 1646. 4.° *See* Gonzalez, E. 12490.e.11.

——*Melchor Sanchez; vendese en casa de Gabriel de Leon: Madrid,* 1655. 8.° 1075.f.17. **[364]**

—Comedia famosa, virtudes vencen señales. [*n.p.,* 1670?] 4.° *No. 91 of an unidentified collection.* T.1741.(3). **[365]**

Vélez de Jaen, Fernando. Iuris responsum ad interpretationem legum 7. & 8. tit. 13. lib. 6. & 1. 9. titu. 10. lib. 1. nouæ recopilationis. Que tratan de las diligencias que los juezes . . . han de hazer. *Span.* [*Madrid*, 1617]. fol. 1322.k.14.(29). [366]

Velluga de Moncada, Juan. A la imperial ciudad de Toledo Iuan Velluga de Moncada su . . . comissario general . . . en Corte. [A memorial addressed to the municipality of Toledo]. [*Madrid*? 1620?] fol. 1322.l.4.(21). [367]

— [*Begin:*] Señor. [A petition to the King for mitigation of the excise rates imposed on the city of Toledo]. [*Madrid*? 1620?] fol. 1322.l.4.(20). [368]

Venegas, Juana. [*Begin:*] Iesus. Lo que se suplica a v. m. mande considerar para hazer merced a la muger y hijos del mariscal Hernan Venegas. [*Madrid*? 1640?] fol. 1324.i.2.(112). [369]

Venegas de Figueroa, Antonio, *Bishop.* Relacion de las fiestas que . . . don Antonio Venegas de Figueroa obispo de Pamplona, hizo el dia del Santissimo Sacramento año de 1609. Con las poesias . . . premiadas. *En casa de la viuda de Mathias Mares: Pamplona,* 1609. 8.° 243.a.20. [370]

Veneroso, Pablo. Por don Pablo Veneroso, alguacil . . . En el pleyto con el colegio de las donzellas . . . de Granada. [A pleading]. [*Granada*? 1622?] fol. 765.i.2.(40). [371]

Venganza. La venganza en los agravios. Comedia. De tres ingenios. [*n.p.*, 1700?] 4.° 1072.h.2.(5). [372]

Venice, *Republic of.* Relacion verdadera, de la feliz vitoria que ha tenido la señoria de Venecia, contra las galeras de viserta. *Nicolas Rodriguez: Sevilla,* 1638. 4.° 1445.f.22.(16). [373]

Ventallol, Juan. La arismetica de Iuan Ventallol traduzida de lengua catalana en castellana, por . . . Juan Batista Tolra. Va añadido un tratado de . . . algebra. 2 pt. *Gabriel Roberto: Tarragona,* 1619. 4.° 8504.cc.9. [374]

Ventura de Belalcazar y Aragon, Francisco. [*Begin:*] Señor. Don Francisco Ventura de Belalcaçar. [A memorial to the King, setting forth his services and those of his ancestors in the Indies]. [*Madrid*? 1640?] fol. 7610.a.64.(1). [375]

Ventura de Vergara Salcedo, Sebastian. Ydeas de Apolo y dignas tareas del ocio cortesano. *Andres Garcia; a costa de Iuan de S. Vicēte: Madrid,* 1663. 4.° 1073.k.11. [376]

Veraez, Pedro. [*Begin:*] Quanto ha sido mayor mi atencion en inquirir, y apurar la verdad. [A justification of the office of "Comadre"]. [*n.p.d.*], fol. 765.h.1.(22). [377]

Vera Ordoñez de Villaquirán, Diego de. Heroydas belicas, y amorosas. *En la emprenta de Lorenço Déu: Barcelona,* 1622. 4.° 1064.i.10. [378]

Verásteguí, Juan de. Por don Iuan de Verastegui vezino . . . de Murcia . . . con don Francisco Martinez Galtero . . . y con . . . Murcia . . . Sobre la venta de la jurisdicion de . . . Palmar. [By Ximenez de la Fuente]. [*n.p.*, 1620?] fol. 1322.l.6.(12). [379]

— Por don Pedro de Berástegui, cuya es la villa de Alpera en . . . Murcia. Contra la villa de Almansa y consortes. [*n.p.*, 1620?] fol. 1322.l.6.(13). [380]

Vera Tassis y Villarroel, Juan de. Noticias historiales de la enfermedad, muerte, y exsequias de la reyna . . . Maria Luisa de Orleans. *Francisco Sanz: Madrid,* 1690. fol. 595.m.5. [381]

Vera y Figueroa, Juan Antonio, de, *Count de la Roca.* El enbaxador. 2 pt. *Francisco de Lyra: Sevilla,* 1620. 4.° 1192.l.9. [382]

— Epitome de la vida i hechos del invicto enperador Carlos V. *En la oficina de la buida de Alonso Martin: Madrid,* 1622. 4.° 1060.h.7.(2). [383]

— — *Phelipe Ghisolfi; ad instan. di Iuan Bautista Bideli: Milan,* 1645. 12.° 611.a.1. [384]

— — *Diego Diaz de la Carrera; a costa de Gabriel de Leon: Madrid,* 1654. 8.° 10632.bb.6. [385]

— — *Francisco Foppens: Brusselas,* 1656. 4.° 1199.e.12; 281.d.19. [386]

— El rei D. Pedro (el cruel) defendido. [A biographical sketch]. *Francisco Garcia; a costa de Antonio Ribero: Madrid,* 1647. 4.° 10631.df.30. [387]

— Vida de la inmaculada madre de Dios. *Herederos de Pedro Lanaja; a costa de Matias de Lizau: Zaragoça,* 1652. 8.° 4805.a.37. [388]

Verdu, Blas. Engaños y desengaños del tiempo, con un discurso de la expulsion de los moriscos . . . y unos avisos de discrecion para . . . tratar negocios. *En casa de Sebastian Matheuad; a costa de Miguel Manescal: Barcelona,* 1612. 8.° 1196.a.10. [389]

— Libro de las aguas potables, y milagros de la fuente de nuestra Señora del Avellà, que nace en . . . Cati . . . Valencia. *Sebastian de Cormellas al Call: Barcelona,* 1607. 8.° 851.a.19.(1). [390]

Vergara Gaviria, Diego de. Por Diego de Vergara Gauiria, recetor del consejo real de las Indias. Con el señor fiscal. Sobre la baxa de la moneda de vellon. (Adicion). 2 pt. [*Madrid*? 1639?] fol. 765.i.6.(21). [391]

Vergara Gavira, Miguel de. Verdadera declaracion de las monedas antiguas que se han hallado en un edificio . . . descubierto debaxo de tierra en el Alcazava de Granada . . . 1624. *Iuan Gonçalez: Madrid,* 1624. fol. T.90.*(51). [392]

Vertamon, Francisco. Recuerdos de los fudamentos que manifiestan el supremo dominio que gozavan . . . el ordinario . . . que conservan, en . . . Tarragona. *Ioseph Moyá: Barcelona,* 1684. fol. 4625.g.2.(2). [393]

Vetancurt, Augustin de. Arte de lengua mexicana, dispuesto por orden . . . de N. Rᵐᵒ P. Fr. Francisco Trevino, predicador. *Francisco Rodriguez: Mexico,* 1673. 4.° 621.e.15. [394]

— Oracion funebre à las honras . . . de . . . doña Mariana de Austria, nuestra reyna. *A expensas de Miguel de Ribera Calderon; Maria de Benavides; viuda de Juan de Ribera: Mexico,* 1697. 4.° 4985.de.4.(6). *imp.* [395]

— Teatro mexicano. Descripcion breve de los sucessos exemplares, historicos, politicos, militares, y religiosos del Nuevo Mundo. (Tratado . . . de Mexico). 5 pt. *Maria de Benavides viuda de Iuan de Ribera: Mexico,* 1698, 97. fol. 9771.f.14. [396]

— Vida, y favores del Rey del cielo hechos al glorioso . . . san Joseph . . . Trasuntada de las obras de . . . Maria de Jesus de Agreda, y otros. *Maria de Benavides viuda de Juan de Ribera: Mexico,* 1700. 4.° 486.b.26. [397]

Vezzalmi, Grivilio. La libra de Grivilio Vezzalmi, traducida de italiano en lengua castillana. Pesanse las ganancias, y las perdidas de la monarquia . . . en el . . . reynado de Felippe

IV. *En Pamplona; ven Napoles, por Iacomo Gafaro,* 1639. 12.°
1444.a.7.   [398]
——*Pamplona; (Enprenta Real: Madrid),* 1640. 4.°
1323.d.15.   [399]

Vibanco y Villagomez, Diego Francisco. [*Begin:*] Al
excelentissimo . . . duque de Ixar y Francavila . . . en la
muerte del . . . padre . . . Hortensio Felix Paravicino.
[*Madrid?* 1633]. fol.   593.h.22.(54).   [400]

Vibar, Francisco de. Por la marquesa de Guadalcazar doña
Ines Maria Fernandez Portocarrero, como madre . . . de
. . . su hija . . . En el pleito con don Luis Fernandez de
Cordova y Venavides. [*Mexico?* 1672?] fol.
1322.l.8.(2).   [401]

Vicente, Gil. Auto da barca do inferno [in verse]. (Auto da
segunda barca que he a do purgatorio.— Auto da terceira
que he ende reçada a embarcaçam da gloria). 3 pt. *Na
officina da Universidade: Evora,* 1671. 4.°   1608/864.(10).
                                                             [402]
— Auto da donzela da Torre chamado, do fidalgo portuguez.
Antonio Aluarez: Lisboa, 1652. 4.°   C.63.b.8.   [403]
—Juiz da Beyra. Auto. *Antonio Aluarez: Lisboa,* 1643. 4.°
C.63.b.4.   [404]

Vicente Peligero, Juan. Formulario y estilo curioso de
escrivir cartas. *Roger Velpius: Brucelas,* 1602. 12.°
10909.a.1.   [405]

Vich, *Diocese of.* Constitutiones synodades Vicenses collectæ,
auctæ, & in ordinem redactæ. Sub Petro a Magarola
Vicensi episcopo. *Ex typographia Hieronymi Margarit:
Barcinone,* 1628. 4.°   1487.f.2.   [406]

Vico, Francisco de. Apologitia honorifica del doctor . . .
Francisco de Vico . . . à las obieciones que haze a su historia
. . . de Sardeña . . . Salvador Vidal. *Francisco Garcia de
Arroyo: Madrid,* 1643. fol.   592.h.18.(2).   [407]
—Historia general de la isla, y reyno de Sardeña. 7 pt. *Lorenço
Déu: Barcelona,* 1639. fol.   592.h.16.   [408]

Victor Amadeus I, *duke of Savoy.* Relacion de la llegada de
. . . Vitorio Amadeo y de madama Christina su muger . . .
a Leon de Francia. *Viuda de Cosme Delgado: Madrid,* 1623.
fol.   593.h.22.(16).   [409]

Victoria, Paulo de. [*Begin:*] Iuan de Lago de Ane con Iulio
Cesar Escazuola. [*Madrid?* 1660?] fol.   765.i.1.(6).   [410]
—[*Begin:*] Por Geronimo Cardoso de Miranda, arrendador . . .
del estanco del Soliman, y Açoque, y Paulo Sarauia . . .
Con el señor fiscal. [*Madrid?* 1660?] fol.   1322.l.1.(29).
                                                             [411]
—[*Begin:*] Por Iuan de Lago de Ane tesorero de la santa cruzada
en . . . Galicia, regidor . . . de la ciudad de Santiago. Con
Iulio Cesar Escaçuola, tesorero general. [*Madrid?* 1660?]
fol.   765.i.1.(4).   [412]
—[*Begin:*] Por Iuan Rodriguez Cardoso, a cuyo cargo
estuvieron por arrendamiento las salinas de Espartinas . . .
Con el señor fiscal. [*Madrid?* 1660?] fol.   1322.l.1.(30).
                                                             [413]
—[*Begin:*] Por los corredores de cambios y negocios desta
Corte. Con el señor fiscal . . . y los . . . corredores mayores.
[*n.p.,* 1650?] fol.   765.i.13.(7).   [414]

Vidal, José. Carta escrita en la ciudad de Mexico por . . .
Ioseph Vidal de la compañia de Iesus. (Relacion de la . . .
muerte del . . . padre Diego Luis de Sanvitores). [*Madrid?*
1674?] fol.   4783.f.7.(16). *imp.*   [415]

—Memorias tiernas, dispertador afectuoso, y devociones
practicas con los dolores de la . . . Virgen. *Henrico y
Cornelio Verdussen: Amberes,* 1695. 8.°   3457.b.31.   [416]
—Vida exemplar, muerte santa . . . de . . . Miguel de Omaña,
de la compañia de Jesus . . . Sacala a luz . . . Diego Pardo,
y Aguiar. *Juan de Ribera: Mexico,* 1682. 4.°
4986.bb.18.   [417]

Vidal de Figueroa, Joseph. Sermon en las honras de la reyna
. . . doña Mariana de Austria que hizo el reyno de la
Nueva España . . . y le predicô el d.or D. Joseph Vidal de
Figueroa. [*Mexico?* 1695?] 4.°   4985.de.4.(5).   [418]

Vidas, Elijah ben Moses de. Tratado del temor divino,
extracto del . . . libro llamado Ressit hohmá, traduzido . . .
a nuestro vulgar idioma. Por David hijo de Ishac Coen de
Lara. *Menasseh ben Yosseph ben Ysrael: Amsterdam,* 5393.
[1633]. 4.°   1963.b.49.   [419]

Vides, Francisco de. El fiscal de Indias, con Francisco de
Vides y su defensor y herederos. [By H. de Villagomes].
[*Madrid?* 1650?] fol.   1324.i.1.(3).   [420]

Vieira, Antonio. Arte de furtar, espelho de enganos, theatro
de verdades. [Falsely attributed to A. Vieira]. *Na officina
Elzeviriana: Amsterdam,* 1652. 4.°   12355.ff.21.   [421]
—Heraclito defendido por el M. R. P. Antonio de Vieira . . .
Sacale a luz el p. Ioseph de Errada Capetillo. *Francisco
Rodriguez Lupercio: Mexico,* 1685. 4.°   8460.c.23.   [422]
—Palabra de Dios, empeñada, y desempeñada; empeñada en el
sermon de las exequias de . . . doña Maria Francisca Isabel
de Saboya. *Antonio Roman; y a su costa: Madrid,* 1691. 4.°
4865.bbb.7.   [423]
—Sermam. *D. Lopes Rosa: Lisboa,* 1642. 4.°   4424.e.2.(2).
(*destroyed*).   [424]
—Sermam do esposo da May de Deos S. Joseph. No dia dos
annos del Rey . . . dom Ioam IV. *D. Lopes Rosa: Lisboa,*
1644. 4.°   4424.e.2.(1). (*destroyed*).   [425]
—Sermam gratulatorio, e panegyrico . . . ao Te Deum; que se
cantou . . . em acçam de graças pello . . . nacimento da
princeza primogenita. *Evora,* 1669. 4.°   851.k.17.(1). [426]
—Sermam que pregou o R. P. Antonio Vieira . . . na capella
real . . . 1642. *Domingos Lopes Rosa: Lisboa,* [1642?] 4.°
851.k.15.   [427]
—Sermoens. tom 1–13. 13 tom. *Na officina de Ioam da Costa;
(Miguel Deslandes:) Lisboa,* 1679–99. 4.°   1112.g.1–15.
                                                             [428]

Vilafranca de Panades. Verdadera relacio de las festas, y
enrramadas que se han fetas en la octaua del Corpus . . . en
la iglesia parrochial. [In verse]. *Gabriel Graells; y Giraldo
Dotil: Barcelona,* 1609. 4.°   11450.e.25.(31).   [429]

Vilalta, Rafael. Tractat de les ceremonies de la missa resada
. . . estant lo santissim Sacrament patent . . . segons las
reglas . . . de la . . . Iglesia catholica. *En la estampa de
Matheuat administrada per Marti Gelabert; venense en casa
de Ioseph Moyá: Barcelona,* 1679. 8.°   3477.aa.53.   [430]

Vilanova, Josephus a. Cursus philosophicus ad mentem
Aegydii romani . . . tom. 11 complectens antepraedi-
camenta . . . praedicamenta . . . peryermenias, et posteriora.
Apud Franciscum Mestre: Valentiae, 1677. 4.°
714.c.18. *imp.*   [431]

Vilar Thomás. Summæ controversiarum in primam partem
[of the "Summa theologica"] angelici doct. S. Thomæ
Aquinatis. Tomus primus (—tertius). 3 tom. *Apud*

Sebastianum & Iacob Matheuat; Ciui, & Uni. Typo; Apud viduam Matheuat Ci, & Un. typ.; Apud viduam Laurentij Déu: Barcinono, 1638–47. 8.° 3832.aa.32. **[432]**

Vilches, Julian de. Iesus, Maria, Ioseph. Por el licenciado Iulian de Vilches . . . capellan de la capellania que fundò don Francisco de la Torre . . . con el señor fiscal. [*Madrid*, 1642?] fol. 1324.i.1.(23). **[433]**

Vililla. Memorable y prodigiosa maravilla que este año de . . . [1625] se ha visto en un lugar de Aragon, llamado Vililla. *Simon Faxardo: Sevilla*, 1625. fol. 593.h.17.(27). **[434]**

— Nueva relacion, en que se da noticia del origen, y antiguedad de la prodigiosa campana de Vililla. *Diego Lopez de Haro: Sevilla*, [1680?] 4.° 1323.c.28. **[435]**

Viliottus, Franciscus. Varii Europæ eventus compendiarie descripti ab anno 1643 . . . ad . . . 1659. *Typis Francisie Marie Gislandi: Monteregali*, 1667. 8.° 9073.a.2. **[436]**

Villa, Estevan de. Libro de las vidas de doze principes de la medicina y de su origen. *Pedro Gomez de Valdiuielso: Burgos*, 1647. 8.° 1168.c.4. **[437]**

— Ramillete de plantas. *Pº Gomez de Baldiuielsso: Burgos*, 1637. 4.° 546.g.15.(3); 452.a.4. **[438]**

Villa, Gerónimo de. I. H. S. Por Geronimo de Villa, rey de armas de su Magestad. Contra Duran Maurin mercader. [A lawsuit concerning the letting of a house]. [*n.p.*, 1615?] fol. 765.h.3.(57). **[439]**

Villa-Diego Vascuñana y Montoya, Alonso de. Instruccion politica y practica iudicial, conforme al estilo de los consejos . . . y tribunales de Corte. *Francisco Martinez: Madrid*, 1641. fol. 1605/448. **[440]**

Villagomez, Pedro de. Carta pastoral de exortacion e instruccion contra las idolatrias de los indios. *Lima*, 1649. fol. 4425.g.15. (destroyed). **[441]**

— Discurso juridico sobre que pertenece a la dignidad arçobispal . . . nombrar . . . los colectores de las iglesias catedrales. [*Lima?* 1653]. 4.° C.32.i.12. **[442]**

Villagrasa, Francisco de. Antiguedad de la iglesia catedral de Segorbe, y catalogo de sus obispos. *Geronimo Vilagrasa: Valencia*, 1664. 4.° 4625.b.35. **[443]**

Villalobos, Enrique de. Manual de confesores. Compuesto por el p. fr. Enrique de Villalobos. *Mateo de Espinosa; [a] costa de Iuan de San Vicente: Madrid*, 1667. 8.° 851.a.18. **[444]**

— Suma de la teologia moral y canonica . . . ultima impression. 2 vol. *Mateo de Espinosa y Arteaga; a costa de Iuan de San Vicente: Madrid*, 1672. fol. 4061.h.14. **[445]**

— — Dezimatercera . . . impression . . . va añadido . . . las proposiciones condenadas de Alexandro VII y de Inocencio XI. 2 vol. *En la imprenta de Bernardo de Villa-Diego; a costa de Gabriel de Leon: Madrid*, 1682. fol. 4051.bb.18. **[446]**

Villalobos y Benavides, Diego de. [*Begin:*] Señor. Don Diego de Villalobos y Benavides. [A memorial of his services, addressed to the King]. [*Madrid?* 1640?] fol. 1324.i.2.(96). **[447]**

Villalva, Bartolome de. Por el p. fr. Bartolome de Villalva . . . procurador general . . . de la curia romana de todo el orden de n. p. s. Francisco . . . con el p. fr. Antonio de Rivera . . . sobre que se deve dar execucion . . . a el decreto. [*Madrid?* 1666?] fol. 4783.e.3.(29). **[448]**

Villamanrique, Andres de. Singularidad historica, la mas peregrina . . . autorizada con la real existencia de si misma, en una calaverita, y cabeza de un hombre . . . que no excedia su cuerpo al cuerpo de una perdiz. [Edited by D. Sainz de Salazar]. *Iuan Cabeças: Sevilla*, 1675. 4.° 811.e.51.(11). **[449]**

Villancicos.
(In chronological order by date of publication).

— Villancicos, que se han de cantar esta Navidad . . . de 1648 en la . . . cathedral de Malaga. *Iuan Serrano de Vargas, y Vrena Malaga*, 1648. 4.° 11450.dd.8.(70). **[450]**

— Villancicos que se cantaron, en la . . . cathedral de Salamanca en los maitines . . . del nacimiento de N. S. Iesus Christo . . . 1650. [*Salamanca?* 1650?] 4.° 11450.dd.8.(69). **[451]**

— Villancicos que se cantaron en la . . . cathedral de Valladolid, en los maytines . . . del nacimiento de nuestro Señor . . . 1653. [*Valladolid?* 1653?] 4.° 11450.dd.8.(68). **[452]**

— Villancicos que se cantarão na capella do . . . Rey . . . 1660. Span. *Antonio Craesbeeck: Lisboa*, 1660. 8.° 11450.aa.78.(1). **[453]**

— Villancicos que se cantaron la noche de Nauidad, en la . . . cathedral de Huesca . . . 1663 (1662, 1660, 1659). *Iuan Francisco de Larumbe: Huesca*, [1663?], 1662, 1660, 1659. 4.° 11450.dd.8.(64,65,66,67). **[454]**

— Letras de los villancicos, que se han de cantar en la . . . cathedral de Barbastro. La noche del nacimiento de nuestro señor . . . 1664. *Iuan Francisco de Larumbe: Huesca*, 1664. 4.° 11450.dd.8.(63). **[455]**

— Villancicos, que se cantaron en los maitines de los Reyes en la santa iglesia . . . del Pilar . . . 1665. *Viuda de Siluestre Esparsa: Valencia*, 1664 [1665?] 4.° 11450.dd.8.(62). **[456]**

— Villancicos que se han de cantar en la capilla real . . . la noche de Reyes . . . 1665. *Ioseph Fernandez de Buendia: Madrid*, [1665?] 4.° 11450.dd.8.(61). **[457]**

— Villancicos que se cantaron la noche de Navidad, en la santa iglesia Bilbilitana . . . 1666. *Agustin Verges: Zaragoça*, 1666. 4.° 11450.dd.8.(54). **[458]**

— Villancicos, que se cantaron la noche de Navidad. En la . . . cathedral de Huesca . . . 1667. *Iuan Francisco de Larumbe: Huesca*, 1667. 4.° 11450.dd.8.(53). **[459]**

— Villancicos, que se cantarõ en los maytines de los Reyes, en la santa iglesia . . . del Pilar . . . 1667. [*Saragossa?* 1667?] 4.° 11405.dd.8.(52). **[460]**

— Villancicos, que se cantaron la noche de Navidad, en la . . . cathedral de Huesca . . . 1668. *Iuan Francisco de Larumbe: Huesca*, 1668. 4.° 11450.dd.8.(48). **[461]**

— Letras de los villancicos, que se han de cantar en la . . . cathedral de Barbastro, la noche del nacimiento de nuestro señor . . . 1668. *Iuan Francisco de Larumbe: Huesca*, 1668. 4.° 11405.dd.8.(51). **[462]**

— Villancicos, que se cantaron en la sãta iglesia Bilbilitana la noche de Nauidad . . . 1668. [*Catalayud?* 1668?] 4.° 11450.dd.8.(50). **[463]**

— Letras de los villancicos, que se cantaron en los maytines de los Reyes, en la S. iglesia . . . del Pilar . . . 1668. [*Saragossa?* 1668?] 4.° 11450.dd.8.(49). **[464]**

— Villancicos, que se cantaron la noche de Navidad, en la . . . cathedral de Huesca . . . 1669. *Iuan Francisco de Larumbe: Huesca*, 1669. 4.° 11450.dd.8.(45). **[465]**

—Letras de los villancicos, que se cantaron en los maytines de los Reyes en la santa iglesia . . . del Pilar . . . 1669. [*Saragossa?* 1669?] 4.° 11450.dd.8.(46). [**466**]

—Letras de los villancicos que se cantaron en la santa iglesia . . . de Marchena, en los maytines del nacimiento de nuestro Señor . . . 1669. [*Sevilla?* 1669?] 4.° 11450.dd.8.(47). [**467**]

—Letras de los villancicos, que se cantaron en la . . . iglesia metropolitana . . . de Sevilla en los maitines de la Immaculada Concepcion de . . . N. Señora (1674, 1672, [1671?], 1670, 1668, 1666). 7 pt. (*Nicolas Rodriguez; Iuan Francisco de Blas; Iuan Gomez de Blas: Sevilla*), [1669?, 74], 73, 71, 68, 66. 8.° 11450.dd.8.(71–77). [**468**]

—Letras de los villancicos, que se han de cantar en la . . . cathedral de Barbastro, la noche del nacimiento de nuestro Señor . . . 1670. *Iuan Francisco de Larumbe: Huesca*, 1670. 4.° 11450.dd.8.(42). [**469**]

—Villancicos, que se cantaron la noche de Navidad, en la . . . cathedral de Huesca . . . 1670. *Iuan Francisco de Larumbe: Huesca*, 1670. 4.° 11450.dd.8.(41). [**470**]

—Letras de los villancicos, que se cantaron la noche de Navidad en la santa iglesia de Lerida . . . 1670. *Iuan Noguès: Lerida*, 1670. 4.° 11450.dd.8.(44). [**471**]

—Letras de los villancicos, que se cantaron en los maytines de los Reyes en la santa iglesia . . . del Pilar . . . 1670. [*Saragossa?* 1670?] 4.° 11450.dd.8.(43). [**472**]

—Letras de los villancicos, que se cantaron en los maytines del nacimiento de N. S. . . . en la . . . iglesia metropolitana . . . de Sevilla . . . M.DC.LXX. *Iuan Francisco de Blas: Sevilla*, [1670?] 4.° 11450.dd.8.(40). [**473**]

—Villancicos que se han de cantar en la capilla real . . . la noche de Reyes . . . 1671. *Ioseph Fernandez de Buendia: Madrid*, [1671]. 4.° 11450.dd.8.(34). [**474**]

—Villancicos, que se cantarō la noche de Navidad en la sāta iglesia Bilbilitana . . . 1671. [*Catalayud?* 1671?] 4.° 11450.dd.8.(39). [**475**]

—Villancicos, que se cantaron la noche de Navidad en la . . . cathedral de Huesca . . . 1671. *Iuan Francisco de Larumbe: Huesca*, [1671?] 4.° 11450.dd.8.(36). [**476**]

—Villancicos que se han de cantar en la capilla real . . . la noche de Navidad . . . 1671. *Ioseph Fernandez de Buendia: Madrid*, [1671?] 4.° 11450.dd.8.(35). [**477**]

—Villancicos, que se cantaron en la . . . cathedral de Tarazona, en los maytines del nacimiento de nuestro señor . . . 1671. *Agustin Verges: Çaragoça*, [1671?] 4.° 11450.dd.8.(37). [**478**]

—Letras de los villancicos, que se cantaron en los maytines de los Reyes, en la santa iglesia . . . del Pilar . . . 1671. [*Saragossa?* 1671?] 4.° 11450.dd.8.(38). [**479**]

—Villancicos, que se cantaron la noche de Navidad en la . . . cathedral de Huesca . . . 1672. *Iuan Francisco de Larumbe: Huesca*, 1672. 4.° 11450.dd.8.(23). [**480**]

—Villancicos, que se cantaron en la noche de Navidad en la . . . cathedral de Barbastro . . . 1672. *Iuan Francisco de Larumbe: Huesca*, 1672. 4.° 11450.dd.8.(19). [**481**]

—Letras de los villancicos que se cantaron en los maytines del nacimiento de nuestro Señor . . . en la . . . metropolitana de Sevilla. *Viuda de Nicolás Rodriguez: Sevilla*, 1672. 4.° 11450.dd.8.(24). [**482**]

—Villancicos que se han de cantar en la S. Yglesia . . . metropolitana de Granada, la noche del Nacimiento . . . 1672. *Imprenta real de Nicolas Antonio Sanchez: Granada*, [1672?] 4.° 11450.dd.8.(22). [**483**]

—Letras de los villancicos, que se cantaron en los maytines de los Reyes, en la santa iglesia . . . del Pilar . . . 1672. *Agustin Verges: Çaragoça*, [1672?] 4.° 11450.dd.8.(20). [**484**]

—Letras de los villancicos, que se cantaron la noche de Navidad, en la santa iglesia de Lerida . . . 1673. *Antonio Lacavalleria: Barcelona*, 1673. 4.° 11450.dd.8.(31*). [**485**]

—Letras de los villancicos, que se cantaron en la S. iglesia . . . patriarchal de Sevilla en los maytines del nacimientos de N. Señor. *Viuda de Nicolás Rodriguez: Sevilla*, 1673. 11450.dd.8.(29). [**486**]

—Villancicos, que se cantaron la noche de Navidad en la . . . cathedral de Barbastro . . . 1673. *Iuan Francisco de Larumbe, Huesca*, 1673. 4.° 11450.dd.8.(33). [**487**]

—Villancicos, que se cantaron la noche de Navidad en la . . . cathedral de Huesca . . . 1673. *Iuan Francisco de Larumbe: Huesca*, 1673. 4.° 11450.dd.8.(32). [**488**]

—Villancicos que se han de cantar en la capilla real . . . la noche de Navidad . . . 1673. [*Madrid?* 1673?] 4.° 11450.dd.8.(27). [**489**]

—Villancicos que se han de cantar en la capilla real . . . la noche de Reyes . . . 1673. [*Madrid?* 1673?] 4.° 11450.dd.8.(28). [**490**]

—Villancicos, que se cantaron la noche de Navidad en la santa iglesia Bilbilitana . . . 1673. [*Catalayud?* 1673?] 4.° 11450.dd.8.(26). [**491**]

—Letras de los villancicos que se han de cantar en la S. iglesia de Cordoua, en la Kalenda, noche y dias de la natiuidad de nuestro Señor . . . 1673. [*Cordoba?* 1673?] 4.° 11450.dd.8.(30). [**492**]

—Letras de los villancicos, que se han de cantar en los maytines de los Reyes en la santa iglesia . . . del Pilar . . . 1673. [*Saragossa?* 1673?] 4.° 11450.dd.8.(25). [**493**]

—Letras de los uillancicos que se cantaron en los maytines de la Epiphania . . . en la santa iglesia metropolitana . . . de Sevilla . . . M.DC.LXXIII. *Viuda de Nicolás Rodriguez: Sevilla*, [1673?] 4.° 11450.dd.8.(31). [**494**]

—Letras de los villancicos, que se cantaron la noche de Navidad en la santa iglesia de Lerida . . . 1674. *Ioseph Rami: Lerida*, [1674]. 4.° 11450.dd.8.(17). [**495**]

—Letras de los uillancicos, que se cantaron en la . . . iglesia . . . patriarchal de Sevilla en los maytines de la venida de los santos Reyes . . . 1674. *Viuda de Nicolas Rodriguez: Sevilla*, [1674]. 4.° 11450.dd.8.(15). [**496**]

—Letras de los villancicos que se han de cantar en la . . . iglesia de Cordoba, en la Kalenda, noche, y dia de Natiuidad de . . . Iesus . . . 1674. [*Cordoba?* 1674?] 4.° 11450.dd.8.(16). [**497**]

—Villancicos que se han de cantar en la capilla real . . . la noche de Navidad . . . 1674. [*Madrid?* 1674?] 4.° 11450.dd.8.(13). [**498**]

—Villancicos que se han de cantar en el real convento de la Encarnacion la noche de Navidad . . . 1674. [*Madrid?* 1674?] 4.° 11450.dd.8.(14). [**499**]

—Villancicos, que se han de cantar en los maytines de los Reyes en la santa iglesia . . . del Pilar . . . 1674. [*Saragossa?* 1674?] 4.° 11450.dd.8.(18). [**500**]

— Villancicos, que se cantaron la noche de Navidad en la . . . iglesia Bilbilitana . . . 1674. [*n.p.*, 1674?] 4.° 11450.dd.8.(i). **[501]**

— Villancicos en las fiestas que el convento de San Ioseph de Carmelitas . . . celebrò à la beatificacion de san Iuan de la Cruz. *Iacinto Andreu: Barcelona*, 1675. 4.° 11450.dd.8.(h). **[502]**

— Letras de los villancicos, que se han de cantar en los maytines del nacimiēto de . . . Iesus . . . en . . . Lerida . . . 1675. *Ioseph Rami: Lerida*, 1675. 4.° 11450.dd.8.(e). **[503]**

— Letras de los villancicos, que se han de cantar en los maytines de los Reyes, en la . . . iglesia . . . del Pilar . . . M.DC.LLXV. [*Saragossa*, 1675]. 4.° 11450.dd.8.(f). **[504]**

— Villancicos que se cantaron el dia que doña Isabel de Pinós . . . tomo el habito de . . . capuchina . . . 1675. *Barcelona*, [1675?] 4.° 11450.dd.8.(g). *imp.* **[505]**

— Letras de los villancicos, que se cantaron en la . . . iglesia . . . patriarchal de Sevilla [1675] . . . en los maitines del nacimiento de . . . Iesus. *Lorenço Ioseph de Larumbe: Huesca*, [1675?] 4.° 11450.dd.8.(d). **[506]**

— Villancicos que se han de cantar en el real convento de la Encarnacion, la noche de Navida . . . 1675. [*Madrid?* 1675?] 4.° 11450.dd.8.(1^b). **[507]**

— Villancicos que se han de cantar en el real convento de la Encarnacion la noche de los Reyes . . . 1675. [*Madrid?* 1675?] 4.° 11450.dd.8.(1^c). **[508]**

— Villancicos, que se han de cantar en la capilla real . . . la Noche Buena . . . 1680. [*Madrid*, 1676]. fol. T.22.*(49). **[509]**

— Villancicos que se han de cantar en la capilla real . . . la noche de Navidad . . . 1676. [*Madrid*, 1676]. fol. T.22.*(46). **[510]**

— Villancicos que se han de cantar en el real convento de la Encarnacion, la noche de Reyes . . . 1676. [*Madrid?* 1676?] 4.° 11450.dd.8.(1). **[511]**

— Villancicos, que se han de cantar en los maytines de los Reyes, en la santa iglesia . . . del Pilar . . . M.DC.LXXVI. [*Saragossa?* 1676?] 4.° 11450.dd.8.(1^a). **[512]**

— Villancicos al sant^{mo} sacram^{to} que en su fiesta ha de cantar la capilla de las Descalcas reales . . . 1678. [*Madrid*, 1678]. 4.° T.22.*(20). **[513]**

— Villancicos que se han de cantar . . . la noche de Reyes . . . 1678. [*Madrid*, 1678]. 4.° T.22.*(54). **[514]**

— Villancicos que se han de cantar . . . la noche de Navidad . . . 1679. [*Madrid*, 1679]. fol. T.22.*(48). **[515]**

— — [*Madrid*, 1679]. 4.° T.22.*(55). **[516]**

— Villancicos, que se han de cantar . . . la noche de Reyes . . . 1679. [*Madrid*, 1679]. fol. T.22.*(51). **[517]**

— — [*Madrid*, 1679]. 4.° T.22.*(56). **[518]**

— Villancicos que se han de cantar . . . la noche de Reyes . . . 1680. [*Madrid*, 1680]. fol. T.22.*(52). **[519]**

— — [*Madrid*, 1680]. 4.° T.22.*(57). **[520]**

— Villancicos que se han de cantar a su Magestad en la capilla real, la noche de Reyes . . . 1681. [*Madrid*, 1681]. fol. T.22.*(50). **[521]**

— — [*Madrid*, 1681]. 4.° T.22.*(58); T.22.*(59). **[522]**

— Villancicos que se han de cantar . . . la noche de Navidad . . . M.DC.LXXXII. [*Madrid*, 1682]. fol. T.22.*(53). **[523]**

— — [*Madrid*, 1682]. 4.° T.22.*(60). **[524]**

— Villancicos, que se cantaron la noche de Navidad en el convento . . . de nuestra Señora de la Merced . . . desta Corte, el año . . . 1682. [*Seville?* 1682]. 4.° T.22.*(61). **[525]**

— Villancicos, que se han de cantar en los maytines de los Reyes, en la santa iglesia . . . del Pilar . . . 1684. *Domingo Gascon: Zaragoça*, 1684. 4.° 1072.h.22.(3^b). **[526]**

— Villancicos, que se han de cantar en los maytines de los Reyes en la Santa iglesia . . . de el Pilar . . . 1685. *Herederos de Agustin Verges: Zaragoça*, 1685. 4.° 1073.h.22.(3^c). **[527]**

— Villancicos, que se han de cantar en los maytines de los Reyes, en la santa iglesia . . . de el Pilar . . . de 1686. [From 1686 to 1700. 14 different villancicos]. *Domingo Gascon: Zaragoça*, 1686–1700. 4.° 1073.k.23.(3^d). **[528]**

— Villancicos que se cantaram na capella real . . . mas matinas & festa da Conceiçaõ. *Miguel Manescal:* [*Lisbon*], 1687. 8.° 1073.k.22.(7). **[529]**

— Villancicos que se cantaram . . . nas matinas & festa da Conceiçao. *Span. Miguel Manescal:* [*Lisbon*], 1689. 8.° 11450.aa.78.(2). **[530]**

— — *Miguel Manescal:* [*Lisbon*], 1690. 8.° 11450.aa.78.(3). **[531]**

— Villancicos que se cantaram na capella real . . . nas matinas, & festa dos Reyes. *Span. Miguel Manescal:* [*Lisbon*], 1691. 8.° 11450.aa.78.(4). **[532]**

— — *Span. Miguel Manescal:* [*Lisbon*], 1692. 8.° 11450.aa.78.(7); 11450.aa.78.(5). *imp.* **[533]**

— Villancicos que se cantaram na capella . . . nas matinas & festa da Conceiçaõ. *Span. Miguel Manescal:* [*Lisbon*], 1693. 8.° 11450.aa.78.(9). **[534]**

— Villancicos que se cantaram na cappella real . . . nas matinas & festa do Natal. *Span. Miguel Manescal:* [*Lisbon*], 1693. 8.° 11450.aa.78.(6). **[535]**

— — *Miguel Manescal:* [*Lisbon*], 1693. 8.° 11450.aa.78.(8). **[536]**

— Villancicos que se cantaram na cappella real . . . nas matinas & festas da Conceiçao. *Span. Miguel Manescal:* [*Lisbon*], 1693. 8.° 11450.aa.78.(9). **[537]**

— — *Span. Miguel Manescal:* [*Lisbon*], 1694. 8.° 11450.aa.78.(10). **[538]**

— Villancicos que se cantaram na cappella real . . . nas matinas & festa dos Reys. *Span. Miguel Manescal:* [*Lisbon*], 1694. 8.° 11450.aa.78.(11). **[539]**

— Villancicos al nacimiento. Que se han de cantar en la . . . cathedral de Barbastro. *Iuan Francisco de Larumbe: Huesca*, [1700?] 4.° 11450.dd.8.(78). **[540]**

Villarán Ramirez, Juan de. [*Begin:*] Señor. El licenciado d. Iuan de Villaran Ramirez, abogado . . . natural de Cordoua . . . dize. [A petition with an account of his services, and his part in the defence of Malaga against English ships]. [*n.p.*, 1656?] fol. 765.h.1.(9). **[541]**

Villarán Ramirez, Juan de and **Tovar, Mateo de.** Discurso iuridico, politico por don Martin Antonio Gonzalez de Guiral, vezino . . . de Cordova, y Ventiquatro de ella. Con la . . . ciudad de Cordova. [*n.p.d.*], fol. 765.h.1.(16). **[542]**

Villa Real, Joannes de. Ioannis de Villa Real . . . de signis, causis, essentia . . . & curatione morbi suffocantis libri duo. *Ex officina Ioannis Gracian apud viduam: Compluti*, 1611. 4.° 1169.g.5.(2). **[543]**

Villar Marquina, Diego de. [*Begin:*] I. H. S. Para admitir la renunciacion del officio de Diego de Villar Marquina procurador . . . suplico a V. M. mande aduertir. [A petition]. [*n.p.d.*], fol. 765.h.1.(57). **[544]**

Villaroel, —, *doctor.* [*Begin:*] Iesus, Maria, Ioseph. Por el cabildo de la santa Iglesia de Toledo . . . Con . . . Gregorio Barreyro canonigo . . . della. [*n.p.*, 1636?] fol. 765.i.13.(24). **[545]**

Villaroel, —, *Licenciado.* Lo que resulta del pleyto, que el fiscal y G. Roson, y T. Melendez han tratado con el marques de Mondejar, sobre la muerte de G. Roson. [*Madrid?* 1600?] fol. 1322.l.4.(24). **[546]**

Villarroel, Gaspar de. Govierno eclesiastico pacifico, y union de los dos cuchillos, pontificio, y regio. Primera (segunda) parte. 2 pt. *Domingo García Morràs: Madrid*, 1656, 57. fol. 4051.h.2. **[547]**

—Iudices commentariis literalib. cum moralib. aphorismis illustrati a P. M. F. Gasparo de Villaroel. [With the text]. *Apud Petrum Taço: Madrid*, 1636. fol. 3021.e.6. **[548]**

Villas-Boas e Sampaio, Antonio de. Nobiliarchia portugueza, tratado da nobreza hereditaria, & politica. *Na officina de Francisco Villela: Lisboa*, 1676. 4.° 9917.ccc.39. **[549]**

Villaseñor, Juan de. Tratado de las excelencias de la religion de Predicadores en España. *Roque Rico de Miranda: Madrid*, 1677. fol. 4625.f.2. **[550]**

Villava, Juan Francisco de. Empresas espirituales y morales, en que se finge, que diferentes supuestos las traen al modo estrangero. 3 pt. *Fernando Diaz de Montoya: Baeça*, 1613. 4.° 4407.g.13. **[551]**

Villaverde, Michael de. Tractatus in libros de generatiore et anima [of Aristotle], ad mentem Scoti. *Ex officina Mariae Fernandez: Compluti*, 1658. 4.° 8460.c.6.(3). **[552]**

—Tractatus in octo libros physicæ [of Aristotle], in quo sententiæ Scoti proponuntur, probantur, et propugnantur. *Ex officina Mariae Fernandez: Compluti*, 1658. 4.° 8460.c.6.(2). **[553]**

—Tractatus in universam Arist. logicam pure speculativam, in quo sententiæ . . . Scoti proponuntur, probantur, et propugnantur. *Ex officina Mariae Fernandez: Compluti*, 1658. 4.° 8460.c.6.(1). **[554]**

Villaveta, Diego de. Por el licenciado d. Diego de Villaueta, y doctor D. Bernardo de Cervera, alcaldes de . . . cortes. [A pleading]. [*n.p.*, 1650?] fol. 765.i.7.(21). **[555]**

Villavicencio, María. [*Begin:*] Doña Maria de Villauicencio, heredera del iurado Luys de Frias. Con el contador Frācisco de Brizuela y sus bienes. [*n.p.*, 1620?] fol. 765.h.3.(59). **[556]**

Villavisciosa, Sebastian de. Comedia famosa, Amor haze hablar los mudos. Primera jornada de Villaviciosa. [*n.p.*, 1700?] 4.° *No. 207 of an unidentified collection.* 11726.f.10. **[557]**

—Dexar un reino por otro, y martires de Madrid. Comedia. [1650?] 4.° *See* Cancer y Velasco, G. 1072.h.14.(2).

—La gran comedia de nuestra Señora del Pilar. [*Madrid?* 1700?] 4.° 11728.g.15; 11728.h.18.(22). **[558]**

—Comedia famosa. El redemptor cautivo. [1700?] 4.° *See* Matos Fragoso, J. de, and Villaviciosa, Sebastian de. 11728.d.35.

—Reynar por obedecer. [1650?] 4.° *See* Reinar. 1072.h.14.(11).

——[1657]. 4.° *See* Reinar. T.1736.(12).

Villayzan y Garcés, Gerónimo de. Comedia famosa de sufrir mas por querer mas. [*Madrid?* 1680?] 4.° T.1741.(6). **[559]**

—Mas valiera callarlo que no dezirlo. Comedia. [*Madrid?* 1700?] 4.° T.1741.(4). **[560]**

—Ofender con las finezas. Comedias. [*Madrid?* 1680?] 4.° T.1741.(5). **[561]**

—Transformaciones del amor. Comedia. [*Zaragoza*, 1650]. 4.° 11728.g.16. **[562]**

——[*n.p.*, 1655?] 4.° 1072.h.6.(12). **[563]**

Villegas, Alfonso de. Libro de la vida y milagros de . . . Iesu Christo en . . . aymara, y romance, traducido de el que recopilo . . . Alonso de Villegas . . . Por . . . Ludouico Bertonio. *Impresso en la casa de la compañia de Jesus de Juli Pueblo, provincia de Chucuyto por Francisco del Canto*, 1612. 4.° C.58.d.23. **[564]**

Villegas, Bernardino de. Favores de la Virgen santissima a sus devotos . . . A la . . . reyna de España. *Luis Berós: Murcia*, 1630. 16.° 1019.a.17.(1). *imp.* **[565]**

Villegas, Estevan Manuel de. Las amatorias de don Estevan Manuel de Villegas. Con la traduccion de Horacio [i.e. of some of the odes of Horace], Anacreonte, y otros poetas. [In verse]. 2 pt. *Iuan de Mongaston: Naxera; a costa del autor*, 1620, 1617. 4.° 1071.m.46. **[566]**

Villegas, Fernando de. Titulos del licenciado don Fernando de Villegas, collegial mayor de S. Bartholome de la universidad de Salamanca, e inquisidor de Cordoua. [A statement vouching for the authenticity of his titles and for his efficiency in carrying out his functions]. [*Cordoba?* 1657?] 765.h.1.(27). **[567]**

Villegas, Francisco de. Dios haze justicia a todos. Comedia. [In verse]. *Francisco de Leefdael: Sevilla*, [1700?] 4.° *No. 25 of an unidentified collection.* 11728.i.10.(10). **[568]**

Villegas, Juan Bautista de. Las galas a la vejez. Comedia. [*Madrid?* 1700?] 4.° T.1741.(8). **[569]**

—Los hermanos mas amantes. Comedia. [*Madrid?* 1680?] 4.° T.1741.(9). **[570]**

—Lusidoro aragones. Comedia. [*Madrid?* 1700?] 4.° 11728.g.19. **[571]**

——[*Madrid*, 1680?] 4.° T.1741.(10). **[572]**

—El padre de su e[nemigo]. Comedia. [*Madrid*, 1680?] 4.° T.1741.(11). **[573]**

Villetanus, Ludovicus Joannes. In universam Aristotelis philosophiam acroamaticam 1 . . . Prælectiones, sive commentaria. (In Aristotelis universam physicam dictata). 3 pt. *Ex typographia Gabrielis Graells, & Gerardi Dotil: Barcinone*, 1603. fol. 519.l.12. **[574]**

Vilosa, Rafael de. Dissertacion iuridica y politica sobre si el que mata al lugarteniente . . . de su Magestad . . . comete crimen de lesa magestad en 1. capite. *Lucas Antonio Bedmar: Madrid*, 1670. 4.° 5385.d.35. **[575]**

Vincent [Ferrer], *Saint.* Tratado espiritual, de lo que passa entre pobres, y ricos; conversion de las republicas . . . desengaño del mundo, sacado de las profecias de san Vicente Ferrer. [In verse]. [*Madrid*, 1680?] 4.° T.22.*(29). **[576]**

Virgilius Maro, Publius. [*Works. Latin and Spanish*]. Obras de Publio Virgilio Maron, concordado en latin artificial . . . natural; en lengua castellana de prosa, y en versos . . . Por d. Antonio de Ayala. Tomo segundo de las Georgicas. *Domingo Garcia Morràs: Madrid*, 1660. 8.°
1000.e.9. *imp.* **[577]**

—Obras de P. Virgilio Maron, elogias Georgicas, y Eneida. Concordado, explicado y illustrado por . . . Antonio de Moya. Tomo III de la Eneida. *Pablo de Val: Madrid*, 1664. 8.° 1000.f.24. *imp.* **[578]**

—[*Works. Spanish*]. Las obras de Publio Virgilio Maron, traduzido en prosa castellana, por Diego Lopez. *Francisco Fernandez de Cordoua; a costa de Hieronymo de Yepes: Valladolid*, 1601. 4.° C.63.h.4. **[579]**

—— *Maria Fernandez; a costa de Iuan Merino: Alcala*, 1650. 4.° 1001.l.11. **[580]**

—— *Melchor Sanchez; a costa de Gabriel Leon: Madrid*, 1657. 4.° 1000.i.15; 833.g.13. **[581]**

—— *Vicente Cabrera: Valencia*, 1698. 8.° 11355.bb.10. **[582]**

—[*Aeneis and Bucolica. Spanish*]. La Eneida de Virgilio . . . traduzida en octava rima y ve[r]so castellano [by G. Hernández de Vélasco]. *Vicente Aluarez: Lisboa*, 1614.8.° C.132.h.6. **[583]**

—[*Bucolica and Georgica. Spanish*]. Las eclogas, y Georgicas de Virgilio, y rimas, y el Pompeyo tragedia de Christoual de Mesa. *Iuan de la Cuesta: Madrid*, 1618. 8.° 1072.e.17. **[584]**

—[*Aeneis. Portuguese*]. Eneida portugueza. Por João Franco Barreto . . . com os argumentos de Cosme Ferreira de Brum. (Diccionario). 2 pt. *Antonio Craesbeeck de Mello: Lisboa*, 1664, 70. 24.° 238.i.30. **[585]**

Virues, Cristóval de. Obras tragicas y liricas. *Alonso Martin; a costa de Estevan Bogia: Madrid*, 1609. 8.° C.63.a.33. **[586]**

—El Monserrate segundo. [A poem]. *Gratiadio Ferioli: Milan*, 1602. 8.° 1072.c.16. **[587]**

——Tercera impression. *Alonso Martin; a costa de Estevan Bogia: Madrid*, 1609. 8.° 1072.c.14. **[588]**

Viscaya. *See* Biscay.

Vitoria, Baltasar de. Primera (—segunda) parte del teatro de los dioses de la gentilidad. 2 pt. *Imprenta Real; a costa de Mateo de la Bastida: Madrid*, 1676. 4.° 704.e.7. **[589]**

Vitoria, Paulo de, *licenciado.* Por Duarte Coronel Enriquez con el señor fiscal . . . Sobre la paga de una letra de [24.000] . . . reales de vellon. [*n.p.*, 1645?] fol. 765.e.3.(21). **[590]**

Vitoria Baraona, Francisco de. [*Begin:*] El capitan Francisco de Vitoria Baraona. [A memorial, addressed to the royal Council of the Indies]. [*Madrid*, 1639]. fol. 1324.i.10.(2). **[591]**

—Por el capitan Francisco de Vitoria Baraona. Con el fiscal . . . y los colegios de la compañia de Iesus . . . En respuesta de su informacion en derecho. [*Madrid?* 1650?] fol. 1322.l.1.(21). **[592]**

—Por el capitan Francisco de Vitoria Baraona. Con el fiscal . . . y los colegios de la compañia de Jesus . . . sobre . . . renta de juro. *Catalina de Barrio y Angulo: Madrid*, [1650?] fol. 1322.l.1.(20). **[593]**

—Por el capitan Francisco de Vitoria Baraona. Con el señor fiscal del consejo de hazienda y los colegios de la compañia de Jesus. [*Madrid?* 1650?] fol. 1322.l.1.(22). **[594]**

—[*Begin:*] Señor. El capitan Francisco de Vitoria Baraona. [A memorial to the King, on the management of the Peruvian mines, and other matters]. (2 Agosto 1634). [*Madrid*, 1634]. fol. 725.k.18.(45). **[595]**

—[*Begin:*] Señor, el capitan Francisco de Vitoria Baraona dize. (Proposicion tocante a las dos naos que van todos los años del puerto de Acapulco . . . con el socorro a las islas Filippinas). [With other papers]. [*Madrid?* 1634?] fol. 1324.i.5.(7). **[596]**

—[*Begin:*] Señor. El capitan Frācisco de Vitoria Baraona, representa a V. M. los servicios que ha hecho . . . para que en justicia . . . le haga merced. [*Madrid*, 1636]. fol. 725.k.18.(29). **[597]**

Vittorj, Giacomo. Tesoro de las tres lenguas francesca, italiana, y española. 2 pt. *Philippe Albert & Alexandre Pernet: Geneve*, 1609. 4.° 627.i.4. **[598]**

—— 3 pt. *Iaques Crespin: Cologni* [sic], 1637. 4.° 627.e.2. **[599]**

—— 3 pt. *Iaques Crespin: Geneve*, 1644. 4.° 12941.h.24. **[600]**

Vivar, Andrés de. Informe fecho en favor del licenciado Andres de Vivar abogado. [*Mexico?* 1670?] fol. 6785.k.2.(3). **[601]**

Vivas, Carlos. Primera parte vencer la muerte muriendo. (Segunda parte. Descender para ensalzar. [Plays, each in verse]). Poema. [*Madrid*], 1681. 4.° 851.k.16.(8). **[602]**

—— En casa de Iuan Iolis: Barcelona, 1683. 4.° 11728.g.21. **[603]**

Vives, Juan. [*Begin:*] Carta de Ioan Vives a Sebastian Amat, en respuesta de una altra, en la qual li dona raho de la . . . professo ques feu lo dijous a 24 de mayg . . . 1601. [In verse]. *Iaume Cendrat: Barcelona*, 1601. 4.° 11451.ee.38.(23). **[604]**

Vladislaus IV, *King of Poland.* Las continuas vitorias que ha tenido . . . Vlasdilao, quarto rey de Polonia, Sbecia, &c. [*Seville*, 1634]. fol. 593.h.17.(128); 593.h.17.(130). **[605]**

—Relacion verdadera de la insigne vitoria que alcanzo el rey de Polonia contra el gran duque de Moscobia. (Traduzida de lengua alemana . . . por . . . Geraldo Scorz). *Francisco de Ocampo: Madrid; y por su original por Iuan Gomez: Sevilla*, 1634. fol. 593.h.17.(129). **[606]**

—Relacion de los felices sucessos que ha tenido . . . Vladislao quarto . . . y las pazes que ha hecho con el gran Turco. *Francisco Martinez: Madrid*, 1635. fol. 593.h.22.(43). **[607]**

No. 608 *cancelled.*

Vocabulario. Vocabulario de Iapon declarado primero en portugues por los padres de la compañia de Iesus . . . agora en castellano. 1630. 4.° *See* Japan. or 59.aa.2.

Vualdo, Guido. Discurso de los prodigios . . . que se han visto en Constantinopla. Y de la gran peste . . . que ay en la ciudad. *En casa Sebastian de Cormellas: Barcelona*, [1615?] 4.° 8632.dd.7. **[609]**

W.

Waldstein, Albrecht Wenzel Eusebius von, *duke of Friedland.* Relacion verdadera, que contiene la gran traicion que avia maquinado el duque de Fritlandt contra la magestad cesarea . . . y destrucion de la . . . casa de Austria. (Vando). *Francisco Martinez: Madrid*, 1634. fol. 593.h.22.(40). **[1]**

— — *Sevilla*, [1634]. fol. 593.h.17.(125). [2]
— Tercera relacion de la batalla que se dio entre el . . . exercito imperial, y el rey de Sucia, en 16 de noviemb. de 1632 . . . muerte del rey. *Francisco de Ocampo: Madrid; y por su original por Francisco de Lyra: Sevilla*, 1633. fol. 593.h.17.(113). [3]
West Indies. Relacion de lo sucedido a la armada real de la guarda de la carrera de las Indias . . . Recopilada de cartas. [*Mexico*, 1638]. 4.° 9180.e.25.(3). [4]
— [*Begin:*] Señor. Los arçobispos y obispos de las Indias Occidentales, pretenden V. Magestad les ampare. [*Madrid?* 1624?] fol. C.62.i.10.(35). [5]
— [*Hermandad*]. [*Begin:*] El almirante, en consideracion de los servicios y merecimiento de su casa . . . Suplica a su Magestad le haza merced del oficio perpetuo de provincial. de la Hermādad. [*Madrid?* 1620?] fol. C.62.i.18.(83). [6]
Wolfgang William, *Count Palatine of Neuburg*. A la serenissima señora y religiosa . . . Margarita de la Cruz. (Narracion de la entrada del duque de Neoburs). [*Madrid?* 1624?] fol. T.90.*(50). [7]
— Relacion de la partida del señor duque de Neosburque, y copia de una carta de su confessor. *Bernardino de Guzman: Madrid*, 1625. fol. 593.h.22.(65); 593.h.22.(5). [8]

X.

Xammar, Joannes Paulus. Rerum iudicatarum in sacro regio senatu Cathaloniæ sub diversis definitionibus cum rationalibus seu . . . allegationibus a Ioanne Paulo Xammar . . . elaboratis . . . pars prima (— segunda). *Expensis et typis Narcisi Casas: Barcinonae*, 1657. fol. 5309.dd.4. [1]
Xamarro, Juan Bautista. Conocimiento de las diez aves menores de jaula, su canto, enfermedad, cura y cria. *Imprenta Real: Madrid*, 1604. 4.° 444.d.13.(1). [2]
Xaramillo, Antonio Matiás. [*Begin:*] Señor. A Xaramillo . . . dize que las continuadas molestias. [Complaining of the oppressive treatment of the Jesuits by P. Pardo]. [*Manilla?* 1691?] fol. 1320.h.13. [3]
Xaramillo, Melchor. Por Melchor Xaramillo, tesorero . . . de la casa de la moneda . . . En el pleyto que contra el trata . . . Sancho Verdugo fiscal. [*n.p.*, 1660?] fol. 1322.l.7.(26). [4]
Xarava de Castillo, Diego. Copia de la relacion de los servicios, y puestos del maesse de campo don Diego Xarava . . . presentado en las dos secretarias de Indias. [*Madrid?* 1643?] fol. 1324.i.2.(115). [5]
— Estado del matrimonio . . . terzera impression. 2 pt. *En la emprenta de Carlo Porsile: Napoles*, 1675. 4.° 8415.f.2. [6]
Xarque, Francisco. Vida apostolica de . . . padre J. Cataldino, uno de los primeros . . . conquistadores . . . del Guayrà. *Zaragoça*, 1664. 4.° 4867.b.52. [7]
Xarque, Juan Antonio. Augusto llanto . . . en la muerte del Rey . . . Felipe el . . . quarto. (Oracion funebre . . . hizola . . . P. Gaudioso Hernandez de Lara). *Diego Dormer: Çaragoça*, 1665. 8.° 1060.i.20.(1). [8]
Xavier, Manoel. Vitorias do governador da India, Nuno Alvarez Botelho. *Antonio Alvarez: Lisboa*, 1633. 8.° 9180.dd.12.(1). [9]

Xerez de la Frontera. [*Cabildo*]. Un professor de la verdad. [Accusing Pedro de Villalobos, corregidor of Xerez?, of distorting the truth about certain matters during a session of the cabildo]. [*Xerez de la Frontera?* 1680?] fol. 765.h.3.(1). [10]
Ximena, Martin. Catalogo de los obispos de las iglesias catredales [sic] de la diocesi de Jaen y annales eclesiasticos. *Domingo Garcia y Moras: Madrid*, 1654. fol. 4605.h.2. [11]
Ximénez, Antonio. Sermon de la purissima concecion de la virgen Maria. *Francisco de Lyra: Seuilla*, 1616. 4.° 847.m.4.(10). [12]
Ximénez, Bartolomé. Discurso de la langosta, que en el tiempo presente aflige, y para el venidero amenaza. *Pedro de la Cuesta: Baeça*, 1619. 4.° 1481.b.48. [13]
Ximénez, Francisco. Breve noticia de la vida exemplar y . . . muerte del . . . padre Bartholome Castaño . . . Dispuesta por el P. Thomas de Escalante. *Juan de Ribera: Mexico*, 1679. 4.° 4985.de.17. [14]
— [*Begin:*] Exmo. Señor. [A statement on behalf of the order of saint Augustin, occasioned by a royal decree of Nov., 1645]. [*Mexico*, 1650?] fol. 4182.g.1.(8). [15]
Ximénez, Francisco Torivio. Parte treynta una, de las mejores comedias . . . Recogidas por . . . Francisco Torivio Ximenez. *Barcelona*, 1638. 4.° 11725.d.12. [16]
Ximenez, Juan. Chronica del B. fray Pasqual Baylon de la orden del P. S. Francisco. *En casa de Iuan Crysostomo Garriz: Valencia*, 1601. 8.° 1125.a.28. [17]
Ximénez Arias, Diego. Lexicon ecclesiasticum Latino Hispanicum . . . opus novum . . . denuo . . . plus dimidia parte auctum. *Apud Ioannem de Rueda: Vallis Oleti*, 1628. fol. 625.i.20. [18]
Ximénez de Aragam, Fernando. Libro de la restauracion y renovacion del hombre. [In verse]. *Pedro Crasbeeck: Lisboa*, 1608. 8.° C.47.d.19. [19]
Ximénez de Aragues, María Ventura. Aclamaciones sagradas a la profession de . . . Maria Ventura Ximenez de Aragues. Hecha en el . . . convento de madres Capuchinas. [*Saragossa*], 1698. 4.° 1073.k.22.(29). [20]
Ximénez de Enciso, Diego. Comedia famosa. Los Medicis de Florencia [in verse]. [*Madrid?* 1700?] 4.° 11728.g.23. [21]
— La mayor hazaña del emperador Carlos quinto. Comedia. [In verse]. [*Madrid?* 1640?] 4.° T.1736.(13). [22]
— Santa Margarita. Comedia [in verse]. [*Valencia*, 1642]. 4.° 11728.g.24. [23]
Ximénez de Enciso, Rodrigo. Primera (segunda) parte del valiente sevillano. Comedia [in verse]. 2 pt. [*Valencia*, 1642]. 4.° 11728.g.25. [24]
Ximénez de Montalvo, Juan. [*Begin:*] Señor. Doña Mayor Brauo de Sarauia, viuada del doctor Iuan Ximenez . . . oydor que fue de la real audiencia de Lima. Dize. [A petition addressed to the King, asking various favours]. [*n.p.d.*], fol. 765.h.3.(15). [25]
Ximénez de Urrea, Jeronimo. Dialogo de la verdadera honra militar . . . quarta impression. *Diego Dormer: Zaragoça*, 1642. 8.° 8407.de.33. [26]
Ximenez Lobaton, Diego and **Sarmiento y Toledo, Pedro.** [*Begin:*] Señor a los reales pies de V. M. ponen este discurso iuridico los licenciados d. Diego Ximenez . . . y d.

Pedro Sarmiento . . . fiscales . . . de Granada. Sobre no aver cumplido d. Diego Escolano, arzobispo . . . las reales cedulas. *Typographia regia: Granatae*, 1670. fol. 765.h.1.(60). [27]

Ximénez Pantoja, Tomás. Protesta a favor de su Magestad . . . sobre el oficio de comissario general de Indias en el orden de san Francisco. (M. Zarçosa). [*Mexico*, 1700?] fol. 4071.f.2. [28]

Ximenez-Paton, Bartolomé. Declaracion magistral destos versos de Iuvenal, Sat. 6.(Declaracion . . . de la epigrama de Marcial 29, libro 3). *Saluador de Viader: Cuenca*, 1632. 4.° 11312.bbbb.24. [29]

— Discurso de los tufos, copetes, y calvas. [With a dedication by F. Cabrera]. *Iuan de la Cuesta: Baeca*, 1639. 4.° 7742.b.51. [30]

— Eloquencia española en arte. *Thomas de Guzmā: Toledo*, 1604. 8.° C.63.d.7. [31]

— Mercurius trimegistus, sive de triplici eloquentia sacra, española, romana. *Petro de la Cuesta Gallo typographo: Biatiae*, 1621. 8.° 818.g.36. [32]

Ximénez Romero, Juan. Sermon . . . en las honras que hizo . . . Granada a . . . doña Margarita de Austria. *Granada*, 1612. 4.° 4423.g.1.(8). (*destroyed*). [33]

Ximénez Samaniego, Joseph. Vida del venerable padre Ioan Dunsio Escoto. *Bernardo de Villa-Diego: Madrid*, 1668. 4.° 491.d.18. [34]

Ximénez Savariego, Juan. IHS. Tratada de peste. *Claudio Bolan: Antequera*, 1602. 4.° 1167.f.37. [35]

Ximénez Trincado, Juan. [*Begin:*] Señor. Iuan Ximenez Trincado alguacil mayor. [A report on the quicksilver mine of Villa del Almaden]. [*Madrid*, 1700?] fol. T.19.*(39). [36]

Y.

Yague de Salas, Juan. Los amantes de Teruel, epopeya tragica: con la restauracion de España . . . y conquista . . . de Valencia. *Pedro Patricio Mey: Valencia*, 1616. 8.° 1072.d.15; G.10962. [1]

Yañez, Alonso. Ave Maria. Relacion verdadera de la junta que se hizo en el convento de la SS. Trinidad, para examinar las informaciones del . . . fr. Simon de Rojas. [*Madrid*, 1625]. fol. 593.h.22.(8). [2]

Yañez Amador, Juan. [*Begin:*] Yo Iuan Yañez Amador. [A defence of his valuation of certain houses in Madrid]. [*Madrid*, 1609]. fol. T.90.*(46). [3]

Yañez Fajardo, Diego Antonio. Suplica al Rey N. S. don Felipe [for employment in the royal service]. [*Madrid?* 1650?] fol. 1322.l.9.(11). [4]

Ybañez, Diego. En defensa de la pretension de los religiosos de la provincia de San Hypolito Martyr de Guaxaca, orden de Predicadores. [Against Juan Bohorques]. [*Mexico*, 1630?] fol. 4782.dd.8.(7). [5]

— El iuez conservador de los religiosos de sancto Domingo de la provincia de Guaxaca, en defensa de la jurisdiccion que le niega el obispo. [*Mexico*, 1630?] fol. 4782.dd.8.(16). [6]

— Por los religiosos de la provincia de San Hipolyto Martyr de Guaxaca . . . en defensa de la jurisdiccion del . . . padre . . . Diego Ibañez. [*Madrid?* 1630?] fol. 4782.dd.8.(2). [7]

Ybañez de la Riva Herrera, Antonio. Constituciones synodales del arzobispado de Zaragoza, hechas . . . por . . . Antonio Ybañes de la Riva Herrera . . . en . . . 1697. *Pasqual Bueno: Zaragoza*, 1698. fol. 5107.f.8. [8]

Yca, Joseph de. Allegatio iuris, de nullitate ellectionis r. p. fray Ioseph ab Ica, qua electus fuit hoc anno 1667, in primum custodem provinciae Bethicae. [*Madrid*, 1677]. 4.° 4783.e.3.(44). [9]

— [*Begin:*] El padre provincial de los Capuchinos . . . de Castilla aviendo recibido una comission de su general, para conocer de una causa, etc. [*Madrid?* 1677?] fol. 4783.e.3.(46). [10]

— Quaeritur utrum electio R. P. F. Joseph ab Yca. in primum custodem provinciæ Bethicæ, ex defectu syndicatus sit nulla? [*Madrid*, 1677]. 4.° 4783.e.3.(45). [11]

Yclan y Valdes, Alonso de. Copia de una carta, que D. Alonso de Yclan . . . governador de Tenerife y la Palma, escrivio a su Magestad. *Alonso de Paredes: Madrid*, 1647. fol. 1322.k.9.(9). [12]

Yepes. Relacion verdadera, de la mas admirable maravilla . . . que ha sucedido en la villa de Yepes. [In verse]. *Toledo*, [1678]. 4.° 811.e.51.(29). [13]

Yepes, Antonio de. Coronica general, de la orden de san Benito. 7 tom. *Matias Mares: en la Universidad de Na. Sa. la real de Yrache; (Viuda de Francisco Fernandez: Valladolid)*, 1609–21. fol. 1232.f.4–10. [14]

Yepes, Diego de. Vida, virtudes, y milagros, de . . . Teresa de Iesus. *En la officina de Pedro Crasbeeck: Lisboa*, 1616. 4.° 485.a.13. [15]

Ysunça, Martin de. Por el doctor don Martin de Ysunça. Con doña Luysa Zuricaray y Gāboa, como madre curadora de . . . su hija. [*n.p.*, 1610?] fol. 765.i.13.(2). [16]

Yturriça, Gerónimo de. Carta que escrivio Geronimo de Yturriça desde Oran [on the acts of J. M. de Cardenas, the governor] a don A. Geronimo. (Ocho causas). [*Madrid?* 1622]. fol. 8028.g.19. [17]

Yturrieta Alcibia, Juan de. Por Iuan de Yturrieta Alcibia y don Francisco Sarmiento, oficiales reales de la provincia de Cartagena. Con el señor fiscal. [*Madrid?* 1610?] fol. 1324.i.1.(7). [18]

— — [*Madrid*, 1610?] fol. 1324.i.1.(8). [19]

Yucatán. [*Begin:*] IHS. Por los hijos y nietos de cōquistadores de Yucatan, sobre la confirmacion que piden de las ayudas, etc. [*n.p.*, 1614]. fol. C.62.i.19.(29). [20]

Z.

Zafra. [*Iglesia Colegial*]. Por el abad y prebendados de la yglesia colegial de . . . Zafra, en el pleyto con el fiscal eclesiastico del obispado de Badajoz. [*n.p.*, 1640?] fol. 765.i.2.(29). [1]

Zamora, Antonio de. Voz de la fama, que decanta a la eternidad el triumpho de las aquilas alemanas en el sitio de Viena. [In verse]. *Francisco Sanz: Madrid*, 1684. 4.° T.22.*(35). [2]

Zamora, Antonio Alonso de. Testimonio de los titulos, y servicios que Antonio de Graña, y Nieto . . . tiene hechos a su Magestad en la universidad de Salamanca. [*Salamanca?* 1641?] S.sh. fol. 1324.i.2.(57). [3]

—Titulos, y servicios del doctor don Melchor Domonte. [*Madrid?* 1645?] fol. 1324.i.2.(16). [**4**]

Zaquiias, —, *doctor*. El medico caritativo. (Dialogo compuesto por el doctor Zaquiias). Que enseña azer los remedios. [*Rome?* 1660?] 12.° 1039.b.8. [**5**]

Zaragoza y Vilanova, José. Euclides novo-antiquus singulari methodo illustratus. *See* Euclid.

—Trigonometria española, resolucion de los angulos planos, y esfericos . . . uso de los senos, y logarithmos . . . Dale a la estampa don Antonio de la Zerda. *Francisco Oliver: Mallorca*, 1672. 4.° C.54.bb.21. [**6**]

Zárate Verduzo, Pedro de. [*Begin:*] Señor. Don Pedro de Zarate Verdugo. [A memorial to the King, setting forth his genealogy and the services of his ancestors]. [*Madrid?* 1641?] fol. 1324.i.2.(11).; 1324.i.2.(11). [**7**]

Zárate y Castronovo, Fernando de. Antes que todo es mi amigo. Comedia famosa. *Francisco de Leefdael: Sevilla*, [1700?] 4.° *No. 240 of an unidentified collection.* 11728.g.34. [**8**]

—El medico pintor san Lucas. Comedia. [*Seville*, 1700?] 4.° 11728.g.38. [**9**]

—Comedia famosa. Quien habla mas obra menos. [*Madrid?* 1700?] 4.° 11728.g.41. [**10**]

Zatrilla y Vico Dedoni y Manca, José, *Count de Villasalto.* Engaños y desengaños del profano amor. Deducidos de la amorosa historia . . . del duque don Federico de Toledo. 2 tom. *Joseph Roseli: Napoles*, 1687, 88. 4.° 12491.d.12. [**11**]

Zavaleta, Juan de. Obras en prosa de D. Iuan de Zavaleta . . . Segunda impression. *Ioseph Fernandez de Buendia; a costa de Iuan Martin Merinero: Madrid*, 1672. 4.° 95.d.21. [**12**]

—El dia de fiesta, primera parte. Que contiene el dia de fiesta por la mañana. (El dia de fiesta por la tarde). 2 vol. *Maria de Quiñones; a costa de Juan de Valdes: Madrid*, 1654, 60. 8.° 851.a.17. [**13**]

—Errores celebrados. *Juan de Valdes: Madrid*, 1653. 8.° 8406.b.2. [**14**]

——*Domingo Carneyro: Lisboa*, [1665]. 8.° 721.c.16.(3). [**15**]

—Teatro del hombre, el hombre. Vida del conde de Matisio. (Problemas de la filosofia). *Gregorio Rodriguez: Madrid*, 1652. 8.° 1075.e.15; 244.b.44. [**16**]

——*Gregorio Rodriguez: Madrid*, 1652. 8.° 1135.b.43. [**17**]

——*Thome Carvalho: Coimbra*, 1661. 8.° 1070.e.21. [**18**]

Zayas y Sotomayor, María de. Novelas amorosas, y exemplares. En el hospital real . . . de N. Señora de Gracia; *a costa de Pedro Esquer: Zaragoça*, 1637. 4.° 1074.i.18. [**19**]

——*Gabriel Noguès; a costa de Sebastian de Cormellas: Barcelona*, 1646. 8.° 12490.c.19. [**20**]

—Primera y segunda parte de las novelas amorosas y exemplares . . . corregidas. *Melchor Sanchez; a costa de Mateo de la Bastida: Madrid*, 1659. 4.° 89.a.24, 25. [**21**]

——*En la imprenta de Maria Angela Martí, viuda: Barcelona*, [1663]. 4.° 1484.bb.2. [**22**]

——Ultima impression. *Ioseph Fernandez de Buendia; a costa de Manuel Melendez: Madrid*, 1664. 4.° 12491.e.14. [**23**]

Zehejin y Godinez, Francisco de. Por don Agustin Godinez del Busto . . . En el pleyto con doña Maria Velez del Busto, religiosa . . . en el convento de la Encarnacion. *Imprenta real de Nicolas Antonio Sanchez: Granada*, 1673. fol. 1322.l.8.(8). [**24**]

Zelpo Serana, Gabriel. Compendio de la vida, virtudes, santidad y milagros de san Francisco de Borja. *Ioseph Fernandez de Buendia: Madrid*, 1671. 4.° 4828.aaa.49. [**25**]

Zepeda y Adrada, Alonzo de. Epitome de la fortificacion moderna . . . y otros diversos tratados de la perspectiva. 2 pt. *Francisco Foppens: Brusselas*, 1669. 4.° 8827.bbb.49. [**26**]

Zepeta y Guzman, Carlos Alberto. El ensayo de la muerte, que para la suya escrivio, Carlos Alberto de Zepeta y Guzman. *Thomas Lopez de Haro: Sevilla*, [1683]. 4.° 11451.e.38.(7). [**27**]

Zorrilla de la Gandara, Juan. Forma y modo breve para tener a punto de guerra una nao . . . segun la instruccion . . . que guarnecio el galeon . . . s. Joseph . . . el almirante don Juan Zorrilla. [*Lima*], 1674. 4.° 8806.b.23. [**28**]

Zuñiga, Bernardo de. Dialogo apologetico entre don Bernardo de Zuñiga, y don Francisco de Solis. [On a distich]. [*Seville*, 1674]. 4.° 811.e.51.(9). [**29**]

Zúñiga, Juan de. Memorial, informe, y peticion, de parte del R. P. fray Nicolas de Côtreras . . . a la real audiencia de Guadalaxara. [*Mexico?* 1653?] fol. 9771.h.2.(13). [**30**]

Zúñiga de la Cueva, Antonio de, *Marquis de Flores de Avila.* Relacion verdadera de la gran vitoria que . . . don Antonio de Zuñiga . . . tuvo con los moros . . . Dase cuenta de la muerte del rey de Suecia. *Francisco de Lyra: Sevilla*, [1633?] fol. 593.h.17.(106). [**31**]

Zuñiga y Fonseca, Juan Domingo, *Count de Monterey.* Segunda relacion en que se da cuenta del destrozo que en el exercito de Francia hizo el conde de Monterrey por . . . Cataluña. *Iuan Francisco de Blas: Sevilla*, 1677. 4.° 1445.f.17.(50). [**32**]

Zuñiga y Valdés, Bartolomé de. Por don Bartolome de Zuñiga y Valdes. Con don Esteuan Pacheco. Sobre el articulo de fuerça, que don Esteuan Pacheco pretende que le haze el retor de Alcala. [*Madrid?* 1620?] fol. 1322.l.3.(11). [**33**]

Zurita, Gerónimo. Anales de la corona de Aragon. 6 tom. *Lorenço de Robles; (Iuan de Lanaja, y Quartanet): Çaragoça*, 1610. fol. 593.g.5-10. [**34**]

——[vols. 1, 3, 4, 5]. *En el colegio de S. Vicente Ferrer, por Lorenço de Robles; (Herederos de Pedro Lanaja, y Lamarca; Iuan de Lanaja y Quartanet; Diego Dormer): Çaragoça*, 1610-70. fol. 178.d.5-10. [**35**]

—Enmiendas, y advertencias a las coronicas de los reyes de Castilla. *Herederos de Diego Dormer: Zaragoça*, 1683. 1197.f.19. [**36**]

—Indice, de las cosas mas notables, que se hallan en las quatro partes de los annales. *Alonso Rodriguez: Çaragoça*, 1604. fol. G.6426. [**37**]

——Segunda impression. [Edited by Juan de Bonilla]. *Iuan de Lanaja y Quartenet: [Saragossa]*, 1621. fol. 593.g.11. [**37a**]

——*Diego Dormer: Zaragoça*, 1671. fol. 178.d.11. [**38**]

Zurita, Juan de. Por la villa de Madrid. Con los criados de su Magestad que tenian aposento en las casas que se derribaron para el ensanche de la plaza Mayor. [Concerning compensation for the servants]. [*Madrid?* 1622?] fol. 765.h.3.(53); 765.h.3.(40). [**39**]

INDEX OF
ALTERNATIVE FORMS OF NAME USED IN THE HEADINGS

(215)

Quintana, Francisco de. *See* Cuevas, F. de las.
Reina, *of England. See* Henrietta Maria.
Reina, *of France. See* Mary Theresa.
Reina, *of Spain. See* Margaret; *see* also Mary Anne; *see* also
    Mary Louisa.
Rey, *of England. See* James II.
Rey, *of Poland. See* Vladislaus.
Rulhac, *Marquis de. See* Goth.
Saboya. *See* Savoy.
Salinas, *Count de. See* Silva y Mendoza.
Sande, *Marquis de. See* Mello e Torres.
San Demetrio, *Baron de. See* Micheli.
San German, *Duke de. See* Totavila.
Santiago. *See* James, *Saint.*
Santistevan, *Count de. See* Benavides y la Cueva.
Savoy, *Duke of. See* Charles Emanuel.
Saxe-Weimar, *Duke of. See* Bernard.
Segorbe, *Duke of. See* Folch de Aragón.
Siervos, *de Maria. See* Servites.

Siruela, *Count de. See* Velasco y de la Cueva.
Squillace, *Prince of. See* Borja.
Tarifa, *Marquis de. See* Enriquez de Ribera.
Tavara, *Marquis de. See* Toledo Osorio y Cordova.
Teresa. *See* Theresa.
Texeda, F. de. *See* Carrascon.
Tilly, *Count von. See* Tserclaes.
Toison, d'Or. *See* Golden Fleece.
Torresvedras, *Count de. See* Suarez de Alarcon.
Valdefuentes, *Marquis de. See* Lancáster.
Vaymar. *See* Saxe-Weimar.
Vega, Garcilaso de la. *See* Lasso de la Vega.
Velasco, Bernadino de. *See* Fernandez de Velasco.
Velez, *Marquis de los. See* Fajardo de la Cueva.
Veragua, *Duke de. See* Colón de Portugal.
Viana, *Marquis de. See* Pimentel.
Villasalto, *Count de. See* Zatrilla y Vico Dedoni.
Villegas. *See* Gomez de Quevedo Villegas.

SELECTIVE INDEX OF TITLES

Restricted to works of undeclared authorship and for which the appropriate heading, under the British Museum rules for cataloguing, may not be easy to find. Anonymous works of which the first few words of the title contain the name of a person or place, clearly identified, are not indexed here.

(217)

PRINTERS AND PUBLISHERS

Compiled by Marion F. Allison

Abad, Atanasio. (Madrid). **[1682]** T 122.
Abarca de Angulo, Francisco. (Madrid. Valladolid).
1615 R 121. 1618 O 81. 1620 B 272. R 68.
Aboab, Eliahu. (Amsterdam). **[1645-47]** M 60.
Abravanel, Jona. (Amsterdam). **[1650]** B 211.
Aertsen de Ravesteyn, Paulus. (Amsterdam). **[1627]** P 348.
Aertssens, Henrique. (Antwerp). 1630 C 601. 1633 J 48.
1649 J 51. 1661 J 53. 1662 D 82.
Albert, Philippe. (Geneva). 1609 V 598.
Alcazar, Juan de. (Mexico). 1618 P 541.
Alegre, Melchor. (Madrid). 1668 A 315. 1669 G 303.
1670 T 171.
Alegre, Melchor (widow). (Madrid). 1673 F 116.
Aleu, Hieronymo. (Barcelona). 1602 V 285.
Alfay, Joseph. (Saragossa). 1648 S 891. 1649 C 338.
1654 A 140.
Alfay, Pedro (Saragossa). 1637 C 331. 1641 B 246.
Alfay, Tomas. (Alcalá de Henares. Madrid. Saragossa).
1641 B 246. M 410. S 180. 1645 M 376. 1648 M 272.
1650 P 88. 1651 A 141. L 254.
Allestry, Ja. (London). 1662 F 230. 1663 F 229.
Almenara, Antonio de. (Seville). 1611 S 557.
Altès, Joseph. (Barcelona). **[1679]** V 111.
Alua, Thomas de. (Salamanca). 1603 L 87.
Alures, Domengos. (Lisbon). 1641 F 306.
Álvarez, Antonio. (Alcobaça. Barcelona. Lisbon).
1597-1650 B 318. 1601 C 575. 1602 G 242a. 1604 E 113.
1605 A 133. 1608 F 148. 1609 B 222. 1611 M 606. 1613 F 149.
1616 T 93. 1617 C 476. 1618 C 468. M 405. 1619 G 149.
[1620?] C 633. 1621 J 144. 1622 R 75. S 21. 1623 A 199.
1624 G 366. 1625 C 504. D 44, 61. E 91. 1626 L 65. R 159.
1627 C 256. T 44. **[1630?]** S 472. 1632 N 7. 1633 X 9.
1634 B 36. 1635 G 59. R 182. 1639 S 943. 1640 S 470.
1641 B 55. E 16. J 88, 89, 91, 92. M 109, 110. N 2. P 494.
S 2, 29, 461. 1641-43 J 96. 1642 A 194, 243. L 201. M 475.
P 464, 467, 468, 526. 1643 A 168. V 404. 1644 L 200.
M 1. 1645 M 2. P 472. S 319. 1646 P 306, 475. 1647 D 62.
1652 V 403. 1653 A 241. 1654 P 481. T 95.
Álvarez, Francisco. (Lisbon). 1625 G 367.
Álvarez, Melchor. (Madrid). 1677 C 541. 1678 S 121.
1681 A 219. S 407. 1682 L 25. 1685 S 103. 1686 B 330.
L 8. 1687 S 739. 1688 C 200. 1691 C 328. **[1691]** C 201.
1693 F 135.
Álvarez, Vicente. (Granada. Lisbon). 1607 G 98.
1610 S 304. 1611 G 88, V 280. 1612 C 124. M 265.

1614 V 583. 1615 C 121, 122. M 289. 1625 F 180.
1635 S 431.
Álvarez de Leão, João. (Lisbon). 1657 P 509.
Álvarez de Mariz, Vicente. (Antequera). 1649 C 371.
Ambrosius Maietta, Josephus. (Milan. Valencia). 1680 R 2.
Amello, Joan. (Barcelona). 1601 D 28. P 101, 103. R 26,
28, 38, 40, 41, 42, 43. **[1601]** R 32. 1603 D 103. 1604 V 260.
1605 G 390. 1606 B 63. 1608 C 569. 1609 S 520.
Andreu, Jacinto. (Barcelona). 1675 V 502. 1678 R 199.
Andreu, Jusep. (Barcelona). 1609 S 520. 1612 D 29.
Anglada, Maurico. (Barcelona). 1604 J 13.
Anglada, Onofre. (Barcelona). 1604 J 13. 1605 B 294.
1606 G 119. 1608 V 282.
Anglada. (brothers). (Barcelona). 1606 P 159.
Anisson, Fleury. (Barcelona. Lyon. Madrid). 1673 B 235.
1676 C 323. F 138, 139. N 99. 1677 O 74. 1678 C 324.
1683 F 168.
Anisson, Laurent. (Lyon). 1669 R 328.
Anisson y Posüel. (Lyon). 1682 H 77. N 93. 1683 L 80.
1688 N 94. 1698 J 56.
Annison, Jean. (Paris). 1694 S 473.
Antoine, Hubert. (Velpius). (Brussels). 1610 T 102.
1611 C 448. V 129. 1613 A 31. 1614 C 472. G 113. S 230.
V 297. 1616 C 452. 1617 C 450. 1618 C 493. 1625 B 242.
C 480. 1629 S 229. 1634 O 100.
Antoine, Hubert. (Velpius). (widow). (Brussels). 1632 E 32.
1634 M 427.
Antoine, Jean Théodore (Velpius). (Brussels). 1684 S 485.
Antolin de Lago, Juan. (Valladolid). 1653 Q 19.
Antonio, Lucas. (Madrid). 1670 V 575.
Antunes, João. (Coimbra). 1673 S 140. 1677 V 92.
1693 P 171. 1698 N 52.
Anveres, Lourenço de. (Lisbon). 1641 C 399, 653, 654.
G 100, 409. L 330, M 201. P 530. S 462. **[1641]** G 101, 152.
1642 B 82. C 682, 725. G 100. J 97. M 98. P 166, 414a,
527. S 116. 1643 C 191. G 102. 1644 L 147. M 94. V 326.
1645 V 325.
Argemir, Jacinto. (Barcelona). 1622 A 336. 1626 A 328.
G 196.
Armendariz, Sebastian de. (Madrid). 1684-88 F 4.
[1684] J 20. **[1685]** S 249. 1686 B 329. **[1687]** E 4, 68.
[1688] C 636. T 207. 1689 S 930. **[1691]** S 897.
Armentero, Maria. (Madrid). 1674 C 462.
Arroque, Antonio. (Barcelona). **[1667?]** C 522.
Artiman, Daniel. (Cologne). 1683 M 608.

Artur, Jorge. (Lisbon). **1603** V 112. **1607** M 295.
Aspilqueta, Martin de. (Bilbao). **1638** F 323.
Aspilqueta, Miguel. (Burgos). **1660** M 434. **1665** S 447.
1666 L 115.
Assiayn, Nicolas de. (Pamplona). **1613** P 563. R 125.
1614 C 471. S 203. **1615** C 473. S 210. **1617** C 475, 489.
1619 C 314. **1621-62** N 15. **1634** S 211.
Athias, Joseph. (Amsterdam). **[1661]** B 191. **[1666]** J 85.
Aubin, Laurent. (Lyon). **1675** O 105.
Aubrij, Daniel. (Hanau). **1622** B 187.
Aubrij, David. (Hanau). **1622** B 187
Bacx, Andreas. (Antwerp). **1611** V 129.
Baeza, Juan de. (Valencia). **1696** T 81.
Balli, Jeronimo. (Mexico). **1609** A 134.
Barajas, Manuel. (Orihuela). **1612** M 121.
Barbier, Guillaume. (Lyon). **1670** L 181.
Barcelo, Juan. (Orihuela). **1612** R 73.
Baretiana (typographia). (Venice). **1646** C 604.
Barezzi, Barezzo. (Venice). **1624** U 16.
Barrera, Andrés. (Cordoba). **1602** C 13.
Barrera, Andrés. (widow). (Cordoba). **1603** L 238.
1604 R 137. **1605** P 31. **1609** L 46. **1615** P 31. **1617** L 46.
Barrio, Juan Martin de. (Madrid). **1649** M 277.
1650 M 276. **1652** A 173. **1653** G 157. **1654** M 273.
1661 A 173. **[1685?]** M 234.
Barrio, Juan Martin de. (widow). (Madrid). **1655** C 167.
Barrio (y Angulo), Catalina de. (Madrid). **1638** F 53.
1639 F 325. S 867. **1640** S 676. **1641** G 106. **1642** S 906.
T 176. **1647** L 226. S 682. **[1650?]** V 593.
Bartau, Esteve. (Perpignan). **1645** E 122. **1651** S 315.
Bascones Ayo, Joseph. (Madrid). **1694** S 106.
Bastida, Mateo de la. (Madrid). **1652** S 885. **1654** M 563.
1658 G 175. **1659** G 193, 221. **1662** G 198. **1663** S 958.
1668 C 459. **1670** G 204. **1674** B 346. H 115. **1676** V 589.
1677 T 54.
Basto, Fructuoso Lourenço. (Braga). **1610** S 202.
1622 S 16. **1624** P 409.
Battle, Joume. (Barcelona). **[1667]** S 264.
Baudry, René. (Paris). **1645** E 51.
Baztan, Tomás. (Pamplona). **[1677?]** F 137.
Bedmar y Baldivia, Lucas Antonio. (Madrid). **1684** G 165.
1686 S 252. **1687** B 31. **1688** C 706. **1692** P 347. **1693** P 347.
1700 F 242. **[1700]** B 128.
Beller, Jean. (Antwerp). **1617** V 291. **1624** C 612.
1625 C 613. **1635** C 615.
Beller, Pierre. (Antwerp). **1617** V 291. **1624** C 612.
1625 C 613.
Beller, Pierre. (widow and heirs). (Antwerp). **1611** V 130.
Beltran, Luis. (Manila). **1638** C 576. **1639** H 39. **1640** A 24.
Beltrando, Sancio. (Lisbon). **1646** P 412, 413.
Benavides, Maria de. (Mexico). **1623** M 362.
Benavides, Maria de. (widow of Juan de Ribera). (Mexico).
1685 F 206. **1686** M 129. **1687** A 365. **1688** A 367.
1689 F 207. **1690** M 124. **1691** A 316. C 533. **1697** V 395.
396. **1698** V 396. **1699** L 122. S 323. **1700** D 95. L 73.
R 144. V 397.
Benveniste, I. (Amsterdam). **1643** B 193.
Benveniste, Manuel. (Amsterdam). **[1640?]** J 116.
[1644] B 214.
Berdun, Juan Antonio. (Pamplona). **1642** F 133.

Bernavo, Angel. (Rome). **1683** M 466.
Berôs, Luis. (Murcia). **1617** C 274. **1621** C 272. **1622** A 393.
E 30. **1630** V 565. **1634** C 273.
Berrillo, Juan. (Madrid). **1616** H 58. **1617** G 229. **1623** C 503.
Bertier, Antoine. (Paris). **1670** P 50.
Bessin, Jacques. (Paris). **1616** S 90.
Bidello, Juan Bautista. (Milan). **1610** C 447. **1615** C 474.
L 64. **1616** M 481. **1624** C 497. **1645** V 384.
Billaine, Louis. (Paris). **1681** B 231.
Bingio, Andrea. (Cologne). **1617** F 88.
Bizarrón, Antonio. (Madrid). **[1690?]** P 505. **1699** C 765.
[1700] C 568. **[1700?]** D 1. L 274. V 90.
Blaeu, Jan. (Amsterdam). **1659** G 317, 319, 321.
Blanco, Andres. (Madrid). **1676** T 155. **1688** S 101.
1689 J 170, 171.
Blanco de Alcaçar, Juan. (Mexico). **1618** C 563.
1619 D 108, 110. **1621** C 564.
Blas, J. B. de. (Seville). **1645** B 28.
Blas, Juan Francisco de. (Seville). **1666** V 468. **1668** E 128.
S 483. V 468. **[1668]** A 233. **[1669?]** N 29, V 468.
[1670?] V 473. **1671** V 468. **1672** N 1. **1673** F 204, L 111.
V 468. **1674** M 90. T 177. **[1674]** V 468. **1676** E 77.
1677 Z 32. **1683** R 115. **1686** S 737. **1689** M 191. P 25.
[1689] M 187. **1691** S 741. **1692** G 90. **1693** I 54.
[1695] C 356.
Blount, Edward. (London). **1622** O 94.
Blusson, Pedro. (Huesca). **1622** C 232. **1627** C 234.
1631 N 19. **1633** P 281. **1634** C 629.
Bodan, Cornelio. (Cuenca). **1602** F 232. I 56. L 249, 250.
M 552. **[1602]** P 154.
Bogia (Bugia), Estevan. (Madrid). **1604** L 146. **1607** M 337,
338. **1609** V 586, 588.
Bogia, Pedro Pablo. (Madrid). **1615** H 9.
Boissat, Horace. (Lyon). **1661** D 14. **1662** M 291.
Bolan, Claudio. (Antequera. Malaga). **1602** X 35. **1605** P 22.
Bolibar, Baltasar de. (Granada). **1632** S 451. **1641** I 46.
M 528. P 222, 224, 225, 236, 237, 238, 249, 250.
1645 C 769. **1646** V 5. **1647** R 341. **1649** C 107, 110, 770.
H 44. M 46, 514. **1650** G 171. **1651** H 47. M 635. P 86.
R 331. T 188. **1652** A 320. C 105, 106. M 331. R 248.
V 106. **1653** F 131. **1654** M 44, 48. R 330. **1657** R 12.
1658 M 531. **1660** S 710. **1664** S 716. **1665** R 364. **1666** L 43.
[1666] S 859. **1668** M 95.
Bonet, Juan Antonio. (Madrid). **1643** N 36. **1647** C 455.
1657 L 312. **1662** C 457.
Bonet, Juan Antonio. (widow). (Madrid). **1674** C 462.
Bonibelli, Baldisera. (Venice). **1609** M 601.
Bonfigli, Giovanni Vincenzo. (Leghorn). **[1655]** B 212.
1656 A 6.
Bonilla, Juan de. (Barcelona. Pamplona. Saragossa).
1602 I 17. **1611** V 128. **1612** G 357. S 72. **1614** V 133.
1617 M 548. O 77. **1619** C 314. P 217. **1623** O 77.
Bonis, Nouelo. (Naples). **1676** S 440
Bordazar, Jayme. (Valencia). **[1686?]** B 328. **1687** F 38.
1689 C 577. **1690** C 101. **1691** B 307. P 547. **1698** G 28.
Bordon, Hieronimo. (Milan). **1603** A 124. **1611** M 72.
V 266.
Borja, Juan de. (Cadiz). **1618** V 349. **1620** V 104.
1622 C 319. **1624** A 75, 146. **1626** G 24.

Borja y Gandia, Juan de. (widow). (Puebla de los Angeles). **1660** P 555. **1681** S 293.

Bostillo, Juan de. (Valladolid). **1604** B 261. **1609** V 124. [**1627**?] S 237.

Botelho, Antonio. (Lisbon). **1675** L 270.

Bouc, Jean le. (Paris). **1605** P 191.

Boullanger, Louis. (Paris). **1637** S 89.

Bourgeat, Claude. (Lyon). **1661** D 14. **1670** T 32.

Bourlier, Jean Baptiste. (Lyon). **1675** O 105.

Bourriquant, Fleury. (Paris). **1615** R 149.

Boutonné, Rolet. (Paris). [**1620**] L 59.

Brebion, Henry. (widow). (Lyon). [**1630**?] S 301.

Breeckevelt, Ludolph. (Hague). **1633** M 505.

Breffel, Barthomeu. (Perpignan). **1681** J 132.

Browne, John. (London). [**1617**] M 393.

Brueil, Antoine du. (Paris). **1603** M 483. **1612** S 83.

Brunello, Olivero. (Brussels). **1608** L 247.

Bua, Nicolas. (Palermo). **1635** A 90.

Bueno, Efraim. (Amsterdam). [**1650**] B 211.

Bueno, Joseph. (Amsterdam). [**1640**?] J 116.

Bueno, Pasqual. (Saragossa). **1664** A 285. [**1667**?] A 285. **1678** A 285. **1678-80** L 319. **1679** D 80. **1685** R 122. **1688** C 730. R 122. **1694** M 615. **1696** C 511. M 619. **1697** C 507. **1698** Y 8. **1700** G 200.

Bugia, Estevan. *See* Bogia.

Buisson, Guillaume. (Pamplona). **1606** T 211.

Bus, Jan. (Amsterdam). **1690** G 109.

Cabalo, Francisco. (Rome). **1637** B 162.

Cabarte, Pedro. (Huesca. Saragossa). **1612** C 184. **1613** G 308. **1616** M 641. **1617** O 77. **1619** A 385. S 266. **1623** O 76, 77. **1627** G 202.

Cabeças, Antonio. (Saragossa). **1674** R 259.

Cabeças, Juan. (Madrid. Seville). **1674** S 283. **1675** C 285, 537. G 142. P 95. V 449. [**1675**] C 253. G 91. M 473. **1676** C 410. G 141. M 116. Q 4. **1677** C 535. F 9. J 150, 157. L 126. **1678** A 288. M 344, 345. R 249. [**1678**] B 180. [**1679**] J 153. **1680** M 189. **1681** S 981.

Cabeças, Tomas. (Saragossa). **1658** A 275. **1658-60** P 17. **1664** P 439.

Cabrera, Juan de. (Seville). **1624** F 198. T 125. **1625** C 540. E 25. G 128. I 64. J 32. M 54. S 625, 884, 933, 965. T 126. [**1625**] L 133, 136. **1626** B 40. D 121. E 27. F 44, 50, 57. H 13. M 186. P 360, 365, 383. S 477, 634, 805. T 205. V 67. [**1626**] C 195, 669. R 25. **1627** T 204. [**1627**] C 661 **1628** F 248. **1629** E 70. P 345. S 921. [**1629**] D 138. **1630** F 72. **1631** A 220.

Cabrera, Juan de. (widow). (Seville). **1631** C 638.

Cabrera, Juan Lorenço. (Valencia). **1658** F 182. **1664** S 11. **1680** V 33. **1681** O 20. **1687** S 738.

Cabrera, Lorenço. (Valencia). **1653** L 85.

Cabrera, Pedro de. (Lima). **1640** L 131. **1646** M 37, 52. S 419. V 46.

Cabrera, Vincente. (Valencia). **1678** C 559. **1681** V 38. **1682** B 57. **1693** A 383. **1697** C 732. **1698** V 582.

Caesar, Jean Baptiste. (Lyon). **1619** S 925.

Cailloüé, Jacques. (Rouen). **1627** S 926. **1630** G 40. **1640** S 88. **1650** S 928.

Calatayud Montenegro, Juan de. (Madrid). **1686** B 330.

Calderón, Antonio. (Mexico). [**1649**] B 257.

Calderón, Bernardo. (Mexico). **1633** D 104.

Calderón, Bernardo. (heirs). (Mexico). **1686** L 332. **1688** R 82. **1690** M 128. **1691** S 212.

Calderón, Bernardo. (widow). (Mexico). **1642** G 6. **1645** Q 29. **1647** J 36. **1648** S 167. **1649** P 44. **1653** J 155. [**1654**?] L 216. [**1660**?] R 362. **1661** C 539. **1666** A 43. [**1667**?] L 236. **1668** M 364. **1677** P 452. **1678** M 485. **1680** R 113. **1681** E 82. I 67. **1682** E 134. **1683** A 313. **1684** R 102.

Caleoni, Gioane. (Venice). **1623** J 74.

Calle, Juan de la. (Seville). **1643** F 245.

Calle, Pedro de la. (Brussels). **1671** C 460.

Calvo, Francisco. (Toledo). **1662** P 387. **1663** M 408. **1664** P 388. **1670** P 98.

Camañes, Rafael. (Valencia). **1697** C 734.

Campo, Manuel del. (Madrid). **1680** F 102.

Cañas, Sebastian de. (Valladolid. **1604** A 181, P 158.

Canisio, Francisco. (Antwerp). **1652** J 134.

Cannavera, Juan Batista. (Caller). **1700** A 352.

Canto, Francisco del. (Juli Pueblo. Lima). **1606** V 14 **1607** G 297. **1608** G 298. **1611** C 547. **1612** B 176, 177, 178. V 564. **1614** L 139. **1616** T 167. **1617** H 59. **1618** R 183.

Capado, Joseph. (Granada). **1657** B 215.

Capo, Miguel. (Mallorca). **1700** C 766.

Cardon, Horace. (Lyon). **1602** B 179.

Carlino, Giovanni Jacobo. (Naples). **1606** E 73.

Carneiro, Domingo. (Lisbon). **1659** V 96. **1660-71** A 240. **1661** I 71. **1664** G 154. M 70. R 160. **1665** L 91. M 252. P 390. [**1665**] Z 15. **1670** A 217. **1675** L 270 **1679** J 45, 46. **1685** M 545.

Carrasquilla, Andres de. (Madrid). **1612** S 74. **1620** H 42. **1621** H 43. S 68, 77, 79. **1622** S 71. **1623** S 69.

Carvalho, Jacome. (Coimbra). **1624** E 36.

Carvalho, Manoel. (Coimbra. Evora. Lisbon). **1623** S 398. **1624** M 509. S 325. **1625-35** G 18. **1636** P 175. **1640** P 160, 161.

Carvalho, Nicolas. (Coimbra. Viana). **1616** P 410. **1617** P 411. **1619** C 32. **1620** S 369. **1627** S 369. **1629** B 47. **1631** C 254.

Carvalho, Thome. (Coimbra). **1653** R 106. **1654** C 591. **1657** P 400. **1661** Z 18. **1669** C 179. G 353.

Carvalho Coutinho, Rodrigo. (Coimbra). **1673** S 140. **1675** L 173.

Casas, Narcisus. (Barcelona). **1657** X 1.

Cassañes, Juan. (Barcelona). **1688** B 243. **1698** C 404.

Castaldo, Salvador. (Naples). **1681** E 35. **1684** C 731.

Castañ, Enrique. (Lerida). **1641** R 19.

Castello, Nicolas Martin de. (Salamanca). **1612** B 166. **1617** G 391.

Castera, Pedro. (Seville). **1673** I 57.

Casteró, Pedro. (Malaga). **1672** E 21. **1675** P 434.

Castro, Varez de. (Valladolid). **1603** S 490, 506.

Castro Tartaz, David de. (Amsterdam). [**1662**] J 65. **1663** D 30. [**1665**?] B 91. [**1666**] H 84. [**1667**] O 16. [**1671**] P 173. [**1675**] C 369. **1679** C 192.

Cavallero, Pedro. (Lyon). **1685** J 55.

Cavalo, Camilo. (Naples). **1649** S 433.

Cays, Francisco. (Barcelona). **1654** Q 20.

Cea Tesa, Francisco. (Salamanca). **1610** M 470. **1611** C 762. J 15. **1619** M 105.

Cea Tesa, Salvador de. (Cordoba). [**1620**?] R 67.

1624 C 242. **1625** C 241. **1627** D 73. **1629** C 611. S 920.
1631 T 203. **1634** L 121. **1635** B 80.

Cea Tesa, Salvador de. (heirs). (Cordoba).   **[1672]** C 660.

Cea Tesa, Salvator. (Seville).   **1654-57** T 20.

Cendrat, Guillermo. (Coimbra).   **1654** F 292.

Cendrat, Jayme. (Barcelona).   **1601** C 651, 652. F 234.
N 24. R 29, 30, 31, 34, 49, 336. V 604. **1603** H 20.
1606 R 197.

Cerbera, Juan. (Barcelona).   **1640** C 329.

Cerraluo, Roque. (Granada).   **1630** M 523.

Cesar, C. Adriano. (Mexico).   **1614** L 89.

Chevillon, Robert. (Paris).   **1670** R 93.

Cipres, Francisco. (Valencia).   **1675** S 13.

Clapes, Pablo. (Valencia).   **1618** B 251.

Clariey, Severino. (Cologne. Madrid).   **1667** F 2.

Clavijo, Matias. (Seville).   **1609** R 171. **1614** L 130.
1615 D 59. R 170. T 143. **1616** L 145. **1621** S 812.
1624 V 102. **1627** D 43. P 403. **1629** E 37.

Cloppenburgius, E. (Amsterdam).   **1631** C 603.

Cnobbaert, Jan. (Antwerp).   **1629** E 33. **1635** A 28, 30.

Cnobbaert, Jan. (widow). (Antwerp).   **1643** G 151.
1646 G 247.

Coe, Jane. (London).   **1646** N 4.

Coello, Antonio. (Valladolid).   **1609** V 124. **1612** C 317.
H 3. **1613** C 317.

Coello, Pedro. (Madrid).   **1624** M 377. **1628** F 25. **1630** P 131.
135. R 72. **1634** B 260. **1635** G 130. S 887. T 57. **1636** C 212.
1637 M 102. **1638** B 156. V 181. **1639** C 128. **1640** C 128.
M 284. **1641** M 379. **1642** A 62. J 115. S 310. **1645** M 281.
1648 M 378. **1650** G 191. **1655** G 197.

Cole de Ybarra, Pedro. (Bilbao).   **1608** S 515.

Colegio de la Compania de Jesus de Madrid. (Madrid).
1605 R 89.

Colegio de Sam Paulo da companhia de Jesus. (Goa).
1643 M 412. **1652** F 81.

Colegio de San Buenaventura. (Seville).   **1687** R 127.

Colegio de San Hermenegildo. (Seville).   **1679** O 63.

Colegio de St. Ignacio. (Rachol?).   **1690** J 118.

Compañia de Jesus. (Manila).   **1696** P 297.

Compania de liberos. (Valencia).   **1689** C 577.

Contreras, Geronymo de. (Lima. Seville).   **1619** P 354.
1621 A 343. **1624** M 42. **1625** M 527. **1626** C 40. **1630** S 128.
1631 P 207. **1632** C 251. **1635** P 558.

Contreras, Joseph de. (Lima).   **1644** C 223.

Contreras y Alvarado, Joseph de. (Lima).   **1689** G 348.
[1689] L 134. **1691** S 235. **1695** D 96, I 36. R 130.
1699 L 155. **[1700]** T 169.

Copado, Joseph. (Jaén).   **1677** J 169.

Copiaria Carmerineo, Ludovico. (Valeria).   **1635** F 315.

Copula, Pedro. (Palermo).   **1693** M 461.

Cordova. (widow). *See* Fernandez de Cordova, Francisco
(widow).

Cordova, Diego de. *See* Fernandez de Cordova y Ouido.

Cordova, Francisco. (Seville).   **[1626]** B 137.

Cordova, Francisco de. (widow). *See* Fernandez de Cordova.

Cordova, Jacob de. (Amsterdam).   **[1681]** B 195.
[1688] S 977.

Cordova, Martin de. (Valladolid).   **1603** B 293.

Cormellas. (Barcelona).   **1681** S 15. **1696** F 169, 171.
[1696] R 247. **1699** L 37.

Cormellas, Francisco. (Barcelona).   **1678** A 244.

Cormellas, Sebastian de. (Valencia).   **1683** G 365.

Cormellas al Call, Sebastian. (Barcelona).   **1601** F231.
L 142. P 350. R 27, 33, 35, 37. **1602** I 17. V 285.
1602-12 L 67. **1603** B 327. D 47. **1604** V 301. **1605** A 132.
V 303. **1606** B 62. **1607** V 390. **1608** L 143. **1611** F 178.
L 71. V 127, 128. **1612** G 50. T 159. V 267. **1614** M 480.
V 133, 135. **1615** P 65, 79. **[1615?]** V 609. **1616** D 40.
L 72. V 137. **1617** V 142, 144. **1618** C 467, 502. E 97.
V 147, 150, 153. **1619** B 106, J 102. P 217. **1620** A 38,
V 159. **1621** A 40. B 123, 124. F 140. V 296. **1622** I 20.
1624 C 327. S 63. **1625** S 205. **1628** C 562. G 77. R 152.
1630 G 358. **1633** C 330. **1634** C 509. R 342. **1635** A 87.
1639 L 208. **1643** B 56. R 88. **1644** C 334. **1645** S 368.
1646 V 345a. Z 20.

Corrado, Camillo. (Vigevano).   **1678** C 161.

Correa de Montenegro, Fernando. (Madrid).   **1620** A 289.
1621 N 51, V 164, 166.

Correa de Montenegro, Fernando. (widow). (Madrid).
1621 R 118. S 372. V 162. **1622** L 225. R 58, 284. V 167.
[1625?] T 132.

Correo, — — (viejo). (Seville).   **[1700?]** C 142.

Corrozel, Juan. (Paris).   **1635** S 87.

Cortés de Ribera, Acisclo. (Cordoba).   **1686** G 129.

Cosmerovio, Mateo. (Vienna).   **[1671]** M 390.

Cossio, Diego. (Salamanca).   **1618** F 76. **1625** S 44.
1630 M 494. **1648** B 15. **1656** S 55.

Costa, Francisco da. (Lisbon).   **1641** A 99.

Costa, Joseph da. (Amsterdam).   **[1640?]** J 116.

Costa, Juan da. (Lisbon).   **1618** F 155. **1660-71** A 240.
1666 L 78. M 24. **1668** A 167. N 32. R 158. V 86.
1669 J 94. L 331. P 176, 499. S 1. **1670** B 255. P 525.
1671 J 58. **1672** R 321. V 88. **1673** C 717. F 155. L 297.
1674 C 683. E 80. **1675** C 197. P 13. **1676-98** B 254.
1677 M 227. **1679-99** V 428 **1692** B 305.

Costa de Carvalho, Bernardo da. (Lisbon). **1696** L 125.

Coste, Jean de la. (Paris).   **1645** O 103.

Coste, Nicolas. (Paris).   **1645** O 103.

Courbé, Augustin. (Paris).   **1645** O 103. **1660** L 58.

Courbes, Hieronimo. (Madrid).   **1625** S 130.

Couronneau, Joannes. (n.p.).   **[1655]** M 561.

Craesbeeck (ex officina). (Coimbra. Lisbon).   **1615** C 724.
1650 A 353, S 392. **1651** F 309. **1652** A 310. G 163. P 524.
V 327. **1652-1744** C 194. **1653** A 84. C 519, 754.
1654 A 98. B 81, 316. C 355. **1655** H 75. O 11. P 430.
1658 V 87. **1659** A 10. **1685** C 136, 137. **1688** C 137.
1689 C 136. **1690** B 303, 319.

Craesbeeck, Francisco. (Lisbon).   **1616** C 716.

Craesbeeck, Lourenço. (Coimbra. Lisbon).   **1620** V 59.
1623 C 132. **1625** C 412. **1625-35** G 18. **[1632]** C 132.
1635 A 265. G 226. **1636** C 30, 711. P 169. **1639** H 108.
1643 B 29.

Craesbeeck, Paulo. (Lisbon. San Vicente).   **1636** P 169.
1641 J 90. L 148. P 35, 497. **[1643]** C 255. **1644** C 761.
I 60. S 117, 118. **1645** C 134. G 301. L 124. S 114.
1645-47 T 51. **1646** I 32. **1647** C 67, 625, 721. M 74.
[1647] C 75, 78. **1648** C 43. P 477. **1649** A 309. P 414.
S 393. **1650** B 304. **1651** C 135. S 394. **1652** G 192.
1655 P 162. **1657** P 126. **1658** R 61.

Craesbeeck, Pedro. (Lisbon). **1597-1650** B 318. **1602** B 320.
C 712, 713. G 140. J 117. T 160. **1603** B 317. P 465.
V 112, 118. **1603-11** J 26. **1605** B 75. C 443. L 44. R 166.
[1605?] L 45. **1606** N 63. **1607** C 131. M 295. **1608** G 7.
R 169. X 19. **1609** C 123. L 46, 47. **1610** B 130.
[1610] R 167. **1611** G 305. **1612** C 714. **1613** C 125.
F 181. J 87. **1614** M 270. **[1614]** C 715. **1615** C 680. L 158.
R 282. S 377. **1616** A 214. B 202. C 34a. M 213. T 181.
Y 15. **1617** A 11. B 108. G 214. L 46, 76. P 105. S 236.
1618 B 46. F 158. P 27. **1619** F 157. P 493. R 150, 165.
1620 C 549. P 29, 466. S 369. **1621** B 113. G 361. O 88.
P 168. R 151. **1622** B 79. C 707. **1622-24** M 406.
1623 A 7. L 170. P 512. R 151, 168. **1624** A 350. L 586.
G 368. I 37. S 221. **[1624]** B 171. **1625** V 95. **1626** C 126.
F 82. G 14. **1627** S 369. **1628** A 213. F 253. J 57. N 6.
1629 A 195. C 133, 190, 710. **1630** C 190. S 458. T 165.
V 94. **1631** C 127, 508. M 463. N 115. **1642** S 219, 220.
Craesbeeck de Mello, Antonio. (Lisbon). **1658** A 297.
P 483. **1660** V 453. **1661** M 253. P 513, 515. **[1661]** G 354.
1662 A 206. **1663** G 112. J 93. **1664** G 216. P 34. V 585.
1666 G 155. **1666-69** C 120. **1666-74-75** F 24. **1667** L 149.
1668 P 488. S 482. **1669** C 120. **1670** C 138. J 1. S 460.
V 585. **1671** S 978. **1674** F 34. L 150. P 500. **1675** F 29.
1676 C 684. G 380. S 464. **1678** M 271. P 501.
1678-79-80 F 30. **[1678]** F 29. **1679** R 20. **[1679]** F 29.
1680 S 322. **1681** F 23. R 163. S 17, 321. **1682** P 489. T 82.
1683 P 164, 165. R 21. **1687** P 490.
Cramoisy, Gabriel. (Paris). **1648** P 416. **1653** P 498.
Cramoisy, Sebastian. (Paris). **1648** P 416. **1653** P 498.
1658 D 122.
Crespin, Jaques. (Cologne). **1637** V 599. **1644** V 600.
Cuello, Antonio (Medina del Campo. Valencia). **1602** C 258.
R 251.
Cuesta, Juan de la. (Baeza. Madrid. Paris. Seville).
1601-15 H 50. **1604** R 252. **1605** C 440, 441. V 261, 288.
1606 D 77. G 61, 62. **1607** A 306. M 337, 338. S 241.
1608 C 446. L 296. S 516, 517, 957. **1609** S 807. V 279.
1610 E 66. H 112. S 146, 550, 555, 770, 771. **1611** S 558,
559, 560, 561, 562, 563, 564, 565, 566. **1612** S 961.
1613 C 469. S 568, 569, 570. **1614** C 470. R 253. S 577,
578. **1615** A 333. C 422, 451. S 67, 579, 580, 581. T 5.
1616 V 139. **[1616]** V 140. **1617** C 487, 492, 494. S 585.
1618 E 96. S 587, 588. V 131, 584. **1619** C 116. N 96.
S 591, 594, 595, 596, 597, 778. **1620** S 64, 78, 80. V 161.
1621 S 611. **1623** A 327. H 106, 107. **1639** X 30.
Cuesta, Juan de la. (fictitious). (Madrid). **[1700?]** C 494.
Cuesta (Gallo), Pedro de la. (Baeza. Jaén). **1615** B 107,
281. **1617** B 280. **1619** X 13. **1621** X 32. **1626** G 47.
1628 O 38, 41. **1629** G 393. R 69.
Damaso de Mello, Theotonio. (Lisbon). **1685** C 136, 137.
1688 C 137. **1689** C 136.
Dandijn, Juan. (Brussels). **1676** F 107.
Daniel, Michel. (Paris). **1619** L 323.
D'Araujo, Manoel. (Coimbra). **1601** L 77.
Dehmen — (brothers). (Cologne). **1695** C 54.
Delgado, Cosme. (widow). (Madrid). **1602** S 62. **1612** S 74.
1614 T 73. **[1616]** I 41. **1620** C 209. **1621** C 249. L 298.
O 3. S 68. **1622** A 82. R 323. S 71. **1623** M 16. S 69.
V 409. **[1624]** V 101.

Delgado, Juan. (Madrid). **1608** B 112. **1624** F 198. H 49. L 36.
[1624?] P 392. **1625** E 40. J 17. R 70. **1626** T 202.
1627 S 115, 149. **1629** E 43.
Deslandes, Miguel. (Lisbon). **1676-98** B 254.
1679-98 M 322. **1679-99** V 428. **1682** A 197. T 42.
1683 E 24. L 11. **1684** A 266. **1685-87** A 198. **1686** A 300.
N 81. **1687** A 266. F 179. G 139. **1688** A 46. F 74.
1689 F 74. L 168. **1690** J 2. **1693** B 253. **1693-95** R 105.
1694 S 976. **1695-1714** B 221. **1696** S 396. **1697** B 300
1698 P 415.
Destar, Pedro. (Saragossa). **[1620]** L 60. **1652** L 61.
Déu Lorenço. (Barcelona). **1607** S 60. **1609** S 60, 521.
1610 D 41. **1611** O 44. **1612** D 29. **1614** B 11. I 58.
1620 C 379. T 70. **1622** V 378. **1623** M 428. **1626** A 328.
1627 G 186. **1639** V 408. **1641** R 196.
Déu, Lorenço. (widow). (Barcelona). **1638-47** V 432.
Dias, Manoel. (Coimbra). **1652** A 255. **1654** C 370. T 166.
1660 A 169. **1661** M 263. **1677** V 92.
Dias, Mosseh. (Amsterdam). **[1690]** N 64. **[1695]** B 197.
Diaz de la Carrera, Diego. (Madrid). **1634** T 36.
1638 S 905. **1639** C 17, 426. G 316. P 422. **1640** I 44, 45.
R 353. S 676. **1641** G 111. L 251. M 379. **1642** J 115, 181.
M 254. **[1642]** M 255. **1643** T 22, 38. **1644** J 175. M 245.
O 46. **1645** C 281. I 62. M 281. S 308, 309, 390.
1645-48 G 233. **1645-1700** C 262. **1646** H 108. D 57. S 181.
1648 G 251. H 4. S 427. **1649** M 184. T 41. **1649-55** G 260,
261. **1650** C 262. G 191. M 200. S 147. **1651** C 53, 152.
M 198. **[1651]** B 311. **1652** A 268. S 885. **1654** A 85.
M 563. S 697. V 385. **1654-63** R 204. **1656** S 700, 956.
1658 B 233. G 265. S 817. **1659** B 234. S 793. U 6.
1661 C 47. F 307. G 340. R 111, 361. **1662** A 103. G 198.
1663 A 102, M 199. **1664** G 72. O 29. R 359. **1665** S 955.
1667 I 50, 51, 52. **1668** P 134.
Diaz de la Carrera, Diego. (widow). (Madrid). **1668** L 294.
[1668?] F 172. **1671** A 237.
Diaz de Montoya, Fernando. (Baeza. Granada. Jaén).
1602 V 6. **1608** S 150. **1613** V 551.
Dicas, Thomas. (London). **1662** F 230. **1663** F 229.
Diez, Diego. (Madrid. Segovia). **1637** C 607. L 213.
1638 C 753. **1639** P 368. **1640** C 608.
Dios (Miranda), Tomé de. (Seville). **1666** P 323.
1671 G 117. **1675** C 528. **1678** M 630. S 341.
Donatus, Matthaeus. (Benavente). **1611** C 758.
Dormer, Diego. (Saragossa). **1610-70** Z 35. **1633** V 183.
1635 R 14. **1637** M 261. **1639** C 332. **1641** B 246.
1642 P 2. X 26. **1649** M 39. **1652** M 433. **1653** A 346.
R 4. **1664** P 439. **1665** X 8. **1667** N 27. **1670** M 512.
P 440. **1671** M 311. T 98. Z 38. **1672** M 644. **1673** D 117.
F 5, 276. **1675** M 489.
Dormer, Diego. (heirs). (Saragossa). **[c. 1650]** S 880.
1674 R 259. **[1676]** S 421. **1679** F 201. **1680** A 248. B 247.
1681 M 174. **1683** Z 36. **1685** R 122. **1688** R 122.
[1691-1700] D 105. **1693** S 742.
Dornier, Diego. (Valencia). **1694** S 248.
Dotil, Francisco. (Barcelona). **1611** M 100.
Dotil, Giraldo. (Barcelona). **1601** A 218. F 233. R 44, 45, 87.
1602 P 102. **1603** C 378. V 574. **1604** C 50. **1607** S 60.
1609 S 60. V 429.
Duart, Francisco. (Valencia). **1672** C 690. **1676** M 564, 565.
1677 M 565. **1678** C 559. **1681** M 565.

Du-Clou, Jacques. (widow). (Paris). **1617** L 159.
[**1620?**] L 160.

Duplastre, Antonio. (Alcalá de Henares. Madrid).
1632 A 83. **1634** S 160. **1637** M 153. **1638** E 69. F 322.
P 145. S 448. **1639** C 128. F 200. M 620. **1640** C 128, 637
687. Q 32. S 904.

Duport, Roberto. (Saragossa). **1627** G 183.

Duran, Benito. (Barcelona). **1637** A 29.

Duran, Lluch. (Barcelona). **1626** G 196.

Durand, Benito. (Valencia). **1645** M 269.

Egmondt, Cornelio. (Cologne). **1650** M 426.

Elzevier, Daniel. (Amsterdam). **1680** F 177.

Elzeviriana (ex officina). (Amsterdam. Leiden).
1636 M 612. **1652** V 421.

Enrico, Nicolao. (Munich). **1640** S 7.

Epiro, — —. (Palermo). **1688** L 306.

Eraso, Juan de. (widow). (Madrid). [**1630?**] P 92.

Escorigio, Lazaro. (Naples). **1631** C 409. **1632** M 415.

Escuer, Pedro. (Huesca. Pamplona. Saragossa. Tortosa).
1634 C 233, 629. S 206, 208, 211. T 56. **1637** Z 19.
1650 C 626. **1651** G 188.

Esparça, Joseph. (Valencia). **1638** P 130.

Esparsa, Silvestre. (Valencia). **1634** C 333. **1635** C 337.
L 141. **1641** L 283. [**1650?**] M 53. **1651** G 97.

Esparsa, Silvestre. (widow). (Valencia). **1664** V 456.
[**1665?**] V 456.

Espinosa (y Arteaga), Mateo de. (Madrid). **1667** P 253,
254. V 444. **1670** F 279. **1671** C 149. **1672** V 445.
1674 B 310.

Estevez, Melchor. (Salamanca). **1666** R 184. **1668** S 24.
1676 C 199.

Estupiñan, Luys. (Lisbon. Seville). **1607** A 204. **1610** L 328.
1611 C 158. **1612** M 604. **1613** P 542. **1620** R 120.
1628 L 230. **1631** F 224. P 545. **1632** A 26, 27. P 71.
1633 L 214.

Evora, University of. (Evora). **1671** V 402. **1674** A 145.
1678 S 395. **1700** A 9.

Eyck, Felipe van. (Antwerp). **1655** F 89.

Falorsi, Anibal. (Madrid). **1615** B 111.

Faria, Belchior de. (Lisbon). **1614** M 270. **1619** P 493.

Faro, Ishaq Coen. (Amsterdam). **1688** C 764.

Faxardo, Simon. (Seville). **1624** A 187. I 69. **1625** B 74.
C 548. D 123. F 45. J 120. N 28. P 528. S 932, 935, 967.
T 131. V 434. [**1625**] C 662. S 968. **1626** A 202. D 136.
F 46, 52, 249. P 553. S 882. T 200. **1628** A 311. P 543.
1629 M 292. **1631** L 151. **1632** I 65. **1636** S 148. **1637** J 123.
1638 G 104, 240. **1642** J 124. **1644** F 298.

Ferioli, Gratiado. (Milan). **1602** V 587.

Fernández, Francisco. (Madrid. **1690** E 47. **1692** R 148.

Fernández, Juan. (Madrid). **1675** A 357. **1676** M 565.
1678 M 565. **1681** M 565. **1691** F 85.

Fernández, Julian. (Madrid). **1658** P 32.

Fernández, Maria. (Alcalá de Henares). **1647** R 186.
1650 P 88. V 580. **1651** A 141. L 254. **1652** D 34. **1653** D 32.
1658 D 31. V 552, 553, 554. **1661** P 283. **1665** L 279
1668 V 21. **1670** S 14. **1671** G 43.

Fernández, Martin. (Granada). [**1612**] G 245.

Fernández, Mateo. (Madrid). **1657** L 312. **1659** M 329,
621. P 55. [**1660**] N 57. S 711. **1662** A 245. C 457, 458.
1668 C 459.

Fernández, Pablo. (Valencia). **1686** M 610. V 43.
[**1686?**] B 331.

Fernández de Buendia, Joseph. (Madrid). **1643-67** N 40.
1645 N 40. **1658** A 236. **1659** M 554. R 16. **1660** E 45.
S 709. **1661** R 23. T 96. **1662** M 147. **1663** C 593. G 215.
1664 R 147. Z 23. **1665** G 228. M 152. [**1665?**] V 457.
1666 D 103a. **1668** D 46. **1671** M 418. Z 25. [**1671**] V 474.
[**1671?**] V 477. **1672** Z 12. [**1673**] M 327. **1674** S 244.
1674-76 F 222. **1675** C 405. S 209. **1676** T 155. **1677**
D 79.

Fernández de Buendia, Joseph. (widow). (Madrid).
1680 F 102, 174. **1681** M 130.

Fernández de Cordova, Diego. (heirs). (Valladolid).
1603 B 293.

Fernández de Cordova, Francisco. (Valladolid).
1601 V 579. **1612** C 317. P 561. **1613** C 317. E 84. P 561.
1617 C 466. **1619** H 105. S 303.

Fernández de Cordova, Francisco. (widow). (Valladolid).
1609-21 Y 14. **1621** G 115. **1625** P 177. **1625-30** B 5.
1626 B 5. T 138. **1630** R 261. **1633** S 199.

Fernández de Cordova y Ouiedo, Diego. (Valladolid).
1611 D 5. **1612** H 3. [**1613**] C 679.

Fernández de Fuentes, Juan. (Murcia). **1644** G 268.

Fernández de Leon, Diego. (Puebla de los Angeles).
1683 G 359. **1689** P 405. **1690** P 556. **1692** J 24.

Fernández Higuera, Juan. (Lima). **1618** R 183.

Fernández (Livreyre), Domingo. (Lisbon, Madrid).
1607 C 131. **1609** C 123. **1612** C 124. **1632** C 95.

Fernández Zambrano, Martin. (Baeza. Granada).
1614 M 228, 229. [**1617**] D 60. **1620** M 103. **1621** H 10.
1627 M 182. **1633** C 250. [**1650?**] L 118, 119.

Ferrand, David. (Rouen). **1636** D 84.

Ferrari, Andrea de. (Milan). [**1610?**] M 479.

Ferrer, Antonio. (Barcelona). **1683** G 45. **1688** B 243.
1694 A 179. R 124.

Ferrer, Balthasar. (Barcelona). **1683** G 45. **1688** B 243.
1694 A 179.

Ferrer, Hernando. (Barcelona). **1689** F 273.

Ferrer, Jusepe. (Valencia). **1601** M 325. **1605** C 444.
1616 M 374.

Ferreyra, Joseph. (Coimbra. Oporto). **1669** C 179.
1681 B 115. **1685** J 39. **1690** O 31, 32.

Ferron, Clemente. (Bologna). **1626** S 629.

Ferron, Juan Baptista. (Bologna). **1655** S 698.

Feuille, Daniel de la. (Amsterdam). **1696** P 70.

Figuero, Rafael. (Barcelona). **1680** C 275. **1684** A 176.
1689 C 392. **1696** G 400. R 308. **1698** C 384, 385, 393, 394.
1700 G 52.

Figueroa, Antonio. (Valladolid). [**1695**] A 201.

Figueroa, Antonio de. (Salamanca). **1629** B 14.

Figuerola, Joan. (Perpignan). **1668** B 269.

Flamenco, Diego. (Madrid. Segovia). **1619** G 270.
1621 A 308. **1623** A 1, 161, 164. F 104. M 80. T 201. U 9.
1624 B 18. F 195. I 69. L 237. P 146. [**1624**] A 163.
1625 G 70. L 109. **1626** M 158. **1628** M 226.

Flamenco, Juan. (Madrid). **1601-15** H 50. **1602** F 110.
1607 B 270. **1608** B 69. **1612** P 560.

Flandrus, Joannes. (Madrid). **1610** M 411.

Foppens, François. (Brussels). **1655** P 51. **1656** V 386.
1659 G 236. **1660** G 176. **1661** G 176. **1663** O 91.

1664 L 316. **1669** Z 26. **1669-73** T 48. **1676-80** T 99.
1677 F 28. **1680** B 288. **1687** O 13. **1691** F 108.

Foüet, Jean. (Paris). **1614** D 101.

Fraiz, Antonio. (Santiago). **[1686]** M 246.

Francisca, Esperança. (Madrid). **1642** R 202.

Franco, Juan Vicente. (Orihuela). **1627** G 267. **1662** C 542.

Franco, Juan Vicente. (Valencia). **1608** G 46. **1609** B 26.

Franco, Vicente. (Valencia). **1624** D 126.

Franzini, Hieronyme. (heirs). (Rome). **1610** F 42.

Franzini, Joan Anton. (Rome). **1610** F 42.

Fusco, Antonio. (Naples). **1657** B 213.

Gafaro, Jacomo. (Naples). **1639** V 398.

Galcerin, Antonio. (Caller). **1635** B 274.

Galrão, João. (Lisbon). **1675** B 321. **1677** M 320.
1679-98 M 322. **[1682-]1690** J 95. **1685** N 82. **1690** L 156.

Galuan, Jaume. (Barcelona). **[1600?]** P 431.

Garay, Francisco. (Seville). **1700** G 103. P 381.

Garcia, Diego. (Alcalá de Henares. Osma). **1664** F 173.
1666-68 G 147. **1669** G 145. **1672** G 146.

Garcia, Eugenio Antonio. (Salamanca). **1689-91** H 11.

Garcia, Francisco Xavier. (Madrid). **[1670?]** M 300.

Garcia, Gaspar. (Madrid). **1615** G 389.

Garcia (de Arroyo), Francisco. (Madrid). **1643** M 210.
V 407. **[1645]** H 99. **1646** A 109. **1647** V 387. **1648** L 255.
1650 M 236. S 404.

Garcia de la Iglesia, Andres. (Madrid). **1658** L 178.
1658-78 S 6. **1659** D 48. R 6. **1663** A 246. T 25. V 376.
1665 B 262. N 53. **1668** C 403. R 109. **1670** P 82.
1672 L 287. **1673** P 311. **1674** C 462. **1676** L 281. M 565.
1677 M 565. **1678** M 89. **1681** M 565.

Garcia (de la Iglesia), Lorenzo. (Madrid). **1680** C 681.
R 213. **[1684]** J 20. **[1685]** S 249. **1692** R 148.

Garcia de Velasco, Francisco. (Granada). **1640** M 539.
P 111, 245, 247, 248. R 187. V 13.

Garcia Fernandez, Francisco. (Alcalá de Henares).
1673 G 219. **1675** S 364. **1676** C 144. **1679** R 305.
1686 A 273. **1691** M 91. **1699** S 312.

Garcia Infançon, Juan. (Madrid). **1668** L 308. **1676** F 138,
139. **1677** O 74. T 54. **1678** C 279. L 282. **1680** C 728.
L 308. **1681** S 446. **1683** G 44. **1684** J 135. L 282. S 26.
1686-98 C 670. **1688** L 211. **1689** J 167. **1690** E 47. L 334.
P 220, 559. R 340. **1691** H 117. O 40. **1692** A 106. C 345.
Q 5. **1696** P 220. **1698** F 295. **1700** P 463. **[1700?]** V 90.

Garcia Morrás, Domingo. (Madrid). **1646** S 911.
1648 M 272. **1649** P 137. **[1649]** D 15. **1650** G 217. H 67.
S 685, 686, 687. **1653** B 230. S 422, 425. **1654** B 226. X 11.
1655 J 9. U 3. **1656** I 30. V 547. **1657** G 20. P 459. V 547.
1658 P 32. **1660** S 480, 481. V 577. **1663** C 166.
[1664] F 193. **1668** A 229. C 627. M 571a. S 247.
1669 N 88. **1670** S 484. **[1672]** S 250. **1683** C 318.

Garcia Sodruz, Pedro. (Madrid). **1641** A 127.

Gargano, Juan Bautista. (Naples). **1609** B 302.

Garrich, Gaspar. (Gerona). **1630** D 102.

Garrido, Diego. (Mexico). **1615** H 28. **1621** L 137.

Garriz, Chrysostomo. (heirs). (Valencia). **1645** M 269.
1646 S 133.

Garriz, Juan Chrysostomo. (Valencia). **1601** B 142. X 17.
1602 S 982. V 286. **1604** C 434, 688. **1606** P 84. **1609** G 162.
1610 B 252. **1611** U 10. **1613** E 88. **1615** C 689. **1620** S 134.

Garses, Juan. (Mexico). **1625** C 339.

Gasch, Joseph. (Valencia). **1612** V 277. **1645** V 300.
1647 F 15.

Gascon, Domingo. (Saragossa). **[1679-1700]** M 176.
1680 B 273. **1684** V 526. **1686-1700** V 528. **1691** A 290.
1693 A 25, 291. **1694** A 292. **1700** M 617.

Gascon, Jacob. (Barcelona). **1694** A 179.

Gel, Pedro. (Saragossa). **1621** G 116.

Gelabert, Martin. (Barcelona). **1664** A 180. **1676** C 413.
1677 J 42. **1679** V 430. **1688** B 243. **1694** D 97. **1699** T 23.
1700 S 141.

Ghisolfi, Phelipe. (Milan). **1645** V 384.

Gil, Geronimo. (Tortosa). **1626** M 161.

Gil de Cordova, Martin. (Madrid). **1627** J 8. **1628** S 651.

Ginammi, Marco. (Venice). **1626** C 266. **1636** C 269.
1640 C 268. **1643** C 267. **1644** C 263. **1645** C 264.
1657 C 270.

Ginobart, Jusepe. (Saragossa). **1633** V 138.

Giralt, Barthomeu. (Barcelona). **[1667]** S 264.

Gislandus, Franciscus Marie. (Monterey). **1667** V 436.

Godinez de Millis, Juan. (Medina del Campo. Valladolid).
1602 C 258. R 251. **1603** B 206. T 175. **1606-12** H 52.
1609 H 57. **1611** D 5. **1612** P 561. **1613** P 561, 563.
1614 N 109. **1615** L 310.

Godinho, Andre. (Lisbon). **1642** A 243. C 725.

Gomes, Antonio Enriquez. (Bordeaux). **1642** E 44.

Gomez, Bartolome. (Seville). **1603** S 342. T 34. **1604** L 129,
T 34. **1615** B 279.

Gomez de Blas, Juan. (Madrid. Seville). **1633** D 94.
G 49. P 361. **1634** A 281. H 98. R 64. V 606. **[1634?]** F 51.
1635 V 64. **1638** B 240. F 60, 326. M 194. **[1638]** M 20.
1639 A 182. B 169, 239. C 400. F 64, 200. R 262. S 907,
908, 909. T 206. **[1639]** P 339. R 322. S 940. **1640** O 62.
S 226. **[1640]** L 112. **1641** C 592. G 106. R 263.
1642 A 47. M 256, 314. **1643** G 107. O 51. **1646** P 369.
[1646] A 107. **1647** L 114. **1649** R 65. **1650** C 397. F 263.
O 50. S 858. **1651** C 663. **1652** G 159. P 330. **[1653]** A 69.
1654-57 T 20. **1655** N 48. **1657** S 896. T 178, 179.
1658 H 55. T 180. **1659** P 391. **1660** E 23. F 302. L 128.
M 181. **1662** G 11. S 337. **1663** E 76. J 156, 179. P 504.
1664 C 485. **1665** I 49. S 337. **[1665]** P 367. **1666** A 191.
J 127. L 196. V 468. **1668** V 468. **[1669?]** V 468.
1671 V 468. **1673** V 468. **[1674]** V 468.

Gomez de Blas, Juan. (heirs). (Seville). **[1678]** M 313.

Gomez de Carvalho, Manoel. (Lisbon). **1648** P 523.

Gomez de la Pastrana, Pedro. (Seville). **1626** U 8.
1633 D 93. **1637** H 85. **1638** P 218. **1644** B 336. M 300.

Gomez de los Cubos, Joseph. (Salamanca). **1666** Q 35.

Gomez de Loureyro, Diego. (Coimbra). **1601** N 69.
1604 A 339. **1606** G 304. **1609** D 124. **1610** A 136.
1612 A 254. S 951. **1613** S 950. **1617** A 32. **1618** T 10.
1621 M 293. **1626** C 590. **1628** C 500. **1629** P 503.
1631 P 106.

Gomez de Moura, Antonio. (Coimbra). **1653** R 106.

Gomez de Valdivielso, Pedro. (Burgos). **1619** A 125.
1630 M 417. **1637** V 438. **1647** V 437.

Gonçalez, Blas. (Madrid). **1605** M 522.

Gonçalez, Domingo. (Madrid). **1612** M 264. **1620** E 100.
H 37. **1622** M 482. **1626** A 329. **1627** F 235. **1628** P 310.
1630 V 28. **1631** T 145. **1632** V 69. **1635** T 53. **1636** G 237.

Gonçalez, Juan. (Madrid). **1623** C 503, G 302. P 147, 149. V 168. **1624** F 275. H 73. J 18, 22. P 298, 419. V 170, 392. **1624-29** P 428. [**1624**] A 155. E 101. **1625** C 747, 748. L 70, 135. N 46. Q 14. V171. **1626** B 68. C 335. P 312. R 138. V 337. **1627** F 79. P 399. V 174. **1628** P 299. S 648, 650, 651. **1629** C 208. G 238, 363. L 99, 264. **1630** L 104. O 2. V 263. **1631** Q 12. **1632** Q 16. **1633** S 345. **1634** M 590. **1635** M 584.

Gonçalez, Juan. (widow). (Madrid). **1633** E 42. **1634** C 244. I 2. M 591, 592, 593, 594, 595. Q 11. S 190, 335. V 58. **1635** V 63, 179. **1636** L 102. M 409. O 113. S 659, 814. **1637** L 220. **1638** F 61.

Gonçalez, Melchor. (Seville). **1613** P 542.

Gonçalez de la Pridas, Francisco. (Granada). **1603** S 386.

Gonçalez de Reyes, Antonio. (Madrid). **1659** V 20. **1677** A 342. **1678** E 115. M 131. **1679** C 560. **1684** G 38. R 179. **1686** R 22. **1687** G 177. **1693** T 152. **1694** S 105, 106.

Gonçaluez, Antonio. (Lisbon). **1628** B 109.

Gonçaluez, Juan. (Lisbon). **1641** E 16.

Gracian, Juan. (Alcalá de Henares). **1601** P 216. **1602** J 174. **1603** C 571. P 100. R 83. **1604** G 32. M 120. O 17. **1605** G 370. **1606** A 275a, 376. **1608** P 371. **1612** C 696. S 434. **1614** C 692. **1616** V 298. **1618** C 552. **1619** A 86. P 216, 217. **1623** R 84.

Gracian, Juan. (widow). (Alcalá de Henares). **1601** G 407. **1609** T 106. **1611** G 55. V 543.

Gracian, Miguel. (Barcelona). **1613** E 34. **1617** C 449. **1618** V 23.

Gracian de Antisco, Joannes. (Alcalá de Henares). **1621** M 499. **1622** M 499.

Graells, Gabriel. (Barcelona). **1601** A 218, F 233. R 44, 45, 87. **1602** P 102. **1603** C 378. V 574. **1604** C 50. **1607** S 60. **1609** S 60. V 429. **1611** R 13. **1612** R 13. **1614** M 407. T 142. **1616** P 151. **1619** G 2.

Gramiñani, Antonino. (Naples). **1678** C 649.

Grand, Pedro le. (Amsterdam). **1665** G 315.

Grande, Andres. (Seville). **1634** C 206. G 182, 189. **1635** F 62, 67, 70, 71. Q 22. **1636** F 63. N 25. S 903. [**1636**] S 917. **1637** Q 23. **1638** C 624.

Guasp. (widow). (Mallorca). **1691** G 29.

Guasp, Gabriel. (Palma). **1609** M 134. **1612** D 130. [**1620?**] D 129.

Guillemot, Matthieu. (Paris). **1604** P 66.

Guillena Carrascoso, Juan Joseph. (Mexico). **1684** M 43. **1694** C 313. F 205. [**1694**] A 67. **1697** A 317, 364, 366.

Guillermo, Juan. (London). **1623** L 322.

Gutierrez, Diego. (Mexico). **1634** L 165.

Guzman, Bernardino de. (Madrid). **1619** L 79, 309, 504. **1620** L 252. **1622** T 121. **1624** M 167. S 620, 621. [**1624?**] A 158, 160. **1625** B 58. C 548, 671. F 202. W 8. **1626** F 56. [**1626**] B 39. **1631** M 19. T 203.

Guzman, Thomas de. (Toledo). **1604** X 31.

Hasrey, Juan. (Antwerp. Madrid). **1613** I 19. **1614** A 118. J 28. T 2.

Haviland, John. (London). **1622** O 94.

Hermosilla, Francisco Lorenzo de. (widow). (Seville). [**1700?**] L 288.

Hermosilla, Lucas Martin de. (Seville). **1682** G 136.

1686 N 34. **1687** L 120. [**1688**] J 131. **1694** G 371. L 325. **1695** P 308. [**1698**] T 108. [**1700?**] C 64.

Herne, Richard. (London). **1642** S 467.

Herrera, Juan de. (Madrid). **1614** S 73.

Heylan, Bernardo. (Granada). **1622** A 394.

Heylan, Francisco. (Granada). **1625** G 82. P 240. **1626** G 83. P 242. S 630. **1627** G 330. **1629** R 210. **1631** B 165.

Hidalgo, Clemente. (Cadiz. Seville). **1604** V 302. **1605** M 162. **1609** F 12. **1610** S 971. **1615** S 4.

Hidalgo, Dionisio. (Barcelona. Toledo). **1666** O34. **1669** P 119.

Hoeymaker, Fernando de. (Brussels). **1624** M 647.

Horna y Villanueva, Pedro de. (Madrid). **1645-1700** G 262.

Hospital general de Madrid. (Madrid). **1652** A 268.

Hospital real, i general de N. Señora de Gracia. (Saragossa). **1634** C 233. L 95. **1637** Z 19. **1638** A 247. G 110. **1644** B 275.

Houry, Jean d'. (Paris). **1659** O 101. **1660** F 17.

Huarte, Martin de. (San Sabastian). **1674** S 721.

Huarte, Pedro de. (San Sebastian). **1675** M 97. **1690** L 333.

Huby, François. (Paris). **1603** P 194. **1617** B 103. **1627** M 437.

Huguetan, Jean Antoine. (Lyon). **1658** B 290. **1670** L 181. **1678** P 150.

Huydobro, Pedro de. (Bilbao). **1643** B 238.

Huydobro, Pedro de. (Burgos). **1629** F 83.

Ibarra, Lorenço de. (Madrid). **1665** M 152. **1667** C 623. [**1673**] M 327. **1675** C 405.

Iglesia, Domingo de la. (Cuenca. Uclés). **1601** P 216. **1619** P 216. **1621** S 361. **1623** L 169. **1627** S 391.

Iglesia, Julian de la. (Cuenca). **1634** E 41.

Imprenta de la Santa Cruzada. (Madrid). **1674** G 311. **1683** G 311.

Imprenta del reyno. (Granada. Madrid. Milan. Paris. Toledo). **1595-1680** J 126. **1601-15** H 50. **1602** H 31. M 477. **1602-12** L 67. **1603** L 314. **1604** L 68. X 2. **1605** A 305. **1607** B 270. **1608** B 69. **1610** P 221. **1612** F 290. **1613** I 19. M 71. S 962. V 339. **1614** G 408. J 28. **1615** B 110. J 141. **1617** L 162. P 200. **1619** D 125. **1624** H 53. **1625** G 82. M 11. P 240. **1626** F 141, 142. **1627** S 313, 644. **1628** A 88. L 19. **1629** C 677. P 448. Q 25. **1630** B 140. P 131, 135, 339. **1631** F 120. T 145. **1632** D 23, 70. E 67. H 104. M 622. S 451. V 293. [**1632?**] D 71. **1633** G 231. P 170. S 441. **1634** B 227, 345. **1635** A 221, 223. P 15. S 66. T 53. [**1635**] F 197. **1636** G 237, 239. P 266. S 872, 918. **1637** M 274, 414. P 447. R 350. V 310. **1638** B 245, 324. M 498. S 873. **1639** B 324. C 655. G 339. M 533, 535, 536, 537. N 50. R 313, 354. **1640** B 33. M 107, 495, 539. P 111, 245, 246, 247. V 13, 399. **1641** A 21. H 65. L 261. M 410, 528. P 225, 238, 249, 250. **1642** F 278. L 272. **1643** C 664. N 36. **1644** C 697. P 77. **1645** A 253. **1647** C 455. Q 3. **1648** M 471. **1649** L 5, **1650** G 171. **1651** M 635. **1652** G 378. H 45. M 532. P 58. R 248, 332. S 693. **1653** D 67. F 131. L 253. **1654** C 505. G 235. N 9. **1655** V 52. **1656** A 269. C 310. G 377. H 18. P 30. **1657** C 226. F 293. S 100. **1662** C 457, 458. N 58. **1663** L 280. **1664** L 277. N 33. **1665** M 424. **1666** G 64. **1667** C 322. H 16. M 196. **1668** C 459. G 63. M 95. **1670** C 429. G 204. M 643. X 27. **1674** A 235. B 346.

(228)

C 617. H 115. **1676** C 665. F 138, 139. N 99. V 589.
1680 R 173. **1681** M 130. **1683** A 270. **1693** P 69.
1696 P 1.

Imprenta de Musica. (Madrid). **1700** N 12.
Iñiguez de Lequerica, Juan. (heirs). (Madrid. Valladolid).
1601 J 143. **1602** S 380. **1603** S 225. **1604** F 124. S 507.
Israel, Imanoel. (Hamburg). **[1662]** J 84.
Israel, Menasseh ben. (Amsterdam). **[1630]** J 68.
[1633] V 419. **[1634]** J 81.
Israel Soeiro, Semuel ben. (Amsterdam). **[1650]** J 70, 75.
M 58.
Izquierdo, Julian. (Madrid). **1675** C 210.
Jacobi, Lorenço. (Amsterdam). **1602** B 185.
Jaen y Castañeda, Thomas. (Valladolid). **1654** M 541.
Jahacob Valensi, David. (Leghorn). **1656** A 6.
Jalabert, Martin. *See* Gelabert.
Janse, Alexandro. (Amsterdam). **[1671]** P 174.
Jansenio, Gusleno. (Antwerp). **1612** J 47.
Janssonius, Johannes, junior. (Amsterdam). **1664** S 12.
Jolis, Juan. (Barcelona). **1681** R 243. **1683** V 603. **1691** R 244.
Joost, Gillis. (Amsterdam). **[1646?]** B 190. **[1654]** J 3.
Jorge, Felipe. (Lisbon). **1654** R 164.
Juan, Carlos. (Pamplona). **1646** A 387.
Juliana (ex typographia). (Venice). **1656** C 605.
Junte, Teresa. (Madrid). **1625** M 106. S 628. **1626** S 632, 633.
Junte, Thomas. (Madrid). **1595-1680** J 126. **1618** M 316.
1619 A 345. **1620** A 39. M 267, 268. **1622** A 345, D 45.
E 136. L 56. P 450. **[1622]** S 615. **1623** B 296. G 259.
S 617, 862. T 19. **1624** C 119. G 306. **1694** E 9.
Kaisero, Abrahao Gerardo. (Batavia). **1672** F 153.
Keerberghio, Juan. (Antwerp). **1615** S 131.
Kinchio, Antonio. (Cologne). **1655** B 198.
Kürner, Juan Diego. (Vienna). **1670** M 375.
Labáyen, (Lavayen) Carlos de. (Pamplona. Saragossa.
Tarazona). **1606** B 200. H 83. **1607** A 249. **1608** A 226.
G 384. **1612** E 61. **1613** P 563. **1614** N 13. **1615** S 207.
1617 L 273. **1622** T 141. **1623** H 22. L 317. **1626** G 195.
1628 G 241. **1629** A 61. **1631** G 174. **1633** C 96. **1634** S 208.
Labáyen, Martin de. (Pamplona). **1635** J 177. **1639** J 178.
1647 B 27.
Laborda, Agustin. (Valencia). **[1650?]** J 105. **[1679]** S 183.
Lacavalleria, Antonio. (Barcelona). **1646** C 265.
1660 R 126. **1664** F 165. **1667** P 424. **1670** C 694.
1672 C 391. **1673** B 235. V 485. **1674** G 311. **1683** G 311,
312. **1696** L 1. **1699** H 78.
Lacavalleria, Pedro. (Barcelona. Perpignan). **1628** B 291.
1629 C 650. G 184. **1630** M 340. **1635** A 222. **[1635]** G 180.
1636 A 89. **1637** C 498. **1638** C 44. **1639** S 452. **1640** L 248.
1641 S 28, 29. **1642** C 303. **1643** A 170. C 35. F 255, 257,
258, 259, 291. **1645** N 42.
La Marca, Joaquin. (Valencia). **1690** L 10.
Lamarca, Luis. (Valencia). **1691** C 141.
Lamberto, Francisco. (Huesca. Madrid). **1646** G 320.
1651-57 G 69. **1655** C 483. **1656** C 483.
Lamy, Pedro. (Paris). **1660** G 336.
Lanaja, Pedro. (heirs). (Saragossa). **1652** V 388.
1658-60 P 17. **1664** A 285. **[1667?]** A 285. **1675** R 123.
1678 A 285.
Lanaja y Lamarca, Pedro. (Saragossa). **1639** P 24.

1643 R 255. **1646** D 7. R 128. **1647** A 284. **1649** C 520.
1692 A 261.
Lanaja y Lamarca, Pedro de. (heirs). (Saragossa).
1610-70 Z 35. **1649** C 338.
Lanaja y Quartanet, Juan de. (Saragossa). **1610** C 231.
Z 34. **1610-70** Z 35. **1612** G 357. **1613** C 231. S 305.
1615 C 235. **1617** C 704. O 77. **1619** D 42, 90. **1620** B 325.
S 267. **1621** Z 37a. **1622** B 248. C 501. **1623** O 77.
1629 T 35. **1630** L 94.
Larumbe, Joseph Lorenzo de. (Huesca). **1692** A 347.
Larumbe, Juan de. (Saragossa). **[1611?]** D 118. **1617** M 548.
1638 C 545. **1644** H 62.
Larumbe, Juan Francisco de. (Huesca). **1650** A 216.
1651 B 217. **1659** V 454. **1660** V 454. **1662** V 454.
[1663?] V 454. **1664** V 455. **1667** V 459. **1668** V 461, 462.
1669 V 465. **1670** V 469, 470. **[1671?]** V 476. **1672** V 480,
481. **1673** V 487, 488. **1678** H 95. **[1700?]** V 540.
Larumbe, Lorenço Joseph. (Huesca). **[1675?]** V 506.
Lasso, Francisco. (Lima). **1619** T 168.
Lasso, Pedro. (Madrid). **1642** J 181. **1644** M 245.
1645 S 309. **1645-48** G 233.
Lasso de las Peñas, Juan. (Valladolid). **1627** D 3. **1630** D 66.
P 386.
Lasso Vaca, Christoval. (Medina del Campo. Valladolid).
1605 L 246. **1605-09** N 17. **1610** C 99.
Laurentius, Robertus. (Madrid). **1642** M 416.
Lavayen, Carlos de. *See* Labáyen.
Layno, Nicola. (Naples). **1694** B 12.
Lazano, Alonso. (Madrid). **1660** E 45.
Lazaro, Pedro Andres. (Valencia). **1690** C 101.
Leefdael, Francisco de. (Seville). **[1679]** J 160.
[1700?] B 158. C 89, 572, 743. G 372. L 28, 29, 31, 291,
292. M 223, 225, 438, 445, 451, 521. O 64. P 108, 295,
296, 344. R 345, 346. V 341, 568. Z 8.
Leefdael, Francisco. (widow). (Seville). **[1700?]** L 293.
Leget, Gaspar. (Valencia). **1605** V 122.
Leite Pereira, Antonio. (Lisbon). **1679-98** M 322.
1680-91 A 196. **1682** A 197. **1685-87** A 198. **1690** C 115.
Leite Pereira, Juan. (Lisbon). **1647** C 625.
Lemos, Vicente de. (Lisbon). **1642** M 475. **1649** C 581.
Leon, Francisco. (Rome). **1689** I 33.
Leon, Gabriel de. (Madrid). **1636** T 58. **1640** R 81.
1650 M 88. **1652** I 21. **1653** L 253. **1654** C 505. T 28.
V 385. **1655** G 248. M 350. N 55. V 364. **1656** Q 34.
1657 G 51, M 279, 280. V 581. **1658** C 49. **1658-78** S 6.
1668 C 459. H 90. **[1669?]** M 88. **1671** A 237. **1673** A 116.
1674 A 116, 235. T 83. U 4. **1675** D 11. **1678** M 89, 131.
1680 R 213. **1682** V 446. **1686** C 106.
Leon, Gabriel de. (heirs). (Madrid). **1675** T 29. **[1676]** T 29.
[1680?] M 395, 567. **1693** T 152. **1698** C 668. **[1700?]** C 82.
Leon, Juan de. (Seville). **1603** J 146.
Leonard, Frederic. (Paris). **1700** C 526.
Lezaun, Mathias de. (Saragossa). **1692** J 164.
Liberos, Bernardo. (Valencia). **1645** R 176.
Liberos, Estevan. (Barcelona. Cordoba. Madrid).
1613 E 34. G 23. **1614** T 142. **1615** M 407. **1616** M 83.
R 103. **1618** T 197. V 23. **1619** C 763. **1620** F 277. P 197.
S 856. **1621** B 134. C 165, 228. F 217. M 259. R 3. T 111.
1622 A 186, 336. O 4, 7. **1623** G 34. **1624** S 70. **1626** G 196.

U 14. **1627** J 110. **1628** M 31. P 338. T 215. **1630** S 979. V 175. **1631** C 481.

Liberós, Estevan. (Murcia).   **1645** A 123.

Lietand, Miguel. (Lyon).   **1661** D 14.

Lira, Juan de. (Lisbon).   **1608** L 326.

Lisaert, Philippus. (Antwerp).   **1612** V 109.

Lizau, Matias. (Saragossa).   **1652** V 388.

Llanos y Guzman, Matheo. (Madrid).   **1685** S 103. **1688** S 101. **1694** S 102. **1696** S 102. **1697** S 102.

Llofriu, Vicente. (Murcia).   **1697** S 175.

Llopis, Francisco. (Barcelona).   **1677** J 42.

Llopis, Joseph. (Barcelona).   **1685** G 381. **1687** M 614. R 245. **1689** M 616. **1691** J 163. S 414. **[1695]** R 246. **1699** R 104.

Loçano, Alonso. (Madrid).   **1663** G 215.

Locarno, Pedromartir. (Milan).   **1603** A 124.

Locarno, Pedromartir. (heir). (Milan).   **1610** C 447.

Logroño, Diego. (Madrid).   **1635** V 177.

Logroño, Justo Antonio. (Madrid).   **1681** S 407.

Longhis (ex typographia de). (Bologna).   **1692** C 606.

Longo, Egidio. (Naples).   **1666** R 363. **1671** F 225.

Lopez, Bautista. (Alcalá de Henares).   **1604** D 72.

Lopez, Christoval. (Seville).   **1687** A 114. **[1687]** E 22.

Lopez, Esteñao. (Lisbon).   **1602** E 56.

Lopez, Francisco. (Madrid).   **1602** H 31. **1603** L 314. V 118. **1604** R 252. **1605** O 27.

Lopez, Jeronymo. (Lisbon).   **1601** C 575.

Lopez, Manuel. (Alcalá de Henares. Madrid).   **1635** T 57. **1637** M 146. **1640** H 87. **[1645]** H 99. **1653** A 142. **1658** B 233. **1659** B 234. **1661** T 96. **1662** M 147.

Lopez Calderon, Blas. (Valladolid).   **1653** Q 19.

Lopez Davalos, Diego. (Mexico).   **1607** M 383. **1610** G 269. **1611** L 88.

Lopez Davalos, Diego. (widow). (Mexico).   **1614** L 89. **1615** H 28.

Lopez de Haro, Diego. (Seville).   **[1680?]** V 435. **[1700?]** M 503.

Lopez de Haro, Thomas. (Madrid. Seville).   **1679** C 176. **1683** D 58. S 347. **[1683]** Z 27. **1684** V 15. **[1684]** P 122. **1686** T 210. **1687** S 346. **1689** E 129, 130. **[1689]** F 266. **1690** A 294. **[1691]** L 275. **1692** A 293.

Lopez de Herrera, Jorge. (Lima).   **1641** P 546. **1649** R 143. **1650** E 117. **[1653?]** C 44.

Lopez Ferreyra, Manoel. (Lisbon).   **1693** E 11. **1695** P 492.

Lopez Hidalgo, Antonio. (Almeria).   **1699** P 97.

Lopez Hidalgo, Mateo. (Malaga).   **1657** S 182. **1663** O 107.

Lopez Roza, Domingo. (Lisbon).   **1642** A 73. F 161. L 204, 324. P 496, 508. R 156. V 424. **[1642?]** V 427. **1643** A 74. M 3. P 5, 507. **1644** L 199, V 425. **1645** G 300. P 4 **1646** M 474. **1651** C 181, 709. D 36.

Lorençana, Bartolome de. (Granada).   **1608** G 334. **1612** F 227. **1614** G 334, 335. **1617** S 806. **1629** P 20, 438. **1632** C 419. M 21. P 241.

Lorenci, Henrico. (Amsterdam).   **1622** C 600. **1625** B 218.

Loriente, Thomas. (Barcelona).   **[1646]** T 100. **1696** F 169, 171. **[1696]** R 247. **[1697]** B 60. **1699** L 37.

Lorza, I. de. (Bilbao).   **[1670?]** C 287.

Lownes, Mathew. (London).   **1617** J 14.

Luyne, Guillaume de. (Paris).   **1660** G 333.

Lyra, Diego de. (Lima).   **1691** M 248.

Lyra, E. de. (Evora).   **1601** B 225.

Lyra, Francisco Ignacio de. (Seville).   **1653** T 46.

Lyra, Ignatius de. (Seville).   **1653** O 48.

Lyra, Manoel de. (Evora).   **1603-11** J 26. **1609** S 254.

Lyra (Varreto), Francisco de. (Madrid. Seville).   **1616** G 405. M 35. N 66. X 12. **1618** J 23. T 149, 150. **1619** D 109. E 103. L 152. **1620** V 382. **1621** R 95. **1622** Q 33. **1623** C 524. M 299. S 168. **1624** C 479. F 162. S 879, 881. T 67. **1625** A 337, 369. C 39. I 63. J 112. **1626** B 38. S 348, 631. **1627** S 194, 643. **1628** F 80. R 24, 77. **1629** G 355. P 522. R 135. **1631** F 199. **1632** I 42. **1633** F 47, 48, 49. S 966. W 3. **[1633?]** Z 31. **1634** A 325. **1636** S 915. **1637** Q 26. **1639** F 69. O 28. S 232, 671, 672, 673, 674. **1641** C 482. **1647** J 50. S 683. **1648** I 47.

Macé, Benito. (Valencia).   **1667** I 59. **1672** C 690, 691. P 139. **1674** D 19. **1676** D 18. M 564, 565. **1677** M 565. **1681** M 565.

Macé, Benito. (heirs). (Valencia).   **1695** D 99.

Macé, Benito. (widow). (Valencia).   **1684** R 153. **1686** M 609.

Macé, Claudio. (Valencia).   **1626** G 161. **1628** G 203. **1642** C 628. **1652** P 256. **1695** D 99.

Machabeu, Iehudah. (Amsterdam).   **[1656]** J 63.

Machado, Juan Lorenço. (Cadiz. Seville).   **1653** G 337. V 66. **1670** C 585. J 140.

Madrigal, Pedro. (Madrid).   **1602** V 259, 281. **1603** P 429. V 287. **1604** N 18. **1605** R 90.

Madrigal, Pedro. (heirs). (Madrid).   **[1629]** M 157. **1635** F 58. G 130, S 887.

Maffre, Juan. (Tolosa).   **1620** L 320.

Magallon, Jayme. (Saragossa).   **1697** A 302.

Magaurina, Jacinto. (Manila).   **1630** J 16.

Maire, Juan. (Leiden).   **1652** H 88.

Malatesta (brothers). (Milan).   **1648** F 94.

Malatesta, Juan Bautista. (Milan).   **1621** F 18.

Malpartita, Juan de. (Ecija).   **1638** P 370.

Manescal, Luys. (Lerida).   **1602-12** L 67. **1611** R 208. **1616** G 118. **1617** V 299. **1621** N 97.

Manescal, Miguel. (Lisbon).   **1669** D 115. S 1. **1674** C 683. **1675** P 13. **1676** C 684. **1677** M 320. **1680** N 56. **1681** H 80. P 407. **1685** I 39. **1687** V 529. **1689** T 52. V 530. **1690** C 115. H 102. V 531. **1691** V 532. **1692** V 533. **1693** V 534, 535, 536, 537. **1694** F 154. R 161. V 538, 539. **1696** F 226. **1700** C 580.

Manumbas, Lucas. (Manila).   **1696** F 297. **1697** M 397.

Marçal, Juan Bautista. (Valencia).   **1621** A 331. **1626** G 161. **1628** G 203. **1635** P 211. **1645** J 49.

Marchant, Lamberto. (Brussels).   **1688** F 105. **1699** H 12. **1700** F 106.

Mares, Diego. (Logroño).   **1619** S 93.

Mares, Matias. (Logroño. Pamplona).   **1609** V 370. **1609-21** Y 14. **1638** M 123.

Margarit, Geronymo. (Barcelona).   **1609** E 93. P 568. **1610** B 292. **1612** L 69. **1614** T 87. **1618** B 236. M 169. S 963. **1620** C 379. P 404. **1621** C 387, 388. **1622** P 120. **1625** C 579. **1627** G 225. **1628** C 389, 693. V 406. **1630** C 386. **1631** T 61. **1632** P 124. **1634** C 380.

Maringo, Juan Baptista. (Palermo).   **1624** L 21.

Maroto, Francisco. (Madrid).   **1642** L 257.

Marti, Juan Pablo. (Barcelona).   **1699** L 37.

Marti, Maria Angela. (widow). (Barcelona). **[1663]** Z 22.
Martias, Juan. (Burgos). **1639** F 324.
Martin, *San.* (Imprenta de, Madrid). **1665** S 387.
Martin, Edmond. (widow). (Paris). **1682** M 118.
Martin, Hieronymo. (Tarragona). **1602-12** L 67.
1603 A 130.
Martin, J. (London). **1662** F 230. **1663** F 229.
Martin, Lucas. (Seville). **1691** P 59. **1696** R 309.
Martin, Onofrio. (Caller). **1672** D 37.
Martin de Balbao, Alonso. (Madrid). **1606-12** H 52.
1608 A 19. B 19, 105. S 518. **1609** L 92, 93. S 75. V 126,
265, 586, 588. **1610** C 282. **[1610?]** V 332. **1611** M 632.
V 290. **1611-12** M 339. **1612** M 264. **1613** F 77. P 252.
R 172. V 268, 283. **1615** H 9. **1629** C 368.
Martin de Balbao, Alonso. (widow). (Madrid). **1614** C 496.
P 562. T 3. V 270. **1615** C 486. **[1615]** V 138.
1616-17 M 86. **1617** P 406. V 141, 143, 146. **1618** A 377.
D 26. V 305, 309. **[1618]** V 149, 152. **1619** O 66. S 593.
V 155, 156. **1620** E 100. H 37. P 183. V 158, 273.
1621 A 326. C 41. T. 107. V 165, 295. **1622** C 477.
M 482, 553, V 307, 383. **1623** B 204. G 213. **[1623]** A 344
[1623?] O 36. **1624** V 292. **1625** V 68, 173, 274.
1626 A 329. C 546, 746. F 194. **1627** F 235. S 638.
1628 D 78. J 142. P 310, 398. S 647, 649. T 18. **1629** A 41.
N 41. P 398. **1632** C 95. P 322. V 69. **1633** D 127 O 43.
1635 P 153. V 177. **[1635]** G 181. **1636** S 113. **1637** C 193.
S 661. **1638** P 138. **1667** V 125, 136, 145, 148, 151, 154,
157, 160, 163, 169, 172, 176, 178, 180, 182, 185, 187.
Martinez, Augustin. (Murcia. Orihuela). **1607** H 91.
1609 P 204. **1612** M 121. **1613** G 22. O 9. **1624** P 104.
Martinez, Blas. (Granada). **1635** B 161. **1636** M 315.
[1636?] M 540.
Martinez, Francisco. (Madrid). **1628** F 25. **1629** C 213.
1629-39 S 424. **1630** G 253. R 72. T 214. **1631** A 298.
C 609. **1632** C 188. G 173. **1633** C 198. G 292. T 50.
1634 B 119, 181. C 172. P 81. W 1. **1635** F 270. V 607.
1636 F 268, 271. **1637** B 182. **1638** A 172. G 255, 256.
M 602. S 898. T 21. **[c.1640]** V 338. **1641** V 440.
1642 Q 14. **18.** S 426. **1643** B 139. **1645** R 212. **1677** S 245.
Martinez, Gaspar. (Pamplona). **1665** M 560. P 156.
Martinez, Geronimo. (Valladolid). **1602** N 95. **1617** C 466.
Martinez, Gregorio. (Madrid). **[1660?]** E 99.
Martinez, Henrico. (Mexico). **1602** M 363. **[1603]** G 266.
1606 M 122. **1607** E 1. **[1611]** A 312.
Martinez, Juan. (Madrid). **1601** A 129.
Martinez, Miguel. (Madrid). **1608** B 105. **1610** E 66.
1613 V 132. **1614** R 209, 253. V 42. **1615** S 67. **1618** E 96.
V 131. **1619** N 96. **1623** A 327.
Martinez Abad, Diego. (Madrid). **1698** P 96. **1699** L 227.
Martinez de Águilar, Francisco. (Malaga). **[1660?]** P 219.
Martinez (Grande), Luys. (Alcalá de Henares). **1606** A 177.
1607 A 334. **1611** A 178. **1612** B 201.
Martinez (Grande), Luys. (widow). (Alcalá de Henares).
1615 A 374.
Mascardo, Jacomo. (Rome). **1610** T 97. **1622** F 97.
Mata, Gregorio de. (Madrid). **1671** F 36.
Matevad (Casa). (Barcelona). **1671** C 383. **1676** C 413.
1677 J 42. **1679** V 430.
Matevad. (widow). (Barcelona). **1638-47** V 432.

Matevad, Jayme. (Barcelona. Paris. Seville). **1623** A 77.
I 66. P 178. R 338. S 890. **1625** C 205. E 26. J 111. S 857,
902. **1626** F 41, 43. G 89. R 47. **1627** G 8. **1635** B 61. E 62.
1636 S 81. **1637** B 49, 51. **1638-47** V 432. **1639** B 301.
C 610. **1640** B 50, 52. **1641** B 54. **1642** B 73. E 60.
1643 A 256. B 59. C 517, 395. E 17. F 237, 239, 244,
251, 254, 256, 265. G 103a. J 99. L 13, 14, 15, 16, 17, 82,
83. M 81, 82. P. 93, 516, 517, 518. R 39. S 903a, 945, 946.
T 105. V 61. **[1643]** P 567.
Matevad, Sebastian. (Barcelona. Seville). **1604** B 294.
1607 S 60. **1609** S 60, 521. **1610** D 41. **1611** M 62.
1612 C 236. V 389. **1614** T 104. **1615** D 8. **1616** M 642.
1617 G 60. H 33. **1621** J 43. **[1621]** P 337. **1623** I 66.
R 338. S 890. **1625** C 205. E 26. J 111. S 857, 902. **1626** F 41,
43. G 89. R 47. **1627** G 8. **1635** B 61. E 62. **1636** S 81.
1637 B 49, 51. **1638-47** V 432. **1639** B 301. C 610.
1640 B 50, 52.
Mathevat. *See* Matevad.
Matos, Mateus de. (Lisbon). **1616** C 716.
Matthijiz, Paulus. (Amsterdam). **1641** P 506.
Maurry, Laurens. (Rouen). **1644** E 50, 53. **1649** H 14.
1656 E 52. **1682** E 54.
Meerbeeck, Juan de. (Brussels). **1624** B 121. E 31.
1625 C 204. D 16.
Meerbeque, Lucas de. (Brussels). **1636** C 162.
Melendez, Manuel. (Madrid). **1659** V 20. **1664** Z 23.
Mena, Sebastian de. (Granada). **1601** L 258. **1603** S 386.
Mena, Sebastian de. (widow). (Granada). **1608** G 334.
1614 G 334.
Menescal, Luys. *See* Manescal (Lerida).
Menescal, Miguel. *See* Manescal. (Lisbon).
Menescal, Luis. (Barcelona). **1609** E 93.
Menescal, Miguel. (Barcelona). **1604** V 260. **1611** M 61, 62.
1612 V 389. **1613** G 23. **1625** A 96. **1627** C 614.
Mercham, Andres de. (Valladolid. Valparaiso). **1603** C 565.
1605-23 H 56.
Merchan y Calderon, Pedro de. (Lima). **1612** L 90.
1613 L 90.
Merinero, Juan Martin. (Madrid). **1663** T 25. **1665** N 53.
1670 P 440. **1672** Z 12. **[1672]** S 250. **1674** D 50. S 244.
1675 M 282. **1679** A 23. **1696** S 954.
Merino, Juan. (Alcalá de Henares). **1650** V 580.
Mestre, Francisco. (Valencia). **1677** M 324. V 431.
1680 A 58. **1681** C 94. S 291. **1684** R 141. **1686** F 37.
1687 G 249. **1690** L 10. **1691** C 141.
Meursio, Juan. (Antwerp). **1615** V 107. **1632** P 570.
1643 C 632.
Mey, Aurelio. (Valencia). **1609** V 41.
Mey, Felipe. (Valencia). **1611** V 40. **1616** M 374. **1618** B 250,
251. **1625** R 15.
Mey, Felipe. (heirs). (Valencia). **1635** F 304.
Mey, Pedro Patricio. (Valencia). **1601** M 325. **1602** M 478.
1604 B 184. E 89. **1605** C 444. F 216. **1606** T 27.
1607 A 135. G 48. R 277. **1608** A 52. G 127. **1610** A 51.
U 11. **1610-11** E 87. **1613** D 46. P 435. **1614** M 460.
1616 C 453. Y 1. **1617** C 488. **1619** V 30. **1621** A 331,
332. **1622** V 35. **1623** S 618.
Micól (Micón), Juan. (Pamplona). **1692** G 4. **1697** L 215.
Miguel, Francisco. (Valencia). **1601** M 325. **1602** S 982.
V 286. **1605** V 122.

Millanges, Guillaume. (Bordeaux). **1628** G 54. O 108.

Minaschi, Domin. (heirs). (Leghorn). **[1655]** B 212. **1656** A 6.

Moet, Pierre. (Paris). **1659** O 92.

Mommarte, Jean. (Brussels). **1604** A 131. **1608** F 214. **1612** U 2. **1647** D 85. **1660** O 104. **1662** C 456.

Moneda, Pablo. (Rome). **1677** H 5.

Mongaston, Juan de. (Logroño. Najera). **1610** B 313. **1615** A 113. **1617-20** V 566.

Mongaston Fox, Pedro de. (Logroño). **1639** O 47. **1641** P 140.

Monnier, Guillaume de. (Nantes). **[1650?]** H 76.

Mont, Jacobo. (Bologna). **[1663?]** S 715.

Montenegro, Alonso. (Madrid). **1694** S 106.

Montero, Francisco Martin. (Saragossa). **1675** M 489.

Montoya, Juan de. (Madrid). **1601** H 51. **1602** V 281. **1603** V 287. **1605** V 288.

Morales, Juan Batista. (Montilla). **1629** R 8.

Moreno, Francisco. (Saragossa). **[1700?]** L 304.

Morera, Pere. (Vich). **[1693]** L 183.

Moreto, Balthasar. (Antwerp). **1630** T 94. **1642** C 163. **1654** B 284. **1657** L 172. **1658** B 287. **1660** V 108. **1663** B 285. **1668** T 170.

Moreto, Juan. (Antwerp). **1604** F 125.

Morillo, Geronymo. (Valladolid). **[1623]** E 19. **1626** A 97. **1633** L 177.

Morillan, Claude. (Lyon). **1614** S 960.

Morras, Garcia. (Madrid). **1655** U 3.

Morront, Adrien. (Rouen). **1614** S 84. **1615** S 85.

Moulertus, S. (heirs). (Middleburg). **1631** C 602.

Moulertus, S. (widow). (Middleburg). **1631** C 602.

Moyà, Joseph. (Barcelona. Tarragona). **1676** C 413. **1679** V 430. **1684** M 550. V 393. **1685** V 62.

Moyà, Juan de. (Madrid). **[1635?]** S 747.

Muñoz, Juan. (Baeza. Granada). **1616** G 272. **1624** A 147.

Muñoz, Sebastian. (Granada). **1606** G 16.

Muñoz, Susana. (widow). (Salamanca). **1617** G 258.

Muñoz Barma, Joseph. (Madrid). **1650** S 147.

Mures, Arnold. (Hague). **1629** M 506.

Mureto, Antonio. (Paris). **1664** C 312.

Murillo, Geronimo. (Arévalo). **1644** M 115. **[1645]** M 115.

Navarro, Martin. (Saragossa). **1648** S 891.

Nicolas, Corneille. (Amsterdam). **[c.1635]** D 81.

Nieto, Francisco. (widow). (Madrid). **1673** N 92. **1674** T 83. **1679** F 115. **1680** F 115. **1694** J 130.

Nieto (y Salcedo), Francisco. (Madrid). **1657** M 280. **[1659]** F 121. **1661** F 303. **1663** M 143, 144. **1666** N 54. **1668** A 175. **1669** M 132.

Noguera, Antonio. (Madrid). **[1622]** S 615.

Nogués, Bernardo. (Saragossa. Valencia). **1645** M 269. **1646** S 133. **1649** V 36. **1653** L 85. M 208, 429. **[1653]** O 19. **1656** N 38. **1658** M 207, 431. **1658-60** S 423. **1659** S 262. T 110. **1664** A 263.

Nogués, Gabriel. (Barcelona). **1624** J 121. **1635** C 381, 382. M 159. **1636** C 390. T 136. **1638** C 42. S 912. **1641** M 160. S 31, 32. **1643** E 20, 58. F 260. I 13. L 12. P 519. **1644** R 250. **1646** Z 20.

Nogués, Juan. (Huesca. Lerida. Saragossa). **1645** L 53. **1646** G 320. **1649** G 313, 314. **1650** G 53. **1651-57** G 69. **1670** V 471.

Noguès, Raphael. (Barcelona). **1609** V 278.

Noort, Juan de. (Madrid). **1641** L 9. **1643** B 139.

Nucci, Lucrecio. (Naples). **1609** B 302.

Nucio, Martin. (Antwerp). **1603** M 351. **1605** V 289. **1607** V 123. **1615** V 107.

Nuñez de Castre, Bartolome. (Cadiz). **1677** J 169. **[1677]** J 168. **[1693]** E 126.

Ocampo, Francisco de. (Madrid). **1633** P 47, 48. W 3. **1634** V 606.

Ocharte, M. (Mexico). **1600** J 162. **1601** J 162.

Ochoa, Francisco de. (Granada). **1670** G 328. **1674** C 411. **1678** T 190. **1692** G 3.

Oliver, Francisco. (Mallorca). **1672** Z 6.

Ondatigui, Marcos de. (Madrid). **1680** O 18.

Orry, Marc. (Paris). **1607** O 102. **1608** I 31. **1609** O 98.

Ortiz de Saravia, Maria. (Toledo). **1625** S 97.

Ortiz Gallardo, Gregorio. (Salamanca). **1689-93** C 157. **1692** P 63.

Osana, Francisco. (heirs). (Mantua). **1608** G 388.

Osmont, Charles. (Rouen). **1629** G 187. **1633** C 97. **1644** C 98.

Ossete, Pedro. (Medina del Campo. Valladolid). **1602** C 258. R 251.

Oteyza, Juan de. (Pamplona). **1622** C 478.

Ovyn, Adrian (Rouen). **1636** S 86.

Pacheco, Joa. (Santiago). **1612** G 220.

Padrino, Joseph. (Seville). **[1650?]** C 521. **[1700?]** T 63.

Pagliarini (brothers). (Rome). **1700** P 46.

Palacio y Villegas, Domingo. (Madrid). **1635** V 179. **1658** M 214. **1661** R 23. **1668** A 229. C 627. M 571a.

Palol, Hieronymo. (Gerona). **1685** T 7. **1691** G 108.

Pandulpho Malatesta, Marcos Antonio. (Milan). **1693** P 69. **1696** P 1.

Paredes, Alonso de. (Madrid). **1623** G 254. **1624** A 157. **1625** L 135. **1643-67** N 40. **1645** N 40. P 315. **1646** F 33. P 115. **1647** S 195. T 209. Y 12. **1648** E 65. **1649** N 39. P 94. **1675** S 975.

Paredes, Alonso Victor. (Seville). **1677** E 131.

Paredes, Julian de. (Madrid). **1647** P 11. **1649** A 137. H 15. **1651** A 211. C 768. **1655** R 299. **1656** J 114. **1658** M 214. **1664** C 484. **1667** M 645. **1670** G 169. **[1671]** A 267. **1672** A 171. **1673** F 215. **1674** S 720. **1676** M 148. **1677** G 27. M 51, 209. N 98. **1680** S 725, 726. **[1680]** S 729, 730. **1681** S 731, 732. **[1681]** M 192. **1682** A 272. **1684** S 432, 734, 735. **1685** V 34. **1686** S 736. **1689** H 116. **1690** S 388. **1695** C 257.

Paris, Bartolome. (Bordeaux. Pamplona). **1614-18** S 204. **1628** O 108. **1634** S 206.

Parra, Andres de. (Madrid). **1615** G 389. **1620** H 42. **1621** H 43. **[1622?]** F 99. **1624** A 157, J 31. M 297. **1628** B 41. **1629** J 34. V 75. **1631** S 455. **1633** C 438. **[1634]** R 333. **1640** S 816. **1644** S 679. **1645** S 680.

Parra, Joseph. (Valencia). **1699** F 164.

Paulino, Estevan. (Rome). **1604** C 550. **1607** T 40. **1640** P 114.

Pavo, Josephus. (Genoa). **1602-05** S 169.

Paz, Juan Francisco. (Naples). **1672** H 109.

Pedroza Galram, Antonio. (Lisbon). **1697** C 140. **1699** A 36.

Peñafort, Raymundo de. (Manila). **1683** S 164.

Perez, Alonso. (widow). (Madrid). **1627** Q 21.
Perez, Diego. (Seville). **1623** D 24a. **1624** H 6. M 287.
1626 F 250.
Perez, Francisco. (Seville). **1603** C 745. **1606** E 38.
1608 C 51.
Perez, Juan Salvador. (Genoa. Seville). **1679** O 63.
1690 S 171.
Perez, Lucas. (Madrid. Salamanca). **1675-78** F 151.
1679-90 F 152. **1682** A 4. **1682-87** L 55. **1683** S 23.
1684 A 4. **1686** S 25.
Perez, Sebastian. (Salamanca). **1658** R 329.
Perez de Castilla, Francisco. (Jaén). **1634** R 365. **1636** R 80.
Perez de los Rios, Diego. (Mexico). **1611** L 88.
Perez (de Montalvan), Alonso. (Madrid). **1602** M 477.
1608 B 19. **1609** V 126, 265. **1611** V 290. **1613** V 283.
1614 V 270. **1616-17** M 86. **1618** V 309. **[1618]** V 149, 152.
1619 V 155, 156. **1620** V 158, 273. **1621** V 164, 165.
1623 V 168. **1624** F 275. P 298, V 170, 292. **1625** V 68,
171, 173, 274. **1626** B 68. **1627** G 230. V 70, 174.
1628 P 299. **1629** C 677. **1630** T 60. **1631** F 120. **1632** V 293.
1633 G 231. **1634** B 345. G 232. **1636** P 266. S 872, 918.
1637 M 274. **1638** P 279. S 873. **1641** L 251. V 345.
Perez de Valdivilso, Juan. (Huesca). **1612** A 386.
Perez (Estupiñan), Diego. (Jerez. Trigueros). **1648** J 147.
1649 C 344. **1650** A 322. **1653** N 83.
Pernet, Alexandre. (Geneva). **1609** V 598.
Petit Val, David du. (Rouen). **1627** P 408.
Pharar, Abraham. (Amsterdam). **[1627]** P 348.
Piferrer. (widow). (Barcelona). **[c.1700]** L 284.
Pincinali, Felipe. (Valencia). **1613** E 88. **1634** C 333.
Pineda Ybarra, Joseph de. (Guetemala). **1667** M 173, S 22.
Pinellus, Petrus. (Valencia). **1618** P 21.
Pinheiro, Mattheus. (Lisbon). **1625** G 367. **1626** A 238.
1628 V 318. **1631** L 313.
Pinpin, Thomas. (Manila. Pila?). **1613** P 118. **1625** D 87,
88. **[1626]** D 88. **1627** L 206. **1630** J 16.
Plancha, Juan de la. (Geneva). **1631** P 188.
Plantin. (Antwerp. Leiden). **1602** L 62. **1603** H 86.
1604 F 125. **1607** A 33. **1612** O 60. **1630** T 94. **1642** C 163.
1654 B 284. **1656** J 52. **1657** L 172. **1658** B 287. **1660** V 108.
1663 B 285. **1668** T 170.
Popma, Alardo de. (Seville). **[1635]** S 861.
Pordazar, Jayme de. (Valencia). **1696** T 81.
Porsile, Carlos. (Naples). **1675** X 6. **1681** V 51. **1682** C 729.
Portoles de la Torre, Bartolome. (Valladolid).
1667 M 290. **1671** V 57.
Profilio, Juan Pablo. (Rome). **1615** A 388.
Puerta, Juan de la. (Seville). **1699** M 629. **[1699]** L 212.
1700 B 244. **[1700]** F 261.
Puyada, Domingo la. (heirs). (Saragossa). **1685** J 172.
Queirós, Lourenço de. (Lisbon). **1641** C 399, 654. F 247.
M 156, 251. P 495. S 923. **[1641]** F 247. G 152. **1642** P 526.
R 156.
Quiñones, Maria de. (Madrid). **1634** B 260. **1635** G 179.
T 37, 57. **1636** C 22, 212. **1637** C 59. M 102. S 662.
1638 B 156. V 181. **1639** M 206. **1640** B 2. N 43. R 211.
1642 N 35. R 202. **1643-67** N 40. **1645** N 40. R 211.
1647 E 75. **1651** P 307. **1653** A 142. G 318. **1654** A 71.
Z 13. **1655** A 356. M 114. **1657** S 972. **1661** P 53. S 449.
[1664] C 59.

Rami, Joseph. (Lerida). **[1674]** V 495. **1675** V 503.
Ramirez, Antonio. (Salamanca). **[1601]** L 74. **1605** R 140.
1611 R 206. **1612** B 166. **1621** N 111. **1623** R 17.
1624 R 177. S 378. **1626** S 378. T 139. **1627** C 686.
1629 B 14.
Ramirez, Antonio. (widow). (Salamanca). **1603** L 87.
1607 G 167. **1610** M 197. **1613** P 443. **1617** G 391.
1618 M 108. **1622** G 153.
Ramirez, Juan. (Alcalá de Henares). **1611** P 309.
Ramirez, Lucas. (Madrid). **1625** L 70. **1644** S 371.
Ramos, Manuel. (Seville). **1676** C 33.
Ramos Vejarano, Gabriel. (Seville). **1615** A 119, 260.
N 113, 114. P 384. **1616** G 114. L 185, 186, 187. P 384.
R 367. S 185. V 313. **1617** A 283. **1619** A 120. H 35.
1621 R 107. **1622** M 526. **1623** G 346.
Ravanals, Juan Bautista. (Valencia). **1698** L 286.
Ravaud, Marc Antoine. (Lyon). **1658** B 290.
Ravesteyn, Juan de. (Amsterdam). **1662** H 89.
Ravesteyn, Nicolas. (Amsterdam. Frankfurt).
1632-51 M 55. **[1648]** J 61, 69. **[1653]** J 4. **[1654]** J 5.
Ravesteyn, Pablo de. (Amsterdam). **1614** A 370.
Redondo, Santiago Martin. (Madrid). **1641** A 126.
1660 G 194, 199. **1661** G 218. **1663** T 33. **1664** G 309.
1674 G 311. **1679** C 560. **1683** G 311. **1687** G 177.
1690 P 220. **1696** P 220.
Regil, Mateo. (Valencia). **1645** V 300. **1675** S 13.
Remeus, Gorge. (Lyon). **1661** D 14. **1662** M 291.
Renaut, Andres. (Salamanca). **1601** M 402. **[1601]** L 74.
1602 R 178. **1615** A 200.
Renaut, Juan. (Salamanca). **1615** A 200.
Renè, Antonio. (Granada). **1615** C 271.
Renè, Juan. (Malaga). **1615** A 359, P 179. V 275, 284.
1622 R 133. **1623** L 267. V 100.
Renè de Lazcano, Antonio. (Granada). **1632** M 21. P 241.
1633 H 69.
Requeman, Christoval de. (Cadiz). **[1683?]** F 203.
1698 O 26. **1699** T 91. **1700** C 733.
Revilla, Francisco. (Saragossa). **[1691-1700]** D 105.
Rey, Fernando. (Cadiz. Jerez. Seville). **1616** T 123.
1617 A 76. J 122. **1623** A 8. **1632** T 45.
Rey, Maria. (Madrid). **1668** D 86. L 294, 295. **[1668?]** F 172.
1671 A 237.
Reyes, Gaspar de los. (Manila). **1692** B 70.
Ribera, Juan de. (Mexico). **1679** X 14. **1682** M 238. V 417.
1683 S 367. **1684** L 318. S 366.
Ribera, Juan de la. (Cambrai). **1622** G 42.
Ribera, Juan de. (widow). (Mexico). *See* Benavides, Maria de
(widow).
Ribera Calderon, Miguel de. (Mexico). **1697** V 395.
Ribero, Antonio. (Madrid). **[1635]** B 258. **1640** M 107.
1644 C 697. **1647** V 387.
Ribero, Jusepe del. (Madrid). **1657** S 100.
Ribero, Marcos del. (Madrid). **1676** T 155.
Ribero, Maria del. (Madrid). **1678** A 338. **1680** F 170.
Ribero Rodriguez, Antonio del. (Madrid. Toledo).
1656 M 275. P 30. **1659** M 554, 621.
Rica de Miranda, Roque. *See* Rico.
Ricardo, Antonio. (Lima). **1602** A 358. **1603** A 358.
1604 A 35. Q 7.
Richer, Estevan. (Paris). **1617** C 492.

Rico de Miranda, Roque. (Bilbao. Madrid). **1669** B 228, 229. **1674** C 462. D 50. **1675** M 282. N 89. **1677** S 245. V 550. **1680** O 18.

Riego, Alonso del. (Valladolid). **[1700?]** L 321.

Riero Texada, Antonio. (Madrid). **1658** F 240. **1661** N 91. **1662** G 26. **1665** N 86. **1669** N 88. **1671** F 36. **1675** N 88.

Rievo, Antonio de. (Madrid). **1658-78** S 6.

Rigaud. (Lyon). **1688** N 94.

Rigaud, Pierre. (Lyon). **1614** O 99.

Rios, Francisco de los. (Seville). **1676** E 77.

Roales, Francisco. (Salamanca). **1653** M 193.

Robertis, Dominicus d'. (Seville). **1643** P 212.

Roberto, Felipe. (Tarragona). **1603** A 130. **1609** C 695. **1614** F 92.

Roberto, Gabriel. (Tarragona). **1619** V 374.

Robinot, Gilles. (Paris). **1611** C 465. **1614** M 605.

Robledo, Francisco. (Mexico). **1640** L 166. T 163. **1642** S 155. **1643** B 172. S 152. **[1644]** P 56. **1646** E 120.

Robles, Francisco de. (Madrid). **1603** R 207. **1604** S 508, 509. **1605** C 440, 441. **1606** S 513. **1607** S 241. **1608** C 446. L 296. S 516, 517. **1609** S 807. **1610** S 550, 771. **1611** S 558, 559, 560, 561, 562, 563, 564, 566. **1613** C 469. S 570. **1614** C 470. S 577. **1615** C 451. S 579, 580, 581. **1617** S 585. **1618** S 587. **1619** S 591, 594, 595, 596, 778. **1621** S 611. **[1622]** S 614. **1639** M 206. **1642** N 35. **1649** N 39.

Robles, Francisco de. (widow). (Madrid). **1664** N 33. **[1667]** E 141.

Robles, Isidor de. (Madrid). **1664** R 147.

Robles, Laurenço. (Saragossa). **1606** R 274. **1610** T 109. Z 34. **1610-70** Z 35. **1611** S 122.

Rodrigo, Joseph. (Valencia). **1687** F 38.

Rodriguez, Alonso. (Saragossa). **1601** L 193, 194. **1604** Z 37.

Rodriguez, Antonio. (Madrid). **1607** A 306. **1623** S 862. **[1623?]** M 18. **1624** S 620, 621.

Rodriguez, Antonio. (Alcalá de Henares). **1673** G 219.

Rodriguez, Eugenio. (Madrid). **1684** L 34. **1685** P 121.

Rodriguez, Francisco. (Mexico). **1668** S 284. **1673** V 394.

Rodriguez, Gregorio. (Madrid). **1647** S 681, 684. T 101. **1648** G 68. **1649** J 103. **1650** P 127. **1652** Z 16, 17. **1655** C 483. **1656** C 483. **1657** E 98. G 51. **1658** C 49. **1663** C 166. **1666** N 54. **1667** G 345.

Rodriguez, João. (Braga. Lisbon. Oporto). **1621** F 209. M 104, 547. **1623** C 755. **1629** C 756. **1632** C 760.

Rodriguez, Jorge. (Lisbon). **1602** E 56. G 242a. S 397. **1603-11** J 26. **1604** F 84. **1605** C 442. **1607** R 74. **1610** N 62. **1616** P 38. **1617** B 104. C 454. **1618** O 110. **1620** O 14,15. S 281. **1628** B 109. P 37. **1630** I 22. P 36. **1631** S 466. **1639** H 108. **1641** F 247, 306. M 156, 251, 436. P 495. S 923. **[1641]** F 247. **1642** C 377.

Rodriguez, Manuel. (Madrid). **1620** M 267, 268. **1621** L 298.

Rodriguez, Matthias. (Lisbon). **1631** B 289. F 159, 160. **1632** R 294. **1634** F 156.

Rodriguez, Miguel. (Cordoba). **1603** L 238.

Rodriguez, Nicolas. (Seville). **1638** E 92. F 65. V 373. **1639** A 380. F 68. G 105. **1648** G 234. **1666** V 468. **1668** V 468. **[1669?]** V 468. **1671** V 468. **1673** V 468. **[1674]** V 468.

Rodriguez, Nicolas. (widow). (Seville). **1671** T 153. **1672** V 482. **1673** S 338. V 486. **[1673?]** V 494. **1674** M 32. S 240, 257. **[1674]** V 496.

Rodriguez, Pedro. (Toledo). **1601** M 85. **1603** S 96. **1604** R 146. **1605** P 417. **1610** V 24. **1611** B 223.

Rodriguez, Pedro. (widow). (Toledo). **1611** B 223. F 78.

Rodriguez, Sebastian. (Coimbra). **1669** G 353.

Rodriguez d'Abreu, Antonio. (Lisbon). **1672** U 7. **1674** M 321.

Rodriguez de Almeyda, Manuel. (Coimbra). **1695** L 164.

Rodriguez de Figueroa, Antonio. (Vallodolid). **[1690]** O 84. **1693** P 554.

Rodriguez de Valdivielso, Diego. (Toledo). **1616** T 16. **1617** P 418. **1618** C 516. S 99. **1620** S 98. **1623** V 25.

Rodriguez Gamarra, Alonso. (Seville). **1605** P 83. **1606** S 217. **1608** M 349. **1611** S 557. **1614** S 934. **1615** A 359. B 279. C 422. M 457. P 172, 384, 402. R 132. **1616** D 9. F 119. G 206. L 329. M 34, 458. P 384. S 286. V 117. **1617** A 384. G 207, 208, 406. L 232. R 136. **[1617?]** C 423. **1618** T 149, 150. **1621** O 57.

Rodriguez Lupercio, Francisco. (Mexico). **1668** C 276. **1669** L 167. **1677** A 44. **1679** M 27. **1681** K 1. **1685** V 422.

Rodriguez Lupercio, Francisco. (heirs). (Mexico). **1698** M 371.

Rodriguez Lupercio, Francisco. (widow). (Mexico). **1688** V 319. **1689** A 391. **[1690?]** A 318. **1691** N 31. **1692** G 364. **1694** N 10. **1696** S 435.

Roiz, Jorge. (Portalegre). **[1692]** S 316.

Roman, Antonio. (Madrid). **1683** G 25, 382. **1685** G 307. **1686** B 329. C 505. **1687** V 11. **1690** J 37. P 559. **1691** V 423. **[1691]** S 897 **1692** S 418. **1693** A 274. B 334. F 8. **1695** P 460. **1696** S 954.

Roman, Manuel. (Saragossa). **1692** J 164. **[1694]** P 346.

Romeu, Jayme. (Barcelona). **1640** C 143, 329. M 508. S 226. **1641** C 245. F 13. **1642** E 57, 59.

Romolo, Thomas. (Palermo). **1688** L 18.

Roncallolo, Juan Domingo. (Naples). **1613** R 318.

Roseli, Joseph. (Naples). **1687** Z 11. **1688** Z 11.

Roure, Luys. (Perpignan). **1626** M 382.

Rossi, Antonio de. (Rome). **1696** E 90.

Rueda, Joseph de. (Valladolid). **1676** C 347.

Rueda, Juan de. (Valladolid). **1618** T 186. **1620** C 759. **1628** X 18. **1630** R 261.

Ruelle, Thomas de la. (Paris). **1613** M 484.

Ruiz, Juan. (Mexico). **1613** D 107. **1616** J 29. **1624** G 349. **1627** P 91. **1631** M 549. **[1638]** C 644. **1640** G 397. **1645** C 207. **1649** L 52. **1651** D 65. **1662** T 164. **1672** M 372. **1674** B 340.

Ruiz de Murga, Manuel. (Madrid). **1694** C 366. **1696** P 62. **1697** E 124. **1698** G 87. J 136. **1700** J 165.

Ruiz de Pereda, Juan. (Toledo). **1622** V 27. **1628** N 47. **1633** S 436. **1641** A 143.

Salbago, Francisco. (Mexico). **1634** A 188. **1637** C 427. **1638** I 3. **[1638]** C 424, 425.

San Vicente, Juan. (Alcalá de Henares. Madrid). **1656** A 269. **1658** L 178. **1659** D 48. **1663** V 376. **1664** C 484. **1665** L 279. **1667** V 444. **1668** V 21. **1672** V 445.

Sanchez, Andres. (Madrid). **1600** O 61. **1601** O 61.

Sanchez, Antonio. (Alcalá de Henares). **1619** P 217.

Sanchez, Francisco. (Granada). **1641** I 46. M 528. P 222, 224, 225, 236, 237, 238, 249, 250. **1645** C 769. **1646** V 5. **1647** R 341. **1649** C 107, 110, 770. H 44. M 46, 514. **1650** G 171. **1651** H 47. M 635. P 86. R 331. T 188. **1652** G 378. H 45. M 532. R 332. V 106. **1653** A 203. **1656** G 377, 379. **1660** O 59. **1661** M 534. **1665** R 92. **1672** I 53. **1673** M 47.

Sanchez, Juan. (Madrid). **1616** L 209. **1617** O 68. **1624** M 377. **1625** S 626. **1638** S 119. **1639** C 128. R 352. [**1639**] F 264. **1640** B 37. C 128. M 284. S 870. **1641** B 347. L 105. N 37. **1642** M 416. S 310. **1645** M 376. **1648** M 378. **1649** L 113.

Sanchez, Juan. (widow). (Madrid). **1639** P 456. **1640** R 81.

Sanchez, Lorenço. (Madrid). **1639** P 456. **1640** R 81. **1642** G 244. **1651** P 282.

Sanchez, Lucas. (Barcelona. Saragossa). **1609** R 50. **1610** C 231. **1611** D 4. L 75. **1613** C 231.

Sanchez, Lucas. (widow). (Saragossa). **1612** S 72.

Sanchez, Luis. (Madrid. Valladolid). **1601** H 51. M 180. **1602** B 199. G 76. **1602–05** S 169, 489. **1603** B 256. C 46. S 224, 289. **1604** J 27. S 508, 509, 757, 758, 759. V 121. **1605** E 107. F 122. J 12. L 263. M 522. S 476, 510. **1606** S 512, 513. **1607** B 163. **1608** A 257. B 163. **1609** A 101. **1610** C 719. R 71. V 110. **1611** A 381. C 12, 14, 720. P 208. **1612** I 40. **1613** A 304. **1614** O 39. S 980. T 2. **1615** C 180. P 564. S 964. **1616** H 58. R 366. V 22. **1617** G 229. H 34, 40. V 89. **1618** P 215. S 800. **1619** C 15. M 432. [**1619**] M 133. **1620** Q 15, 17. **1621** L 50. S 77, 79. T 13. **1622** B 203. C 551. F 35, 210. J 30. L 49, 225. O 112. **1623** L 20. S 170. **1624** C 321, 641. D 76. L 259. M 33, 212. T 59. **1624–29** P 428. [**1624**] V 103. **1625** P 16. S 627. **1626** B 349. R 129. S 634. **1627** V 70. **1632** I 65. M 36. **1642** H 111.

Sanchez, Luis. (widow). (Madrid). **1627** D 63. G 230. J 8. S 645. V 276. **1628** F 286. P 305. **1630** Q 1. [**1631**] H 70.

Sanchez, Maria. (Nodriza?). **1633** C 220.

Sanchez, Melchor. (Madrid). **1651** P 282. **1652** I 21. **1654** T 28. **1655** G 248. M 350. N 55 V 364. **1656** Q 34. **1657** V 581. **1658** G 175. **1659** Z 21. **1663** S 958. **1664** L 278. **1665** V 26. **1668** H 90. **1673** A 116. **1674** A 116. **1675** V 294. **1681** P 284.

Sanchez, Miguel. (Valladolid). **1614** N 109.

Sanchez, Nicolas Antonio. (Granada). [**1672?**] V 483. **1673** M 45. S 239. Z 24.

Sanchez, Pedro. (Valencia). **1677** M 324.

Sanchez (Bravo), Carlos. (Madrid). [**1635**] B 258. **1641** P 87. **1642** A 62. G 244. [**1644**] B 297. **1646** S 910. [**1646**] S 900. **1647** H 17. **1648** M 326. **1650** M 87, 88. [**1669?**] M 88.

Sanchez Crespo, Justo. (Alcalá de Henares). **1602** C 100. **1604** D 72. **1605** G 56. **1606** P 196. **1607** L 63. P 196.

Sanchez de Ezpeleta, Andres. (Alcalá de Henares). **1611** P 309. **1617** S 450.

Sanchez de Ezpeleta, Andres. (widow). (Alcalá de Henares). **1622** G 242.

Sande, Manuel de. (Seville). [**1627**] J 33. **1629** R 131. S 256.

Santa Ana, Nicolas de. (Salamanca). **1624** S 378. **1626** S 378.

Santiago, Andres de. (Granada). **1638** B 164. M 638.

Santo Domingo, Bernardino. (heirs). (Valladolid). **1602** A 258.

Santos y Saldana, Julian de los. (Lima). **1648** L 107.

Sanz, Francisco. (Madrid). **1672** Q 36. R 18. **1674** M 646. O 114. U 4. **1675** L 303. **1678** B 31. G 12. [**1680?**] C 73. R 347. **1681** S 104. **1682** C 60. F 103. **1683–94** C 58. **1684** Z 2. **1685** C 58. **1690** V 381. **1698** S 363. **1699** S 223.

Sanz, Juan. (Madrid. [**1700?**] M 219, 222, 440. S 362.

Sanz, Juan. (heirs). (Madrid). [**1700?**] S 863.

Sapera, Juan. (Barcelona). **1635** E 62.

Sarfatti, Yehosuah. (Amsterdam). [**1666**] J 77.

Sarzina. Giacomo. (Venice). **1627** S 929.

Sazedon, Francisco. (Madrid). **1691** O 40. **1692** C 345. **1694** S 105.

Scheybels, Guilielmo. (Brussels). **1657** B 192.

Schleich, Clement. (Hanau). **1622** B 186.

Schmidts, Matthaeus. (Cologne). **1607** O 95.

Schoevarts, Godefredo. (Brussels). **1627** E 29. J 104. **1635** B 151.

Secreto del Santo Officio. (Mexico). [**1660?**] R 362.

Sedano, Nicolas de. (Bilbao). **1682** C 277. **1685** J 7.

Selma, Bartolome de. (Cuenca). **1603** F 187. G 144. [**1605?**] A 375.

Senior, David. (Amsterdam). [**1610**] M 603.

Serrano (de Figueroa), Francisco. (Madrid). **1647** C 455. **1658–78** S 6. [**1660**] N 57. **1662** C 458. N 58. **1663** L 280. **1664** L 277, 278. **1667** L 285. **1670** P 82. **1672** L 287. **1673** P 311. **1676** L 281.

Serrano de Vargas, Juan. (Granada. Madrid). **1606** S 174. **1630** M 523.

Serrano de Vargas, Michael. (Salamanca). **1688** M 296.

Serrano de Vargas, Miguel. (Madrid). **1602** B 199. **1603** L 327. **1605** O 75. **1606** P 201. **1613** V 132. **1614** S 65. V 42, 134. **1615** H 81, V 275. **1617** N 70.

Serrano de Vargas y Vreña, Juan. (Malaga. Seville). **1619** P 352, 353. [**1619**] E 28. **1620** C 174, 175. R 63. **1621** F 262. **1624** A 159. M 41. P 382. **1637** F 40. G 201. **1640** V 105. **1648** V 450.

Sersanders, Alexander. (Ghent). **1645** G 41.

Sierra, Bernardo. (Madrid). **1671** M 623.

Sierra, Bernardo. (widow). (Madrid). **1665** V 26.

Sigueiro, A. de. (Alcobaça). **1597–1650** B 318.

Siles, Miguel de. (Madrid). **1611–12** M 339. **1613** V 268. **1614** V 134. [**1615**] V 138. **1616** V 139. [**1616**] V 140. **1617** V 141, 143. **1620** V 161. **1621** A 326. V 162. **1622** V 167.

Simões, Francisco. (Evora). **1614** S 471.

Simon, Baltasar. (Valencia). **1606** T 27.

Simon, Juan. (Barcelona). **1611** M 100. **1617** C 491.

Soares, Francisco. (Lisbon). **1642** L 204. **1652** G 163.

Soares (de Bulhoens), Diego. (Lisbon). **1667** M 262. R 48. **1670** S 952. **1673** C 717.

Soler, Joseph. (Tarragona). **1684** M 550.

Soler, Llorens. (Barcelona). **1643** V 61.

Sommaville, Antoine de. (Paris). **1645** O 103. **1660** O 93.

Sonzonio, Juan. (Valencia). **1641** L 141, 283. **1645** M 269.

Sonzonio, Roque. (Valencia). **1602** V 286. **1616** C 453. **1617** C 488. **1626** G 161.

Sorita, Bautista. (Barcelona). **1617** C 449, 490, 491. V 1.

Sornoren, J. V. (widow). (Amsterdam). [**1681**] B 219.

Sorolla, Miguel. (Valencia). **1633** B 136. **1636** D 98. **1642** S 438. **[1660?]** H 74.

Sotil, Juan Batista. (Naples). **1604** L 48.

Sparke, Michael. (London). **1639** D 49.

Struickman, Lorenzo. (Cologne). **1681** E 137, 138. **1682** E 139. **1684** E 140.

Suarez Solis, Antonio. (Valladolid). **1654** M 541.

Suria, Jayme. (Barcelona). **1692** R 198. **1698** C 404. R 98.

Suria, Vicente. (Barcelona.) **1678** A 244. **1698** N 90.

Sury, Abraham. (Amsterdam). **[1628]** B 210.

Sylva, Manoel da. (Lisbon). **1628** S 381. **1641** A 99. L 202. **1642** C 757. S 219, 220. **1647** J 100. M 75. **1649** C 581. S 474. **1654** R 164.

Taberniel, Artus. (Salamanca). **1603** A 335. **1604** B 308. O 45. P 182. **1606** G 257. N 65. **1610** S 82.

Tabernier, Xazinto. (Salamanca). **1630** C 685. **1635** M 140a.

Tagalos, Domingo Loae. (Pila?). **1613** P 118.

Taraçona, Juan Antonio. (Jerez). **1677** A 234. **1679** P 255. **1683** E 105, 106. **168[3?]** E 104.

Tartaz, David. (Amsterdam). **[1681]** J 66. **[1684]** J 72, 78. **[1690-96]** B 196. **[1691]** J 67. **[1695]** J 67, 73, 79, 80. **[1697]** J 67.

Tavano, Angelo. (Saragossa). **1601** P 436. **1603** T 26. **1604** V 120. **1605** R 79.

Tavano, Juan Antonio. (Valencia). **[1660?]** H 74.

Tavano, Juan Bautista. (Madrid). **1641** P 87.

Tazo, Pedro. (Madrid). **1622** G 156. **1624** T 15. **1625** J 173. **1633** M 555. **1636** V 548. **1637** C 28. **1638** G 104. **1639** F 55. **1643** C 428. F 245. **1644** S 371.

Tebaldini, Nicolo. (Bologna). **1624** M 28. **1632** P 328.

Texido, Joseph. (Barcelona). **1688** F 105.

Thioly, Jean. (Lyon). **1680** F 177.

Tiboldi, Giovanni Battista. (Genoa). **1669** G 228.

Tiffaine, Adrian. (Paris). **1616** L 57. **1619** G 39.

Tinas, Nicholas Angel. (Rome). **1668** C 667. **1681-82** M 247. **1681** M 465.

Tizon, Francisco. (Rome). **1674** L 305.

Torcido, Antonio. (Saragossa). **1629** A 70.

Tornes, Juan de. (Geneva). **1644** P 189.

Torre, P. de la. (Madrid). **1602-12** L 67. **1604** L 68.

Torrubia, Antonio. (Granada). **1686** L 171.

Tournes, Jean de. (Cologne). **1671** T 84.

Tournes, Samuel de. (Cologne). **1671** T 84.

Trigg, Joris. (Amsterdam). **[1650]** B 211. **[1652]** J 76. **[1654]** J 83. **[1659]** J 64. **[1660]** J 71.

Trognesius, Cesar Joachim. (Antwerp). **1629** D 2. **1639** O 96. **1640** O 96.

Tulio, Malatesta, Marco. (Milan). **1604** F 123. **1605** F 126. **1611** F 127.

Tulio Malatesta, Pandolfo. (Milan). **1604** F 123. **1605** F 126.

Tulliests, Nicolas. (Lyon). **1607** B 122.

Ugarte, Bernardo de. (Tolosa). **1696** G 387. **1697** G 387.

Umbert, Gaspar. (Barcelona). **1609** S 521.

Val, Pablo de. (Madrid). **1641** A 126, 127. **1651** Q 27. **1651-57** G 69. **1653** N 87. **1655** C 118. **1658** B 216. F 240. S 703. **1659** G 193. P 48. S 706. **1660** A 212. G 194, 199. **1661** G 218. N 91. **1662** B 205. G 26. **1663** S 243. T 33. **1664** G 309. V 578. **1665** N 86. **1666** O 111. S 246.

Val, Pablo de. (heirs). (Madrid). **1667** C 623.

Valdes, Juan de. (Alcalá de Henares. Madrid). **1647** S 681. **1649** J 103. **1652** P 58. S 693. **1653** D 67. Z 14. **1654** C 737. S 697. Z 13. **1655** A 356. **1658** S 703. **1659** P 48. S 706. **[1660?]** M 183. **1661** P 53. S 449. **1663** S 243. **1664** F 173.

Valdes, Juan de. (widow). (Madrid). **1677** A 342.

Valdivielso, —. (Valladolid). **1661** P 90.

Valente de Oliveira, Henrique. (Lisbon). **1657-1753** B 132. **1657** B 132, 322. C 153. H 79. I 68. L 307. R 110. **1658** C 129. P 12. V 271, 272. **1659** C 130. **1660-71** A 240. S 463. **1662** C 401, 402. **1663** A 195a. M 319, 500. P 334, 514, 520. S 469. V 2, 85. **1664** M 544. **1665** G 138. P 334, 521. **1666-74-75** F 24.

Valle, Doña Mariana de. (Madrid). **1656** M 275.

Valle, Thome del. (Lisbon). **1615** C 680. S 377. **1617** S 236.

Vallejo, Hernando. (Madrid). **1622** S 613.

Valsiana, Thomas. (Barcelona). **1650** A 262. S 892.

Valuãs, Melchor de. (Madrid). **1655** V 52.

Valverde y Leyva, Diego de. (Cordoba). **1686** G 129. **1698** P 532.

Varesio, —. (Rome). **1682** M 92.

Varesio, Juan Baptista. (Burgos. Lerma. Valladolid). **1603** S 178. **1607** S 187. **1609** O 109. **1619** A 125. **1625** E 83. **1628** C 672. **1629** C 672. **1634** D 17.

Vazquez, Antonio. (Alcalá de Henares. Salamanca). **1621** S 46. **1624** P 453. **[1625?]** S 186. **1626** S 324. **[1626?]** P 181. T 140. **1637** M 146. **1640** A 144. H 87.

Vazquez de la Cruz, Martin. (Toledo). **1610** V 24. **1622** V 27.

Vejerano, Juan. (Cadiz. Seville). **1672** T 208. **1676** S 282. **1682** G 136.

Velez de Salzedo, Ana. (Valladolid). **1609** D 6. **1610** V 91. **1619** D 6.

Velinez, Diego Martin. (Barcelona). **1674** P 449.

Vellaz, Santiago Martin. (Madrid). **1650** G 217.

Velozo, Antonio. (Lisbon). **1641** L 202.

Velpius. *See* also Antoine.

Velpius, Rutger. (Brussels). **1602** V 405. **1604** L 315. **1605** S 228. **1606** P 67. **1607** C 445. P 67. **1608** O 97. V 304. **1610** H 61. T 102. **1611** C 448. V 129. **1613** A 31. **1614** C 472. G 113. S 230. V 297.

Velsen, Jacob van. (Amsterdam). **[1677]** B 100. P 152.

Verac, Martin. (Paris). **1602** C 357a.

Verdussen, Cornelio. (Antwerp). **1695** V 416. **1697** C 463, 464. **1699** G 178.

Verdussen, Geronymo. (Antwerp). **1610** M 611. **1655** S 10. **1659** L 30. **1669** G 310. **1672** C 461. **1673** C 461. **1674** B 96. **1676** A 354. **1681** A 128. **1683** J 54. **1687** B 155.

Verdussen, Henrico. (Antwerp). **1695** V 416. **1697** C 463, 464. **1699** G 168.

Verdussen, Juan Baptista. (Antwerp). **1655** S 10. **1659** L 30. **1669** G 310. **1672** C 461. **1673** C 461. **1674** B 96. **1677** S 5. **1678** S 5. **1686** D 12. **1688** E 2. **[1688]** F 114a.

Verges, Agustin. (Saragossa). **1666** V 458. **1669** C 45. T 90. **1671** A 5. **[1671?]** V 478. **[1672?]** V 484.

Verges, Agustin. (heirs). (Saragossa). **1678** E 94. **1678-80** L 319. **[1679-1700]** M 176. **1680** A 215. **1685** V 527.

Verges, Pedro. (Madrid. Saragossa). **1625** T 80. **1626** G 185. **1627** G 183. **1629** G 190. **1630** C 553. **[1630]** V 211.

1635 V 179. 1637 C 331. 1639 S 288. 1641 P 128. V 184.
1643 O 51. 1644 V 217.

Verges, Pedro. (widow). (Saragossa). 1647 V 186.
1648 S 891.

Verguer, Joan. (Barcelona). 1700 G 52.

Vernuccio, Giovanni. (Naples). 1694 B 12.

Vervliet, Jaques. (Madrid). 1614 G 408.

Viader, Salvador. (Cuenca). 1613 S 123. 1614 G 243.
1615 C 642. 1616 V 262. 1628 P 455. 1629 P 457. 1632 X 29.

Viar, Joannes a. (Burgos). 1664 T 137. 1674 S 222.

Victoria, Martin de. (Barcelona). 1602 I 18.

Vidal, Constantin. (Naples). 1604 T 92.

Vieceri, Francesco. (Venice). 1643 T 128.

Vigé, Francisco. (Perpignan). 1698 J 44.

Villa-Diego, Bernardo. (Madrid). 1595-1680 J 126.
[1667] E 141. 1668 X 34. 1670 P 49. R 327. 1671 G 294.
1672 C 160. 1675 J 125. [1679] C 531. 1680 E 18. F 7, 287.
T 43. [1680] M 188. 1681 F 294. 1682 V 446. 1683 F 168.
1684 S 413. 1684-88 F 4. 1687 V 65. 1689 C 348.
1690 P 559. 1692 S 280.

Villa-Diego, Francisco de. (Madrid). 1700-27 F 166.

Villagrassa (officina de). (Valencia). 1673 D 21. 1678 D 20.

Villagrassa, Geronimo. (Valencia). 1654 C 155. 1655 S 9.
1660 P 52. 1664 V 443. 1665 A 351. 1666 S 157. V 330.
1669 S 156. T 173. 1671-76 P 142. 1673 A 276. E 125.
S 719. 1674 L 231.

Villain, Claude le. (Rouen). 1625 D 83.

Villa-Real, Juan. (heirs). (Pueblo de los Angeles).
[1699] G 170. [1699?] C 727. T 158.

Villargordo & Alcaráz, Anton Joseph. (Salamanca).
[1650?] A 271.

Villarroel, Juan de. (Madrid). 1615 C 486. 1617 C 487, 494.

Villarreol, Juan de. (fictitious). (Madrid). [1700?] C 494.

Villela, Francisco. (Lisbon). 1671 A 100. 1673 F 26.
1674 F 27. 1676 V 549. 1677 N 61. 1691 B 83.

Villodas y Orduña, I. (Alcalá de Henares). 1626 B 224.

Viña, Geraldo de la. (Lisbon). 1621 E 114. 1623 S 459.
1624 J 119. [1626] C 510. 1627 H 114.

Vives, Raphael. (Barcelona). 1605 B 294. 1617 C 490.
1630 V 175.

Vivien, Baltazar. (Brussels). 1665 B 95. 1672 B 92.
1680 B 99.

Vivien, Francisco. (Brussels). 1653 P 45.

Vleugart, —. (widow). (Brussels). 1677 F 109.

Vries, João. (Leiden). 1693 B 220.

Winfelt, Balthasar. (Cologne). 1684 M 462.

Woons, Cornelio. (Antwerp). 1650 J 41.

Wyon, Marc. (Douai). 1629 T 4.

Xamares, Nicolás de. (Alcalá de Henares. Madrid).
1672 L 266. 1676 E 133.

Ximenez, Diego Lucas. (Madrid). 1700-27 F 166.

Ybar, Juan de. (Saragossa). 1650 C 626. 1651 G 188. M 476.
1654 A 140. T 172. 1658 A 275. 1659 P 441. 1662 C 7.
M 113. 1663 L 224. 1666 C 634. M 31. 1670 A 139, 224.
S 57. 1676 A 42.

Yepes, Hieronymo de. (Valladolid). 1601 V 579.

Yñiguez de Lequerica, Juan.

Zabala, Diego de. (Pamplona). 1647 B 27. 1655 E 118.

Zabala, Martin Gregorio. (Pamplona). 1678 M 559.
1684-1704 M 558. 1690 G 137. 1692 S 253.

Zafra, Antonio de. (Madrid). 1675 E 123. 1676 M 565.
T 195. 1678 M 565. 1680 F 170. 1681 M 565. [1684] E 12.
1688 S 306. [1688] E 13. [1689] E 14. 1690 S 307. 1691 F 85.
1693 G 271.

Zafra, Antonio Francisco. (Madrid). 1675 A 337.
1678 A 338.

Zannetti, Barthome. (Rome). 1610 F 42.

Zannetti, Luis. (Rome). 1603 B 174, 175.

PLACES NAMED IN IMPRINTS

With the printers and publishers associated with them.

(This list includes towns falsely stated to be the place of publication.)

Alcalá de Henares. ALFAY, Tomas.
DUPLASTRE, Antonio.
FERNANDEZ, Maria.
GARCIA, Diego. GARCIA FERNANDEZ, Francisco.
GRACIAN, Juan. — Juan (widow). GRACIAN DE
ANTISCO, Joannes.
LOPEZ, Bautista. — Manuel.
MARTINEZ (Grande), Luys. — Luys (widow).
MERINO, Juan.
RAMIREZ, Juan. RODRIGUEZ, Antonio.
SAN VICENTE, Juan. SANCHEZ, Antonio.
SANCHEZ CRESPO, Justo. SANCHEZ DE
EZPELETA, Andres. — Andres (widow).
VALDES, Juan de. VAZQUEZ, Antonio. VILLODAS Y
ORDUÑA, I.
XAMARES, Nicolas de.
Alcobaça. ÁLVAREZ, Antonio.
SIGUEIRO, A de.
Almeria. LOPEZ HIDALGO, Antonio.
Amsterdam. ABOAB, Eliahu. ABRAVANEL, Jona.
AERTSEN DE RAUESTEYN, Paulus. ATHIAS, Joseph.
BENVENISTE, I. — Manuel. BLAEU, Jan.
BUENO, Efraim. — Joseph. BUS, Jan.
CASTRO TARTAZ, David de. CLOPPENBURGIUS,
E. CORDOVA, Jacob. COSTA, Joseph da.
DIAS, Mosseh.
ELZEVIER, Daniel. ELZEVIRIANA. (ex officina).
FARO, Ishaq Coen. FEUILLE, Daniel de la
GRAND, Pedro le.
ISRAEL, Menasseh ben. ISRAEL SOEIRE, Semuel ben.
JACOBI, Lorenço. JANSE, Alexandro. JANSSONIUS,
Johannes, junior. JOOST, Gillis.
LORENCI, Henrico.
MACHABEU, Iehudah. MATTHIJIZ, Paulus.
NICOLAS, Corneille.
PHARAR, Abraham.
RAVESTEYN, Juan de. — Nicolas. — Pablo de.
SARFATTI, Yehosuah. SENIOR, David.
SORNOREN, J. V. (widow). SURY, Abraham.
TARTAZ, David. TRIGG, Joris.
VELSEN, Jacob van.

Antequera. ÁLVAREZ DE MARIZ, Vicente.
BOLAN, Claudio.
Antwerp. AERTSSENS, Henrique.
BACX, Andreas. BELLER, Jean. — Pierre.
— Pierre (widow and heirs).
CANISIO, Francisco. CNOBBAERT, Jan.
— Jan (widow).
EYCK, Felip van.
HASREY, Juan.
JANSENIO, Gusleno.
KEERBERGHIO, Juan.
LISAERT, Philippus.
MEURSIO, Juan. MORETO, Balthasar. — Juan.
NUCIO, Martin.
PLANTIN.
TROGNESIUS, Cesar Joachim.
VERDUSSEN, Cornelio. — Geronymo. — Henrico.
— Juan Baptista.
WOONS, Cornelio.
Arévalo. MURILLO, Geronimo.
Baeza. CUESTA, Juan de la. CUESTA (Gallo), Pedro de la.
DIAZ DE MONTOYA, Fernando.
FERNÁNDEZ ZAMBRANO, Martin. MUÑOZ, Juan.
Barcelona. ALEU, Hieronymo. ALTES, Joseph.
ÁLVEREZ, Antonio. AMELLO, Joan.
ANDREU, Jacinto. — Jusep. ANGLADA. (brothers).
— Maurico. — Onofre. ANISSON, Fleury.
ARGEMIR, Jacinto. ARROQUE, Antonio.
BATTLE, Jaume. BONILLA, Juan de.
CASAS, Narcisus. CASSAÑES, Juan. CAYS, Francisco.
CENDRAT, Jayme. CERBERA, Juan.
CORMELLAS, Francisco. CORMELLAS AL CALL,
Sebastian.
DÉU, Lorenço. — Lorenço (widow). DOTIL, Francisco.
— Giraldo. DURAN, Benito. — Lluch.
FERRER, Antonio. — Balthasar. — Hernando.
FIGUERÓ, Rafael.
GALUAN, Jaume. GASCON, Jacob.
GELABERT, Martin. GIRALT, Barthomeu.
GRACIAN, Miguel. GRAELLS, Gabriel.
HIDALGO, Dionisio.

JALABERT, Martin — *See* Gelabert. JOLIS, Juan.
LACAVALLERIA, Antonio. — Pedro.
LIBEROS, Estevan. LLOPIS, Francisco. — Joseph.
LORIENTE, Thomas.
MARGARIT, Geronymo. MARTI, Juan Pablo.
— Maria Angela (widow). MATEVAD (casa).
— (widow). — Jayme. — Sebastian. MATHEVAT. *See*
Matevad. MENESCAL, Luis. — Miguel.
MOYÀ, Joseph.
NOGUÈS, Gabriel. — Raphael.
PIFERRER. (widow).
ROMEU, Jayme.
SANCHEZ, Lucas. SAPERA, Juan. SIMON, Juan.
SOLER, Llorens. SORITA, Bautista. SURIA, Jayme.
— Vicente.
TEXIDO, Joseph.
UMBERT, Gaspar.
VALSIANA, Thomas. VELINEZ, Diego Martin.
VERGUER, Joan. VICTORIA, Martin.
VIVES, Raphael.
Batavia. KAISERO, Abrahao gerardo.
Benavente. DONATUS, Matthaeus.
Bilbao. ASPILQUETA, Martin de.
COLE DE YBARRA, Pedro.
HUYDOBRO, Pedro de.
LORZA, I. de.
RICO DE MIRANDA, Roque.
SEDANO, Nicolas de.
Bologna. FERRON, Clemente. — Juan Baptista.
LONGHIS DE (ex typographia).
MONT, Jacobo.
TEBALDINI, Nicolo.
Bordeaux. GOMES, Antonio Enriquez.
MILLANGES, Guillaume.
PARIS, Bartolome.
Braga. BASTO, Fructuoso Lourenço.
RODRIGUEZ, João.
Brussels. ANTOINE, Hubert (Velpius). — Hubert
(Velpius) (widow). — Jean Theodore (Velpius).
BRUNELLO, Olivero.
CALLE, Pedro de la.
DANDIJN, Juan.
FOPPENS, François.
HOEYMAKER, Fernando de.
MARCHANT, Lamberto. MEERBEECK, Juan de.
— Lucas de. MOMMARTE, Jean.
SCHEYBELS, Guilielmo. SCHOEVARTS, Godefredo.
VELPIUS. *See* also Antoine. — Rutger.
VIVIEN, Baltazar. — Francisco. VLEUGART. (widow).
Burgos. ASPILQUETA, Miguel.
GOMEZ DE VALDIVIELSO, Pedro.
HUYDOBRO, Pedro de.
MARTIAS, Juan.
VARESIO, Juan Baptista. VIAR, Joannis a
Cadiz. BORJA, Juan de.
HIDALGO, Clemente.
MACHADO, Juan Lorenço.
NUÑEZ DE CASTRE, Bartolome.
REQUEMAN, Christoval de. REY, Fernando.
VEJERANO, Juan.

Caller. CANNAVERA, Juan Batista.
GALCERIN, Antonio.
MARTIN, Onofrio.
Cambrai. RIBERA, Juan de la.
Coimbra. ANTUNES, João.
CARVALHO, Jacome. — Manoel. — Nicolas.
— Thoma. CARVALHO COUTINHO, Rodrigo.
CENDRAT, Guillermo. CRAESBEECK (ex officina).
— Lourenço.
D'ARAUJO, Manoel. DIAS, Manoel.
FERREYRE, Joseph.
GOMEZ DE LOUREYRO, Diego. GOMEZ DE
MOURA, Antonio.
RODRIGUEZ, Sebastian. RODRIGUEZ DE
ALMEYDA, Manuel.
Cologne. ARTIMAN, Daniel.
BINGIO, Andrea.
CLARIEY, Severino. CRESPIN, Jaques.
DEHMEN. (brothers).
EGMONDT, Cornelio.
KINCHIO, Antonio.
SCHMIDTS, Matthaeus. STRUICKMAN, Lorenzo.
TOURNES, Jean de. — Samuel de.
WINFELT, Balthasar.
Cordoba. BARRERA, Andrés. — Andrés (widow).
CEA TESA, Salvador de. — Salvador de (heirs).
CORTÉS DE RIBERA, Acisclo.
LIBEROS, Estevan.
RODRIGUEZ, Miguel.
VALVERDE Y LEYVA, Diego de.
Cuenca. BODAN, Cornelio.
IGLESIA, Domingo de la. — Julian de la.
SELMA, Bartolome de.
VIADER, Salvador.
Douai. WYON, Marcos.
Ecija. MALPARTITA, Juan de.
Evora. CARVALHO, Manoel.
EVORA, University of.
LYRA, E. de. — Manoel de.
SIMÕES, Francisco.
Frankfurt. RAVESTEYN, Nicolas.
Geneva. ALBERT, Philippe.
PERNET, Alexandre. PLANCHA, Juan de la.
TORNES, Juan de.
Genoa. PAVO, Josephus. PEREZ, Juan Salvador.
TIBOLDI, Giovanni Battista.
Gerona. GARRICH, Gaspar.
PALOL, Hieronymo.
Ghent. SERSANDERS, Alexander.
Goa. COLEGIO DE SAM PAULO DA COMPANHIA
DE JESUS.
Granada. ÁLVAREZ, Vicente.
BOLIBAR, Baltasar de.
CAPADO, Joseph. CERRALUO, Roque.
DIAZ DE MONTOYA, Fernando.
FERNÁNDEZ, Martin. FERNÁNDEZ
ZAMBRANO, Martin.
GARCIA DE VELASCO, Francisco.
GONÇALEZ DE LA PRIDAS, Francisco.
HEYLAN, Bernardo. — Francisco.

IMPRENTA DEL REYNO.
LORENÇANA, Bartolome.
MARTINEZ, Blas. MENA, Sebastian de.
— Sebastian de (widow). MUÑOZ, Juan. — Sebastian.
OCHOA, Francisco de.
RENÈ, Antonio. RENÈ DE LAZCANO, Antonio.
SANCHEZ, Francisco. — Nicolas Antonio.
SANTIAGO, Andres de. SERRANO DE VARGAS, Juan.
TORRUBIA, Antonio.

Guatemala. PINEDA YBARRA, Joseph de.

Hague. BREECKEVELT, Ludolph.
MURES, Arnold.

Hamburg. ISRAEL, Imanoel.

Hanau. AUBRIJ, Daniel. — David.
SCHLEICH, Clement.

Huesca. BLUSSON, Pedro.
CABARTE, Pedro.
ESCUER, Pedro.
LAMBERTO, Francisco. LARUMBE, Joseph Lorenzo de.
— Juan Francisco de. — Lorenzo Joseph.
NOGUÈS, Juan.
PEREZ DE VALDIVIELSO, Juan.

Jaén. COPADO, Joseph. CUESTA (Gallo), Pedro de la.
DIAZ DE MONTOYA, Fernando.
PEREZ DE CASTILLA, Francisco.

Jerez. PEREZ (Estupiñan), Diego.
REY, Fernando.
TARAÇONA, Juan Antonio.

Juli Pueblo. CANTO, Francisco del.

Leghorn. BONFIGLI, Giovanni Vincenzo.
JAHACOB VALENSI, David.
MINASCHI, Domin (heirs).

Leiden. ELZEVIRIANA (ex officina).
MAIRE, Juan.
PLANTIN.
VRIES, João.

Lerida. CASTAÑ, Enrique.
MANESCAL, Luys. MENESCAL, Luys — See Manescal.
NOGUÈS, Juan.
RAMI, Joseph.

Lerma. VARESIO, Juan Baptista.

Lima. CABRERA, Pedro de. CANTO, Francisco del.
CONTRERAS, Geronymo de. — Joseph de.
CONTRERAS Y ALVARADO, Joseph.
FERNANDEZ HIGUERA, Juan.
LASSO, Francisco. LOPEZ DE HERRERA, Jorge.
LYRA, Diego de.
MERCHAN Y CALDERON, Pedro de.
RICARDO, Antonio.
SANTOS Y SALDAÑA, Julian de los.

Lisbon. ALURES, Domengos. ÁLVAREZ, Antonio.
— Francisco. — Vicente. ÁLVAREZ DE LEAO, João.
ANVERES, Lourenço de. ARTUR, Jorge.
BELTRANDO, Sancio. BOTELHO, Antonio.
CARNEIRO, Domingo. COSTA, Francisco da.
— Juan da. COSTA DE CARVALHO, Bernardo da.
CRAESBEECK (ex officina). — Francisco. — Lourenço.
— Paulo. — Pedro. CRAESBEECK DE MELLO,
Antonio.

DAMASO DE MELLO, Theotonio.
DESLANDES, Miguel.
ESTUPIÑAN, Luys.
FARIA, Belchior de. FERNANDEZ (Livreyre), Domingo.
GALRÃO, João. GODINHO, Andre.
GOMEZ DE CARVALHO, Manoel.
GONÇALUEZ, Antonio. — Juan.
JORGE, Felipe.
LEITE PEREIRA, Antonio. — Juan. LEMOS, Vicente.
LIRA, Juan de. LOPEZ, Esteñac. — Jeronymo.
LOPEZ FERREYRA, Manoel. LOPEZ ROZA, Domingo.
MANESCAL, Miguel. MATOS, Mateus de.
MENESCAL, Miguel — See Manescal.
PEDROZA GALRAM, Antonio. PINHEIRO, Mattheus.
QUEIRÓS, Lourenço de.
RODRIGUEZ, João. — Jorge. — Matthias.
RODRIGUEZ D'ABREU, Antonio.
SOARES, Francisco. — (de Bulhoens), Diego.
SYLVA, Manoel da.
VALENTE DE OLIVEIRA, Henrique.
VALLE, Thome del. VELOZO, Antonio.
VILLELA, Francisco. VIÑA, Geraldo de la.

Logroño. MARES, Diego. — Matias. MONGASTON,
Juan de. MONGASTON FOX, Pedro de.

London. ALLESTRY, Ja.
BLOUNT, Edward. BROWNE, John.
COE, Jane.
DICAS, Thomas.
GUILLERMO, Juan.
HAVILAND, John. HERNE, Richard.
LOWNES, Mathew. MARTIN, J.
SPARKE, Michael.

Lyon. ANISSON, Fleury. — Laurent. ANISSON Y
POSÜEL. AUBIN, Laurent.
BARBIER, Guillaume. BOISSAT, Horace.
BOURGEAT, Claude. BOURLIER, Jean Baptiste.
BREBION, Henry (widow).
CAESAR, Jean Baptiste. CARDON, Horace.
CAVALLERA, Pedro.
HUGUETAN, Jean Antoine.
LIETAND, Miguel.
MORILLON, Claude.
RAVAUD, Marc Antoine. REMEUS, Gorge.
RIGAUD, —. — Pierre.
THIOLY, Jean. TULLIESTS, Nicolas.

Madrid. ABAD, Atanasio. ABARCA DE ANGULO,
Francisco. ALEGRE, Melchor. — Melchor (widow).
ALFAY, Tomas de. ÁLVAREZ, Melchor.
ANISSON, Fleury. ANTONIO, Lucas.
ARMENDARIZ, Sebastian de. ARMENTERO, Maria.
BARRIO, Juan Martin de. — Juan Martin de (widow).
— (y Angulo), Catalina de. BASCONES AYO, Joseph.
BASTIDA, Mateo de la. BEDMAR Y BALDIVIA,
Lucas Antonio. BERRILLO, Juan. BIZARRON, Antonio.
BLANCO, Andres. BOGIA (Bugia), Estevan.
— Pedro Pablo. BONET, Juan Antonio.
— Juan Antonio (widow). BUGIA, Estevan See Bogia.
CABEÇAS, Juan. CALATAYUD MONTENEGRO,
Juan de. CAMPO, Manuel del. CARRASQUILLA,
Andres de. CLARIEY, Severino. COELLO, Pedro.

COLEGIO DE LA COMPANIA DE JESUS DE
MADRID. CORREA DE MONTENEGRO, Fernando.
— Fernando (widow). COURBES, Hieronimo
CUESTA, Juan de la. — Juan de la (fictitious).
DELGADO, Cosme (widow). — Juan.
DIAZ DE LA CARRERA, Diego. — Diego (widow).
DIEZ, Diego. DUPLASTRE, Antonio.
ERASO, Juan de (widow). ESPINOSA (y Arteaga),
Mateo de.
FALORSI, Anibal. FERNANDEZ, Francisço.
— Juan. — Julian. — Mateo. FERNANDEZ DE
BUENDIA, Joseph. — Joseph (widow).
FLAMENCO, Diego. — Juan. FLANDRUS, Joannes.
FRANCISCA, Esperanço.
GARCIA, Francisco Xavier. — Gaspar.
GARCIA (de Arroyo), Francisco. GARCIA DE LA
IGLESIA, Andres. — Lorenzo. GARCIA INFANÇON,
Juan. GARCIA MORRAS, Domingo.
GARCIA SODRUZ, Pedro. GIL DE CORDOVA,
Martin. GOMEZ DE BLAS, Juan.
GONÇALEZ, Blas. — Domingo. — Juan.
— Juan (widow). GONCALEZ DE REYES, Antonio.
GUZMAN, Bernardino de.
HASREY, Juan de. HERRERA, Juan de.
HORNA Y VILLANUEVA, Pedro de.
HOSPITAL GENERAL DE MADRID.
IBARRA, Lorenço de. IMPRENTA DE LA SANTA
CRUZADA. IMPRENTA DEL REYNO.
IMPRENTA DE MUSICA. IÑEGUEZ DE
LEQUERICA, Juan (heirs). IZQUIERDO, Julian,
JUNTE, Teresa. — Thomas.
LAMBERTO, Francisco. LASSO, Pedro.
LAURENTIUS, Robertus. LAZANO, Alonso.
LEON, Gabriel de. — Gabriel de (heirs).
LIBEROS, Estevan. LLANOS Y GUZMAN, Matheo.
LOÇANO, Alonso. LOGROÑO, Diego.
— Justo Antonio. LOPEZ, Francisco. — Manuel.
LÓPEZ DE HARO, Thomas.
LYRA (Varreto), Francisco de.
MADRIGAL, Pedro. — Pedro (heirs).
MAROTO, Francisco. MARTIN (San Imprentade).
MARTIN DE BALBAO, Alonso. — Alonso (widow).
MARTINEZ, Francisco. — Gregorio. — Juan.
— Miguel. MARTINEZ ABAD, Diego.
MATA, Gregorio de. MELENDEZ, Manuel.
MERINERO, Juan Martin. MONTENEGRO, Alonso.
MONTOYA, Juan de. MORRAS, Garcia.
MOYÀ, Juan de. MUÑOZ BARMA, Joseph.
NIETO, Francisco (widow). — (y Salcedo), Francisco.
NOGUERA, Antonio. NOORT, Juan de.
OCAMPO, Francisco de. ONDATIGUI, Marcos de.
PALACIO Y VILLEGAS, Domingo.
PARADES, Alonso de. — Julian de.
PARRA, Andres de. PEREZ, Alonso (widow). — Lucas.
— (de Montalvan), Alonso.
QUIÑONES, Maria de.
RAMIREZ, Lucas. REDONDO, Santiago Martin.
REY, Maria. RIBERO, Antonio. — Jusepe del.
— Marcos del. — Maria del. RIBERO
RODRIGUEZ, Antonio del. RICO DE MIRANDA,

Roque. RIERO TEXADA, Antonio.
RIEVO, Antonio de. ROBLES, Francisco de.
— Francisco de (widow). — Isidor de.
RODRIGUEZ, Antonio. — Eugenio. — Gregorio.
— Manuel. ROMAN, Antonio.
RUIZ DE MURGA, Manuel.
SAN VICENTE, Juan. SANCHEZ, Andres. — Juan.
— Juan (widow). — Lorenço. — Luis. — Luis (widow).
— Melchor. — (Bravo), Carlos. SANZ, Francisco.
— Juan. — Juan (heirs). SAZEDON, Francisco.
SERRANO (de Figueroa), Francisco.
SERRANO DE VARGAS, Juan. — Miguel.
SIERRA, Bernardo. — Bernardo (widow).
SILES, Miguel de.
TAVANO, Juan Baptista. TAZO, Pedro.
TORRE, P. de la.
VAL, Pablo de. — — (heirs). VALDES, Juan de.
— Juan de (widow). VALLE, Doña Mariana de.
VALLEJO, Hernando. VALUĀS, Melchor de.
VELLAZ, Santiago Martin. VERGES, Pedro.
VERVLIET, Jaques. VILLA-DIEGO, Barnardo.
— Francisco de. VILLARROEL, Juan de.
— Juan de (fictitious).
XAMARES, Nicolas de. XIMENEZ, Diego Lucas.
ZAFRA, Antonio de. — Antonio Francisco.
Malaga. BOLAN, Claudio.
CASTERÓ, Pedro.
LOPEZ HIDALGO, Mateo.
MARTINEZ DE AGUILAR, Francisco.
RENÈ, Juan.
SERRANO DE VARGAS Y VREÑA, Juan.
Mallorca. CAPO, Miguel.
GUASP (widow).
OLIVER, Francisco.
Manila. BELTRAN, Luis.
COMPAÑIA DE JESUS.
MAGAURINA, Jacinto. MANUMBAS, (D), Lucas.
PEÑAFORT, Raymundo de. PINPIN, Thomas.
REYES, Gaspar de los.
Mantua. OSANA, Francisco (heirs).
Medina del Campo. CUELLO, Antonio.
GODINEZ DE MILLIS, Juan.
LASSO VACA, Christoval.
OSSETE, Pedro.
Mexico. ALCAZAR, Juan de.
BALLI, Jeronimo. BENAVIDES, Maria.
— Maria de (widow of Juan de Ribero). BLANCO DE
ALCAÇAR, Juan.
CALDERÓN, Antonio. — Bernardo. — Bernardo (heirs).
— Bernardo (widow). CESAR, C. Adriano.
GARRIDO, Diego. GARSES, Juan. GUILLENA
CARRASCOSA, Juan Joseph. GUTIERREZ, Diego.
LOPEZ DAVALOS, Diego. — Diego (widow).
MARTINEZ, Henrico.
OCHARTE, M.
PEREZ DE LOS RIOS, Diego.
RIBERA, Juan de. — Juan de (widow). *See* Benavides,
Maria de (widow). RIBERA CALDERON, Miguel de.
ROBLEDO, Francisco. RODRIGUEZ, Francisco.
RODRIGUEZ LUPERCIO, Francisco.

— Francisco (heirs). — Francisco (widow). RUIZ, Juan.
SALBAGO, Francisco. SECRETO DEL SANTO
OFFICIO.
Middleburg. MOULERTUS, S. (heirs). — S. (widow).
Milan. AMBROSIUS MAIETTA, Josephus.
BIDELLO, Juan Bautista. BORDON, Hieronimo.
FERIOLI, Gratiado. FERRARI, Andrea de.
GHISOLFI, Phelipe.
IMPRENTA DEL REYNO.
LOCARNO, Pedromartir. — Pedromartir (heir).
MALATESTA. (brothers). — Juan Bautista.
PANDULPHO MALATESTA, Marcos Antonio.
TULIO MALATESTA, Marco. — Pandolfo.
Monterey. GISLANDUS, Franciscus Marie.
Montilla. MORALES, Juan Batista.
Munich. ENRICO, Nicolao.
Murcia. BERÔS, Luis.
FERNANDEZ DE FUENTES, Juan.
LIBERÓS, Estevan. LLOFRIU, Vicente.
MARTINEZ, Augustin.
Najera. MONGASTON, Juan de.
Nantes. MONNIER, Guillaume de.
Naples. BONIS, Nouelo.
CARLINO, Giovanni Jacobo. CASTALDO, Salvador.
CAVALO, Camilo,
ESCORIGIO, Lazaro.
FUSCO, Antonio.
GAFARO, Jacomo. GARGANO, Juan Bautista.
GRAMIÑANI, Antonino.
LAYNO, Nicola. LONGO, Egidio.
NUCCI, Lucrecio.
PAZ, Juan Francisco. PORSILE, Carlos.
RONCALLOLO, Juan Domingo. ROSELI, Joseph.
SOTIL, Juan Batista.
VERNUCCIO, Giovanni. VIDAL, Constantin.
Nodriza? SANCHEZ, Maria.
Oporto. FERREYRA, Joseph.
RODRIGUEZ, João.
Orihuela. BARAJAS, Manuel. BARCELO, Juan.
FRANCO, Juan Vicente.
MARTINEZ, Augustin.
Osma. GARCIA, Diego.
Palermo. BUA, Nicolas.
COPULA, Pedro.
EPIRO, —.
MARINGO, Juan Baptista.
ROMOLO, Thomas.
Palma. GUASP, Gabriel.
Pamplona. ASSIAYN, Nicolas de.
BAZTAN, Tomás. BERDUN, Juan Antonio.
BONILLA, Juan de. BUISSON, Guillaume.
ESCUER, Pedro.
JUAN, Carlos de.
LABÁYEN, Carlos de (Lavayen). — Martin de.
LAVAYEN, Carlos. *See* Labáyen.
MARES, Matias. MARTINEZ, Gaspar.
MICOL (Micon), Juan.
OTEYZA, Juan de.
PARIS, Bartolome.
ZABALA, Diego de. — Martin Gregorio.

Paris. ANNISON, Jean.
BAUDRY, René. BERTIER, Antoine.
BESSIN, Jacques. BILLAINE, Louis, BOUC, Jean le.
BOULLANGER, Louis. BOURRIQUANT, Fleury.
BOUTONNÉ, Rolet. BRUEIL, Antoine du.
CHEVILLON, Robert. CORROZEL, Juan.
COSTE, Jean de la. — Nicolas. COURBÉ, Augustin.
CRAMOISY, Gabriel. — Sebastian. CUESTA, Juan de la.
DANIEL, Michel. DU-CLOU, Jacques (widow).
FOÜET, Jean.
GUILLEMOT, Matthieu.
HOURY, Jean d'. HUBY, François.
IMPRENTA DEL REYNO.
LAMY, Pedro. LEONARD, Frederic.
LUYNE, Guillaume de.
MARTIN, Edmond (widow). MATEVAD, Jayme.
MOET, Pierre. MURETO, Antonio.
ORRY, Marc.
RICHER, Estevan. ROBINOT, Gilles.
RUELLE, Thomas de la.
SOMMAVILLE, Antoine de.
TIFFAINE, Adrian.
VERAC, Martin.
Perpignan. BARTAU, Esteve. BREFFEL, Barthomeu.
FIGUEROLA, Joan.
LACAVALLERIA, Pedro.
ROURE, Luys.
VIGÉ, Francisco.
Pila. PINPIN, Thomas.
TAGALOS, Domingo Loae.
Portalegre. ROIZ, Jorge.
Puebla de los Angeles. BORJA Y GANDIA, Juan de
(widow).
FERNANDEZ DE LEON, Diego.
VILLA-REAL, Juan (heirs).
Rachol? COLEGIO DE ST. IGNACIO.
Rome. BERNAVO, Angel.
CABALO, Francisco.
FRANZINI, Hieronyme (heirs). — Joan Anton.
LEON, Francisco.
MASCARDO, Jacomo. MONEDA, Pablo.
PAGLIARINI (brothers). PAULINO, Estevan.
PROFILIO, Juan Pablo.
ROSSI, Antonio de.
TINOS, Nicholas Angel. TIZON, Francisco.
VARESIO.
ZANNETTI, Barthome. — Luis.
Rouen. CAILLOÜÉ, Jacques. FERRAND, David.
MAURRY, Laurens. MORRONT, Adrien.
OSMONT, Charles. OVYN, Adrian.
PETIT VAL, David du.
VILLAIN, Claude le.
Salamanca. ALUA, Thomas de.
CASTELLO, Nicolas Martin de. CEA TESA, Francisco.
COSSIO, Diego.
ESTEVEZ, Melchor.
FIGUEROA, Antonio de.
GARCIA, Eugenio Antonio. GOMEZ DE LOS
CUBOS, Joseph.
MUÑOZ, Susana (widow).

ORTIZ GALLARDO, Gregorio.
PEREZ, Lucas. — Sebastian.
RAMIREZ, Antonio. — Antonio (widow).
RENAUT, Andres. — Juan. ROALES, Francisco.
SANTA ANA, Nicolas de. SERRANO DE
VARGAS, Michael.
TABERNIEL, Artus. TABERNIER, Xazinto.
VAZQUEZ, Antonio. VILLARGORDO &
ALCARAZ, Anton Joseph.

San Sebastian. HUARTE, Martin de. — Pedro de.

San Vicente. CRAESBEECK, Paulo.

Santiago. FRAIZ, Antonio.
PACHECO, Joa.

Saragossa. ALFAY, Joseph. — Pedro. — Tomas.
BONILLA, Juan de. BUENO, Pasqual.
CABARTE, Pedro. CABEÇAS, Antonio. — Tomas.
DESTAR, Pedro. DORMER, Diego. — Diego (heirs).
DUPORT, Roberto.
ESCUER, Pedro.
GASCON, Domingo. GEL, Pedro. GINOBART,
Jusepe.
HOSPITAL REAL I GENERAL DE N. SEÑORA
DE GRACIA.
LABÁYEN, Carlos de (Lavayen). LANAJA, Pedro
(heirs). LANAJA Y LAMARCA, Pedro.
— Pedro de (heirs). LANAJA Y QUARTANET, Juan de.
LARUMBE, Juan de. LEZAUN, Mathias de.
LIZAU, Matias de.
MAGALLON, Jayme. MONTERO, Francisco Martin.
MORENO, Francisco.
NAVARRA, Martin. NOGUÈS, Bernardo.
— Juan.
PUYADA, Domingo la (heirs).
REVILLA, Francisco. ROBLES, Laurenço.
RODRIQUEZ, Alonso. ROMAN, Manuel.
SANCHEZ, Lucas. — Lucas (widow).
TAVANO, Angelo. TORCIDO, Antonio.
VERGES, Agustin. — Agustin (heirs). — Pedro.
— Pedro (widow).
YBAR, Juan de.

Segovia. DIEZ, Diego.
FLAMENCO, Diego.

Seville. ALMENARA, Antonio de.
BLAS, J. B. de. — Juan Francisco.
CABEÇAS, Juan. CABRERA, Juan de. — Juan de
(widow). CALLE, Juan de la. CASTERA, Pedro.
CEA TESA, Salvator. CLAVIJO, Matias.
COLEGIO DE SAN BUENAVENTURA.
COLEGIO DE SAN HERMENEGILDO.
CONTRERAS, Geronymo de. CORDOVA, Francisco.
CORREO, — (viejo).
DIOS (Miranda), Tomè de.
ESTUPIÑAN, Luys.
FAXARDO, Simon.
GARAY, Francisco. GOMEZ, Bartolome.
GOMEZ DE BLAS, Juan. — Juan (heirs).
GOMEZ DE LA PASTRANA, Pedro.
GONÇALEZ, Melchor. GRANDE, Andres.
HERMOSILLA, Francisco Lorenzo de (widow).
— Lucas Martin de. HIDALGO, Clemente.

LEEFDAEL, Francisco de. — Francisco (widow).
LEON, Juan de. LOPEZ, Christoval.
LOPEZ DE HARO, Diego. — Thomas.
LYRA, Francisco Ignacio de. — Ignatius de.
— (Varreto), Francisco de.
MACHADO, Juan Lorenço. MARTIN, Lucas.
MATEVAD, Jayme. — Sebastian.
MATHEVAT — See Matevad.
PADRINO, Joseph. PAREDES, Alonso Victor.
PEREZ, Diego. — Francisco.— Juan Salvador.
POPMA, Alardo de. PUERTA, Juan de la.
RAMOS, Manuel. RAMOS VEJARANO, Gabriel.
REY, Fernando. RIOS, Francisco de los.
ROBERTIS, Dominicus d'. RODRIGUEZ, Nicolas.
— Nicolas (widow). RODRIGUEZ GAMARRA, Alonso.
SANDE, Manuel de. SERRANO DE VARGAS Y
VRENA, Juan.
VEJERANO, Juan.

Tarazona. LABÁYEN, Carlos de (Laváyen).
LAVAYEN, Carlos. See Labayen.

Tarragona. MARTIN, Hieronymo. MOYÀ, Joseph.
ROBERTO, Felipe. — Gabriel.
SOLER, Joseph.

Toledo. CALVO, Francisco.
GUZMAN, Thomas de.
HIDALGO, Dionisio.
IMPRENTA DEL REYNO.
ORTIZ DE SARAVIA, Maria.
RIBERO RODRIGUEZ, Antonio del.
RODRIGUEZ, Pedro. — Pedro (widow).
RODRIGUEZ DE VALDIVIELSO, Diego.
RUIZ DE PEREDA, Juan.
VAZQUEZ DE LA CRUZ, Martin.

Tolosa. MAFFRE, Juan.
UGARTE, Bernardo de.

Tortosa. ESCUER, Pedro.
GIL, Geronimo.

Trigueros. PEREZ (Estupiñan), Diego.

Uclés. IGLESIA, Domingo de la.

Valencia. AMBROSIUS MAIETTA, Josephus.
BAEZA, Juan de. BORDAZAR, Jayme de.
CABRERA, Juan Lorenço. — Lorenço. — Vicente.
CAMAÑES, Rafael. CIPRES, Francisco.
CLAPES, Pablo. COMPANIA DE LIBEROS.
CORMELLAS, Sebastian de. CUELLO, Antonio.
DORNIER, Diego. DUART, Francisco.
DURAND, Benito.
ESPARÇA, Joseph. ESPARSA, Silvestre. — Silvestre
(widow). FERNANDEZ, Pablo. FERRER, Jusepe.
FRANCO, Juan Vicente. — Vicente.
GARRIZ, Chrysostome (heirs). — Juan Chrysostome.
GASCH, Joseph.
LABORDA, Augustin. LAMARCA, Joaquin.
— Luis. LAZARO, Pedro Andres. LEGET, Gaspar.
LIBEROS, Bernardo.
MACÈ, Benito. — Benito (heirs). — Benito (widow).
— Claudio. MARÇAL, Juan Bautista. MESTRE, Francisco
MEY, Aurelio. — Felipe. — Felipe (heirs). — Pedro
Patricio. MIGUEL, Francisco.
PARRA, Joseph. PINCINALI, Felipe.

PINELLUS, Petrus. PORDAZAR, Jayme de.
RAVANALS, Juan Bautista. REGIL, Mateo.
RODRIGO, Joseph.
SANCHEZ, Pedro. SIMON, Baltasar.
SONZONIO, Juan. — Roque. SOROLLA, Miguel.
TAVANO, Juan Antonio.
VILLAGRASSA (officina de). — Geronimo.

Valeria. COPIARIA CARMERINO, Ludovico.

Valladolid. ABARCA DE ANGULO, Francisco.
ANTOLIN DE LAGO, Juan.
BOSTILLO, Juan de.
CAÑAS, Sebastian de. CASTRO, Varez de.
COELLO, Antonio. CORDOVA (widow). *See*
Fernandez de Cordova, Francisco (widow).
— Diego de. *See* Fernandez de Cordova y Ouiedo.
— Francisco de (widow). *See* Fernandez de Cordova.
— Martin de.
FERNANDEZ DE CORDOVA, Diego (heirs).
— Francisco. — Francisco (widow). FERNANDEZ DE
CORDOVA Y OUIEDO, Diego. FIGUEROA, Antonio.
GODINEZ DE MILLIS, Juan.
IÃIGUEZ DE LEQUERICA, Juan (heirs).
JAEN Y CASTAÑEDA, Thomas.
LASSO DE LAS PEÑAS, Juan. LASSO
VACA, Christoval. LOPEZ CALDERON, Blas.

MARTINEZ, Geronimo. MERCHAM, Andres de.
MORILLO, Geronymo.
PORTOLES DE LA TORRE, Bartolome.
RIEGO, Alonso del. RODRIGUEZ DE FIGUEROA,
Antonio. RUEDA, Joseph de. — Juan de.
SANCHEZ, Luis. — Miguel.
SANTO DOMINGO, Bernardino (heirs).
SUAREZ SOLIS, Antonio.
VALDIVIELSO, —. VARESIO, Juan Baptista.
VELEZ DE SALZEDO, Ana.
YEPES, Hieronymo.

Valparaiso. MERCHAN, Andres de.

Venice. BARETIANA (typographia). BAREZZI, Barezzo.
BONIBELLI, Baldisera.
CALEONI, Gioane.
GINAMMI, Marco.
JULIANA (ex typographia).
SARZINA, Giacomo.
VIECERI, Francesco.

Viana. CARVALHO, Nicolas.

Vich. MORERA, Pere.

Vienna. COSMEROVIO, Mateo.
KÜRNER, Juan Diego.

Vigevano. CORRADO, Camillo.

[No Place.] COURONNEAU, Joannes.

NO PRINTER OR PUBLISHER NAMED

Alcalá de Henares. 1604 C 646. [1611] V 119. [1613] V 119.
[1615] C 512. G 360. P 548. V 119. [1615?] S 136.
[1620?] A 91. [1624] A 162. [1626?] A 92. [1630] A 94.
[1640?] M 413. [1652] M 138.

Amsterdam. [1611] B 188. [1630] B 189. [1636] M 57.
[1642] M 56. [1649] J 62. [1654] B 194. [1655] B 194.
M 59. [1663] I 61. [1675?] B 93, 101. P 451. S 420.
1683 V 116. [1683] B 102. 1686 B 94. 1688 V 114.
[1688] C 589. [1689] P 89.

Antwerp. [1660?] F 1. 1683 V 115.

Avila. [1630?] A 48.

Barcelona. [1601] R 36. 1605 B 207. 1606 P 198
[1610?] A 68. [1612?] S 138. [1616] A 282. [1633?] V 253.
1637 P 569. 1638 X 16. [1639?] G 343. 1640 B 53.
[1640?] P 297. 1641 S 30. [1641] C 398. [1641?] N 3.
1643 F 54, 236. [1643] F 238. [1650?] S 20. [1669] J 148.
[1671] H 21. [1675?] V 505. 1680 D 120. 1681 C 699.
[1684?] M 430. [1686] M 618. 1689 F 267. [1700?] C 85.
J 176.

Basle. 1622 B 186.

Bilbao. 1643 B 238.

Binaroz? [1690?] B 232.

Braga. [1607] R 276.

Brussels. [1670?] B 97. [1699] B 298. [1700?] B 98, 299.

Burgos. [1605?] A 341. [1620?] B 343. 1693 M 235.

Cadiz. [1625?] P 362. [1627] O 55. [1630?] C 36.
[1665?] P 394. [1680?] U 12. [1684] C 555. [1688] S 855.
[1695] C 37.

Caller. 1635 H 71.

Castellón? 1631 H 23, 24, 25, 26.

Catalayud. [1668?] V 463. [1671?] V 475. [1673?] V 491.

Coimbra. 1627 J 86.

Compostella. [1610?] M 117.

Cordoba. [1626] D 74. 1629 R 7. [1630] A 117.
[1640?] T 189. [1646?] C 544. [1657?] V 567. 1673 C 239.
[1673?] V 492. [1674?] V 497. 1694 P 531. [1695] L 110.

Cuenca. 1603 A 280.

Evora. 1669 V 426. 1685 G 399a.

Frankfurt. [1626] B 209. [1641] T 127.

Geneva. [1610?] A 68. [1623] L 175.

Granada. 1604 F 213. [1610?] S 173. 1611 M 511. 1612 X 33.
[1618?] A 193. P 319. T 78. [1622?] V 371. [1623?] J 101.
[1630?] G 327. [1635?] C 298, 302. [1636?] R 188, 189.
[1639?] D 13. [1640] G 386. M 170. [1640?] M 542,
543, 585. P 110, 244. R 326. [c.1640] M 112, 586, 587.
P 223. [1648?] A 95. [1650?] B 350. R 360. [1651?] B 351.
[1652?] C 156. [1665?] P 378. 1669 E 85. [1670?] M 177.
S 56. 1686 C 561. [n.d.] D 132. F 22. H 30. M 425. S 125.

Guatemala. [1650?] V 97. [1695] S 744.

Hague. 1613 C 599.

Huesca. 1624 H 96. [1634] V 236.

Jaén. 1629 G 392. [1629] S 922.

Jerez. [1606?] B 309. [1640?] L 41. [1680?] X 10.

Lerida. 1614 G 338.

Lima. [1612?] S 567. [1613?] V 17. 1614 Q 8.
[1615?] G 263. 1621 G 99. [1622] R 99. [1630?] L 180.
[1640?] L 179. [1641] C 159. [1644] P 340. 1645 N 79.
1646 A 373. 1648 A 373. 1649 V 441. [1650] E 116.
[1653] V 442. 1660 F 186. [1660] P 23. 1667 V 81.
1674 Z 28. 1685 L 207. [1699] L 138.

Lisbon. 1602 J 25. 1605 V 264. 1608 J 106. M 266. 1614 S 20.
1615 N 59. 1620 L 203. M 285. 1622 M 155. 1632 M 294.
[1635] E 8. [1640?] J 98. 1641 T 6. [1642] P 469. S 468.
1643 P 471. [1645] P 473, 474. [1646] P 476. [1647] C 336.
P 272. R 316. V 200, 218. [1648?] S 18. 1649 M 294.
[1649] B 1. 1651 S 326. 1652 M 154. [1652] J 129.
[1653] J 128. 1656 S 465. [1661] P 510. [1662] P 511.
[1665?] N 60. [1669] P 163. 1674 M 96. 1692 P 491.

London. [1652] R 162. [1665] S 139. 1667 E 121.

Louvain. [1695] I 55.

Lyon. 1653 C 499.

Madrid. [1600] S 878, 914. T 47. [1600?] C 518. G 356.
M 358. S 875. V 546. 1601 C 726. [1601] R 265.
[1601?] S 488. [1603?] R 266. [1604] M 454.
[1605?] R 268, 273. S 511. [1606] V 78. [1606?] R 275.
S 514. [1607?] R 201. S 847. V 16. [1608] S 519, 528,
761, 762, 763. [1608-13] S 764. [1608?] A 368.
[1609] S 522, 523, 524, 525, 526, 527, 529, 530, 531,
532, 533, 534, 535, 536, 537, 538, 539, 540, 541, 542, 543,
544, 545, 546, 547, 548, 769. Y 3. [1609?] S 765, 766, 767,
768. [1610] E 15. R 280. S 772. [1610?] M 317, 318, 524.
R 9. S 552, 553, 554, 773. Y 18, 19 [1611] M 501. N 5.
S 774, 775. V 119. 1612 F 211. [1612] S 809. [1612?] N 80.
P 355, 357. [1613] S 571, 573, 574, 575, 576. V 119.
[1613?] T 65. [1614] A 54, 55, 56. T 31. [1614?] T 30.
[1615] V 119. [1615?] G 264, 375. S 402. T 75, 76, 77.
V 119. [1616] S 582, 583, 823. [1616?] F 220, 221. S 442,
584. V 18. 1617 M 145. [1617] I 4, 10, 12. P 214. S 586.
V 366. [1617?] G 402. I 5, 7, 9. M 578. S 443, 776.
[1618] S 589. V 244. [1618?] I 6, 8. O 70. P 535. S 76,
172, 590, 777. 1619 H 60. L 256. O 67. V 82. [1619] S 592,
598, 599, 600, 601, 602, 603, 604, 605, 606, 779. 1620 A 213.
S 871. [1620] S 607, 608, 610. [1620?] C 183, 185, 595.
F 228. H 29. I 11. J 38, M 172, 230, 239, 328. M 582, 633.
P 19, 356, 536, 549. R 78, 119. S 27, 95, 453, 454, 609,
876. T 14, 151, 193. V 76, 93, 306, 322, 323, 367, 368.

W 6. Z 33. [c. 1620] F 300. 1621 V 79. [1621] C 55, 56.
M 64. P 442. S 612, 969, 970. [1621?] B 306. O 10.
[1622] L 90a, 154. M 14. P 6. R 139, 285. S 616. Y 17.
[1622?] F 100, 212, 282. R 100, 101. T 39. Z 39.
1623 G 347. [1623] C 222, 525, 700. R 190, 286. S 373,
619, 916. [1623?] C 246, 309, 523. P 157. S 374.
[1624] J 145. M 202. S 622, 623, 624, 781. [1624?] C 238.
G 209. L 132. M 7. O 53. S 375, 376, 780. W 5, 7.
1625 L 260, S 47, 948. [1625] B 153. R 180, 287. Y 2.
[1625?] B 141, 152, 154. C 216, 217. F 196, 316, 318.
G 211. J 19. L 81, 100, 239, 240, 241, 302. M 8, 17, 357,
464. P 144, 377, 426. Q 13. R 53, 288, 312. S 836, 840,
841. T 66, 85. V 72, 99, 324. [1626] L 300, 301. M 9.
R 54. [1626?] C 640. F 317. G 280. Q 10. R 52, 55, 56.
S 846. 1627 F 79. P 148. S 636, 637, 639, 640, 641, 642.
[1627] G 383. S 919. V 49. [1627?] F 134. M 422. S 50, 833,
1628 S 646. [1628] F 208. M 420. S 652, 782, 783, 784,
785, 786. [1628-63] S 745, 787. [1628?] S 456.
[1629] M 286. O 25. P 502. R 337. 1630 L 335. M 309.
[1630] B 34, 35. H 93. [1630?] A 185. B 71, 86, 87.
C 431, 597, 598. D 113. F 113, 219. G 5, 35, 58, 65, 84,
143, 158, 205, 282, 283, 289, 362. H 101. I 25, 26. J 11, 107,
108. L 97, 103, 276. M 49, 304, 373. O 73, 78. P 73, 349,
375. R 11, 66, 291, 292, 293. S 54, 216, 444, 974. T 156.
V 12, 223. Y 7. 1631 R 112. [1631] S 653. 1632 B 120.
[1632?] M 77. N 22. O 89. P 445. S 848. V 98, 336.
[1633] S 656. V 400. [1633?] E 3. I 43. O 42. [1634] P 61.
S 657, 901. V 595. [1634?] C 596. D 75. E 81. M 597.
V 596. 1635 F 269. M 332. T 55. [1635] J 21. P 167.
R 295, 351. S 658, 788, 886. [1635?] G 279. L 38, 269.
M 6, 101, 283, 303, 359, 589, 596, 598, 600, 613. O 52.
P 363, 364, 366. R 200. S 746. V 311. 1636 P 266.
[1636] C 139. M 583. S 660. V 597. [1636?] C 18, 29.
G 275. J 109. M 258, 640. P 533, 534. [1637] M 634.
[1637?] M 203. S 894. 1638 M 306. P 129. [1638] L 4.
S 666, 667, 668, 669, 670, 789. [1638?] F 319. G 85, 288,
404. H 100. M 308. S 664, 790. [1639]. C 170.
F 246. Q 24. S 478, 675, 815. V 591. [1639?] B 117.
C 114. G 223, 342. P 278, 301, 421. S 820, 852. V 391.
1640 T 74. [1640] A 330. F 32, 150. G 1. P 537, 538.
[1640-45] G 30. [1640?] A 12, 13, 149. B 126, 149.
C 558. E 111. F 90, 101, 183. G 31, 166, 227, 276, 277,
286, 287, 295, 341. H 68, 94. I 23. L 127, 218, 221, 222,
223. M 125, 139, 366. N 84, 110, 112. O 5, 6, 69, 85.
P 39, 180, 327, 420, 458, 544. R 191. S 144. T 144, 196.
V 317, 335, 369, 375, 447. X 22. [1641] C 418. O 79.
S 677. [1641?] E 6. H 64. M 69. P 76. S 287. Z 7.
1642 A 47. [1642] C 630. P 18. S 791. [1642?] G 250.
H 7, 8. M 40, 93, 260, 334, 628. S 834. T 147. V 433.
[1643] P 7, 320. S 797, 827. [1643?] T 146, 148. X 5.
1644 A 232. G 17. L 27. M 330. [1644] S 748, 749, 792.
[1644?] C 349. M 459. P 444. 1645 D 68. [1645] C 286.
[c.1645] C 556. [1645?] E 108. F 175. M 370, 496. N 8.
P 235, 326. S 802, 821. V 9. Z 4. 1646 D 69. M 243, 278.
P 202. [1646] M 242. P 231. [1646?] E 135. P 232. S 854.
T 134. 1647 P 136. [1647] T 113. [1647?] A 382. P 341.
[1648] R 297. [1648?] M 38. U 13. 1649 M 22.
[1649?] P 331. S 824. 1650 F 31. S 689. [1650] B 32.
P 373, 374. S 479, 690. [1650?] A 138. B 167. C 16, 61,
62, 72, 74, 76, 86, 187, 320. E 64. F 118, 185, 280. G 150,

281, 290, 291, 410. H 92. I 48. L 26, 153. M 25, 63, 166,
307, 333, 455, 497, 513, 556, 576. N 105. O 90. P 109,
203, 234, 260, 262, 265, 269, 273, 333, 433. R 59, 86, 96,
193, 228, 229, 233, 234, 236, 320. S 261, 688, 798, 953. T 9,
103. V 10, 74, 188, 189, 198, 206, 208, 221, 229, 232, 240,
251, 331, 344, 361, 420, 592, 594. Y 4. 1651 B 338.
[1651] S 692. [1651?] P 552. 1652 P 42, 47.
1652-1704 S 864. [1652] B 24. S 694, 695. [1652?] C 51.
P 112. 1653 G 222. L 106, 182. [1653] A 307. V 351.
[1653?] S 429. 1654 N 23. [1654] R 230, 231, 298.
1655 R 256. [1655] J 10. [c.1655] M 135. [1655?] A 93.
F 19, 21, 283, 289. G 78. H 54. O 49. P 227, 292. S 127,
162, 163. [1656] S 701. [1656?] O 30. S 702. T 133
[1657] G 79. R 60. [1657?] G 21. [1658] R 300. S 704.
[1658?] C 243. L 101. S 188, 416. U 5. [1659] G 252.
P 359. S 707. [1659?] S 708. [1660?] C 196, 224. F 11,
114, 308. G 19, 326. L 6, 39. M 493, 580, 581, 637.
N 44. P 74, 78, 143. R 51, 62. S 189, 403, 803. T 1, 86,
88, 112. V 410, 411, 412, 413. [1661] F 191. S 712.
[1661?] C 66. 1662 V 80. [1662] S 713, 819. V 231.
[1662?] G 350, 351. M 336, 486. 1663 P 133. S 714.
[1663] M 137. P 117. R 94. [1663?] C 594. [1664] E 5.
S 831. 1665 P 116. [1665] H 113. R 301. [1665?] A 278.
D 119. G 81. J 159. M 469, 624, 625, 626. [1666] M 5.
S 415. [1666?] G 395. V 448. 1667 G 376. M 141, 195.
P 132, 294. [1667] C 358. S 973. V 255, 362. [1668] C 363.
L 22. [1668?] G 293. R 302. [1669] C 359, 360, 364.
J 149. S 129. [1669?] C 362. F 281. S 888. [1670] C 361.
G 120. S 59, 406, 457. [c.1670] D 51. [1670?] B 118.
C 92, 93. E 39, 79, 86. F 91, 288. M 165, 627. N 16.
P 209, 270. S 109, 110, 111, 120, 311, 849. [1671] L 289,
290, M 347, 348. S 439. 1672 C 20. E 21. [1672] C 5. M 78.
[1672?] A 174. C 1, 4. S 842, 843. 1673 C 407. I 57.
[1673] A 60. B 271. L 33. R 303, 304. S 124. [1673?] C 2,
3, 5, 6. J 137. V 489, 490. 1674 S 944. [1674] G 323. P 99.
R 175. S 722, 822. [1674?] A 37. B 150. D 54. G 325.
P 141. T 191. V 415, 498, 499. 1675 C 698. P 434.
[1675] M 288, 298. [1675?] D 25. F 301. M 178, 844.
V 507, 508. [1676] M 381. R 240. V 509, 510.
[1676?] S 107, 804. V 511. 1677 R 356. S 260.
[1677] C 168. G 95. Y 9, 11. [1677?] A 348. F 136. Y 10.
[1678] C 414. F 223. R 116. S 276. V 60, 513, 514.
[1678?] P 316. [1679] O 37. S 158, 297. V 515, 516, 517,
518. [1679?] B 335. C 534. S 258. 1680 M 190.
[1680] A 349. S 277, 728. V 519, 520. [1680?] B 135.
C 415, 416, 433, 527, 622. G 94, 168. M 119. P 267,
274, 275, 280, 285, 288, 289, 293, 304. R 154, 314, 335.
S 159, 263, 275, 278, 294, 295, 296, 298, 299, 409, 727,
853. V 228, 230, 241, 308, 357, 559, 561, 570, 572, 573,
576. 1681 M 546. V 602. [1681] A 301. C 538. L 116.
M 10. S 94, 143. [1681?] M 389. [1682] F 111.
M 168. R 315. V 523, 524. [1682?] M 388. [1683] P 566.
S 176. [1683?] S 191. [1684] E 95. H 66. S 193.
[1684?] B 295. P 125. S 192. 1685 M 73. [1685?] S 274.
[1686] N 45. 1687 F 192. M 312. 1688 L 265. [1688] S 740.
[1689] F 241, 272. [1690] L 86. M 185. [1690?] G 93, 96.
M 441, 448. N 21. P 268. V 47. [1691] R 334.
[1691?] R 307. S 829. [1695?] F 296. [1696] F 98. P 85.
S 752. [1697] A 286. M 577. [1697?] R 310. S 751.
[1698] T 116. [c.1698] S 941. 1699 L 3. S 223.

[1700] C 536. H 19. M 140. R 319. **[1700?]** A 227, 230, 231, 389, 390. B 25, 160. C 63, 65, 68, 69, 71, 79, 80, 81, 83, 84, 87, 90, 91, 182, 373, 574, 584. E 48, 49. F 14, 218. G 132, 133, 134, 322. H 110. I 1, 70. M 136, 215, 217, 220, 224, 240, 323, 385, 394, 396, 439, 443, 444, 450, 519, 566, 569, 571, 572, 573, 574, 575. O 87. P 107, 258, 264, 287, 379, 380, 427. R 108, 142, 214, 215, 218, 219, 221, 223, 224, 225, 232, 235, 237, 238, 239, 343. S 135, 184, 227, 410, 412, 417. T 79. V 29, 90, 191, 193, 194, 195, 197, 199, 201, 202, 203, 205, 209, 210, 213, 214, 216, 219, 220, 222, 224, 227, 233, 234, 237, 238, 239, 242, 243, 245, 248, 249, 250, 252, 254, 256, 258, 340, 343, 346, 348, 350, 352, 354, 355, 356, 358, 359, 360, 363, 558, 560, 569, 571. X 21, 36. Z 10. **[c.1700]** U 1. **[n.d.]** B 43. V 84.

Malaga. **[1603]** S 475, 491. **1617** S 806. **[1661?]** H 63.

Mallorca. **[1620?]** D 128.

Manila. **1658** M 387. **1671** O 54. **[1691?]** X 3. **[1697]** C 112. **1698** C 113. **[1698]** C 111.

Medina del Campo. **[1600?]** D 106. **1603** O 80. **1604** C 325, 326. T 72.

Mexico. **1606** J 161. **1607** J 161. **1608** O 83. **1609** M 579. **[1618]** M 361. **[1620?]** D 111. G 36. M 419. **1624** M 384. R 348. **[1626]** S 635. **1630** M 352. **[1630?]** P 318, 342. S 292. Y 5, 6. **[1631]** M 367. **[1632]** C 237. **[1635?]** L 245. **[1636]** M 354. **[1636?]** M 353. **[1637]** S 153. **[1638]** C 439. S 665. W 4. **[1638?]** L 244. R 296. **[1640]** E 119. **[1640?]** G 37. L 243. **[1641?]** G 172. **[1642]** L 242. **[1642?]** G 374. **1644** S 151. **1645** S 154. **[1647]** R 324. **1648** I 34. **[1649]** M 65. **[1650?]** A 81. B 78. C 315, 316. I 16. M 360. O 35. S 835. T 71, U 15. V 316. X 15. **[c.1650-1700?]** C 316. S 405. **[1651?]** M 368. **[1653?]** C 436. Z 30. **[1659?]** G 352. **[1660?]** A 66. M 237. P 462. **[1661]** A 65. **[1663?]** O 72. **[1664?]** M 487. **[1667]** O 24. **[1667?]** O 22. **[1668?]** L 234. **[1669]** M 369. **[1670?]** G 80. O 23. V 601. **[1672]** G 71. O 82. **[1672?]** V 401. **1673** M 551. **[1675?]** G 92. **[1681?]** B 170. **[1682]** A 121, 122. **[1683?]** F 203. **[1684]** C 26. **[1685]** V 314. **[1685?]** A 295. **[1688]** C 10. R 114. **[1690]** A 296. **[1690?]** A 259. F 189. M 111. V 334. **[1692]** M 365. **[1693?]** E 7. **[1695?]** B 314. F 284. M 231, 557. V 418. **1696** C 678. F 190. **1700** E 72. **[1700?]** B 326. H 72. L 235. P 321. S 445. X 28.

Milan. **[1610?]** A 68. **1642** S 8.

Naples. **[1610?]** A 68.

Oporto. **[1687?]** O 33.

Osma. **[1657]** P 43.

Oviedo. **[1631]** S 654.

Oxford. **1695** L 176.

Palma. **[1620?]** D 128. **1656** M 29.

Pamplona. **1617** N 14. **[1628]** S 19. **[1629]** C 218. **[1630?]** D 100. **1639** V 398. **1640** V 399.

Paris. **[1603?]** P 192. **[1605?]** P 193. **[1606?]** G 332. **1624** P 190. **1643** F 132. **1645** C 718. **[1667?]** R 57.

Puebla de los Angeles. **[1650?]** P 557. **1690** J 166. **1691** S 161.

Rome. **[1609]** R 279. **[1610]** R 281. **1625** S 165. **[1630]** R 290. **[1660?]** Z 5. **1683** M 467. **1685** R 194, 195.

Salamanca. **1603** S 40. **[1603?]** S 39, 41, 45, 53. **[1605?]** O 106. **[1608]** P 385. **[1612?]** M 79. **[1616]** S 43. **[1622]** B 16. **[1622?]** S 42. **[1624?]** V 312. **[1626?]** S 51.

[1627] S 48. **[1630?]** P 401. S 34, 49. T 162. **[1631?]** M 67, 68. S 52. T 161. **[1637]** F 93. S 663. **1640** S 939. **[1641?]** Z 3. **[1650]** G 131. V 451. **[1652?]** S 379. **[1653]** P 206. **[1653?]** R 192. **[1662?]** F 327. **[1665]** F 117. **[1678]** S 318. **[1678?]** T 194. **[1680]** S 259. **[1700?]** M 453.

Santagel de la Fratta. **1665** C 164.

Saragossa. **1601** H 97. **1618** S 269. **[1622]** G 273. **1634** F 167. **1640** S 270. **[1640]** V 212, 247. **[1641?]** L 144. **[1644]** S 265. **1645** J 35. **1647** S 271. **[1650]** T 64. V 562. **[1650?]** A 79. M 342, 515. R 344. **1657** A 2. **1664** X 7. **1667** S 290. **[1667?]** V 460. **[1668?]** V 464. **[1669?]** V 466. **[1670?]** V 472. **[1671?]** V 479. **[1672]** L 2. **[1672?]** S 272. **[1673?]** V 493. **[1674?]** D 116. V 500. **[1675]** V 504. **[1676?]** V 512. **[1677]** C 532. **[1680?]** M 175. S 268. **1681** L 54. **1683** M 233. N 11. **1689** J 6. **[1690?]** S 273. **1691** A 279. **[1691]** G 75. **[1692]** M 488. **1693** C 408. **1694** E 132. **1698** C 284. X 20. **1700-02** P 195. **[1700?]** M 164.

Seville. **[16—?]** S 330. **[1605]** N 75. **1607** P 389. **[1608?]** S 328. **1610** T 11. **[1610]** F 75. **[1610?]** R 134. S 551. **1611** S 285. **1612** S 317. V 4. **[1612?]** L 217. **[1613]** S 572. **1615** M 163. **1616** N 67. **[1617]** G 412. **[1618]** L 188. **[1618?]** L 271. S 356. **1619** P 351. **[1620]** N 68. **[1620?]** C 186. S 357, 359. **[1621]** F 144. **[1622?]** S 358. **1624** M 525. S 132. **[1625?]** F 145. **[1626?]** S 796. **1627** S 936. **1629** O 65. **[1630?]** M 171, S 354, 801. **1632** S 327. **[1634]** V 605. W 2. **[1635?]** C 643. P 199. **[1636?]** C 578. F 285. **1638** P 243. **[1638]** F 66. P 317. V 50. **[1639]** S 860. **[1640?]** G 13. P 226, 376. S 218. 349. 353. **1642** P 461. **[1643]** J 113. S 678. **1644** S 360, 370. **[1646]** S 234. **[1646?]** M 341. S 233. **[1649?]** E 127. **[1650]** F 147. **[1650?]** P 324, 325. S 340. V 215. **[1651]** S 691. **[1652]** S 696. **[1652?]** H 1. S 428. **[1654?]** T 217. **[1656?]** T 68. **1658** S 332. **[1658]** S 705. **[1658?]** I 35. L 228, 229. **[1660?]** I 28. **1662** E 55. S 899. **[1664]** C 280. **[1668?]** C 48. **[1669]** S 717. **[1669?]** V 467. **[1670?]** J 154. R 317. S 334, 942. **1671** C 38. **[1671?]** T 199. **1672** S 331. **[1672]** G 15. **[1674]** Q 37. Z 29. **1675** M 510. S 333. **[1675]** G 73. T 135. **1676** F 10. **[1676?]** S 355. **1677** M 250, **1678** M 343. **[1678]** A 104. **1679** S 723. **[1679]** J 151, 152. **[1679?]** L 197. S 724. **[1680]** V 320. **[1680?]** V 225. **[1681]** S 733. **[1682]** V 525. **1683** I 38. **[1683]** P 123. **1690** F 6. **[1690?]** R 181. **1691** G 369. **[1693?]** S 743. **[1695?]** S 352. **[1697]** A 110, 111. T 174. **[1699?]** C 529. **[1700]** F 243. **[1700?]** B 133. C 88, 142. G 164. M 30, 216, 218, 221, 449, 568, 570. S 108, 137, 411. V 207, 341. Z 9.

Siguenza. **[1700]** M 149.

Soria. **1690** T 216.

Spain. **[1630?]** P 540. **[1645?]** A 324. B 44. **[1690?]** L 157.

Tarragona. **[1622?]** P 68.

Toledo. **1603** R 145. **[1604?]** S 365. **[1616]** T 17. **[1616?]** T 12. **[1622?]** C 515. **1623** C 513. **[1625?]** O 12. **[1629?]** F 274. **[1630?]** T 119. **1636** R 203. **[1641]** P 213. **[1658?]** V 45. **[1660?]** C 311. **[1667?]** M 472. **[1670?]** L 163. T 118. **[1678]** Y 13. **1679** O 56. T 187.

Turin. **1620** N 20.

Valencia. **1604** P 423. **1609** S 959. **[1611]** V 119. **[1612?]** V 269. **[1613]** V 119. **[1615]** V 119. **[1616]** A 53,

57. **1625** S 902. **[1640?]** T 24. **[1642]** R 227, 241. V 196, 235, 257. X 23, 24. **[1659]** V 31. **[1660?]** V 37. **[1669]** S 718. **1672** D 22. **[1675]** F 328. L 198. **[1680]** R 306. **[1680?]** B 315. R 155. V 39. **[1681]** V 44. **1691** S 931. **1700** A 59. M 380. P 80.

Valeria.   **1635** C 645. F 314.

Valladolid.   **[1600?]** R 264. **[1601]** S 486, 487. **[1602]** S 828. **[1603]** S 492, 493, 494, 495, 496, 497, 498, 499, 500, 501, 502, 503, 504, 505, 754, 755. **[1603?]** S 753. **[1605]** N 73, 74, 76. P 372. R 267. **[1605?]** A 340. N 77. **[1606]** N 78. **[1606?]** M 631. **1609** Y 14. **[1609]** A 318. **[1620?]** R 283. **1621** Y 14. **1625** F 311. **[1625?]** G 221. **[1627?]** S 238. **[1631?]** T 198. **[1640?]** L 192 **[1641?]** C 146. **[1642]** C 145. **[1647]** V 55. **1651** V 54. **[1652]** G 296. P 358. **[1653?]** V 452. **[1656?]** P 329. **[1662?]** P 8.

Valparaiso.   **1603** C 565.

Vienna.   **1649** P 529.

Vigevano.   **1625** L 233.